中国社会科学年鉴

中国民俗学年鉴 2017

ANNUAL REVIEW OF CHINA FOLKLORISTICS

中国社会科学院民族文学研究所 中国民俗学会 编

中国社会科学出版社

图书在版编目（CIP）数据

中国民俗学年鉴．2017／中国社会科学院民族文学研究所，中国民俗学会编．—北京：中国社会科学出版社，2021．3

ISBN 978－7－5203－7830－7

Ⅰ．①中…　Ⅱ．①中…②中…　Ⅲ．①民俗学—中国—2017—年鉴　Ⅳ．①K892－54

中国版本图书馆CIP数据核字(2021)第021745号

出 版 人　赵剑英
责任编辑　王鸣迪
责任校对　韩海超
责任印制　张雪娇

出　　版　中国社会科学出版社
社　　址　北京鼓楼西大街甲158号
邮　　编　100720
网　　址　http://www.csspw.cn
发 行 部　010－84083685
门 市 部　010－84029450
经　　销　新华书店及其他书店

印刷装订　三河市东方印刷有限公司
版　　次　2021年3月第1版
印　　次　2021年3月第1次印刷

开　　本　787×1092　1/16
印　　张　55
插　　页　2
字　　数　1404千字
定　　价　458.00元

凡购买中国社会科学出版社图书，如有质量问题请与本社营销中心联系调换
电话：010－84083683

《中国民俗学年鉴2017》编辑委员会

目　　录

第一篇　特辑

第二篇　热点话题

第三篇 研究综述

第四篇 论著评介

第五篇　年度优秀论文

第六篇　重要论文摘编及摘要

第七篇 优秀学术随笔

第八篇　学人评介

第九篇　学术活动纪要

Contents (Abstract)

Chapter One: Special Collections

Chapter Two: Hot Topics

Chapter Three: Research Reviews

Chapter Four: Book Reviews

Chapter Five: Selected Outstanding Articles

Chapter Six: Important Extracts and Abstracts

第一篇

特　　辑

习近平在中国文联十大、中国作协九大开幕式上的讲话

（2016 年 11 月 30 日）

各位代表，同志们，朋友们：

中国文学艺术界联合会第十次全国代表大会、中国作家协会第九次全国代表大会，是我国文艺界的一次盛会。首先，我代表党中央，向大会的召开，表示热烈的祝贺！向全体代表，并通过你们向全国广大文艺工作者，致以诚挚的问候！

党对文艺工作历来高度重视，这是因为，文艺事业是党和人民的重要事业，文艺战线是党和人民的重要战线。在革命、建设、改革各个历史时期，广大文艺工作者响应党的号召，坚持为人民服务、为社会主义服务的方向，坚持百花齐放、百家争鸣的方针，创作了一大批脍炙人口、深入人心的优秀作品，弘扬了中国精神，凝聚了中国力量，为我们党团结带领人民实现民族独立、人民解放、国家富强、人民幸福作出了十分重要的贡献。

2014 年 10 月，我们召开文艺工作座谈会，我同文艺界的同志们深入交流，进一步明确了新形势下繁荣发展社会主义文艺的方向和任务。党的十八大以来，广大文艺工作者积极投身实现“两个一百年”奋斗目标、实现中华民族伟大复兴中国梦的火热实践，倾情服务人民，倾心创作精品，热情讴歌全国各族人民追梦圆梦的顽强奋斗，弘扬崇高理想和英雄气概，奏响了时代之声、爱国之声、人民之声。特别是在党和国家举办的一系列重大活动中，在面向基层、面向群众的文化服务中，在中外人文交流中，广大文艺工作者勇挑大梁、不计名利、夙夜奔忙，展现了昂扬的精神风貌、高超的艺术水平。在广大文艺工作者辛勤努力下，我国文艺界出现新气象新面貌，文学、戏剧、电影、电视、音乐、舞蹈、美术、摄影、书法、曲艺、杂技、民间文艺、文艺评论、群众文艺、艺术教育等都取得丰硕成果，主旋律更加响亮，正能量更加强劲，为人民提供了丰富精神食粮，向世界展示了中华文化魅力。

实践充分证明，广大文艺工作者心怀祖国人民、响应时代召唤、追求艺术理想，是一支有智慧有才情、敢担当敢创新、可信赖可依靠的队伍。党和人民感谢你们！

各位代表！同志们、朋友们！

实现中华民族伟大复兴，是中华民族近代以来最伟大的梦想，也是我们这一代人的历史使命。当今世界正处在大发展大变革大调整时期，当代中国正沿着中国特色社会主义道路奋力前进。这是一个风云际会的时代，也是一个英雄辈出的时代。在中国共产党领导下，有中国人民团结一心、自强不息的精神，有中国人民创新创造、开拓进取的勇气，有中国人民艰苦奋斗、顽强拼搏的毅力，中华民族在苦难和曲折中一步步走到今天，必将在辉煌和奋斗中大踏步走向明天，中华民族伟大复兴的航船一定能够劈波斩浪驶向光辉的

彼岸。

实现中华民族伟大复兴，需要物质文明极大发展，也需要精神文明极大发展。早在革命战争年代，毛泽东同志就多次强调要建设民族的、科学的、大众的中华民族的新文化。1940 年，他说："我们不但要把一个政治上受压迫、经济上受剥削的中国，变为一个政治上自由和经济上繁荣的中国，而且要把一个被旧文化统治因而愚昧落后的中国，变为一个被新文化统治因而文明先进的中国。" 1979 年 10 月，邓小平同志在中国文学艺术工作者第四次代表大会上发表祝词强调："我们要在建设高度物质文明的同时，提高全民族的科学文化水平，发展高尚的丰富多彩的文化生活，建设高度的社会主义精神文明。"他还强调：要大力发扬党和人民在长期实践中形成的崇高精神，"大声疾呼和以身作则地把这些精神推广到全体人民、全体青少年中间去，使之成为中华人民共和国的精神文明的主要支柱，为世界上一切要求革命、要求进步的人们所向往，也为世界上许多精神空虚、思想苦闷的人们所羡慕"。

中华民族生生不息绵延发展、饱受挫折又不断浴火重生，都离不开中华文化的有力支撑。中华文化独一无二的理念、智慧、气度、神韵，增添了中国人民和中华民族内心深处的自信和自豪。在 5000 多年文明发展中孕育的中华优秀传统文化，在党和人民伟大斗争中孕育的革命文化和社会主义先进文化，积淀着中华民族最深沉的精神追求，代表着中华民族独特的精神标识。我们要大力弘扬以爱国主义为核心的民族精神和以改革创新为核心的时代精神，大力弘扬中华优秀传统文化，大力发展社会主义先进文化，不断增强全党全国各族人民的精神力量。

各位代表！同志们、朋友们！

文运同国运相牵，文脉同国脉相连。实现中华民族伟大复兴，是一场震古烁今的伟大事业，需要坚忍不拔的伟大精神，也需要振奋人心的伟大作品。鲁迅先生 1925 年就说过："文艺是国民精神所发的火光，同时也是引导国民精神的前途的灯火。"广大文艺工作者要坚持以人民为中心的创作导向，坚持为人民服务、为社会主义服务，坚持百花齐放、百家争鸣，坚持创造性转化、创新性发展，高擎民族精神火炬，吹响时代前进号角，把艺术理想融入党和人民事业之中，做到胸中有大义、心里有人民、肩头有责任、笔下有乾坤，推出更多反映时代呼声、展现人民奋斗、振奋民族精神、陶冶高尚情操的优秀作品，为我们的人民昭示更加美好的前景，为我们的民族描绘更加光明的未来。

这里，我给大家提几点希望。

第一，希望大家坚定文化自信，用文艺振奋民族精神。实现中华民族伟大复兴，必须坚定中国特色社会主义道路自信、理论自信、制度自信、文化自信。创作出具有鲜明民族特点和个性的优秀作品，要对博大精深的中华文化有深刻的理解，更要有高度的文化自信。广大文艺工作者要善于从中华文化宝库中萃取精华、汲取能量，保持对自身文化理想、文化价值的高度信心，保持对自身文化生命力、创造力的高度信心，使自己的作品成为激励中国人民和中华民族不断前行的精神力量。

文化是一个国家、一个民族的灵魂。历史和现实都表明，一个抛弃了或者背叛了自己历史文化的民族，不仅不可能发展起来，而且很可能上演一幕幕历史悲剧。文化自信，是更基础、更广泛、更深厚的自信，是更基本、更深沉、更持久的力量。坚定文化自信，是事关国运兴衰、事关文化安全、事关民族精神独立性的大问题。没有文化自信，不可能写出有骨气、有个性、有神采的作品。

古往今来，世界各民族无一例外受到其在各个历史发展阶段上产生的文艺精品和文艺巨匠的深刻影响。中华民族精神，既体现在中国人民的奋斗历程和奋斗业绩中，体现在中国人民的精神生活和精神世界中，也反映在几千年来中华民族产生的一切优秀作品中，反映在我国一切文学家、艺术家的杰出创造活动中。

在每一个历史时期，中华民族都留下了无数不朽作品。从诗经、楚辞、汉赋，到唐诗、宋词、元曲、明清小说等，共同铸就了灿烂的中国文艺历史星河。中华民族文艺创造力是如此强大、创造的成就是如此辉煌，中华民族素有文化自信的气度，我们应该为此感到无比自豪，也应该为此感到无比自信。

一个时代有一个时代的文艺，一个时代有一个时代的精神。任何一个时代的经典文艺作品，都是那个时代社会生活和精神的写照，都具有那个时代的烙印和特征。任何一个时代的文艺，只有同国家和民族紧紧维系、休戚与共，才能发出振聋发聩的声音。反映时代是文艺工作者的使命。广大文艺工作者要把握时代脉搏，承担时代使命，聆听时代声音，勇于回答时代课题。

古今中外，文艺无不遵循这样一条规律：因时而兴，乘势而变，随时代而行，与时代同频共振。在人类发展的每一个重大历史关头，文艺都能发时代之先声、开社会之先风、启智慧之先河，成为时代变迁和社会变革的先导。离开火热的社会实践，在恢宏的时代主旋律之外茕茕孑立、喃喃自语，只能被时代淘汰。

对文艺来讲，思想和价值观念是灵魂，一切表现形式都是表达一定思想和价值观念的载体。离开了一定思想和价值观念，再丰富多样的表现形式也是苍白无力的。文艺的性质决定了它必须以反映时代精神为神圣使命。社会主义核心价值观是当代中国精神的集中体现，是凝聚中国力量的思想道德基础。广大文艺工作者要把培育和弘扬社会主义核心价值观作为根本任务，坚定不移用中国人独特的思想、情感、审美去创作属于这个时代、又有鲜明中国风格的优秀作品。

祖国是人民最坚实的依靠，英雄是民族最闪亮的坐标。歌唱祖国、礼赞英雄从来都是文艺创作的永恒主题，也是最动人的篇章。我们要高扬爱国主义主旋律，用生动的文学语言和光彩夺目的艺术形象，装点祖国的秀美河山，描绘中华民族的卓越风华，激发每一个中国人的民族自豪感和国家荣誉感。对中华民族的英雄，要心怀崇敬，浓墨重彩记录英雄、塑造英雄，让英雄在文艺作品中得到传扬，引导人民树立正确的历史观、民族观、国家观、文化观，绝不做亵渎祖先、亵渎经典、亵渎英雄的事情。要抒写改革开放和社会主义现代化建设的蓬勃实践，抒写多彩的中国、进步的中国、团结的中国，激励全国各族人民朝气蓬勃迈向未来。

坚定文化自信，离不开对中华民族历史的认知和运用。历史是一面镜子，从历史中，我们能够更好看清世界、参透生活、认识自己；历史也是一位智者，同历史对话，我们能够更好认识过去、把握当下、面向未来。“观古今于须臾，抚四海于一瞬”。没有历史感，文学家、艺术家就很难有丰富的灵感和深刻的思想。文学家、艺术家要结合史料进行艺术再现，必须有史识、史才、史德。

历史给了文学家、艺术家无穷的滋养和无限的想象空间，但文学家、艺术家不能用无端的想象去描写历史，更不能使历史虚无化。文学家、艺术家不可能完全还原历史的真实，但有责任告诉人们真实的历史，告诉人们历史中最有价值的东西。戏弄历史的作品，不仅是对历史的不尊重，而且是对自己创作的不尊重，最终必将被历史戏弄。只有树立正确历史观，尊重历史、按照艺术规律呈现的艺术化的历史，才能经得起历史的检验，才能立之当世、传之后人。

中华文化既是历史的、也是当代的，既是民族的、也是世界的。只有扎根脚下这块生于斯、长于斯的土地，文艺才能接住地气、增加底气、灌注生气，在世界文化激荡中站稳脚跟。正所谓"落其实者思其树，饮其流者怀其源"。我们要坚持不忘本来、吸收外来、面向未来，在继承中转化，在学习中超越，创作更多体现中华文化精髓、反映中国人审美追求、传播当代中国价值观念，又符合世界进步潮流的优秀作品，让我国文艺以鲜明的中国特色、中国风格、中国气派屹立于世。

第二，希望大家坚持服务人民，用积极的文艺歌颂人民。人民是历史的创造者，是时代的雕塑者。一切优秀文艺工作者的艺术生命都源于人民，一切优秀文艺创作都为了人民。广大文艺工作者要坚持以强烈的现实主义精神和浪漫主义情怀，观照人民的生活、命运、情感，表达人民的心愿、心情、心声，立志创作出在人民中传之久远的精品力作。

人民需要艺术，艺术更需要人民。马克思说："人民历来就是作家'够资格'和'不够资格'的唯一判断者。"以为人民不懂得文艺，以为大众是"下里巴人"，以为面向群众创作不上档次，这些观念都是不正确的。文艺创作方法有一百条、一千条，但最根本的方法是扎根人民。只有永远同人民在一起，艺术之树才能常青。

文艺要服务人民，就必须积极反映人民生活。今天，在我国960多万平方公里的大地上，13亿多人民正上演着波澜壮阔的活剧，国家蓬勃发展，家庭酸甜苦辣，百姓欢乐忧伤，构成了气象万千的生活景象，充满着感人肺腑的故事，洋溢着激昂跳动的乐章，展现出色彩斑斓的画面。广大文艺工作者大有可为，也必将大有作为。

我们的文学艺术，既要反映人民生产生活的伟大实践，也要反映人民喜怒哀乐的真情实感，从而让人民从身边的人和事中体会到人间真情和真谛，感受到世间大爱和大道。关在象牙塔里不会有持久的文艺灵感和创作激情。离开人民，文艺就会变成无根的浮萍、无病的呻吟、无魂的躯壳。一切有抱负、有追求的文艺工作者都应该追随人民脚步，走出方寸天地，阅尽大千世界，让自己的心永远随着人民的心而跳动。

人民不是抽象的符号，而是一个一个具体的人的集合，每个人都有血有肉、有情感、有爱恨、有梦想，都有内心的冲突和忧伤。真实的人物是千姿百态的，要用心用情了解各种各样的人物，从人民的实践和多彩的生活中汲取营养，不断进行生活和艺术的积累，不断进行美的发现和美的创造。

典型人物所达到的高度，就是文艺作品的高度，也是时代的艺术高度。只有创作出典型人物，文艺作品才能有吸引力、感染力、生命力。广大文艺工作者要始终把人民的冷暖和幸福放在心中，把人民的喜怒哀乐倾注在自己的笔端，讴歌奋斗人生，刻画最美人物。

走入生活、贴近人民，是艺术创作的基本态度；以高于生活的标准来提炼生活，是艺术创作的基本能力。文艺工作者既要有这样的态度，也要有这样的能力。文艺反映社会，不是通过概念对社会进行抽象，而是通过文字、颜色、声音、情感、情节、画面、图像等进行艺术再现。因此，社会的色彩有多么斑斓，文艺作品的色彩就应该有多么斑斓；社会的情境有多么丰富，文艺作品的情境就应该有多么丰富；社会的韵味有多么淳厚，文艺作品的韵味就应该有多么淳厚。

"文变染乎世情，兴废系乎时序。"揭示人类命运和民族前途是文艺工作者的追求。伟大的作品一定是对个体、民族、国家命运最深刻把握的作品。改革开放近40年来，我们党领导人民所进行的奋斗，推动我国社会发生了全方位变革，这在中华民族发展史上是前所未有的，在人类发展史上也是绝无仅有的。面对这种史诗般的变化，我们有责任写出中华民族新史诗。史诗是人民创造的，不论多么宏大的创作，多么高的立意追求，都必须从最真实的生活出发，从平凡中发现伟大，从质朴中发现崇高，从而深刻提炼生活、生动表达生活、全景展现生活。

历史变化如此深刻，社会进步如此巨大，人们的精神世界如此活跃，为文艺发展提供了无尽的矿藏。社会是一本大书，只有真正读懂、读透了这本大书，才能创作出优秀作品。读懂社会、读透社会，决定着艺术创作的视野广度、精神力度、思想深度。广大文艺工作者要努力上好社会这所大学校，读好社会这本大书，创作出既有生活底蕴又有艺术高度的优秀作品。

“文人之笔，劝善惩恶。”文艺要反映生活，但文艺不能机械反映生活。茅盾说过：“文艺作品不仅是一面镜子——反映生活，而须是一把斧头——创造生活。”生活中不可能只有昂扬没有沉郁、只有幸福没有不幸、只有喜剧没有悲剧。生活和理想之间总是有落差的，现实生活中总是有这样那样不如人意的地方。广大文艺工作者要对生活素材进行判断，弘扬正能量，用文艺的力量温暖人、鼓舞人、启迪人，引导人们提升思想认识、文化修养、审美水准、道德水平，激励人们永葆积极向上的乐观心态和进取精神。

文艺创作的目的是引导人们找到思想的源泉、力量的源泉、快乐的源泉。清泉永远比淤泥更值得拥有，光明永远比黑暗更值得歌颂。广大文艺工作者要提高阅读生活的能力，善于在幽微处发现美善、在阴影中看取光明，不做徘徊边缘的观望者、讥谗社会的抱怨者、无病呻吟的悲观者，不能沉溺于鲁迅所批评的“不免咀嚼着身边的小小的悲欢，而且就看这小悲欢为全世界”。要用有筋骨、有道德、有温度的作品，鼓舞人们在黑暗面前不气馁、在困难面前不低头，用理性之光、正义之光、善良之光照亮生活。对人民深恶痛绝的消极腐败现象和丑恶现象，应该坚持用光明驱散黑暗、用真善美战胜假恶丑，让人们看到美好、看到希望、看到梦想就在前方。

第三，希望大家勇于创新创造，用精湛的艺术推动文化创新发展。优秀作品反映着一个国家、一个民族文化创新创造的能力和水平。广大文艺工作者要把创作生产优秀作品作为中心环节，不断推进文艺创新、提高文艺创作质量，努力为人民创造文化杰作、为人类贡献不朽作品。

当代中国正经历着我国历史上最为广泛而深刻的社会变革，也正在进行着人类历史上最为宏大而独特的实践创新。这种伟大实践必将给文化创新创造提供强大动力和广阔空间。广大文艺工作者要努力创作同我们这个文明古国、我们这个蓬勃发展的国家相匹配的优秀作品。中国人民不仅将为人类贡献新的发展模式、发展道路，而且将把自己在文化创新创造中取得的成果奉献给世界。

中华文化延续着我们国家和民族的精神血脉，既需要薪火相传、代代守护，也需要与时俱进、推陈出新。要加强对中华优秀传统文化的挖掘和阐发，使中华民族最基本的文化基因同当代中国文化相适应、同现代社会相协调，把跨越时空、超越国界、富有永恒魅力、具有当代价值的文化精神弘扬起来，激活其内在的强大生命力，让中华文化同各国人民创造的多彩文化一道，为人类提供正确精神指引。

创新是文艺的生命。要把创新精神贯穿文艺创作全过程，大胆探索，锐意进取，在提高原创力上下功夫，在拓展题材、内容、形式、手法上下功夫，推动观念和手段相结合、内容和形式相融合、各种艺术要素和技术要素相辉映，让作品更加精彩纷呈、引人入胜。要把提高作品的精神高度、文化内涵、艺术价值作为追求，让目光再广大一些、再深远一些，向着人类最先进的方面注目，向着人类精神世界的最深处探寻，同时直面当下中国人民的生存现实，创造出丰富多样的中国故事、中国形象、中国旋律，为世界贡献特殊的声响和色彩、展现特殊的诗情和意境。

与时俱进、自强不息，是中华民族的鲜明禀赋，也是我国文艺不断繁荣发展的强大动力。我国文艺不仅要有体量的增长，更要创造质量的标杆。创新贵在独辟蹊径、不拘一格，但一味标新立异、追求怪诞，不可能成为上品，而很可能流于下品。要克服浮躁这个顽疾，抵制急功近利、粗制滥造，用专注的态度、敬业的精神、踏实的努力创作出更多高质量、高品位的作品。

第四，希望大家坚守艺术理想，用高尚的文艺引领社会风尚。文艺是铸造灵魂的工程，承担着以文化人、以文育人的职责，应该用独到的思想启迪、润物无声的艺术熏陶启迪人的心灵，传递向善向上的价值观。广大文艺工作者要做真善美的追求者和传播者，把崇高的价值、美好的情感融入自己的作品，引导人们向高尚的道德聚拢，不让廉价的笑声、无底线的娱乐、无节操的垃圾淹没我们的生活。

伟大的文艺展现伟大的灵魂，伟大的文艺来自伟大的灵魂。歌德说过："如果想写出雄伟的风格，他也首先就要有雄伟的人格。"一切艺术创作都是人的主观世界和客观世界的互动，都是以艺术的形式反映生活的本质、提炼生活蕴含的真善美，从而给人以审美的享受、思想的启迪、心灵的震撼。只有用博大的胸怀去拥抱时代、深邃的目光去观察现实、真诚的感情去体验生活、艺术的灵感去捕捉人间之美，才能够创作出伟大的作品。虽然创作不能没有艺术素养和技巧，但最终决定作品分量的是创作者的态度。具体来说，就是创作者以什么样的态度去把握创作对象、提炼创作主题，同时又以什么样的态度把作品展现给社会、呈现给人民。

经典之所以能够成为经典，其中必然含有隽永的美、永恒的情、浩荡的气。经典通过主题内蕴、人物塑造、情感建构、意境营造、语言修辞等，容纳了深刻流动的心灵世界和鲜活丰满的本真生命，包含了历史、文化、人性的内涵，具有思想的穿透力、审美的洞察力、形式的创造力，因此才能成为不会过时的作品。

文艺要塑造人心，创作者首先要塑造自己。养德和修艺是分不开的。德不优者不能怀远，才不大者不能博见。广大文艺工作者要把崇德尚艺作为一生的功课，把为人、做事、从艺统一起来，加强思想积累、知识储备、艺术训练，提高学养、涵养、修养，努力追求真才学、好德行、高品位，做到德艺双馨。要自觉抵制不分是非、颠倒黑白的错误倾向，自觉摒弃低俗、庸俗、媚俗的低级趣味，自觉反对拜金主义、享乐主义、极端个人主义的腐朽思想。

文艺创作是艰苦的创造性劳动，来不得半点虚假。那些叫得响、传得开、留得住的文艺精品，都是远离浮躁、不求功利得来的，都是呕心沥血铸就的。我国古人说："吟安一个字，捻断数茎须。""两句三年得，一吟双泪流。"路遥的墓碑上刻着："像牛一样劳动，像土地一样奉献。"托尔斯泰也说过："如果有人告诉我，我可以写一部长篇小说，用它来毫无问题地断定一种我认为是正确的对一切社会问题的看法，那么，这样的小说我还用不了两个小时的劳动。但如果告诉我，现在的孩子们二十年后还要读我所写的东西，他们还要为它哭，为它笑，而且热爱生活，那么，我就要为这样的小说献出我整个一生和全部力量。”广大文艺工作者要有“板凳坐得十年冷”的艺术定力，有“语不惊人死不休”的执着追求，才能拿出扛鼎之作、传世之作、不朽之作。要遵循言为士则、行为世范，牢记文化责任和社会担当，正确把握艺术个性和社会道德的关系，始终把社会效益放在首位，严肃认真考虑作品的社会效果。要珍惜自己的社会形象，在市场经济大潮面前耐得住寂寞、稳得住心神，不为一时之利而动摇、不为一时之誉而急躁，不当市场的奴隶，敢于向炫富竞奢的浮夸说“不”，向低俗媚俗的炒作说“不”，向见利忘义的陋行说“不”。要以深厚的文化修养、高尚的人格魅力、文质兼美的作品赢得尊重，成为先进文化的践行者、社会风尚的引领者，在为祖国、为人民立德立言中成就自我、实现价值。

各位代表！同志们、朋友们！

“盖有非常之功，必待非常之人。”人是事业发展最关键的因素。文艺界是思想活跃的地方，也是创造力充沛的地方，济济多士，英才辈出。我国文艺事业要实现繁荣发展，就必须培养人才、发现人才、珍惜人才、凝聚人才。中国文联、中国作协是党和政府联系广大文艺工作者的桥梁纽带，在团结文艺工作者方面负有重要职责。多年来，中国文联、中国作协开展了许多卓有成效的工作。哪里有文艺工作者，文联、作协的工作就要做到哪里，发挥好文艺界人民团体作用。

新形势下，文联、作协要深化改革，工作向基层倾斜，服务向最广大文艺工作者拓展，改变机关化、行政化倾向，不断增强组织活力。要加强引领，突出政治性、先进性、群众性，团结带领广大文艺工作者践行社会主义核心价值观，不断增强组织向心力。要加强联络，延伸工作手臂，加强对新文艺组织、新文艺群体的团结引导，把千千万万文艺从业者、爱好者凝聚起来，不断增强组织吸引力。要增强本领，加强能力建设，强化行业服务、行业管理、行业自律，发挥在行业建设中的主导作用，不断增强行业影响力。要加强沟通，待人以亲、助人以诚，多做得人心、暖人心的事，成为文艺工作者事业上的好伙伴、生活中的真朋友，成为文艺工作者的温馨之家，把文艺战线的力量发动起来，把人民群众中蕴藏的创作能量激发出来，推动文艺事业呈现百花齐放的繁荣景象。

加强和改进党对文艺工作的领导，是文艺事业繁荣发展的根本保证。各级党委要高度重视文艺工作，充分认识文联、作协的重要作用，指导推动文联、作协深化改革、发展事业，加大政策支持和保障力度。要用符合文艺规律的方式领导文艺事业，充分发扬学术民主和艺术民主，保护好文艺工作者的积极性和创造性。要按照全面从严治党的要求，加强文联、作协党的建设，加强文艺单位党的建设，选好配强文艺单位领导班子，把讲政治、懂业务、能干事、愿服务的干部放到文艺工作领导岗位上来。要加强和改进文艺理论和评论工作，褒优贬劣，激浊扬清，更加有效地引导创作、推出精品、提高审美、引领风尚。要做到政治上充分信任、思想上主动引导、工作上创造条件、生活上关心照顾，多为文艺工作者办实事、做好事、解难事，营造有利于出人才、出精品的良好环境。要重视和加强艺术教育，提高人民群众艺术素养。

各位代表！同志们、朋友们！

文艺作品不是神秘灵感的产物，它的艺术性、思想性、价值取向总是通过文学家、艺术家对历史、时代、社会、生活、人物等方方面面的把握来体现。面对生活之树，我们既要像小鸟一样在每个枝丫上跳跃鸣叫，也要像雄鹰一样从高空翱翔俯视。中国不乏生动的故事，关键要有讲好故事的能力；中国不乏史诗般的实践，关键要有创作史诗的雄心。我相信，我们这个时代的中国文学家、艺术家不仅有这样的雄心，而且有这样的能力，一定能创作出无愧于我们这个伟大时代、无愧于我们这个伟大国家、无愧于我们这个伟大民族的优秀作品。

“江山留胜迹，我辈复登临。”伟大的时代呼唤伟大的文学家、艺术家。广大文艺工作者要牢记使命、牢记职责，不忘初心、继续前进，同党和人民一道，努力筑就中华民族伟大复兴时代的文艺高峰！

最后，预祝大会圆满成功！

（新华社北京11月30日电，《人民日报》2016年12月1日第2版）

联合国教科文组织：《保护非物质文化遗产伦理原则》

巴莫曲布嫫 张玲 译

【译者按】联合国教科文组织保护非物质文化遗产政府间委员会（IGC）第十届常会于2015年11月30日至12月4日在纳米比亚温得和克市乡村俱乐部举行。会议期间，委员会为跟进保护非物质文化遗产政府间委员会和缔约国大会在往届会议上形成的相关决议和决定，尤其是鉴于“伦理示范守则专家会”的结论，审议并通过了《保护非物质文化遗产伦理原则》（Ethical Principles for Safeguarding Intangible Cultural Heritage，以下简称《原则》），进而以附件形式纳入第十届常会的决议（DECISION 10. COM 15. a）。该决议采纳了12项伦理原则，旨在防止对非物质文化遗产的不尊重和滥用，涉及道德层面、立法层面或是商业利用层面。该《原则》确认了相关社区、群体和个人在保护非物质文化遗产中的地位，重申了“尊重其意愿并使之事先知情和认可”原则的重要性，旨在尊重利益相关方，确保各方全面、公正地参与一切可能影响非物质文化遗产保护的过程、计划和活动的权利，同时承认社区在非物质文化遗产的保护和管理中的中心作用。兹将该《原则》的中文译稿刊布如下。

保护非物质文化遗产政府间委员会第十届常会（纳米比亚温得和克，2015年11月30日至12月4日）通过

保护非物质文化遗产伦理原则遵循2003年《保护非物质文化遗产公约》和现有的保护人权和原住民权利国际标准文书的精神而制定。这些原则代表一套富有启发意义的通用原则，获得广泛认可，可作为政府、组织和个人的优秀实践直接或间接地影响到非物质文化遗产，以确保非遗的存续力，并进而确认非遗对促进和平与可持续发展的贡献。作为2003年《保护非物质文化遗产公约》、实施《公约》操作指南和国家立法框架的补充，这些伦理原则可作为制定适用于地方和部门条件的特定道德准则和工具的基础。

1. 相关社区、群体和个人在保护其所持有的非物质文化遗产过程中应具有**主要作用**。

2. **社区、群体和个人**继续其各种实践、观念表述、表现形式、知识和技能以确保非物质文化遗产存续力之**权利**应得到承认和尊重。

3. **相互尊重**，以及对非物质文化遗产的尊重和相互欣赏，应在缔约国之间，社区、群体和个人之间的互动中蔚成风气。

4. 与创造、保护、延续和传承非物质文化遗产的社区、群体和个人的所有互动应以**透明**的合作、对话、协商和咨询为特征，并取决于**尊重其意愿、使其事先、持续知情并认可**的前提而定。

5. 应确保社区、群体和个人**有权使用**表现非物质文化遗产所需的器具、实物、手工艺品、文化和自然空间，以及纪念地，包括在武装冲突的情况下。接触非物质文化遗产的习惯做法应受到充分尊重，即使这些习惯做法可能会限制更广泛的公众接触。

6. 每一社区、群体或个人应评定其所持有非物质文化遗产的价值，而这种遗产**不应受到外部的价值或意义评判**。

7. 创造非物质文化遗产的相关社区、群体或个人应从源于该遗产，特别是社区成员或其他人对其使用、研究、立档、宣传或改编所产生的精神和物质利益的**保护中受益**。

8. **非物质文化遗产的动态和活态性**应始终受到尊重。本真性和排外性不应构成保护非物质文化遗产的问题和障碍。

9. 社区、群体，地方、国家和跨国的组织，以及个人对可能**影响**到非物质文化遗产的存续力或实践该遗产的社区的任何行动的直接和间接、短期和长期、潜在和明显的影响都应仔细评估。

10. 社区、群体和个人在确定**对其非物质文化遗产构成威胁**，包括对非物质文化遗产的去语境化、商品化及歪曲，并决定怎样防止和减缓这样的威胁时应发挥重要作用。

11. **文化多样性**及社区、群体和个人的认同应得到充分尊重。尊重社区、群体和个人的价值认定和文化规范的敏感性，对**性别**平等、**青年人**参与给予特别关注，**尊重民族认同**，皆应含括在保护措施的制定和实施中。

12. 保护非物质文化遗产是**人类的普遍利益**，因而应通过双边、次区域、区域和国际层面的各方之间的合作而开展；然而，绝不应使社区、群体和个人疏离于其自身的非物质文化遗产。

本文系联合国教科文组织保护非物质文化遗产政府间委员会第十届常会决议（DECISION 10. COM 15. a）之附件；原文可从以下网址获取：
http：//www. unesco. org/culture/ich/en/decisions/10. COM/15. a

（原载《民族文学研究》2016 年第 3 期，后经译者修订）

联合国教科文组织《保护非物质文化遗产伦理原则》：绎读与评骘

朝戈金

【摘要】针对联合国教科文组织于2015年通过的《保护非物质文化遗产伦理原则》这一国际文件及其出台的背景，梳理该政府间组织在文化遗产领域先后颁布的相关国际文书，就《保护非物质文化遗产公约》的伦理维度和实践进路作概要性的解读、评述和分析，进而反观《公约》实施以来全球范围出现的若干横向问题及其伦理关切，兼谈国内非物质文化遗产保护面临的伦理选择和能力建设走向。

2015年12月4日是一个值得标注的非常时刻。联合国教科文组织（UNESCO）保护非物质文化遗产政府间委员会（IGC－ICH，下称“委员会”）在其第十届常会上（纳米比亚温得和克市）审议并通过了《保护非物质文化遗产伦理原则》（Ethical Principles for Safeguarding Intangible Cultural Heritage，以下简称“十二条伦理原则”）[①]。这是联合国教科文组织在文化遗产领域推动形成的又一份重要的国际文件，正式为2003年通过的《保护非物质文化公约》（以下简称“2003年《公约》”，或“《公约》”）[②] 赋予了伦理维度，其纲领意义和指导作用将在地方、国家和国际层面的非物质文化遗产保护进程中日益凸显出来，也将为全球范围内的文化遗产保护和伦理实践提供可资深拓和发展的多向化路径。这里，笔者还想提及的是，中国民俗学会出席这次会议的代表团见证了该文件进入审议、辩论、修正和通过的全过程。这也是我们能够“近水楼台先得月”地了解并领会国际层面的相关进展和委员会精神的一个契机。

一　从“老鹰之歌”到瓦伦西亚专家会议：伦理关切

1970年，美国歌手保罗·西蒙（Paul Simon）的一支单曲风行于世，很快人们就发现这首名叫《老鹰在飞》（El Condor Pasa）的歌实际上是一支玻利维亚民谣，后来也有人称

① 这份文件的中文译本已由长期在非遗领域工作且熟悉教科文组织工作语汇的两位同道完成，全文刊布在《民族文学研究》2016年第3期上。原文可从以下网页获取：http：//www.unesco.org/culture/ich/en/decisions/10.COM/15.A.

② UNESCO，Convention for the Safeguarding of the Intangible Cultural Heritage，2003. 中文订正本见 http：//unesdoc.Unesco.org/images//0013/001325/132540c.pdf，2016－07－16.

这首民歌在整个南美都有流传。[①] 1973 年 10 月 1 日，玻利维亚政府以其教育与文化部的名义向联合国教科文组织政府间版权委员会第 12 次会议提交了一份《保护民俗国际文书提案》[②]，此举后来便成为 2003 年《公约》的先声。此后未久，联合国教科文组织和世界知识产权组织（WIPO）便联手在世界范围内发起“保护民俗”（Protection of Folklore）的行动计划，两家共同拟定了示范条款的工作模型。该计划虽然历经各种波折并饱受诟病，但在 1989 年 11 月通过了《保护传统文化和民俗建议案》[③]。可以毫不夸张地说，玻利维亚政府的“权利主张”背后，实际牵涉着艺术家是否“挪用”或“滥用”该国民间文学艺术并使之商品化而获得非正当商业利益的伦理拷问。

公允地说，这份《建议案》也为晚近出台的“十二条伦理原则”奠定了至关重要的实践基础。所谓基础，特别是指在该《建议案》中，言及传统共同体——社区的地位和作用，言及民俗在传达文化认同和社区价值观方面的重要意义等，尤其是其中就“民俗的传播”已明确提出“鼓励国际科学共同体采纳一套**伦理准则**（a code of ethics），以确保以适当的方式对待传统文化并对之予以**尊重**”。作为联合国教科文组织的一份重要国际文书，《建议案》旨在敦促各国政府承担起保护传统文化和民俗的历史责任，同时呼吁“科学共同体”[④] 提供必要的伦理支持和道义协助，以推动这种保护。从玻利维亚提案的未通过到“十二条伦理原则”的出台，我们或许能够找到一条潜在的线索，那就是对民间文学艺术和非物质文化遗产的商业利用、挪用和滥用，从一个国家蔓延为全球性的普遍关切，尤其是 2003 年《公约》实施以来，各国非物质文化遗产的存续力在得到进一步保护的同时，也随着可见度的日益提升而遭遇各种各样的威胁和挑战，伦理方面形成的颉颃、矛盾和冲突也尤为突出。

《保护非物质文化遗产公约》正式生效于 2006 年，《实施〈保护非物质文化遗产公约〉的操作指南》（以下简称“操作指南”）则于 2008 年颁布，此后还经过多次修正。[⑤]

---

① 1913 年，秘鲁作曲家达尼埃尔·阿洛米亚·罗布莱斯（Daniel Alomia Robles）按照安第斯山区流传的这支民谣谱写成曲；近些年，秘鲁政府宣布这首名曲为该国的国家文化遗产。

② Proposal for International Instrument for the Protection of Folklore，LA –73/CONF. 005/12.

③ UNESCO，Recommendation on the Safeguarding of Traditional Culture and Folklore，1989. 在联合国教科文组织的官方文件中又译作“《保护民间创作建议书》”，而世界知识产权组织则一直将其中的关键概念“folklore”译为“民间文学艺术”，有时也以“传统表达形式”替换之。有关 1989 年《建议案》与 2003 年《公约》的内在关联，参见巴莫曲布嫫《非物质文化遗产：从概念到实践》，载《民族艺术》2008 年第 1 期，亦见安德明《非物质文化遗产保护：民俗学的两难选择》，载《河南社会科学》2008 年第 1 期。

④ “科学共同体”这一概念的提出由来已久，但发展到今天，也可以理解为“学术共同体”。在非物质文化遗产领域，民俗学正是其学科根基。参见巴莫曲布嫫《非物质文化遗产：从概念到实践》，载《民族艺术》2008 年第 1 期。诚然，在欧美一些国家，民俗学与人类学或民族学也难分畛域。

⑤ UNESCO，Operational Directives for the Implementation of the Convention for the Safeguarding of the Intangible Cultural Heritage.《公约》于缔约国大会第二届会议（2008 年 6 月 16 ~19 日，法国巴黎）通过，第三届会议（2010 年 6 月 22 ~24 日，法国巴黎）、第四届会议（2012 年 6 月 4 ~8 日，法国巴黎）及第五届会议（2014 年 6 月 2 ~4 日，法国巴黎）修正。该文件又译作《实施〈保护非物质文化遗产公约〉的业务指南》，本文采纳经文化部认定的译法“操作指南”。http：//www. Unesco. org/culture/ich/en/directives，2016 –07 –12.

虽然在指导多元化行动方保护非物质文化遗产的努力方面，不论是《公约》还是其《操作指南》都未提供专门的伦理方针或具体的行为规范，但伦理关切在《操作指南》的某些章节中已形成相应的表述，比如第93段规定，“经认证的非政府组织应遵守适用的国内、国际法律和**伦理标准**（ethical standards）”①；再如第103段规定，“鼓励缔约国制定并通过基于《公约》和本业务指南各项规定的**伦理准则**（codes of ethics），确保以适当方式提高对其各自领土上存在的非物质文化遗产的认识”。2012年，保护非物质文化遗产政府间委员会在其第七届常会上要求联合国教科文组织《公约》秘书处“启动伦理示范准则工作并在其下一届常会上报告”（DECISION7. COM6）。这一要求是在辩论语境中提出的，一则围绕非物质文化遗产日益面临的威胁——包括**商业化、商品化和去语境化**——出现了越来越多的关切，二则反映了缔约国在履约过程中急需伦理方法及其指导方针的诉求。

为响应委员会的要求，秘书处于2015年3月30日至4月1日在西班牙巴伦西亚组织了一次专家会议。来自教科文组织6个选举组的11名专家（包括5名女性）以个人身份参与其间，而2003年《公约》秘书处（下称“秘书处”）主持讨论的项目官员普罗山（Frank Proschan）博士，时任联合国教科文组织文化遗产处非遗科项目实施的负责人，兼有人类学和民俗学的专业背景。会议分为4个专场：（1）应当纳入非物质文化遗产伦理示范准则的《公约》核心价值观；（2）非物质文化遗产伦理准则的一般范围；（3）应纳入道德准则的具体伦理原则；（4）为非物质文化遗产编制一份示范准则和由示范准则到具体准则的可能性流程。在每个专场中，专家们应邀讨论了制定伦理准则的诉求及其相关性，并从内容、类型、对象和特殊性等方面就一份可能的示范准则形成了意见的分享和讨论。这些专家来自多个学科领域，且兼具性别视角，同时也代表了范围广泛的专门知识、经验（如人类学、传播、发展、文化遗产、知识产权和法律）及部门（政府、学术机构、非政府组织及政府智库），在一定程度上反映了多元化的利益相关方（stakeholders）和行动方（actors）的立场和声音，为伦理示范准则及其适用范围应涵括的核心价值观提供了不同的见解和新观点。以上便是《保护非物质文化遗产伦理原则》出台的直接背景。截至目前，秘书处已经按委员会的要求，在2003年《公约》的专用网站上开通了作为在线工具包的“伦理与非物质文化遗产”专栏，提供了“十二条伦理原则”及其出台的相关背景、工作目标及参考资料的简要说明，② 以达传播和推广之效。

二 核心价值观：保护理念与伦理维度

2003年《公约》语言简明精审，约文却举重若轻，最能体现联合国教科文组织的文书特征。该《公约》的约文正本开宗明义，将其宗旨概括为以下四条：（一）**保护**非物质文化遗产；（二）**尊重**有关**社区、群体和个人**的非物质文化遗产；（三）在地方、国家和国际一级**提高**对非物质文化遗产及其**相互欣赏**的重要性的**意识**；（四）开展**国际合作**及提

① 需要说明的是，在《操作指南》中文本中，将“ethics”或其形容词格“ethical”一律译作“道德”或“道德的”，应当予以矫正。

② UNESCO, Ethics and Intangible Cultural Heritage, http://www.unesco.org/culture/ich/en/ethics-and-ich-00866, 2016-07-15.

供**国际援助**。可以认为，这四条宗旨充分体现了《公约》的核心价值观。《公约》旨在保护非物质文化遗产，促进文化多样性、人类创造力、相互理解和国际合作，在定义、施行、保护和传承其非物质文化遗产等方面，格外强调实践者和传承人及其所在社区的核心作用。因此，保护（safeguarding）、尊重（respect）、提高意识（awareness - raising）、相互欣赏（mutual appreciation），以及国际合作与援助（international cooperation and assistance）皆应成为保护实践的关键词。在《公约》的框架下，围绕这些关键词所体现的核心价值观制定的《公约》条文，也是以这四条宗旨为目标和指引的。那么，从《公约》宗旨中的几组关键语汇便能把握其中的基本保护理念，也就能理解其有关“非物质文化遗产”的定义和有关“保护”的实施方略所蕴含的核心价值观。当然，话是这么讲，但从认识到理解再到行动，其复杂程度远远超出了所有人的预期，包括《公约》起草人。作为国际标准文书，《公约》约文只能言简意赅，而各缔约国的履约则大都显现出种种步履蹒跚的复杂样态。这其间就有太多的伦理险境或伦理陷阱。

言归正传。我们对“十二条伦理原则”的词频进行的统计结果表明，“**社区**”出现过14次，在十二条原则中仅有第八条除外；与此同时，“**尊重**”二字出现了9次，涉及相关的六条原则。由此生发的一整套核心价值观可以概括为“五个符合”，即符合确保社区、群体和个人应有的中心作用这一根基性立场，符合现有国际人权文件的精神，符合相互尊重的要求，符合可持续发展的需要，符合人类的整体利益和共同关切。正是在这些核心价值观的引导下形成了“十二条伦理原则”这一整体性纲领，由此为地方、国家和国际层面的非物质文化遗产保护进一步夯实了道义行动的观念基石，也为更好地实施《公约》及其《操作指南》赋予了不可或缺的伦理维度。

下面，我们围绕2003年《公约》定义所蕴含的三组基本价值观，同时结合《公约》基础文件、联合国教科文组织及联合国系统的相关国际文书，① 以及若干独立专家的专题研究报告，对“十二条伦理原则”的设计意图和工作目标及其体现的《公约》核心价值观，② 进行撮要性绎读和解析。

价值观一：确保社区在保护进程中应有的中心作用

“非物质文化遗产”在2003年《公约》中被明确定义为“被**各社区、群体，有时是个人，视为其文化遗产组成部分**的各种社会实践、观念表述、表现形式、知识、技能以及相关的工具、实物、手工艺品和文化场所”。这便将“非物质文化遗产”的价值认定通过《公约》这一国际法文件正式**赋权**给了遗产的持有人，也就是我们通常所说的传承人和实践者，以及他们所属的社区和群体。③ 因此，“非物质文化遗产”以相关社区、群体和个

① 本文引述的相关国际文书大都直接来自联合国教科文组织或联合国在线数据库，由于篇幅所限，不再一一列出每个文件的网址。

② 这里需要说明的是，就核心价值观的分类阐述，笔者参考了秘书处为瓦伦西亚专家会议准备的讨论文件（UNESCO, ITH/15/EXP/2, Paris, 20 February, 2015），但并不限于这个工作文件（working paper）本身，尤其是其中的个别观点本人也不完全同意。

③ “相关社区、群体，有时是个人”这一表述是教科文组织的工作语汇，也是2003年《公约》的关键用语之一。为行文方便，我们采取俭省一些的方式来指代，比如“相关社区、群体和个人”，这也是国内相关文件在翻译中采纳的表述。文中的“相关社区”或“社区参与”等省略表达，也多用于指代非物质文化遗产的持有人，包括社区、群体和个人。

人的**自我授权**为特征，保留了文化创造者、传承者和实践者群体对其自身的文化遗产予以界定的权利，这与《保护世界文化和自然遗产公约》（1972）框架下的“专家认定”或“专业组织认定”是迥异的，但与1989年《建议案》则一脉相承，体现了保护立场的历史性调整。按照芬兰民俗学家劳里·航柯（Lauri Honko）的说法，这是经过几十年的发展，从事文化遗产保护的学者，已经从高高在上享有某些特权的“精英”人士变为普通人了。① 换言之，学者或专家不再居高临下地去看待民间文化，而把价值认定的权利归还给了非物质文化遗产的持有人和实践者及其所属的社区和群体。这也是学科、社会、文明发展带来的深刻变化。

说到底，非物质文化遗产作为一种文化事实不能离开人这一实践主体而独立存在，其**存续力**（viability）的维系取决于这种活形态遗产之于社区的社会功能和文化意义；而离开相关社区、群体或个人——实践主体——就不存在《公约》所定义的“非物质文化遗产”。毋庸置疑，非物质文化遗产由相关社区、群体或个人来展现、传递和传承，也只有社区、群体或个人才能决定什么是他们的遗产。这与《公约》“前言”也形成了呼应。“各社区，尤其是原住民、各群体，有时是个人，在非物质文化遗产的生产、保护、延续和再创造方面发挥着重要作用，从而为丰富文化多样性和人类的创造性做出贡献”。“相关社区、群体和个人在保护其所持有的非物质文化遗产过程中应发挥**主要作用**”（原则一）便由此确定，进而《公约》以社区为本的根基性立场也作为首要原则确立了一整套伦理原则的基本导向。

《公约》对非物质文化遗产的“保护”也作出了明确的定义：“保护”是指“采取**各种措施**，确保非物质文化遗产的生命力（应为‘存续力’——作者注），包括这种遗产各个方面的确认、立档、研究、保存、保护、宣传、弘扬、传承（主要通过正规和非正规教育）和振兴”。《公约》第三章对各缔约国义务是这样规定的：“采取必要措施确保其领土上的非物质文化遗产受到保护；在第二条第三款提及的保护措施内，由各社区、群体和有关非政府组织参与，确认和确定其领土上的各种非物质文化遗产。”也就是说，社区参与应贯穿整个保护的全过程及各方面，尤其是在“**确认和确定**”方面，这里同时述及的还有“非政府组织”如专业学会、行业组织、社区协会等等非官方力量的参与。后文我们还会涉及这个话题。

《公约》第十五条进一步强调了社区、群体或个人在非物质文化遗产保护中的首要地位：“缔约国在开展保护非物质文化遗产活动时，应努力确保创造、延续和传承这种遗产的社区、群体，有时是个人的最大限度的参与，并吸收他们积极地参与有关的管理。”也就是说，在国家层面上，确保社区的广泛参与是每一个缔约国的法定义务，而且对这些国家的非遗主管部门和保护机构当形成更大的约束力。因此，缔约国应该创造条件并形成机制确保社区、群体和个人参与和管理他们自身的非物质文化遗产，这是“保护”的题中应有之义，也是“十二条伦理原则”的出发点，当用以指导所有参与保护非物质文化遗产的相关行动方。

价值观二：符合现有国际人权文件的精神，符合相互尊重的需要，符合可持续发展的要求

《公约》第二条第一款“定义”中规定，“在本公约中，只考虑符合现有的国际人权

① Lauri Honko, “Do We Need a Folkloristic Code of Ethics?” FFN21, March 2001: 2-7.

文件，各社区、群体和个人之间相互尊重的需要和顺应可持续发展的非物质文化遗产"。这句话的背后蕴含着三种伦理价值的深意。换言之，这里的"符合"一词同时限定了三个条件，也就蕴含了三个层面的伦理关切，进一步界定了"非物质文化遗产"的范围。这句话看似简单，但不得不说是步步为营、逻辑缜密、滴水不漏。

其一，非物质文化遗产须符合现有的国际人权文件。但凡不符合"现有的国际人权文件"的任何非物质文化遗产，都不在2003年《公约》定义或据其定义的保护范围之内。虽然《公约》述及但未穷举国际社会业已公认的各种人权基本原则，但从《公约》出台的背景到"十二条伦理原则"的通过，我们不难发现联合国教科文组织在文化遗产领域所遵循的一贯立场，保护非物质文化遗产的伦理准则也必须尊重这些人权原则。因此，"**社区、群体和个人**继续其各种实践、观念表述、表现形式、知识和技能以确保非物质文化遗产存续力之**权利**应得到承认和尊重"（原则二），不仅体现了《公约》的根基性立场（如第二条和第十五条），也是基于一系列国际人权文件的精神。"十二条伦理原则"开篇也对此作出了回应："《保护非物质文化遗产伦理原则》遵循2003年《保护非物质文化遗产公约》和现有的保护人权和原住民权利国际标准文书的精神而制定。"

那么，哪些国际人权文件应纳入基本的参照范围呢？一则可以按照《公约》"前言"述及的相关国际文书从整体上加以理解，这就包括《世界人权宣言》(1948)、《经济、社会及文化权利国际公约》(1966) 和《公民权利和政治权利国际公约》(1966)；二则可以从该组织在文化领域颁布的相关国际基础文书上来深化我们对基本人权文件的认识。目前，全球范围内对维护文化多样性的关切日益增长，也需要人们更全面地探究2003年《公约》与相关国际标准文书之间的关系。虽然其中的若干法律文书比《公约》出台要晚一些，但国际人权领域近年来的发展，比如说联合国的《残疾人权利公约》(2006) 和《联合国土著人民权利宣言》(2007) 的通过，对2003《公约》也有相互促进和相互支撑的作用。因此，在讨论"十二条伦理原则"的同时，需要结合相关的国际人权文书加以分析。这里，我们应当述及的一份重要文献是联合国大会通过的《联合国土著人民权利宣言》①。

该宣言承认土著人民②免受文化歧视的平等人权，努力促进土著人民和各国间的相互尊重及和谐关系。其中第三十一条第一款阐明如下："土著人民有权保持、掌管、保护和发展其文化遗产、传统知识和传统文化表现形式，以及其科学、技术和文化表现形式，包括人类和遗传资源、种子、医药、关于动植物群特性的知识、口述（头）传统、文学作品、设计、体育和传统游戏、视觉和表演艺术。他们还有权保持、掌管、保护和发展自己对这些文化遗产、传统知识和传统文化表现形式的知识产权。"第三十一条第二款进一步规定："各国应与土著人民共同采取有效措施，确认和保护这些权利的行使。"回观《公

① United Nations Declaration on the Rights of Indigenous Peoples, 2007, p. 8.

② indigenous people，又译作"原住民""土著人""土著居民"。一般认为，土著人民是指在外来族群到来之前，祖祖辈辈繁衍生息在一个国家或地区的人民，如美洲的印第安人、大洋洲的毛利人和靠近北极圈的因纽特人等，我国台湾地区的少数民族也往往被称作"原住民"。据估计，世界上共有3亿7000万土著人，分布在90多个国家和地区。联合国系统近年来的数据分析发现，许多土著人民生活在贫困之中，大约占世界贫困人口15%。参见 http://www.un.org/chinese/News/story.asp? NewsID = 23848, 2016 - 08 - 25.

约》“定义”一节，非物质文化遗产从整体上被划分为五大领域：（1）口头传统和表现形式，包括作为非物质文化遗产媒介的语言；（2）表演艺术；（3）社会实践、仪式和节庆活动；（4）有关自然和宇宙的知识和实践；（5）传统手工艺。这些领域与《联合国土著人民权利宣言》所界定的“传统知识、传统文化表现形式和遗传资源”大部分重合，比如关于传统医学。后者第二十四条规定：“土著人民有权使用自己的传统医药，有权保持自己的保健方法，包括保护他们必需的药用植物、动物和矿物。”2003 年《公约》界定的“有关自然和宇宙的知识和实践”便覆盖了传统医学知识及其相关的实践。

其二，非物质文化遗产须符合社区、群体和个人之间相互尊重的需要。这一价值取向以联合国教科文组织于 2001 年制定的《世界文化多样性宣言》为基石，即“在相互信任和理解氛围下，尊重文化多样性、宽容、对话及合作是国际和平与安全的最佳保障之一”。该《宣言》所倡导的文化之间的真诚对话，唯有相互尊重的原则在地方层面（社区、群体和个人）和国家层面都成为保护活动的导向，国际层面的人类和平愿景才能实现。《公约》第一条也提醒我们，这样的相互尊重，不仅仅基于人与人之间的尊重，而且也基于对非物质文化遗产的相互尊重和相互欣赏。那么，从“**相互尊重**以及对非物质文化遗产的尊重和相互欣赏，应在缔约国之间，社区、群体和个人之间的互动中蔚成风气”（原则三），到“与创造、保护、延续和传承非物质文化遗产的社区、群体和个人的所有互动应以**透明**的合作、对话、协商和咨询为特征，并取决于**尊重其意愿，使其事先、持续知情并同意**的前提而定”（原则四）也就顺理成章，且彼此映照。

这两条原则从“**尊重**”到“**相互尊重**”为如何实现彼此尊重提出了“互动”的原则。一则，合作、对话、协商及咨询是基本的互动方式但当保持“透明”，方能达成相互之间的理解；二则，这样的互动须以“自愿事先知情同意”为前提，且须以保持持续性知情和同意为条件。“自愿事先知情同意”（free，prior and informed consent，FPIC）是“事先知情同意”（prior informed consent，PIC）的发展，其中的伦理关切不仅意味着权利，也意味着责任，同时诉诸互动中的有关各方，但得以尊重社区的选择为导向。[①]“事先知情同意”这一原则从概念上讲最早来自医学伦理，即病人有权在完全了解某种治疗的利弊之后决定是否接受这种治疗。后来，作为专业伦理和职业操守进入相关领域的许多学科，尤其是那些与人打交道的学科，包括民俗学、人类学和社会学等平行学科。该原则同样为若干国际标准文书采纳。《世界人类基因组织与人权宣言》（1997）第五条述及，在所有针对某个人的基因组的研究、治疗或诊断中，应当对潜在危险和益处进行评估，并“均应得到有关人员的事先、自愿和明确同意”。联合国教科文组织《世界生物伦理与人权宣言》（2005）的第 6 条规定，涉及“预防性、诊断性或治疗性的医学措施”或“科学研究”时，需要“当事人事先、自愿地作出知情同意”。再如，教科文组织《生物多样性公约》（1992）第十五条第五款对遗传资源的获取作出如下规定：“须经提供这种资源的缔约国事先知情同意，除非该缔约国另有决定。”《生物多样性公约关于获取遗传资源和公正和公平分享其利用所产生惠益的名古屋议定书》（2010）第十六条第一款规定：“缔约方应酌情采取适当、有效和适度的立法、行政或政策措施，以便规定，其管辖范围内所

---

① 在我国的非物质文化遗产保护实践中，将“free”这一原义为“自由的”一词按中文表述习惯译为“尊重其意愿”，在“十二条伦理原则”中也采纳了这一译法。考虑到该原则通用的国际语境，具体怎么译更妥帖，尚可进一步商榷。

利用的与遗传资源相关的传统知识，须遵照土著和地方社区的事先知情同意或批准和在其参与下予以获取，同时规定，须依照此种土著和地方社区所在其他缔约方的国内获取和惠益分享立法或管制要求订立共同商定的条件。”在国际文化政治领域，“自愿事先知情同意”这一多重限定的术语也已成为普遍的工作原则，比如执行土著人民参与决策以及参与制定、实施和评价对其有影响的项目（《联合国土著人民权利宣言》第三十二条第二款），须遵循事先知情同意原则。①

自2003《公约》及其《操作指南》实施以来，“**尊重其意愿，使其事先知情并同意**”这一原则落实到了具体的行动中，主要包括项目申报和定期履约报告的证据提供。比如，缔约国不论是向委员会提交列入“人类非物质文化遗产代表作名录”和“急需保护的非物质文化遗产名录”的项目申报，还是推荐项目、计划或活动参加“优秀保护实践名册”的遴选，乃至向非物质文化遗产基金申请国际援助，都需要提供社区知情同意的相关证明，即“申报该遗产项目尊重相关社区、群体或个人的意愿，经其事先知情同意，这既可通过书面或音像形式，也可通过根据缔约国法律制度及相关社区和群体丰富多样性所采取的其他方式予以证明。委员会欢迎通过不同的方式表达或证实社区的同意，不强求标准或单一的声明形式。此类事先知情同意的证明应译成委员会的工作语言之一（英文或法文），并提供相关社区的原始语言材料（如其使用的语言非英文或法文）。随表附上证实此类同意的信息，并在此处注明所提供的资料及其形式。”② 这便是工作层面上业已成形的具体实践方略。“原则四”更进一步要求“**持续**知情并同意”，也就是说，相关的保护活动包括“申遗”这样的国家行为，都应当创造一种透明的、不间断的互动机制，确保相关社区、群体和个人自始至终地全面参与保护和管理自身的非物质文化遗产。各缔约国在具体的操作层面上则采纳各种各样的“证据提供”，常见的方式有书面证明、视频证明，前些年还有提交实物证明的例子。在被退回补充信息的项目中，因为社区知情同意证明未能通过审查的例子也不在少数。

这里值得提醒的是，“**相互尊重**”还隐含着平衡相关利益方的内在诉求。一方面，获得和享有文化遗产权利是人权的构成部分，③ 也是大量国际人权文书的基础，更是《公约》的立足点之一，缔约国当承担确保各利益相关方获得非物质文化遗产的责任；另一方面，“相互尊重”也要求对获取这种遗产的特殊方面的习俗做法予以尊重（《公约》第十三条第四款第二点的规定），也就是需要来自遗产社区外部的相关行动方尊重社区内部特定的传统实践和惯例做法，尤其是被视为隐秘和神圣的方面（《操作指南》第101段d条）。因而，“应确保社区、群体和个人**有权使用**表现非物质文化遗产所需而存在的器具、实物、手工艺品、文化和自然空间以及纪念地，包括在武装冲突的情况下。接触非物质文

① 亦见联合国发展组《土著人民问题指导方针》（United Nations Development Group, Guidelines Related to Indigenous Peoples）。

② 这段文字引自文化部外联局国际处翻译的ICH－02－2016申报表4.b表项说明。

③ 2011年，文化权利领域独立专家法里达·沙希德（Farida Shaheed）根据人权理事会第10/23号决议提交的一份报告（A/HRC/17/38），探讨了获取和享有文化遗产在多大程度上构成国际人权法的一部分。这位专家在强调需要以基于人权的方法处理文化遗产问题时，从人权的角度探讨了文化遗产的概念，并列出了与文化遗产有关的人权问题清单。参见Farida Shaheed, The Right of Access to and Enjoyment of Cultural Heritage, A Report of the Independent Expert in the Field of Cultural Rights, 2011.

化遗产的习惯做法应受到充分尊重，即使这些习惯做法可能会限制更广泛的公众接触”（原则五），与前述关注社区、群体和个人的中心地位是一致的，这个价值观肯定了他们有获得自己文化遗产的优先权，即使这种优先考虑有时会限制其他人的获得，这依然是以社区为本的伦理选择。

“相互尊重”的进一步引申，也是对“人类文化多样性”的尊重。这一价值观与《世界文化多样性宣言》（2001）[①] 在基本精神和立场上是相衔接的。“文化多样性是交流、革新和创作的源泉，对人类来讲就像生物多样性对维持生物平衡那样必不可少。从这个意义上讲，文化多样性是人类的共同遗产，应当从当代人和子孙后代的利益考虑予以承认和肯定。”捍卫文化多样性是伦理道义，离不开对人的尊严的尊重。“每个人都应当能够参加其选择的文化生活和从事自己所特有的文化活动，但必须在尊重人权和基本自由的范围内。”《公约》同样认为非物质文化遗产是文化多样性的源泉，相关缔约国对促进文化多样性负有同样的义务，这就意味着非物质文化遗产的不同表现形式之间的绝对平等（只要符合第二条第一款中的定义），也意味着任何类别的等级化都是不当之举。“每一社区、群体或个人应评定其所持有的非物质文化遗产的价值，而这种遗产**不应受制于外部的价值或意义评判**”（原则六），蕴含的基本理念就是平等，同时要尊重差异，因为正是差异才构成多样性的人类文化的多样性；而文化多样性为平等、人权和自决权原则所要求。

在联合国教科文组织2000年发布的《世界文化报告——文化的多样性、冲突与多元共存》中能更清楚地看到，该组织在倡导和践行文化多样性理念时，其核心价值观是明晰的，也是一以贯之的。报告的第一章在引述“文化多样性”与“文化创造力”的相互关系时认为，世界文化并非由马赛克构成，而是一条由不同文化支流混合而成且奔流不息的“七彩长河”，这是受到威尔逊·曼德拉关于“七彩之国”的启发。报告认为，虽然文化差异日益成为冲突的原因，但冲突并不一定是发展的障碍。问题在于政府如何将差异作为一种建设性而不是破坏性的力量来处理，并加以引导。“如果文化的多样性是人类精神创造无法抑制的表达，那么差异的创造就同样是不可动摇。没有任何力量能压制和窒息它。然而政府和社会风俗习惯对差异所界定和采取的方法，决定了差异是导致更全面的社会创新，还是导致暴力和排斥。”[②] 第六条原则强调的是每个社区、群体或个人都应当认识和珍视自己的非物质文化遗产，任何外部对其价值或赋值的评判都有背《公约》精神；既要承认差异，也要尊重差异，就是尊重并促进文化多样性。所以，对于非物质文化遗产的保护，就同时具有不同文化之间彼此欣赏、交流、借鉴和共享，消除不同文化之间的误解和歧视，增进人类和平的意义。这样的基本意涵，反复出现在联合国教科文组织所主导的若干彼此有关联的重要文献中。[③] 2014年3月27日，习近平总书记在联合国教科文组织巴黎总部发表演讲时指出：“文明因交流而多彩，文明因互鉴而丰富。文明交流互鉴，

---

① 联合国教科文组织：《世界文化多样性宣言》，2001年。http：//unesdoc. unesco. org/images/0012/001246/124687c. pdf#page = 84，2016 - 07 - 15.

② 联合国教科文组织编《世界文化报告——文化的多样性、冲突与多元共存》，关世杰等译，北京大学出版社2002年版，绪论部分。

③ 例如，2005年联合国教科文组织在文化领域通过了又一个重要的国际标准文书《保护和促进文化表现形式多样性公约》，以解决2003年《公约》未能覆盖的文化创意和文化产品等诸多有关文化多样性与可持续发展的关键问题。

是推动人类文明进步和世界和平发展的重要动力。"① "文明交流互鉴"这一重要思想的提出，也是中国智慧对促进人类文化多样性的积极贡献。

其三，非物质文化遗产须符合可持续发展的要求。这一价值取向同样是对《公约》对"非物质文化遗产"范畴的进一步限定。也就是说，对非物质文化遗产当符合可持续发展的要求，正如《公约》承认非物质文化遗产是文化多样性的熔炉，又是可持续发展的保证（"序言"部分）。"可持续发展"的最初定义见于著名的《布伦特兰报告》（Brundtland Report，1987）中，可持续发展是满足目前的需求又不损害子孙后代满足其自身需求的能力的发展。② 10年后，这一核心原则在联合国教科文组织通过的《当代人对后代人的责任宣言》（1997）中得到重申。其中指出："当代人有责任使当代人和后代人的需要和利益受到充分的保护。"③ 因此，基于可持续发展的诉求及其间凸显出来的代际责任原则，也引导了保护非物质文化遗产的伦理考量，同时也是实现代际传承的动力所在。

不同社区、群体和个人的文化表达具有独特价值和意义，有助于丰富人类文化的多样化景观，也因此有助于人类的和平和可持续发展。围绕"可持续发展"这一人类社会的普遍诉求，"十二条伦理原则"形成了如下若干条彼此互为关联并互为限定的条文：创造非物质文化遗产的社区、群体或个人应从源于这类遗产的精神利益和物质利益的**保护中受益**，特别是社区成员或其他人对其使用、研究、立档、宣传或改编。（原则七）**非物质文化遗产的动态性**和活态性应始终受到尊重。本真性和排外性不应构成保护非物质文化遗产的问题和障碍。（原则八）社区、群体及地方的、国家的和跨国的组织，还有个人，对可能**影响**到非物质文化遗产的存续力或实践该遗产的社区的任何行动的直接和间接、短期和长期、潜在和明显的影响都应仔细评估。（原则九）社区、群体和个人在确定**对其非物质文化遗产构成的威胁**，包括对非物质文化遗产的去语境化、商品化及歪曲，并决定怎样防止和减缓这样的威胁时应发挥重要作用。（原则十）

实际上，这四条原则的并置也进一步回应了《操作指南》的相关实施细则。在"鼓励所有各方谨慎从事，确保提高认识的行动"一节中，该指南102段提出：（1）**不使**非物质文化遗产的相关表现或表达形式脱离其语境（decontextualization，即原则十述及的"去语境化"——作者注）或背离其本质；（2）**不给**相关社区、群体或个人贴上与当代生活脱节的标签，也不以任何方式损害其形象；（3）**不为**任何基于政治、社会、种族、宗教、语言或性别的歧视提供辩护；（4）**不助长**对相关社区、群体或个人的知识和技能的盗用或滥用；（5）**不导致**将危及相关非物质文化遗产的过度商业化或不可持续的旅游开发。

---

① 习近平《在联合国教科文组织总部的演讲》，联合国教科文组织总部，2014年3月27日。http://news.xinhuanet.com/politics/2014-03/28/c_119982831_2.htm，2016-07-22.

② UN-WCED，Report of the World Commission on Environment and Development：Our Common Future，1987. http://www.un-documents.net/our-common-future.pdf，2016-07-16. 该报告以牵头执笔人格罗·哈莱姆·布伦特兰（Gro Harlem Brundtland，时任联合国环境与发展委员会主席）的姓氏而为世人知晓。

③ UNESCO，Declaration on the Responsibilities of the Present Generations towards Future Generations，29 C/Resolution 44. Records of the General Conference，29th session，Paris，21 October to 12 November，1997，v. 1：Resolutions.

这段以“不”字打头的祈使句一贯而下，读来真有振聋发聩的语力。遗憾的是，我们发现许多行动方往往在保护的过程中既不认真领会《公约》的宗旨和精神，也不细读《操作指南》的行动方针，甚至长期使用已经废止的《公约》的中文文本。① 我们在文化部组织的相关培训中一向将以上的警示性建议归纳为**“五不行为守则”**——这五个“不”的提出，实际上已经构成非遗保护在实践层面的基本操守。不仅是在“提高认识行动”中，也是在非遗保护进程的各个环节上，是各利益相关方或各有关行动方都当遵从的基本行为规范，并应视作“谨慎从事”的伦理警钟。

《操作指南》的103段紧接着提出：“鼓励缔约国制定并通过基于《公约》和本操作指南各项规定的**伦理守则**（codes of ethics），确保以适当方式提高对其各自领土上存在的非物质文化遗产的认识。”对比《操作指南》的不同版本，我们可以看到早在2008年的第一版文本中，委员会就已经向缔约国提出编制此类行为规范的建议了。庆幸的是，“十二条伦理原则”的正式出台，再一次为缔约国的履约加强了积极采取伦理行动的信号。

那么，为确保相关社区、群体和个人的经济、社会及文化权利，《操作指南》则建议采取适当的法律措施，“缔约国应特别通过运用知识产权、隐私权和其他适当的法律保护形式，在提高对其非物质文化遗产的认识和从事商业活动时，努力确保创造、传承和传播该遗产的相关社区、群体和有关个人的权利得到应有的保护”（104段）。

当下，非遗保护面临的一大挑战是商品化、商业化，其带来的后果是对相关社区社会、经济和文化权利的剥夺，乃至形成知识产权的长期攫取。许多打着“保护”甚至“抢救性保护”名号的非遗“开发”、非遗“打造”、非遗“再生产”，往往就是伦理失范导致的滥用和破坏。实际上，《操作指南》就“与非物质遗产有关的商业活动”早已给出了导向明确的建议，即“某些形式的非物质文化遗产可能产生的商业活动和与非物质文化遗产相关的文化产品和服务贸易，可提高人们对此类遗产重要性的认识，并为其从业者带来收益。这些商业和贸易活动有助于传承和实践该遗产的社区提高生活水平，推动地方经济发展，增强社会凝聚力。然而，这些活动和贸易不应危及非物质文化遗产的存续力，而且应当采取各种适当措施，确保相关社区成为主要的受益方。这些活动可能影响上述非物质文化遗产的性质和存续力，尤其会影响各种仪式、社会实践或有关大自然和宇宙的知识等领域所展现的非物质文化遗产，因此应当予以特别关注”（116段）；“应当特别注意避免商业性滥用，以可持续方式管理旅游业，寻求商业方、公共管理和文化从业者利益之间的适当平衡，确保商业使用不歪曲非物质文化遗产之于相关社区的意义和本旨”（117段）。

诚然，来自“商业利用”方面的种种难题已然超出了2003年《公约》所覆盖的范围，但商业利用中必须以社区诉求和社区利益为导向，同时不危及非物质文化遗产的性质和存续力，当成为基本原则。1989年《建议案》出台后持续了10年之久的辩论结果，就是将相关问题移交给世界知识产权组织从国际法层面去应对和解决。1999年至今，世界知识产权组织在“民俗”也就是该组织沿用的“民间文学艺术”或“传统文化表达形式”方面所取得的立法进展，这里我们按且不表。但值得述及的是，今年5月30日至6月1日在巴黎召开的2003年《公约》缔约国大会第六届会议期间，讨论通过了《操作指

① 参见巴莫曲布嫫《从语词层面理解非物质文化遗产——基于〈公约〉“两个中文本”的分析》，载《民族艺术》2015年第6期。

南》的修正意见，并为该指南增加全新的第六章“在国家层面上保护非物质文化遗产与可持续发展”①。在这一新增章节中，伦理关切多次出现：“只要其发展计划、政策和方案涉及非物质文化遗产或可能影响其可行性，缔约国应努力……确保该等计划、政策和方案**尊重伦理考量因素**（respect ethical considerations），不对相关的非物质文化遗产的存续力产生负面影响，不脱离遗产的语境或改变其本质”（171 段 c 条）；“采取适当的法律、技术、管理和金融措施，包括**伦理准则**或**其他伦理工具**（codes or other tools of ethics），以促进和/或监管农业、捕鱼、狩猎、放牧、食物采集、准备及保存的知识和实践的使用，这些知识和实践在有些情况下被社区、群体和个人视为非物质文化遗产及利益平均分配的一部分，同时以确保这些知识和实践的传承”（178 段 b 条，食品安全）；“……鼓励缔约国尊重遗产性质和相关社区、群体和个人的具体情况，特别是其对集体或个人管理其遗产的选择，同时为其创造性表达提供必要条件并促进**公平贸易和伦理经济关系**（fair trade and ethical economic relations）”（184 段，包容性经济发展）。

关于可持续发展的议题有很多。非物质文化遗产中所承载的知识和技能往往都是世代传承的，是民众智慧累积式的发展资源，弥足珍贵。尤其是对于那些在其日常生活世界中依赖这种知识体系的社区、群体和个人来说具有不可替代的价值。当今人类面临的许多问题，从生态保护、气候变暖、环境恶化到土壤、草场、水资源管理，从灾害治理到减贫脱贫，乃至防止冲突和战争等棘手难题，往往在民间传承的知识体系和智慧管理中呈现出应对、平衡和发展的动力，尤其是乡土民间大都自有一套可持续性和适应性的积极方案。这也正是“西班牙地中海海岸的灌溉者法庭：穆尔西亚平原贤人委员会和巴伦西亚平原水法庭”② 在 2009 年被列入“人类非物质文化遗产代表作”名录的独特意义所在。在中国，我们也看到过类似的民间管理方案，比如东巴造纸传统资源共管会的在地实践。③ 地方的或社区的非物质文化遗产保护行动及其所依托的世代相承的经验值得汲取。在各国的履约过程中，这些典型案例也在某种意义上构成当下可被特定社区、同类遗产管理可资参考的行动方针。如果我们认真加以梳理、归纳和总结，也不难找到为今天乃至将来的非遗保护提供伦理行动导向且符合社区意愿和诉求的诸多前鉴。

在当下国际、国内的非物质文化遗产保护工作中，对非物质文化遗产的不尊重和滥用现象普遍存在。而《操作指南》提出的一系列鼓励性建议，也是前述四条原则的基本理据所在，尽管第六章有关“可持续发展”的增补晚于“十二条伦理原则”获得通过，但在酝酿过程中，二者几乎是同步的，不同之处仅是常会每年一次，而缔约国大会每两年一次。可以认为，这些原则性建议，环环相扣，每一环节的具体实施和落实都与如何保护和维系各民族文化多样性、文化创造力和文化自主权相关。

价值观三：符合人类的整体利益和共同关切

这一价值观直接引申自《公约》的前言，即保护非物质文化遗产是**人类的普遍意愿**

① 参见 http：//www. unesco. org/culture/ich/doc/src/ICH - Operational _ Directives - 6. GA - PDF - EN. pdf#p170，2016 - 08 - 25h.

② 委员会决议见 http：//www. unesco. org/culture/ich/en/decisions/4. COM/13. 70，2016 - 08 - 25.

③ 曾益群、郭占峰：《丽江市纳西族东巴纸调研报告》，刊于国际行动援助中国办公室编《保障弱势群体的公平受益——云南 6 个少数民族自治县文化产业化过程的利益分配问题研究报告集》，知识产权出版社 2009 年版，第 54—80 页。

和共同关切，而特定的社会实践、观念表述、表现形式、知识和技能依然是各自社区、群体或个人不可旁贷的责任，同时也承认在不同的社区存在着持续不断的借鉴和共享非物质文化遗产的事实。基于这个核心价值观，“**文化多样性**及社区、群体和个人的认同应得到充分尊重。尊重社区、群体和个人的价值认定和文化规范的敏感性，对**性别**平等、**年轻人**参与给予特别关注，**尊重民族认同**，皆应涵括在保护措施的制定和实施中”（原则十一），便是对当今各国普遍关切的若干问题的回应。除了文化多样性事关可持续发展外，性别平等、代际责任、少数民族群体的文化认同等都是较为突出的全球关切，也是联合国系统下相关政府间组织及其职能部门的优先考虑事项。性别问题一直以来都是教科文组织的优先事务之一，往往与非洲地区事务并置。在其机构部署中，每一部门都设有性别平等的专项事务，比如教育与性别、媒体与性别、信息技术与性别，等等。非物质化遗产与性别平等也是其文化遗产处非物质文化遗产科必须关注的重要议题之一。为此，该组织于2014年发布了《性别平等：遗产和创造力》的专题报告。①

说到“代际责任”，这里我们不妨回到《当代人对后代人的责任宣言》：“在充分尊重人权和基本自由的情况下，当代人应注意保护人类的文化多样性。当代人有责任确定、保存和保护物质及非物质文化遗产，并将这一共同遗产传给子孙后代。”（第七条，“文化多样性与文化遗产”）实际上，这是教科文组织官方文件中首次将物质遗产与非物质文化遗产进行对举的正式表述，早在2003年《公约》正式通过之前，而其提出的初衷正是为了强化人类共同的代际责任。至于年轻人的参与往往比我们想象得还要复杂。其中有几个突出问题，一是儿童的安全问题，二是雇用童工问题，三是强制儿童问题。这里的篇幅不容许举更多的例证逐一予以说明。我们仅须提及一个近年被退回的“代表作”申报项目。原因是某缔约国向委员会提交的一个项目在申报片中所展示的细节——将未成年人置于高空而未采取任何保护措施。尽管申报材料未作任何涉及，但一个镜头就足以让人们警觉青少年在参与非遗传承的过程中需要引以为戒的伦理警示。尽管其实践方式是基于传统的训练模式，但传统也需要加以审视和反思。如何确保孩子们在习得祖传技艺的同时保障其身心安全，这也是当代人对后代的责任之一。

联合国大会通过的《土著人民权利宣言》为保障世界土著人民的生存、尊严、福祉和权利确立了全球框架，以确保土著人民充分享有经济、社会和文化权利，这是实现基本尊严和生存的关键。少数民族群体的相应权利也同样是教科文组织195多个会员国和10个准会员国所表达的全球关切。尤其是近年来随着全球化趋势的加剧，原住民的利益问题与移民、流散民的生存权问题一道成为众多国家面对的文化冲突，其间夹杂着少数群体如何在融入可持续发展的同时保有平等、公正和自由选择的诸多难题。在伦理行动的多重“选择窗”中，原住民、少数民族的社会、经济和文化权利始终是全球事务的焦点之一。正是因为以上问题往往演变为冲突、对抗和战争，全球关切也就成为人类的普遍利益。在欧洲，这类冲突愈演愈烈，以致德国曾公开承认多元文化政策在本国的失败。但失败可能正是成功之母，俨如前述差异正是激发创造力的动能所在。非物质文化遗产被理解为能够

---

① 联合国教科文组织：《性别平等：遗产和创造力》(*Gender Equality*: *Heritage and Creativity*)，2014年。相关讨论详见康丽《非物质文化遗产保护与性别平等——基于〈保护非物质文化遗产公约〉及相关文书的讨论》，即将刊于《民族艺术》2016年第6期。感谢作者在本人完成这篇文章的过程中惠赐这篇论文的未刊稿。

推动文化多样性和不同文化间和平对话的积极资源。

联合国教科文组织很早就通过了《国际文化合作原则宣言》(1966)。在第3届文化部长圆桌会议上通过的《伊斯坦布尔宣言》(2002)指出，非物质文化遗产是构成世界各民族特性的重要因素，保护和发展非物质文化遗产对于促进人类文化的多样性，增强人类社会的凝聚力和推动社会的发展具有重要意义。宣言还呼吁世界各国遵循《世界文化多样性宣言》的原则，制定有关收集和整理非物质文化遗产的国家政策和相应的措施，同时在这一领域开展广泛的国际合作。在《世界文化多样性宣言》中，则列有“文化多样性与国际团结”部分。《保护非物质文化遗产公约》第五章的标题就是“国际合作与援助”。可见，促进国际文化对话和文明交流互动的国际合作，乃是近些年来联合国教科文组织的重要关切之一。

因此，2003年《公约》起草人摈弃了1972年《保护世界文化和自然遗产公约》的语言，即“作为一个整体的人类世界遗产”。但《公约》文本承认“保护人类非物质文化遗产是普遍的意愿和共同关心的事项”，而缔约国为此目的在双边、分地区、地区和国际各级开展合作（第十九条第二款）就是应尽的责任和义务，但与此同时不能让相关的社区、群体或个人疏离自身的遗产。因此，这一价值观回到了第一价值观，即社区、群体和个人在实践、传承和保护他们自身的遗产方面的首要作用。这便是以“保护非物质文化遗产是人类的**共同利益**，[①] 因而应通过双边、次区域、区域和国际层面的各方之间的合作而开展；然而，绝不应使社区、群体和个人疏离其自身的非物质文化遗产”（原则十二）来为整套“伦理原则”收尾的合理之处，达成了首尾呼应并内在一致的总动员之效。

写到这里，我们不得不说“十二条伦理原则”的设计、目标和方略是成功的，也是缜密的。但正如其“序言”所说：“这些原则代表一套鼓励性的总体原则，对政府、组织和个人可形成直接或间接影响非物质文化遗产的优秀实践，以确保非物质文化遗产的存续力，并由此确认非物质文化遗产对促进和平和可持续发展的贡献，因而获得广泛接受。作为2003年《保护非物质文化遗产公约》《实施〈公约〉操作指南》和国家立法框架的补充，这些伦理原则可作为制定适用于地方和部门条件的具体道德准则和工具的基础。”换言之，每一条原则都可以针对不同的使用语境和适用对象发展出具体的伦理守则，为参与非物质文化遗产的各行动方提供工具性的指导方针和行为规范。这也就是通常意义上的“伦理守则”如何制定的问题。而170个缔约国（截至2016年6月10日）的不同行动方可依据这“十二条伦理原则”的基本精神及其所体现的《公约》的核心价值观，针对不同的保护环节（至少涉及《公约》第二条所定义的九种措施）继续深化伦理关切，并将这些通用性原则付诸具体的行动和实践。

三　朝向未来的伦理行动

在12年前的中国，人们对于“非物质文化遗产”这个名词还知之甚少，如今“非

① 经与“十二条伦理原则”的译者讨论并取得认可，此处的英文是 general interest to humanity，译为“人类的普遍利益”更妥当，留待今后修订时再采纳。这里也代表译者作一更正。本文在写作过程中，也与中文版《保护非物质文化遗产伦理原则》两位译者进行过不间断的在线讨论，并吸纳了她们的意见和建议，这里特别申谢。

遗”作为一个概念已家喻户晓，并随着地方、国家和国际层面展开的保护实践及其空前的影响而日益深入人心。截至2015年底，中央财政投入非物质文化遗产保护专项经费共计42亿元。国务院批准公布了四批国家级非物质文化遗产名录共1372个项目；文化部命名了四批国家级非物质文化遗产项目代表性传承人共1986名，各省（区、市）批准公布了12294名省级非遗项目代表性传承人；设立了18个国家级文化生态保护实验区，公布了两批国家级非物质文化遗产生产性保护示范基地共100家企业和单位。与此同时，通过《保护非物质文化遗产公约》搭建的国际合作机制，我国有30个项目被列入“人类非物质文化遗产代表作名录”、7个项目被列入“急需保护的非物质文化遗产名录”、1个提案被遴选进入“优秀实践名册”。这些数字看似流水账，但确实说明国家层面长期以来对各民族文化遗产不遗余力地进行抢救、挖掘、整理、保护、传承和传播的具体实绩，传达出中国非物质文化遗产保护成果的主要指数。

众所周知，2003年《公约》通过政府间委员会执行，接受缔约国大会的控管，并由教科文秘书处协助各缔约国实施，包括其《操作指南》和国际合作机制（一个基金、两个名录、一个优秀实践名册，以及定期报告制度），也就是说，教科文组织搭建的这一平台给缔约国同时带来义务（即责任）和惠益（即权利）。《公约》作为保护非物质文化遗产的国际性多边文件，从法律上讲对缔约国都具有约束力。加入《公约》就意味着我们承诺遵守这一国际公约的相关规定，履行缔约国的责任和义务，并接受有关方面的监测。自2003年《公约》通过至今已经过去了12年，而自《公约》于2006年生效以来，其在国际层面上的履约工作也积累了9年的实践。与此同时，《中华人民共和国非物质文化遗产法》（2011年2月25日第十一届全国人民代表大会常务委员会第十九次会议通过）自2011年6月1日起实施。在国际法和国内法的双重框架下，如何有效地保护非物质文化遗产依然是学界和政府普遍关注、不断讨论乃至辩论的一个焦点。那么，在地方、国家和国际等不同层面开展的非物质文化遗产保护实践中，到底存在一些怎样的伦理问题？

对此，长期在国际层面参与非物质文化遗产保护工作的巴莫曲布嫫，立足于保护非物质文化遗产政府间委员会自其第四届常会以来的相关工作报告，按时间顺序和相关项对全球范围内普遍存在的“横向问题”（transversal issues）进行了如下归总。

（1）在保护的整个过程中社区的中心作用；（2）不当用词（本真性、真实性、原创性、杰出的、唯一的等等）；（3）商业利用中的经济导向与社区导向；（4）非文化目的保护和申报；（5）长期保护进程与短期效应；（6）性别平等；（7）可持续发展（解决冲突与建设和平，气候变暖与生态环境，可持续的旅游与促进地方旅游等）；（8）在非遗保护工作中可持续发展专家的参与；（9）青年与儿童；（10）能力建设；（11）原住民和少数民族；（12）全球性资源与跨界共享（族群关系、民族国家、移民、流散民、游牧传统等问题与多国联合申报）；（13）知识产权；（14）1972年《公约》与2003年《公约》之间的联系；（15）与空间、场所和手工艺品有关的非遗；（16）混淆2003年《公约》与2005年《公约》；（17）传承人与实践者；（18）多元行动方的参与，不局限于文化部门；（19）保护措施的“自上而下”“去语境化”或“再语境化”“博物馆化”及“剧场化”等；（20）非物质文化遗产与动物使用；（21）非物质文化遗产保护的伦理原则；等等。①

① 转引自中国民俗学会联合国教科文组织非物质文化遗产项目评审工作团队的年度报告，2015年11月。

这些问题之所以成为横向问题，大多与伦理考量相关。

因此，“十二条伦理原则”的出台，为非物质文化遗产保护活动中的各行动方进一步制定具体的伦理守则提供了指导性的方针，对各国切实地建构保护框架中的伦理维度和更新保护理念也是深有启发的。而如何根据我国非物质文化遗产保护实际，并在具体实践中回应可持续发展的伦理诉求，也正是政府、学界和相关行动方面临的挑战之一。

有鉴于此，我们希望在国内的非物质文化遗产保护领域引入伦理分析的视角，并形成连续性讨论。这或许有利于从认识论和实践论两个向度促进“提高认识行动”，加强履约的能力建设，进而探索未来保护非物质文化遗产的可能性路径，厘清实践中的伦理挑战，进而规避伦理误区，并止步伦理禁区。

[原载《内蒙古社会科学（汉文版）》2016 年第 5 期]

“二十四节气”正式列入联合国教科文组织人类非物质文化遗产代表作名录

【中国民俗学网快讯】联合国教科文组织保护非物质文化遗产政府间委员会（下称“委员会”）第十一届常会于2016年11月28日至12月2日在埃塞俄比亚首都亚的斯亚贝巴联合国非洲经济委员会会议中心召开。北京时间11月30日17点30分（当地时间12点30分），委员会经过评审，正式通过决议，将中国申报的“二十四节气——中国人通过观察太阳周年运动而形成的时间知识体系及其实践”列入联合国教科文组织人类非物质文化遗产代表作名录（下称“代表作名录”）。

“二十四节气”是中国人通过观察太阳周年运动，认知一年中时令、气候、物候等方面变化规律所形成的知识体系和社会实践。中国古人将太阳周年运动轨迹划分为24等份，每一等份为一个“节气”，统称“二十四节气”。具体包括：立春、雨水、惊蛰、春分、清明、谷雨、立夏、小满、芒种、夏至、小暑、大暑、立秋、处暑、白露、秋分、寒露、霜降、立冬、小雪、大雪、冬至、小寒、大寒。“二十四节气”指导着传统农业生产和日常生活，是中国传统历法体系及其相关实践活动的重要组成部分。在国际气象界，这一时间认知体系被誉为“中国的第五大发明”。2006年，“二十四节气”被列入第一批国家级非物质文化遗产代表性项目名录；2011年，九华立春祭、班春劝农、石阡说春被列入该遗产项目的扩展名录；2014年，三门祭冬、壮族霜降节、苗族赶秋、安仁赶分社被列入该遗产项目的扩展名录。

“二十四节气”形成于中国黄河流域，以观察该区域的天象、气温、降水和物候的时序变化为基准，作为农耕社会的生产生活的时间指南逐步为全国各地采用，并为多民族共享。作为中国人特有的时间知识体系，该遗产项目深刻影响着人们的思维方式和行为准则，是中华民族文化认同的重要载体。

随着中国城市化进程加快和现代化农业技术的发展，“二十四节气”对于农事的指导功能逐渐减弱，但在当代中国人的生活世界中依然具有多方面的文化意义和社会功能，鲜明地体现了中国人尊重自然、顺应自然规律和适应可持续发展的理念，彰显出中国人对宇宙和自然界认知的独特性及其实践活动的丰富性，与自然和谐相处的智慧和创造力，也是人类文化多样性的生动见证。

出席本届常会的中国政府代表团表示，此次“二十四节气”成功入选代表作名录，既是教科文组织对该遗产项目有助于在整体上提高对保护非物质文化遗产及其重要性认知的一致认可，也体现出国际社会对保护传统知识与实践类非物质文化遗产，并将文化融入社会、经济和环境的可持续发展的重视。然而，“二十四节气”的传承和保护依然任重道远。我们将以此为一个新的起点，根据业已制定的保护计划，与相关社区、群体和个人一道积极实施系列保护措施，认真履行各项义务和责任，让更多的国家、社区、群体和个人认识、了解“二十四节气”这一知识体系及其实践活动，并创造条件确保相关社区和群体在保护中发挥重要作用，同时吸引更多的年轻人加入传承与保护的行列中来，激发其积极性和自觉性，使“二十四节气”这一重要的文化遗产在当代社会文化生活中焕发出新的活力。

为确保“二十四节气”的存续力和代际传承，在文化部非物质文化遗产司的直接领导下，由中国非物质文化遗产保护中心作为协调单位，中国农业博物馆作为牵头单位，协同相关社区、群体于2014年5月成立“二十四节气保护工作组”，联合制定了《二十四节气五年保护计划（2017—2021）》，并共同约定了彼此的责任和义务。河南省登封市文化馆、内乡县衙博物馆，湖南省安仁县文化馆（非遗保护中心）、花垣县非遗保护中心，浙江省杭州市拱墅区非遗保护中心、衢州市柯城区九华乡妙源村村民委员会、遂昌县非遗保护中心、三门县亭旁镇杨家村村民委员会，贵州省石阡县文化馆，广西壮族自治区天等县文化馆等相关社区，将建立并依托二十四节气传习基地，结合富有地域特色的仪式实践和民俗生活，开展相关调查、传承和宣传活动，使这一传统知识体系得以存续。以中国农业博物馆和中国民俗学会为代表的社团群体长期从事“二十四节气”的相关文献、传统知识及民俗实践的保存和研究工作，将为该遗产项目的保护提供智力支持，分别负责征集、收藏、展示和研究、宣传、弘扬等工作，承担起专业机构和专业学会的责任。

【相关背景】

联合国教科文组织保护非物质文化遗产政府间委员会是《保护非物质文化遗产公约》（下称《公约》）的法定机关，由《公约》最高权力机关缔约国大会选出的24个缔约国组成，任期四年；缔约国大会每两年对半数委员国进行一次换届选举。委员会每年举行一届常会。

联合国教科文组织认为，非物质文化遗产既维系着相关社区、群体和个人的认同感和持续感，也是确保世界文化多样性与人类创造力的重要资源。所有列入非遗名录的遗产项目都须符合《公约》关于“非物质文化遗产”的定义和《公约》操作指南规定的列入标准。非物质文化遗产主要体现为以下五大领域：（1）口头传统和表现形式，包括作为非物质文化遗产媒介的语言；（2）表演艺术；（3）社会实践、仪式、节庆活动；（4）有关自然界和宇宙的知识和实践；（5）传统手工艺。“二十四节气”的申报从整体上归为第四类遗产领域。

（原载“中国民俗学网”：http：//www. chinesefolklore. org. cn/web/index. php？Page = 4& News ID = 15279）

文化部举行“二十四节气”列入“非遗”名录发布会

2016年12月6日，文化部举行中国“二十四节气”列入人类非物质文化遗产代表作名录新闻发布会，文化部非物质文化遗产司、对外文化联络局负责同志，以及中国申遗代表团成员介绍中国“二十四节气”列入人类非物质文化遗产代表作名录相关情况。

文化部办公厅副主任、主持人喻剑南：

各位媒体朋友，大家下午好！2016年11月30日，在埃塞俄比亚首都亚的斯亚贝巴召开的联合国教科文组织保护非物质文化遗产政府间委员会第十一届常会上，中国申报的“二十四节气——中国人通过观察太阳周年运动而形成的时间知识体系及其实践”顺利通过审议，被列入联合国教科文组织人类非物质文化遗产代表作名录。让我们一同重温这激动人心的时刻。

连日来，“二十四节气”申遗成功的消息在国内外引起极大反响，特别是引起了新闻媒体高度关注。为满足新闻媒体报道需求，回应社会公众关切，今天文化部召开新闻发布会，请文化部非遗司、外联局相关负责同志和刚刚回到国内的申遗代表团主要成员与媒体朋友见面，介绍和交流相关情况。下面请允许我介绍参加今天发布会的人员：文化部非遗司巡视员马盛德，他也是我国参会代表团团长，外联局副局长翟德玉，非遗司副司长王福州，外联局国际处处长张玲。三位专家是中国非遗保护中心常务副主任罗微，中国民俗学会副会长巴莫曲布嫫，中国农业博物馆研究员王应德。现在请非遗司巡视员马盛德介绍“二十四节气”申报及列入代表作名录的相关情况。

文化部非遗司巡视员马盛德：

尊敬的各位媒体朋友们，大家下午好！刚才，我们一起分享、回顾了“二十四节气”入选的那激动人心的一刻，而我本人，很荣幸地与我国政府代表团一起，亲眼见证了这一刻。回顾“二十四节气”申报历程，作为主管部门的一员，我心中充满了感慨。

2013年，经过组织专家审慎地论证，以最具有中华文化典型性、代表性为标准，我们在14个备选项目中遴选出“二十四节气”作为2015年申报联合国教科文组织人类非遗代表作名录的首选项目。随后委托中国非遗保护中心牵头开展了对该项目申报材料的评审、论证和完善工作。作为遗产项目的“二十四节气”是我国农耕文明的优秀代表，影响力覆盖全国，其跨民族、跨地域、跨涉不同文化类型，涉及多个学科，这在我国申报历史上是比较少见的。如何在联合国教科文组织《保护非物质文化遗产公约》框架下精准地表达这项遗产，提高其可见度，是非遗保护工作者的历史使命与职责。在历时一年的筹备过程中，非遗保护、天文、历法、民俗学、农学等领域的专家积极贡献智慧，相关社区、群体团结协作提供支持，每一次论证，都在《公约》及其《操作指南》“列入标准”的指引下将遗产的内涵进一步深化；每一次修改完善，都为成功申报奠定了基石。

按照联合国教科文组织申报要求，我们于2015年3月，按时提交了“二十四节气”项目的所有申报材料。2016年11月，根据教科文组织《公约》秘书处公布的对“二十四节气”的决议草案中对项目英文概述不甚准确之处，我们本着对遗产负责的态度，协调各方力量，修改并提交了完善后的文案。我国政府代表团参加“常会”前，也已做好了相关问题的处理预案。整个申报过程，得到文化部党组的高度重视与悉心指导，没有任何悬念的通过，也凝聚了无数人艰辛的付出。请允许我在此呈现这部申报片，以示对所有贡献者的敬意。(播放申报片10分钟)

刚才，我们欣赏了“二十四节气”申报片。短短不到10分钟时间，申报片的制作也是极其艰难的，这么短时间里把这么有文化内容和丰富的东西说清楚、看明白，对我们专家学者来说也是具有挑战性的。“二十四节气”列入联合国教科文组织人类非遗代表作名录，是我国非遗保护工作取得的一项重要成果，也是对外文化交流的一次成功实践。申报的成功并不是使命的终结，而是非遗保护工作的又一个里程碑。“二十四节气”作为我国第31个入选人类非遗代表作名录的项目，进一步增进了海内外华人的文化认同与自豪感，提升了我国非物质文化遗产在国际社会的影响力。我们将以此为契机，积极履行承诺，采取有效措施，促进非物质文化遗产在适应社会发展过程中不断保持生机与活力！在此，对社会各界，特别是媒体朋友对“二十四节气”项目申报、入选、保护、传承给予的关注与支持表示衷心的感谢！谢谢大家！

主持人：

感谢盛德司长。下面请外联局翟德玉副局长从履约角度谈非遗领域的国际合作情况。

文化部外联局副局长翟德玉：

尊敬的各位新闻媒体朋友，女士们、先生们，大家下午好。欢迎来参加今天的新闻发布会。“二十四节气”列入联合国教科文组织人类非物质文化遗产代表作名录，是我国非遗申报工作的又一项重要成果，是教科文组织《保护非物质文化遗产公约》框架下开展国际交流与合作的生动例证，体现了国际社会对“有关自然界和宇宙的知识与实践”类非物质文化遗产的重视，以及将文化融入社会、经济和环境可持续发展的发展趋势。

《保护非物质文化遗产公约》是教科文组织重要的文化类国际公约，于2003年10月在教科文组织大会第32届会议上通过，旨在提升国际社会对保护非物质文化遗产重要性的认识，迄今已有171个缔约国。《公约》为世界各国实施非遗保护提供了重要国际法依据，《公约》所倡导的非遗保护原则和理念也为国际社会普遍接受，并随着非遗保护实践的深入发展被不断充实和完善。

早在《公约》通过前，我国就积极参与教科文组织宣布人类口头和非物质遗产代表作的项目。2004年加入《公约》以来，始终高度重视履约工作，深度参与《公约》框架下的国际交流与合作。《公约》正式生效后，根据《公约》相关条款，教科文组织通过评审人类非物质文化遗产代表作名录（代表作名录）、急需保护的非物质文化遗产名录（急需保护名录），遴选最能体现《公约》原则和目标的保护非物质文化遗产的计划、项目和活动（优秀实践名册），以及申请国际援助等方式促进非遗领域的国际合作。目前，包括“二十四节气”在内，我国总计有31个项目列入代表作名录，7个项目列入急需保护名录，1个项目入选优秀实践名册，总数居世界第一。十余年来，我国通过全面、持续、深入地参与《公约》工作，在国际层面有效宣传和弘扬了博大精深的中华文化，在国内也极大地促进了本土非遗保护工作的发展，探索适合本国国情的有益经验。

根据《公约》规定，保护非物质文化遗产政府间委员会（委员会）负责评审包括代表作名录在内的各项名录、名册。委员会由《公约》缔约国大会选出的24个缔约国组成，每年举行一届常会。在刚刚结束的委员会第十一届常会上，除我国申报的“二十四节气”被列入代表作名录外，还有32个项目列入代表作名录，4个项目列入急需保护名录，5个项目入选优秀实践名册，1个项目获得国际援助。这充分体现了国际社会对保护非物质文化遗产的高度重视，以及对文化多样性及人类创造力的认识和尊重。

本次“二十四节气”列入代表作名录，向国际社会彰显了中国人对宇宙和自然界认知的独特性及其实践活动的丰富性，体现了顺应自然、与自然和谐相处的智慧和创造力。它的列入，有助于增强遗产实践社区和群体的自豪感与凝聚力，激发传承保护的自觉性和积极性，加强国际关于传统时间知识体系的交流与对话。这既是我自身文化发展的需要，也是推动人类文明交流互鉴的需要。

需要指出的是，名录申报和定期报告是《公约》框架下开展国际合作两个并行的机制。名录申报是为所有缔约国搭建一个国际化平台，从整体上提升非物质文化遗产的可见度，深化国际社会对保护非遗重要性的认知，促进文化对话。同时，教科文组织更加强调，缔约国提交定期报告是梳理和评估履约效果、交流和分享非遗保护经验的重要方式，以便共同应对挑战，制定各自相应战略。我国于2011年初向教科文组织提交了首个履约报告，报告了自批约以来在国家层面为保护非遗制定的政策和措施，以及列入代表作名录的26个项目的保护情况。今年5月，我们又向教科文组织提交了7个列入急需保护名录项目的保护情况报告。目前，我们还正在撰写第二次履约报告，包括自首次报告以来的政府保护措施以及30个列入代表作名录项目的保护情况。因此，从这个意义上说，名录申报绝不应仅仅止于申报，还有更多的义务和责任需要去履行。如何在国际化语境下，扎实做好各项保护工作，履行申报时的承诺，我们还任重而道远。

在未来的非遗领域国际交流与合作工作中，我们将本着践行《公约》的宗旨，不但要继续巩固非遗申报的成果，还将在履约能力建设、国际人才培养、参与国际规则制定等方面全力推进，努力提升话语权和影响力。非常感谢媒体朋友对非遗领域国际合作事业的关注。希望今后继续得到媒体朋友们的支持！感谢！

主持人：

感谢翟德玉副局长。下面请非遗司副司长王福州介绍我国申报联合国教科文组织非遗名录/册的相关程序。

文化部非遗司副司长王福州：

三年多以前，启动了“二十四节气”申报工作。今天成功入选，这是团结协作的结果，这里边成功入选，从我司的角度，凝结着外联局卓有成效的组织协调，我们非遗中心兢兢业业、踏踏实实的业务工作，凝结着申报单位农博馆对咱们作出的贡献，还有河南登封文化馆等十个单位。

成功入选，大家都很高兴，让我想起航天神五归来杨利伟在新闻发布会上的一段发言，他说：“我是表现形式，我在这儿庆功，你们应该多挖掘谁把我送上去的、谁把我收回来的、谁让我在天空中平安地飞行的？所以，不要光看表现形式。”咱们这个事也这样，申报成功以后，部领导见到我们就表扬，我们任务很重，一定保持理性，一是树立正确的保护理念，最近，部领导要求要树立什么理论呢？联合国公约的理念，把联合国公约精神吃透，把理念树立好，把非遗法精神吃透，做好这项工作，首先要树立正确的理念，在做的时候，理念和规则咱们要遵守。接下来讲讲我们的任务，入选之后，我们有 39 项，其中还有 7 项是公约项目，意味着什么呢？更多的保护责任，要从濒危变为不濒危，我们的任务非常重，最近，我们启动了一项工作，对项目保护的评估机制、评估指南的制定，制定以后，通过保护 7 个濒危项目，尽快让它们不濒危。作为政府，要用政策引导，把这些项目保护好。我们申遗、申报不是目的，保护才是目的。第三，关于申报程序，申报的规则很清楚，这是一个政府行为，其他的各个单位、各个组织个人都不是正规途径，声音肯定是由政府发出来的，组织工作有一整套完整程序。要防止各种单位、各种组织在其中上当受骗。保护传统文化，每个人都有责任，各种组织、各种机构都对传统文化感兴趣，我们非常欢迎。在申报遗产中，咱们是三类，名录、名册、濒危，这几类很清楚，组织程序也很清楚，希望媒体朋友宣传的时候应该加以注意。谢谢大家！

主持人：

谢谢王福州副司长。相信通过三位发布人的介绍和刚才的短片，大家对“二十四节气”的社会文化功能和入选人类非遗代表作名录的积极意义有了深入了解，对申遗程序和公约国际合作有了进一步认识。下面进入媒体提问环节，我们的发布人将就各位所提问题回应和交流。

人民日报记者：

在教科文《公约》的表述中，我们常常看到“社区、群体和个人”的表述，请在座的专家结合“二十四节气”为我们介绍一下这个概念。另外，我们发现“二十四节气”最终被列入与自然界和宇宙知识相关的知识和实践，而不是“社会实践、仪式和节庆活动”，请专家解答一下。

中国民俗学会副会长巴莫曲布嫫：

首先，根据列入标准 R. 5，该遗产项目已按《公约》第十一条和第十二条的规定，列入中国非物质文化遗产名录。中国非遗项目众多，按《公约》生效以来中国逐步完善的申报制度，我们在 ICH－02 表中也是根据国家名录及其 7 个扩展项目涉及的相关社区、群体来进行界定的。2006 年，“二十四节气”被列入国家级非物质文化遗产名录；2011 年，九华立春祭、班春劝农、石阡说春被列入该遗产项目的扩展名录；2014 年，三门祭冬、壮族霜降节、苗族赶秋、安仁赶分社被列入该遗产项目的扩展名录。因此，基于以上扩展项目所属社区的愿望进行申报，既是中国国情，也是对列入标准的严格执行。

其次，国家名录体系作为清单编制工作也是需要不断发展的，我们会在将来的保护工作中，逐步将相关的遗产项目纳入该名录体系。有关 7 个扩展项目及其所属社区的详情，我们已经在 ICH－02 表、社区知情同意书和清单节录中均有所说明。与此同时，根据申报工作中的“尊重其意愿、并使之事先知情同意”原则，我们主要从这 7 个社区和代表性传承人那里采集了知情同意的证明材料。

第三，中国农业博物馆和中国民俗学会是作为该遗产项目的群体代表被纳入申报材料的。一为国家级专业机构，一为全国性的社团组织。他们的分支机构和会员遍及全国乃至基层社区，可为保护该遗产项目提供重要的学术支撑和多方面的研究力量。事实上，这两家群体代表不是单数而是复数的专业机构或 NGO 组织，能够让该遗产项目的保护充分受益于中国自身现有的智力资源和制度资源。

中国农业博物馆是国家级农业文化遗产研究和保护机构，与全国各地省、市、县级文化遗产保护和传承部门有着广泛的联系，其中涉及的各地相关博物馆就有154家，这些地域不同、功能相近的机构可形成稳定有序的工作网络。中国农业博物馆还有两家挂靠的社团组织，即中国农业历史学会和中国农业展览协会，前者拥有农史专家近200人，后者拥有会员单位40家。这些专业人力资源和团体组织都是中国农业博物馆可调配的社会力量，能确保中国农业博物馆更好地承担起相关的组织、调研、保护和传承的责任。

中国民俗学会是国家一级学术社团，其下有七个专业委员会、七个研究基地，以及八个研究中心，同时还与各省、市和自治区的民俗学会保持着长期、稳定的业务关系。从覆盖范围讲，该学会既和相关社区、群体和个人保持着良好的田野关系，同时又与全国70所高等院校的民俗学学科点及其人才培养和学位教育有着密切联系，每年有200余名民俗学专业的硕士和博士研究生步入社会，服务民生。中国民俗学会现有注册会员2271人，其中五分之二来自不同的少数民族，使得学会与各民族社区常年保持着多样的紧密联系；学会的许多会员都来自基层社区或相关族群，他们自己就是相关社区和群体的代表。此外，我们应当承认这里也有技术上的难题。如何在ICH－02表格的相关表项准确界定遗产项目的社区、群体或个人，往往不是项目本身的问题，而是申报表格的格式化统一标准、字数限定与具体项目及其特殊性之间的矛盾。综上所述，我们认为，申报材料及其附件中的证据提供均反映了该遗产项目的“相关社区、群体和个人”所具有的代表性。

ICH－02表格中所设计的有关遗产涉及的主要领域复选框勾选，是为了在相应的遗产描述和拟采取的保护措施中形成清晰而对应的一致性表述。中国并不主张将所有复选框都打勾，而是“对主要领域和次要领域、主要保护措施和次要保护措施进行区分”，这也正是依据委员会的建议（Document 7. COM 11）和秘书处编制的填表指南而做出的积极回应。正如该遗产项目的名称所言，“二十四节气”不仅仅只是一种有关传统知识的时间体系，在其世代传承过程中，已经发展成丰富多样的集体实践。“二十四节气”是中国古人对于时间的一种重要切分方式，与季节的转换以及气候、物候的变化密切相关。因此，至今人们依然将节气作为指导农事活动的主要依据，然而“二十四节气”绝不仅仅关乎农业生产，亦深系民众生活世界的方方面面及其内涵丰富的实践活动。在复选框中做出这样的勾选，乃是基于对《公约》的定义及其覆盖的主要领域所做的分析。我们认为，该遗产项目最符合“有关宇宙与自然的知识和实践”，其核心特征主要体现在这个层面。

主持人：

感谢专家给我们作出了非常专业、非常详尽的解答。

新民晚报记者：

请问马司长一个问题，我们了解到此次组织申报材料的过程是非常漫长的，请问在这个工作当中有没有一些值得分享的故事？

马盛德：

我也是第一次参加这样的活动，见证了整个教科文评审各国非遗项目的工作环节、程序，这些是过去没有感受过的。国际会议的神圣感、文化多样性，世界各国都在一起感受着那种气氛，紧张的时候让你感到窒息，快乐的时候也非常快乐，迸发出你内心的火热，感受是非常深的。罗微参加过好多次这样的活动，她在这方面感受比较多，请她说说。

中国非遗保护中心常务副主任罗微：

受文化部非物质文化遗产司（以下简称“非遗司”）委托，我中心承担了“二十四节气”申报联合国教科文组织“人类非物质文化遗产代表作名录”（以下简称“代表作名录”）相关材料评审工作。

2014年4月8日，非遗司召集我中心及中国农业博物馆召开了“农历二十四节气申报2015年人类非遗代表作名录项目协调会议”。会议就申报工作程序、职责分工、经费保障、时间安排等问题进行了协商，并达成共识：非遗司负责统筹协调工作；我中心负责牵头组织申报材料专家论证和业务指导工作；中国农业博物馆负责申报文本的制作工作，并承担专家论证、修改及申报文本制作费用。自此，该项目申报工作正式启动。

在我院（中心）领导的大力支持和指导下，我中心积极组织实施“二十四节气”申报材料评审工作，会同文化部非遗司、对外文化联络局（以下简称“外联局”），邀请非物质文化遗产保护、民俗学、天文历法、农业文化等领域的权威专家，组织协调各申报社区、群体，共同组成工作团队，严谨有序地推动申报材料评审进程。鉴于申报材料有明确的专业和技术要求，既要在规定字数（大部分申报表项几乎都有字数限制）、时长（申报视频要求不超过10分钟）及数量（十张申报图片）范围内，全面体现“二十四节气”博大精深的文化内涵、价值及存续与保护的相关情况，又要符合《保护非物质文化遗产公约》的理念和表述习惯，还要通俗明了，让事先不了解该遗产项目的人准确认知。因此，看似简单的申报表格，往往需要花费大量的时间收集资料、精心构思、反复论证、逐字逐句逐画面精心打磨。

为争取成功申报，2014年4月至2015年3月，我中心组织评审工作团队，先后召开了十三次申报材料评审工作会议。会议秉持有利于项目成功申报和传承保护的原则，认真细致、精益求精，逐步完成了中英文申报表格、图片、视频的论证、修改和完善工作。评审工作会议往往持续三至四小时，甚至多次延续到凌晨。会后，我中心迅速总结评审工作会议精神，形成会议纪要，并据此帮助申报方修改，甚至直接执笔完善申报材料。与此同时，我中心还整理了十个申报社区、两个群体提交的大量资料，完成了申报材料相关基本信息的编制工作。在我中心的组织协调下，经各方协同努力，申报材料评审工作圆满完成。2015年3月20日下午，我中心将中英文版终审稿报送文化部。

主持人：

感谢罗主任！

中国文化报记者：

我们很赞赏刚才提到的积极履约这个词，那么具体有哪些措施和思路呢？

中国农业博物馆研究员王应德：

为确保“二十四节气”的存续力和代际传承，“二十四节气”保护工作将在文化部、农业部等部委领导下，在文化部非物质文化遗产司的直接指导下，由中国非物质文化遗产保护中心作为协调单位，中国农业博物馆作为牵头单位，协同河南省登封市文化馆、内乡县衙博物馆，湖南省安仁县文化馆（非遗保护中心）、花垣县非遗保护中心，浙江省杭州市拱墅区非遗保护中心、衢州市柯城区九华乡妙源村村民委员会、遂昌县非遗保护中心、三门县亭旁镇杨家村村民委员会，贵州省石阡县文化馆，广西壮族自治区天等县文化馆等社区、群体于2014年5月成立“二十四节气保护工作组”，联合制定了《二十四节气五年保护计划（2017—2021）》，各方根据《保护非物质文化遗产公约》的宗旨和《中华人民共和国非物质文化遗产法》的要求，并共同约定了彼此的责任和义务，工作思路及具体措施如下。

（1）改善组织协调。每年组织举办2期“二十四节气”保护与传承培训班，每期受训人数约为30人，以期在5年内接受培训的人数达到300人；培训内容包括“二十四节气”的专门知识、保护行动及其策略举措。在既有的8个社区的基础上，工作组将新发展5个传习基地，以利在不同的社区开展互动交流活动和能力建设，彼此借鉴，相互激发，确保该遗产项目在其文化语境中实现活态传承。

（2）促进代际传承。组织来自农学、天文学、民俗学等学科的专家、学者为中小学生编写“二十四节气”知识读本，开设专题讲座；利用互联网和自媒体的优势，为不同的学生年龄群组设计或组织形式多样的实践活动，例如节气知识竞赛、专题征文、演讲比赛和时令故事摄影等。

（3）加强调查记录。在全国范围内开展“二十四节气”调查，记录该遗产项目的存续现状，全面搜集口头资料（包括相关的传说、歌谣、谚语、民俗资料等）、文献资料（包括古今文本）及与之相关的实物资料等，运用数字技术手段进行系统化建档和保存。

（4）开展学术研讨。组织有关机构、专家、学者开展“二十四节气”学术研究，每2年举办一次专题学术研讨会，每5年举办一次国际学术研讨会，交流保护经验，促进跨学科对话，出版研究成果。

（5）举办专题展览。在中国农业博物馆举办“二十四节气”专题展览，并在大、中、小学及相关社区巡回展出，提升公众尤其是年轻一代对该项遗产及其重要性的认知和保护意识。

（6）强化协作机制。工作组定期向政府相关职能部门提交该遗产项目的保护现状报告，包括保护措施的实施效果、好的做法、面临的问题及对策性建议，并在此基础上提出统筹年度工作重点和整体保护计划的经费预算方案。

（7）推动信息共享。在中国农业博物馆官网开辟“二十四节气知识专栏”，在中国民俗学网建立“二十四节气研究专栏”；通过这些专业网站与该遗产项目相关的其他网站建立互访链接，以扩大信息共享的人群范围，并带动新媒体对该遗产项目进行有效传播。

（8）改善实践条件。基于调研情况编制传统实践场所清单，对急需修缮者采取有效措施进行维护，为当地社区的传承实践和文化空间共享创造更有利的条件。

以上保护措施将覆盖遗产的集中区域，并在相关社区的广泛参与下实施，使传承人和实践者尤其是青少年受益。在保护措施的实施过程中，中国农业博物馆牵头“二十四节气保护工作组”将为相关社区、群体或个人施展他们的作用和创造力营造空间。中国农业博物馆将把重点放在可行性和有效性的策略研究上，为可持续发展提供智力支持，同时负责征集、收藏、展示、研究、宣传、弘扬等工作。各相关社区、群体或个人将发挥主观能动性，全程参与前述的一系列保护活动。各相关社区将建立并依托“二十四节气”传习基地，结合富有地域特色的仪式实践和民俗生活，开展相关调查、传承和宣传活动，使这一传统知识体系得以存续。

主持人：

感谢王教授！

中央人民广播电台记者：

我们注意到2009年我国入选非物质文化遗产名录项目有二十多项。近些年，差不多每隔几年才会有一项入选名录。请问一下这个过程是什么样的情况？谢谢！

文化部外联局国际处处长张玲：

各国积极申报，教科文组织资源有限，保护非遗政府间委员会决定对每年能受理的申报项目设定数量。近年来数量基本都在每年50项左右，包括代表作目录、急需保护目录、优秀实践名册、国际援助四类，同时设置优先原则，没有项目或项目少的国家优先，急需保护项目优先。同时，委员会也尽量确保每个申报国在两个申报周期内有一个项目被受理。秘书处据此从各国提交的申报项目中选取受理的项目交由审查机构初评，再提交委员会最后评审。本届常会上委员会决定未来三年（2017—2019）的数量均在50项。

主持人：

感谢张玲非常简明扼要的介绍。

天津电视台记者：

各位专家好！我有一个问题，最近几年，可能有些国家会非常积极地申报项目，很多中国人就会呼吁，说我国也应该尽快申请，以免这些项目会被抢先或者抢注，对于这个问题，各位专家怎么看？

巴莫曲布嫫：

在《公约》框架下的申报工作，是践行《公约》精神，积极开展非遗领域国际交流和对话的措施，是提高可见度的“共享”而不是“商标注册”，并不是说一个国家申请了某项非物质文化遗产就等于拥有了该项目的所有权。“别国申报成功，自家的遗产就成了别人的”，这种心态走入了误区。按照《公约》相关规定，缔约国都有将其领土上的某项非遗申请列入联合国教科文组织非遗名录的权利。对于两个遗产国家共同拥有的同源共享的非物质文化遗产项目，每一个国家均可以单独申报，如果列入代表作名录，也不妨碍其他的国家再次单独申报。同时，联合申报也是近年来提倡的做法。在联合申报和保护方面，我国已经有了有益的实践。2005年我国与蒙古国联合申报的“蒙古族长调”列入“人类非遗代表作名录”，两国还建立了联合保护非物质文化遗产合作机制，定期召开工作组会议，开展交流互鉴，为履行《公约》，在各自领土上延续遗产生命力，做出自己的贡献。

同源的非物质文化遗产，也可能在传承流变中形成新的不同的特质。我们尊重遗产在适应各自环境中所呈现的特质，在地区间的交流和对话中增进了解、促进对遗产源流及发展方向的深入研究，是我们保护、弘扬遗产应秉持的正确态度。

主持人：

各位发布人还有补充吗？

张玲：

接着巴莫老师说的对于非遗的认知补充一些，《公约》在国际层面也好，在我国层面也好，人们对非遗的认知是一个发展过程，怎样正确理解非遗的定义，包括怎样正确认识非遗《公约》的精神和宗旨，这是不断渐进的过程，我觉得是一个逐步发展的过程，这种现象慢慢会更趋于平和和理性。教科文强调的是每一个缔约国都有权利申报本国境内非物质文化遗产项目列入相关的名录和名册。同时，在《公约》精神下，也非常鼓励开展国际合作，这个国际合作其中一项也包括持有相近或者同源共享的物质文化遗产缔约国开展合作、开展交流，包括开展联合申报。现在联合申报列入名录的项目非常多，很多国家都有很多联合申报项目，包括我国 2005 年就和蒙古联合申报蒙古长调，这也是联合申报成功的案例，也是非常好的案例。之后，我们也会在国家层面、在我们开展申报工作方面积极探索和其他国家进一步开展联合申报的可行性和可能性，和中国接壤的国家非常多，接壤国家当中，有非常丰富的同源共享的资源，这些资源也要充分地利用起来，需要在大量的非常扎实的调研的基础上逐一地进行探索和研讨，我们希望在可见的未来会有更多的联合申报项目开拓。独立申报，当然，也是每一个缔约国的权利和义务。谢谢！

（原载“人民网”：https：//art. people. com. cn/n1/2016/1208/c226026 - 28935401. html）

中国“第五大发明”申遗历程

——“二十四节气”列入联合国非物质文化遗产名录

杨俊峰　李　婕

11 月 30 日下午，从埃塞俄比亚传来好消息，在联合国教科文组织保护非物质文化遗产政府间委员会第十一届常会上，中国申报的“二十四节气——中国人通过观察太阳周年运动而形成的时间知识体系及其实践”正式列入联合国教科文组织人类非物质文化遗产代表作名录。

从中国古代的农耕社会演变而来，历经几千年的历史变迁，“二十四节气”在当今社会仍然具有十分重要的文化意义和社会功能。为此，中国社会的方方面面付出了诸多努力。12 月 1 日，本报记者连线到了正在埃塞俄比亚会议现场开会的中国政府参会代表团成员。他们在会议现场为本报独家讲述了此次申遗成功背后的故事。

申遗准备很充分

二十四节气是认知一年中时令、气候、物候等方面变化规律所形成的知识体系和社会实践，在国际气象界，这一时间认知体系被誉为“中国的第五大发明”。

“2006 年，由中国农业博物馆申报的‘农历二十四节气’被列入国务院公布的第一批国家级非物质文化遗产名录，为后来的申遗工作奠定了良好的基础。”在埃塞俄比亚会场的中国代表团团长马盛德这样对记者说。

据了解，本次赴埃塞俄比亚出席联合国教科文组织保护非物质文化遗产政府间委员会第十一届常会的中国政府代表团成员包括文化部非遗司和外联局、中国非物质文化遗产保护中心的代表，中国社会科学院专家以及中国农业博物馆的代表。

中国于 2004 年被批准加入《保护非物质文化遗产公约》（以下简称《公约》）。根据我国非物质文化遗产保护工作的需要，文化部对非遗项目进行梳理，“二十四节气”被列为重点考虑的申遗项目。从那时起，中国就加强了对该遗产项目的确认、建档和研究。

2014 年初，在中国非物质文化遗产保护中心的协调下，申报工作正式启动。2014 年 5 月，由中国农业博物馆牵头，协同相关社区、群体成立“二十四节气保护工作组”，就此全面展开申报文本的编制工作，中国民俗学会作为群体代表加入其中，涉及“二十四节气”7 个扩展项目的社区、群体和代表性传承人也积极参与了申报文本和保护计划的编制。

2015 年 3 月，中国向联合国教科文组织提交了申报材料，包括申报文本、社区知情同意书、清单节录、照片和视频等文件。

申遗过程不简单

据了解，文化部是非遗申报工作的业务主管部门，中国非遗保护中心负责非遗申报的组织实施工作，来自中国社科院等专业机构的专家提供申遗工作的学术支持，中国农业博物馆和中国民俗学会是“二十四节气”项目的主要群体代表。

但是，申遗过程并非一帆风顺。

在本届常会召开前四周，公约秘书处在教科文组织网站公布了会议文件。中方注意到，会议决议草案中关于“二十四节气”的项目概述不够准确。该草案将在项目通过后作为常会的正式决议文件，并可能用于今后遗产项目的宣传工作。为确保对该遗产项目的正确认知和理解，中方即向《公约》秘书处提出决议草案有关项目概述的修改方案。会议期间，参会代表团在项目评审前与秘书处反复沟通，最终确认修改文案，由常会主席在评审中方项目时提出。最终，委员会通过中方的修改文案，并将“二十四节气”列入代表作名录。

申遗成功有深意

会议文件于常会召开之前的4周在教科文网站公布，所以在会前，中国代表团成员已经得知“二十四节气”被建议列入代表作名录。“虽然说我们的项目列入是毫无悬念的，但是在通过的那一瞬间，代表团的每一位成员都激动不已。”一位代表团成员对记者说：“因为大家都有这样一种感觉，‘二十四节气’关乎每一位中国人的文化认同，意义重大；也正因为如此，列入代表作名录意味着该遗产项目的保护工作踏上了新的征程，任重而道远。”

联合国教科文组织认为，非物质文化遗产既维系着相关社区、群体和个人的认同感和持续感，也是确保世界文化多样性与人类创造力的重要资源。根据《公约》对非物质文化遗产的定义，非物质文化遗产主要体现为口头传统和表现形式（包括作为非物质文化遗产媒介的语言），表演艺术，社会实践、仪式、节庆活动，有关自然界和宇宙的知识和实践，传统手工艺五大类别。“二十四节气”的申报从整体上归为“有关自然界和宇宙的知识和实践”的遗产领域。

（原载《人民日报·海外版》2016年12月2日第2版）

申遗代表团成员还原二十四节气
申遗成功背后的故事

成　长

当地时间11月30日，埃塞俄比亚首都亚的斯亚贝巴，联合国教科文组织保护非物质文化遗产政府间委员会正式通过决议，将中国申报的“二十四节气——中国人通过观察太阳周年运动而形成的时间知识体系及其实践”列入联合国教科文组织人类非物质文化遗产代表作名录。

昨天，刚刚从亚的斯亚贝巴回到北京的中国代表团成员马盛德、巴莫曲布嫫、罗微、张玲、王应德等在文化部举办新闻发布会，就媒体关注此次“二十四节气”申遗的相关问题作出了解答。

现场

为什么选择“二十四节气”申报“非遗”?

文化部非遗司巡视员马盛德表示，“二十四节气”申遗早在2013年就已启动，当时，经过组织专家审慎地论证，以最具有中华文化典型性、代表性为标准，文化部在14个备选项目中遴选出“二十四节气”作为2015年申报联合国教科文组织“人类非遗代表作名录”的首选项目。随后委托中国非遗保护中心牵头开展了对该项目申报材料的评审、论证和完善工作。

“作为遗产项目的‘二十四节气’是我国农耕文明的优秀代表，影响力覆盖全国，其跨民族、跨地域、跨涉不同文化类型，涉及多个学科，这在我国申报历史上是比较少见的。如何在联合国教科文组织《保护非物质文化遗产公约》框架下精准地表达这项遗产，提高其可见度，是非遗保护工作者的历史使命与职责。”马盛德表示。

现场播放的申遗宣传片中，详细描述了“二十四节气”的内涵与意义。片中说，“二十四节气”形成于中国黄河流域，以观察该区域的天象、气温、降水和物候的时序变化为基准，作为农耕社会生产生活的时间指南逐步为全国各地采用，并为多民族共享。作为中国人特有的时间知识体系，该遗产项目深刻影响着人们的思维方式和行为准则，是中华民族文化认同的重要载体。

“申报现场，其实我们非常忐忑，毕竟主席的槌子不落，我们心里不安宁、不踏实。”回顾联合国教科文组织会议上决议通过的时刻，马盛德十分感慨，他这样描述与会时的心情：“紧张的时候快要窒息，快乐的时候也很快乐。”

中国非物质文化遗产保护中心副主任罗微在回忆申报过程时，最深切的感受就是，整个团队为了筹备申报材料，熬了不少夜。“大家看到一份申报书，体量好像并不大，但要求很多。”考虑到“二十四节气”丰富的文化内涵，除了非遗专家以外，民俗学、天文历法、农业文化等领域的权威专家都参与到申报材料的筹备之中。罗微还特别提到，“非遗”与“自然遗产”最大的不同是，它的主体是人，因此在涉及许多基本信息时，不仅有专家参与，还协同了河南省登封市文化馆、内乡县衙博物馆，湖南省安仁县文化馆等十个社区，整理大量资料。因此，看似简单的申报表格，往往需要花费大量的时间收集资料、精心构思、反复论证、逐字逐句逐画面精心地打磨。

从 2014 年 4 月至 2015 年 3 月，中国非物质文化遗产保护中心先后召开了十三次申报材料评审工作会议，逐步完成了中英文申报表格、图片、视频的论证、修改和完善工作。评审工作会议往往持续三至四小时，甚至多次延续到凌晨。“二十四节气”申遗成功的背后，凝结着许多人的辛劳。

保护

“二十四节气”申遗成功后如何保护？

申遗不是为了好听的名头，而是为了对遗产进行更好的保护。“二十四节气”列入人类非物质文化遗产代表作名录后，如何履约就成为值得关注的问题。

中国农业博物馆研究员王应德表示，在文化部、农业部等部委的领导下和相关机构、社区、群体的协同下，于 2014 年成立了“二十四节气保护工作组”，联合制定了《二十四节气五年保护计划（2017—2021）》。未来，各方将根据《保护非物质文化遗产公约》的宗旨和《中华人民共和国非物质文化遗产法》的要求对“二十四节气”开展一系列保护措施，包括：定期组织“二十四节气”保护与传承培训班，培训普及相关知识、保护行动及其策略举措；促进代际传承，组织来自农学、天文学、民俗学等专家、学者为中小学生编写“二十四节气”知识读本，开设专题讲座，为不同学生年龄群组设计或组织形式多样的实践活动，如节气知识竞赛、专题征文、演讲比赛和时令故事摄影等。中国农业博物馆也将计划举办“二十四节气”专题展览，并在大、中、小学及相关社区巡回展出，提升公众尤其是年轻一代对该项遗产及其重要性的认知和保护意识。

延伸

为什么说抢注“非遗”是一种误区？

从 2001 年昆曲开始，目前我国已有 31 个项目列入联合国教科文组织人类非物质文化遗产代表作名录，但观察我国申遗的节奏不难发现一个现象，在 2009 年，我国一年就有 25 个项目入选，此后则每隔两三年才有一项入选，步子明显放缓，这是为什么？

文化部外联局国际处处长张玲解释称，由于联合国《保护非物质文化遗产公约》于 2003 年通过，于 2006 年正式生效，《公约》的申报机制从 2008 年才开始建立健全，因此在 2009 年，我国在经过比较充分的准备后，有多达 25 个项目一次性列入了名录中。但近年来，各国申报都呈现出比较积极的态度，而且优先照顾没有项目和项目少的国家，这就使得像中国这样已经入选众多非遗项目的国家不再具备优先权，因此每一次对备选项目的选择也更为审慎。

关于申遗这一话题，不少国人似乎都存在着一种与他国比拼的心理，尤其是邻国韩国曾经成功申报了“端午祭”为“非遗”后，让我们有一种自家遗产被别人“抢注”的感觉，引起了舆论较大争议。

中国民俗学会副会长巴莫曲布嫫认为这是一种对“非遗”认识上的误区。“一直以来，我们国人好像都有一种攀比的心理，好像我们要一直保持第一，实质上我们并不提倡在数量上的比拼。”

“我们的端午节传到了韩国，变成了一套很系统的‘端午祭’，而我们很多地方就变成了‘粽子节’，这是值得我们反思和学习的地方。此外，《公约》提倡的是‘人类共同的遗产’，我们就不能说‘我们去抢’‘别人抢我们’，‘非遗’不具有排他性，‘非遗’更强调包容性。”巴莫曲布嫫说。

释疑

“二十四节气”与现代生活有没有关系

《时间之书：余世存说二十四节气》一书的作者余世存认为，很多人错误地认为我们生活在大城市，“二十四节气”就和我们没有关系了。“我们现代人超越了时间，我们失去了时间感。”余世存说，“二十四节气”虽然是古代农耕社会留下的财富，但对现代社会仍有意义。随着大自然对我们的限制越来越少，眼下都市人的生活对时空有一种超越，作息并不按照传统的方式进行，但其实我们的生物钟仍然受制于当地的时间，如果忘记了这一点，就会犯很多错误，所以哪怕是工作繁忙的今天，我们也要注意调整自己的生物钟。

具体来说，余世存认为现代人之所以无根、失重，就是错以为可以不要时间的规范了。“比如如今社会流行的‘成功人士’的生活，那是‘秋冬之际’的时间生活，但对很多年轻人来说，他还处在‘春天’里，他凭什么也要像成功人士一样过有车、有房、有财务自由的生活呢?”余世存说，我们今天都知道刷存在感，可惜大部分人视而不见这种时间中的节气或烙印，比如很多人身体不调、上火、发炎、脸上长痘痘等，都是丧失时间感的结果。

“二十四节气”与阴历月有没有关系

北京古观象台王玉民博士介绍，民间常常把农历叫“阴历”，实际上中国农历是“阴阳历”，“既使用阴历月，又用闰月来保证年的平均长度为阳历年长。”阳历反映的是太阳在星空中的运行，根据太阳运行的位置，人们得出了春分、夏至、秋分、冬至四个“节点”，“但光有这四个点是远远不够的”，王玉民解释，农事需要固定在每年更精确的时间段，前后不能差十天半月，所以这 4 个节点还要向下细分，于是每个季节平均分成 6 份，全年为 24 个节气，一个节气为 15 天左右，沿用后世。“由此可见，二十四节气和阴历月没有任何联系，完全是‘自成体系’的，属于中国传统历法阴阳历中的阳历部分。民间常认为节气属于阴历，完全是农历中阴历月占主流造成的错觉。”

（原载《北京晚报》2016 年 12 月 7 日）

中国民俗学会“二十四节气保护工作专家座谈会”综述

中国民俗学会秘书处

2016年12月20日，中国民俗学会在中国社会科学院举行“二十四节气保护工作专家座谈会”，召集本会从事时间民俗和非物质文化遗产保护的学者，与来自文化部非物质文化遗产主管部门的负责人和中国农业博物馆的专家们一道就二十四节气的保护工作展开专题研讨。联合国教科文组织保护非物质文化遗产政府间委员会（下称“委员会”）第十一届常会于2016年11月28日至12月2日在埃塞俄比亚首都亚的斯亚贝巴联合国非洲经济委员会会议中心召开。当地时间11月30日中午12点30分委员会经过评审，正式通过决议，将中国申报的“二十四节气——中国人通过观察太阳周年运动而形成的时间知识体系及其实践”列入联合国教科文组织人类非物质文化遗产代表作名录（下称“代表作名录”）。因而，本次座谈会召开的重要目的是推动二十四节气的保护工作，探讨专业学会如何在今后的履约工作中发挥应有的作用。文化部非物质文化遗产司巡视员马盛德、中国非物质文化遗产保护中心常务副主任罗微、文化部对外文化联络局国际处副处长赵瑾、中国农业博物馆陈列部主任王应德先后在嘉宾致辞中对中国民俗学会参与二十四节气申报和保护工作给予了高度评价，并就今后的保护工作和履约举措提出了具体的建议。这里，我们仅就学会代表的发言摘要摘录如下。

构筑多元行动方的保护机制

中国民俗学会会长、中国社会科学院学部委员朝戈金研究员在欢迎词中以“迎接新的驿程：构筑多元行动方的保护机制”为题，从如何担纲起中国民俗学会在项目保护中的角色和如何承担起共同约定的责任和义务两个方面，强调了二十四节气保护的群策群力问题。他说，多元行动方不仅涉及申报材料述及的10个社区、两个群体和9位传承人，因为申报材料的编制皆以代表性来加以表述，而非穷举。而根据《公约》精神及其对保护的定义，政府部门（如文化部、教育部、农业部等）、大众传媒（如今天到会的媒体代表），乃至社会各界（包括许许多多的社会团体、行业组织、社区协会、专业机构、研究中心、中小学等等）都应当纳入多元行动方，其中基层社区、年轻人和儿童更是确保该遗产项目代际传承的重要力量。因此，这次会议不是简单的学术探讨，而是走向“保护”的又一次出发。按钟敬文先生的一部书名来说，“新的驿程”才刚刚开始。进而，他表示，中国民俗学会将根据文化部的部署和要求，从人力资源配置和制度安排上，考虑在学会的二级机构和专家学者之间组建保护二十四节气的共同行动工作组，同时与中国农业博物馆和河南省登封市、内乡县，湖南省安仁县、花垣县，浙江省杭州市拱墅区、衢州市柯城区九华乡妙源村、遂昌县、三门县亭旁镇杨家村，贵州省石阡县，广西天等县等相关社区一道积极探索，共同努力，以利构筑多元化行动方协同增效的保护机制。

传承二十四节气的价值与意义

与会学者一致强调二十四节气列入人类非物质文化遗产代表作的重要意义。

中国社科院研究员施爱东指出，二十四节气申遗成功，会让我们唤起许多已经日渐丢失的传统文化。比如关于“年”和“岁”的区别。现在人们已经很难理解古人分别创造一个“年”和一个“岁”有什么意义，其实，“年”是指从大年初一子时始到大年三十亥时末这样一个世俗时间的朔望月周期，而“岁”则是指从今年立春开始至明年立春之前的太阳年周期。也就是说，“年”主要是阴历，普通年是 12 个月，也即 354 天，如逢闰年，则是 13 个月共 383 天，或 384 天，年的时间长度是不固定的。而“岁”是阳历，从今年立春算起，到明年立春前止，它是精确的太阳回归年，时间是固定的 365. 2422 日。郑玄为《周礼·春官》“正岁年以序事”一句注称：“中数曰岁，朔数曰年。中、朔大小不齐，正之以闰，若今时作历日矣。”大家注意郑玄注中的中数和朔数之别，中数即以中气十二个月为一周，朔数则以朔望十二（或十三）个月为一周，所以“年”和“岁”是不一样的。我们熟知的十二生肖，就是依照干支纪年中的地支系统而衍生出来的，而干支年就是最富中国特色的阳历年，也即以立春为岁首，交节日为月首的太阳回归年，所以说，十二生肖本质上也是阳历生肖。这些知识，早就已经在历史的传承中被模糊和淡化了，大家日渐混为一谈，混沌难分。这种知识的混沌状态，会让我们以为古人吃饱了饭没事干，生出这么多意义重复的字词，我们对于古人的许多误解，其实都是缘于我们遗失了理解的钥匙。二十四节气成功申遗，能让我们拣回不少类似的冷知识，这些冷知识未必是今天物质文明发展的必备武装，但是，理解它们，有助于增强我们的文化自信，对自己的祖先多一点敬畏，让我们的生活变得更加诗意、更加丰满。

山东大学刘宗迪教授指出：二十四节气被列入人类非物质文化遗产代表作名录是有意义的。它除了增进全世界对中国传统文化的认知度之外，更进一步促进了中国青年一代对于以二十四节气为代表的中国农耕传统的了解和热爱，二十四节气中所体现的敬畏自然、顺应自然、与时偕行、天人和谐的传统智慧也会因其与现代生态思想的呼应而更加深入人心。

北京师范大学教授萧放在书面发言中谈到传承二十四节气的价值与意义时指出，“冬至快到了，我们在冬至这样的大节气谈论二十四节气，特别有意味。我们知道二十四节气的形成，与国人对自然时序的理解有关。中国人很早就发明了一套思维方式，比如阴阳五行的观念，主要用阴阳二气的运动变化来理解时间的流转。”二十四节气维系着中国人乃至海外华人的文化认同价值，“传统时间制度与观念，代表一种文化归属。在每个节气点，通过共同的仪式活动以及食物，带来一种共同的感受，凝聚大家的认同感。马来西亚为什么搞二十四节令鼓？因为他们意识到二十四节气作为华人族群的文化标志，所能带来的文化认同的精神价值。”

在当代人的生活世界中理解二十四节气

与会学者强调指出，二十四节气在中国人生活中地位重要。北京大学陈连山教授长期关注中国古代岁时研究，并撰写过《端午》等相关著作。他认为，二十四节气申遗非常有意义，因为它在中国传统文化中地位重要。二十四节气是古代中国历法的阳历的部分。它的功能不是用来记日的，而是中国人顺应自然方式的根本框架。中国古人强调顺应自然，人的行为与自然变化相一致。因此二十四节气规定了中国人四时的行为标准，至今在人们的生活世界中依然有着非常重要的地位。

山东大学王加华教授是《二十四节气——光阴的习俗与故事》的作者，他认为，二十四节气是我国传统历法的重要组成部分，在传统社会的民众日常生活中曾发挥了极其重要的作用。二十四节气具有极为重要的实际应用与指导价值，即农业生产活动的时间指针作用，这也是二十四节气在传统时代最基础、最重要的功能。二十四节气也是传统时代民众日常社会生活的重要时间节点。在中国传统社会中，以二十四节气作为指导农业生产进程的基本指针，而基于农业生产在民众社会生活中的重要性，农事节律也即农事进程又决定着民众社会生活的节奏，因此从某种意义上来说，二十四节气亦是日常生活的重要指导性时间节点，传统的月令类农书就是这种时间节点作用的最重要体现。二十四节气在民众社会生活中还被赋予了丰富多彩的民俗内涵，如变身为节日，有丰富多彩的节令活动，产生了诸多有特色的饮食习俗等，与民众的娱乐、饮食、仪式活动、身体养生等紧密相关，深深融入了人们生活之中。实用性与节点性、事件化与生活化，可以说是理解二十四节气特点的关键。

北京师范大学副教授彭牧在发言中指出，二十四节气是中国人基于直接的生产、生活经验而形成的时间知识和实践的体系，它体现出中国传统的宇宙观、世界观和生命观。节气不仅仅是人对于自然宇宙的观察与体认的结果，更是人作为自然与文化共同的产物，在与自然的和谐互动中对生命节律的深刻洞察。《保护非物质文化遗产公约》旨在保护世界文化的多样性与丰富性，包括人类历史上产生的丰富多彩的时间观念与经验，其目标在于增强遗产的活力与持久的存续力。在今天全球化的时代，在早已实行公历时间的中国，除了那些与农事生产直接相关的民众，这样一套时间经验和实践体系意义何在？二十四节气是否只是日历上公历日期的附注？基于同样的宇宙、自然和生命观，中医关于二十四节气与生命节律和养生的理论表明了个人身体经验和宇宙自然节律之间的内在关联。也正是在这个意义上，二十四节气体现出在标准化的世界时间中，民众身体所保持的不同的时间节律与时间经验。

加强学术研究，重视遗产表述，确保二十四节气知识的准确传播

与会学者认为，应当以申遗为契机，进一步深入开展对于二十四节气的学术研究，促进有关二十四节气相关的知识的准确传播。山东大学刘宗迪教授指出，要使二十四节气作为一种传统文化遗产得到传承和发扬，抑或保护和应用，首先要正确理解二十四节气，包括其起源、功能、文化内涵、现状等等。比如按照自然节律（天文、物候）安排农时是各农耕民族的普遍现象，因此，节气现象并非中国所独有。中国境内少数民族尽管接受了

夏历的节气之地，但有些民族仍有自己因地制宜的农事节气制度。所以，将节气宣传为华夏民族所独有，称之为中华民族的第五大发明，并赋予其强烈的民族主义含义，是有违自然常识和历史事实的，不值得提倡。清华大学刘晓峰教授指出，与申遗成功相伴随，报纸杂志开始出现很多相关的研究和文章，这是可喜可贺的。但也有一些说法欠缺科学依据，比如有人在报纸上发文章认为二十四节气起源于对于“十二”这个数字的神圣化，这既不符合二十四节气发展的实际情况，也不符合古代人的认识方式。他分析了二十四节气的内部结构，指出二十四节气的产生有一个不断发展的过程。这是一个由以圭影测日、到发现夏至冬至、再到认识两分两至，并进一步细化到“分至启闭”（分指春分、秋分，至指夏至、冬至，启指立春、立夏，闭指立秋、立冬），然后结合以月像观察为主要标志的一年为十二月的月数知识，最后形成的就是由十二个节气和十二个中气结构而成的二十四节气的过程。科学而准确地对于二十四节气的相关方面展开深入研究，是今后保护和推广二十四节气最核心的环节。他倡议中国民俗学会应当负起责任，主动承担以二十四节气为主题组织撰写相关书籍和文章的任务。

中国社会科学院研究员安德明在发言中以二十四节气为例，强调了非物质文化遗产的活态性特征，旨在厘清某些认识上的误区。他认为，二十四节气被列入人类非物质文化遗产代表作名录，其意义不仅在于进一步加强二十四节气相关理念和实践的保护，更在于推广和深化有关非物质文化遗产的正确理解。同许多处于濒危状态的非遗项目不同，作为一项贯穿一年四季、遍及大江南北的知识系统与生活实践，二十四节气至今鲜活地在中国人的日常生活与生产活动中发挥着重要影响，是人们理解自然变化并据以安排日常行动的重要参照。它的这种特征，同相关学术界及社会上具有较大影响的把非遗同“濒危性”直接对应起来的认识之间，具有较大的差距，却恰恰体现了“非物质文化遗产”的内涵，即“被各社区、群体，有时是个人，视为其文化遗产组成部分的社会实践、观念表述、表现形式、知识、技能以及相关的工具、实物、手工艺品和文化空间”。也就是说，一种传统文化事象究竟能否成为非遗，能否列入代表作名录，同它是否处于濒危状态并没有必然的联系，最关键的，反而是它在现实生活中的活态传承。这一点，是二十四节气列入非遗代表作名录在纠正相关认识方面的意义，在此基础之上，它对于在我国各界“确保非物质文化遗产的可见度，提高对其重要意义的认识”，也将发挥至关重要的推动作用。

高度关注二十四节气的文化创造力及其在当下的“再创造”

对于申遗后如何做好相关的保护和推广工作，与会学者也发表了许多宝贵的意见。北京联合大学北京学研究所张勃研究员认为，二十四节气申遗成功相当不易，但二十四节气保护成功是比申遗更为艰难的工作。当前，我们需要深刻认识、解析二十四节气的生存危机，抓住保护工作的重要转机，以促成它的生机重振。她指出，农业社会向工业化社会乃至后工业化社会的变迁，城市化进程的加快，使二十四节气的时间表记功能以及对农业生产、日常生活的指示功能均在很大程度上弱化，与此同时中国人宇宙观和月令思维模式的变化，使许多人不再相信天象、物候、人事之间可以相互作用相互影响，是二十四节气习俗活动大量消失的重要原因，加之 20 世纪以来历法变更以及传统文化失忆，造成对于二十四节气的价值和意义认识普遍不足，珍视程度不够。

曾长期在日本留学的浙江农林大学副教授毕雪飞从二十四节气对日本的影响这一角度

切入问题，她指出，二十四节气随着历法于公元552年传入日本，已有近一千五百年的历史，因而已渗透进日本各个领域，成为日本文化不可分割的一部分。今天，二十四节气依然引导着日本人的农事，影响着日本人的衣食住行，对日本人的生活有着重要的指导意义。其中，有的被列入国家法定祝日，更多的则在民间节日（节气）中得以传承实践，其他领域，如文学等方面也有对二十四节气的大量表达。从日本的经验看，国家层面的立法，民间层面的践行，媒体与商业宣传推动，特别是传统文化教育实践，对二十四节气的保护与传承会起到极为重要的作用。

山东大学刘宗迪教授指出，应当高度关注二十四节气的文化创造力及其在当下的“再创造”：在现代条件下，尤其是现代都市化和工业化的条件下，如何适应现代人的生活和精神需要，用新的表达形式和传播方式，对二十四节气文化中蕴涵的传统智慧进行提炼、升华、传播、弘扬，让这项古老的农耕智慧在现代社会中获得新的意义和新的生命，借以安顿现代人的“文化乡愁”，将二十四节气作为传播中国文化、讲好中国故事的一个重要内容，这是一项有意义的工作。而这一工作，不是单靠民俗学者或农业史学者所能完成的，更需要艺术界、文化创意界、传播界的共同参与。就民俗学者而言，首先应该做的，是基于对中国传统农耕文化、节气文化全面的整理、认真的研究，为公众和各界提供正确的知识和信息，利用学科专长参与到节气文化的传播和文化创意之中。

如何让“五年保护计划”落到实处

“二十四节气”成功列入人类非物质文化遗产代表作名录，已然成为二十四节气发展史上的重要事件，也意味着二十四节气迎来了生命史上的一次重要契机。申遗成功，势必要求国家动员各种社会力量，采取更加有组织、有计划的措施，从而积极履行申报文本中业已提出的五年保护计划（2017—2021，详见《文化部举行“二十四节气”列入“非遗”名录发布会》，人民网2016年12月8日），这无疑将对今后二十四节气的保护工作起到重要的推动作用；同时也会激发人们形成对于二十四节气的文化自信和传承自觉，从而切实地促进二十四节气的代际传承。

朝戈金会长在发言中提出，目前需要从较为宏观的层面进行考量的话，主要有6个环节：（1）立足《公约》及其《操作指南》的基本精神，运用民俗学的基本理论和方法论，结合十多年来我国“非遗”领域的相关保护实践和国外典型案例，厘清该遗产项目的存续力现状及其面临的风险；（2）结合各扩展项目既有的保护成果、存在的主要问题和近期的保护数据，就保护计划的实施步骤、调整方略、创新性措施（委员会近年所强调的）及其必要性做出评估；（3）综合考量近年来我国及相关缔约国的履约实际，针对传统知识和实践类的非遗项目现状和国家文化安全等重要问题，对保护计划进行综合分析和适时调整；（4）对五个年度内的具体措施和可采取的工作模式和实施步骤进行确认，以探索组织多元行动的多向可能性进路和最佳策略；（5）对目前乃至未来我国申遗、履约和保护工作中可能出现的横向问题做出预判，对国际同类项目的整体发展走势形成前瞻性研究，以防止保护的不当；（6）为第一份六年定期报告做出前瞻性规划，或可采取年度或双年度定期报告的措施，责成相关保护单位针对保护中出现的问题和积累的经验形成对策性建议，以便为第一份六年报告乃至下一个周期的保护工作奠定良好的工作基础，进而为国家文化部门的相关决策提供可资参考的专业意见。

北京师范大学教授杨利慧则强调要“确保社区在保护工作中的中心作用”。她指出，“社区”（community）是教科文组织非物质文化遗产保护工程系统中的关键词之一，指的是直接或者间接地参与某一或一系列非遗项目的施行和传承、并认同该非遗项目是其文化遗产组成部分的人群。社区的规模可大可小，具有非固定性和非均质性的特点。根据《公约》及其基础文件的精神，社区以及构成社区的群体和个人才是非遗项目保护和传承的主体，他们不仅应当最大限度地参与认定、清单编制、保护措施的规划和实施以及申请进入各类名录的整个过程，而且应当在其中发挥主要作用，成为所有保护措施和计划的中心以及列入名录之后所获利益的受益方。她认为，二十四节气主要流布于中国北方，并辐射至全国各地，为多民族共享；因此，其保护工作所涉及的社区不仅幅员辽阔，而且人数众多。进而她呼吁从《公约》的立场出发，在二十四节气的保护过程中当注意以下几个问题：第一，相关社区、群体和个人在保护其所持有的非物质文化遗产过程中应发挥主要作用；第二，该非遗项目的保护及其可持续发展应使社区成为受益方；第三，在代表性社区之外，还应注意对社区的多样性及其相关实践的多样性予以保护。

如何进一步保护与传承节气文化？萧放认为，借助成功列入人类非物质文化遗产代表作名录的契机，全社会需要进行二十四节气知识的普及与价值功能认识的再动员，实现其在社区、家庭、学校的落地生根。我们应该利用节气文化，开展不同的活动，让人们直接感知与节气相关的东西，从而把节气作为生活的一部分。其实它本来就是我们生活的一部分，只是我们对此缺乏足够的认识与了解。节气不仅与农时、养生相关，也不仅是一般饮食，还与许多花花草草，与生活中审美的东西联系在一起。通过大家的共同参与，让与节气相关的文化成为一种生活仪式甚至特定的生活方式，只有这样，二十四节气才不会仅仅是过去留下来的传统遗产，而是成为一种不断再生产的文化资产，成为我们生活中天道与人道互相感应的周而复始、循环不绝、永葆生机的物质资源与精神资源。

北京师范大学副教授康丽长期从事性别民俗研究，她认为“二十四节气”的保护工作应当关注相关知识体系的异质性与性别实践的多样性：探讨作为联合国教科文组织人类非物质文化遗产代表作的“二十四节气”的保护工作，不能离开2003《保护非物质文化遗产公约》的立场：“二十四节气”的知识体系在社区民众的不断再造与实践过程中，能够为其享有、传承和实践的群体或个体提供文化认同感和持续感，才是该遗产项目存续力的当代展现。基于这种立场，我们在今后的保护工作中，应特别关注两个问题：一是，如何在保护工作中，体现出对“二十四节气”知识体系的异质性及其所反映的不同社区文化特性的尊重？二是，作为教科文组织总体战略框架中的全球优先事项，“性别平等”自2013年起，成为非物质文化遗产保护工作的一个重点。如何在非遗保护中权衡好推进性别平等与尊重社区性别实践多样化之间的关系？这些都是影响“二十四节气”保护工作顺利开展的重要问题。

有的学者则从微观入手讨论具体的保护措施。翻阅会议提供的“二十四节气五年保护计划”，其中就“加强系统化建档”有如下陈述：“在全国范围内开展二十四节气调查，记录该遗产项目的存续现状，全面搜集口头资料（包括相关的传说、歌谣、谚语、民俗资料等）、文献资料（包括古今文本）及与之相关的实物资料等，运用数字技术手段进行建档和保存。”北京大学教授陈泳超在书面发言中针对这一措施，提出“直观展示传统二十四节气的生活方式”的如下观点：在上述系统化建档的基础上，建议为各个节气提炼出最普遍、最有代表性的活动事项，囊括其生产、生活、信仰乃至政令规训诸面向，制定出一个较为完整系统的《二十四节气传统年中行事表》，这是一个总表。而中国幅员辽阔，二十四节气在东西南北不同地方对民俗生活的指导作用差异很大，这个总表也可以根据形态学分布分割为几个大的区块，形成几个系列。这是学术总结性的工作。在此基础上，可以对应上述“年中行事表”制作一部权威的《二十四节气生活》教学仿真片，完全用电脑手段制作，用以直观展示传统二十四节气的生活方式，重点揭示其中的文化意蕴和历史变迁。既可以在公众媒体上播放，也可以作为各类专题博物馆里的常设展示，尤其是在进入大、中、小学及社区巡回展出时，有此一片，效果应该更加理想。

发挥专业学会在二十四节气保护工作中应有的咨询服务作用

中国民俗学会作为国家一级专业学会，在国家的非物质文化遗产保护工作中一直肩负着自身的责任和使命；与此同时，中国民俗学会既是联合国教科文组织保护非物质文化遗产政府间委员的咨询机构（2012 年 6 月认证），也是审查机构成员（2014 年 11 月任命，任期为 3 年）。中国社会科学院研究员巴莫曲布嫫，就如何发挥专业学会在二十四节气保护工作中应有的咨询服务作用，简略回顾了中国民俗学会在非遗领域的既有实践和经验，并强调了老中青三代学者的人文情怀和代际人才梯队的能力建设。她总结说，中国民俗学会老中青三代学者长期深度地参与了地方、国家和国际层面的非遗保护工作，乌丙安、刘魁立等老一辈学者更是毕一生之功为国出力，堪称年轻学人的楷模。近年来，学会在时间民俗、岁时节令、传统知识及仪式实践，乃至非遗主要领域都形成了学术梯队，积累了相应的智力资源和人才队伍。而成立于 2015 年 1 月的“中国民俗学会联合国教科文组织非遗项目评审团队”（下称“评审团队”）通过切实参与委员会审查机构 2015—2016 两个年度共 95 个国际非遗项目的评审工作（其中中国项目全程回避），稳步推进学会自身的能力建设，尤其是在发现、储备和培养掌握《公约》话语系统和工作语汇、具备国际评审经验，同时深度参与国内非遗保护实际工作的专家队伍方面取得了相应的进展。

巴莫认为，在国际层面上，通过审查机构项目评审工作的具体实践和实际操演，能够对《公约》框架下的非遗保护工作机制和委员会的工作方法形成更透彻的理解，对缔约国当下的非遗保护现状、公共政策制定和履约能力形成更广泛的了解，从而拓展学会和相关学者参与国家层面的非遗保护实践和能力建设的可能性进路，为中国非遗研究和保护工作带来国际化的理论视域和可资借鉴的工作方法和操作经验。而在地方和国家层面，今年 1 月以来，受文化部非遗司和外联局的邀请，学会依托评审团队的骨干力量正式成立了“文化部非物质文化遗产项目履约报告课题组”，协助相关社区完成了 7 个急需保护项目和 30 个代表作项目的履约报告撰稿工作。在定期报告的数据采集、分析、汇总和表述过程中，团队成员对国家层面的非遗保护工作及其实践中的经验和问题，形成了更为切近的理解，由此对传达《公约》及其《操作指南》的话语系统和工作语汇也有了更为深细的认识。因此，学会这支非遗团队为地方、国家和国际层面的《公约》实施和非物质文化遗产保护提供智力支持和业务咨询奠定了可靠的学术力量，他们也是参与二十四节气保护工作的智力资源。

最后，巴莫也指出，通过二十四节气保护计划的具体实施，学会从事时间民俗和从事非遗研究的专业力量也当形成一定的整合，进而在《公约》框架下，结合中国国情和项目自身的属性，在保护实践中寻找最佳方略，为确保该遗产项目的存续力和代际传承做出专业学会应有的贡献。

在会议专题发言结束后，与会学者与媒体记者围绕共同关心的保护问题进行了热烈讨论。

（原载“中国民俗学网”：http：//www. chinesefolklore. org. cn/web/index. php？ Page = 4& News ID = 15378）

中国民俗学会代表团出席“联合国教科文组织保护非物质文化遗产政府间委员会第十一届常会”

2016年11月28日至12月2日，联合国教科文组织保护非物质文化遗产政府间委员会（下称“委员会”）第十一届常会在埃塞俄比亚首都亚的斯亚贝巴联合国非洲经济委员会会议中心召开，来自121个国家的712名各方代表注册与会。

作为保护非物质文化遗产政府间委员会认证的咨询机构，中国民俗学会受联合国教科文组织总干事助理班德林先生和《保护非物质文化遗产公约》秘书处的邀请于今年10月正式组建中国民俗学会代表团。11月26日在朝戈金（团长）和杨利慧（副团长）的带领下，安德明、江帆、荆淑坤、康丽、李刚、彭牧、萧放和周福岩等一行10人（以姓氏拼音为序）启程赴亚的斯亚贝巴与会；巴莫曲布嫫则随中国政府代表团参会。学会代表团于27日参加了先期召开的第五届非政府组织非物质文化遗产论坛（The 5th ICH NGO Forum Symposium）。今年的论坛主题是“非政府组织在弘扬非物质文化遗产价值方面所面临的挑战”（Challenges for NGOs in the promotion of ICH values）。各国非政府组织的代表百余人与会，中国民俗学会代表团作为经认证的非政府组织，参与了论坛讨论，并与各国代表进行了广泛、深入的交流。

27日下午，各国参会代表受邀参加了埃塞俄比亚总统穆拉图·特肖梅（Mulatu Teshome）主持的第11届常会开幕式，并观看了埃塞俄比亚民间艺术家精彩的表演。从28日开始，常会进入各项议程的审议，通过了各缔约国非物质文化遗产项目的履约和现状报告以及审查机构2016年度工作报告。中国民俗学会作为亚太地区选举组推选的非政府组织代表，于2014年当选委员会审查机构成员，任期三年（2015—2017）。中国民俗学会联合国教科文组织非物质文化遗产项目评审团队（CFS4ICH）从2015年起承担项目评审工作。2016年，该团队参与了50+1申报项目的评审工作，其中急需保护项目6项（1项同时申请国际援助），代表作项目37项（其中中国项目全程回避），优秀实践项目7项。从29日开始，会议进入各类申报项目的逐项审议阶段。

11月30日下午17点30分（当地时间12点30分）委员会经过审议，正式通过决议，将中国申报的“二十四节气——中国人通过观察太阳周年运动而形成的时间知识体系及其实践”列入联合国教科文组织人类非物质文化遗产代表作名录。至此，我国入选联合国教科文组织非遗名录的项目增至39项；其中，《人类非物质文化遗产代表作名录》31项，《急需保护的非物质文化遗产名录》7项，《优秀实践名册》1项。作为群体代表，中国民俗学会是“二十四节气”项目的申报主体之一，长期从事相关文献、传统知识及民俗实践的确认、建档和研究工作。在二十四节气的申报工作中，我会多位学者先后参与了中国非物质文化遗产保护中心（简称“国家中心”）组织实施的申报论证会议和申报片脚本的撰写工作，配合央视7频道节目组完成了中英文申报片的录音和解说词的同步上屏工作，并以中国民俗学会的名义为相关工作提供了学术支持和知情同意书。在列入名录后的五年保护计划中，中国民俗学会将为该遗产项目的保护实践提供智力支持，承担起专业学会的责任。

（原载“中国民俗学网”：http：//www. chinesefolklore. org. cn/web/index. php？NewsID = 15257）

文化部部署新时期非遗保护工作六大任务

王学思

如何建立健全可持续的非遗保护传承机制？如何有效监督和评估非遗保护工作的责任落实情况？1 月 14 日，文化部在江苏苏州召开全国非物质文化遗产保护工作会议，会议不仅梳理了近年来非遗保护工作的重要成果，而且明确了今后一个时期推动非遗事业可持续发展的指导思想、发展目标和中心任务。文化部副部长项兆伦出席会议。

为了总结和提炼 10 多年来特别是“十二五”时期非遗保护工作经验，全面部署和安排今后一段时期特别是“十三五”时期非遗保护工作的重点任务，使制度建设更加符合当前非遗保护工作的需求，文化部非遗司分别起草了《国家级非物质文化遗产代表性项目管理办法（征求意见稿）》和《文化部关于进一步加强非物质文化遗产保护工作的指导意见（征求意见稿）》。会上，各省（区、市）文化厅（局）代表分别根据本地非遗保护工作的情况和经验就两个文件和相关的问题提出了意见和建议。

围绕对两个文件内容的讨论，会议进一步提出，当前和今后一个时期非遗保护工作要以“巩固抢救保护成果，提高保护传承水平”为指导思想，着重抓好 6 项重点工作。一是加强非遗工作制度建设，完善法律法规体系，加强规划编制，全面建立督察评估制度。二是实施中国非遗传承人群研修研习培训计划，逐步扩大非遗传承人群的参与面，提升非遗传承人群的总体素质，使保护传承水平跃上一个新的台阶。三是制定实施传统工艺振兴计划，促进传统工艺提高品质、形成品牌、走进生活、增加就业，促进非遗领域形成有民族特色的知名品牌乃至国家品牌。四是促进国家级文化生态保护实验区办出鲜明特色，积极开展评估工作，做好整体性保护规划，为保护实验区提供有针对性的支持措施。五是办好非遗节和非遗博览会，为非遗传承提供更多更广阔的展示交流平台。六是精心实施国家级非遗项目代表性传承人抢救性记录工程，选好选准记录对象，有序开展抢救性记录工作。

会议要求，各地要继续着力做好各个门类的非遗项目保护工作，继续加大对非遗学历教育的支持力度，将非遗工作与公共文化建设有机结合，进一步加强国际交流与合作。非遗保护工作战线要特别提倡深入实际、调查研究，提倡加强学习、潜心钻研。

文化部非遗司、中国艺术研究院中国非遗保护中心、文化部民族民间文艺发展中心相关负责人及各省（区、市）文化厅（局）代表共计 120 余人参加会议。

（原载《中国文化报》2016 年 1 月 15 日第 1 版）

“中国民俗学会 2016 年年会”在南京召开

中国民俗学会秘书处

2016 年 11 月 5 日至 8 日，由中国民俗学会主办，南京农业大学和江苏省民俗学会承办的“中国民俗学会 2016 年年会”在南京农业大学召开，来自全国各地的 350 余名专家学者出席了会议。

中国民俗学会会长、国际哲学与人文科学理事会主席、中国社会科学院学部委员朝戈金，中国民俗学会荣誉会长、国家非物质文化遗产保护工作专家委员会副主任乌丙安，中共南京农业大学党委副书记、纪委书记盛邦跃，江苏省民俗学会副会长、著名画家季全保先生出席了开幕式，中国民俗学会副会长兼秘书长、中国社会科学院世界宗教研究所研究员叶涛主持了开幕式。

南京农业大学党委副书记盛邦跃在开幕式上致欢迎辞，盛邦跃副书记介绍了南京农业大学的历史和办学特色，指出南京农业大学的民俗学学科刚刚起步，希望能够得到全国民俗学界的支持。

江苏省民俗学会副会长季全保代表江苏省民俗学会致辞，他对来自全国各地的民俗学同行表示欢迎，并在致辞中简要介绍了江苏省民俗和民俗学的发展情况。

中国民俗学会会长朝戈金在开幕致辞中，首先代表中国民俗学会向出席本次年会的各位专家学者表示最热烈的欢迎，向为这次大会付出辛勤劳动的各位同仁表示衷心的感谢。

在致辞中，朝戈金对中国民俗学会一年来在学科建设、人才培养、服务社会、进行国际合作等方面所做的大量工作予以概括性介绍。

据朝戈金介绍，截至目前，在学科建设和人才培养方面，中国大约有 70 个高校建立有民俗学硕士点或博士点，每年有 200 余名民俗学专业的研究生步入社会，服务民生。特别值得一提的是，在 2016 年度国家社科基金重大招标项目中，由中国民俗学会学者起草、经中国社会科学院提交的“中国民俗学学科建设与理论创新研究”这一选题得以入选，这是民俗学基础学科建设领域中的一次重大突破。由中国民俗学会与中国社会科学院民族文学研究所共同编纂的《中国民俗学年鉴（2015）》，最近正式出版，该书的编纂，是中国民俗学基础建设方面的最新成果。

近年来，中国民俗学会会员积极参与国家文化建设和非物质文化遗产保护方面的工作，为社会发展和政府服务建言献策。中国民俗学会自 2015 年起作为联合国教科文组织非遗项目审查机构的成员，参与了非遗项目的审查工作，学会在该项工作中，组织了专门的工作团队，投入了大量人力、物力，学会团队的工作得到了联合国教科文组织和我国业务主管部门的高度评价，学会已经成为我国文化建设，特别是非遗保护领域一支不可忽视的队伍。

在国际合作方面，由中国民俗学会和日本民俗学会、美国民俗学会三国民俗学组织共同倡议筹建的“国际民俗学联合会”，正在积极筹备之中，有望近期成立。2016 年暑假，由中国民俗学会和美国民俗学会联合主办的暑期民俗学培训班，在内蒙古师范大学成功举办。

在过去的一年中，中国民俗学会二级研究机构积极开展多项学术活动，举办过规模不一的多次国内或国际学术研讨会议，特别是中国端午文化研究基地、中国昆仑文化研究中心、茶艺文化研究专业委员会、中国香文化研究中心等，学术活动已经常态化。

在信息化时代，各种传媒手段的广泛运用，对于学科内部建设和学术的社会推广都有着不可忽视的作用。在人力、财力极其困难的情况下，在广大会员的大力支持下，中国民俗学会充分利用各种传媒手段，建立起包括学会官方网站、民俗学论坛、民俗学博客、中国民俗学会微博、中国民俗学微信公众号、中国民俗学 APP 等完备的网络学术平台，为中国民俗学的学科建设和学术推广做出了重要贡献。

在开幕式之后的大会发言中，有三位学者做了学术报告：华东师范大学终身教授陈勤建的报告为《开拓增强当代社会治理的民俗软控力》，南京博物院研究员陆建芳的报告为《传统博物馆的民俗展演与非遗保护：以南京博物院为例》，中国社会科学院学部委员、中国民俗学会会长朝戈金的报告为《联合国教科文组织〈保护非物质文化遗产伦理原则〉之解读》。中国民俗学会副会长、北京大学中文系教授陈泳超主持了大会发言。

在为期两天的学术研讨活动中，与会学者在十个分会场，发表各自的学术研究成果，探讨学科建设与社会发展的诸多问题。学者们所研讨的内容，涵括了民俗学、民间文学、非物质文化遗产保护等十分宽泛的领域。年会的研讨分为“民俗学理论与方法”“非物质文化遗产保护的理论与实践”“民间文学研究”“民族文学研究”“口述史方法记忆理论与民俗学”“社会礼俗调查与研究”“乡土传统重建与现代社会治理”“女性民俗研究”“文献与民俗”“妖怪学”“手工技艺调查与研究”“民族民俗博物馆专场”“餐饮文化调查与研究”“应用民俗学专场”“民间艺术调查与研究”“网络民间文学专场”“少数民族民俗调查与研究”“岁时节日调查与研究”“民间信仰调查与研究”“村落民俗与乡村建设调查与研究”“茶文化与社会生活”等 21 个专题，共 50 个专场研讨。

在“茶文化与社会生活”专场研讨中，还安排有茶艺展示，来自南京农业大学等三个单位的茶艺表演团队，为参加分会场研讨的专家学者表演了茶艺：1. 东篱菊茗；2. 六朝茶礼；3. 逐梦茶缘。

会议期间，承办单位还为会议组织了非遗精品展演，来自江苏昆剧院的优秀青年演员为会议奉献了一场十分精彩的昆曲表演——《游园惊梦》和《山门》两折经典昆曲剧目，演员们精彩的表演受到了与会学者和学生们的热烈欢迎。

每年举办的中国民俗学会年会，是中国民俗学会与广大会员进行沟通的最重要的平台，也是学会会员向社会各界展示学术成果、交流学术信息的一次难得的机会。据介绍，本次年会共征集到论文 510 余篇，经过评审，有 393 篇论文入选本次年会。入选论文的作者来自全国各个省市自治区，几乎所有民俗学学科点都有代表出席本次会议。这是中国民俗学会自年会制度建立以来，出席人数最多、规模最大的一次学术盛会。

中国民俗学会副会长陈勤建、刘德龙、尹虎彬、江帆、巴莫曲布嫫、刘晓峰、安德明、萧放、郑土有、施爱东，江苏省社会科学界联合会秘书长、《江苏社会科学》主编李静，南京农业大学人文与社会发展学院院长杨旺生、党委书记朱世桂等出席了会议。

（原载“中国民俗学网”：http：//www. chinesefolklore. org. cn/web/index. php？Page = 5 & News ID = 15192）

“《中国民俗学年鉴·2015》新书发布会”在京举行

2015 年 12 月 20 日，《中国民俗学年鉴·2015》新书发布会在京举行。《中国民俗学年鉴·2015》于 2016 年 3 月由中国社会科学出版社出版。这是中国民俗学界的首部年鉴，由中国社会科学院民族文学研究所、中国民俗学会共同编纂，朝戈金担任主编，全书共 143 万字，主要对国内民俗学界 2014 年在理论方法、神话、史诗、传说、故事、民间戏曲与曲艺、歌谣、民间艺术、物质民俗、人生仪礼、社会组织民俗、节日、民间游戏、旅游民俗、少数民族民俗等方面的研究论文与著述进行梳理，忠实记述这一年内民俗学学科在上述领域的成果进展，力求真实反映我国民俗学研究的全貌。文章作者均为活跃在国际、国内民俗学界的专家、学者，全书具有权威性、实用性和可读性。

本年鉴共设九个栏目：第一篇“特辑”选编可能影响中国民俗文化及民俗研究方向的重要文件、重要事件报道以及权威解读。第二篇“热点话题”选编 2014 年度及此前几年已经逐渐在民俗学界产生一定影响，积聚了相当成果的学术话题。第三篇“研究综述”是全书最重要的部分，由各专业领域的知名学者分头对相关学术成果进行综合介绍与评述。第四篇“论著评介”以书评的形式，重点介绍 2011 年至 2014 年出版的重要学术专著。第五篇“年度优秀论文”是对学术评议方式的一种尝试，希望从年鉴一角窥见中国民俗学的年度优秀成果。第六篇“重要论文摘编及摘要”对 2011 年以来、以 2014 年为主的重要论文进行摘要存目。第七篇“优秀学术随笔”从各大报刊及学术刊物上搜集而来，遴选了最能反映当代民俗文化现状、当前民俗学学术动态，以及学人学术思考的优秀作品。第八篇“学人评介”集中了一批以著名民俗学者为中心的学术史作品，评议对象均是在学科发展中具有突出贡献的历史人物，或当代著名民俗学者。第九篇“学术活动纪要”搜集、整理了与民俗学、民间文化相关的重要学术活动和学术会议的报道、纪要、综述等，目的是为了尽可能忠实、全面地记录民俗学领域的重要学术事件、重要学人活动。为便于读者查阅，了解学科关键信息，本年鉴卷尾编有“索引”。

现代学科意义上的中国民俗学肇始于五四“歌谣学运动”，但随后的发展几经起落，其中数度遭受重创。直到改革开放后，中国民俗学学科重建的口号被再次提出，才渐次恢复至今日的学科局面，并于 1983 年成立了中国民俗学会。近年来，随着国际社会和中国政府对非物质文化遗产保护工作的重视和倡导，民俗学研究及其学术共同体在民族文化振兴和国家文化发展战略中，都正在发挥越来越重要的作用。2014 年 11 月在法国巴黎举办的联合国教科文组织保护非物质文化遗产政府间委员会第九届常会上，中国民俗学会竞选成功，进入保护非物质文化遗产政府间委员会新成立的“审查机构”，在 2015 年至 2017 年间全面参与人类非物质文化遗产代表作名录、急需保护的非物质文化遗产名录、优秀实践名册及国际援助四类申报项目的评审工作。这表明中国民俗学会的专业知识和能力水平得到了保护非物质文化遗产政府间委员会的充分认可和肯定。2016 年 11 月 30 日，在埃塞俄比亚召开的联合国教科文组织保护非物质文化遗产政府间委员会第十一届常会上，中国申报的“二十四节气——中国人通过观察太阳周年运动而形成的时间知识体系及其实践”被正式列入联合国教科文组织人类非物质文化遗产代表作名录，中国民俗学会作为专业学术团体，全面参与了该项目的申报文本和保护计划编制等各个环节的工作，提供了多方面的智力支持，是我国申报的中坚力量。几代学人的不懈努力使学科恢复以来迄今的30余年，成了民俗学历史上最为辉煌的时期。可以想见，中国民俗学者们今后还将在地方、国家和国际层面的文化交流与建设中发挥更加重要的作用。

推出学术精品力作是民俗学能够独立于中国学术之林的根本。《中国民俗学年鉴》的编纂初衷就是为了系统地记录本学科的发展历程，同时展示优秀成果。我国民俗学者在调查、搜集、整理、研究民俗文化方面，做了大量很有价值的工作。年鉴作为具有持续性的大型资料工具书，记录这些事件和成果，将为民俗学学科建设的后续发展奠定坚实基础，也能彰显这个学科在研究民俗知识方面的独特价值和意义，并且有助于更好地传承、保护和研究我国的民俗文化传统，增强中华民族的文化自信。

习近平总书记在联合国教科文组织总部的演讲中曾强调传统文化和文化自信的重要性：“中国人民在实现中国梦的进程中，将按照时代的新进步，推动中华文明创造性转化和创新性发展，激活其生命力，把跨越时空、超越国度、富有永恒魅力、具有当代价值的文化精神弘扬起来，让收藏在博物馆里的文物、陈列在广阔大地上的遗产、书写在古籍里的文字都活起来，让中华文明同世界各国人民创造的丰富多彩的文明一道，为人类提供正确的精神指引和强大的精神动力。”

年鉴主编朝戈金认为，在当今文化多样性背景下提出的“中国梦”，既应是中华民族和中国人民整体利益的体现，同时也应是中国多民族多元文化共同繁荣的愿景。充分尊重、理解和研究民俗文化，保护非物质文化遗产，必将在进一步提升人民生活幸福感的同时，推进我国文化软实力建设，提高跨文化交流的能力和水平。这也正是编纂《中国民俗学年鉴》的意义所在。

中国社会科学院学术年鉴工程自2013年启动实施，目前已出版各类学术年鉴20余种，签约拟出版年鉴28种，在2016年，《中国民俗学年鉴》《中国生态文明建设年鉴》《中国边疆学年鉴》《中国艺术学年鉴》等学术年鉴已由中国社会科学出版社陆续出版发行。

（原载“中国民俗学网”：http：//www. chinesefolklore. org. cn/web/index. php？NewsID = 15376）

第二篇

热点话题

重视我们的口头传承

朝戈金

人类的知识传承主要有口头传承和书面传承两种方式，而口头传承的历史要长得多。对一些民族而言，历史记忆、知识体系、信仰传承、文艺创造等大都保存在口头传承之中。可以说，文化既保存在文字中，也保存在口头上。

相对于语言，文字是“第二性”的，是从语言中发展起来的。换句话说，语言可以没有文字，文字却不能没有语言。在人类文明的演化过程中，口头文化长期扮演着重要的信息传递角色。当然，书写的作用也不容小觑。在文字发明和使用的环境中，人类文明和技术获得了高速发展。文字虽然依附于语言，但一经问世和广泛使用，就具备了某些特殊属性。学界往往把没有文字的社会称作“前文字社会”或“无文字社会”，以区别于大量使用文字的社会。

在历史上，文字有被神圣化的倾向，掌握文字的人往往被人敬重。制度化教育基本上是以抄本、刻本和印本上所记载的知识为核心的，这在一定程度上强化了将书本知识神圣化的趋势。而民众在千百年间形成的口耳相传的知识，长期得不到应有的关注。在今天的教育制度和知识体系中，虽然有民俗学、文化人类学等关注民众知识和文化的学科，但总体而言，重上层精英文化、轻底层民众文化的倾向一直没有得到有效矫正。好在从 20 世纪中叶开始，越来越多的学者意识到，以往偏重书面文化、轻视口头传承的倾向，给整体把握人类文明进程和知识体系带来了诸多弊端和限制，应予纠正。这种认识上的转变，与人文学术整体性地“眼光向下”交相呼应，形成了人文学术的某些新趋向和新领域，如“口述历史”“口头诗学”等。

联合国教科文组织号召国际社会保护非物质文化遗产，就是重新认识和估价民间文化的有效举措。它出台了《保护非物质文化遗产公约》和在其框架内推动设立以“人类非物质文化遗产代表作名录”为首的两个名录和一个名册，以推动形成全球性的非物质文化遗产保护热潮。人们越来越认识到，人类文明的赓续须臾离不开口头文化在代际和族群之间生生不息的传承，海量的民间知识和民众智慧是人类持续发展不可或缺的文化因子。

（原载《人民日报》2016 年 3 月 21 日第 7 版）

让灿烂的口头文学永远相传下去

冯骥才

2010 年，我们启动了中国口头文学遗产数字化工程，着手建立中国口头文学遗产数据库，2015 年又立项启动数据库总目项目。《总目》河北卷的出版，是我们从事口头文学遗产的搜集整理抢救的阶段性成果之一。

我昨天想什么应该是今天会议的关键词，我觉得关键词就是两个字：重要。口头文学现在好像是一个边缘词语了，民间文学研究的学科也被边缘化了，实际上对口头文学的认识，我觉得还没有认识到位。对于任何一个民族来讲，口头文学都占有重要的位置，甚至说这个位置带有核心价值。因为它是文学，文学是纯精神性的创造，它有核心的价值。一个文学的大国，它的文学创作无非是两种形式，一种是个人的，一种是集体的。个人的一般都是用文字的形式创作，他创作出来的文本流传。还有一种是集体的，集体是用口头语言来传承，口口相传，在流传的过程中相互认同，然后不断地修改，然后形成。在这里面有一点不同，就是说个人创造的文本的文学，就是个人化的文学，它要得到别人的认可或者社会的认可或者是集体的认可，它才能留得下来，可是集体的文学，它不是一个认可，它是一个认同。我们认同了，大家才参与创作，才是一个集体文学的创作。口头文学流传得越广，认同得越广，认同的时间越长，一个地域乃至一个民族就把它的价值取向、它的精神天地都加进去了，变成了一个共同的东西。毫无疑问我们是文学大国，但是什么构成的呢？一部分是我们的格萨尔、玛纳斯、亚鲁王、阿诗玛，我们的梁祝、白蛇传，我们数不清的谚语、歌谣，再加上另外一部分，我们的九歌、天问，我们的唐诗宋词，我们的八大家散文，我们的四大名著，把这些放在一起才是我们伟大的中国文学的传统。如果没有口头文学中国文学至少失去一半。这就是它的重要性。

我记得前两年到芬兰参观，芬兰没有非物质文化遗产的其他部分的调查整理，只有口头文学，到现在还有一大批人专门研究民间文学，而且还在搜集现在的民间文学。我跟他们讨论过，现在的民间文学很有意思，跟古代的民间文学已经不一样了，现在很多民间文学是通过网络互相传递、微信来传递，已经变了，它已经文字化了。它有流传没有传承，一瞬间或者几天里面流传过去了，接着消失了，这没有纵向的传承。我们口头文学的传统既有横向传播，也有纵向的传承。可能有很多人认为，我们的口头文学过时了。我们有很多口头文学，但我们对它不重视，对它疏远了，那么大的文学资源被我们扔到一边去了。我记得前两天有人跟我聊天，聊他单位里面人事问题很麻烦，年轻人之间互相较劲，你不愿意让我往上升，我不愿意你怎么样，互相遏制，他用了很多词汇来表达，他怎么表述也表述不清，我就跟他说一句话，一句民间的歇后语：一天刮一遍胡子，他问什么意思呢？我说它的意思就是，你不让我露脸，我不让你露头。他说这个绝了。我说这个就在我们口头文学数据库里面。我们中华民族的智慧，我们的幽默，我们民族的才华灵感是无穷的。这个宝库有多大，我们没有办法估量。

《中国口头文学遗产数据库总目》是中国口头文学遗产数据库的关键项索引，有了这个实实在在的总目，就知道我们搜集的口头文学遗产到底都包含了什么内容，这个分类和编目做得越严谨、越科学，越经得起推敲，将来就越有文献价值。

我们要看清我们的形势，一方面是我们的工作充满了困难，充满了挑战，另一方面来讲，我们中国民协必须要站在时代的历史的高度，站在国家和民族的高度上，来对待我们的文化，必须要有这样的使命感，你只有站在这个高度上，你才能够看到哪些东西必须是我们这一代人去做，而下一代人做也做不了，而下一代人却必须拥有的东西，而我们首先要做的是这个。我觉得我们应该有一个大的情怀。我们一定要团结起来，不管在哪个岗位上，哪个位置上工作，我们都对我们的文化负有责任，我们要面对挑战，我们要迎接挑战，我们要为我们的中华民族的传承作出我们应有的贡献。

（原载《中国艺术报》2016 年 5 月 27 日 T08 版）

中国民间文化遗产保护“三大工程”成果丰硕

海燕　辑

由中国文联副主席、中国民间文艺家协会主席冯骥才主持的中国民间文化遗产工程的三大项目成果问世，并在2016年新书发布活动暨读者见面会上与读者见面。

《中国口头文学遗产数据库总目》：中国民协于2010年12月在民协主席冯骥才的倡议下启动了中国口头文学遗产数字化工程。“中国口头文学遗产数据库”是一项把我国数千年口头文学遗产进行数字化存录的庞大工程，几乎包括了新中国成立以来我国口头文学收集的全部原始资料，堪称中国民间又一部“四库全书”。2015年，《中国口头文学遗产数据库总目》出版。2016年1月，《中国口头文学遗产数据库总目·河北卷》隆重推出。据悉，《中国口头文学遗产数据库总目》全部出齐预计20余卷。

《中国传统村落立档调查》：2012年6月，中国传统村落立档调查启动，由中国民间文艺家协会、中国摄影家协会、中国文学艺术基金会、中国传统村落保护与发展研究中心共同组织实施。两年来，该项工作有条不紊地向前推进，阶段性成果《中国传统村落立档调查田野手册》《中国传统村落立档调查范本》已陆续编纂出版。2016年1月推出的《20个古村落的家底——中国传统村落档案优选》一书，择优选取该项目中20个具有代表性的村落档案，勾勒出了中国传统村落档案的基本面貌。

《中国唐卡文化档案》：该项目系中国民间文化遗产抢救工程重点项目，2013年获得国家社科基金特别委托项目资金支持，计划对全国藏区唐卡历史传承、传播以及海外收藏的情况进行普查，获得唐卡绘画历史源流、画派脉络、经典遗存、当代传承、绘制工艺的第一手资料。《中国唐卡文化档案·昌都卷》为项目系列丛书的首卷，近日由青岛出版集团出版，康·格桑益希任主编。该卷20余万字，辑录了500余幅精美彩色图版，中藏英三种文字图说，30分钟影像纪录片。该成果中首次发布的唐卡图像资料对中国唐卡文化国内外研究将产生重大影响，大量翔实的第一手资料对昌都地区文化建设，唐卡艺术的整理、传承和未来唐卡文化发展将起到极大的推动作用。同时，其作为示范卷为正在开展的其他区域的普查工作和正在进行编纂的卷本提供参考。

（原载《民间文化论坛》2016年第1期）

如何科学保护非物质文化遗产

乌丙安

当前，在反复不断地提高各地对保护非物质文化遗产意义认识的同时，具体指导所有项目的保护工作就显得十分重要。其中，严格的科学管理和标准化的操作规程就成为推动工作有效进展的当务之急、重中之重。

在非物质文化遗产保护项目的各个阶段，都要充分了解并准确认定我国各民族非物质文化遗产保护的所有项目的重要性，因为这是解决“我们要保护什么?”这个问题的关键；同时还要充分掌握保护工作必需的专业操作规程，因为这是解决“我们该怎样保护?”这个问题必不可少的方法和手段，二者缺一不可。

“非遗”的理论界定

关于非物质文化遗产的定义，在联合国教科文组织于1998年颁布的《人类口头和非物质遗产代表作条例》中明确指出了自1989年11月15日在巴黎出台的《保护民间创作建议案》（又译为《关于保护传统文化与民俗的建议》）中对它的界定原文是“民间创作（或传统的民间文化）指来自某一文化社区的全部创作，这些创作以传统为依据、由某一群体或一些个体所表达并被认为是符合社区期望的作为其文化和社会特性的表达形式；准则和价值通过模仿或其他方式口头相传。它的形式包括：语言、口头文学、音乐、舞蹈、游戏、竞技、神话、礼仪、风俗习惯、手工艺、建筑术及其他艺术。除此之外，还包括传统形式的传播和信息。”由此可见，非物质文化遗产（或译为无形文化财产）的定义其实就是我国现在提出的民族民间文化遗产的定义。

2001年11月联合国教科文组织第31届成员国大会通过决定，采用了非物质文化遗产的新定义，原译文是：“人们学习的过程及在学习过程中学到的和自创的知识、技术和创造力，还有他们在这一过程中创造的产品以及他们持续发展所必需的资源、空间和其他社会及自然结构；这些过程会使现存的社区具有一种与先辈们相连续的意识，对文化认定很重要，对人类文化多样性和创造性保护也有着重要意义”。

同时，还宣布了非物质文化遗产的两种表现形式：一种是有循规的文化表现形式，如音乐和戏剧表演，宗教仪式或各类节庆仪式；另一种是一个文化空间，定义为一个可集中举行流行和传统文化活动的场所，也可以定义为一段通常定期举行特定活动的时间，这一事件和自然空间是因空间中传统文化表现形式的存在而存在的。

以上就是到现在为止确定的非物质文化遗产在其内容和形式两方面的定义，作为国际共同执行的认定非物质遗产的基本依据。

根据非物质文化遗产的类别样式或表达形式的多样性和国际学术界通常的分类法标准，结合我国文化遗产代表作的表达形式的特点，中国民族民间文化保护工程的正式文件中大体上把本国的民族民间文化遗产分为以下若干类别：1. 口头遗产（语言类：濒危民族语言、地区方言、隐语行话、谚语，口头文学类：谜语、民谣、神话、史诗、故事、传说、口述史）；2. 民间艺术（音乐类、舞蹈类、美术类、戏曲类、曲艺类、杂技类）；3. 工艺技艺（建筑技艺类、烹调技艺类、服饰工艺类、工匠技艺类、民间医术类）；4. 风俗习惯（节庆类、礼仪类、行业习俗类、游艺竞技类）。其中文化空间类的概念十分重要和特殊，它主要是民间风俗习惯类的文化时空形态的规定性概念。

联合国教科文组织在 1998 年 10—11 月第 155 次大会上用额外的基金创立了一个奖金，用来激活人类口头和非物质遗产的“文化空间或文化表达形式”。2001 年宣布的“文化空间与文化表现形式”的划分标准，现在看来对于认定文化空间的工作可以操作，既简明又实用。

多年来的人类学、民俗学的大量田野作业调查材料证明，这种表现形式的类别在我国各民族的非物质文化遗产中占有很大的比例，像各民族都普遍流行的多种节庆、庙会、歌墟等约定俗成的大型定时定点的传统活动，都属于文化空间，在民间文化生活中显得特别重要。

联合国教科文组织还建议和鼓励各国建立非物质遗产的标准分类法。

（一）鉴于必须协调各机构使用的分类体系，建立鉴别和登记（搜集、检索、记录）体系；鼓励建立民间文化标准化分类法：即编制非物质文化遗产分类总表，以指导全世界这方面的工作；编制非物质遗产细目汇编，并进行地区分类，特别是鼓励通过地区试点项目来进行。

（二）对已经立项的遗产保护工作实施较为严格的目标管理，是科学管理的有效方法。所有审定合格的立项，必须包括若干目标及其具体的计划指标，各级管理者及其机构只能依据审定通过的阶段性目标、长期目标或各个子项目的具体指标进行有针对性的指导、检测、督促、协调、鉴别、裁定和验收等等。经费使用及预决算的管理，严格纳入国家财会制度，实行有效监督。

（三）对专业技术标准的管理，特别是运用现代科技手段实施保存、维护和保护的技术标准，必须明文制定具体的规则或技术手册，严格管理。在中国，目前从事遗产保护工作的人员，大多数在基层习惯于用传统的手工业方式进行调查作业，即使是使用过录音、摄影、摄像的技术手段，大多数是已经落后的或早已经被淘汰的老设备手段。更主要的是，即使用专项经费配备了现代最新设备手段，也缺乏这方面的专门培训。运用现代科技手段实施保存、维护和保护的技术标准，必须及时制定标准的技术手册，按照标准的规定严格管理。对保护工作中使用的图纸、照片、底片、幻灯片、录音带、录像带及录音机、照相机、摄像机等都要确定出规格、型号和使用要求，编制出详细的综合目录，便于保护项目专业人员自己掌握，或与专业技术人员合作掌握所有的技术标准。

（四）对从业的保护工程的各类专家队伍的管理，对各级管理者的管理，则实行相对的分工责任制，建立相应的激励机制，制定相关守则或工作细则进行责任管理。

“非遗”保护的科学管理

对非物质文化遗产及其保护项目的科学认定及审定的管理，是科学管理的首要任务。对非物质文化遗产实施保护，这是一个十分笼统的总体目标，它只有在确定了各种类别的具体文化项目作为保护对象时，才可以说确定了保护的具体对象。因此，试点项目的确定本身就是进入文化保护程序的第一项科学管理工作，对保护项目的认定和审定也就成为这项管理工作的首要任务。特别是在我国目前各级文化主管部门和文化界、学术界对非物质文化遗产的定义、范围还处于似懂非懂、模糊不清、把握不准、各种不同的界定和学术争议严重干扰的状态下，这项管理只能加强，不可草率从事。

这项工作主要分两个步骤：第一步是主持保护项目单位对项目的分类认定必须严格实行科学论证；第二步是主管单位及其委托的专家评审组织对立项单位方案文本中的认定论证的审定必须严格把关。尤其是对文化空间或文化表现形式所做的分类鉴别和认定，必须要求准确。

目前，中国文化保护实施单位感到最困惑的就是项目认定，这可以从以下几个方面分析。

第一，从民俗旅游开发的角度认定文化保护项目。有许多民间艺术形式，还没有经过合格有效的保护就草率地进行了改编和包装，举行大规模展示和表演，被人为地强行推入旅游市场，并把这样的做法叫作“真正的保护和利用”。

第二，用保护物质文化遗产的标准认定非物质文化遗产项目。在认定某些口头遗产或表演艺术形式的遗产时，有的使用了评定物质文化遗产的标准，把相关的或牵强附会的建筑物、遗址的恢复和兴建作为抢救和保护的目标，甚至做了土建计划和预算，但是对所要保护的非物质文化遗产本身却没有做出可行的实施保护计划。

第三，把文化表现形式仅仅理解为艺术表现形式。敢于认定民间艺术形式的保护项目，不敢于也不善于认定其他文化表现形式的项目，特别是对于和民间信仰或宗教有关联的传统文化表现形式，在认定上模糊不清、把握不定，甚至有的不承认他们的代表作是需要保护的遗产。比如庙会、迎神赛会、萨满跳神、跳傩、巫术（包括巫医）及各民族重要祭祀仪式等等。

第四，对“文化空间”概念，目前还处于不大理解或不得要领的难以认定的状态。往往把“文化空间”分解为几种艺术表现形式分别认定，甚至把本来是文化空间的形式也叫作“××艺术”，使非物质遗产文化空间完整统一的形态遭到割裂，文化整体性保护受到损害。

为说明认定项目在“非遗”保护中必须进行科学管理的重要性，我举一个例子。梁山伯与祝英台口头遗产，最早发源于历史上一个特定空间的人物和事件的传闻，迅速在一至两个以上地点落地生根，由民众传说成人物传记体的爱情故事情节母题，再传开去，扩展成许多大同小异的口述版本。以后经过民间艺人的再创作，经过文人诗作、笔记、史志等文本记述的再传播，形成历史上遍布全国的民间四大传说之一的口头遗产。

梁祝如今已经成为宜兴、宁波乃至全国对梁山伯和祝英台口头传承遗产的大写、缩写和特称，它已经是这项特定的口头遗产的代码符号。其中，江苏宜兴梁祝口头遗产的保护群体，以当地流传的丰富口传遗产、翔实的史料线索和城乡社区人文景观遗迹的印证，测查和认定了梁祝口头遗产在宜兴地区传承1600余年的综合活动轨迹和特点。初步查清了梁祝口头遗产在宜兴拥有的实实在在的家底，评估了它在文化史、艺术史、社会生活史以至思想史等诸多方面的价值。经过细致入微的调查研究，宜兴梁祝口头遗产的抢救发掘证明，这里1000多年来一直是梁祝口头传承的中心地带之一。

绝大多数中心地带传承的口头传说有一个显著的特征，那就是传说的人物、事件与当地历史、地理的紧密黏附性。口头传说与本地历史、地理的黏附性，也可以被理解为是传说内容和表达形式的基本特征。这个特征就是要为人们提供一个传说印证的“可信性”。提供印证的“可信性”特征是传说远比其他样式的口传故事在民俗生活中居于优势的首要特征。这种印证在任何时候都不是指历史档案与信史资料，指的是口传民俗艺术的可信依据。讲本地传说的人，通常在讲述传说同时，总是辅之以实地、实物的展示与解说，或找出可信的证据促使人们像相信历史一样相信其口头传说的真实性。宜兴梁祝口头传承就具备这种特点。宜兴梁祝传说早在古代就和魏晋南北朝历史黏附在一起，传说的主人公在传承中总是以女主人公祝英台为中心，所以，当地遗留下来许多关联着祝英台的地方风物遗迹。例如祝英台故宅地址、祝英台读书处、祝英台琴剑塚、英台井、英台陵墓以及故事中十八相送沿途的景物遗存；此外，还有梁家庄、马家庄遗址的指认传说佐证等等，都是传说黏附于地方风物的“可信”印证。所有这些印证，都有久远的口头传承历史，并不是任何现代人的人为生造。这一点是梁祝口头遗产集中传承认定的重要依据。在认定梁祝为非物质文化遗产的口头传承形式时，有必要强调指出的是，所有与梁祝传说密切相关的景物遗存“可信物”，对于口头遗产这宗最基本的重大非物质文化遗产来说，并不需要用文献资料考证史实本身的价值和意义；相反，它的价值正在于梁祝口头遗产发展成为较为典型的梁祝文化，在宜兴这块文化中心地带使梁祝文化活动形态得到了充分表现。这种令人“可信”的“似是而非”的梁祝文化表现形式，正是梁祝口头遗产重要的有机组成部分，任何史料的辨伪求真考证，都会有损于这宗口头遗产在精神层面的生命力从而弱化了它珍贵的口头传说艺术魅力。

但是令人遗憾的是，在从事文化考古的文物研究界，有的学者却很重视把梁山伯、祝英台作为历史人物来认定，于是导致对祝英台故宅、祝英台陵墓、祝英台井、梁家庄遗址和马家庄遗址进行文物考古、文化遗址的认定，动用的是认定物质遗产的基本手段。对于保护梁祝口头传说这宗重大非物质文化遗产来说，这种文物发掘和遗址认定及其史料考证是徒劳的无意义的和完全不必要的。另有一些旅游开发热的文化人，也极力主张保护梁祝文化，但是他们认为必须把祝英台故宅遗址，祝英台读书处，祝英台琴剑塚，英台井，英台陵墓以及故事中十八相送沿途的景物，梁家庄、马家庄遗址等传说佐证都兴建起来，作为旅游景点设置，供游人观赏。在这里有一个最基本的文化遗产分类认定问题。

因此，我们必须强调：作为口头文学遗产的梁祝，在它的非物质文化的属性里，并不需要求证梁山伯和祝英台是否在某个历史阶段当地实有其人其事，重要的在于这个口头传说中的两个主人公及其故事传承是否具备人类文明的代表性和重大艺术价值，是否值得我们对它加以认真的保护。重要的在于史料笔记中的各种记载都是梁祝口头遗产传承流变的最好线索和证据。文物考古发掘也好，旅游景点开发也好，和梁祝口头遗产的非物质遗产保护工作绝不是一回事，相反，这样做的结果只会给非物质文化遗产保护造成不小的损害。

和以上的事例相似相近的例证还有不少，主要原因在于一方面对非物质文化遗产的定义、范围模糊不清，另一方面各种思潮和观念严重干扰，再一方面还有经济建设的利益驱动，都使文化保护工作的正常进展遭遇尴尬。为此，加强遗产认定的管理，加强科学认定的专业培训，严格审定把关，刻不容缓。

“非遗”保护的操作规程

非物质文化遗产的保护在严格的科学认定和管理下，标准专业化的操作规程能有效地帮助保护工作的顺利进行。下面讲一下对非物质文化遗产保护工作的操作规程。

（一）保护工程首先必须在“非物质文化遗产保护法”和相关政策实施细则的框架内进行，这是最基本的工作基础。无法可依，就无法抵御人为造成的濒危灾害，也无法挤进各级行政的议事日程。

（二）在确定资金来源和使用标准的条件下，发掘参加保护工程的人力资源，进行保护工作从业人员的队伍建设和专业培训，是保护工作有效推进的保证，但是，人员培训应当分项进行，有管理人员的培训，更要有专业工作者的业务培训，其中包括专业理论的、操作方法的、技术手段的多种科目。所有保护工作都毫无例外地必须依靠各行业专家和专业工作者主持各类项目的技术工作。

（三）在各民族民间社区对非物质文化遗产进行合乎标准的全面普查、鉴别、认定、筛选是必不可少的工作程序。它是保护工作的前提条件和作业依据。

（四）所有工作用的文本（包括调查报告、立项申报材料、图表、实施方案、任务书、计划书、评估材料、鉴定书、总结材料、预决算报表等），都必须有规定要点或标题的分项栏目，以备填写相关的重要信息；目前，许多项目文本的简单化、粗线条形成通病，其原因主要是基层文化主管单位和文化工作者对非物质遗产的专业特点很不了解，对遗产的传承规律和表现形式较为陌生。为此，文本的写作必须以专项遗产的学术研讨为基础，才有可能编写成合格的合乎实际的可行的科学文本。编制项目方案文本要有以下分项内容：本项目的文化源流、历史沿革、类别认定、分布区划、文化特征分析（包括文化表达形式分析、各子项目特点分析）、价值评估、现状分析、传承系谱等的具体论述及相关量化数据、保护措施和手段、阶段进度和预期成果、附加内行专家的若干学术评定或推荐材料等。各种文本都要有责任人签署，都要经过论证、审定、监督执行、成果验收等必不可少的程序。

（五）及时编写、出版指导作业的《非物质文化遗产保护实用手册》，手册中应当以操作规程的工作细则为主要内容。手册只能是本学科领域合乎标准的通行通用的可操作的工具书，在基本知识理论方法上不可以有任何存在明显歧义和有争论的内容，防止造成工作上的混乱。

所有这些管理和操作的机制和规范，都应当随着保护工作的进程及时建立并付诸实施。当前中国的保护工作已经进入试点工作阶段，接下来就要进入全面普查和建立中国非物质文化遗产名录的阶段。

（原载《人民政协报》2016年6月13日第11版）

民俗文化是旅游开发的“富矿”

叶涛　主讲　冯颖　整理

民俗是一个民族的基础文化，民俗文化最能够体现一个民族的文化精髓。民俗学通过对本民族民俗文化的研究，揭示民族文化的真谛，总结民族文化的精华，在保留本民族的文化传统、抵御外来文化的侵入等方面，有着重要作用。

随着经济的发展，我国产业结构正在进行深度调整，尤其是第三产业的大发展，为民俗学创造了良好环境，为民俗学应用研究提供了广阔天地。以旅游业为例，旅游业的进一步发展必然会为民俗学人才提供用武之地，应用民俗学、旅游民俗学等与实际应用有密切关联的一些分支学科，必将发挥更大作用，进而促进民俗学整个学科的发展。

民俗学的由来

1846 年，英国考古学家威廉·汤姆斯最早使用“Folklore”这个撒克逊语的合成词，来表示“民俗”——民众的知识。这是民俗学作为一门人文学科的开端。

民俗学作为一门现代学科被引入中国，肇始于 1918 年以北京大学为中心的歌谣征集活动。1918 年 2 月 1 日，《北京大学日刊》上发表了《北京大学征集全国近世歌谣简章》，从此揭开了中国民俗学的序幕。

1922 年，北京大学歌谣研究会主办的《歌谣周刊》在创刊词中，明确提出了民俗学的学术目的：本会搜集歌谣的目的有两种，一是学术的，一是文艺的。我们相信民俗学的研究在现今的中国确是很重要的一项事业，虽然还没有学者注意及此，只靠几个有志未逮的人是做不出什么来的，但是也不能不各尽一分的力，至少去供给多少材料或引起一点兴味。歌谣是民俗学上的一种重要的资料，我们把它辑录起来，以备专门的研究：这是第一个目的。

历来为精英们不屑一顾的民间俚俗歌谣，竟然刊登在国家最高学府的报纸上，并且进入了学生课堂，这在当时是石破天惊的事。

1928 年，广州的中山大学成立了语言历史研究所民俗学会，并创办《民俗周刊》（初名《民间文艺》），出版了一批民俗学调查与研究著作。这些著作中，以顾颉刚的《妙峰山》影响最大。

妙峰山调查是 1925 年北京大学风俗调查会组织的一次考察活动，调查文章在《京报·副刊》上以“妙峰山进香专号”的形式分 6 期刊出。1927 年，顾颉刚把这些文章汇集成册，公开出版。妙峰山调查在学界影响颇大，后来成为新中国法学权威的何思敬在当时发表的《读妙峰山进香专号》一文中称赞说：“妙峰山专号就是打破这种暮气的一个霹雳"，妙峰山调查对于民间文化、民间宗教"科学的调查是第一次，并且这第一次的调查已经得到很好的成绩"。这里所说的"暮气"，指的是知识分子对于民众生活知识的缺乏和冷漠态度。

新时期的中国民俗学大体经过了三个阶段：20 世纪 70 年代末到 80 年代初的呼吁重建阶段，80 年代中期到 90 年代初的普及提高阶段，90 年代中期以来学科地位确立、稳步发展阶段。这个时期的中国民俗学表现出注重理论建设、提倡开展田野作业、组织与活动十分活跃、人才培养和学科建设全面展开、多渠道开展国际学术交流活动等特点。

如今的民俗学已经登堂入室，被确立为人文社会科学大家庭里面的一门独立学科，民俗学专业人才的培养也步入正轨，民俗学的学术组织纷纷建立，民俗学的学术著作不断面世，全国各地建起了许多规模不等的民俗博物馆，"民俗""民俗学""民俗文物"这些名词，现在已经为人们熟知。

中国民俗学在发展过程中，形成了自己的学术传统，这种传统是由多种学术研究的风格组成的。中国民俗学起码有 3 种学术风格：文学倾向的民俗学、历史学倾向的民俗学、人类学倾向的民俗学。民俗学与文学的关系可用水乳交融一词来形容，无论早期的歌谣运动、后来的民间文学的突出发展，都说明了这一点，钟敬文先生被视作这种倾向的代表。历史学的研究借助于民俗学的力量，促进了本学科研究的深入，以顾颉刚先生为代表。人类学与民俗学是一种扯不断、理还乱的关系，民俗学研究的人类学倾向，是由这两个学科的近缘关系造成的，这方面的代表是杨成志先生。

经过 30 年的努力，在中国高校和科研单位中，现有民俗学、民间文学和中国少数民族文学博士点约 20 个，硕士点约 50 个，每年毕业 200 人左右。民俗学在国际上是一个小学科，对于一个小学科来讲，这个数量已经算很多了。

在民俗学的教学和科研活动中，绝大多数使用汉语，但在少数民族地区，也有使用民族语言授课培养的本民族民俗学人才，例如内蒙古师范大学使用蒙古语授课，新疆大学使用维吾尔语授课，学生的学位论文也使用本民族语言写作。

传统节日列入国家假日体系

新时期以来的 30 年间，民俗学广泛地介入国家的社会政策制定、文化生活和民众生活当中。在社会政策制定方面，中国民俗学会就曾直接介入中国传统节日列入国家假日体系这项工作中，为相关部委做过课题研究，为传统节日列入国家假日体系提供学理支撑。节日研究是民俗学研究的重要内容，中国民俗学会有一批学者从事节日研究，出版了许多有分量的研究著作。

源远流长的传统节日以其民族性、生活性、复合性、共享性在民众生活中占有突出位置。20 世纪 80 年代以来，伴随着改革开放，民族文化自觉意识逐渐增强，中国出现了传统节日复兴的态势。具体表现为：一度在现实中消失、只存留于文本记载或人们记忆中的某些传统节日，得到重生的机缘；有些在传统社会已经趋于衰变的节日因为新时代的激发，再次获得服务社会的现实功能；有些传统节日还回到日常生活的中心。

传统节日民俗事象是在长期的历史发展过程中积累起来的，承载着中华民族诸多重要的文化基因。传统节日的当下复兴，同时也是传统节日重构和重建的过程。传统节日的复兴和重建，是当代国家文化建设的重要内容，也是重要路径。

农历的正月初一是中国传统的春节，古代又称为元旦，民间俗称为“过年”“过大年”。年，既是时间概念，又是计时单位，与中国古代的农业生产密切相关。

古代中国农耕文明发达，“年”的时间概念最初就是根据农作物生长的周期循环而被人们逐步认识的。在中国古代最著名的字典《说文解字》中，最早对年的解释是“谷熟也”。《穀梁传》记载：“五谷皆熟为年，五谷皆大熟为大有年。”这里所谓的“有年”指的是农业有收成，“大有年”指的是农业大丰收。据记载，早在2800多年前的西周初年，人们就开始了一年一度的庆丰收活动。

年节的真正形成始于汉代。汉武帝改革历法，命司马迁、落下闳、邓平等人参照前朝历法创立“太初历”。太初历以夏代历法的正月为一岁之首——所以至今中国民间仍然把阴历称为夏历，并把二十四节气订入历法。后代虽然多次对历法进行修订，但是基本上都是以“太初历”为蓝本，以夏历的孟春正月为岁首，此后一直沿用了2000多年，直到清末。随着年历的确立，每年的年节风俗活动也就随着一年一度的固定日子而沿袭下来。

1911年“中华民国”成立时，采用西方的公历纪年法，并一直沿用至今。中国民间称公历为“阳历”，称中国传统纪年法为“阴历”，将阳历的1月1日定为元旦，又称作“新年”；将阴历的正月初一定为春节，民间仍称为“年”。年与元旦相比，具有浓郁的中国传统农业文明的色彩。

所谓“年味儿”，指的是过节时的一种氛围。这种氛围靠什么来营造？靠的是节日活动。如今，人们所说的年味儿淡了，实际上就是营造节日氛围的民俗活动少了，或者节日活动的功能被人为地改变了。

人们对于传统有一种背叛的本能。尽管一种传统可能已经延续了几百年，当人们决意丢弃它时，可能就在瞬间。不过，传统有它难以割舍的一面，无论人们自以为对传统的变革如何彻底，传统总会潜藏在新的形式、新的内容之中。

中国传统节日在经过了将近百年的曲折历程后，终于在近年被列入了国家假日体系，这也从一个侧面说明了传统在当今社会依旧有其顽强的生命力，传统节日依旧可以在当代社会生活中发挥积极作用。

非遗保护促进传统文化复兴

2003年10月，联合国教科文组织大会通过了《保护非物质文化遗产公约》。如今，《公约》已有146个缔约国，中国政府于2004年8月加入该公约，是最早加入的国家之一。为了落实非物质文化遗产的保护工作，中国将这项工作列入政府部门日常工作之中，并在国家文化部内设立了非物质文化遗产司，具体负责全国非物质文化遗产保护的组织领导、项目申报与审批、资金管理、后期督导等工作。

与政府主导的其他文化工作有所不同，非物质文化遗产的保护工作从制度设计上就保证了专家学者的深度参与。国家、省、地区和县四级均建立有专家委员会，所有非遗项目的申报和审批均需要经过专家委员会的讨论。在四级专家委员会中，民俗学者都是最重要的成员。

中国民俗学者还参与了国家《非物质文化遗产法》的讨论，并在立法过程中发挥了重要作用。除了积极参与国家以及各级政府非物质文化遗产的项目评审等工作，民俗学者还自觉承担了非物质文化遗产的理论建设与宣传普及工作。学者们所撰写的关于非物质文化遗产的理论研究文章，在指导非物质文化遗产保护的具体工作方面起到了重要作用。可以毫不夸张地说，中国非物质文化遗产的理论建设，例如关于非物质文化遗产的概念阐释、非物质文化遗产保护的整体性原则、非遗传承人的专项研究等理论阐释，主要都是由民俗学者完成的。

自20世纪80年代初开始的中国民间文学三套集成——民间故事、歌谣、谚语，其搜集整理和编纂出版工作，是由各级政府文化部门主导、各地民间文学工作者参与的浩大工程，几乎每一个县都编辑出版了本县的民间文学三套集成，地区和省级也编选了各自的三套集成，这些是当今非物质文化遗产保护中民间文学类保护项目的重要依据。

由联合国教科文组织主导的人类非物质文化遗产保护工作，在不足20年的时间里，已经成为中国政府文化工作的重要组成部分。中国民俗学学科与非物质文化遗产保护工作的结合，是近年来中国人文社会科学领域的一桩重要事件。以一大批著名民俗学家为代表的知识界人士，积极参与非物质文化遗产保护工作，为社区和民众的传统文化事象做出阐释和分析，为各级政府的非物质文化遗产项目的抢救、描述、搜集、整理、申报、评估、建档、研究、传承、复兴等工作，提供大量的咨询和建议。这种深度介入，使得传统文化在当代中国社会的复兴，具有了别样的风采；民俗学也在彰显学科价值和意义的过程中，成为各级政府和各民族群众都关心的领域。

非物质文化遗产的教学与研究工作还进入中国高校之中，成为相关专业本科和研究生的课程。中国艺术研究院和中央民族大学设立了非物质文化遗产专业，专门培养非物质文化遗产保护与研究方面的人才，另有近60所高校开设了非物质文化遗产方面的课程，如非物质文化遗产概论、非物质文化遗产研究、非物质文化遗产专题、非物质文化遗产传承与保护、非物质文化遗产保护与开发、中外非物质文化遗产比较，以及带有区域特点的新疆非物质文化遗产概论等。修课学生涉及的专业有民俗学、社会学、历史学、考古学、文学、旅游管理等，部分高校还面向全体学生开设了通选课程。

民俗学者积极参与非物质文化遗产保护工作，一方面是因为非物质文化遗产保护的主体内容就是民俗文化，与民俗学学科的研究对象密不可分；另一方面，民俗学者为非物质文化遗产保护所做的理论探讨，也能使非物质文化遗产的保护工作少走弯路，使这项工作能够基本遵循保护对象的特点，尽量符合非物质文化遗产发展的规律。

民俗与旅游血肉相连

民俗旅游是民俗与旅游的结合，是以民俗事象为主体内容的旅游活动。民俗与旅游历来就有不可分割、血肉相连的密切关系，在《马可·波罗游记》《徐霞客游记》等古代著名游记中，有许多对当时各地民俗事象的记述和分析。观风察俗、考察民间文化艺术，历来就是旅游的重要内容。

旅游的文化性决定了民俗旅游的文化特质，民俗旅游属于文化旅游的范围，旅游所具有的文化特性在民俗旅游中均有体现。民俗旅游的内容能够时时、处处给人以文化的享受，使旅游者在潜移默化中享受到一个国家、一个民族独特的文化。

民俗旅游除具有旅游的一般性和文化特性之外，还有独特的文化特质。民俗是一个国家或一个民族传统文化的承载体，了解一个国家或一个民族的文化，民俗是最好的窗口。民俗具有稳定性特征，一种民俗事象一旦形成，便会在相当长的一段时期内保持固有形态，有的甚至几千年都不会发生太大变化。如在我国传统婚俗中，婚嫁礼仪的规定始终没有超出“六礼”的范围，只是在具体程序上略有删减，在具体物品上稍有替换。此外，不同的地区有不同的风俗习惯，地域性是民俗的重要特征之一，“十里不同风，百里不同俗”指的就是民俗在地域上的差异。民俗的地域性特征决定了在民俗旅游中必须发挥特长，以某一地域特有的民俗事象来吸引旅游者。地域民俗的魅力首先在于它是独有的，这在饮食民俗上体现得尤为突出。民俗旅游所展现的文化是一种鲜活的动态文化。虽然民俗旅游以展现传统民俗、地域民俗为主要内容，但它所展现的文化并不是典籍上所记载的，博物馆中所陈列的静态的，甚至是已死的文化，而是一种鲜活的、动态的文化。

民俗是以人的具体活动为载体的一种文化形式，决定了民俗的动态特征。无论是民俗仪式，还是民俗意识，总是贯穿在人的各种行为之中。即使在今天的民俗旅游以及其他某些活动中，人们有意制造的一些所谓的“失传”的文化，也是以一种活的、现场表演的方式存在着，是一种“复活”的状态。值得一提的是，民俗所具有的传承性特征，使那些在我们今天的生活中依旧遵循的各类民俗事象具有了历史沧桑感，随手拈来的一种民俗活动，或许就可以追寻数百年，甚至上千年的历史，而这种历史是我们可以看得见、摸得着的真实的历史。

旅游的经济性决定了民俗旅游的经济特质。除旅游收入以外，民俗旅游还有许多潜在效益，这些效益并非是立竿见影的，需要经过时间的检验。首先，民俗旅游是获得信息的重要途径。民俗旅游吸引了众多国内外旅游者，这些旅游者的到来，既可以开阔当地人的视野，又为旅游者了解当地民情民风、增加印象提供了良好机会。其次，民俗旅游扩大了当地知名度，在带来直接经济效益的同时，还可以吸引投资者，为当地经济建设服务。山东省潍坊市自 1984 年举办首届潍坊国际风筝会以来，每届都万商云集，取得了令人满意的经济效益和社会效益。以民俗旅游带动商业贸易活动，已经成为当代旅游业发展的重要趋势。

（原载《中国旅游报》2016 年 4 月 29 日 B01 版）

打捞“失落”的民间故事刻不容缓

万建中

打捞“失落”的民间故事刻不容缓。随着社会环境的变化，传统的民间故事已经或正在远离我们的生活。中央领导的号召恰逢其时，这也是民间故事文体本身发展的必然要求。

民间故事的“失落”

记得读小学的时候，老师时常给我们讲一些民间故事。听完课，同学们都会哀求老师：“讲个故事吧！”现在的学生已不屑于听故事了。老师也不善于说故事了，实在要说的话，只能找一本故事书来读。借助大众传媒，各色各样的讯息将故事遣回到“很久很久以前”，人们不再对故事津津乐道了。在过去，民间叙事是在民间社会的一所所大学，尽管这是在一些不登大雅之堂的“大学”——瓦子里，街巷间，茶馆、烟馆里进行的。在文学、历史、宗教以及哲学、社会学这样一些“文科”成为现代社会大学里的专门知识之前，传统社会里的文化教育以及个人的教养全都是文学性质的。而且对于这个社会中的大多数人来说，所受教育的地方大多是上面所说的休闲与娱乐的空间，而其方式则是听故事的形式。因此，他们的精神世界不仅是用祖先或人类的“过去”充实的，也是用叙述故事的方式建造的。

信息的密集和更替的加速，促使我们需要直接而快捷地领会真理与精髓，便不得不抛弃故事，远离情节，神话、传说和故事等逐渐成为古老的口头传统，成为可供解释的文本。寓言故事中的情节早已被遗忘，凝练为意义深刻而又固定的成语。叙事形式成了累赘，或者成了一种奢侈的我们无法在现实生活中分享的话语。

民间故事需要“打捞”

民间故事的生活意义是永恒的。每个民间故事的具体内容各不相同，但其所体现的情绪、思想倾向、生活理想有一定共同性。因此，在演说活动中，故事本身这种共同性经过演说者的发挥，很容易和听众（观众）发生心理共鸣，被听众（观众）接受，使“个体知觉变成集体知觉”，达到人们的共识和共有的精神趋同。在传统社会里，民间教育大多是通过讲故事的形式实施的，教育过程也就是民间故事的传播过程。寓教于乐是民间故事的教育优势和特点。人们可能抵触其他形式的说教和教化，但绝对不会拒绝民间故事，因为民间故事不会一味地说教。

民众运用民间故事进行传统的道德教育，这对于中国民族品格的形成，起了良好的影响。我国传统的道德思想，相当部分存在于民间故事之中，并借助民间故事得以传播。在民间，传统道德教育主要是借助民间故事的形式得以实施的。

在思想文化建设中，民间故事所宣扬的思想大多都是正面的，都是真善美的，并且符合时代精神的品格需求，是民众最普遍行为和思想准则的显现。道德力量的释放往往是在故事的讲述中完成的，讲述者和听众共同营造了神秘的训诫和警示的氛围。民间故事对青少年教育的作用更为明显，它迎合了儿童的审美趣味和接受习惯，在相互传说的过程中，儿童们自然而然受到传统道德观念的熏陶。有调查显示，我国青少年对白雪公主、丑小鸭等西方童话角色如数家珍，对孟姜女、田螺姑娘等中国民间故事人物知之甚少。

打捞民间故事的现实意义

民间故事具有极强的时代适应性。故事并不专属于某种民间艺术形式，各种民间艺术形式可能表演同一个民间故事。因此，故事是超越民间体裁的，成为其他民间叙事体裁的源泉。各种民间艺术形式在同一空间里可能建构同一故事的共同体。围绕同一个故事，不同的文学体裁可以互相转化。这种转化可以在具体操作中完成，然而在更多情况下，是在自然状态下不知不觉中完成的。在文学文本相互转移的过程中，故事一直处于中心地位。民间故事这一元文本特性正在被有意识地充分利用。让民间故事进入大众传媒，成为影视作品、网络小说和电子游戏创作的基本元素，民间故事将不再专属于口头语言，其讲述的形式具有丰富的科技含量。

就当下而言，培育和践行社会主义核心价值观需要优秀的民族民间故事传统。这主要基于两个方面：一是民间故事是历史的、民族的，或者说是民族历史的积淀，是优秀传统文化有机的组成部分。二是民间故事根植于民族历史文化的土壤，带有深厚的民族特质；同时，民间故事的创作者和演说者是具有人民思想、愿望的人民自身，因此，民间故事具有直接的人民性。在我们建设中国特色社会主义和实现“中国梦”的过程中，当然应该吸取外国优秀的文学形式和文学作品，但最能够代表民族群体的崇高精神，最能够表达这种崇高精神的，不可能是外来的，而只能是本民族具有悠久历史的包括民间故事在内的文学传统。

新时期的民间故事，本身就是社会主义核心价值观的具体表现，是其承载体系中的有机的组成部分，同时民间故事又通过教化、娱乐等途径，不断地把社会主义核心价值观推入人们的日常生活，使社会主义核心价值观与民间及民族传统紧密联系在一起。利用民间故事开展培育和践行社会主义核心价值观活动，可以在民间、民族和传统情怀的语境中，使核心价值观进入人们的生活世界，并且深入人心。

（原载《中国社会科学报》2016 年 8 月 1 日第 8 版）

以人民为中心，繁荣民间文学研究事业

安德明

习近平总书记在文艺工作座谈会上的讲话以及不久前在哲学社会科学工作座谈会上的讲话，都十分突出地强调了“以人民为中心”的创作与研究导向，这对当下中国的文艺工作和哲学社会科学工作具有很强的指导性，对我们的民间文学研究事业，更是具有巨大的鼓舞和激励作用。

民间文学是民族文化传统中的重要内容，它不仅具有丰富的文化史意义，也深刻地体现着广大人民的思想价值观，蕴含着独特的审美艺术特性。作为文学的有机组成部分，中国民间文学和作家书面文学一道，构成了完整的中国文学体系。作为现代中国文学学术领域不可或缺的一翼，民间文学研究自诞生之后，不仅为“五四”以来文学研究和中国文学史写作中“民间”或“人民性”立场逐渐占据主导地位奠定了基础，也为延安文艺思想的形成和发展提供了理论准备，同时，其研究成果还曾为中国民众的现代民族、民主观念的形成产生过关键性的影响。

在长期发展的过程中，中国民间文学研究尽管在理论和方法上不断拓展，但学科自发轫阶段就根植于其中的人民性特征始终占据核心位置。民间文学和民俗学的工作者，通过自己的身体力行，不仅使得作为广大人民精神产品和民族文化重要基础的民间文学与文化的光辉得到了广泛的彰显，也为提升作为这些精神财富之主体的人民的地位做出了贡献。这一学科始终具有突出的“立足于民间”的学术品格。

随着学术的发展，民间文学研究也陷入了较多的困扰：大多数的研究都局限于在传统学科内部的精耕细作，而少有突破。与此相关，在中国民间文学（包括民俗学）领域，还存在着突出的割裂上下层文化之关联、只专注于民间下层文化而忽略从文化整体的视角进行探究的倾向。尽管越来越多的研究者都承认，民间文学研究是一门具有很强现实属性的现代学问，现实的口头文学与生活文化也受到了研究者越来越多的关注，却仍然缺少具有理论深度和社会影响力的研究成果。更为重要的是，研究日益体现出一种“去语境化”的取向，在高举“深入民间、扎根人民”的大旗的同时，研究重点更多地放在从人民的生活实践抽取出来的“民间文化事象”方面，而不是把这些事象视为人民日常生活的有机组成部分，从它们与人的实际生活关系的角度来进行思考。这样的研究，始终无法摆脱把民间文学（及民间文化）视为“遗留物”的观念影响，无论在学科内部的具体操作还是在外界对学科本身的印象中，总是带有“保守”“怀旧”的烙印，对于当前社会生活与文化领域出现的种种与民间文学、民间文化相关的问题，更是缺少起码的学术关注。今天的许多研究，虽然已经把研究对象从过去转向了现在，从乡村转向了城市，但研究的视角、理念却并没有随之进行本质意义上的调整和转换，特别是很少突破学科原有的边界，去注意当下的、都市中生活的人群所面临的种种挑战，以及他们如何利用传统资源来应对挑战并创造和维持社会关系等问题。

中国民间文学研究，本身就是因强烈的现实关怀而产生的一门学问。当下的中国，面临巨大的社会转型，出现了许多社会问题，尤其让人感到焦虑和关心的，是社会道德、社会风气所遭受的破坏。而包括传统观念的影响日益减少，既是当前这些社会问题的表现内容，也是导致更多问题产生的原因所在。有鉴于此，积极致力社会主义核心价值观的建设，成了许多人文社会学科不可回避的使命，在这当中，民间文学研究尤其有责任同时又有条件，贡献自己学科的力量：一方面，这一学问的研究取向和研究结果理应为社会的良性发展发挥作用，而不应该在诸多严重问题面前处于失声状态；另一方面，在作为该学科研究对象的各种民间文化事象当中，包含了大量与道德规范、伦理教化相关的内容，完全能够在学科视角的引领下，转化为当代有益的社会文化建设资源。

我相信，通过更加坚实地立足于“以人民为中心”，广大民间文艺工作者一定能够更加自觉地坚守本学科固有的人民性立场，更加深刻地反省学科中存在的问题，推动学科的繁荣发展，进而为促进中国特色社会主义思想文化体系的建设做出具有特殊学科属性的贡献。

（原载《中国社会科学报》2016 年 8 月 1 日第 8 版）

拓展民俗学研究的三个方向

徐赣丽

伴随着中国经济的高速发展以及城市化、信息化进程的加快，人们的生活方式发生了巨大变化，这种变化使一些学科在研究内容、方法和边界等方面也发生了相应的变化。在其建立之初，民俗学学科更多关注人类的文化遗留物。今天，在科学技术的影响下，人们的衣、食、住、行等生活方式以及乡村和生态环境时刻发生改变，一些过去的民俗也随之消失和变化。在此基础上，民俗学需要深入反思和调整自身的学科建设，以应对现实社会的不断发展。同时，当代社会也为民俗学的学科发展和转型提供了有利的契机。在广泛开展的文化建设和非物质文化遗产保护热潮中，人们日益重视优秀民俗文化，发掘其现代价值。在这样的形势下，中国民俗学面临着拓展学科发展新方向的任务。综合国际国内民俗学研究历史和现状，以及国家发展的现实情况，民俗学学科应该加强和推进以下三个方面的研究，即都市民俗学研究、应用民俗学研究和日常生活研究。

关注都市生活和文化实践

当前，城市化进程极大地推动着人们形成新的生活方式，中国民俗学需要关注都市人群更为复杂多样的社会生活和文化实践。相较于过去更多关注农民和乡村民俗文化的状况，当下的民俗学研究应当进一步介入都市社会生活，从而扩大自身的关注领域和研究范围，并积极开展与其他学科的对话，共享知识更新的研究成果，增强对当代社会和文化的解释能力。

民俗学对都市文化现象的研究虽然早已有之，也开展了不少田野调查活动，但以往的研究在把焦点从乡村移到城市的过程中，仍然执着于寻找都市里的“土著”，其研究的重点还是限定在过去的旧的民俗挖掘上，很少突破学科原有的边界。还有的研究虽然把研究对象从过去转向了现在，但研究的视角、观念并没有随之进行调整和转换。目前，都市民俗学主要集中在对谣言和都市传说的研究，以及对都市里传统的庙会、节庆等活动的研究，而对都市中新的生活方式，比如茶道、品香、插花等文化现象的关注还比较少，对这些新的研究领域大多缺乏深入系统的调研，未能提供详尽的背景材料，有待于进一步深化和加强研究。另外，我们需要考察当代都市语境下传统民俗的命运，如传统民俗在全球化时代是否还在继续发挥作用，又如何嵌入都市人的生活中？我们需要对都市民俗的生存形态和特点进行及时的观察、记录和研究，揭示都市人的生活呈现何种新的特点，以及这种生活方式与历史的接续性，等等。与此同时，在城市社会空间流动性增强以及信息化技术快速发展的当下，文化的空间传播呈现了前所未有的态势。都市民俗学研究需要拓展新的方向，更新已有的研究方法，以新的田野调查方法应对都市的发展特点。

随着中国社会大众文化的迅速崛起，民俗学也需要把眼光投向当今时代的大众文化。目前，民俗学研究者对手机短信、网络谣言、流行时尚等的研究已经非常普遍，预示着民俗学朝向大众文化研究的趋向。民俗学对大众文化的研究，不仅可以拓展研究领域，更新学术视角，也可以共享诸多文化研究成果，建构民俗学研究的新理论。

除此之外，我国民俗学研究今后还需更多关注对新群体生活的文化研究。例如，近现代以来，科学技术全方位改变传统的生活形态，科技已经成为一种文化和我们生活的一部分。发明和掌握科技的群体，以科技和信息的发明创造引起我们的生活革命，他们在社会中逐渐占有重要位置。他们的生活方式自然跟科技紧密相关，对他们的生活品位、兴趣爱好、价值观念的研究也应成为今后民俗学研究的新课题。这也有利于开展不同学科之间的对话，为促进民俗学的发展开拓新领域。还有一些民俗学研究者已经注意到都市青年群体的生活方式以及他们对传统民俗的态度问题。当代都市民俗学的研究需要关注这一群体如何塑造都市新的生活方式，如何更好地传承传统民俗文化。

民俗应用研究大有可为

为了契合时代和现实社会的要求，民俗学应该大力发展应用民俗学研究。谈到应用，人们大多会想到民俗旅游、民俗节庆产业和民俗化商品等经济领域的应用，而很少注意到民俗在参与国家文化建设、保障国家文化安全等方面的应用，如构建民俗文化符号、挖掘其深刻的文化含义和文化价值，有助于讲好中国故事，传播中华文化。现在非物质文化遗产保护备受重视，这使民俗从地方文化层面上升到国家和民族文化层面，而随着非物质文化遗产生产性保护方式的提出，以及整个社会文化消费带动的文化商品和文化产业大发展的形势，民俗应用研究将大有可为。同时，在促进民族团结、保护生态环境、传承地方文化和综合防灾减灾等方面，民俗学也可发挥自身的独特作用。今后的民俗学应用研究，还需要结合国家文化建设的目标，为提高国民的幸福生活指数，满足人们的情感生活服务。

直面当代中国社会的日常生活

民俗最初是指“曾经流行的古老遗存”，民俗学曾经是研究文化遗留物的学问，热衷于对奇风异俗的搜寻和比较。早期的民俗学研究者以研究相异文化为主，怀着好奇心去一些偏远地方的异域社会作调查，这自然有独特的研究价值和文化意义。如今，不少民俗学研究者仍醉心于对偏远的古老传统的搜集和研究，对奇异的风俗情有独钟。他们对偏远的异域他乡充满兴趣，同时对乡土、传统文化充满浪漫化的想象。他们有的倾向于礼赞过去，认为现代化对传统的家园造成毁坏，于是在研究中时时弥漫着浓厚的乡愁。虽然寻找奇风异俗是民俗学研究不可缺少的一个方面，但我们也要看到，在全球化影响下，各地文化也会呈现出同质化趋势，过去“十里不同风，百里不同俗”的乡村也发生了很大的变化。

民俗学研究不能只是专注于研究奇异风俗而日益步入狭窄境地，而是应当更多关注日常生活的研究。虽然“日常生活”已经成为人文社会科学中不少学科广泛使用的概念和研究的焦点，但在当下中国民俗学界，这方面的理论阐发还比较薄弱，缺乏结合人们日常生活进行研究的典型个案。中国现代民俗学研究必须直面当代中国社会的日常生活，而不是那些特殊化的、被挑选出来的民俗。事实上，一些研究关注的被挑选出来且打上了特殊标签的民俗往往被赋予了更多的想象成分，带有较多的偶然性。许多所谓古老而奇特的民俗，其实是被一些人有意挖掘出来并加以夸大和包装的。因此，民俗学研究要从远方他者、从古老的传统回到当下的现实，从关注奇异风俗回到日常生活，关注现代社会日常生活中的种种不易察觉的变化，在某种程度上，这也是民俗学研究的重要职责。

民俗学新的研究还包括关注媒体、网络、信息、大数据等对我们日常生活的影响。同时，民俗学学科要更新研究问题和研究视角，如超越传统的时间研究，关注文化空间；超越单项的民俗解释，关注文化的内在逻辑；超越民俗的功能研究，关注文化的结构，并尽可能利用各种资源推进学科发展，如借助信息技术建立数据库，寻求利用大数据进行民俗研究；等等。

总之，我们要看到，当代社会的发展呼唤民俗学拓展学科研究方向，进一步开拓研究视野，更新研究方法。国家的各项文化政策和非物质文化遗产保护热潮，以及学界日益重视跨学科、交叉学科的研究趋向，这些都为民俗学学科发展带来了前所未有的新机遇，在继承传统研究领域和研究方法的基础上，民俗学研究需要打开新的研究领域：从传统向现代、从乡村向都市、从民间文化向大众文化、从搜集奇风异俗到探求日常生活，以此不断开拓学科研究疆界，与现实社会发展紧密结合，从而逐步完善和更新学科自身建设，为国家的文化发展和文明传承贡献力量。

（原载《中国社会科学报》2016 年 12 月 20 日第 8 版）

“礼俗互动”：当代国家正与民间缔结新契约

张士闪

“礼”所代表的国家治理的规约性，与“俗”所代表的民间生活的自发性之间，存在很大的空间与张力，往往是互益互补与互制互斥共存。

“礼俗”问题在两千年的中国历史进程中素为人们关注和讨论，是理解中国社会的内部视角。事实上，正是建基于长期以来国家政治的礼俗一体化追求与民间社会的主流价值认同，以及全社会广泛参与的礼俗互动实践，中国才能够成为一个长期统一的社会，中华文明传统才得以源远流长，并不断焕发出生机活力。民俗关乎国运，要认识到这一点并不容易。作为群体生活规范与文化认同的民俗文化，在利用传统智慧推进国家社会建设的过程中，作用无可取代。

中国社会“礼俗互动”传统历史悠久

在我国，国家与民众的“礼俗互动”有着悠久历史。这从我国历代对“民俗”“风俗”“习俗”等语词的使用中可见一斑。“俗”“风俗”因被赋予更多的政治教化色彩，而使用频繁。

可以说，我国传统社会的维持与运转，在相当程度上得益于整个社会所共享的一种文化传统的延续，一旦国家与民众之间的文化认同趋于淡漠或消失，民众对于国家的认同也将失去基础。在礼俗互动的框架中，民间文化是“俗的存在”，而官方对民间文化的搜集整理“提升”则是“礼的生成”，两者相磨荡，最终体现了一种在国家治理视野中理解民俗、运用民俗的“政教风俗观”。

礼俗互动，是集权与民意之“巨动”中的“微动”，是官民之间“大动”中的“小动”。作为一种社会治理之策的“政教风俗观”，在于以官民之间的“小动”“微动”，缓释可能的“大动”“巨动”，使郁积的社会冲突因素在获得释放后循“礼”导入社会常态。这是一种以文化认同的方式，消除显在与潜在的社会危机的政治智慧。

当今我们在华北地区的田野调查中，仍会经常发现乡民在日常生活中对于“礼”的娴熟运用。传统之“礼”，固然关乎宇宙根本，但也基于普通人的日常人情和理解，因而可以直接诉诸平直的语言。于是，村民在婚礼、葬礼或分家、建房动工、上梁等重要的礼仪场合，便以“老礼”“老人话”“圣人言”等名义运作公共价值，频繁使用心/性、公/私、义/利、王/霸、理/礼、事/功等儒学传统话语，并通过语音转化、语义挪移等方式，在表述历史、化解纠纷、统合伦理等方面有“以言行事”之作用。在民间社会的很多场合中，礼和俗两个概念是大致同义的，而且可以替换使用，礼对民众主要体现为人生仪礼和节日仪式中的地方传统，也即地方的俗。原本作为国家礼仪制度表述的话语，通过与民众生活实践的结合，获得富有弹性的理解和运用，体现了民众个体自觉与乡土社区乃至国家政治相涵化，以“俗”涵养“礼”的礼俗互动逻辑。

“礼俗互动”的现代重生面临重要契机

晚清以来，维护封建专制的传统礼制日益成为改革和革命打倒的对象，辛亥革命成功后，相当一部分人提倡学习西方，而抛弃我国的礼仪传统，甚至就连其中有益的成分也弃之不顾，一度造成思想上的混乱。民国时期礼制的制定，是为适应当时社会发展与时代政治之需，因此在很大程度上吸收了西方现代礼仪制度的因素，同时也对我国传统礼仪予以要选择的继承。

我国传统社会讲求的是礼和俗的衔接，既有从上到下的移风易俗，又有自下而上的因俗治礼。新中国建立后，政府开始致力于一场旨在使国民意识高度统一的思想改造运动，试图将民众从生活到文化加以彻底的重新铸造，终结旧传统，创造新历史。

20 世纪 80 年代后，随着我国市场经济的兴起，民俗传统因其与当代社会生活形态间的明显差异而具有了强大的消费吸引力，“民俗”成为商品，“民俗热”持续升温，礼俗互动的内在机制变得更加复杂而脆弱。随着中国民俗产业化的蒸蒸日上，国家政治与民俗传统似乎在“发展经济”上获得了高度统一。

与此同时，新中国 30 年积累起来的“大政治，小民间”的社会秩序逐渐消解，历史更为悠久的乡土自治传统日益发生着重构与复兴，礼俗互动的现代重生面临重要契机。新时期以来，通过民俗产业化的洗礼，民俗传统在与国家集权间的相互消费关系中损失惨重，却也由此获得了难得的文化觉醒。尤其自新世纪以来，在非物质文化遗产保护运动的催动下，民间社会更加重视自身的民俗传统，开始出现了超越功利买卖关系、自觉确认其文化认同属性的良好迹象。近 20 年来在许多地方兴起的重修庙宇、续写家谱的热潮中，将神的灵验与国泰民安的福祉联系在一起，是庙宇碑文、家谱序言中常见的叙事，其中就寓含着“家国天下”、家国一体的传统文化逻辑。在现代民俗传统认同的大前提下，“地方”观念凸显，民生意识强化，其实是民间社会与国家政治间寻求文化共享与认同的鲜明趋向，这为中国“礼俗互动”传统在当代社会中的复生与重构提供了难得契机。

当代国家社会治理的宏大工程，绝不能忽视当代民俗发展的意义，而民俗传统的价值，也绝不仅仅在于对一方水土社会建构的保障与优化，更重要的应是在引导民俗自身实现升华的意义上，将民众与包括民族国家在内的更广阔的外部世界连接起来。

“引俗入礼”应成现代化进程中化解矛盾之道

进入新世纪以来的中国社会发生了重大变迁，随着社会化程度日益成熟，国民社会契约意识日渐浓厚，“引俗入礼”与民俗文化相结合的社会治理策略正成为中国现代化进程中诸多问题与矛盾的解决之道。

上世纪 80 年代“文化寻根热”之余绪，和 90 年代“民俗热”的积累，2003 年由中国民间文艺家协会发起的中国民间文化遗产抢救工程的启动，表征着新时期以来我国文化自觉意识的真正觉醒。特别是 21 世纪初非物质文化遗产保护运动，作为一项国家制度得以自上而下的推行，波及整个社会，其实质是以国家的名义确认了民俗文化的正面价值与存在的合法性，虽然在现实中仍然有着相当的局限性。

从当前国家的治理导向来看，“礼俗互动”的当代复兴也势在必然。国家在大力提倡“国学”的同时，注意提倡和化用传统民俗规约以优化社会秩序，明显体现出作为国家顶层设计之“礼”与民间生活日用之“俗”的相互结合与渗透。政府通过严于律己，不断地给社会“松绑”“让权”，从而为当代社会中的“礼俗互动”拓宽了空间。国家治理的顶层设计理念与民俗文化的自发发展，已经初步形成了密切互动中的相辅相成态势。

当代民间自治组织，正在经历着城镇化进程所带来的振荡与重组。乡村社会为适应国家政治代而形成的“新传统”，也会成为乡土文化体系中的一部分，这其实是“礼俗互动”传统在当代中国社会的又一重要表现，即国家将乡土社区的发展权力逐步让渡于民，让民间组织真正发挥其组织社区生活、管理社区秩序、架连城乡关系的作用，而民间组织与国家社会发展与时俱进，以“大河有水小河满”的朴素逻辑自觉认同于国家主流价值观。

再就是，从社会生活实践的层面观察，虽然新农村建设和城镇化建设属于国家的顶层设计，但在具体实施中并非简单地以自上而下的方式作用于乡村，而是需要不断地从基层社会汲取智慧，构成了当代社会中最大的“礼俗互动”基础。民俗文化总是要不断地寻找自由发展的空间，而国家治理的方针与策略则试图将民俗文化发展控制在既已设定好的轨道之中，因此国家治理的规约性与民俗文化的自发性之间存在一定张力，须经过双方的不断调适才能逐渐融合。在当代中国仍在持续推进的现代化进程中，乡村社会将发生重大变革，但变革的结果主要不在于村落的减少或终结，而是村落空间、村落关系、村落劳作模式以及村落文化系统等方面发生了全方位的变化。当代国家与民间缔结新契约的契机，就在这一变化之中。在这一变化中，乡村社会中的民俗传统依然坚韧，并与国家设计之间形成一种相互制衡、调适的关系，使得社会发展更趋合理。

当代国家治理与民俗文化发展之间，是互动共生的关系，这是西方民主制中政治传统所一直忽视的命题。中国有“礼”“俗”结合的社会传统，以此引导和规范民众的言行举止，这不同于讲究绝对法制的西方社会。民俗文化毕竟贯穿着一方民众的集体智慧与文化逻辑，承载着民间社会千百年来形成的道德观念、精神需求、价值体系等，构成了一种无形的群体性行为规范。这种自我生成的“规范”力量，与国家集权间的规范意志之间，既有分立又有合作，既有纷争又有对话，并谋求在对话、合作中从日常规范上升为公共价值。

（原载《联合日报》2016 年 4 月 12 日第 A02 版）

谣言作为民间文学的文类特征

施爱东

【摘要】无论从定义、特征，还是谣言与社会生活的关系等角度来看，谣言都应该视为民间文学的一支。谣言的文类特征除了民间文学集体性、匿名性、口头性、变异性、传承性等共性特征之外，最具个性特色的是它的情绪性和现实性。谣言的情绪性主要表现为传谣者的“谣言信仰”，传谣者往往固执地认同谣言所讲述的故事，赞成谣言所表达的观点，乐于见到谣言蔓延所派生的后果，不愿承认谣言的虚幻本质。谣言的现实性主要体现在两个方面：一是谣言所讲述的故事，总是指向最近的时间、最近的地点、熟悉的人物；二是谣言的生产和传播都受到或隐或显的现实诉求的驱动。数字革命改变了谣言口口相传的单一传播格局，新的传播手段让谣言如虎添翼，并由此滋生了一系列新问题、新特点，但核心的四个文类特征并没有改变。

只要悬置谣言的伦理属性，我们就会发现，谣言也是对自然、社会和文化现象的一种解释和说明，谣言反映了民众各方面的生活和有关的思想、感情，反映了民众对于自然与社会的认知水平。所以说，谣言既是一种社会现象，也是一种文化现象。从文类的角度来看，谣言就是一种典型的口传文化，或者说是一种民间文学。

按照《中国大百科全书》的权威界定，民间文学是“民间创作、享用和传承的口头文艺作品的统称”；民间文学最重要的文类特征是口头性、集体性、变异性、传承性；其与社会生活的关系是：“民间文学是广大人民长期社会生活的产物，因社会生活的需要而产生、流传，精确地反映了民众各方面的生活和有关的思想、感情。它直接地或间接地为民众的生活服务——给以知识、教诲、鼓舞和希望，其中有些本身就是生活的构成部分。”① 无论从定义、特征，还是谣言与社会生活的关系等角度来看，谣言都应该视为民间文学的一支。

本文将就谣言的民间文学文类特征及其在数字时代的适应性发展展开论述。

变异性

信息传播中，失真是最常见的现象，古人云：“夫得言不可以不察，数传而白为黑，黑为白，故狗似玃，玃似母猴，母猴似人，人之与狗则远矣。”（《吕氏春秋·察传》）在

① 钟敬文、刘魁立：《民间文学》，《中国大百科全书》第二版第16卷，中国大百科全书出版社2009年版，第94页。

口传谣言时代，传播者必须依赖记忆将谣言加以转述，转述的过程也是用自己的语言重述故事的过程、再创作的过程，因而也是不断变异的过程。

谣言的传播不仅仅是故事的传播，也是一种“姿态”或“态度”的传播。传播者一般不会传播一则与自己立场相悖的谣言，如果谣言主题不合他的立场，他或者不传播，或者会加上负面的意见之后，以批判的姿态来重构谣言。多数传播者会在谣言中附加自己的评论信息，对谣言主题进行“表态”，甚至会将自己的意见演绎成新的情节，对谣言进行修改，使之更符合自己的意愿。

当谣言主题与公众心理预期趋于一致的时候，传谣者会努力维护该谣言的主题，尽量使之保真。而当谣言主题不符合公众心理预期的时候，传谣者会对谣言内容进行适当的修改，使之逐渐趋向公众心理预期。每一个传播者措辞的细微变化，都可能在后续的传播中引发蝴蝶效应，最终使谣言主题趋向于充分满足传谣群体的心理预期。接下来，这则经过“集体创作”之后的终极版谣言将会成为最受欢迎的谣言版本，传谣者会努力使之保真，甚至不惜与辟谣者展开口舌之战。由此可见，谣言的生产与传播一样符合进化论物竞天择、适者生存的发展观。社会的自然选择就是谣言形成和变异的强劲动力。

谣言的生长和变异中最为显著的异化结果主要有三种。

一、逆袭谣言。

不同的社会群体，或者不同的社会思潮、社会情绪，会形成不同的信息选择标准。根据进化论的观点，选择标准的改变必然导致信息的演进偏离原有方向，有时候，这种偏离甚至是完全逆向的，我们称之为谣言逆袭。

谣言逆袭指谣言在传播、变异过程中，其主题或效果遭遇逆转的现象。该现象至少包括五个方面：一、强烈的民间情绪很容易孵化出相应主题的谣言，而一旦这种情绪发生逆转，适应新情绪的新谣言也会产生，旧谣言往往通过改变主人公的社会地位和身份以适应这种变化，正角可以变反角，反角可以变正角。二、谣言传播者对于谣言信息的解读，常常与谣言发布者的意愿背道而驰，正面宣传可能被逆向接受并赋予负面意义。三、谣言越向极端化发展，其情节破绽也会越加明显，而核心情节一旦遭到质疑，谣言主题就会遭遇恶搞、逆袭，最终沦为公众嘲笑的对象。四、积极的谣言传播者总是喜欢站在道德高地对事件发表评论，但如果谣言被证伪，传谣者不仅折损信用，还可能遭到反方恣意嘲讽，迅速被打落至道德低处。五、由于信息传递的蝴蝶效应，谣言生产者可能成为谣言变异的受害者。

二、次生谣言。

次生谣言是相对于流传最广的，或者说处于核心地位的主题谣言来说的，是对主题谣言的补充、说明、完善，或进一步发挥。在2014年3月的“马航MH370事件是美国政府的劫持阴谋”这一主题谣言之下，就出现了一大批次生谣言，如：“马航事件是由美国中情局精心策划的一场阴谋，美国的目的：1. 截获飞机上的重要人物和情报。2. 检测一下中国的空中监测能力和军事实力。3. 对去年中国放走斯诺登的报复。4. 逼迫中国在东海、南海问题上做出让步，停止在泰国修建克拉运河。”［普罗旺斯的望角］“俄罗斯证实，因为飞机上可能有生化武器，MH370被美军劫持到了印度洋的迭戈加西亚海军基地，美国的核武或生化武器被盗抢，两名护送人员被杀，疑犯上了370。该消息是14号出来的，美国、马来西亚、中国都知道，但不能让公众知道，怕引起恐慌。”［杜立巴人］还有进一步对劫机情节进行补充说明的：“在美军战斗机的劫持下，马航转道飞往印度洋的美军印度洋的地戈加西亚军事基地，机上人员手机被全部没收，并送美国检测，这就是为什么有家属称电话居然可以接通，但被马上挂断，专家发现信号在美国的原因。”［中国网严2014］还有网民进一步发挥说：“中国太软弱无能，马航370事件，明明是美国的阴谋，也没办法治他，菲律宾在南海挑事，都是美国挑起来的。马航370航班就证明，美国劫机动机很明确，就是要把154人关起来当人质，把人质关在美军关岛基地，中国向美国开战，他们就把人质当炮灰!!”［凹拉西依］

次生谣言烘托了主题谣言，使其更加丰富、生动、深入人心。为了将自己的思想趣味和社会见解融入谣言，许多网民甚至将次生谣言的创作当作一种游戏形式，充分发挥谣言想象力，将各种讽刺艺术和奇思妙想运用于谣言生产，以此取悦同好。

三、游击谣言。

谣言的变异性特征还表现在谣言可以在同一主题之下，不断转换其具体内容和攻击侧面。据中央电视台等媒体报道，2014年3月30日广东茂名反PX游行，当天凌晨，反PX的网民悄悄地将“百度百科”词条中的PX（对二甲苯）毒性由“低毒”改成“剧毒”，而以清华大学学生为主的学院派，又将“剧毒”改回“低毒”，双方反复拉锯，时间长达120小时。此事经过各大主流媒体的集中报道，PX的“剧毒”谣言得以破解。可是，关于PX的谣言并未因此而中止，它很快就转换了进攻方向，新的谣言说：“这个才是重点：一位曾从事环评的业内专家也指出，尽管PX本身毒性很小，但其生产过程中会产生许多种副产物，如苯、乙酸、乙酸乙酯等有机物，以及石油中含硫杂质经化学变化产生的硫化氢，这些物质的毒性都很大。”［爱心大爆发］谣言由攻击PX，转向了攻击PX的生产过程。一旦关于生产过程的谣言被破解，谣言可能转向攻击项目的决策程序。

谣言擅长变异，一旦遭遇强有力的辟谣，马上就会启动游击模式，打一枪换一个地方，像泥鳅一样，总在不停地游移和滑动，反复突破你的防线，让辟谣无处措手。正如有网民调侃说：“有些人，你跟他讲法律，他跟你讲政治；你跟他讲政治，他跟你讲民意；你跟他讲民意，他跟你耍流氓；你跟他耍流氓，他骂你是傻逼；你说他是傻逼，他终于跳起来指着你说：看，说脏话，没素质!”

匿名性

谣言的匿名性特征非常明显，尤其是在口传时代，谣言传播链上的每一个传播者，都既是接受者，也是创作者，谣言传播的时间越长，就越难指认具体的创作者。正如一首熊岳民谣所唱：“瞎话瞎话，无根无把；一个传俩，两个传仨；我嘴生叶，他嘴开花；传到末尾，忘了老家。”① 所谓“无根无把”“忘了老家”，均可作两种理解，一是传到后面，瞎话已经完全没有了原来的样子；二是搞不清楚瞎话到底是从哪里，由谁传出。

我们常常指责某一消息为谣言，但我们总是无法知道具体是谁在造谣。即使谣言明确地告诉你“据我的一位在市政府当秘书的朋友说”“我的一个同学就在那家医院”，这位“市政府的秘书”“我的同学”往往也是个虚构的人物；如果不假托虚构人物，则可能假托一位早已去世的名人，诸如李四光、梁思成、黄万里；或者假托一个远在千里之外的，无力辟谣的“他者”，诸如白岩松、于丹、易中天。我们从未见过有哪位谣言家会主动站

① 苏芳桂：《苹果姑娘》，上海文艺出版社1959年版，第87页。

出来承认“这则谣言是我杜撰的”。即使真是他杜撰的，他也一定会说：“这是我听说的。”

谣言家总是要假托“我一个朋友”或者“据可靠消息”来散布谣言，以规避“造谣”的风险，有时候，他们还会假惺惺地加上一句“求真相”“求辟谣”“这事不知道是不是真的”。2013 年 3 月，网上曾盛传一则关于六小龄童去世的消息：“北京时间 3 月 12 日消息，在 83 版《西游记》中扮演孙悟空的演员六小龄童（章金莱），3 月 12 日早上 8 点半病逝于浙江绍兴慈济医院，享年 53 岁。如果他给你的童年带去了无数欢乐，如果你觉得他是无可超越的经典，请默默地转发，让更多人祝愿猴哥，伴随我们成长永远的偶像一路走好!”① 六小龄童得知消息之后，怒不可遏，迅速查出了造谣者，第二天连发数条微博怒斥谣言。“值得注意的是，在六小龄童的声明中，不仅公布了该网友的 QQ 号，还贴了 4 张该网友的正面清晰照片。同时，他号召网友‘人肉’这位造谣者。”② 很快，造谣者就受到了强大的心理压力，不仅删除了谣言，还辩称自己只是“转发”，始终不愿，也不敢承认自己就是始作俑者。

谣言总在隐藏在匿名的雾霾之下假借“别人”的名义来发布。大凡各种幸灾乐祸、羡慕嫉妒恨等阴暗摆不上台面的隐秘诉求，都可以藏在匿名性的后面，披上“揭秘”的合法性外衣，堂而皇之地走进公共视野，肆无忌惮地从人们的口中说出来。

情绪性

谣言是一种简短的叙事形态，而谣言所指向的事件往往都有一个复杂的过程，小瓢舀不尽大河水，谣言永远不可能呈现复杂事件的真实面貌。谣言至多只是编辑呈现，甚至歪曲呈现事件中极少量的表面现象，而有意无意地忽略了更多有助于揭示事件真相的关键细节。因此，想从谣言中得到事件真相几乎是不可能的。

谣言更近于一种情绪表达，这种情绪可以是愤怒、悲哀、恐惧、失望，也可以是热爱、渴求、戏谑、恶搞。在传播学界，有一种被许多人反复提及的观点认为：“流言是公众应付社会生活的一种应激状态，是公众解决疑难问题的不得已形式。所以流言可以被看作公众在特殊的社会情况下表达的意见和情绪倾向，与人们的无意识有关。”③ 谣言所表达的意见未必是无意识的，但肯定是情绪性的，谣言的情绪可以是攻击性的，也可以是防卫性的，还可能是安慰性的。这种情绪性特征表现在言语行为上，一个显著的特点是偏爱使用祈使句来发表评论、表达观点和立场，表现在网络文本的言语风格上，就是反复使用感叹号。

谣言所讲述的内容也许是虚假的，但谣言所传达的情绪却是真实的。换句话说：谣言传播的不是客观真实，而是主观真实。人们之所以乐于传播谣言，是因为他认同谣言所讲述的故事，赞成谣言所表达的观点，或者乐于见到谣言蔓延所派生的后果。谣言是基于传谣者情绪性的“谣言信仰”，多数传谣者不愿核实信息，拒绝辟谣，坚信谣言就是真相。谣言倾向于迎合同伴、迎合公众、迎合多数分子、迎合主流声音、支持职业爱好、支持民

① 腾讯微博“音乐小巷”，http：//t. qq. com/musicBang，2013 - 03 - 12.

② 吴影：《六小龄童“被死亡”微博“人肉”造谣者》，《华商晨报》2013 年 3 月 14 日。

③ 周宇豪：《舆论传播学教程》，武汉大学出版社 2012 年版，第 43 页。

间立场。谣言永远不是独立思考的产物，谣言是对世俗观念和世俗生活的谄媚迎合。

著名谣言家秦火火曾跟同事介绍造谣经验："生造谣言很困难，但可以夸大一些已经开始流传的小道消息。"[①] 比如2011年7·23甬温线动车事故发生之后，有流言称铁道部赔付外国人的钱比赔付中国人的多，秦火火就在此"民意"的基础之上，做了进一步夸张处理，造出一个风靡网络的新谣言："刚得到消息，铁道部已向动车事故中意大利遇难者茜茜协议赔偿三千万欧元（折合人民币接近两亿），据悉，这是铁道部参照欧洲法律中有关人身意外伤害条款后，不得不同意此赔偿协议。若此赔偿协议属实，将开创中国对外个人意外最高赔偿纪录。"紧接着，又有网民据此衍生出一批关于"茜茜"的各种所谓个人信息，[②] 谣言迅速裂变，急遽升温，网民纷纷声讨铁道部：为什么中国人的生命就不值钱？

中国社会的人治模式及其"维稳"心态，导致了许多问题需要通过"非正常途径"来加以解决，由此产生了所谓"大闹大解决，小闹小解决，不闹不解决"的矛盾化解模式，所以在中国就有这样一句俗话："会哭的孩子有奶吃。"为了将事情闹大，最重要的措施就是要煽起公众"闹"的情绪。只有闹出群体性事件，才能引起高层的注意，达到解决问题的目的。这时，谣言就大有用武之地了。

谣言往往旗帜鲜明，具有明确的选边站队意识，很少模棱两可含糊其辞。谣言倾向于对既有秩序的破坏，往往采用断言式的陈述、祈使的语气，明确地要求、恳求或呼吁、劝告、叮嘱、建议别人做或不做某件事。为了兜售他们所奉行的价值观念，谣言家总是热衷于以寓言的形式来生产谣言，他们不大注重事件的细节与真伪，更注重使用煽情手法，努力使故事更富传奇性、更耸人听闻、更具传播价值，以便更好地用以推广其价值理念。谣言往往观点先行，事例本身的真实性、逻辑性并不重要，那些对现行社会制度抱有敌对情绪的网民，无论针对哪种社会谣言，都可以用一句"在天朝，出现这样的怪事一点也不奇怪"来弥补谣言的逻辑漏洞。

谣言激化矛盾。传谣者总是希望借助谣言，将受传者拉进"我方"阵营，一起向"敌方"施加压力。中国历史上，无论农民运动还是学生运动，都曾借助谣言刺激群众的革命热情；也无论是革命方还是反革命方，都会借助谣言进行政治动员。1919年5月4日，北京各校爱国学生火烧赵家楼，痛打章宗祥，引爆了轰轰烈烈的"五四运动"。其中，北京高等师范学校的匡互生第一个打开了曹宅大门，在曹汝霖逃走之后，又是他第一个点燃了火烧赵家楼的烈火。可是，学生们却纷纷传说曹汝霖为了烧死闯入的学生，"以为泄怨计"，自己点燃了住宅；另一种说法是，曹汝霖为了"自毁其秘密文件"，不得不点火灭迹。[③] 这些谣言无疑起到了火上浇油的作用，有效地动员起更多的学生加入这场爱国运动之中。

谣言并不具有法律的或行政的强制力量，谣言只是一种舆论，它只有通过煽动起公众的集体情绪，才能动员出潜在的群体力量。因此，抗争性谣言总是讲述一些善恶分明的故

---

① 靳锦：《那些曾经的微博辟谣者》，《东西南北》2015年第5期。

② 集尔思：《最新消息：铁道部已向动车事故中意大利遇难者茜茜赔偿三千万欧元》，360doc个人图书馆，http：//www.360doc.com，2011－08－21.

③ 中国社会科学院近代史研究所近代史资料编辑组编：《五四爱国运动》（上），中国社会科学出版社1979年版，第168页。

事，以唤起公众对于我方的同情，以及对于敌方的嫌恶。在这些故事中，我方肯定是正义的、弱势的、需要同情和支持的，敌方总是邪恶、强势的、必须憎恨和打击的。

谣言是一种低成本的斗争武器，信谣和传谣都是弱风险的抗争。谣言并不直接动员受众采取行动，谣言没有号召“我们上街游行去”，因而不会让受众感受到冒险行动的风险压力。谣言只是向我们提供信息：曹汝霖不仅卖国，还想销毁卖国的证据、烧死爱国的学生。谣言激起了我们的义愤，至于是否采取激进行动，主动权仍然掌握在我们自己手上，也就是说，相信和传播谣言是安全的，无风险的。每一个积极的谣言传播者都是抗争政治中的宣传干事，他只负责发动群众、招募战士，从舆论上支持战友、打击对手，尽可能地多喊几声、努力把事情闹大。大家心里都明白，宣传干事不必跳出战壕，但只要同盟军多到一定数量，口水都能淹死敌人，从中产生“出头鸟”的概率也会相应加大。

中国还有一个成语叫“法不责众”。当某项行动具有了广泛的群众性和普遍性时，即使该行动不合法或者不合理，法律也难以对所有的行动者实施惩处。对于每一个具体的行动者来说，凡事只要不出头，就不会有危险。社会心理学将这类现象称作“责任分散效应”，当一个人单独采取某项行动的时候，他必须承担起所有的行为责任。但当该行动由一个庞大的群体共同作为的时候，责任就被大大地分薄了。责任分散降低了个体对行动失败的恐惧，每一个人都会这样想：天塌下来有高个子顶着，再压下来也砸不到我一个人头上。而谣言所要达到的目的之一，就是激起公众的情绪和勇气，动员出尽可能多的行动者和支持者，将抗争风险分散到最大的群众中去。

现实性

谣言的现实性主要体现在两个方面。

一、谣言所讲述的故事，总是指向最近的时间、最近的地点、熟悉的人物。

1. 谣言多讲述新近发生的怪事。即便是那些年代久远的谣言，要想重获生机，也得改换行头，打扮成刚刚发生的案例，只有这样才能具备新闻性、紧迫感。如果是历史谣言、故事新编，那就得说成“最近刚刚解密的历史”“某某临终前透露的秘密”“揭秘一段尘封已久的往事”。

2014 年 8 月 9 日，《广州日报》一篇《韩国学者称〈西游记〉起源于韩国》的新闻引起广泛关注，该文称：“日本媒体 8 日报道，竟有韩国学者认为，《西游记》起源于韩国。”文章还直接引用“一名从事神话研究的韩国学者”的话说：“多年来韩国学者的研究证明，《西游记》起源于韩国，中国的政府和学术界只是一厢情愿地认为《西游记》起源于中国。在我看来，这真是大言不惭，简直太可笑了。”[①] 可是，经过“人民网”记者的追踪，发现这是一则不折不扣的旧谣言。早在 2009 年，中国网站上就曾出现一篇《韩国教授宣称孙悟空是起源于韩国》的个人博客，该博客被好事者翻译成日文，在日本 livedoor 网站转了一圈之后，打着“日本媒体 8 日报道”的招牌，又回流国内。[②] 不料谣言蛰伏五年之后，披上“日本媒体 8 日报道”的新衣，再次借尸还魂了。

---

① 宗禾：《韩国学者称〈西游记〉起源于韩国》，《广州日报》2014 年 8 月 9 日。

② 万宇：《记者调查：“西游记被韩国”子虚乌有　解析谣言路线图》，人民网，http：//world.people.com.cn，2014－08－09.

大概每一个互联网用户曾收到过的最著名的电子谣言，要数下面这则始于 2001 年，辗转全世界，被转发数以亿计次的《紧急通告》：

> 这信息是今天早上得到的，来自 Microsoft 和 Norton。请你将它发给你认识的每一位会接触互联网的人。你有可能收到一个名为“生活是美好的.pps”的 PowerPoint 文档。如果你收到它，在任何环境下都不要打开它，且立即删除它。如果你打开了它，你的屏幕上将会跳出一条消息：“现在为时已晚，你的生活将不再美好。”随之而来，你会失去个人计算机上的一切东西。那个发信给你的人将获得你的姓名、电子邮件和口令。这是一个新的病毒，我们需要尽一切可能来阻止这种病毒。美国已经确认了它的危险性，而杀毒软件不能清除它。是一位自称“生命拥有者”的黑客制造的。他的目标是摧毁个人电脑。请 copy 这封信给你认识的人。

谣言的接收时间永远都是“今天早上”，具体的病毒文件名“一个名为‘生活是美好的.pps’的 PowerPoint 文档”是可以不断时事化、现实化的文件名，它可以与时俱进地分别变身为“一个《新年快乐!》的图片文件”“一张带有《汶川速递!》的图片文件”“一张带有《女人必看》的图片文件”“一部名为《马航坠落影片》的视频文件”，或者“一份《2011 年度工资调整方案》的文件”，其中 2011 年可以与时俱进地不断修订为 2012 年直至 2015 年。

2. 谣言具有“在地化”的倾向。所谓在地化，又称本地化、本土化，是外来者为融入所居地而做出的适应性变化，泛指外来的政治、经济、文化模式为寻求本土发展而做出的适应性改变。谣言最明显的在地化倾向，就是将故事的发生地换成本地地名。2010 年以来，有关地铁迷药的谣言广为流传，北京的地铁迷药总是出现在地铁大望路站、劲松站；到了上海，就改成了地铁徐家汇站、上海南站；到了广州，又改成了地铁天河客运站、华师站；而在没有地铁的城市，迷药往往出现在那些混乱的公共汽车站、长途客运站。

当然，在地化是相对于全球化来说的。那些引人瞩目的谣言，总是不胫而走，甚至可能长上翅膀飞遍全球，诸如“盗肾谣言”“炸鸡肉其实是炸鼠肉”“保姆把小孩放入洗衣机”之类都是全球化的谣言，但我们生活中听到的这类谣言，又都是具体到当地某个医院、某个餐厅或者某个家庭的故事。一般来说，谣言的基本内核、故事结构往往是全球化、共性的部分；而谣言的非功能性要素，诸如事发地点、故事主人公等，则容易成为在地的、个性化的部分。

3. 谣言主角都是熟悉的人物。唯有熟悉才在意，才会被我们口口相传。鲁迅说：“小市民总爱听人们的丑闻，尤其是有些熟识的人的丑闻。上海的街头巷尾的老虔婆，一知道近邻的阿二嫂家有野男人出入，津津乐道，但如果对她讲甘肃的谁在偷汉，新疆的谁在再嫁，她就不要听了。”① 谣言很少讲述一个我们完全不熟悉不了解的人物，因为他跟我们没有关系。为了使一个有趣的陌生人的故事与我们的生活扯上关系，我们会将故事主角转换成我们熟悉的人。1990 年代，北大中文系流传着一系列“D 迷糊的故事”，可是据 D 教授自己说，其中只有一小部分是发生在他身上的故事，其他都是别人的故事，不知为何全

---

① 鲁迅：《论“人言可畏”》，《鲁迅全集》第 6 卷，人民文学出版社 2005 年版，第 344 页。

落在他的名下。其实这不难理解，因为 D 教授的迷糊名气大，假借其名，有利于故事的传播和记忆。

一个有传播价值的谣言，比如食品安全谣言、社会治安谣言等，如果无法将故事主角转换成我们熟悉的人，那就得将故事的见证者、发布者转换成我们身边的熟人，谣言往往声称“我亲眼看见一个姑娘”（地铁迷药）、“我一个在医院工作的同学说”（疫情）、“我同事的小姨子就在自来水公司上班”（水污染）。传播者往往会通过这种拉近的距离，使谣言变得更具现实性和紧迫感。

二、谣言都是有其现实诉求的，或者是谣言生产者有所诉求，或者是谣言传播者有所诉求。两者都可能表现在谣言的内容上，后者则主要表现在谣言的传播过程中。

造谣传谣都不是什么光彩的行为，谣言一旦被戳破，谣言家轻则信用破产、遭人唾弃，重则受到集体乃至法律的制裁。生产和传播谣言是有风险的，可是，谣言不仅没有在风险面前止步，反而纵横捭阖，风行不止，其最重要的驱动力，就在于造谣传谣往往都是有情绪、有目的、有利益驱动的，它最清晰最实在地反映了谣言家的现实诉求。

在任何一个地区，不受欢迎的主政者都会收获大量的谣言。群众最津津乐道的谣言一定是这样的：该主政者插手某个工程项目的丑闻被知情者举报，上级“纪委”已经开始着手调查，该主政者时日无多，不久即将被“双规”。谣言所诉未必是事实，但它真实地反映了当地百姓对于该主政者的厌恶，希望通过“谣言诅咒”将他送进监狱，至少是把他轰走。这是最常见的民众政治诉求。

至于商业谣言，其诉求目的就更加明确，通过谣言传播，或者刺激对已有利的商业需求，或者形成对竞争者不利的舆论环境。2014 年 4 月 4 日始，一则“传闻 8 号零点成都市可能限牌……”的消息在成都网民中引发大量关注。谣言以杭州颁布汽车限牌令为说辞，明示或暗示成都即将成为下一个宣布汽车限牌的城市。许多市民受到传闻蛊惑，纷纷前往车市“抢”车，许多4S 店的销量与 2013 年同期相比提高了约两倍，“销售人员也暗示（传闻）是真的，说赶紧买，不然就没得买了”[①]。事件很快引起公安关注，第二天，成都公安官微发布的“情况通报”称：“为了在清明小长假期间提高销量，四川长征汽贸集团公司某分公司总经理施某某策划虚构‘传闻 8 号零点成都市可能限牌’内容为噱头，向客户群发短信促销。4 月 4 日，施某某亲自编写不实内容短信后，传发给下属通过 4S 店短信群发平台，向有购车意向的 1738 名客户手机发送了短信，相关不实信息被转发扩散至网上，造成恶劣社会影响。施某某被行政拘留 7 日，4S 店被立案调查。”[②]

谣言都有其内在的现实诉求。谣言家的目的就是“要让更多人知道这件事”“要把事情搞大”，就是“唯恐天下不乱”，就是期望借“天下大乱，达到天下大治”。如果说谣言是一种破坏力量，那么，它要破坏的是既有的旧秩序，期望通过打破旧秩序来重建一种符合谣言家利益诉求的新秩序。

一些表面上看起来与传谣者没有直接利益关系的谣言，其实也隐藏着极其微妙的现实诉求。比如 2014 年 8 月 7 日，一则“徐州矿三医院门口，3 个暴恐分子手提炸药！被特警当场击毙！”的谣言在江苏徐州引发恐慌，警方很快抓获一名网店老板陈某，据陈某自己交代“就是觉得好玩”，似乎并没有什么特别的现实诉求，可是进一步的审讯却揭示了

① 熊浩然：《网传成都 4 月 8 日限牌，成都市公安局：谣言》，《华西都市报》2014 年 4 月 5 日。

② 微博“平安成都”，http：//weibo. com/u/2206820037，2014 - 04 - 05.

陈某的隐匿诉求："其目的在于博取网友眼球，能够增加他的关注度，同时为他在网上开店提高人气。"①

在网络世界中，点击率、粉丝数、用户黏度，都是可以转化为现实财富的指标。在2010—2013年迅速壮大起来的知名草根微博中，70%以上都是靠着造谣传谣起家的；那些最受网民喜爱的微博短故事，多数都是谣言。草根微博要想赢得大量的粉丝就得造谣传谣，于是形成了"谣言吸纳粉丝，粉丝助推人气，人气用做营销，营销带来财富"的递进关系，在谣言与财富之间建立了一种隐藏的链接关系。

网络谣言的新特点

所谓网络谣言，是指通过网络介质（如邮箱、QQ、贴吧、微博、微信、社区论坛等）传播的不实信息。"形象一点说来，网络传言就是最新升级版的语言民俗，它们产生的心理动因和时代背景都没有本质性的改变，只是传播它们的载体变了，而且速度更快，功能更强大，影响更广泛，因此，更需要加以重视和研究。"② 数字革命后的网络新媒体改变了口口相传的谣言传播模式。数字技术的进步使谣言传播如虎添翼，网络传谣方便、快捷，新的传播手段滋生了新问题、新特征。

一、变异性问题。

口传时代的谣言依靠口口相传，过耳即逝，无法复习查核，只能记忆保存，变异的速度快、幅度大，甚至每位讲述者的每次讲述都不能完全一致；网络传播由于是数字传播，一篇千字谣言也能原封不动地一键转发，在等量的传播环节中，异文大大减少，保真度甚至有可能达到100%，这在口传时代是不可能的。当然，由于网民大多偏爱短平快的阅读体验，长文不受欢迎，具有较好传播效果的谣言网帖，一般不会超过2000字。

表面上看，网络谣言在上下家之间往往通过"复制—粘贴"而完成，变异性似乎不大。可是，由于口传谣言只是在有限区域内面向一二知己或三五亲友的传播，传播速度和范围均受到一定限制，而网络谣言是面向百千网民的同步发布，网民基数大了，转手次数多了，谣言接力者中不乏"更知情""更有见解""更高文字水平"的积极传播者，变异的可能性也会相应加大。

总体而言，网络改变了谣言传播的介质，但并没有改变谣言传播的变异性特征。对于网络谣言来说，信息传递中的任何误差都可能导致蝴蝶效应，造成谣言主题或攻击对象的严重偏离。谣言的变异是全方位的，无论是谣言的故事主角，还是谣言的主题、谣言的发生地，都会在传播过程中发生巨大变化。

二、传播的速度和广度问题。

传统的谣言传播渠道，口头传播和手机短信基本上是"1：1"或者"1：N"的传播，而网络论坛和微博的传播理论上可以是趋于"1：∞"的传播，微信则是典型的"1：N"的传播。网络信息的扩散速度和广度都远远超过了传统的口口相传，大众可以在极短的时间内被统一动员。

---

① 蓝天彬：《网店老板为博眼球朋友圈内传播"暴恐分子手提炸药"被抓》，澎湃新闻，www.thepaper.cn，2014-08-08.

② 李明洁：《网络传言是更新换代的语言民俗》，《社会科学报》2014年7月17日。

以“太平家乐福谣言”为例，该谣言最早于2012年12月10日上午出现在哈尔滨各中小学家长的亲子QQ群上，《哈尔滨日报》记者中午得到消息，马上致电家乐福超市管理部门，得知并未发生类似事件，下午15时，哈尔滨警方发布辟谣微博。可是，谣言依旧以惊人的速度传向全国，仅仅三天，该谣言在各大中文社交网站的转发量就超过了1000万，如病毒般迅速变种出北京、厦门、青岛、武汉、乌鲁木齐等至少六十多个同一内容、不同门店的谣言版本，一些根本没有开设家乐福门店的地区，也出现了当地家乐福发生小孩失踪的谣言。

谣言的口传时代，多数谣言都在有限的地区范围内传播，不容易形成全国性的谣言风波。而网络时代的谣言传播却打破了这种地域格局，一则引人瞩目的谣言，哪怕是纯地域性的，都有可能酝酿成一出席卷全国的谣言风波。最典型的案例是，2010年发生在浙江乐清蒲岐镇寨桥村的一桩普通车祸（钱云会事件），两天之内就被歪曲、散播成为一桩骇人听闻的低级谋杀案，成为舆论热点，引发左右网民的舆论骂战，甚至引起大批海外媒体的强烈关注。

三、谣言的数量和形态问题。

口头传播是一种非物质形态的即时传播，具有一次性、不可复制的特点，传播者必须对谣言进行重述和再生产才能完成第二轮传播。网络传播却是一种物质形态的裂变式传播，谣言既可以在网络上长时间保存、反复被阅读，也可以被复制、被转发、被加工、被改编，因而网民遭遇的谣言数量和频率均呈大幅上升的态势。这种态势既表现为不同谣言的纷至沓来，也表现为同一谣言的反复呈现，还表现为同类谣言不同异文的多元共存。

口头传播是面对面的传播，受到熟人社会的诚信制约，任何一个社区成员如果过度热衷于造谣传谣，都有可能遭到其他社区成员的疏离或抵制。但在网络社会中，网民不仅可以是匿名的，还可以是多马甲的，一个谣言家可以同时戴着数个面具造谣传谣，一旦遭遇诚信危机，还可以退出、注销，或者转换阵地继续其谣言活动，著名谣言家秦火火就是这样的。网络谣言的风险相对较低，谣言家也因此急剧增加。我们常常发现一些现实生活中彬彬有礼的读书人，一旦潜入网络世界，立马就换了一副面孔，变得无所顾忌，嬉笑怒骂，造谣传谣，和现实生活判若两人。

谣言的口头传播主要有语言表述和身体表演两种形式。而网络作为一种数字化的新媒体，可以同时拥有多样化的谣言形态，除了传统的文字形态，还可以有图片、音像、视频、动漫等多种形态，其中图片谣言已经成为网络谣言中最流行的谣言形态之一。甚至还有人将文字谣言改编成小短剧，先进行现场表演，然后制成视频谣言加以传播。

当然，网络也是由人主导的，无论网络谣言还是口传谣言，都要经由人来生产和传播。在研究中，我们区别了网络和口传两种不同的谣言渠道，但在现实生活中，我们常常会采用口头传播的方式，把来自网络的信息转述给自己的亲朋好友；也有可能把来自口耳相传的信息通过网络发布出去。网络与现实，文字与口头之间，往往是统一的，既相互转化也相互依存。

另外，由于口传谣言与网络谣言的传播群体并不完全一致，这也导致了部分谣言在网络世界和现实生活中存在巨大的隔阂。以2011年的“谣盐风波”为例，当3月16日粤港、江浙等地开始抢购碘盐的时候，消息就已经传到网上，广大网民一片哗然，一边倒地对此表示鄙视、嘲讽和挖苦，但在现实生活中，抢盐风潮依然席卷了近半个中国。成都的抢购风潮大约始于16日晚，兰州的抢购风潮大约始于17日早上，下午吹到乌鲁木齐，谣言所到之处，连酱油都被民众抢购一空。网络上的声讨与现实中的抢购，其间显现出了巨大的鸿沟，其主因就在于传播主体的差异：网民主要由中青年群体构成，而抢盐行动主要由中老年群体执行。参与抢盐的中老年人多数都不是网民，他们无法及时获取网上的辟谣信息，大爷大妈们主要是从面对面、电话与电话之间的口口相传中获得了"碘盐防辐射"的热心提示。

网络谣言走入现实生活的另一条渠道是官方媒体。网络谣言一旦成为热门话题，引起了纸媒记者的注意，很可能会被当作新闻选题，从而成为官方媒体的报道对象。谣言一经纸媒报道，就等于将网络谣言渗透到了非网络用户，进一步加强了网络谣言的辐射力。

进入21世纪以来，网络文化日益强势。原本口口相传的民间传闻，除非是过于地域性的小众事件，绝大多数都会投射到网络世界。所谓信息革命，实际上就是信息平台的革命，数字化信息中介无疑已经成为人类思维的新中介系统。尤其是微博、微信盛行之后，极大地刺激了网络谣言的生产和传播，职业谣言家的出现，为网络谣言的生产和传播带来了巨大的不确定性。

（原载《民族艺术》2016年第3期）

第三篇

研 究 综 述

2016年民俗学理论研究综述

孟令法*

中国民俗学在理论上的探索，于2016年取得了极为丰硕的成果。总体上看，2016年的民俗学理论既表现在独立论著对特定概念或理念的阐述，亦有蕴含在具体民俗事象之研究中的理论或方法论创建。如从宏观的国家政策领域出发，2016年的中国民俗学也迎来了不可多得的发展机遇。正如有学者指出的那样，“2016年，是国家‘十三五’规划的开局之年，十八届五中全会明确提出要实施中华文化传承工程，国家‘十三五’时期规划纲要将传承发展优秀传统文化、振兴传统工艺、发展民族民间文化等列入重要工作项目，我国民俗学事业进入了繁荣发展的活跃期，面临着前所未有的良好机遇。”① 因此，作为现代学的民俗学不仅在解读传承性文化上发挥着不可替代的重要作用，还于当下主动参与到社会主义精神文明和区域经济增长的国家建设中。基于此我们认为，中国民俗学的“经世致用性”是有一定提升的。概言之，本年度民俗学文著实可谓量大质高，但限于篇幅，我们无法将所有作品纳入梳理或提炼范畴，故而难免挂一漏万。不过，本文对2016年民俗学理论的梳理或提炼也有大致方向，即可从基本态势（既有理论的深化）、基础理论与方法论创新、学术史研究中的理论梳理、国外民俗学理论译介以及非遗保护的理论探索与实践五个方面加以论述。

一、基本态势：既有理论的深化

在中国民俗学的发展中，“西学东渐”的影响从未消失。尽管源出西方的民俗学理论或直接为我国学者引介，或由日韩等国辗转进入我国，但这种引介及其应用并非为了证明其“正确”或适用度之广，而是在“他山之石”中发现自我、解读自我、呈现自我以及完善自我。更重要的是，随着学术研究深度与广度的逐步强化与扩大，这些外来理论的本土化渐趋成为我国民俗学研究的既有理论。而某些学者基于前代学者的理论创建以及特定对象的学理思辨，发展出了颇具时代影响力的“新”理论，如“四重证据法”。对此，我们可从以下五个方面予以梳理。

（一）神话：“活形态”“历法视角”“语言疾病说”以及“四重证据法”

在2016年的神话研究中，不仅李子贤出版了其进一步阐述“活形态神话”的专著

---

* 作者系重庆工商大学社会与公共管理学院讲师。

① 林继富：《民俗学如何做到“顶天立地”：2016年中国民俗学》，《原生态民族文化学刊》2017年第2期。

《再探神话王国——活形态神话新论》①，刘宗迪也重版了其《失落的天书：〈山海经〉与古代华夏世界观》②。前者从神话的原生论、形态论、演进论、生态论以及比较论等方面探讨了神话的定义、存在形态、文化生态系统以及当下性等基本问题，从而呈现了一个深化了的“活形态神话论”；后者从古代天文学角度对《山海经》神话作出系统解读，此外刘宗迪于本年度还发表了《重黎“绝地天通”与上古历法改革》③《〈山海经〉与古代朝鲜的世界观》④，而从这些具有理论“一脉相承性”的学术成果，“不难看出传统的文史考证以及从语言学派、神话仪式学派、自然神话论等角度展开的经典研究仍然保持了旺盛的生命力”⑤。除以上研究外，2016 年的神话研究，还表现在“语言疾病说”和“四重证据法”，前者以吴晓东为代表，后者则多出自叶舒宪。

吴晓东从语言学角度于 2016 年连发三篇体现“语言疾病说”基本特征的学术论文，而它们对特定语词的“上古音”构拟，则成为追溯我国上古神话得以发生发展的一种路径。具体而言，《从“日”的语音变化看中原与周边民族神话的关系》认为，汉语“日”的上古音为“njit”，而由其衍生而来的“ni 与 ji”则在后世演变中与“表示圆形的 uo 音”结合，从而呈现了神话在中原与周边民族间的传播关系；⑥“通过对尧舜禹语音演变与神格的考证”，吴晓东《“舜更历山”到“舜耕历山”的传说演变》指出，“尧舜禹是太阳神羲和的演变”，而其对太阳运行规律的历法勘察显示，“舜耕历山是对‘舜更历山’的错误阐释，实际上是太阳在历法山上空的轮流更替”⑦；在《盘古名称源于羲和考》中吴晓东认为，盘古“是由‘羲和’一词分化为羲、和两个人物中的‘和’演化出来的”，进一步说，“‘羲和’分化之后，分别在两者之前添加表示‘大’的 paag 这个音（即博大之博），‘paag 羲’在文献中记载为庖羲（庖牺），演变为伏羲，而‘paag 和’演化为庖娲与盘古”⑧。此外，吴晓东还于《从蚕马神话到盘瓠神话的演变》⑨《蚕蜕皮为牛郎织女神话之原型考》⑩探讨了“蚕马神话”与“盘瓠神话”和“牛郎织女神话”的关系，他从“蜕皮”情节出发，认为以“盘瓠神话”为代表的“人兽婚神话”源出“蚕马神话”，而“牛郎织女神话”则又是“人兽婚”的衍生。

“四重证据法”是叶舒宪基于“三重证据法”补以“图像叙事”，提出的一种研究上古神话的理论和方法。2016 年他继续使用这一理论和方法解读上古神话，而其所追寻的“玉教”概念也与此相关。就直接采用“四重证据法”的论述来说，主要有《尧舜禅让：

---

① 李子贤：《再探神话王国——活形态神话新论》，云南人民出版社 2016 年版。

② 刘宗迪：《失落的天书：〈山海经〉与古代华夏世界观》，商务印书馆 2016 年版。

③ 刘宗迪：《重黎“绝地天通”与上古历法改革》，《长江大学学报（社会科学版）》2016 年第 7 期。

④ 刘宗迪：《〈山海经〉与古代朝鲜的世界观》，《中原文化研究》2016 年第 6 期。

⑤ 祝鹏程：《2016 年民间文学研究报告——以神话、传说与故事为主》，《民间文化论坛》2017 年第 1 期。

⑥ 吴晓东：《从‘日’的语音变化看中原与周边民族神话的关系》，《贵州民族大学学报（哲学社会科学版）》2016 年第 1 期。

⑦ 吴晓东：《“舜更历山”到“舜耕历山”的传说演变》，《民间文化论坛》2016 年第 2 期。

⑧ 吴晓东：《盘古名称源于羲和考》，《长江大学学报（社会科学版）》2016 年第 4 期。

⑨ 吴晓东：《从蚕马神话到盘瓠神话的演变》，《黔南民族师范学院学报》2016 年第 1 期。

⑩ 吴晓东：《蚕蜕皮为牛郎织女神话之原型考》，《民族文学研究》2016 年第 2 期。

儒家政治神话的历史建构》和《汉代的天熊神话再钩沉——四重证据法的证据间性申论》，前者认为考古材料“为第四重证据发现华夏文明起源期呈现社会暴力化情形”，而为“尧舜禅让”遮蔽的暴力行为则反映了“中国式非暴力主义思想在儒墨两家的产生及其渊源”[①]；后者“从西北考察所见博物馆藏文物图像入手，旁及近年来出土的图像学新资料，提示鸮与熊形象的史前文化大传统渊源及其神话学蕴含”，并于“天熊神话”的解析中构建出“六类”功能不同的“图像谱系”[②]。就“玉教”而言，则有《从“玉教”说到“玉教新教革命”说——华夏文明起源的神话动力学解释理论》和《石家河新出土双人首玉玦的神话学辨识——〈山海经〉“珥蛇”说的考古新证》，前者认为“从玉石神话信仰（玉教）到白玉独尊的文化价值观体系形成是驱动华夏文明发生的特殊动力要素，它使中国掀起最高价值以和田白玉为原型的‘玉教新教革命’”[③]；后者从石家河双人首玉玦的神话解析出发，讨论了出土文物的命名问题，从而提出了“器形分析论证的四层次”[④]。对于“四重证据法”和“玉教”概念的关系，叶舒宪在《四重证据·N级编码·“玉教”理论》的访谈中做了阐述，“从‘四重证据’到‘N级编码’再到‘玉教’理论”是中国文学人类学所创立的一个具有演进性的体系。[⑤]

神话作为民俗学研究的重要对象，其理论模式虽然多样，但不论是对西方理论的借鉴（并持续使用），还是理论的自我创建（现已比较成熟），我国民俗学者的学术目的从不只关注神话本身，也在从中追溯中华历史，更在探索日常生活中普通大众的“表达文化之根”。

（二）民俗主义

民俗主义是来自德国的一种民俗学理论，虽然早在20世纪60年代既已诞生，但我国学者对之的深度关注却是21世纪后的事情。近年，这一理论正从理论阐述和实践应用两方面于我国民俗学界持续发挥功能。2016年，主要有以下两位学者，即周星和王霄冰，对“民俗主义”作了学术探讨。

周星在《民俗主义、学科反思与民俗学的实践性》中认为，“民俗主义研究视角的导入不仅促使中国民俗学全面地校正自己的研究对象，也揭示了民俗学者与民俗主义的关系而有助于推动中国民俗学对民俗学者自身角色与责任的深入反思，进而重新审视民俗学的应用性、实践性和公共性”[⑥]，而其《“农家乐”与民俗主义》则从个案角度对此作了进一步阐述，其文写道：作为民俗主义的具体表现，以“农家乐”为代表的旅游项目，“通过在地化的实践，日益脱离乡民日常生活的语境，被强调甚至特化为本地的民俗文化特

---

① 叶舒宪：《尧舜禅让：儒家政治神话的历史建构》，《民族艺术》2016年第2期。

② 叶舒宪：《汉代的天熊神话再钩沉——四重证据法的证据间性申论》，《民族艺术》2016年第3期。

③ 叶舒宪：《从“玉教”说到“玉教新教革命”说——华夏文明起源的神话动力学解释理论》，《民族艺术》2016年第1期。

④ 叶舒宪：《石家河新出土双人首玉玦的神话学辨识——〈山海经〉“珥蛇”说的考古新证》，《民族艺术》2016年第5期。

⑤ 叶舒宪：《四重证据·N级编码·“玉教”理论——叶舒宪先生访谈兼答李永平教授》，《陕西师范大学学报（哲学社会科学版）》2016年第5期。

⑥ 周星：《民俗主义、学科反思与民俗学的实践性》，《民俗研究》2016年第3期。

色，成为旅游场景下的民俗活动”，但“民俗旅游和民俗文化以及在地的日常生活是彼此关联的存在，民俗的传统性和地方性是民俗旅游的关键，农家生活的质朴性和乡土田园性则是‘农家乐’的根本”[①]。王霄冰作为“民俗主义”的重要译介者，从“中国民俗学的未来发展”出发于《中国民俗学：从民俗主义出发去往何方?》中指出，中国民俗学因“学科边缘化等危机而从内部出发谋求学术上的转型”，而现代社会普遍存在的民俗主义现象，则“可发展起一系列的学术分支，如公共民俗学、政治民俗学、经济民俗学、艺术民俗学、宗教民俗学等”，并在“与相关学科进行平等而富有建设性的对话，以提高自身的学术地位”[②]。

尽管“民俗主义”引入我国的时间较晚，但从理论研究的角度来看，它已然在具体实践的解读中产生在地化倾向。不过，作为一种针对民俗应用（资源化）现象的研究范式，如何从现实生活（尤其是特定区域之经济发展）的角度指导相关群体的社会实践，仍需进一步探讨。

（三）母题、类型及比较视域下的广义故事

一般认为，民间故事有狭义和广义之分，前者并不包括神话和传说，而后者则包含后两者。限于篇幅，本文于此将采用广义理解。通观 2016 年广义民间故事研究成果可知，除康丽《民间文艺学经典研究范式的当代适用性思考——以形态结构与文本观念研究为例》[③] 和李扬《略论故事形态学理论研究的新进展》[④] 从民俗学的“日常生活”转向角度论述了“故事形态学”在我国的发展外，一部分成果突显了源自“历史—地理学派”的“母题”和“类型”研究，另一部分成果从“比较”视角勘察了中外和不同民族相同或相类民间故事的联系和区别，还有一部分则是针对特定叙事类型——谣言——的学理分析。

就“母题”“类型”而言，王宪昭《中国人类起源神话母题实例与索引》[⑤] 是其神话母题 W 编目的重要组成部分，其在 250 余万字的巨大篇幅中呈现了中国人类起源神话（四级）母题 8560 个，且列实例 10 000 余条，而这正反映了“学术研究信息化与数据库大背景下关于人文学科研究方法创新的积极尝试”[⑥]。林继富《汉藏民间叙事传统比较研究：基于民间故事类型的视角》[⑦] 既是一部“比较型”著作，也是一部“类型学”作品，它从汉藏关系出发，于广义民间故事的“比较类型”研究中探讨了两族人民的交往、交流及交融过程，从而突显了我国“中华民族多元一体格局”的历史特征。另有陈泳超

---

① 周星：《“农家乐”与民俗主义》，《中原文化研究》2016 年第 4 期。

② 王霄冰：《中国民俗学：从民俗主义出发去往何方?》，《民俗研究》2016 年第 3 期。

③ 康丽：《民间文艺学经典研究范式的当代适用性思考——以形态结构与文本观念研究为例》，《清华大学学报（哲学社会科学版）》2016 年第 1 期。

④ 李扬：《略论故事形态学理论研究的新进展》，《贵州民族大学学报（哲学社会科学版）》2016 年第 2 期。

⑤ 王宪昭：《中国人类起源神话母题实例与索引》，中国社会科学出版社 2016 年版。

⑥ 祝鹏程：《2016 年民间文学研究报告——以神话、传说与故事为主》，《民间文化论坛》2017 年第 1 期。

⑦ 林继富：《汉藏民间叙事传统比较研究：基于民间故事类型的视角》，人民文学出版社2016 年版。

《“舜子变型”故事在中日两地的流传变异》①，任志强《“边缘”之魅——文化视野中的古代狐精故事解读》②，黄景春和张淦《中国少数民族天鹅处女型故事情节结构分析》③，陈建宪《故事类型的不变母题与可变母题——以中国洪水再殖型故事为例》④，海力波《“弃老”故事与长生成仙信仰》⑤，黄静华《一则“神话”的诞生：民间文学知识的实践和反思》⑥，王宪昭《论满—通古斯语民族族源神话中的婚姻母题》⑦《论〈史记〉神话母题的类型、性质及意义》⑧ 以及吴刚《从“追魂—弃魂”母题看〈尼山萨满〉传说的形成》⑨ 等论文，则从个案角度进一步实践了“母题”和“类型”的故事分析模型。

在广义民间故事的跨国与多民族“比较”研究中，我国学者在本年度也做出了十分积极而有益的探索。除上述林继富所出版的专著外，还有多篇论文对此展开了深度论述，其中也包括林继富基于具体故事类型所发表的《跨族际的故事比较——汉族、藏族“天鹅处女”型故事研究》⑩，而陶波《区域文化与民族文化的融合——川滇黔相邻地区支格阿鲁故事与罗隐故事比较研究》⑪ 则从彝、汉、仡佬以及壮等民族交往、交流及交融角度考察了西南多民族历史关系。金慧华《中国境内朝鲜族与朝鲜的“牛郎织女”故事比较研究》⑫、金华《中日韩“狗耕田”型故事比较研究》⑬、金荣华《从‘英雄奇异诞生’论情节单元的跨国、跨故事现象和情节单元索引的编写》⑭ 以及林继富《英雄奇异的诞生——以丝绸之路沿线诸民族“英雄奇异诞生”故事展开讨论》⑮ 等则从跨国、跨地域、

---

① 陈泳超：《“舜子变型”故事在中日两地的流传变异》，《民俗典籍文字研究》2016 年第 1 期。

② 任志强：《“边缘”之魅——文化视野中的古代狐精故事解读》，《民俗研究》2016 年第 2 期。

③ 黄景春、张淦：《中国少数民族天鹅处女型故事情节结构分析》，《韶关学院学报·社会科学》2016 年第 3 期。

④ 陈建宪：《故事类型的不变母题与可变母题——以中国洪水再殖型故事为例》，《广西民族大学学报（哲学社会科学版）》2016 年第 3 期。

⑤ 海力波：《“弃老”故事与长生成仙信仰》，《民间文化论坛》2016 年第 3 期。

⑥ 黄静华：《一则“神话”的诞生：民间文学知识的实践和反思》，《民族艺术》2016 年第 3 期。

⑦ 王宪昭：《论满—通古斯语民族族源神话中的婚姻母题》，《贵州民族大学学报（哲学社会科学版）》2016 年第 5 期。

⑧ 王宪昭：《论〈史记〉神话母题的类型、性质及意义》，《渤海大学学报（哲学社会科学版）》2016 年第 6 期。

⑨ 吴刚：《从“追魂—弃魂”母题看〈尼山萨满〉传说的形成》，《民间文化论坛》2016 年第 5 期。

⑩ 林继富：《跨族际的故事比较——汉族、藏族“天鹅处女”型故事研究》，《青海民族研究》2016 年第 4 期。

⑪ 陶波：《区域文化与民族文化的融合——川滇黔相邻地区支格阿鲁故事与罗隐故事比较研究》，《贵州工程应用技术学院学报》2016 年第 5 期。

⑫ 金慧华：《中国境内朝鲜族与朝鲜的“牛郎织女”故事比较研究》，《语文学刊》2016 年第 5 期。

⑬ 金华：《中日韩“狗耕田”型故事比较研究》，《文化遗产》2016 年第 4 期。

⑭ 金荣华：《从‘英雄奇异诞生’论情节单元的跨国、跨故事现象和情节单元索引的编写》，《民间文化论坛》2016 年第 6 期。

⑮ 林继富：《英雄奇异的诞生——以丝绸之路沿线诸民族“英雄奇异诞生”故事展开讨论》，《民间文化论坛》2016 年第 6 期。

跨民族的多重视角对“一带一路”沿线各国之同类或相类民间故事作了比较说明，从而突显了民间故事在解读并拉进国际关系中的积极作用。除此之外，同一民族之同类民间故事的跨文类比较在本年度也有表现，如乌日古木勒《蒙古族〈青蛙儿子〉故事与蒙古族史诗传统》[①] 和乌·纳钦《史诗的传说化与传说的史诗化——以巴林格斯尔传说叙事结构为例》[②]。

作为民间故事中的一个特殊类别，谣言在2016年的研究不仅在数量上有所增加，所涉范畴和理论深度也有所扩大与强化，而其核心研究者则以施爱东为代表。在《辟谣困局：造谣动动嘴，辟谣跑断腿》中，施爱东揭示了三种“辟谣”之困——“一是因为谣言核实成本过高，二是因为受传者缺乏核实谣言的动力，三是因为有些谣言本身没有核实的价值”[③]；虽然“谣言”没有固定概念，但施爱东《谣言》的历时性梳理表明，谣言会于不同媒介的传播中产生适应时代发展的新内容，但“作为虚假信息的贬义指称”的谣言则“是基于使用者的主观判断，无涉信息的客观真实性”[④]。

在2016年《民俗研究》第3期有6篇“谣言”论文发表。在“主持人语”《作为民间文学的谣言》中，施爱东认为：“谣言与传说、故事，甚至神话之间，适当条件下是可以相互转换的”，但“谣言反映了我们每一个传播者内心的愤怒、恐惧或者愿望，强烈的情绪反应会抑制我们的理性，令我们做出错误的判断”[⑤]，因此“造谣”和“辟谣”总是会于民众的认知层面难以平衡。而张静《西方传说学视野下的谣言研究》、刘文江《大数据方法与谣言研究》、魏泉《网络时代的“谣言体”——以微信朋友圈为例》以及张岩、祝鹏程《青岛德式下水道：一则谣言背后的中西想象》则从不同角度（如大数据分析法）探讨了谣言在新时代的传播途径（特别是网络）和大众心理（比较中的生活期待）。对此，施爱东于《谣言的社会协调功能》讲道：“谣言除了具有众所周知的社会危害，也有协调社会关系的中性功能”，故而“是一种既令人憎厌，又无法割舍的语言民俗”[⑥]。本年度施爱东还于《民族艺术》第2—6期发表5篇“谣言”论文，即《图像谣言：数字时代的谣言新宠》《谣言作为民间文学的文类特征》《辟谣公式的三项要素》《网络谣言的语法》以及《阴谋论的形态特征及其故事策略》。通观之下我们不难看出，上述学者对谣言的研究并不仅在于谣言文本，还在分析谣言文本的过程中将之纳入社会发展的整体勘察，从而在洞悉谣言生成机制的同时为“辟谣”奠定理论和实践基础，因而谣言的民俗学研究是具有社会学属性的。

通过上文之述我们不难看出，部分源自狭义民间故事的理论，如“母题”“类型”，已然适用于广义概念，而比较视野下的广义民间故事则为我们理解多民族历史关系提供了极为有效的途径。就谣言研究而言，它不仅表现了民俗学的人文属性，也彰显了民俗学所

---

① 乌日古木勒：《蒙古族〈青蛙儿子〉故事与蒙古族史诗传统》，《民族文学研究》2016年第3期。

② 乌·纳钦：《史诗的传说化与传说的史诗化——以巴林格斯尔传说叙事结构为例》，《民间文化论坛》2016年第4期。

③ 施爱东：《辟谣困局：造谣动动嘴，辟谣跑断腿》，《民族艺术》2016年第1期。

④ 施爱东：《谣言》，《民间文化论坛》2016年第2期。

⑤ 施爱东：《作为民间文学的谣言》，《民俗研究》2016年第3期。

⑥ 施爱东：《谣言的社会协调功能》，《民俗研究》2016年第3期。

蕴含的社会学因素。

（四）在地化、礼俗互动及过渡礼仪

“在地化”理论为我们研究特定民俗事象由“广”至“狭”或由“外”至“内”地于有限地域空间内发展带来更为清晰的认知路径。2015 年 12 月 10 日，叶涛在北京大学中文系所作题为《民间文献与民间传说的在地化研究——以沂源牛郎织女传说为中心的探讨》的讲座全文被发表于《民族艺术》2016 年第 4 期，① 而现场“问答”及后续“讨论”则由程梦稷整理刊出。叶涛认为，民间传说的“在地化”是一个“建构过程”，即在不同历史情境下出于差异性需要而为“当地人”不断构建的产物，而这种脱出文本束缚转向语境的研究范式“一方面为民间文学的传统田野调查方法带来新的启发，另一方面为学界探讨当下作为‘非遗’话语的传说建构问题打开新的讨论空间”②。

作为“礼仪之邦”的中国，是特别重视“人情”的，而“人情”在很大程度上“集中体现了中国基层社会的连接方式”。萧放在《“人情”与中国日常礼俗文化》中提出：“人们在家庭与社会群体中处处以‘人情’的方式建立互动关系”，但“在当今社会结构发生变化的时代，人情在日常礼俗中出现断裂与畸变”，因此“如何保持传统人情固有的优良善性，发挥它促进社会团结的特定功能”则很值得思考。③ 赵世瑜在《“礼仪中国”：礼俗互动问题的历时性建构》中认为：“礼与俗的二分，以及这二者之间的互动关系，是一个不断变动、不断建构的问题”；在《国家民间文艺政策及实践中的“礼俗互动”》中，李松表示：“礼俗互动，总是有利益诉求方的多元存在，这其实经常是一个博弈的过程，是关于文化权力的博弈过程。这里边，有民间的、政府的各种利益，也包括学术的、学者自身的，这也是一种常态”；刘铁梁《礼俗互动：国家与社会之间的政治文化运作》指出：“礼俗社会”是“不同于一般以‘礼仪之邦’而自豪的说法，是在对中西社会进行类型比较中而得出的一个认识”，而“民间的礼俗，作为基层社会中用于维持生活秩序的政治文化传统，对于国家礼治目标的实现具有决定性作用”。④ 对张士闪而言，“礼俗互动的核心要义，是借助全社会的广泛参与，将国家政治与民间‘微政治’贯通起来，保障社会机制内部的脉络畅通，以文化认同的方式消除显在与潜在的社会危机”（《礼俗互动与中国社会研究》）⑤。

法国民俗学家范内热普提出的“过渡礼仪”对我们并不陌生。2016 年《民间文化论坛》第 1 期刊出 6 篇（含“主持人语”）探讨“过渡礼仪”的论文。在“主持人语”《“过渡礼仪”概念的古典新用》中，吕微将“过渡礼仪”理论的当下之用视为建设实践

---

① 叶涛：《民间文献与民间传说的在地化研究——以沂源牛郎织女传说为中心的探讨》，《民族艺术》2016 年第 4 期。

② 程梦稷、叶涛等：《在地化的“非遗”话语——〈民间文献与民间传说的在地化研究〉问答、评议与讨论》，《民族艺术》2016 年第 4 期。

③ 萧放：《“人情”与中国日常礼俗文化》，《北京师范大学学报（社会科学版）》2016 年第 4 期。

④ 赵世瑜、李松、刘铁梁：《“礼俗互动与近现代中国社会变迁”三人谈》，《民俗研究》2016 年第 6 期。

⑤ 张士闪：《礼俗互动与中国社会研究》，《民俗研究》2016 年第 6 期。

民俗学的契机，① 而其《"过渡礼仪"理论概念与实践模型的描述与建构——对话张举文：民俗学经典理论概念的实践使用》则对中国民俗学学术共同体2006年和2015年两次学术努力及相关学术成果作了详细评述。宋靖野《从仪式理论到社会理论：过渡礼仪的概念系谱》梳理了"过渡礼仪"概念的形成过程；王杰文《"演礼"以"成人"——中国古代"成人仪式"的理想与实践》则从古代中国"成年礼"出发，阐明了道德原则的先验性；周星则以《"现代成人礼"在中国》，解释了当代中国对"传统"礼仪的重构现象；在《一次人神合谋的民间调停——以"动力学"致敬"过渡礼仪"》中，陈泳超以"以洪洞县'接姑姑迎娘娘'活动中的一次民间纠纷调停会议为例"，将提出的"传说动力学"对接于"过渡礼仪"，从而认为"即便有必要激活经典的'过渡礼仪'理论，至少也必须增设某些新的条件参数。"

（五）表演理论与口头程式理论

"表演理论"和"口头程式理论"是两个源出美国且具有一定关联性的民俗学理论，它们对我国民俗学研究起到了十分有益的推动作用。2015年9月24日，安德明于北京大学中文系所作《表演理论对中国民间文学研究的意义》的讲座全文以及现场问答、评议及后续讨论等被整理成文发表于2016年《民族艺术》第1期。此次讲座详细介绍了"表演理论产生的学术背景、理论主张以及在当代中国民间文学研究领域的被接受和被误解"，于此安德明认为："表演理论的许多观点，如结合语境分析文本，从文本来看语境，这样一些思考的视角，其实也已经成为民间文学研究者最基本的素养。所以从这个角度看，我们不能说表演理论已经过时了，只能说它的影响它的贡献变得更加基础化，成了更基本的思想和观点。"② 相较于"表演理论"所引发的"误解"，"口头程式理论"在我国的应用则愈发广泛且深入。对此，郭翠潇以中国知网（CNKI）期刊数据库文献（截至2015年12月31日，共710篇）为基础，借助数统分析法于《口头程式理论在中国的译介与应用》指出，"口头程式理论"在我国"虽然整体上看存在重理论应用、轻理论建设的情况，但以中国社会科学院民族文学研究所为代表的一批学者积极投身理论的本土化实践和理论建设与学术反思，努力实现由西方理论的'消费者'到中国本土理论的'生产者'的转变"③。

以上梳理表明，不论是从国外引介的民俗学理论，还是我国民俗学者基于前代积淀而创立的本土理论，对具体民俗事象的研究都发挥着极为重要的阐释作用。通过这些理论的应用实践，我们还可知道，人类在某些约定俗成的集体行为上，并不会因为所处地区不同

---

① 吕微认为，"实践民俗学（理性的实践使用）与理论民俗学（理性的理论使用）之间的实质性区别就是：后者仅仅归纳地描述经验的实践现象的自然因果性，不考虑其先验的道德目的论的实践原则；而实践民俗学是从建构的普遍性道德原则出发，演绎'应该'的实践形式。只有从建构的普遍原则和演绎的实践形式的'理想类型'出发，阐明民俗现象的主体实践权利和意义，民俗学才可能介入重建社会公共文化的公正与正义秩序的生活之流当中。"吕微：《"过渡礼仪"概念的古典新用》，《民间文化论坛》2016年第1期。

② 安德明：《表演理论对中国民间文学研究的意义》，《民族艺术》2016年第1期；张志娟、安德明等：《〈表演理论对中国民间文学研究的意义〉问答、评议与讨论》，《民族艺术》2016年第1期。

③ 郭翠潇：《口头程式理论在中国的译介与应用——基于中国知网（CNKI）期刊数据库文献的实证研究》，《民族文学研究》2016年第6期。

而无法在相同或相类的解读范式中获取一致或近似的学术目的。总之，理论在某种程度上是具有一定通约性的。

二 基础理论与方法论创新

民俗学的研究虽已积累了丰富的理论范式，步入新时代的传承性集体创造仍然遇到可持续性发展困境，但在部分学者看来这种困境也不失为一种发展契机。近年，受社会转型带来的边缘危机影响，包括我国民俗学者在内的国际民俗学界都在积极应对——既在研究对象上予以拓展，努力发挥民俗学作为现代学的社会应用功能，更在自主探索或借鉴相关学科理论的基础上，提出新的民俗学理念，从而增强了民俗学的时代价值。就 2016 年的中国民俗学理论和方法论创建而言，尽管有些成果尚未形成体系，但其影响已逐渐显现，而另有一些早已发生却未得到广泛关注的研究范式，于今也有新的发展。对此我们可从以下七个层面勘察。

（一）日常生活与实践民俗学

2014 年 12 月，萧放申请的国家社科基金重点课题《人生礼仪传统的重建与传承》获得批准立项，次年 3 月 15 日在北京师范大学文学院召开了课题启动会，部分在京民俗学家应邀参加。在会议发言阶段，基于“人生礼仪”的实践性问题，诸如陈连山、高丙中、安德明、林继富以及王霄冰等都发表了自己的看法，而吕微、户晓辉及张勃则在此基础上特别谈论了“日常生活”与“实践民俗学”问题，而此时恰是“日常生活”讨论较为高涨，且“实践民俗学”正逐步兴起的阶段。后相关发言被整理成文，发表于《民间文化论坛》2016 年第 1 期。

具体而言，吕微同意高丙中关于“民俗学研究要具有很强的实践性，但并不是一定要参与什么其中的具体的实践”的提法，并于《实践民俗学的提倡》中以“心性”为基，表示“我们关注老百姓是如何在自觉地重建自己的心性，比如诚信，诚信是可以通过很多仪式培养的，但是更重要的是我们怎样把这些零散的碎片合在一起，在一个更深层的基础上，重建自觉的心性”①；与此相似，户晓辉《再谈理论与实践的关系》认为，“实践也不是非要提出对社会直接有用的对策”，而“民俗学的实践研究不一定非要提出有针对性的现实策略，而是为社会生产观念，但我们的观念生产必须有理论预见性，而不仅仅是对现状的简单归纳和描述”②。张勃则在《民俗学研究的视角和方法：从日常生活体验说开去》中以其所参与的“仪式”为例，阐述了“实践”中的“文化越位”问题，并由此认为“实践”之于参与（操作）并不矛盾。③

据上可知，“实践民俗学”的重点不在“实操”而在“观念”，这或许正是与后者产生争论的原因。就此争论，吕微和户晓辉则于本年度发表的其他论文中作了说明。吕微《与陌生人打交道的心意与学问——在乡愁与大都市梦想之“前”的实践民俗学》指出，“发源于熟人共同体和陌生人社会的熟人原则，不同于陌生人原则，前者是理论民俗学的

---

① 吕微：《实践民俗学的提倡》，《民间文化论坛》2016 年第 1 期。

② 户晓辉：《再谈理论与实践的关系》，《民间文化论坛》2016 年第 1 期。

③ 张勃：《民俗学研究的视角和方法：从日常生活体验说开去》，《民间文化论坛》2016 年第 1 期。

认识对象，后者是实践民俗学的思想对象”，而这可“区分出两种不同的‘心意’民俗”，即“基于经验性知识—准先验原则的实用性心意民俗，以及出于先验知识—先验原则的道德性心意民俗”[①]。户晓辉在《什么是民间江湖的爱与自由》和《重识民俗学的浪漫主义传统》中表示，“民间江湖的爱与自由不是来自经验观察和田野作业，而是来自先验的和超验的理性推论”，这恰反映了“一般实践应用和纯粹实践应用”以及“普遍实践法则和纯粹理性目的”的不同，[②] 而“民俗学的浪漫主义传统是由作为历史事实的浪漫的民族主义以及作为理性目的的自由的民族主义共同构成的”，因此“民俗学需要从浪漫主义那里接续自由的民族主义传统并且返回学科的实践理性起点，这样才能有助于民俗学成长为一门现代学科”[③]。

（二）神话主义

中国民俗学的“神话主义”是杨利慧近年倾力研究的主要理论之一，而2016年《云南师范大学学报（哲学社会科学版）》第6期发表了3篇由杨利慧领衔的“神话主义”论文。在《神话VS神话主义：神话主义异质性质疑》中，杨利慧以河北涉县娲皇宫景区的民族志研究为例，再度定义“神话主义”，即“现当代社会中对神话的挪用和重新建构，神话被从其原本生存的社区日常生活的语境移入新的语境中，为不同的观众而展现，并被赋予了新的功能和意义”，并揭示出神话与神话主义的三方面区别——“口语表述相对于文字内化后的口语表述、有机性相对于精致化、地方性相对于全观在地化”，且“认为神话主义可在探索书写传统与口头传统的纠葛、业余与职业讲述人的多样性等方面，为神话学和民间文学理论提供启示”[④]。高健在《书面神话与神话主义》中探讨了“1949年以来云南少数民族神话书面文本研究”，指出“书面神话对社区生活中神话传统的重述不可能是原封不动地再现，也并不仅仅是一个简单的叙事文本，它有着深层、多元的表述”，而“在现当代社会语境中，神话主义的现象越来越普遍，从神话到神话主义应当被看作是神话生命的延续，而神话学研究也应适当地聚焦在认同、调适、修辞、权力等问题上”[⑤]；吴新锋《心灵与秩序：“神话主义”与当代西王母神话研究》则以“‘心灵’‘秩序’和‘记忆’等概念”丰富了“神话主义”的内涵。[⑥] 除此之外，张多《女娲神话重述的文化政治——以遗产化运动为中心》[⑦]，霍志刚、王卫华《现代化语境下伏羲神话的重构——

① 吕微：《与陌生人打交道的心意与学问——在乡愁与大都市梦想之“前”的实践民俗学》，《民俗研究》2016年第4期。

② 户晓辉：《什么是民间江湖的爱与自由》，《民俗研究》2016年第4期。

③ 户晓辉：《重识民俗学的浪漫主义传统——答刘宗迪和王杰文两位教授》，《民族艺术》2016年第5期。

④ 杨利慧：《神话VS神话主义：神话主义异质性质疑》，《云南师范大学学报（哲学社会科学版）》2016年第6期。

⑤ 高健：《书面神话与神话主义——1949年以来云南少数民族神话书面文本研究》，《云南师范大学学报（哲学社会科学版）》2016年第6期。

⑥ 吴新锋：《心灵与秩序：“神话主义”与当代西王母神话研究》，《云南师范大学学报（哲学社会科学版）》2016年第6期。

⑦ 张多：《女娲神话重述的文化政治——以遗产化运动为中心》，《北京社会科学》2016年第8期。

以河南淮阳地区为个案》[①]，及邓启耀、熊迅的《卫星和互联网情境下的神话学讨论》[②]等，也从不同案例直接或间接阐述了“神话主义”的普遍存在。

（三）民俗认同

“民俗认同”（folkloric identity）是张举文针对美国亚裔民俗研究提出的一个理论范式，它最初以英文形式发表于 2015 年《美国民俗学刊》（*Journal of American Folklore*）Vol. 128（510）。后在张举文的主持下，4 篇发表于上述刊物的论文被译为中文，在 2016 年刊载于《文化遗产》第 4 期。在作为开篇之论的《美国亚裔民俗研究的新视角》中，张举文不仅回顾“美国民俗学界有关亚裔民俗研究的历史”，还梳理了诸如“他者”“自我”“文化接触”以及“四个目标”等概念，从而为“界定‘美国亚裔民俗’为美国民俗学的一个学科领域的宣言”提供了学术史依凭，而反思“民族（族群）认同”的“民俗认同”也在此得以提出；[③] 在《美国华裔文化的形成：散居民民俗和身份认同的视角与反思》中，张举文则以具体案例所彰显的“第三文化”“对民俗认同予以强调”，从而指出亚裔“民俗是‘美国’民俗不可分割的一部分”[④]。而玛格丽特·马加特《从篮板球到三分球：不断涌来的林书豪风，种族侮辱与刻板印象》[⑤] 和法瑞娅·康恩《查经班：美国南亚裔女性穆斯林的身份认同》[⑥] 则从亚裔不同形式的行为模式说明了“族群认同”的“民俗本质”。总之，对亚裔民俗之美国表现的研究表明，当“我们越是强调‘种族或民族认同’，就越是在强化基于‘种族或民族’这些为了殖民主义服务的不正义和不公平的制度”，而“民俗认同”是“超越‘种族或民族认同’的新概念，是实事求是地研究民俗生活的概念”，它反映了“每个民俗传统之所以得到传承”的原因是有“来自不同文化或群体背景的实践者的共同维系”[⑦]。

（四）民俗谱系、民俗叙事与经济民俗学

在 2016 年的民俗学理论创建中，田兆元对其所提出的“民俗谱系”“民俗叙事”及“经济民俗学”观念继续阐发，而其硕博士研究生则在其中起到了较为重要的解释作用。

在《论端午节俗与民俗舟船的谱系》中，田兆元认为：“民俗舟船形成了一个强大的谱系，在世界舞台上承担起重要的文化整合认同与民众幸福追求的功能”，而“谱系学说

---

① 霍志刚、王卫华：《现代化语境下伏羲神话的重构——以河南淮阳地区为个案》，《贵州民族大学学报（哲学社会科学版）》2016 年第 3 期。

② 邓启耀、熊迅：《卫星和互联网情境下的神话学讨论》，《长江大学学报（社会科学版）》2016 年第 9 期。

③ 张举文：《美国亚裔民俗研究的新视角》，桑俊、王继超译，《文化遗产》2016 年第 4 期。

④ 张举文：《美国华裔文化的形成：散居民民俗和身份认同的视角与反思》，惠嘉译，《文化遗产》2016 年第 4 期。

⑤ ［美］玛格丽特·马加特：《从篮板球到三分球：不断涌来的林书豪风，种族侮辱与刻板印象》，张海岚译，《文化遗产》2016 年第 4 期。

⑥ ［美］法瑞娅·康恩：《查经班：美国南亚裔女性穆斯林的身份认同》，张丽译，《文化遗产》2016 年第 4 期。

⑦ 张举文：《迈向民俗认同的新概念：美国散居民民俗研究的转向（主持人语）》，《文化遗产》2016 年第 4 期。

从结构上看，是整体性与多元性的视角；从功能上看，是互动性与认同性的视角。”① 虽然基于舟船用途建构的“四级”结构谱系，反映了特定民俗事象之“整体”与“多元”的时空表现，但“谱系”在民俗学上的应用并未形成系统。换言之，如果仅据外部表征做出的层级分类是一种结构（形式）谱系，那么是否所有以“树状模型”呈现的人类创造都可被纳入这一图示中？而福柯等于解构历史的“新谱系”中强调的“形成过程”，也未能直接反映于民俗“互动”和“认同”研究，相反“民俗谱系”对“统筹”的期望，也未能对“过程”中的传播与接受/自造与传承关系给予合理区分，而如何处理其他民俗特征以及人们对民俗事象在地化的需要于谱系建构中的影响，同样需要“谱系学说”的观照。

就“民俗叙事”而言，田兆元及其学生以3篇论文展开个案阐述。游红霞《传统民俗复兴的文化乡愁叙事》指出：“民俗是建构民族精神、文化认同的核心力量，在‘世界遗产时代’，传统民俗的复兴本质上是一种唤起文化记忆、体现文化自觉与构建文化认同的乡愁叙事”②；在《凤舟的民俗叙事与文化建构》中，游红霞与田兆元表示：“民俗叙事让凤舟重回大众视野，并逐步建构了凤舟的端午节等节日符号权威；民俗叙事使凤舟成为洪湖的地域文化符号”③；而在《旅游民俗学的学科基础与民俗叙事问题研究》中，田兆元与程鹏则从旅游民俗学角度解释了其所概括的“大叙事学说”。他们认为：“民俗的核心属性是构建认同，叙事是民俗的存在形式”，而“以语言叙事、仪式表演行为叙事和景观叙事为一体的民俗大叙事观”体现于“民俗表演的观赏性与民俗景观的观赏性”则是民俗叙事“再生产的重要内容”④。以上梳理表明，民俗叙事理论是在逐步扩大中进入研究实践。然而，这些构成“大叙事学说”的“叙事类型”只是被整合到民俗学下的一种表述，因为后者是早已存在的叙事学研究对象。此外，尽管“大叙事学说”能引起我们对民俗事象之多元属性的警觉，但上述案例表明，这一理念或只针对“民俗应用”，且以区域经济发展为目标。因此，从“多元”到“聚合”的“大叙事学说”还是要在“应用”之外有所表现，如此方能彰显其理论价值。

2014年田兆元于经济民俗学研究中提出了“认同性经济”学说，⑤ 但其在行文中并未对“经济民俗”和“民俗经济”作出有效区分，而这也为后续“经济民俗学”与“民俗经济学”或“文化创意产业”研究带来理解困境。李柯于本年度发表的《上海西郊农民画产业化发展的可能性》虽以“认同性经济”学说为基础，认为“民俗、非遗产业发展的内驱力在于其背后的惯习性认同，这种认同的累积实与物件本身的文化特征息息相

---

① 田兆元：《论端午节俗与民俗舟船的谱系》，《社会科学家》2016年第4期。

② 游红霞：《传统民俗复兴的文化乡愁叙事——以上海浦东三林镇为例》，《广西民族大学学报（哲学社会科学版）》2016年第4期。

③ 游红霞、田兆元：《凤舟的民俗叙事与文化建构——以湖北洪湖的凤舟文化为例》，《长江大学学报（社会科学版）》2016年第10期。

④ 田兆元、程鹏：《旅游民俗学的学科基础与民俗叙事问题研究》，《赣南师范大学学报》2017年第1期。但此文乃于2016年12月底出版，故于此梳理。

⑤ 田兆元：《经济民俗学：探索认同性经济的轨迹——兼论非遗生产性保护的本质属性》，《华东师范大学学报（哲学社会科学版）》2016年第2期。

关，随其文化特征的历时性变化而不断叠加或位移”①，但在民俗（非遗）的产业化过程中，认同的主体却发生了层级分化，因而“谁的认同、认同什么、如何认同”理当予以明确。更重要的是，从田兆元对“认同性经济”概念的阐述可知，“认同”不仅具有时间性，更具有地区性。因此，民俗（非遗）的产业化如何破除时空限制，并在“生产、流通、销售等手段”中实现生产性保护，则是这一“消费理论”所要考虑的重要问题。

总之，上述三个理论为民俗学的发展提供了极为重要的研究视角，但作为一类“新”概念，由于提出时间短，学界对话尚需加强，故从上文所述可知，仍有需要提升和完善的地方。

（五）技术民俗

在2016年的民俗学研究中，针对民俗传播媒介的网络化或影视化研究有所拓宽，换言之，我国民俗学者开始注意技术发展对民俗文化之创造性转化和创新性发展的影响，而上文述及的“神话主义”在很大程度上也属此类。不过，本年度研究已超出神话范畴，进入更广的民俗领域。

宋颖在《“一国”的文化共享：〈中国年俗〉的民俗国家化过程探究》中对纪录片制作的国家导向作了阐述。她认为：“民俗国家化过程中的建构和转化：一是从祭祖到祭神完成了血缘、亲缘、地缘等多重关系的融合和想象；二是从团圆到团结主题的转化，完成了家国同构；三是基于画面效果和收视率的考虑，民俗作为生活细节的审美内涵得以突出”②。不过，她也对口头传统技术化所面临的困境作了反思，其《文类、技术与代际传承：民间文学在传统村落面临的机遇与挑战》指出，“影像系统和技术充当了保存和传播的介质”，但“同时打击着传承技艺的年轻人的表演欲望和表演能力的增长”，而“民间文学的代际传承，有赖于艺术养成的环境，这其中尤为注意的是人地关系”③。与此相似，岳永逸《技术世界民间曲艺的可能》表示，“技术对日常生活的全面渗透并推进的生产生活势不可挡的转型”，而“借助现代技术，村庄的发展和传统文化的再生产被有着文化自觉的村民付之于实践”，但“对技术的倚重也导致了民俗的‘变脸’，由共享的、交流的变成交际的”④。

吉国秀等人在《信息技术、职业群体与社会变迁：一项基于IT笑话的跨学科研究》中，认为“作为网络社会中一种新兴的民间叙事，IT笑话被解释为现实世界中社会关系

---

① 李柯：《上海西郊农民画产业化发展的可能性——基于经济民俗学认同性经济的理论探究》，《文化遗产》2016年第2期。

② 宋颖：《“一国”的文化共享：〈中国年俗〉的民俗国家化过程探究》，《民俗研究》2016年第1期。

③ 宋颖在文中还指出，“影像和影视技术的介入，使得某一次特定的表演从此长久地同时也是无法再发生变化地保留下来，变成了每一次的样本，使得表演者失去了面对观众时的随机应变和即时交流，固化乃至僵化了文类的语境表达。而标准化的剪辑和镜头衔接，也使得不少鲜活生动的即时反应被视为影响画面和声音效果的部分而废弃不用，这些片段可能对于表演者和当地受众而言，却是具有重要文化意义或承担某些实际交流的功能”。宋颖：《文类、技术与代际传承：民间文学在传统村落面临的机遇与挑战》，《美术观察》2016年第6期。

④ 岳永逸：《技术世界民间曲艺的可能》，《华东师范大学学报（哲学社会科学版）》2016年第4期。

的反映，记录和见证了信息技术引入中国以后所引发的社会变迁”，而“技术对社会的影响，就通过技术阶层的出现、融入以及更新原有社会结构秩序清晰地表达出来”①。另在《信息技术如何进入日常生活：一个知识扩散的视角》中，吉国秀等人指出：“从专家术语系统的社会化到常人经验的内化，是信息技术与日常生活进行交流的方式，同时也是信息技术自然化的进程”②。与上述研究不同，王加华《技术传播的“幻象”：中国古代〈耕织图〉功能再探析》则于反映古代农业技术的《耕织图》中发现了“技术推广”之外的“政治维系”功能，而这一切都蕴含在“前后因袭而少有变化、存在大量的技术描绘错误、重场景描绘而轻操作流程与技术细节等”③ 的表现中。

尽管技术民俗研究在我国早已有之，但尚未产生较大影响。然而，进入新时代以来的技术发展则使大部分人文创造在真实与虚拟的双重媒介中传承与传播。更重要的是，以“数字人文”为代表的“新文科”研究视角则为我们突破传统民俗学研究瓶颈带来不可多得的契机。

（六）方法论发展

陈连山《如何实现民俗学研究方法的转向》讲道：民俗学研究“如果只是自己在那里想，看文献，没有经过试验，没有考察当代那些人的实践，很难判断自己建构的模式是不是合适”④。因此实地调查与深度访谈对我们来说则是十分重要的方法指向。在 2016 年的民俗学研究中，方法论也是得到广大民俗学者关注的重点，而其伦理模式同样得以讨论（详见“第五部分”）。

由施爱东整理的《作为实验的田野研究：中国现代民俗学的“科玄论战”》，是一部围绕“科学方法尤其是实验方法是否适用于人文研究”的争论之作，它呼应了 20 世纪 20 年代“科玄论战”中“科学究竟能否解决人生观”的问题。此次发生于十余年前的论争从早年的“科玄”是否分家、科学是否万能的问题延伸到了人文学科的学术伦理与科学哲学的问题。⑤ 该书由“论战实录、实验研究的学术案例、不同观点的学者就田野作业中科学与伦理问题而撰写的学术论文”三部组成，旨在“提倡一种实验的田野研究观：田野不能仅仅是个自然观察的场所，也可以是我们实验研究的场所，也是研究者实践、体验、和田野中的人们展开互动和情感交流的场所。”⑥

民间文学的搜集整理在本年度得到特别关注。吴新锋在《作为方法与文体的民间文学志：民间文学田野研究中的叙事四面体》中提出了“民间文学志”方法，即指“以民

---

① 吉国秀、王明月：《信息技术、职业群体与社会变迁：一项基于 IT 笑话的跨学科研究》，《中国科技论坛》2016 年第 2 期。

② 吉国秀、王明月、杨宏戟：《信息技术如何进入日常生活：一个知识扩散的视角》，《民俗研究》2016 年第 4 期。

③ 王加华：《技术传播的“幻象”：中国古代〈耕织图〉功能再探析》，《中国社会经济史研究》2016 年第 2 期。

④ 陈连山：《如何实现民俗学研究方法的转向》，《民间文化论坛》2016 年第 1 期。

⑤ 施爱东整理：《作为实验的田野研究：中国现代民俗学的“科玄论战”》，中国社会科学出版社 2016 年版。

⑥ 祝鹏程：《2016 年民间文学研究报告——以神话、传说与故事为主》，《民间文化论坛》2017 年第 1 期。

间文学田野调查为基础的学术研究方法，同时也指其对研究内容进行理论阐释时的写作文体（一种特征化的文体追求），其核心在于将民间文学的讲述和调查纳入一个特定的时间和空间中，精确地呈现民间文学讲述的内部结构特征（既包含民间文学文本的形态学结构，亦包含讲述行为本身结构特征）和民间文学文本及其语境化意义。因此，完整呈现讲述者、文本、听众与研究者相互间的复杂关系便是民间文学志的题中要义。”① 从这一论述中，我们或许可以看到巴莫曲布嫫的“五个在场”概念。此外，李扬和张建军《都市传说分类方法述论》则从美国学者布鲁范德《都市传说类型索引》出发，研讨了我国都市传说之类型索引体系的建构形式。② 祝秀丽通过自我讲述经历于《民间故事讲述的话语互动序列与合作叙事》采用“实验式田野”方法并运用会话与行为视角，分析了听讲双方在互动过程中所形成的“前言、讲述—反应、离题和结束四类话语互动序列”③。

“影像”对民俗学研究来说已是一个十分重要的资料记录和保存手段，而“民俗影像”如何操作，这在“中美民俗影像记录田野工作坊”中得到部分解答。基于2016年第三届“工作坊”，相关学者和学员发表了至少六篇论文。熊迅、张举文及孙正国在《民俗影像的操作化与可能性》中谈论了“影像民俗学”的构建原则。他们认为：“通过有深度的、一系列的、多个侧面的民俗记录片，同时，在纪录片的田野报告中利用文字进行阐述，两者相结合把体验民俗学、实践民俗学中呈现出的观念和情怀呈现出来，构成由民俗影像记录片和民俗志相结合的一种影像民俗学”④。张举文《民俗的影像记录：从概念到实践的日常化》对本届“工作坊”作了总结，并提出：“民俗的影像记录，不仅是民俗研究的必要部分，也是民俗传承机制的有机组成部分，因为记录者也是民俗实践者，而不只是研究者。更重要的是，要将民俗的影像记录从概念走向实践，要将摄影技术日常化，要将记录民俗实践与记录我们自己日常化。”⑤ 而部分学员“关于海外民俗学实践的相关论文和调查报告”，则“从跨文化影像记录的民俗学视角，建构了中国学术对全球化宗教节日圣诞节的新的观察点，一定程度上显示出这种通过影像表达的海外民俗学实践的中国学术价值”⑥。

从上可见，方法论发展表现出两种倾向：一是在传统方法论基础上继续深化；二是就时代变迁而于传统和现代两方面展开新思考。前者以田野作业的“科玄论战”和“影视

① 吴新锋：《作为方法与文体的民间文学志：民间文学田野研究中的叙事四面体》，《民俗研究》2016年第2期。

② 李扬、张建军：《都市传说分类方法述论》，《文化遗产》2016年第3期。

③ 祝秀丽：《民间故事讲述的话语互动序列与合作叙事——以亲子间两次听讲〈包公行医〉为例》，《民族文学研究》2016年第5期。

④ 熊迅、张举文、孙正国：《民俗影像的操作化与可能性——中美民俗影像记录田野工作坊三人谈》，《民族艺术》2016年第4期。

⑤ 张举文：《民俗的影像记录：从概念到实践的日常化——中美民俗影像记录田野工作坊专题导言》，《民间文化论坛》2016年第6期。

⑥ 孙正国：《影像民俗学田野方法与个案研究（主持人语）》，《民间文化论坛》2016年第6期。另，本期《民间文化论坛》所发学员文章为——张海岚《发现“事件”：民俗影像的实现路径——基于三期影像工作坊的实践反思》、张多《“我就是圣诞老人”：美国俄勒冈州的圣诞节与民众生活》、朱婧薇《美国俄勒冈州塞勒姆市圣诞礼物调查报告》以及游红霞《作为仪式美术的圣诞树：多元叙事与节日传承》。

民俗学”为代表，后者则有“民间文学志”和“实验式田野”方法。不过，两者并非截然分立，相反二者的交叉却显而易见。总之，方法论的创新并不容易，但坚持探索则是民俗学适应时代发展的必经之路。

（七）其他理论探索

在2016年的民俗学研究中，除以上关注点外，还有其他相关领域得以学理探索。具体而言，这类研究主要集中在“都市民俗学”“女性民俗学”“节日”“语境与文本”以及“妖怪学”等。

在“都市民俗学”研究中，徐赣丽从民俗学的发展角度，于《城市化背景下民俗学的“时空转向”：从民间文化到大众文化》中提出了民俗学的“时空转向”问题，她认为：“当代中国的城市化是与现代化的进程相伴随的，传统乡村民俗在消费社会和现代媒体影响下，逐渐朝向城市大众文化发展，并在以数字化革命为特征的信息化浪潮中持续”，而“民俗学一向以乡村传统民俗和国家视域下的城市民间文化为研究重点，在此形势下，中国民俗学的研究对象需要加以调整；同时，也需从琐细的、单项的、平面的、静止的民俗事项研究，转向特定语境下的文化整体研究”①。

王均霞于《“以女性民俗实践者为中心的情境研究”探索》中阐述了其所提出的“以女性民俗实践者为中心的情境研究”概念，即“将女性民俗研究置于中国民俗学研究的整体框架下，通过对中国民俗学整体研究观的借鉴与反思，同时借助后现代女性主义的‘情境化知识’概念以及现象社会学的相关理念，尝试构拟一种个体的女性民俗实践者及其视线在场，并以此为出发点和落脚点，考察具体日常生活情境中的女性民俗实践者与女性民俗文化的互动关系的女性民俗研究范式”②。

就“节日”研究而言，宋颖提出用“共有”“扩散”及“移借”等概念，“来探索节日事项之间的关联性，概括并解释节日事项的繁杂多样性”。具体而言，“‘共有’构成了节日事项在群体内世代共享的传承基础，它承载着一个民族群体内部共同的记忆和文化情感，是构建民族认同和文化认同的重要组成部分。‘扩散’涵盖了人们在生活实践中对同一个节日的文化元素的择用，精准性和模糊性同时存在。‘移借’是指将系列文化符号成组搬移，不局限于某一节日，体现出人们在日常生活中的行为惯性。”③

关于民间文学研究中的“语境和文本”问题，刘宗迪于2015年10月8日在北京大学中文系所做讲座“超越文本，回归文学——对民间文学研究中实证主义倾向的反思”中给予了讨论。刘宗迪认为：虽然“当代的民间文学开始走向‘活的’语境研究，田野研究范式日益成为学科的主流”，但“民间文艺学采集的目的，不仅是为了学术研究和知识生产，也不仅是为了记录和保存本真的民间文学文本”，而民间文学采集、整理和研究的根本目的“是为了文学创作和文明传承，传统的采风模式较之学院派的田野研究模式能

---

① 徐赣丽：《城市化背景下民俗学的“时空转向”：从民间文化到大众文化》，《学术月刊》2016年第1期。

② 王均霞：《“以女性民俗实践者为中心的情境研究”探索》，《民俗研究》2016年第2期。

③ 宋颖：《论节日事项的“共有”“扩散”与“移借”诸问题——以端午节为例》，《民间文化论坛》2016年第3期。

够更好地完成这一使命"①。

"妖怪学"在日本已走向成熟，而我国学者基于理论译介，希望借此扩大我国民俗学的研究范畴。刘晓峰于《妖怪学研究》中概述了"妖怪"在我国的记录及传言情况，并指出："妖怪学的发展包括了两个主要阶段。第一阶段是以破除迷信消灭妖怪为目的的传统妖怪学，第二阶段是将妖怪研究看成是人的研究，主张综合而多学科地开展对于妖怪进行交叉性研究的新型妖怪学研究"，但限于时空认识差异，即便我们已接受日本"妖怪学"，但我国民俗学者的"妖怪"研究却未得到推广，或许也要经历日本那样（甚至更艰难）的发展道路才能得到深化。

通过上述梳理可知，2016 年的我国民俗学理论和方法论得以较多元的发展，但从整体上看，这些理论和方法论尚需在具体研究实践中加以推广，而部分理论和方法论阐述仍需进一步深化。

三　学术（民俗）史研究中的理论梳理

如果将出现"北大歌谣运动"的 1918 年视为我国民俗学的发轫之年，那么我国民俗学至 2016 年就已走过 98 年风雨。此间虽几经波折，且不同时期的民俗学家也因时代不同而有不同取向，但他们对作为传承性集体创造的资料搜集与科学研究，不仅为我们积累了丰富的学术成果，也为当代中国民俗学研究带来了学术增长点。其实，对老一辈民俗学者相关论述的梳理或理论提炼，是我们站在"巨人肩膀"上理性观察国家与社会变化的重要途径。更重要的是，学术史视域下的民俗学研究则是构建我国民俗学理论体系不可或缺的关键所在。总体上看，2016 年的民俗学学术史研究大致表现在两个方面，一是整体角度的学术史观照，一是对个体学者之具体研究的理论提炼。

（一）整体观视域下的民俗学与民间文艺学理论

在 2016 年的民俗学学术史梳理中，部分学者从整体视角对民俗学和民间文艺学展开了具有专门性的断代史、地域史和族别史研究。通过这些学术成果，我们则可管窥到某一特定时段及某一地域或族群的民俗文化的研究状态，以为当下的中国民俗学研究带来更为广阔的史学视野。

《民俗研究》既是我国"目前唯一国内外公开发行的民俗学理论刊物"，也是国际民俗学界颇具影响的中文期刊。刁统菊在《〈民俗研究〉30 年发展及存在问题分析》中指出，《民俗研究》坚持"向国内外读者全面介绍中国民俗和民俗学研究的最新成果"，并将继续贯彻"提倡学术民主，鼓励探索和创新"的办刊宗旨②。在《中国少数民族神话研究的学术发展分期刍论》中，王宪昭将百年少数民族神话研究划分为三个时期，即 20 世纪初到 1937 年的"孕育期"、抗日战争爆发到 1976 年的"萌芽期与雏形期"及 1977 年

---

① 刘宗迪：《超越语境，回归文学——对民间文学研究中实证主义倾向的反思》，《民族艺术》2016 年第 2 期；朱佳艺、刘宗迪等：《是"危机"也是"契机"——〈超越语境，回归文学——对民间文学研究中实证主义倾向的反思〉问答、评议与讨论》，《民族艺术》2016 年第 2 期。

② 刁统菊：《〈民俗研究〉30 年发展及存在问题分析》，《民俗研究》2016 年第 1 期。

至今的"发展期和理论成熟期"，而每一时期的重要成果都得到了一定评析①。高艳芳在《近十年来中国民俗学转型的思考》中梳理了我国民俗学在学科转型中的努力，并发现"中国民俗学的转型，展现了当代民俗学者的担当意识及其思辨性的思维特征，但其间也存在明显的局限性：操作性的欠佳和重复研究的频发。"② 王晓葵"通过民族国家建构的文化理论"，于《中国"民俗学"的发现——一个概念史的探求》中对"民俗"与"民俗学"两个概念的形成过程进行了梳理、分析及反思，他认为："作为'新国学'的'民俗'也是一种人为的建构，它并非是什么先验的存在物，并且当今非物质文化遗产保护语境下的'民俗'也正在被重构。"③

廖元新从"非遗"保护角度对民间文学"三套集成"的编撰工作及相应成果作了评述，其于《非遗语境下民间文学"三套集成"的承启意义》认为，"三套集成"在"非遗"酝酿和形成过程中起着承前启后的重要作用，而反思"'集成'编纂和'非遗'保护中存在的共性问题"，既有助于"我们从新的角度认识'三套集成'的历史意义，亦有助于民间文学（民俗学）学科今后的发展"④。万建中在《民间文艺认定的三个维度》中认为，"将民间化或具有民间性的文艺等同于民间文艺"是一种认识误区，而"民间文艺嵌入当地生活语境当中，秉承当地历史文化的血脉""在空间维度上，营造了群体参与的表演场域，当地民众是民间文艺的表演者和拥有者"及"在时间维度上，形成延续性和重复性的表演模式，表演是传统的继承，具有相对的稳定性"则是"认定民间文艺的三个基本维度，也是区分民间文艺与民间性文艺的边界"⑤。戴建国于《民国民俗学文献的整理与研究述略》中回顾了民国时期文献梳理或再版对民俗学研究的积极作用，而这恰是我们"重新审视中国文化和中国文学如何走向民间、如何才能接地气"的重要途径。⑥此外，陈建宪的《湖北民间文学百年概述》则从特定区域近代以来的学术史出发，对"多元一体"的湖北民间文学特征作了详细梳理。⑦

虽然上文之述呈现了较为多元的整体性民俗学史样貌，但不可否认的是，2016 年的学术史梳理呈现的内容主要集中在民间文艺学方面。这不仅反映了我国民俗学一以贯之的研究重心，而且也提醒我们思考如何正确认识或理解民俗与民间文学在学科划分上的关系。

（二）学者的民俗学理论

学科的发展有赖于历代学者的接续努力，而他们针对特定民俗事象的理性思索则是我们不断"向前"的重要基础。在 2016 年的民俗学研究中，诸如鲁迅、顾颉刚、郑振铎、

---

① 王宪昭：《中国少数民族神话研究的学术发展分期刍论》，《民族文学研究》2016 年第 3 期。

② 高艳芳：《近十年来中国民俗学转型的思考》，《湖北民族学院学报（哲学社会科学版）》2016 年第 3 期。

③ 王晓葵：《中国"民俗学"的发现——一个概念史的探求》，《华东师范大学学报（哲学社会科学版）》2016 年第 4 期。

④ 廖元新：《非遗语境下民间文学"三套集成"的承启意义》，《文化遗产》2016 年第 4 期。

⑤ 万建中：《民间文艺认定的三个维度——基于民间文艺认识误区的反思》，《民族艺术》2016 年第 4 期。

⑥ 戴建国：《民国民俗学文献的整理与研究述略》，《民俗研究》2016 年第 5 期。

⑦ 陈建宪：《湖北民间文学百年概述》，《民间文化论坛》2016 年第 6 期。

周作人、张光直、叶德均、丁山、李万鹏、李子贤、祁连休、刘守华、仁钦道尔吉以及刘锡诚等学者的论述得到梳理。

在本年度的学术史研究中，有两位学者对顾颉刚的民俗学思想作了梳理。袁先欣在《顾颉刚的古史与民俗学研究关系再探讨》中，指出“‘层累地造成的古史’方法内部本有辨定真伪和追究流变两个不同取向”，而由辨定真伪向追究流变的转型则突显了“顾颉刚的史学和民俗学研究”是纳入全新“‘民众’观”的研究。[①] 赵李娜在《中国现代民俗学与历史地理学的开创与扭结》中认为，拥有“民俗学与历史地理学”开创之功的顾颉刚，以其研究实践让我们看到：民俗学与历史地理学虽在具体研究对象及学科归属上有异，“但若仔细回顾其学科历程，两者无论是古代学术渊源，还是现代肇始背景，都颇有重合之处”，而如今的“非物质文化遗产作为见证地方文化之样本，能被民俗学者所重视、挖掘、研究，这与历史地理学科所致力关注的地方文化建设亦有不谋而合之处”[②]。

董晓萍在《钟敬文留日研究：东方文化史与民俗学》中回溯了钟敬文在日本的学习经历和交游活动，而“从他们当年的融入性学术思维和多元方法的研究中”，能“找到我们今天所关注的跨文化研究的本质”，不过无论“怎样跨文化，都要恪守平等的概念，尊重文化内部的发明和发现，这是本土文化的权利，也是民俗学成为独立科学的学术原则”[③]。而关家铮在《叶德均民俗学与俗文学研究述略》中以附件形式呈现了叶德均所发文著，并在评述中表示叶氏“一生主要从事民俗研究和戏曲、小说、民间文学等所谓的‘俗文学’研究”，而其成果在质和量两方面“都堪称当时民俗学和俗文学研究诸家中的佼佼者”，但因其发文刊物大多是地方性的且多已散佚，故“学界对其人其文的陌生和隔膜是可以想见的”，然这并不能成为我们梳理其学术思想的阻碍。[④]

王怀义在《从神思说到解释说：鲁迅神话观的逻辑进程》中，将鲁迅的神话研究划分为三个阶段，即日本留学时“提出了高度赞扬神话的想象力特质”的“神思说”，北京工作时提出“解释说”，认为“神话思维是人类文明不断更新、前进的基本动力”，及创作《故事新编》时将神话作为“自我精神的呈现物”。[⑤] 陈刚等在《周作人的神话研究》中指出：“周作人是中国民间文艺学和民俗学最早的奠基者和理论家之一，也是中国系统介绍国外神话理论的第一人”，而他“运用古典进化论、心理学等理论研究神话，提出了广义童话是神话之源等新颖而深刻的观点，并对神话的性质和内涵作了重新思考”[⑥]。刘宗迪在《丁山的神话研究》中评道，丁山继承并发展了古史辨派开辟的“神话的故事学研究、宗教史研究和民族史研究”，但他“片面依赖比较语言学方法，缺乏人类学、民俗学、宗教学、神话学的理论视野，故其考证多失于空疏和随意，导致其结论大率失于武

---

① 袁先欣：《顾颉刚的古史与民俗学研究关系再探讨》，《清华大学学报（哲学社会科学版）》2016年第1期。

② 赵李娜：《中国现代民俗学与历史地理学的开创与扭结——兼论顾颉刚先生对两学之贡献》，《民俗研究》2016年第1期。

③ 董晓萍：《钟敬文留日研究：东方文化史与民俗学》，《北京师范大学学报（社会科学版）》2016年第5期。

④ 关家铮：《叶德均民俗学与俗文学研究述略》，《民俗研究》2016年第5期。

⑤ 王怀义：《从神思说到解释说：鲁迅神话观的逻辑进程》，《广东社会科学》2016年第3期。

⑥ 陈刚、刘丽丽：《周作人的神话研究》，《民俗研究》2016年第6期。

断，很难经得起时间的考验。”① 与丁氏有异，郑振铎对“神话或者古史中蕴藏的民族精神和信仰力量非常关注，并且积极借鉴人类学研究方法”，而张岩《郑振铎的神话研究思想》认为，郑氏“将神话的典籍研究与人类的文化发展、精神传承紧密结合起来，并最终体现出强烈的现实关照。”②

就“神话如何进入历史”这一问题，王倩于《张光直神话研究述略》中认为，张光直对此“主要探讨了三个问题：第一，作为财富及其象征符号的神话图像如何建构权力象征体系；第二，神话宇宙论如何被统治者利用作为建构意识形态的工具；第三，英雄神话如何被宗族叙事改编入历史叙事层面”，而这正反映了张光直“将神话作为文化编码的神话理念，同时将神话研究作为跨学科研究的方法论思想”③。此外，当代神话学家李子贤的“活形态神话”理论也得以评述。高健在《神话王国的探寻者》中总结道：“活形态神话如果作为‘主体’，其他神话存在形态则是其‘变体’；活形态神话作为‘活体’，那它赖以生存的文化生态系统则是‘母体’。这个体系为我们展示了神话的整体性、综合性与动态性”，而其比较神话学则“突破了文本阐释的固有研究范式，以及单一民族、单一学科理论的限制，将神话还原到文化生态系统中进行立体的审视”，从而在特定区域（云南）神话的研究中形成视野更为广阔的多民族、多学科交叉研究模式。④ 而许艳俊《吴晓东神话学研究评述》⑤ 和孙正国《“神话细胞”论与神话学方法论的拓新——陈建宪教授的母题分析理论述评》⑥ 则分别对吴晓东“神话语言学研究方法”和陈建宪“神话母题分析理论”作出评述。

万建中以《中国民间故事史》为例，于《体系的建构与理念的践行》中评述了祁连休的故事学贡献。他认为，祁连休“以其充分的学术实践，消弭了民间故事与民间传说的文体边界，为民间故事文本研究探索出一条崭新的路径，此等学术意义堪比袁珂先生的广义神话论”⑦。叶涛在《李万鹏先生与山大民俗学》中，不仅梳理了李万鹏先生在山东大学民俗学专业发展过程中的中坚作用，也回忆了自己与李万鹏先生之间的深厚师生情。⑧ 李丽丹从分析“AT461 型故事”出发，对刘守华及其所著《一个蕴含史诗魅力的中国民间故事》作了评述，她指出：“AT461 型故事之研究方法的不断发展也代表了中国故事学的文本研究历经‘个案·对话·整体·诗学’的多重建构”，而此类故事的研究实践表明，“历史地理学及其重要的技术手段 ATU 分类法虽然是故事研究的起点，但并非唯一的路径，而是可以融合历史主义、结构主义、精神分析等多种研究方法，从而发展成具有

① 刘宗迪：《丁山的神话研究》，《民俗研究》2016 年第 6 期。

② 张岩：《郑振铎的神话研究思想》，《关东学刊》2016 年第 7 期。

③ 王倩：《神话如何进入历史：张光直神话研究述略》，《中国矿业大学学报（社会科学版）》2016 年第 6 期。

④ 高健：《神话王国的探寻者——李子贤神话研究评述》，《长江大学学报（社会科学版）》2016 年第 5 期。

⑤ 许艳俊：《吴晓东神话学研究评述》，《长江大学学报（社会科学版）》2016 年第 4 期。

⑥ 孙正国：《“神话细胞”论与神话学方法论的拓新——陈建宪教授的母题分析理论述评》，《广西民族大学学报（哲学社会科学版）》2016 年第 3 期。

⑦ 万建中：《体系的建构与理念的践行——读祁连休先生的〈中国民间故事史〉》，《西北民族研究》2016 年第 1 期。

⑧ 叶涛：《李万鹏先生与山大民俗学》，《民俗研究》2016 年第 1 期。

民族性、地域性特征并与世界对话的故事诗学研究范式"[①]。蒙古族有着极其丰富的活态史诗资源，而仁钦道尔吉的"蒙古史诗"研究则具有显著的"结构"分析色彩，对此陈岗龙于《仁钦道尔吉的蒙古史诗结构研究之思想渊源》中认为，其"结构理论""除了德国蒙古学家海西希的影响，还可以追溯到普罗普的结构形态学、日尔蒙斯基的史诗起源理论，乃至维谢洛夫斯基的历史诗学思想"[②]。

《民间文化论坛》2016 年第 3 期发表了一组以刘锡诚《二十世纪中国民间文学学术史》为对象的笔谈式论文，它们从不同角度评述了刘锡诚的学术成就。陈泳超在《"再书写"与"被书写"》中认为："以刘锡诚为代表的'先生们'也已经到了'一个学科和一个时代'的历史地位，他们的'被书写'，刻不容缓"[③]；叶涛在《刘锡诚的使命意识与学术史写作》中指出："一部鲜活的学术史，不应该只是由学术著作和学术大家组成，也应该由能够反映学术发展历史、揭示学术发展思路的诸多细节而构成"[④]；萧放在《一位老人与一部民间文学百年学术史》中评述道："把学问放在一个大的历史社会背景里去考察，更能看出学术发展的一个样态"，而刘锡诚在书中之论不仅"体现了一种兼容并蓄文化包容态度"，而且彰显了"传承民族文化的情怀"[⑤]；吕微则从"补注"的角度，在《从类型学、形态学到体裁学》中对刘锡诚未能明确的"类型学""形态学"以及二者的异同关系问题作了进一步的哲学性梳理。[⑥] 此外，邢莉还从民间信仰并结合非物质文化遗产保护的角度论述了刘锡诚的学术成就。她在《民间信仰与非物质文化遗产——兼论刘锡诚对于民间信仰的文化思考》中指出，"在参与保护非物质文化遗产的实践中，刘锡诚的论文阐释了民间信仰在保护非物质文化遗产中的重要地位"，并"主张以民间信仰是人类创造的文化的观念而置换'迷信'的背负"[⑦]。

从以上梳理可知，2016 年的民俗学史涉及面极为广泛，但总体看来，对具体学者之研究的理论总结要远远超过整体意义上的学术成果，而在对特定学者的研究中，涉足神话学领域的成果显然较为突出。不过，学者们的民俗学理论创建多不是单一取向的，而诸如针对钟敬文、顾颉刚等前辈学者的研究不断出现一样，年届耄耋的当代民俗学家，其学理思想也应得到持续关注，从而为我国民俗学的自主话语体系建构提供系统化的个体支撑。

四 国外民俗学理论译介

中国民俗学是在清末民初时，为救亡图存、开启民智而发展起来的现代文艺"运动"，它有着不言自明的外来因素。正如上文梳理的那样，中国民俗学人对西方及至日韩

① 李丽丹：《刘守华与"故事诗学"评说——以 AT461 型故事研究为中心》，《外国文学研究》2016 年第 5 期。

② 陈岗龙：《仁钦道尔吉的蒙古史诗结构研究之思想渊源》，《民族文学研究》2016 年第 6 期。

③ 陈泳超：《"再书写"与"被书写"》，《民间文化论坛》2016 年第 3 期。

④ 叶涛：《刘锡诚的使命意识与学术史写作》，《民间文化论坛》2016 年第 3 期。

⑤ 萧放：《一位老人与一部民间文学百年学术史》，《民间文化论坛》2016 年第 3 期。

⑥ 吕微：《从类型学、形态学到体裁学——刘锡诚〈二十世纪中国民间文学学术史〉补注》，《民间文化论坛》2016 年第 3 期。

⑦ 邢莉：《民间信仰与非物质文化遗产——兼论刘锡诚对于民间信仰的文化思考》，《西北民族研究》2016 年第 4 期。

等国（学者）理论的引介不仅未曾间断，更在应用实践中促进了它们的本土化，并由此成为构建我国民俗学自主话语体系难以分割的重要组成部分。进入新时代以来，我国民俗学界的对外交流既在交流频次的增多中形成更为多样的交流方式，而如“中美非物质文化遗产论坛”和“中美日民俗学暑期学校”等举办时间较为固定的交流活动，更彰显了我国民俗学对国际民俗学的影响在不断扩大。虽然交流是双向的，但学术成果的“输出”与“输入”却在我国突显了一定的“逆差”现象，换言之，在我国民俗学的发展过程中，对国外理论的译入要远远高于我国学者之学术成果的对外译出。就2016年来说，我们对国外民俗学研究成果的译介活动依然频繁，而这不仅表现在西方学者的中国民俗研究，也表现在我国学者对西方民俗学家及相关民俗文化的研究。

尽管译介活动是极为重要的学术工作，且内中体现了译介者的解读模式，但限于本文所要呈现的乃我国民俗学者的理论创建或对既有理论的本土化表现，因此，本文将不再对相关译著作给予详细说明，仅对之加以罗列。就直接的文本翻译（含访谈）来说，主要有以下成果：译自美国的《中国中世纪的鬼节》（太史文）①、《女神的语言：西方文明早期象征符号解读》（马丽加·金芭塔丝）②；法国的《华南民俗志》（劳格文）③、《首饰的秘密》（帕翠希娅·西安伯里）④；英国的《明清社会与礼仪》（科大卫）⑤、《古代中国的动物与灵异》（胡司德）⑥ 等。除以上专著外，本年度还有数篇独立译文（含外国学者的汉文写作），如《个体叙事中的“资格”与“移情”》⑦《“污名化”与残疾人及残疾人叙事研究》（艾米·舒曼）⑧；《史诗与认同：以非洲为例》（克里斯蒂安娜·塞杜）⑨；《美国应用民俗学的特质、方法与实践》（戴安娜·埃伦·戈德斯坦）⑩；《都市传说类型索引》（J. H. 布鲁范德）⑪；《计算机民俗学研究：百年学术论文主题地图绘制》（约翰·洛顿、乔纳森·古德温）⑫；《公益与共益：从日本的“社会性”传统再构成看国家与民众》

---

① ［美］太史文：《中国中世纪的鬼节》，侯旭东译，上海人民出版社2016年版。

② ［美］马丽加·金芭塔丝：《女神的语言：西方文明早期象征符号解读》，苏永前、吴亚娟译，社会科学文献出版社2016年版。

③ ［法］劳格文：《华南民俗志》，王振忠、谭伟伦译，中国大百科全书出版社2016年版。

④ ［法］帕翠希娅·西安伯里：《首饰的秘密》，鞠熙译，重庆大学出版社2016年版。

⑤ ［英］科大卫：《明清社会与礼仪》，曾宪冠译，李子归、陈博翼校，北京师范大学出版社2016年版。

⑥ ［英］胡司德：《古代中国的动物与灵异》，蓝旭译，江苏人民出版社2016年版。

⑦ ［美］艾米·舒曼：《个体叙事中的“资格”与“移情”》，赵洪娟译，李向振校，《民俗研究》2016年第1期。

⑧ ［美］艾米·舒曼：《“污名化”与残疾人及残疾人叙事研究——美国民俗学家艾米·舒曼教授访谈录》，赵洪娟译，李向振校，《民俗研究》2016年第1期。

⑨ ［法］克里斯蒂安娜·塞杜：《史诗与认同：以非洲为例》，马千里译，《贵州民族大学学报（哲学社会科学版）》2016年第2期。

⑩ ［美］戴安娜·埃伦·戈德斯坦：《美国应用民俗学的特质、方法与实践——戈德斯坦教授访谈录》，《民俗研究》2016年第3期。

⑪ ［美］J. H. 布鲁范德：《都市传说类型索引》，张建军、李扬译，《民间文化论坛》2016年第3期。

⑫ ［美］约翰·洛顿、乔纳森·古德温：《计算机民俗学研究：百年学术论文主题地图绘制》，乔英斐、李扬译，《文化遗产》2016年第5期。

（菅丰）[①]；《日本传统故事与阿伊努英雄叙事诗中英雄的诞生条件》（高岛叶子）[②] 等。从上述译著译文可知，2016 年的译介工作主要集中于美国学者的民俗学成果，其次为法国、英国及日本，而这些汉译成果不仅为我们提供了更为多样的观察世界的角度，也为我们提供了认识自我的多种途径。

本年度，我国民俗学者对国外民俗事象以及国外民俗学者之民俗研究的研究也取得了较为丰硕的成果。鞠熙对“法国故事类型索引编制史与口头文学研究思潮”作了阐述；[③] 梁青梳理了接轨西方理论的“当代日本民间叙事研究”现状；[④] 董晓萍在《西北民族研究》上连续发表了两篇评述翻译“艾伯华《中国民间故事类型》”所得成果的论文；[⑤] 张静以琳达·德格的“以讲述者为核心的叙事表演研究”为中心探讨了“民族志故事学”的兴起和发展；[⑥] 户晓辉研究了瑞士学者麦克斯·吕蒂的以寻求“童话不变成分或恒定因素”的“童话现象学”；[⑦] 唐超和刘先福等人对“爱沙尼亚民族典籍的对外翻译和传播经验”作了勘察，并以期为我国“少数民族典籍对外翻译”提供他山之鉴；[⑧] 惠嘉论述了马林诺夫斯基“神话与宗教的同质性”神话观，并指出“教义、仪式和道德性是构成宗教的三大因素”；[⑨] 在《柳田国男民间文学思想研究》一书中，乌日古木勒对柳田国男的民间文学研究思想和理论方法特征作了检视，并由此探讨了其对中国民间文学和民俗学理论体系建设的参考价值和理论借鉴意义。[⑩] 此外，我国部分民俗学者还对国外具体民俗事项作了探讨，如张青仁的《从周岁仪式透视墨西哥社会》[⑪]、张举文的《美国华裔文化的形成》[⑫] 及李牧和邓珏的“加拿大纽芬兰的中华舞狮”[⑬] 等。从以上列举不难看出，我国民俗学者对国外民俗及其民俗学的学术关注，虽然是极其广泛的，但大部分研究的系统性尚

---

① ［日］菅丰：《公益与共益：从日本的“社会性”传统再构成看国家与民众》，陈志勤译，《民俗研究》2016 年第 6 期。

② ［日］高岛叶子：《日本传统故事与阿伊努英雄叙事诗中英雄的诞生条件》，《民间文化论坛》2016 年第 6 期。

③ 鞠熙：《法国故事类型索引编制史与口头文学研究思潮》，《民族文学研究》2016 年第 2 期。

④ 梁青：《当代日本民间叙事研究的走向》，《广西民族大学学报（哲学社会科学版）》2016 年第 3 期。

⑤ 董晓萍：《翻译与跨文化——解读（德）艾伯华〈中国民间故事类型〉的翻译经过、发现与意义（上）》，《西北民族研究》2016 年第 2 期；董晓萍：《翻译与跨文化——解读（德）艾伯华〈中国民间故事类型〉的翻译经过、发现与意义（下）》，《西北民族研究》2016 年第 3 期。

⑥ 张静：《西方故事学转型与民族志故事学的兴起——以琳达·德格的“以讲述者为核心的叙事表演研究”为中心》，《广西民族大学学报（哲学社会科学版）》2016 年第 3 期。

⑦ 户晓辉：《童话现象学：苦心孤诣谁愿识?》，《民间文化论坛》2016 年第 3 期。

⑧ 唐超、刘先福、高晶一：《爱沙尼亚民族典籍的对外翻译和传播经验》，《民族翻译》2016 年第 3 期。

⑨ 惠嘉：《神话与宗教的同质性：马林诺夫斯基的神话观》，《民族文学研究》2016 年第 6 期。

⑩ 乌日古木勒：《柳田国男民间文学思想研究》，中国社会科学出版社 2016 年版。

⑪ 张青仁：《从周岁仪式透视墨西哥社会》，《民族艺术》2016 年第 3 期。

⑫ 张举文：《美国华裔文化的形成：散居民民俗和身份认同的视角与反思》，惠嘉译，《文化遗产》2016 年第 4 期。

⑬ 李牧、邓珏：《异文化语境下文化主体自我意识的建构——中华舞狮在纽芬兰》，《民族艺术》2016 年第 4 期。

有待进一步深化。

2016 年的译介成果大大拓展了我们对国外民俗及民俗学的认识，而这些理论的或描述的文本也在一定程度上带给我们反思“自我”研究的契机。不过，从目前的情形来看，这些译介成果尚未产生直观影响，而那些从相关学者之研究成果中抽绎而来的理论或方法论范式，是否能成为我国民俗学理论体系的组成部分，仍需在具体实践中使其本土化，而非仅为介绍或“拿来主义”。

五 非遗保护的理论探索与实践

非遗保护对我国广大民众而言已非陌生存在，其在政府、学界及民间等多元行动方的共同参与下成为我们从“文化自觉”走向“文化自信”的重要手段。毫无疑问，民俗学与非遗保护有着天然的联系，甚至可以说，几乎所有以民俗（学）为研究主体的学者都卷入这场“文化运动”之中。如今，民俗学者不仅积极参与顶层设计，还躬身助力于基层保护实践。就 2016 年的非遗保护进程而言，民俗学界不仅扩大了研究范畴，对相关保护实践的反思以及理论建树也取得了丰硕成果。

（一）非遗研究的法律视角

法律为非遗保护实践提供了极为重要的制度保障。在 2016 年的非遗保护研究中，法律在民俗学界得到了格外重视。从立法主体研究来看，有国内法和国际法；就立法内容研究而言，集中于动物使用和民间文学艺术作品保护等“横向问题”。基于此，我们将从立法主体出发勘察立法内容。

在《“动物保护”视域下的非物质文化遗产传承》中，孟令法从“狗肉”“猴戏”及“点翠技艺”三案出发，探讨了我国“非遗法”和“动保法”的关系，并由此指出：“人们过于重视动物保护而轻视文化传承（者）的问题”，反映了“人们强调‘动物法’、淡漠‘非遗法’的行为”“暴露了‘非遗法’可执行效力的弱势”，而“非遗法”的“进一步修订是否应该充分参考其他相关法律法规，则是进一步完善非物质文化遗产保护、传承民族文明、建立和谐社会不可或缺的一环”①。对民间文学艺术（作品）的法律保护不仅是我国“著作权法”订立以来的一个重点，也是一个难点。虽然《民间文学艺术作品保护条例》早已起草，但未能通过（故很多案件均以相关法律判罚），其原因归根结底就在于民间文学艺术（作品）复杂的社会属性。对此，户晓辉于《民间文艺法律保护问题的理性思考》和《民间文艺表达私法保护的目的论》中探讨了民间文学艺术（作品）的“私法”和“公法”特征。在他看来，“私法主要保护的是民间文艺主体的权利和利益，而公法主要保护的是民间文艺本身及其体现出来的文化多样性，同时防止公权力的失职及其对私权利的侵犯”②，更重要的是，“中国民间文艺或民俗如何通过理性化和法治化的途径参与公共领域建设”，则是“中国民俗学者以法律推论和理性论证的方式来应对本学科

---

① 孟令法：《“动物保护”视域下的非物质文化遗产传承——来自“狗肉”“猴戏”与“点翠技艺”的法律思考》，《民族艺术》2016 年第 1 期。

② 户晓辉：《民间文艺法律保护问题的理性思考》，《文化遗产》2016 年第 3 期。

的重大问题已经变得非常重要和日益紧迫”①。

林海聪《非物质文化遗产保护中“动物使用”的伦理困境》则从国际法——《保护非物质文化遗产公约》（下称《公约》）——的角度，探讨了《公约》本土化所面临的“文化多样性”和“生物多样性”矛盾。据此他提出，“立足于‘非遗’保护的工作实践属性，当涉及特殊物种资源时，无论是基于《保护非物质文化遗产公约》精神，还是人类自身的创造性，文化应该适当让渡于动物资源保护；当涉及动物处理方式是否恰当的问题时，我们应该充分理解《保护非物质文化遗产公约》所蕴含的‘人类共享’与‘可持续性发展’两项基本原则”②。户晓辉《现代化视野下的文化多样性问题——论 UNESCO 两个文化公约的目的论含义》和《〈世界遗产公约〉的修订及其中国意义》③ 同样探讨了《公约》等国际法的制定目的和在地化问题，只是后者并不涉及“非遗”，故在此不予赘述。户晓辉从政治哲学的角度于前文认为，“《保护非物质文化遗产公约》与《保护和促进文化表现形式多样性公约》的终极目的并非只是保护非遗和文化多样性，而是试图以此来保护人权，尤其要推进全球文化意识的现代化，进而形成世界新文明的基础即人权文化（human rights culture）”④。

虽然我国制定与“非遗”相关保护制度早在 20 世纪 90 年代后期就已开启（以 1997 年《传统工艺美术保护条例》为代表），但后续法律法规的推进虽于 21 世纪进入全面体系化阶段，但针对我国“非遗”保护的法律法规不仅与其他上位法、同位法及下位法有待进一步对接，相关配套法律法规也有待逐一完善，而相关国际法的在地化理应结合我国国情。

（二）伦理原则

联合国教科文组织保护非物质文化遗产政府间委员会（IGC）第十届常会于 2015 年 11 月以“伦理示范守则专家会”相关结论为基础，审议并通过了《保护非物质文化遗产伦理原则》（Ethical Principles for Safeguarding Intangible Cultural Heritage，下称《原则》）。

这一包含 12 条《原则》的国际文件于 2016 年 6 月经巴莫曲布嫫和张玲译介到我国，从而引发广泛讨论。该《原则》重在“防止对非物质文化遗产的不尊重和滥用，涉及道德层面、立法层面或是商业利用层面”“确认了相关社区、群体和个人在保护非物质文化遗产中的地位，重申了‘尊重其意愿并使之事先知情和认可’原则的重要性，旨在尊重利益相关方，确保各方全面、公正地参与一切可能影响非物质文化遗产保护的过程、计划和活动的权利，同时承认社区在非物质文化遗产的保护和管理中的中心作用”⑤。基于这一《原则》，《民族文学研究》2016 年第 4 期发表了一组探讨民俗学“田野伦理”的“笔谈”。

---

① 户晓辉：《民间文艺表达私法保护的目的论》，《民族文学研究》2016 年第 3 期。

② 林海聪：《非物质文化遗产保护中“动物使用”的伦理困境》，《民族艺术》2016 年第 1 期。

③ 户晓辉：《〈世界遗产公约〉的修订及其中国意义》，《中原文化研究》2016 年第 6 期。

④ 户晓辉：《现代化视野下的文化多样性问题——论 UNESCO 两个文化公约的目的论含义》，《文化遗产研究》2016 年第 2 期。

⑤ 巴莫曲布嫫、张玲译：《联合国教科文组织：〈保护非物质文化遗产伦理原则〉》，《民族文学研究》2016 年第 3 期。

巴莫曲布嫫《民俗学伦理与非物质文化遗产保护》不仅梳理了民俗学“田野伦理”的历史发展过程，并肯定了《原则》对“强化相关社区、群体和个人致力于保护非遗的努力，也将指导文化遗产、博物馆、人类学、民俗学、旅游业、媒体和知识产权等相关领域为保护人类共同的遗产而做出努力，进而促进对非物质文化遗产的尊重”；彭兆荣《家园遗产守则》、陈泳超《“无害”即道德》及施爱东《学者是田野中的弱势群体》则从各自的田野经历出发，阐述了个人的伦理观点。虽然这些论述带有极为显著的个人因素，但他们所呈现的人文关怀、田野策略及田野关系反思等则突显了民俗学“伦理”的复杂性，而这正如巴莫曲布嫫所言：“伦理问题在学术研究的不同阶段都会以不同方式循环显现，而且不会画上句号”“也远未穷尽我们已然面临的种种挑战”。[①] 在《联合国教科文组织〈保护非物质文化遗产伦理原则〉：绎读与评骘》中，朝戈金认为：《原则》的出台“对非物质文化遗产保护活动中的各行动方进一步制定具体的伦理守则提供了指导性的方针，对各国切实地建构保护框架中的伦理维度和更新保护理念也是深有启发的”，而我国对之的引入则有利于我们“从认识论和实践论”角度“促进‘提高认识行动’，加强履约的能力建设，进而探索未来保护非物质文化遗产的可能性路径，厘清实践中的伦理挑战，进而规避伦理误区，并止步伦理禁区。”[②]

不过，尽管民俗学者已经认识到“伦理”在学术研究中的实际意义和重要作用，但《原则》所针对的非遗保护行为并不能完全等同于民俗学的“田野伦理”，因此如何将《原则》更好地融入民俗学的研究实践，仍需进一步讨论。

（三）生态保护区与社区

社区不仅是上述《原则》所强调的“非遗”重心，也是《公约》早就确认的“非遗”要素，而划定“文化生态保护区”则是我国在“非遗”保护进程中一个相对独立的实践创设。

陈华文与陈淑君在《中国文化生态保护区的实践探索研究》中梳理了我国“文化生态保护区”的发展历程，从而指出开启于2007年的“文化生态保护区”建设“是对于生态保护到区域划定的文化生态区保护，是从特殊的民族生态文化保护到具体或普遍民族文化生态保护的一种发展和成熟”，而其保护成效的彰显不仅需要强化跨行政区划的协同管理以及加大宣传力度，更应构建合理的查验制度和处罚措施。[③] 在《文化生态保护区建设与城镇化进程中的非遗保护：机制梳理与政策思考》中，高丙中与宋红娟认为，“在认识论层面，文化生态保护区建设‘留住文化’的理念能够为新型城镇化提供文化支撑，新型城镇化的理念则为文化生态保护区建设提供与社会经济的历史趋势相结合的机会，从而

---

① 巴莫曲布嫫、彭兆荣、陈泳超、施爱东：《“田野调查伦理原则”笔谈》，《民族文学研究》2016年第4期。

② 朝戈金：《联合国教科文组织〈保护非物质文化遗产伦理原则〉：绎读与评骘》，《内蒙古社会科学（汉文版）》2016年第5期。

③ 陈华文、陈淑君：《中国文化生态保护区的实践探索研究》，《浙江师范大学学报（社会科学版）》2016年第2期。

为非物质文化遗产的有效传承注入活力”①。

就社区研究而言，本年度主要有杨利慧《以社区为中心——联合国教科文组织非遗保护政策中社区的地位及其界定》和安德明《非物质文化遗产保护中的社区：涵义、多样性及其与政府力量的关系》。前者认为：“社区以及构成社区的群体和个人是非遗项目保护和传承的主体，不仅应当最大限度地参与从非遗项目认定、清单编制、保护措施的规划和实施到非遗项目申请进入各类名录的整个过程，而且应当在其中发挥主要作用，成为所有保护措施和计划的中心，成为非遗项目列入名录之后的受益方”②；后者指出：尽管“社区内部的差异性，加上不同国家文化传统、政治形态和经济条件等方面的不同，使得具体的非遗保护实践可能很难避免政府力量主导的情况”，但“政府力量应该以一种‘文化对话’的态度，尽量克服具体实践过程中强势干预的立场，最终促成非遗保护中社区主导的局面，并为普通人的全面发展作出切实的贡献”③。

虽然“文化生态保护区”在我国已付诸施行，“社区”概念对民俗学者来说也不陌生，但作为兼具“研究”与“实践”双重属性的人为创造，二者在“非遗”保护中的作用仍需进一步完善。

（四）生产性保护

作为保护“非遗”的一种模式或手段，“生产性保护”已经突破“非遗保护”本身，进入上文所谓“经济民俗学”的“文化产业”开发层面。正如上文所言，“经济民俗学”的“认同性经济”理论并未明确“认同”主体所具有的层级特征，而那些处于认同前列的“创业者”又以怎样的言行构筑了经济表象下的文化认同、民族认同及国家认同？因此，尽管游红霞在《“非遗”生产性保护创业主体的认同性研究》中指出：“‘非遗’生产性保护是以发展文化产业为手段，以达到保护、活化文化遗产为最终旨归”，但“在创业实践中的主体认同性是‘非遗’生产性保护创业的实质”④ 的提法依然有待进一步将“主体”的层级关系明确。

旅游是“非遗”生产性保护的重要途径，但并非所有“非遗”项目都能适应这种开发模式。杨杰宏《生存与展演：旅游情境中小规模展演社团的困境》就指出：“在旅游情境中，原来熟人社会中的娱乐、修身养性为目的的”“具有民间自发性、小团体、经营规模小，演出目的以自我娱乐与追求一定的经济利益为主”的展演社团“逐渐让位于商业逐利”，但“与那些大规模旅游展演企业、社团相比，它们更多处于生存与展演之间的困境中”⑤。刘晓春和冷剑波则在《“非遗”生产性保护的实践与思考》中认为，尽管生产

---

① 高丙中、宋红娟：《文化生态保护区建设与城镇化进程中的非遗保护：机制梳理与政策思考》，《西北民族研究》2016 年第 2 期。

② 杨利慧：《以社区为中心——联合国教科文组织非遗保护政策中社区的地位及其界定》，《西北民族研究》2016 年第 4 期。

③ 安德明：《非物质文化遗产保护中的社区：涵义、多样性及其与政府力量的关系》，《西北民族研究》2016 年第 4 期。

④ 游红霞：《“非遗”生产性保护创业主体的认同性研究——以上海“非遗”保护实践为例》，《徐州工程学院学报（社会科学版）》2016 年第 3 期。

⑤ 杨杰宏：《生存与展演：旅游情境中小规模展演社团的困境》，《民族艺术》2016 年第 3 期。

性保护促进了“传承主体的保护意识和文化自觉意识”，而“无论从传统手工技艺类‘非遗’的内在属性，还是其外在所处的生存现状，生产性保护都值得提倡”，但“生产性保护并不等同于产业化，并且需要妥善处理本真性、整体性、传承与创新等问题”①。故而，应如陈勤建《当代语境下庙会文化空间整体保护及重构》所言，“非遗”的保护与重构不能过于侧重其“‘集市’的经济功能”，更应“从应俗、应时、应需”的角度，提炼“其最隽永、最能够契合当代文化语境的传统文化内核与文化元素，结合当下都市社会形态与民众心意，综合、整体、系统”观照其在精神文明和生态文明建设中的作用。②

（五）遗产化

随着“非遗”保护的深入，“遗产化”概念的学者关注也愈发深入，而因“非遗”代表性项目及其代表性传承人“名录制度”的施行，也产生了文化“等级化”反思。就后者而言，本年度则有杨利慧《新文化等级化·传承与创新——中国非物质文化遗产保护的成就与挑战以及韩国在未来国际合作中的角色》作了探讨，她认为：“新文化等级化的出现以及传承与创新之间的矛盾，是目前中国非遗保护领域面临的两个重要挑战”，而如何“有效地实现‘价值平等’的思考范式”则是维系“非遗”可持续力的重要思考方向。③ 对于前者，王杰文《“遗产化”与后现代生活世界》从民俗学角度评论到，尽管“国际民俗学界倾向于把‘遗产化’看作一种历史性的、社会性的文化实践，认为‘遗产化’具有相当久远的‘传统’”，并“认为‘遗产化’的文化实践已经成为后现代社会生活世界普遍的行为模式”，但民俗学必须反思与调整自身对相关利益群体之互动过程的研究策略，从而在不同社会交流模式中寻找增进相互理解的可能性途径，④ 而在《论民俗传统的“遗产化”过程》中，王杰文以土家族“毛古斯”为例，指出“作为‘文化表演’的传统正在被异化为一种被复兴的、被重新发明的所谓‘传统文化’，地方社区的经济模式、社会关系、心理世界也因此而经历重组”，而“只有给予当地人经济发展与文化发展的‘自主性’与‘主导性’以足够的尊重，其文化传统与民俗才能鲜活地、必不可少地存在于当地社区民众的日常实践中”⑤。此外，张多《女娲神话重述的文化政治——以遗产化运动为中心》⑥ 则从“文化政治”的角度展示了具体民俗事象的遗产化状态。

总之，我国民俗学者的“非遗”研究不仅愈发多元，且在紧跟国内外新动态时，对保护进程中产生的社会问题给予合理反思。除上述成果外，还有如王立阳《“传统”之合

① 刘晓春、冷剑波：《“非遗”生产性保护的实践与思考》，《广西民族大学学报（哲学社会科学版）》2016 年第 4 期。

② 陈勤建：《当代语境下庙会文化空间整体保护及重构——以上海龙华庙会及宁波梁祝庙会等为研究对象》，《西北民族研究》2016 年第 3 期。

③ 杨利慧：《新文化等级化·传承与创新——中国非物质文化遗产保护的成就与挑战以及韩国在未来国际合作中的角色》，《民间文化论坛》2016 年第 2 期。

④ 王杰文：《“遗产化”与后现代生活世界——基于民俗学立场的批判与反思》，《民俗研究》2016 年第 4 期。

⑤ 王杰文：《论民俗传统的“遗产化”过程——以土家族“毛古斯”为个案》，《北京师范大学学报（社会科学版）》2016 年第 4 期。

⑥ 张多：《女娲神话重述的文化政治——以遗产化运动为中心》，《北京社会科学》2016 年第 8 期。

法性的构成——中国非物质文化遗产保护的话语分析》①、毛巧晖《非物质文化遗产：文化记忆的展示、保护与实践》② 以及王均霞《非物质文化遗产的实践过程与社会性别角色再生产——对一次春节面食制作过程的微观分析》③ 等针对“性别”“传统合法性”及“文化记忆”等横向或整体研究成果。

六 结语

我国民俗学的理论发展在2016年了取得了十分丰硕的成果。可以说，不论是对既有理论的持续使用及深化，还是在具体民俗学事象或日常生活整体研究中创立的理论和方法论模式，都反映了我国民俗学在理论创新方面的进步。不过，既有理论的外向性在表现其广泛适用性的同时，也突显了我国学者对“西学东渐”的依赖性；而新创理论的内向性虽然体现了我国学者立足本土建构自主话语体系的努力，但理论的分散性以及由此导致的对话不足，则为我国民俗学理论的进一步发展带来些许阻碍，换言之，这些新兴民俗学思想及相关研究策略究竟能在多大程度上实现可持续作用，还有待进一步观察。不可否认，上文之述在某种程度上也已体现了民俗学所面临的“边缘”困境，而这种情况实可谓“由来已久”。如何突破这一发展瓶颈，不仅是理论创新所能完全实现的，更重要的是，我们需要将这些理论加以实际应用，并积极参与到社会发展的建设中——得到不同层级之大众的认可。然而，即便是以非遗保护为代表的具有极强“公共性”的民俗学研究，当然也包括以谣言为代表的社会现象研究，也多从学理层面加以阐述，尚未在“应用”领域付诸施行。因此，作为一个在我国学科分类中被置于社会学一级学科下的二级学科，民俗学的“人文性”固然自不言喻，但上述事实却迫使我们不得不换一个角度去发掘它的“社会性”。总之，民俗学的学科发展不仅有赖于能够适应时代进程的理论创新，更需在社会发展的实际应用中发挥其文化阐释的实用价值。

---

① 王立阳：《“传统”之合法性的构成——中国非物质文化遗产保护的话语分析》，《清华大学学报（哲学社会科学版）》2016年第3期。

② 毛巧晖：《非物质文化遗产：文化记忆的展示、保护与实践》，《西北民族大学学报（哲学社会科学版）》2016年第4期。

③ 王均霞：《非物质文化遗产的实践过程与社会性别角色再生产——对一次春节面食制作过程的微观分析》，《民族艺术》2016年第6期。

2016年神话研究综述

黄　璜*

神话作为一种复合型文化的特质，吸引了不同学科的学者从各自专业的角度对其进行阐释和破译。2016年的神话研究不论是对神话学基本问题的探讨与学科建设、典籍神话与少数民族神话研究、国际视野与比较神话学，还是神话学理论与方法论的推进等方面成果均蔚为可观，呈现出良好的发展态势。据笔者统计，本年度出版神话学专著15部，论文集1部，译著10部，发表神话研究论文400余篇。篇幅所限，本文将以民俗学、民间文学领域的神话研究为重点，旁及其他学科视角的相关研究，选取有一定代表性和影响力的著作和论文加以评述。

一　神话学的基本问题与学科建设

神话学的基本问题包括：神话的概念、分类、母题、类型、功能、性质、学科定位等。

王宪昭在神话母题研究方面有丰硕的成果。他继2015年出版《中国各民族创世神话基本母题索引》后，本年度出版了《中国人类起源神话母题实例与索引》[①]，全书250余万字，以《中国神话母题W编目》为依据，对原母题编目进行了增补与修订。在《中国神话母题W编目》一书中，他将中国神话母题分为神与神性人物、世界与自然物、人与人类等十大类型，类型代码依次为W0－W9。《中国人类起源神话母题实例与索引》一书的母题类型为“人与人类”，类型代码为“W2”，包含四个母题层级的中国人类起源神话母题8560个，母题实例10 000余条。他在书中对母题的概念、特点和功能进行了说明。他将母题界定为神话叙事过程中最自然的基本元素，这些元素可以在神话的各种传承渠道中独立存在，也能在其他文类或文化产品中得以再现或重新组合。母题有客观性和直观性、组合性和流动性、典型性和普遍性的特点，有关键词检索和神话含义分析等功能。该书对人类起源、人类特征等神话母题进行了系统编码和实例展示，为神话研究者或欣赏者宏观了解中国各民族神话，借此发现其中的文化共性、个性及神话创作规律提供了易于检索的资料库。作者通过对神话母题的科学分类和数据体系的构建，建立起不同地区、不同民族、不同国家间神话比较研究，以及神话与历史、文化、宗教、人类学等多学科之间的信息通道，是在新的时代技术背景下的神话研究方法的创新。此外，王宪昭在《论〈史

---

* 作者系北京大学中文系2018级民间文学专业博士研究生。

① 王宪昭：《中国人类起源神话母题实例与索引》，中国社会科学出版社2016年版。

记〉神话母题的类型、性质及意义》[①] 一文中，对《史记》中的神话母题进行了探讨与归类，认为《史记》对神话的取舍为考察口头神话与文献神话的关系提供了借鉴，具有神话学价值。另文《论满—通古斯语民族族源神话中的婚姻母题》[②] 指出婚姻母题构成了族源神话的基本叙事结构，在创编族源神话中的重要性，并梳理了常见婚姻母题的母题链结构形式。

陈建宪对神话的母题亦有持续的研究。他曾出版《神话解读：母题分析方法探索》和《神祇与英雄——中国古代神话的母题》两本专著，建构出了一套母题分析理论。孙正国《“神话细胞”论与神话学方法论的拓新——陈建宪教授的母题分析理论述评》[③] 一文将陈建宪的母题研究进路概括为母题内涵研究——中国古代神话、人类洪水神话的母题个案研究——母题分析理论三个阶段。陈建宪对母题的研究对当代中国神话研究有拓新的价值，较汤普森有了新的推进。

神话与民间信仰、审美意识及生成存续的文化系统密不可分，可以从多学科的视角对其进行综合审视与研究。雷伟平的《上海三官神话与信仰研究》[④] 以上海浦东地区的坤道院和民间三官崇拜为例，聚焦于官方主导、介于官方主导与民间自主模式之间、民间自主三个层面，探讨了当地三官神话与信仰的复兴。王怀义在《中国史前神话意象》[⑤] 一书中，以神话与审美意识之间的关系为切入点，从神话意象的视角，依次探讨了中国史前神话意象的生成基础、表述方式、基本类型、构像方式、衍聚规律、图像传承、多样功能、演变轨迹和衍生过程，提出了神话现象学的初步构想，为中国神话学理论的建构提供了新的尝试。

邓启耀的神话研究受其在云南读书工作时学者与学风的影响，注重田野调查，在社会文化语境中研究神话，结合与之相关的祭仪系统、节日体系及民俗文化事象，对神话进行多学科的综合研究。熊威《跨学科视域下的神话研究：邓启耀教授神话研究述评》[⑥] 以时间维度、个体人生经历为主线，讲述了邓氏神话研究思想的发展演进脉络，以及对其神话研究思路产生影响的李子贤、傅光宇、赵仲牧等学者。徐华龙的神话观，既把握到了狭义神话论中神话的神圣性，又看到了广义神话论下神话存在形态的多样性。他将文献神话与活态神话研究相结合，宏观审视与个案研究相结合，神话理论与本土经验相结合，上承多学科综合研究的范式，下启民俗神话研究思路，在中国神话学史上具有一定的作用。夏楠在《中国民俗神话学的践行者——徐华龙神话学研究述评》[⑦] 中对徐氏置身历史、融合当下的神话观，同质相论、异质比较的神话研究方法，索隐析疑、见微知著的古代神话研究

---

① 王宪昭：《论〈史记〉神话母题的类型、性质及意义》，《渤海大学学报》2016 年第 6 期。

② 王宪昭：《论满—通古斯语民族族源神话中的婚姻母题》，《贵州民族大学学报（哲学社会科学版）》2016 年第 5 期。

③ 孙正国：《“神话细胞”论与神话学方法论的拓新——陈建宪教授的母题分析理论述评》，《广西民族大学学报（哲学社会科学版）》2016 年第 3 期。

④ 雷伟平：《上海三官神话与信仰研究》，中国言实出版社 2016 年版。

⑤ 王怀义：《中国史前神话意象》，台湾里仁书局 2016 年版。

⑥ 熊威：《跨学科视域下的神话研究：邓启耀教授神话研究述评》，《长江大学学报（社会科学版）》2016 年第 9 期。

⑦ 夏楠：《中国民俗神话学的践行者——徐华龙神话学研究述评》，《长江大学学报（社会科学版）》2016 年第 6 期。

新解，以及鬼话对中国神话形成的中介作用进行了评述。神话与史诗、传说等文类也紧密相关。荣四华《论〈玛纳斯〉史诗中神话因子的功能》[①] 探究了柯尔克孜族史诗《玛纳斯》中的神话及其功能，阐释了神话成为民族认同的标识和符码，在结构功能层面对母题和叙事空间产生了重大影响。少数民族的大型史诗多与神话交织在一起，此文提供了一个典型的例证。

翻译引进国外神话作品和理论是中国神话学发展建设的重要一环。本年度瑞典学者马丁·佩尔森·尼尔森的《希腊神话的迈锡尼源头》[②] 中译本出版，该书是叶舒宪主编的神话学文库译著之一，书中将希腊神话与两千年的物质遗存相结合，着重讲述了迈锡尼中心和神话中心，为国内学者了解和研究希腊神话提供了原始资料。让—皮埃尔·韦尔南与皮埃尔·维达尔—纳凯合著的《古希腊神话与悲剧》[③] 中译本出版。韦尔南是法国人类学家、希腊神话研究者，他的神话研究思路与方法受到历史心理学和结构主义研究的影响，他超越了二者的藩篱，结合从政的经历，对神话的研究往往与城邦、社会、政治、思想相关，形成了自家的研究风格和学术路径。该书对希腊悲剧作品《俄狄浦斯王》等进行了新的分析和解读。韦氏将俄狄浦斯的命运走向与斯芬克斯的谜语相连，分析的是不同文化内的社会连续性和人们身份、职能和位置如何得到维持的人类社会政权更迭面临的问题。此外，张正军翻译了日本学者冈部隆志的《神话与自然宗教——中国云南省少数民族的精神世界》[④]，该书由作者在云南近 20 年的田野调查基础上写就的 14 篇论文构成，研究范围涵盖了云南的佤族、彝族、白族、怒江流域等少数民族，作者身份立场及审视眼光的特殊性，及比较方法的运用，使得此书既促进了中国民族神话的保存和传播，又为中国学者研究本土神话提供了新的启示。

二 典籍神话与少数民族神话研究

刘城淮《中国古代神话体系》[⑤] 一书整理了散见于 1000 多种古籍及各民族口头传承的神话，分上古、中古、近古三个时期，依据作者对神话的分类，分自然性神话、自然社会性神话、社会性神话、综合性神话四类，对中国古代神话进行了全面梳理和系统研究。作者将文本分析与实证说明相结合，初步构建了具有独创性的中国古代神话体系。刘跃进《走进上古神话历史》[⑥] 指出当代神话学理论有助于解决从文学、史学角度研读中国早期文献面临的诸多问题。如从口传到抄本的诸多争论、早期文献传播及其真实性问题。

神话典籍研究方面，刘宗迪再版了其专著《失落的天书：〈山海经〉与古代华夏世界

---

① 荣四华：《论〈玛纳斯〉史诗中神话因子的功能》，《安徽文学（下半月）》2016 年第 6 期。

② ［瑞典］马丁·佩尔森·尼尔森：《希腊神话的迈锡尼源头》，王倩译，井玲校，陕西师范大学出版社 2016 年版。

③ ［法］让—皮埃尔·韦尔南、皮埃尔·维达尔—纳凯：《古希腊神话与悲剧》，张苗、杨淑岚译，华东师范大学出版社 2016 年版。

④ ［日］冈部隆志：《神话与自然宗教——中国云南省少数民族的精神世界》，张正军译，上海交通大学出版社 2016 年版。

⑤ 刘城淮：《中国古代神话体系》，湖南人民出版社 2016 年版。

⑥ 刘跃进：《走进上古神话历史》，《读书》2016 年第 9 期。

观》[①]，在首版基础上增补了一篇《〈山海经〉古本流变考》。郭佳《超越神话学的神话研究——刘宗迪〈山海经〉和神话研究述评》[②] 一文对上书的研究视角、研究思路和研究目的作了细致清晰的阐述，指出刘氏意在“通过《山海经》文本析出古月令图，通过古月令图阐述古代的天文知识与历法制度，再通过天文历法及仪式庆典这一对古人而言最基本也最重要，但对今人而言早已陌生的领域，重建古代华夏的知识体系与世界观。”刘宗迪在《重黎“绝地天通”与上古历法改革》[③] 一文中，继续使用历法学和天文学的知识，对重黎“绝地天通”神话进行了新的解读，认为重黎的功能是辨正方位。另文《〈山海经〉与古代朝鲜的世界观》[④]，从思想史和知识考古的角度切入，探讨了朝鲜古地图《天下图》反映的朝鲜王朝的世界观及其来源，认为此图的基本图式、主要内容和地理知识与《山海经》一脉相承。

吴晓东在2013年出版了《山海经语境重建与神话解读》一书，本年度毛巧晖发表《隐匿的时空与神话求原——评〈山海经语境重建与神话解读〉》[⑤] 一文对该书进行了评述，指出吴氏对《山海经》叙事语境的重建、求原思维及四方神话等的再解读为我们了解古代中国的科技与文化提供了启示。吴晓东在《〈五藏山经〉祭祀考释》[⑥] 一文中，对《山海经·五藏山经》中祭祀的对象、时间、地点、祭品、与神灵沟通的方式等进行了细致的分析，认为其脱胎于社稷祭词。他在《盘古名称源于羲和考》[⑦] 和《危杀窫窳考》[⑧] 两篇文章中，均使用了上古音构拟的方法对古代神话进行了解读。高莉芬、谢秀卉《山与物：〈山海经·五臧山经〉“物”记述》[⑨] 一文对《五臧山经》所记之物进行了详尽细致的梳理归类，发现其自成体系、有规律可循。如有三种程式化的记述方式；五方之山，各有所臧；臧有常异之分，用有善恶之别等。

创世神话研究方面，刘亚虎在《中国神话的创世模式及其“神圣叙述”》[⑩] 一文中对《周易》《老子》《国语》《淮南子》等中国古代典籍中记载的创世神话进行了文本分析，发现其叙述有逐步完善的模式，肯定了中国古代创世神话影响、参与建构了中国传统文化的精髓。王宪昭在《论女娲神话女性始祖文化身份的建构》[⑪] 中认为在女娲“多神一体”的神格中，核心身份特征是女性始祖。张开焱在《夏商创世神话的宇宙圣数与中国文化

---

① 刘宗迪：《失落的天书：〈山海经〉与古代华夏世界观》，商务印书馆2016年版。

② 郭佳：《超越神话学的神话研究——刘宗迪〈山海经〉和神话研究述评》，《长江大学学报（社会科学版）》2016年第7期。

③ 刘宗迪：《重黎“绝地天通”与上古历法改革》，《长江大学学报（社会科学版）》2016年第7期。

④ 刘宗迪：《〈山海经〉与古代朝鲜的世界观》，《中原文化研究》2016年第6期。

⑤ 毛巧晖：《隐匿的时空与神话求原——评〈山海经语境重建与神话解读〉》，《民间文化论坛》2016年第6期。

⑥ 吴晓东：《〈五藏山经〉祭祀考释》，《广西民族师范学院学报》2016年第4期。

⑦ 吴晓东：《盘古名称源于羲和考》，《长江大学学报（社会科学版）》2016年第4期。

⑧ 吴晓东：《危杀窫窳考》，《贺州学院学报》2016年第1期。

⑨ 高莉芬、谢秀卉：《山与物：〈山海经·五臧山经〉“物”记述》，《长江大学学报（社会科学版）》2016年第8期。

⑩ 刘亚虎：《中国神话的创世模式及其“神圣叙述”》，《世界宗教文化》2016年第6期。

⑪ 王宪昭：《论女娲神话女性始祖文化身份的建构》，《社会科学家》2016年第8期。

元编码刍议》① 中认为《周易》奠定的“二”“三”两个元编码数来源于夏商创世神话中的宇宙圣数，这两个数字同时也标志男女，在中国文化中呈现出“阴阳和合、交泰互补”的特征。张氏在《世界祖宗型神话——中国古代创世神话类型研究》② 一文中，因中国古代多种创世神话的主体既是创世神又是祖宗神，故将其称为“世界祖宗型神话”，以楚帛书、夏商和盘古创世神话为例探讨了此类型神话的特征及产生原因。

昆仑神话研究方面，刘大伟编的《昆仑神话研究》③ 是一部论文集，由赵宗福、刘永红、齐昀、霍福、米海萍等12位作者的23篇论文组成。写作主题为西王母神话和昆仑神话，研究了西王母的形象、神格、信仰及历史流变脉络，并从文化人类学的视角，对昆仑神话与昆仑文化和地方信仰进行了探讨。此外，米海萍发表《昆仑神话的典籍文献及其书写特征》④ 一文，对中国古代记载昆仑神话的典籍进行了梳理，并在此基础上归纳了其书写特征。

洪水神话研究方面，尹荣方《洪水神话的文化阐释》⑤ 一书搜集了中西方各民族的洪水神话及与之相关的创世神话，认为洪水象征着无序的混沌时代，对洪水的治理是世界秩序的建立，在重建的过程中，上古人眼中反映天道的历法起到了关键作用。其基本观点，与尹氏前期出版的《神话求原》《社与中国上古神话》《龙树的秘密——三星堆的发现》相通。刘潋在《中国近代洪水神话研究》⑥ 中，以代表性学者的研究为主线，梳理了从晚清至上世纪40年代中国洪水神话研究的学术史。

神话人物研究方面，刘惠萍《破石而生的英雄——关于“禹生石纽”神话传说的考察》⑦ 结合传世文献与出土文献对“禹生石纽”神话进行了新的解读，认为“禹生石纽”是“禹生于石”，质疑了过去研究者将“石纽”视为地名的观点。并将秦汉文献中“禹母吞薏苡”及“伯禹愎鲧”二说纳入研究视野，探讨了此神话的发展脉络与神话的理性化、历史化有关。苑利《大禹诞生神话的医学诠释——兼论“鲧复生禹”神话的误传》⑧ 也对大禹诞生神话进行了新的解读。他从医学角度阐释，认同大禹的“母生说”，否定“父生说”，认为后者是文献记载传承中因漏字产生的误读。

少数民族神话是中国神话的重要组成部分，有些依然以活态的形式存续于当代少数民族的生活与信仰之中，是世界神话宝库中的珍贵资源，具有重要的学术研究价值，少数民族神话研究是中国神话学建设的重要一翼。

王宪昭多年来一直深耕于民族神话的沃土，他的博士论文《中国民族神话母题研究》已经关注到中国各民族神话。王氏本年度发表的10篇神话论文中，有8篇研究少数民族神话，内容涉及少数民族神话研究的学术史、创世神话研究、少数民族神话与节日民俗之

① 张开焱：《夏商创世神话的宇宙圣数与中国文化元编码刍议》，《民族文学研究》2016年第2期。

② 张开焱：《世界祖宗型神话——中国古代创世神话类型研究》，《中国文学研究》2016年第2期。

③ 刘大伟编：《昆仑神话研究》，青海人民出版社2016年版。

④ 米海萍：《昆仑神话的典籍文献及其书写特征》，《青海社会科学》2016年第5期。

⑤ 尹荣方：《洪水神话的文化阐释》，上海人民出版社2016年版。

⑥ 刘潋：《中国近代洪水神话研究》，《内蒙古师范大学学报（哲学社会科学版）》2016年第6期。

⑦ 刘惠萍：《破石而生的英雄——关于“禹生石纽”神话传说的考察》，《长江大学学报（社会科学版）》2016年第1期。

⑧ 苑利：《大禹诞生神话的医学诠释——兼论“鲧复生禹”神话的误传》，《中原文化研究》2013年第3期。

间的关系、神话中的非物质文化遗产特质与价值等。他在《中国少数民族神话研究的学术发展分期刍论》[①] 一文中，从时间维度上将少数民族神话研究的学术史划分为三个时段：孕育期、雏形期和理论成熟期，为学科发展提供了参照。他在《论布洛陀神话的文化价值》[②] 中，通过对布洛陀神话的解读，探讨了其内蕴的祖先文化信仰、历史文化记忆，及其文学研究、民族研究和民俗学价值。《论女子太阳节的民俗学价值——以云南省西畴县汤果村壮族女子太阳节为例》[③] 考察了云南西畴独具特色的女子太阳节祭祀仪式过程、特点，及其与本民族太阳神话的关系。

蒙古族学者那木吉拉长期致力于少数民族神话研究，其研究脉络始于蒙古族神话，到阿尔泰语系诸民族神话，逐步扩展至中国各民族神话，基础研究与实证研究兼有，在中国少数民族神话研究学术史上有重要贡献。他在《维吾尔族女天神创世神话研究》[④]一文中指出维吾尔族民间传承的女天神创世神话受到了宗教文化的影响，认为其反映了维吾尔族乃至整个阿尔泰语系突厥语族和蒙古语族先民的腾格里信仰。王宪昭《论那木吉拉的少数民族神话研究》[⑤] 对那木吉拉的神话研究进路、研究方法、学术创新和学术贡献作了中肯的评述。陈岗龙的主要研究方向是蒙古民间文学、民俗学和神话学，他的神话研究路数呈现出个案研究和比较研究的特点。他在《〈乌古斯汗传〉与蒙古族感光受孕神话》[⑥] 一文中突破了体裁的限制，将史诗《乌古斯汗传》与蒙古族感光受孕神话进行对比。通过探讨不同语境中神话母题的稳定性与核心情节，得出古代蒙古的建国神话或王权神话是阿阑豁阿感光受孕神话，并且与早期的蒙古—突厥先民的长生天信仰有直接关系的结论。沈玉婵在《多元文化视野中的比较研究——陈岗龙神话学研究述评》[⑦] 一文中评价陈氏的神话学研究"并非单一的、平面的比较，而是在多民族文化视野中多角度、多层次、跨学科、跨体裁的立体研究。从比较研究的角度选择具体的题目进行个案的研究，以独立的个案研究探讨神话发展和演变的规律。"

刘亚虎主要从事中国南方民族文学的研究，涉及神话、传说、史诗和叙事诗等，研究特点是融合仪式、巫术、信仰风俗，探析神话叙事的深层意蕴，其代表作有《神话与诗的"演述"：南方民族叙事艺术》（北京大学出版社 2006 年版）。李斯颖《中国南方神话研究的新突破及其方法论探析——兼论〈神话与诗的"演述"〉》[⑧] 一文对刘氏的这一著作作了评述，指出刘氏在研究方法上破除了地域与民族的壁垒，揭示出在南方多元共生的地理区域中，各民族互动的文化历史、内在联系和互相借鉴激发的文学传统。此书作为对

---

① 王宪昭：《中国少数民族神话研究的学术发展分期刍论》，《民族文学研究》2016 年第 3 期。

② 王宪昭：《论布洛陀神话的文化价值》，《百色学院学报》2016 年第 3 期。

③ 王宪昭：《论女子太阳节的民俗学价值——以云南省西畴县汤果村壮族女子太阳节为例》，《文山学院学报》2016 年第 2 期。

④ 那木吉拉：《维吾尔族女天神创世神话研究》，《长江大学学报（社会科学版）》2016 年第 1 期。

⑤ 王宪昭：《论那木吉拉的少数民族神话研究》，《长江大学学报（社会科学版）》2016 年第 1 期。

⑥ 陈岗龙：《〈乌古斯汗传〉与蒙古族感光受孕神话》，《长江大学学报（社会科学版）》2016 年第 2 期。

⑦ 沈玉婵：《多元文化视野中的比较研究——陈岗龙神话学研究述评》，《长江大学学报（社会科学版）》2016 年第 2 期。

⑧ 李斯颖：《中国南方神话研究的新突破及其方法论探析——兼论〈神话与诗的"演述"〉》，《长江大学学报（社会科学版）》2016 年第 12 期。

中国南方神话进行整体研究的专著，探讨了30余个南方少数民族神话的共性与个性。刘亚虎本年度发表《娅王形象的内涵及“唱娅王”仪式的巫术原理》[①]一文，梳理了广西等地壮族普遍尊奉的祖母神娅王的多重身份：创世神、氏族神和作物之魂，并利用弗雷泽《金枝》中的巫术原理，对当地的唱娅王仪式进行了解读。

壮族学者李斯颖也发表了四篇论文对壮族创世神话进行了探讨[②]：《壮族布洛陀与瑶族密洛陀神话比较》《布洛陀神话中的文化创造母题及其比较》《水族拱陆铎和壮族布洛陀信仰及其神话比较》及《壮族神话中女始祖姆洛甲的形象演变》，她主要采用将壮族与瑶族、水族等邻近民族的创世神话进行神话母题对比研究的方法展开研究。傣族是一个跨境民族，在云南德宏和西双版纳、泰国、老挝、缅甸和越南均有分布，屈永仙凭借其傣族身份和语言优势，在上述五国进行跨境田野调查的基础上，写就《傣—泰民族的“布桑该与雅桑该”创世神话及祖先信仰》[③]一文，探讨了傣泰族群“布桑该与雅桑该”创世神话的流传区域，认为其源自祖先信仰。与创世神话的主流研究多着眼于善神不同，满族学者汪立珍在《满族创世神话〈天宫大战〉之恶神“耶鲁里”探析》[④]中关注到了满族创世神话中的恶神形象，并探讨了其中蕴含的善恶观念。

吴晓东对苗族神话、盘瓠神话有持久的关注。他的神话研究方法从语言学的视角出发，通过语音演变关系对神话进行解读，在《从“日”的语音变化看中原与周边民族神话的关系》[⑤]中，他使用此方法得出“后羿与嫦娥、大禹与女娲（涂山氏女）、娥皇与女英、伏羲与女娲等神话故事的主角都是从羲和演变过来的”观点。“语言疾病说”是国际神话学界曾使用过的一种神话研究方法。芮逸夫和闻一多曾采用此方法对苗族洪水神话进行过研究，王孝廉对此提出过质疑。少数民族各有各的语言，并不是使用汉语，用汉语的中古音去推论或比附另一种完全不同的语言，而得出音近义同的结论是值得商榷的。在《从蚕马神话到盘瓠神话的演变》[⑥]《蚕蜕皮为牛郎织女神话之原型考》[⑦]中，吴晓东通过神话中共同的“蜕皮”或“换皮”情节，探讨了从蚕马神话到人兽婚神话，再到盘瓠神话；从蚕马神话到牛郎织女神话的演变轨迹。

鹿忆鹿对台湾原住民、中国南方民族和南岛语族的神话有长期的观察和研究。她的《台湾原住民地底人神话》一文对台湾原住民中的小黑人神话进行了深入细致的分析，小

---

① 刘亚虎：《娅王形象的内涵及“唱娅王”仪式的巫术原理》，《长江大学学报（社会科学版）》2016年第12期。

② 李斯颖：《壮族布洛陀与瑶族密洛陀神话比较》，《黔南民族师范学院学报》2016年第1期。李斯颖：《布洛陀神话中的文化创造母题及其比较》，《百色学院学报》2016年第3期。李斯颖：《水族拱陆铎和壮族布洛陀信仰及其神话比较》，《贺州学院学报》2016年第1期。李斯颖：《壮族神话中女始祖姆洛甲的形象演变》，《广西民族师范学院学报》2016年第2期。

③ 屈永仙：《傣—泰民族的“布桑该与雅桑该”创世神话及祖先信仰》，《黔南民族师范学院学报》2016年第1期。

④ 汪立珍：《满族创世神话〈天宫大战〉之恶神“耶鲁里”探析》，《民族文学研究》2016年第5期。

⑤ 吴晓东：《从“日”的语音变化看中原与周边民族神话的关系》，《贵州民族大学学报（哲学社会科学版）》2016年第1期。

⑥ 吴晓东：《从蚕马神话到盘瓠神话的演变》，《黔南民族师范学院学报》2016年第1期。

⑦ 吴晓东：《蚕蜕皮为牛郎织女神话之原型考》，《民族文学研究》2016年第2期。

黑人多身材矮小，有尾巴无肛门，藏尾于木臼中，尾巴折断会伴随死亡，不饮不食，是谷物的拥有者。通过对小黑人特征的分析解读，得出地底人神话是原住民对他界乐园空间的想象和建构。①

综上，典籍神话研究在继承传统的文史考证研究的基础上，引入了知识考古、医学等新的视角，且有建立中国古代神话体系的尝试。少数民族神话研究多着眼于创世神话，以少数民族身份的学者为主力，个案研究与学术史研究兼具，研究方法上破除了族别及体裁的界限，呈现出整体研究的视野。

三　神话学理论与方法论的推进

活态神话研究

“活态神话”的理论来源于功能学派的代表人物马林诺夫斯基提出的“living myth”，指在族群的现实生活中仍然在讲述，并被信以为真，具有一定社会功能的神话。中国神话研究学者，基于本国实际和各自研究对象的特点，提出了“活态神话”“活形态神话”和“现代汉族民间神话”等概念。主要有以孟慧英为代表的东北萨满神话研究，以李子贤为代表的云南少数民族神话研究和张振犁、程健君、杨利慧等学者对中原神话的研究。本年度李子贤出版了《再探神话王国——活形态神话新论》②，是在其《探寻一个尚未崩溃的神话王国——中国西南少数民族神话研究》（云南人民出版社 1991 年版）的基础上，结合自身 50 余年对国内外神话田野调查的经验积累，写就的神话学专著。该书共分五章，依次讲述了神话原生论、神话形态论、神话演进论、神话生态论和神话比较论。他从整体性、动态性、综合研究和比较研究的视角建构出了一套静态存在与动态演进、文本叙事与活态传承、神话活体与文化母体相结合的活形态神话理论体系，探寻出一条本土神话研究的路径。他吸收借鉴马林诺夫斯基的思想，结合本土神话研究实际，对其进行了修正和超越。

高健《神话王国的探寻者——李子贤神话研究述评》③ 一文，从“整体”“范畴”“态”和“体”四个方面，对李氏的活形态神话理论体系进行了阐释说明，分析和评述了这一体系的形成过程、理论特色和深层内涵，指出李氏的理论贡献在于“他打破马林诺夫斯基对于神话‘非生即死’的二元对立认知，将神话细分为多种存在形态，并且摆脱马林诺夫斯基对于文献神话的‘功利主义’倾向，认为文献神话尤其是古文献神话同样弥足珍贵，对活形态神话的研究要参照文献神话；将马林诺夫斯基原始民族的‘活着的神话’延伸至当下现代社会；将神话研究的语境从社区扩展到支系、民族以及更大的社会文化语境中。而最主要的超越，当是将马林诺夫斯基这一论述建构成一个以活形态神话为中心的理论体系。”

---

① 鹿忆鹿：《台湾原住民地底人神话》，《长江大学学报（社会科学版）》2016 年第 10 期。

② 李子贤：《再探神话王国——活形态神话新论》，云南人民出版社 2016 年版。

③ 高健：《神话王国的探寻者——李子贤神话研究评述》，《长江大学学报（社会科学版）》2016 年第 5 期。

高海珑《重构火神“活态神话”记忆机制研究》[①] 一书，采用神话记忆模式的概念从物象记忆—火神庙，行为记忆—祭祀仪式，语言记忆—口头叙事三个维度展开，以1978—2013 年间，豫东、豫北广泛存在、形态完整的火神神话为例，探讨了神话与民众生活的关系，神话传统在民众日常生活中的生存动力和传承机制。

神话与古史

由于中国上古神话自身的特质，神话与历史的关系问题一直是神话学界长期探讨的经典论题。

本年度叶舒宪和谭佳在学术史研究的基础上，重新审视了二者的关系。叶舒宪在《比较神话学在中国》一书“神话历史”一章中，认为神话与历史不是二元对立的，对当代神话而言，神话叙事的真实首先是信仰的真实。叶氏指出伊利亚德《宇宙与历史——永恒回归的神话》中打通神话与历史，找出二者统一性的理念是有启示意义的。

谭佳的专著《神话与古史：中国现代学术的建构与认同》[②] 是以神话与古史的关系为主线，上起晚明，下讫当代的学术史反思之作，逻辑论证和思辨能力清晰贯通。她对学术史上在此领域卓有建树的学者：章太炎、梁启超、蒋观云、夏曾佑、顾颉刚、王国维、鲁迅、周作人、闻一多、茅盾等人的神话思想进行了逐一评析。她在书中探讨了神话—古史“共生互补、一体两面”的关系，及二者“如何联袂共生于近现代文化与学术转型中，并参与了中国现代性的文化建构及民族主义认同。”

王以欣也致力于神话与历史的研究。通过图像进行历史研究是近年来国际史学界的研究热点和重要方向，涌现出许多新的研究方法和成果。王以欣发表《西方古史研究对图像史料的采集和运用》[③] 一文，认为图像是文字之外最重要的历史资料，文中他对西方学界由古代文明到文艺复兴直至近代，对图像史料采集、整理、出版和应用情况作了评述。

王倩的《神话如何进入历史：张光直神话研究述略》[④] 一文探讨了张光直先生对中国神话研究的贡献。张光直指出了神话进入历史的三种不同路径：神话图像、神话宇宙论、将神话英雄历史化。

四重证据法

叶舒宪将王国维的“二重证据法”扩展为“四重证据法”。一重证据指传世文献，二重证据指新出土的文字材料（甲骨文、金文、竹简、石刻等），三重证据指口传与非物质遗产等民间活态文化，四重证据指出土的或传世的文物和图像，尤其重视汉字产生之前的文物和图像。叶氏的研究思路是将第四重证据“作为先于文字符号的文化大传统之视觉符号，建构出一种从无文字大传统到文字书写小传统的完整的文化文本生成演化脉络。再从文化文本的整体脉络出发去解读文字文本留下的未解难题，形成文物图像叙事研究与文

---

① 高海珑：《重构火神“活态神话”记忆机制研究》，湘潭大学出版社 2016 年版。

② 谭佳：《神话与古史：中国现代学术的建构与认同》，社会科学文献出版社 2016 年版。

③ 王以欣：《西方古史研究对图像史料的采集和运用》，《光明日报》2016 年 5 月 21 日。

④ 王倩：《神话如何进入历史：张光直神话研究述略》，《中国矿业大学学报（社会科学版）》2016 年第 6 期。

本叙事研究的对接，大传统研究与小传统研究的贯通。”①他认为对华夏文明而言，早于甲骨文，且能充分体现史前神话特色的视觉符号是玉礼器，继而提出了“玉教”理论。

本年度他在此领域发表了多篇论文，《石家河新出土双人首玉玦的神话学辨识——〈山海经〉“珥蛇”说的考古新证》② 一文对湖北天门出土的石家河双人首玉玦的具体神话意象作了细致的辨析，认为螺旋纹和S纹，属于蛇神崇拜的标志性符号，玉玦与玉璜都与史前的龙蛇信仰有关，有模拟性表现龙蛇神话的可能。《从“玉教”说到“玉教新教革命”说——华夏文明起源的神话动力学解释理论》③ 一文用文献材料、考古材料、地理和地质学材料证明玉石是天神和天命的代表物，昆仑山和田白玉是诸神中至上者的象征，论述了“从玉石神话信仰（玉教）到白玉独尊的文化价值观体系形成，是驱动华夏文明发生的特殊动力要素”。《汉代的天熊神话再钩沉——四重证据法的证据间性申论》④ 一文，将西北镇原县博物馆藏文物图像，结合出土的图像学新资料，对鸮和熊形象的神话学内涵进行了探讨，并将汉代的神熊形象分为六类，形成了一个分类谱系。《尧舜禅让：儒家政治神话的历史建构》⑤ 一文根据考古资料的发现，探讨了华夏文明起源期社会暴力化情形，而尧舜禹时代的尚贤世风和禅让传说是儒家建构出的遮蔽暴力现实的政治神话。

以叶舒宪为代表的文学人类学派近年提出了“N级编码论”，即运用历史性的动态视野去看待文化文本的生成，在大传统视域内，N级编码中越古老的编码，越接近文化基因和文明发生的编码。本年度叶舒宪、栾为在《四重证据·N级编码·“玉教”理论——叶舒宪先生访谈兼答李永平教授》⑥ 的访谈中，叶氏指出从四重证据到N级编码再到玉教理论是中国文学人类学以通达的眼光关注中国本土，打破学科壁垒，用中国理论解决中国问题所创立的一个具有演进性的体系。此外，关于四重证据法的论文还有吴玉萍、孙凤娟的《尚贤与禅让：历史还是神话——四重证据视域下禅让传说新考》⑦ 和李飞的《左江岩画图像内涵的神话解读》⑧等。

神话主义与新神话主义

“神话主义”是杨利慧在西方“民俗主义”的启示下提出的理论概念，用以研究当代中国对神话的挪用和重构现象。她从2014年开始发表多篇文章对神话主义现象进行研究

---

① 叶舒宪：《石家河新出土双人首玉玦的神话学辨识——〈山海经〉“珥蛇”说的考古新证》，《民族艺术》2016年第5期。

② 同上。

③ 叶舒宪：《从“玉教”说到“玉教新教革命”说——华夏文明起源的神话动力学解释理论》，《民族艺术》2016年第1期。

④ 叶舒宪：《汉代的天熊神话再钩沉——四重证据法的证据间性申论》，《民族艺术》2016年第3期。

⑤ 叶舒宪：《尧舜禅让：儒家政治神话的历史建构》，《民族艺术》2016年第2期。

⑥ 叶舒宪、栾为：《四重证据·N级编码·“玉教”理论——叶舒宪先生访谈兼答李永平教授》，《陕西师范大学学报（哲学社会科学版）》2016年第5期。

⑦ 吴玉萍、孙凤娟：《尚贤与禅让：历史还是神话——四重证据视域下禅让传说新考》，《陕西师范大学学报（哲学社会科学版）》2016年第5期。

⑧ 李飞：《左江岩画图像内涵的神话解读》，《遗产与保护研究》2016年第6期。

和阐释。[①]本年度她发表《神话 VS 神话主义：神话主义异质性质疑》[②] 一文，结合河北涉县娲皇宫景区的民族志研究个案，对比阐释了不同语境中神话与神话主义呈现出的不同特点，并将神话主义放置于口头传统与书面传统的宏阔背景中审视，认为其可以为神话学和民间文学研究提供启示，回应了学界对神话主义异质性的质疑。

高健在《书面神话与神话主义——1949 年以来云南少数民族神话书面文本研究》[③]中，以民族性的突显和历史化的整理为例，探讨了云南少数民族神话在口头文本向书面文本的转化过程中，诸多神话主义的呈现。他认为可以将神话主义理解为一种神话的新形态，从神话到神话主义是神话生命的延续。并根据神话自身丰富性、始基性和可塑性的特点，论证了“神话主义”的合理性。吴新锋《心灵与秩序：“神话主义”与当代西王母神话研究》[④] 以当代遗产旅游、地方雕塑和网络媒介对西王母神话的重构和挪用为中心，认为神话主义的焦点应是神话在时间维度里的当代存在形态问题，体现了当代神话叙述的自由、多元、丰富的面向。他引入“记忆”“心灵”和“秩序”的概念丰富了“神话主义”的内涵，并提出以“神圣叙事”的概念，借助“神话主义”的契机，研究中国当代神话的启示。

邓启耀、熊迅在《卫星和互联网情境下的神话学讨论》[⑤] 中认为以神话符号命名人造卫星、互联网讨论中对神话的挪用，是神话在当代社会特殊情境中的一种存在形式，可以引发我们对神话进行跨学科研究的思考。黄景春《泾川西王母神话新构及仪式重建》[⑥] 探析了当代语境下甘肃泾川回中山地区对西王母神话的创编及信仰、仪式的发明与重建。呈现了泾川西王母神话“从遗忘到复活，从被批判到被宣扬，从负面文化资产转化为珍贵文化资源”的过程。霍志刚、王卫华的《现代化语境下伏羲神话的重构——以河南淮阳地区为个案》[⑦] 也从神话主义的角度，描述了当代非遗语境和旅游语境中“羲皇故都”河南淮阳地区对伏羲神话的重构。

叶舒宪将 20 世纪末，借助电子技术和虚拟现实，世界文坛和艺坛出现的神话—魔幻复兴的文化浪潮命名为“新神话主义”。本年度他在《比较神话学在中国》[⑧] 一书中辟专

---

① 杨利慧：《当代中国电子媒介中的神话主义》，《云南师范大学学报（哲学社会科学版）》2014 年第 4 期。杨利慧：《遗产旅游语境中的神话主义——以导游词底本与导游的叙事表演为中心》，《民俗研究》2014 年第 1 期。杨利慧：《“神话主义”的再阐释：前因与后果》，《长江大学学报（社会科学版）》2015 年第 5 期。

② 杨利慧：《神话 VS 神话主义：神话主义异质性质疑》，《云南师范大学学报（哲学社会科学版）》2016 年第 6 期。

③ 高健：《书面神话与神话主义——1949 年以来云南少数民族神话书面文本研究》，《云南师范大学学报（哲学社会科学版）》2016 年第 6 期。

④ 吴新锋：《心灵与秩序：“神话主义”与当代西王母神话研究》，《云南师范大学学报（哲学社会科学版）》2016 年第 6 期。

⑤ 邓启耀、熊迅：《卫星和互联网情境下的神话学讨论》，《长江大学学报（社会科学版）》2016 年第 9 期。

⑥ 黄景春：《泾川西王母神话新构及仪式重建》，《民族艺术》2016 年第 5 期。

⑦ 霍志刚、王卫华：《现代化语境下伏羲神话的重构——以河南淮阳地区为个案》，《贵州民族大学学报（哲学社会科学版）》2016 年第 3 期。

⑧ 叶舒宪、谭佳：《比较神话学在中国：反思与开拓》，社会科学文献出版社 2016 年版。

章对新神话主义进行了研究和阐释，认为其思想背景是20世纪以来世界性的文化寻根运动，其价值观是反叛西方资本主义和现代性生活，要求回归和复兴神话、巫术、魔幻、童话等原始主义幻想世界。新神话主义的作者们往往既是小说家，又是比较神话学家，以《指环王》《哈利·波特》《蜘蛛侠》《阿凡达》等为标志性作品。创作类型有两种，一种是针对民族神话传统的某一特定题材的现代再创作，另一种是综合提炼多种文化的神话资源，经过研究、筛选、融合、嫁接的化合作用，再造出一种不同于传统的新神话传统。

四　神话学的国际视野与比较神话学

由于神话概念来自西方，中国神话的研究从一开始就是在比较研究的基础上展开的。[①]中国神话学具有自觉的世界意识。

陈明的《印度佛教神话——书写与流传》[②]一书从书写和传播两个维度，梳理了印度佛教神话的传播、改写、接受和流传的过程。书中既有对印度佛教创世神话、佛教神话中的宇宙结构、佛教神谱的文本比对及探析，又综合图像资料，以个案研究的形式呈现了印度佛教神话在中亚、西域、中原等地域的传播与演变过程，探析了印度佛教神话独特的宗教内涵和文学特质。

唐更强的《以日本〈古事记〉中“伊耶那岐命”、“伊耶那美命”为中心的几个神话的考察》[③]一书在作者博士论文的基础上，采用比较研究的方法将中国先秦文献和日本《古事记》中有关数字及数字构造的意义与机能的神话进行了对比分析。

刘激《美索不达米亚洪水神话——版本问题与文本探析》[④]一文在洪水神话泥板和文献基础上，分析了泥板文本与神话文本的关联，对美索不达米亚地区的洪水神话文本进行了梳理和分类，对其特点和传承脉络进行了探讨。

比较神话学是神话学研究的重要分支。比较神话学的视野可以将单个的神话故事还原到神话世界的整体谱系之中，对神话进行立体多维的全观审视。

李子贤的《再探神话王国》一书中设有“神话比较论”专章，由《东亚视野下的兄妹婚神话与始祖信仰——以中国彝族相关神话为中心》《太阳的隐匿与复出——中日太阳神话比较研究的一个视点》《与神对话的人——中国云南与日本冲绳祭司的比较》《佤族与东南亚“U”型古文化带——以神话系统的比较为切入点》和《九隆神话——文献记载与口头传承的比较》五篇文章组成。李氏打破了传统神话比较研究多以书面文本为对象，对同一文类神话文本的叙事内容或神格等进行单一、平面式比较的阈限，将神话传承者、传承方式等纳入比较研究的视阈，呈现了立体的、综合的、多维的、全景式的神话比较研究路向。

---

① 陈连山：《走出西方神话的阴影——论中国神话学界使用西方现代神话概念的成就与局限》，《长江大学学报（社会科学版）》2006年第6期。

② 陈明：《印度佛教神话——书写与流传》，中国大百科全书出版社2016年版。

③ 唐更强：《以日本〈古事记〉中“伊耶那岐命”、“伊耶那美命”为中心的几个神话的考察》，广东世界图书出版有限公司2016年版。

④ 刘激：《美索不达米亚洪水神话——版本问题与文本探析》，《民间文化论坛》2016年第5期。

叶舒宪与谭佳合著的《比较神话学在中国：反思与开拓》一书分上下两篇，上篇“比较神话学反思”由谭佳所写，她在此篇中对比较神话学的内涵和外延进行了界定，对西方及中国比较神话学的学科发展史和代表性学者进行了评述。下篇“比较神话学的新开拓”由叶舒宪写就，包括神话与文化符号学，女神文明，儒家神话，神话历史，神话学与艺术史，神话学与物质文化、文化传播和新神话主义七个章节，将比较神话学的视野拓展到文化史、政治史、人类学、历史学、传播学和当代文学等更为深广的疆域。

韩国学者洪允姬在《东西方神话比较研究刍议》[①] 中认为世界各地的神话具有地区、文化上的特殊性，原型上的相通性和结构上的同质性，比较研究通过对比与区分寻找本国神话的本体性，可以更加丰富恰当地解释各个神话原有的价值和意义。她以“局外人”的身份研究中国神话，视角独到，发现中国的比较神话学研究多“中西”视角，少“东西”视角，而在韩国，对中国神话的研究则从接近东亚神话的视角展开。

叶慧婷《从中美比较的角度论说早期中国洪水神话的中心人物》[②] 以美国学者陆威仪（Mark Edward Lewis）在 *The Flood Myths of Early China* 一书中对洪水神话的研究为框架，结合中国神话典籍，探讨了中西洪水神话中的罪犯形象及中心人物所蕴含的深层意义和模式，并对伏羲、女娲黏合的原因进行了探析。刘丹《北美印第安神话与蒙古族神话中的自然崇拜研究》[③] 一文认为北美印第安人是蒙古人种的美洲支系，从主题、自然观和宗教意识三个方面比较了北美印第安神话与蒙古族神话的共性。林玮生的《中希神话比较研究百年综观——从神话学的诞生与东渐谈起》[④] 从学术史的角度梳理了中希神话比较研究的历程。

综上，本年度比较神话学研究的视野不再是传统的偏重于希腊的中希二元化比较，而是将中亚、东亚、东南亚、美洲等民族的神话，神话传承者，神话传承方式等纳入比较研究的视野和范围，并突破了文类的限制，呈现出立体多元的面向。

五　神话学学术史研究

对神话学史上有代表性的神话学者的研究范式、思路方法的学习反思，可以使我们了解神话研究理论方法的演进，为开展进一步研究和创新提供可资借鉴的经验得失。

惠嘉《神话与宗教的同质性：马林诺夫斯基的神话观》[⑤] 一文从神话与宗教教义和宗教仪式的关系着眼，对神话学功能学派代表人物马林诺夫斯基的宗教与神话具有同质性的观点进行了论证。认为马氏为我们理解神话的本质提供了启示，同时也指出了马氏神话研

---

① 洪允姬：《东西方神话比较研究刍议》，《民间文化论坛》2016 年第 3 期。

② 叶慧婷：《从中美比较的角度论说早期中国洪水神话的中心人物》，广东世界图书出版有限公司 2016 年版。

③ 刘丹：《北美印第安神话与蒙古族神话中的自然崇拜研究》，《内蒙古民族大学学报（社会科学版）》2016 年第 4 期。

④ 林玮生：《中希神话比较研究百年综观——从神话学的诞生与东渐谈起》，《文化遗产》2016 年第 5 期。

⑤ 惠嘉：《神话与宗教的同质性：马林诺夫斯基的神话观》，《民族文学研究》2016 年第 6 期。

究的局限。孙柏《神话学的完整图景：重读罗兰·巴尔特》[①] 和肖伟胜《罗兰·巴尔特的〈神话学〉：从符号学到意识形态批评》[②] 分别从意识形态和语言学的视角对罗兰·巴尔特的《神话学》进行了评述。

张岩的《中国现代作家的神话意识研究》[③] 一书采用了宏观与微观相结合的写作方式，前两章对中国现代作家神话意识的生成背景和总体趋向作了介绍，后七章分别对鲁迅、茅盾、周作人、郭沫若、沈从文、郑振铎和吴祖光的神话研究作了评析。王怀义《从神思说到解释说：鲁迅神话观的逻辑进程》[④] 以鲁迅的人生经历为主线，勾勒出其神话思想演变的轨迹：神思说—解释说—《故事新编》的创作。陈刚、刘丽丽《周作人的神话研究》[⑤] 对周作人的神话研究背景、理论、内容和面向作了梳理。刘宗迪《丁山的神话研究》[⑥] 探讨了受古史辨派影响的丁山在古代神话研究上的得失。认为丁山在神话的故事学研究、宗教史研究和民族史研究方面有所成，但因研究视野、学科积累方面的局限，片面依赖比较语言学方法，考证和结论难经考验。兰珊《溯流而上的神话诗学——闻一多神话研究的特色、范式及其学术成就》[⑦] 对闻一多开阔的神话研究视角，多元的神话研究对象，综合人类学、神话学、考古学、诗学、文字学、音韵学和训诂学等多学科研究方法研究特色及价值进行了述评。此外还有高建文的《邹衍"大九州"神话宇宙观生成考》[⑧] 和田桂丞的《中国神话学百年神话观研究》[⑨] 等。

本年度《长江大学学报（社会科学版）》继续开设了"神话学与神话资源转化研究"专栏，以月刊的形式，持续发表了系列文章，向学界展示评介了当代神话学者的神话研究思路与方法。此类文章上文多已论及，不再赘述。

六 总结

陈建宪曾说20世纪的中国神话学，按不同研究目的与方法，可以分为四个主要流派：人类学的神话学、历史学的神话学、民族学的神话学和文艺学的神话学，[⑩] 本年度的中国神话研究在以上四个领域里均有继承和推进。如果说中国现代神话学的价值取

---

① 孙柏：《神话学的完整图景：重读罗兰·巴尔特》，《外国文学评论》2016年第2期。

② 肖伟胜：《罗兰·巴尔特的〈神话学〉：从符号学到意识形态批评》，《广东社会科学》2016年第4期。

③ 张岩：《中国现代作家的神话意识研究》，辽宁人民出版社2016年版。

④ 王怀义：《从神思说到解释说：鲁迅神话观的逻辑进程》，《广东社会科学》2016年第3期。

⑤ 陈刚、刘丽丽：《周作人的神话研究》，《民俗研究》2016年第6期。

⑥ 刘宗迪：《丁山的神话研究》，《民俗研究》2016年第6期。

⑦ 兰珊：《溯流而上的神话诗学——闻一多神话研究的特色、范式及其学术成就》，《文艺评论》2016年第3期。

⑧ 高建文：《邹衍"大九州"神话宇宙观生成考》，《民俗研究》2016年第6期。

⑨ 田桂丞：《中国神话学百年神话观研究》，硕士学位论文，淮北师范大学，2016年。

⑩ 陈建宪：《精神还乡的引魂之幡——20世纪中国神话学回眸》，《河北师范大学学报（哲学社会科学版）》1998年第3期。

向兼有“走向世界”和“精神还乡”的双重特点，[①] 本年度的神话研究呈现出“文化寻根”和“回归”的文化自信和主体意识，展现出中国神话研究者在世界学术语境中建构自我的探索，并在一些重要领域形成了本土神话研究的理论与方法，具有更加成熟稳健的特点。

① 陈连山：《20世纪中国神话学简史》，陈平原主编《现代学术史上的俗文学》，湖北教育出版社2004年版。

2016年史诗研究综述

冯文开*

2016年史诗研究取得了长足的发展，大致说来，呈现出以下几个显著的特点：口头传统视域下的史诗研究和史诗的情节母题研究进一步深入和拓展，传承传播与翻译研究占据着重要地位，文化阐释和比较研究仍然是关注的重点，学术批评依然扮演着重要的角色。

一　口头传统视域下的史诗研究和情节母题研究

关于口头传统视域下的史诗研究和情节母题研究中最值得推荐的学人是朝戈金、斯钦巴图和乌·纳钦。朝戈金的《史诗学论集》① 由“史诗学术的反思与批评”“口头诗学的理论与方法”以及“口头诗学的本土化实践”三部分组成，展现朝戈金在史诗学与口头传统研究中做出的突出贡献及其在其中不断深化拓展的研究路径和学术心得，既有对国际口头诗学的译介和借鉴，又有对国际口头诗学的本土化实践，更有对史诗研究与口头诗学理论的自觉反思，彰显了中国学术的独立品格，表明在立足本土资源的基础上借鉴和应用国际学术的理论成果，以及发挥个人的开拓创新精神可以创造出具有国际学术水平的成果，从而在国际学术中赢得一席之地和足够分量的话语权。

斯钦巴图的《论〈江格尔〉的边缘型篇章和体裁转换型篇章——产生的根源及其在系列史诗形成或解体过程中的作用》② 以史诗篇章的主要英雄为依据，将《江格尔》史诗篇章分为基本型篇章和扩展型篇章。在此基础上，作者将更外围的史诗篇章划分为边缘型篇章和体裁转换型篇章，认为它们显示了《江格尔》形成或衰退的过程。他的《人物角色转换与史诗变体的生成——以〈汗青格勒〉史诗中蒙异文为例》③ 细化民间文学的“异文”概念，重新界定了“变体”和“异文”的概念。“异文”指“故事的那些非实质性部分”的不同；“变体”则指故事情节上的不同。作者以具体的蒙古史诗《汗青格勒》为例，通过比较蒙古国两位艺人演唱的两个文本和中国青海省史诗艺人的演唱文本，发现

---

* 作者系内蒙古大学文学与新闻传播学院教授。

① 朝戈金：《史诗学论集》，中国社会科学出版社2016年版。

② 斯钦巴图：《论〈江格尔〉的边缘型篇章和体裁转换型篇章——产生的根源及其在系列史诗形成或解体过程中的作用》，《贵州民族大学学报（哲学社会科学版）》2016年第4期。

③ 斯钦巴图：《人物角色转换与史诗变体的生成——以〈汗青格勒〉史诗中蒙异文为例》，《民族文学研究》2016年第4期。

了英雄的妻子/妹妹和结义兄弟/对手两组角色的互换规律。角色的转换带来叙述套路的调整，两个异文之间表层故事上有较大差异，但在故事结构和情节上，仍然维持着较为清晰的一致性，形成一种变体关系。

乌·纳钦的《论口头史诗中的多级程式意象——以〈格斯尔〉文本为例》① 认为程式的内部有着分解转化的弹性，而程式的分解转化又造成了多级程式意象及多级程式意象平行式，从而使史诗在具体的演述过程中充满声学魅力，给听众以极大的审美享受。他的《格斯尔本土形象与信仰——以巴林右旗为例》② 阐释了格斯尔在内蒙古巴林右旗的本土形象及其所体现的社会政治文化背景，重构了格斯尔在巴林的本土化形象与信仰，揭示了格斯尔文化的地方性特征。

《格萨尔》的口头传承永远处在不断的流动变异中，从来没有权威本和定本，而《格萨尔》的书面文本经历了从口述记录本、手抄本、木刻本、石印本、现代印刷本到校勘本、整理本、编纂本、翻译本、改编本、录音整理本、视频音频、作家文本等多种形式。丹珍草的《〈格萨尔〉文本的多样性流变》③ 将《格萨尔》的文本流变归纳为口述记录的文字写本，介于口述记录本与作家文本之间的具有过渡性特色的神圣性与世俗性相互交织的文本，改写与重塑的作家文本（cultural text）三种类型，并对它们进行了细致的阐述。

王淑英的《云南少数民族迁徙史诗的叙事程式》④ 运用口头诗学的理论和方法分析了云南少数民族迁徙史诗叙事程式化的特征。作者认为，云南少数民族迁徙史诗在母题、故事范型上呈现了程式化，其原因是它们有着共同的“漂泊、寻根、家园情结”的文化传统，而且它们与仪式的结合以及歌手们对传统演唱形式的遵循也促使了云南少数民族迁徙史诗程式化特征的稳定与延续。

“目瑙斋瓦”是景颇族的民族艺术经典，蕴含和承载着景颇族的民族精神和民族历史。吟唱是“目瑙斋瓦”的演述形式，是一项复杂而意义深远的艺术呈现方式。徐俊六的《景颇族口传史诗“目瑙斋瓦”吟唱初探》⑤ 将文献研究和田野调查相结合，探析了吟唱的起源、吟唱与其他艺术形式的区别以及史诗吟唱者的特征，阐述了“目瑙斋瓦”吟唱的基本内容和吟唱技巧，展现了“目瑙斋瓦”吟唱的神圣性和神秘性。

张凌波的《仪式视野中的苗族史诗〈亚鲁王〉》⑥ 论述了麻山地区苗族丧葬仪式及其文化背景，探讨了《亚鲁王》这一在丧葬仪式上为亡灵唱诵的苗族活态口承史诗与丧葬仪式之间的关系，指出《亚鲁王》唱诵活动是丧葬仪式活动的核心，而丧葬仪式又决定《亚鲁王》史诗的结构模式，对其文体风格具有重要影响。

黄中祥的《哈萨克族史诗的母题组合类型》⑦ 按照主题和内容将哈萨克族史诗分为英

---

① 乌·纳钦：《论口头史诗中的多级程式意象——以〈格斯尔〉文本为例》，《民族文学研究》2016 年第 3 期。

② 乌·纳钦：《格斯尔本土形象与信仰——以巴林右旗为例》，《内蒙古社会科学（汉文版）》2016 年第 2 期。

③ 丹珍草：《〈格萨尔〉文本的多样性流变》，《民间文化论坛》2016 年第 4 期。

④ 王淑英：《云南少数民族迁徙史诗的叙事程式》，《民族文学研究》2016 年第 6 期。

⑤ 徐俊六：《景颇族口传史诗“目瑙斋瓦”吟唱初探》，《文化遗产》2016 年第 4 期。

⑥ 张凌波：《仪式视野中的苗族史诗〈亚鲁王〉》，《民族文学研究》2016 年第 2 期。

⑦ 黄中祥：《哈萨克族史诗的母题组合类型》，《西北民族研究》2016 年第 4 期。

雄（征战）、婚姻（爱情）、历史和宗教四类，并阐述其特点。在此基础上，根据史诗中出现的母题系列和它们彼此之间的组合关系，运用类型学的研究方法，将哈萨克族史诗的母题序列划分了简单型、复合型和多重复合型三种类型，并对其进行了论述。作者认为，自然环境和生产方式的变化影响史诗母题的消失或出现，继而导致哈萨克族史诗彼此之间不同的母题方式。

吴刚的《从“追魂—弃魂”母题看〈尼山萨满〉传说的形成》[①] 分析了中国东北少数民族地区的《尼山萨满》所属的语系、语族，认为流传在东北不同民族中的《尼山萨满》不是同源关系，而是影响关系。在对流传在不同地区的《尼山萨满》进行情节的划分与比较后，作者推定其核心母题是“追魂—弃魂”，认为“追魂”是萨满文化中流传已久的母题，而“弃魂”则是新生成的母题，是为“萨满受统治者惩罚”的结局作铺垫，反映的是清朝末年统治者压迫萨满的历史事实。

乌日古木勒的《蒙古族〈青蛙儿子〉故事与蒙古族史诗传统》[②] 将蒙古族《青蛙儿子》故事划分为援死而复生型加考验型、威胁型、青蛙姑娘型和主动型四个亚类，发现该故事在蒙古族地区流传过程中吸收了蒙古史诗中的古老母题和情节结构，从而丰富了故事情节和扩展的叙述结构，形成了鲜明的地方性和民族性文化特征。

二　传承传播与翻译研究

随着近年来非物质文化遗产保护的深入，史诗的传承与传播得到了中国史诗研究界的普遍关注。覃琮的《布努瑶密洛陀史诗的活态传承与文化自觉》[③] 以蓝氏家族为考察对象，通过论述蓝永红的个人生活和工作经历阐明在布努瑶密洛陀史诗的活态传承面临威胁之际，本土文化精英如何内生出传承和保护本土精神财富的“文化自觉”。

诺布旺丹的《〈格萨尔〉向何处去？——后现代语境下的〈格萨尔〉史诗演述歌手》[④] 以才让旺堆为例阐述后现代消费文化消弭了《格萨尔》艺人艺术创造的原动力，以玉梅为例阐述了城市化空间遮蔽了艺人诗性思维和诗性智慧的灵光，以丹增扎巴文本为例阐述标准化教育和书面至上观念稀释了口头传统的纯洁性，并使史诗文本固化，进而指出它们是对《格萨尔》史诗传统前所未有的冲击和异化，并表现出根本性和结构性异化的特征。

毛巧晖的《非物质文化遗产视域下的文化传统与文化记忆——兼论广西田阳布洛陀文化的重构》[⑤] 通过广西田阳布洛陀文化的重构审视了非物质文化遗产视域下的文化传统

① 吴刚：《从“追魂—弃魂”母题看〈尼山萨满〉传说的形成》，《民间文化论坛》2016 年第 5 期。

② 乌日古木勒：《蒙古族〈青蛙儿子〉故事与蒙古族史诗传统》，《民族文学研究》2016 年第 3 期。

③ 覃琮：《布努瑶密洛陀史诗的活态传承与文化自觉》，《广西民族大学学报（哲学社会科学版）》2016 年第 5 期。

④ 诺布旺丹：《〈格萨尔〉向何处去？——后现代语境下的〈格萨尔〉史诗演述歌手》，《西藏研究》2016 年第 3 期。

⑤ 毛巧晖：《非物质文化遗产视域下的文化传统与文化记忆——兼论广西田阳布洛陀文化的重构》，《贺州学院学报》2016 年第 2 期。

与文化记忆，分析了学者、地方政府、民众在广西田阳布洛陀文化重构中扮演的角色。在民间传统文化的传承过程中，学者以及地方政府在文化传承发展过程中起到了重要作用，但民众才是文化真正的实践者，是文化的承载者，只有普通民众和民俗精英携手才能够真正全方位推动文化保护，将不同的“文化记忆”贡献给世界，促进文化的多样性。

王宪昭的《文化始祖神话传承中的“变”与“不变”——以壮族神话中布洛陀、姆六甲关系为例》① 从壮族神话中文化始祖布洛陀、姆六甲之间关系的变异性和稳定性探究了壮族文化始祖神话的传承，认为布洛陀、姆六甲的形象会随着传承人的主观意愿、受众的需求和每个地域社会形态的不同而发生或多或少的变化，但文化始祖的性质、性别以及传递的历史文化内涵具有相对稳定性。

巴合多来提·木那孜力的《〈玛纳斯〉的当代传承与史诗演述传统的发展走向》② 阐述了《玛纳斯》传承过程中出现传承人数量的骤减、青年“玛纳斯奇”从师学艺的动机、“玛纳斯奇”老龄化和非职业化、口头叙事资源的萎缩、演述技艺的退化、印刷文本的替代作用等种种现象，尝试寻求在电子信息技术高度发达的时代背景下应对史诗传承中出现的问题、保持史诗演述原生态生命力的可行路径。

袁爱中和杨静的《媒介变迁与西藏传统文化传播研究——以〈格萨尔王传〉史诗为例》③ 以媒介变迁与文化发展之间密切的关系为切入点，历时性地梳理了藏族英雄史诗《格萨尔王传》从产生至今所经历的不同文化时期，分析了口语传播、印刷传播、电子传播、网络传播四个时期西藏媒介的变化历程，探讨了不同媒介形态下《格萨尔王传》传播和传承的特点等。

刘新利的《传播学视域下〈格萨尔〉史诗的传播与保护》④ 描述了《格萨尔》传播方式由群体传播转向个体传播、再转向大众传播的历程，对《格萨尔》各种传播形态进行了评析，认为在当下的传播语境中传播者身份的改变、受传者的改变、传播语境的改变以及史诗说唱语言的地域性是导致《格萨尔》史诗日趋消亡的重要因素，并对《格萨尔》史诗保护的路径进行了学术探寻。

王晔的《非物质文化遗产视域下黑龙江少数民族曲艺音乐的保护与传承——以达斡尔族乌钦、赫哲族伊玛堪、鄂伦春族摩苏昆为例》⑤ 描述了达斡尔族、赫哲族、鄂伦春族的地域经济、语言、信仰以及历史文化对各自民族的曲艺音乐产生的影响，阐述了乌钦、伊玛堪、摩苏昆的文学性、口语性、幻想性、音乐化等特色以及其文化价值、审美价值、教育价值、非物质价值等，从政府、地方、学者等诸多方面探讨了乌钦、伊玛堪、摩苏昆的保护和传承。

---

① 王宪昭：《文化始祖神话传承中的“变”与“不变”——以壮族神话中布洛陀、姆六甲关系为例》，《广西民族师范学院学报》2016 年第 2 期。

② 巴合多来提·木那孜力：《〈玛纳斯〉的当代传承与史诗演述传统的发展走向》，《西北民族研究》2016 年第 4 期。

③ 袁爱中、杨静：《媒介变迁与西藏传统文化传播研究——以〈格萨尔王传〉史诗为例》，《西藏大学学报（社会科学版）》2016 年第 1 期。

④ 刘新利：《传播学视域下〈格萨尔〉史诗的传播与保护》，《西藏研究》2016 年第 6 期。

⑤ 王晔：《非物质文化遗产视域下黑龙江少数民族曲艺音乐的保护与传承——以达斡尔族乌钦、赫哲族伊玛堪、鄂伦春族摩苏昆为例》，《黑龙江民族丛刊》2016 年第 6 期。

翻译研究也是本年度的一个热门讨论话题，以王治国用力较多。王治国的《〈格萨尔〉域外传播的翻译转换与话语体系》[①] 梳理了活态史诗《格萨尔》传播媒介的嬗变、域外传播的历史，描述《格萨尔》传播历经口头传承、文本传播与数字传播的媒介嬗变及呈现出媒介融合的态势，分析了《格萨尔》对外传播的九种翻译转换机制及《格萨尔》对外传播的话语体系，认为媒介融合的态势蕴含着跨学科合作建立民族文学翻译网络的学术前景，为少数民族活态史诗域外传播的话语体系建立提供了理论支撑与范式引导。他的《北美藏学与〈格萨尔〉域外传播的语境解析》[②] 梳理了《格萨尔》北美译介发轫和谱系，分析了《格萨尔》北美译介的文化语境和翻译语境，认为《格萨尔》在北美译介与北美藏学的发展密切相关。他的《西方藏学对〈格萨尔〉的深度描写与文化翻译——达维·妮尔英译本的民族志阐释》[③] 基于文化人类学的深度描写和当前翻译学中的文化视阈，对达维·妮尔的《格萨尔》英译本进行重新解读和文化阐释，解析西方藏学的文本翻译在史诗域外传播中的应有地位和贡献。

张敬源和邱靖娜的《后现代语境下民族典籍翻译的通俗化改写——评首个国内〈玛纳斯〉英译本》[④] 以张天心英译的《玛纳斯》为例，探讨其翻译工作的理念或取向，从文体特点、文化意象、文本语言特色和布局与模态选择四个方面归纳了张天心的翻译方法。朱文旭的《彝文〈勒俄特依〉译注勘误》[⑤] 以具体的例证对各种彝文《勒俄特依》译注在部落名称、章节题目、句义翻译、地名讹误、古代葬俗等方面出现的疏漏差误进行修正，解决了译注中某些分歧与争议。张宁的《归化与异化：〈格萨尔王〉中藏族特色文化意象翻译策略》[⑥] 简述了《格萨尔王》中蕴含丰富的文化特性，认为归化与异化翻译策略是能够体现《格萨尔王》藏族特色文化意象翻译的基本策略。

李粉华的《亚瑟·哈图与〈玛纳斯〉史诗的英译》[⑦] 梳理了《玛纳斯》在域外的翻译和传播情况，着重描述了亚瑟·哈图对《玛纳斯》的编辑、翻译和评释，对其译本的学术注疏以及弥补和纠正前人学术疏漏的意义进行了述评。

三　比较研究与文化阐释

比较研究仍然是中国史诗研究关注的学术课题，尤以李斯颖突出。李斯颖的《水族拱陆铎和壮族布洛陀信仰及其神话比较》[⑧] 通过对水族与壮族在信仰文化、生活习俗、神话叙事等方面的比较，探寻了他们共同的精神文化特征。她的《壮族布洛陀与瑶族密洛

---

① 王治国：《〈格萨尔〉域外传播的翻译转换与话语体系》，《青海社会科学》2016 年第 4 期。

② 王治国：《北美藏学与〈格萨尔〉域外传播的语境解析》，《西藏研究》2016 年第 4 期。

③ 王治国：《西方藏学对〈格萨尔〉的深度描写与文化翻译——达维·妮尔英译本的民族志阐释》，《民族翻译》2016 年第 2 期。

④ 张敬源、邱靖娜：《后现代语境下民族典籍翻译的通俗化改写——评首个国内〈玛纳斯〉英译本》，《外国语文》2016 年第 6 期。

⑤ 朱文旭：《彝文〈勒俄特依〉译注勘误》，《民族翻译》2016 年第 2 期。

⑥ 张宁：《归化与异化：〈格萨尔王〉中藏族特色文化意象翻译策略》，《贵州民族研究》2016 年第 11 期。

⑦ 李粉华：《亚瑟·哈图与〈玛纳斯〉史诗的英译》，《西北民族研究》2016 年第 4 期。

⑧ 李斯颖：《水族拱陆铎和壮族布洛陀信仰及其神话比较》，《贺州学院学报》2016 年第 1 期。

陀神话比较》[1] 从创世始祖、叙事母题两方面探析了壮族布洛陀神话与瑶族密洛陀神话的异同，认为壮族布洛陀与瑶族密洛陀神话在创世内容方面具有相似性，均具有创造神、天地日月、山川河流等母题，但由于地理环境、生产方式、社会环境等方面的差异，壮族布洛陀与瑶族密洛陀神话在叙事上蕴含各自民族的特性。她的另一篇论文《布洛陀神话中的文化创造母题及其比较》[2] 对布洛陀神话中造文字与历书、造麽及其仪规、造领导者、安名定性、教人捕鱼、造房子六个文化创造母题进行了阐述，考察它们在侗台语各族群中出现的情况及其异同。作者认为，布洛陀神话中文化创造母题在侗台语各族群中常见的原因在于侗台语各族群具有共同的文化起源，文化互相交融。

伦珠旺姆和黄敏的《藏传佛教“众生平等”与传统女权主义“男女平等”之比较——以藏族〈格萨尔〉为例》[3] 以藏族史诗《格萨尔》为例，从性别角度和历史文化背景的差异入手，分析了《格萨尔》中蕴含的藏传佛教“众生平等”与传统女权主义“男女平等”在性质和现实发展方面存在的根本性差异，指出它们在追求男女平等的诉求具有一致性。

徐其超的《〈格萨尔王传〉对文艺语体的开拓创新——基于与荷马史诗的比较》[4] 比较了荷马史诗和《格萨尔王传》的文艺语体风格，阐述了其语言风格蕴含的美感，详细论述了荷马史诗和《格萨尔王传》具体情节或语言的风格特色。屈涵和王艳凤的《从蒙古与印度史诗中的人物看其宗教文化色彩——以〈江格尔〉和〈摩诃婆罗多〉为例》[5] 认为《江格尔》和《摩诃婆罗多》以不同方式展现宗教文化。蒙古人深受萨满教、藏传佛教的影响，《江格尔》中男人和女人都具有萨满属性。印度人信仰吠陀教、耆那教、佛教、印度教等，教种的多样性使印度史诗中的人物执着地追求“正法”。

王云的《文学作品中的灵魂外寄现象探析——以〈哈利·波特〉与〈格萨尔王全传〉为例》[6] 通过比较《哈利·波特》和《格萨尔王全传》中的灵魂外寄现象，阐明了两部文学作品中灵魂外寄母题的形式、目的以及蕴含的意义。作者认为，《哈利·波特》中灵魂外寄是一个黑魔法，受到严令禁止。而《格萨尔王全传》中，无论正义或非正义双方都可以选择将灵魂外寄到其他事物之上。

史诗蕴含着丰富的文化内涵，是史诗研究的重要课题。张泽洪和杨理解的《彝族神话史诗〈支格阿龙〉的宗教文化解读》[7] 从感生神话、岩洞取甲、招魂驱邪和刻冠歃血四个母题入手论述了《支格阿龙》中蕴含的宗教文化内涵，分析了彝族传统宗教的形成和

---

① 李斯颖：《壮族布洛陀与瑶族密洛陀神话比较》，《黔南民族师范学院学报》2016 年第 1 期。

② 李斯颖：《布洛陀神话中的文化创造母题及其比较》，《百色学院学报》2016 年第 3 期。

③ 伦珠旺姆、黄敏：《藏传佛教“众生平等”与传统女权主义“男女平等”之比较——以藏族〈格萨尔〉为例》，《青海社会科学》2016 年第 6 期。

④ 徐其超：《〈格萨尔王传〉对文艺语体的开拓创新——基于与荷马史诗的比较》，《西南民族大学学报（人文社科版）》2016 年第 10 期。

⑤ 屈涵、王艳凤：《从蒙古与印度史诗中的人物看其宗教文化色彩——以〈江格尔〉和〈摩诃婆罗多〉为例》，《内蒙古师范大学学报（哲学社会科学版）》2016 年第 4 期。

⑥ 王云：《文学作品中的灵魂外寄现象探析——以〈哈利·波特〉与〈格萨尔王全传〉为例》，《兰州大学学报（社会科学版）》2016 年第 6 期。

⑦ 张泽洪、杨理解：《彝族神话史诗〈支格阿龙〉的宗教文化解读》，《西南民族大学学报（人文社科版）》2016 年第 6 期。

传承与《支格阿龙》传颂的关系。

马静和纳日碧力戈的《创世史诗中苗族社会秩序构建与地域生态文化——以〈亚鲁王〉文本分析为例》[①] 从史诗所反映的地域生态文化、迁徙历史、人文宇宙观等方面论述了麻山苗族社会秩序的构建和地域生态文化特征。作者认为，苗人朴素的生态伦理观制约着苗人的社会生活行为，创世神话和祖先迁徙与社会秩序构建、生态选择相关，体现了麻山地域生态下独有的社会结构和文化秩序。

张利群的《布努瑶〈密洛陀〉创世史诗的人类起源叙事阐释》[②] 将《密洛陀》史诗中的“创世”分为密洛陀的诞生、二十四位神的诞生以及人类的诞生三个阶段，并分别对其进行了论述，认为它们体现了人类在起源中逐步从神灵、自然中发展出人的特性的过程。

闫月珍和马海五达的《〈勒俄特依〉之“物”》[③] 将大小凉山彝族地区流传的创世史诗《勒俄特依》中“物”划为“器物”与“自然物”，阐述了它们在彝族社会生活中独特的隐喻意义，并由此深入探究了彝族作为一个崇尚自然、崇拜祖先的族群的历史与现状。

金莉娜的《赫哲族“伊玛堪”语篇的萨满词语文化简析——以〈希尔达鲁莫日根〉为蓝本》[④] 从社会文化史的研究视角出发，从萨满神名、萨满的神具、多神信仰和祭祀仪式四个方面分析《希尔达鲁莫日根》中出现的与萨满教有关的词语，阐释了其深层文化内涵，初步勾勒了赫哲族的宗教信仰和世界观。

赵文工的《蒙古史诗〈祖乐阿拉达尔汗传〉论略》[⑤] 站在社会文化史的研究视角上，从蒙古史诗《祖乐阿拉达尔汗传》所反映的社会形态、宗教思想和英雄形象的文化内涵等方面揭示史诗文本中的基本思想和蒙古族文化内涵。袁伊玲的《史诗〈亚鲁王〉的语言文化价值探微》[⑥] 以史诗《亚鲁王》为例，探讨了史诗中所表现出来的狩猎文化、稻作文化、民俗文化以及商业文化对苗族语言文化所产生的影响及其价值。

四　学术批评

对已有研究成果的回顾、总结与批评也是本年度研究聚焦的热点。阿地里·居玛吐尔地的《20 世纪哈萨克斯坦的“〈玛纳斯〉学”》[⑦] 描述了 20 世纪哈萨克斯坦的《玛纳斯》

---

① 马静、纳日碧力戈：《创世史诗中苗族社会秩序构建与地域生态文化——以〈亚鲁王〉文本分析为例》，《中南民族大学学报（人文社会科学版）》2016 年第 2 期。

② 张利群：《布努瑶〈密洛陀〉创世史诗的人类起源叙事阐释》，《人文杂志》2016 年第 10 期。

③ 闫月珍、马海五达：《〈勒俄特依〉之“物”》，《民族文学研究》2016 年第 3 期。

④ 金莉娜：《赫哲族“伊玛堪”语篇的萨满词语文化简析——以〈希尔达鲁莫日根〉为蓝本》，《西北民族大学学报（哲学社会科学版）》2016 年第 2 期。

⑤ 赵文工的《蒙古史诗〈祖乐阿拉达尔汗传〉论略》，《中央民族大学学报（哲学社会科学版）》2016 年第 6 期。

⑥ 袁伊玲：《史诗〈亚鲁王〉的语言文化价值探微》，《三峡论坛（三峡文学·理论版）》2016 年第 6 期。

⑦ 阿地里·居玛吐尔地：《20 世纪哈萨克斯坦的“〈玛纳斯〉学”》，《西北民族大学学报（哲学社会科学版）》2016 年第 3 期。

研究的基本轮廓，对穆合塔尔·阿乌埃佐夫和阿里凯·马尔古兰的学术成果和学术影响进行了评述。他的《威·瓦·拉德洛夫在国际〈玛纳斯〉学及口头诗学中的地位和影响》[①]从学术史的视角出发，详细梳理了威·瓦·拉德洛夫的学术思想和学术著作，重点总结了他对《玛纳斯》史诗演述传统做出的学术贡献。另外，他的《贾芝先生的〈玛纳斯〉情怀》[②]介绍了贾芝先生在《玛纳斯》搜集与研究方面所做的诸多工作，高度评价了他在《玛纳斯》学术史上的贡献。

王佑夫的《开创中国民族史诗研究新局面——论朝戈金口传史诗研究》[③]着重评述了朝戈金《口传史诗诗学：冉皮勒〈江格尔〉程式句法研究》在口头史诗文本属性的界定、文本与传统的关系、史诗文本在田野中再认证、蒙古史诗的程式句法分析等诸多方面的学术创见，兼而论及朝戈金的《口头诗学五题：四大传统的比较研究》《从荷马到冉皮勒：反思国际史诗学术的范式转换》，高度肯定了朝戈金在口头诗学的引介、翻译和本土化上做出的学术贡献，认为朝戈金的口传史诗研究对中国史诗研究具有引领和示范意义，开创中国史诗研究的新局面。

陈岗龙的《仁钦道尔吉的蒙古史诗结构研究之思想渊源》[④]从学术思想史的进路出发，追溯了仁钦道尔吉的蒙古史诗结构研究与海西希、普罗普、日尔蒙斯基等域外学者史诗研究的思想渊源。

阿拉德尔吐的《巴·布林贝赫蒙古史诗诗学中的艺术自然论》[⑤]以巴·布林贝赫《蒙古英雄史诗的诗学》第六章为讨论对象，采用蒙古史诗诗学及其学术史视角，对史诗诗学的关键概念与观念史联结点进行了翔实的诗学考辨，爬梳了巴·布林贝赫的艺术自然论理论的来源与形成脉络。该文认为，《蒙古英雄史诗的诗学》从关系论视角出发对"第二自然"概念进行了拓展，创立了史诗世界三重结构分析法，确立了艺术自然论的本土维度和诗学范例。

诺布旺丹的《〈格萨尔〉学术史的理论与实践反思》[⑥]将《格萨尔》学术史置于民间、学界和政府三位一体的格局中进行反思，认为《格萨尔》研究从"作品"逐步跨越到"文本"，其研究方式从"叙事"转向"话语"，研究对象也从"史诗本体"渐次转移到"史诗语境"，学术范式也即从"本质主义"转向"建构主义"，学术实践方式从关注艺人、关注文本开始转向对本土语境的关注和保护。

乌·纳钦的《论〈格斯尔〉史诗研究旨趣转向——敬贺北京木刻本〈格斯尔传〉出版300周年》[⑦]在对《格斯尔》学术史梳理的基础上，提出了蒙古语族没有一个全知全能的总体《格斯尔》传统的观点，认为《格斯尔》研究旨趣应从《格斯尔》宏大框架的描

① 阿地里·居玛吐尔地：《威·瓦·拉德洛夫在国际〈玛纳斯〉学及口头诗学中的地位和影响》，《民间文化论坛》2016年第5期。

② 阿地里·居玛吐尔地：《贾芝先生的〈玛纳斯〉情怀》，《新疆艺术（汉文）》2016年第4期。

③ 王佑夫：《开创中国民族史诗研究新局面——论朝戈金口传史诗研究》，《新疆社会科学》2016年第1期。

④ 陈岗龙：《仁钦道尔吉的蒙古史诗结构研究之思想渊源》，《民族文学研究》2016年第6期。

⑤ 阿拉德尔吐：《巴·布林贝赫蒙古史诗诗学中的艺术自然论》，《民族文学研究》2016年第3期。

⑥ 诺布旺丹：《〈格萨尔〉学术史的理论与实践反思》，《民间文化论坛》2016年第4期。

⑦ 乌·纳钦：《论〈格斯尔〉史诗研究旨趣转向——敬贺北京木刻本〈格斯尔传〉出版300周年》，《内蒙古民族大学学报（社会科学版）》2016年第4期。

述转向微型构造的阐发。

冯文开的《中国史诗学史论（1840—2010）》[①] 将史与论有机地结合起来，准确地把握住了中国史诗学术史上各个关键点，对中国史诗研究历史中每个阶段呈现的学术旨趣、学术理路、研究对象、研究范式等进行了具有科学精神的总结与反思，对不同时期的史诗研究者的学术成果进行了公允客观的评述。

总体而言，2016 年中国史诗研究取得了显著的成绩，但是在史诗歌手的研究、史诗音乐的研究、史诗与其他艺术形式之间的关系、史诗研究的理论建设等方面还有广阔的学术空间，有待进一步探索和研究。

---

① 冯文开：《中国史诗学史论（1840—2010）》，中国社会科学出版社 2016 年版。

2016年传说研究综述

王　尧　郎　萌*

传说研究领域的核心命题包括主题流变、本土化表达与信仰的互构等，在本年度都得到研究者的持续关注。从研究对象看，学者们对风物传说、信仰传说、都市传说、古史传说、少数民族传说均有阐发。热点主要集中于如下方面：谣言研究成果卓著；传说的记忆属性备受关注，从族群记忆、历史记忆、文化记忆、社会记忆等多个角度均有专题个案予以深化；对非物质文化遗产中的传说及其文化的整体保护策略也有较多研讨；与历史学的交叉研究值得关注。

一　主题流变

对同主题传说在不同历史时段和地域中的流变机制予以提炼归纳，同时关照所涉的历史、社会、文化现象，始终是传说学的主流研究范式，本年度也不乏研讨，切入的视角包括文类的互构、文献钩沉、原型解读、个体演述者的传承、多民族传说的平行比较等等。

钟宗宪《社会、科学与文学的互涉——民间文学研究方法的省思》是作者在北京大学中文系的演讲稿，以“唤发民间文学对人文社会的贡献价值”为讲座主旨，借助刘魁立的“狗耕田”故事生命树方法，以“白蛇传”明清以来的小说戏剧为例，绘出一棵别具意义的流变故事树，结合历史、区域地理和田野材料具体全面地考察文本的特殊性。陈姵瑄、钟宗宪《〈社会、科学与文学的互涉——民间文学研究方法的省思〉问答、评议与讨论》① 是对该演讲的回应，同学们探讨了“狗耕田”和“白蛇传”生命树的贡献以及面相的差异，思索“历时”等概念在民间文学研究中延展的可行性。

同一主题的叙事行为不仅以异文的形式表达，还能够在多种文类中进行形态转换，乌·纳钦的《史诗的传说化与传说的史诗化——以巴林格斯尔传说叙事结构为例》② 就揭示了此类现象的普遍性。巴林格斯尔传说所描述的山水风物都是独立的，传说的情节却彼此连贯。作者认为，这是由于蒙古族早期失而复得式史诗和迎敌作战式史诗母题序列被转

---

* 王尧：北京师范大学文学院讲师；郎萌：北京师范大学文学院民间文学专业硕士研究生。

① 钟宗宪：《社会、科学与文学的互涉——民间文学研究方法的省思》，陈姵瑄、钟宗宪《〈社会、科学与文学的互涉——民间文学研究方法的省思〉问答、评议与讨论》，均刊发于《民族艺术》2016年第6期。

② 乌·纳钦：《史诗的传说化与传说的史诗化——以巴林格斯尔传说叙事结构为例》，《民间文化论坛》2016年第4期。

输到传说情节之中，组成连贯的情节链，使传说具有了史诗的结构。本个案中少数民族的史诗、地方性传说和民间故事之间具有密切的互文关系，各个活态文本之间经常呈现出题材的共享和结构的交互，在同类现象中颇为典型。跨文类、超越韵散之别或将成为未来民间叙事研究的主流。

谢芳、陈华文《论两宋时期钱镠传说的流变》[①] 统计两宋时期记载钱镠传说的相关文献共31部，揭示了这一时期普遍流传的钱镠传说群之基本样貌及演化趋势。北宋前期盛行的钱镠传说以《吴越备史》记载最为详尽，为钱镠后人钱俨所著，可视为家族传说，也是后世钱镠传说衍化的重要来源。南宋文献中钱镠传说的类型更为丰富多元。作者认为，普通市民生活叙事大量进入传说是宋代民间传说的一个显著特点。

吴晓东本年度发表两篇论文解读神话传说的流变过程。《蚕蜕皮为牛郎织女神话之原型考》[②] 认为，蚕马神话（即“马头娘”的来历）可被视为牛郎织女神话之前身，其中的“马”在流传过程中变异为“牛”，形成蚕牛神话，继而演化为牛郎织女神话，织女的原型是蚕。织女失去衣服和牛郎踩着牛皮追赶织女的情节，正对应于以牛皮换蚕皮的“蜕皮”过程。《“舜更历山”到“舜耕历山”的传说演变》[③] 借助古音考证，认为“舜耕历山”是对“舜更历山”的错误阐释，后者是对十个太阳在历法山上空轮流更替的神话想象。

刘先福《努尔哈赤传说的叙事传统与当代传承——以辽宁新宾为例》[④]，新宾县是努尔哈赤主题叙事的汇聚中心，作者考察了当地的多元叙事传统，试图重现百年来新宾地区的乌勒本、民间鼓书、传说故事等多种文类的演述场域。该文选取了20世纪50年代在赫图阿拉城的“巴图鲁乌勒本”表演、新宾县东北大鼓的演唱传统、罕王传说的非遗传承人查树源为三种典型代表，勾勒出百年来努尔哈赤传说在新宾的叙事传统演变历程，考察个体演述者对地方叙事传统的继承与创造。

吴刚《从“追魂—弃魂”母题看〈尼山萨满〉传说的形成》[⑤]，通过比较《尼山萨满》的满文抄本，及满、达斡尔、鄂温克、鄂伦春、赫哲五个民族的口述本，提取出该传说的核心母题“追魂—弃魂”。进而指出，该传说的形成源于清代禁止萨满公开活动的宗教政策。齐齐哈尔、瑷珲作为达斡尔族和满族的世居地，是《尼山萨满》传说流播的核心地区，也是对清朝禁止萨满活动政策的积极响应之地。

二 传说的在地化

传说在流播过程中如何与各地风物、信仰、习俗、社会组织融合，并更新叙事话语，实现本土化、在地化，一直是传说研究的重心之一。此前对于该命题大多是以文本为中心

① 谢芳、陈华文：《论两宋时期钱镠传说的流变》，《民俗研究》2016年第2期。

② 吴晓东：《蚕蜕皮为牛郎织女神话之原型考》，《民族文学研究》2016年第2期。

③ 吴晓东：《“舜更历山”到“舜耕历山”的传说演变》，《民间文化论坛》2016年第2期。

④ 刘先福：《努尔哈赤传说的叙事传统与当代传承——以辽宁新宾为例》，《满族研究》2016年第3期。

⑤ 吴刚：《从“追魂—弃魂”母题看〈尼山萨满〉传说的形成》，《民间文化论坛》2016年第5期。

的泛化推导，近年来学者对此类现象进行越来越多的实地田野调查，在语境中深入观察传说的“在地化”。

木兰传说盛行于湖北黄陂、河南虞城、陕西延安、安徽亳州、河北完县等多地，湖北黄陂籍学者张静本年度推出专著《黄陂木兰传说与风物》①。作者进行了多年的持续田野调查，以当地的三处主要遗迹大城潭、木兰山和将军庙为重心展开研究。大城潭是传说中的木兰出生地，木兰信仰与道教发生融合；将军庙的传说以木兰之死为中心，与周边景观共同形成一个相对独立的传说圈。最后，作者还关注木兰传说自20世纪80年代以来被塑造为文化品牌，在旅游景观和城市地标建筑的兴修中，被强化为地方文化标识，该传说被不断重述、改编，成为重要的地方文化资源。作者认为，新编传说代表的当代文本借助大众传媒，甚至比传统传说具有更为广泛的影响力，二者共同构成黄陂木兰文化的当代表达。

叶涛《民间文献与民间传说的在地化研究——以沂源牛郎织女传说为中心的探讨》②是作者在北京大学中文系发表的主题演讲稿。作者对山东沂源县燕崖乡大贤山的织女洞和牛郎官庄展开调查，尽最大可能汇集了碑刻、族谱等第一手民间文献。牛郎织女传说经历了“沂源风物传说的形成”“与孙氏家族祖先叙事的结合”“非遗运动对传说在地化的催化”三个阶段，从全国性的“公共知识”经数百年逐步转化为本土的地方话语。在材料的交互参证中，该研究展现了这一漫长的历史建构过程。程梦稷、叶涛《在地化的“非遗”话语——〈民间文献与民间传说的在地化研究〉问答、评议与讨论》③ 是北大中文系研究生对本次演讲的回应，同学们就民间传说研究的史学路径、文献解读、作为地方话语和文化资源的建构过程等问题展开讨论。民间传说在地化的研究思路为学界探讨当下作为“非遗”话语的传说建构等问题开拓了广阔的讨论空间。

梁家胜《民间叙事与地方风物的结合：以杨家将传说为例》④ 认为，通过与地方风物的结合，民间传说实现了由模糊到实在的空间转换，以“依附式附会”和“黏合式诠释”的方式，负载了当地民众的集体情感和心理，在自然空间之外建构出专属本土的文化场域和阐释体系。

晚唐文人罗隐的传说在福建盛行，王志阳《罗隐传说在福建的传布及其特点》⑤ 认为该传说对福建民间文化有深刻影响，并归纳了该传说最常见的模式，即以不同情节反复印证罗隐的“乞食身皇帝嘴”，能出语成谶。

李娟《“传说圈”理论的接受与建构》⑥ 对柳田国男“传说圈”概念在中国的接受过程进行总结，提出该理论概念还可以从传说发生论，传说圈的结构、类型，以及微观研究

---

① 张静：《黄陂木兰传说与风物》，华中师范大学出版社2016年版。

② 叶涛：《民间文献与民间传说的在地化研究——以沂源牛郎织女传说为中心的探讨》，《民族艺术》2016年第4期。

③ 程梦稷、叶涛：《在地化的“非遗”话语——〈民间文献与民间传说的在地化研究〉问答、评议与讨论》，《民族艺术》2016年第4期。

④ 梁家胜：《民间叙事与地方风物的结合：以杨家将传说为例》，《贵州民族大学学报》2016年第5期。

⑤ 王志阳：《罗隐传说在福建的传布及其特点》，《闽南师范大学学报》2016年第2期。

⑥ 李娟：《“传说圈”理论的接受与建构》，《长江大学学报（社会科学版）》2016年第5期。

和方法论维度予以推进。

三　与信仰、仪式的互构

郑土有《中国仙话和仙人信仰研究》[①] 是作者自1980年代至今研究仙话的成果结集。书分上下两编：上编“仙话研究”，认为仙话表达了凡人经过修炼可以超越生死的理想，是非常具有中国特色的一种民间叙事形式，但此前大多归入神话或传说。郑土有将其单独视为一类，着重分析其在源起、演变、类型、叙事方式等方面的特色，注重与同主题神话、传说、故事的比较。下编“仙人信仰研究”，进入仙话关涉的民俗现象，作者结合一些典型个案，如东王公、西王母、黄大仙等中国民间神灵的演变规律，仙人信仰与山岳崇拜的潜在关联等，对仙话所蕴含的中国特有的思维和表达方式予以阐发。

陈金文的专著《壮族民间信仰的传说学管窥》[②] 选取了壮族地区影响最广泛的民间神灵考察信仰习俗和传说，对相关传说的历史及传播状况进行了细致的梳理，以此透视传说与信仰的互动关系。

江帆《从神灵“移民”看民间信仰的传承动力与演化逻辑》[③] 关注“秃尾巴老李”传说和信仰随山东移民迁入东北后的传承变异。辽西喀喇沁左翼蒙古族自治县为山东省闯关东移民的聚居区，移民每年农历三月三举办“李龙王赶香烟”庙会。传说作为信仰的象征符号，与新的生存环境融合，重新建构起一种具有地方性和族群性的话语体系，成为象征性的文化资源，在闯关东移民群体中发挥了认同功能。

毛巧晖《日常生活、景观与民间信仰——基于湖北远安嫘祖传说的考察》[④] 探讨了传说、景观与信仰三者的互动关系。近年来宜昌市政府重视“嫘祖信俗”，积极推进远安嫘祖文化建设，作者以此为例指出：民间传说赋予景观以意义，景观是传说必不可少的载体。二者的核心驱动力在于民间信仰。以此建议政府在新的景观建设中，关注民众信仰和民间传说。

黄大仙在浙江、港澳台地区及东南亚一些国家受到普遍信奉。邹明华《传说的力量：黄大仙信仰的生成与盛行》[⑤] 梳理了黄大仙传说的巨大作用。信仰得到民众认同是借助于传说特有的“真实性”，尤其是惩恶扬善传说、灵验传说与人们的信仰心理和信仰诉求最为契合。

王尧本年度发表两篇传说研究论文：《〈史记〉王泽三神考——兼谈民间信仰中的神灵指代规则》和《山西洪洞地区二郎传说与信仰调查报告》[⑥]。前者针对《史记·赵世

---

① 郑土有：《中国仙话和仙人信仰研究》，上海人民出版社2016年版。

② 陈金文：《壮族民间信仰的传说学管窥》，中国社会科学出版社2016年版。

③ 江帆：《从神灵“移民”看民间信仰的传承动力与演化逻辑》，《中原文化研究》2016年第6期。

④ 毛巧晖：《日常生活、景观与民间信仰——基于湖北远安嫘祖传说的考察》，《三峡论坛》2016年第2期。

⑤ 邹明华：《传说的力量：黄大仙信仰的生成与盛行》，《民间文化论坛》2016年第6期。

⑥ 王尧：《〈史记〉王泽三神考——兼谈民间信仰中的神灵指代规则》，《中国文化》2016年第1期（总第43期）；《山西洪洞地区二郎传说与信仰调查报告》，《民间文化论坛》2016年第2期。

家》所载原过于王泽受三神竹书事，依据民间信仰的神灵指代规则和灵验传说的类型逻辑，证明“霍泰山山阳侯”之“天使”实为“大吏”，即王泽三神。后者基于作者2007至2014年开展的田野调查，对当地俗传的“七十二个二郎”予以揭示。诸二郎在传说、信仰、庙宇分布等方面有较为明显的势力对比，构成一庞大的神灵群体。信众还从中挑选出若干影响力强的核心成员排列组合，遂成各种次序不一的“结义神团”。

王人弘《台湾赛夏族矮人传说与祭仪流变》① 探讨仪式与传说的交互阐释。台湾原住民赛夏族的传统仪式“矮灵祭”于2013年被列入台湾无形文化资产潜力点，传说涉及赛夏人与矮人之间的权力关系，对维护赛夏族的传统社会结构有重要作用，与祭仪交互影响，强化了族人的族群记忆。

四 起源叙事与权力结构

从族群起源叙事、祖先传说中解析当下的认同机制与权力结构，是传说研究最重要的范式之一，可以深刻揭示传说对于社会结构的形塑功能。无论宗族、会社，还是民族、国家，各种人群均可以此方式建构历史、阐释当下。李牧《湖北英山地区的“生死异姓”现象及传说》② 以当地“死后易姓”的丧葬习俗为例，呈现出在特定历史社会环境下，某一宗族的成员为求宗族的生存与发展，根据其所掌握的社会文化资源做出的长期策略性选择。作者阐述了这一习俗背后邻近宗族之间的利益依附关系。现今的宗族研究大多关注单个宗族的发展，对宗族间关系的探讨则较多集中于争斗对立。该文则指出，宗族间也可倚赖于利益共生关系，通过祖先传说的建构和讲述，以及共同祭祖的仪式予以践行，这对传说视角下的宗族研究颇有启发意义。

李恭忠《蒙冤叙事与下层抗争：天地会起源传说新论》③ 对各个版本的天地会起源传说进行叙事形态和情节要素的梳理，并名之为“义士蒙冤”叙事，与“小民蒙冤”和“忠臣蒙冤”相比，后二者一致维护主流忠君伦理，因而皆可在大众文艺中广为传播。而“义士蒙冤”中的仇恨情感因素被放大，“蒙冤—怀恨—报仇—造反”逻辑得以凸显，成为下层群体抗争行为正当性的有力依据。然而这一抗争逻辑的要义并非复仇申冤，而是对于皇权的想象性竞逐，虽然显示出与主流统治秩序抗争的姿态，但其最高目标是颠覆并复制旧式皇权秩序。该文以传说文本的类型、情节、结构的比较为基本方法，对秘密结社行为逻辑的揭示深刻有力。

周建渝《故事袭用与寓意转换——〈岭南摭怪列传〉与中国古代传说的关系》④ 通过对这部在越南历史上有重要影响的故事集的研究发现，集中很多故事化用或移植中国文献中的上古传说，来建构越南民族或国家的起源及其与北方中国的关系。在这些故事中，越南被塑造为一个从上古时代就与中国分庭抗礼的、独立的国家，而中国则基本上是以“北贼”“入侵者”的形象出现，中国与越南的互动关系被赋予了“侵略”与“反抗”的

① 王人弘：《台湾赛夏族矮人传说与祭仪流变》，《民间文化论坛》2016年第4期。

② 李牧：《湖北英山地区的“生死异姓”现象及传说》，《民俗研究》2016年第6期。

③ 李恭忠：《蒙冤叙事与下层抗争：天地会起源传说新论》，《南京大学学报》2016年第5期。

④ 周建渝：《故事袭用与寓意转换——〈岭南摭怪列传〉与中国古代传说的关系》，《复旦学报》2016年第2期。

特征，从而影响了后世越南的历史认知。

钟焓《中古时期蒙古人的另一种祖先蒙难叙事——“七位幸免于难的脱险者”传说解析》[①] 以翔实的史料指出：目前学界讨论蒙古祖先传说时最关注的材料为《史集》所叙两男两女蒙难逃生，避居额尔古涅—昆山岭的传说。然而这绝非13世纪前后蒙古人中流行的关于祖先蒙难的唯一历史记忆。早在这一叙事出现之前，蒙古人中很可能已经流行了一种以不儿罕山为发生背景的“七个逃难者”的祖先蒙难叙事，其原型甚至可以上溯到11世纪。对该传说的研究有助于全面认知13—14世纪蒙古人群体中保留的关于祖先起源的历史记忆。

杨晓雯《改土归流背景下他留人族群传说的话语建构》[②] 的研究对象他留人是生活在滇西北的彝族支系，其族源阐释围绕“他鲁”如何更名为“他留”展开，形成了多种传说异文。其中，与他留人的实际统治者高土司家族有关的异文影响最大。传说被“流”与“土”、民间与官方征用，以强化各自的合法性、权威性。流官政权采取民间话语对土官进行“妖魔化”，对此，土司并未采取针锋相对的“对抗性文本”，而是借助传说话语进行象征性资本的建构。流与土、官与民、夏与夷三种叙述主体基于各自的立场，参与对族源传说的阐释和改造。

聂羽彤《传说建构与权力表达——从龙舟起源神话看施洞地区的群体互动与社会变迁》[③] 着力分析传说意象对社会结构与村落关系的隐喻和表达。作者认为，龙舟传说中的恶龙是与苗人对立的君权之象征。传说中死后的恶龙身体被沿江各寨苗民分割，象征着皇权演化为村落权力，分割龙身是对该区域内村落关系的重新规定，由此确立的区域格局延续至今。神话传说会随着权力关系的变化而得到重述，每种异文都是当时区域权力格局的表征。

张佳《南蛮民族盘瓠传说史料考》[④] 从词汇学角度提出，“盘瓠”作为少数民族的始祖神名称，在传入汉语系统时，若为意译，则源语言中应有一个与之对应、读音不同的神名；若为音译，则“盘”“瓠”二字就只记音，无实际含义。在少数民族流传的犬父始祖传说早期版本中，未见提及该始祖的神名；而稍晚的以汉字记录的民间文献中，则都提到了盘瓠之名。由此推论，盘瓠之名是汉族文人在南方民族传说基础上的改造，并非这些民族原有的。

刘宝吉《消失的迷宫：沂水刘南宅传说中的神话与历史》[⑤] 一文指出，刘南宅是明清两代山东省沂水县最有权势的缙绅世家，其传说的起源与刘南宅四世刘应宾的一段遇仙奇遇有直接关系，不仅可透视一个缙绅世家的崛起和在近代的转型、败落，还涉及一种地方性社会神话（或传说）的形成。这种神话传说与地方社会权力结构有紧密关系，也是占据支配地位的社会集团享有的文化霸权之表征。

---

① 钟焓：《中古时期蒙古人的另一种祖先蒙难叙事——“七位幸免于难的脱险者”传说解析》，《历史研究》2016年第3期。

② 杨晓雯：《改土归流背景下他留人族群传说的话语建构》，《云南师范大学学报》2016年第3期。

③ 聂羽彤：《传说建构与权力表达——从龙舟起源神话看施洞地区的群体互动与社会变迁》，《北方民族大学学报》2016年第2期。

④ 张佳：《南蛮民族盘瓠传说史料考》，《贵州民族研究》2016年第2期。

⑤ 刘宝吉：《消失的迷宫：沂水刘南宅传说中的神话与历史》，《民俗研究》2016年第5期。

五 传说作为记忆

传说作为集体记忆、公共记忆、文化记忆、族群记忆的重要形式，在近年研究中颇受关注，本年度亦有多则个案予以深入探究。

毕旭玲《文化记忆的建构、遗忘与重构——以上海“康王建城”叙事为中心的讨论》① 首先介绍了扬·阿斯曼等关于文化记忆建构、遗忘与重构过程的模型，继而以上海的“康王建城”传说为例予以印证。“康王建城”传说是关于上海早期历史的神圣叙事，被进一步扩展为辉煌的东晋康城传说，后因诸种原因逐渐沉寂。在当代旅游开发过程中，“康王建城”传说被唤醒，为塑造上海的地域文化形象发挥重要作用。该传说的建构、遗忘以及重构的过程中布满了根据外在环境做出自我调适的文化印痕。

段友文、闫咚婉《介子推传说的历史记忆与当代建构》② 依据在山西绵山地区的田野调查，首先从文本（包括口头与文献）与空间（实物形式）的维度，追溯了介子推传说的两种记忆路径；进而比较同属于绵山介子推传说圈的两种不同的传承模式，即沁源的在地化传承和介休的景观化传承；最后归纳了当代传说发展的动力机制，即传说是原生资源、文化遗产和文化资本三者互动的结果。

李鹏《攀附与逃离：作为社会记忆的中渡城隍传说》③ 借鉴哈布瓦赫的社会记忆理论，分析了广西中渡古镇流传的两则城隍传说。位于西南边疆的中渡改土归流之后，一些地方精英和官员纷纷通过景观命名等方式在民间设置国家的象征符号，不断向正统文化靠拢。传说中皇帝册封和御赐牌匾给中渡城隍，一方面象征中渡已经是皇帝管辖的领土，城隍代表皇帝监管地方官员和民众；另一方面，中渡虽然接受了中原的城隍信仰，却以本地的“神木”充当城隍，在攀附封建王朝的同时，也创造了属于自己族群的社会记忆。明清时期的国家与地方关系不是简单的控制与反抗之二元对立，而是不同群体根据自身处境巧妙选择生存策略。

祝立业《从碑志看高句丽人的始祖记忆与族群认同》④ 用丰富的碑志材料呈现出高句丽始祖传说建构、流传、变异的动态过程。好太王碑标志着高句丽始祖传说的形成；冉牟墓志表达出对该始祖传说的认同强化；《魏书·高句丽传》是对始祖传说的完善和再创造；高句丽灭亡后，其移民墓志显示出对始祖传说认同的衰减，这也是“选择性失忆”和“谱系性失忆”的结果，体现了入唐移民逐渐融入唐王朝的历史进程。

王瑞来《“狸猫换太子”传说的虚与实——后真宗时代：宋代士大夫政治下的权力博弈》⑤ 从各种传说文本背后打捞出潜藏的历史信息。历史上，刘皇后、李宸妃真实存在，仁宗确曾被刘皇后养为己子，从这些历史事实敷衍而成“狸猫换太子”传说是在史实基

---

① 毕旭玲：《文化记忆的建构、遗忘与重构——以上海“康王建城”叙事为中心的讨论》，《上海文化》2016 年第 10 期。

② 段友文、闫咚婉：《介子推传说的历史记忆与当代建构》，《民俗研究》2016 年第 5 期。

③ 李鹏：《攀附与逃离：作为社会记忆的中渡城隍传说》，《民族艺术》2016 年第 2 期。

④ 祝立业：《从碑志看高句丽人的始祖记忆与族群认同》，《社会科学战线》2016 年第 5 期。

⑤ 王瑞来：《“狸猫换太子”传说的虚与实——后真宗时代：宋代士大夫政治下的权力博弈》，《文史哲》2016 年第 2 期。

础上层累的虚构。作者由此洞察宋代士大夫政治的形成与权力博弈，以期重新认识该传说关联的时代。

陈金文《壮族服饰传说中的古俗记忆》[①] 认为这些传说是对掠夺婚、厌胜习俗的反映，文章试图挖掘口头叙事中保存的古代习俗记忆，及其中的原始思维特征。

六　古史传说及当代流变

本年度古史传说的研究聚焦于防风氏和大禹，学者们在采用文献考证方法的同时，也关注当代活态的古史神话传说。

潜明兹《口传防风神话传说之发掘暨研究》[②] 概述了防风传说的发掘和研究历程。作者称，中原活态口传神话传说与浙江口传防风神话传说的发现，开辟了中国神话研究的新园地，也是对中国神话贫乏论的有力驳斥。防风神话传说也引起了日本学界的关注。

夏楠《从祭祀仪式到表达反抗：防风传说的民间性转化》[③] 通过对浙江德清县防风传说的追溯，借鉴神话仪式学派的理论，认为防风传说源于稻作农耕中的祭祀仪式，仪式的神圣功能消解之后，逐渐蜕变为神话传说。

刘惠萍《破石而生的英雄——关于"禹生石纽"神话传说的考察》[④] 以"禹生石纽"的神话传说为主要考察对象，发现以往学者将"石纽"视为地名，致相关研究多陷于地望考据及争执。作者提出，此说可能是"禹生于石"神话传说的变形与置换，将石头视为母体、母亲的观念与原始初民相信石头可以生人有关。

孙国江《大禹传说研究综述与前景展望——以中国叙事文化学为依据》[⑤] 梳理了大禹传说的研究特点、成果，提出将大禹传说放置于古代文化的总体背景中考察，把故事情节类型与叙事文化学相结合，以此展望叙事文化学视域下的研究前景。

杨洁、张原《上古中国王朝更替传说中的结构转换与历史表达——评艾兰〈世袭与禅让——古代中国的王朝更替传说〉》[⑥] 是对美国汉学家艾兰经典代表作的书评。艾兰从先秦文献的王朝更替传说中提取出关键元素并排序、组合，极富启发性地讨论了其中呈现的结构特征，认为这些传说调和了世袭权力与美德统治之间的矛盾，不仅为中国古代的历史表达设置了一种基本结构，还赋予其价值主题。此书的主要贡献在于以结构主义方法推进中国古史传说研究，揭示了古史之"真"的背后是一套结构转换机制。

---

① 陈金文：《壮族服饰传说中的古俗记忆》，《贵州民族大学学报》2016 年第 6 期。

② 潜明兹：《口传防风神话传说之发掘暨研究》，《民间文化论坛》2016 年第 6 期。

③ 夏楠：《从祭祀仪式到表达反抗：防风传说的民间性转化》，《广西民族大学学报》2016 年第 4 期。

④ 刘惠萍：《破石而生的英雄——关于"禹生石纽"神话传说的考察》，《长江大学学报（社会科学版）》2016 年第 11 期。

⑤ 孙国江：《大禹传说研究综述与前景展望——以中国叙事文化学为依据》，《天中学刊》2016 年第 3 期。

⑥ 杨洁、张原：《上古中国王朝更替传说中的结构转换与历史表达——评艾兰〈世袭与禅让——古代中国的王朝更替传说〉》，《民族学刊》2016 年第 3 期。

七 都市传说

都市传说的情境设置于当代社会中，被当作真实的经历来讲述，是一种充满了“现代性体验”的民间叙事文类，“既是时代文化的体现，也是我们生活世界的本身”①。自李扬译介美国民俗学者 J. H. 布鲁范德的著作《美国民俗学》（1993）、《消失的搭车客》（2006）② 之后，中国学界兴起了从传说视角对当代都市生活的观察，此后每年均有一定数量的主题论文发表，既包括对都市传说的概念界定、分类、研究方法等理论研讨，也不乏基于中国历史文献与各地传说现状的个案研究。除李扬外，施爱东、王杰文、黄景春、陈冠豪、魏泉等亦长期关注此领域，均有颇具创新意义的研究成果。与国外相比，都市传说研究在国内起步略迟，但是国内的传说蕴藏量相当可观，搜集整理和理论研究均大有可为。

本年度李扬、张建军师徒推出新作。二人合撰的《都市传说分类方法述论》③ 首先概述了都市传说在国内外的研究进展，指出国内的理论研究仍然比较薄弱，搜集整理工作也相对滞后，这在一定程度上造成了对都市传说文类认知的局限。继而提出，建立都市传说的分类系统、编制类型索引，是进行此项研究的基础性工作。作者依次梳理了西方学者以真实性、主题、类型、结构等不同标准提炼的分类系统，并分别予以述评，最后指出布鲁范德《都市传说类型索引》对中国传说的分类和研究所具有的借鉴意义。

二人还合作翻译了布鲁范德的《都市传说类型索引》④。该索引首次出版于 1993 年，于 2012 年得到扩充和修订，以内容为标准形成系统的分类框架，共包括十组：关于汽车的传说；动物的传说；恐怖传说；意外事故；性和丑闻；犯罪传说；商业和职业传说；关于政府、军事和社会的传说；名人传闻和传说；学院传说。布鲁范德还就某些亚类作了进一步划分。

张建军、李扬在《民间文化论坛》的“关键词栏目”合作撰写了《都市传说》⑤，综述了该领域的几个核心问题：关于概念，“都市传说”又被称为“都市信仰故事”“当代传说”“现代传说”“现代都市传说”等等。其事件背景和流传地域并不总是呈现为“都市的”和“现代的”，许多异文都有古老的传统或者是乡村社会的原型。西方的都市传说研究起源于 20 世纪上半叶，目前有布鲁范德编制的《都市传说类型索引》，及在此基础上编撰的《都市传说百科全书》等大型工具书，分类可依据真实性、主题、结构等标准。网络是最主要、最常见的传播媒介，都市传说由“民间文化”向“流行文化”和“商业文化”转变的趋势日益显明。国内引入“都市传说”的概念在 1990 年之后，李扬、王杰文等是国外研究的主要译介者。

---

① 张建军、李扬：《都市传说》，《民间文化论坛》2016 年第 3 期。

② ［美］J. H. 布鲁范德：《美国民俗学》，李扬译，汕头大学出版社 1993 年版；［美］J. H. 布鲁范德：《消失的搭车客：美国都市传说及其意义》，李扬、王珏纯译，广西师范大学出版社 2006 年版。

③ 李扬、张建军：《都市传说分类方法述论》，《文化遗产》2016 年第 3 期。

④ ［美］J. H. 布鲁范德：《都市传说类型索引》，张建军、李扬译，《民间文化论坛》2016 年第 3 期。

⑤ 张建军、李扬：《都市传说》，《民间文化论坛》2016 年第 3 期。

马星宇《校园“惊魂”：校园恐怖传说探析——以山东大学校园传说为例》① 是对都市传说下属的重要亚类——恐怖传说的专题个案研究。作者以校园恐怖传说为例，指出其作为本校的“地方性知识”，已逐渐成为一种身份标识和文化记忆，具有使同校学生凝聚为一个共同体的认同功能，因此具有一定正面价值。

八　谣言

上述都市传说的国内研究者近年来亦同时关注或转向谣言研究。自 2012 年以来，施爱东陆续推出一系列成果，掀起谣言研究热潮。《民族艺术》特辟“谣言探究”专栏，自 2013 年至今推出相当数量的论文，是刊发此类成果的重要阵地。本年度施爱东一人独撰论文 9 篇，成绩斐然，其他作者的成就亦十分可观。谣言研究前景开阔、潜力巨大，是近年传说领域的醒目焦点。

施爱东在《民间文化论坛》“关键词”栏目发表《谣言》②，提纲挈领，可作为谣言研究入门指南。首先，针对何为谣言，作者对多种界定方式予以辨析，指出“真实性”不是谣言的判断标准。其次，中国语境中的“谣言”带有贬义色彩，谣言判定是带有价值评判的主观性问题，与信息的客观真实性无涉。正因如此，内容的客观性不应作为标准，宜以传播渠道和传播方式为定性指标。第三，谣言具有集体性、口头性、变异性、传承性等民间文学特征，可以与传说、故事、神话发生转换。第四，网络谣言是当下主流的谣言形态，谣言研究进入了大数据时代。第五，谣言的强度公式为：谣言强度≈问题的重要性×证据的含糊性。此外，作者简要述评了一些较有影响力的研究著作。

作者还以一己之力在《民族艺术》“谣言探究”专栏发表 6 篇论文。③ 《辟谣困局：造谣动动嘴，辟谣跑断腿》指出辟谣之难，因为谣言是最得受传者喜闻乐见的小道消息，总是试图煽动公众的围观热情，而辟谣却违逆受传者心理诉求。在熟人社会中，由于谣言具有优先传播的特征，加上人们对于信息的偏颇吸收，谣言甚至可能假借辟谣的名义得以大肆传播。《图像谣言：数字时代的谣言新宠》首先总结了常见图像谣言的五种类型，继而指出一则图像谣言从成像到成谣至少会经历三重异化过程：摄录的片面化记录、编辑的立场偏向、谣言家的歪曲误导。《谣言作为民间文学的文类特征》申明谣言的文类特征除了民间文学集体性、匿名性、口头性、变异性、传承性等共性特征之外，最具特色的是它的情绪性和现实性。《辟谣公式的三项要素》提出，辟谣效果主要取决于辟谣主体的权威性、辟谣信息的可信度、辟谣信息的有效传播面，三者是乘法关系，故切忌谣言走谣言的渠道，辟谣走辟谣的渠道，导致谣言继续转，辟谣帮着传。《网络谣言的语法》总结了网络谣言可外在识别的结构、语法等形态特征，包括相对简短的篇幅、语不惊人死不休的标

---

① 马星宇：《校园“惊魂”：校园恐怖传说探析——以山东大学校园传说为例》，《民俗研究》2016 年第 6 期。

② 施爱东：《谣言》，《民间文化论坛》2016 年第 2 期。

③ 施爱东：《辟谣困局：造谣动动嘴，辟谣跑断腿》，《民族艺术》2016 年第 1 期；《图像谣言：数字时代的谣言新宠》，《民族艺术》2016 年第 2 期；《谣言作为民间文学的文类特征》，《民族艺术》2016 年第 3 期；《辟谣公式的三项要素》，《民族艺术》2016 年第 4 期；《网络谣言的语法》，《民族艺术》2016 年第 5 期；《阴谋论的形态特征及其故事策略》，《民族艺术》2016 年第 6 期。

题、难以追踪检索的模糊信源、情绪宣泄式的行文风格、极端化的夸张表述、浅显直白的警示语等。这些形态特征有助于读者从纷繁的网络信息中将其识别出来。最后，《阴谋论的形态特征及其故事策略》提出阴谋论作为一种形态单纯的故事类型，是在某一事态不够明朗的事件发生之后，由果索因，逆向推导出来的故事。一个成熟的阴谋论不仅不可辨伪，而且具有自证自洽的功能，能够自我统一、自圆其说。

在《民族艺术》之外，施爱东还在《民俗研究》今年第3期主持“谣言研究”专栏，邀约作者均为青年学者。[①] 施爱东撰“主持人语”《作为民间文学的谣言》申明谣言是口传文化现象，基于民间文学、故事学立场的谣言研究有独立的问题意识和研究目标，区别于传播学、社会学、心理学等同类研究。张静《西方传说学视野下的谣言研究》总结了西方民俗学界1970年代以来在搜集、整理和研究上取得的成果，研究视角包括谣言的类型、语境、传播和变异等，为国内学者提供了有用的参照。刘文江《大数据方法与谣言研究》从方法论角度指出，未来的大数据研究将通过对总体性、相关关系等方面的关注，给谣言的定性研究，以及在口头性与书写性、语境、信仰等关键问题的思考方面带来有意义的启示。魏泉《网络时代的“谣言体”——以微信朋友圈为例》从文体角度出发，分析网络时代微信朋友圈中的“谣言体”，对具有典型表征的“求转发体”“拟名人体”“微信体”等网络谣言文体作细致考察。张岩、祝鹏程《青岛德式下水道：一则谣言背后的中西想象》对群体在想象他者时采取的思维定势展开反思。近代以来，在和西方先进国家的频繁接触中，中国社会产生了难以计数的关于异文化和先进文明的想象与传闻，这些谣言既言说着他者，也映照出中国对自身在世界格局中的定位。以“青岛德式下水道”为代表的谣言虚构了一个完美的德国形象，并将中国塑造成了好大喜功的“暴发户”，具有强烈的现实批判性。这种对西方的想象和自我的反思成为谣言生成的心理动力。最后一篇是施爱东《谣言的社会协调功能》，指出谣言除了具有社会危害，也有协调社会关系的中性功能，后者主要表现在心理抚慰、舆论工具、增强认同和娱乐大众这四个方面，是一种既令人憎厌、又无法割舍的语言民俗。

九 传说与性别

从性别角度解读传说的研究此前较为少见，本年度的两篇论文展示了此种路径的空间和潜力。庞亚辉《女性主义视角下对观音本生与显化传说的再审视》[②] 从女性主义视角解读妙善传说，认为其在女性中深入人心的原因是该传说在世间与出世、孝道与解脱之间达成了巧妙的平衡。妙善通过自身的一系列抉择、践行，在世间法中谨守为女、为妇、为母的本分，但在出世间法的层面有信念、有个性、有坚守，为天下女子提供了一种身缚枷锁而心灵追求无限自由的可能。

---

① 《民俗研究》2016年第3期“谣言研究”专栏包括6篇文章：施爱东“主持人语”《作为民间文学的谣言》；张静《西方传说学视野下的谣言研究》；刘文江《大数据方法与谣言研究》；魏泉《网络时代的“谣言体”——以微信朋友圈为例》；张岩、祝鹏程《青岛德式下水道：一则谣言背后的中西想象》；施爱东《谣言的社会协调功能》。

② 庞亚辉：《女性主义视角下对观音本生与显化传说的再审视》，《世界宗教文化》2016年第6期。

肖霞《日本“山姥”传说的现代文学解构》① 探讨了女性传说形象与小说创作的关系。住在山林中的女性老妖“山姥”是日本妖怪的代表，日本现代女性作家创作了很多相关“山姥”的文学作品，从不同的维度诠释了山姥原型——女性（母性）在现代社会中的生存样式。那些遭遇人间不公、饱受生活磨难的女性是现代社会制度的受害者，同时也是夫权制社会罪孽的救赎者。

十 非遗及价值阐释

如何对非物质文化遗产中的传说类项目予以深入研究和恰当保护，是时代赋予学者的紧迫而重要的使命。毕旭玲《中国传说类非物质文化遗产项目的内容分类及构成概述》② 以我国非物质文化遗产四级名录体系中的省市级名录为主要研究对象，将传说类非物质文化遗产项目分为 7 大类 34 小类，整合为一套二级分类体系。

余红艳《“白蛇传”传说图谱编撰的原则》③ 尝试以“白蛇传”传说为例，对非物质文化遗产进行图谱编撰。“图”包括地图、图表、图示、网络图等，“谱”是连接“图”的内在逻辑。传说的图谱编撰以图像标识核心情节、以地图指示空间流布、以图表呈现历史演化、以网络图示展演交互关系，将“白蛇传”传说的千年传承、广阔流播以及资源之间交互影响和渗透的复杂关系，以可视化的传说图谱予以保存。

陈华文《转型与融合：非遗保护背景下的梁祝文化传承》④ 从社会转型的角度切入，讨论了媒体融合、非遗保护语境下的项目名录制影响、新技术观念下的区域空间扭曲，以及梁祝传说保护的意义和现实对策。

薛洁《新疆锡伯族屯垦传说故事类非遗的保护与传承》⑤ 指出锡伯族屯垦传说故事对强化中华文化认同、维护民族团结和边疆稳定等方面具有重要的价值，并从调查和搜集屯垦传说故事、建立古屯垦传说故事档案和开展关联性传承三方面，提出了保护与传承的策略。

广东流传着许多有关孙中山的传说，曾应枫《孙中山故事传说的价值和意义》⑥ 对广东中山和广州两地流传的传说资料予以整理，希望以此促进此类传说的保护和传承。徐俊六《传说、民俗、生态、价值：神鱼泉的现代性阐释》⑦ 和阎丽杰《满族民间传说故事的审美特点》⑧ 均对传说的特征和审美价值予以阐发。

---

① 肖霞：《日本“山姥”传说的现代文学解构》，《民俗研究》2016 年第 2 期。

② 毕旭玲：《中国传说类非物质文化遗产项目的内容分类及构成概述》，《徐州工程学院学报》2016 年第 4 期。

③ 余红艳：《“白蛇传”传说图谱编撰的原则》，《徐州工程学院学报》2016 年第 1 期。

④ 陈华文：《转型与融合：非遗保护背景下的梁祝文化传承》，《非物质文化遗产研究辑刊》2016 年。

⑤ 薛洁：《新疆锡伯族屯垦传说故事类非遗的保护与传承》，《石河子大学学报》2016 年第 6 期。

⑥ 曾应枫：《孙中山故事传说的价值和意义》，《文化遗产》2016 年第 5 期。

⑦ 徐俊六：《传说、民俗、生态、价值：神鱼泉的现代性阐释》，《西北民族大学学报》2016 年第 5 期。

⑧ 阎丽杰：《满族民间传说故事的审美特点》，《满族研究》2016 年第 1 期。

小结

本年度的传说研究关键词可总结为：在地化、权力、记忆、谣言、非遗。上述成果呈现了传说研究在当下的勃勃生机。一些核心命题如传说的流变、传播、本土化、与仪式的互构、与信仰的互相阐发、对族群认同的凝聚力等均得到了多个案例的精彩解答和持续回应，而近年来的前沿研究趋势也得到了有效推动。谣言的民间文学特征得到充分论证，传说研究的范畴不断扩充，新的研究对象也必将推动本领域研究视野、问题意识、理论范式的不断更新。除古史传说外，对传说作为起源叙事和集体记忆的探究表现出明显的跨学科特征，显示出传说研究所具有的活力和潜力。将传说纳入性别视阈的方法对传统的、常见的传说予以不同寻常的解读，颇具阐释力和说服力。至于如何传承和保护传说类非遗项目的研讨，则是当下民俗学、民间文学研究的题中应有之义。

不过，以上成果相对于传说的庞大蕴藏量而言数量还很少，这也为进一步探索开拓了广阔的空间：首先是文类研究不平衡。相比神话、史诗和歌谣，传说研究一直相对冷清，理论提升和范式更新略为滞后，反哺其他文类及整个民间文学的空间也就十分有限。其次，学者们已经触及一些有相当生长力的命题，但是个案分析与理论合成不平衡，尚有待于凝聚为共性命题向外辐射，以期对口头文学的运行机制做出更深入精确的阐发。第三，相对而言，传说的学术史、方法论、文本结构、性别视阈以及关于海外传说的研究较少。基于传说文本的外部语境展开的研究较多，对文本内部叙事规律的研究稀见。第四，民俗学视角的都市传说和谣言研究始于欧美国家，在国内的同类研究似乎还只限于少数几位民俗学者当中，且搜集整理等基础工作亦亟待展开。

2016 年故事研究综述

漆凌云*

2016 年的民间故事研究取得显著成绩，在故事学理论、类型研究、比较研究、笑话研究、故事讲述研究等领域均有新的突破。据不完全统计，该年度出版故事学论著 10 部，博士论文 6 篇，硕士论文 35 篇，期刊论文 131 篇。

一　故事学理论研究

故事学理论研究不足常被视为故事学陷入模式化怪圈的重要因素。2016 年的故事学理论研究在故事学研究范式的反思、西方故事学理论的引进、故事类型索引的编撰等方面均取得了显著进展。

21 世纪的中国民俗学，“语境”“表演”“日常生活”成为热词，“类型”“母题”“形态结构”等经典故事学范式面临能否适应当代学术发展的问题。康丽的《民间文艺学经典研究范式的当代适用性思考——以形态结构与文本观念研究为例》[①] 以形态结构与文本观念研究为例，探讨这两种经典研究范式在当代的适用性，并追索由此关联出的在进行范式的沿用、转换，甚至重构时必须予以深思的学科认知问题。形态结构研究立足于共时视角，文本观念研究立足历时视角，两种视角能否统合是民间文艺学史的热点话题。作者认为就文本事实来看形式与内容原本就是一体两面的。文化观念的传达与其形态结构之间的关联非常紧密。一方面，叙事结构通过对民众主体演述的限定，而制约着文化观念的传达；而另一方面，文化观念的传达又在调整结构单元排序的基础上，借由民众主体的演述，完成了它对整个结构框架的影响、更迭乃至撼动。形态研究或文化观念研究都无法规避另一方对认知文本真相的影响。形态结构与文化深意在文本当中的互构，足以说明对以二者为目的的两种研究范式确有统合的必要。尽管形态结构研究和文化观念研究的结合遭受相互脱离的两张皮的批评和无法统合的质疑。作者提出如果能够转换视角，寻找并运用恰当的研究中介，将两种经典范式统合在同一对象的研究实践中，就可以更为有效用地划定口承文本的传统属性与聚合边界，清晰地呈现出历史积淀而成的文化意义在共时层面的存在形制，揭示出叙事结构与文化义存的互动规律，也为在语境视野下的变异研究垒实探究的可能与比较根基。此文不仅回应了传统故事学范式在当下依然有生存空间，还对历时

* 作者系湘潭大学文学与新闻学院副教授。

① 康丽：《民间文艺学经典研究范式的当代适用性思考——以形态结构与文本观念研究为例》，《清华大学学报》2016 年第 1 期。

研究和共时研究统合的学理及可能性进行阐发，体现了中国故事学人的新思考。

母题分析是故事学的重要研究方法。陈建宪在研究中国洪水再殖型故事时从500多篇异文中筛选出洪水、遗民和再殖三个不变母题，将洪水的起因、遗民身份、再殖人类的方式在不同异文中有所变异视为可变母题。把不变母题和可变母题输入数据库，进行组合检索，便可得到母题组合的数据，经过统计分析和画出地理分布图，能够发现异文间的联系，从而揭示民间故事传承和变异的规律。① 母题还是故事学重要术语。徐磊的《存在论转向下的“母题”概念探析》注意到母题的界定与划分标准处于较混乱状态，结合母题传承性与变异性特点，可将母题定义为“叙事作品中最小的、可传承的、可灵活组织连接成故事的单一事件。”作者认为以往学界关于母题的判定带有主观性，易陷入认识论的困境，应转向存在论。②

随着中国民间故事集成编撰的完成，许多学者提出应利用新收集的民间故事资料编撰一部更为全面、科学的中国民间故事类型索引。③ 金荣华的《民间故事类型索引》④ 融合了已出版的中国民间故事集成省卷本、《中国民间故事全集》、《中华民族故事大系》和译成中文的外国民间故事集，新增故事类型191种，专设情节检索，不仅成为现有最全面的中国民间故事类型索引，还是世界三大国际民间故事类型索引之一。斯琴孟和从事蒙古族民间故事研究多年，成绩显著。他认为已有的民间故事类型索引在全面性、科学性、本土化方面取得诸多进步，但不能应对各民族丰富多样的民间故事。他主持的国家社科基金课题“蒙古族民间故事类型研究与数据库建设”首次全面搜集国内外的蒙古族民间故事，把故事分成AT分类体系中的故事类型和无法纳入AT分类体系中的故事类型两大部分。对于不能纳入AT分类体系中的蒙古族民间故事类型另行制定分类编码体系，称之为“SM分类体系”。借助数据库，将故事文本进行分类、归纳、整理、录入、标记、检索，设计建立相应的英、汉、蒙三种语言同时兼容的类型分析数据库和综合数据，从而为蒙古民间故事研究提供一个广阔的平台。⑤

2016年国外故事学理论的译介较多，显现了中国故事学人积极吸纳他山之石来拓展国内民间故事研究的思路。瑞士学者麦克斯·吕蒂的童话现象学在童话研究领域独树一帜。户晓辉的《童话现象学：苦心孤诣谁愿识?》对吕蒂的童话学理论渊源及研究方法进行了翔实梳理。吕蒂的童话学理论颠覆了早期文化人类学派的童话观，认为童话是对人类具有存在论意义的一种叙事体裁。吕蒂说自己的童话研究不是民俗学研究而是文学科学研究，将童话的本质视为目的形式，是现实中的童话的共同趋向并力求实现的目的形式。童话现象学的研究就是对现实中的童话进行本质还原。通过比较各种异文得到某个标准形式

---

① 陈建宪：《故事类型的不变母题和可变母题——以中国洪水再殖型故事为例》，《广西民族大学学报》2016年第3期。

② 徐磊：《存在论转向下的“母题”概念探析》，《广东外语外贸大学学报》2016年第4期。

③ 详见刘守华：《关于民间故事类型学的一些思考》，《民族文学研究》2004年第3期；祁连休：《中国故事的独特魅力》，《河南教育学院学报》2008年第6期。

④ 金荣华的《民间故事类型索引》于2007年出版，因当时民间故事集成省卷本尚未出齐，后于2014年出版了共四册的增订本，首次出版和增订版均由中国口传文学学会出版。

⑤ 斯琴孟和、孟克代力格日：《关于编纂〈蒙古族民间故事类型索引〉与数据库建设的一些思考》，《民族文学研究》2016年第1期。

可能比用历史地理学派方法寻找原始形式更容易。他从现象学出发对诸多童话进行动态的和辩证的还原，童话的体裁的形成关键不在它使用的母题而是它使用母题的方式。通过空洞化、升华化和孤立化童话的形式（本质）得以形成。童话的形式和本质最终归结为童话中呈现的人的形象。童话以自身特有的抽象化、图形化和孤立化风格描绘了一种人的形象。童话表达的是对人及其存在的一种特殊理解。吕蒂对童话的现象学研究是借助童话的本质研究通往人的形象和人的存在。民间童话中的行动者揭示了人的存在处境和真相。吕蒂认为童话最大的功能在于“把听众带进人的存在的本质”。户晓辉认为吕蒂的童话现象学对童话不变成分或恒定因素的寻求构成了欧洲童话研究的另一种更值得继承的传统，也是20世纪童话研究的一大特征。尽管这个传统在当代欧洲已经有些式微而且后继乏人，但吕蒂的童话现象学仍然是欧洲童话研究乃至民间文学研究深刻而宝贵的遗产，值得我们重视和发扬光大。①

琳达·德格（Linda Dégh）提出的“以讲述者为核心的叙事表演研究”是西方故事学转向民族志的重要成果。她认为故事的生命力源于传统、讲述社区和讲述者，从社区（包括听众）和（讲述者）个人、传统和（讲述者的）创新两种对立关系中考察故事讲述活动。（讲述者）个人具有创造性，但受传统和社区的限制。讲述者处于核心位置，处于传统的约束与自我创新，以及社区的约束和个人的自由的两种张力之间。三者互相联系和影响，构成一个系统。琳达·德格持续研究了匈牙利的传统农业社区和美国匈牙利移民社区的讲述活动，通过故事讲述考察社区、传统和听众的互动和研究讲述者在传统和创新的博弈与协调中完成故事的表演，发现讲述活动有时间性，讲述形式有“轮流讲述”和“个人讲述”两种。讲述者的创造是在有限框架内进行的。通过追踪一个家庭内故事的变化，考察同一社区内不同讲述者讲述同一个故事的变化，比较同一讲述者对同一故事的多次讲述，对故事的核心内容及变化的法则有了新的认识。德格的研究对田野和文本同样重视，吸纳了俄罗斯的民族志故事研究传统和欧洲故事学的精髓，借鉴了人类学的田野调查法和北美的表演理论，对西方故事学研究产生了深远影响。②

鞠熙的《法国故事类型索引编制史与口头文学研究思潮》介绍了法国民间故事类型索引的编撰史。保罗·德拉许1957年编制了第一部《神奇故事类型索引》，对异文的处理得到学者好评。特内兹1964年出版的《神奇故事类型索引》第二卷基本延续了德拉许的体例但对地方差异、可变母题与不变母题关注较多。她1974年出版的动物故事类型索引逐渐融入故事形态学方法，1985年出版的宗教故事类型索引具有研究索引特点。特内兹与乔安娜·布许在新世纪合作编撰了短篇小说故事类型索引。乔安娜·布许正在独立编撰的索引包括被骗的巨人、笑话、程式故事等。布许的类型索引一方面延续德拉许和特内兹的框架，另一方面融入文化遗产学理念，利用新的民族志和田野调查资料。新的索引“不仅是文本母题的索引，还是文化母题的索引”③。黎潇逸的《权力·工具·幻想——杰克·齐普斯童话批判理论的三个维度》从权力、工具和幻想评述了美国学者杰克·齐普斯的童话研究的社会政治批判模式。杰克·齐普斯采用政治批判模式分析数百年来童话生

---

① 户晓辉：《童话现象学：苦心孤诣谁愿识?》，《民间文化论坛》2016年第3期。

② 张静：《西方故事学的转型与民族志故事学的兴起——以琳达·德格的“以讲述者为核心的叙事表演研究”为中心》，《广西民族大学学报》2016年第3期。

③ 鞠熙：《法国故事类型索引编制史与口头文学研究思潮》，《民族文学研究》2016年第2期。

产背后的社会——政治——文化语境，呼吁警惕当代文化工业中以童话之名进行的商业和技术化运作。[①]

柳田国男的民间故事研究成果丰富、影响大，但国内多为零散译介。乌日古木勒的《柳田国男民间文学思想研究》对日本民俗学之父柳田国男的民间文学思想进行了系统介绍，深入分析了柳田国男的故事学理论及对桃太郎、画中女等类型故事的研究成果。[②] 梁青也介绍了繁原央、野村纯一、广田收等日本学者在故事文本、讲述者、讲述活动方面的成果，指出日本学者在吸纳西方叙事学成果的同时注重本土化的特点。[③]

二　故事类型研究

故事类型研究是中国故事学的主流，今年该领域成果丰硕。刘守华是中国故事学的领军人物。他的《一个蕴含史诗魅力的中国民间故事》[④] 汇聚了中外诸多故事学人关于求好运型故事的研究成果，通过个案呈现不同时期中外学人的多种民间故事研究理路。其中收录了刘守华七篇关于求好运故事的论文，跨度达三十多年，研究方法和观点随着材料积累、学术视野及学术语境而不断修正。刘守华早期论文认为求好运故事源于中国，随着蒙古人的西征进入西方；后来随着印度佛经故事文献的不断发现，他放弃了源于中国的观点：认为其源于南亚，由东方传入欧洲。其研究结论始终以故事文本为中心，尽可能广泛搜寻不同性质的故事文本资料，根据新材料的发现，不断纠正自身及他人观点的偏颇之处，体现了其"上下求索"的可贵学术品格。针对求好运民间故事传播的广泛性和民族性特质，他采取了影响研究和平行研究相结合的策略，挖掘出此类故事本土化特征，从宗教文化和世俗文化的渗透中考察演变过程，进而提出"多元播化"观。"多元播化"观点及其特征总结是刘守华对中国许多历史悠久、流传广泛的故事类型的传承状况的经典总结。后来他又转向对故事文本意义的考察，阐发主人公体现的"先人后己""与人方便，自己方便"的中华美德，呈现作者的故事学研究理路由比较故事学、类型学逐渐转向故事诗学研究。林继富的《汉藏民间叙事传统比较研究：基于民间故事类型的视角》系国家哲学社会科学成果文库成果，以故事类型为切入点，立足于汉藏故事文本的形态结构和文化交流史，摆脱了传统的故事情节比较和探寻故事生活史的常见模式，以叙事传统为核心要素考察汉藏民间故事在族群文化交流、民众生活、民众审美、生存空间等方面的共同性和差异性，通过对汉族和藏族"龙女报恩"型故事、"蛇郎"型故事、"灰姑娘"型、"求无名"型等近三十个故事类型的翔实分析，为汉藏间的跨文化交流研究提供了别样视角。[⑤]

中日韩三国故事学人在 1994 年成立了亚细亚民间叙事文学学会，由中日韩三国轮流

---

① 黎潇逸：《权力·工具·幻想——杰克·齐普斯童话批判理论的三个维度》，《文艺评论》2016 年第 4 期。

② 乌日古木勒：《柳田国男民间文学思想研究》，中国社会科学出版社 2016 年版。

③ 梁青：《当代日本民间叙事研究的走向》，《广西民族大学学报》2016 年第 3 期。

④ 刘守华：《一个蕴含史诗魅力的中国民间故事》，北京大学出版社 2016 年版。

⑤ 林继富：《汉藏民间叙事传统比较研究：基于民间故事类型的视角》，人民文学出版社 2016 年版。

举办。学会每届围绕中日韩三国共有的某一故事类型展开讨论，促进三国故事学界的学术交流。近二十年来，民间故事领域的诸多优秀论文均是首先在亚细亚民间叙事文学学会会议上发表，如刘魁立的《中国螺女型故事的历史发展进程》和《民间叙事的生命树——浙江当代“狗耕田”故事情节类型的形态结构分析》、刘守华的《中国螺女故事的形态演变》、陈建宪的《〈白水素女〉“偷窥”母题发微》等等。2016 年，第十四届亚细亚民间叙事文学学会年会在中央民族大学召开。[①] 中日韩三国故事学人围绕英雄的奇异出生故事展开讨论。金荣华认为各种“奇异诞生”都是一个自成单元的情节，不同故事的主角可以有同一方式的奇异诞生。世界各地的民间故事存在跨国、跨故事现象。各国的民间故事类型索引应和汤普森修订的故事类型索引相结合。[②] 林继富从“英雄父母”“祈求赐子对象”“英雄诞生方式”“诞生时的形态”等方面考察了丝绸之路沿线诸民族的英雄奇异诞生故事，发现这些故事与英雄史诗关联紧密，蕴含中国的伦理道德观念，反映了多元宗教信仰传统。[③]

乌日古木勒的《蒙古族〈青蛙王子〉故事与蒙古族的史诗传统》将 16 则蒙古族青蛙王子型故事划分为四个亚型，发现青蛙王子故事在蒙古族地区，尤其是在卫拉特和鄂尔多斯等史诗传统活跃地区逐渐融入蒙古史诗和英雄故事中的死而复生、消灭蟒古斯灵魂、夺回金马驹等母题，从而注入独特的文化内涵，使这一故事类型焕发出新的活力。[④]

弃老型故事今年论著较多。海力波认为“弃老”实为古代人生仪礼中从老年走向死亡的过渡仪式，长生成仙信仰起源于古人对存在的“弃老”习俗与仪式的曲折记忆与美化想象。[⑤] 相关研究还有《日本弃老传说“姨舍山”考辨——以日本有关民俗研究成果为基础》[⑥]《中韩日三国“弃老型故事”比较研究》[⑦]《中国·韩国·蒙古民间故事的主题学比较研究——以“争年型”、“白鸟少女型”、“两兄弟型”、“弃老型”故事为中心》[⑧]。

三 比较研究

陈岗龙的《蒙汉目连救母故事比较研究》[⑨] 借助比较研究方法对包括绘图本、佛经、

---

① 丁红美：《“东北亚民间叙事文学国际学术研讨会暨第十四届亚细亚民间叙事文学学会年会”十月召开》，《民间文化论坛》2016 年第 6 期。

② 金荣华：《从“英雄奇异诞生”论情节单元的跨国、跨故事现象和情节单元索引的编写》，《民间文化论坛》2016 年第 6 期。

③ 林继富：《英雄奇异的诞生——以丝绸之路沿线诸民族“英雄奇异诞生”故事展开讨论》，《民间文化论坛》2016 年第 6 期。

④ 乌日古木勒：《蒙古族〈青蛙王子〉故事与蒙古族的史诗传统》，《民族文学研究》2016 年第 3 期。

⑤ 海力波：《“弃老”故事与长生成仙信仰》，《民间文化论坛》2016 年第 3 期。

⑥ 刘素贵：《日本弃老传说“姨舍山”考辨——以日本有关民俗研究成果为基础》，《北京社会科学》2016 年第 4 期。

⑦ 李英：《中韩日三国“弃老型故事”比较研究》，硕士学位论文，延边大学，2016 年。

⑧ 孙梦阳：《中国·韩国·蒙古民间故事的主题学比较研究——以“争年型”、“白鸟少女型”、“两兄弟型”、“弃老型”故事为中心》，硕士学位论文，延边大学，2016 年。

⑨ 陈岗龙：《蒙汉目连救母故事比较研究》，昆仑出版社 2016 年版。

史诗等多种形态的蒙古族目连救母故事与佛经、变文等汉族目连救母故事文献进行考证，阐明蒙古族和汉族目连救母故事的文学渊源及文化脉络，研究视野拓展到印度、藏族、蒙古族佛教文学的比较，蒙汉文学的比较，藏传佛教与汉传佛教的比较等领域，深化了民间故事比较研究的路径。刘春燕的《从民间故事看西域与中原文化的交流》通过考察新疆地区的口传文本、墓中残卷文献、敦煌变文等资料梳理了孔子传说、三国传说在唐、明等时期传播到新疆，演变为柯尔克孜族、哈萨克族民间故事的过程，进而折射了中原文化与西域文明的互动。[①] 陈明的《佛教譬喻故事"略要本"在西域和敦煌的流传——以敦研256号写卷为例》借助敦煌写卷资料考察了包括"老鼠嗽铁"型故事的"略要本"。发现敦研256的形成既与印度和西域的胡语佛教譬喻故事的传写有关，也与敦煌所传汉语佛教故事纲要本的形式相关，应该是印度佛教文学与中土文化混融的产物。[②] 董国炎分析了《一千零一夜》在哈萨克族的传播情况及凌濛初的《转运汉巧遇洞庭红》与《辛伯达航海旅行故事》或许存在影响关系。[③] 潘珊的《鹦鹉夜谭——印度鹦鹉故事的文本与流传研究》从比较文学、译介学视角对梵本《鹦鹉故事七十则》的版本、故事来源、形态结构、女性形象及社会生活展开探讨，并对印度鹦鹉故事流布过程中出现的波斯译本、乌尔都译本、维吾尔语译本进行了详细比较，还从类型学、文化心理学等视角分析了鹦鹉故事与意大利、英国、阿拉伯、中国、日本等国相关故事文本的关联及民族特色。[④] 魏李萍发现土耳其的鹦鹉故事源于古代印度，传入波斯后更名为《鹦鹉传》，再经波斯传入土耳其。土耳其编译者不断翻译、编订和加工，增加了伊斯兰教文学的宗教故事，融汇了苏菲教派的信念，吸纳了中亚地区的动物寓言，形成了将多元文化融会整合的风格特质。[⑤] 类似研究还有《汉文佛经中的提婆达多故事类型研究》[⑥]。

陈泳超的《"舜子变型"故事在中日两地的流传变异》[⑦] 先对敦煌文献中"舜子变型"故事的七种文本进行校读，然后归纳出舜母托孤、舜受后母迫害等十四个情节单元，结合东汉画像石和北魏墓木棺漆画中关于舜帝的记述，认为此型式故事至少东汉已出现，最迟在北魏已有完整流传，最丰满的展示则为敦煌的《舜子变》。作者还考察日本流传的6种汉文文献中的"舜子变型"故事，认为和敦煌文献中的《孝子传》可能有传承关系，另外还出现"舜子变型"和"史记型"合流的倾向。五代之后，此类型故事在包括通俗文艺在内的通行文献中销声匿迹了，但它的实际生命并未结束，我们从广西、福建、台湾等南方边缘地区的下层文艺以及口传文本中依然可以见其身影，也发生了一些共同性的变异，最明显的是结尾部分由原先的化恶为善改成了惩罚恶人。在日本近代口传文本中也可以看到许多该型故事，尤其集中于受中国文化影响很深的冲绳地区，它们与我国东南沿海

---

① 刘春燕：《从民间故事看西域与中原文化的交流》，《中国俗文化研究》2016年第1期。

② 陈明：《佛教譬喻故事"略要本"在西域和敦煌的流传——以敦研256号写卷为例》，《文史》2016年第4期。

③ 董国炎、穆罕默德·哈桑：《论文化传播与文本传播的关系——以〈一千零一夜〉在中国的传播为例》，《上海大学学报》2016年第3期。

④ 潘珊：《鹦鹉夜谭——印度鹦鹉故事的文本与流传研究》，中国大百科全书出版社2016年版。

⑤ 魏李萍：《古代〈鹦鹉故事〉在土耳其的翻译传播和本土化》，《西北民族大学学报》2016年第3期。

⑥ 李从武：《汉文佛经中的提婆达多故事类型研究》，硕士学位论文，西北大学，2016年。

⑦ 陈泳超：《"舜子变型"故事在中日两地的流传变异》，《民俗典籍文字研究》2016年第1期。

口传文艺中对该型故事的承续和变异情况颇为相似，其间或许存在新一轮的交流影响。作者运用了文献学、类型学、图像学等多学科方法考察“舜子变型”故事在官方文献、通俗文艺、口传文本及外籍文献中的流布及关联情况，拓宽了民间故事比较研究的路径。

岳永逸、赵雪萍的《山西狼/狐精怪故事的比较研究》采用文本细读和宏观比较相结合的方式对32则山西境内的狼外婆型故事的流布区域、分类进行考察，然后选取故事文本中的植物、动物、食物、日常用品、韵语和获救方式等进行了比较分析，依托地域文化背景总结此类故事传承的内在动力和外在动力。[①] 李丽丹考察了耿村与《聊斋志异》中的同型鬼故事在题材选择、思想观念和叙事技巧等方面的共性特征，认为《聊斋志异》中的鬼故事具有更多的民间叙事成分，蒲松龄只是将之稍作改变使之更适合民间故事的文人享受（阅读）群体的审美需求。[②]

四　文化阐释研究

王立多年来从母题视角考察古代文艺作品及武侠小说中母题的域外渊源及本土化改造，成绩斐然。他的《“轮流奉妖”母题的传播与文化的异变整合》考察了中国古代文学作品中经常出现的“轮流奉妖”母题，认为此母题当源自印度史诗《摩诃婆罗多》，经佛经译至中土后与本土的淫祀观结合，《后汉书》《幽明录》《西游记》《绣云阁》等典籍和藏族的《尸语故事》均有源于印度的痕迹，流布过程中不断融入儒家的生态和伦理观、道教的修炼长生观念，愈发贴近中国普通人的生活，满足当地族群的民俗理想。[③] 他还从生态学视角探讨了明清文艺作品中的猿猴叙事，认为它契合了古人华夏中心与“人类中心”的双重心态。顽劣猴形象源于印度，驯化后的“智慧猴”形象引发人与动物生态关系的反思，在人类中心意识下在明清文艺作品中形成了一系列的话语暴力与道德挞伐。[④]

狐精故事是民间故事研究中的热点话题。任志强借鉴文化研究的“边缘”视角考察狐精故事，认为狐处于人类和物怪之间，介于明暗之间、仙妖之间，界限模糊，令人难以捉摸，处于范热内普所说的“边缘”境地和特纳所阐释的“阈限”状态，往往被视为难以控制的、危险的物种。从“边缘”视角分析古代狐精故事发现狐精形象与狐、妓女和流民等边缘群体有密切关联。妓女和流民等边缘群体是社会规范抑制的代表，受到文化制约的对象及官方压制的力量。[⑤] 作者的文化阐释有别于常见的“文化遗留物”模式，带有社会史的色彩，呈现了民间故事文化阐释的新思路。

毕枓的《哈萨克魔法故事探幽》是作者多年从事哈萨克族民间故事研究的结晶，从语境、套语、角色名、结构、历史记忆、考验等方面对哈萨克族魔法故事进行了系统考察。[⑥] 刘建华考察了人化异类故事蕴含的文化心理和文化积淀，认为在图腾观念下的人化

---

① 岳永逸、赵雪萍：《山西狼/狐精怪故事的比较研究》，《民间文化论坛》2016年第2期。

② 李丽丹：《耿村与〈聊斋志异〉同型“鬼故事”比较研究》，《贵州民族大学学报》2016年第5期。

③ 王立、陈立婷：《“轮流奉妖”母题的传播与文化的异变整合》，《南开学报》2016年第1期。

④ 王立：《明清猿猴叙事的中外文化史渊源》，《河北学刊》2016年第3期。

⑤ 任志强：《“边缘”之魅——文化视野中的古代狐精故事解读》，《民俗研究》2016年第2期。

⑥ 毕枓：《哈萨克魔法故事探幽》，民族出版社2016年版。

异类带有一定的“神性”光辉。佛教和道教观念下的人与异类是泾渭分明的，而在惩罚性主题中的人化异类是对人性恶的惩戒，则带有教化意味。[①] 张瑞芳认为魏晋至隋唐时期佛教利用本土的动物变形故事来宣传教义，在保留原生故事的祖先崇拜和变形化生基础上将因果报应、轮回转生观念渗透其中，同时以龙王和龙女为代表的动物王国故事逐渐出现、域外变形故事传入本土、梦境母题被用来强化因果报应观。[②]

孟慧英认为毛衣女故事具有成年礼的原型，结合壮族女子的太阳节、萨满文化区的天婚习俗和甘肃西河的七夕习俗可以见证其蔓生、演化情况。[③] 石麟的《仙姑·妖精·贤妇·辣妹——螺女在古代小说中的变身及其文化意蕴》分析源于民间的螺女故事在不同历史时期经不同审美趣味的文人加工创作后呈现出仙姑、妖精、贤妇和辣妹的不同形象及文化内涵。[④] 韩慧光的《蒙古族宝物故事研究》研究了蒙古族宝物故事的类型、宝物功能及文化蕴含。[⑤] 类似研究还有《论亚洲民间宝物故事中宝物与动物相关性》[⑥]《彝族民间故事中的信仰文化述略》[⑦]《哈萨克民间幻想故事的主题类型及其文化意义》[⑧] 等等。

五　故事形态学研究

故事形态学进入21世纪后成为中国民间故事研究的重要研究范式。李扬的《略论故事形态学理路研究的新进展》指出随着国内学界对普罗普故事形态学理论的译介和运用，这一理论在新世纪逐渐得以“激活”，新的研究成果不断出现，普氏理论被修正、深化和延展，形成故事学研究的一个重要的学术方向，并对其他学科产生了影响。[⑨] 屈永仙运用普罗普的形态学方法考察了四则口传阿銮故事的功能项排列及母题群，发现源于佛本生故事的阿銮故事符合普罗普定义的神奇故事的特征。[⑩] 王树福则从叙事视角、情节功能、文体风格等方面分析了俄罗斯民间故事的结构化和模式化特征。[⑪]

刘魁立的“生命树”模型通过母题和母题链来呈现民间故事的形态结构特征有效避

---

① 刘建华：《民间故事中“人化异类”型故事的深层文化意蕴》，《广西师范大学学报》2016年第2期。

② 张瑞芳：《佛教影响下的魏晋隋唐本土动物变形故事的新变》，《渭南师范学院学报》2016年第23期。

③ 孟慧英：《浅谈“浴女”习俗与毛衣女故事》，《中央民族大学学报》2016年第6期。

④ 石麟：《仙姑·妖精·贤妇·辣妹——螺女在古代小说中的变身及其文化意蕴》，《明清小说研究》2016年第3期。

⑤ 韩慧光：《蒙古族宝物故事研究》，博士学位论文，中央民族大学，2016年。

⑥ 武宇嫦：《论亚洲民间宝物故事中宝物与动物相关性》，《温州大学学报》2016年第1期。

⑦ 苏斐然：《彝族民间故事中的信仰文化述略》，《楚雄师范学院学报》2016年第8期。

⑧ 权绘锦、李扬扬：《哈萨克民间幻想故事的主题类型及其文化意义》，《西北民族大学学报》2016年第4期。

⑨ 李扬：《略论故事形态学理论研究的新进展》，《贵州民族大学学报》2016年第2期。

⑩ 屈永仙：《〈故事形态学〉视角下的傣族“阿銮故事”》，《广西民族师范学院学报》2016年第4期。

⑪ 王树福：《结构化与类型化：俄罗斯民间故事的叙事结构》，《广西民族大学学报》2016年第3期。

免了“功能”在使用过程中的抽象化缺陷，是融会西方故事形态学与类型学理论结出的本土化硕果。新世纪诸多故事学人借用“生命树”模型分析民间故事的形态结构特点。黄景春、张淦将58则少数民族天鹅处女型故事文本分为7个变体，将母题链的线状示意图叠加起来绘制出天鹅处女型故事的树状结构图，发现“生命树”模型在民间故事中具有普适性，值得推广。[①] 类似研究还有《汉藏“蛇郎”型故事》[②]《中国民间义虎报恩型故事的形态分析》[③]《汉族“地陷为湖”故事类型的形态分析》[④] 等等。

六　笑话研究

笑话研究在2016年取得新的突破。王旭的《从“笑话研究”到“笑话学”：基于研究成果的分析与展望》把世界各国学人的笑话研究成果分为形而上的哲学演绎、工具化的普遍性阐释和语境中的特殊性书写三种类型，认为当下笑话研究面临研究对象边缘化、理论碎片化和沿袭“文学—语言学”的单一化模式的困境，应明确笑话自身的独特属性，健全碎片化的理论体系，从零散的笑话研究发展为完整的笑话之学。[⑤] 她的《论“民间笑话圈”》借鉴“文化圈”理论提出“民间笑话圈”概念，从自然与历史人文背景、群体气质、共同的言语方式、稳定且各具特色的笑话讲述传统和文类特征、超时空性等方面论述了笑话圈的区域基础、精神内核、交流符码、本体特征、变迁及意义。[⑥] 这两篇论文归纳了笑话研究的几种范式，尝试建构笑话研究的理论体系，拓展了笑话研究的新空间。

吉国秀近年来关注IT（信息技术）笑话，从方法到结论均有创新。她从知识社会学视角出发考察了信息技术的专业知识通过网络笑话的载体介入日常生活的过程，认为“日常生活熨平了常人对IT的不信任，IT也因此获得了自然性。知识的扩散为揭示技术的自然性提供了一种新的分析思路，它揭示出技术自然性的核心机制在于常人经验的内化”[⑦]。她的另一篇文章认为IT笑话被解释为现实世界中社会关系的反映，记录和见证了信息技术引入中国以后所引发的社会变迁。技术通过技术阶层的出现、融入以及更新原有社会结构秩序来介入社会现实。借助跨学科视角让IT笑话从传统的文本研究进入“超文本”分析。[⑧] 相关研究还有《基于人物主题的IT笑话叙事文本分析》[⑨]。

---

① 黄景春、张淦：《中国少数民族天鹅处女型故事情节结构分析》，《韶关学院学报》2016年第3期。

② 林继富：《汉藏“蛇郎”型故事》，载《汉藏民间叙事传统比较研究：基于民间故事类型的视角》，人民文学出版社2016年版，第122—143页。

③ 张腾川：《中国民间义虎报恩型故事的形态分析》，《韶关学院学报》2016年第9期。

④ 张瑞敏：《汉族“地陷为湖”故事类型的形态分析》，《韶关学院学报》2016年第9期。

⑤ 王旭：《从“笑话研究”到“笑话学”：基于研究成果的分析与展望》，《民俗研究》2016年第1期。

⑥ 王旭：《论“民间笑话圈”》，《民族文学研究》2016年第1期。

⑦ 吉国秀、王明月、杨宏戟：《信息技术如何进入日常生活：一个知识扩散的视角》，《民俗研究》2016年第4期。

⑧ 吉国秀、王明月：《信息技术、职业群体与社会变迁：一项基于IT笑话的跨学科研究》，《中国科技论坛》2016年第2期。

⑨ 齐晨：《基于人物主题的IT笑话叙事文本分析》，硕士学位论文，辽宁大学，2016年。

七 故事讲述研究

受电视、互联网等现代媒介的冲击，传统的故事讲述空间已日渐逼仄。但故事讲述活动并未消失，而是以新的样态出现。祝秀丽独辟蹊径采用实验法对亲子间讲述的《包公行医》故事从话语行为层面进行细致解析。作者认为《包公行医》是讲述者和参与者合作完成的故事，是在听讲双方的积极交流中生成的。故事包含前言、讲述—反应、离题和结束四类话语互动序列。由于母子的亲密关系和反复的听讲实践，故事讲述过程充满了"对话体的"叙述形式和合作叙事的主体间性。① 作者的身份融讲述者和研究者于一体，有别于以往讲述者和研究者互为客体状况。从亲子间的日常生活展开研究是民间故事讲述研究适应时代变化的一大突破，呈现中国故事学人不断拓展研究空间。都镇湾是近年来中国故事学人的重要田野点，林继富、谢国先均出版了关于都镇湾故事讲述的专著。王丹通过对湖北长阳县都镇湾的故事讲述现状考察，发现都镇湾的故事讲述呈现内容生活化、叙事情节主干化、讲述目的娱乐化、讲述主体多样化的现象。② 杨斯康关注了网络鬼故事，运用网络田野调查法从个人空间、过渡空间和公共空间研究网络鬼故事的传播情况。③

八 跨文类研究

探寻民间故事与戏曲、谚语、影视等其他文类的互动的论著呈现逐年增长的趋势。民间故事和京剧的互文关系显著，京剧往往将民间故事精致化，京剧的展演又让故事以新的方式回流民间。董晓萍以20世纪以来的京剧伴奏剧目为个案，使用中国戏曲史文献和中国民间故事集成资料，考察京剧与故事的互通关系。④ 丁晓辉考察民间故事与谚语关系时发现民间谚语故事在形态结构上有一条谚语对应一个故事类型和多个故事类型、多条谚语对应一个故事类型三种。它们的结合是相对稳定的。作为元民俗的民间谚语故事体现了民众对谚语的理解，是深入研究元民俗的合适个案。⑤ 石松从文化和文学的视角出发比较了中国话本小说与英美民间故事的异同。⑥ 关注民间故事与影视媒介关联的论文也较多，如张燕菊的《传统民间故事影视传播中的母题寻唤》⑦、张露的《少数民族民间故事的动漫开发及其民族性渗透》⑧ 等等。

---

① 祝秀丽：《民间故事讲述的话语互动序列与合作叙事——以亲子间两次听讲〈包公行医〉为例》，《民族文学研究》2016年第5期。

② 王丹：《当代中国村落民间故事讲述的基本特征——基于〈都镇湾故事〉的分析》，《三峡大学学报》2016年第1期。

③ 杨斯康：《鬼话连篇——网络鬼故事研究》，硕士学位论文，广西师范大学，2016年。

④ 董晓萍：《体裁学研究的个案方法——从京剧与故事两个不同体裁切入》，《辽宁大学学报》2016年第2期。

⑤ 丁晓辉、谭璐：《民间故事与谚语的常见结合形态》，《三峡论坛》2016年第4期。

⑥ 石松：《中国话本小说与英美民间故事的比较研究》，博士学位论文，苏州大学，2016年。

⑦ 张燕菊、许河：《传统民间故事影视传播中的母题寻唤》，《新闻界》2016年第6期。

⑧ 张露：《少数民族民间故事的动漫开发及其民族性渗透》，《贵州民族研究》2016年第11期。

九　民间故事的改写与社会价值研究

当下的民间故事不仅需要打捞，[①] 还需要打造。故事学人逐渐关注如何让传统的民间故事在现代社会焕发活力。刘守华与童话作家黄俏燕（笔名一苇）就如何改写中国民间故事展开多次书信交流。黄俏燕因想借助整理和改写中国民间故事，推出一部中国版的《格林童话》而向刘守华教授求教。刘守华就民间故事的采录与改编的差别、中国民间故事的采录和改编史等问题提出诸多建议，认为作家改写的民间故事应视为民间故事的新品种。[②] 新中国成立后，民间故事的改写成绩显著。刘畅以 20 世纪 60 年代出版的《不怕鬼的故事》为例，通过与个人采录的民间故事集对比，认为《不怕鬼的故事》运用的改造故事文本、塑造文本内涵的手段实质是一种去语境化与再语境化的过程。《不怕鬼的故事》虽取材于历代笔记小说中的民间故事，但改写、出版及传播过程是一种利用书面民间文学塑造政府宣扬的价值观和实践准则的传统重建方式。[③] 纪军以“三言二拍”为例分析明清小说中重写胡人故事的现象，发现重写的方式灵活多样，有复述、仿作等；有的还在仿作基础上对不同类型的情节单元进行整合、移植。商品经济的发展、商人阶层的崛起及民众思想观念的转变及唐代小说传统的延续是导致重写胡人故事的原因。[④]

民间故事的传承离不开大学生群体。董晓萍的《故事文化软实力与大学文化建设》通过调研当代大学生对民间故事的认知情况提出应加强故事文化建设，将童年文化转换为爱国爱乡土的凝聚力文化，将传统故事资源转化为文化创新力，把大学生培养成讲中国故事的生力军。[⑤] 民间故事不只是休闲娱乐的载体，其中蕴含的伦理观念与社会治理目标有内在一致性。肖远平认为挖掘苗族民间故事中的治理观念，与基层社会治理的理念、主体、方式相结合能为基层社会治理提供新视角，促进民族地区基层社会治理工作。[⑥] 范春以走马街镇民间故事为个案讨论了民间故事非遗系统的结构形式、功能、运行动力及机制等问题。[⑦]

十　故事学学术史与书评

董晓萍本年度出版了评述钟敬文的民间故事研究成果及其推动中国故事学国际交往的

---

① 万建中：《打捞“失落”的民间故事刻不容缓》，《中国社会科学报》2016 年 8 月 1 日。

② 刘守华：《关于改写民间故事的讨论——刘守华与黄俏燕的三次通信》，《贵州民族大学学报》2016 年第 1 期。

③ 刘畅：《改造民间故事集：一种传统重建方式及限度——以〈不怕鬼的故事〉为例》，硕士学位论文，中国社会科学院，2016 年。

④ 纪军：《论明清小说对唐代胡人故事的重写——以“三言二拍”为例》，《明清小说研究》2016 年第 4 期。

⑤ 董晓萍：《故事文化软实力与大学文化建设》，《文化软实力》2016 年第 2 期。

⑥ 肖远平、奉振：《苗族民间故事善恶观与基层社会治理研究》，《贵州民族研究》2016 年第 12 期。

⑦ 范春：《基于系统保护视角下的非物质文化遗产保护探讨——以重庆走马民间故事为例》，《中南民族大学学报》2016 年第 1 期。

论著①。此外，她评述了钟敬文在20世纪30年代利用敦煌文献建立中日故事文献系统的故事研究成果和艾伯华编撰中国民间故事类型的特色。② 她还回顾了钟敬文和德国学者艾伯华的学术交往及《中国民间故事类型》译介成中文的过程，补充诸多学术史细节。③

李丽丹的《“灰姑娘”型故事研究批评》回顾了全球百余年的“灰姑娘”型故事研究史，认为中外民间故事类型索引对“510A 灰姑娘”故事的类型归纳、母题概况与异文搜集的最大价值可能并不在于寻找原型和流传路径而是了解其历时演变和地理分布。《叶限》故事中的“以鞋试婚”并非体现了西方学者所说的以小脚为美的审美心理，中国学者所论证的和“同婚”习俗相关的解释更为合理。西方学者“生母变牛”母题文化阐释部分适用于中国文本。从精神分析视角出发，“继母（姐）虐待”母题暗含的是女性的无意识的俄狄浦斯情节，“以鞋试婚”反映的是女性的阉割焦虑，灰姑娘的生母和继母反映的是母亲形象的正面和负面影响。齐普斯、潘塔加等新马克思主义批评者认为灰姑娘童话及影视改编暗含着阶级斗争图景。女性主义研究者分析了故事及影视文本中的男权压制和女性抗争并存局面。作者认为引入互文性视角分析灰姑娘故事的“传统文本”“动漫文本”“歌剧文本”能有新发现。④ 类似研究成果还有《中国生活故事研究述评》⑤。

刘守华近年来的故事研究逐渐转向故事诗学范式。李丽丹认为刘守华对 AT461 型（求好运型）故事早期受历史地理学派影响关注起源及传播路径，后期逐渐走向结构主义和历史主义的分析，挖掘故事中保留的社会生活形式、社会文化与历史语境，肯定中国故事更加关注个人命运，强调“先人后己”等生活理念，经历了“个案·对话·整体·诗学”的多重建构，逐渐形成故事诗学的研究范式。⑥ 林继富的《汉藏民间叙事传统比较研究：基于民间故事类型的视角》出版后得到诸多故事学人的好评。刘魁立认为此书“在一定程度上把藏族故事研究推到一个新的高度。”⑦ 谢红萍认为此书从民间故事类型的角度去探讨汉族和藏族民众生活和文化传统的生成发展过程，呈现汉族和藏族民间故事发生、发展的共同性、融通性和差异性，凸显了民间叙事对于汉藏民族文化交流的桥梁意义。⑧ 孟令法评述了汉学家梅维恒的《绘画与表演》利用“故事画”资料以中亚为中介构拟“看图讲故事”的基本传播路线的学术贡献，认为“看图讲故事”的论题有助于在更大范围内探究故事讲述的民俗实践路径及其活形态表达的文化多样性。⑨

---

① 董晓萍：《跨文化民间文艺学》，中国大百科全书出版社2016年版。

② 董晓萍：《钟敬文留日研究：东方文化史与民俗学》，《北京师范大学学报》2016年第5期。

③ 董晓萍：《翻译与跨文化：解读（德）艾伯华〈中国民间故事类型〉的翻译经过、发现与意义（上、下）》，《西北民族研究》2016年第2、3期。

④ 李丽丹：《“灰姑娘”型故事研究批评》，《民俗研究》2016年第6期。

⑤ 叶俏华：《中国生活故事研究述评》，硕士学位论文，湘潭大学，2016年。

⑥ 李丽丹：《刘守华与“故事诗学”评说——以 AT461 型故事研究为中心》，《外国文学研究》2016年第5期。

⑦ 刘魁立：《〈汉藏民间叙事传统比较研究：基于民间故事类型的视角〉序》，人民文学出版社2016年版，第2页。

⑧ 谢红萍：《文化交流视域下民间叙事的本土实践——读〈汉藏民间叙事传统比较研究：基于民间故事类型的视角〉》，《民间文化论坛》2016年第6期。

⑨ 孟令法：《跨文化视野中的“看图讲故事”研究——梅维恒〈绘画与表演〉读后记及其论题意义》，《贵州民族大学学报》2016年第1期。

结语

本年度的故事研究虽在故事学理论的引进、比较研究、笑话研究等领域取得突破，但材料占有不丰富、分析表面化等问题依旧存在，如民间故事的文化阐释大多没有田野资料，有些停留在简单的反映论层面，如分析故事文本体现当地族群的鬼神信仰、动物崇拜等等，较少去探讨处于信仰层面的精神文化如何转换为口传故事进而分析故事文本与讲述者、地域传统的关联。

鲜明的学科反思意识是本年度故事研究的重要特点。故事学人数十年来不断吸纳西方故事学理论来拓宽民间故事研究路径。积极吸纳西方故事学理论及相关学科方法是摆脱模式化困境的有效手段。故事学能够成立是因有独特的研究范式（如历史地理学派、形态学）与术语体系（类型、母题、功能）作支撑。而历史地理学派、故事形态学理论是以民间故事为本体借鉴进化论、实证主义、形态学、语言学等学科方法搭建而成的。就中国民间故事研究实践来看，发现问题寻求外来理论解释是常见的研究模式，如文化人类学、历史地理学派、结构主义、口头程式理论、表演理论等外来理论在中国的译介与实践。在外来理论的译介与实践过程中，中国故事学者并未完全照搬，而是对外来理论进行充实和修正，拓宽中国民间故事研究路径。如刘守华的故事文化学范式就注意到历史地理学派的一元说缺陷、过于注重口传文本忽视文献记述和口传叙事艺术特征的不足，关注到中国民间故事传承的本土特质，还借鉴了本土的考据方法。本土化是中国故事学的重要目标，独具特色，如顾颉刚的历史演进法在某些领域能避免历史地理学派的缺陷①。处理好故事学的他山之石与本土之根问题是建立中国故事学话语体系的关键，有待中国故事学人不断求索。

① 施爱东：《民俗学是一门国学——中山大学民俗学会的工作计划与早期民俗学者对民俗学科的认识》，《民俗研究》2017 年第 2 期。

2016年民间戏曲、曲艺研究综述

祝鹏程*

民间戏曲与曲艺的研究在民俗学研究中是独特的存在。它不像非物质文化遗产研究那样，属于当下热门的“显学”，但有着悠久的历史，学者们一直在默默耕耘。同时，其研究带有跨学科的特点，在民俗学与民间文学以外，还有很多学科，如文学、人类学、历史学、戏曲研究、曲艺研究等学科的参与。2016年，民间戏曲与曲艺研究也沿续着既定道路继续发展，学者们通力合作，推出了一系列有分量的学术成果，创刊发行了《戏曲与俗文学研究》[①] 等重要的学术刊物。另外，学界也经历着研究范式与方法的变迁，虽然老一辈的研究者薛宝琨、倪锺之、李万鹏去世，但新一代研究者不断涌现，学界展开对传统研究的总结与反思、引入新的研究的方法与思路，从本年度的研究中，我们可以看到，新变化在学界酝酿着。

戏曲、曲艺的文献考证与历史研究

文献考证是戏曲与曲艺研究的传统强项。在戏曲与曲艺史的研究方面，本年度出现了一些较有影响的成果。在戏曲史方面，出版了李玫的《中国民间小戏史论》[②]。中国民间小戏的研究存在着两种思路：以郑振铎、赵景深等人为代表的俗文学研究与以张紫晨为代表的民俗学研究，该书鲜明地高举俗文学研究的旗帜，将“非文人创作”作为重要标准取舍民间小戏，以明清两代成熟的小戏作品为研究中心，不仅将著名的民间小戏作品做了纵向历时的汇集和梳理，呈现了民间戏曲发展的历时状态，还解释了民间戏曲发展的社会动因，探讨作品中包含的人性善恶、生活智慧、大众趣味及其艺术表现的得失。作者弟子王小岩认为，该书具有三大特点：在文献形成的语境中厘清“小戏”的定义；考镜源流，弄清每一个经典小戏作品的演变脉络；将学术研究推进“小传统”的边缘地带[③]，总之不失为中国民间戏曲史上的有益探索。

在戏曲艺术源流的梳理与变迁上，有苏翔的《浅析汉代百戏与中国古代戏曲发展的

* 作者系中国社会科学院文学研究所副研究员。

① 该刊由中国俗文学学会、中山大学中国古文献研究所主办，为半年刊。

② 李玫：《中国民间小戏史论》，中国社会科学出版社2016年版。

③ 王小岩：《“小传统”中的“小传统”——评〈中国民间小戏史论〉》，《戏曲与俗文学研究》（第四辑），社会科学文献出版社2017年版。

关系》[1] 等文章，该文从解读汉代出土相关戏曲文物的角度，探析了中国古代戏曲形成萌芽过程中重要的一环——两汉时期的戏曲文化。此外，有一批论文致力于对具体艺术体裁源流的梳理与变迁的考索。张素枝的《俗曲〈太平年〉探源》[2] 从俗曲《太平年》与说唱艺术“莲花落”的关系入手来探讨《太平年》的历史渊源，认为《太平年》词曲形式可能产生于明代，并承载于“莲花落”的表演之中。与之相关的“莲花落”则可追溯到元代散曲。研究展示了民间俗曲与传统说唱艺术的关系，以及两者在雅俗两个文化层次中的流变史。蓝鹰、周伟、牛会娟的《也论四川清音的源起与形成——从清代巴县官府档案管窥清音的蛛丝马迹》[3] 则通过对清代巴县官府档案以及清代四川地方县志的查阅分析，对现存的三种四川清音起源说（本土起源说、江南起源说、山西起源说）进行了辨析，并提出新说，认为四川清音应该是在明清小曲基础上，吸收各地民歌俗曲、戏曲音乐等形成的，是有本土根基而又不乏外来风韵的地方曲种。任方冰的《新疆曲子戏的发生学研究》[4] 则考察了新疆曲子戏的形成过程，认为其形成经历了由各地小曲传入、整合统一、确立三个重要时期，不同时期的社会政治文化推动了曲子戏的发展。类似的研究还有张志峰的《从老郎神演变论前后秦腔》[5]、海客的《〈丑末寅初〉唱词考》[6] 等。

在戏曲、曲艺艺术与其他古代文学的关系研究上有如下成果。彭栓红的《民间文化对元杂剧叙事结构的影响》[7] 探讨了民间文化对元杂剧叙事结构的滋养，认为元杂剧从内容到形式都有民间元素，其叙事结构深受口头文学、民间信仰影响，从而形成了情节内容前后呼应、与一本四折体制相适应、与杂剧的舞台表演相结合的特点。元杂剧叙事因此颇接民间之地气，得以广泛传播。廖群的《“俗讲”与西汉故事简〈妄稽〉〈神乌赋〉的传播》[8] 对北大汉简中的俗赋《妄稽》展开考索，认为其铺排夸饰，具有明显的赋诵特征。结合西汉说书俑及《荀子》《吕氏春秋》《淮南子》的相关记述，作者认为西汉及此前已经出现类似后代“俗讲”的说书表演伎艺活动，《妄稽》《神乌赋》之类故事赋的最初传播应该就是通过赋诵表演而呈现的。

近年来，对戏曲、曲艺的历史研究呈现出了新的面貌，其一是史料使用的多元化。除了传统的笔记、史籍、地方志（如本年度梁帅的《〈啸亭杂录〉中的清代戏曲史料刍论》[9]，张志全的《明清地方禁戏史料摭补》[10]，车锡伦、吴瑞卿的《苏州地区一个宣卷家

---

① 苏翔：《浅析汉代百戏与中国古代戏曲发展的关系》，《戏剧文学》2016 年第 5 期。

② 张素枝：《俗曲〈太平年〉探源》，《艺术百家》2016 年第 1 期。

③ 蓝鹰、周伟、牛会娟：《也论四川清音的源起与形成——从清代巴县官府档案管窥清音的蛛丝马迹》，《四川戏剧》2016 年第 9 期。

④ 任方冰：《新疆曲子戏的发生学研究》，《戏曲艺术》2016 年第 2 期。

⑤ 张志峰：《从老郎神演变论前后秦腔》，《戏曲与俗文学研究》（第一辑），社会科学文献出版社 2016 年版。

⑥ 海客：《〈丑末寅初〉唱词考》，《曲艺》2016 年第 5 期。

⑦ 彭栓红：《民间文化对元杂剧叙事结构的影响》，《戏曲艺术》2016 年第 4 期。

⑧ 廖群：《“俗讲”与西汉故事简〈妄稽〉〈神乌赋〉的传播》，《民俗研究》2016 年第 6 期。

⑨ 梁帅：《〈啸亭杂录〉中的清代戏曲史料刍论》，《戏曲艺术》2016 年第 4 期。

⑩ 张志全：《明清地方禁戏史料摭补》，《中华戏曲》2016 年第 1 期。

族抄传的宝卷——傅惜华先生旧藏〈陆增魁氏藏宝卷〉》[①]）外，还包括报刊（如赵丹荣、车文明的《从〈戏剧月刊〉看民国时期的旧剧改良》[②]，刘庆的《从晚清报刊新闻看戏园治安问题》[③]），以及插图、碑刻等图像（如饶黎的《泰昌吴兴刻本〈牡丹亭〉插图与剧本关系研究》[④]、李海安的《豫西北明清戏曲碑刻所见民间戏剧史料述论》[⑤]），乃至于戏台等文物（如暴海燕的《几个乡村舞台题壁五续》[⑥]）。

伴随着史料视野的扩大，研究方法的更新也令人眼前一亮。有不少研究采取了社会史的研究路数，关注于戏曲与地方社会、民众生活的关系。如赵骥的《湮没的珍闻——〈菊部珍闻〉和都市中的伶人社会生活》[⑦] 从历史文献解读艺人生活，由民国著名戏剧家朱双云的重要戏曲著述《菊部珍闻》入手，重点介绍了《菊部珍闻》的主要内容，分析了其中涉及的伶人的组织形式、行规、婚姻等方面情况，指出该著述真实地反映了都市伶人的社会生活状况，对研究晚清民初上海都市中伶人的社会生活具有重要的史料价值。另一些论文则关注戏曲、唱本的发行刊刻与社会效应，廖华的《论明代书坊对戏曲选本的意义》[⑧] 考察了书坊对明代戏曲选本产生的作用，指出书坊促使戏曲选本的形式走向多样化，满足了读者的阅读需求；书坊还组织文人改写曲文，使选本在案头与场上达到更高的审美层次；同时，书坊主人亲自编写戏曲，体现了重视元杂剧、南杂剧的创作与学习，以及正确引导读者学习曲谱等十分重要的选曲观念。陈均的《〈国剧画报〉与“宫廷戏曲”研究》[⑨] 则关注现代戏曲刊物——《国剧画报》，认为它刊载了较多的涉及“宫廷戏曲”的相关图像与文章，不仅初步整理和披露了相关的史料之性质，而且塑造了后世关于“宫廷戏曲”的基本知识，开后世研究之先声。

在纯文本的考证之外，借助田野调查进行文类变迁与艺术源流的考证，成为戏曲、曲艺历史研究的新动向。代表性论文如农伟培的《论壮族曲艺“蜂鼓说唱”的发展脉络》[⑩]，该文结合实地考察，讨论了壮族曲艺“蜂鼓说唱”由民间师公仪式歌舞演变发展的过程，认为其经历了从仪式中的“说故事”阶段，到脱离师公仪式歌舞，被界定为曲艺的创新时期和 21 世纪繁荣发展时期。类似的研究还有徐筱安、朱贺镭的《放大独脚戏——论杭州小热昏和南方滑稽戏的渊源》[⑪] 等。

---

① 车锡伦、吴瑞卿：《苏州地区一个宣卷家族抄传的宝卷——傅惜华先生旧藏〈陆增魁氏藏宝卷〉》，《民间文化论坛》2016 年第 4 期。

② 赵丹荣、车文明：《从〈戏剧月刊〉看民国时期的旧剧改良》，《戏曲研究》2016 年第 2 期。

③ 刘庆：《从晚清报刊新闻看戏园治安问题》，《中华戏曲》2016 年第 1 期。

④ 饶黎：《泰昌吴兴刻本〈牡丹亭〉插图与剧本关系研究》，《戏剧文学》2016 年第 12 期。

⑤ 李海安：《豫西北明清戏曲碑刻所见民间戏剧史料述论》，《戏剧文学》2016 年第 12 期。

⑥ 暴海燕：《几个乡村舞台题壁五续》，《中华戏曲》2016 年第 1 期。

⑦ 赵骥：《湮没的珍闻——〈菊部珍闻〉和都市中的伶人社会生活》，《戏曲艺术》2016 年第 3 期。

⑧ 廖华：《论明代书坊对戏曲选本的意义》，《戏曲艺术》2016 年第 1 期。

⑨ 陈均：《〈国剧画报〉与“宫廷戏曲”研究》，《戏曲艺术》2016 年第 1 期。

⑩ 农伟培：《论壮族曲艺“蜂鼓说唱”的发展脉络》，《当代音乐》2016 年第 20 期。

⑪ 徐筱安、朱贺镭：《放大独脚戏——论杭州小热昏和南方滑稽戏的渊源》，《曲艺》2016 年第 12 期。

戏曲、曲艺的本体研究

在民间戏曲、曲艺的本体研究上，本年度的成果也颇值得一说。

在对具体个案的概述性研究上有以下成果。车锡伦的《什么是宝卷——中国宝卷的历史发展和在“非遗”中的定位》[①] 通过总结和补正前辈学者郑振铎、李世瑜和泽田瑞穗的研究，重新梳理和归纳宝卷的命义、宝卷的历史发展，特别是清及近现代民间宝卷的发展及其特点。以此为基础，对当代仍在流传的宝卷和宝卷演唱活动（宣卷）在非物质文化遗产保护中的定位和发掘、保护等问题，提出讨论。乔志亮的《草根艺术：孝义三弦书》[②] 对孝义三弦书的题材内容、演唱形式、演出方式、信仰背景与历史源流进行了综合分析，总结了孝义三弦书的一系列特点。王秀玲的《地方戏曲戏弄特色探究——以二人台为例》[③] 对二人台进行了综合性的研究，认为其蕴含着具有深刻的历史文化背景的喜剧性、具有明显的狂欢节类型的节庆活动的特征、戏弄特色主要通过丑角展示，丑角决定了地方戏曲的艺术品格。刘建树的《陕北庙会小戏研究——以横山庙会小戏为例》[④] 则充分揭示了横山庙会小戏的宗教背景与文化特色，指出其扎根于民间神庙祭祀仪式，其主要目的在于祈福酬神、沟通人神交流，附带实现娱神娱人。蒲向明的《甘肃陇南影子腔探微》[⑤] 介绍了陇南影子腔的一系列特色，指出陇南影子腔作为根源于当地民歌、民间说唱和民间歌舞的土生土长的秧歌剧，不仅从民间歌舞、民间绘画中吸取表演技巧，而且还较为直接地从现实生活（特别是现代生活）中提取丰富多彩的表演语汇，其剧目题材也比较广泛。相关的概论性的个案研究还有康保成的《什么是“灯戏”?》[⑥]、李丹青的《东北影班的配置与表演》[⑦]、解军的《传统苏州评话的存与失》[⑧]、狄马的《陕北说书：民间叙事文学的活化石》[⑨] 等。

还有一系列的论文从不同的角度展开本体研究。在对民间戏曲、曲艺的内容与价值的阐释上，徐进、张晓颜的《论儒家思想对中国传统民间戏曲的影响》[⑩] 讨论了传统民间戏曲与儒家思想的关系，认为其起源于民间信仰，但其发展过程始终处于儒家的文化氛围之中。儒家思想为民间戏曲注入了正统的思想体系和丰富的文化因子；而深入民众日常生活的民间戏曲，又成为统治者宣扬和推广儒家思想文化的重要方式和渠道。苏勇的《“戏

---

① 车锡伦：《什么是宝卷——中国宝卷的历史发展和在“非遗”中的定位》，《民族艺术》2016 年第 3 期。

② 乔志亮：《草根艺术：孝义三弦书》，《民族艺术》2016 年第 2 期。

③ 王秀玲：《地方戏曲戏弄特色探究——以二人台为例》，《戏曲艺术》2016 年第 2 期。

④ 刘建树：《陕北庙会小戏研究——以横山庙会小戏为例》，《中国古代小说戏剧研究》2016 年年刊（总第 14 辑）。

⑤ 蒲向明：《甘肃陇南影子腔探微》，《中国古代小说戏剧研究》2016 年年刊（总第 14 辑）。

⑥ 康保成：《什么是“灯戏”?》，《戏曲研究》2016 年第 3 期。

⑦ 李丹青：《东北影班的配置与表演》，《戏剧文学》2016 年第 7 期。

⑧ 解军：《传统苏州评话的存与失》，《曲艺》2016 年第 6 期。

⑨ 狄马：《陕北说书：民间叙事文学的活化石》，《曲艺》2016 年第 4 期。

⑩ 徐进、张晓颜：《论儒家思想对中国传统民间戏曲的影响》，《戏剧文学》2016 年第 3 期。

妻”戏的结构及其思想内涵》[①] 对《武家坡》《汾河湾》等戏曲中的“戏妻”模式进行了分析，认为这一模式将女性作为欲望客体呈现，女性因此成为沉默的、被表述的客体，而且还要时刻调整姿态和自我来取悦男性世界，因此其思想价值显然不太符合当代人的基本理念。哈建军的《河西宝卷中生存智慧和民间生态的建构与传播》[②] 研究认为，河西宝卷是一种融音乐、宗教仪式、说唱艺术和文学为一体的民间曲艺，也是曾经流行于河西走廊的一种生活方式。河西宝卷中渗透的因果报应、求善免灾、天佑人权的思想和劝人为善的理念，体现了老百姓自发组织、自行教育的传承习俗和自我维系、延传的生存智慧。孙晓东、王寒婷的《论淮剧的开放文化基质》[③] 以淮剧的空间地域、戏剧文本和艺术形式为切入点，探究淮剧在其自身发展中呈现的开放文化特征。指出淮剧在不断地吸收外来文化的过程中，呈现出一种开放性的文化特质，并通过分析淮剧“东西路”和“南北路”的空间特征，研究淮剧在空间地域方面的开放性；通过淮剧的剧目以及唱腔方面的研究，探究其文本和艺术形式的开放性。类似的研究还有李昭明、娄佰彤的《吉剧民间性的社会价值论》[④]、刘杰的《从布依戏的深层内涵把握民族与国家的多重意义——以册亨板万布依戏为例》[⑤] 等。

在民间戏曲、曲艺的艺术形式研究上亦有不少成果。游素凰的《歌子戏载体“杂念调”之研究》[⑥] 研究的是歌子戏发展早期所唱的“杂念调”，考察了“杂念调”的艺术属性与审美特色。郑劭荣、胡丽春的《口述的力量——论辰河高腔文本的生成》[⑦] 考察了口头编演在促进辰河高腔文本形成上起到的作用。认为民间艺人运用特定的表演程式，以“条纲”为基础，在舞台上即兴发挥，编演新戏，其中的保留剧目通过口传心授成为口述作品。辰河戏文本经历了从口述到书面、从提纲戏到定本戏的演化路径，传世剧本呈现鲜明的口头文学特征。新中国成立后，基于口述而编撰整理的戏曲文本是艺人集体记忆的结果，剧目的发掘有不少值得反思之处。王素珍的《赞土地与唱春——我国民间说唱艺术比较研究》[⑧] 对在湖南各地特别是湘中地区广为流传的“赞土地”说唱艺术的表演形式、内容及风格进行了研究，分析了其在不同历史时期的不同表现形式，并对其与江、浙、沪等地流传的唱春表演进行了对比。李丽宏、桑嘎卓玛的《浅谈藏戏中的舞蹈艺术及其表现形式》[⑨] 通过采访老艺人、调研等方式，对藏戏的起源、发展、基本形态、面具艺术、剧种流派及表现形态等进行了研究与分析。严永福的《多元汇就的海峡悲歌——歌仔戏

---

① 苏勇：《“戏妻”戏的结构及其思想内涵》，《戏剧文学》2016 年第 6 期。

② 哈建军：《河西宝卷中生存智慧和民间生态的建构与传播》，《宁夏师范学院学报》2016 年第 1 期。

③ 孙晓东、王寒婷：《论淮剧的开放文化基质》，《戏剧文学》2016 年第 10 期。

④ 李昭明、娄佰彤：《吉剧民间性的社会价值论》，《戏剧文学》2016 年第 10 期。

⑤ 刘杰：《从布依戏的深层内涵把握民族与国家的多重意义——以册亨板万布依戏为例》，《戏曲研究》2016 年第 4 期。

⑥ 游素凰：《歌子戏载体“杂念调”之研究》，《民间文化论坛》2016 年第 6 期。

⑦ 郑劭荣、胡丽春：《口述的力量——论辰河高腔文本的生成》，《戏剧文学》2016 年第 3 期。

⑧ 王素珍：《赞土地与唱春——我国民间说唱艺术比较研究》，《民间文化论坛》2016 年第 2 期。

⑨ 李丽宏、桑嘎卓玛：《浅谈藏戏中的舞蹈艺术及其表现形式》，《戏曲艺术》2016 年第 2 期。

"哭调"唱腔源流考》[①] 考察了歌仔戏"哭调"唱腔的源流与歌仔戏的艺术形式。作者分析了歌仔戏"哭调"的成因，认为其受到多方面的影响，如闽台人民的历史悲情、女性加入演出后的"女性哀歌"、移民的思乡情感、旧时歌仔戏艺人的人生境遇以及歌仔戏音乐的气质等。并认为在音乐结构上，"哭调"是"七字调"朝向悲情化发展的结果，也是"孟姜女调"的子变体。同类的艺术形式研究与赏析还有孙光圻的《都市评弹的魅力——原创中篇评弹〈林徽因〉赏析》[②]、刘海潮的《布袋木偶戏艺术形态与审美取向》[③]、李广宇的《京韵大鼓〈闹江州〉与河南坠子〈李逵夺鱼〉情节和人物的比较》[④]、陈晓的《湘北大鼓艺术特征研究》[⑤] 等。

在戏曲与曲艺的语言研究上，本年度也有一些不错的论文。如马静的《新疆曲子戏剧本中的语言研究——以俗语为例》[⑥] 以 11 部演唱范围较广、流传时间较长及 19 部新创作的曲子戏剧本中的俗语为研究对象，从俗语的创作手法、句法结构、选词特点、使用韵辙和语用功能五个特征进行论析，透视出新疆曲子戏语言的地域性和独特性。苏慧、贾翠凤的《莲花落〈杨晓琼叫街〉方俗词语例释》[⑦] 关注山东郓城莲花落的方言特色，作者选取《杨晓琼叫街》中一些实际意义有别于字面意义，或颇具地方特色又难于理解的方俗词语进行解释，揭示了地方曲艺语言表达的特色。此外，杨文波、颜宁的《山东快书所见拟声词初探——以〈中国传统山东快书大全〉为例》[⑧]、吴冕之的《刍议说唱"普通话"的福建南平南词》[⑨]、董超旭《东北二人转唱词中的隐喻研究》[⑩] 亦为代表性论文。

戏曲、曲艺研究的学术史回顾

本年度，学界既出版了可观的戏曲文献资料，如《梅兰芳全集》[⑪]，还展开了对学术史的细致梳理，并在此基础上展开了对现有学术概念与研究范式的反思与检讨。有一些论文致力于总括性的学术史回顾，如冯健民的《回望戏曲史：重评戏曲形成的价值和意义》[⑫] 反思了只有"戏曲文学史"，而无"戏曲艺术史"的问题，认为戏曲是一门伟大的

---

① 严永福：《多元汇就的海峡悲歌——歌仔戏"哭调"唱腔源流考》，《戏曲艺术》2016 年第 1 期。

② 孙光圻：《都市评弹的魅力——原创中篇评弹〈林徽因〉赏析》，《曲艺》2016 年第 12 期。

③ 刘海潮：《布袋木偶戏艺术形态与审美取向》，《长江师范学院学报》2016 年第 6 期。

④ 李广宇：《京韵大鼓〈闹江州〉与河南坠子〈李逵夺鱼〉情节和人物的比较》，《曲艺》2016 年第 11 期。

⑤ 陈晓：《湘北大鼓艺术特征研究》，《北方音乐》2016 年第 20 期。

⑥ 马静：《新疆曲子戏剧本中的语言研究——以俗语为例》，《戏剧文学》2016 年第 11 期。

⑦ 苏慧、贾翠凤：《莲花落〈杨晓琼叫街〉方俗词语例释》，《文教资料》2016 年第 36 期。

⑧ 杨文波、颜宁：《山东快书所见拟声词初探——以〈中国传统山东快书大全〉为例》，《曲艺》2016 年第 11 期。

⑨ 吴冕之：《刍议说唱"普通话"的福建南平南词》，《曲艺》2016 年第 8 期。

⑩ 董超旭：《东北二人转唱词中的隐喻研究》，《赤峰学院学报（汉文哲学社会科学版）》2016 年第 12 期。

⑪ 傅谨主编：《梅兰芳全集》，北京出版社、中国戏剧出版社 2016 年版。

⑫ 冯健民：《回望戏曲史：重评戏曲形成的价值和意义》，《艺术百家》2016 年第 5 期。

艺术，它的形成也是中国艺术史上的一个重要事件，但遗憾的是，在传统戏曲史中却只有文学评价而无艺术评价。作者冀望在回溯传统戏曲史论的基础上，试从艺术学的视角重评戏曲形成的价值和意义，并同时探讨传统戏曲史论未能给戏曲形成以公允评价的因由。郑劭荣的《20 世纪以来口述戏剧史料的整理与研究》[①] 梳理了 20 世纪以来口述戏剧史料的整理与研究的状况。20 世纪前半叶，学界开始搜集、汇编口传资料，并尝试用于花部戏剧的研究。建国后至 20 世纪末，集中整理了口述剧本、剧种史料及艺人口述的回忆录，其中戏曲志、剧种史及仪式剧研究是口述史料付诸学术实践的成功范例。21 世纪以来，在口述史料的采集运用上，借鉴人类学、民俗学及口述史方法，极大地推动了濒危剧种及传承人口述史研究。提出未来发展的方向：需要强化学科意识，探索构建专门的口述戏剧史料学。

在对具体艺术文类研究成果的梳理上，苗怀明的《宝卷文献研究述略》[②] 是相关代表作，该文对现代宝卷研究的学术史进行了全面的梳理，根据各个历史时期的情况，作者将宝卷文献的研究分为五个阶段，即 20 世纪上半期、新中国成立后 30 年间、20 世纪 80 年代、20 世纪 90 年代、21 世纪初至今。根据不同历史时期的特点，梳理了在宝卷文献新发现、目录索引编制、作品整理、文献资料的汇编及研究等方面呈现出不同的特点。同类的研究还有杨志敏的《20 世纪以来道情戏研究回顾》[③]、王夔的《地方戏研究的主流范式与新路径》[④]、潘培忠的《海峡两岸说唱歌仔册研究之回顾与前瞻》[⑤] 等。

另一些研究则致力于对前辈学者的研究成果与经验的总结。沈达人的《戏曲史家民俗学家张次溪》[⑥] 梳理了张次溪在戏曲、曲艺资料的搜集、整理上的成就。认为在他完成的多种著作中，当以《清代燕都梨园史料》《天桥丛谈》两种影响最大，这两种著作对戏曲演出活动、戏曲班社沿革、戏曲名优传略、梨园轶闻掌故、天桥演艺情况、艺人生平、民俗活动有着细致的记录。王廷信的《曾永义先生的戏曲史研究——以戏曲的渊源与形成问题为例》[⑦] 和王安葵的《学术弘扬惟敬谨——曾永义先生戏曲研究的特点和贡献》[⑧] 则探讨了台湾学者曾永义的戏曲史研究成就，认为其注重前人研究传统、能以有机综合和整体观照的立场来看待戏曲史，抓住构成戏曲艺术的重要因素和戏曲艺术形成发展中的关键问题进行深入研究，在多个领域都有所推进。这些特点摆脱了以往机械的意识形态观念的束缚，有助于让戏曲史呈现出更加清晰、更加富有逻辑、更加生动活泼的面貌。同时又指出，因地域的限制，曾先生的戏曲史研究对大陆发现的活态性的与戏曲关联的民俗活动以及说唱艺术在戏曲渊源上与形成过程中所留下的痕迹关注不足，从而忽略了“非代言

---

① 郑劭荣：《20 世纪以来口述戏剧史料的整理与研究》，《戏曲艺术》2016 年第 3 期。

② 苗怀明：《宝卷文献研究述略》，《中国古代小说戏剧研究》2016 年年刊（总第 14 辑）。

③ 杨志敏：《20 世纪以来道情戏研究回顾》，《戏曲研究》2017 年第 3 期。

④ 王夔：《地方戏研究的主流范式与新路径》，《戏曲研究》2017 年第 3 期。

⑤ 潘培忠：《海峡两岸说唱歌仔册研究之回顾与前瞻》，《戏曲与俗文学研究》（第一辑），社会科学文献出版社 2016 年版。

⑥ 沈达人：《戏曲史家民俗学家张次溪》，《戏曲艺术》2016 年第 3 期。

⑦ 王廷信：《曾永义先生的戏曲史研究——以戏曲的渊源与形成问题为例》，《艺术百家》2016 年第 5 期。

⑧ 王安葵：《学术弘扬惟敬谨——曾永义先生戏曲研究的特点和贡献》，《艺术百家》2016 年第 5 期。

体”的叙事行为在戏曲中的作用。此外，关家铮的《叶德均民俗学与俗文学研究述略》[①]、吴瑞卿的《论傅惜华的宝卷研究》[②]也是精心之作。在对当下学人成果的梳理上，则有康保成的《我的中国戏剧形态史治学经历》[③]和彭恒礼的《中国戏剧形态学的创立与探索——康保成中国戏剧史研究述评》[④]、柯凡的《戏曲理想的践行者——记龚和德先生的戏曲学术研究》[⑤]等。

在对海外学者研究成果的梳理上，有黄仕忠的《森槐南与他的中国戏曲研究》[⑥]、徐巧越的《庄士敦和他的〈中国戏剧〉》[⑦]等。苏芹的《中国古典戏剧的跨文化阐释——论德国汉学家顾彬的〈中国传统戏剧〉》[⑧]则是对德国汉学家顾彬所著的《中国传统戏剧》的分析，认为该书对中国传统戏剧的产生、发展、在中国与世界文学中的地位，以及研究现状和方法等作了较为全面而详尽的分析与阐述。作者以彼岸眼光和异域视角将中国古典戏剧置于当代全球化的文化语境之下，通过比较与阐释，扩大了读者的国际视野，也激活了重新阐释中国传统戏剧的可能。

戏曲、曲艺的民俗文化研究

中国传统戏曲与曲艺与民间风俗与民众生活的关系密切，近年来，对戏曲与民俗的关系的研究显示出了强劲的学术生长能力。本年度，有不少研学者聚焦于民间戏曲与曲艺的民俗文化研究。

在戏曲、曲艺与宗教信仰关系的研究上有如下成果。王志峰的《民间祭祀戏剧表演空间探论》[⑨]从空间的角度深入祭祀戏剧，作者认为，祭祀活动主祭场的布置及掌坛师的仪式，使祭祀戏剧表演笼罩着浓重的宗教色彩，营造了祭祀戏剧表演的宗教空间。在祭祀戏剧演出的过程中，从来没把其活动范围、剧情结构拘泥于一个封闭的空间，仪式插入、观众进入情境的现象非常普遍，形成收放自如、吐纳随性的开放式空间。祭祀戏剧的展演空间巨大、多变、丰富，这种环境意识涵纳了更广阔的空间环境，使演剧具有一种自然生态的特性，彰显了其蓬勃的生命力。朱恒夫的《祭祀·祈祷·娱乐——江西省南丰县石邮村傩戏调查》[⑩]对江西石邮村傩戏的历史、组成人员、表演程序、宗教背景、现实功能

① 关家铮：《叶德均民俗学与俗文学研究述略》，《民俗研究》2016年第6期。

② 吴瑞卿：《论傅惜华的宝卷研究》，《曲艺》2016年第8期。

③ 康保成：《我的中国戏剧形态史治学经历》，《民族艺术》2016年第1期。

④ 彭恒礼：《中国戏剧形态学的创立与探索——康保成中国戏剧史研究述评》，《民族艺术》2016年第1期。

⑤ 柯凡：《戏曲理想的践行者——记龚和德先生的戏曲学术研究》，《中华戏曲》2016年第2期。

⑥ 黄仕忠：《森槐南与他的中国戏曲研究》，《戏曲与俗文学研究》（第一辑），社会科学文献出版社2016年版。

⑦ 徐巧越：《庄士敦和他的〈中国戏剧〉》，《戏曲与俗文学研究》（第二辑），社会科学文献出版社2016年版。

⑧ 苏芹：《中国古典戏剧的跨文化阐释——论德国汉学家顾彬的〈中国传统戏剧〉》，《戏剧文学》2016年第6期。

⑨ 王志峰：《民间祭祀戏剧表演空间探论》，《戏曲艺术》2016年第3期。

⑩ 朱恒夫：《祭祀·祈祷·娱乐——江西省南丰县石邮村傩戏调查》，《艺术百家》2016年第5期。

展开考察，认为其更接近于傩的原始面目。李瑛的《论仪式戏剧的情节模式——以锣鼓杂戏为例》[①] 对锣鼓杂戏进行了田野考察，以大量的剧本为例，分析研究了仪式戏剧中存在的许多固定化的情节模式，进而为解决戏剧的起源与发生，戏剧与宗教之间的关系，仪式戏剧的剧本创作，外部形态、内部功能、本质特征等问题提供一个珍贵而有力的佐证。还有的研究从不同的角度展开相关研究：如结合重要的戏曲文物——剧场，来考察戏曲与宗教的关系，有邓弟蛟、章有国的《四川神庙剧场论略》[②]，王鹏龙、刘晋萍的《河北蔚县古堡与庙宇：民间演剧的空间阐释》[③] 等；从文化生态的角度考察信仰与仪式的关系，有金乾伟的《文化生态视域下的壮族花婆信仰与乡村仪式演剧共生研究》[④] 等；从跨文化的视角展开不同宗教仪式剧比较，有马丽、赖增知的《韩国假面剧与广西宾阳地区师公剧的比较研究》[⑤] 等。此外，还有不少成果，如孔美艳的《民间丧俗演剧之缘起探微》[⑥]，周华斌的《"社火"辨——兼论中原传统社火的发生》[⑦]，戴云的《清代宫廷戏曲中的社火赛社场景描写》[⑧]，赵寅君、刘霄的《"赵氏孤儿"故事及戏剧在山西民间祭祀活动中的传播》[⑨]，杨旸、杨朴的《萨满的"二神转"及其神话原型》[⑩] 从不同的角度展开了对民间信仰、宗教仪式与戏曲、曲艺关系的研究。

在戏曲、曲艺行业习俗与生态的研究上，也有一些深入探讨的成果。如吕珍珍的《论传统戏曲的说戏制度》[⑪] 研究的是传统戏曲普遍采用的排演方法——说戏。研究认为，传统戏曲之所以采用说戏制而非导演制，源于戏曲高度的程式性和戏曲创作以演员表演为中心的体制。说戏制度的存在意义，在于它充分尊重演员在戏曲表演中的主体地位，为演员创造性的发挥提供了一个自由、开阔的空间。李春颖的《从艺校教学到师徒传承——兼论恢复柳琴戏师徒传承模式的价值和意义》[⑫] 关注的是当代柳琴戏传承方式的转变，自清末产生以来柳琴戏一直沿用口传心授的传承方式，这种传承方式自 20 世纪 50 年代的"戏改"以来被戏校这种集中授课的师生培养模式取代。研究发现，传承体制的变革给柳琴戏的发展带来了新活力，同时也产生了一系列问题，认为在当今社会恢复传统口传心授的师徒传承模式仍具有重要意义和深远价值，应视为传承保护的重中之重。

戏曲、曲艺与社会文化是密切联系的，因此越来越多的研究呈现出综合性的取向，对

---

① 李瑛：《论仪式戏剧的情节模式——以锣鼓杂戏为例》，《戏剧文学》2016 年第 12 期。

② 邓弟蛟、章有国：《四川神庙剧场论略》，《四川戏剧》2016 年第 6 期。

③ 王鹏龙、刘晋萍：《河北蔚县古堡与庙宇：民间演剧的空间阐释》，《戏曲艺术》2016 年第 3 期。

④ 金乾伟：《文化生态视域下的壮族花婆信仰与乡村仪式演剧共生研究》，《戏剧文学》2016 年第 3 期。

⑤ 马丽、赖增知：《韩国假面剧与广西宾阳地区师公剧的比较研究》，《戏剧文学》2016 年第 1 期。

⑥ 孔美艳：《民间丧俗演剧之缘起探微》，《中华戏曲》2016 年第 2 期。

⑦ 周华斌：《"社火"辨——兼论中原传统社火的发生》，《中华戏曲》2016 年第 1 期。

⑧ 戴云：《清代宫廷戏曲中的社火赛社场景描写》，《中华戏曲》2016 年第 1 期。

⑨ 赵寅君、刘霄：《"赵氏孤儿"故事及戏剧在山西民间祭祀活动中的传播》，《戏曲研究》2016 年第 2 期。

⑩ 杨旸、杨朴：《萨满的"二神转"及其神话原型》，《戏剧文学》2016 年第 3 期。

⑪ 吕珍珍：《论传统戏曲的说戏制度》，《戏曲艺术》2016 年第 2 期。

⑫ 李春颖：《从艺校教学到师徒传承——兼论恢复柳琴戏师徒传承模式的价值和意义》，《黄钟》2016 年第 4 期。

艺术的表演、传承与社区传统、民众生活关系的研究尤其成为学界的热点。本年度郝佩林的《苏州评弹与近代江南乡民日常教化》[①] 展示了评弹艺术是如何在日常生活中展开对民众的教化和民众生活的整合的。李阳的《成都茶馆里的灯戏演出》[②] 考察了成都的社会空间对灯戏演出的影响，认为以川北灯戏为代表的通俗、乡土艺术，其演出形式、场地多样，广场、院坝、田间、庙台等均可见其踪影。并认为茶馆非常契合灯戏短小、灵活、技艺化、喜剧性的表现，亦是它在现代化都市栖居的最佳空间。夏太娣的《明代南京城市民俗生活中的戏曲演出》[③] 则以南京为例，分析了民俗活动对戏曲的生存、发展的作用。研究发现，南京是各类声腔较为集中的戏曲都市，尤以昆曲演出为盛。演出大多借助于岁时节庆、社集雅会、喜庆宴饮、祈禳赛会等民俗活动而举行，渗入了都市民俗生活的各个方面。而南都城市特有的政治、文化和商业环境，特别是民俗生活的消费性、娱乐性等特点，也使得浸淫于其中的戏曲演出活动深受影响。张晓艳的《黔中"屯堡文化"探究——以安顺地戏为例》[④] 从安顺地戏来反观贵州的移民文化——屯堡文化，对安顺地戏的艺术特点作详细分析归纳，在此基础上对屯堡文化进行基本梳理，从思想、宗教信仰、建筑特点、服饰、艺术各方面阐述屯堡文化的特色。张灵的《民间宝卷视阈中的城市书写》[⑤] 则探讨的是民间文本是如何呈现都市生活的。文章认为，作为在明清及民国时期广泛流传的说唱文学，宝卷对城市的书写体现了民间文学的独特视角与特点。这一特点主要表现为城市空间的多重展示、市井生活的全景扫描和宗教信仰的特殊偏好等多个方面。相关的研究还有朱运桃、胡展的《扬州说书艺术与市井文化初探》[⑥]，金士友、曹华的《东路二人转文化的聚变》[⑦] 等。

"戏改"与"曲改"研究

对戏曲、曲艺的现代化改革是近代以来演艺行业的显著现象，它涉及现代国家、知识分子与民间大众等众多力量的角力，在很大程度上形塑了我们今日看到的戏曲、曲艺的艺术品格与样貌。关于现代戏曲、曲艺的改革的研究在近年来成为热点。本年度的成果也颇为可观。徐大军的《清末社会教育思潮中的戏曲应对》[⑧] 是一篇概论性的研究。作者认为，清末中国社会各界从挽救民族危亡出发，感于民智的低下，对民众素质的强调形成了一股代表性的社会思潮，而将教育普及于最广大民众的社会教育也因之受到前所未有的重视。在这场以救亡图存、振兴国运为目标的社会教育思潮中，戏曲作为一种社会教育的媒介被寄予了莫大的期待。思想界、戏剧界、文学界、政治界都严肃认真地倡导或实践着戏曲的社会教育功能。这场对戏曲的社会教育功能的倡行运动对我们今天发展、利用戏曲有

---

① 郝佩林：《苏州评弹与近代江南乡民日常教化》，《民间文化论坛》2016 年第 4 期。

② 李阳：《成都茶馆里的灯戏演出》，《戏剧文学》2016 年第 3 期。

③ 夏太娣：《明代南京城市民俗生活中的戏曲演出》，《四川戏剧》2016 年第 6 期。

④ 张晓艳：《黔中"屯堡文化"探究——以安顺地戏为例》，《四川戏剧》2016 年第 11 期。

⑤ 张灵：《民间宝卷视阈中的城市书写》，《都市文化研究》2016 年第 2 期。

⑥ 朱运桃、胡展：《扬州说书艺术与市井文化初探》，《曲艺》2016 年第 11 期。

⑦ 金士友、曹华：《东路二人转文化的聚变》，《戏剧文学》2016 年第 2 期。

⑧ 徐大军：《清末社会教育思潮中的戏曲应对》，《戏曲艺术》2016 年第 1 期。

着很好的启发和参照之处。

在对解放区“戏改”与“曲改”的研究上，有于丽的《从〈秧歌剧卷〉分析新秧歌剧的文本特征》①。延安新秧歌运动是中国共产党文艺史的重要内容。新秧歌剧高度凝聚陕甘宁边区政府的价值规范，是民间艺术与庙堂文化合流的重要典范。作者以《秧歌剧卷》为研究基础，从宏观层面和微观层面深刻分析新秧歌剧的文本特征，以期凸显新秧歌剧的逻辑脉络。类似研究还有于淑梅的《1937—1949 年中国解放区说唱艺术特征》② 等。

在对新中国“戏改”与“曲改”的研究上，有李如茹的《从剧目、演剧观、表演方法的变更讨论“戏改”与“改人”——个案分析：李玉茹 1950—1960 年代几份研究资料的实证与启示》③，该文借用布迪厄的“场域”“生存心态”“资本”三者关联和互动的理论，以新发现的京剧演员李玉茹的资料为切入点，分析了 1949 年之后“新文艺工作者”所代表的意识形态及其艺术倾向，对于戏曲演员从艺术观念到具体手法的影响，力图揭示由于戏改而造成的发生在中国戏曲演变和发展中非常独特的现象：众多演员的生存心态，与其所拥有的资本（包括他们在少年时代所接受的戏曲教育），和各种社会、文化场域，在实践过程中相互抗争、渗透、并相互转化所产生的结果及其运行逻辑。苏菲的《社会主义文艺的边缘人：“戏改”中的艺人流动与私人办团现象》④ 则关注“戏改”开展以来的艺人生态。研究发现，国家曾尝试通过支外、转业、返乡等方式对个体艺人和私营剧团进行改造，但这些方式却一再出现反弹，不论是城市的街头、郊县的茶馆还是农村的大队，都能看到流散艺人和无证剧团的踪迹。特别是在刚刚度过困难时期的 1962 年，他们的活动尤为活跃，反映出政治、市场与文艺在这一国家政策缓和的特殊时期的关系。从中可考察文艺改造在城乡推行时的不同效果，并探讨社会主义国家对文艺的管控态度。同类的研究还有刘金山的《北平（北京）新华广播电台与新中国曲艺》⑤，刘秀荣、于红的《建国初期新文艺方针路线政策的首次实践——论〈新曲艺丛书〉在首都北京的传播》⑥，李龙的《文化政治话语中的民间艺术——以王文坤的皮影艺术与人生为例》⑦ 等。

戏曲、曲艺的传承与保护研究

民间戏曲、曲艺一度存在于乡土社会中。在现代化的过程中，民间社会经历着剧烈的变化，民间戏曲与说唱的传承土壤也经历着剧烈的变化，并深刻影响了其传承与生存。近

---

① 于丽：《从〈秧歌剧卷〉分析新秧歌剧的文本特征》，《戏剧文学》2016 年第 5 期。

② 于淑梅：《1937—1949 年中国解放区说唱艺术特征》，《遵义师范学院学报》2016 年第 6 期。

③ 李如茹：《从剧目、演剧观、表演方法的变更讨论“戏改”与“改人”——个案分析：李玉茹 1950—1960 年代几份研究资料的实证与启示》，《戏曲艺术》2016 年第 2 期。

④ 苏菲：《社会主义文艺的边缘人：“戏改”中的艺人流动与私人办团现象》，《戏曲艺术》2016 年第 2 期。

⑤ 刘金山：《北平（北京）新华广播电台与新中国曲艺》，《曲艺》2016 年第 11 期。

⑥ 刘秀荣、于红：《建国初期新文艺方针路线政策的首次实践——论〈新曲艺丛书〉在首都北京的传播》，《山西经济管理干部学院学报》2016 年第 1 期。

⑦ 李龙：《文化政治话语中的民间艺术——以王文坤的皮影艺术与人生为例》，《四川戏剧》2016 年第 11 期。

年来，在“非遗”保护的推动下，一些学者开始注重对民间戏曲、曲艺在当下的传承与保护的研究。

在剧烈的社会变迁面前，当代戏曲、曲艺的生存空间日益狭窄，因此一部分研究带有鲜明的“抢救性质”，带有一定的实用性和现实指导意义。杨筱东的《同里宣卷的文化传承与现状研究》① 关注的是以同里为中心，辐射至江浙沪毗邻地区的同里宣卷的传承状况。这一传统自产生之日起，始终流连于世俗乡村，宣讲劝善积德，为生活在最底层的人们安抚内心。它与社会信仰、生活习俗、演出市场需求密切相关。研究指出，随着社会习俗、人们精神诉求及生活空间的变革，这一草根艺术的危机日益显现。经调查后，作者认为，存留传统生活空间、尊重民俗惯例当是维系同里宣卷生存的重要途径。李萍的《西部少数民族曲艺档案的文化价值与记忆功能》② 则认为，档案作为社会记忆建构的中介和载体，在民族文化的保护传承和发展利用上发挥着不可替代的作用。建构西部少数民族曲艺档案既是纵向联结曲艺历史片段的有效手段，也是横向联结曲艺区域因子的重要途径，同时还是开发利用曲艺资源的前提举措，对西部少数民族曲艺资源的抢救、贮存、发展以及曲艺社会记忆的修复、强化、重构皆有着不菲的价值和独到的功能。孙天的《当前国家级非遗山东柳子戏戏曲舞台改革路径研究》③ 针对当下柳子戏在舞台化过程中呈现的种种问题：发展缓慢、处于低谷和断层期等，提出以改革促发展的抢救方法。文章谈论了柳子戏改革的必要性及改革基础，并从剧本改革、舞台艺术二度创作两大领域详细论述了柳子戏改革的措施与方向。王晨的《中国戏曲非物质文化遗产的活态传承研究》④ 提出戏曲非物质文化遗产的保护与传承，包括戏曲传承者的表演技艺传承、戏曲剧目的整旧与创新和戏曲观众的回归，是对整个戏曲生态的恢复和重建。以师徒和科班传习为主的个体表演技艺传承、以剧团演出为主的戏曲剧目传承、以剧演空间的社会场域中的观演互动为主的戏曲集体记忆传承机制构成了整个戏曲生态，戏曲非遗的活态保护是对个体经验、院团剧演组织和社会集体记忆三个层面传承机制的复活和再生。同类研究还有柴达、郝宇星的《新中国成立后祁太秧歌剧团发展变迁略论》⑤，叶志良的《本土化与现代性：越剧原生地浙江的现状与发展》⑥，鲁小艳、刘钊的《陕西华县皮影戏调查研究》⑦，阿旺旦增的《藏戏十年》⑧，王艳的《河洛大鼓的文化嬗变边缘化与保护传承》⑨，唐大玉的《中国木偶皮影戏的当代传承与发展》⑩，秦婷的《“非遗”视野下衡山影子戏生存现状的调查与分

---

① 杨筱东：《同里宣卷的文化传承与现状研究》，《艺术百家》2016 年第 S1 期（增刊）。

② 李萍：《西部少数民族曲艺档案的文化价值与记忆功能》，《广西民族大学学报（哲学社会科学版）》2016 年第 5 期。

③ 孙天：《当前国家级非遗山东柳子戏戏曲舞台改革路径研究》，《艺术百家》2016 年第 5 期。

④ 王晨：《中国戏曲非物质文化遗产的活态传承研究》，《艺术百家》2016 年第 5 期。

⑤ 柴达、郝宇星：《新中国成立后祁太秧歌剧团发展变迁略论》，《中华戏曲》2016 年第 2 期。

⑥ 叶志良：《本土化与现代性：越剧原生地浙江的现状与发展》，《戏曲研究》2016 年第 2 期。

⑦ 鲁小艳、刘钊：《陕西华县皮影戏调查研究》，《中华戏曲》2016 年第 2 期。

⑧ 阿旺旦增：《藏戏十年》，《戏曲研究》2016 年第 3 期。

⑨ 王艳：《河洛大鼓的文化嬗变边缘化与保护传承》，《戏剧文学》2016 年第 10 期。

⑩ 唐大玉：《中国木偶皮影戏的当代传承与发展》，《戏曲研究》2016 年第 3 期。

析》[①]，张帆的《莆仙戏〈目连〉近现代演出传承》[②]，李仁莉的《濒危文化保护场域中南阳鼓词的流变和传承》[③]，文闻的《公益型书场生存困境与出路探析——杭州市拱墅区百姓书场个案研究》[④]，王晔的《非物质文化遗产视域下黑龙江少数民族曲艺音乐的保护与传承——以达斡尔族乌钦、赫哲族伊玛堪、鄂伦春族摩苏昆为例》[⑤] 等。

人是艺术传承的核心，艺术保护的最终目的是要保护传承人的权利。有一批研究聚焦于以传承人为中心的考察，对传承人的生活生计、生存状况等展开细致考察。卫才华的《太行山说书人的社会互动与文艺实践——以山西陵川盲人曲艺队为例》[⑥] 是其中的代表性力作。研究认为，太行山说书人通过不同历史时期的文化政策互动、市场互动、礼俗互动，保持并发展了长期的说唱曲艺传统。通过对陵川盲人曲艺队和说书艺人的大量调查，发现现代民间说唱正在成为连接传统与当下、政府与民间、市场与习俗等多种社会博弈的艺术表达。当下的太行山说唱文艺实践已经超越了乡土的多样性、艺术的社会和地方的文化共享性，呈现为社会需求、政府支持，以及特殊教育的传承路径，形成了独特的曲艺组织经验，体现了艺人能动的生活智慧，表现出超越文本的、以"人"为核心的文化生活性品格。在此背景下，民间曲艺所展现的太行山地域文化面貌是植根于草根形式，又包含着多样社会经验和生活方式的文化图景。李莉的《山东落子生存现状调查与传承研究——以济南市长清区落子艺人徐立平为研究个案》[⑦] 指出在社会转型的历史潮流下，山东落子这一传统曲艺面临着诸多方面的挑战。研究以济南及附近地区山东落子的代表人物徐立平为个案，探讨了当代落子的传承与传播策略。曾澜的《从乡村戏台到城镇舞台：江西傩艺人身份的艺术人类学考察》[⑧] 分析了傩戏艺人因表演场所的变化而产生的身份转化，认为傩艺人身份发生变异是民间戏剧不断被展演和被表述导致的结果。

戏曲、曲艺是植根于中国传统文化土壤的传统艺术，以互联网、微信为代表的新媒体则是一种新兴的媒介，它的出现既在一定程度上挤压了传统艺术的生存空间，又为戏曲、曲艺的传播与发展拓展了新的平台，创造了新的传播环境和互动方式，带来了新的机遇。学者们敏锐抓住这一现象，进行研究。杨洋的《传统戏曲传播的新途径：移动新媒体平台》[⑨] 认为，在移动新媒体时代，戏曲艺术与现代传媒必将不断走向融合。移动新媒体具有娱乐性、定制性、互动性、碎片化四方面特征。利用最新的移动新媒体传播方式对戏曲

---

① 秦婷：《"非遗"视野下衡山影子戏生存现状的调查与分析》，《戏剧文学》2016 年第 11 期。

② 张帆：《莆仙戏〈目连〉近现代演出传承》，《戏曲研究》2016 年第 3 期。

③ 李仁莉：《濒危文化保护场域中南阳鼓词的流变和传承》，《戏剧文学》2016 年第 12 期。

④ 文闻：《公益型书场生存困境与出路探析——杭州市拱墅区百姓书场个案研究》，《曲艺》2016 年第 11 期。

⑤ 王晔：《非物质文化遗产视域下黑龙江少数民族曲艺音乐的保护与传承——以达斡尔族乌钦、赫哲族伊玛堪、鄂伦春族摩苏昆为例》，《黑龙江民族丛刊》2016 年第 6 期。

⑥ 卫才华：《太行山说书人的社会互动与文艺实践——以山西陵川盲人曲艺队为例》，《民族艺术》2016 年第 4 期。

⑦ 李莉：《山东落子生存现状调查与传承研究——以济南市长清区落子艺人徐立平为研究个案》，《艺术评鉴》2016 年第 14 期。

⑧ 曾澜：《从乡村戏台到城镇舞台：江西傩艺人身份的艺术人类学考察》，《戏曲艺术》2016 年第 2 期。

⑨ 杨洋：《传统戏曲传播的新途径：移动新媒体平台》，《戏曲艺术》2016 年第 2 期。

艺术进行更广泛的传播和发扬，是当代戏曲艺术传播不可忽略的重要途径。类似的研究还有邱怀生、芦柳源的《传播媒介变革下的中国传统戏曲发展——以晋剧为例》[①] 和胡颖、刘荃的《戏曲网络传播的现状分析与对策研究》[②] 等。

2016 年民间戏曲曲艺的研究成果是极为丰富的，总体上呈现出了这些特点与倾向：首先是研究方法的多元化，学者们已经不再局限于对戏曲、曲艺进行内容阐释和源流分析，突破了纯文史的研究方式，广泛吸收了人类学、民俗学、社会学的方法。其次是立足社会现实，关注艺术与民众生活、社区传统的关系，充分揭示艺术在具体社区和文化传统中的动态的生成过程，充分展示新媒体等新现象对艺术传承的影响。但另外，研究也呈现出一些问题。如缺乏有深度的厚重的专著，对某些热点存在着“扎堆”研究，但缺乏理论深度，如对当下的保护研究数量甚多，体现出了学者们的现实关怀，但往往停留在对问题表象的揭示上，如指出存在着缺乏有效的监督与激励措施、保护经费不到位、与国家方针政策要求脱节等问题，缺乏理论探索的深度与广度。这些都有待在以后的研究中克服。

---

① 邱怀生、芦柳源：《传播媒介变革下的中国传统戏曲发展——以晋剧为例》，《艺术百家》2016 年第 5 期。

② 胡颖、刘荃：《戏曲网络传播的现状分析与对策研究》，《戏曲艺术》2016 年第 2 期。

2016年歌谣研究综述

程梦稷*

在中国民间文学、民俗学的研究领域中，相较于神话、传说、故事等传统范畴，对于歌谣的研究历来稍显薄弱。虽然作为中国新文化与新文学运动的一部分，二十世纪初的歌谣征集运动可谓是“中国现代知识分子思想史上最可纪念的事件之一”①，一度掀起了中国民间歌谣整理与研究的高潮，更是公认的中国民间文学学术史的发轫。不过，在当下的研究中，歌谣研究却相对门户冷清，而2016年的歌谣研究状况，大体上而言，仍然不容乐观。不仅学术界针对歌谣的出版专著屈指可数，发表的研究性论文依旧数量有限，总计仅百余篇，而且这些专著、论文的研究对象更是相对分散，未能就歌谣研究的相关话题深入讨论、形成规模。

尽管成果有限，但是回顾2016年歌谣研究的相关专著与学术论文，不难看到，传统中相对边缘的研究格局已开始渐渐松动。民间文学、民俗学、文学、历史学等多种学科方法的参与不仅大大开拓了歌谣研究的广度与可能性，而且在多维度的研究视角中，与民间歌谣有关的诸多学术话题都表现出相当的话题活跃度。正因如此，2016年的歌谣研究在取得了一些成绩的同时，也在研究视角与方法上存在着一些误区，为民间文学研究提供了反思与总结的空间。具体而言，在这一年的歌谣研究中，少数民族与地方歌谣的发掘与研究、古代歌谣的整理与研究、歌谣与新诗、歌谣的学术史与红色歌谣研究，是其中相对集中的几个话题。

一　少数民族与地方歌谣的发掘与研究

2016年歌谣研究领域最值得瞩目的话题无疑是少数民族与地方歌谣的发掘、整理与研究。在这一领域不仅有七部不同类型的专著出版问世，而且相关论文也颇为集中。

在专著方面，2016年的歌谣专著出版主要表现在对少数民族、地方歌谣的整理出版。由中国国际广播出版社出版的《中华大国学经典文库》丛书，系统整理与讨论了蒙古族②、维吾尔

---

* 作者系北京大学中文系博士后。

① ［美］洪长泰：《到民间去：1918—1937年的中国知识分子与民间文学活动》，董晓萍译，上海文艺出版社1993年版，第1页。

② 《江格尔：蒙古族英雄史诗》，中国国际广播出版社2016年版；《勇士谷诺干：蒙古族英雄史诗》，中国国际广播出版社2016年版；《英雄格斯尔可汗：蒙古族民间英雄史诗》，中国国际广播出版社2016年版。

族[①]、藏族[②]、羌族[③]、土家族[④]、彝族[⑤]、傣族[⑥]、哈尼族[⑦]、苗族[⑧]、瑶族[⑨]、壮族[⑩]、畲族[⑪]、黎族[⑫]十三个少数民族的二十六首传统歌谣。例如云南省民族民间文学楚雄调查队整理了流传在云南省楚雄州的姚安、大姚等彝族地区的长篇史诗《梅葛》，并介绍到“梅葛”本为一种彝族歌调的名称，分为曲调比较悲楚、忧伤、低沉的“赤梅葛”与曲调较为婉转抒情的“辅梅葛”，而采用这种调子所唱的彝族创世史即为《梅葛》；而广西壮族自治区少数民族古籍整理出版规划领导小组办公室整理的《布洛陀经诗：壮族创世史诗》则分为序歌、造天地、造人、造万物、造土官皇帝、造文字历书、伦理道德、祈祷还愿八篇，唱诵壮族祖神布洛陀创造天地万物，规范人间伦理道德，启迪人们祈祷还愿消灾祛邪。这一系列丛书工程浩大，编辑形式整齐划一，各民族传统民间歌谣皆以一首一本为基本体例，书前附该歌谣的基本情况说明，随后进行全文整理。作为从“中华大国学”的视野涵盖中国各民族传统文化经典的系列丛书，这套书“为人们了解中华大国学提供了一套难能可贵的选本”[⑬]，也为人们宏观了解各民族歌谣的基本概貌提供了一个窗口。

虽然取得了一些成果，但由于这套书基本上属于一种科普性质的文化工程，而并非以学术研究为宗旨，因此在基本编撰思路与具体内容讨论上都存在着一些问题。一方面，在民间文学类型的整体编排体例上，这套丛书的编撰并未在民间文学的范畴中，对“歌谣”的概念加以区分与分类，更未在调查与整理的过程中理清“学术文类”与“本土文类”的关系。这套丛书总计出版四十二种，每种皆以作品标题命名，不仅各民族口头流传的韵文歌谣混杂在各民族史籍（如蒙古族史籍《元朝秘史》、彝族白族史籍《泐史、彝族史书、白族史书、白古通记、玄峰年运志》）、汉文文书（如瑶族《过山榜选编》）之中，未能将歌谣作为韵文口传文学的特殊性区别开来，而且各族歌谣内部文类也一概以“史诗”“诗”“歌”等上位概念命名，分类亦无统一标准，而未注意到其中神话歌谣、历史传说歌谣、故事歌谣、仪式歌谣的民俗语境差异，因此在相关讨论中尚显偏颇。比如壮族

① 《帕尔哈德与西琳：维吾尔族爱情长诗》，中国国际广播出版社 2016 年版。

② 《格萨尔王传：藏族英雄史诗》，中国国际广播出版社 2016 年版。

③ 《木姐珠与斗安珠、羌戈大战：羌族民间叙事诗》，中国国际广播出版社 2016 年版。

④ 《阿娌莼和鸳鸯花、相思鸟：土家族民间叙事诗》，中国国际广播出版社 2016 年版。

⑤ 《查姆：彝族创世史诗》，中国国际广播出版社 2016 年版；《梅葛：彝族创世史诗》，中国国际广播出版社 2016 年版；《勒俄特依：彝族古典长诗》，中国国际广播出版社 2016 年版；《阿黑西尼摩：彝族创世史诗》，中国国际广播出版社 2016 年版；《阿诗玛》，中国国际广播出版社 2016 年版。

⑥ 《松帕敏和嘎西娜：傣族民间叙事诗》，中国国际广播出版社 2016 年版；《召树屯：傣族民间叙事诗》，中国国际广播出版社 2016 年版；《厘俸：傣族英雄史诗》，中国国际广播出版社 2016 年版。

⑦ 《哈尼阿培聪坡坡：哈尼族迁徙史诗》，中国国际广播出版社 2016 年版。

⑧ 《苗族古歌：苗族史诗》，中国国际广播出版社 2016 年版；《金银歌：苗族史诗》，中国国际广播出版社 2016 年版。

⑨ 《盘王歌：瑶族古典歌谣》，中国国际广播出版社 2016 年版。

⑩ 《布洛陀经诗：壮族创世史诗》，中国国际广播出版社 2016 年版；《莫一大王：壮族英雄史诗》，中国国际广播出版社 2016 年版。

⑪ 《高皇歌：畲族长篇叙事歌谣》，中国国际广播出版社 2016 年版。

⑫ 《五指山传：黎族创世史诗》，中国国际广播出版社 2016 年版。

⑬ 张炯：《序》，《江格尔：蒙古族英雄史诗》，中国国际广播出版社 2016 年版。

的《布洛陀经诗》是壮族巫教的经文，各篇独立成篇，许多篇目都与特定的宗教仪式相关，如“序歌（一）”便是壮族民间宗教中“师公”们做道场开始请神时所念诵的开篇经诗，叙述师公的第一个传人如何接受《布洛陀》的传授，表示自己正统的巫师身份，以表明身份的合法性。[①] 对于这类歌谣的介绍和讨论，显然离不开对当地壮族的信仰环境与仪式语境的民俗学分析。

另一方面，就具体的文本内容而言，丛书中各民族歌谣的单行本整理皆为汉文意译，而未附原文全文或语音标注，尤其是这些材料皆为定本整理，而未顾及其他版本的异文收集。比如傣族叙述古代英雄海罕与俸改之间战争的史诗《厘俸》，该丛书采用的是云南省少数民族古籍整理出版规划办公室于20世纪80年代整理、翻译的版本，[②] 不过却将原整理本的傣文部分全部删去，更没有歌谣的音标注释；类似的情况也出现在《布洛陀经诗》中，而且自上世纪50年代展开歌谣的田野调查与整理工作开始，各地整理到的《布洛陀》皆存在异文，比如1988年广西壮族自治区少数民族古籍整理出版规划领导小组整理到的手抄本就有二十二种之多，虽然原本有古壮字、新壮文、国际音标、汉对译、汉意译，但2016年的丛书本却只采用特定整理本中的汉意译部分完成。[③] 这些做法虽然有其文化普及的考量，但删削原文注音与异文版本，无疑不利于将少数民族歌谣作为一种口头韵文的民间文学研究。

在地方歌谣的整理、研究方面，2016年的成果也比较突出。林朝虹、林伦伦合著的《潮汕方言歌谣研究》[④] 讨论了作为潮汕地区民间文化载体之一的潮汕方言歌谣。该著从概念辨析出发，首先指出了学界研究中概念不统一的情况，并讨论了这种流行在潮汕地区民间口头文学形式“究竟是‘歌’还是‘谣’”[⑤]。通过结合田野调查经验，该著认为，不论是儿歌、生活歌还是爱情歌、时政歌，潮汕民间歌谣大多为“徒歌”，因此称作“潮歌”或“潮州民歌”并不恰当。尤其值得注意的是，除了“歌谣”这一学术文类概念，该著还讨论到“畲歌”“歌囝”这样两种潮汕地区群众对当地民间歌谣的习惯称谓，也就是“本土文类”概念。通过分析“畲歌”得名与当地民族融合历史的关联，该著也对潮汕地区民间歌谣与畲族自己的传统歌谣进行了厘清，并提出“潮汕方言歌谣”的概念，以指称潮汕地区的民间歌谣。在概念辨析之外，该著还对潮汕方言歌谣的“记录史”、学术史进行了相当全面、系统的梳理。作者从最早见于记载的越地民歌《越人歌》开始，层层深入地追踪其历史，并调用大量明清笔记与地方方志，结合潮汕方言的分析，对当代学术研究所引述的一些方志所记载的潮汕方言歌谣的偏差溯本清源，以免以讹传讹。

在充分辨析潮汕方言歌谣基本概念、文本特点的基础上，该著对地方民间歌谣的研究有四个方面的贡献。

其一是基于语言学视角的文本整理。通过回溯潮汕地区歌谣收集、整理的田野调查经验与学术史，该著认为，由于缺乏语言学视角的收集整理，歌谣整理本无法从语言与民

---

① 《布洛陀经诗：壮族创世史诗》，中国国际广播出版社2016年版，第1页。

② 佚名著，刀永明等翻译整理：《厘俸：傣族英雄史诗（汉、傣文对照）》，云南民族出版社1987年版。

③ 《出版说明》，见《布洛陀经诗：壮族创世史诗》，中国国际广播出版社2016年版，第3页。

④ 林朝虹、林伦伦：《潮汕方言歌谣研究》，暨南大学出版社2016年版。

⑤ 林朝虹、林伦伦：《潮汕方言歌谣研究》，暨南大学出版社2016年版，第4页。

俗、文化结合的角度，解决方言口传文学“有声无字”的文本问题，而该著则概括归纳了民间歌谣收集整理的五项原则与方法，包括“明确潮汕歌谣结构形式，界定体式”“采用合理方式选取歌谣，取舍有据”“遵循用字原则，通过比较辨析，统一用字”“运用方言学研究成果进行歌谣的注释”“按照歌谣主题，兼顾表达形式进行分类”，无疑为其他地区方言口头文学的整理提供了具有可操作性的借鉴和参考。

其二是歌谣内容研究的系统性。该著将上千首潮汕方言歌谣按照爱情歌、时政歌、生活歌、过番歌、仪式歌、滑稽歌、儿童歌、风物歌进行分类，并结合当地特殊的社会历史文化分别展开专题讨论。

其三是歌谣文化价值分析的拓展。该著在系统整理之外，还运用语言学、统计学的方法，对潮汕方言歌谣中的修辞程式、用韵特点、古语土语与外来语词的使用情况进行了系统分析，并对客、闽、潮这三个不同族群所共有的“过番歌”进行了比较研究，在比较研究的视野中，通过“过番歌”这一当地歌谣的特定类型，讨论不同族群的历史记忆与文化意义。

其四是歌谣传承、传播的实践研究。该著在歌谣的总体研究之外，还对潮汕方言歌谣在当代的传承与传播模式展开了多种维度的讨论，比如数字化资料库的建设、漫画创作等大众文化形式的介入情况、方言课程的开发等等，并关注到潮汕歌谣在海外华人中的传承情况，比如马来西亚“三月初三锣鼓响”的祈福祭祀活动中的潮汕方言歌谣案例，这些当代歌谣活态传承的案例都对于传统文化遗产在当代的传承有着启发意义。

该著附录部分还整理了潮汕方言的拼音方案与“潮汕方言歌谣文献知见录”，不论是在地方歌谣的前期收集、整理的操作性方案，还是在方言歌谣与地方社会史、文化史的分析方面，都为当代地方歌谣的研究提供了有效的借鉴。

少数民族与地方歌谣的翻译与比较研究是2016年少数民族与地方歌谣研究中值得关注的话题，其中，有两部专著与一篇论文值得一提。

首先，英国学者史若兰（Caroline Elizabeth Kano）与杨晓丽合作编译的《花儿：丝绸之路上的民间歌谣》（Hua’er-Folk Songs from the Silk Road）①是一部全英文的学术专著，由北方民族大学武宇林教授的专著《中国花儿通论》节选、编译而成。书后附有相应歌谣的中文译文，并标注汉语拼音。该著反映了中国“花儿”民歌全貌，从“花儿”概论、“花儿”的主题、“花儿”的基本形式、“花儿”的修辞、“花儿”中的民族特色和民俗现象五方面的讨论，从唐宋以来的纵向历史线索与丝绸之路多民族聚居的横向文化背景，对“花儿”这一古老的民歌形式进行了系统考察。不论是对于“花儿”的系统整理与了解，还是中国地方民间歌谣的跨文化翻译，该著无疑都具有开创性意义。

刘雪芹的专著《西南诸民族典籍翻译研究：她们从远古的歌谣中走来》②讨论了西南地区壮族、傣族、苗族、瑶族、侗族、纳西族、彝族等少数民族的十部经典作品，体裁涉及史诗、叙事长诗、山歌等等，其中包括家喻户晓的《苗族古歌》《布洛陀》《嘹歌》《召树屯》《阿诗玛》等民族传统歌谣。作者将这些传统歌谣作为个案，分别对其汉译和

---

① ［英］史若兰（Caroline Elizabeth Kano）、杨晓丽：《花儿：丝绸之路上的民间歌谣》（Hua’er-Folk Songs from the Silk Road），商务印书馆2016年版。

② 刘雪芹：《西南诸民族典籍翻译研究：她们从远古的歌谣中走来》，大连海事大学出版社2016年版。

英译情况进行了梳理和介绍，尤其是对翻译过程中所涉及的民间歌谣的搜集、记录、整理、翻译等过程及转译、伪翻译、学术型翻译、创作型翻译、合作翻译、翻译中的政治等代表性话题进行了深入讨论。

这两部专著关于中国少数民族歌谣、地方歌谣的翻译研究虽然并非首创之功，却对国内学界的研究有一定的参考意义。美国学者马克·本德尔（Mark Bender）曾在梅维恒主编的《哥伦比亚中国文学史》（The Columbia History of Chinese Literature）[①] 中专章介绍中国西南少数民族文学，而其中少数民族传统歌谣就占了重要篇幅，而他本人亦曾翻译过《苗族古歌》《密洛陀》等作品；墨尔本大学教授贺大卫（David Holm）则在广西壮族地区进行长期的田野调查，基于《布洛陀经诗》完成过熔翻译与研究于一炉的学术专著《杀牛祭祖：桂西北古壮字文献研究》（Killing a Buffalo for the Ancestors：A Zhuang Cosmological Text from Southwest China）[②]、《招魂：华南广西台语民族壮族布洛陀古壮字文献研究》（Recalling Lost Souls：The Baeu Rodo Scriptures，Tai Cosmogonic Texts from Guangxi in Southern China）[③]。这些海外学者的翻译实践与研究都属于个案研究，而我国学者对少数民族与地方民间歌谣的翻译实践与理论探讨则尚处于起步阶段，此前也不曾有过涉及民族歌谣翻译概论的专著，因此上述两部专著的出版无疑对歌谣的翻译研究有开拓之功。尤其是刘雪芹的专著更是通过西南少数民族传统歌谣的汉译、英译案例，对这些歌谣的异文版本、翻译版本、民族语言概念、民俗与翻译、民间文学翻译与整理的关系、民间文学的翻译原则、民间文学翻译的“语内语际互文网”、民间文学的翻译选择与政治等话题展开了讨论。不过，值得注意的是，这两部专著都并未针对作为民间文学基本研究范畴的“歌谣”本身进行讨论，前者受限于“花儿”的个案翻译与讨论，而后者所涉及的案例研究虽然更具有广泛性，但一方面案例选择并不以“歌谣”作为限定，而是包括少数民族戏剧、故事等其他口头文学形式，另一方面其理论反思的落脚点在于对翻译理论的基本反思，而未能深入对民间歌谣口头韵文形式的一般性理解与理论思考。

曹咏梅发表在《民族艺术研究》上的论文《日本学界的中国西南少数民族对歌研究》[④] 同样涉及少数民族歌谣的跨文化研究现象。早在上世纪初，日本国内学者就曾经指出中国西南少数民族的对歌习俗与日本古代对歌的相似现象，不过，对少数民族对歌文化的研究直到中国改革开放之后才渐渐引起关注。不少日本学者更进入西南地区进行长期的田野调查，而日本对于西南地区少数民族对歌的研究也相当活跃。对日本学界关于对歌的研究，无疑能对我们的民间歌谣研究有所启发。作者首先从鸟居龙藏开始，回溯了日本学界西南研究的学术史，按照不同时代背景下的学术线索，分别讨论了“照叶林文化论”“东亚文化圈”与“日本古代文化”这三个学术话题，对于日本学界对歌研究中学术思路的影响情况。论文详细分析了日本学界在西南少数民族地区的田野调查活动与对歌研究成

① Victor Henry Mair（ed.），*The Columbia History of Chinese Literature*，New York：Columbia University Press，2010.

② David Holm，*Killing a Buffalo for the Ancestors*：*A Zhuang Cosmological Text from Southwest China*，Dekalb：Center for Southeast Asian Studies of Northern Illinois University，2003.

③ David Holm，*Recalling Lost Souls*：*The Baeu Rodo Scriptures*，*Tai Cosmogonic Texts from Guangxi in Southern China*，Bang-kok：White Lotus Publishing Co.，2004.

④ 曹咏梅：《日本学界的中国西南少数民族对歌研究》，《民族艺术研究》2016 年第 4 期。

果，条理清晰，线索分明。

作者通过把日本学界的对歌研究作为案例，在论文最后提出的几点观察，对于当代歌谣研究颇有启发。首先，在歌谣研究的方法论上，收集到的歌谣“文本”只是歌谣的一个“断面”，要理解歌谣的民俗文化意义，必须同时结合实地调查中的歌谣活态表演语境，并有效利用古代文献记载、过去的调查记录与成果，在过去与今天、文本与语境的多重维度下，才能准确理解歌谣文本的实际意义。其次，对于少数民族与地方歌谣不能过分强调其本地性与特殊性，而要关注歌谣形式的普遍性。譬如除了西南少数民族之外，西北花儿会上也存在着形式类似的对歌现象，而日本学界最初提出的“照叶林文化圈”假说过分强调了西南地区与日本对歌现象的特殊性。如何理解西北地区对歌现象与西南少数民族地区乃至日本、域外对歌文化的关系，乃至“对歌”这种歌谣形式的文化意义，都是下一步研究可以探索的话题。再次，“他山之石，可以攻玉”，在歌谣研究乃至民间文学研究中，民俗现象的跨文化性是进一步理解其文化意义的切入口之一，歌谣的跨文化研究，以及中外学者的学术交流与成果共享，都是该文可以给予我们当代民间文学的启示。

2016 年关于少数民族与地方歌谣的发掘、整理与研究还有若干篇资料集与研究论文，这里举要简单介绍。谢美琳的《仫佬族走坡音乐的研究》① 讨论了仫佬族传统民俗节日“走坡节”中，男女对歌，“倚歌”“择偶”的民俗文化，对走坡山歌的节日背景、内容题材、音乐特点与歌词类型有所介绍。闫淑惠、徐林祥的《客家歌谣女性书写的当代价值》② 讨论了客家歌谣鲜明的地域与族群特色，而客家女性则在这些歌谣的创作、传播中发挥着主体作用。作者由此认为，客家歌谣反映了传统客家女性的生活面貌，对深化客家研究、女性研究都有着现实意义。不过，站在民间文学研究的立场上，该文对歌谣演唱主体的关注，则打开了歌谣主体性研究的一个新维度，有值得继续发掘的空间。

在资料集方面，李志杰主编的“南充民间传统文化资料”丛书中收录出版了一册《民间歌谣》③，该册资料集主要采用民间采风的做法，力求收集第一手的田野调查资料，与此同时更进一步广泛整理四川省南充地区历代地方志书，总共整理出六百余首四川南充地区的民间歌谣，并分为劳动歌谣、生活歌谣、仪式歌谣、爱情歌谣、儿童歌谣、吉俚歌谣、时世歌谣、风物传说歌谣与客家歌谣九个类别。值得借鉴的是，该著对相对生僻的方言词汇进行了注音与注释，对方言词语的不同说法也进行了列举。不过，与《中华大国学经典文库》丛书所整理的各少数民族传统歌谣一样，该书同样未将相关歌谣的异文文本一并收录，而是仅以单篇文本的罗列形式呈现。事实上，歌谣的收集、整理与出版无疑是现代民间文学学术史中关于歌谣研究最为突出的成果。不仅“歌谣运动”唤起了知识界与社会对民间歌谣的广泛关注，有近三百种歌谣集出版，而且新中国成立以来，以“中国歌谣集成”与“中国民间歌曲集成”为代表的采集与出版的歌谣集更是数不胜数。从 2016 年关于少数民族与地方歌谣的发掘、整理与研究情况来看，虽然在出版数量与相关话题上都有所增加和拓展，但从民间文学研究的角度对歌谣的关注还尚显不足。

---

① 谢美琳：《仫佬族走坡音乐的研究》，《艺术评鉴》2016 年第 5 期。

② 闫淑惠、徐林祥：《客家歌谣女性书写的当代价值》，《江西社会科学》2016 年第 4 期。

③ 李志杰主编：《民间歌谣》，四川人民出版社 2016 年版。

二 古代歌谣的整理与研究

自二十世纪初的“歌谣运动”以来，古代民间歌谣的研究渐渐走入学术视野。朱自清《中国歌谣》无疑是此领域的开创性著作。该作从歌谣的释名、起源与发展等方面，整理了中国古代歌谣的历史，确立了歌谣研究的基本概念与经典范式。张紫晨《歌谣小史》则从上古时期的歌谣开始，讨论到当代新民歌为止，对中国古代歌谣传承到现当代的基本面貌进行了宏观的概述。九十年代以来，民间文学、文献学、古代文学、历史学等诸多学科都对古代歌谣及其研究价值有所关注，古代民间歌谣的研究从宏观的史学描述转向断代的民间歌谣研究以及更加细化的专题研究。2016 年民间歌谣研究也在这一学术史背景下，在古代歌谣的具体研究方面取得了一定成果。

在专著方面，冯艳的《明清散曲与歌谣时调互动研究》[①] 是学界关于明清散曲与歌谣时调互动情况及其意义的一次全方位的系统研究。历来文人与学者对于明清歌谣时调都有所关注，尤其是在二十世纪初歌谣运动之后，关于明清歌谣的研究无论是在文献资料的整理，还是在理论研究方面，都取得了一定的成果。不过，传统研究往往从古代文学的视角出发，讨论明清歌谣的文学史脉络、美学风格与具体作品。不过，该著则另辟蹊径，注意到在明清两代的数百年间，文人散曲与民间歌谣时调各自都经历着不断发展演变的过程，与此同时，二者之间又时有碰撞、交会。从民间歌谣时调与散曲的互动角度出发，不仅在明清歌谣的本体研究之外把握住文体间的动态关系，对于传统文学研究的相关话题有所贡献，而且这种跨文类的动态研究也关注到民间文学传播的社会文化语境，从而对于民间文学视野下的歌谣研究而言，同样打开了一定的研究视野。

具体而言，该著指出，文人散曲与民间歌谣时调虽属不同的文化现象，但在发展过程中也存在着不同形式的互动，而在互动中亦对各自的发展产生了复杂、深刻的影响。这些文类间的互动与影响使明清民间歌谣的发展轨迹更加复杂，也使其存在状态更加丰富多样。该著发挥文学研究的优势，具体分析了明清散曲在曲调、体制及俳体形式几方面对明清歌谣时调的影响。与此同时，该著也讨论了明清民间歌谣对明清文人的散曲观念与散曲家的散曲创作造成的影响。另外，论文也以清代“西调”这种雅化时调作为研究案例，着重分析了雅化时调作为清代民间歌谣与散曲互动的特殊产物，其背后的文化语境及其所反映的散曲与民间歌谣的具体关系。

这部专著对于今天的古代歌谣研究有许多方面的参考意义。一方面，该著的基本视角与方法能够拓展古代民间歌谣的研究领域。该著以对明清民间歌谣时调、文人散曲具体作品的文本分析与文学考察为基础，结合音乐学、传播学、文艺理论、历史学的相关方法，突破了传统中单向度的文学主体研究，注意到文人散曲在曲调与文学形式上对明清民间歌谣的影响，尤其是发掘了雅化时调这一雅俗交融互动的特殊文类，在宏观的理论分析之外，更有扎实的微观考证，民间歌谣不再是传统文学研究中被动的、静态的客体与参照物，而是一种特定文化语境下的民间口头表达，其本身即构成一种能动的研究对象。不过，另一方面，虽然该著以“雅俗互动”这一话题作为依托，但分析角度仍然不脱离文学范式的传统分析方法。该著从明清社会文化出发，考察明清散曲与歌谣时调互动的媒

① 冯艳：《明清散曲与歌谣时调互动研究》，中国社会科学出版社 2016 年版。

介、环境及机制，以达到对明清散曲创作环境与发展轨迹的再认识。然而，在这种关于文类互动的讨论中，作者对散曲曲调、体制及俳体形式对民间歌谣的影响如数家珍，但对这些文学形式、创作手法如何在民间歌谣中被理解与吸纳，民间歌谣本身的形式法则又如何的介绍，却并未能充分展开。因此，该著对明清民间歌谣的关注，本质上乃是服务于细化分析雅俗交融这样一种明清散曲创作的文学生态，而明清民间歌谣本身的口头传唱规律与交流法则，却在这样的讨论中缺席。

邱燮友的《唐代民间歌谣》① 是2016年关于古代歌谣研究的另一部值得一提的学术专著。该著材料宏富、线索清晰地从“唐代民间歌谣现存的数量”“唐代民间歌谣发生的原因及其社会背景”“唐代民间歌谣内容的探述”“唐代民间歌谣植物意象举隅”“唐代民间歌谣结构的分析”“敦煌曲的时代使命”这六个方面切入，对唐代民间歌谣的基本文献面貌、文本形态与文化意义作了多角度的整理与研究。众所周知，唐代是我国古典诗歌发展的黄金时期，而民间歌谣的传唱与传承无疑与这种时代文化风气水乳交融。不过，在中国古代歌谣研究方面，通论式的著作较多，而专题式的研究相对较少。在具体研究中，学界对唐代民间歌谣的专著研究往往也是放在民歌民谣的整体研究中点到为止，而针对唐代民间歌谣的专题论文，则是在唐代民间歌谣中细化深入，选题零散而难成规模。因此正如该著封底推荐语所总结的：“作者将史籍、乐府诗集所收录的唐代民歌选录出来，与光绪二十五年敦煌出土的曲子配合，加以整理比较，使今人能了解唐代歌谣所反映的唐人生活和心声，并确知词的起源与唐代歌谣的密切连锁性。”该著既是对唐代民间歌谣相关史料、文献的系统梳理与总结，也是从唐代历史、社会文化角度展开的一次全方位的歌谣研究，无疑是唐代民间歌谣研究领域具有开创性意义的研究。

作为唐代民间歌谣研究的专著，该作的贡献可以从文献整理与歌谣研究两方面思考。就唐代民间歌谣的文献整理而言，该著首先关注到民间歌谣“曲调”与“歌词”两个方面，一方面系统整理了唐代民间歌谣现存的曲调，另一方面则运用大量古代文献，发掘、整理唐代民间歌谣的文本。就民间歌谣文本的收集而言，该著对唐代文献材料的利用值得参考。北宋编定的《乐府诗集》辑录了汉魏到唐、五代的乐府歌辞兼及先秦至唐末的歌谣共5000多首，搜集广泛，各类有总序，每曲有题解，因此构成作者整理唐代歌谣的第一个主要文献来源。此外，作者还设立专节，系统梳理了史籍、诗文集所涉及的唐代歌谣。而尤其值得注意的是，作者还进一步利用了《敦煌曲校录》与《敦煌歌辞总编》中的相关材料，对唐代民间歌谣的文献情况有所补充。上世纪初发现的敦煌藏经室共有唐人写本三万余卷，其中敦煌曲子词多达一千三百余首，而《敦煌俗字谱》则有唐代民歌乐工俗谱二十五首，后世学者多有将其翻译复原为今天的五线谱，这些古籍材料无疑是当代学者讨论唐代民间歌谣时不可绕过的一个宝库。

该著在唐代民间歌谣的具体研究方面亦颇多可圈可点之处。作者一方面从文学史的角度，讨论了唐代民间歌谣发生的原因与社会背景，由内而外地关注到“渊源于前朝的俗乐旧曲”“本源于本土发生的新歌”“唐代君主的爱好”“胡汉文化的交流”“社会经济的繁荣”“宗教的兴盛”与“生活的反映与疾苦的呼声”等因素，不可谓不全面；另一方面，作者从内容与形式两方面，讨论了唐代民间歌谣的文化意义。其中值得注意的是“从曲子词看敦煌民俗”一节，作者由敦煌文献出发，从民间歌谣与民间文化的角度，讨

---

① 邱燮友：《唐代民间歌谣》，台北：五南图书出版股份有限公司2016年版。

论了当时所流行的服饰、配件与发式、妆容，而“文人仿制的声诗”则触及民间歌谣与文人创作的互动情况，都可谓是唐代民间歌谣中颇具新意的专题研究。

不过，该著的基本研究角度依然有着鲜明的文学立场，因而对民间歌谣作为一种民众口头文学形式的基本属性有所遮蔽。一方面，在对唐代民间歌谣进行内容与形式的分析时，作者所选用的分析概念与策略皆是古典文学研究中常见的“意象选择”与“章法结构”，而未能注意到作为一种民间口头表达与交流方式，唐代民间歌谣的基本母题、演唱语境（如节令歌）、文本模式（如声韵配合）同样有许多值得深入开掘的空间；另一方面，该著在唐代民间歌谣的文献整理方面可谓集大成，不过，民间歌谣并非文学创作，有着民间口头传承的规则，其历史传承与异文情况难以截然断代界定，因此特定主题、类型的唐代民间歌谣的上下承续关系及其异文情况，亦值得从整体性、历时性角度展开考察。

在论文方面，2016 年关于古代歌谣的整理与研究同样取得了一些值得关注的成果，尤其是历史学、文献学、戏曲学与比较研究等多种方法的介入，使得 2016 年古代民间歌谣的研究领域更显活跃，也对民间文学的研究有一定的参考意义。

曾庆盈的《“木兰从军”歌谣及北魏“天子”和“可汗”的并存》① 以《乐府诗集》中所存的《木兰诗》的版本作为核心案例，对这首民间歌谣背后的北魏历史展开了讨论。作者从《木兰诗》在《乐府诗集》中“鼓角横吹曲”这一北朝民歌篇目的归类情况出发，对这首民间歌谣的来源进行了辨析，即这些“鼓角横吹曲”最早是作为一种军事表演的样式在马背上进行的。从这首歌谣最初的演唱情境出发，作者提出，在长达数个世纪的时间中，源于民间歌谣的“木兰从军”故事不断激发着人们的想象力，甚至在国际上成为代表“中国”的符号。然而，歌谣中代表着“中国”的实际统治者却来自北魏时期的拓跋部族，而这首特定历史时期的民间歌谣也构成回到历史现场的一个切入点。

作者注意到这首歌谣中同时存在“可汗”与“天子”两种称谓，由此回溯历史，认为这种称谓混同的情况恰恰与民间口头表达的情况密不可分：“木兰诗起源于民歌，诗中特别称谓的情况说明，在它创作的时代，将皇帝视为可汗对中国北方的民众来说是一种普遍状况。这是阅读正史时的一个有趣而易于忽略的状况。”也就是说，这样两种概念的替换乃是民间口头作品的常见现象，而这种现象反过来也说明，在这一特殊历史时期，“中国北方经历了十六国的分裂后的首次统一，北魏帝王在沿用中原帝王‘天子’称谓的同时，也保留了突厥化蒙古人的‘可汗’称谓，由此反映出这一时期北魏帝王独特的双重面貌。”作者通过《木兰诗》最初作为民间歌谣的交流语境与表达方式，成功回溯了北魏时期的特殊历史情境。这一研究案例为历史学与古代民间歌谣研究方法的交叉树立了一种典范。

黄有年的《里巷歌谣浸儒风——两汉谣谚中的儒学人物评论浅疏》② 虽非直接以古代民间歌谣作为研究对象，但借由两汉时期儒学人物品评的研究案例，论文对两汉时期谣谚中关于儒学人物的评论进行了整理。作者认为，虽然这些评论的起始形式各异，如“诸儒为之语曰”“关东号之曰”“乡里为之语曰”“京师号曰”等形式，但它们的评论内容皆是针对儒学人物而言的。通过对这些两汉谣谚的分析，作者认为，两汉时期，人们对经

---

① 曾庆盈：《“木兰从军”歌谣及北魏“天子”和“可汗”的并存》，《江西社会科学》2016 年第 12 期。

② 黄有年：《里巷歌谣浸儒风——两汉谣谚中的儒学人物评论浅疏》，《华夏文化》2016 年第 1 期。

学人物的评论主要集中在学问以及道德方面。由此可见，作为民间社会口头交流形式的谣谚，在臧否儒学人物的时候，往往会遵循着一定的尺度，而这种“尺度”往往透露着特定历史时期的鲜活讯息。因此，古代民间歌谣的发掘、整理与分析，在社会史、文化史的研究中大有可为。

陈友峰的《庙堂仪礼与巫觋表演——〈诗经〉〈九歌〉中的戏曲因素和戏曲品性》①，作者从《诗经》“十五国风”“大雅小雅”与作为“庙堂之音”的“颂”在当时和乐而唱、伴歌而舞的特点着手，认为其中一些以“对话”形式表达情感的歌谣具有表演性与戏剧性，如“郑风”《女曰鸡鸣》即通过夫妇双方早上起床时生动活泼的戏剧性“对话”展现幸福美满的家庭生活。作者据此认为，“这种‘对话’式的诗歌形式，就其结构而言，具有初始形态的戏剧特征。而就戏曲艺术与宗教行为活动的关系而言，则主要体现在周、鲁、商三国之‘颂’里。”论文的后半部分则转入对《楚辞・九歌》的讨论，认为《九歌》歌舞并重，结构完整，且多是装扮表演。“不论整体结构，抑或祭祀过程中的场上演出，均体现出鲜明的戏曲品性。”作者对古代民间歌谣的“戏曲性”的发掘可谓独出新意，不过，文类之间能否不加分辨地展开平行比较还存在值得商榷的空间，尤其是艺术学角度的美学风格对比，更是需要对民间歌谣与民间戏曲等文类特征的深入理解作为支撑才能成立。

类似的比较研究还有王文意的《白茆山歌“劳动歌”与先秦歌谣对比研究》②。作者将2002年版《中国・白茆山歌集》中的白茆山歌“劳动歌”分为“农耕之歌”与“渔船之歌”，并在这一组概念的基础上，进一步与先秦“劳动歌”进行对比研究。作者对“农耕之歌”归纳出“以月份为序”“以日常耕作为线”的两大特点，认为“白茆山歌，与古代歌谣一道，在传承中华传统美德的过程中起到了文学载体的作用”。作者对“渔船之歌”的分析则从具体作品入手，指出“就劳动属性而言，先秦的渔船之歌是不能和白茆山歌里的渔船之歌相提并论的。但是就歌谣结构和言辞口语化程度来说，前者与后者几乎可以混为一体，使人难辨彼此”。通过对白茆山歌“劳动歌”与先秦歌谣的比较研究，作者试图由此发掘古今歌谣之间的传承关系。从歌谣的具体类型与叙事结构入手展开比较研究，无疑是讨论民间口头文学传承的有效途径，不过，若要论证本文作者所期待的“古今歌谣之间的传承关系”，则还需要更多学者参与其中，对古代民间歌谣的类型与叙事形态展开系统讨论。

三　歌谣学术史研究

二十世纪初发源于北京大学的歌谣征集活动，以及由此萌发的“到民间去”的民间文学运动在中国现代文学史、文化史上的意义不必赘述。“歌谣运动”一方面“唤起了知识界的空前关注，一个研究中国歌谣的新高潮相继波澜迭起”③，自歌谣征集与研究活动

---

① 陈友峰：《庙堂仪礼与巫觋表演——〈诗经〉〈九歌〉中的戏曲因素和戏曲品性》，《文化艺术研究》2016年第3期。

② 王文意：《白茆山歌“劳动歌”与先秦歌谣对比研究》，《北方音乐》2016年第22期。

③ ［美］洪长泰：《到民间去：1918—1937年的中国知识分子与民间文学活动》，董晓萍译，上海文艺出版社1993年版，第95页。

开始至今，歌谣研究取得的丰硕成果有目共睹；另一方面，随着二十世纪初的那场运动渐行渐远，“歌谣运动”本身也走入学者的研究视野，近年来关于“歌谣运动”及其学术史意义的讨论方兴未艾，而2016年在这一领域的研究也值得注意。

首先，张弢的《传统与现代的激荡：报刊中的“歌谣运动”研究》[①] 是本年度出版的唯一一部针对“歌谣运动”的学术专著。顾名思义，该著主要是从传播学的视角，以民国时期的报刊材料为基础，重新勾勒“歌谣运动”的面貌。该著按照时间顺序与参与其中的报刊的变化情况，将“歌谣运动”划分为“起步与发展的阶段（1918—1925）”“低估与转折的阶段（1928—1930）”与“复苏与衰落的阶段（1936—1937）”。其中，第一阶段的主要阵地是《北京大学日刊》《晨报》与《歌谣》周刊，第二阶段则以《民俗》为主要阵地，第三阶段的主要活动则在复刊后的《歌谣》周刊、《中央日报》增刊《民风》中展开。不难看出，“歌谣运动”各个阶段的发展始终与现代报刊相关，作为征集、展示与学术讨论的主要阵地，不论是以学者、学生为主要读者群的学校刊物，还是那些颇有社会影响力的大众报刊，都见证了“歌谣运动”的开展过程与个中细节。因此，对民国报刊这一文献类型的集中关注，无疑能够打开“歌谣运动”研究的新视野。

对于“歌谣运动”的学术史研究而言，该著主要在文献史料的整理与研究方法的突破上有所贡献。一方面，作者对当时参与“歌谣运动”的主要报刊登载民间歌谣的情况进行了系统的整理，对于民间歌谣采集的数量、流行的地域范围、文本内容的类型等都作了详细的数据统计，附录部分更是依次设置了“歌谣索引”“歌谣运动大事年表”以及包括《北京大学征集全国近世歌谣简章》《本会征集全国近世歌谣简章》《〈歌谣〉周刊发刊词》《〈歌谣〉周刊复刊词》在内的重要文献材料，对“歌谣运动”在报刊方面的文献材料上做了相当充分的基础工作，不论对于想要宏观把握这段学术史，还是试图进一步展开研究的学者而言，都有着基础性的意义。

另一方面，作者对“歌谣运动”的讨论运用了跨学科的研究方法。“歌谣运动”作为新文化运动的一个组成部分，历来就是文学、史学与社会学等学科的重要研究对象。作者则指出，这场文化运动最重要的信息载体——报刊，恰恰亟须新闻传播学的方法介入讨论。作者在阶段划分的基础上，分析了“歌谣运动”在不同阶段的传播特点，对“歌谣运动”传播活动中的三种角色——普通民众、知识分子和政府分别进行了分析研究，由此对报刊支持下的这场文化运动进行了反思。比如作者对运动中作为“传播主体”的知识分子的分析，揭示了知识分子群体中的多元态度及其成因，而对政府这一角色的分析则结合不同阶段中国民政府、苏区与解放区政府的不同政策进行比较，尝试理解政府权力在文化传播中的意义与途径。从传播学的角度，该著充分挖掘了民国报刊在“歌谣运动”中所呈现的历史细节与文化意义，也为学界关于歌谣学术史的研究开辟了新的讨论空间。

在专题论文方面，曹成竹发表在《民族艺术》第五期上的《“天才的”还是“集体的”：关于歌谣归属的文艺论争》[②] 讨论了歌谣运动期间在《歌谣》周刊上进行的一场发生在李长之、寿生（申尚贤）、卓循（蒋作勋）之间的一场歌谣归属之争。李长之提出歌谣的“天才作者”论，而寿生、卓循则提出“集体作者”观，强调民间歌谣并非“为艺

① 张弢：《传统与现代的激荡：报刊中的“歌谣运动”研究》，社会科学文献出版社2016年版。

② 曹成竹：《“天才的”还是“集体的”：关于歌谣归属的文艺论争》，《民族艺术》2016年第5期。

术而艺术”的诗，而是与民众有着天然的亲近关系。寿生认为前者的“天才作者”论仅仅立足于文本和精英文艺立场，而缺乏实际的社会调查经验，是一种僵化死板的歌谣观。因此他呼吁在搜集研究歌谣的初期，应该有更多具有社会调查训练经验的人们加入这项工作，不然便是“把活人抬下死人坑”了。

作者认为，这场往往被学术史忽略的论争，其所反映出的问题却是发人深思的。“歌谣运动”一般被认为是中国现代文学与民间文学学术史中的“一个丰富而鲜活的横截面，一个可以见微知著的文学和文化缩影”，而这场并不引人注意的“歌谣归属之争”则是这场歌谣运动文化意义的一项典型记录。作者通过回溯整场论争的来龙去脉，认为双方观点乃是“歌谣运动”文化意义的一体两面，并无对错之分，这两种认识分别从文本传统以及社会现实的维度“共同构建了文艺美学‘中国经验’的完整性”。论文不仅以小见大，从一个案例切面重返“歌谣运动”的历史现场，而且这场论争所引发的关于歌谣归属的讨论，对于今天的歌谣研究同样有着参考意义。

傅宗洪的《“搜集研究”还是“参与实践”？——歌谣运动的价值重估与历史再评价之一》[①] 将二十世纪初的这场“歌谣运动”视为“关涉中国现代诗学‘发生’的一次重要的理论想象与创作实践运动”。从这一性质判定出发，作者提出，作为现代大众诗学的最初构想，“歌谣运动”最初丰富的理论构想与诗学冲动，却在现代性的历史中被挤压为“单面”的诗学诉求，而要理解这种“‘建构’冲动被不断‘解构’的历史踪迹”，还需回到历史现场，从以“五四”为主轴的更广阔的历史背景，重估“歌谣运动”的历史意义。作者系统追溯了周作人、刘半农、朱自清、俞平伯、胡适等人在“歌谣运动”期间关于民间歌谣的学术讨论与文艺期待，在此基础上，作者认为，参与歌谣运动的整个知识群体都对歌谣价值在认识上发生过转折，民间歌谣之于新诗的文艺学价值，逐渐被其作为国学研究对象的意义取代。正是在这一脉络中，“歌谣研究会”被归并到北京大学研究所的“国学门”下，而其创办的《歌谣》周刊也并入了《国学》周刊，“歌谣不再是新诗的‘模范’，而是新国学学科建构与知识整合的历史文本了。”作者从知识群体的认识出发，重新理解了民间歌谣的学术史中“新诗”与“国学”这样两种面向的历史脉络，而这样一种与社会文化、历史诉求息息相关的学术史背景，也是我们今天展开歌谣研究时需要时时回顾的学术资源。

戴建国发表在《民俗研究》第五期上的论文《民国民俗学文献的整理与研究述略》[②] 虽然并非以“歌谣运动”或民间歌谣作为直接研究对象，不过，民间歌谣的整理与研究无疑是论文所处理的“民国民俗学”的重要组成部分。作者提出，当下学界对于民国时期所形成的民俗学、民间文学的相关文献，并未给予充分重视，因此论文系统整理了民国民俗学的相关文献，察其轨迹，明其得失。不论是民国民俗学文献的汇编整理（包括丛书整理、资料选编、目录索引），还是关于其中报刊、论著、丛书中的图书的重印和重版，作者对这些民国民俗学文献资料的整理与评价都不仅对中国民俗学的学术史研究意义重大，而且当下的民间歌谣研究亦能从中找到相当丰富的文献线索。

---

① 傅宗洪：《“搜集研究”还是“参与实践”？——歌谣运动的价值重估与历史再评价之一》，《现代中国文化与文学》2016 年第 1 期。

② 戴建国：《民国民俗学文献的整理与研究述略》，《民俗研究》2016 年第 5 期。

王晓葵的《中国“民俗学”的发现——一个概念史的探求》[①] 同样并非直接处理歌谣研究学术史的论文，但论文聚焦中国民俗学的概念史与发生学问题，同样与近代歌谣运动有着密不可分的关联。作者认为，作为民族主义建构过程中“乡土性”的承载物，“民俗学”成为近代中国民族主义话语的一个重要组成部分。作者参考文化研究中关于民族国家建构的相关理论，梳理、分析了“民俗学”与“民俗”概念的形成过程，并对中国民俗学学科发展有所反思。作者提出，从中国民俗学的建构过程来看，“民俗”被视作一种维系民族国家认同的文化资源，因此作为“新国学”的“民俗”也是一种人为的建构。虽然“民俗学”学科的“建构史”是否能够取消“民俗”本身的合法性仍值得商榷，而民间歌谣与民俗文化在这场近代学术运动中被发掘的面貌及其学术史意义，也都值得结合史料文献具体讨论，不过，这篇论文引入了文化研究的相关理论与分析策略，打开了关于包括歌谣研究在内的民间文学学术史的新维度。

在歌谣学术史的研究领域，2016 年还有三篇针对周作人、叶德均与早期中国民俗学、民间文学关联的专题论文。在歌谣运动“到民间去”的热潮中，近代学人的文献整理与理论探索都是歌谣学术史中难以绕开的话题。

王姝的《现代学术体系的建构与民间文学经典的匮乏——以周作人民间文学理论及实践为中心》[②] 与张敏的《周作人与“猥亵歌谣”》[③] 通过考察周作人在民间文学、民俗学领域的研究理论与实践案例，对二十世纪的歌谣运动学术史展开了反思。其中，王姝梳理了周作人民俗学研究中学术性与文学性双线并进的学术脉络，并讨论了隐藏在其学术与文学追求背后改造国民性的愿景及其“唯理主义”的局限。张敏的论文则聚焦周作人等知识分子在民间广泛征集“猥亵歌谣”的这一案例。作者指出，作为“五四”新文化运动中独特而意味深长的事件，周作人征集、研究“猥亵歌谣”一方面是他对传统文化秩序“假道学”的一种挑战；另一方面则是有着民俗学的学术背景，即用学术的眼光去观察和研究“猥亵歌谣”背后的国民性。事实上，在民俗学、民间文学研究中，与“猥亵歌谣”类似的情境数不胜数。那么，如何在关于特定民俗事项的研究中，把握学术伦理与社会责任的关系，区别学术研究与社会责任的界限，同样也是当代民俗学者需要时时反思、自省的问题。

关家铮《叶德均民俗学与俗文学研究述略》[④] 主要讨论了叶德均先生在二十世纪上半叶的民俗学和俗文学研究。作者指出，叶德均的学术研究主要在现代民间文学学术史的背景下展开，因此能够反映当时的学术风气与成果面貌。只是由于其著述主要发表在上世纪二十年代末至四十年代杭州、广州、福州和上海的小型期刊和报纸副刊上，因此在当代学者看来稍显陌生和隔膜。在叶德均的学术成果中，有相当多与近代歌谣学术史相关的内容，包括《淮安歌谣集》《“歌谣零拾”补》《绍兴歌谣》《清代歌谣采集》《歌谣资料汇录》等文献资料的整理工作，尤其是《歌谣资料汇录》辑录了前人著述中古代歌谣的资

---

① 王晓葵：《中国“民俗学”的发现——一个概念史的探求》，《华东师范大学学报（哲学社会科学版）》2016 年第 4 期。

② 王姝：《现代学术体系的建构与民间文学经典的匮乏——以周作人民间文学理论及实践为中心》，《中国文化研究》2016 年第 4 期。

③ 张敏：《周作人与“猥亵歌谣”》，《河南科技学院学报》2016 年第 5 期。

④ 关家铮：《叶德均民俗学与俗文学研究述略》，《民俗研究》2016 年第 5 期。

料，上辑是从宋代以来的笔记、诗话、地方文献和通俗小说等书中辑出的，下辑则从元明清的南戏、传奇中辑出，不仅“为研究中国口头文学史提供一些歌谣资料，以免别人检书之劳”，而且集中反映了叶德均的民间歌谣观。论文对这一领域的探索不仅史料充分，丰富了今天对歌谣学术史的认识，而且这些民国歌谣研究的文献史料也值得当代歌谣研究学者的重新发现与认识。

四　歌谣与新诗

与“歌谣运动”的学术史一体两面的另一话题，则是“歌谣运动”的文学意义，尤其是民间歌谣与新诗创作的关系问题。早在清末时期，“诗界革命”的倡导者黄遵宪就曾主张借鉴民间歌谣的创作手法，不过新诗创作第一次大规模的创作热潮则是伴随着五四新文化运动登上历史舞台。在新文化先驱发起的“北大歌谣征集运动”中，刘半农、刘大白、胡适等人均曾尝试用民歌、民谣创作新诗，这是中国新文学史上新诗与歌谣最早的交汇。上世纪三十年代初期，“左联”领导下的中国诗歌会提出了新诗歌谣化的主张。此后，在四十年代战争期间，歌谣体新诗的创作则是对左翼文学文艺大众化路线的延伸。而1958年开始的“新民歌运动”，进一步将新诗歌谣化创作推向政治化与狂热化。虽然这些创作主张、创作运动持续时间较短，但均反映出知识分子对民间歌谣的关注，贯穿着整个新诗发展历史。2016年在“歌谣与新诗”的话题领域中出现了一批专题论文，对不同历史阶段歌谣与新诗的关联有不同角度的阐发。

李瑞华的《论“歌谣体”新诗在左翼文学中的发生与嬗变》[①] 聚焦三十年代左翼文学群体“中国诗歌会”所提倡的“新诗歌谣化”主张的文化意义。作者从五四文学革命中“歌谣入诗”的新诗实践入手，讨论“歌谣体”在五四启蒙语境中作为一种文学资源的历史角色。作者认为，“歌谣体”在五四文学革命中丰富了诗歌的表现形式，也契合了启蒙主体“平民化”的时代需求，在登场之时就有着特定的文化动力与意识形态导向性。在此基础上，作者认为，三十年代“歌谣体”新诗的发展乃是结合了新兴的阶级话语和“歌谣体”这一传统形式，并作为一种文化资本参与进大众化社会实践，在左翼文学的主流话语背景中渐趋成熟。作者通过梳理“歌谣体”新诗在现代文学史中的发展与建构，总结出“歌谣体”从民族形式到“人民”话语的嬗变过程，切中肯綮。

陈培浩的《歌谣与新诗：一个有待问题化、历史化的学术话题》[②] 同样是从历史的角度，宏观把握歌谣传统如何作为一种民间资源，构成二十世纪中国诗歌史中一条潜在线索。作者整理出二十世纪中国新诗史上四次大规模的新诗取法歌谣的潮流。在此基础上，该文进一步按照诗人对于取法歌谣有效性的认同度，总结出三种类型的“新诗人”，分别是“研究、翻译、搜集歌谣的新诗人”“在现代自由诗的基础上探索有效运用歌谣元素的新诗人”与“将歌谣作为新诗主要体式来使用的新诗人”。

作者通过对新诗取法歌谣四次潮流的历史化梳理，以及对新诗人与诗歌结缘的复杂性

---

① 李瑞华：《论“歌谣体”新诗在左翼文学中的发生与嬗变》，《南京师范大学文学院学报》2016年第1期。

② 陈培浩：《歌谣与新诗：一个有待问题化、历史化的学术话题》，《长沙理工大学学报（社会科学版）》2016年第1期。

的讨论，事实上已经接触到民间歌谣与新诗创作的本质区别，即前者乃是一种作为民间口头交流的语言方式，而后者则属于个人创作性质。只是作者的关注重点主要在于新诗创作的历史经验问题，因此作者认为，新诗与歌谣的核心矛盾在于新诗的自由体式与歌谣的格式化诗法之间的冲突，而二十世纪新诗取法歌谣的重要教训就在于，“很多诗人将新诗机械地套进凝定的歌谣体式中，而非创造性地将歌谣元素融合进新诗的语言体制。”

李青果的《歌谣·新月·现代派——沈从文新诗三部曲》[①] 同样侧重于作家个人创作与歌谣的关系问题。该文对沈从文自上世纪二十年代开始创作后的各个阶段及其发表的六十首（组）新诗进行了整理和钩沉，将沈从文最早以其家乡民间歌谣为中心创作的《筸人谣曲》置于二十年代“歌谣运动”的背景下考察。作者指出，沈从文收录的故乡民间歌谣以及用故乡土语创作的谣曲，比起那些用“西化套语”和“洋服语言”组装的都市现代诗歌，更加贴近国人的情感和经验。沈从文后来的小说创作也常常借鉴民间歌谣的叙事结构，而这并非增加小说的猎奇性，而是由此彰显乡土文化的价值，是一种“文明批判和摸索现代性的巧妙手腕”。不过，正如本文作者所指出的，“歌谣作者很快变成了新月诗人，一方面的原因是歌谣是集体的、改编的，很难满足年青诗人的创作欲；另一方面则是沈从文的个人天赋为他提供了向新样文学迅速发展的动力。”民间歌谣与诗歌创作分属两种不同的文化现象，要真正理解现代新诗创作过程中的种种“矛盾”现象，不能仅从文学史、文学作品分析的单一维度切入，而是需要从结合民间歌谣作为一种民间口头交流方式的基本性质入手，才能理解两者的差异。

席瑞的《对大跃进新民歌与民歌传统、新诗及古典诗歌关系的探究——以〈红旗歌谣〉为例》[②] 较具新意。在歌谣与新诗这一话题领域，不同于 2016 年大多数研究皆聚焦于“歌谣运动”前后的新诗创作，该文则将目光放到 1958 年大跃进运动期间的新民歌创作上。作者以郭沫若、周扬汇编的《红旗歌谣》为例，讨论了大跃进运动期间，“新民歌”创作与民歌传统、新诗的关系。基于史料文献的梳理与具体作品分析，作者指出，大跃进运动有其特殊的历史背景与政治语境，而在运动期间所创作的这批新民歌具有很强的排他性，“无法继承五四时期新诗的传统，只是急切地回归已经定型了的民歌形式，甚至是牺牲艺术性来达到政治性”。然而，“新民歌”对于“民歌传统”的理解也同样存在偏差，作者从创作主体与艺术手法两方面展开分析，认为新民歌的创作与“民歌产生的初衷”存在矛盾之处，“刻意的融合与创作，有时是一种破坏”。该文虽然同样是从文学创作的角度，分析大跃进新民歌的创作与民歌传统的矛盾，但也注意到民间歌谣的基本性质与个人、集体创作不同，一厢情愿地与任何形式的文学创作嫁接、拼合，只会在文学创作与文学史研究中造成种种复杂的违和现象。

五 红色歌谣研究

早在二十世纪初的“歌谣运动”中，知识分子在对新诗取法民间歌谣的讨论里，就曾注意到“歌谣”这一大众化民间文艺形式的启蒙意义。在知识分子发起“歌谣运动”

① 李青果：《歌谣·新月·现代派——沈从文新诗三部曲》，《社会科学论坛》2016 年第 11 期。

② 席瑞：《对大跃进新民歌与民歌传统、新诗及古典诗歌关系的探究——以〈红旗歌谣〉为例》，《写作（上旬刊）》2016 年第 11 期。

的同时，中国近现代政治风云变幻，革命浪潮此起彼伏。在这一背景下，左翼文学对于民间歌谣资源的发掘、宣传与创作动员更是在近现代歌谣史中扮演了重要角色。“红色歌谣”，也就是中国共产党成立以来，反映新民主主义革命与社会主义建设的一种特定类型的歌谣，[①] 不仅是这一历史阶段重要的歌谣类型，而且更作为一种政治文化现象，在近现代中国有着特殊的社会功能与历史意义。在革命年代，红色歌谣往往被作为一种政治宣传与民众动员的策略，尚未被纳入学术研究范畴。五六十年代，国内一度掀起红色歌谣收集、整理的热潮，比如大别山革命老区的党史文化工作者就曾通过调查访谈与史料文献的考察，整理并出版了大量红色歌谣集。[②] 这些资料构成后续学术研究的重要文献基础。九十年代以来，随着档案文献的陆续出版，红色歌谣越来越多地走进学术研究视野，以“红色歌谣”为主题的研究论著也呈逐年上升趋势。2016 年，以“红色歌谣”为主题的论文达到近 20 篇之多，格外值得关注。

顾楠华的《中央苏区红色歌谣的传播与影响》是通过传播学理论，对中央苏区的红色歌谣展开的集中分析。中央苏区时期在时间上是指从 1927 年井冈山革命根据地创建开始，直到 1934 年红军主力长征的七年间，地域范围则是以江西瑞金为中心，覆盖赣南、闽西等地区。作者认为，中央苏区红色歌谣决定了近现代中国红色歌谣的基本特点与发展路径，“是革命文艺的历史起点和基本范型”，因此，中央苏区红色歌谣的研究，对于红色歌谣，乃至歌谣的整体研究而言有着典型意义。

作者关于中央苏区红色歌谣的研究有着鲜明的理论自觉。论文指出，传播学理论是人文社会科学都尝试采用的研究方法，注重对信息传播的现象与过程机制的分析。红色歌谣作为一种信息传播活动，自然也适用于传播学的研究框架。作者首先从苏区群众、红军、革命领导人与各级宣传机构入手，分类梳理了红色歌谣的传播主体；其次则对传播内容进行梳理，从作品文本入手，深入分析了由红色歌谣的歌词、旋律以及音响构成的符号系统及其意义；最后，论文还讨论了红色歌谣的传播方式，也就是苏区军民的口耳相传配合墙报、黑板的宣传。作者认为，从传播媒介上看，“红色歌谣由人际、组织传播逐渐发展为大众传播，其背后是其创作生产制度的变化，标志着其组织化程度的提高，规模的扩大和影响力渐强。”自 1990 年《中央苏区革命歌谣选集》出版以来，中央苏区红色歌谣在学界讨论颇多。不过，研究成果主要集中在红色歌谣的历史背景与文化意义研究、艺术特色的总体研究与传承与发展研究等领域。在这一背景下，该论文指出，传播学理论的介入清晰地揭示了红色歌谣的传播过程及其效果最优化、影响最大化的内在机制，可以使学界的相关讨论得以不再局限于对文本内容及其意义单一维度的阐释。通过对中央苏区红色歌谣传播主体、传播内容以及各个环节的互动关系的分析，可以清楚地看到，红色歌谣的传播如何有效地促进了中央苏区政治动员的实现，从而可以帮助学界对红色歌谣的历史意义有进一步的深化理解。

在中央苏区红色歌谣的研究之外，陈玲的《大别山红色歌谣的革命功能与价值探讨》、郭德华的《大别山红色民歌形成要素探析》、邹荣的《文化共生视野下鄂豫皖苏区

---

① 王焰安：《红色歌谣》，广东人民出版社 2011 年版，第 3 页。

② 举要如《大别山老根据地革命诗歌选》，中南人民文学艺术出版社 1953 年版；《大别山老根据地歌谣选》，作家出版社 1957 年版；《大别山区红色歌谣选集》，安徽人民出版社 1959 年版；安徽省委中级党校党史教研室编《红色歌谣选》，安徽人民出版社 1959 年版。

文化动员的实践与表达——以革命歌曲为例》则聚焦于鄂豫皖苏区的红色歌谣。鄂豫皖苏区作为一度仅次于中央苏区的革命根据地，历来也是相关学科颇为重视的研究领域，而鄂豫皖苏区红色歌谣也作为中共历史上特殊的地域政治文化，显现出独特的学术价值。上世纪八九十年代以来，鄂豫皖苏区的档案文献大量公开出版，当地党史部门亦纷纷编撰革命史资料，加上红军回忆录、口述史中包含大量关于当地红色歌谣的资料与历史，[①] 因此鄂豫皖苏区的红色歌谣近来尤其受到学界的注意。

陈玲的《大别山红色歌谣的革命功能与价值探讨》[②] 主要对红色歌谣的类型进行了划分。红色歌谣文本内容丰富、类型复杂，依据革命目的、革命主体类型、宣传对象等不同标准，可以分为不同类别。该文则提出按照红色歌谣的功能，将其分为革命宣传动员类、革命职业要求类、日常生活启示类和歌颂纪念类等，是对红色歌谣内部类型划分的有益探索。郭德华的《大别山红色民歌形成要素探析》[③] 则从革命斗争、红色文化与民间音乐这三个角度，讨论了鄂豫皖苏区红色歌谣形成的主要因素，是学界关于红色歌谣形成背景的一次全面的个案研究。邹荣的《文化共生视野下鄂豫皖苏区文化动员的实践与表达——以革命歌曲为例》[④] 则是以鄂豫皖苏区文化动员的实践与表达作为研究对象，从文化共生的角度，对苏区红色歌谣所蕴含的马克思主义与中国传统文化的初步融合，以及在此基础上进行的革命动员与实践展开的初步探讨。整体来看，2016 年在鄂豫皖苏区红色歌谣的话题领域仍偏重于传统的历史背景与文化意义研究，其作为民间歌谣本身在特殊历史语境下的交流机制，还需更深入的讨论。

何凤先的《巴渠民歌与川陕革命根据地红色歌谣的关系研究》[⑤] 虽然同样是对红色歌谣艺术风格与文化成因的讨论，但立足于巴渠民歌的地方背景，剖析红色歌谣与当地民间歌谣传统的关系，颇具新意。《巴州志》载："春田栽秧，选歌郎二人，击鼓鸣镇，放陇上曼声而歌，更唱迭和，丽丽可听，使耕者忘其疲，以齐功力。"从巴渠民歌的发展历史来看，巴渠地区由于地形复杂，交通落后，自刘宋永初年间（420—422）设巴渠郡以来，巴渠人民在千百年的发展中形成了丰富而独特的巴人文化，而巴渠民歌就是其中的重要组成部分。作者首先对"巴渠民歌"与"红色歌谣"的概念进行了辨析，在此基础上，论文主要在川陕革命根据地的历史背景下，讨论了当地红色歌谣与巴渠民歌的传承关系。

作者的立意并不复杂，主要认为川陕革命根据地的红色歌谣以巴渠民歌为基础，以此构成其革命精神在当地民众间传播的有效途径。虽然在形成过程中，红色歌谣对当地巴渠民歌有所参考与继承，但二者在形成背景、传唱意义和艺术特色上都有着明显的区别。论文的主要亮点在于其对具体歌谣的分析。譬如作者以《十把扇儿唱红军》《盼红军》为

---

① 举要如徐光友：《革命歌谣威力大》，北京军区红四方面军回忆录写作组，《资料选编》1981 年第 5 期；徐光友、徐兴华：《八月桂花遍地开》，《光明日报》1982 年 8 月 1 日第 3 版；徐光友、徐兴华：《歌声显威力》，《艰苦的历程——中国工农红军第四方面军革命回忆录选辑》上，人民出版社 1984 年版。

② 陈玲：《大别山红色歌谣的革命功能与价值探讨》，《黄山学院学报》2016 年第 6 期。

③ 郭德华：《大别山红色民歌形成要素探析》，《当代音乐》2016 年第 6 期。

④ 邹荣：《文化共生视野下鄂豫皖苏区文化动员的实践与表达——以革命歌曲为例》，《赣南师范大学学报》2016 年第 5 期。

⑤ 何凤先：《巴渠民歌与川陕革命根据地红色歌谣的关系研究》，《四川戏剧》2016 年第 9 期。

例，指出这两首红色歌谣分别是在当地民歌《十把扇儿》与《犀牛望月》的基础上填词而成。正是因为这些歌谣很多都是在巴渠民歌的基础上改编或填词而成，所以更容易被接受和传唱。再如，作者从音乐调式入手，指出川陕革命根据地的红色歌谣与传统巴渠民歌一样，商调式和角调式的歌曲依然很少，但是由于羽调式歌曲往往带有比较温婉的色彩，所以在当时的红色歌谣中，相对具有明亮色彩的徵调式和宫调式歌曲占了上风。与此同时，从旋律特征上看，虽然红色歌谣保持了传统民歌三音组为主的旋律进行方式，但由于宫调式的歌曲的增多，旋律的进行方式也随之有所调整，譬如《领导工农闹革命》中就出现了类似大小调的和弦式的进行。在具体歌谣案例的详细对比下，作者关于红色歌谣与民间歌谣关系的论证有理有据，尤其是论文对于歌谣文本内容与音乐曲式两方面的关注与分析，更是值得从事民间歌谣研究的学者参考、借鉴。

小结

从 2016 年的歌谣研究概况来看，当前学界对于民间歌谣的关注与讨论虽然成果相对有限，但研究视角日益开阔，不断尝试运用新的研究方法，尤其是近年来随着学科交叉研究的发展，不断出现新的学科理论介入民间歌谣的研究，这些对于拓展民间歌谣的相关课题都有一定的参考意义。不过，如何在跨学科的视野中，保持对民间歌谣作为一种民众口头交流形式的本体性关注，则是需要民间文学学者持续思考的话题。

就研究领域而言，传统歌谣研究往往侧重于资料收集与整体性、概论性的宏观研究，而在民间歌谣的专题研究、理论研究方面则缺乏有影响力的成果。从 2016 年的论著成果来看，一方面地方歌谣、少数民族歌谣的文献整理出版仍旧保持着强势劲头，成果突出；另一方面，不论是古代歌谣、歌谣学术史等传统研究领域的史料发掘与案例研究，还是“歌谣与新诗”“红色歌谣”等主题下相关论著的集中出现，都拓展了歌谣研究的话题边界，也在具体的案例研究中深化着学界对民间歌谣的理解。

尽管 2016 年的歌谣研究在学科方法与话题领域上都呈现出百花齐放的格局，然而从民间文学角度就歌谣本身展开的理论探讨仍然相对少见。期待有志于民间歌谣研究的学者进一步加强民俗学、民间文学的理论实践与学术交流，早日在这一领域有所建树，开辟民间歌谣新的研究空间。

2016 年非物质文化遗产研究综述

郭翠潇*

随着中国民俗学者在国内和国际层面不断广泛而深入地参与非物质文化遗产（以下简称非遗）保护工作，非遗研究也在持续深入。2016 年，民俗学领域的非遗研究在对《保护非物质文化遗产公约》（以下简称《公约》）精神和相关概念解析、学理性反思、传承保护方式的探讨以及非遗保护实践的对策性研究等方面都取得了一定的研究成果。①

一　从《公约》出发：非遗保护理念探究

2014 年 11 月，在联合国教科文组织保护非物质文化遗产政府间委员会（IGC-ICH，以下简称政府间委员会或委员会）第九届常会上，中国民俗学会②竞选成功，成为委员会新成立的“审查机构”成员，获准参加 2015—2017 三个年度的人类非物质文化遗产代表作名录、急需保护的非物质文化遗产名录、优秀实践名册及国际援助四类申报项目的评审工作。2015 年，中国民俗学会顺利履行职责，评审了“两个名册”“一个名录”及国际援助的共 45 个项目的申报文件，并派出了由安德明、巴莫曲布嫫、杨利慧、周福岩、彭牧、康丽、朱刚、马千里 8 位民俗学者组成的团队参加当年在纳米比亚举行的第十届委员会常会。

在国际层面上深度参与保护非物质文化遗产工作，让中国民俗学者对《公约》及相关文件有了更深入的理解，提升了在非遗领域的研究能力。2016 年《民族文学研究》《西北民族研究》均开设了非物质文化遗产研究专栏，围绕《公约》探讨非遗保护理论问题。

---

* 作者系中国社会科学院民族文学研究所助理研究员。

① 非遗研究是人文社会科学领域的热点研究领域，跨学科、交叉性研究特征显著，成果数量繁多。笔者在中国知网文献数据库的标题、关键词、摘要字段中搜索“非物质文化遗产”或“非遗”，共得到核心期刊文章 800 余篇，硕士博士学位论文 800 余篇（其中民俗学、民间文学专业的学位论文 33 篇），涉及民俗学、人类学、艺术学、法学、经济学、管理学等多个学科。本文主要关注民俗学领域学者、民俗学视角的非遗研究，兼顾交叉学科或平行学科对民俗学领域非遗研究有较高借鉴意义的成果。

② 2012 年，中国民俗学会被认证成为可以向委员会提供咨询服务的非政府组织。2014 年 11 月，中国民俗学会首次组建了由敖其、杨利慧、朱刚等学者组成的团队，作为经认证的非政府组织参加委员会常会和“非物质文化遗产 NGO 论坛大会”，中国民俗学会副会长巴莫曲布嫫作为专家随中国政府代表团与会。

非遗保护的伦理原则研究

2015 年 12 月 4 日，联合国教科文组织保护非物质文化遗产政府间委员会在其第十届常会上审议并通过了《保护非物质文化遗产伦理原则》(Ethical Principles for Safeguarding Intangible Cultural Heritage，以下简称《伦理原则》)。其时作为审查机构出席该届常会的中国民俗学会代表团见证了《伦理原则》审议、辩论、修正和通过的全过程。代表团成员迅速将这一非遗领域重要的纲领性和指导性文件介绍到国内，并展开了解读、分析及学术讨论。

长期在非遗领域工作的巴莫曲布嫫、张玲合译了《伦理原则》全文,[①] 修订了联合国教科文组织提供的中文版译文的若干不准确之处。

朝戈金《联合国教科文组织〈保护非物质文化遗产伦理原则〉：绎读与评骘》[②] 一文，梳理了联合国教科文组织在文化遗产领域先后颁布的相关国际文书，介绍了《伦理原则》的出台背景；对《伦理原则》的设计意图、工作目标及其体现的 2003 年《公约》的三组核心价值观作了绎读和解析：《伦理原则》第一条对应价值观一“确保社区在保护进程中应有的中心作用”，确立了《伦理原则》的基本导向；第二条至第十条对应价值观二“符合现有国际人权文件的精神，符合相互尊重的需要，符合可持续发展的要求”；第十一条和第十二条对应价值观三“符合人类的整体利益和共同关切”。文章还反观了《公约》实施以来全球范围出现的若干横向问题及其伦理关切，并论及国内非物质文化遗产保护面临的伦理选择和能力建设走向。

《民族文学研究》2016 年第 4 期开设了“田野调查伦理原则”笔谈专栏，将非遗领域的《伦理原则》讨论延伸到本土的民俗学、民间文学、人类学等平行学科的田野调查实践。

专栏主持人巴莫曲布嫫在《民俗学伦理与非物质文化遗产保护》[③] 一文中回顾了 1999 年第五届芬兰民俗学暑校有关“民俗学研究伦理”的课程培训内容，引述了印度学者哈纳·奈沙尼（Sadhana Naithani）的伦理问题图示和美国学者卡伦·米勒（Karen Miller）归纳的关键问题清单，简要介绍了《伦理原则》提出的背景，指出《伦理原则》在强化社区力量、指导文化遗产、博物馆、人类学、民俗学等相关领域从事非遗保护工作的重要意义。

陈泳超以田野调查案例说明了获得田野资料的不易，在想方设法取得资料的同时客观上也帮助了被调查者保存了珍贵资料，符合《伦理原则》第七条社区受益的原则；他认为如果“有益”是道德的高点，那么田野调查中应先以道德的低点“无害”为基准，寻找和采用有效的田野策略。[④]

施爱东从学术史和具体案例出发展开论证，反驳了学者和文化持有者是知识产权的

---

① 巴莫曲布嫫、张玲译：《联合国教科文组织：〈保护非物质文化遗产伦理原则〉》，《民族文学研究》2016 年第 3 期。

② 朝戈金：《联合国教科文组织〈保护非物质文化遗产伦理原则〉：绎读与评骘》，《内蒙古社会科学（汉文版）》2016 年第 5 期。

③ 巴莫曲布嫫：《民俗学伦理与非物质文化遗产保护》，《民族文学研究》2016 年第 4 期。

④ 陈泳超：《“无害”即道德》，《民族文学研究》2016 年第 4 期。

"剥削者"和"被剥削者"关系这一观点，认为学者对田野素材的研究与思想才是学者获得"名利"的根源，田野调查实践本身就能够对调查者提出基本的伦理要求；对于《伦理原则》中被再三强调的"尊重"或"相互尊重"，他认为"在学术写作中以客观中立的态度呈现文化持有人的真实状态和真实表述，就是对他们最大的尊重"。[①]

此外，学者们还讨论了"非遗"保护中"动物使用"的伦理困境，林海聪主张当涉及特殊物种资源时，文化应适当让渡于动物资源保护，当涉及动物处理方式是否恰当的问题时，应充分理解《公约》所蕴含的"人类共享"与"可持续性发展"两项基本原则，丰富各国民众在文化生态选择上的多样性。[②] 孟令法通过分析几个与"动物使用"有关的非遗事件，揭示了"非遗法"的缺位和执行力欠缺的事实，提出如何更好地通过法律法规保障非遗的可持续发展和传承人或享用者的合法权益以及修订《非遗法》时是否应当充分参考相关法律法规的双向命题。[③]

非遗保护与社区研究

"社区（community）"是非遗保护的关键概念之一。《西北民族研究》2016 年第 4 期开设了"非物质文化遗产保护与社区研究"专栏。该专栏由杨利慧主持，共包含 4 篇论文。

杨利慧在《以社区为中心——联合国教科文组织非遗保护政策中社区的地位及其界定》[④] 一文中梳理了《公约》及其相关文件和案例，并结合个人参与非遗项目评审工作的经历，界定了"社区"的概念及其非固定性和非均质性的两个特质，阐述了"社区"在联合国教科文组织非遗保护政策中的重要地位，即社区及构成社区的群体或个人是非遗项目保护和传承的主体，一个非遗项目从认定、清单编制到申请进入各类名录的整个过程中，社区应最大限度地参与并发挥主要作用，并应从非遗项目保护及其可持续发展中受益。

安德明《非物质文化遗产保护中的社区：涵义、多样性及其与政府力量的关系》[⑤] 一文论证了非遗保护中"社区"在某种意义上是可以与"传承人"相互置换的概念，并进一步阐明了社区的非均质性、多样性的特点。安德明借助民俗学、人类学界已有成果，结合自己的田野研究发现，将社区内部成员按其对非遗的了解度和参与度区分为"作为非遗知识保存者的实践者"和"单纯实践者"，并强调不应忽视后者的作用。文章认为具体的非遗保护实践可能很难避免政府力量主导的情况，但这不应该成为忽视社区参与和引领的理由，倡导政府以"文化对话"的态度，作为"文化协调者"平等地参与到保护工作当中，最终促成非遗保护中"社区主导"的局面。

---

① 施爱东：《学者是田野中的弱势群体》，《民族文学研究》2016 年第 4 期。

② 林海聪：《非物质文化遗产保护中"动物使用"的伦理困境》，《民族艺术》2016 年第 1 期。

③ 孟令法：《"动物保护"视域下的非物质文化遗产传承——来自"狗肉""猴戏"与"点翠技艺"的法律思考》，《民族艺术》2016 年第 1 期。

④ 杨利慧：《以社区为中心——联合国教科文组织非遗保护政策中社区的地位及其界定》，《西北民族研究》2016 年第 4 期。

⑤ 安德明：《非物质文化遗产保护中的社区：涵义、多样性及其与政府力量的关系》，《西北民族研究》2016 年第 4 期。

唐璐璐提供了比利时的布鲁日“圣血大游行”项目案例,[①] 展示了在地方非遗保护政策的支持下，当地社区联盟如何参与并发挥主导作用。印度非遗保护工作者 Ananya Bhattacharya 分享印度的经验,[②] 通过三个非遗社区的案例展示了非遗保护如何与旅游业结合，赋权社区，在复兴遗产的同时增强社区认同感和自豪感，使社区成员拥有并管理旅游业成为受益方。

此外，王霄冰、任洪昌的《非遗语境中“社区”本质的界定——以妈祖信俗为例》详细梳理论证了“社区”概念的源起、演变以及非遗语境下“社区”的本质特征，指出“社区”本质特征中最重要的要素是将民众结合在一起的动态社会关系。他们在此基础上重新思考了非遗的保护对象、保护目的、“社区参与”保护理念及保护效果的评价标准。[③] 在实践层面，邓启耀在对岭南古村落标志性建筑——祠堂做文化资源调研时发现，如何充分保障文化遗产所有者的权益，鼓励社区参与，全面认识文化遗产的多重价值，是古村落保护与开发能否可持续发展的关键。[④] 吴肖淮的博士学位论文则从实施层面构建了以社区参与为主线、确保社区最大决策权非遗保护与传承“社区主导型”参与模型和社区参与度指标体系。[⑤]

非遗保护与性别平等

康丽基于《公约》及相关文书讨论了非遗保护与性别平等问题。她指出《公约》的性别盲区引发性别议题在非遗保护领域的边缘化，进而导致非遗保护实践中文化参与的性别失衡与性别简化认知倾向。虽然随着学界批评和联合国教科文组织从总体战略上重视性别议题，缔约国申报名录时也开始了性别关注，但这带来了《公约》精神与社区实践之间更为复杂的性别博弈。[⑥]

王均霞通过对一次春节面食制作过程的微观分析，讨论了非遗实践过程中传承人性别对非遗多重意义的生产的重要影响，指出在非遗保护的研究和实践中，忽视了非遗保护过程中所呈现的社会性别角色规范的再生产过程以及非遗所具有的性别化特征，很可能使被边缘化的女性非遗传承人位置更加边缘。[⑦]

梁莉莉针对非遗保护实践中女性传承人被边缘化的现状，以回族女性非遗传承人为中

---

① 唐璐璐:《由社区联盟主导的集体表演——布鲁日圣血大游行的保护与传承》,《西北民族研究》2016 年第 4 期。

② ［印］Ananya Bhattacharya:《将非物质文化遗产与旅游业相连以赋权社区》，沈燕译，彭牧校，《西北民族研究》2016 年第 4 期。

③ 王霄冰、任洪昌:《非遗语境中“社区”本质的界定——以妈祖信俗为例》，宋俊华主编《中国非物质文化遗产保护发展报告（2016)》，社会科学文献出版社 2016 年版。

④ 邓启耀:《谁的祠堂？何为遗产？——古村落保护和开发中的问题与思考》,《云南师范大学学报（哲学社会科学版)》2016 年第 1 期。

⑤ 吴肖淮:《社区参与民族非遗旅游资源保护与传承机制研究——以海南黎锦为例》，博士学位论文，天津大学，2016 年。

⑥ 康丽:《非物质文化遗产保护与性别平等——基于〈保护非物质文化遗产公约〉及相关文书的讨论》,《民族艺术》2016 年第 6 期。

⑦ 王均霞:《非物质文化遗产的实践过程与社会性别角色再生产——对一次春节面食制作过程的微观分析》,《民族艺术》2016 年第 6 期。

心分析了女性传承人参与传承实践的有利影响因素，尝试从突出“性别平等”的保护理念、强化“文化主体”的身份以及“赋权”给女性的角度探索传承人保护的具体路径。①

二 对非遗保护实践的反思

2016年，《公约》已生效十年，在与非遗关系最为密切的民俗学界，越来越多的学者开始反思非遗保护实践中出现的问题，主要涉及非遗保护相关制度、多元主体关系、民俗学与非遗关系等方面。

非遗申报制度和名录制度

《民间文化论坛》2016年第2期开设了“非物质文化遗产保护的历程、经验与挑战：以韩国为视点”专栏，由杨利慧主持。专栏中联合国教科文组织非物质文化遗产部前主任爱川纪子的演讲提到了名录系统（listing system）的负面影响，如非遗的“遗产化（heritagization）”、非遗项目的等级化、活态遗产的固定化、“官方化（officialization）”或“民俗化（folklorization）”、“去语境化（de-contextualization）”、过度商业化或旅游业发展中的过度开发等，并指出政府间委员会已反复提醒缔约国必须采取措施减少列入名录可能造成的负面影响。② 专栏中杨利慧的文章指出虽然《公约》建立的基础之一是文化平等，但名录制度却在事实上造成了等级化。这种新文化等级化不仅出现在遗产项目中，也发生在传承人中，而且联合国教科文组织正日益成为新等级化中的至高力量。她在文中还引介了燕海鸣的“本质遗产（heritage in essence）”“认知遗产（heritage in perception）”“遗产化（heritagization）”“去遗产化（de-heritagiza）”概念和它们之间的关系：在各类遗产名录出现之前，所有的“本质遗产”在社会上地位都是平等的，“遗产化”的过程把“本质遗产”变成了“认知遗产”，也使一些“本质遗产”失去了大众和知识界的关注，即“去遗产化”。③

上述这些负面影响在中国的非遗保护中均有不同程度的出现，并已得到民俗学者的关注。

岳永逸在《“非遗”的雾霾》一文中对非遗项目申报、评审、保护过程中出现的形式化和标准化现象表示担忧，指出表面上自下而上的“非遗”运动，实质上却是自上而下的。“非遗”意在保护文化多样性，谁的“非遗”、谁的多样性应该是“非遗”运动中须时时诘问和警醒的问题，警惕形式化和标准化对“非遗”保护的不利影响。④

肖远平、王伟杰对中国国家级少数民族非遗名录和传承人基本数据做了统计，分析了其呈现出的不均衡现状、特殊性与复杂性特征以及国家级少数民族非遗名录评审中存在的

① 梁莉莉：《社会性别视野中的非遗传承人保护路径探索——基于回族女性传承人的讨论》，《云南民族大学学报（哲学社会科学版）》2016年第6期。

② ［日］爱川纪子：《联合国教科文组织的〈保护非物质文化遗产公约〉与韩国》，沈燕译，彭牧校，《民间文化论坛》2016年第2期。

③ 杨利慧：《新文化等级化·传承与创新——中国非物质文化遗产保护的成就与挑战以及韩国在未来国际合作中的角色》，《民间文化论坛》2016年第2期。

④ 岳永逸：《“非遗”的雾霾》，《读书》2016年第3期。

不足，并结合实际提出了对策建议。[①]

田振江通过吐鲁番市非遗传承人个案讨论了传承人自我认知和政府认定之间的偏差而引发的问题。[②] 陈兴贵指出传承人名录的分级制度导致传承人被人为阶层化，引发传承人之间的矛盾，对非遗传承产生了不良影响。[③] 檀畅的《论我国非物质文化遗产传承人制度》考察了非遗传承人现状、面临的法律困境，并提出通过立法保护等手段完善非遗传承人认定制度。[④]

周星的《民俗类非物质文化遗产的意义、现状与问题》反思了中国非遗的分类问题，认为政府对非遗项目及其传承人的认定，事实上形成了一个独特的"工作分类"，将民间文学等置于"民俗"之外，并与之并列，既不符合民俗学的原理，也不符合中国民俗文化的现实。在"非遗"范畴中纳入"民俗"，有可能遮蔽"民俗"既有非物质和无形的形态，又有物质和有形的形态这一基本事实，从而导致对"民俗"的片面认识。[⑤]

非遗保护的多元行动方

2016 年，中国申报的"二十四节气——中国人通过观察太阳周年运动而形成的时间知识体系及其实践"被列入联合国教科文组织"人类非物质文化遗产代表作名录"。中国民俗学会是申报主体之一，多位民俗学者参与了该项目的申报文本和保护计划编制等环节的工作。在中国民俗学会二十四节气保护工作专家座谈会上，朝戈金代表中国民俗学会致欢迎辞，提出构筑多元行动方的保护机制。他指出多元行动方不仅涉及申报材料述及的社区、群体和传承人，也应包括政府部门、大众传媒，乃至社会各界，其中基层社区、年轻人和儿童是确保遗产项目代际传承的重要力量。[⑥]

2016 年民俗学界对非遗保护多元行动方关系的探讨主要集中在政府、学者、民众或传承人这三方。

毛巧晖的《非物质文化遗产：文化记忆的展示、保护与实践》分析了政府、学者与民众三股不同力量在保护或传承作为"文化记忆"的"非物质文化遗产"过程中的自我认知、所扮演的角色及价值取向，指出在当下非物质文化遗产政府保护体系中，由于学者的理论知识体系与地方知识系统不对接，民众的话语权较弱，致使地方知识话语很难进入非物质文化遗产话语体系，希望在今后理论与实践反思中，能观照到不同力量，尤其是民

---

① 肖远平、王伟杰：《中国少数民族非遗名录及传承人统计分析》，《西南民族大学学报（人文社会科学版）》2016 年第 1 期。

② 田振江：《传承人与民族地区非物质文化遗产传承研究——以吐鲁番市传承人为个案》，《云南民族大学学报（哲学社会科学版）》2016 年第 6 期。

③ 陈兴贵：《非物质文化遗产代表性传承人名录制度反思》，《重庆文理学院学报（社会科学版）》2016 年第 3 期。

④ 檀畅：《论我国非物质文化遗产传承人制度》，《内蒙古民族大学学报（社会科学版）》2016 年第 1 期。

⑤ 周星：《民俗类非物质文化遗产的意义、现状与问题》，《美术观察》2016 年第 6 期。

⑥ 朝戈金：《构筑多元行动方的保护机制——在中国民俗学会二十四节气保护工作专家座谈会上的致辞》，中国民俗学网，https：//www. chinesefolklore. org. cn/web/index. php？ NewsID = 15379，发布日期：2016 年 12 月 22 日，访问日期：2019 年 10 月 2 日。

众的力量对于非遗保护的意义与价值。① 毛巧晖还以广西田阳布洛陀文化的重构为个案，探讨了地方政府、学者及当地民众如何合力完成了文化重构。② 而覃琮的广西宾县“庙”“场”之争的案例，说明了地方民众可以影响和改变政府决策，让地方性知识在非遗保护中发挥作用，关键在于依靠社区精英和组织力量。③

叶涛的《民间文献与民间传说的在地化研究——以沂源牛郎织女传说为中心的探讨》从另一个方向论述了沂源牛郎织女传说如何从公共知识变为地方性知识和家族知识的过程以及在这一过程中“非遗”申报活动对牛郎织女传说在地化所起到的强化和催化作用，考察分析了“非遗”活动中，政府、学者、民众的不同动机、认知、诉求、作用及损益。④

王立阳的《“传统”之合法性的构成——中国非物质文化遗产保护的话语分析》将非物质文化遗产保护运动视为一个话语场域，在这一话语场域中，那些曾经被忽视或禁止的作为民众日常生活“传统”的合法性问题被提出来，经由来自国际、政府、民众及市场的多元话语的协商、博弈，最终重新得到确认，并对传统的意义进行重新塑造，形成意义的共享。⑤

非政府组织也是保护非遗多元行动方中的重要一方。钱永平阐述了《公约》框架下联合国教科文组织与非政府组织的合作基础、非政府组织的职责和认证方式、在国际层面参与非遗保护工作的方式和经验教训，中国非政府组织的参与情况及发展中国非遗保护领域非政府组织的对策建议。⑥

民俗和民俗学与非遗的关系

“非遗”与“民俗”的关系、“非遗”对民俗学学科发展的影响一直被民俗学者关注。高艳芳在回顾近十年来中国民俗学转型时，将民俗学界就非遗对民俗学学科发展的影响的观点归纳为“促进论”和“阻碍论”两种。⑦ 2016 年也有多位学者讨论这一议题，主要观点如下。

刘魁立区分了“非物质文化遗产”这一称谓和概念与过去使用的“民间文化”“民间文学”“民俗学”的关系，认为“非遗”这个称谓里包含着新的价值判断、包含着传承的

---

① 毛巧晖：《非物质文化遗产：文化记忆的展示、保护与实践》，《西北民族大学学报（哲学社会科学版）》2016 年第 4 期。

② 毛巧晖：《非物质文化遗产视域下的文化传统与文化记忆——兼论广西田阳布洛陀文化的重构》，《贺州学院学报》2016 年第 2 期。

③ 覃琮：《地方性知识在“非遗”保护中的作用及实现方式——广西宾县“庙”、“场”之争的个案启示》，《文化遗产》2016 年第 3 期。

④ 叶涛：《民间文献与民间传说的在地化研究——以沂源牛郎织女传说为中心的探讨》，《民族艺术》2016 年第 4 期。

⑤ 王立阳：《“传统”之合法性的构成——中国非物质文化遗产保护的话语分析》，《清华大学学报（哲学社会科学版）》2016 年第 3 期。

⑥ 钱永平：《非政府组织在保护非遗国际合作机制中的地位与作用》，宋俊华主编《中国非物质文化遗产保护发展报告（2016）》，社会科学文献出版社 2016 年版。

⑦ 高艳芳：《近十年来中国民俗学转型的思考》，《湖北民族学院学报（哲学社会科学版）》2016 年第 3 期。

意义、包含着把一群人的文化看成是整个人类文化的组成部分的新的理解。[①]

周星认为“民俗”成为“非遗”的意义在于“民俗”不再是政策性“移风易俗”所应强力改变的对象，而成为具有正面价值的文化，受国家法律保护。[②] 民俗学者通过介入非物质文化遗产保护运动相关的实践性和应用性研究，将促使民俗学在中国成长为一门能够对国家文化政策、对非物质文化遗产行政、对现代中国社会里多种生活文化问题和民俗主义事象展开基于学理的描述、解释、揭示、评论和批评的学问。[③]

王晓葵梳理分析了“民俗”“民俗学”这两个概念的形成过程，认为非物质文化遗产保护语境下的“民俗”正在被重构。他指出，虽然非遗保护运动从某种角度让民俗学受到瞩目，但由于尚没有在学理上解决民俗学的学科定位问题，民俗学的危机并没有消失。[④]

祝昇慧的博士学位论文《重归在野之学——非物质文化遗产话语与实践》考察了非遗概念进入中国后，从“民间文化”到“非遗”的话语转变，并思考了“后非遗”时代民间文化的命运和民俗学学科的道路问题。[⑤]

萧放认为对非物质文化遗产的抢救保护工作的评价与认识，应破除具体工作细节得失评价的局限，从百年中国文化的历史进程与哲学文化的高度进行审视，将其纳入当代新文化史研究视野，对其社会历史意义与文化重构意义进行学术研究与价值评估。他认为非遗抢救保护工作是近百年来中国文化史的新阶段，是民族文化自觉与民众文化地位确认的文化启蒙，是地方文化传统重建的重要契机与实践。[⑥]

非遗调查记录与数字化

调查记录、数字化建档是非遗保护的重要环节，在这方面，档案学、信息管理领域的研究较多，民俗学界主要反思了非遗的记录和数字化的作用和影响。乌丙安在《如何科学保护非物质文化遗产》中指出非遗保护应在严格的科学认定和管理下，并说明了非遗保护工作的标准专业化的操作规程。[⑦] 杨红的《非物质文化遗产数字化的冷思考》指出数字化保存无法直接维系非遗的生命力，非遗数字资源无法替代非遗资源、无法将其无形特征完全保存下来，但我们可以通过数字资源的有效传播将实体资源的最优化保存和呈现来“放大”和“延伸”非遗数字化的价值，进而提出“传播是非遗资源实现保护价值的核心”。[⑧] 宋颖指出在非遗保护初期，音像技术的利用记录保存了民间文学“表演”的样本，有利于传播和学习，但也固化了表达，少了鲜活的即兴内容，对某一文类的世代传承会造

① 刘魁立：《非物质文化遗产传承人的历史价值》，《贵州民族报》2016 年 11 月 28 日。

② 周星：《民俗类非物质文化遗产的意义、现状与问题》，《美术观察》2016 年第 6 期。

③ 周星：《民俗主义、学科反思与民俗学的实践性》，《民俗研究》2016 年第 3 期。

④ 王晓葵：《中国“民俗学”的发现——一个概念史的探求》，《华东师范大学学报（哲学社会科学版）》2016 年第 4 期。

⑤ 祝昇慧：《重归在野之学——非物质文化遗产话语与实践》，博士学位论文，天津大学，2016 年。

⑥ 萧放：《论新文化史视野下的非物质文化遗产运动》，《遗产与保护研究》2016 年第 1 期。

⑦ 乌丙安：《如何科学保护非物质文化遗产》，《人民政协报》2016 年 6 月 13 日。

⑧ 杨红：《非物质文化遗产数字化的冷思考》，《中国文化报》2016 年 7 月 8 日。

成深远的负面影响。[①]

此外，王杰文还基于民俗学立场对“遗产化”作了反思。他的《“遗产化”与后现代生活世界——基于民俗学立场的批判与反思》指出在《保护非物质文化遗产公约》被广泛推行之后，民俗学家更加关注围绕着特定的非物质文化遗产其相关利益群体之间互动的具体过程，尤其关注“遗产化”过程中可能形成的社会交流模式与增进理解的可能性途径。[②] 在另一篇论文中，他分析了土家族“毛古斯”在“遗产化”过程中出现的种种问题，认为无论在理论层面还是实践层面，解放而非凝固“非遗”所存在的“语境”都是对“非遗”最好的保护。这一“语境”最好由产生与保存该“非遗”的社区来设定，只有给予当地人经济发展与文化发展的“自主性”与“主导性”以足够的尊重，其文化传统与民俗才能鲜活地、必不可少地存在于当地社区民众的日常实践中。[③]

三　非遗传承保护方式与对策研究

2016 年 1 月 14 日，项兆伦在全国非物质文化遗产保护工作会议上强调了三个非遗保护实践理念，即在提高中保护、“非遗”走进现代生活、见人见物见生活的生态保护。[④] 项兆伦强调非遗应不断被再创造，非遗的传承者也是创造者，非遗工作的重要目标是“努力实现传承非遗与改善生活、丰富生活的统一，提升年轻一代对非遗重要性的认识和参与积极性，从而不断增强非遗传承活力与后劲，不断弘扬中华优秀传统文化”。[⑤] 2016 年中国第 11 个文化遗产日的主题被定为“让文化遗产融入现代生活”。非遗保护工作的指导原则从强调“原生态”“本真性”已在政府、学界、社区多元行动方不断实践中调整为如今倡导的融入日常生活的“活态保护”。安德明认为这是“在摸索中总结经验并逐渐吸纳民俗学等学科相关研究成果的结果”。[⑥]

在这一背景下，2016 年民俗学界更为关注“活态传承”，并从公共文化服务、城镇化等方面为非遗融入现代生活、可持续发展提供了学理分析和对策性建议。

对非遗传承保护方式的研究

经过多年实践，中国的非遗保护理念和方法不断更新调整，提出了多种保护策略和方法，包括抢救性保护、生产性保护、整体性保护、数字化保护、生活性保护、服务性保护等。2016 年，民俗学界的学者对不同的非遗保护传承方式从理论到实践都有所探讨。

宋俊华认为当下对非遗的抢救性保护、生产性保护、整体性保护及生活化保护都是基

---

① 宋颖：《文类、技术与代际传承——民间文学在传统村落面临的机遇与挑战》，《美术观察》2016 年第 6 期。

② 王杰文：《“遗产化”与后现代生活世界——基于民俗学立场的批判与反思》，《民俗研究》2016 年第 4 期。

③ 王杰文：《论民俗传统的“遗产化”过程——以土家族“毛古斯”为个案》，《北京师范大学学报（社会科学版）》2016 年第 4 期。

④ 罗微、高舒：《2016 年中国非物质文化遗产保护发展研究报告》，《艺术评论》2017 年第 4 期。

⑤ 项兆伦：《正确认识非遗，是正确有效地保护、传承和发展非遗的前提》，《世界遗产》2016 年第 6 期。

⑥ 安德明：《卷首语》，《民间文化论坛》2016 年第 2 期。

于需求侧的保护，忽视了供给侧要素——供给主体（非遗的创造者与传承者）、技术（非遗的创造和传承能力）、产品（非遗的内容与产品）、方式（非遗的传承和传播方式）。他列举了非遗供给侧存在的四个机制性问题，并提出了基于供给侧结构性改革的非遗保护创新路径。①

在生产性保护方面，刘晓春、冷剑波的《“非遗”生产性保护的实践与思考》列举了非遗生产性保护取得的成绩和存在的问题，认为生产性保护值得提倡，但也要警惕将生产性保护等同于产业化的倾向，指出需妥善处理非遗本真性、整体性、传承与创新问题。②甘子成尝试突破联合国教科文组织的语境，将马克思精神生产理论应用于非物质文化遗产保护中，认为非遗保护的困境在于“非遗”生产、传播、消费的时空错位性，非遗的生产性保护要以人的需求为切入点，因地制宜、实事求是。③ 汲晓宁考察了山西非物质文化遗产生产性保护模式及存在的问题，并提出了对策性建议。④

在整体性保护方面，陈勤建考察了作为非遗的庙会文化空间构成，指出在保护传承活动中，应将物质的“庙宇”和非物质的“庙会场域”作为一个整体，不能随意分割和变更，庙会文化空间的重建不能仅关注其经济功能的恢复，还要契合当代社会文化语境与民众心意，做整体性规划。⑤ 韩成艳探讨了如何推进区域内非遗项目的整体保护。⑥

高丙中、宋红娟的《文化生态保护区建设与城镇化进程中的非遗保护：机制梳理与政策思考》论证了非遗保护、文化生态保护区建设与城镇化之间具有内在的契合，认为新型城镇化战略的提出为以非遗为中心的文化生态保护区的切实推进提供了具有现实性的路径，能够为非遗的有效传承注入活力。文章还为如何统筹与整合文化生态保护区和新型城镇化提供了对策建议。⑦ 钱永平在《非物质文化遗产：建设新型城镇的文化力量》一文中也指出非遗在城市中的活力传承有助于改善千城一面的现状、提升市民生活品质、形成文化认同。⑧

在公共文化服务方面，高丙中在《公共文化的概念及服务体系建设的双元主体问题》一文中强调应重视非遗在公共文化服务体系建设中的作用，将各级非遗代表性项目融入各

---

① 宋俊华：《基于供给侧结构性改革的非遗保护机制创新》，《文化遗产》2016 年第 4 期。

② 刘晓春、冷剑波：《“非遗”生产性保护的实践与思考》，《广西民族大学学报（哲学社会科学版）》2016 年第 4 期。

③ 甘子成：《马克思精神生产理论对非物质文化遗产保护的价值阐释》，《理论与改革》2016 年第 5 期。

④ 汲晓宁：《山西非物质文化遗产“生产性”保护模式案例研究》，硕士学位论文，山西师范大学，2016 年。

⑤ 陈勤建：《当代语境下庙会文化空间整体保护及重构——以上海龙华庙会及宁波梁祝庙会等为研究对象》，《西北民族研究》2016 年第 3 期。

⑥ 韩成艳：《非物质文化遗产保护的“整体性”理念与实践：基于宁波案例的讨论》，《西北民族研究》2016 年第 3 期。

⑦ 高丙中、宋红娟：《文化生态保护区建设与城镇化进程中的非遗保护：机制梳理与政策思考》，《西北民族研究》2016 年第 2 期。

⑧ 钱永平：《非物质文化遗产：建设新型城镇的文化力量》，《湖北民族学院学报（哲学社会科学版）》2016 年第 1 期。

地公共文化服务体系建设中。[①] 张多分析了女娲神话遗产化的案例，认为朝向当代文化政治和公共文化建设是保护这类口头传统遗产的一条重要途径。[②] 郑迦文认为在国家大力加快现代公共文化服务体系建设的新形势下，非遗的服务性保护的核心内容是公共精神的发现与重塑，实施的关键是调动民众成为非遗保护的主体。

非遗的传承与创新

传承和创新一直都是非遗保护领域热议的话题，是应“原汁原味”地传承，还是应鼓励和尊重适应周围环境的创新，学者并未达成共识。杨利慧指出传承与创新之间的矛盾是中国非遗保护面临的主要挑战之一，也是包括韩国在内的许多缔约国面临的挑战。[③]

2016 年“中国非物质文化遗产传承人群研修研习培训计划”正式在全国范围实施[④]又引起了学界对非遗传承与创新的争议与反思。

苑利[⑤]反对“大规模改造”非遗，齐易[⑥]和陈竟[⑦]认为不应以主流西方文化观念和标准“提升、改造”非遗及其传承人，而应以传承人为师。陈岸瑛认为持这类观点的人未意识到大学对于非遗保护的责任与特殊作用，非遗研修班的终极目标是促进传统的复兴。[⑧] 张毅则认为“促进非遗可持续发展才是非遗的活态化传承路径，非遗传承人群文化素质与艺术修养的提升是非遗可持续发展的动力”。[⑨] 高小康的《非遗活态传承的悖论：保存与发展》讨论了保存文化基因与保持文化传统生命活性、“原生态”与“非遗化”、活态传承与文化生态三个方面的关系。[⑩]

域外经验和中外比较研究

爱川纪子在《联合国教科文组织的〈保护非物质文化遗产公约〉与韩国》[⑪] 的文章中回顾了从 1993 年联合国教科文组织创立非物质文化遗产的项目到 2003 年《保护非物质文化遗产公约》获得通过的 10 年间发生的重要事件，列举了韩国在概念、政策、行动等方面对国家和国际层面非遗保护工作的支持和贡献，赞赏了韩国全面修订国家法律以适应

---

① 高丙中：《公共文化的概念及服务体系建设的双元主体问题》，《广西民族大学学报（哲学社会科学版）》2016 年第 6 期。

② 张多：《女娲神话重述的文化政治——以遗产化运动为中心》，《北京社会科学》2016 年第 8 期。

③ 杨利慧：《新文化等级化·传承与创新——中国非物质文化遗产保护的成就与挑战以及韩国在未来国际合作中的角色》，《民间文化论坛》2016 年第 2 期。

④ 罗微、高舒：《2016 年中国非物质文化遗产保护发展研究报告》，《艺术评论》2017 年第 4 期。

⑤ 苑利：《救命的“脐带血”千万要保住》，《光明日报》2016 年 1 月 22 日。

⑥ 齐易：《非物质文化遗产：“尊重、保护”与“提升、改造”孰是孰非?》，《文化遗产》2016 年第 5 期。

⑦ 陈竟：《谈谈非遗教育中的有关问题——对高校非遗人群培训研习班的探讨》，《文化遗产》2016 年第 5 期。

⑧ 陈岸瑛：《时代转折中的非遗传承与传统复兴》，《装饰》2016 年第 12 期。

⑨ 张毅：《非遗保护与传承的历史使命是推动其可持续发展》，《文化遗产》2016 年第 5 期。

⑩ 高小康：《非遗活态传承的悖论：保存与发展》，《文化遗产》2016 年第 5 期。

⑪ ［日］爱川纪子：《联合国教科文组织的〈保护非物质文化遗产公约〉与韩国》，沈燕译，彭牧校，《民间文化论坛》2016 年第 2 期。

《公约》及当下的社会—文化环境的举措。韩国著名非遗专家任敦姬的《“人间国宝”与韩国非物质文化遗产保护：经验和挑战》详细介绍了韩国非遗保护的“人间国宝”体系及在非遗保护中面临的争议和挑战，如非遗是否应保持其被认定为非遗时的形式、国家认定一个非遗项目或一位传承人对文化多样性的负面影响。①

鞠熙的《民俗遗产在法国：学术概念与政府工作》详述了法国的“民俗遗产”概念如何从一个学术概念成为影响政府工作与公共政策的社会行动概念，以及这一概念的执行机构民俗遗产代表处的发展历程和在文化遗产和非遗保护中起到的重要作用。②

此外，赵云彩梳理了中国非遗代表性传承人认定制度的现状，指出“群体”传承人认定的缺失带来的问题，建议参照日本和韩国的经验，引进“团体”或“群体”传承概念，重视社区参与，完善法律制度和传承人认定制度。③ 王丽莎介绍了日本非遗保护与传承的经验，认为相比中国，具有两个特点，即民间团体发挥重要作用和重视结合学校教育开展保护传承。④ 高燕介绍了日本、韩国、意大利等国保护传统戏剧类非遗的经验与启示⑤。

四　专著、论文集、皮书

2016年，文化艺术出版社的“非物质文化遗产保护理论与方法丛书”出版了3本民俗学领域非遗研究著作。

董晓萍的《民俗非遗保护研究》采用了民俗学与跨文化学结合的方法，主要讨论了世界遗产与民俗非遗、民俗非遗保护理论、民俗非遗保护方案、外国非遗保护样本这四方面议题。董晓萍认为非遗保护理论应在多学科交叉研究的基础上产生，各学科发挥各自优势，然后与其他学科汇合，形成融会贯通的非遗理论集成。⑥

《非物质文化遗产保护的中国道路》收录了刘锡诚近年来发表的《“非遗”十题——我国“非遗”保护若干理论问题的探讨》《论“非遗”传承人的保护方式》《反思与进言：聚焦“非遗”名录之民间文学》等24篇文章。在“代序”《提升理论在“非遗”保护领域的先导地位》中，刘锡诚指出理论和实践是非遗保护的两翼，但中国的非遗保护理论研究落后于实践，大体停留在保护工作研究的层面上，需要更多的对“非遗”的本体及相关领域的学理性研究。⑦

《非物质文化遗产保护理论与方法》收录了乌丙安2003年至2006年参加中国民族民间文化遗产保护工作和国家非遗保护工作期间的文稿，包括《非物质文化遗产保护：由来与发展》《非物质文化遗产保护的科学管理及操作规程》《“非物质文化遗产”的概念

---

① ［韩］任敦姬：《“人间国宝”与韩国非物质文化遗产保护：经验和挑战》，沈燕译，彭牧校，《民间文化论坛》2016年第2期。

② 鞠熙：《民俗遗产在法国：学术概念与政府工作》，《文化遗产》2016年第1期。

③ 赵云彩：《我国非遗“群体”认定的缺失及日、韩经验的启示》，《学术论坛》2016年第4期。

④ 王丽莎：《日本怎样进行非物质文化遗产保护》，《人民论坛》2016年第19期。

⑤ 高燕：《国外保护传统戏剧类非物质文化遗产的经验与启示》，《艺术百家》2016年第5期。

⑥ 董晓萍：《民俗非遗保护研究》，文化艺术出版社2016年版。

⑦ 刘锡诚：《非物质文化遗产保护的中国道路》，文化艺术出版社2016年版。

界定与分类认定》《撰写非物质文化遗产项目申报文本的要领》《非物质文化遗产田野作业的指导原则、方法和注意事项》等非遗保护研究理论和方法的36篇文章。并附了《中国民间文化遗产总普查大纲（草案）》《中国民俗普查分类大纲（要目草案）》等与非遗、民俗普查有关的操作性文稿。①

蔡丰明主编的《中国非物质文化遗产资源图谱研究》是2012年国家社科基金重大项目"我国非物质文化遗产名录体系与资源图谱研究"的前期研究成果之一，汇集了非物质文化遗产资源及其图谱编制方面的18篇论文，主要涵盖非遗资源图谱编制的基本理论研究、非遗资源图谱编制的技术研究、非遗资源图谱编制的个案研究以及国外相关理论研究成果介绍四方面内容。②

宋颖的《端午节：国家、传统与文化表述》第五章以湖北省"屈原故里"秭归的端午节再造、湖南省汨罗江畔的龙舟竞渡、湖北省黄石市"西塞神舟会"为田野调查对象，考察、讨论了作为非物质文化遗产的端午节的现状和前景。③

2016年还出版了两本非物质文化遗产的蓝皮书：宋俊华主编的《中国非物质文化遗产保护发展报告（2016）》④ 和肖远平、柴立主编的《中国少数民族非物质文化遗产发展报告——整体性保护：民族文化生态保护区的建设和发展（2016）》。⑤

五 学术会议与非遗人才培养

2016年，中国民俗学者多次主办、参与了与非遗保护有关的国内和国际学术会议及人才培养项目，主要有：

2016年7月17日—19日，中美非物质文化遗产保护与实践研讨会暨暑期学校在内蒙古举行。暑校举办了12场系列学术讲座，并进行了田野调查实践。暑校的倡导人、时任中国民俗学会会长朝戈金研究员在致辞中强调了非遗研究人才培养和代际传承的重要性，指出暑校将对中美两国，尤其对中国少数民族非物质文化遗产研究力量的快速成长起到促进作用。正规教育和非正规教育是实现非物质文化遗产代际传承的关键助力，民俗学暑期学校当在非物质文化遗产保护事业中发挥更大的作用。⑥

2016年12月10日，中国社会科学院民族文学研究所举办了"民俗学专业责任与研究伦理工作坊"，来自多所高校和研究院所的学人就田野伦理、《保护非物质文化遗产伦理原则》以及美国民俗学会、美国人类学会等专业学会订立的伦理守则和专业责任声明等11份参考材料进行了热烈讨论。此次工作坊还对中国民俗学会订立自己的伦理守则形

---

① 乌丙安：《非物质文化遗产保护理论与方法》，文化艺术出版社2016年版。

② 蔡丰明主编：《中国非物质文化遗产资源图谱研究》，上海社会科学院出版社2016年版。

③ 宋颖：《端午节：国家、传统与文化表述》，商务印书馆2016年版。

④ 宋俊华：《中国非物质文化遗产保护发展报告（2016）》，社会科学文献出版社2016年版。

⑤ 肖远平、柴立：《中国少数民族非物质文化遗产发展报告——整体性保护：民族文化生态保护区的建设和发展（2016）》，社会科学文献出版社2016年版。

⑥ 参见《朝戈金：在非物质文化遗产的代际传承中发挥好民俗学暑期学校的作用》，中国民俗学网，https：//www. chinesefolklore. org. cn/web/index. php? NewsID = 14632，发布日期：2016年8月7日，访问日期：2020年1月10日。

成了动议并达成共识。[①]

2016 年 12 月 20 日中国民俗学会组织召开了“二十四节气保护工作专家座谈会”，召集该学会从事时间民俗和非物质文化遗产保护的学者，与来自文化部非物质文化遗产主管部门的负责人和中国农业博物馆的专家探讨二十四节气的保护工作。[②]

2016 年 10 月 11 日至 14 日，首届“中国—中东欧国家非物质文化遗产保护专家级论坛”在波兰克拉科夫国际文化中心举办。此次论坛由中华人民共和国文化部、波兰共和国文化与民族遗产部共同主办，主题为“非物质文化遗产及可持续性发展”，旨在建立中国—中东欧国家间的保护非物质文化遗产国际研究和思想交流平台，推动非物质文化遗产保护领域专家开启国际合作。中方专家代表在论坛发言中分享了中国在非物质文化遗产保护领域的重要实践与经验，并就文化的概念，非物质文化遗产的代际传承、伦理原则、数字记录与立档保护等方面阐述了观点。[③]

2016 年，中国民俗学者积极参与非遗保护和研究工作，民俗学领域的非物质文化遗产研究在多方面取得了成果，但也呈现出一些不足，主要有：以列入各级代表作名录的非遗项目为研究对象的文章多，但以保护为目的的研究少；个案和保护实践调查多，从民俗学理论与方法出发的学理性研究少；倡议、呼吁多，操作性强的具体方法贡献少。非遗研究涉及多个学科多领域知识，但民俗学者常常是单打独斗，缺少学科内部和跨学科合作研究。此外，在现有研究中，还存在着对《公约》精神理解不到位，专业术语表述错误等问题。

---

① 参见《“民俗学专业责任与研究伦理工作坊”在京召开》，中国民俗学网，https：//www. chinesefolklore. org. cn/web/index. php? NewsID = 15383，发布日期：2016 年 12 月 23 日，访问日期：2020 年 1 月 10 日。

② 参见《中国民俗学会召开二十四节气保护工作专家座谈会——发言要点摘录》，中国民俗学网，https：//www. chinesefolklore. org. cn/web/index. php? NewsID = 15378，发布日期：2016 年 12 月 22 日，访问日期：2020 年 1 月 10 日。

③ 参见《首届“中国—中东欧国家非物质文化遗产保护专家级论坛”在波兰克拉科夫成功举办》，中国非物质文化遗产网，http：//www. ihchina. cn/Article/Index/detail? id = 16341，发布日期：2016 年 10 月 17 日，访问日期：2020 年 1 月 10 日。

2016 年民间艺术研究综述

张　娜*

民间艺术作为民俗学、艺术学、美学、文艺学等众多学科聚焦的对象，具有跨学科性、交叉性与专门性等特点。从民间艺术的内涵来说，它意指由乡土社会中的乡民、手艺人制作或创造的，能够体现民间的审美趣味、风格及文化精神的一种艺术形态；从民间艺术的种类划分来说，其大致可分为两种，一是造型类艺术，包括年画、剪纸、刺绣、雕刻等，二是表演类艺术，例如民间戏曲、民间舞蹈、相声、说书等。根据 2016 年中国知网检索发现，以"民间艺术"为主题发表的论文有 749 篇，以"民间美术"为主题发表的论文有 646 篇，以"手工艺"为主题的有 719 篇。在数量上与往年基本持平，在质量上稳中有升，无论是在基础理论研究还是具体门类、个案探究上都有可圈可点之处，现对 2016 年民间艺术研究情况逐一评述。

一　多学科交涉视野下的民间艺术基础理论研究

不同于经典艺术的理论探究传统，民间艺术的基础理论一向较为薄弱，缺乏深刻有力的理论分析，更鲜有具有深度的理论体系构建。不过，今年民间艺术研究的理论探索有一定的进步，其中著作方面以季中扬的《民间艺术的审美经验研究》① 为代表。在此书中，围绕关于"民间艺术"的质疑，季中扬立足于审美经验，对民间艺术的美学合法性进行了探讨，指出美学话语对民间艺术的贬抑实则是一种偏见，进而重构民间艺术的美学话语。他指出，从接受主体方面来看，民间艺术的审美经验主要在三个方面不同于精英艺术的审美经验。首先，就审美感官而言，民间艺术的审美经验并不强调视觉与听觉经验在审美经验中的优先地位。民间艺术的审美经验多依赖于多感官的共同参与，可以获得一种无距离的、全身心融入的、综合性的审美体验。其次，就审美方式来看，民间艺术不同于精英艺术的分离式的、对象化的审美方式，它是一种融入性的审美。再次，就审美价值取向而言，"精英艺术是一种求异性审美，而民间艺术是一种认同性审美。"此外，民间艺术的审美理想是以"吉祥"为美，崇"奇"尚"乐"。季中扬以非经典的美学视域对民间艺术审美作出了全新的解读，并尝试作出了理论构建，提出民间艺术是一种融入性的审美判断，为深入理解民间艺术的美学形态提供了重要理论阐释。这种关于民间艺术的审美经验研究可以说既是民间艺术美学的理论创新探究，也是对民间艺术的美学价值重构，其重

* 作者系南京农业大学人文与社会发展学院、民俗学研究所讲师。

① 季中扬：《民间艺术的审美经验研究》，中国社会科学出版社 2016 年版。

估的意义在于再发现了民间艺术的独立价值，进言之，其具有不同于经典艺术的美学价值。

而季中扬在《“生生”美学与民间艺术》[①] 一文中则从美学的角度对中国古代艺术的审美精神与民间艺术的美学精神作出比较与概括。他指出《周易》的阴阳创生、相推生化的宇宙观贡献出一个核心范畴——“生生”，“生生”不仅是天地间的自然现象与宇宙法则，也是审美的枢机与对象，“生生”美学建构了中国古典美学对宇宙万物的基本认识，在审美精神以及本体论、认识论层面塑造了中国古典美学的内核。中国古代艺术包括文人士大夫艺术与民间艺术两种基本形态，文人士大夫艺术主要体现了儒家美学精神与道家美学精神，民间艺术则直接体现了来自本原哲学的“生生”美学精神。忽视了民间艺术的中国艺术史是不完整的，忽视了“生生”美学的中国美学史是偏颇的，“生生”美学精神与儒家美学精神、道家美学精神一道构成了中国艺术精神的三个基本维度，该分析在一定程度上起到了为民间艺术纠偏、正名的作用。

除了从美学视角对民间艺术作出基础理论探究，施秋香《当代民间艺术的文本特征》[②] 则从文本理论视角探讨当代民间艺术的属类特征，认为民间艺术呈现为相对稳定的、具有系统性的、需要解读的结构特征，将其视为文本，以此来构建民间艺术的理论基础。文章指出，当代民间艺术具有三大显著的文本特征，一是组织结构的空间化，二是生成方式的程式化，三是表征意义的语境化，对民间艺术作出较为精辟的文本结构解读。而徐习文则从艺术人类学的角度阐释民间艺术的意蕴，文章认为民间艺术是乡民在日常生活中将其心灵的情感以物化经验的方式引入客观世界，从而形成一种形式直觉的文化符号。[③] 从艺术人类学的视角解读这一文化符号，需要运用田野和深描方法，在以“艺术品——艺术实践主体”为中心的社会生产关系和语境中直觉艺术形式。只有从动机心理、技术活动、生活行为及其情感等方面进行切入，才能理解民间艺术所包涵的物质技术、信仰风俗、审美文化等不同面相的文化意蕴。

从美学、文本理论、艺术人类学等角度阐发民间艺术，显示出不同学科理论对构建民间艺术理论基础的努力尝试，这也标志着民间艺术的研究逐渐步入更深入的阶段，不再仅仅满足于表面性的描述与介绍或个案研究，而是试图为民间艺术的研究寻找更坚实的理论基础。但是需要指出的是，民间艺术理论的研究尚有广阔空间，富有较高价值的书籍文章较少，仍有待进一步探究。

二 民间造型艺术研究

民间造型类艺术涵盖范围极其广泛，种类繁多，不计其数，诸如年画、农民画等民间美术，及刺绣、泥塑等传统技艺，都是造型类民间艺术的典型代表。今年相关的研究论文也颇多，数量呈现井喷之势。通过梳理，可以将其研究分为以下几个方面。

一是从宏观层面对民间造型艺术的整体分析。山东大学刘燕的博士论文《中国民间

① 季中扬：《“生生”美学与民间艺术》，《学术研究》2016 年第 12 期。

② 施秋香、季中扬：《当代民间艺术的文本特征》，《文艺争鸣》2016 年第 9 期。

③ 徐习文、谢建明：《艺术人类学视野中民间艺术的文化意蕴》，《江苏行政学院学报》2016 年第 5 期。

美术色彩研究》[1] 针对民间美术色彩作出系统性研究，指出民间美术的色彩不仅是一种物理现象，还是一种文化现象，其谱系发展具有群体性与社会性特征，是一种象征语义的意象符号系统。主要包括：从理论层面探讨了民间美术的色彩嬗变、系统与特征；从民间信仰和民俗层面分析了民间美术的色彩与民间生活的关系；从技艺层面探究了民间美术的色彩形式结构，如色彩技艺、手法与意象结构等；从现象层面，以杨家埠木版年画为例，分析了年画色彩的意象结构。该论文将民间美术色彩研究扎根于民间文化生态的土壤中，关注到色彩的符号性，将民间美术色彩视为民族内在心理结构和族群文化认同的外在表象，展现出较强的理论深度性。东南大学程波涛的博士论文《民俗艺术学视角下的祝寿图像研究》[2] 选择以交叉学科视野与方法对传统民俗文化中的祝寿图像作出由里及外的文化心理分析、意象构成系统分析及民俗文化应用分析。文章认为，“祝寿图像的生成有生命信仰的观念基础和丰厚的传统文化意涵，不仅体现出国人对长寿的企盼、祝愿和追求，也是展现国人生命信仰风俗的鲜活‘断切面’。祝寿图像兼具了风俗性、应用性、典型性和象征性等特征，其物化形态是视觉艺术的，本质属性却是民俗艺术的。从祝寿图像符号构成系统来看，其意象构成谱系颇为丰富，涉及人物、动物、植物、无机界中的诸多物象。从祝寿图像中意象构成主题与创作动机来说，主要是沿袭了古代文化中形象思维和观物取象的传统，体现出中国传统民间美术的思维模式。”可以说，这类从宏观入手研究民间艺术的色彩、图像的博士论文一定程度上不仅实现了针对某方面探究的系统性，也加强了民间造型艺术的理论深度。此外，刘京东《贵州少数民族民间美术的审美特征研究》一文从总体上提炼出贵州少数民族民间美术的审美形式特点，主要有颜色艳丽多变且灌入人文情感的色彩表现、富于想象力的造型、独特的山水文化等。

二是从微观层面对民间造型艺术的个案分析。这类研究内容丰富多彩，个案频出，不过主要集中在少数民族的造型类艺术上，质量也是参差不齐。《贵州苗族民间美术中的鱼纹及其文化象征意义》[3] 将贵州民间美术中鱼纹的样式分为“超现实表现手法的鱼形图、各具特色的鱼与动物组合图以及变化多端的人鱼组合图”，指出鱼崇拜与鱼的生殖繁衍巫术心意是世界性的民俗文化现象，这些鱼纹图案是远古先民鱼崇拜的宝贵民俗文化实物，是中华民族传承下来的鱼图腾的集体无意识遗存。上海大学马熙逵博士论文《羌绣文化生态属性及当代价值研究》[4] 以羌绣手工艺为切入点，对羌绣所承载的抽象符号、历史意义、价值内涵、民族情感等内容，与羌绣发生、发展相关的科学技术、经济体制、社会组织及价值观念等作出“生态系统”层级的构成分析，揭示出羌绣纹饰符号所指与民族信仰。《羌族刺绣“游绣”的艺术特征分析》[5] 则对“游绣”的特征展开更为细致的分析，从针法、图案、色彩到布局等事无巨细。《大理周城白族扎染之蝴蝶图案探析》[6] 重点结合扎染的工艺对其蝴蝶图案的形态种类、造型方法、布局结构作出剖析与论述。此外，

---

① 刘燕：《中国民间美术色彩研究》，博士学位论文，山东大学，2016 年。

② 程波涛：《民俗艺术学视角下的祝寿图像研究》，博士学位论文，东南大学，2016 年。

③ 陈艺方：《贵州苗族民间美术中的鱼纹及其文化象征意义》，《贵州民族研究》2016 年第 6 期。

④ 马熙逵：《羌绣文化生态属性及当代价值研究》，博士学位论文，上海大学，2016 年。

⑤ 郑姣、李明、耿兆辉：《羌族刺绣“游绣”的艺术特征分析》，《装饰》2016 年第 12 期。

⑥ 田顺：《大理周城白族扎染之蝴蝶图案探析》，《装饰》2016 年第 9 期。

《侗族织锦色彩语言研究——以湖南通道地区侗锦为例》[①]《湖南花瑶新老挑花图案对比及其启示》[②]《贵州剑河苗族锡绣艺术及其文化符号探究》[③]《泥人张（北京支）彩塑的艺术特征》[④]《文化生态变迁下白族扎染艺术的装饰性变化研究——以周城白族扎染为例》[⑤]等都分别对侗族织锦、花瑶新老挑花图案、锡绣艺术、彩塑等具体事项作出艺术特征描述。相对来说，这方面研究材料功底都较为扎实，亦能挖掘其所蕴含的文化精神内涵，不过在研究视角上大多缺乏新意，观点的穿透力也较为欠缺。

三是对民间造型艺术的具体门类研究。诸如年画、农民画等民间美术的研究基础较好，研究人群较为稳定且能形成一定的对话，所以将对其做出专门研究情况概述。年画研究一直都比较热门，前人论述也极为丰富，不过今年的研究还是出现一些质量较高、令人耳目一新的论文。比如宋方昊的《绘画与生活：嘉兴灶头画的民俗学分析》[⑥]将嘉兴灶头画放置在地方社会生活与民间信仰活动中，从构成性、技术性和社会性三个层面，对灶头画作出具体分析并梳理其题材类型与民俗内涵的关系。文章指出嘉兴灶头画其绘制的时间一般为农历九月初九与十二月十二，制作的过程则伴随着一系列的习俗规则。从功能角度来说，嘉兴灶头画是嘉兴民间祭灶习俗的重要组成部分，并与地方民众生活紧密相关，集祭祀性、装饰性及象征性于一身，其传承与演进，反映了民间工艺美术与地方民俗文化的深刻关联。该研究不同于以往多从工艺美术角度，或对其内容、风格、民俗文化内涵作出梳理阐释，而是将民间艺术真正放置在民间文化环境中，显示出民间艺术研究的深度民俗语境。袁宙飞《明清以来年画中女性形象的母题探析》[⑦]则选取了年画中重要的“女性形象”作为研究的主题，为民间图像研究注入了性别意识。文章通过对其中生育女神的崇信和女性对女神纳吉祈福活动的分析，指出“生命绵延”与“吉祥求美”是年画中女性形象表达的两个核心母题。而之所以出现这样的主题，与女性生理特征及在此基础上所产生的神灵信仰有直接关系，反映出民众对“人神合一”的、具有亲民和亲情女性形象的广泛认同。胡清波的《晚清年画的文图关系研究》[⑧]视角新颖，借用文艺理论中的热点“语图关系”理论分析晚清年画与文学的互动再造关系。文章认为“小说、戏曲等文学作品为年画提供了丰富的创作题材和造型元素，生动形象的年画图案则将文学内容直观地呈现出来，并在民间文化想象的基础上对其进行重新演绎，使文学在这种活态建构的过程中获得新的生命力。而且，题有诗词文本的年画则直接将文学与图像结合在一起，既体现了年画表意系统的多媒介特征，又进一步增强了年画的文学性，使其成为一种雅俗共享的艺术样式”。可以说，此研究就将年画的研究视野扩大了，既注意到年画的“文学性”，又把握到年画以图像的方式对文学所进行的二次活态建构，重新在文图关系的语境中阐释了

---

① 杨建蓉：《侗族织锦色彩语言研究——以湖南通道地区侗锦为例》，《装饰》2016 年第 9 期。

② 吕晓珊：《湖南花瑶新老挑花图案对比及其启示》，《装饰》2016 年第 1 期。

③ 周莹：《贵州剑河苗族锡绣艺术及其文化符号探究》，《装饰》2016 年第 2 期。

④ 赵健磊：《泥人张（北京支）彩塑的艺术特征》，《装饰》2016 年第 3 期。

⑤ 徐彦：《文化生态变迁下白族扎染艺术的装饰性变化研究——以周城白族扎染为例》，《贵州民族研究》2016 年第 12 期。

⑥ 宋方昊：《绘画与生活：嘉兴灶头画的民俗学分析》，《民俗研究》2016 年第 4 期。

⑦ 袁宙飞：《明清以来年画中女性形象的母题探析》，《民俗研究》2016 年第 4 期。

⑧ 胡清波：《晚清年画的文图关系研究》，《民俗研究》2016 年第 4 期。

年画的叙事特点，富有启发意义。王克祥的《“图说画映”——苏州桃花坞木刻年画叙事性研究》[①] 同样也注意到年画的“叙事性”，在叙事学的视角下对苏州桃花坞木刻年画的叙事内容与方式展开研究，指出其呈现出“图说化”的叙事文本表达，把当时的世俗文化、戏曲典故、民间市井生活、传记小说及通俗读物等叙事文本介入年画题材的表现中，不是简单地复制模拟故事形象和相关情节，而是以空间来传达内心深处意绪情感；其“画映式”的叙事语言是指通过年画本身造型要素，如构图、色彩、笔法、制作工艺等来反映其叙事功能。该文对年画的叙事学研究颇有新意，不仅揭示出年画的内在叙事结构，也让年画作为一种文本进入图像叙事学的研究视野之中。此外，还有两篇硕士论文以年画为选题，《传统民间艺术生产与消费的当代变迁——以杨家埠年画为例》[②]《中国年画民俗观念的生成与演进研究》[③] 分别从生产与消费及传播学的角度对年画作出探究，亦有可观之处。

关于农民画的讨论也不少，涉及对各区域农民画的探究。尽管农民画研究起步较晚却发展势头迅速，今年的农民画探究仍出现一些颇有见解的论文。徐赣丽的《当代民间艺术的奇美拉化——围绕农民画的讨论》[④] 以希腊神话传说中有着狮子头、羊身体、蛇尾巴的动物——奇美拉（chimera）来比喻“杂种文化”或文化的“混杂性”，以此分析了农民画的混杂性特点。文章认为，“农民画在泛民俗主义的影响下，不仅为政治宣传所征用，也成为文化产业化运作的对象。作为普通民众的业余创作，农民画在各个阶段为适应不同的政治或经济需要而不断调适自己，其最初从民间艺术中采借形式和汲取营养，而后从专业队伍中学习国画、水彩画、漫画甚至西洋画派的油画技法或风格。虽然其主体仍围绕农民或农村景观进行创作，并体现地域或民族特色，但总体上已经偏离了传统民间艺术的轨道，呈现当代大众文化的复杂形态，这也是当代民间文化的总体发展趋势”，鲜明地指出了农民画在现代化与全球化的冲击下丧失原生性与草根性的问题，体现出较强的洞察力与批判力。而潘鲁生对城镇化进程的阶段性与农民画创作风格演变进行对比，分析了城镇化进程中农民画创作主体生存状态的变迁，并结合现存问题提出农民画发展的“四有”路径——有传承、有生活、有特色、有发展，要求农民画创作要将民族精神、乡土文化与当代文化建设协调，在市场中盘活民间美术资源。[⑤]

围绕着上海西郊农民画，李柯的《上海西郊农民画产业化发展的可能性——基于经济民俗学认同性经济的理论探究》[⑥] 与刘慧的《身份建构与乡愁记忆：上海西郊农民画研究》[⑦] 都从不同视角作出探讨，李柯从经济民俗学的认同性经济理论框架出发，探究西郊农民画在其历史发展过程中的认同性积淀及其认同性在当下消费市场中的内涵表现，试图

---

① 王克祥：《“图说画映”——苏州桃花坞木刻年画叙事性研究》，《艺术百家》2016 年第 6 期。

② 王婷婷：《传统民间艺术生产与消费的当代变迁——以杨家埠年画为例》，硕士学位论文，山东大学，2016 年。

③ 周圆：《中国年画民俗观念的生成与演进研究》，硕士学位论文，山东大学，2016 年。

④ 徐赣丽：《当代民间艺术的奇美拉化——围绕农民画的讨论》，《民族艺术》2016 年第 3 期。

⑤ 潘鲁生、刘燕：《城镇化进程中农民画的发展路径》，《美术研究》2016 年第 5 期。

⑥ 李柯：《上海西郊农民画产业化发展的可能性——基于经济民俗学认同性经济的理论探究》，《文化遗产》2016 年第 2 期。

⑦ 刘慧、亓明曼：《身份建构与乡愁记忆：上海西郊农民画研究》，《文化遗产》2016 年第 2 期。

回答上海西郊农民画产业化发展何以可能的问题。刘慧则结合田野调查资料，从“记住乡愁”的视角来考察西郊农民画，以其具体的创作过程来阐释西郊地区农民画家如何在城镇化与非遗保护的双重背景下，保留其身份记忆。除此，王晓星的《舞阳农民画：当代中原俗民生活的图景记录》[①] 与仝朝晖的《“农民画”的历史宿命——以户县农民画为例》[②] 也分别展现出舞阳农民画与户县农民画的图景及其所遭遇的发展问题等。总体来说，农民画的研究正如其创作一样，势头正盛、热度不减，越来越多的学者聚焦于这种新型的民间艺术，在现代文化场域中讨论其产生的复杂性与发展的混杂性，展现出较强的现实关怀性与理论深度。尤其是研究视角各有新意，关注农民画的主体、发展演变、现代路径等多方面内容，善于将其放在具体的理论框架与语境中探究，问题意识较为突出。不过，尽管目前农民画的研究突出了权力、社会、意识形态等外在因素，但对于农民画的创作主体身份、性别及其创作风格特点等内部研究仍存在较大空间。

相比之下，另一项重要艺术门类剪纸的研究呈现出不温不火的状态，不过今年出现几篇以“剪纸”为主题的博士论文值得关注。上海大学韩亮的博士论文《陕北民间剪纸艺术研究》[③] 和上海大学吴昉的博士论文《“海派剪纸艺术”传承与发展研究》[④] 考察了“一北一南”的剪纸艺术。原生态的陕北民间剪纸固守了秦汉文化的稚拙之风，在造型技艺、色彩象征、符号寓意上反映着该地域老百姓的心灵记忆与文化认同，充满着随性自由、率真写情的艺术精神；海派剪纸艺术则除了受到本国南、北方剪纸艺术风格影响外，由于都市文化环境的现代性与开放性，还受到国内、外其他艺术形式的诸多影响，是一种在流变中不断改变、突破、创造的独特民间艺术形式。两篇论文都注意到地域环境对剪纸风格的影响，一定意义上做到了剪纸艺术的内部与外部研究的结合，不过在理论深度上尚略有欠缺。

在服饰方面，有《贵州长裙苗与中裙苗女装穿着文化与审美研究——以雷山西江苗寨与榕江滚仲苗寨为例》[⑤]《中原虎头鞋艺术缘起与特征》[⑥] 等，其中邓启耀的《灵的秘语——以苗族服饰中的蝴蝶纹样为中心》[⑦] 将服饰图案的研究推向了一个高度，在此文中他以丰富的田野资料、苗族深化、占歌、传说等，将苗族服饰中大量出现的蝴蝶图案作为一种图像文献去解读，结合苗族民俗中某些涉及蝴蝶的民间信仰，进行叙事或仪式结构、符号类型及象征意义的分析，挖掘出苗族蝴蝶图案作为无文字时代和无文字族群以非文字形式书写的文化史与心灵史的更深层意义。应该说，该研究无论在方法上还是内容上都实现对以往服饰研究的突破，改变了服饰研究多停留在审美特征分析的美学研究情况。

---

① 王晓星：《舞阳农民画：当代中原俗民生活的图景记录》，《民间文化论坛》2016 年第 6 期。

② 仝朝晖：《“农民画”的历史宿命——以户县农民画为例》，《民艺》2018 年第 3 期。

③ 韩亮：《陕北民间剪纸艺术研究》，博士学位论文，上海大学，2016 年。

④ 吴昉：《“海派剪纸艺术”传承与发展研究》，博士学位论文，上海大学，2016 年。

⑤ 周梦：《贵州长裙苗与中裙苗女装穿着文化与审美研究——以雷山西江苗寨与榕江滚仲苗寨为例》，《装饰》2016 年第 10 期。

⑥ 吕枫韵：《中原虎头鞋艺术缘起与特征》，《华中师范大学学报（人文社会科学版）》2016 年第 2 期。

⑦ 邓启耀：《灵的秘语——以苗族服饰中的蝴蝶纹样为中心》，《文艺研究》2016 年第 2 期。

三 民间表演艺术研究

民间表演艺术众彩纷呈，蔚为大观，其研究范围也较广，涉及各门类、区域及形态的民间表演艺术，可主要从以下几个方面进行把握。

1. 民间表演艺术的历史形成与变迁过程研究。尽管此研究是对民间艺术的学术史的梳理，但是却不乏批判性眼光，且具有较强的问题指向。值得一提的是，几篇比较出彩的论文都涉及政治话语对于民间艺术变迁的影响。例如陈元贵①通过对徽州民间舞蹈的变迁史指出其命运走向显示出国家意识形态直接介入民间艺术生态、以官方话语整合民间话语的特点。无独有偶，王立芳的《政治空间压缩与杂技传统的建构——基于杂技艺人“化外之民”形成与发展历程的考察》② 也是从政治意识形态入手考察杂技艺人作为“化外之民”的形成历程。文章认为自宋代伊始直到新中国成立之前，杂技所处政治空间不断被压缩，因此作为传承主体的民间从业者开拓出乡土空间与江湖空间以求生存，在此双重空间中形成一套民间运作机制，使得杂技在民间社会充满活力。而多年来国家层面对杂技的保护走精英化路线，大型舞台杂技的辉煌并不能带动杂技的整体复兴，恰是忽略了杂技的民间运作机制。而彭岚嘉③分析了在抗战时期陕北地区的秧歌改造运动，其最后落脚点亦在于官方的政治文化对民间文化的改造与统摄。《释奠礼乐在建水的历史变迁与当代传承》④ 在梳理分析释奠礼乐在建水的传承变更过程时也得出国家向边地实施礼乐教化、民间对国家意识层面礼乐文化回应的结论。可见，这几篇论文皆从官方与民间的话语互动来考察民间表演艺术的历史生存与传承变迁，进而分析其中症结，显示出较强的抓关键问题的能力。

2. 民间表演艺术的仪式研究。《作为文化表征的仪式艺术与文化再生产——以两个场域中的湘西苗族绺巾舞蹈为例》⑤ 继承了汉特曼提出的关注实践者的观点，并且把表演场域中的观众与表演者同时视为文化活动的参与者，通过考察传统仪式中绺巾舞蹈对“神—人—鬼”的空间及在现代社会中“生产者—消费者”的分类表达，提出湘西苗族社群整合自我表征与他者想象的文化符号，对仪式艺术绺巾舞蹈进行文化再生产，呈现了文化市场中文化表述的权力关系。这种从权力关系的视角开展的仪式研究较为有效地阐释了当下传统表演艺术仪式在消费语境中再生产的现象。而且，关于民间仪式的研究多运用到“场域”的理论视角，显示出近年来空间场域理论对于民间表演艺术研究的影响。

3. 民间戏曲的特征、要素、剧本、传播等研究。民间戏曲的审美特征始终是研究的

---

① 陈元贵：《以官方话语整合民间话语——论新中国成立初期徽州民间舞蹈的变迁》，《民间文化论坛》2016年第2期。

② 王立芳：《政治空间压缩与杂技传统的建构——基于杂技艺人“化外之民”形成与发展历程的考察》，《民族艺术》2016年第5期。

③ 彭岚嘉、吴双芹：《新秧歌剧运动：革命时代的政治与娱乐》，《社会科学家》2016年第3期。

④ 洪江：《释奠礼乐在建水的历史变迁与当代传承》，《民族艺术研究》2016年第5期。

⑤ 邹宇灵：《作为文化表征的仪式艺术与文化再生产——以两个场域中的湘西苗族绺巾舞蹈为例》，《民族艺术》2016年第6期。

重要方面，《粤乐“八大曲”初析：戏曲清唱、珠江河调、广东汉剧》[①] 对八首古腔粤曲曲目的美学特点进行剖析；游素凰的《歌子戏载体“杂念调”之研究》[②] 对歌子戏的基础唱曲之一“杂念调”的语言性、“词情”、“声情”、“音色”、“口法”、“行腔”等特点作出详细研究；《安顺地戏“唱本”体式与屯堡文化存续机制》[③] 探究了“唱本”的代言与叙述相结合的体式及表演手段；赵霞等的《艺术与文化的结合：彝剧的技法特性及发展路径探析》[④] 也聚焦于对彝剧技法的审美特点。此外，康保成在《文化遗产》2016 年第 3 期中组织的“外江戏”专题颇值得关注，在《“外江班”与“外江戏”》[⑤] 一文中他对清代文献中的“外江班”的三种不同含义作出梳理，并对“外江戏”的传播意义作出探究，指出“外江戏”的源头就是湖北汉剧，但汉剧在向南传播的过程中，或带上了湖南祁剧、湘剧的某些因子，所谓“闽西汉剧”“广东汉剧”其实是一个剧种。陈志勇的《近代“外江戏”的进入与岭南戏曲生态的变貌》[⑥] 从外江班与本地班之间升沉消长的动态关系入手来研究外江戏的“在地性”转化过程，揭示出粤剧和广东汉剧的生成机理，对于还原清代中叶以来岭南戏曲文化生态具有重要意义。陈燕芳的《新加坡藏“外江戏”剧本初探》[⑦] 则采用文献学的方法对二十世纪上半叶新加坡的余娱儒乐社、潮州八邑会馆及陶融儒乐社所传抄的三批早期外江戏剧本进行探讨，丰富了外江戏的文本研究材料。另有中国艺术研究院肖宜悦的博士学位论文《三晋地域文化与晋剧研究》[⑧] 着手于地域文化与其他剧种对晋剧的发展影响，探究了晋剧的形成过程及演出剧目。从民间戏曲的审美特点、传播路径、剧本挖掘、生态演变等方面研究可看出民间戏曲研究的多样生机与开阔视野，也显示出戏曲研究表现出一定的成熟度。

4. 民间表演艺人及剧团的研究。对艺人及表演剧团的关注也逐渐成为近年来民间戏曲研究的一个生长点。卫才华的《太行山说书人的社会互动与文艺实践——以山西陵川盲人曲艺队为例》[⑨] 结合大量田野调查研究太行说书人的文艺社会实践，指出其正是通过不同历史时期的文化政策互动、市场互动、礼俗互动，保持并发展了长期的说唱曲艺传统，这种民间说唱也成为连接传统与当下、政府与民间、市场与习俗等多种社会博弈的艺术表达，此研究突出了艺人能动的生活智慧在民间曲艺发展中的重要作用。李龙的《文化政治话语中的民间艺术——以王文坤的皮影艺术与人生为例》[⑩] 通过讲述川北皮影大师

---

① 容世诚：《粤乐“八大曲”初析：戏曲清唱、珠江河调、广东汉剧》，《文化遗产》2016 年第 3 期。

② 游素凰：《歌子戏载体“杂念调”之研究》，《民间文化论坛》2016 年第 6 期。

③ 陈忠松：《安顺地戏“唱本”体式与屯堡文化存续机制》，《贵州民族研究》2016 年第 5 期。

④ 赵霞、李富彬、梁川：《艺术与文化的结合：彝剧的技法特性及发展路径探析》，《贵州民族研究》2016 年第 10 期。

⑤ 康保成：《“外江班”与“外江戏”》，《文化遗产》2016 年第 3 期。

⑥ 陈志勇：《近代“外江戏”的进入与岭南戏曲生态的变貌》，《文化遗产》2016 年第 3 期。

⑦ 陈燕芳：《新加坡藏“外江戏”剧本初探》，《文化遗产》2016 年第 3 期。

⑧ 肖宜悦：《三晋地域文化与晋剧研究》，博士学位论文，中国艺术研究院，2016 年。

⑨ 卫才华：《太行山说书人的社会互动与文艺实践——以山西陵川盲人曲艺队为例》，《民族艺术》2016 年第 4 期。

⑩ 李龙：《文化政治话语中的民间艺术——以王文坤的皮影艺术与人生为例》，《四川戏剧》2016 年第 11 期。

王文坤的皮影艺术经历分析民间文化与政治、国家与民间社会的互动关系。席阳杰的硕士论文《不同机制下民间艺术剧团发展及生存状态研究——以浮山县木偶艺术团为例》通过对公助民办的老剧团和纯属私营的新剧团的不同阶段进行对比，包括演出状况、经营财务状况、人员及设备状况、艺人生存状态等，展现出其不同的生存状况，探索其生存与传承存在的问题并提出相应建议。这一研究趋势表明民间戏曲研究逐渐将“人”的因素作为探索曲艺发展变迁及文艺实践的核心之一，与之相关联的剧团发展情况也成为透视戏曲生存的重要窗口。

可见，民间表演艺术研究范围广泛，从民间表演艺术本身的审美特征，到其传播、变迁过程，再到对艺人剧团的关注，各有侧重，既体现出历史的维度，也突出了鲜明的社会问题意识。值得注意的是，在其研究中，有些文章并不仅局限于浅层的分析，而是体现出较为自觉地运用表演理论、场域理论等去探究问题症结及其来龙去脉，显示出一定的理论深度性与问题剖析能力。但是，相对而言民间表演艺术的研究仍较为欠缺，挖掘还不够，需要进一步探究。

四　民间艺术保护与传承发展研究

随着非物质文化遗产保护与传承理论的不断发展，作为“非遗”的民间艺术的研究也被拉入非遗语境中得以重新审视。事实上，民间艺术也在“非遗热”的推动下成为非物质文化遗产研究的热点。从农业社会的生活日用品到工业社会的“遗留物”，民间艺术的现代保护传承乃是新时代背景下的重要命题。从今年的民间艺术论文选题来看，民间艺术的保护与传承占据了重要部分，其研究主要涉及保护传承困境、现代转化与生成路径、产业化发展、传承人身份与制度等多个方面。

1. 民间艺术保护与传承的困境。针对民间艺术普遍存在的生存困境，许多学者对其进行个案分析。刘爱华《手工艺类非物质文化遗产传承困境阐释及发展路径探究——以江西文港毛笔为例》[①] 分析了文港毛笔的衰微原因，其跟文化生态迅速变迁、制笔技艺半市场化属性及笔业市场竞争时序有关。《电子传媒视野下温州鼓词的传承特征与困境》[②] 指出温州鼓词在不同媒介的建构下逐渐成为以“文本”为中心的“本子词”，其现场演唱正退化为一种机械复制的艺术。另外《文化融合背景下少数民族舞蹈传承问题研究——以羌族为例》[③]《重庆秀山花灯传承保护十年学术研究的回顾——兼及中国花灯本体反思个案》[④]《吴川木偶戏的艺术形态与技艺传承》[⑤] 等也分别讨论了羌族舞蹈、重庆秀山花

---

① 刘爱华：《手工艺类非物质文化遗产传承困境阐释及发展路径探究——以江西文港毛笔为例》，《民间文化论坛》2016 年第 2 期。

② 包媛媛：《电子传媒视野下温州鼓词的传承特征与困境》，《文化遗产》2016 年第 2 期。

③ 果崇英：《文化融合背景下少数民族舞蹈传承问题研究——以羌族为例》，《贵州民族研究》2016 年第 8 期。

④ 赵心宪：《重庆秀山花灯传承保护十年学术研究的回顾——兼及中国花灯本体反思个案》，《民族学刊》2016 年第 2 期。

⑤ 林玮、李铭建、李文杰、梁晓：《吴川木偶戏的艺术形态与技艺传承》，《文化遗产》2016 年第 1 期。

灯、吴川木偶戏的传承困境。该方面探究尽管把握到了民间艺术保护与传承的困境表现，显示出较为深切的现实关怀意识，但是对困境背后的深层原因及其解决路径尚未能有深刻见解。

2. 民间艺术的现代转化与生成路径。在现代语境中，民间艺术的转化与生成路径始终是重要聚焦点。关于手工艺的传承问题，讨论众多，有从整体上分析手工艺的转化条件与路径的，例如徐艺乙的《传统手工艺的继承与创新》[①] 一文高屋建瓴地指出手工艺的继承与创新要解决传统手工艺的概念、创新的基础、创新的要素三个问题。王潇的博士学位论文《传统手工艺的再生产研究》[②] 提出传统手工艺再生产命题，从乡村建设、民生经济、乡土文化三个层面论述传统手工艺再生产的现实意义，从国家元场域下地方政府、学校、民众三个层面论述传统手工艺再生产的可持续发展。李晓岑《后工业时代与中国手工艺》[③] 从后工业时代的背景出发提出传统手工艺的现代转化需要深入挖掘中国传统文化，充分吸取民间资源和民间智慧，建立有中国特色的手工艺理论体系，走有手工艺特色的后工业发展道路。也有从高校资源入手讨论手工艺的保护传承路径，如《地方高校传承与保护民间传统手工艺的策略研究》[④] 认为可通过把民间艺术资源纳入高校课堂的方式实现对传统手工艺文化传承。更有以深入个案出发，诸如陶瓷、染织艺术等，探究手工艺的现代复兴与传统再造，郭金良的博士论文《传统手工艺的复兴与文化再造——景德镇老鸦滩陶瓷艺术区田野考察报告》[⑤] 以景德镇传统手工艺的现代性发展为例，运用艺术人类学的理论与观点，在文化整体观的参照下，基于“田野”考察，以老鸦滩陶瓷艺术区为研究个案，对其进行“深描”式的艺术民族志研究。在新的互联网和全球化的背景下，对于传统手工艺在现代化中的再造及其与现代化的互动模式研究，便成为当下的课题。在传统与现代的博弈中，景德镇传统陶瓷手工艺并没有消失殆尽，而是呈现出旺盛的生命力，它将传统与现代、本土化与国际化完美地融合在一起，形成独特的城市人文景观。《洗礼中重生——谈传统染织艺术的现代性转型》[⑥] 指出要在思想内涵、产品形式与应用、生产工艺、产业机制以及社会观念等方面进行现代性转型。关于民间表演艺术的保护传承研究相对手工艺较少，不过一般而言更具有案例针对性，比如《场域视角下少数民族音乐传承模式建构思考》[⑦] 根据场域惯习转变，契合民族民众的审美需求，适应其审美观念转变，增加场域内经济资本；《东莞木鱼书表演的传承与发展》[⑧] 以木鱼书的案例指出通过改变传统表演形式和表演情境的再情境化更有利于传承发展。

3. 民间艺术的产业化发展。作为传统遗产的民间艺术在现代社会的生存发展及话语

---

① 徐艺乙：《传统手工艺的继承与创新》，《苏州工艺美术职业技术学院学报》2016 年第 1 期。

② 王潇：《传统手工艺的再生产研究》，博士学位论文，西安美术学院，2016 年。

③ 李晓岑：《后工业时代与中国手工艺》，《自然辩证法通讯》2016 年第 4 期。

④ 张立阳、齐志辉、甄心恒：《地方高校传承与保护民间传统手工艺的策略研究》，《艺术百家》2016 年第 S1 期。

⑤ 郭金良：《传统手工艺的复兴与文化再造——景德镇老鸦滩陶瓷艺术区田野考察报告》，博士学位论文，中国艺术研究院，2016 年。

⑥ 盛羽：《洗礼中重生——谈传统染织艺术的现代性转型》，《宁波大学学报（人文科学版）》2016 年第 2 期。

⑦ 程辉：《场域视角下少数民族音乐传承模式建构思考》，《贵州民族研究》2016 年第 5 期。

⑧ 何研：《东莞木鱼书表演的传承与发展》，《文化遗产》2016 年第 4 期。

开拓始终是研究的重点之一，如何重新构造其在当下市场的流通性成为诸多学者关注的焦点。方李莉、王永健、孟凡行等学者在中国艺术人类学中[①]在费孝通“人文资源”的基础上提出“遗产资源论”的观点，指出由日用品艺术化、商品符号化、文化资本、象征资本、审美现代化等构建的“遗产资源论”是一个动态的交往过程，表现为持续的文化重构和再生产过程，可以说为理解民间艺术的现代转化提供了一个全新的视角，其重构发展意味着从遗产走向资源。秦璇的博士学位论文《从艺术资源到产业品牌：民间艺术的传承创新》[②] 即是民间艺术资源论的典型之作，论文以朱仙镇模板年画为例，分析了其所具有的民间艺术的艺术价值、经济价值和当代传承价值，揭示出当今民间艺术资源保护对品牌建构的价值意义。同时从整体上分析了从民间艺术资源到品牌形象塑造的发展路径，探索出构建民间艺术传承创新的商业模式，结合国内外产业化经验详尽论述了民间艺术产业化的意义与路径等。除了这种理论性与案例结合较好的研究，关于民间艺术实现产业化发展的具体案例策略研究也颇多。比如吴雪蕾[③]通过对东海县非物质文化遗产资源的梳理提出发展非物质文化遗产文化产业的相关可行建议；孙石磊、高润喜[④]指出要将“互联网＋”的思维模式与承德地区民间艺术的产业化发展结合起来发展文化产业；王菊[⑤]对昭觉县彝族服饰文化发展变化及产业化对策进行研究，对彝族服饰产业化发展提出切实意见。此外，也有学者对民间艺术与创意设计的关联发展作出探究，张朵朵的《风险中的具身知识：设计师介入地方传统手工艺的人类学反思》[⑥] 围绕地方传统手工艺借用人类学的相关理论将手工艺知识定位为具身知识，重新审视了手工艺与手工艺人在这一文化重组的过程中的变化。

4. 民间艺人的身份建构与传承人制度。对传承人的关注也逐渐成为民间艺术研究的重要内容，主要涉及其身份及传承方式等。汤夺先[⑦]通过对宣纸制作技艺的田野调查分析，总结其传统传承模式即家族内传承与作坊内师徒传承，分析了当前职业教育培训模式、工厂内固定制师徒传承模式对宣纸制作技艺传承之利弊，并讨论了类似非遗项目由个体传承人身份改为团体传承人的可能性；史静[⑧]以天津民间老会为例，讨论了中国传承人口述史的集体性，为如何更好地采集口述资料作出深入研究；赵旭东、武洪滨、

---

① 方李莉、王永健、孟凡行：《遗产资源论——中国艺术人类学前沿话题三人谈之七》，《民族艺术》2016 年第 2 期。

② 秦璇：《从艺术资源到产业品牌：民间艺术的传承创新》，博士学位论文，华中师范大学，2016 年。

③ 吴雪蕾：《东海非物质文化遗产与文化产业的关系研究》，《艺术百家》2016 年第 S1 期。

④ 孙石磊、高润喜：《“互联网＋”与承德民间艺术产业化发展与开发》，《河北民族师范学院学报》2016 年第 1 期。

⑤ 王菊：《昭觉县彝族服饰文化发展变化及产业化对策研究》，《西南民族大学学报（人文社科版）》2016 年第 12 期。

⑥ 张朵朵：《风险中的具身知识：设计师介入地方传统手工艺的人类学反思》，《南京艺术学院学报（美术与设计）》2016 年第 2 期。

⑦ 汤夺先：《论多工序性民间制作技艺类非物质文化遗产的传承——以宣纸制作技艺为例》，《文化遗产》2016 年第 2 期。

⑧ 史静：《论中国传承人口述史的集体性——以天津民间老会为例》，《文化遗产》2016 年第 4 期。

罗士洞[①]等人在中国艺术人类学前沿话题讨论中从艺术家的身份建构与认同角度提出非遗传承人的身份认定问题，指出传承的个人性与民间艺术作为集体性文化传承之间的矛盾。这种反思无疑能够为改进传承人制度，提出更优化的传承方式及传承人身份的合理构建提供益处。

结语

综观本年度的民间艺术研究，或可发现以下几个特点。一是民间艺术的基础理论探索有重要推进，发掘出民间艺术不同于经典艺术的“融入性审美”特征，从非经典美学视域开辟出属于民间艺术自身的美学话语，其不再被笼罩在西方经典美学话语体系之中，标志着民间艺术的美学价值得以重估。此外，美学、文本理论、艺术人类学等学科角度的介入也反映出民间艺术较强的可阐释性及理论交叉性、活跃性。二是民间造型艺术研究宏观与微观相结合、理论与个案相结合，更加突出案例的丰富扎实性，专门艺术门类的多样性与深度性。其中民间美术的研究整体水平较高，针对民间美术的色彩、图像等研究系统性强，具体如年画、农民画等民间艺术门类研究视角新意频出，体现出较强的交流性。三是民间表演艺术研究从内部研究拓展到外部研究，从对“物”的研究拓展到对“人”的研究，在探究权力、社会、文化、话语等对其发展变迁的作用方面表现出一定亮点。四是民间艺术保护与传承研究更注重对现代语境中传统民间艺术的转化与生成路径的探讨，反映出非遗保护与民间艺术发展联姻之后的学术探索的现实倾向，且多与文化产业发展、乡村振兴等热门话题相关联。

不过，在本年度的研究成果中也存在一些问题亟待改进。首先，民间艺术理论的探究成果极少，整体探究力量薄弱，具有价值含量的成果更屈指可数，可见在理论研究方面仍任重道远，民间艺术的理论发展需要更多人予以关注与投入。其次，民间造型艺术与表演艺术的研究尽管成果众多，论文数量较多，但是都存在质量参差不齐、鱼龙混杂的问题，且水平较低的论文居多，也从侧面反映出民间艺术的学术研究依然处于粗放型的尴尬阶段，尚未形成素质较强的研究队伍。虽然在个案研究方面出现较为扎实新颖的探究，但是大多数个案分析往往流于肤浅，表面描述与解释，缺乏深度剖析，也不具备较自觉的研究方法与理论视角。最后，民间艺术的保护传承研究无论是在具体案例还是路径、方法上都有较大拓展，但是在某种程度上还尚未出现更加具有启发性、穿透性的观点，大多数研究并未能提供更有益的建议与对策，仍有观点平平、缺乏新意之感。总之，民间艺术的年度研究成果存在许多亮点，然亦有不足之处，其依然存在较大探究空间。

---

① 赵旭东、武洪滨、罗士洞：《艺术家的身份建构与认同——“中国艺术人类学前沿话题”三人谈之九》，《民族艺术》2016 年第 4 期。

2016 年物质民俗研究综述

朱家钰*

最初物质民俗是指“人民在创造和消费物质财富过程中不断重复的、带有模式性的活动，以及由这种活动带来的具有类型性的产品形式”，[①] 它与人们的日常生活密切相关。随着学科间交流的日渐频繁、学者们研究视野的不断拓展，物质民俗的研究对象不再局限于具体物质及其生产消费过程，同时研究范式也不限于历时性的溯源与考据研究。就 2016 年的物质民俗研究而言，学者们在原有议题的基础上拓展了研究视野，关注到在城镇化、非遗保护以及文化产业发展的语境中物质民俗的发展现状、功能与意义；另外学者们也更加注重对“主体性”的研究，关注作为民俗主体的“民”在各种民俗活动和民俗事象中的能动性。

一　综合性物质文化研究

周星的《本土常识的意味：人类学视野中的民俗研究》[②] 从文化人类学的视野出发，对普通百姓日常生活事项进行细致描述和深入分析，追问那些被视为“理所当然”的社会事实与民俗现象背后的意义，在生活文化中重新发现常识，并揭示本土常识在当代社会中的传承与再生产，对被人们熟视无睹的“地方性知识”给出了独有新意的解读。孙机继续着自己一贯的学术旨趣和研究方法，在《从历史中醒来——孙机谈中国古文物》[③] 中运用文物与文献互证的研究方法，探讨了动物、饮食、武备、科技、佛教艺术，乃至杂项等中国古文物的起源与演变。王子今的《秦汉名物丛考》[④] 对秦汉时期的社会生活物品，从形貌、生成、功用等方面进行了考据，进而揭示了各种名物所蕴含的社会意义，有助于增进我们对秦汉社会生产史和社会生活史的认识。薛爱华（*Edward Hetzel Schafer*）的《撒马尔罕的金桃——唐代舶来品研究》[⑤] 经由对唐代一百七十余种外来物品的来源、传播及应用的研究，考察了外来物品对“人”的影响，即在外来物品的影响下，人的思想观念和想象力等方面发生的变化，将本属于“物质世界”的“物品”换置于“精神世界”

---

* 作者系中国社会科学院大学文学系 2019 级博士研究生。

① 钟敬文主编：《民俗学概论》，高等教育出版社 2013 年版，第 6 页。

② 周星：《本土常识的意味：人类学视野中的民俗研究》，北京大学出版社 2016 年版。

③ 孙机：《从历史中醒来——孙机谈中国古文物》，生活·读书·新知三联书店 2016 年版。

④ 王子今：《秦汉名物丛考》，东方出版社 2016 年版。

⑤ ［美］薛爱华：《撒马尔罕的金桃——唐代舶来品研究》，吴玉贵译，社会科学文献出版社 2016 年版。

中，从而超越了一般考据研究，展示了唐朝的社会生活史和文化史，呈现了特定时代中“物”与“人”、“物”与“社会”的深刻关联。

二　物质生产民俗

（一）农业生产民俗

英国植物学家罗伯特·福琼（*Robert Fortune*）曾在第一次鸦片战争后多次来到中国，采集植物资源，回国后他将自己在1843年和1848年两次中国之行的经历整理成《两访中国茶乡》[①]一书，福琼在书中详细描述了中国的茶树栽培技术、制茶方法、园艺、植物特性与分布、饮茶文化多等多方面的内容。福琼选取了一个有别于其他传教士的独特视角观察中国，为我们了解清朝末年的茶叶种植与茶叶贸易提供了重要的文献资料。

有些学者关注到了少数民族的生产民俗，《达斡尔族生产民俗分析》[②]和《土族〈格萨尔〉中的生产民俗研究》[③]两篇文章分别对达斡尔族的农业畜牧业、渔业以及狩猎习俗和土族人民在格萨尔时期的生产方式、相关信仰、分配制度进行了简要介绍。

（二）手工技艺

社会历史变迁对因手工技艺而存在的关系网络、组织形式以及文化资本有重要的影响，艾约博（*Jacob Eyferth*）在《以竹为生——一个四川手工造纸村的20世纪社会史》[④]中，在改朝换代、战争、革命、集体化、现代化建设实践、改革开放和市场化的宏观背景下，勾勒了从事手工造纸的四川省夹江县的社会生活史。作者将造纸技能视为一种资源，是社会变迁中重新分配和争夺的对象，社会变迁影响了地缘生产组织的关系网络、社区组织形式以及资源分配，对技能的控制权从农村转向城市，从初级生产者转向管理精英，从女人转向男人。以此论证中国革命在很大程度上是对技能、知识、技术掌控的再分配。

何振纪的《〈髹饰录〉与明代漆艺文化》[⑤]对成书于明代嘉庆至天启年间的《髹饰录》的作者及其产生的社会背景进行了考据，作者认为《髹饰录》的产生得益于明代晚期民间漆艺的发达、漆器市场的成熟、漆工地位的变化以及文人雅士对工艺知识的诉求；《髹饰录》的编撰方式和记载内容，体现了工匠与文人雅士在志趣上日益相投。

马丽林的《传统手工技艺与民众生活变迁》[⑥]通过对临清贡砖烧制技艺的研究，探讨了手工艺生产主体的日常生活建构和日常生活逻辑。通过对贡砖技艺在不同历史时期发展情况的深描，作者揭示了近现代社会变迁和国家权力对传统手工艺的操控，分析了从业者生活的变化以及不同时期他们对于贡砖技艺的认识和记忆，揭示出民众在历史变迁中对自己生活积极主动的建构，并运用其自身智慧与国家政策互动博弈，完成传统手工艺的传承

---

① ［英］罗伯特·福琼：《两访中国茶乡》，敖雪岗译，江苏人民出版社2016年版。

② 苏晓艳：《达斡尔族生产民俗分析》，《赤子》（上中旬）2016年第3期。

③ 甄卓英：《土族〈格萨尔〉中的生产民俗研究》，《中国民族博览》2016年第10期。

④ ［德］艾约博：《以竹为生——一个四川手工造纸村的20世纪社会史》，韩巍译，吴秀杰校，江苏人民出版社2016年版。

⑤ 何振纪：《〈髹饰录〉与明代漆艺文化》，《文化遗产》2016年第1期。

⑥ 马丽林：《传统手工技艺与民众生活变迁》，硕士学位论文，山东大学，2016年。

与再造。

王潇的《传统手工艺的再生产研究》[①] 则关注到传统手工艺的窘境与现实价值之间的张力，基于此作者从手艺与民生的视角入手，发掘手工艺的经济、文化、社会价值，并提出传统手工艺的再生产命题。论述传统手工艺再生产的现实意义以及可持续发展，作者认为再生产是传统手工艺现代转化的生机和动力之源。张彦芬的《传统民间手工艺的当代传承》[②] 以山东土布织造技艺为研究个案，探究了时代变迁下传统民间手工艺应如何更好地融入民众的生活。作者梳理了山东土布织造技艺的历史发展与现实际遇，分析了以土布为代表的中国传统民间手工艺的当代传承危机及产生原因，并提出多主体共生协作、传承模式多元化是推进民间手工艺当代传承的有效途径。

“非遗保护”的介入为手工技艺的发展带来了机遇与挑战，学者们一如既往地关注着“非遗”语境下，手工技艺的生存状态，以及传承与保护的问题。《论多工序性民间制作技艺类非物质文化遗产的传承——以宣纸制作技艺为例》[③]《基于现代学徒制的非遗传统手工技艺传承策略研究》[④] 和《传统手工技艺类非物质文化遗产学校传承研究》[⑤] 三篇文章同时注意到了非遗语境下传统手工艺的传承问题，然而三位作者分别倡导师徒传承模式、现代学徒制传承、学校传承模式，由此可见学者们在该问题上存在较大争议。《非物质文化遗产视野下西藏传统陶器制作的传承与发展——以扎囊县杂玉村为例》[⑥] 一文在对扎囊县杂玉陶器的制作工具、制作过程进行调查的基础上，探析了杂玉陶器制作技艺传承和发展的现状。作者认为杂玉陶器传承技艺，首先是保护与传承，继而才是利用与发展，在保护进程中政府、媒体、商界以及传统手工从业者应发挥各自优势。丁燕妮的《活态保护视角下的手工技艺类非物质文化遗产旅游利用研究》[⑦] 从活态保护的视角出发，以手工技艺类非遗为研究对象，在对该类非遗的特征、旅游利用条件及与活态保护耦合性分析的基础上，提出手工技艺类非遗旅游利用路径。阮蕾晔的《宁德漳湾水密隔舱福船制造技艺调查研究》[⑧] 通过在水密隔舱福船制造技艺的活态传承地——宁德漳湾的田野调查，梳理了福船制造技艺的历史，描绘了该技艺在当下的存续现状与文化内涵，并从非物质文化遗产保护的视角分析了该技艺在传承中遭遇的问题以及解决这些问题的途径与方法。李

---

① 王潇：《传统手工艺的再生产研究》，博士学位论文，西安美术学院，2016年。

② 张彦芬：《传统民间手工艺的当代传承》，硕士学位论文，内蒙古大学，2016年。

③ 汤夺先：《论多工序性民间制作技艺类非物质文化遗产的传承——以宣纸制作技艺为例》，《文化遗产》2016年第2期。

④ 徐珍珍：《基于现代学徒制的非遗传统手工技艺传承策略研究》，硕士学位论文，浙江工业大学，2016年。

⑤ 梁琳：《传统手工技艺类非物质文化遗产学校传承研究》，硕士学位论文，湖南农业大学，2016年。

⑥ 杨娅、周毓华：《非物质文化遗产视野下西藏传统陶器制作的传承与发展——以扎囊县杂玉村为例》，《文化遗产》2016年第6期。

⑦ 丁燕妮：《活态保护视角下的手工技艺类非物质文化遗产旅游利用研究》，硕士学位论文，福建师范大学，2016年。

⑧ 阮蕾晔：《宁德漳湾水密隔舱福船制造技艺调查研究》，硕士学位论文，中国艺术研究院，2016年。

任的《论工匠精神与传统技艺的传承》[1] 通过对工匠精神内涵的解读、功能的分析，指出在当代社会弘扬和传承工匠精神的路径与意义。

（三）商业与消费

消费是物质资料生产的重要环节，在市场经济进一步发展、文化产业日渐兴盛的当代，更多因素介入市场和人们的日常生活中，使围绕物质流通而展开的活动变得更为复杂。

范长风的《青藏地区冬虫夏草的经济形态和文化变迁》[2] 以青海省果洛州阿尼玛卿地区的虫草市场为研究对象，作者依照采集和销售方式将虫草市场的发展历程分为三个阶段，并分析了不同阶段中市场经济和政府政策对虫草贸易的影响；虫草贸易在为牧民带来生计机会的同时，也破坏了草原的生态，造成了藏族地区的文化变迁。作者在此基础上反思了人类学者提倡的“文化决定论”，认为政治和经济的传导力量大于文化传导力量。李静玮在《木头变黄金：尼泊尔菩提的跨国流动》[3] 中考察了在中国文玩热潮影响下的尼泊尔菩提市场。尼泊尔菩提由塔芒人垄断，并在族群内部形成“自己人”的概念，构建起了稳定且易于操控的信息网络，塔芒族群内的原始经济原则维持着菩提价格的稳定，然而中国商人和尼泊尔境内的其他外族人组建的“中介者”的推动、中国市场需求量的增加、神职人员的介入致使菩提价格居高不下。

随着湖笔被纳入非遗名录，作为行商笔工的“笔客”被重新提及和重视，姚丹、顾平在《清代湖州“笔客”考——笔商的另一种社会身份》[4] 中对这一群体进行了考据研究。清代湖州地区种植业与手工业经济结构调整、文化政治和经济中心变迁以及战乱影响，是外出售卖湖笔的“笔客”群体产生的原因，而湖笔的兴盛则与“笔客”和文人士大夫之间的互动有关。由此，作者提出消费与商业民俗始终与社会变迁、政府决策、市场需求紧密相连，因此该类研究不能与社会文化背景脱节。

三 物质生活民俗

（一）饮食民俗

饮食除了可以满足人们的基本生理需求外，还是不同群体精神与文化的象征与载体，在本年度的研究中，学者们关注到人与食物的互动关系；关注到饮食作为一种文化资本，在建构身份与文化认同中的作用；关注到民俗主义对饮食民俗的重塑与应用。

李木田的《中国制糖三千年》[5] 是一本关于制糖科技史的书籍，作者梳理了远古至1949年以前中国制糖业的发展历程。王春瑜的《明朝酒文化》[6] 以酒为媒介，通过对酒

---

① 李任：《论工匠精神与传统技艺的传承》，《荆楚学刊》2016年第4期。

② 范长风：《青藏地区冬虫夏草的经济形态和文化变迁》，《民俗研究》2016年第1期。

③ 李静玮：《木头变黄金：尼泊尔菩提的跨国流动》，《民俗研究》2016年第1期。

④ 姚丹、顾平：《清代湖州“笔客”考——笔商的另一种社会身份》，《民族艺术》2016年第1期。

⑤ 李木田：《中国制糖三千年》，华南理工大学出版社2016年版。

⑥ 王春瑜：《明朝酒文化》，商务印书馆2016年版。

与社会、政治、艺术文化、社会团体、礼俗、文学的关系的描述，展现了明朝社会生活的风俗画卷。陈元朋在《粥的历史》[①] 中论述了与粥有关的文化现象，展现了人与食物的互动关系。李明晨在《地域饮食风俗中的民众文化心理——以湖北饮食风俗为例》[②] 中围绕湖北饮食民俗，探究了潜藏在地域饮食民俗中的民俗主体的文化心理，祭祀神灵或祖先的佳肴作为沟通神人的中介，寄托了人们的心愿；人生仪礼上的宴席用于强化亲友和邻里关系；饮食禁忌则体现了人们避祸纳福、平安富足的心理。

《海外中餐口味正统的建构与文化资本——以加拿大萨斯卡通市翠满楼为例》[③] 一文借鉴布迪厄的社会资本理论，对于北美华人自发建构“文化正统”的现象加以把握，对其将饮食转变为文化资本的身体化和物化状态进行研究。作者视加拿大萨斯卡通市翠满楼为“场域”，华人将自己的地域性文化记忆作为海外华人族群认同的表征，进而通过商业活动彰显族群文化认同，形成特殊的物化的文化资本。

《舌尖上的象征：当代饮食书写与民俗主义》[④] 和《渝东南土家族饮食文化旅游资源开发研究》[⑤] 两篇文章则从民俗主义的视角，考察了作为大众传媒刻写对象以及旅游文化资源的饮食民俗。前文对热播美食纪录片《舌尖上的中国》以对于饮食的书写为主要研究对象，揭示了影视作品中的“民俗”，是一种刻意构建的乡愁与民俗，是弥补传统异化以及失去乡土生活失落感的社会性治疗机制，也是强化民族认同、传播国家形象的有效途径。后文分析了渝东南土家族饮食文化旅游资源的形成原因、目前存在的问题以及渝东南土家族饮食文化旅游资源开发、思路与对策。《广东糕饼印模的传承与保护——以“张田饼印”为例子》[⑥] 从非遗保护的视角对广式糕饼印模的重要代表——张田饼印的现状进行了调研。作者认为张田饼印的保护除了建档保存外，还需要引导传承人联合广式糕点技艺强化非遗品牌；建立博物馆，通过参与式体验扩大饼印的知名度；借助互联网络和新媒体传播平台影响新的消费群体。

饮食民俗中的食物类别、处理与食用方式通常与自然地理环境与生产方式紧密相连，然而随着城市建设的发展，城镇化进程的加快，少数民族的原生生活环境被打破，致使他们的饮食文化发生了变迁，王悦的《城镇化背景下的蒙古族饮食文化变迁》[⑦] 研究了蒙古族饮食文化随着蒙古族进入城市后发生的改变。城市外部环境及政策为蒙古族饮食文化提供了生存的土壤，蒙古族人在保持传统饮食习惯的同时又有选择地借取其他民族饮食文化和现代饮食理念。城市中的商业需求也为蒙古族饮食的商业化提供了机遇，以市场为导向的蒙餐馆既是蒙古族饮食文化的展演场所，也是“传统”与“创新”发生碰撞的集中地。

---

① 陈元朋：《粥的历史》，商务印书馆 2016 年版。

② 李明晨：《地域饮食风俗中的民众文化心理——以湖北饮食风俗为例》，《长江师范学院学报》2016 年第 1 期。

③ 黄韧、黄柯爨娜：《海外中餐口味正统的建构与文化资本——以加拿大萨斯卡通市翠满楼为例》，《文化遗产》2016 年第 5 期。

④ 孙明璐：《舌尖上的象征：当代饮食书写与民俗主义》，硕士学位论文，山东大学，2016 年。

⑤ 李满：《渝东南土家族饮食文化旅游资源开发研究》，硕士学位论文，重庆师范大学，2016 年。

⑥ 谢琳、罗新华：《广东糕饼印模的传承与保护——以“张田饼印”为例》，《文化遗产》2016 年第 6 期。

⑦ 王悦：《城镇化背景下的蒙古族饮食文化变迁》，硕士学位论文，中央民族大学，2016 年。

《和实生物：纳西族饮食民俗类别及特征》[①] 与《哈萨克族茶俗中的性别烙印》[②] 两篇文章则关注到了少数民族饮食民俗的文化意涵，前文归纳了纳西族饮食的文化特征，纳西族饮食主张调和五味，兼容并包，这与纳西族传统文化中的“和合”思想、东巴教强调协调人与自然、人与社会和谐相处的主旨相关。后文重点考察了在茶饮制作、饮用以及与之相关礼俗中女性的角色和作用，揭示了深植于哈萨克族文化中的性别观念。

（二）服饰民俗

本年度的研究中，学者们将服饰与它们存在的社会政治历史情景联系在一起，不仅关注到了法国大革命、民国时期的女权运动以及中国传统文化复兴等宏大的社会运动，还注意到饰品与人们的日常生活的联系，将服饰视为人们表达身份认同、政治立场等观念的工具。

汤晓燕的《革命与霓裳——大革命时代法国女性服饰中的文化与政治》[③] 从性别研究与表象研究出发，考察了法国大革命期间法国女性的时尚服饰，分析了时尚文化与政治事件、社会权力、社会变迁之间的互动机制，通过服饰材料和外观的改变，探究其背后的政治文化变迁。杜佩红的《民族、女性与商业——社会史视角下的旗袍流行》[④] 探讨了社会需求对于服饰意涵的塑造。作者以旗袍在民国的变迁历程为研究对象，分析了旗袍之所以成为各个阶层女性争相追逐的对象，是因为其形制符合近现代女性外出行动的需求；满足了进步女性追求男女平等的要求；同时也与支持国货的民族主义运动契合，排满思潮在大众文化博兴与中西文化交流中被消解，致使旗人服饰成为中华服饰的代表。汉服运动的重要参与者和推动者杨娜编著的《汉服归来》[⑤] 是她对自己的亲身经历、汉服运动推动者们的故事以及汉服复兴运动的历史的生动记录，书中还涉及中国传统礼仪文化、节日文化、由汉服引起的网络社交以及海外华人的身份认同等社会问题，解释了服饰文化与当代社会之间的深刻关联。

（三）建筑与时空观念

时间与空间是人们进行生产与生活的基本依托，对于时间与空间的建构与理解是社群民众与自然环境相互作用的文化产物。在本年度的空间研究中，学者们借鉴了国外学者的“空间句法”“空间转向”“地方感”与“原风景”等理论，探究了空间建构的法则、意义以及文化功能。

宋卫红的《藏文化的空间句法——视觉人类学视野下的藏族空间观念》[⑥] 借助英国学者比尔·希利尔（Bill Hillier）的“空间句法”理论，分析了藏族传统文化中空间建构的

---

① 杨杰宏：《和实生物：纳西族饮食民俗类别及特征》，《楚雄师范学院学报》2016 年第 4 期。

② 阿依努尔·毛吾力提：《哈萨克族茶俗中的性别烙印》，《新疆艺术（汉文）》2016 年第 1 期。

③ 汤晓燕：《革命与霓裳——大革命时代法国女性服饰中的文化与政治》，浙江大学出版社 2016 年版。

④ 杜佩红：《民族、女性与商业——社会史视角下的旗袍流行》，《民俗研究》2016 年第 3 期。

⑤ 杨娜等编：《汉服归来》，中国人民大学出版社 2016 年版。

⑥ 宋卫红：《藏文化的空间句法——视觉人类学视野下的藏族空间观念》，《民族艺术》2016 第 1 期。

基本法则——曼陀罗。该结构出现在单体建筑、建筑群落、城市景观、整体疆域以及理想空间等所有的空间单元里，是藏族文化面对所有空间问题时最基本的处理模式，理解它对于保护藏族文化遗产有现实意义。刘磊的《电影院与民国时期青岛的都市民俗》[①] 以民国时期青岛的电影院为例，借鉴社会空间理论，从电影院的空间分布、市民娱乐生活、观影行为、社会控制与市民反抗等方面，考察了民国时期青岛电影院作为地理景观、公共空间或媒介形式如何被地方文化和殖民特权影响，塑造出特殊的“地方感”，进而又成为地方人群现代文化记忆的发源地。赵李娜的《当代上海石库门的文化功能与精神内核》[②] 将日本作家奥野健男在《文学原风景》一书中提出的“原风景”概念赋予了“上海现代都市民俗渊薮”的石库门，具有群体认同意义的“上海人”大都有过在此类民居中共同生存生活的经历，作者强调石库门保护与空间活化的第一要义是关注个人，由此原真性居住功能保有、场所营造培育以及生活习俗的倡导成为城市更新以及历史街区保护及文脉传承之关键所在。

牟晓林的《景德镇瓷业生产的时间性结构建制》[③] 对围绕景德镇瓷器生产建构起来的、以一年为周期的、循环往复的时间节律进行了研究，时间环、节日和非节日的时间性“节点”、“节点”间的时间“线”在景德镇瓷业生产与日常生活中起到了调节生产身心健康、增进集体凝聚、促进生产与文化传承的作用。

（四）器物与信仰

在本年度的研究中，学者们关注到了器物与信仰之间多样性的关系，包括信仰观念的物化表达、信仰器物承载的社会族群关系，同时还有物质的神圣化以及在宗教节日中物品交换背后的社会关系。

黄景春的《畏惧、排斥亡魂及其表述方式——以买地券、镇墓文为例》[④] 分析了买地券、镇墓文中的语句，发现其中蕴含着人们对作祟的畏惧，以及对死者亡魂的排斥，纠正了日本学者池田温关于买地券、镇墓文中畏惧与排斥死者的内容“五、六世纪以后逐渐消失”的说法。

黄韧在《作为南岭民族走廊客家族群性经济网络记忆的曹主造像》[⑤] 中对英德市内所有自然村村庙中的曹主塑像以及当地的信仰神话进行了考察，不同地方对于曹主娘娘在历史记忆上具有差异性，其造像与自然环境和社会历史变迁有密切联系，曹主塑像的视觉体现与民间口头传说和神诞仪式中的叙事，展示了曹主信仰背后不同社会力量，其变迁过程是地方社会族群间权力角逐的博弈过程。同样是对神偶的研究，陈丹的《“文创”神偶之显圣性及实现——台湾南投县个案》[⑥] 围绕台湾文化创意产业体系催生的信仰周边产品——神偶展开，文创神偶脱胎于传统的神偶，两者在仪式选择和禁忌观念上存在区别却

① 刘磊：《电影院与民国时期青岛的都市民俗》，《民俗研究》2016 年第 3 期。

② 赵李娜：《当代上海石库门的文化功能与精神内核》，《文化遗产》2016 年第 5 期。

③ 牟晓林：《景德镇瓷业生产的时间性结构建制》，《民族艺术》2016 年第 1 期。

④ 黄景春：《畏惧、排斥亡魂及其表述方式——以买地券、镇墓文为例》，《民俗研究》2016 年第 2 期。

⑤ 黄韧：《作为南岭民族走廊客家族群性经济网络记忆的曹主造像》，《民族艺术》2016 年第 2 期。

⑥ 陈丹：《“文创”神偶之显圣性及实现——台湾南投县个案》，《民族艺术》2016 年第 1 期。

又脉络相连，同时人们还自发形成一套判断神偶是否能成为神明寓居载体的标准。日常生活语境中的文创神偶，不仅是信仰的“周边商品”，还参与人们的信仰生活，体现了台湾人神明观念中偶像与神明之间的互文关系。圣诞节是美国最重要的宗教节日，人们通过各种装饰符号和活动表达着自己的情感，朱婧薇在《美国俄勒冈州塞勒姆市圣诞礼物调查报告》[①] 中通过对美国俄勒冈州塞勒姆市圣诞节中，人们准备和选择礼物、赠送时间及赠送方式以及人们对礼物的处理方式的观察，发现圣诞节的礼物是沟通神圣世界与世俗世界的重要通道，也是人际关系的载体，表达了人们的心理期待、社会需求和顺应自然的生活智慧。

（五）生活器物研究

吴新林在《史前造物文化的艺术史断代——中国家具探源》[②] 中对何为家具、中国家具的诞生时间、何以诞生等问题展开了讨论，将中国家具诞生的时间定在公元前 2500—公元前 2100 年，中国家具的产生是礼制文明演进的结果，并在后来的发展演变中形成独特的体系。麻赛萍的《汉代灯具研究》[③] 以灯具为媒介对特定时期的社会横断面进行剖析，前书在全面分析灯具生产、使用、流通、兴衰乃至废弃的生命历程的基础上，强调古代文物对于当今社会的重要意义。程雅娟在《外输至东亚佛教地区的中原意匠——“柄香炉”溯源与东亚传播辨析》[④] 中对手持柄香炉的实物和图像资料进行了比对，认为手持柄香炉杂糅了古印度犍陀罗地区的香炉器型、魏晋时期古老燃烧器具“鐎斗”器型以及波斯的高足形制，形成了独特的东方“鐎斗”式柄香炉，在五代及宋代时期随着行香文化进一步发展出新的艺术特征，并外输至东亚佛教地区。

四 医药民俗

随着公众对健康观念的重视和认同，传统医药和医学知识体系的功能被重新提及，不少学者关注到在“大健康”以及“非遗保护”的语境下，医药民俗的传承与发展。

肖远平在《大健康产业背景下民族医药民俗的传承与保护研究》[⑤] 中提出大健康时代的到来为民族医药民俗的传承与保护提供了新的机遇与挑战，民族医药项目的申报及审批必须建立层次分明的民族医药传承人队伍，利用新技术新手段加快民族医药的市场化发展步伐。

有些学者对单一地区或民族的医药民俗进行了探讨，陈盛桦在《从竹枝词看台湾物质民俗中的中医药文化》[⑥] 中对描绘台湾地区的特有物产以及利用方式的竹枝词进行解读

---

① 朱婧薇：《美国俄勒冈州塞勒姆市圣诞礼物调查报告》，《民间文化论坛》2016 年第 6 期。

② 吴新林：《史前造物文化的艺术史断代——中国家具探源》，《民族艺术》2016 年第 4 期。

③ 麻赛萍：《汉代灯具研究》，复旦大学出版社 2016 年版。

④ 程雅娟：《外输至东亚佛教地区的中原意匠——“柄香炉”溯源与东亚传播辨析》，《民族艺术》2016 年第 3 期。

⑤ 肖远平、王伟杰：《大健康产业背景下民族医药民俗的传承与保护研究》，《中南民族大学学报（人文社会科学版）》2016 年第 4 期。

⑥ 陈盛桦：《从竹枝词看台湾物质民俗中的中医药文化》，《辽宁医学院学报（社会科学版）》2016 年第 3 期。

和分析，从中窥探了台湾人民对自然健康的追求和对中医保健的理解。尚文豪、朱星在《苗族民俗习惯与苗医药养生保健的关系》[①] 中对苗医药养生保健和苗族风俗习惯的密切互动关系进行了探究。杨扬在《论云南岁时节日民俗活动的中医药文化内涵》[②] 中从人文与医学的视野出发，挖掘了云南地区与中医药学密切关联的岁时节日民俗文化，并以中医阴阳四时学说为理论基础，对云南岁时节日民俗活动进行分类和阐释。谢香香在《福建客家医药卫生民俗研究》[③] 中探讨了福建客家医药卫生民俗的来源与背景，分别介绍人生礼俗、岁时习俗、饮食习俗中特色的医药行为活动与医药卫生知识。

五　图像的表达

图像是除文字以外的另一种重要的记录媒介，图像通常以物化的形式存在，或是记录和反映了关于社会文化和民众心理的史实，或是在人们的日常生活中扮演重要角色，因而也是物质民俗的研究对象之一。

彭兆荣的《面具之“声”——艺术人类学的原理关涉》[④] 对列维—斯特劳斯的《面具之道》作了进一步的解读，作者将“面具之道”理解为面具在言说，任何一种面具制做都遵循着一种原则，如同语言学遵循语法一样。“面具之声”则在讲述“面具之道”，面具以及面具表演经历了长时间的演变和变化，在不同的历史语境中呈现不同的特色，面具各有声音，也各自成道。

器物纹饰作为一种广义上的图像，存在于与它相关的社会历史整体之中，是社会规则的映射，刘金宝的《规则的映射——论彩陶层式装饰结构》[⑤] 采用现象学和人类学的研究方法，分析了陶器的封闭线圈装饰和层式装饰结构与先民思想观念中线意识和层意识的内在联系。

岩画是先民的重要的宗教艺术遗存，《西辽河流域的“鸮面”岩画——兼谈先商文明鸮崇拜》[⑥]《黄渚关太山岩画及相关遗迹考证——兼论嬴秦黄金来源》[⑦] 与《左江岩画中所见壮族先民之生死观》[⑧] 三篇文章分别研究了西辽河流域的鸮面岩画、甘肃成县黄渚关太山岩画以及壮族地区的左江岩画，对这几处岩画描绘的画面内容以及画面中反映的信仰观念进行了具体的论述，进而对商文明起源、礼县秦公大墓所出金器的黄金来源以及壮族先民生死观等问题进行深入探讨。王倩的《二元宇宙：褚兰汉墓车马出行图方位结构》[⑨]

---

① 尚文豪、朱星：《苗族民俗习惯与苗医药养生保健的关系》，《中国民族医药杂志》2016 年第 10 期。

② 杨扬：《论云南岁时节日民俗活动的中医药文化内涵》，《云南中医中药杂志》2016 年第 7 期。

③ 谢香香：《福建客家医药卫生民俗研究》，硕士学位论文，福建中医药大学，2016 年。

④ 彭兆荣：《面具之“声”——艺术人类学的原理关涉》，《民族艺术》2016 年第 4 期。

⑤ 刘金宝：《规则的映射——论彩陶层式装饰结构》，《民族艺术》2016 年第 2 期。

⑥ 孙晓勇：《西辽河流域的“鸮面”岩画——兼谈先商文明鸮崇拜》，《民族艺术》2016 年第 5 期。

⑦ 蔡副全：《黄渚关太山岩画及相关遗迹考证——兼论嬴秦黄金来源》，《民族艺术》2016 年第 5 期。

⑧ 肖波：《左江岩画中所见壮族先民之生死观》，《民族艺术》2016 年第 6 期。

⑨ 王倩：《二元宇宙：褚兰汉墓车马出行图方位结构》，《民族艺术》2016 年第 6 期。

探讨了褚兰汉画像石的空间观念，褚兰汉画像石将大地视为宇宙中心，并将宇宙分为人间与天堂两部分，于此相对应的是此世与彼世、生前与死后的世界。这一空间模式源自战国时代人死后升入西方乐园神话理念，为中国本土信仰产物。

图像与文字的关系是图像研究的重点议题之一，胡清波的《晚清年画的文图关系研究》[①] 针对晚清年画与文学之间的复杂关系展开了研究。年画取材于文学作品，使文学重获生命力；而写有诗词文本的年画既体现了年画表意体系的多媒介特征，又增强了年画的文化性。晚清年画与文字的结合为我们重新思考民间图像的文学价值、文学在民间的传播与增值效应提供了新思路。

图像在人们的日常生活中也扮演着重要的角色，嘉兴灶头画是盛行于嘉兴地区的绘制于农家灶头上的绘画艺术形式，也是地方民间祭灶习俗的重要组成部分，宋方昊在《绘画与生活：嘉兴灶头画的民俗学分析》[②] 中将嘉兴灶头画视为集祭祀性、装饰性与象征性于一身的日常生活用品，将灶头画置于地方社会生活与民间信仰活动中，分析了灶头画的构成、绘制技术与习俗以及社会功能和意义，梳理其题材类型与民俗内涵。

《年画〈赵州大石桥真景全图〉及其画店》[③] 以《赵州大石桥真景全图》为研究对象，除了从视觉审美的角度对画面内容进行分析之外，还从社会学角度对其创制画店——德胜祥的营作方式、经营规模和续存状态进行了考察。施錡的《蜀地佛教神通与文人禅：宋元图像中的竹杖渊源》[④] 从赵孟頫所画的《苏东坡小像》中的竹杖出发探讨僧孺图像中竹杖出现的原因，最初蜀地筇竹杖是西域僧人向当地人展示神通的法器，唐五代时期，佛教文化与禅宗建立了密切关联，进入文人语境中，唐末宋初大量文人入蜀，蜀地禅宗的兴盛以及罗汉图像的兴起都使竹杖作为图像元素进入佛教语汇，筇竹杖和青竹杖在唐五代之后互相渗透，同时与蜀地传统融合，出现在了僧孺图像之中。

也有学者突破了“就图写图”的局限，将图像置于其产生的特定社会背景中，对图像的生产过程与具体功能进行研究。诞生于 1925 年的《良友》画报再现了中国 20 世纪 40—50 年代以来的文化本真，除了对新闻时事的报道外，该画报还通过多样化的手段和出众的策划意识对民俗文化进行了报道。《〈良友〉画报与民俗文化报道研究》[⑤] 一文以 1926 至 1945 年间的 174 期《良友》画报作为研究文本，将《良友》中记载的民俗分为物质民俗、社会民俗与精神民俗三类。在物质民俗报道方面，《良友》着眼于服饰和交通民俗报道，前者所用篇幅较大，并着重对女性服饰和少数民族服饰进行介绍，呈现了都市潮流以及多民族跨地域的服饰民俗文化，一方面展现了对于女性自由追求时装美的认同，另一方面则展现了民族文化的多样性。《身份建构与乡愁记忆：上海西郊农民画研究》[⑥] 与《重绘中国：新中国成立初期的年画运动与农民的抵制》[⑦] 两篇论文均是以农民画为研究

---

① 胡清波：《晚清年画的文图关系研究》，《民俗研究》2016 年第 4 期。

② 宋方昊：《绘画与生活：嘉兴灶头画的民俗学分析》，《民俗研究》2016 年第 4 期。

③ 王坤：《年画〈赵州大石桥真景全图〉及其画店》，《文化遗产》2016 年第 5 期。

④ 施錡：《蜀地佛教神通与文人禅：宋元图像中的竹杖渊源》，《民族艺术》2016 年第 6 期。

⑤ 肖茵茵：《〈良友〉画报与民俗文化报道研究》，硕士学位论文，暨南大学，2016 年。

⑥ 刘慧、亓明曼：《身份建构与乡愁记忆：上海西郊农民画研究》，《文化遗产》2016 年第 2 期。

⑦ 洪长泰、王婕娴：《重绘中国：新中国成立初期的年画运动与农民的抵制》，《民族艺术》2016 年第 3 期。

对象。前文通过对上海西郊农民画的田野调查，发现了农民画作者的独特话语，即在城镇化和非遗保护的双重背景下，他们认为创作农民画能够留住乡愁，保留其身份记忆，以达到对逝去生活的追忆。后文则对新中国成立初期政府对关涉到信仰类的年画进行取缔和改造的文化进程进行了考察。这一文化进程遭遇了农民的抵制，表现出国家、艺术以及农民三者之间的相互关系。年画运动实质上是官方与大众，生产者与消费者之间的文化之争，是新政权的理想与中国本土民俗传统之间的意识形态较量。

六　景观建构

随着民俗旅游的兴起、城镇化的发展，越来越多的社区面临着重新营造与重新定义，其中牵涉景观的生成逻辑与生成依据、不同群体之间的博弈，这些问题引起了学者们的关注。

高飞、张静在《南北文化融会与诗意化营造——济宁近古宅第园林的民俗文化蕴义》① 中分析了济宁宅第园林的民俗特色与文化蕴义，追溯了济宁"江北小苏州"诗意化城市风貌的肇始源头和各时代的不同呈现，在当代社会中，济宁宅第园林的风貌可以襄助"江北小苏州"城市风貌的重塑，助力"孔孟之乡、运河之都、文化济宁"城市形象的打造。王明远在《台儿庄古城的重建：记忆重构、公共记忆与国家话语》② 中借助"记忆理论"，揭示了古城的生成逻辑、建构过程以及重建的意义，作者将古城的重构置于当代社会之中，基于原有历史材料和记忆的重建过程使台儿庄获得了历史和文化传统，同时这段集体记忆借助国家话语转化为公共记忆，使台儿庄古城获得了新的历史地位和意义，成为国家历史的重要组成部分。吴俊范在《河浜·墓地·桥梁：太湖东部平原传统聚落的景观与乡土文化》③ 中立足于自然环境与乡土文化的关系研究，讲述了太湖东部平原传统聚落的景观建构与地理环境的关系，由于传统聚落景观与乡土文化信仰、道德教化载体的认同具有生态环境上的同源性，因此太平湖平原聚落可以从地缘共同体发展成精神共同体，当下的土地商业开发，使地理环境发生变化，传统聚落与乡土文化也面临着解体的危险。《民俗变迁中的河南新农村建设——以新乡地区为研究中心》④ 以河南新乡地区为例，对该地传统民俗观念、民俗事象在新农村建设中的变迁进行了研究，认为当地的民俗变迁呈现出传承性、归化性、植入性的特点，由此理清了民俗文化变迁与新农村建设的双向互动关系。

另一些学者则关注到景观建构过程中民俗主体的参与问题。阮云星的《文化遗产的

① 高飞、张静：《南北文化融会与诗意化营造——济宁近古宅第园林的民俗文化蕴义》，《民俗研究》2016 年第 1 期。

② 王明远：《台儿庄古城的重建：记忆重构、公共记忆与国家话语》，《民俗研究》2016 年第 1 期。

③ 吴俊范：《河浜·墓地·桥梁：太湖东部平原传统聚落的景观与乡土文化》，《民俗研究》2016 年第 2 期。

④ 张敏、上官韶楠：《民俗变迁中的河南新农村建设——以新乡地区为研究中心》，《河南机电高等专科学校学报》2016 年第 2 期。

再生产：杭州西湖文化景观世界遗产保护的市民参与》① 为当代都市文化遗产保护的市民参与提供了实践经验，作者以杭州西湖文化景观世界遗产的申报与保护进程为例，考察市民的文化自觉对城市成功申报世界遗产的助力作用、遗产化后地方政府和市民对遗产保护的行动分工。邝蓝岚的《奥斯曼（Otto）与鲁米（Rumi）：外籍“景漂”与景德镇陶瓷人文景观建构的互动关系》② 通过对土耳其籍景漂艺术家 Ekrem Yazici 访问，发现在景德镇陶瓷人文艺术景观建构过程中，外籍“景漂”的文化自觉使他们由“他者”转变为了“行动者”主动参与其中，并提出当代外籍在华艺术家群体作为具有多重身份的“行动者”，是现当代中国人文艺术景观建构过程中不应被忽略的重要因素。

七 总结

综上所述，2016 年的物质民俗学研究呈现出如下的特点。

一、研究对象多元化，除了传统的研究领域外，学者们还关注到手工技艺的当代传承与再生产、市场需求对商品生产与销售的影响、影视传媒和旅游业中的民俗主义现象等，并注重采用跨学科的研究方法，将民俗学与历史学、艺术学、社会学等不同学科相结合，呈现了更为全面的物质民俗文化。

二、注重将物质民俗置于当下社会情境中进行考察，关注到在城镇化、遗产化以及市场化、经济全球化等现代化语境中物质民俗的流变，将物质民俗与社会变迁、市场需求、政府决策等要素紧密相连。

三、关注作为民俗主体的“人”在城市文化遗产保护与人文艺术景观建构等过程中的能动性，意识到物质遗产保护与活化的第一要义是对“人”的关注。

① 阮云星：《文化遗产的再生产：杭州西湖文化景观世界遗产保护的市民参与》，《文化遗产》2016 年第 2 期。

② 邝蓝岚：《奥斯曼（Otto）与鲁米（Rumi）：外籍“景漂”与景德镇陶瓷人文景观建构的互动关系》，《民俗研究》2016 年第 6 期。

2016 年人生仪礼研究综述

贺少雅　龙晓添[*]

人生仪礼与个体的生命历程相伴随，在特定的节点上进行文化标识，是中国人理解时间和生命的重要方式。民俗学研究视野下的人生仪礼主要分为诞生礼、成年礼、婚礼、寿礼、丧葬礼等几个部分，中国传统礼仪体系中则将“冠婚丧祭”作为人生四大礼仪。前者侧重于从仪式角度对可见的人生历程进行分割，后者则在中国传统哲学观念的统领下侧重对人的生命循环和价值观念的探索。为较全面反映民俗学研究之现状，且为便于年度之间的比较，本年度写作结构仍基本沿袭以往模式，从诞生礼俗、成人礼俗①、婚礼、丧葬礼俗以及祭礼等几个类别进行综述。

本文以中国知网、中国国家图书馆为主要数据来源，所涉及学科以民俗学为主，兼及文学、历史学、社会学、人类学、教育学、古典文献学等。以“人生礼仪”“生命礼仪”“诞生礼、生育礼”“成人礼、成年礼、成丁礼、冠礼、笄礼、成人仪式”“婚礼”“丧葬”等为搜索词，共得著作和论文集 45 部，其中学术研究著作 30 部，历史资料、地方资料汇编 5 部，通俗著作 8 部；论文 297 篇，其中理论探讨和总论性文章 68 篇，专论性文章包括诞生礼俗 6 篇，成人礼俗 16 篇，婚礼 50 篇，丧葬礼俗 44 篇，祭礼等其他礼仪研究 113 篇。研究所涉主题和研究的角度广泛，多有可圈可点之作。限于篇幅，仅能择要综述之。

一　对人生仪礼的综合性研究和理论探讨

本年度综合性的著作继续关注人生礼俗的记录和研究。本年度重印了历史学家杨宽《古史新探》一书，该书分别对籍田礼、冠礼、乡饮酒礼、飨礼、射礼、大蒐礼、贽见礼等的起源、内涵进行了深入探究，其研究方法和研究成果对后学的研究启发较大。② 吴丽娱主编的四卷本《礼与中国古代社会》是断代的礼仪研究专题史，以礼制为主体，兼及民间礼俗，系统梳理了自先秦至明清礼本身的沿革和发展，展现了各时代的礼仪风貌及特色，并试图从礼仪活动和礼仪实践中来折射时代发展，反映礼与社会、社会与国家的互

---

* 贺少雅，北京师范大学中国社会管理研究院/社会学院博士后；龙晓添，广西师范大学文学院副教授。

① 关于成人礼俗的概念，本文仍维持以前的讨论。参见拙文《2015 年人生仪礼研究综述》，收入《中国民俗学年鉴·2016》，中国社会科学出版社 2018 年版，第 170 页。

② 杨宽：《古史新探》，上海人民出版社 2016 年版。

动，理解中国社会，对于理解中国古代礼制的作用和主流价值观及其当代意义具有重要参考价值。① 丁广惠《中国传统礼俗考》② 一书包括考论、传统岁时节日、传统礼仪制度、礼俗考误四个部分，在“传统礼仪制度”部分中，作者介绍了中国古代的姓氏、称谓和官制等以及命名、冠礼等古代礼仪。卫才华《沁河流域的说书人与礼俗生活》③ 一书通过长期细致的田野调查与文献梳理，以沁河流域的曲艺队、鼓书艺人为研究对象，对说书人的礼俗生活、技艺传承等进行了全方位梳理。马良灿、刘砺的《贵州回族礼俗文化及其当代价值》④ 一书以贵州境内的回族群体为研究对象，系统论述了族群的历史演化、回族礼俗文化中的字辈、节庆礼仪、生活礼仪等内容，并就贵州回族礼俗文化元素的内涵、变迁及其功能进行了详细阐述。

资料性的辑录和记录也不可缺少。《中华礼藏·礼俗卷·岁时之属》⑤ 梳理了作为礼俗文献的《四民月令》《问礼俗》《荆楚岁时记》《玉烛宝典》《岁华纪丽》《四时纂要》《秦中岁时记》《辇下岁时记》《岁时杂记》等多部具有历史和研究价值的文献资料；台湾再版的清代陈鸣盛辑《家礼帖式集成》⑥ 等，为礼俗研究提供了重要的文献资料。邓太华《瓮安传统礼俗》⑦ 介绍了瓮安传统礼俗，包括节日礼俗、修造礼俗、家庭礼俗、民族礼俗等。

对人生仪礼综合性的研究和探讨的论文主要从三个方面展开，首先，学者们延续历史研究的脉络，借助文献资料对人生仪礼的具体的历史形态、文献书写、发展变迁进行讨论；其次，以仪礼的历史进程为远景，通过当代田野调查的研究资料阐述礼仪在民众生活中的实践逻辑与价值意义；第三，从理论的层面对人生仪礼研究的概念、框架进行阐释，在此探讨领域内，本年度有两组学者基于礼俗实践的对谈值得关注。

（一）文献礼仪的梳理与地方历史生活

礼学研究为时已久，近二三十年来，历史学、人类学和民俗学等不同学科都将目光转向礼仪研究，相对来说，民俗学者更为关注宋明以来的家礼传统。相邻学科的研究可为我们所借鉴。杨逸《“常”与“非常”：宋代家礼中的吉服》⑧ 指出，以司马光《书仪》与朱熹《家礼》为主要文本依据，讨论了宋儒“援俗入礼”“借古助今”的礼仪重建工作，他们一方面将当时流行的冠帽衣服纳入家礼吉服系统，化“常服”为“非常服”；另一方面又将早已退出日常生活的深衣回置于家礼中，变“非常服”为“平日之所常服”，体现了宋儒合乎中道的制礼原则。赵克生、安娜《清代家礼书与家礼新变化》⑨ 梳理了清代家礼书的主要构成，发现清代家礼继承了宋明以来的家礼传统，担当着相似的社会功能，但

---

① 吴丽娱主编：《礼与中国古代社会》（全四卷），中国社会科学出版社 2016 年版。

② 丁广惠：《中国传统礼俗考》，黑龙江教育出版社 2016 年版。

③ 卫才华：《沁河流域的说书人与礼俗生活》，山西人民出版社 2016 年版。

④ 马良灿、刘砺：《贵州回族礼俗文化及其当代价值》，贵州大学出版社 2016 年版。

⑤ 浙江大学古籍研究所、浙江大学礼学研究中心编纂：《中华礼藏·礼俗卷·岁时之属》，浙江大学出版社 2016 年版。

⑥ （清）陈鸣盛辑：《家礼帖式集成》，台北经学文化事业有限公司 2016 年版。

⑦ 邓太华：《瓮安传统礼俗》，贵州人民出版社 2016 年版。

⑧ 杨逸：《“常”与“非常”：宋代家礼中的吉服》，《中共济南市委党校学报》2016 年第 2 期。

⑨ 赵克生、安娜：《清代家礼书与家礼新变化》，《清史研究》2016 年第 3 期。

具体仪节和结构又有新变化，仪式内容更加丰富多彩。杜少茹、王小健《生命礼仪中的性别——以〈礼记〉为解读文本》[①] 采用的是“生命礼仪”的概念，文章从性别视角入手，梳理了《礼记》中诞生礼、成年礼、婚姻、丧葬礼仪的记载并进行对比分析，阐释先秦社会的生命观念与社会文化特点。

（二）礼俗互动与当代传承

礼俗互动是礼仪研究始终关注的重要研究角度和问题。科大卫在《明清社会和礼仪》一书中，通过诸多个案的研究，对明清地方社会如何实现自身的认同，并通过礼俗互动自下而上地整合到国家大一统文化的过程进行了展现。他的研究对于考察当代社会的礼仪传承与重建具有重要启发意义。[②] 张士闪撰写的《礼俗互动与中国社会研究》一文对近年来有关“礼”“俗”关系讨论的成果进行了集中评述。他认为，学界大部分研究都看到“礼”“俗”之间的分立与互动之于中国社会发展的重要性，但是多集中于礼对于俗，或者说精英对民间的影响角度，而对民间能动性的探讨相对较少。[③] 岳永逸的《革“弊”？中国人—神敬拜的礼俗辩证》[④] 一文以胭脂沟的金圣发财香之俗、苍岩山三皇姑敬拜、韶山冲等革命圣地的毛崇拜等地区的礼俗实践为例，指出在日常生活层面民众善于巧妙利用公权力，化公为私，化礼为俗，礼俗之间始终是一种变化通融与让渡的辩证关系。任雅萱《地方礼俗教化权利的分享与边界——以清前期士绅赵执信〈礼俗权衡〉为例》[⑤] 一文也是从礼俗互动视角的考察，作者通过文本分析，认为士绅对礼俗的讨论是在国家礼仪制度框架下展开的，对礼俗的改造又结合了本地乡里的实际风俗，权利的分享和边界既有重叠又若即若离。

礼仪的传承勾连着日常生活的方方面面。卫才华、岑建如《山西陵川说书与乡村礼俗生活》[⑥] 阐释了陵川说书与当地礼俗生活的共生共存关系，说书在当地具有仪式感、工具性、娱乐以及慰藉心灵的作用，说书成为当地构建礼俗生活互动及社会关系的重要媒介。华智亚《人生仪礼、家庭义务与朝山进香——冀中南地区苍岩山进香习俗研究》[⑦] 以冀中南民间供奉三皇姑并定期朝拜的习俗为研究对象，指出该地区个体生命历程中的重要仪礼都与三皇姑信仰紧密相连，有助于进香习俗在当代的维系和传承。贺少雅、萧放《礼仪实践：当代乡贤参与基层社会治理的重要途径》[⑧] 则从社会治理角度入手，发现优秀传统礼仪文化是当代乡贤借以参与社会治理的方式，对乡村价值观念的塑造、人际关系调整及乡风文明建设具有重要推动作用。

---

① 杜少茹、王小健：《生命礼仪中的性别——以〈礼记〉为解读文本》，《哈尔滨学院学报》2016年第12期。

② 科大卫：《明清社会与礼仪》，北京师范大学出版社2016年版。

③ 张士闪：《礼俗互动与中国社会研究》，《民俗研究》2016年第6期。

④ 岳永逸：《革“弊”？中国人—神敬拜的礼俗辩证》，《民俗研究》2016年第4期。

⑤ 任雅萱：《地方礼俗教化权利的分享与边界——以清前期士绅赵执信〈礼俗权衡〉为例》，《民俗研究》2016年第4期。

⑥ 卫才华、岑建如：《山西陵川说书与乡村礼俗生活》，《艺术探索》2016年第4期。

⑦ 华智亚《人生仪礼、家庭义务与朝山进香——冀中南地区苍岩山进香习俗研究》，《民俗研究》2016年第1期。

⑧ 贺少雅、萧放：《礼仪实践：当代乡贤参与基层社会治理的重要途径》，《社会治理》2016年第2期。

（三）礼俗当代传承与实践转向的理论思考

民俗学的实践转向是近几年民俗学探讨学科转型的努力。学者吕微在这方面用力甚多，2014年他曾撰文《走向实践民俗学的纯正形式研究》① 从康德哲学出发讨论民俗学实践转向的可能性，2016年又在《“过渡礼仪”理论概念与实践模型的描述与建构——对话张举文：民俗学经典理论概念的实践使用》② 一文中借助康德对理性的理论使用和实践使用的先验划分，对范热内普的经典仪式理论“过渡礼仪”的概念和模型进行演绎重构，进而解释这一理论概念在后现代继续被加以开拓的可能性，验证了“过渡礼仪”的实践模型在不同历史时期及文化模式下的较普遍解释力。

2016年第1期《民间文化论坛》③ 刊载了由萧放主持的一组以“民俗学的实践：人生仪礼研究的重要转向”为主题的专家对谈，基于萧放教授主持的国家社科基金重点课题“人生礼仪传统的当代重建与传承研究”开题会的专家讨论而成文。陈连山认为，民间人生礼仪重建的实践不管好坏和成功与否都可以作为研究对象为学者提供启发；高丙中认为，通过仪礼的调查研究要处理好要素和结构的关系，如果将“俗”视为一个结构，其中就要包容性地、动态地对待礼俗建构的问题；吕微提出学者对礼仪的“表述”就带有实践性，礼仪重建既在于外在的仪式，更在于内在的心性，而学者要将零散的碎片拼合重建深层的内涵；户晓辉则认为观察人生礼仪的变化和重建需要一个大的理论框架，民俗学的实践研究是为社会生产有理论预见性的观念；安德明指出人生礼仪研究要遵循不同礼仪的自身特点与时代变化逻辑，礼仪重建应该着力于从诸多传统礼仪的表现形式中提炼最抽象的因素；林继富提出，人生礼仪传统的重建应该有层次、分地区，动态地展现复杂性，与当代社会紧密结合，提取核心符号，挖掘其中表达的积极生活态度；王霄冰认为礼是象征性的、外在的表现，但关键还是要本于内，挖掘其中表现的价值观和道德观；张勃认为，当代礼仪重建有建设和重建两个层面的内涵，而探究人生礼仪价值和意义不仅要有理性的分析和思辨，更要格外关注人生礼仪相关人员的感受与体验，通过调查了解他们在仪式中的感受和体验。

对谈的形式不仅有利于呈现学者的学术观点，更以沟通互动的形式实现研究对话，《民俗研究》也在2016年第6期推出了一组基于张士闪教授召集的山东大学儒学高等研究院重点项目“礼与俗：近现代民间儒学传统与传承”展开的讨论《“礼俗互动与近现代中国社会变迁”三人谈》④。其中，赵世瑜指出，礼俗互动是一个复杂而不断变动的问题，

---

① 吕微：《走向实践民俗学的纯正形式研究》，《民间文化论坛》2014年第3期。

② 吕微：《“过渡礼仪”理论概念与实践模型的描述与建构——对话张举文：民俗学经典理论概念的实践使用》，《民间文化论坛》2016年第1期。

③ 萧放：《民俗学的实践：人生仪礼研究的重要转向》，《民间文化论坛》2016年第1期。这组文章还包括陈连山《如何实现民俗学研究方法的转向》，高丙中《结构和要素的关系——民俗学研究的基本问题》，吕微《实践民俗学的提倡》，户晓辉《再谈理论与实践的关系》，安德明《如何提高人生礼仪研究的实效性》，王霄冰《也谈人生礼仪研究的实践性》，张勃《民俗学研究的视角和方法：从日常生活体验说开去》。

④ 赵世瑜、李松、刘铁梁：《“礼俗互动与近现代中国社会变迁”三人谈》，《民俗研究》2016年第6期，包括赵世瑜《“礼俗中国”：礼俗互动问题的历史性建构》，李松《国家闽南文艺政策及实践中的“礼俗互动”》，刘铁梁《礼俗互动：国家与社会之间的政治文化运作》。

要想深入理解不仅要在理念上探讨，更需要大量实证研究，在具体社会生活实践层面来讨论；李松认为，礼俗互动总是有利益诉求方的多元存在，常常是一个关于文化权力的博弈过程，礼俗互动，不能把礼永远置于理性和正确的位置，而民俗文化长期根据民众生活经验的反复的身体实践和身体记忆正是非遗保护应该尊重的民俗自身的发展规律；刘铁梁提出，“礼俗互动”的问题需要跨学科的学术对话，是在将中国社会与西方社会进行比较的视野下提出的，民间的礼俗作为基层社会中用于维持生活秩序的政治文化传统，对于国家礼治目标的实现具有决定性作用。

二 诞生礼俗

本年度诞生礼俗的研究相对较少，台湾学者江达智著《传统中国生育礼俗中的性别控制》[①] 一书讨论了中国传统生育礼俗中体现的性别控制的方式和内容，并对其展开阐释。诞生礼俗相关的论文均是以具体的文献或田野调查为例展开的，对礼仪中某一个民俗事象进行介绍和内涵挖掘。郭泳在《哈萨克族护身符的“护”与“符”》[②] 一文中指出“护身符”承载着长辈对晚辈的保护与自我保护两种愿望，也体现着民族的传统技艺和审美。果海尔妮萨·阿一力克木从社会角色视角出发，对喀什老城女性的生活世界、社会角色的转换及其精神生活的转变进行探究，总结出维吾尔族女性在婚礼与生育礼中以与其他民族女性不同的、独特的形式完成的社会角色的转换。[③] 黄中祥关注哈萨克族的诞生习俗歌，认为哈萨克族在庆祝孩子诞生仪式上所唱的习俗歌蕴含着古老的文化元素，是叙事诗的原始萌芽，是传统文化世代相传的纽带。[④] 崔玲玲的《德都蒙古人洗礼仪式与仪式音乐的文化变迁》[⑤] 从德都蒙古人洗礼仪式及音乐并行发展结构中探寻仪式与音乐同形同构相互依存的仪式模式，指出在洗礼仪式传承中具有精神内涵的固定因素是洗礼行为和祝词内容。肖艳平、胡丹也对社会转型期客家诞生礼俗的音乐形态进行了考察，通过对江西宁都县石上村割鸡礼俗的仪式音乐的调查从音乐形态的角度阐释客家诞生礼俗的文化内涵，认为虽然社会生活变化很大，但客家诞生礼俗的文化内核并未变化。[⑥]

三 成年礼俗

本年度的成年礼俗研究依然主要集中在传统的成年礼仪式中，从历史的维度对成年礼的仪式进程、实践和礼义展开讨论。王杰文《“演礼”以“成人”——中国古代“成人

---

① 江达智：《传统中国生育礼俗中的性别控制》，台北博扬文化事业有限公司 2016 年版。

② 郭泳：《哈萨克族护身符的“护”与“符”》，《伊犁师范学院学报》2016 年第 3 期。

③ 果海尔妮萨·阿一力克木：《从婚礼与生育礼看维吾尔族女性社会角色的转换——以喀什老城为例》，《牡丹江大学学报》2016 年第 10 期。

④ 黄中祥：《哈萨克族的诞生习俗歌》，《伊犁师范学院学报》2016 年第 3 期。

⑤ 崔玲玲：《德都蒙古人洗礼仪式与仪式音乐的文化变迁》，《中央民族大学学报》2016 年第 3 期。

⑥ 肖艳平、胡丹：《社会转型期客家诞生礼俗的音乐形态考察——以江西宁都县石上村割鸡仪式为例》，《影剧新作》2016 年第 4 期。

仪式”的理想与实践》[①] 一文区分了“礼”与“仪式”这两个概念的不同，“礼”有“义”与“仪”两个方面，中国古代的“冠礼”强调“演礼”以“成人”，而在礼仪实践中“成人”与否与“冠礼”无法等同，但“成年”身份的获得与养成却是其意义所在。贺少雅的《从字说创作看元代冠礼的传承与变迁——兼论儒家的成人观念》注意到古代的一种应用性文体——字说，其源于古代冠笄之礼中的祝词，兴起于宋代。作者通过对元代字说的搜集，看到元代冠礼的重建和发展状态，主要表现为“加冠命字”仪节的重建和仪式环节的转化和分离。同时，字说也承载着时人的成人观念和价值导向。[②] 覃洪敏《传统礼学中“冠礼”对妇女家庭地位的呈现》[③] 从女性的视角对“冠礼”展开讨论，进而了解和评价古代妇女的家庭地位。陈士银《明洪武时期的冠礼重建》[④] 指出洪武建国后打着复宋的旗帜，通过礼仪重建来恢复社会秩序，其建设性作用不容低估。冠礼与前代相比，系统周密而简约，但从效果来看，冠礼仪节仍偏重于文本，缺乏实操，为后人留下“鲜有能行之”的口实。

社会转型期成年礼的历史构成、形态与当代变迁也是学界关注的内容。比如，李娜以吐峪沟维吾尔族男性的割礼为研究对象，撰文《试析吐鲁番吐峪沟维吾尔族割礼仪式及变迁》[⑤]，对仪式及其文化功能和当代变迁进行了描述和阐释。

当代学校教育的成人仪式得到民俗学、教育学等学科越来越多的关注。民俗学者周星发表《“现代成人礼”在中国》一文，认为当代成人仪式作为一种被发明的新传统，是适应特殊年代团委系统的工作需要而发展起来的，其“不仅与古典的成人仪式，也与各地民俗或乡土的成人仪式没有直接关系，它基本上是在当代中国的教育、社会和意识形态的话语体系之中自发生成并茁壮发展的”[⑥]，是当代中国的礼仪实践和新的社会制度的试错性建构，其基本上已经学校化了，但并不能很好地应对“成人”在现代社会中的全部复杂性。[⑦] 董翔薇、刘晓璐《论成人仪式对当代青少年成长的教育作用》[⑧] 认为目前我国对成人仪式教育缺乏深刻的认识，普及范围也不够全面，有待随着社会发展进一步提高和完善，学校举行 18 岁成人仪式，有助于引导青少年对生命意义的探索，培养青少年的社会责任与奉献精神。

四 婚姻礼俗

本年度婚姻礼俗的研究相对比较丰富。著作既包括资料汇编类的，也包括婚姻礼俗历

---

① 王杰文：《“演礼”以“成人”——中国古代“成人仪式”的理想与实践》，《民间文化论坛》2016 年第 1 期。

② 贺少雅：《从字说创作看元代冠礼的传承与变迁——兼论儒家的成人观念》，《文化遗产》2016 年第 5 期。

③ 覃洪敏：《传统礼学中“冠礼”对妇女家庭地位的呈现》，《语文学刊》2016 年第 3 期。

④ 陈士银：《明洪武时期的冠礼重建》，《三江高教》2016 年第 2 期。

⑤ 李娜：《试析吐鲁番吐峪沟维吾尔族割礼仪式及变迁》，《实事求是》2016 年第 5 期。

⑥ 周星：《“现代成人礼”在中国》，《民间文化论坛》2016 年第 1 期。

⑦ 同上。

⑧ 董翔薇、刘晓璐：《论成人仪式对当代青少年成长的教育作用》，《齐齐哈尔大学学报》2016 年第 5 期。

史传承研究的，还有的阐释婚姻礼俗当代传承的价值与意义。

婚姻礼俗文献的整理、辑录对于当代学者梳理历史脉络至关重要。宋代丁昇之辑、柳建钰校注的《婚礼新编校注》① 汇编了宋代婚礼书仪和与婚姻有关的古代典故文献，是了解和研究婚姻礼俗的重要文献资料，此书的出版对于婚礼研究者很有参考价值。林丽宽的《闽南婚俗研究：以金门朱子〈家礼〉体系为主》② 一书通过对流传在金门的朱子《家礼》体系的研究，探讨闽南婚俗的特征和文化内涵。樊敏、梁朝文译著的《布依族婚嫁经》③ 辑录了世代相传于黔南布依族苗族自治州惠水、长顺、罗甸县及安顺市紫云苗族布依族自治县一带布依族民间自择偶至回门整个仪程中所使用的婚嫁经文。王革非编著的《古代婚姻与女性婚服》④ 按照年代沿革，介绍了自周代迄今的婚姻与女性婚服、少数民族婚姻与女性婚服等。孙玉荣《唐代社会变革时期的婚姻》⑤ 以婚姻为切入点，结合唐代社会变革的时代特征，探讨唐代婚姻的诸多变化特点，进而试图厘清婚姻形态和仪式演变与社会变革的关系。陈顾远《中国古代婚姻史》⑥ 从社会现象和法律角度叙述中国古代婚姻问题，包括了关于婚姻的多个方面，诸如婚姻的形式、制限、停止、组织、影响、关系、济救等，并对婚姻的起源、发展、类型以及与社会的相互影响等展开了深入论述。

有的学者从传统仪式研究的角度出发并进行拓展，对婚姻礼俗的形态与变迁展开讨论。郑萍、李茂的《仪式符号——农村婚礼》⑦ 一书从仪式的变迁、农村婚礼仪式、洞房仪式、回门、礼物交换的角度，对中国农村与婚礼有关的习俗、现象、事例、个案等进行描述和解释。雷丽撰著《猛硐苗族传统婚俗“魂”“根”与变迁》⑧ 一书较多关注猛硐苗族的传统婚俗文化，作者将其作为一个整体事象进行描述和阐释，探讨苗族传统婚俗的魅力，当然也看到了时代背景下的婚俗变迁。陈荣、陈如《仪式音声中的互动仪式链——以鄂西土家族“陪十姊妹”仪式音声为例》⑨ 注意到土家族婚俗“陪十姊妹”仪式中的音声，通过田野调查与文献分析引入“互动仪式链”的概念，来探讨仪式的特征，肯定了“陪十姊妹”音声追求情感能量最大化的作用。

还有以婚姻礼俗为切入点探讨由此而关涉的复杂的社会结构问题。刁统菊的专著《华北乡村社会姻亲关系研究》⑩ 将目光锁定在婚姻关系中仅在行为层面上得到习俗化的未实现制度化的姻亲关系，对姻亲关系的运行机制本身及其作用、意义等进行了深入分析，围绕通婚圈、相关仪式活动、婚姻偿付机制、礼物流动、姻亲交往等全面展示复杂多面的姻亲关系，进而反映出乡土社会结构的多面性和复杂性。戴波的《跨境婚姻的多维

---

① （宋）丁昇之辑、柳建钰校注：《婚礼新编校注》，上海古籍出版社 2016 年版。

② 林丽宽：《闽南婚俗研究：以金门朱子〈家礼〉体系为主》，新北花木兰文化出版社 2016 年版。

③ 樊敏、梁朝文译著：《布依族婚嫁经》，贵州大学出版社 2016 年版。

④ 王革非编著：《古代婚姻与女性婚服》，中国经济出版社 2016 年版。

⑤ 孙玉荣：《唐代社会变革时期的婚姻》，浙江大学出版社 2016 年版。

⑥ 陈顾远：《中国古代婚姻史》，河南人民出版社 2016 年版。

⑦ 郑萍、李茂：《仪式符号——农村婚礼》，中国社会科学出版社 2016 年版。

⑧ 雷丽：《猛硐苗族传统婚俗“魂”“根”与变迁》，中国文史出版社 2016 年版。

⑨ 陈荣、陈如：《仪式音声中的互动仪式链——以鄂西土家族“陪十姊妹”仪式音声为例》，《民族艺术研究》2016 年第 6 期。

⑩ 刁统菊：《华北乡村社会姻亲关系研究》，中国社会科学出版社 2016 年版。

透视：基于云南案例的解析》[①] 一书以相关理论解析跨境婚姻形成的社会背景因素，多维度和多层面地探讨云南边境地区的跨境婚姻人群的基本现状，分析此类人群的管理困境，梳理跨境婚姻行为的成因。梁海艳同样关注流动人口的婚姻问题，该书通过对不同人口子群体通婚圈的研究，探讨了人口社会经济因素与通婚圈的关系，并分析了通婚圈的影响因素。[②] 陈柳的《永宁摩梭人婚姻家庭变迁研究》[③] 一书采用了历时性研究的方法，描述1950年以来三个不同历史时期摩梭人婚姻家庭的整体面貌，呈现了60年来永宁摩梭人婚姻家庭的变迁。

本年度还有一些婚姻礼俗民族志的书写，提供了宝贵的研究材料。比如，刘居上的《香山婚俗》[④] 梳理了广东香山一带各个族群和地区的婚俗。刘永青、史艳兰通过现象、事例、个案等介绍了城市婚礼的现代演绎和新风尚，并附有婚庆产业典型个案。[⑤] 吴瑛、苏醒对中国少数民族与婚礼有关的习俗、现象、事例、个案和民族志等进行描述和解释。[⑥]

论文方面的呈现相对于著作来说，角度更多元，问题讨论的范围相对集中，内容也更加丰富。

（一）历史文献中的婚姻礼俗形态

梳理文献书写和讨论婚姻礼俗依然是今年研究的重点，学者们通过考释各类文献，呈现、阐释婚姻礼俗的文化内涵与建构逻辑。步雷英《〈诗经〉所反映的周代婚俗文化》[⑦] 从涉及婚俗文化的《诗经》篇章中，探讨周代的婚俗，包括男女相会、择偶标准、具有象征意义的婚恋隐语、新妇教育、同姓不婚及门当户对的婚姻规制、“六礼”婚俗等。孔毅《两晋时期“拜时”婚俗考论》[⑧] 以主要流行于两晋时期简化婚礼“拜时”为研究对象，认为其流行主要源于社会动乱时代人口增殖的需要，也有时人“越名教而任自然”价值观念的影响以及对礼之经、权、变的考量。杨逸《“复礼”抑或“从俗”：论宋代家礼中的婚礼》[⑨] 一文对宋代的礼俗关系给出了提炼，文章认为，时人会“以礼论俗”，甚至“因礼废俗”，又会“以俗合礼”。宋儒的家礼立制由“复古”到“从俗”而归于“复古”，完成了一个类似“正反合”的圆圈，为宋代家礼提供了一种新范式。楠木贤道通过细致的文献梳理，对清代孝端文皇后之母科尔沁大妃的收继婚形态和意义进行了探讨。[⑩] 王兆才《春秋时期婚俗文化及其政治功能》[⑪] 以《左传》为主要文本依据，梳理其中包括周王朝在内的各诸侯国婚俗史料，呈现出当时的婚俗状况，探析婚姻扮演的角色及其发

---

① 戴波：《跨境婚姻的多维透视：基于云南案例的解析》，中国社会科学出版社2016年版。
② 梁海艳：《中国流动人口通婚地域选择》，中国社会科学出版社2016年版。
③ 陈柳：《永宁摩梭人婚姻家庭变迁研究》，民族出版社2016年版。
④ 刘居上：《香山婚俗》，广东人民出版社2016年版。
⑤ 刘永青、史艳兰《中西合璧——城市婚礼》，中国社会科学出版社2016年版。
⑥ 吴瑛、苏醒：《异彩纷呈——少数民族婚礼》，中国社会科学出版社2016年版。
⑦ 步雷英：《〈诗经〉所反映的周代婚俗文化》，《青岛农业大学学报》2016年第1期。
⑧ 孔毅：《两晋时期“拜时”婚俗考论》，《扬州大学学报》2016年第2期。
⑨ 杨逸：《“复礼”抑或“从俗”：论宋代家礼中的婚礼》，《民俗研究》2016年第2期。
⑩ 楠木贤道：《孝端文皇后之母科尔沁大妃的收继婚及其意义初探》，《清史研究》2016年第1期。
⑪ 王兆才：《春秋时期婚俗文化及其政治功能》，《南京师范大学学报》2016年第4期。

挥的政治功能。有一些研究则抓住特定时期的婚俗元素加以剖析，探究其象征意义和文化内涵。邬志伟《宋元婚仪礼书“定帖”辩正》[①] 一文注意到议婚过程中使用的“定帖”，其为男女双方家庭对婚姻相关事项进行沟通与承诺的礼书，表达较婚书具体实际，是宋元时期“六礼”的时代产物。刘星雨、苍铭《〈滇省夷人图说〉中的婚俗图像解析》[②] 一文则通过直观的婚俗图像来考察实际生活，从聘礼、迎亲习俗、媒妁以及通婚圈四个方面入手，解析了清嘉庆时云贵总督伯麟主持编修的云南民族图册《滇省夷人图说》中所反映的清中期云南民族的婚俗文化。

更多的研究不仅局限于文献梳理及其历史意义，而且立足于当下，探讨礼仪文献和礼仪本身的当代价值及其传承问题。何斯琴《宋代以降的家礼实践与乡村礼俗重建》[③] 指出自朱子《家礼》以后，宋代以降的家礼实践有着高度的社会价值，在维持乡村社会秩序和礼俗生活的建设中发挥着不可忽视的作用。乡村伦理和社会秩序，通过家礼实践的不断申明与强化，逐渐构成乡村社会最为核心的价值观和文化传统，而其实践对当代乡村礼俗与文化重建仍具有重要价值。向丽《从文书资料看清水江流域苗族婚俗的演变原因》[④] 通过实地考察，利用契约、碑刻等文书为基本资料，以姑舅表婚为例，分析了清水江流域苗族婚姻习俗演变的原因。周燕《浅谈古代汉地与西藏多偶婚的区别》[⑤] 一文介绍古代汉藏两地多偶婚的形式，作者指出由于社会价值观、家庭伦理观、自然环境等差异，汉藏两地多偶婚存在着较大差异，突出表现在形式、目的、家庭地位和法律地位、社会评价等方面，认清这些区别有助于丰富我们对婚姻形态多样性和复杂性的认识。

（二）社会变迁视野下的当代婚姻礼俗

婚姻礼俗的历史变迁和当前社会转型期的婚姻礼俗现状是学者们关注的重点。周星《实践的亲属关系——关于“娘家”与“婆家”的人类学研究（下）》[⑥] 以对李霞的人类学专著《娘家与婆家》的评述为中心，指出该书对亲属关系的实践进行了较为系统的述评，明确指出该研究乃是中国人类学者在亲属关系和亲属制度领域新近取得的突破性成果。何粉霞、李德宽《回族村落中的媒、内婚制与族群再造机制的研究和解析》[⑦]，基于永宁纳家户的田野调查，认为当地回族的“管媒行动—内婚制—族群再造”联结成一个关系系统，形成纳家户内群社会的运行结构。婚姻关系的研究虽为乡村社会关系的一个侧面，但足以反映出乡村复杂文化生态的多面性。

案例研究是学界惯用的研究方法，以小见大，探讨婚姻礼俗的变迁以呈现社会的发展与变化。纳日碧力戈、马静通过对河南开封尉氏县 L 村婚俗的变化的展现，指出在网络

---

① 邬志伟：《宋元婚仪礼书“定帖”辩正》，《社会科学论坛》2016 年第 9 期。

② 刘星雨、苍铭：《〈滇省夷人图说〉中的婚俗图像解析》，《广西民族研究》2016 年第 4 期。

③ 何斯琴：《宋代以降的家礼实践与乡村礼俗重建》，《社会治理》2016 年第 1 期。

④ 向丽：《从文书资料看清水江流域苗族婚俗的演变原因》，《长江师范学院学报》2016 年第 2 期。

⑤ 周燕：《浅谈古代汉地与西藏多偶婚的区别》，《齐齐哈尔大学学报》2016 年第 3 期。

⑥ 周星：《实践的亲属关系——关于“娘家”与“婆家”的人类学研究（下）》，《西北民族研究》2016 年第 1 期。

⑦ 何粉霞、李德宽：《回族村落中的媒、内婚制与族群再造机制的研究和解析》，《宁夏社会科学》2016 年第 1 期。

与全球化背景下，L 村婚俗在部分保持传统的基础上，也顺应时代潮流，注入了男女平等、自由恋爱等理念。L 村的婚姻模式也由过去的包办婚逐渐转向自由婚，通婚圈迅速扩大，从村内婚走向了临近婚、省外婚，并扩及国外婚。伴随于此的是婚姻成本的大幅提高。婚姻中的女性受外界文化影响，越来越多地参与到市场经济中，在个体家庭经济中扮演着重要角色，地位逐步提升。该研究以婚俗变迁折射出中国农村巨大社会转型的一角。① 有的研究则在变迁中加入了比较研究。李华以山东典型的回汉杂居地方镇为研究对象，指出散杂居地区的回民婚俗，一方面包含了一些西北等回族聚居地区和当地汉族婚俗的共同性，一方面又与两者的婚俗有所不同，形成了独具特色的散杂居地区的回民婚俗。② 石贤玮比较了地理环境和生活方式相近的傈僳族和阿昌族的婚俗，认为虽然其婚姻习俗有所不同，但却拥有相似的生命价值观、人文情怀和道德精神，作者定义为向死而生的生命观与“行者”精神。③

有不少研究关注的是一些比较特殊的婚姻习俗，并探寻其深层原因。陈玉平研究了南方少数民族婚姻中的自由择偶、聘娶婚与“不落夫家”习俗，指出不落夫家并不是母系制向父系制过渡阶段的产物，而是聘娶婚出现后，聘娶婚与自由择偶婚俗复合所产生的一种特殊习俗。④ 姚彦琳的《中国冥婚习俗研究综述》⑤ 比较全面地对冥婚习俗起源、基本类型、仪式过程等相关研究进行了综述和评析。吕永升也关注到冥婚，作者以 2009 年广西南宁地区的一场跨村落的“斋会”与冥婚仪式为例，反映了乡村社会的信仰体系以及这套信仰体系所象征的社会结构与人群的关系，并通过与台湾、香港冥婚的比较，展现不同社会结构下的未婚亡灵的祭祀难题与处理办法。⑥ 彭宗兰《扎坝大峡谷走婚文化研究综述》⑦ 较系统整理了扎坝走婚习俗的相关研究，指出扎坝走婚文化作为特殊的地域文化现象体现出明显的母系文化特征，对于地域文化研究和人类文明研究均具有重要意义。还有从口头传统中探讨婚姻礼俗的，比如张金成《苗族〈开亲歌〉中的传统婚俗》⑧ 通过以苗族“活态”的口传艺术《开亲歌》为研究对象，探讨其中蕴藏的苗家人的婚姻价值与生命意识。随着时代发展新出现的特殊的婚俗也引起学界注意，比如郭俊霞以江西安义农村为例，探讨打工潮流中的“闪婚”，将婚姻形式的偏好纳入流动的时代背景，从家庭代际关系的互动模式切入，认为“闪婚”是代际双方顺应农村社会的流动性的无奈之举，也是务实之选。⑨ 另外，礼乐不分家，婚姻礼俗的仪式音乐一直是学者关注的重点。比

---

① 纳日碧力戈、马静：《中原地区婚俗变迁初探——以河南开封尉氏县 L 村为例》，《民俗研究》2016 年第 5 期。

② 李华：《散杂居地区回民婚俗文化探析》，《民俗研究》2016 年第 2 期。

③ 石贤玮：《向死而生的生命观与“行者”精神——傈僳族与阿昌族婚俗比较》，《中华文化论坛》2016 年第 3 期。

④ 陈玉平：《自由择偶、聘娶婚与“不落夫家”习俗——论南方少数民族婚姻中女子居住地的转换》，《贵州工程应用技术学院学报》2016 年第 3 期。

⑤ 姚彦琳：《中国冥婚习俗研究综述》，《民俗研究》2016 年第 1 期。

⑥ 吕永升：《花亡配婚：广西南宁地区的冥婚——兼与香港、台湾冥婚的比较》，《民俗研究》2016 年第 5 期。

⑦ 彭宗兰：《扎坝大峡谷走婚文化研究综述》，《民族论坛》2016 年第 7 期。

⑧ 张金成：《苗族〈开亲歌〉中的传统婚俗》，《安顺学院学报》2016 年第 5 期。

⑨ 郭俊霞：《“闪婚”：社会流动背景下的父权与婚姻》，《云南大学学报》2016 年第 6 期。

如，赵书峰选取湘、桂、滇瑶族婚俗仪式音乐作为考察对象，针对其仪式与音乐的文化隐喻以及多元文化语境中的传统与变迁问题进行思考。[①]

五　丧葬礼俗

本年度丧葬礼俗研究的著述主要有三部，虽然数量不多，但均非常有分量。北京大学中国考古学研究中心编的论文集《两个世界的徘徊：中古时期丧葬观念风俗与礼仪制度学术研讨会论文集》[②] 共收录论文 21 篇，分别从中古时期“墓葬的物质风尚”“丧葬的礼仪制度”“丧葬观念的演进”“丧葬与宗教信仰”“丧葬研究的新视野”五个方面，将考古材料与历史文献相结合，探讨该时期不同地域、民族、宗教影响下的丧葬的观念风俗和礼仪制度。陆栋梁《湘桂走廊丧葬仪式音乐研究》[③] 将湘桂走廊丧葬音乐文化作为研究对象，创立“时空声行谱”记谱法，构建了一个完整的、立体的乐谱结构体系，有助于丰富音乐形态学的研究。张赫名《古代埃及的王权演变与丧葬习俗》[④] 主要讨论了古埃及人的宗教信仰问题，围绕着生与死的话题进行深入的研究。书中通过追述王权的起落，揭示丧葬习俗的演变，进而展现从古王国至新王国时期古埃及人来世观念的演变。

研究论文的数量则比较多，跟以往一样，丧葬礼俗的论文研究主要集中在历史维度的阐释、当代维度的变迁讨论以及殡葬改革的讨论。

（一）基于经典文献的儒礼研究

从伦理的角度研究丧葬礼俗，是理解作为制度的“礼”和作为人情的“俗”的很好的视角。李大平的《儒家丧祭礼仪的伦理意蕴》[⑤] 一文注意到儒家丧祭礼仪具有的感念先祖亲恩之薪火相传的生命永续的意义和慎终追远、弘扬孝道、超越生死、道德濡化的价值。作者认为，透过祭祀仪式的过程，所要激发的情感思想与伦理意识，应该得到继承与发扬。

三年之丧是丧礼中至重的仪节，其背后蕴含着制定、施行这些仪节的理由和依据。孟庆楠撰文提出，儒家所主张的三年之丧在很大程度上影响了财富、人口的积累与增长。春秋末叶的礼崩乐坏，三年不为礼乐专事服丧，对整体的礼乐生活产生消极影响。但从礼的本质层面来看，为父母服丧关联着礼所维系的社会基本秩序与价值的诸多方面，儒家试图以服丧者内心的哀痛之情作为三年之丧的依据，并通过制中立节之说来论证这种情感的普遍性。[⑥] 李兆宇的研究指出，在皇家服丧方面，晋唐间，“三年之丧”从“心丧三年”发展成了“以日易月”，但这里的“以日易月”与汉魏时期的已经有着重大差别。在社会

① 赵书峰：《瑶族婚俗仪式音乐的调查研究——以湘、桂、滇瑶族为例》，《民族艺术研究》2016 年第 3 期。

② 北京大学中国考古学研究中心编：《两个世界的徘徊：中古时期丧葬观念风俗与礼仪制度学术研讨会论文集》，科学出版社 2016 年版。

③ 陆栋梁：《湘桂走廊丧葬仪式音乐研究》，广西人民出版社 2016 年版。

④ 张赫名：《古代埃及的王权演变与丧葬习俗》，方志出版社 2016 年版。

⑤ 李大平：《儒家丧祭礼仪的伦理意蕴》，《社会科学家》2016 年第 5 期。

⑥ 孟庆楠：《论早期儒家对三年之丧成立依据的认识》，《中原文化研究》2016 年第 5 期。

上，“三年之丧”逐渐受到各阶层认可，并被朝廷以立法形式予以支持。[①]

通过文献的书写探讨礼制与风俗的变化也是丧葬礼俗研究的重点。李守奎《〈郑武夫子规孺子〉中的丧礼用语与相关的礼制问题》[②]，指出《郑武夫人规孺子》是清华简中郑史三篇之一，涉及与权力之争相应的丧葬礼制。作者在梳理全篇结构与文义的基础上，考察丧礼中的一些称谓与用语，解读文本中的疑难释读，探讨春秋初年的一些丧礼问题，对我们了解东周初年的历史与礼制有非常重要的意义。刘可维《汉魏晋南北朝葬仪中“殊礼”的形成与变迁》[③]认为，从汉代开始，在极少数拥有特殊地位的贵臣或诸侯王死后，皇帝会赐以多种形式的“殊礼”。殊礼本身意味着超越了一般制度的礼遇，因此殊礼的标准并非依据既定的礼仪或法律，而是以“故事”，即前代人物的事例为准。作者通过梳理史料，确定汉魏晋南北朝葬仪中所用殊礼的下赐均源自西汉霍光以及东汉诸侯王的葬礼故事。龙晓添、萧放《〈家礼〉对〈仪礼〉丧葬礼仪知识的继承与发展》[④]指出，儒家礼仪文献为中国长期以来的礼仪实践提供了基本的前提，是礼仪研究的重要参考资料。从《仪礼》到《家礼》，历代有关礼学的著述，成为丧礼知识传承的重要依据，并都呈现出一脉相承的丧礼书写特点：以“慎终追远”为丧礼的基调；以别亲疏、贵贱为制礼的基本原则；倡导有节制的、周全的情感表达。

服装形制是理解丧葬礼俗的重要维度。邹远志、陈戍国撰文指出，君师与天地、先祖同为礼之三本，丧师之礼自周代以来至晋经历了从无到有，由崇到抑的发展过程。它折射出政治法则对于由私人恩义结成的这种人伦关系的强势影响，师弟子一伦的自身定位与发展只能在政治逻辑下才能实现。[⑤]张寿安《如家丧礼“饰死者”析义》[⑥]关注到儒家丧礼中为人较多忽略的一个方面“饰死者”，即对死者进行装饰。文章就儒家如何“饰死者”略加述论，并借由饰死者的“仪式”来观察讨论儒家“慎终追远”之“慎终”的礼文化意义。

（二）丧葬文化研究

有的研究从丧葬服饰、买地券、镇墓文等元素切入，由小见大，深入讨论丧葬礼俗。黄景春的《畏惧、排斥亡魂及其表述方式——以买地券、镇墓文为例》[⑦]一文指出，基于对作祟的畏惧，排斥死者亡魂的表述在东汉买地券、镇墓文中比比皆是。买地券、镇墓文强调死生有别，通过直接的、委婉的、决绝的或含蓄中带决绝的语句，要求死者不得返回阳间与生者交往。日本学者池田温认为买地券、镇墓文中畏惧与排斥死者的内容在五六世

---

① 李兆宇：《论“三年之丧”在晋唐间的演变》，《宝鸡文理学院学报》2016年第4期。

② 李守奎：《〈郑武夫子规孺子〉中的丧礼用语与相关的礼制问题》，《中国史研究》2016年第1期。

③ 刘可维：《汉魏晋南北朝葬仪中“殊礼”的形成与变迁》，《史学月刊》2016年第11期。

④ 龙晓添、萧放：《〈家礼〉对〈仪礼〉丧葬礼仪知识的继承与发展》，《文化遗产》2016年第3期。

⑤ 邹远志、陈戍国：《从丧服礼视角看西周至晋代师弟子一伦发展的政治逻辑》，《甘肃社会科学》2016年第3期。

⑥ 张寿安：《如家丧礼“饰死者”析义》，《学海》2016年第2期。

⑦ 黄景春：《畏惧、排斥亡魂及其表述方式——以买地券、镇墓文为例》，《民俗研究》2016年第2期。

纪以后逐渐消失的说法是不准确的。虽然排斥死者的文字在隋唐以后确实减少了，但并没有消失，而是长期存在于丧葬仪式和随葬文书中。沈宏格撰文对产生于明代中后期的花花孝进行研究。文章指出，花花孝自京津开始，逐渐流传到全国各地，成为多地汉族的一种丧葬习俗，其在传播过程中，表现形式与色彩得到进一步发展，最后在某些地区形成新的丧服服饰系统。花花孝的产生与发展，既体现了丧葬礼制在服饰上世俗化发展的一面，也体现着丧葬礼制在服饰上保持原有的儒家伦理不变的一面。①

有的研究从社会道德秩序的角度探讨丧葬礼俗的规范作用。程宏燕《农村传统殡葬文化的道德叙事与现代性嬗变》② 认为，农村传统的殡葬文化充满着传统道德的叙事。农村社会的现代化需要相应的价值传承和道德重建，需要对本土的殡葬文化进行道德蕴意的现代性嬗变，形成现代的生死观：以死观生、以生敬死、以死孕生；实现人的生命价值、生活价值、生态价值。王日根《民国初年福建晋江商人恢复族葬及其意义——黄秀烺古檗山庄的个案分析》③ 指出，民国初年福建地方的久停不葬习俗，不仅违背礼俗，且严重污染环境，社会影响很差。晋江旅菲华侨商人黄秀烺商人倡导恢复古礼，易于成事，且取得了很好的社会反响，显示出商人在闽南社会中处于主导地位。

还有的学者从民间信仰的角度探讨丧葬礼俗的实践。龙晓添、萧放《民间道教的礼仪传承与实践——以湖南湘乡丧礼为例》④ 认为，当代民间礼仪传承与实践同时关联着文化传统与当代社会构建，在民间社会中道士作为重要的仪式专家非常值得关注。文章以湖南湘乡丧礼中民间道教的礼仪传承与实践为研究对象，通过对其礼仪传统、仪式陈设、仪式过程的描述，阐发民间道教的礼仪传统、当代实践与变迁，并将其放置于当代湘乡完整的丧礼实践中去讨论其特点。葛林杰的《古代悬镜葬俗研究》⑤ 对此前不同的关于墓葬悬镜的阐释展开辨析，就悬镜的发现与类别、流行地段、性质、功能等问题进行了探讨。严奇岩则对贵州的崖葬与风水信仰进行考察，认为崖葬的目的和动机是出于多种因素的考虑，崖葬的选址是出于风水信仰，反映了趋利避凶的愿望。少数民族在接受以儒家文化为核心的风水思想后，以土葬逐渐取代崖葬，墓葬文化发生巨大变迁。⑥ 严奇岩、杨鸿还注意到武陵山区的崖葬多是土家族、仡佬族或苗族祖先的遗存，其分布与喀斯特环境和江河走向密切相关，体现出地域性、民族性、多样性特点。⑦ 严奇岩的另一篇文章讨论苗族“横葬”与祖先崇拜，⑧ 文章指出，头朝东脚朝西的“横埋”作为“苗坟”的典型特征，是区别于“汉坟”的主要标志，是苗族传统墓葬的主要符号，有怀念故土和亡魂回归故

① 沈宏格：《变亦不变：汉族丧服服饰——花花孝述论》，《社会科学论坛》2016 年第 3 期。

② 程宏燕：《农村传统殡葬文化的道德叙事与现代性嬗变》，《武汉理工大学学报（社会科学版）》2016 年第 6 期。

③ 王日根：《民国初年福建晋江商人恢复族葬及其意义——黄秀烺古檗山庄的个案分析》，《中国社会经济史研究》2016 年第 1 期。

④ 龙晓添、萧放：《民间道教的礼仪传承与实践——以湖南湘乡丧礼为例》，《宗教学研究》2016 年第 2 期。

⑤ 葛林杰：《古代悬镜葬俗研究》，《考古》2016 年第 12 期。

⑥ 严奇岩：《崖葬与风水信仰——以贵州地区为中心的考察》，《中南民族大学学报》2016 年第 2 期。

⑦ 严奇岩、杨鸿：《武陵山区崖葬的分布及族属探讨》，《湖北民族学院学报》2016 年第 5 期。

⑧ 严奇岩：《苗族“横葬”与祖先崇拜》，《民族论坛》2016 年第 4 期。

土的双重内涵，体现苗族的祖先崇拜的意识和认祖归宗心理。

通过当代田野调查研究丧葬礼俗传承与发展也是本年度研究的重要组成部分。台文泽《地方感、民间信仰与村落整合——西江水流域“犯丧”信仰的人类学研究》[①] 提出“犯丧”信仰体现了人们关于死亡的一种独特认知与文化理解。这一信仰所以存在，建基于生活中长期积累形成的感觉结构——地方感，这种地方感也构成集体“烧犯丧”仪式实践的建构逻辑。黄龙光的《彝族丧礼花鼓舞展演的仪式与功能》[②] 一文关注到彝族丧礼花鼓舞展演源于彝族远古共祖阿普笃慕主持祭祖大典及六祖分支的历史记忆，其仪式化展演，唤醒、激活和重置人们对始祖、祖界、祖灵的历史记忆，建构、凝结和实践着亡者和生者之间的社会关系网络，激发了彝族民间社会超越时空的民族认同。

（三）殡葬改革研究

殡葬改革的基础是法律的制定，学者多从殡葬法制的角度探讨殡葬改革。王启梁、刘建东《中国殡葬法制的意外后果》[③] 指出，我国的殡葬法制在实施过程中并没有完全达到节约土地的制度目标，反而带来公墓危机以及“二次土葬”“缴费土葬”等大量越轨行为。原因在于源于习俗和国家对丧葬的双重社会控制之间未能有效调适以及殡葬管理、执法中存在的种种问题。因此，要完善殡葬法制，必须对民众的生活、世界观等有所理解，基于对制度实施者、民众的行为及其逻辑、后果的实质性把握，寻求法制与习俗的契合可能。

也有学者从新的殡葬理念的推行、服务制度的完善的角度讨论殡葬改革的推行。张明关注绿色殡葬的问题，指出绿色殡葬在中国要想进一步发展，必须对绿色殡葬理念与中国传统殡葬伦理进行理论与实践上的清理，推动中国传统殡葬伦理的生态与绿色转向。[④] 卢军等从生态殡葬视角出发，诠释了现代殡葬服务生态化的理念及实施意义，分析了当前国内外殡葬界对殡葬服务生态化研究情况，得出当前我国现代殡葬服务生态化水平无标准可评、无机制推进和无常态对待的“三无”状态，并提出了相应对策。[⑤] 郭林采用文献研究方法，从制度社会学的角度，分析了我国殡葬服务制度面临的行业暴利、文化萎缩、公墓资源枯竭、居丧者缺乏情感慰藉等一系列矛盾，提出以人本主义、营益理念和治理的思维为策略，建立体系完备、结构合理、功能齐全的现代殡葬服务制度。更有将殡葬改革放置于网络时代带来的社会转型的视野下来讨论。比如，李辉的《“互联网＋”助推现代殡葬转型升级》[⑥] 一文在中国殡葬改革社会背景中，深入剖析“互联网＋殡葬”融合发展的必要性，对互联网与生态葬、殡仪服务、祭奠融合发展进行了初步探讨。

---

① 台文泽：《地方感、民间信仰与村落整合——西江水流域“犯丧”信仰的人类学研究》，《中国农业大学学报（社会科学版）》2016 年第 1 期。

② 黄龙光：《彝族丧礼花鼓舞展演的仪式与功能》，《民间文化论坛》2016 年第 3 期。

③ 王启梁、刘建东：《中国殡葬法制的意外后果》，《云南社会科学》2016 年第 1 期。

④ 张明：《中国传统伦理与绿色殡葬理念的博弈研究》，《长沙民政职业技术学院学报》2016 年第 4 期。

⑤ 卢军、郭灿辉、沈宏格：《现代殡葬服务生态化研究》，《长沙民政职业技术学院学报》2016 年第 4 期。

⑥ 李辉：《“互联网＋”助推现代殡葬转型升级》，《中国民政》2016 年第 24 期。

结合地方、民族的独特性而思考殡葬改革的研究也有所积累。佟光星、陈昱岿以云南弥勒彝族阿细地区为例，从殡葬改革的角度，结合民族地区文化传统，讨论了火葬制度实施及其失败的原因。[①] 严奇岩讨论了贵州喀斯特存在的各种形式墓葬的生态价值。文章认为，主要针对汉族传统土葬的弊端而提出的火葬的强制推进，会在当地引起不相适应的局面。因此，喀斯特地区的殡葬改革要借鉴各民族做法，尊重自然生态，适当保留部分具有生态价值的土葬、鼓励推行岩洞葬以及将溶洞改建成安放骨灰的公墓。[②]

（四）丧亲者心理研究

很多丧葬研究者都肯定了仪式的情感宣泄作用，心理学等学科也有学者探索处理当代丧葬礼俗中的心理问题，以探寻处理死亡危机的心理模式，对于民俗学的仪式研究具有启发意义。李梅等《丧亲人群哀伤辅导的研究构思》[③] 基于“依恋与哀伤双过程模型”，提出了建立丧亲人群哀伤辅导系统的构想，帮助丧亲人群面对哀伤、调整自我认同、重构人生意义、达成个人成长，适应丧亲后的日常生活，保持良好的生理、心理与社会功能适应水平。郑怡然等采用质性研究的方式，探讨未参加丧葬仪式的丧亲者哀伤反应的普遍性与特殊性，考察丧葬仪式对于丧亲者哀伤修复的功能。发现未参加丧葬仪式不利于丧亲者的哀伤平复，丧亲者表现出强烈的遗憾与自责；他们的哀伤反应具有普遍性与独特性。[④]

六　祭礼

本年度祭礼的研究成果也非常丰厚。其中著作部分有两本值得关注。彭庆涛等撰著《中国古代国家祭祀》[⑤]，以绪论和七章的结构，将古代国家祭祀的类别、等级、管理、适用范围和祭天地礼、宗庙祭祀、祭祀礼器、祭祀乐器、祭祀乐章等进行了全面论述。王志峰著《祭祀·仪礼·戏剧：中国民间祭祀戏剧研究》[⑥] 在全面总结当下学界同仁的相关成果的基础上，作了颇有价值的独立学术思考，从祭祀戏剧的概念界定、研究范畴、祭祀戏剧的源流、祭祀戏剧的地域特色、祭祀戏剧的展演形态和展演场所、祭祀戏剧与文人戏剧等角度对民间“祭祀戏剧”作了系统性的理论研究。研究的论文数量多，讨论的问题广泛。

（一）公祭与祭典研究

部分学者以公祭和祭典为研究对象，阐发其对当代国家和社会发展的价值与意义。王

---

① 佟光星、陈昱岿：《滇黔桂彝族地区实施火葬制度举步维艰的重要因素剖析——以云南弥勒彝族阿细地区为例》，《红河学院学报》2016 年第 6 期。

② 严奇岩：《贵州喀斯特墓葬与民族地区的殡葬改革》，《民族学刊》2016 年第 6 期。

③ 李梅、李洁等：《丧亲人群哀伤辅导的研究构思》，《电子科技大学学报（社会科学版）》2016 年第 1 期。

④ 郑怡然、柳葳、石林：《丧葬仪式对丧亲者哀伤反应的影响》，《中国临床心理学杂志》2016 年第 4 期。

⑤ 彭庆涛、孟继新、刘岩：《中国古代国家祭祀》，泰山出版社 2016 年版。

⑥ 王志峰：《祭祀·仪礼·戏剧：中国民间祭祀戏剧研究》，文化艺术出版社 2016 年版。

霄冰的《公祭节日与当代城市人文空间的构建》① 一文指出，当前官方举办的公祭活动正逐步地从传统的带有宗教色彩的政治典礼，转变成为以服务社会为主旨的现代化节日，担负着促进地方文化建设、培养当代市民精神、构建城市人文空间的重要功能。作者建议公祭节日应有意识地加入一些公民道德教育的内容，加强活动内容及形式的改革，提高节日的公共性和亲民性。张兵娟、王闯《新媒体环境下祭礼仪式的转型与国家共同体建构》②以为纪念南京大屠杀死难同胞的国家公祭网为例，指出利用网络空间建构的祭祀，承载着“社会共同记忆”，有助于对公众的历史教育，重塑社会集体记忆，也有助于帮助公民表达爱国情感，推动国家共同体的建构。

关于国家庆典的比较研究也带来很多有价值的讨论。高小岩《公祭黄帝大典与宗庙大祭：中韩传统庆典的当代意蕴》③，通过分析中韩两国庆典仪式的比较，提出应借鉴韩国以庆典仪式呈递民族文化遗产的做法，充分挖掘我国的文化底蕴和传统内涵，以节庆文化为依托，以软实力精神资源为内核，重塑文化空间，使历史贴近现实，增强民族凝聚力与感召力。赵彦民④以韩国“义岩别祭”为研究对象，讨论了国家利用和改造祭典对历史记忆进行重新构建，促进民族间的相互认同与社会共鸣的做法。

有研究将公祭与传统礼仪教育结合起来阐释。甲宏伟、骆文伟《当代大学生传统礼仪教育的反思与重构——以祭孔大典为例》⑤ 认为，当代大学生的传统礼仪教育对于高校思想政治教育有着举足轻重的作用。作者分析了当代大学生传统礼仪教育缺失的现状并分析背后原因，然后结合祭孔大典的道德教化、文化传承作用，提出应该重构大学生礼仪教育的路径。

（二）历史维度的祭礼研究

文献中的祭礼始终是历史学、民俗学等学科的主要研究维度。明代是历史上礼仪重建的重要时期，祭祀礼仪得到格外重视。陈士银的《明洪武时期太庙祭祀频次考》⑥ 一文以祭祀频次为切入点，从祫禘、时享、荐新、告庙等四个维度，对明洪武年间极其烦琐的太庙祭祀进行梳理。徐栋梁、史丽从《满文老档》中考察满族早期祭天礼俗，以《满文老档》中的记录为主要佐证，对满人早期祭天的原因、仪式、过程、所用物品等予以考证⑦。杨逸考察了浙江浦江郑氏家族的《家礼》实践⑧，指出礼仪实践的嬗变与祭田制度的兴衰相关。郑氏家族自宋元之际开始礼法实践至明初达到完备，其背后是自家祭田的增

---

① 王霄冰：《公祭节日与当代城市人文空间的构建》，《文化遗产》2016 年第 1 期。

② 张兵娟、王闯：《新媒体环境下祭礼仪式的转型与国家共同体建构》，《新闻与传播研究》2016 年第 12 期。

③ 高小岩：《公祭黄帝大典与宗庙大祭：中韩传统庆典的当代意蕴》，《江苏师范大学学报》2016 年第 5 期。

④ 赵彦民：《“义岩别祭”：个体经验 · 国家认同 · 历史认识》，《民俗研究》2016 年第 4 期。

⑤ 甲宏伟、骆文伟：《当代大学生传统礼仪教育的反思与重构——以祭孔大典为例》，《华北水利水电大学学报》2016 年第 3 期。

⑥ 陈士银：《明洪武时期太庙祭祀频次考》，《淮南师范学院学报》2016 年第 3 期。

⑦ 徐栋梁、史丽：《〈满文老档〉所见满族早期祭天礼俗考》，《满族研究》2016 年第 3 期。

⑧ 杨逸：《浦江郑氏家族的〈家礼〉实践——以家族祭祀活动为中心》，《文化遗产》2016 年第 6 期。

扩。但随着分家和祭产结构的变化，祭祀逐渐失去“事亡如事存”的古礼内涵，蜕变为家族的娱乐活动。吾妻重二《水户藩的儒教丧祭礼仪文献》[①] 一文对丧祭礼相关文献资料进行了广泛审察与详细分析，呈现了水户藩儒教礼仪实践的历史展开过程，作者注意到朱熹《家礼》在其中发挥了关键性作用，在史料分析的基础上澄清了水户藩的丧葬礼仪乃以儒教为本。宣炳善《尸祭礼仪祖先崇拜特征的族际跨文化分析》[②] 指出，明代发生的传教士与中国祭祖仪式冲突的礼仪之争的源头可以上溯至周代的中原尸祭礼仪。贵州省黔东南州苗族传承至今的鼓藏祭祖仪式与周代的中原尸祭礼仪具有一定的文化相似性，具有族际跨文化比较的可能性。彭林《沈文倬的岁时祭考辨及其特色》[③] 一文则总结并高度评价了沈文倬礼学研究的贡献。

（三）信仰与祭礼研究

信仰与仪式密不可分，从信仰的角度研究祭礼的既有关注国家正祀的，也有关注民间信仰的。周洪宇、王文虎《炎黄国祭论》[④] 肯定了炎黄精神传承的价值，指出近年来各地拜祭炎黄二帝的活动对于维护祖国统一、民族团结的纽带作用。李技文立足于象征人类学的视野，运用仪式过程理论和宗教人类学的相关理论知识，就僰家人“哈戎”通过阈限及象征仪式展开讨论。[⑤] 王万平发现，白马藏人的民间信仰是其内部认同和外部边界的重要标志。这种群体主观建构的边界是通过强化与其他族群的文化差异，消弭族群内部的文化差异来实现的，这表明族群认同是一个动态的过程。[⑥] 杨杰宏在《东巴祭天仪式的程式化特征及结构形态》[⑦] 一文中提出了“仪式程式”的概念和内涵，认为包含了口头叙事传统中的程式和仪式中的程式两个方面。仪式程序及故事情节犹如两条平行移动的线性结构，构成了仪式叙事文本的“情节基干”，推动着仪式叙事行为的逻辑展开。王人弘《台湾赛夏族矮人传说与祭仪流变》[⑧] 一文指出，对于赛夏族人来说，矮人传说以及矮灵祭是族群重要的文化表现，在时空的转变中，传说仍稳定流传于赛夏族的社会之中，而祭仪产生了部分改变。但是赛夏族人面对自身文化的态度，让矮人传说与矮灵祭能够生生不息。

不少研究基于祭祀中所用到的文本展开讨论。刘明新、马莲通过对成于清道光年间的青州满族瓜尔佳氏祭祖文本的分析，结合青州驻防形成的历史与社会结构，认为青州驻防城内兴起的满族祭祖与萨满教有着本质上的区别，是一个在新的历史背景下形成的有其独特价值意义的信仰体系。[⑨] 傅慧平、张金成通过对加池苗族祭文的内容与形式的研究，着

---

① ［日］吾妻重二：《水户藩的儒教丧祭礼仪文献》，胡珍子译，《历史文献研究》2016 年第 36 辑。

② 宣炳善：《尸祭礼仪祖先崇拜特征的族际跨文化分析》，《汉语国际教育研究》2016 年第 1 辑。

③ 彭林：《沈文倬的岁时祭考辨及其特色》，《河北学刊》2016 年第 4 期。

④ 周洪宇、王文虎：《炎黄国祭论》，《湖北社会科学》2016 年第 8 期。

⑤ 李技文：《僰家人的“哈戎”仪式的通过阈限与象征意义》，《宗教学研究》2016 年第 3 期。

⑥ 王万平：《族群认同视阈下的民间信仰研究——以白马藏人祭神仪式为例》，《西北民族研究》2016 年第 1 期。

⑦ 杨杰宏：《东巴祭天仪式的程式化特征及结构形态》，《黔南民族师范学院学报》2016 年第 1 期。

⑧ 王人弘：《台湾赛夏族矮人传说与祭仪流变》，《民间文化论坛》2016 年第 4 期。

⑨ 刘明新、马莲：《再论满族祭祖与萨满教“形似而质异”——青州满族瓜尔佳氏祭祖文本探析》，《黑龙江民族丛刊》2016 年第 6 期。

重探讨其蕴含的地方苗人的生死观，并由此进一步分析其隐藏的社会文化内涵。[①] 周晓光、郭继红把徽州族谱中的祭文作为研究对象，指出祭文类型多样，民俗性特征明显，反映了徽州民间社会神魂不灭的观念和传统社会儒家孝道思想。撰述念唱祭文有助于增强宗族同源意识、维系与巩固宗族制度。[②]

国家与社会/地方互动的二元框架是重要的理论视角，不少学者以此来考察祭祀仪式。刘目斌的《地方认同与族际关系的仪式表达——青海三川地区二郎神祭典仪式的考察》[③]一文介绍了青海三川地区土族、藏族、汉族民众共同参与的神灵祭典仪式，可分为春季的"转青苗"与秋季的"纳顿节""八月会"。这些族际仪式，跨越族群边界而为多民族共享，体现出"一体多元"与包容共生的文化特质，展示出三川族际社会中"和而不同"的社会交往模式与族群关系的文化表达图式，维系着地域社会的良性运行与协调发展。杜靖《大、小首人制度：山西曲沃靳氏宗族祭仪研究》[④] 认为，宗族的祭祀场所是宗族祭仪非常重要的舞台，观察宗族祭仪不仅仅是停留于祭祀组织、祭祀活动、祭祀功能的考察，同样要高度重视其与特定地理文化空间的关系及其文化表达。宗族祭仪同样可折射出国家与地方社会的互动。

有的研究以"物"的祭祀为研究对象，呈现丰富多彩的文化观念与习俗。黄桂秋《中国壮侗语族群的糯稻、糯食与糯祭文化》[⑤] 指出，自古至今，壮侗语族群在糯稻种植、糯米饮食、糯祭礼仪等方面，已经形成全面系统、独具特色的文化链，是中国稻米饮食文化的重要组成部分，其文化内涵和学术价值有待挖掘。

（四）当代祭礼的传承与发展研究

当代社会中祭祀仪式的传承现状、价值意义和仪式重建是学界近几年关注的重点。但是，就具体研究对象而言的研究角度又稍有差异。

萧放从生活时间的角度探讨与祭祀有关的传统岁时节日的传承与创新。他在《天时与人时的融通：清明礼俗文化的传承与创新》[⑥] 一文中认为，清明是将节气日与民俗节日融为一体，天时与人时合一的节气。清明节的两大礼俗主题是祭祖与踏青，在祖先祭祀仪式中慎终追远，在踏青游戏中活跃生命，达到文化传承与身心调适的目的。在当代社会，清明文化的传承创新重在培育感恩情怀、提升生命伦理意识；贯彻环境保护理念，调整更新传统祭祀方式；亲近自然，拥抱生命的春天。对清明礼俗文化的传承与创新，可以促进民族生命的生生不息。

有的研究将祭祀与当代乡村社会治理结合起来讨论。何慧丽、万威《从"祖灵祭"

---

① 傅慧平、张金成：《加池苗寨祭文：生死交接的符号之旅》，《中国山地民族研究集刊》2016 年第 1 期。

② 周晓光、郭继红：《徽州民间祭文类型、特征及社会文化内涵初探——以徽州族谱所见民间祭文为中心》，《学术界》2016 年第 3 期。

③ 刘目斌：《地方认同与族际关系的仪式表达——青海三川地区二郎神祭典仪式的考察》，《北方民族大学学报》2016 年第 5 期。

④ 杜靖：《大、小首人制度：山西曲沃靳氏宗族祭仪研究》，《民族论坛》2016 年第 7 期。

⑤ 黄桂秋：《中国壮侗语族群的糯稻、糯食与糯祭文化》，《广西民族研究》2016 年第 1 期。

⑥ 萧放：《天时与人时的融通：清明礼俗文化的传承与创新》，《当代中国价值观研究》2016 年第 4 期。

到“骂社火”：现代化背景下乡村治理的内生力探讨》① 提到现代化背景下乡村治理的内生力问题，需要从历史文化到现实习俗所体现的乡村治理经验中来探讨。作者以台湾地区邵族的“祖灵祭”和大陆豫西汉族的“骂社火”为例，分析这些习俗的社会治理价值，提出在现代化政权和市场经济的宏观环境下，促使此类传统文化制度实现转化，发挥乡村治理内生力的功能是值得探讨的问题。邵凤丽《岁时祭祖与当代乡村社会治理——以浙南S村春祭为例》② 通过对2015年N姓家族春祭的观察和分析，肯定了民间岁时祭祖在家族文化传承、地方认同和基层治理中的作用。

针对当代祭礼的传承与重建问题，学界也有关注，有的兼及比较与跨文化研究。高静《从原形解构看韩国学术界对江陵端午祭的认识论转变》③ 一文看到，韩国学术界在经历了“现实复原—历史包装—原形解构”三个阶段的研究后，对江陵端午祭的认识发生了转变，“原形至上”的复原主义与解构主义学者关于端午祭的认识出现论争。这也启示了当前非物质文化遗产保护视角下如何看待仪式的重建问题。邵媛媛、吴兴帜的文章就是将非遗、旅游和文化三者结合起来讨论的，作者以阿细祭火仪式在文化旅游情境中的境遇为例，分析地方人群共同体如何重组遗产、确定遗产的消费边界，从而实现遗产的自我活态存续。④

总之，本年度的研究和以往有延续，也有变化。诞生礼俗仍然是较弱关注，成年礼的研究在深化，但基本还较多停留在史料搜集和当代传承的呈现，问题讨论还有待深化；婚姻礼俗的探讨文献较多，但是并未有太多理论和角度的创新；丧葬礼俗的研究范围比较广，既有历史维度的文献梳理与分析，也有各民族各地区的丧葬文化研究，有立足于当代殡葬改革制度思考丧葬礼俗的，也有以讨论丧葬礼俗中生命教育、情感表达为内容的心理学的研究，在社会转型期成为社会热点也是研究的重要关注点。祭祀礼仪与丧葬礼俗的研究有相似之处，尤其是祭祀的重建、祭祀仪式与乡村社会治理的研究拓展了以往的研究视角，在民俗学的实践研究和学科交叉方面出现了新的探索。

---

① 何慧丽、万威：《从“祖灵祭”到“骂社火”：现代化背景下乡村治理的内生力探讨》，《中共浙江省委党校学报》2016年第6期。

② 邵凤丽：《岁时祭祖与当代乡村社会治理——以浙南S村春祭为例》，《社会治理》2016年第1期。

③ 高静：《从原形解构看韩国学术界对江陵端午祭的认识论转变》，《文化遗产》2016年第3期。

④ 邵媛媛、吴兴帜：《文化旅游情境中的非物质文化遗产消费边界研究——以阿细祭火仪式为例》，《中国农业大学学报》2016年第3期。

2016年社会组织民俗研究综述

肖羽彤*

社会组织即各类人群结合集团，社会组织民俗即“人们在建立并沿袭群体内的互动关系，以推动群体事件的时候所形成的习俗惯制。”[①] 社会组织民俗研究呈现出浓厚的多学科综合特点，与社会学、人类学等学科相比，民俗学者对社会组织民俗的关注相对后起，且多集中于庙会组织研究领域，因此社会组织民俗研究除民俗学以外，也包含大量其他学科的研究成果。下文将从宗族组织、香会与庙会组织以及其他社会组织三个方面，对包括民俗学在内的多学科社会组织民俗研究进行综述。

一　宗族组织民俗研究

宗族组织是中国社会基本的社会组织之一，在各类社会组织中也受到了较多关注，来自民俗学、历史学、社会学、经济学等不同学科的研究者都对宗族组织展开了角度各异的研究。

部分研究对宗族组织与民间信仰的互动关系进行了探索。陈瑶以湖南湘潭阳塘周氏宗族为例，认为其发展提供了神明信仰与宗族间关系的一种模式：早期宗族建构以神明信仰为核心文化符号，逐渐叠加形成完备的宗族世系与礼仪；当其从一个人口稀少、流动性强的移民群体发展为人口众多、稳定性强的世家大族后，又通过经管神庙宣示宗族在地域社会文化中占据的中心地位。[②] 李志鸿以赣南闽西罗祖教及其与闽西宗族的关系为中心，讨论宗族力量在当地罗祖教传播中发挥的重要作用。[③] 许颖对粤东梅县白宫地区地方神明、宗族与区域社会之间的互动关系进行了探讨，以此展现明清以来客家乡村社会的历史变迁。[④] 王婉雯对珠三角若干自然村开展田野调查，讨论当地宗族、宗教活动与地方社会发展的关系，当地宗族与宗教活动十分开放，祭祀圈突破血缘与地缘限制，不局限于本村，政权、神权和族权在其中共同作用；这种开放包容性有助于拓展地方社会边界、整合社会关系与资源、推动社会发展，而且多重权力的在场与集中对地方社会的组织与管理也具有

---

* 作者系中国社会科学院大学文学系2019级博士研究生。

① 钟敬文主编：《民俗学概论》，上海文艺出版社1998年版，第99页。

② 陈瑶：《“各族皆有家神”——以湘潭阳塘龙王信仰与周氏宗族建构为中心》，《安徽史学》2016年第1期。

③ 李志鸿：《中国民间宗教与宗族社会——以赣南闽西罗祖教为中心》，《宗教社会学》2016年第四辑。

④ 许颖：《粤东梅县白宫乡村的社会变迁研究》，硕士学位论文，南昌大学，2016年。

积极作用。[①] 陈华、秦利国着眼于北方宗族与民间信仰的关系，以明清时期上党宗族为例展开研究，阐述宗族与民间信仰对彼此发展的相互作用，并指出北方地区祠堂较少，宗祠功能常与庙宇结合。[②]

还有研究对制度性宗教与宗族的关系进行了讨论。吕珊珊、张侃探究了浙江永嘉一个道教家族内宗法与道法的传承模式与发展形态。[③] 吴巍巍以近代福建基督教华人牧师的人际网络关系为研究对象，指出宗族、乡邻与基层信众是近代华籍牧师在乡村社会立足和传播基督教的关键要素。[④]

在宗族组织的民俗研究中，许多研究者以族谱为切入点，探讨其中体现的宗族观念，以期深化对中国宗族的认识。钱杭以山西沁县族谱为例，指出中国宗族世系观念可能存在地域差异性；在移民背景、历史传统、环境交通、人口构成、村落格局、民风习俗等多种因素作用下，山西沁县发展出独特的“门”型世系表达方式，当地族谱以“门”的概念指称族内分支和族人归属，“门”为小于“族”、大于“房”的包容性范畴，使用不同于“房”的原则，能更有效地在当地基础薄弱的移民宗族内部发挥整合兄弟、联络旁系、积聚人口和财富的作用。[⑤] 杜靖以山东滕州闵楼村的闵氏宗族为例，从闵氏宗族历次修谱文字中关键父系亲属称谓或有关概念分析其族人的宗族观念，闵氏族人以五服九族为宗族构造的重要节点，宗族沿纵向直系与横向旁系两个方向发育而成，以此提出从旁系维度理解中国宗族的意义。[⑥] 陈兴贵以重庆永川松溉罗氏宗族为例，指出族谱作为宗族认同符号的局限性，姓氏、世系、祖源、字排、祖先留下的凭证等要素也是宗族认同的重要依据。[⑦] 此外，还有研究从族谱包含的历史信息中，挖掘宗族的历史活动、地方社会的历史变迁等。[⑧]

单桢以宁波地区为例，对城镇化转型中的族谱编纂问题进行考察，发现宗族组织功能性与强度随社会现代化、城市化转型以及市镇经济发展而有所减弱，族谱蕴含的话语权力体系出现松动。[⑨]

祠堂是宗族的另一重要组织要素。白冰洋以方志、家谱等为材料，探究清代苏南西部

---

① 王婉雯：《宗族、民间宗教与地方社会发展——基于珠三角农村的田野调查》，《山东社会科学》2016年第9期。

② 陈华、秦利国：《明清时期上党宗族与民间信仰》，《长治学院学报》2016年第3期。

③ 吕珊珊、张侃：《家族流变与道法传承》，《温州职业技术学院学报》2016年第1期。

④ 吴巍巍：《宗族、乡邻与基层信众——近代福建基督教华人牧师的人际网络关系初探》，《福建师范大学学报（哲学社会科学版）》2016年第2期。

⑤ 钱杭：《沁县族谱中的“门”与“门”型系谱——兼论中国宗族世系学的两种实践类型》，《历史研究》2016年第6期。

⑥ 杜靖：《再议五服与宗族的关系问题——与历史学家钱杭教授的再讨论》，《长江师范学院学报》2016年第4期。

⑦ 陈兴贵：《一个汉族宗族的认同符号——重庆永川松溉罗氏宗族个案研究》，《长江师范学院学报》2016年第1期。

⑧ 王晓芬：《明清通山县地方大族修志活动及其地方权势的演变》，硕士学位论文，江西师范大学，2016年；吴泽宇：《琉球闽人家谱史料与研究》，硕士学位论文，福建师范大学，2016年。

⑨ 单桢：《城镇化转型中的族谱编纂——以宁波地区为例》，硕士学位论文，上海师范大学，2016年。

以祠堂为核心的宗族生活实态，并分析祠堂与地方社会的关系，试图为乡村社会的治理提供借鉴。①还有研究从建筑学角度展开，通过测绘调研，从营建思想、建筑空间形态、功能、装饰等方面对宗祠建筑进行研究，分析宗祠建筑与自然环境、历史背景、民俗民风等各因素间的相互作用。②在部分地区，戏台是祠堂的附属建筑，也是维持宗族血缘纽带的物质载体，反映宗族势力，因而也有研究从此角度对戏台进行讨论。③

还有研究根据记录宗族活动的文书，描绘宗族各领域的生活画面，勾勒宗族发展的线索。④其中，徽州文书因其数量之大、涉及面之广，为徽州宗族研究提供了大量材料，不少研究者都以徽州文书为材料，对徽州宗族的宗族间矛盾、伦理规范、生活常态、宗族管理等问题进行了研究。⑤此外，部分研究着重对特定类型的文书作专门探讨，根据内容对文书进行分类，分析其内涵。⑥

一些研究者对记录宗族经济活动的文书予以关注，其研究为理解中国宗族制度与组织运作提供了不同视角。刘广瑞对太行山文书夹藏的福建省屏南县大宗账簿分类介绍，阐明其对晚清民国社会经济史、村落史研究的价值。⑦李晓龙以清代广东乐昌楼下邓氏宗族为例，分析祭薄如何以文本形式确立房的运作秩序，指出祭薄在中国宗族之中的重要性。⑧

与南方地区相比，华北宗族组织不那么发达，以往关于华北宗族的研究成果也不及南方地区的宗族研究。兰林友曾指出："华北宗族明显缺乏一般宗族的一些重要特征"⑨，但

---

① 白冰洋：《清代宜兴荆溪地区的祠堂、宗族与地方社会》，硕士学位论文，南京师范大学，2016年。

② 卢轩菲：《东阳市蔡宅村蔡氏宗祠建筑研究》，硕士学位论文，浙江理工大学，2016年；范银典：《明清巴渝地区宗族祠堂建筑特色研究》，硕士学位论文，重庆大学，2016年。

③ 颜伟、曹飞：《戏台——乡村权力矛盾的实体化建构——基于高平市康营村的个案研究之一》，《戏剧：中央戏剧学院学报》2016年第6期；刘莞芸：《乐平古戏台与明清乡村"族群"意识研究》，《大众文艺》2016年第9期；朱姗姗：《乐平乡土戏台的地域性生成》，《艺术科技》2016年第5期。

④ 林芊、王凤梅：《"三家""三老家"：文斗苗寨宗族的生成与扩展——对"清水江文书"相关契约的考察》，《原生态民族文化学刊》2016年第4期；王凤梅：《清水江流域宗族在婚姻关系中的作用考察——以天柱县婚书为例》，《贵州大学学报》（社会科学版）2016年第5期。

⑤ 郑小春：《谱牒纷争所见明清徽州小姓与望族的冲突》，《安徽大学学报（哲学社会科学版）》2016年第3期；陈明：《明清时期徽州宗族的日常生活——从〈祁门二十一都二图磻溪陈氏文书〉看》，《西部学刊》2016年第6期；卢佳林：《徽州文书中的宗族社会》，《重庆三峡学院学报》2016年第4期；卢佳林、陈明：《论徽州宗族内部关系》，《潍坊学院学报》2016年第3期；夏晓慧：《明清徽州宗族的恤族举措》，《鸡西大学学报》2016年第1期；夏晓慧：《明清时期徽州民间的尚俭之风略述》，《农业考古》2016年第4期；张绪：《明清时期老年人的日常生活——以徽州地区为例》，《兰州学刊》2016年第11期。

⑥ 周晓光、郭继红：《徽州民间祭文类型、特征及社会文化内涵初探——以徽州族谱所见民间祭文为中心》，《学术界》2016年第3期；詹海波：《明清时期徽州宗族祠祭规约探究》，硕士学位论文，安徽大学，2016年；夏晓慧、沈昕：《合同文约：清代徽州乡村社会的宗族管理》，《农业考古》2016年第3期。

⑦ 刘广瑞：《太行山文书夹藏福建省屏南县大宗账簿述略》，《宁夏社会科学》2016年第6期。

⑧ 李晓龙：《祭薄与房的运作——以清代广东乐昌楼下邓氏为中心》，《学术研究》2016年第1期。

⑨ 兰林友：《本土的解说：宗族、族群与公共卫生的人类学研究》，中国社会科学出版社2012年版，第110页。

随着近年华北宗族研究逐渐升温，可知事实或许并不如此。在华北地区，族谱、祠堂等宗族的基本组织要素呈现出不同于南方宗族的形态。刘巧莉、王剑对华北宗族的祖茔进行专门探讨，指出祖茔是明清时期华北宗族文化的地标，也是华北宗族区别于江南宗族的一大特点，由于华北宗族大多没有祠堂，因此以祖茔为重要祭祀场所；祖茔的昭穆排列清晰地向后人展现宗族的构成与历史，为族谱编修提供素材与依据；祖茔维护与祭祖活动将族人团结到一起，以祖茔为纽带形成宗族认同。① 周晓冀对宋元以来鲁中山地的宗族谱碑进行考察，从谱碑的演变与分布、制度与功能等角度说明其作为宗族谱牒载体的历史价值，揭示谱碑与当地宗族发展的关系，探寻鲁中宗族形成的路径以至华北宗族的地域性特征；谱碑是将族谱刻于石质载体的文化形式，是鲁中宗族世系记录方式的重要补充，主要分布于北方地区，尤其集中于鲁中山地，贯穿当地宗族发展，承担了北方族谱缺坏时代的宗族使命，延续了父系世系记录，为宗族复兴准备了知识与谱系上的充分条件，且谱碑随时代环境变化越发摆脱单纯祭祀性或谱牒性，成为两者合一的宗族象征物。②

吴雪梅则对中部地区的宗族组织进行了考察，指出明清时期两湖移民社会的宗族与乡村秩序形态由于当地生态、经济要素等原因，呈现出南北交会的特征。③

在宗族的组织结构方面，张俊峰、高婧通过山西曲沃靳氏宗族的个案研究探讨了宗族的分枝与立户问题，指出宗族的分枝与立户实际上是系谱原则与功能性原则在宗族发展不同阶段分别起主导作用的结果，在宗族自由发展阶段，系谱原则起决定作用，当国家势力介入，则由功能性原则起主导作用；此外，"户"的发展演变只是宗族整体历程的一个阶段，并非所有"户"都是"户族"，也并非所有"户"都发展为"户族"。④ 詹明珍对清代江西宗族内的文会组织进行研究，从文会的类型、特征、社会功能等方面展开讨论，指出由于地方士绅的参与，文会逐渐演变为地方社会权力网络中的一部分，成为国家控制地方社会的间接方式之一，与地方政权共同维护社会秩序。⑤

在宗族成员参与的民俗活动研究方面，杜靖对山西曲沃靳氏宗族的祭仪进行研究，尤其重视宗族祭仪与地理文化空间的关系及其文化表达，透过祭仪讨论宗族内部房支结构的关系与相关观念、宗族在地方社会的位置、宗族与他姓宗族以及国家与社会的互动等问题。⑥

部分研究着眼于宗族与地方社会的互动关系，将宗族组织置于地方社会背景下展开讨论。李红、胡彬彬以醴南盐山寺十姓为例讨论乡村社会的建构模式，指出传统中国乡村社会的组成方式及其与国家的关系并不能用任何一种理论概括，应结合具体研究探讨；盐山寺十姓先祖迁至湖南醴陵南部后，自明初里甲制推行，开始与里社组织互为表里整合十大宗族；明宣德年间，十姓重修盐山寺，将寺庙据为己有，并把跻身盐山寺作为在地方社会的象征，形成对外具有排斥性与对内具有凝聚性的"我十姓"认同；在盐山寺十姓组成的乡村社会，

---

① 刘巧莉、王剑：《负土筑墓——明清华北宗族文化的地标》，《学习与探索》2016 年第 3 期。

② 周晓冀：《宋元以来鲁中山地宗族谱碑研究》，博士学位论文，上海师范大学，2016 年。

③ 吴雪梅：《生态、经济格局与乡村互动模式——对明清两湖移民社会的考察》，《中南民族大学学报（人文社会科学版）》2016 年第 6 期。

④ 张俊峰、高婧：《宗族研究中的分枝与立户问题——基于山西曲沃靳氏宗族的个案研究》，《史林》2016 年第 2 期。

⑤ 詹明珍：《清代江西宗族文会研究》，硕士学位论文，南昌大学，2016 年。

⑥ 杜靖：《大、小首人制度：山西曲沃靳氏宗族祭仪研究》，《民族论坛》2016 年第 7 期。

代表血缘关系的宗族组织与代表地缘组织的寺庙、里甲、里社互相影响，共同发挥作用，在乡村社会的建构过程中，既有国家行政与观念的影响，又有地方主动利用国家话语体系进行自我塑造，以此获得正统性与合法性地位。① 叶舟对苏南宗族与近代上海的遭遇进行考察，讨论传统宗族在都市生活与近代社会冲击之下进行自我调整的艰难过程，指出宗族在恰当环境下，也具有实现向现代社会组织转型的可能。② 杜靖以民族志探查历史上走西口的周氏后人在口外的生存环境，以探索宗族文化在西北为何不能向内亚腹地延伸，内蒙古河套平原的汉人移民为何回归祖籍与老家同宗人口一起从事宗族活动，以及口外汉人移民难以在草原上修族谱、建宗族的原因。③ 一些研究以科举为视角，探讨宗族与地方社会的关系，如张献忠对清代天津科举家族的研究，④ 肖颖慧对明代江西泰和宗族的研究等。⑤ 此外还有对宗族教化与社会教化的研究，王耀祖指出，宗族是元代徽州基层社会教化的中坚力量，宗族修纂族谱、创建祠堂、定时行“展省”礼等活动，通常会被赋予程朱理学重视的纲常伦理教化价值与意义，使宗族子弟经由多种形式的教化，对宗族伦理观念产生认同。⑥ 王永芳、王珉、程文艳根据人口学的同期群概念与同期群效应原理对家训的影响力进行量化研究。⑦ 李建武对明代山西潞安仇氏家族的系统性教化活动进行考察。⑧

在现代化潮流下，宗族在乡村社会扮演的角色也在发生变化，部分研究对此进行了考察。张光红、赵欢根据滇东北林村的调查，指出当下乡村村级行政主体由传统宗族演变为家庭，农村政治体系建构由宗族势力转变为社会个体，个体不依赖宗族而依据社会关系与经济能力获取政治地位。⑨ 朱超则对一个鲁南村落从人民公社时期、家庭联产承包责任制初期到当前的变迁轨迹进行分析，认为宗族从聚合走向离散是时代发展的必然，也是新形势下宗族成员的个体化进程。⑩ 还有研究将宗族在当代农村的非正式治理进行考察，分析宗族在农村社会治理中的正面与负面影响，针对宗族的负面影响提出解决之策，引导宗族在当代基层治理中发挥独特功能。⑪ 刘金海对宗族之于乡村权威及其格局影响进行实证研

---

① 李红、胡彬彬：《乡村的历史与建构——以醴南盐山寺十姓为例》，《湖南师范大学社会科学学报》2016 年第 5 期。

② 叶舟：《传统与现代之间：苏南宗族的近代化与上海》，《史林》2016 年第 3 期。

③ 杜靖：《做客敕勒川》，《民族论坛》2016 年第 12 期。

④ 张献忠：《清代天津科举家族与地方社会》，《山东社会科学》2016 年第 8 期。

⑤ 肖颖慧：《明代江西泰和宗族研究——以科举为视角》，硕士学位论文，南昌大学，2016 年。

⑥ 王耀祖：《社会变迁中的元代徽州社会教化研究》，博士学位论文，华东师范大学，2016 年。

⑦ 王永芳、王珉、程文艳：《家训文化与社会主流文化的相互影响——基于同期群效应模型的分析》，《燕山大学学报（哲学社会科学版）》2016 年第 2 期。

⑧ 李建武：《明代宗族与地方教化——以山西潞安府仇氏家族为例》，《太原师范学院学报（社会科学版）》2016 年第 4 期。

⑨ 张光红、赵欢：《乡村政权结构演变——基于滇东北林村的调查》，《原生态民族文化学刊》2016 年第 2 期。

⑩ 朱超：《聚合与疏离——一个鲁南村落里的宗族研究》，硕士学位论文，浙江大学，2016 年。

⑪ 范子铭：《马克思主义社会治理思想视角下农村宗族现象研究》，硕士学位论文，曲阜师范大学，2016 年；肖辰琛：《农村治理中的宗族问题研究》，硕士学位论文，江西师范大学，2016 年；徐宇：《宗族、权力关系与基层的非正式治理——来自上付、吴坊等 40 个村的综合研究》，硕士学位论文，南昌大学，2016 年；蔡文栋：《宗族势力对村民自治的影响研究——以鲁西南 H 村为例》，硕士学位论文，中国矿业大学，2016 年。

究，认为宗族对村庄权威及其格局的影响不可高估。①

还有研究对宗族与其他当代社会问题相结合，具体探讨宗族对当代生活的影响。郭云南、王春飞对新农合医保促进农民创业的作用进行研究，指出在宗族组织发达的村庄，宗族作为非正式风险分担制度与新农合制度存在替代关系；而新农合等正式风险分担制度在实施过程中存在的问题，也可借助宗族等非正式组织得到有效缓解。② 袁力通过实证研究，检验宗族网络对家庭民间金融参与的影响，并探索宗族网络促进家庭民间金融参与的潜在作用机制。③

此外还有对宗族研究自身的思考，并在理论方面有所推进。常建华指出近年明清宗族研究多采取地方史的研究策略，北方宗族研究进展很大；个案研究数量最多；已有的一些宗族理论得到验证与拓展；宗族建设与宗族组织化研究在增长；持续关注宗族的自治性问题；祖先崇拜问题占重要地位；研究的跨学科性在增强。④ 庄孔韶从 20 世纪 40 年代人类学著作中寻找可接连到当下的研究路径，从世系群与宗族开启的研究路径，可连接到祭祖的“理念先在”、宗族模式与非宗族模式并置、个体主义与乡土组织体系之动态过程等研究路径。⑤ 陈兴贵指出宗族并非静态的功能群体，而 60 年代以来主导中国汉族宗族研究的功能主义模式存在局限性，其静态的功能分析难以把握汉族宗族的复杂性；历史民族志的视野则将宗族研究置于多重历史叙事框架中，揭示宗族自身的形成过程及其文化背景与社会内涵。⑥ 夏循祥、李延睿把宗族作为当代中国研究的方法论、视角和重要维度，通过宗族命运反思中国社会转型，通过宗族研究的变化反思中国社会科学。⑦

大体而言，不同学科背景的研究者都对中国社会中尤其重要的宗族组织予以关注，对宗族问题的思考多置于“国家—社会”的框架之下，并通过个案研究进行。尤其值得注意的是一些研究者在北方宗族与少数民族地区宗族研究方面的创见，他们的研究揭示了以往未受充分注意的中国宗族的地域性特征，并对宗族这一类人群结合形态有了更深入的认识。

二　香会组织与庙会组织研究

庙会研究是民俗学研究的一大传统，许多研究者不局限于妙峰山与龙牌会两大传统研究热点，对不同地区的庙会进行个案研究，对其活动、社会功能、主要特征等问题进行分

① 刘金海：《宗族对乡村权威及其格局影响的实证研究——以村庄主要干部的姓氏来源为分析基础》，《东南学术》2016 年第 1 期。

② 郭云南、王春飞：《新型农村合作医疗保险与自主创业》，《经济学》2016 年第 4 期。

③ 袁力：《宗族网络与家庭民间金融参与：影响和作用机制》，硕士学位论文，山东大学，2016 年。

④ 常建华：《近年来明清宗族研究综述》，《安徽史学》2016 年第 1 期。

⑤ 庄孔韶：《中国乡村人类学重要的学术遗产：研究路径与问题》，《思想战线》2016 年第 1 期。

⑥ 陈兴贵：《历史民族志视野下的中国汉族宗族研究反思》，《广西师范学院学报（哲学社会科学版）》2016 年第 3 期。

⑦ 夏循祥、李延睿：《宗族、宗族研究与中国社会科学》，《北方民族大学学报（哲学社会科学版）》2016 年第 1 期。

析，部分研究还为传统庙会在现代环境下的传承与发展提出建议。①

岳永逸对近年庙会研究的路径进行了反思，认为动力学与经济学这两种主要路径各有偏执之处，提倡打通两条路径，以景区化的华北圣山苍岩山庙会为例，对当代中国以宗教信仰为核心的庙会进行政治—经济学的描述与分析。②

一些研究通过寻找新的切入点、采取不同的理论视角，推进妙峰山与龙牌会研究。萧萍以妙峰山进香花会中的“皇会”乐社为研究对象，探讨其历史成因、等级特征与当代存续问题；皇会作为晚清受过皇家“御览”“御赐”和“赐封”的民间花会组织，体现了清廷在社会动荡时期向民间花会的示好态度，以加强民间社会控制；“皇会”的名义使这些组织享有高于一般花会的身份地位，在皇权象征名义下，皇会在民间礼俗仪式活动中享有特权化礼遇和限定用乐规范，体现了中国礼乐文化中不可僭越的等级特征。当代皇会的遗存则体现了传承者自觉维护乐社与用乐正统性，也体现了皇会在当下文化生态中受到的认同与保护。③ 朱洪涛对顾颉刚的妙峰山考察进行回顾，指出其思路具有浪漫主义倾向，不对民众进香活动中的迷信成分进行批评，而是大力阐扬民众生活的活力，以免民众对知识产生恶感，便于后续启蒙的开展。④ 赵旭东、朱天谱从信仰文本的角度分析范庄龙牌会信众信仰表达的显在文本与隐藏文本；龙牌会的显在文本将地方信仰层面的“龙”与中华民族共同体意义上的“龙”勾连起来，表现出对精英意志的妥协，以此作为谋取资源、繁荣地方经济的途径；其隐藏文本则体现了民众常态化的反抗形式和更真实的情感表达，范庄人将情感寄托在华北传统民间宗教谱系中占主要位置的世俗神仙，呈现出脱离于世俗权力意志并具有独立运作逻辑的精神世界。⑤ 曹何稚立足民间自组织性，从结构与秩序的角度分析当下妙峰山庙会的核心危机；传统妙峰山庙会的核心机制是人神互惠的交换，庙会共同体由此实现整合，并拓展出人—人交换循环圈，实现香会群体的有机团结；市场经济发展，商品交易作为新的人际关系模式渗入庙会当中，与构建妙峰山庙会的核心纽带发生断裂，导致以人神互惠为基础的整合失效，妙峰山庙会的总体秩序随之逐渐瓦解。⑥

---

① 张永清：《甘肃会宁县苏堡村梁洛寺庙会研究》，硕士学位论文，云南民族大学，2016 年；范立：《西南少数民族描绘的社会功能研究——以三江侗族自治县三王宫庙会为例》，硕士学位论文，广西师范大学，2016 年；贾瑞霞：《清末民初离石庙会功能探析》，《吕梁学院学报》2016 年第 4 期；张玉青、亓延：《千佛山庙会文化空间的保护与传承》，《大众文艺》2016 年第 17 期；冯运文：《浦市盂兰盆法会的人类学考察》，《民族论坛》2016 年第 12 期；亢宁梅：《庙会功能的演变与传统文化现代性转变的关系研究——以江苏省的三个城市为例》，《内蒙古大学艺术学院学报》2016 年第 1 期；吴大明：《试析琅琊山庙会的基本功能和主要特征》，《滁州职业技术学院学报》2016 年第 2 期；李永萍、杜鹏：《乡村庙会的社会整合功能及其实践特征——基于关中金村庙会的考察》，《湖南农业大学学报（社会科学版）》2016 年第 4 期。

② 岳永逸：《民族国家、承包制与香火经济：景区化圣山庙会的政治—经济学》，《中国乡村研究》2016 年第 13 辑。

③ 萧萍：《不可僭越的民间礼乐——妙峰山进香花会中的“皇会”乐社研究》，《中国音乐学》2016 年第 4 期。

④ 朱洪涛：《理想的民间体认——顾颉刚妙峰山考察的思路问题》，《文化遗产》2016 年第 6 期。

⑤ 赵旭东、朱天谱：《范庄龙牌会与两种文本中的信仰表达》，《民俗研究》2016 年第 5 期。

⑥ 曹何稚：《交换断裂——妙峰山庙会的危机》，《民俗研究》2016 年第 2 期。

不仅妙峰山庙会，许多庙会与香会组织在当下同样遭遇困境，市场经济体制与城市化改变了社会结构，众多庙会与香会组织原有的整合机制也因此受到冲击。张青仁对北京香会的传承困境进行讨论，考察多元主体为再造香会传统所做的尝试，主要包括香会学校化、拟亲属化与公司化等若干新形态，但其中唯有公司化香会发展顺利，表明利益团体已成为民间信仰组织的新载体。①

一些庙会则在社会变迁中把握了发展机遇。李翠玲对广东中山小榄镇城镇化与传统文化相互建构的成功模式进行了探讨，小榄镇通过对当地传统民俗菊花会的复兴动员，以菊花会为基础进行文化建设，在城镇化过程中实现地方形象、地方认同与地方文化再造，城镇化发展反过来也促进地方政府与民众深化对民俗与传统文化的理解，乃至引发传统复兴。②

一些研究者对庙会运作的内部逻辑进行研究。刘晓春从历史变迁的维度，考察明清以来番禺地区迎神赛会的结构与功能及其变迁，指出番禺迎神赛会的长久延续由人神互惠的结构维持，主要具有“约纵连横”的防御性功能与“庆叙亲谊”的联谊性功能，随着社会变迁，各种社会关系在此结构中此消彼长，联谊性功能逐渐变为迎神赛会的主要社会功能。③ 朱光文以清以来广州府番禺县茭塘司东山社庙与北帝诞会为例，梳理清代以来社、社庙演变、村际联盟与迎神赛会的关系；明清以来，在部分地区，村社、祭祀、团练会因社会环境变化，根据需求而结合起来，这种结合在清末以后逐渐成为珠三角乡村社会演变的一种主流。④ 张兴宇对鲁南枣庄千山头庙会进行田野考察，通过乡土民众参与庙会活动的“灵验”心态与逻辑呈现，理解民间庙会的神圣运作与当代实践，民间庙会的灵验逻辑与神圣运作行为互通，也使地方化民俗传统得以加强与深化。⑤ 肖荣春以仪式与传说为中心，讨论宁波他山庙会的文化传播机制与社会意义。⑥

此外，胡亮、张月分别对庙会中的音乐组织进行研究。胡亮以新中国成立初期的黄山上九庙会乐班为例，探讨在新中国成立初期社会转型中，庙会活动与乐班演奏仪式逐渐演变为国家常设民俗展演活动的过程，以及国家意志嵌入庙会与乐班活动的过程，阐明民间艺术团体与新生国家政权的互动，指出庙会乐班也是民众生活中国家隐性权力的载体。⑦ 张月回顾近现代吵子会的发展历程，依据其组织性质、经济模式划分为地养会、官养会与民养会三阶段，分析吵子会的民俗活动与音乐本体，探究吵子会在当地文化中的社会地位

---

① 张青仁：《结社的断裂与重建——当代北京香会的多元生态》，《民族文学研究》2016 年第 6 期。

② 李翠玲：《城镇化进程中的民俗复兴与地方再造——以广东小榄镇“菊花会”为例》，《广西民族大学学报（哲学社会科学版）》2016 年第 2 期。

③ 刘晓春：《“约纵连横”与“庆叙亲谊”——明清以来番禺地区迎神赛会的结构与功能》，《民俗研究》2016 年第 4 期。

④ 朱光文：《社庙演变、村际联盟与迎神赛会——以清以来广州府番禺县茭塘司东山社为例》，《文化遗产》2016 年第 3 期。

⑤ 张兴宇：《民间庙会的灵验逻辑与神圣运作——鲁南枣庄市千山头庙会的田野考察》，《中国山地民族研究集刊》2016 卷第 2 期。

⑥ 肖荣春：《仪式与传说：宁波它山庙会的文化传播研究》，中国社会科学出版社 2016 年版。

⑦ 胡亮：《新中国成立初期民间艺术团体中的国家在场——以黄山上九庙会为例》，《江西社会科学》2016 年第 12 期。

与功能。[①]

三 其他社会组织民俗研究

在村社组织的研究方面，林美容以台湾的研究经验论述汉人传统庄社的基本性质：汉人庄社是仪式共同体，举行共同祭祀活动，以神明祭祀范围划定村庄范围；庄社具有法人性质；庄社是命运共同体，村民受共同时、空因素制约，命运与共；庄社是生命有机体，有起始、发展，有其生命历程；庄社是意志单位，能通过头人表达自我意志；庄社是村际关系的交陪单位。[②] 纳日碧力戈、马静对河南一个村庄中婚俗的多方面变迁进行探究。[③] 张习琴对清代贵州团练进行研究，团练在控制力不足的清代贵州社会取代保甲成为地方政治组织，有效对基层社会实行控制，在晚清大动乱期间也对中央政权形成冲击。[④]

宗族、会馆等社会组织有时兼具慈善组织功能，傅裕对清末以来重庆地区会馆的慈善活动及其特点进行探讨，指出会馆慈善兼具传统与现代的双重特征，会馆慈善与会馆经营状况、官府皆有关系。[⑤] 葛吉霞、卢锐对近代商会公益慈善的运营机制进行探讨，认为近代商会慈善具有公共性、社会性、普惠性等特点，对当下社会组织发挥社会治理作用具有参考价值。[⑥] 还有研究以宗族义庄为研究对象，从义庄的发展轨迹、内在运行机制等方面展开讨论。[⑦]

此外，曹晓宇对近代上海慈善团体联合会进行专门考察，对其从成立到解散的演变过程进行梳理，研究其组织结构与运作机制，分析其整合上海慈善界、代表慈善界与上海行政当局沟通的作用与局限，总结其经验教训。[⑧] 蒋馥蔚以苏州寒香会社为例，考察当代助残社会组织的培育与发展。[⑨]

在社会流动中，人们常结成各类社会组织以求互助、发展，选择地缘关系或业缘关系组建会馆、行会、商会、同乡会等尤为常见，这些组织往往与其置身其中的社会环境有极为密切的关系。不少研究者从不同视角对明清时期各地区会馆展开讨论，如傅裕对清代重

---

① 张月：《官护民养：撞河村吵子会考察探析》，《阜阳师范学院学报（社会科学版）》2016 年第 5 期。

② 林美容：《汉人传统庄社的基本性质》，《民俗研究》2016 年第 2 期。

③ 纳日碧力戈、马静：《中原地区婚俗变迁初探——以河南开封尉氏县 L 村为例》，《民俗研究》2016 年第 5 期。

④ 张习琴：《清代贵州团练与地方政治》，《贵州文史丛刊》2016 年第 4 期。

⑤ 傅裕：《清末以来重庆地区会馆慈善活动初探——基于巴县档案的研究》，《长江文明》2016 年第 4 期。

⑥ 葛吉霞、卢锐：《论我国近代商会公益慈善事业的运营机制及其现时代价值》，《海南大学学报（人文社会科学版）》2016 年第 5 期。

⑦ 袁灿星：《明清无锡荡口华氏义庄史话》，《苏州文博论丛》2016 年第 7 辑；陈建凯：《清代江西社仓的时空分布与运营》，《农业考古》2016 年第 3 期；王志龙：《清代苏南宗族义庄的庄正研究》，《社会科学》2016 年第 5 期。

⑧ 曹晓宇：《上海慈善团体联合会研究（1927—1937）》，硕士学位论文，湖南师范大学，2016 年。

⑨ 蒋馥蔚：《一个助残社会组织的成长史——对苏州市寒香会社的实证考察》，硕士学位论文，苏州大学，2016 年。

庆会馆信仰的研究；[①] 樊思宇对晋商会馆伦理思想的研究；[②] 黄伟对八和会馆组织与管理机构变革历程的研究；[③] 刘杨对清代重庆会馆商业性功能的研究等。[④]

部分研究对会馆的碑刻资料进行整理，以期推动会馆研究的进一步开展。孟伟、廖剑南、廖声丰以2014年出土的《乾隆山西会馆碑记》为材料，解析碑记内容，如当地山西会馆具体营建的商人群体籍贯及当时山陕商人比例情况等。[⑤] 林家豪、展龙对河南境内商业会馆的碑刻从数量、年代、类型等方面进行梳理，分析其特征与功用。[⑥] 管丹丹运用碑刻资料，具体讨论清代苏州工商会馆公所为维持内部秩序、市场经营而制定的制度规范，会馆公所规范与官府规范的相互补充与制约，促进行业道德标准的形成和传播，推动市场管理机制的健全。[⑦]

继会馆、行会之后，近代以来，又有商会这一新型商人组织兴起。一些研究对商会及其所处时局展开探讨。倪骏分清末、民国、新中国成立初期三个时间段讨论近代江西商会的创立、演变与转型，及其与时代政局变化的密切关系。[⑧] 张昊通过近代商会窥探19世纪60年代至20世纪30年代中国国家与社会关系的历史变迁，指出近代中国商会的兴衰也折射了近代中国市民社会从产生发展到衰落的历史进程。[⑨] 部分研究者特别关注到抗战时期这一商会史研究中较为薄弱的时段。张思媛对抗战时期昆明商会与地方社会的关系进行讨论，分析昆明商会在主动参与地方事务中的特点、历史作用与缺失。[⑩] 李明东对沦陷时期的武进商会作个案研究，指出商会在特殊历史时期与日伪的合作与疏离，既掠夺、又帮助商民的客观事实。[⑪]

此外还有研究对会馆、商会等民间社会组织制定的规约进行讨论，考察这些民间规约与国家法律之间的关系。孙岩以制度经济学和法律社会学的研究方法，分析行业组织经营性规范的内在逻辑，指出近代同业公会业规的发展历经成文化、格式化、法规化阶段，逐渐为国家制定法取代。[⑫] 周执前对清代城市民间社会组织自治规范的产生、形式、功能及

① 傅裕：《会馆信仰及其社会功用——以清代重庆九省会馆为考察对象》，《重庆第二师范学院学报》2016年第3期。

② 樊思宇：《晋商会馆的伦理思想研究》，硕士学位论文，山西大学，2016年。

③ 黄伟：《粤剧行会组织八和会馆变革历程考略》，《戏剧文学》2016年第9期。

④ 刘杨：《清代重庆地区会馆商业性功能研究——以巴县为考察中心》，硕士学位论文，重庆师范大学，2016年。

⑤ 孟伟、廖剑南、廖声丰：《清代襄阳双沟镇山西会馆考述》，《盐城工学院学报（社会科学版）》2016年第4期。

⑥ 林家豪、展龙：《河南现存商业会馆碑刻考述》，《河南科技大学学报（社会科学版）》2016年第5期。

⑦ 管丹丹：《清代苏州会馆公所中的市场规范研究》，硕士学位论文，郑州大学，2016年。

⑧ 倪骏：《近代江西商会组织的演变与转型（1906—1953）》，硕士学位论文，江西师范大学，2016年。

⑨ 张昊：《近代中国的商会与市民社会》，《哈尔滨工业大学学报（社会科学版）》2016年第2期。

⑩ 张思媛：《抗战时期的昆明市商会与地方社会（1937—1945）》，硕士学位论文，云南民族大学，2016年。

⑪ 李明东：《沦陷时期武进县商会研究（1937—1945）》，硕士学位论文，杭州师范大学，2016年。

⑫ 孙岩：《变迁中的均衡——民国上海同业公会业规研究》，博士学位论文，上海社会科学院，2016年。

性质等进行讨论，民间规约在城市管理中的作用亦受到国家肯定。①

依据地缘关系结成同乡会，也是人们在社会流动中的选择。黄莉慧以乡籍文化与同乡关系网络为切入点，对近代无锡旅沪同乡会的建立、组织与活动等方面进行研究。② 张云武以当下城市农民工群体中已形成或正在形成的同乡会为切入点，对黑龙江大庆中的古城同乡会作个案研究，分析其性质与运作机制，及其扶持同乡就业与创业、调和阶层分化导致的冲突、协调业绩主义倾向与乡土主义价值取向、维持同乡网络等作用。③ 舒萍对台湾萧氏宗亲会的返乡活动进行追踪记录，并分析其层级和结构，指出宗亲会内部由于个人贡献不同，成员之间存在明显层级差别；且宗亲会的返乡活动对不同参与者而言具有各不相同的战略性意义。

对华人华侨而言，组建社团是他们立足海外的重要途径。闫顺德以 1943 年之前的华商主导华人移民互助组织——旧金山中华总会馆为对象，分析其生存发展策略，如维持总会馆与各成员会馆的独立性、融入美国主流社会、维持与强化中国身份认同等。④ 宋海群、魏炜对英属时期新加坡华人宗乡会馆的发展历程与社会职能进行了探讨，指出由于英殖民当局在新加坡实行的政策，华人宗乡会馆获得了发展空间，与华人社会事业发展相互促进。⑤

在同乡关系之外，宗教也是将移民联系起来的有效手段。陈纳以上海基督教某教堂教会的基层团契为案例，探讨从农村迁入上海的移民面临的困境，团契在各方面对新移民基督徒发挥补偿性作用，帮助他们融入新的社会文化环境。⑥ 曹南来对近年移居海外的温商基督徒群体进行研究，聚焦于全球化背景下温商经济拓展与跨国宗教联系之间互相建构的关系，探讨温州商业移民家庭网络与基督教网络之间的叠合现象，传统家庭观念与基督教文化认同的叠加互渗；并从理论层面提出，北美移民宗教研究所提倡的“同化”范式不适用于解释近来在欧洲兴起的温州移民基督教社区。⑦

另外，高丙中的《社会领域的公民互信与组织构成：提升合法性和应责力的过程》一书尤其关注当下的社会组织问题，在若干宗族、庙会、校友会、公益基金会等具有代表性的个案研究基础上，认为中国已产生一个政治与经济以外的自主社会领域，也产生了游离于原有体制以外的公民个体，进而提出公民互信与社会组织合法性和应责力的问题。⑧

---

① 周执前：《清代城市民间规约及自治功能探析》，《民间法》2016 年第 1 期。

② 黄莉慧：《乡籍文化与关系网络：无锡旅沪同乡会研究（1924—1954）》，硕士学位论文，华中师范大学，2016 年。

③ 张云武：《城市农民工的同乡会及其作用研究——以黑龙江省大庆市古城同乡会为个案》，《中共杭州市委党校学报》2016 年第 4 期。

④ 闫顺德：《1943 年前旧金山中华总会馆生存发展策略探析》，硕士学位论文，四川外国语大学，2016 年。

⑤ 宋海群、魏炜：《英属时期新加坡华人宗乡会馆的社会职能》，《东南亚南亚研究》2016 年第 4 期。

⑥ 陈纳：《移民的困境与宗教的补偿作用——关于“百合团契”的初步研究》，《世界宗教文化》2016 年第 5 期。

⑦ 曹南来：《旅法华人与移民基督教：叠合网络与社群委身》，《社会学研究》2016 年第 3 期。

⑧ 高丙中：《社会领域的公民互信与组织构成：提升合法性和应责力的过程》，社会科学文献出版社 2016 年版。

结语

综上所述，不同学科的研究者在社会组织民俗研究方面取得了众多成果，但民俗学在庙会与香会组织研究领域以外对社会组织民俗的研究仍相对不足。总体而言，宗族研究方面，北方宗族研究逐渐升温，对中国宗族实践与观念的理解也逐渐深化，当代宗族实践也受到了更多关注；在庙会研究方面，部分研究者对庙会研究路径的反思以及不同于以往的研究视角值得注意，当代庙会的转型及其面临的挑战也受到了更多关注；除上述两类社会组织以外，会馆、商会、同乡会等基于地缘关系与业缘关系的社会组织受到的关注较多，对于民间宗教组织、秘密社团等其他社会组织的研究则相对不足。

2016年节日研究综述

邵凤丽　刘　波*

节日文化是中国文化的重要组成部分，在中华民族灿烂而漫长的历史长河中持续发挥着和谐社会、维持社会秩序、延续人伦、传承历史的多重功用。进入21世纪，在国家、民众、社会组织、媒体、商家等多个力量主体的共同推动下，在复兴传统文化、加强文化治理的社会背景中伴随着非物质文化遗产保护的持续推进，加之法定假日给予传统节日生存的时空，节日研究依然是国内学术界的热点问题之一，在学者们的不懈努力下继续走向深入。2016年节日研究保持了良好的发展状态。

2016年笔者搜集到的节日研究专著约30部，举要如下。

陈建华《节日视阈下的戏曲演艺研究》探讨古代节日对戏曲艺术成熟的影响、节日风俗对戏曲形态与戏曲传播的影响。该书重点论述官方节庆、民间节庆的互动与戏曲的成熟，论述节日风俗与角色扮演、戏曲题材的关系，论述节日与目连文化、戏曲文化的传播。① 崔莉萍《基于节日视觉符号设计的国家形象传播研究（第二版）》从文化角度，聚焦人们日常所见的节日视觉符号，讨论了二维平面、立体空间、色彩传播三个角度的国家形象呈现，同时还深入分析了节日符号在传统与当下不同时空所承载的不同时代国家形象。②

徐爱华、张远满编著《浙江省传统节日民俗传承人口述史研究》基于“文化持有者”的内部眼光，探究传承人口述史，对这个群体的自我言说与阐释进行研究。该书以浙江省七大传统节日为出发点，重点阐述了传统节日民俗非遗数字化的建设与传播问题。③

张福慧《安多藏族传统节日文化研究》将安多藏族传统节日分为民俗性和佛教宗教性两大类。并对于民俗性节日的形成、发展，各地区现状及其地方特色进行了分析研究。将佛教宗教性节日与安多地区藏传佛教发展的历史背景相结合，对其民俗化过程进行探究。④ 龙倮贵《红河彝族传统节日文化研究》对彝族传统节日彝族年、火把节，以及与当地汉族共有的传统节日如春节、端午节、清明节，另外还有尝新节、日月节、祭祖妣节、祭龙节、祭树神节、咪嘎哈等节庆文化和节祭文化进行了研究。⑤ 方桢、杨栋《西部少数

---

* 邵凤丽，辽宁大学文学院副教授；刘波，辽宁大学文学院民俗学专业2018级硕士生。

① 陈建华：《节日视阈下的戏曲演艺研究》，长江文艺出版社2016年版。

② 崔莉萍：《基于节日视觉符号设计的国家形象传播研究（第二版）》，世界图书出版广东有限公司2016年版。

③ 徐爱华、张远满：《浙江省传统节日民俗传承人口述史研究》，浙江工商大学出版社2016年版。

④ 张福慧：《安多藏族传统节日文化研究》，中国社会科学出版社2016年版。

⑤ 龙倮贵：《红河彝族传统节日文化研究》，中国社会科学出版社2016年版。

民族节日体育研究》选择了云南省、贵州省、内蒙古自治区、青海省4个省区，以少数民族节日文化这一重要的民族文化事象作为研究少数民族传统体育的切入点，对我国西部少数民族的主要节日以及节日中典型的传统体育活动作了梳理。[①]

另外，对传统节日的习俗形态、文化内涵、功能等方面的研究著作依然占有较大比重。宋颖《端午节国家、传统与文化表达》全书梳理了端午节的历史脉络和地域变迁的轨迹，考察了包括少数民族地区在内的端午节日习俗“同核化呈现”“糅合化呈现”和“边缘化展示”的涵化模式，并结合多地田野调查的素材，基于核心元素的普遍性和变动元素的多样性，来探寻中国各地端午节的现状，同时探讨了端午作为人类非物质文化遗产的现状和发展前景，对传统节日与民族国家的立场之间的张力也进行了阐释，是全面了解端午节的窗口。[②] 杨志刚主编《国民节日讲义》对中国节日体系的形成、岁时节日的文化内涵、节日中中国人的时间观念与时间制度等进行了论述。[③] 韩养民《长安——传统节日之都》讲述春节（含元宵节）、清明节、端午节、七夕节、中秋节、重阳节以及冬至等节日与长安结缘的历史过程。[④] 邵国成、周寒冰主编《传统节日的绍兴习俗》以活动的形式介绍了年节、元宵节、修禊节、清明节、端午节、七夕节、中秋节、重阳节、冬至等十个绍兴地方的重大节日。[⑤] 李敏《向山顶出发：重阳节》介绍了旧时九月九、节日里的风俗、悠久的老人节等与重阳节相关的知识。[⑥] 金声宇、全京业编著《朝鲜族节日文化》收集、整理出具有一定代表性的朝鲜族节日，重点阐述了这些节日的民族特色。[⑦]

周巍峙主编《中国节日志》12种，后文专门论述，此处从略。[⑧] 另外，罗杨主编了《端午与屈原：中国端午节俗与屈原文化学术研讨会论文集》，选取了五十位专家、学者关于端午及屈原文化研究方面的论文。[⑨]

2016年，共计约有300篇以节日为主题的研究文章，另外还有约40位硕博研究生选择节日作为学位论文的研究对象。大致而言，2016年节日研究成果主要涉及以下几个方面。

一 节日的文化内涵

文化内涵是各种丰富多样的节日庆典的内在精神和思想内容，是节日的灵魂所在。对于节日文化内涵的研究，是近年来节日研究的重点内容之一。2016年节日文化内涵研究多属于宏观研究，既有文化内涵的历史溯源研究，也有与当代社会主义核心价值观相融合的实践研究。

---

① 方桢、杨栋：《西部少数民族节日体育研究》，云南人民出版社2016年版。

② 宋颖：《端午节国家、传统与文化表达》，商务印书馆2016年版。

③ 杨志刚主编：《国民节日讲义》，华东师范大学出版社2016年版。

④ 韩养民：《长安——传统节日之都》，西安地图出版社2016年版。

⑤ 邵国成、周寒冰主编：《传统节日的绍兴习俗》，武汉大学出版社2016年版。

⑥ 李敏：《向山顶出发：重阳节》，广东教育出版社2016年版。

⑦ 金声宇、全京业编著：《朝鲜族节日文化》，延边人民出版社2016年版。

⑧ 周巍峙主编：《中国节日志》，光明日报出版社2016年版。

⑨ 罗杨主编：《端午与屈原：中国端午节俗与屈原文化学术研讨会论文集》，中国社会出版社2016年版。

乌丙安指出当下社会要唤醒人们对产生民俗节日的农耕文化根基与构成民俗节日习惯规则的深层记忆。中国传统节日与农业耕作、自然季节时令完美和谐，节日与“月”的朔望圆缺和谐一致，节日又与中国人月日代码重叠的符号思维习惯一致，这些都是节日非常重要的文化内涵，在当代社会要被重视和传承。① 张勃指出二十四节气既是国家行政的时间准绳，也是农业生产的指南针、日常生活的风向标，而其中蕴含的尊重自然、效法自然、爱护自然、利用自然、扶助自然的天人合一思想，更是中国文化的精髓，在全球生态环境日益恶化、可持续发展遭遇危机的当下，凸显出普遍意义和共享价值。② 仲富兰指出当下我们需要了解中秋节的文化内涵——“祭月”与“团圆”，这样体会中国人过中秋节的快乐与价值，而这种快乐与价值绝不止于它的物质性，而在于中秋节从本质上的精神与物质的统一性。③

苗瑞丹对传统节日与社会主义核心价值观的关系问题进行了分析，指出传统节日所具有的文化特性与社会功能对于推动社会主义核心价值观的普及和认同、培育和践行具有重要的现实意义。但在现代社会转型与全球化的背景下，传统节日面临着观念的淡薄化、活动形式的单调化、文化寓意的庸俗化和西方节日的冲击与挑战。要以社会主义核心价值观为引领，在保持固有民族特色与文化自信的基础上推动传统节日的现代转型；要以现代公共文化服务体系为依托，增强传统节日的群众参与性与文化形式的丰富性；要以政府为主导，推动传统节日运作模式的革新与节日文化品牌的打造。④ 李春山、何京泽指出以中华优秀传统文化涵养社会主义核心价值观，面临着历史虚无主义肆意解构传统文化的价值认同，西方普世价值颠倒是非的动向不断，国民教育在文化传承中的主渠道作用未完全彰显，新媒体在提升文化软实力中的舆论导向和支撑不足等现实困境。为此，要依托中华优秀传统文化涵养社会主义核心价值观的多维路径，即要发挥校园文化独特而持久的正效应，推动新媒体对优秀传统文化荷载方式的转换，拓展传统节日与民俗文化的丰富内涵，挖掘中华优秀传统文化的法治与廉政因子。⑤

另外，贾银兰从物质层面和精神层面对传统节日的文化内涵进行了分析，指出物质层面包括饮食文化和祭祀文化，精神层面主要是传统节日文化体系的包括贵和尚美、天人合一、贵人伦在内的灵魂精髓。⑥

二　节日的功能与价值

作为一个复合的文化事象，节日具有多重功能与价值。2016 年节日功能与价值的研究可分为以下类：一是中国传统节日的功能与价值的综合研究，二是少数民族节日功能与

① 乌丙安：《民俗日历唤醒传统节日的文化记忆》，《公关世界》2016 年第 8 期。

② 张勃：《二十四节气的文化意蕴》，《光明日报》2016 年 12 月 5 日。

③ 仲富兰：《释放中秋节的文化内涵》，《农民日报》2016 年 9 月 9 日。

④ 苗瑞丹：《传统节日的文化价值与功能探究》，《中国特色社会主义研究》2016 年第 2 期。

⑤ 李春山、何京泽：《中华优秀传统文化涵养社会主义核心价值观的现实困境与多维路径研究》，《思想教育研究》2016 年第 1 期。

⑥ 贾银兰：《论中国传统节日的文化内涵及其思想政治教育功能》，《安徽文学（下半月）》2016 年第 7 期。

价值研究，三是传统节日教育功能与价值的专门研究。

（一）中国传统节日的功能与价值的综合研究

萧放认为当代社会，传统节日的意义与功能有内外的不同：在文化内部，强调它在传承民族文化传统、增强民族凝聚力、和谐社会方面的意义与功用；在文化外部，我们应该充分重视发挥传统节日的文化载体功能，向世界昭示中华文明与文化。[①] 杨秀认为人们在传统节日里，对仪式的重视和吃穿用的讲究，并非是一种对表面形式的追求和物质欲望的满足，而是祈求长远的美好。[②]

还有学者对具体节日的功能与价值进行了研究。张勃指出节日传说作为在民间代代相传的口头文学，包含着民众的情感，也蕴藏着民众的价值观念。清明节的诸多传说就很好地揭示与展现了民众的喜好与尊重、崇尚与批判。清明传说中有对历史人物的纪念和感恩、对聪明机智的礼赞、对孝亲的提倡、对爱情的崇尚、对善良的褒扬、对忘恩负义的批判。清明节日传说是“社会叙事”，是一个族群或地方社会对于某一历史事件、某一历史人物的集体记忆，是人们历史意识的重要体现，同时也蕴含着人们的审美理想、价值观念。它们一方面满足了人们对于习俗追根溯源的好奇心，另一方面传递着中国人的核心价值观念，如崇尚感恩、善良、孝亲、机智，批判忘恩负义之举，以潜移默化的方式发挥着教育人们的重要功能。[③]

张勃、侯仰军指出端午节从避瘟驱邪、养生健体的特殊日子逐渐演变为兼具缅怀屈原、爱国孝亲的节日，其习俗活动发挥着鲜明的崇尚忠孝的文化功用。[④] 陈华文认为端午节的历史意义是表达对于特殊历史人物的崇敬之情、表达对于避恶求吉平安的期待和追求、表达对于美食医药娱乐的生命意义探索等。[⑤] 高忠严认为山西介休绵山清明祭祀先祖强化了家庭和家族的认同感。[⑥] 何姝頔指出七夕富含着忠贞爱情、夫妻相爱、幸福家庭、美好生活等愿景，在当代具有重要的德育价值。[⑦] 段送爽指出广西壮族自治区少数民族节日中有很多体育活动，这些体育活动具有文化传承、发展经济、艺术传播、传播健身知识的多种价值。[⑧]

（二）少数民族节日的功能与价值

节日在少数民族社会中扮演着重要角色，长期发挥着重要作用。2016 年节日研究的一个特点是对少数民族节日的关注。学者们通过对少数民族节庆活动的文献梳理和田野调

---

① 萧放：《岁时节日》，《民间文化论坛》2016 年第 4 期。

② 杨秀：《节俗的文化关联：以嘉兴清明节为例》，《中原文化研究》2016 年第 2 期。

③ 张勃：《清明节传说：小故事传递大道理》，《光明日报》2016 年 4 月 1 日。

④ 张勃、侯仰军：《粽叶香飘日　爱国孝亲时》，《经济日报》2016 年 6 月 9 日第 4 版。

⑤ 陈华文：《端午节的文化传承：凤舟竞渡与女性参与》，《广西民族大学学报（哲学社会科学版）》2016 年第 5 期。

⑥ 高忠严：《山西介休的清明传统与当代实践》，《湖南科技学院学报》2016 年第 4 期。

⑦ 何姝頔：《浅析中国传统节日的当代德育价值——以中国传统节日“七夕节”为例》，《鄂州大学学报》2016 年第 3 期。

⑧ 段送爽：《论广西少数民族传统节日中民俗民间体育文化的传播价值》，《新闻传播》2016 年第 1 期。

查，在呈现出少数民族节日现状基础上，对节日在少数民族社会生活中的功能和价值进行了分析。

一些学者关注节日的文化认同、历史记忆等功能。杨德亮通过对银川土桥子开斋节的田野调查发现，回族社会的节日，依然是一个礼俗性的节日，民众并未将之视为消费性节日，即使面临现代性的冲击，开斋节的神圣性依然存在，可以强化回族群体的社会记忆和文化认同。[①] 徐俊六指出景颇族目瑙纵歌节日仪式中的米推推仪式、鬼神仪式、木代仪式、剽牛仪式与授冠仪式展现了景颇族仪式专家董萨与神鬼沟通交流的方式与途径，体现了景颇人的神鬼崇拜与祖先信仰，也是景颇人对民族历史的追忆，同时也显示了国家在场。[②] 张咏欣通过对广府端午节庆的具体物品、传说故事、活动场域、特色形式和举办过程的调查，指出端午节庆对提升中华民族文化认同具有重要价值。[③] 张迪指出山东淄博正月十五元宵节上表演的“周村芯子”具有在特定的节日环境里维系民众情感记忆的功能，这种功能是艺术传承民间文化的基础。[④] 周武毕认为安顺月亮坡跳花节具有历史记忆功能、婚恋功能、娱乐交往功能、宣传功能。[⑤] 陈桂波指出云南壮族丰富的节日活动反映了壮族人民对于植物、动物、土地、水和火等自然物的崇拜。传统节日文化在调节人与人、人与自然的关系方面具有重要作用。[⑥]

另外，在现代社会，一些节日的功能也随时代发展而发生了变化。罗辑、梁勤超认为在现代社会，为适应地方经济与文化发展的需要，越来越多的族群节庆被地方“征用”。与传统节庆一样，现代社会中的族群节庆同样也是族群文化的聚合与集中展演，体现了族群的生活、精神与习俗，同时也承载着族群的集体记忆与文化认同。[⑦] 罗玉洁的硕士学位论文指出节日可以成为族群表达的工具。近年来，汉族“三月三祭龙”节日中对村落共同体和族群性的强化，体现出了汉族运用这一节日与周边族群及国家“优惠政策”的博弈。[⑧] 马伟华认为开斋节与古尔邦节对于那些在都市中流动谋生的回族人而言，有着重要的精神价值。两大节日是他们聚会的良好时空载体，节日里的聚会、礼拜等仪式活动是获得社会归属感的重要途径，为他们适应都市生活提供了一定的精神力量，展现了城镇化进程中回族传统文化与现代都市生活的调适。[⑨] 李储林指出施洞苗族姊妹节和独木龙舟节所承载的社会功能在经济全球化的浪潮中逐渐发生了变迁，节日的祭祀、交友、联姻等传统

---

① 杨德亮：《开斋节观察：一个西海固村落的节日民族志》，《回族研究》2016 年第 3 期。

② 徐俊六：《宗教人类学视野下目瑙纵歌节日仪式研究》，《宁夏社会科学》2016 年第 6 期。

③ 张咏欣：《端午节庆对中华民族文化认同的价值研究——以广府地区为例》，硕士学位论文，广州大学，2016 年。

④ 张迪：《“周村芯子”在当代节日中的文化含义》，《民族艺林》2016 年第 3 期。

⑤ 周武毕：《安顺月亮坡跳花节文化调查研究》，硕士学位论文，贵州民族大学，2016 年。

⑥ 陈桂波：《壮族节日中的自然崇拜文化及其社会功能——以云南省泸西县法衣村节日民俗为例》，《广西民族研究》2016 年第 2 期。

⑦ 罗辑、梁勤超：《族群节庆：仪式互动与文化认同——以黎平·中国侗族鼓楼文化艺术节为例》，《贵州社会科学》2016 年第 9 期。

⑧ 罗玉洁：《族群关系的节日表达——以云南省金平县大寨乡汉族“三月三祭龙”节为例》，硕士学位论文，云南大学，2016 年。

⑨ 马伟华：《都市回族流动人口节日文化的价值：开斋节、古尔邦节观察》，《北方民族大学学报（哲学社会科学版）》2016 年第 4 期。

功能逐渐弱化甚至丧失，而其旅游服务、商贸往来、族际交流等社会功能和经济功能逐渐强化。进而在传统节日的活动宗旨、活动内容、活动形式、活动精神上发生了系列改变，这意味着苗族传统节日文化的危机，给保护和传承苗族传统文化带来巨大的挑战。①

（三）节日的教育功能与价值

节日是传播美德，弘扬优秀伦理价值观念的重要时间点，也是提升人文素养、改善社会风气、构建和谐社会关系的仪式行为。2016 年节日研究中重点关注了节日的教育功能，可分为幼儿园、小学、初高中和大学几个不同阶段。

赵飞在《传统节日德育课程资源的开发》中指出传统节日是传承和弘扬中华民族优秀传统文化和精神的活态文化空间和有效载体，它蕴含着丰富的德育资源，主要有和谐、爱国、感恩、关爱、进取、勇敢、勤俭。传统节日与学校德育目标、教育教学内容在诸多方面的耦合，为传统节日开发为德育课程资源提供了内在逻辑的合理性。②

孙静认为幼儿传统节日中的德育教育是文化传承的重要组成部分。以中国传统节日为载体，以学校、家庭、社会为依托，"三位一体"的德育体系将为幼儿德育奠定坚实的基础。③ 邓怡、刘琳指出节日文化教育对幼儿传承文化、健全人格、认识社会有着不可替代的作用，正确认识节日教育对儿童的影响，对于培养幼儿品质，促进社会发展具有重大意义。④ 雷丽丽的硕士学位论文《传统节日文化在幼儿园课程中的应用研究》，张晓玲的文章《浅析中国传统节日教育对幼儿道德教育的影响》也是这方面的论文。⑤

张虹指出对于小学生来说，传统节日具有多重作用，如唤起精忠报国的爱国情怀、渗透孝敬长辈的人伦教育、树立慎终追远的感恩意识、追求团圆美满的和睦教育等。⑥ 任书娟发现新时期国家在振兴传统文化方面越来越重视，除了体现在中学语文教学大纲和高中语文课程标准中有关传统文化内容的表述上，还体现在人教版高中语文必修教材中有关传统文化的选文增多，而且这些有关传统文化的选文大多涉及传统节日文化，弘扬传统节日文化是高中语文教学的使命，但是同时也存在一些不足。⑦

李莹认为积极对大学生进行中国传统节日文化教育，其目的在于增强大学生对本民族文化的认同感，增强大学生的民族自信心和民族自豪感。⑧ 李文辉等指出在全球化和多元文化背景下，加强大学生传统节日文化教育有利于培养大学生的爱国情怀、加强大学生的

---

① 李储林：《贵州苗族传统节日文化的功能变迁——以施洞苗族姊妹节和独木龙舟节为例》，《决策与信息》2016 年第 6 期。

② 赵飞：《传统节日德育课程资源的开发》，《教学与管理》2016 年第 15 期。

③ 孙静：《传统中国节　铸就民族魂——浅谈中国传统节日在幼儿德育方面的影响》，《课程教育研究》2016 年第 3 期。

④ 邓怡、刘琳：《节日文化与儿童教育》，《亚太教育》2016 年第 12 期。

⑤ 雷丽丽：《传统节日文化在幼儿园课程中的应用研究》，硕士学位论文，浙江师范大学，2016 年；张晓玲：《浅析中国传统节日教育对幼儿道德教育的影响》，《中国校外教育》2016 年第 2 期。

⑥ 张虹：《中国传统节日的小学道德教育意蕴及其实现》，硕士学位论文，湖南师范大学，2016 年。

⑦ 任书娟：《在高中语文教学中弘扬传统节日文化研究》，硕士学位论文，河北师范大学，2016 年。

⑧ 李莹：《大学生中国传统节日文化教育研究》，硕士学位论文，渤海大学，2016 年。

理想信念教育、帮助大学生构建和谐的人际关系。[①] 丁玉峰指出运用传统节日培育青年社会主义核心价值观具有独特优势，但也存在现实困境。实践中应深入挖掘传统节日的优质资源、调动青年的积极性、发挥教育者的主动性以及形成学校、家庭、社会三者的合力。[②]

除了民俗学视角下的节日研究外，还有学者从文学、艺术学等多学科交叉的视角关注节日。陈鹏程利用明清小说资料，勾画出了当时浴佛节节俗情况，如浴佛斋会、进香、放生、舍豆结缘等。作者指出明清浴佛节具有世俗化特征，凸显出僧俗和乐的文化氛围。同时，小说中的浴佛节描写也有重要的文学表现功能。[③] 吴震东认为在审美生境的视域下，民族节日之中的艺术审美凝结着关乎“亲缘”与“地缘”的记忆、经验与共同体。节日中的集体记忆、审美模式以及活态的艺术形式，将人们的意识维系成一个跨时间的“历史共同体”，这也是民族之所以成为民族的社会历史维度。节日对于传统的回溯，表征着族群特有的社会历史和文化模式，连带着个体与社会、审美积淀与艺术创造的活态空间。[④]

三　节日的历史研究

历史研究是节日研究的重要方法与取向。2016 年节日的历史研究也有部分成果出现，但整体来看成果较少。研究视角有所创新，但结论方面多是重复论述，缺少新的发现。

在对节日文献的研究中，张勃独辟蹊径，超越了对节日文献的整理分析的传统研究范式，转而将节日文献的生成过程放置于更加广阔的社会文化背景中进行整体解读，从精神返乡的角度对怀旧式民俗文献进行了全新诠释。作者指出多重断裂是政权易代之际的一种社会现实，置身其中的人们往往会产生强烈的断裂感、破碎感、漂泊感、无方向感和人生如梦的空幻感，浓重的乡愁油然而生。然而，生活总要继续，乡愁总要有所纾解与寄托。中国政权易代之际出现诸多怀旧式民俗文献，正是在乡愁寻寄的情况下文人们精神返乡的结果。通过精神返乡，书写怀旧，他们与不满意的现实和不如意的自己进行心理上的对话与抗争，并在这个过程中确认时移世易的事实，取得一定的心理平衡，逐渐形成新的认同感，并由此获得继续前行的动力。当然，从历史记忆的角度看，这些怀旧式民俗文献也许不够完全客观真实，但这一点在当代却有着另外的意义。处于现代社会和全球化时代的人们处于新的易代之际，尽管这个易代不是政权易代，但有着比政权易代更为深刻的影响，带来了更为深刻的多重断裂，也激发了普遍的不同以往的现代乡愁。而这些怀旧式民俗文献，恰恰营造了一个又一个值得所有中国人追忆怀念的美好的故乡和过去，它们是寄托现

---

① 李文辉、陈淳、李雪丽、方正方、陈忠暖：《中华传统节日文化的现代构建及认同研究——基于广州大学城学生的实证调查》，《惠州学院学报》2016 年第 2 期。

② 丁玉峰：《运用传统节日培育青年社会主义核心价值观研究》，硕士学位论文，西南大学，2016 年。

③ 陈鹏程：《明清小说中浴佛节描写的民俗价值及文学意义》，《河北民族师范学院学报》2016 年第 1 期。

④ 吴震东：《记忆、经验与共同体——审美生境视域下的民族艺术与节日审美》，《中南民族大学学报（人文社会科学版）》2016 年第 4 期。

代乡愁的精神家园。阅读它们，凭借想象穿越至其书写记述的那些时代，那些城市，那些美好、安定、和谐、统一而完整的生活，是当下精神返乡的重要方式。[①]

蔡靖泉认为至晚在东汉后期，人们过端午“亦因屈原”而致端午节俗与纪念屈原相联系。历经汉魏至唐代的节俗演变，屈原成为端午节俗祭祀的主角，纪念屈原成为端午节俗活动的主题。[②] 石杰的硕士学位论文对《玉烛宝典》与北朝岁时节日进行了研究。[③] 李晓晓对唐代诗歌中有关端午节的诗歌进行了整理，并对饮食习俗、辟邪习俗、娱乐活动、社交活动等进行了描述，重点对有关屈原传说的诗歌进行了整理分析。[④] 丛振利用敦煌文献中记载的岁时节日材料，呈现出敦煌地区的上元、上巳、寒食、清明、端午、七夕、重阳等重要的节令中的歌舞、驱傩、观灯、踏歌、蹴鞠、秋千、走马、击鞠、斗鸡、春游、赏花、踏青、聚会、竞渡、乞巧、登高、泼寒胡戏等多种游艺休闲活动。[⑤]

2016 年节日历史研究的一个特点是对宋代节日活动的关注。刘敏提出要从“性别视角”来研究传统节日。作者通过对宋朝元宵节期间迎紫姑、祭蚕神和祈夫求子等女性民俗活动的描述，指出这些女性民俗活动不仅使女性得到了暂时的解放，还活跃了宋代元宵节的文化精神，使其更具有文化内涵。[⑥]

余敏芳指出宋代节日道教色彩鲜明，主要表现为道教事件、道教人物特设新节日，道教因素向非道教节日渗透，道教节日与其他节日融合。宋代节日出现这种变化的根本原因是道教的基本思想与节日产生的心理机制具有内在一致性，而宋代道教的世俗化与生活化是节日道教化的直接原因。[⑦] 刘婷指出宋代的盂兰盆节更多地体现为民众的自发性和节日的民俗化。新禅宗和净土宗的兴起及中国传统文化（儒家“忠孝观”、民间信仰和道教）的融合，使得佛教有机地渗入宋人的社会生活，潜移默化地影响着整个社会。[⑧]

张勃认为元宵节是人们共享的节日，但是仍具有城乡之别、地域之别和职业之别。元宵节提供了一个特殊的生活时空和基本的生活格调，形形色色的人们在这样的框架下因人而异、因地而异地演绎着多姿多彩的节日生活，表达自己的诉求，满足自己的需要，并使元宵节获得了持续存在的生命力。[⑨]

苑利认为历史上中秋节节日饮食习俗丰富，同时中秋节在传承中华民族浓重的家庭观念、家族观念，在促进家庭团结与家族和谐等方面，也一直发挥着重要作用。中秋节的每一样有代表性事物都具有美好的寓意，都象征着人们美好的愿望，都和我们的传统文化密不可分。[⑩]

肖婷认为传统北京地区的“女儿节”主要有端午节、七夕节、重阳节。自元代出现

---

① 张勃：《精神返乡与历史记忆：易代之际的民俗书写》，《民族艺术》2016 年第 4 期。

② 蔡靖泉：《端午为屈原的节俗演变与文化意义》，《湖北社会科学》2016 年第 1 期。

③ 石杰：《〈玉烛宝典〉与北朝岁时节日研究》，硕士学位论文，青岛大学，2016 年。

④ 李晓晓：《唐代端午诗歌研究》，硕士学位论文，西北大学，2016 年。

⑤ 丛振：《敦煌岁时节日中的游艺文化——以上巳、端午、七夕为中心》，《敦煌学辑刊》2016 年第 1 期。

⑥ 刘敏：《宋时元宵节中的女性民俗》，《阜阳师范学院学报（社会科学版）》2016 年第 3 期。

⑦ 余敏芳：《渗透与融合：宋代节日的道教化》，《中国道教》2016 年第 6 期。

⑧ 刘婷：《从盂兰盆节的演变看宋代佛教的社会化》，硕士学位论文，南京师范大学，2016 年。

⑨ 张勃：《一年明月打头圆》，《经济日报》2016 年 2 月 21 日。

⑩ 苑利：《中秋与非遗文化》，《人民政协报》2016 年 9 月 19 日。

“女儿节”节日称呼后，“女儿节”节日习俗不断发生变化，祛邪趋避等民俗信仰内涵逐渐减弱，聚合家庭情感和娱乐功能不断增强。[①]

节日是民众生活的重要时间节点，也受到历代文人的青睐，留下了大量节日诗词、文学作品。2016 年有几篇节日诗词的专门研究。黄曦的硕士学位论文《宋代冬至诗研究》对宋代冬至诗中反映出来的祭天、书云物、祭祀等信仰习俗，对朝会、拜贺等交往习俗及数九、测日影、添线、飞灰等测候习俗进行了描述，并分析了宋代冬至诗的题材思想及意象选择。[②] 王小荣对宋代的中秋词进行了数量统计和分析，《全宋词》与中秋有关或作于中秋节的宋词，共有 352 首，其中独特的节日意象，以月、嫦娥、桂花和桂树为代表。习俗主要是赏月、拜月、赏桂、观潮和点灯。[③] 陆冰的硕士学位论文《清代节日诗歌专题研究》指出世风引领士风，进而影响诗风。清前期主要是流人、遗民这类特殊群体在凄惨的遭遇下创作的以“冷”为主题的节日诗歌，中期出现《适园丛稿》等众多节日诗歌，晚期诗歌的实用功能增强。[④] 另外，李文凤、李玲认为曹雪芹在《红楼梦》中不写七夕节，是由于牛郎织女爱情婚姻故事带有浓郁的悲剧色彩，认为七月七日是一个“不好”的日子。[⑤]

田兆元指出要从谱系结构研究民俗传统，端午民俗之舟分为竞渡之舟与非竞渡之舟两个大类。竞渡之舟早期是鸟舟形制，并无龙舟竞渡之说。非竞渡之舟，含载灵之舟与表演之舟两大类。[⑥]

节日休假问题是节日历史研究的组成部分。孟月对宋代的休假制度进行分析，其中对节日休假的时间和官员的活动进行了描述。[⑦]

另外，张彦林独辟蹊径，从词语等角度进行节日研究。他的博士学位论文《明清时期长江流域岁时节令民俗文化词语研究》通过对《中国风土志丛刊》《中国地方志民俗资料汇编》中民俗词语的整理发现明清长江流域岁时节令民俗文化词语印记着鲜明的农业文化的烙印，几乎所有节令都与农事生产有千丝万缕的联系。从时间角度看，岁时节令民俗文化词语使用过程中具有稳定性，但是也在不断变异。从空间角度看，长江流域上、中、下游的岁时节令民俗文化词语有共性，也有差异。共性的形成与地方移民有很大关系，差异的形成主要是方言差异、自然环境、民间信仰、经济原因、政治原因等因素综合作用的结果。[⑧]

四　传统节日生存现状及其传承、传播研究

传统节日的当代传承与重建是中国民俗学界长期关注的重点问题。进入 21 世纪以来，

---

① 肖婷：《北京女儿节考》，《佳木斯职业学院学报》2016 年第 2 期。

② 黄曦：《宋代冬至诗研究》，硕士学位论文，湖南科技大学，2016 年。

③ 王小荣：《宋代中秋词的文化探析》，《社会科学论坛》2016 年第 12 期。

④ 陆冰：《清代节日诗歌专题研究》，硕士学位论文，苏州大学，2016 年。

⑤ 李文凤、李玲：《〈红楼梦〉中的七夕节》，《红楼梦学刊》2016 年第 1 期。

⑥ 田兆元：《论端午节俗与民俗舟船的谱系》，《社会科学家》2016 年第 4 期。

⑦ 孟月：《宋代官员休假制度研究》，硕士学位论文，河北大学，2016 年。

⑧ 张彦林：《明清时期长江流域岁时节令民俗文化词语研究》，博士学位论文，武汉大学，2016 年。

随着中国民俗学研究的整体转向，节日研究不再局限于朝向过去，而是倾向于将传统节日和当代社会、民生结合，重视将学术研究与社会重大问题相结合，将学术成果回馈社会，把学科发展放置于国家文化建设之中，为国家和社会的发展提供建议和策略。民俗学学者努力尝试为当下中国节日传统的重建与未来发展做出民俗学科的助力。

（一）新型城镇化背景下的节日文化变迁

2015 年 10 月 20 日至 22 日，由中国音乐学院、文化部民族民间文艺发展中心和北京联合大学北京学研究基地在京联合主办的“城市化进程中节庆文化的变迁与发展”学术研讨会在北京召开。会议围绕如何使传统节日在城镇化进程中传承下去，并使其助力于和谐社会、幸福中国的实现展开。其中，六篇会议论文在 2016 年《文化遗产》第 1 期刊发，故将其纳入 2016 年的节日研究成果当中。六篇文章选择了不同的研究对象和观察视角，但都是对社会现实的自觉关照。张勃指出现在民俗学者和非物质文化遗产研究者不再仅仅是新型城镇化进程的冷眼旁观者，而是这一进程的积极参与者。其研究取向也不再是单一的求真，而有着求真与向善的双重诉求。①

张勃在《坚守与调适：城市化进程中清明节的传承与变迁》中指出通过坚守与调适，处于城市化进程中的清明节在变迁中传承，在传承中变迁，较为成功地实现了现代转换，并借此获得了旺盛的生命力。清明节与其他一些经历现代转换的节日一起以自身证明，民间具有高超的智慧与调适能力，城市化所带来的不仅是挑战亦是机遇。只要珍视我们的文化传统，给予自由传承的空间，稍加引导，民间智慧与调适能力就能发挥巨大作用，不仅可以使传统节日适应现代社会，生机勃勃，亦可以使现代社会的普罗大众因之而生活更幸福，心灵更安宁。

洪淑苓在《城市、创意与传统节日文化——台北、仙台的七夕活动观察与比较》中以台湾的台北、日本的仙台为例，对两个城市的七夕活动进行观察与比较。指出台北的七夕，以霞海城隍庙为一个聚焦点，板桥林家花园的七夕活动和大稻埕烟火节都和它联结在一起，形成强大的七夕节庆网络。而仙台的七夕，以商业区的彩饰、烟火为重点，形成观光热潮，这也是日本七夕的特色。这两个城市的七夕活动代表了现代都市、节日的创意文化。

王霄冰在《公祭节日与当代城市人文空间的构建》中指出在中国社会从乡土社会向市民社会转型的过程中，官方举办的公祭活动正逐步地从传统的带有宗教色彩的政治典礼，转变成为以服务社会为主旨的现代化节日，担负着促进地方文化建设、培养当代市民精神、构建城市人文空间的重要功能。为适应这一新的需求，各地在打造新型的公祭节日时，应有意识地加入一些公民道德教育的内容，并对活动内容及其形式加以改革，以提高节日的公共性和亲民性。

关昕在《国家治理视域下的传统节日发展》中指出国家权力的介入和规划是当代传

---

① 张勃：《专题：新型城镇化背景下的节日文化变迁》主持人语，《文化遗产》2016 年第 1 期。这六篇文章分别是洪淑苓：《城市、创意与传统节日文化——台北、仙台的七夕活动观察与比较》，王霄冰：《公祭节日与当代城市人文空间的构建》，关昕：《国家治理视域下的传统节日发展》，王加华：《传统节日的时间节点性与坐标性重建——基于社会时间视角的考察》，张勃：《坚守与调适：城市化进程中清明节的传承与变迁》，储冬爱：《“城市乡间化”与乡村节日遗产保护》。

统节日发展的重要表征。关注传统节俗内涵与主流价值观的融合，加强道德化的诠释，凸显社会公共性和民族主义的理念，是政府主导型节日活动的重要表现形式。政府的节日治理透过条块分割的管理模式，并部分通过局部的运动式动员，促成了传统节日文化在地方社会的再生产。这种“自上而下”的运作模式在一定程度上带来了各地节俗内容的同质化。在节日活动的组织中，需要进一步加强“有机团结”。

王加华在《传统节日的时间节点性与坐标性重建——基于社会时间视角的考察》中指出作为一种人为创造的社会性时间，在以农为本的社会状态下，中国传统节日是民众年度时间生活的重要节点与时间坐标，并进而通过崇宗敬祖与神灵崇拜等精神内涵而被建构为一种非日常的神圣性时间。但今天，随着中国日渐由农业社会转变为工业社会，传统节日的这种节点与坐标功能逐渐消逝，传统节日内涵与神圣性也日渐失去。因此，要想传统节日在今天能更好地传承与发展，一个重要途径就是重建节日在现代民众时间生活中的节点与坐标作用，如实行国家法定节假日制度、实行地区性的弹性节假日制度等。同时，还应重塑传统节日的深厚文化内涵，以重建这一时间制度的神圣性。

储冬爱在《“城市乡间化”与乡村节日遗产保护》一文中以广州端午扒龙舟为例，探讨当代社会“城市乡间化”的可行性。所谓“城市乡间化”既指地理空间，也包含文化形态。作为城市景观的一部分，乡村社区应该成为城镇生活的一种方式，要保留民间文化形态的生存场景，如扒龙舟需要的河涌、农田、洁净的河水、宗族祠堂、村内庙宇等，让具有原生特质的民间文化有适合其延续的环境与土壤，最后整合利用进入城市后的乡村社区的传统文化资源，发挥乡村社区的文化功能，并在保护和提升中实现与城市经济的互动，推动乡村社区的可持续发展。

另外，还有一些成果关注在当代社会环境中传统节日的传承与发展问题。岳永逸认为非物质文化遗产语境下的端午节延续了现代民族国家意识形态建构的路径，即原本多样的端午节日渐简约化为粽子和龙舟两个物象，并将其起源都指向伟大的爱国主义诗人屈原。端午节正在发生的趋同的整体性变迁似乎意味着历史演进并非从简单到复杂，而是从复杂到简约。[①] 甘政认为在传统节日方面，不能变的是文化主体的民俗心理和身体感受，只要传统节日对于文化主体的情感认同不变，意义表征存在，那么，传统节日也就有传承和发展的动力。[②] 方如雪通过对东北春节的调查，发现在代际影响下对于春节的看法不同，总体认为在春节越来越无趣的前提下，中老年人这种感觉会更加强烈，而青少年感觉不明显，因为他们正是转型社会下的一代人，他们接受的是开放思想，是新鲜刺激的文化。[③] 陈洁君指出随着社会的发展，传统伦理存在局限性，人的价值观念发生了变化，加之现代传播技术带来的冲击等原因，闽南地区的春节出现了祭拜仪式的简单化、年货的商品化、拜年方式的网络化、娱乐方式的多样化的特征。[④] 孟梦、范文昊通过对山东春节舞蹈的调查，发现表演形式由“走街串巷”到“集体汇演”，表演功能从“驱鬼逐疫”到“自娱

① 岳永逸：《粽子与龙舟：日渐标准化的端午节》，《中原文化研究》2016 年第 2 期。

② 甘政：《传统节日民俗的变迁与重构——基于身体民俗的视角》，《社会科学家》2016 年第 4 期。

③ 方如雪：《东北农村春节习俗的变迁研究》，硕士学位论文，东北财经大学，2016 年。

④ 陈洁君：《社会学视角下中国传统节日文化变迁——以闽南春节习俗为例》，《广西民族师范学院学报》2016 年第 2 期。

自乐”，传承方式由“家族师徒”到“校园舞台”。[①] 吴莹指出云南云桥社区城镇化之后，节庆仪礼出现了世俗化趋势。[②] 周武毕指出现在安顺月亮坡跳花节中的跳花过程和婚恋形式都发生了变化。[③] 郭丹的硕士学位论文认为改革以来节日主题不断推陈出新、节日习俗更加丰富多元。[④] 王方捷指出旅游开发背景下龙胜“三月三”传承困境主要表现在传统歌圩文化保护意识与创新意识淡薄、传统民俗活动在歌圩中日益减少、传承主体和接受群体的日益狭窄与“断层”、传承方式日渐式微等。[⑤] 王艳花的硕士学位论文《诺鲁孜节日文化研究》也是节日的当代传承与保护方面的文章。[⑥]

（二）将节日文化纳入学校教育

当下，传承、弘扬传统节日已经成为学界和全社会的共识，但是如何传承，都有哪些有效的传承路径问题还处于不断探索和探讨过程中。其中，一种方式是将传统节日融入学校教育当中，把学校作为传承传统节日的重要空间与依托载体。高艳玲认为将传统节日融入小学德育课程具有重要的作用。从微观来讲，有利于引导小学生树立正确的认识导向、情感的培养和行为的规范；从宏观来讲有利于小学生传承民族美德、提高环保意识和激发创新精神。[⑦] 李婧玮指出中国传统节日教育应走向课程化。通过积极建构具有综合性与实践性、自主性与互动性、生成性与开放性的综合实践活动课程，使中国传统节日教育走向生活，发挥主体性，构建传统节日教育共同体，从而有效地促进中国传统节日教育的发展。[⑧] 张晓双指出应开设小学传统节日文化课程，课程内容应选择传统节日文化精华，以综合实践活动课程为主，开设节日文化选修课；挖掘传统节日文化中的科学知识，将节日文化融入学校课程中；以五大传统节日为重点，开展丰富多彩的文化活动。[⑨] 望欢在具体分析中国传统节日文化对幼儿教育作用的基础上，对幼儿园课程中传统节日文化的开发与利用进行了探索，她指出幼儿园传统节日教育活动的设计应立足于幼儿园本身实际情况，照顾幼儿个体差异，以生活体验、游戏模仿为主，灵活设计与实施课程内容。[⑩]

除了汉语教学外，曹丹还尝试将传统节日文化纳入儿童的英语课程学习当中，让儿童在学习英语的同时，了解中国的节日文化。[⑪] 寸采玉认为应加大泰国年青一代的古代典籍和传统文化教育力度，通过教育让泰国学生或泰国华裔们在现代化进程中形成对中国传统

① 孟梦、范文昊：《山东传统民间舞蹈在节日文化中的嬗变》，《齐鲁艺苑》2016 年第 3 期。

② 吴莹：《城镇化视阈下少数民族搬迁移民的时空重构与文化变迁——基于云桥社区的实证研究》，博士学位论文，云南大学，2016 年。

③ 周武毕：《安顺月亮坡跳花节文化调查研究》，硕士学位论文，贵州民族大学，2016 年。

④ 郭丹：《改革开放以来节日文化论说》，硕士学位论文，上海师范大学，2016 年。

⑤ 王方捷：《旅游开发背景下壮族“三月三”的变迁与重构——以广西龙胜各族自治县为例》，硕士学位论文，广西师范大学，2016 年。

⑥ 王艳花：《诺鲁孜节日文化研究》，硕士学位论文，石河子大学，2016 年。

⑦ 高艳玲：《传统节日融入农村小学德育研究》，硕士学位论文，赣南师范大学，2016 年。

⑧ 李婧玮：《中国传统节日教育课程化的诉求与建构》，《教学与管理》2016 年第 13 期。

⑨ 张晓双：《小学传统节日文化课程开发与实施研究》，硕士学位论文，西华师范大学，2016 年。

⑩ 望欢：《中国传统节日文化在幼儿园课程中的开发与利用》，《课程教育研究》2016 年第 9 期。

⑪ 曹丹：《中国传统节日文化在小学英语课堂中的教学研究》，硕士学位论文，杭州师范大学，2016 年。

民族节日文化的自豪感及认同感，促进民族文化长存。[①]

（三）节日的现代传播

随着现代科技对生活影响的日渐深入，现代媒介对节日的影响也逐渐显露，节日与新媒体的关系问题成为近年来节日研究的一个新取向。

张勃对当下全媒体时代传统节日的传播问题进行了思考。作者认为中华传统节日在传统社会有其特定的传播方式，主要依靠人的空间移动、国家政令的颁布以及节日文献的传播来实现。如今中国社会进入了全媒体时代，传统节日的传播体也出现了全媒体化传播的特点。传统节日的全媒体传播，不仅大大提升了传播的速度与广度，而且大大丰富了传播内容，此外，它也密切了传承与传播的关系。从目前来看，通过对节日文化知识的普及、对节日生活的展示与分享，全媒体对传统节日传播正在产生十分积极的影响。在具体操作方面，应该运用全媒体优势，积极进行中华传统节日网站和公众订阅号品牌建设，并重视文化内涵和核心价值观念的展示，同时更加注重对优秀节日文学的系统化、多样化传播。作者还提出我们的身体也是重要的媒体。在当下，有必要强化面对面的交流与共享。合理分配时间，分清轻重缓急，将身体在场的线下交流、共享与身体缺席的线上交流、共享做合情合理的划分与结合。只有这样，才有可能是高品质的节日生活，也才有更强的幸福感，也才能真正实现传统节日的理想功能，实现传统节日的良好传承。[②]

赵淑萍、王海龙指出在全媒体时代，春节仪式越来越多元化，电视屏幕、手机屏幕、电影院线，都已经成为春节仪式构成。[③] 袁玮指出传统节日文化传播在新媒体的影响下发生了深刻的变革，全新的传播方式为受众提供丰富、快捷的服务；传播主体多元化、传播方式多样性以及不同的媒介组合的传播趋势大大提升了传播效果，将极大推动传承传统文化、促进社会和谐发展以及带动相关文化产业，实现共同发展。[④] 林红、黄跃、刘佳通过调查，发现大学生们获取传统节日文化信息的渠道以新媒体为主。他们不仅情感上接受传统节日文化，而且乐于通过新媒体技术在传统节日文化的内容中融入现代流行元素，且亲身实践。[⑤] 徐鑫鑫的研究表明微信红包丰富了节日内涵、促进了人际传播，增加了年味，但是削弱了现实人际交往。[⑥] 魏涵玉对网络直播的庆典仪式进行了分析，指出通过观看个体的参与、共享，起到了凝聚个体力量、塑造共识的作用。网络直播的节日庆典仪式也被当作铭记集体记忆的形式。[⑦]

王军峰认为微信红包是以春节为“场景”，以社交媒体（微信）为平台，调动广大社会成员的参与和互动，实现对传统文化和共同情感的体认，最终形成以“场景”为主的

---

① 寸采玉：《春节文化对泰国社会及汉语教学的影响》，硕士学位论文，天津师范大学，2016 年。

② 张勃：《传统节日的全媒体传播》，《光明日报》2016 年 2 月 19 日第 5 版。

③ 赵淑萍、王海龙：《媒介生态格局的渐变与更新——2016 年“春节”媒介现象分析》，《新闻与写作》2016 年第 3 期。

④ 袁玮：《新媒体语境下传统节日文化传播的重构与创新》，《今传媒》2016 年第 12 期。

⑤ 林红、黄跃、刘佳：《新媒体技术下传统节日文化传承现状研究——以长春地区大学生调查问卷为例实证分析》，《长春大学学报》2016 年第 11 期。

⑥ 徐鑫鑫：《新媒体视域下微信拜年红包对春节文化的影响》，《今传媒》2016 年第 10 期。

⑦ 魏涵玉：《仪式传播视域下网络直播节日庆典的神话塑造》，《新闻研究导刊》2016 年第 22 期。

“场景共同体”。①

林晓华、邱艳萍对2015年拉萨藏历新年进行了调查，发现媒介已经大规模介入藏民族日常生活，改变着藏民族传统文化的形式和内容。藏民族社会在“媒化”进程中，正在逐步建构出一种新的族群性。②

在节日文化的当代传播路径上，刘艳指出可以将传统节日文化结合现代的科技，利用APP为传播载体，进行更广泛的社会传播。③ 闫晶晶认为节庆广告是进行节日文化传播的路径，广告是与社会的仪式互动。④ 陈莉认为要用中华民族的文化精神和现代设计语言来塑造节庆印象，赋予海报更丰富的精神内涵。⑤

五 新节日研究

除了传统节日研究外，也有学者对“双十一”、儿童节等新节日进行关注。

“双十一”近年来获得了迅猛发展，从光棍节演变为网络购物狂欢节。研究者们运用传播仪式、社会建构、网络传播等理论展开了分析。

王枫萍指出作为一种新的消费方式，“双十一”是消费社会、网络技术、社会性需求、商业资本等因素之间相互作用、共同推动下被社会性建构的结果。这种建构表现了经济资本在影响大众意识形态、社会文化生活中日益突出的作用。⑥ 黄立佳认为网络节日产生的原因主要有网络流行文化的驱使、现代营销的新生力量、符合当下网民的心理需求等三方面，并阐释了其传播特性具有自发性、互动性、延展性等特点。⑦

吕文强的硕士学位论文用詹姆斯·凯瑞的传播仪式观对天猫“双十一”进行文化分析。作者指出在广告宣传的推动下，当今消费异化变得越来越明显，而作为一个生活主体的人需要在对节日和消费重新认识的基础上，达到对自身存在的经验和对自由维度的感知。⑧ 方佳辰、罗彬的《仪式观下的网络节日营销研究——以天猫“双十一”为例》、王

---

① 王军峰:《从“想象”到“参与”:社交媒体与场景共同体——以春节微信红包为例》,《西部学刊（新闻与传播)》2016年第5期。

② 林晓华、邱艳萍:《媒介化社会与藏族传统节日文化变迁——以2015年拉萨藏历新年为例》,《西南民族大学学报（人文社会科学版)》2016年第8期。

③ 刘艳:《中国传统节日食品文化APP设计研究——以春节为例》，硕士学位论文，西南交通大学，2016年。

④ 闫晶晶:《传播仪式观视域下的节庆广告研究——以春节广告为例》，硕士学位论文，山西大学，2016年。

⑤ 陈莉:《传统节庆类海报设计的实践与启发——以春节节庆海报设计为例》,《湖南包装》2016年第3期。

⑥ 王枫萍:《建构的文化与文化的建构——以“双十一”网购狂欢节为例》,《汕头大学学报（人文社会科学版)》2016年第7期。

⑦ 黄立佳:《网络节日的形成驱动及传播特征》,《新闻与写作》2016年第9期。

⑧ 吕文强:《传播仪式观视角下天猫“双十一”的消费文化建构研究》，硕士学位论文，兰州大学，2016年。

保琴的硕士学位论文《天猫“双11”媒介仪式的建构研究》也是这方面的论文。[①]

王晓艺的硕士学位论文认为网络购物氛围对消费者情感有正向的影响，但不同的网络购物氛围影响程度不同。[②] 熊晓娟的硕士学位论文指出网络狂欢节会引起冲动消费，且受性别、年龄、学历等多种因素的影响。[③] 郭静运用社会建构论分析“双十一”，认为11月11日由具有婚嫁色彩的民间文化节日——光棍节，转变为全民消费事件的购物狂欢节，议题转变的背后是话语权的共谋与争斗，大众传媒和商业资本先后主导11月11日的议题设置，政治力量的导向作用若隐若现，公众在三者此消彼长的权力博弈中被裹挟前进。[④] 赵娜《从传播学视角解读网络节日——以“双十一”购物狂欢节为例》[⑤]，李启旺《浅谈互联网造节营销——以“双十一”为例》[⑥]，郭奇珍、雒仁启《人造节日的网络传播形态探究——以“双十一”为例》[⑦] 等都是这方面的文章。叶彩虹认为对于大学生的非主流节日，应加强对策引导，从主体认知引导、学校教育引导、媒介技术掌握、政府服务引导四个方面构建教育引导策略，合理引导大学生非主流节日行为，促进健康成长成才。[⑧] 另外，李军全对1937—1949年间的儿童节进行研究，认为对于中共而言，儿童节的政治意义更多的在于政治教育与儿童动员的有效衔接。[⑨]

六 节日的开发与建设

随着传统文化越来越受重视，加之乡村振兴的现实需求、非物质文化遗产保护的持续推进，将传统节日作为地方文化资源进行开发建设已经成为全国多地一种较为普遍的做法。在当代大型公共性节日的开发建设过程中，从参与主体看，一方面是各级政府组织，一方面是地方民众、社会组织，另外还有商人的参与。每一种力量主体在这个过程中都带有强烈的自我目的，或是为打造地方文化品牌，或是为了带动经济发展，或是为了文化传承。

对进入非遗名录的节日未来发展的研究是节日研究的一个新趋势。近年来，学者们开始关注列入非遗后节日的发展走向问题，打造地方特色民族节日已经成为很多民族地区的重要发展战略。刘宗碧认为被列入非遗名录的节日应该走生产性保护之路。把侗族萨玛节

---

① 方佳辰、罗彬：《仪式观下的网络节日营销研究——以天猫“双十一”为例》，《视听》2016年第7期；王保琴：《天猫“双11”媒介仪式的建构研究》，硕士学位论文，黑龙江大学，2016年。

② 王晓艺：《网络购物氛围对网购行为的影响研究——以双十一购物狂欢节为例》，硕士学位论文，西安工业大学，2016年。

③ 熊晓娟：《网络狂欢节对消费者冲动消费的影响研究》，硕士学位论文，河南大学，2016年。

④ 郭静：《话语的共谋与争斗——被建构的“11月11日”》，硕士学位论文，安徽大学，2016年。

⑤ 赵娜：《从传播学视角解读网络节日——以“双十一”购物狂欢节为例》，《新闻论坛》2016年第6期。

⑥ 李启旺：《浅谈互联网造节营销——以“双十一”为例》，《中国市场》2016年第9期。

⑦ 郭奇珍、雒仁启：《人造节日的网络传播形态探究——以“双十一”为例》，《东南传播》2016年第5期。

⑧ 叶彩虹：《当代大学生非主流节日文化研究》，硕士学位论文，闽南师范大学，2016年。

⑨ 李军全：《节日与教育：中共儿童节纪念述论（1937—1949）》，《福建论坛（人文社会科学版）》2016年第1期。

理解为在人的一定"生产"中而发生的，同样，保护也要把它理解为在"生产"中实现的。侗族萨玛节的生产性保护主要是把它作为旅游资源来开发，实施好"深入民间"和"扩大对外开放"两条策略。[①] 罗应刚认为湘黔地区"四月八"等苗族节日应该走产业化发展道路。[②] 岑鸿、李储林指出布依族节庆民俗是一种可开发的民族旅游文化资源，是推动民族地区科学发展的文化软实力和经济助推器。对布依族节庆民俗活动的旅游市场化运作，是发挥文化搭台、经济唱戏作用的重要表现，可以促进地方经济社会发展。[③]

当下一些地区的节日开发对节日本身产生了一定的影响。冉燕指出四川凉山彝族节日民俗文化因旅游开发发生了极大的变迁，从组织主体、节俗内容、节俗功能到性质定位，都发生了极大的变化。作者指出民俗文化的旅游开发是民俗文化与时代相适应的发展方式，但是需要坚持传承保护原则，切实保护民族民众的主体利益。[④] 余媛媛、陶瑞通过对云南沙溪古镇火把节的研究发现，东道主和游客主客互动影响着旅游化的进程，旅游化又反作用于城镇化，二者是相辅相成的，旅游城镇化在二者的相互促进中得到了可持续发展。[⑤] 王方捷对壮族"三月三"节庆进行了调查，认为旅游可以促进地方经济发展，改善民众生活，同时旅游开发也存在一些问题，传统节庆文化在旅游开发中被重构。[⑥] 温梦煜以甘肃张掖马蹄藏族民族文化艺术节为例，发现在这个节日的建构过程中有多方力量——国家、地方政府及其民间力量参与，建构过程中不同主体在不断进行互动，而"边缘"不是完全被动，也在通过各种方式进行自我表达。[⑦] 也有学者从节日旅游存在的问题角度出发进行研究。吴东生对西藏雪顿节进行了调查，发现节日旅游中存在信息咨询服务方面欠缺、价格方面不稳定、外部环境良好性低、配套设施有待提高等多个问题。[⑧]

黄涛指出温州端午节龙舟竞渡习俗主要有四个特色：一是竞渡习俗极为繁盛和普遍；二是传说龙舟竞渡起源于纪念越王勾践训练水军，并祭祀"五阴太保""36殇官"等神灵；三是由"参龙"这种祈福辟邪的祭祀活动发展为一种口头诗歌竞赛；四是具有水上台阁这种观赏性龙舟。基于以上特点，龙舟竞渡习俗的传承与保护不能搞"去信仰化"。而且应将举办龙舟活动的主动权还给民间，由民众按着传统民间方式来组织和操办龙舟竞

---

① 刘宗碧：《少数民族传统节日文化的生产性保护研究——以贵州榕江侗族萨玛节为例》，《昆明理工大学学报（社会科学版）》2016年第6期。

② 罗应刚：《"非遗"保护语境下苗族节日的产业化问题研究——以湘黔地区"四月八"为例》，硕士学位论文，吉首大学，2016年。

③ 岑鸿、李储林：《布依族节庆民俗旅游资源开发及利用研究》，《贵州民族研究》2016年第10期。

④ 冉燕：《旅游开发中的凉山彝族节日民俗文化变迁研究》，《贵州民族研究》2016年第8期。

⑤ 余媛媛、陶瑞：《旅游城镇化背景下传统节庆的主客互动——以云南沙溪古镇火把节为例》，《北方民族大学学报（哲学社会科学版）》2016年第1期。

⑥ 王方捷：《旅游开发背景下壮族"三月三"的变迁与重构——以广西龙胜各族自治县为例》，硕士学位论文，广西师范大学，2016年。

⑦ 温梦煜：《"中心—边缘"视角下的民族节日展演——以马蹄藏族乡民族文化艺术节为例》，《兰州大学学报（社会科学版）》2016年第1期。

⑧ 吴东生：《西藏节事旅游研究——基于2015年拉萨雪顿节的调查》，硕士学位论文，西藏大学，2016年。

渡活动。[①]

另外，还有部分学者关注了节日文化产品的开发问题。胡继艳指出在春节视觉符号的创新应用过程中，应坚持传承与创新并举、节日维护、价值导向的应用原则。其应用领域主要是二维设计与三维设计。其中，将春节视觉符号融入三维设计中，主要是运用科技手段、数码艺术，使设计作品更立体化，也更形象化。[②] 李思远认为节日礼品包装是传承节日文化的一种重要方式，应以情感化设计、绿色设计为原则来建构新的传统节日礼品包装文化。[③]

七　节日民俗的当代呈现

节日在动态发展中进行传承，如何呈现当下日常生活中的节日状态，是具有学理性又有实践性的问题。《中国节日志》系列专著的出版是近年来大规模有组织地进行节日调查的实践成果。自 2014 年 1 月由光明日报出版社出版了首批项目成果之后，阶段性成果还在继续推出，2016 年出版的有《中国节日志·二月二》《中国节日志·春节（宁夏卷）》，《中国节日志·苍岩山庙会》《中国节日志·秦淮灯会》《中国节日志·龙华庙会》《中国节日志·土族青苗会》《中国节日志·萨玛节》《中国节日志·布依族六月六》。

张士闪主编《中国节日志·二月二》对二月二的源起、二月二的流布、二月二的演变、节日的文化意义、节日时空等进行了阐述。[④]

武宇林主编《中国节日志·春节（宁夏卷）》分“宁夏自然环境和历史文化背景”“宁夏的春节习俗分布与地域差异”“宁夏春节的起源、传承、变迁、组织及现状”“宁夏春节活动的基本内容和过程”几部分介绍宁夏的春节习俗。[⑤]

岳永逸主编《中国节日志·苍岩山庙会》从苍岩山概况、庙会的历史和现状、庙会中的边际角色、庙会现场的物以及景区圣山庙会的功能和意义几个方面分析了苍岩山庙会的情况，同时收录了节日志略和部分田野调查报告。[⑥]

黄继东主编《中国节日志·秦淮灯会》分综述、志略、调查报告三部分。综述当中阐释了秦淮灯会的起源与发展，特征及功能意义，志略部分囊括了节日时空、组织、仪式活动、表演艺术与口头传统、游艺娱乐、节日用品、节日文献各方面，调查报告也涉及了秦淮灯会各层面的内容。[⑦]

田兆元主编《中国节日志·龙华庙会》在分析节日名称和分布区域以及自然生态与文化背景的基础上，对龙华庙会的起源发展及基本内容、龙华庙会的现代变革及功能和意

---

① 黄涛：《温州端午节龙舟竞渡习俗的传统仪式与保护策略》，《温州大学学报（社会科学版）》2016 年第 6 期。

② 胡继艳：《春节视觉符号的创新应用研究》，《学术论坛》2016 年第 9 期。

③ 李思远：《传统元素在节日礼品包装中的应用研究——以端午节礼品包装为例》，硕士学位论文，浙江师范大学，2016 年。

④ 张士闪主编：《中国节日志·二月二》，光明日报出版社 2016 年版。

⑤ 武宇林主编：《中国节日志·春节（宁夏卷）》，光明日报出版社 2016 年版。

⑥ 岳永逸主编：《中国节日志·苍岩山庙会》，光明日报出版社 2016 年版。

⑦ 黄继东主编：《中国节日志·秦淮灯会》，光明日报出版社 2016 年版。

义等方面进行了详细的阐释。①

赵宗福、胡芳主编《中国节日志·土族青苗会》在对青海省相关地区进行实地调研的基础上，对土族青苗会的形成、传承、节日内容与形式、社会功能进行了实地调研与介绍，并分析了青海省民和、互助、大通、黄南以及甘肃甘南等地青苗会的异同。②

吴定勇主编《中国节日志·萨玛节》在对中国南部侗族地区的萨玛崇拜进行实地考察的基础上，对萨玛节的源起、传承、流布、地区差异、流行现状进行了深刻的阐释，揭示了萨玛节对于地方日常生活的意义及功能。③

陆永昌主编《中国节日志·布依族六月六》主要论述了布依族六月六的起源、流布、变迁及其依托的自然、历史和社会文化，详细记述了布依族六月六的内容及流程，对节日的功能和意义进行了阐释。在多时段、多地区的实地调查的基础上，对布依族六月六节进行了详细的记录。④

霍彦儒主编《中国节日志·祭炎帝》主要论述了祭炎帝的缘起、流布地域、人文背景及其意义和功能，并通过深入的社会调研，从节日时空、组织、节日缘起、仪式活动、表扬艺术与口头传承等多方面研究了祭炎帝这一传统民俗文化活动的渊源。⑤

江帆、詹娜主编《中国节日志·春节（辽宁卷）》通过文献梳理及田野调查的方法，全面系统且重点突出地展现了辽宁省各区域、各民族春节习俗的传统及变化。⑥

赵心愚、李玉琴主编《中国节日志·骀日》通过对骀日的起源和变迁、基本内容和过程、意义和功能等的记述与分析，展现出骀日习俗的丰富内涵，历史发展中的演变过程及现状，以及这一古老节日背后的原始古朴的信仰特点与思维模式。⑦

罗曲主编《中国节日志·彝年》描述了云南、贵州、四川等彝区的过年节时间、过程和内容，介绍了彝族过年节期间的民间信仰以及与彝族过年节相关的服饰、民间口头创作、游艺等民俗。据实地调研，揭示了彝族过年节的时间差异，一是因为自然条件的差异性所使然，二是求吉心理支配下对“凶日”的避讳、对“吉日”的选择。⑧

另外，刘广宇、刘星以节日影像志《那达慕》为例，指出《那达慕》在审美意蕴、文化表达与影像叙事等方面给节日影像志创作实践以较大启示，同时，由于其远离节日影像志写作的基本范式而失去了作为人类学影像志的品质。并提出当前节日影像志要注重以“体例”为基础，以“探索”为动力，以“深描”为路径的创作方法。⑨

---

① 田兆元主编：《中国节日志·龙华庙会》，光明日报出版社 2016 年版。

② 赵宗福、胡芳主编：《中国节日志·土族青苗会》，光明日报出版社 2016 年版。

③ 吴定勇主编：《中国节日志·萨玛节》，光明日报出版社 2016 年版。

④ 陆永昌主编：《中国节日志·布依族六月六》，光明日报出版社 2016 年版。

⑤ 霍彦儒主编：《中国节日志·祭炎帝》，光明日报出版社 2016 年版。

⑥ 江帆、詹娜主编：《中国节日志·春节（辽宁卷）》，光明日报出版社 2016 年版。

⑦ 赵心愚、李玉琴主编：《中国节日志·骀日》，光明日报出版社 2016 年版。

⑧ 罗曲主编：《中国节日志·彝年》，光明日报出版社 2016 年版。

⑨ 刘广宇、刘星：《节日影像志创作实践初探——以〈那达慕〉为例》，《新闻界》2016 年第 7 期。

八　节日的理论思考

2016年节日理论思考方面出现了几份有分量的文章，如宋颖的《论节日事项的“共有”“扩散”与“移借”诸问题——以端午节为例》、陈华文的《端午节的文化传承：凤舟竞渡与女性参与》、王均霞《非物质文化遗产的实践过程与社会性别角色再生产——对一次春节面食制作过程的微观分析》等。

宋颖以端午节为例，提出用“共有”“扩散”与“移借”三个重要概念探索节日事项之间的关联性，概括并解释节日事项的繁杂多样性。“共有”构成了节日事项在群体内世代共享的传承基础，它承载着一个民族群体内部共同的记忆和文化情感，是构建民族认同和文化认同的重要组成部分。“扩散”涵盖了人们在生活实践中对同一个节日的文化元素的择用，精准性和模糊性同时存在。“移借”是指将系列文化符号成组搬移，不局限于某一节日，体现出人们在日常生活中的行为惯性。节日事项的“共有”“扩散”与“移借”，有利于习俗的在地化，呈现出适应性的细节变化，为人类的实践和创新提供了可能性。①

陈华文的《端午节的文化传承：凤舟竞渡与女性参与》一文，独辟蹊径，不仅关注端午节中的女性角色，还提出女性是端午节文化中的主体，且女性在节日文化传承中具有不可替代的作用。对于女性来说，如果她缺席节日文化的传承，不仅使节日文化退化，而且必定使节日文化失去区域性或地方性的特色，也失去家庭存在的意义。② 王均霞通过对春节面食制作过程的微观分析，认为在非物质文化遗产保护的研究与实践中，忽视了非物质文化遗产保护过程中所呈现的社会性别角色规范的再生产过程以及非物质文化遗产所具有的性别化特征，很可能使得被边缘化的女性非物质文化遗产传承人位置更加边缘。③ 王法祯的硕士学位论文从女性与节日的传承关系入手，指出媳妇不再仅仅是我们传统想象中节日活动的被动参与者，而是节日活动中的主要构建者，她们运用积极的实践活动来影响节日活动的进程，而外来媳妇的再习俗化也是当地节日传承的重要环节。④

九　节日比较研究、外国节日研究

节日是人类社会共有的文化现象，对不同文化中的节日进行比较是节日研究的传统方法之一。赵晓娥指出改革开放30多年来，中国传统节日文化不断与西方节日文化相互交织、碰撞、融合。在新的历史条件下，要以社会主义核心价值观为指导，适应多元文化交

---

① 宋颖：《论节日事项的“共有”“扩散”与“移借”诸问题——以端午节为例》，《民间文化论坛》2016年第3期。

② 陈华文：《端午节的文化传承：凤舟竞渡与女性参与》，《广西民族大学学报（哲学社会科学版）》2016年第5期。

③ 王均霞：《非物质文化遗产的实践过程与社会性别角色再生产——对一次春节面食制作过程的微观分析》，《民族艺术》2016年第6期。

④ 王法祯：《村落节日民俗传承中的媳妇角色——以江西赣南丰岗村为个案》，硕士学位论文，温州大学，2016年。

流发展的态势，本着“取其精华，弃其糟粕”的原则，正确认识和处理中国传统节日文化与西方节日文化的关系，不断推动我国优秀传统文化传承创新，走向世界。①

中外节日研究主要运用比较的方法，比较中外节日习俗形态、文化内涵以及功能等方面的异同。王郡玲指出中国的清明节和墨西哥亡灵节虽节日时间不同、地域有别，但两国的节日文化既有不同点也有相似之处：中国的清明节追思先人，感恩怀远，勿忘生者，幸福明天是其节日文化寓意之所在；而墨西哥亡灵节带有浓厚的墨西哥土著居民阿兹特克人祭奠亡灵、感恩亡灵、崇拜亡灵的节日狂欢文化，“逝者在棺，生者狂欢”是其节日文化的形象描述。② 孙艺娜认为中韩两国的端午节既有相同点，也有不同之处。③ 申熙禓认为中韩两国的春节、元宵、端午、中秋、冬至既有相同点，但也有不同之处。④ 还有崇斌、田忠山的《中美节日文化的差异与融合——以春节与圣诞节为例》，武保勤的《中外主要节日的文化探析》，陈凯的《中西传统节日的文化差异与社会认同探究》，覃肖华的《广西壮族与越南岱、侬族节日习俗文化比较研究》，刘红艳的《从春节传统风俗习惯中浅析中日文化的相似性与差异性》等也是这方面的研究文章。⑤ 另外，王秋菊、乔禾、郭晓颖从20世纪上半期日本人在东北地区使用的汉语教科书中传统节日课程入手，分析课文中体现的中国形象，以及原因。⑥

游红霞在对美国俄勒冈州塞勒姆等地区圣诞节田野调查基础上提出，作为仪式美术的圣诞树存在多元叙事形态，主要包括口头及书面叙事、地方叙事和商业叙事等方面，圣诞树在商业语境中的叙事仍离不开民俗的认同性特质，通过商业行为传播民俗信仰和节日的文化价值。⑦ 张艾萱认为美国圣诞节的文化起源、象征符号、传播方式等，在商业文化的大环境中，不断与社会的经济发展相结合，通过节日仪式的普世化和节日文化的消费性，借助商业价值将传统的圣诞节文化传承下去。⑧

还有学者分析了西方节日在中国传播的规律、原因。匡野、陆地认为西方节日在我国能有效传播的主要规律是传播策略的“本土化”、传播内容的具象化及商品化，以及国内商家及媒体的推动。⑨ 吕文澎认为“中国式圣诞节”的产生，从宏观层面看是全球化浪潮

① 赵晓娥：《正确认识和处理中西方传统节日文化关系问题探论》，《理论导刊》2016年第5期。

② 王郡玲：《中国清明节与墨西哥亡灵节之文化比较》，《管子学刊》2016年第4期。

③ 孙艺娜：《中韩端午习俗比较分析及针对韩国教学设计》，硕士学位论文，山东大学，2016年。

④ 申熙禓：《中韩传统节日比较及其教学》，硕士学位论文，湖南师范大学，2016年。

⑤ 崇斌、田忠山：《中美节日文化的差异与融合——以春节与圣诞节为例》，《人民论坛》2016年第33期；武保勤：《中外主要节日的文化探析》，《阜阳职业技术学院学报》2016年第3期；陈凯：《中西传统节日的文化差异与社会认同探究》，《大学教育》2016年第12期；覃肖华：《广西壮族与越南岱、侬族节日习俗文化比较研究》，硕士学位论文，广西民族大学，2016；刘红艳：《从春节传统风俗习惯中浅析中日文化的相似性与差异性》，《湖北函授大学学报》2016年第22期。

⑥ 王秋菊、乔禾、郭晓颖：《跨文化形象学视阈下日本教科书中的中国形象——以端午、中秋、新年三大传统节日为考察对象》，《东北亚外语研究》2016年第3期。

⑦ 游红霞：《作为仪式美术的圣诞树：多元叙事与节日传承》，《民间文化论坛》2016年第6期。

⑧ 张艾萱：《美国圣诞节文化的传播研究——以近30年的〈VOGUE〉为例》，硕士学位论文，上海师范大学，2016年。

⑨ 匡野、陆地：《西方节日在我国有效传播的归因及规律研究》，《现代传播（中国传媒大学学报）》2016年第4期。

冲击的必然结果，在宏观上来说与中西方文化各自的特色紧密相关，就微观层面而言与人类追求自由、不断创新的天性密不可分。这些原因从不同侧面折射出后现代社会的特质。[①] 史婷在硕士学位论文中指出要正确看待“洋节热”现象，在文化融合中，我们必须坚持民族文化的独立性，做好中国传统文化精神的传承和传统文化形式的创新，让洋节成为传统节日的点缀。[②]

总体上看，2016 年节日研究成果数量丰富，虽然成果质量存在差异，其中不乏对前人观点的重复论述，但是研究对象、研究视角都有所扩宽，在诸多方面取得了较大进步，主要表现为以下几点。

第一，节日研究继续保持多学科参与的态势。节日是复合的文化事象，是社会生活的重要构成，需要进行多学科的共同参与、交叉研究。2016 年节日研究成果来自多个学科，既有民俗学、历史学、社会学等学科的持续关注研究，也有文学、艺术学、传播学等新学科的加入，多学科的参与研究表明节日在当代社会的重要性与复杂性。传统节日在当代社会获得重建，与社会结构转型、科技现代化、城镇化、信息化等时代发展现状关系密切，这决定了节日研究多学科参与的必要性与必然性。多学科参与势必促进节日研究新成果的出现，但如何促进不同研究方法的融通，更加深入全面地把握节日研究的重要问题，还需要学者们不断探索努力。

第二，从研究范式上看，既有重历史梳理、重个案描述传统的历史研究，也有重视阐释性、实用性、“朝向当下”的实践研究。从总体上看，学者对节日的研究已经不仅仅是对单一文化现象的研究，而是带着明确的社会参与意识、问题意识进行的整体研究，这是近年来节日研究的一个新动态，2016 年在这方面取得了较好的成绩，不仅有单篇学术论文，还召开了“城市化进程中节庆文化的变迁与发展”学术研讨会，极大地推动了节日研究范式的转型。

第三，从研究对象上看，更加关注与现实生活关系密切的节日事象。除了传统节日外，还有外来节日、新兴地方节日、网络购物节等与现实生活关系密切的节日都受到了关注。

第四，从研究方法上看，注重运用田野调查方法，重视从现实出发发现问题、寻求规律。作为民俗学研究的重要方法，田野调查在节日研究中得到了广泛使用。同时，与当下节日研究范式、研究对象相关联，对现实生活中各种节日问题的关注需要使用田野调查方法，获取节日存在状态的一手材料。

第五，从研究主体上看，青年占有相当大的比重。2016 年的节日研究成果中有 40 余篇硕博论文探讨节日话题，显示出青年学子对节日研究的浓厚兴趣，也预示着节日研究未来的一批潜在人才。但同时这些论文也反映出青年学子研究的短板，就是对已有研究成果的把握不够，学术史根基还有待提高。

第六，从节日传承路径方面看，学校教育受到重视。2016 年节日研究成果中此类研究占有一定比例。该类成果均认为学校是传承节日的重要空间和载体，应将节日文化纳入学校教育规划中。虽然到目前为止尚未出现具有重要理论创建的成果，但学者们已经敏锐

① 吕文澍：《中国式圣诞节的后现代解读》，《西北师大学报（社会科学版）》2016 年第 2 期。

② 史婷：《从跨文化视野看“洋节热”——以春节和圣诞节为例》，硕士学位论文，陕西师范大学，2016 年。

地发现了这个重要问题，有待日后继续深入研究。

第七，少数民族节日依旧受到重视，尤其是当代的传承与发展问题。近年来，随着社会的快速发展，加之非物质文化保护政策的持续推进、地方旅游开发的需求，少数民族节日的地方性、民族性、现代转型等受到重视，致使出现了较多这方面的文章。

第八，节日的历史研究成果单薄。从成果数量上看，2016 年节日的历史研究也有部分成果出现，但所占比例较小。从作者群体看，很多文章是青年学子的硕博论文，知名节日专家的研究成果较少。从成果质量看，研究视角有所创新，但结论方面多是重复论述，缺少新的发现。中国存在数量极其丰富的岁时文献，历史研究也是进行当代研究的基础，因而有必要强化节日的历史研究。

第九，节日的文化内涵是节日的灵魂所在，尤其在传统节日重建的当下，文化内涵研究更具时代意义。节日的文化内涵既有历史传承性，也随生活的变化而变化。当下重建传统节日，应重视文化内涵的传承与创新。2016 年这方面的研究也有部分成果出现，但无论数量还是质量方面都有待进一步提高和加强。

2016年民间游戏研究综述

王　丹　王　祺*

2016年对于民间游戏研究十分重要，民间游戏愈发受学界关注，特别表现在中国民间游戏集大成的著作《中国民间游戏总汇》出版。本年度，民间游戏研究领域共发表学术论文百余篇（部），民间游戏的理论、传承、应用等研究成果丰硕，相关领域的跨学科研究空前高涨，汇集人文、社科、理工等多领域学者，凝聚高校、研究机构、基层学校等多层次力量，形成广泛的学术参与空间，跨学科研究步入新纪元。

一　《中国民间游戏总汇》的资料学与理论创新价值

2016年最引人瞩目的研究成果莫过于《中国民间游戏总汇》（以下简称《总汇》）的出版。作为一部中国民间游戏集成，《总汇》具有深远的资料学意义与理论创新价值。

《总汇》弥补了中国民间游戏资源种类调查研究与系统性总结的空白。《总汇》共计八卷，分别为综合卷、棋牌卷、语言文字卷、角力卷、跑跳卷、手工制作卷、表演卷、球类卷，这亦是八大类型的民间游戏分类表述。《总汇》主编林继富带领团队“从开始策划到编撰出版，历时六年”①，凝聚了一大批同仁的心血，力图做到“融学术性、知识性、实用性于一体，并且首次以词条的形式，现代百科全书的模式，较为完整系统地搜集、整理和研究中国传统民间游戏”②，也是首次从非物质文化遗产保护与传承的角度系统调查总结中国民间游戏的资料汇编。《总汇》以传统游戏为经，以民族游戏为纬，构建整套书的宏观布局；以史料文献为主，以实地田野为辅，构建素材整理渠道，“详细阐述了2000余种民间游戏的产生背景、规则或玩法、历史沿流、民族或地域之间的变异价值与文化内涵等，汇集了民族民俗文化领域的最新研究成果”③。《总汇》的出版既是对中国民间游戏状况的总览，又为民间游戏的进一步研究提供了资料库。

《总汇》不仅是中国民间游戏资源的搜集和整理，而且是对民间游戏理论研究的创新。《总汇》对民间游戏的定义科学、精简：“‘民间游戏’是广大民众创作、传承的生活文化，是民众在特殊的时间、空间内，通过一定的活动和相应的规则彼此之间游乐嬉戏的

---

* 王丹，中央民族大学中国少数民族研究中心、中国少数民族事业发展协同创新中心副教授；王祺，中央民族大学民族学与社会学学院2019级民俗学专业硕士研究生。

① 林继富：《中国民间游戏总汇·总序》，湖南文艺出版社2016年版，第37页。

② 林继富：《中国民间游戏总汇·总序》，湖南文艺出版社2016年版，第34页。

③ 田雪平：《〈中国民间游戏总汇〉在京首发》，《中国出版》2016年第21期。

活动”①，总结出中国民间游戏普遍性、时段性、竞技性、规律性、寓教于乐等特征。《总汇》对于民间游戏的定义既展现了民间游戏作为民俗事象以人为中心的集体性、传承性、生活性，也体现了民间游戏作为游戏本身特定时空、规则秩序、互联互动的特点，回答了“民间游戏是什么”的基本问题。

民间游戏的起源问题一直是学界津津乐道的话题。《总汇》回答了民间游戏作为整体的文化起源和具体民间游戏的起源渠道两个层面的问题，阐释分析了生产活动、宗教祭祀、巫术活动、社会习俗、军事活动与民间游戏起源的关联，各卷本、各条目具体梳理和分析了不同类型、不同种类民间游戏的起源。民间游戏起源的多元化、多样化已成为共识。

《总汇》依据游戏形式和方式的不同，提出了八类民间游戏类型的划分，体现了对民间游戏分类问题的认识，并创造性地提出“综合类民间游戏”是“其中有两种或两种以上的游戏方式或技巧、动作来完成的嬉戏和玩耍活动”②。民间游戏在传承过程中相互交流借鉴，彼此之间或多或少存在一定联系，这种交叉互融给民间游戏分类造成了困难，“综合类民间游戏”概念的提出为中国民间游戏研究及应用探索了一条可行之路。民间游戏复杂多样，任何分类标准都不可能完全划清各个类型之间的明确界线，应当从自身实际状况和实践操作层面更好地去把握民间游戏。民间游戏的综合性特点应当得到多学科、多领域的综合性关照，这也成为民间游戏跨学科视域的立足点。

《总汇》各卷本将论点的提出与个案的分析紧密结合，阐述了民间游戏本身的特征及其在民众生活中的价值与功能。从个人层面上看，民间游戏具有提升协调合作能力、锻炼身体机能、塑造健全人格等作用；从社会层面上讲，民间游戏可以将社会理想投射到现实社会，促进社会的延续和发展，有利于传统文化的建构、均等思想的实践和文化认同的教育等，因而在个人成长史和人类发展史上都具备特殊的功用。《总汇》对于民间游戏特征、价值与功能的关注和提炼是基于跨学科式的整体关照，涵盖了民间游戏在民俗学、体育学、教育学、社会学多学科领域的意义。

与其说《总汇》是一部中国民间游戏资料大全，不如说它是一部民间游戏研究著作，其中诸多创新创见既是民间游戏搜集整理的成果体现，又为民间游戏的进一步传承发展提供了理论指导。《总汇》自出版后便备受关注，更是助推中国民间游戏研究和应用的热潮。

二　跨学科民间游戏理论研究

2016年民间游戏理论研究呈现明显的跨学科属性，汇集了多学科游戏理论的研究成果。

民间游戏的定义一直是学界关注和探讨的问题。林继富在《从生活智慧到文化传统——中国民间游戏起源研究》③中梳理了柏拉图、亚里士多德、康德、席勒等先贤思想

① 林继富：《中国民间游戏总汇·总序》，湖南文艺出版社2016年版，第4页。

② 林继富：《中国民间游戏总汇·综合卷》，湖南文艺出版社2016年版。

③ 林继富：《从生活智慧到文化传统——中国民间游戏起源研究》，《原生态民族文化学刊》2016年第2期。

中的游戏概念，引入西方游戏学之父赫伊津哈对于游戏的界定，又综合中国古今各家的游戏论说，认为“民间游戏作为游戏中以‘人’为核心的活动，是指流传在民间社会，由广大民众创作、传承的生活文化和文化传统，是民众在特定的时空中，通过或轻松或紧张的活动和相应的规则形成的彼此之间的游乐嬉戏活动。”从民俗学的角度看，民间游戏具有“民俗事象”和“文化传统”两种属性，应被视为“地方文化传统”，并指出其生产活动、宗教祭祀、巫术活动、社会习俗、军事活动等来源渠道，这也构成民间游戏的基本主题和传统类型。张未的《游戏现象与几种类型的定义》[①] 将赫伊津哈的游戏定义确定为一种存在主义，并从赫氏定义的几个关键词切入，具体分析了游戏的复杂性，进而梳理和阐析了存在论、系统论、功能论或目的论、效用论四种有关游戏的定义。张未对游戏定义的耙梳具有浓厚的哲学意味，结合围棋等具体游戏案例，介绍了国际游戏学界的诸多成果，将游戏作为一种独立现象进行讨论。

游戏哲学是一种借助游戏概念进行研究的哲学视角，也已形成相应的研究范畴。维特根斯坦的语言学研究借助赫伊津哈的游戏学理论，通过语言游戏的例证提出了语言游戏说，但未给出明确的“语言游戏”的界定。蔡祥元指出：“通过各种语言游戏的例子……维特根斯坦引入了‘家族相似’的概念，来说明语言游戏的‘共同性’。他认为，他所举的各种语言游戏的例子，就像家族的不同成员一样，在体型、相貌、眼睛的颜色等外部特征方面有一些交叉重叠的相似性，但并无一个共同的特征贯穿所有家族成员并以此构成这个家族的‘本质’。”蔡祥元以维特根斯坦“家族相似”概念切入对其哲学立场的批判，认为“它背后是一种语境决定论的哲学思想，里面包含着一种基于生活形式的原初确定性”，即语言游戏的确定性。[②] 宋洪英认为“维特根斯坦的语言游戏是日常生活中语言与动作交织而成的综合体”，并从模因论的视角分析了“语言游戏”中的语言模因形式，通过具体研究其词素、句法结构、篇章等语言手段的传播过程，发掘出语言游戏所具有的保真度高、易于复制和传播、生命力强等特点。[③] 张励耕从维特根斯坦语言游戏论的角度出发，应用其语言游戏的案例，研究了假装、佯装或欺骗等生活现象，认为这些现象都可归属于一种特殊的语言游戏，这种游戏又与其他一些更为基础性的游戏有着深刻的关联。[④] 张飚引介维特根斯坦学派代表人物卡琳·菲尔克的语言游戏建构主义：“她将维特根斯坦的语言游戏概念引入国际关系领域，以此为基础发展出强调规则、理性、虚拟行动等独树一帜的建构主义理论”[⑤]。李薇引入苏俄符号学代表人物洛特曼的游戏说，其理论“将差异美学为表征的艺术与游戏相类比”，借助游戏意象，将游戏模式与逻辑模式相对比，指出了文本的多语性、不确定性和历时性，奠定了倡导多元平等，差异共生的差异美学基础。[⑥]

游戏学术史研究尤以综述性论文为代表。儿童是民间游戏最主要的参与主体，杨琴和

---

① 张未：《游戏现象与几种类型的定义》，《新美术》2016 年第 2 期。

② 蔡祥元：《语言游戏确定性的根源——对维特根斯坦“家族相似”概念的再澄清》，《现代哲学》2016 年第 6 期。

③ 宋洪英：《从模因论看“语言游戏”》，《解放军外国语学院学报》2016 年第 4 期。

④ 张励耕：《假装与语言游戏》，《世界哲学》2016 年第 5 期。

⑤ 张飚：《卡琳·菲尔克的语言游戏建构主义研究》，《国际政治研究》2016 年第 2 期。

⑥ 李薇：《洛特曼游戏说：从逻辑回到历史》，《俄罗斯文艺》2016 年第 4 期。

李适以儿童游戏类硕博士学位论文为基础，对我国儿童游戏的研究现状与趋势进行了梳理和分析，认为我国儿童游戏研究依然以传统教育学科为主，但近些年对单一学科框架有所突破，出现了跨学科、跨领域的可喜现象。[①] 其论述进一步印证了民间游戏的跨学科综合属性，民间游戏具有沟通学前教育、初等教育、中等教育与高等教育的包容性特点。冯超群论析了民间游戏的教育价值研究成果，认为“民间游戏的教育价值主要体现在对儿童身心完满发展的促进作用方面，具体表现为民间游戏在儿童生理发展、认知发展、社会性发展、情感发展及个性发展五个方面的教育价值”，并指出当前民间游戏教育价值研究的不足：“有关民间游戏的理论基础不足；民间游戏对儿童精神层面影响的研究略有欠缺；民间游戏在实证研究中缺乏普适性的论证及在实际运用方面未得到有效体现”[②]。

游戏学术史研究涉及古人游戏观的探索和西方游戏学的引进。周文杰、姜文溯源我国古代“游戏观”至老庄之学，特别是庄子的《逍遥游》，并追溯书法史上的“游戏观”至魏晋时期。[③] 魏婷介绍了美国教育游戏研究 GLS 会议 2011 年至 2015 年的文献材料，剖析美国教育游戏理论与实践研究的热点，并追踪各研究机构的研究动向，指出美国教育游戏研究的主题及其校企结合、学科交叉、实证多样三大特点，为我国教育游戏的研究与实践提供了借鉴。[④] 孙静从文献学和出版学的角度耙梳了西方游戏学的起源与我国游戏研究的发展脉络，认为我国游戏研究遵循“学习—译介—本土化”的过程，然而中国游戏理论和游戏批评还处于起步阶段，并对“2006 年是中国游戏研究元年”的观点予以反驳。[⑤] 孙静研究的游戏主要指电子游戏、网络游戏，但也与民间游戏有着密切关联。

随着游戏学的兴起，各学科开始借鉴游戏理论进行研究，形成了一批跨学科的理论研究成果，拓宽了中国游戏研究的视野。竞技体育常被认为是由游戏演化而来的，游戏与体育有着密不可分的联系。焦素花、孙南、焦现伟、朱二刚、马蕊等人以赫伊津哈的游戏论为分析视角，考察近代以来我国体育本体属性被遮蔽的观念史，挖掘体育本体属性中存在的游戏境界，认为新时期我国体育发展应有理性的认知，发挥体育本体属性的娱乐游戏品质。[⑥] 钟泽和孙玮讨论竞技运动的自由性，将其划分为自愿性、非实利性与自如性，并分析它们的具体呈现形式，“有助于进一步明晰竞技运动内外规定性及其之间的辩证关系，为促进我国竞技运动的内涵建设提供可资借鉴的重要理论参考”[⑦]。

游戏理论影响着文学艺术领域。伍丹和杨经建认为，象征主义艺术最初的原型范式是神话和游戏，象征主义艺术指向游戏的维度，游戏源于艺术，象征主义艺术以游戏方式使

---

① 杨琴、李适：《我国儿童游戏研究现状及趋势——基于游戏硕博士学位论文的统计与分析》，《天津市教科院学报》2016 年第 6 期。

② 冯超群：《民间游戏教育价值研究综述》，《陕西学前师范学院学报》2016 年第 2 期。

③ 周文杰、姜文：《魏晋书风中的“游戏观”》，《中国书法》2016 年第 20 期。

④ 魏婷：《美国教育游戏研究综述——以 2011 ~ 2015 年 GLS 会议文献为视角》，《现代教育技术》2016 年第 11 期。

⑤ 孙静：《西学东渐：中国游戏研究元年已经到来了吗?》，《中国图书评论》2016 年第 10 期。

⑥ 焦素花、孙南、焦现伟、朱二刚、马蕊：《近代以来我国体育本体属性遮蔽的观念史考察——以赫伊津哈的游戏论为分析视角》，《北京体育大学学报》2016 年第 3 期。

⑦ 钟泽、孙玮：《游戏理论背景下竞技运动的自由性》，《社会科学战线》2016 年第 9 期。

生命达到自由生成和无限存在。[①] 唐艺基于游戏理论来理解艺术设计，指出“游戏意识是帮助我们从必须做的事情中发现优游乐趣，设计者努力让流程变得更加有趣味性，使其在转化为商业形式时更加有吸引力，围绕着‘怎么做’来启动创造性思维。玩具思维立足于改变人们所要做的事、所要得到的产品，围绕着解决‘做什么’的问题展开，两种思维方式都是促成设计创新的动力源。”[②] 游戏研究还与电影、戏剧、文学等具体的艺术形式发生越来越多的联系。孙绍谊鉴于游戏的“跨学科”品格和“媒介特殊性”，讨论了电影与游戏之间的关联性和非关联性，展望了游戏研究的前景与未来。[③] 北京人艺演出的话剧《洋麻将》以打牌的游戏活动贯穿全剧，两个老人在一起一共打了 14 把牌，通过打牌来反映各自的人生境遇，进而揭示出深刻的社会问题，引发观众对人生、对社会的思考，刘平认为这是“在游戏中透视人生”[④]。将游戏视作一种精神或态度，房栋梳理了清末民初游戏文章的发展状况，指出“所谓游戏文章，大抵指文人以诙谐之笔，嬉笑怒骂之中以戏笔出之的文章”。他主要研究了《申报·自由谈》“游戏文章”栏目，通过对游戏文章形式、文类想象和文本意义颠覆的考察，发现了清末民初旧文人的“游戏文章”观和对“游戏文章”传统的发明，认为他们也是在探索现代文学书写的新可能。[⑤] 在传播学领域，周逵“从游戏的古典主义理论出发，试图在‘传播研究’的脉络中寻找数字媒体时代‘游戏研究’多种理论路径和核心议题，分别从多个视野中寻找经典传播学与游戏研究的汇聚点”[⑥]，这不仅是传播学的新发现，更是游戏学理论研究的重要作品，为民间游戏研究提供了理论启发。

2016 年中国民间游戏理论研究形成了本体论、认识论、方法论三位一体的格局，哲学、美学、艺术学、民俗学、文学、人类学、教育学等学科学者从各自不同，又互相关联的学术立场切入游戏研究，为中国游戏学的建设和发展提出了诸多有创见、有价值的思想观点和研究路径。

三　作为文化遗产的民间游戏传承研究

民间游戏作为一种文化遗产，其传承深深扎根于一定的民族或地区，因而“应该将民间游戏视作地方文化传统，并且立足于‘地方性知识’理解民间游戏”[⑦]。脱离地方文化传统，便无法理解民间游戏的真正内涵与价值，也只能基于生活文化的本质认识，才能

---

① 伍丹、杨经建：《神话·游戏·象征——对象征主义艺术的存在论阐释》，《湖南师范大学社会科学学报》2016 年第 4 期。

② 唐艺：《设计中的“游戏意识”与“玩具思维”》，《艺术百家》2016 年第 5 期。

③ 孙绍谊：《被“看”的影像与被“玩”的影像：走向成熟的游戏研究》，《文艺研究》2016 年第 12 期。

④ 刘平：《在游戏中透视人生——看北京人艺演出〈洋麻将〉有感》，《戏剧文学》2016 年第 10 期。

⑤ 房栋：《〈申报·自由谈〉“游戏文章”研究》，《现代中文学刊》2016 年第 4 期。

⑥ 周逵：《作为传播的游戏：游戏研究的历史源流、理论路径与核心议题》，《现代传播（中国传媒大学学报）》2016 年第 7 期。

⑦ 林继富：《从生活智慧到文化传统——中国民间游戏起源研究》，《原生态民族文化学刊》2016 年第 8 卷第 2 期。

为新时代民间游戏的传承发展提出具体可行的策略。

民间游戏的传承研究可以分为历时流变和现实传承两个方面。在民间游戏历时流变研究方面，从文学文本中透视民间游戏的历史传承是一种主要的研究范式。李华云、陈文敏、罗历辛以唐前游艺赋为研究对象，窥得唐前各时期的社会生活、民俗文化，以及时人的生存方式、情感态度和思想观念。① 王赟馨从《全唐诗》中筛选出专门描写游艺活动和诗句中提及游艺活动的诗歌千余首，对唐人游艺活动的诸多方面进行探讨与呈现。游艺诗不仅表现出独特的艺术特色，亦能展现唐代游艺活动的风貌，更好地透视唐代人的社会生活状态和民族习性，以及文化的交流与融合。② 郭慧、王国平考察和分析了魏晋南北朝的斗鸡诗，展现当时斗鸡游戏的开展情况。③ 民间游戏的历时流变研究更基于考古学与历史学的方法。郑志刚、李重申从考古遗址和文献记录中拟构出唐代丝绸之路古代游戏、娱乐与竞技场地的空间分布，呈现了丝绸之路古代体育的繁荣及其留下的深刻历史记忆，梳理了古代体育游戏的时空发展脉络，探究了传统游戏的历史发展规律。④ 李绪稳研究唐代儿童体育骑竹马游戏，认为骑竹马源于北方少数民族游牧地区儿童模仿成人骑马的行为动作，并分析了骑竹马游戏在唐代的盛行状况及其流行原因，明辨了“骑竹马”民间游戏与“青梅竹马”历史典故、“竹马戏”等艺术形式的关联，突出了不同民间文化之间的互文性，以及民间游戏向相关领域辐射的强大文化影响力。⑤

在民间游戏的现实传承方面，搜集、整理和研究各民族、各地方民间游戏资源是基础性工程。其中代表性成果有白洁的《鄂伦春族传统游戏的教育人类学研究》⑥、黄英编著的《陇右民间传统童谣与游戏》⑦、刕晓娟主编的《彭阳民间游戏》⑧，以及新疆人民出版社出版的《哈萨克民间体育及游戏》⑨《哈萨克族民间儿童游戏》⑩ 等。白洁通过实地调研整理和分析鄂伦春族传统游戏的起源、形成、主要内容及特征。她从教育人类学的视角，对传统游戏在鄂伦春人心智素质、道德品质形成过程中的作用进行了阐发，并从鄂伦春族传统游戏的传承现状及其相关因素中，论证了自然环境、制度环境和文化环境的变迁与游戏传承困境之间的关系，对鄂伦春族传统游戏的传承价值和发展途径进行了历史、现实和未来三个纬度的探讨。黄英从史料的角度集中展现陇右地区的民间传统儿童歌谣与游戏，反映出对童年生活的记忆和非物质文化遗传的保护意识。刕晓娟立足幼儿教学，搜集流传在宁夏固原市彭阳县的各类儿童游戏，清晰地记录下游戏名称、玩法和目的，简练通俗、图文并茂，便于教师和儿童掌握和操作。每类游戏的介绍和描述后均附有相关歌谣，较为完整地展示和保存了地方游戏类非物质文化遗产。《哈萨克民间体育及游戏》介绍和

---

① 李华云、陈文敏、罗历辛:《唐前游艺赋研究》，四川大学出版社 2016 年版。

② 王赟馨:《唐代游艺与诗歌》，吉林大学出版社 2016 年版。

③ 郭慧、王国平:《魏晋南北朝斗鸡诗研究》，《江西社会科学》2016 年第 6 期。

④ 郑志刚、李重申:《丝绸之路古代游戏、娱乐与竞技场地空间分布考研》，《敦煌学辑刊》2016 年第 4 期。

⑤ 李绪稳:《唐代儿童体育骑竹马文化考析》，《体育文化导刊》2016 年第 2 期。

⑥ 白洁:《鄂伦春族传统游戏的教育人类学研究》，中央民族大学出版社 2016 年版。

⑦ 黄英:《陇右民间传统童谣与游戏》，文汇出版社 2016 年版。

⑧ 刕晓娟:《彭阳民间游戏》，阳光出版社 2016 年版。

⑨《哈萨克民间体育及游戏》，新疆人民出版社 2016 年版。

⑩《哈萨克族民间儿童游戏》，新疆人民出版社 2016 年版。

分析了哈萨克族的传统民族民间体育游戏项目，及其发展的历史背景和文化特点。《哈萨克族民间儿童游戏》主要概述哈萨克族民间儿童游戏类型，论析哈萨克儿童游戏的发展历史、作用意义，及其面向现代化的转型问题。两部作品不仅资料翔实，是记录哈萨克族游戏类非物质文化遗产的重要论著，而且对民族民间文化的传承和保护起到了积极的推动作用。

民间游戏的现实传承研究注重个案调查，分析和揭示各类民间游戏的传承状态、文化特征及未来趋势。托合塔尔别克·穆哈买提哈里、海拉提·布扎五拜、哈冷别克·哈布勒编著的《哈萨克传统游戏托格孜胡玛拉克》[①] 详细介绍了哈萨克族传统游戏——托格孜胡玛拉克（toguzkumalak）的棋盘结构、正确布局方法、棋盘的走法等方面棋规常识，认为托格孜胡玛拉克对培养智慧、巩固思想体系等具有一定作用，是哈萨克族民众教育子孙后代的重要手段与历史见证，是培养青少年德、智、体全面发展的劳动文化结晶。于明岩和于芳描写了满族传统游戏“嘎拉哈”的具体玩法与传承现状，指出其代表的满族传统体育游戏具有民族性、平等性、知识性、娱乐性、开放性等特征。[②] 吴萍、王馨平和张化良调查了黔东南苗族侗族自治州独具特色的斗牛、龙舟、舞龙等民间游戏活动，由此阐释游戏在不同民族文化交流发展中的共同性、差异性及呈现出来的多元体育文化特征。[③] 古雅辉和孔德银以生态移民为背景，理析了宁夏回族民间体育游戏的分类、特征和传承情况，并且基于游戏传承在生态移民过程中存在的困境，提出城镇化进程中民间体育游戏保护与发展的具体路径。[④] 赵丽琼将国家级非物质文化遗产“采茶戏”与体育游戏相结合，分析了“非遗+体育游戏”传承路径的可行性和必要性、实践价值与意义，为传承非物质文化遗产、助力传统体育教育贡献了智慧。[⑤] 李东颖对体育与游艺类非物质文化遗产在少数民族地区高校生存状态进行了调查研究，发现民间游戏在高校传承中在教师队伍、研究人员、办学理念、接受程度、研究机构、宣传力度等方面存在诸多内部问题，以及资金短缺、行政干预等各种外部问题，以此提出建议：“高校应利用优势，多渠道地开展体育与游艺类非物质文化遗产项目的介绍，让学生可以从课程、社团活动等方面更多地接触到项目本身；制定符合高校自身特点的体育与游艺类非物质文化遗产保护的机制。”[⑥]

在城镇化快速发展的今天，民间游戏传承路径主要有两种：一是民间游戏与生活世界紧密结合，适应时代发展要求和民众生活需要，由老百姓在自然、自在的状态下传习；二是民间游戏与学校教育有效衔接，在青少年及儿童的课程，特别是体育课、课外活动课中教授和应用。根植于乡土文化传统的民间游戏以何种面貌、何种形式融入当代生活，活态地传承，成为学界重视和讨论的重要问题。

---

① 托合塔尔别克·穆哈买提哈里、海拉提·布扎五拜、哈冷别克·哈布勒：《哈萨克传统游戏托格孜胡玛拉克》，新疆青少年出版社2016年版。

② 于明岩、于芳：《满族传统游戏“嘎拉哈”的文化特征》，《体育文化导刊》2016年第10期。

③ 吴萍、王馨平、张化良：《民族民间游戏多元体育文化的调查与研究——以黔东南苗族侗族自治州为个例》，《凯里学院学报》2016年第3期。

④ 古雅辉、孔德银：《生态移民背景下宁夏回族民间体育游戏传承与发展》，《宁夏社会科学》2016年第5期。

⑤ 赵丽琼：《采茶戏在体育游戏中的运用》，《福建茶叶》2016年第6期。

⑥ 李冬颖：《体育与游艺类非物质文化遗产在少数民族地区高校生存状态调查研究》，《体育文化导刊》2016年第6期。

四　民间游戏的教育应用研究

教育领域是民间游戏应用研究的主要阵地。2016 年民间游戏的教育应用研究以学前教育为主，同时还活跃在学校教育、体育、农村教育、民族教育等多方面，异彩纷呈。

民间游戏在学前教育的应用研究成果集中体现于罗红辉主编的《玩转童年——幼儿园民间传统游戏资源创新应用》[①] 中。作者将民间游戏视为一种重要的学龄前儿童接受教育的方式和内容来认识和理解。全书从理论思考、实践探索与运用实例三个层面对幼儿园民间传统游戏资源的创新应用进行了分析和阐述，聚集民间游戏进入幼儿园课堂实践的路径，从准入到融合，从组织指导到材料利用，贯穿教育教学的全过程。同时，分门别类地选择、运用并解析不同种类的民间游戏在幼儿园教学中的实际应用，进而发掘和论证民间传统游戏的教育价值和意义，并提出将民间游戏有机渗透到幼儿的每日活动中，以更好地满足其游戏和发展需求的建议，实现了民间传统游戏在幼儿园教育实践中的创新性发展，既为幼儿的成长发挥作用，也促进游戏的自我更新与创造。

民间游戏在学前教育中的应用主要依托于教学课程。游戏活动对幼儿的身心发展具有积极作用，郝红翠与李学翠发现“游戏是培养学前儿童积极心理品质途径”的应然与“游戏对培养学前儿童积极心理品质没有起到应有作用”的实然之间存在现实矛盾，以此对幼儿教师提出了三点建议：“游戏前全方位、多渠道做足准备”“游戏中注重儿童自主性的发挥和教师的观察与指导”“游戏后开展指向积极心理发展的评价活动”。这些建议贯穿完整的游戏教学活动，探索从实然走向应然的学前儿童游戏的优化路径。[②] 民间游戏进课堂分为直接引入教学活动与教学活动游戏化两种模式。教学活动游戏化即“课程游戏化”，它要求改变传统学前教育方式。曹玉兰从“课程游戏化”的建设现状和园本理解中提出了“引领教师理念的转变”“延展课程游戏的时空”和“实现课程意义的增值”三大实施策略，为建设“课程游戏化”创造条件。[③] 民间游戏直接引入教学活动在教育实践中则更为普遍。代表性成果有娄小韵的《民间游戏在幼儿园教育活动中的应用》[④]，文中总结了民间游戏对于幼儿教育活动与幼儿园管理的独特价值，提出将民间游戏引入教学活动，直接丰富幼儿园文化课程内容，在传承优秀民俗文化的同时，促进儿童身心发展，也便于幼儿园管理。作者还以贵州地区民间游戏融入幼儿教育活动中的成功效果，说明其融入路径的可行性，并指出运用民间游戏时应注意的问题。她关注到民间故事与民间游戏的结合，为民间游戏的跨学科研究提供了典型案例和讨论话题。

幼儿园要为儿童游戏活动的开展创造有利条件。董志杰指出幼儿园游戏环境是一个多层次的环境体系，在建构中应突破班级和区域等观念的限制，注重不同环境功能的内在通融性和逻辑关联性，并提出建议：“幼儿园可以通过构建益智健体的公共环境，为幼儿游戏提供广阔而开放的空间；构建以‘真’为本的区域环境，密切游戏与幼儿生活的联系；

---

① 罗红辉：《玩转童年——幼儿园民间传统游戏资源创新运用》，湖南教育出版社 2016 年版。

② 郝红翠、李学翠：《关于游戏与培养学前儿童积极心理品质的关系探讨》，《教育探索》2016 年第 8 期。

③ 曹玉兰：《“课程游戏化”的园本理解与实施策略》，《学前教育研究》2016 年第 12 期。

④ 娄小韵：《民间游戏在幼儿园教育活动中的应用》，《湖南第一师范学院学报》2016 年第 1 期。

构建充满乐趣的教室环境，充分激发幼儿的游戏兴趣。”[①] 杜桂红认为要打破游戏区界限，应当调整游戏的时间、空间以及材料，教师要和幼儿一起创设活动区、选择材料，让幼儿自主游戏，注重每名幼儿在自身发展基础上的评价，帮助幼儿更好地游戏、更好地去进行探索性学习。[②] 从游戏主体的角度，袁婷婷发现由于自然游戏群体的衰落和幼儿园按年龄编班的组织模式，混龄游戏在当代幼儿生活中缺失的现状。以皮亚杰的游戏理论、维果斯基的最近发展区理论、班杜拉的社会学习理论和布朗芬布伦纳的人类发展生态学理论为基础，她提出从家庭、社区及幼儿园三个主体出发，重建幼儿混龄游戏的现实途径。[③]

民间游戏同样适合学龄儿童，能够与学校教育相结合，民间游戏进校园也是其重要的应用途径。体育是民间游戏融入学校教育的重要环节。阿不都地力白尔·买买提分析了我国民间传统体育形式的灵活性、内容的娱乐性以及内涵的文化性，但由于体育课受到竞技体育和体制教育的限制，以竞技运动项目为主，因而很少考虑学生的学习兴趣与接受能力。相对于西方的竞技运动，我国民间传统体育价值凸显，将民间游戏引入体育课堂，可以丰富学校体育的课程内容。[④] 在文化课程中，民间游戏亦拥有一席之地。张安军认为，棋牌游戏中蕴含数学模型思想，他结合扑克牌中的数学道理，让学生通过实际问题的接触和分析，抽象和建构出数学模型，用数学方式描述扑克牌中的游戏问题，进而体会和理解数学与外部世界的联系。民间游戏对培养数学思维具有一定价值。[⑤]

在民间游戏进校园的教育实践研究中，学生处于中心的位置，教师的角色经常被忽略。刘晓燕将游戏理论应用到教师的教育生活之中，认为教育实质上是人类参与的诸多游戏之一，游戏精神能够唤回教师教育生活的内在自由，开启丰富多彩的教育创造，激起生动完整的生活体验，使教师幸福教育成为可能，并提出了重识教育本真、重构自我认识、重认师生关系的三条唤醒教师内心游戏精神的路径。[⑥]

民间游戏在农村教育与民族教育中的应用研究成果也颇为丰硕。毕中情分析了民间游戏在农村幼儿园教学中具有得天独厚的物质优势、人文优势和课程优势，提出农村幼儿园可以充分利用其优势，在环境创设、区域活动、户外活动和家园合作中开展民间游戏，促进农村教育发展。[⑦] 郁蓓提出农村幼儿园民间游戏的开发要更加灵活，更加具有针对性，要关注到农村教育的安全性、适度性、思想性，并运用组合法等积极改造民间游戏，适应农村教育发展。[⑧] 韩云洁考察阿坝州羌族地区学校开展民间游戏情况，提出羌区学校是传承羌族民间游戏的重要场所，并归纳了羌区学校传承羌族民间游戏的重大意义，总结出羌区学校传承羌族民间游戏的主要途径：创编校本体育游戏课程、融入教师教研实践活动、

---

① 董志杰：《幼儿园游戏环境的构建》，《学前教育研究》2016 年第 9 期。

② 杜桂红：《打破游戏区界限助力儿童探索性学习》，《中国教育学刊》2016 年第 8 期。

③ 袁婷婷：《重建幼儿混龄游戏的理论基础及现实途径》，《教育探索》2016 年第 3 期。

④ 阿不都地力白尔·买买提：《民间体育游戏在小学体育课中的应用研究》，《课程教育研究》2016 年第 29 期。

⑤ 张安军：《扑克牌游戏中数学模型思想的渗透与培养》，《数学通报》2016 年第 5 期。

⑥ 刘晓燕：《游戏精神：教师教育生活幸福之可能》，《教育评论》2016 年第 8 期。

⑦ 毕中情：《民间游戏在农村幼儿园教育活动中的应用》，《西部素质教育》2016 年第 5 期。

⑧ 郁蓓：《农村幼儿园民间游戏的开发》，《2016 年国家教师科研专项基金科研成果》国家教师科研基金管理办公室 2016 年。

举办体育游戏竞技比赛等。[①] 刘丽梅调查江市街津口乡赫哲族民间体育项目在当地幼儿园体育教育中的应用及其存续状况，概括出四点民族民间传统体育游戏在体育教学中的作用：有利于幼儿健康体格的形成、有利于幼儿良好品格的培养、促进幼儿智力的发展、促进幼儿社会性的发展。[②]

教育不仅是学校的教育，而且是家庭的教育与社会的教育。刘晓晔和刘馨关注家庭环境中婴儿早期游戏活动，探讨其发生类型与发展动因，提出成人家长应当提供支持的依据基础和模式内容。[③] 郝晓岑从社会层面关注中国幼儿的体育权利，解析了幼儿体育权利的基本内容，梳理了我国法律政策对幼儿体育权利的确认和保护的发展脉络，进而对幼儿体育权利的性质进行了定位。[④] 这两篇文章从“三位一体”现代教育模式的其他两个层面展现了民间游戏在教育领域的应用情况，弥补了当前民间游戏在家庭、社会教育研究中的欠缺，民间游戏更应该回归到社会生活实践中去。

教师即研究者，已经成为对当代教育工作者的新要求。教师为民间游戏的应用提供第一手实践材料，结合各学科学者的智力支持，同时凝聚广阔的研究者与研究对象，形成了全方位、多层次的民间游戏教育应用研究体系。

五　民间游戏的创新应用研究

新时代信息化、数字化浪潮席卷全球，民间传统文化的传承发展遭受巨大挑战。民间游戏在对接网络信息、人工智能等现代新科技方面走在了时代前列，创新也成为民间游戏应用研究的主题。

随着多媒体技术的发展、现代大众传媒的普及，民间游戏已然成为电视节目制作的宝贵资源库。徐龙回顾中国电视体育游戏节目的发展历程，分析了电视体育游戏节目运作成功的原因及其传播的功能和价值。[⑤] 张霞以中央电视台综艺频道的一档大型益智类游戏节目“开门大吉”为例，分析该类节目的基本范式特征与成功原因，并预测了益智类游戏节目的未来发展趋势。[⑥] 何江以“一站到底”为例解析该类电视益智真人秀节目的游戏元素，探讨节目的游戏属性和特征，以及消费文化对节目制作设计的需求。[⑦] 民间游戏在现代传媒中的应用一方面促进民间游戏传播，另一方面也拓展传统民间游戏的发展空间，推动传统民间游戏的当代转型。

在“互联网 +”的网络信息化建设中，以民间游戏为代表的休闲娱乐活动与基于互联网的体育运动统合发展，由于游戏的时空特点和传播媒介的创新，棋牌类游戏在网络娱

---

① 韩云洁：《羌区学校传承羌族民间游戏的意义及途径》，《阿坝师范学院学报》2016 年第 3 期。

② 刘丽梅：《赫哲民间传统体育项目在幼儿园体育教学中的研究》，《中国农村教育》2016 年第 3 期。

③ 刘晓晔、刘馨：《家庭环境中婴儿早期游戏的发生与家长支持》，《学前教育研究》2016 年第 5 期。

④ 郝晓岑：《中国幼儿体育权利研究》，《体育文化导刊》2016 年第 2 期。

⑤ 徐龙：《中国电视体育游戏节目研究》，《体育文化导刊》2016 年第 8 期。

⑥ 张霞：《从〈开门大吉〉看益智类游戏节目的成功之道》，《传媒》2016 年第 11 期。

⑦ 何江：《从〈一站到底〉看电视益智真人秀节目的游戏元素》，《当代电视》2016 年第 2 期。

乐中的应用尤为突出。左伟、李建英在探究“互联网 +”体育产业的相关问题时，着重考察棋牌产业的“联众模式”，认为联众国际获得棋牌运动管理中心及棋牌协会的关于互联网领域的商业开发权，有利于通过网络平台上的资讯、远程教育、网上比赛及游戏娱乐等功能，促使我国棋牌运动逐渐与休闲娱乐相契合，最终走向协同融合发展。棋牌运动作为一项传统的智力竞技运动游戏，在当代传承发展中需要以产业的思维理念为引领，依据社会实际需求，规划未来的发展方向，创建一个棋牌运动网络化服务平台，推进棋牌运动产业的良性循环和健康可持续发展。①

2016 年 3 月 9 日至 15 日，围棋顶尖选手李世石与谷歌团队开发的 AlphaGo 人工智能系统进行了人机大战，人类以 1 比 4 的总成绩告负。最古老的民间游戏与最现代的人工智能直接对话，不仅吸引了围棋界与科学界的专业目光，而且为世界人民瞩目，一方面掀起了从未有过的围棋热，另一方面人与机器的矛盾成为人们热议的话题。蔡曙山与薛小迪从认知科学五个层级的理论视角指出，人机大战所反映的人工智能与人类智能是两种截然不同的智能方式，AlphaGo 代表的人工智能、机器学习只是对围棋所象征的人类认知能力的一种模仿，数字计算机永远不会具有人类智能，因此，在可预见的未来也不会出现超过人类智能的人工智能。② 围棋等民间游戏作为人类智慧结晶的典型代表，成为机器智能挑战人类智慧的衡量标准，也标志着围棋等民间游戏的胜利。但当“阿尔法狗”横扫人类围棋最高水平的棋手的时候，人类围棋界无法接受这个残酷的现实，围棋终结论、人类终结论一度甚嚣尘上。原本在“围棋人机大战前，不少人担心围棋这块阵地一旦失守，将对整个项目产生灭顶之灾，因为不少人或许会产生这样的想法：号称棋类智力最顶尖的围棋也不过尔尔，从而魅力大减。可实际的情况却是恰恰相反，很多平时不关心围棋或者说根本连围棋规则都不了解的人，也因为人机大战开始了解和关心这项运动”③。学习围棋的人数较前些年不断激增，即便是围棋高手，也开始接触和了解人工智能，从围棋理论到具体招法都焕然一新，近乎沉寂的围棋界重新掀起了充满活力的变革浪潮。廖恒和刘洋从现代诠释学的角度对这场人机对弈进行了深度剖析，通过对胜负、天人、身心、共在这四个人机大战关键词的解读，从围棋上升到对人文世界、人与自然关系的哲学思考：“在对人工智能的乐观或忧虑的两极观点之间，人所应该并且能够做的，即是以共在的方式与天地万物相处，并尽力将科学、人心导向良善的方向，那未来的前景，终究要由人类自身的努力去开启。”④ 这不仅是对新兴人机关系的解读，也是一篇理解围棋哲学和围棋历史的阐述。

AlphaGo 之后出现了一批人工智能的开发项目，纷纷投入围棋等民间游戏应用领域。张海峰、刘当一、李文新指出：“通用对弈游戏（general game playing，简称 GGP）是致力于提高机器的通用游戏智能的研究领域，与专用游戏智能程序不同，GGP 玩家直到游

---

① 左伟、李建英：《论“互联网 +”体育产业的内涵、特征及呈现方式》，《山西大学学报（哲学社会科学版）》2016 年第 5 期。

② 蔡曙山、薛小迪：《人工智能与人类智能——从认知科学五个层级的理论看人机大战》，《北京大学学报（哲学社会科学版）》2016 年第 4 期。

③ 王明光：《围棋人机大战揭开人工智能新篇章》，《智慧中国》2016 年第 4 期。

④ 廖恒、刘洋：《游戏中的共在——人机对弈的解释学》，《中国图书评论》2016 年第 6 期。

戏开始时才获得游戏规则，从而避免依赖于人类关于特定游戏的经验。”① 陈兴国和俞扬从自动化与软件工程的专业角度分析强化学习及其在电脑围棋中的应用，强化学习与深度学习是AlphaGo主要依赖的技术理论，中国科学界已经破译了人机对弈的密码。② 在人工智能、人机对弈领域，中国迅速起步，赶超世界一流水平。人工智能时代的到来，势必对民间游戏造成冲击，但同时也参与构建着更加符合现代发展潮流的民间游戏模式，能够让更多的人以更加灵活快捷的方式进行多样化游戏，这对于民间游戏的传承发展来说是件好事。

大众传媒、信息技术、人工智能成为2016年民间游戏创新应用的关键词，虽然仍未成为民间游戏研究的主流话题，但在一定意义上代表着民间游戏的未来发展方向。民俗学、传播学、心理学、软件工程学等多学科的合作研究和应用需要合力迎接新时代的挑战。2016年开启了传统民间游戏与现代科技创新融合发展的新纪元。

结语

2016年民间游戏研究成就斐然，多学科、多领域取得多项开创性成果。《中国民间游戏总汇》是对中国民间游戏资源的总体梳理，也是对民间游戏基础理论研究的有效突破。民间游戏理论研究也逐渐形成了跨学科的综合立体性研究框架，民间游戏得到多学科学者的关注和研讨，从边缘走向学术的中心舞台，力图建立起中国本土化的游戏学。作为文化遗产的民间游戏的传承研究立足“地方性知识”，探索历时与共时的发展创新，以期让民间游戏重新融入生活，服务民众的需要。民间游戏在教育领域的应用是助推我国教育体制改革、落实素质教育、促进学生全面发展的重要途径，形成了全方位、多层次的研究关注点及其成果。在现代创新领域，特别是人工智能技术的出现，使民间游戏迈入“人工智能时代”，引发了关于人与机器的大讨论，传统民俗文化与现代科学技术碰撞出绚烂的火花。

2016年民间游戏研究成绩的取得，不仅是众多学者努力探索的结果，而且凝聚了基层文化工作者和科学技术人员的心血，呈现出多样性、包容性和整合性等特点。在多学科合作攻关的学术潮流下，中国民间游戏有以哲学、美学为主导的游戏理论研究，有以民俗学、人类学为主导的民间游戏传承研究，有以教育学、体育学为主导的民间游戏应用研究。2016年中国民间游戏研究开启了跨学科研究的新纪元。

---

① 张海峰、刘当一、李文新：《通用对弈游戏：一个探索机器游戏智能的领域》，《软件学报》2016年第11期。

② 陈兴国、俞扬：《强化学习及其在电脑围棋中的应用》，《自动化学报》2016年第5期。

2016年旅游民俗研究综述

程　鹏*

多年来，随着民俗旅游的发展，关于旅游民俗的研究也持续升温，尤其是在2006年以后，每年都有百余篇相关的论文。2016年关于旅游民俗研究的论文、文章仅在中国知网上可以查到的就有175篇，涉及民俗旅游开发、旅游中的民俗文化保护、民俗主义等多个方面。

一　民俗旅游开发

在旅游民俗研究中，关于民俗旅游开发的文章一直占据着大多数。叶涛的《民俗文化是旅游开发的“富矿”》[①] 梳理了民俗学的发展，探讨了民俗与旅游的关系，分析了民俗旅游的文化特质和经济特质。本年度其他学者的研究涉及的区域几乎涵盖了中国的大江南北，大到省市自治区，小到州区县，甚至某一具体的村落或景区，都有关于其民俗旅游资源开发的探讨。如宣苓艳的《邯郸市民俗旅游开发现状与开发策略初探》[②]、陶庆华的《宝鸡民俗文化旅游发展研究》[③]、马应应的《潍坊民俗文化资源的旅游开发研究》[④]，都是针对某地的民俗旅游开发进行的问题对策型研究。隋春花、林雪婷、余东亮、刘云静的《粤北东湖坪民俗文化村旅游发展探究》[⑤]，则是对具体的某一村落的民俗旅游发展情况进行的研究。

除了具体细致的个案研究之外，一些学者也关注到了某一区域内的某些民俗文化的异同等特点，从而探讨合作及构建民俗旅游圈等问题。如郭兴在其《柳来河一体化视域下的桂中民俗旅游资源整合及刘三姐文化开发》[⑥] 一文中就指出，柳州、来宾和河池的一体化发展规划实施给桂中民俗旅游开发提供了新的平台，以柳州为旅游集散中心，建设三江、融水、金秀、宜州四个旅游目的地，整合各地壮侗苗瑶民俗资源，深化刘三姐文化开

---

* 作者系上海社会科学院文学研究所助理研究员。

① 叶涛：《民俗文化是旅游开发的“富矿”》，《中国旅游报》2016年4月29日第B01版。

② 宣苓艳：《邯郸市民俗旅游开发现状与开发策略初探》，《河北企业》2016年第6期。

③ 陶庆华：《宝鸡民俗文化旅游发展研究》，《城市旅游规划》2016年7月下半月刊。

④ 马应应：《潍坊民俗文化资源的旅游开发研究》，《城市旅游规划》2016年6月下半月刊。

⑤ 隋春花、林雪婷、余东亮、刘云静：《粤北东湖坪民俗文化村旅游发展探究》，《合作经济与科技》2016年第6期。

⑥ 郭兴：《柳来河一体化视域下的桂中民俗旅游资源整合及刘三姐文化开发》，《广西科技师范学院学报》2016年第1期。

发，有利于推进柳来河经济文化的一体化发展。瞿梦杰在其《环洞庭湖区民俗旅游资源开发的问题与措施》[①] 一文中也指出环洞庭湖区民俗旅游资源开发具有良好的资源基础，各市县区应加强区域资源整合，坚持开发与保护相结合的原则，加大营销与宣传力度，打造多样性、特色化的精品“体验式”民俗旅游产品，提升整个环洞庭湖区旅游资源的竞争力。而陈诚、杨宝雷则采用文献资料法和实地调查法等方法对环巢湖区域民俗体育旅游存在的问题进行分析，并提出了深掘文化特色、加大投资力度、丰富民俗体育旅游内容、加强人才培养、拓宽宣传渠道等对策。[②] 对民俗旅游的研究，除了传统乡土社会及少数民族民俗，还涉及许多城市的民俗文化。如范宝俊的硕士学位论文《新型城镇化背景下城市民俗旅游开发研究——以黑龙江省群力文化产业示范区为例》，就是在新型城镇化背景下，以黑龙江省群力文化产业示范区为例，对城市民俗旅游开发的模式、类型、思路等进行了研究。[③]

在民俗旅游开发中，不同的民俗文化资源，其开发路径和对策也有差异。因此，许多针对专项民俗旅游开发的论文也具有独特的价值。如针对节庆民俗文化的旅游开发，许多学者就从不同角度展开了研究。岑鸿、李储林的《布依族节庆民俗旅游资源开发及利用研究》就提出对布依族节庆民俗活动的旅游市场化运作，是发挥文化搭台、经济唱戏作用的重要表现，可以促进地方经济社会科学发展。[④] 杨凤的硕士论文《蒙古族节庆民俗与草原节庆民俗旅游开发研究》[⑤] 在借鉴国内外学者对节庆民俗旅游研究成果的基础之上，结合蒙古族节庆民俗的实际情况，就蒙古族节庆民俗旅游资源在草原旅游中的开发应用进行了研究，并对今后如何开发草原节庆民俗旅游进行了探讨。邱秋苓的《浙江省乡村端午民俗旅游资源创新研究》[⑥] 则从乡村端午民俗旅游资源的视角出发，以端午民俗旅游节庆为研究重点，对浙江省乡村端午民俗旅游资源开发进行了分析探讨。

庙会社火作为地方节事文化旅游资源，也受到许多学者的关注。党红艳针对清徐社火民俗文化产业化发展薄弱、宏观政策缺乏、后继无人等问题，指出清徐社火文化的旅游产业化之路应该从旅游产业化道路开辟、宏观政策完善以及人才队伍建设三方面加以优化。[⑦] 而顾丽、宋佳音则以“泰伯庙会”为例，指出传统民俗活动向特色文化旅游产业转型，需要树立创新意识，在文化理念上创新，以符合当下科技社会的发展水平；在表现手

---

① 瞿梦杰：《环洞庭湖区民俗旅游资源开发的问题与措施》，《中国集体经济》2016 年第 16 期。

② 陈诚、杨宝雷：《环巢湖区域民俗体育旅游存在的问题及对策研究》，《长春师范大学学报》2016 年第 8 期。

③ 范宝俊：《新型城镇化背景下城市民俗旅游开发研究——以黑龙江省群力文化产业示范区为例》，硕士学位论文，黑龙江大学，2016 年。

④ 岑鸿、李储林：《布依族节庆民俗旅游资源开发及利用研究》，《贵州民族研究》2016 年第 10 期。

⑤ 杨凤：《蒙古族节庆民俗与草原节庆民俗旅游开发研究》，硕士学位论文，内蒙古师范大学，2016 年。

⑥ 邱秋苓：《浙江省乡村端午民俗旅游资源创新研究》，《赤峰学院学报（自然科学版）》2016 年第 2 期。

⑦ 党红艳：《清徐社火民俗文化的旅游产业化路径分析》，《山西广播电视大学学报》2016 年第 3 期。

段形式上创新，以适应当代消费者的审美要求。[①] 还有李木子的硕士学位论文《民俗文化在乡村节事旅游中的运用——以长乐抬阁故事会为例》[②]，以长乐抬阁故事会为例，就民俗文化在乡村节事旅游中运用情况，进行了深入的调查分析，指出加强基础设施建设、现代化商业化宣传力度和衍生商品、二级市场开发是进一步深化民俗文化节事旅游应用的重要方式。

茶作为一种具有丰富文化内涵的旅游资源，在民俗旅游和生态旅游的开发中日益受到青睐。贾芸就指出围绕各地域茶叶的栽种及饮茶习俗来开发深度旅游具有较广的发展前景，并就借力茶文化与民俗文化来打造区域旅游形象和辐射力，提出以茶文化旅游来提炼体验主题、构建茶文化与民俗文化体验式环境、整合茶文化与民俗文化旅游资源、组建茶文化体验旅游从业队伍等对策。[③] 雷俊霞则分析了民俗文化在茶园旅游开发中的运用，结合具体的茶园案例详细分析了茶园旅游开发中关于民俗文化运用中存在的缺乏差异化、新颖性、流于形式等问题。[④]

关于民间艺术、民间信仰等方面的旅游资源开发，也有一些学者关注，如焦娟美在分析左权民歌艺术特色的基础上，就左权民歌与当地民俗旅游的应用策略展开了研究，提出在左权民歌艺术应用的过程中，要注重左权民歌旅游应用方式、组织与创新的研究，在实践应用的过程中，不断提升左权民歌的生命力。[⑤] 熊辉则以皖西民俗工艺旅游资源为例，提出开发旅游创意产品、新建民俗工艺博物馆与示范村、创办民俗工艺美术双年展与民俗艺术节、建设民俗工艺体验馆与文化创意集市等开发策略。[⑥] 曾亚玲的《萨满文化对东北地区民俗旅游发展的影响及功能分析》[⑦] 一文则提出萨满文化给东北地区民俗旅游发展注入了地域文化内涵，正在成为东北地区民俗旅游的重要元素。而基于其对旅游者具有思想教化、行为规范、启发审美和娱乐功能，应加强对萨满文化的抢救、挖掘、整理和保护，积极促进其旅游产业化发展。

此外，还有彭卫丽的《青岛海洋民俗文化与旅游产业链研究》[⑧]、赵圆圆的《威海市海洋民俗旅游发展探析》[⑨] 等论文，都是针对某类民俗文化旅游资源所作的探讨。

关于民俗旅游的开发，不同的视角衍生出不同的发展模式。宋良言、谷祥威的《“旅游+”民俗文化旅游发展战略》[⑩] 一文，基于“旅游+”视角，从区域规划、文化创意、信息平台、人才培育、产品开发、品牌塑造以及生态发展等方面探索了民俗文化旅游发展

---

① 顾丽、宋佳音:《“泰伯庙会”由传统民俗活动向特色文化旅游产业转型之路探析》,《美与时代》(上),2016 年第 12 期。

② 李木子:《民俗文化在乡村节事旅游中的运用——以长乐抬阁故事会为例》,硕士学位论文,中南林业科技大学,2016 年。

③ 贾芸:《茶文化与民俗文化相结合的旅游开发对策研究》,《福建茶叶》2016 年第 5 期。

④ 雷俊霞:《茶园民俗文化与旅游开发的研究》,《福建茶叶》2016 年第 9 期。

⑤ 焦娟美:《左权民歌的艺术特色与民俗旅游应用策略》,《北方音乐》2016 年第 20 期。

⑥ 熊辉:《皖西民俗工艺旅游资源的开发与应用研究》,《山东工会论坛》2016 年第 5 期。

⑦ 曾亚玲:《萨满文化对东北地区民俗旅游发展的影响及功能分析》,《黑龙江民族丛刊》2016 年第 4 期。

⑧ 彭卫丽:《青岛海洋民俗文化与旅游产业链研究》,《中国民族博览》2016 年第 4 期。

⑨ 赵圆圆:《威海市海洋民俗旅游发展探析》,《农村经济与科技》2016 年第 4 期。

⑩ 宋良言、谷祥威:《“旅游+”民俗文化旅游发展战略》,《合作经济与科技》2016 年第 7 期。

策略。赵静、吕丽、姜玲从民俗文化传播的角度，提出民俗文化保护、影视之城建设、影视民俗旅游等产业在内容资源、文化传播等方面相结合，可突出地域特色，有效推动青岛影视之城品牌符号的建设，为青岛带来最大的综合效益。① 杨庆黎则以施甸县民俗文化开发为例，探讨了民俗与旅游互动发展模式的构建。②

在民俗旅游的开发中，民俗文化主题公园是一种以集中化、多元化的表现形式展示特定民俗文化场景的模式。张文馨的硕士学位论文《黑河市鄂伦春民俗文化主题公园设计》③，通过对鄂伦春民俗文化的深入探讨，提出了鄂伦春民俗文化主题公园的设计目标、设计原则和设计手法等，确定了通过情景重现、元素重构等手法创建原始鄂伦春民俗文化场景，并确定了桦树皮文化体验活动、狩猎文化体验活动、萨满宗教文化体验活动等最能够展现鄂伦春民族特色并吸引游人的民俗体验活动，从而提出了具体可行的鄂伦春民俗文化主题公园的规划设计方案。陈佳、陈祺则在挖掘扶风人文历史底蕴的基础上，紧扣“民俗文化”主题脉络，从“研究地域分析、民俗文化梳理、宏观空间布局和微观细节表达”四方面统筹构筑现代主题公园体系。④

乡村旅游与民俗旅游关系密切，在当下乡村旅游的大潮中，对于民俗文化的资源开发、市场分析等问题，也有一些学者进行了研究。邓广山的《乡村旅游发展中民俗文化资源的配置和保护》⑤ 通过对民俗文化资源概念、特点的分析，探讨了民俗文化资源的配置原则，即围绕乡村旅游、把握开发重点、集成旅游资源、突出历史文化、原生态性开发、社区参与共管，并提出加强原真性和独特性、依靠民间组织、制定相应的法律法规和规章制度、引入民俗行为景观等保护策略。杨荣以兴平市马嵬驿和礼泉县袁家村为案例，通过对人口统计特征、游客消费行为特征以及游后评价的分析，得出了乡村民俗文化旅游市场的总体特征，并着重比较了两大案例地的旅游市场特征、异同及优化建议。⑥ 张建宏则以武义柳城畲族镇为例，对民俗文化助推乡村旅游发展进行了实证研究，提出加大畲族文化挖掘、努力创新、提升旅游消费层次、形成具有畲族特色的乡村旅游品牌等策略。⑦

关于旅游民俗的研究，一直有多个学科参与其中，各位学者运用多元化的理论方法从不同的视角展开研究。温统以肃南文殊寺旅游景区为例，从旅游人类学的角度探讨了民俗旅游资源的开发。⑧ 程相叶在剧场模型的研究基础上，以深圳锦绣中华民俗村为案例，从

---

① 赵静、吕丽、姜玲：《青岛“影视之城”建设的新路径——从民俗文化传播的角度探析》，《青岛职业技术学院学报》2016 年第 3 期。

② 杨庆黎：《浅议民俗与旅游互动发展模式的构建——以施甸县民俗文化开发为例的研究》，《保山学院学报》2016 年第 6 期。

③ 张文馨：《黑河市鄂伦春民俗文化主题公园设计》，硕士学位论文，东北农业大学，2016 年。

④ 陈佳、陈祺：《民俗文化主题公园景观表达的探究——以扶风旅游文化产业新区“一镇二园”为例》，《绿色科技》2016 年第 7 期。

⑤ 邓广山：《乡村旅游发展中民俗文化资源的配置和保护》，《成都工业学院学报》2016 年第 1 期。

⑥ 杨荣：《乡村民俗文化旅游市场特征分析——以马嵬驿和袁家村为例》，《咸阳师范学院学报》2016 年第 2 期。

⑦ 张建宏：《民俗文化助推乡村旅游发展的实证研究——以武义柳城畲族镇为例》，《江苏商论》2016 年第 1 期。

⑧ 温统：《旅游人类学视野下的民俗旅游资源开发——以肃南县文殊寺旅游景区为例》，《新西部》2016 年第 24 期。

影响舞台体验的物态因素和意态因素两方面出发，分析了其景观体验、民俗表演体验、服务体验和设施体验的设计。① 谢江红则在对内生式发展理论内涵进行阐释的基础上构建了侗族款文化民俗旅游内生式发展的模式，并以此模式为基础提出了侗族款文化民俗旅游内生式发展的路径与措施。② 李杨、张旭的《民俗旅游的文化空间建设与语境表达》③ 运用语义学、民俗学相关理论交叉研究，通过对当代乡愁的意义解构，获得不同人群对民俗旅游空间“归属感与特质化地域文化”的差异性需求，以此为契机建立多级文化符码体系，实现民俗旅游的文化空间系统化建设。

在民俗旅游的发展中，政府、社区、旅游经营者、游客等各方的作用及其之间的互动博弈等问题，也是一些学者所关注的。谭德胜的《恩施州民俗生态旅游发展中的政府职能研究》④ 就阐述了恩施州民俗生态旅游发展及其政府职能履行现状，从其政策制定、职能机构、管理体制和公共服务体系具体分析了恩施州民俗生态旅游发展中政府职能履行的缺位、越位和协调不畅的三大问题，并探索性地从发展理念、治理体系、公共服务水平、跨区域合作四个角度，对当前恩施州民俗生态旅游发展中政府职能的履行提出了对策。邹杰的硕士学位论文《日照滨海民俗村社区结构与旅游发展互动研究》⑤ 则以日照市民俗旅游村为研究对象，运用社会互动理论及游客满意度理论，探讨了社区结构与旅游发展之间的互动关系。

二 民俗文化的变迁与保护

在旅游开发中，民俗文化作为重要的旅游资源日益受到重视，然而随着民俗旅游的发展，许多民俗文化也遭遇了变迁、涵化等一系列问题，许多学者也进行了研究。黄平芳的《旅游语境下的客家民间信仰重构——以粤东灵村的惭愧祖师信仰为例》⑥ 通过对粤东灵村惭愧祖师信仰的人类学考察，深描旅游语境下的客家民间信仰重构实践，揭示了客家乡村社区在旅游发展过程中的多重面向和深微变迁。他指出旅游语境下客家乡村居民在宗教仪式与现实生活中，既充满伴有地方依恋的宗教情感，也秉承基于旅游利益的经济理性，由此构筑了一个神圣与世俗叠合的民间信仰空间，展示了客家乡村丰富的、动态的社会生活实践。温春香的《旅游化时代下地方文化再建构：三僚的个案研究》⑦ 以江西省兴国县

---

① 程相叶：《基于剧场模型的主题公园旅游体验设计研究——以深圳锦绣中华民俗村为例》，《桂林航天工业学院学报》2016 年第 2 期。

② 谢江红：《基于内生式发展理论的侗族款文化民俗旅游发展研究》，《时代经贸》2016 年第 34 期。

③ 李杨、张旭：《民俗旅游的文化空间建设与语境表达》，《包装工程》2016 年第 18 期。

④ 谭德胜：《恩施州民俗生态旅游发展中的政府职能研究》，硕士学位论文，中央民族大学，2016 年。

⑤ 邹杰：《日照滨海民俗村社区结构与旅游发展互动研究》，硕士学位论文，曲阜师范大学，2016 年。

⑥ 黄平芳：《旅游语境下的客家民间信仰重构——以粤东灵村的惭愧祖师信仰为例》，《赣南师范大学学报》2016 年第 5 期。

⑦ 温春香：《旅游化时代下地方文化再建构：三僚的个案研究》，《赣南师范大学学报》2016 年第 5 期。

三僚村的风水旅游开发为个案，探讨了当地如何呈现与表演它的特色传统，如何将客家族群叙事镶嵌进三僚的风水事业之中，又如何同时塑造风水与红色两种圣地文化，从而再建构三僚的地方传统与地方文化。黄韧、贾鸿鸣、邓文的《北江流域客家地区的生计模式变迁与特色民俗旅游展望》① 一文，则通过梳理北江中游的英德地区的历史和独特的河运商业生态，提出当地应当依赖现存丰富文化资源，进行旅游开发的一些展望性建议。

旅游开发对于民俗文化可谓是一把双刃剑，而由于开发者的短视和急功近利，民俗文化遭遇的破坏也格外引人注目。冉燕的《旅游开发中的凉山彝族节日民俗文化变迁研究》② 一文就指出四川凉山彝族节日民俗文化因旅游开发发生了极大的变迁，从组织主体、节俗内容、节俗功能到性质定位都发生了极大的变化。她认为民俗文化的旅游开发是民俗文化与时代相适应的发展方式，需要坚持传承保护原则，并切实保护民族民众的主体利益。董佳利则以陕西省兴平市马嵬驿民俗文化村为研究案例，分析了其在关中地区民俗旅游发展过程中存在过分地商业化、导致民俗文化庸俗化，忽视民俗文化的环境保护、民俗地居民对民俗造成破坏等问题。③ 吴杰也注意到旅游发展对风情民俗资源的消极影响，如因被“同化”而造成民族风情流失、因被“商业化”而造成传统文化流失，并提出科学保护、合理利用的对策。④

对于民俗旅游开发对民俗文化变迁的影响，梁音在其《浅析旅游古镇的民俗变迁——以成都黄龙溪古镇为例》⑤ 一文中指出，旅游开发引发古镇民俗变迁的主要原因在于旅游规划的实施和旅游经营的实现。旅游规划将传统商贸古镇转变为旅游古镇，古镇功能从自行商贸转变为游客接待，旅游经营带来古镇居民生计方式的改变，也将现代市场观念深度带入古镇生活，进而影响古镇民俗变迁。李金领、赵同波的《古村落民俗旅游保护与发展对策研究——以烟台古村落为例》⑥ 一文则通过对古村落旅游的问题与现状分析，指出古村落的民俗旅游涉及诸多政策、法律、规划、设计以及经济社会发展的层面，都是从非物质文化遗产的角度进行保护和开发探索，在古村落旅游的民俗保护上要必然注重整体规划、局部设计、民俗拓展，推动古村落民俗的保护与发展。范威的硕士学位论文《基于旅游凝视理论的民俗文化变迁研究》⑦ 则以贵州省西江千户苗寨为案例，基于旅游凝视理论阐释了西江苗寨民俗文化变迁的特点，剖析了游客与东道主于民俗文化的双向互动，认为在凝视理论视域下，民俗文化经历了“非零和博弈——零和博弈——非零和博弈”的转向，并以此提出了民俗文化保护、传承和转型的新思路，指出要提升“文化自觉”意识、以动态发展的眼光保护民俗文化，从非遗的视角传承民俗文化。

---

① 黄韧、贾鸿鸣、邓文：《北江流域客家地区的生计模式变迁与特色民俗旅游展望》，《赣南师范大学学报》2016 年第 5 期。

② 冉燕：《旅游开发中的凉山彝族节日民俗文化变迁研究》，《贵州民族研究》2016 年第 8 期。

③ 董佳利：《陕西关中马嵬驿民俗旅游开发存在问题探讨》，《新西部（理论版）》2016 年第 16 期。

④ 吴杰：《旅游发展对风情民俗资源的消极影响分析及其对策研究》，《中国管理信息化》2016 年第 11 期。

⑤ 梁音：《浅析旅游古镇的民俗变迁——以成都黄龙溪古镇为例》，《现代交际》2016 年第 18 期。

⑥ 李金领、赵同波：《古村落民俗旅游保护与发展对策研究——以烟台古村落为例》，《凯里学院学报》2016 年第 2 期。

⑦ 范威：《基于旅游凝视理论的民俗文化变迁研究》，硕士学位论文，贵州民族大学，2016 年。

对于旅游开发中民俗文化的保护，既有宏观层面的探讨，如李岩、顾涛的《论民俗旅游的文化视阈》① 一文指出，要促进民俗旅游健康发展，就应该从文化的多维角度来认识民俗，充分认识旅游开发中民俗的异质和同质、原生和衍生、人本和物本等问题，使民俗的保护、传承和利用走上更加健康的轨道。也有微观层面的具体措施，如林榆堤、李灿的《旅游开发中民俗文化的保护与利用研究——以湖南通道侗族自治县为例》② 一文针对侗族传统民俗文化发展面临的危机，提出通过转变观念，提高认识；发挥政府主导作用，引导社会公众积极参与；完善交通设施，提高景区的通达性；遵循保护性旅游开发原则和促进可持续发展等措施，打造侗族传统民俗文化精品，在保护的前提下将其文化价值转化为旅游经济价值，促进区域协调发展。

此外，程鹏的博士学位论文《遗产旅游中的民俗叙事研究——以泰山遗产旅游为例》③ 以泰山遗产旅游为例，对遗产旅游中的民俗叙事进行了研究，考察了在泰山申遗前后，民俗叙事怎样挖掘、提升、建构、展示其遗产价值，并探讨了民俗叙事的遗产化以及不同叙事主体与叙事媒介之间的互动关系，思考了遗产旅游中民俗叙事遗产的保护问题。

三　民俗主义与本真性

民俗主义是民俗学者研究旅游民俗的重要视角，本年度也有多位学者以此展开研究。周星的《“农家乐”与民俗主义》④ 可谓是此类研究的杰作，他指出“农家乐”是基层政府、投资经营者以及旅游者等多种力量形塑的旅游项目，它通过在地化的实践，日益脱离乡民日常生活的语境，被强调甚至特化为本地的民俗文化特色，成为旅游场景下的民俗活动，是民俗主义的具体表现。“农家乐”及民俗旅游造成了民俗、民俗承载者的客体化以及各种形态的特化，它既有助于提升当地民众的文化自觉，甚至可能带来民俗传承的契机；也促使民俗发生各种影响其本真性的变化。而保持“农家乐”与民俗旅游健康发展的关键则是小本经营、在地经营、社区参与，及其农家生活文化环境的可持续。

本真性一直是与民俗主义相伴而生的关键词，本年度也有一些学者对本真性进行了探讨。蔡礼彬的《民俗节庆真实性研究——以中国·湄洲妈祖文化旅游节为例》⑤ 一文，就从服务剧场理论出发探讨中国湄洲妈祖文化旅游节在场景、演员、表演、观众四个角度存在的问题，作者发现节气场景的选择过于空旷使得表演无从体验妈祖的信仰之力、演员在节庆表演中表现出情感进入面较低、观众的参与度不积极、表演效果还有进一步提升的空间等一系列问题。同时，指出提升中国湄洲妈祖文化旅游节的综合效果可以从场景的潜在

---

① 李岩、顾涛：《论民俗旅游的文化视阈》，《广西师范大学学报（哲学社会科学版）》2016 年第 6 期。

② 林榆堤、李灿：《旅游开发中民俗文化的保护与利用研究——以湖南通道侗族自治县为例》，《市场论坛》2016 年第 5 期。

③ 程鹏：《遗产旅游中的民俗叙事研究——以泰山遗产旅游为例》，博士学位论文，华东师范大学，2016 年。

④ 周星：《“农家乐”与民俗主义》，《中原文化研究》2016 年第 4 期。

⑤ 蔡礼彬：《民俗节庆真实性研究——以中国·湄洲妈祖文化旅游节为例》，《华侨大学学报（哲学社会科学版）》2016 年第 2 期。

环境、设计因素，演员的演绎与参与程度，观众的吸引力、中心性和自我表达，表演的品质和其中产生的情感激荡等方面加以改进，提高游客的真实性体验，以实现民俗节庆对继承和发扬地方文化的文化价值。赵明的《少数民族民俗旅游开发分析》① 则指出少数民族民俗旅游开发应以文化保护为基础，强调民俗文化的本真性特点，调动当地民众的参与的积极性和主动性，鼓励游客参与体验的积极性，加强旅游开发商的责任，突显其领导作用。周清的《基于经济学角度对民俗旅游文化的分析》② 则借鉴了经济学中环比的概念，提出了一个对民俗文化客观真实性程度的一种量化评价方法。而张怡的硕士学位论文《"原真性"视角下西双版纳基诺山寨民俗旅游开发研究》③ 则以西双版纳州基诺山寨景区为研究对象，运用旅游人类学的"原真性"理论视角，分析了基诺山寨旅游项目中失真现象，并提出了保持基诺山寨文化原真性与旅游可持续发展的具体对策及建议。

此外，还有学者对过去关于民俗旅游的研究进行梳理总结的。如陈松、李治兵、李想的《国内羌族民俗旅游研究综述》就对近 20 余年有关羌族民俗旅游的相关文献进行了梳理，指出国内学者的研究视角主要集中于旅游开发影响、旅游开发模式和市场三方面，在接下来的研究中，需要进一步拓宽研究视域，转变研究范式。④

总而言之，2016 年的旅游民俗研究，虽然论文和文章的总体数量不少，但质量上乘、令人耳目一新的作品仍然屈指可数。关于民俗旅游开发等问题的论文，还是以问题对策型为主，许多文章既没有深入细致的调查，也缺乏科学的论证分析，只是泛泛而谈，在理论和实践中的价值都非常有限。随着民俗旅游的开发，民俗文化的变迁与保护、民俗主义与本真性等问题也日渐成为旅游民俗研究的主流。这类主题的研究，有着更为深入的理论思考和探索，在方法上也注重实证和创新。由于多学科的参与，多元化的理论视角给旅游民俗的研究注入了活力，一些研究对于旅游民俗学的发展也具有启发意义。此外，值得关注的是，许多硕博士学位论文选择了与旅游民俗相关的主题，在资料的搜集整理和分析等方面都可圈可点，这些研究的深度和广度要优于许多普通的论文。大量硕博士选取旅游民俗作为研究主题，不仅壮大了旅游民俗研究者的队伍，也为这一领域带来了新的活力。期待未来的旅游民俗研究，能够有更多年轻学者加入，能够在理论方法等方面有更多开拓。

---

① 赵明:《少数民族民俗旅游开发分析》,《旅游纵览（下半月)》2016 年第 4 期。

② 周清:《基于经济学角度对民俗旅游文化的分析》,《中国商论》2016 年第 4 期。

③ 张怡:《"原真性"视角下西双版纳基诺山寨民俗旅游开发研究》，硕士学位论文，云南艺术学院，2016 年。

④ 陈松、李治兵、李想:《国内羌族民俗旅游研究综述》,《阿坝师范学院学报》2016 年第 4 期。

2016 年民俗体育研究综述

李翠含*

近年来民俗体育的研究百花齐放，作为一门交叉学科，学者们基于不同的研究背景，从各自的理论视角，关注民俗体育的学科建设、项目发展、文化保护传承等。按照民俗学中对民俗事项的分类，民俗体育的关键词包含了体育竞技、游艺、运动、嬉戏等。研究对象的关键词涉及民俗体育、民间游艺、民间体育、民族体育、传统体育、民族传统体育、少数民族传统体育等。在研究成果数量的呈现上，民俗学、体育学、人类学、社会学等学科领域的民俗体育相关研究可观。本文梳理了 2016 年有关民俗体育的相关研究，检索核心期刊论文 163 篇，硕博论文 22 篇，著作 5 部，发现本年度的民俗体育研究关注点集中在基础研究、文化研究、项目个案研究、应用研究及比较研究等方面。

一　民俗体育的基础研究

民俗体育的基础研究是学科建设的基础，本年度的民俗体育基础研究取得一定进展，包括相关概念界定、学科建设、研究视角、方法论研究等方面。

（一）相关概念的辨析

对民俗体育的概念界定与辨析是研究的起点，目前，民俗学界和体育学界未形成较为普遍的学术认同。罗孝军基于所包含的内容及其本质属性来界定、区分民俗体育、民间体育、民族体育等相关概念。他延续了体育学界的观念，认为民间体育是上位概念，与官方体育相对应，传统体育、民俗体育与民族体育是其下位概念，既相互包含，又相辅相成、相互促进。① 但一般认为，民俗的本质是民众主体的文化创造，他对民俗体育的概念界定代表一部分学者的观点，但是总体而言，相关概念还未清晰，内涵与外延的界定模糊，并尚未达成学界共识。

（二）学科发展研究

本年度关于民俗体育的学科发展建设的探讨鲜见，相关研究仅有体育学界王岗等人的一篇《民族传统体育学的多维发展》。他把民族传统体育学看作一门新兴的交叉学科，提

* 作者系北京师范大学体育与运动学院博士后。

① 罗孝军：《民间体育、民族体育、民俗体育与传统体育等概念及其相互关系辨析》，《沈阳体育学院学报》2016 年第 2 期。

出“民族传统体育学的多维发展”的理论预设，认为应在更为广阔的学术平台上开展研究，坚持研究方法创新，坚持学科融合。[①] 民族传统体育学与民俗体育有很多相似之处，这种学科的理论预设与探索对民俗体育的学科发展与定位有一定借鉴意义。

（三）研究视角和方法论

民俗体育的研究视角主要涉及人类学、哲学论、民族学、社会学等。刘小明从哲学论视角展开研究，认为民俗体育具有实践性、现实性、主观能动性和历史性、联系性等特点，它的发展具有历史性和阶段性。[②] 韦晓康分析当代中国体育人类学研究的发展趋势，提出中国体育人类学具有理论运用多元化发展、研究方法综合运用的趋向，在学科建设和应用研究方面应向纵深发展。[③] 陈星潭的《社会学视野下的回族武术初探》以社会学视角对回族武术进行探讨，认为民族信仰、军事参与、生存张力等多重因素维持了回族尚武的传统。[④] 另有罗雪梅等人关注农村妇女的生存情况，通过实验研究探讨民族传统体育锻炼对农村围绝经期妇女症状及生存质量的影响。[⑤] 赵毅、韩进飞侧重于用体育人文社会学的视角发现体育人类学和民族体育研究具有深厚的民间传统。[⑥]

针对民俗体育方法论的专门研究相对较少，尚未形成体系。具体操作层面的研究方法有文献资料法、田野调查法、实地调研法、深描、民族志、个案研究法、口述史等。罗孝军认为田野调查的实证方法是民俗学的重要研究方法，在现有基础上，应借助人类学田野调查实证研究方法，让文化回归生活，从质性研究出发揭示民族传统体育各相关主体的文化本源。[⑦] 施兰平的著作《浙江省世居少数民族传统体育口述史研究》采用文献资料和口述相互结合的方法，着重介绍了浙江省世居少数民族回族和畲族的民族体育活动形式、起源和民间传说。[⑧] 刘金柱、秦双兰的《近代河北民间体育观念初探》，从近代河北各县县志中，梳理近代河北民间体育活动方式。[⑨] 周家金、孙庆彬的《人类学视野下民族传统体育价值观的调查整理方法——以壮、侗、苗、瑶等的村落体育项目为例》以人类学的文化层次理论和“深描”方法为依据，以单个体育项目为研究视角，探析民族传统体育价值观的调查整理方法，为民族传统体育的保护、传承与研究等提供支持。[⑩]

---

① 王岗、刘琨、柯茜：《民族传统体育学的多维研究》，《武汉体育学院学报》2016 年第 4 期。

② 刘小明：《民俗体育哲学论》，《体育文化导刊》2016 年第 12 期。

③ 韦晓康：《当代中国体育人类学研究的发展趋势》，《体育学刊》2016 年第 3 期。

④ 陈星潭：《社会学视野下的回族武术初探》，《体育学刊》2016 年第 3 期。

⑤ 罗雪梅、杜建林、罗家顺、杨明艳、欧廷政、袁源：《民族传统体育对农村妇女围绝经期症状及生存质量的影响》，《中国老年人杂志》2016 年第 12 期。

⑥ 赵毅、韩进飞：《体育人文社会学的方法意识与问题意识——徐晓光教授学术访谈录》，《体育与科学》2016 年第 1 期。

⑦ 罗孝军：《民间体育、民族体育、民俗体育与传统体育等概念及其相互关系辨析》，《沈阳体育学院学报》2016 年第 2 期。

⑧ 施兰平：《浙江省世居少数民族传统体育口述史研究》，浙江工商大学出版社 2016 年版。

⑨ 刘金柱、秦双兰：《近代河北民间体育观念初探》，《体育文化导刊》2016 年第 5 期。

⑩ 周家金、孙庆彬：《人类学视野下民族传统体育价值观的调查整理方法——以壮、侗、苗、瑶等的村落体育项目为例》，《沈阳体育学院学报》2016 年第 4 期。

二　民族体育的文化研究

民俗体育是民俗文化的重要储存器，是对民俗文化的阐释与记忆，对中国传统文化的沿承与弘扬具有积极的促进作用。本年度的民俗体育文化研究涉及民俗体育的文化起源、历史衍变，承载的文化记忆，生存空间，身体文化等。

（一）民俗体育的历史衍变

民俗体育的文化本源是民俗体育的价值根基。韦丽春的硕士论文《壮族蚂拐舞的文化本源与体育文化价值研究》认为，壮族蚂拐舞是一种具有代表性的民间宗教祭祀仪式活动，包含了重要的原生态身体运动文化。她把壮族蚂拐舞的文化本源作为切入点，探寻壮族蚂拐舞的体育文化价值，神话传说、图腾崇拜与民间信仰塑造了壮族蚂拐舞的文化本源。① 覃林的《广西环江毛南族“木面舞”的体育文化内涵与价值》在研究中提到毛南族的“木面舞”在许多方面暗合了我国体育起源的观点，具有丰富的体育和乐舞文化内涵，独特的文化内涵使其具有民俗体育旅游文化价值。

体育史学的视角研究较为丰富，尤其以唐、宋、明、清等朝代的民俗体育研究居多。如李绪稳的《唐代儿童体育骑竹马文化考析》、郝勤等人的《宋代彩绘童子抱鞠俑考释》、陈新华的《唐代射箭运动研究》、王泽湘等人的《汉唐乐府中的民俗体育研究》、王小兵的《“断裂”抑或“连续”：明清之际峨嵋武术史再讨论》、张宝强等人的《对“宋代出现冰嬉说”的质疑与辨析》、王曙光的《北朝尚武风气探微》、赵强等人的《明初北中国民间体育活动考略——基于太原崇善寺〈释迦谱〉体育内容的研究》等。另有与民俗体育相关的文化研究较有新意，如时倩的《唐代女子体育服饰研究》专门针对唐代女子体育活动中所穿的服装及配饰进行研究，分析唐代女子体育服饰的款式、材质、颜色、风格等特点，挖掘唐代女子体育服饰的内涵和价值，并期待能借鉴到现代体育服饰中。②

相比之下，近现代的民俗体育研究更注重实用价值。为探讨在国家民族危亡时期现代体育对于儿童和国家解放的意义，刘媛等人对 1927—1937 年上海现代儿童体育发展进行回顾分析，发现尽管国家处于危亡之中，但这一时期西方现代体育是上海市民生活的重要内容。现代儿童体育蓬勃发展，广泛存在于学校体育、社会体育活动及儿童日常生活中。③ 杨华南等人的《毽球运动在广州的起源与发展研究》探讨了广州网毽、南派花毽的起源与发展，以及与岭南文化的渊源，深入分析广州毽球运动发展现状，为广州毽球运动发展提供理论指导。④ 唐丽艳的硕士论文《民俗体育挑幡运动研究——以建瓯本土挑幡运

① 韦丽春：《壮族蚂拐舞的文化本源与体育文化价值研究》，硕士学位论文，北京体育大学，2016 年。

② 时倩：《唐代女子体育服饰研究》，《体育文化导刊》2016 年第 7 期。

③ 刘媛、刘合成：《1927—1937 年上海现代儿童体育的发展及启示》，《体育学刊》2016 年第 1 期。

④ 杨华南、陈华胜：《毽球运动在广州的起源与发展研究》，《广州体育学院学报》2016 年第 1 期。

动研究为例》就挑幡运动追本溯源、梳理变迁、归纳特征、挖掘价值等方面进行研究。[①]

历史流变和社会变迁中，以捶丸、射箭、射柳、舞狮等项目为代表的民俗体育文化研究取得了丰硕的成果。崔乐泉的《中国古代球类活动演进与捶丸起源研究——兼具考古学资料分析》分析中国古代主要球类运动形式的演进，发现史前时代的石球是古代球类运动形式之源。由石球到蹴鞠直到演变而来的击鞠，是捶丸活动形式之祖；由击鞠蜕变而成的步打球和棒击球，是捶丸活动的前身和雏形。[②] 中国传统的射箭运动历史悠久，对世界体育的发展有重要贡献。任薇的《文物史料揭示的中国传统射箭运动》揭示了不同的历史时期，射箭运动的形式与功能不断变化，形成了习射、猎射、弋射和射侯四大种类。[③] 陈新华研究唐代射箭运动，认为射箭运动是人才培养与选拔的主要内容，是进行礼仪教化的重要方法，也是军事训练与战争的核心手段。[④] 射柳是我国古代北方一项重要的民俗体育，张元锋、李真真的《射柳运动变迁研究》发现，射柳运动始于契丹，辽时期成为瑟瑟仪的主要内容，到北宋时期，宋人以践踏柳的方式表示对辽人的敌视。在金时期，射柳演变成了一项拜天礼仪，尤其历经元、明时期的变化以后，在清朝发展成为了一项重要的求福活动。[⑤] 王晓辉等人从历史、人文、动物、语言等角度探讨北狮运动的历史演进，从形态上、竞技动作上分析舞狮承载的佛教文化、中原文化等。[⑥] 而刘春燕的专著《中华民族传统体育的兴盛、危机与复兴》[⑦] 则整体介绍了民族传统体育的发展情况。

（二）民俗体育的文化记忆

文化记忆是民俗体育的文化系统，是社会变迁的内生驱动力。在有关民俗体育的文化记忆研究中，对少数民族传统体育的研究居多。郭振华的《文化记忆下的腊湾老人舞研究》[⑧] 对腊湾老人舞及其文化记忆进行研究，发现腊湾老人舞以步法、伴舞用的道具以及采用的曲调等成为腊湾彝族文化遗传中重要的文化基因代码，与民族风俗节日一起构成腊湾彝族文化记忆的符码表述系统。汪雄等人的《中缅边境傈僳族“刀杆节”仪式变迁的人类学研究》[⑨] 探索少数民族的民俗体育的内在发展动力。关于傈僳族刀杆节的研究另有一篇研究。在20世纪以前，傈僳族没有关于自己族群的文字记录，其历史主要是通过仪式、口述记忆、神话等方式代代相传。郭军等的《仪式体育：作为身体实践的族群记忆》认为“爬刀杆”仪式是一个融合了族群历史、宗教信仰、价值观、口述记忆、技术记忆

① 唐丽艳：《民俗体育挑幡运动研究——以建瓯本土挑幡运动研究为例》，硕士学位论文，福建师范大学，2016年。

② 崔乐泉：《中国古代球类活动演进与捶丸起源研究——兼具考古学资料分析》，《体育科学》2016年第7期。

③ 任薇：《文物史料揭示的中国传统射箭运动》，《体育文化导刊》2016年第7期。

④ 陈新华：《唐代射箭运动研究》，《南通大学学报（社会科学版）》2016年第3期。

⑤ 张元锋、李真真：《射柳运动变迁研究》，《体育文化导刊》2016年第2期。

⑥ 王晓辉、乾清华、郭钰、王建文：《舞狮运动北狮的历史演进辨析》，《体育文化导刊》2016年第10期。

⑦ 刘春燕：《中华民族传统体育的兴盛、危机与复兴》，人民出版社2016年版。

⑧ 郭振华：《文化记忆下的腊湾老人舞研究》，《体育文化导刊》2016年第4期。

⑨ 汪雄、万宇、张雪峰、丁先琼：《中缅边境傈僳族“刀杆节”仪式变迁的人类学研究》，《体育文化导刊》2016年第6期。

等为一体的宏大叙事体系，为族群成员提供了习得和追忆族群过往史的“场域”。[①] 另有一篇基于史学研究进行的民俗体育研究，即赵迎山等的《喀喇汗王朝体育文化研究——基于〈突厥语大词典〉等史料记载》。[②]

近现代的民俗体育的文化记忆研究则倾向于民族体育精神的体现。刘金柱、秦双兰的《近代河北民间体育观念初探》认为底层民众参与体育活动透露出的御辱自强民族观念、寓武于闲娱乐健身观念、民俗文化传承观念，反映了河北民间体育与文化一脉相承，也体现出近代民族体育观念的核心价值。[③] 另有潘益良的硕士论文《中央苏区赤色体育及其当代价值研究》认为中央苏区的赤色体育在艰苦的战争环境下，提高了军民的体魄和锻炼了战斗的意志，对发展中央苏区各项事业有重要的推动作用，对土地革命时期战胜国民党也起到很大的作用。[④]

（三）民俗体育的生存空间

民俗体育需要一定的文化空间才能得以存活，这就涉及不同的生存空间，包括村落、城市、民俗活动等。

乡土社会中，村落是民俗体育重要的文化空间。游拢认为传统村落对民族传统体育发展有促进作用，然而在发展过程中也存在很多桎梏，如传承人传承、宗族内传承与狭隘的正统保护主义等。[⑤] 张明的《巫风舞影：溧阳社渚镇傩舞现代传承的动力及路径》以江苏溧阳社渚镇为文化空间，对傩舞的表现形式、现代传承的动力因素进行研究，认为国家政策的支持、乡村精英的带动、民众信仰的认同以及旅游市场的助推起到重要作用，社渚镇傩舞的现代传承，需要进行空间再造，设立社渚傩舞的文化生态保护区。[⑥] 赵明元、辛松和对少数民族聚居村落的原生态体育文化流变进行考察，他们认为伴随着社会文明进步与民族旅游经济的兴起，少数民族聚居村落的经济结构、组织结构与管理结构变迁不断分化和整合着传统体育的新旧因素，现代少数民族聚居村落的原生态体育文化发展要保留村落民族特色，努力适应现代社会需求，确立民族村落自治的体育管理机构来优化村寨对外关系，推动原生态体育文化的可持续发展。[⑦]

随着民族地区城镇化推进，城镇化环境逐渐成为民族传统体育的发展场景。金勇的《城镇化语境下民族传统体育的角色定位》认为，由于场景不同，民族传统体育的角色定位自然有所区别，只有明确民族体育在城镇化中扮演的角色，民族传统体育才能在新环境下合理规范地发展。[⑧] 现代化进程的发展使得城市文化不可避免地成为民俗学界讨论的对

---

① 郭军、仇军：《仪式体育：作为身体实践的族群记忆》，《武汉体育学院学报》2016 年第 12 期。

② 赵迎山、谭灿、臧留鸿：《喀喇汗王朝体育文化研究——基于〈突厥语大词典〉等史料记载》，《体育文化导刊》2016 年第 10 期。

③ 刘金柱、秦双兰：《近代河北民间体育观念初探》，《体育文化导刊》2016 年第 5 期。

④ 潘益良：《中央苏区赤色体育及其当代价值研究》，硕士学位论文，江西理工大学，2016 年。

⑤ 游拢：《传统村落对民族传统体育发展的促进作用研究》，《体育文化导刊》2016 年第 12 期。

⑥ 张明：《巫风舞影：溧阳社渚镇傩舞现代传承的动力及路径》，《南京体育学院学报（社会科学版）》2016 年第 6 期。

⑦ 赵明元、辛松和：《少数民族聚居村落的原生态体育文化流变考察》，《贵州民族研究》2016 年第 6 期。

⑧ 金勇：《城镇化语境下民族传统体育的角色定位》，《贵州民族研究》2016 年第 2 期。

象，民俗体育承载了由乡土社会向城市化变迁的整个历程，对民俗体育的研究也渐渐揭开社会文化一角。杨小凤的著作《城市民间体育文化发展研究》从文化内核、外在形式和运作手段等层面探寻城市民间体育文化发展的规律，通过上海民间体育文化现状思辨和未来构想，构建文化强国思维下的城市民间体育文化价值、文化交流、文化体制互动模式。①

在城市化加速发展的时代语境下，伴随着文化产业的勃兴和经济转型，民俗体育可以成为助推城市建设的重要力量。赵承磊的《民俗体育与城市融合发展的个案考察与启示——以潍坊风筝为例》以潍坊风筝为个案，从旅游品牌、产业平台、文化标识、秩序建构四个角度，探讨从城市语境考察民俗体育项目风筝在潍坊的存在状态及对城市发展的力量。② 但是，少数民族传统体育在城市化进程中也遭遇了一些问题。民俗体育的文化空间和生存空间受到挤压是普遍现象。龚煦琳的硕士论文《“珠梅抬故事”传统体育文化活动保护与传承对策研究》研究了梅山文化视域下的“珠梅抬故事”，这项具地方特色的传统民俗体育活动自 2014 年被列入国家级非物质文化遗产扩展项目，便受到人们的关注和热爱。然而，近年来在组织、传承和保护方面现状堪忧。③

此外，体育的相关节庆活动也是承载民俗体育的重要文化空间。安彦伟《广西世居民族体育乡村欢乐节的发展研究》对广西世居民族体育“乡村欢乐节”进行研究，发现优势在于政策、地域、消费的低廉性、农贸特产资源丰富、生态环境和人文景观及“体验式”旅游等；但同时也存在局限，如品牌效应、宣传力度、体育人才、资金投入、经济收益等。④ 秦海生《我国航空运动节研究》对我国航空运动节的特征、存在问题进行分析，认为航空运动节是一种新兴的大型体育节庆活动，对促进举办地的全民健身和经济发展发挥了重要作用，具有独特的研究价值和现实意义。⑤

（四）民俗体育的身体文化

随着后现代社会的转向，身体成为人文社会各学科的热点之一。身体性、身体知识作为民俗知识的根本属性之一受到重视。以彭牧、刘铁梁等为代表的民俗学者在新世纪初就开始关注身体民俗、身体实践。自此，身体文化的研究逐步进入研究者的视角，其中不乏学者呼吁形成身体民俗学的研究领域。

本年度的有关身体文化的研究较有代表性。乔超的《从丰富身体文化的视角看传统武术》认为农业劳动的身体参与和自然环境促进传统武术对身体观的重视与拓展，形成传统武术丰富的身体文化，而工业社会生产、生活非身体参与的趋势导致武术身体观的转变。传统武术的动作体系有丰富的身体文化价值。⑥ 肖进勇对民俗体育蹴踢项目类属与身

---

① 杨小凤：《城市民间体育文化发展研究》，上海人民出版社 2016 年版。

② 赵承磊：《民俗体育与城市融合发展的个案考察与启示——以潍坊风筝为例》，《武汉体育学院学报》2016 年第 8 期。

③ 龚煦琳：《“珠梅抬故事”传统体育文化活动保护与传承对策研究》，硕士学位论文，华中师范大学，2016 年。

④ 安彦伟：《广西世居民族体育乡村欢乐节的发展研究》，《体育文化导刊》2016 年第 5 期。

⑤ 秦海生：《我国航空运动节研究》，《体育文化导刊》2016 年第 1 期。

⑥ 乔超：《从丰富身体文化的视角看传统武术》，《体育文化导刊》2016 年第 7 期。

体文化特性进行辨析，认为蹴鞠、蹴球、踢毽等体育项目同宗同源，构成现代东方蹴踢类运动体系的主干。① 其中，身体行为是身体文化研究的重要内容。陈青等人的《民族体育的身体行为研究》认为，民族体育运用本族群习惯的、有序的、具备一定能量代谢水平的身体行为，主动进行生命塑造的活动。身体行为是在人的意识指导下，有目的、合理的专门技术动作，同时也是将肢体活动转化为民族体育的中介和桥梁。② 郑玲玲的《论少数民族传统体育、舞蹈蕴含的生命观》认为，透过身体形式的表达，可以清楚地看到其中蕴含着人类关于自身生命存在形式、内容和意义的理解与诠释，有助于对人类生命观的认识和理解。③

万建中研究了西部民族传统体育的身体经验和身体意义，他认为体育是西部民族获得身体运动的主要方式之一，中国西部民族的身体史，就是体育史和社会生活史，西部民族的身体是民族的、历史文化的、社会关系的，体育是多元生活需求的极大满足，可以不断地充实自身的民族文化内涵和坚守初始状态的体育发展的轨辙。④ 而郭军、仇军的《仪式体育：作为身体实践的族群记忆》⑤ 以“爬刀杆”仪式为例，阐释了身体实践的族群记忆。从身体实践的视角切入，认为仪式体育是用身体来理解并用身体来展现族群记忆的社会实践活动，在社会、文化传统的“规训”下，重复上演的族群记忆经由族群成员的内化积累养成符合族群价值规范的行为举动，最后长久地储存在族群成员之中。

（五）民族体育的文化生态

中国社会正面临从乡土中国向生态中国迈进的现实问题。⑥ 基于文化多样性视角，看重文化生态的保护等成为学者共同关心的问题。王洪珅等人的《中国传统体育文化的演进轴线：生态适应》从生态适应的角度切入，纵向探寻中国传统体育文化的演进理路。中国传统体育文化是在不断适应所处自然生态、社会生态和文化生态的过程中发展演变的，从上古时期的萌芽到古代的繁荣发展，再到近代以来的转向，都是以生态适应为演进轴线的。⑦

民俗体育的文化生态也涉及少数民族传统体育。陶坤的《武陵山区少数民族传统体育的文化生态特征及关系研究》以“文化生态学”为理论背景，从武陵山区各民族的自然和社会环境的诸多因素入手，探讨武陵山区少数民族传统体育的文化生态学特征和关系。在武陵山区生态环境的多样性背景下，产生了多元化的少数民族传统体育文化，体现

---

① 肖进勇：《民族传统体育蹴踢项目类属与身体文化特性辨析》，《成都体育学院学报》2016 年第 4 期。

② 陈青、张建华、常毅臣、王增喜：《民族体育的身体行为研究》，《上海体育学院学报》2016 年第 4 期。

③ 郑玲玲：《论少数民族传统体育、舞蹈蕴含的生命观》，《云南民族大学学报（哲学社会科学版）》2016 年第 5 期。

④ 万建中：《西部民族传统体育的身体经验和身体意义》，《西北民族研究》2016 年第 3 期。

⑤ 郭军、仇军：《仪式体育：作为身体实践的族群记忆》，《武汉体育学院学报》2016 年第 12 期。

⑥ 方李莉：《中国乡村振兴的方向：从乡土中国迈向生态中国——艺术人类学视角》，《民族艺术》2019 年第 3 期。

⑦ 王洪珅、韩玉姬、梁勤超：《中国传统体育文化的演进轴线：生态适应》，《武汉体育学院学报》2016 年第 4 期。

了各民族在自然地理和社会生活各层面的文化生态特征和与之相适应的生存关系。[1] 方征在《少数民族传统体育文化多样性保护的人类学解读》一文中，对少数民族传统体育文化多样性形成和分布的特征、保护的重要性以及在与主流文化交融时应采取的基本方法进行论述。

三 民俗体育的项目个案研究

由于民俗体育的民族性、地域性、集体性等特征鲜明，民俗体育项目之间的个体性差异较大，丰富的个案研究是民俗体育多样化的反映。由此，我们把本年度的个案研究分为不同的地域、民族等方面。

（一）不同地域的民俗体育

民俗体育呈现明显的地域性特点。本年度有关国内不同地域的民俗体育主要研究集中在西北、陕北、江苏、江浙、河北等地。李世荣等人的《共生理论视域下陕北传统体育发展路径探讨》认为陕北传统体育与岁时节日、宗教、宗族、健身娱乐等多元共生，社会变迁冲击着传统体育共生关系的主体构成、资源相对优势以及共生约束条件。[2] 河北是近代中国的腹心之地，刘金柱、秦双兰的《近代河北民间体育观念初探》通过河北方志梳理了近代河北民间体育活动方式。[3] 张建华等人《西北走廊游牧民族传统体育文化的同根异功现象》认为西北走廊游牧民族传统体育文化同处一个文化空间，西北走廊游牧民族传统体育在仪式庆典和旅游场域中表现出不同的文化功能和意义。[4]

江苏的民俗体育研究相对较多。杨光照的《地域文化语境下江苏民俗体育的特征、现代危机及调试路径研究》认为吴文化区域的民俗体育具有鲜明的吴地水乡特色，生活娱乐气息较为浓郁；金陵文化区域的民俗体育呈现一种多元并存的态势；维扬文化区域的民俗体育带有浓郁的娱乐性、兼容性特征；楚汉文化区域内的民俗体育以陆上项目居多，宗教信仰、武术拳术项目较多；苏东海洋文化区域的民俗体育具有涉海性、交融性、御敌性等特征。[5]

有关地域民俗体育的系统梳理还有施兰平的著作《浙江省世居少数民族传统体育口述史研究》，该著通过文献资料和口述相互结合的形式，介绍了浙江省世居少数民族回族和畲族的民族体育活动形式、起源和民间传说。[6]

不同区域的民俗体育还包括少数民族地区的民俗体育。杨建军的《当雄“当吉仁”

---

① 陶坤：《武陵山区少数民族传统体育的文化生态特征及关系研究》，《广州体育学院学报》2016年第6期。

② 李世荣、马永军、李鸿亮：《共生理论视域下陕北传统体育发展路径探讨》，《西安体育学院学报》2016年第5期。

③ 刘金柱、秦双兰：《近代河北民间体育观念初探》，《体育文化导刊》2016年第5期。

④ 张建华、陈青、王增喜、常毅臣：《西北走廊游牧民族传统体育文化的同根异功现象》，《中国体育科技》2016年第5期。

⑤ 杨光照：《地域文化语境下江苏民俗体育的特征、现代危机及调试路径研究》，《南京体育学院学报（社会科学版）》2016年第3期。

⑥ 施兰平：《浙江省世居少数民族传统体育口述史研究》，浙江工商大学出版社2016年版。

赛马会文化研究》运用经济文化类型理论研究西藏当雄“当吉仁”赛马会文化的渊源和发展演进。[①] 丁玲辉的《门巴族珞巴族传统体育保护与传承路径探讨》从关注现代化进程的视角分析门巴族珞巴族传统体育面临的困境。[②] 肖红青的《区域少数民族民俗体育文化融合发展研究——以武陵山片区苗族、土家族民俗体育文化为例》以武陵山片区苗族、土家族民俗体育为案例，从武陵山民族地区民族民俗体育文化融合发展内在逻辑出发，探讨区域少数民族民俗体育文化融合的条件，并在此基础上，构建区域少数民族民俗体育文化融合的实现路径。[③]

相关的国际区域的民俗体育研究涉及东盟等地域。东盟作为东南亚区域国家的一个政府性国际组织，包括越南、菲律宾、马来西亚、印度尼西亚等国家。王浩等人的《东盟武术文化研究》对东盟主流武术文化的概况、起源和特征进行分析。[④]

（二）不同民族的民俗体育

中国的民俗体育种类多，分布广泛，作为多民族国家，本年度有关不同民族的研究包括汉族、满族、蒙古族、哈尼族、苗族、瑶族、壮族、侗族、土家族、门巴族、维吾尔族、纳西族、佤族、畲族、达斡尔族、鄂温克族、鄂伦春族等，有陈立华的《满族传统体育文化及其当代价值研究》[⑤]《满族嘎拉哈文化及其传承价值研究》[⑥] 的系列研究，杨建鹏等《门巴族传统体育变迁研究——以山南错那县勒布门巴族传统体育为个案》，贺军萍《景宁畲族传统体育文化研究》等。当然也包括了对民俗体育项目本身的研究，如花蕊《狗拉爬犁运动研究》[⑦] 对赫哲族冰雪运动爬犁的起源、发展以及演变历程进行研究。韩巍《维吾尔族高空走索运动研究》[⑧] 分析高空走索发展轨迹。盛冀萍《哈尼族打磨秋运动研究》[⑨] 研究了哈尼族打磨秋体育运动的发展历程。周家金等《苗族村落传统体育跳芒篙的调查研究》[⑩] 梳理了广西“跳芒篙”的文化渊源、流传地域、活动形式和现实境遇等。

不同的民族语境，民俗体育的现代适应与传承表达不同。冯强的《佤族节庆民俗体育活动的现代适应研究》对沧源翁丁佤族节庆民俗体育活动现代适应进行个案研究。[⑪] 李开文等人《基于表演理论的纳西族“东巴跳”传承语境探究》则以纳西族“东巴跳”为

---

① 杨建军：《当雄“当吉仁”赛马会文化研究》，《体育文化导刊》2016 年第 11 期。

② 丁玲辉：《门巴族珞巴族传统体育保护与传承路径探讨》，《西藏大学学报（社会科学版）》2016 年第 3 期。

③ 肖红青：《区域少数民族民俗体育文化融合发展研究——以武陵山片区苗族、土家族民俗体育文化为例》，《贵州民族研究》2016 年第 12 期。

④ 王浩、尹继林、李乃琼：《东盟武术文化研究》，《体育文化导刊》2016 年第 7 期。

⑤ 陈立华：《满族传统体育文化及其当代价值研究》，《黑龙江民族丛刊》2016 年第 5 期。

⑥ 陈立华、宋君：《满族嘎拉哈文化及其传承价值研究》，《黑龙江民族丛刊》2016 年第 1 期。

⑦ 花蕊：《狗拉爬犁运动研究》，《体育文化导刊》2016 年第 1 期。

⑧ 韩巍：《维吾尔族高空走索运动研究》，《体育文化导刊》2016 年第 2 期。

⑨ 盛冀萍：《哈尼族打磨秋运动研究》，《体育文化导刊》2016 年第 1 期。

⑩ 周家金、孙庆彬、阮奎、朱波涌：《苗族村落传统体育跳芒篙的调查研究》，《体育文化导刊》2016 年第 5 期。

⑪ 冯强：《佤族节庆民俗体育活动的现代适应研究》，《体育文化导刊》2016 年第 6 期。

例，对其传承的表达过程进行分析，从其表达过程中的表演文本、表演主体、表演行为、表演场地探究其传承语境，进而总结出传承语境的模式化特征。① 此外，关于民俗体育的传承与保护研究也占据重要部分。如丛密林《关于达斡尔族、鄂温克族、鄂伦春族传统体育文化的调研报告》、周梅等《蒙古族传统体育那达慕的现代价值和传承保护研究》等。

（三）其他民俗体育个案

民俗体育项目众多，中国传统的民俗体育项目囊括其中，如武术、中国式摔跤、舞龙舞狮等。

武术在民俗体育中占据重要部分。中国传统的武学文化，历史悠久，源远流长，有着璀璨的成果和丰厚的积累。晋云龙的《马贤达武学理论研究》、王明伟的博士论文《青藏武术文化研究》、罗国旺等《广东蔡家拳源流探析》、张雷《中国式摔跤的传统文化性解读》等。②

除了武术之外，其他民俗体育个案非常丰富，如蒋明智的《东莞大井头女子龙舞文化探析》、罗源凯《湘西地区高脚项目的发展现状及对策研究》、薛宇《陕北秧歌传承保护研究》、张浩《从板鞋竞速运动的起源和发展谈其未来》等。此外，原生态的、非物质文化遗产项目的民俗体育较受重视，如王伯余等人的《民俗体育"抓鸭"研究》、段丽梅等人的《传承与俱进：民俗体育文化认同的现代化路径分析——以非遗项目花棍舞（打莲湘）为个案》等。

总体来看，民俗体育的发展传承存在一些普遍问题，如传承手段单一，参与度不高，重视程度不够等。不同民族不同地域的民俗体育蕴含的文化内涵丰富，个案研究项目数量多，种类全。但是，对民俗体育项目个案研究的系统性梳理较为欠缺。

四 民俗体育的应用研究

为适应新时代的发展，促进民俗体育的可持续发展，需要为自身寻求"客户资源"，③服务国家战略。本年度的民俗体育应用研究主要体现在民俗体育本身的技术体系整理、相关赛事研究、发展策略转型、产业化市场开发、文化传承保护以及课程化等方面。

（一）技术体系与赛事研究

在竞技体育主导的现代社会，竞技性是民族传统体育项目发展的一个方向，不可避免地涉及技术体系规范的问题。杨建营的《太极拳技术训练体系解析》解析了太极拳的技术训练体系。在训练实践过程中主要有两种程序："功法→套路→拆手→喂手→推手→散手""单势招法→喂招递手→自由推手"，另外，还可以将两者结合，采用"从单势招法切入，同时进行以四正手为核心的盘手练习，并进行两两相当的喂招、自由推手和散手练

---

① 李开文、谭广鑫、李晓通、周山彦、陈永兵：《基于表演理论的纳西族"东巴跳"传承语境探究》，《首都体育学院学报》2016 年第 2 期。

② 张雷：《中国式摔跤的传统文化性解读》，《体育文化导刊》2016 年第 6 期。

③ 施爱东：《民俗学的未来与出路》，《民间文化论坛》2019 年第 2 期。

习，再辅之以功法、套路单练和对练”的实践程序。[①] 杜国友的《传统体育养生实践类型论析》归纳出传统体育养生实践的共性锻炼要素，并依据锻炼方式和养生机理，将传统体育养生实践分为四个类型及相关子项，初步形成传统体育养生的基本实践架构。[②]

民族民间体育赛事是人类社会重要的文化遗产。杨涛的《我国民族民间体育赛事的现状及发展路径研究》归纳、总结新时期我国民族民间体育赛事的发展现状，提出具有可行性的发展路径。[③] 李臣等人的《我国武术赛事品牌建设的理性审视》基于我国体育理论政策，对我国武术赛事品牌建设的时代诉求和政策条文进行了分析。王明伟等人的《浙江省民间体育赛事开展状况调查与研究》收集和整理了浙江省民间体育赛事信息，分析其开展状况、社会影响力和相关影响因素，体现出较突出的海洋、岛屿、山水等多样性地域文化特点。[④]

民运会作为反映少数民族传统体育发展的最高形式，是传承我国民族体育文化的重要形式，蒋东升等人的《全国少数民族传统体育运动会发展研究》对全国少数民族传统体育运动会进行分析。全国少数民族运动会及各省民运会的开展，对我国民族体育事业发展起到了显著作用。我国少数民族传统体育运动会的实践和理论建设均取得了丰硕的成果，形成了独具特色的文化体系。我国少数民族传统体育运动会的举办，对弘扬民族文化，促进我国各民族团结和民族认同发挥了积极的作用。但是，发展过程中也存在隐忧，建议调整民运会竞赛项目；对各代表团参赛项目数做出规定；允许少数汉民族运动员参赛，人数为代表团的20%—30%；限制专业运动员参加比赛。[⑤]

（二）发展策略与转型

民俗体育发展面临发展的困境，郑国华《失衡与适应：论我国民族传统体育文化发展》基于现代社会的飞速发展过程，认为我国民族传统体育发展已经跟不上社会骤变的节奏，出现文化生态失衡现象。[⑥] 饶远《民族传统体育发展的前景与路径》关注民族传统体育如何发展，发展的方向等问题。[⑦] 袁金宝、万炳军的《民族传统体育本土振兴的文化困局及出路》审视我国民族传统体育的发展现状，认为“本土振兴”对于我国民族传统体育的当代发展尤其重要。[⑧] 本土民俗体育振兴与发展普遍存在的问题是政策落后，人才稀缺，经费不足，机制落后，组织不完善等。

与此相应，有关民俗体育的发展与转型研究不断涌现。王静《少数民族传统体育当代发展的协调与转型机制研究》认为少数民族传统体育事业发展直接影响我国体育事业发展的全局，在人本理念的指导下，积极创新少数民族地区传统体育发展理念，转变体育

---

① 杨建营：《太极拳技术训练体系解析》，《体育文化导刊》2016 年第 5 期。

② 杜国友等：《传统体育养生实践类型论析》，《广州体育学院学报》2016 年第 2 期。

③ 杨涛：《我国民族民间体育赛事的现状及发展路径研究》，《山东体育学院学报》2016 年第 3 期。

④ 王明伟等：《浙江省民间体育赛事开展状况调查与研究》，《中国体育科技》2016 年第 1 期。

⑤ 蒋东升、王利春、潘宏波：《全国少数民族传统体育运动会发展研究》，《体育文化导刊》2016 年第 2 期。

⑥ 郑国华：《失衡与适应：论我国民族传统体育文化发展》，《思想战线》2016 年第 4 期。

⑦ 饶远：《民族传统体育发展的前景与路径》，《思想战线》2016 年第 4 期。

⑧ 袁金宝、万炳军：《民族传统体育本土振兴的文化困局及出路》，《沈阳体育学院学报》2016 年第 1 期。

事业发展方式，促进少数民族体育事业的协调发展，成为我国体育事业发展面临的重要课题。[①] 肖留根《当代民族传统体育文化的整合方略：基于“IBM”文化整合理念的启示》认为将新颖的文化整合方式同民族传统文化整合方法相糅合，通过文化显像、文化整合、成果描述以及差异评估的逻辑顺序形成全新的“目标文化纬度”整合方式。[②] 何茂、高会军《广西少数民族传统体育文化竞争力提升策略研究》将层次分析法融入广西少数民族传统体育文化竞争力提升策略选择的SWOT分析中，建立一个较为完整的定性分析与定量分析相结合的系统分析框架。[③]

民俗体育的发展离不开与国家战略的对接。梁冰的《社会转型期我国民族传统体育的价值转变与发展路径》认为适应社会转型期价值转变的需要，牢固把握民族传统体育的本质与内涵，完善各项配套措施是我国民族传统体育发展的主要路径。[④] 杨斌的《武陵山区少数民族体育公共服务体系构建与对策研究——以湖北省恩施州利川市为例》认为武陵山区少数民族体育公共服务体系是我国体育公共服务体系建设的重要组成部分。有效构建武陵山区少数民族体育公共服务体系，需要加强少数民族地区体育公共服务体系均等化建设，构建政府主导多元参与的少数民族体育公共服务管理模式，建立健全少数民族健身组织网络，培养少数民族传统体育优秀传承人，进一步加强社会体育指导员队伍建设。[⑤]

（三）产业化发展探索

产业化发展是民俗体育发展的一个重要方向，可充分利用新媒体，整合资源，推动民俗体育发展。景旺、葛馀辉《价值功能视角下民族地区体育产业化发展研究》认为民族体育是少数民族文化产业的重要组成部分，推进民族体育产业化发展要以体育的价值功能为出发点，在保留传统体育文化精华的基础上充分利用现代体育事业的发展成果。[⑥] 随着新媒体技术的发展，民俗体育的相关节目也应运而生。王琳的《我国传统体育电视节目的发展创新——以〈武林大会〉为例》以《武林大会》为例，以打造民族品牌、弘扬传统体育文化为己任，自首播以来受到电视界、体育界及观众的好评，《武林大会》的尝试具有一定的标杆价值。[⑦] 由此，有关的电视节目作为传播民俗体育的重要方法，起到重要作用。李牧等《香港武侠电影的历史变迁及对武术传播的影响》梳理了武侠电影的源流，

---

① 王静：《少数民族传统体育当代发展的协调与转型机制研究》，《贵州民族研究》2016年第5期。

② 肖留根：《当代民族传统体育文化的整合方略：基于“IBM”文化整合理念的启示》，《南京体育学院学报（社会科学版）》2016年第4期。

③ 何茂、高会军：《广西少数民族传统体育文化竞争力提升策略研究》，《广西社会科学》2016年第5期。

④ 梁冰：《社会转型期我国民族传统体育的价值转变与发展路径》，《广州体育学院学报》2016年第5期。

⑤ 杨斌：《武陵山区少数民族体育公共服务体系构建与对策研究——以湖北省恩施州利川市为例》，《贵州民族研究》2016年第5期。

⑥ 景旺、葛馀辉：《价值功能视角下民族地区体育产业化发展研究》，《贵州民族研究》2016年第9期。

⑦ 王琳：《我国传统体育电视节目的发展创新——以〈武林大会〉为例》，《新闻战线》2016年第4期。

认为武侠电影作为一把“双刃剑”，对武术传播有积极和消极的影响。[1]

民俗体育作为重要的旅游资源，它的开发与应用是重要的研究课题。文斌等人的《基于 ASEB 栅格分析的新疆民族体育旅游产品开发研究》以旅游体验为理论指导，对新疆民族体育带给消费者的个性化、体验化、情感化的体验满意度进行深度研究，提出全程民族体育文化渗透的体验式旅游开发的思路与对策。[2] 卢永雪的《羌族传统体育文化与地区旅游业的互动发展研究》的研究深入阿坝州的茂县、汶川、理县，以及绵阳的北川等羌族聚居地，具有民族地域特色的羌族传统体育文化与旅游业的结合更加密切。[3] 杨倩《基于 SWOT 分析的黔东南三县生态体育旅游资源开发研究》认为黔东南三县生态体育旅游资源开发尚处于起步阶段，优势资源有效支撑生态体育旅游资源的开发，劣势条件制约生态旅游业的发展，机遇与挑战并存。[4] 宋忠良《武陵山片区民族传统体育与旅游产业互动发展研究》认为武陵山片区作为多民族聚集区，拥有各种丰富的体育与旅游资源，体育旅游成为人们新的生活方式。[5]

（四）文化传承保护

随着民族体育非物质文化遗产的价值意义凸显，有关民族体育文化遗产的传承保护路径逐渐成为各方面关注的热点问题。非物质文化遗产是民俗体育发展新的契机。刘先军《非遗保护下少数民族传统体育的开发》认为，破解少数民族传统体育文化开发与非物质文化遗产保护之间的矛盾，成为实现少数民族传统体育文化当代转型的重要保障。[6] 向政、沈莉《博弈视角下的少数民族特色村寨建设与传统体育文化遗产保护》从博弈视角对少数民族特色村寨建设与传统体育文化遗产的相关问题进行研究，促进特色村寨建设和传统体育文化遗产的保护。[7] 姜辉军的《民族体育非物质文化遗产传承发展的路径研究》提出民族体育非物质文化遗产传承保护的路径选择需要坚持针对、结合、创新等策略。[8] 何英等《传统武术申请人类非物质文化遗产代表作名录研究》对传统武术列入我国国家级非物质文化遗产名录的总体情况进行研究。[9]

王厚雷、王竹影《“一带一路”背景下新疆体育非物质文化遗产保护策略》针对新疆

---

① 李牧、谭广鑫：《香港武侠电影的历史变迁及对武术传播的影响》，《体育学刊》2016 年第 1 期。

② 文斌、张小雷、杨兆萍、熊黑钢：《基于 ASEB 栅格分析的新疆民族体育旅游产品开发研究》，《河南师范大学学报（自然科学版）》2016 年第 1 期。

③ 卢永雪：《羌族传统体育文化与地区旅游业的互动发展研究》，硕士学位论文，成都体育学院，2016 年。

④ 杨倩：《基于 SWOT 分析的黔东南三县生态体育旅游资源开发研究》，硕士学位论文，贵州师范大学，2016 年。

⑤ 宋忠良：《武陵山片区民族传统体育与旅游产业互动发展研究》，《贵州民族研究》2016 第 11 期。

⑥ 刘先军：《非遗保护下少数民族传统体育的开发》，《贵州民族研究》2016 年第 12 期。

⑦ 向政、沈莉：《博弈视角下的少数民族特色村寨建设与传统体育文化遗产保护》，《湖北民族学院学报（哲学社会科学版）》2016 年第 3 期。

⑧ 姜辉军：《民族体育非物质文化遗产传承发展的路径研究》，《贵州民族研究》2016 年第 9 期。

⑨ 何英、李英奎：《传统武术申请人类非物质文化遗产代表作名录研究》，《体育文化导刊》2016 年第 5 期。

体育非物质文化遗产发展面临的困境，提出相应的保护策略。[①] 刘喜山、邓星华《体育非物质文化遗产的传承模式及其变迁》从传承模式的宏观视角，预测社会传承模式将逐步成为体育非遗传承的主导模式。社会文化生态结构模式的变化，引起传承模式各要素的变化，传承模式各要素的变化又必然决定体育非遗传承模式的变迁。[②] 赵亮等《西北民族传统体育非物质文化遗产的传承与保护》认为西北民族传统体育非物质文化遗产传承与保护面临着新的发展机遇，需要深入研究民族传统体育申遗与保护的系统性工作，使民族传统体育文化得到有效的保护和现代化发展。[③] 陈洁的学位论文《天桥摔跤的现状研究——基于国家级非物质文化遗产保护的视角》基于国家级非物质文化遗产保护的视角，提出“天桥摔跤”的研究是一个系统的、长期的工程。[④]

民俗体育的文化传播也是文化保护的重要途径。陈青等人《国家意志下的民族体育文化延伸》认为国家意志中包含集大成的文化力量，中华民族体育文化在国家意识作用下，通过将固有的优秀民族体育文化特质进行延伸，形成养生文明、伦理文明和器具文明，是民族体育生存、传承、文明共享的根本。[⑤] 体育社会学学者卢元镇的《中华民族传统体育的国际化》认为，民族传统体育国际化需要民族自信，价值观念认同，共同的语言基础，方法和技巧，锲而不舍的坚持精神。[⑥] 白永正的《文化视域下我国民族传统体育发展的文化走向》回眸并重新审视从历史中走来的民族传统体育文化的发展道路，及时、准确地把握住我国民族传统体育文化发展的历史走向及趋势，对以民族传统体育为代表的中国传统文化的复兴有着重要的现实意义。[⑦]

民俗体育的国际化体现为以武术为代表的国际传播研究居多。王永翔的《体育全球化发展中我国民族武术发展的思考》对全球化发展中我国民族武术如何发展进行研究。[⑧] 解乒乒等人的《武术文化国际传播多元模式的构建》认为，武术文化作为具有强大传播力的文化符号，是中国传统文化传播和国家文化软实力提升的载体之一，而国际传播则为武术文化的传播提供了一种有效传播途径。[⑨] 韩美佳等《武术传播的研究结构及发展思路》认为对我国武术传播研究应加强主题和方法理论的创新研究；加大新生力量的培养力度和跨区域、跨机构的合作力度；加强传播模式、传播过程、传播对象、传播效果、传

---

① 王厚雷、王竹影：《“一带一路”背景下新疆体育非物质文化遗产保护策略》，《武汉体育学院学报》2016 年第 6 期。

② 刘喜山、邓星华：《体育非物质文化遗产的传承模式及其变迁》，《体育学刊》2016 年第 1 期。

③ 赵亮、刘凌宇：《西北民族传统体育非物质文化遗产的传承与保护》，《宁夏社会科学》2016 年第 4 期。

④ 陈洁：《天桥摔跤的现状研究——基于国家级非物质文化遗产保护的视角》，硕士学位论文，首都体育学院，2016 年。

⑤ 陈青、杜舒书、王增喜、常毅臣、张建华、温兵：《国家意志下的民族体育文化延伸》，《武汉体育学院学报》2016 年第 5 期。

⑥ 卢元镇：《中华民族传统体育的国际化》，《体育学刊》2016 年第 5 期。

⑦ 白永正：《文化视域下我国民族传统体育发展的文化走向》，《北京体育大学学报》2016 年第 4 期。

⑧ 王永翔：《体育全球化发展中我国民族武术发展的思考》，《体育文化导刊》2016 年第 7 期。

⑨ 解乒乒等：《武术文化国际传播多元模式的构建》，《武汉体育学院学报》2016 年第 10 期。

播环境等维度的专题性研究；提高文献关键词使用的规范性和代表性。[1] 李守培等《中国武侠电影的武术传播分析》指出其武术传播策略，为中国武侠电影的发展提供服务、支撑和起到引领作用。[2]

（五）课程化发展

在把民俗体育融入高校的研究领域，学位论文占多数，并大多集中于发展现状调查和策略制定等方面。祁重阳的《关于学校开展民族传统体育增强学生体质的思考》通过对学生体质健康问题的分析，提出学校开展民族传统体育的意义和优势，建议学校积极开展民族传统体育，改变目前学生令人担忧的体质现状。[3] 黄罗家的《浙江西南部民族中小学校校园体育文化的构建现状与发展对策研究》提出学校要重视、支持、关注学生的体育项目的开展，因地制宜，引进少数民族传统体育项目纳入教学计划等对策。[4] 艾泽秀的《多元智能理论下民族传统体育专业太极拳教学方法探究》对以传授技能为主体的传统教学方法提出改革新思路，旨在运用现代教育理念于教学过程中，培养全面发展的高素质武术人。[5]

民俗体育是我国民族传统文化的瑰宝，涵盖一个民族的深厚的文化积累，具有渊远的历史。况芳情《农村民俗体育特色学校建设研究——以江西省高安市为例》提出建设农村民俗体育特色学校的思路并阐述构建农村民俗体育特色学校应当明确学校及学生需求，制定发展方向。[6] 许万林《探寻民族传统体育在高校传承可持续发展之路——以西安理工大学〈安塞腰鼓〉为例》，探究民族传统体育项目安塞腰鼓在高校传承的可持续发展。[7] 冯静兴《跳绳特色学校创建初探——以成都市海滨小学为例》通过对成都市海滨小学创建跳绳特色学校的实践经验的分析总结，为基层学校创建特色项目学校提供参考和启示。[8] 此类研究中不乏关于少数民族传统体育项目在学校开展的探索。国梁的《赫哲传统体育项目引入高校的探索》认为应把赫哲传统体育项目引入高校，旨在传承、开发和利用好赫哲传统体育资源，增加学校体育的民族特色与亮点，构建和谐的校园文化，传承、保护与开发赫哲族优秀的非物质文化遗产。[9] 黄旭的《苗族反排木鼓舞在贵阳市高职院校推广的可行性研究》对苗族反排木鼓舞在贵阳地区几所高职院校的推广现状及贵州交通

---

① 韩美佳等：《武术传播的研究结构及发展思路》，《体育文化导刊》2016 年第 3 期。

② 李守培等：《中国武侠电影的武术传播分析》，《体育文化导刊》2016 年第 3 期。

③ 祁重阳：《关于学校开展民族传统体育增强学生体质的思考》，《教学与管理》2016 年第 6 期。

④ 黄罗家：《浙江西南部民族中小学校校园体育文化的构建现状与发展对策研究》，《体育文化导刊》2016 年第 5 期。

⑤ 艾泽秀：《多元智能理论下民族传统体育专业太极拳教学方法探究》，《南京体育学院学报（社会科学版）》2016 年第 1 期。

⑥ 况芳情：《农村民俗体育特色学校建设研究——以江西省高安市为例》，硕士学位论文，南昌大学，2016 年。

⑦ 许万林：《探寻民族传统体育在高校传承可持续发展之路——以西安理工大学〈安塞腰鼓〉为例》，《体育文化导刊》2016 年第 6 期。

⑧ 冯静兴：《跳绳特色学校创建初探——以成都市海滨小学为例》，硕士学位论文，成都体育学院，2016 年。

⑨ 国梁：《赫哲传统体育项目引入高校的探索》，《黑龙江民族丛刊》2016 年第 5 期。

职业技术学院推广的必要性进行了分析。[①]

五 比较研究

本年度，民俗体育的比较研究占据一定比例，主要通过文献考证对民俗体育进行跨国、跨民族、跨项比较，发现民俗体育的文化特质。

（一）中外民俗体育的比较

蔡艺等人对中国和朝鲜民俗体育有系列研究。蔡艺的《中华古礼的东国传衍——朝鲜王朝燕射礼的施行与意义》提出朝鲜王朝施行的3次燕射礼是在参照宋代“九射格”基础上，融合朝鲜仪礼制度创制而成。崇儒尚礼的文治主义是燕射礼得以东传的历史背景，朝鲜统治者所推行的燕射礼不仅是其协调君臣关系、确立统治秩序并以此教化民众的工具，亦是明亡清替后，彰显其中华正统，实现“以夷易华”的历史需要。[②] 而《朝鲜宫廷体育研究》一文通过对《朝鲜王朝实录》等朝鲜古籍的整理分析，从休闲娱乐、军事教育、礼仪祭祀三个维度还原朝鲜时代宫廷体育活动的概貌，反映出中、朝体育文化交流的历史。由于朝鲜半岛历代政权多为中国藩属，所以，朝鲜时代的宫廷体育活动呈现出鲜明的中国色彩，诸如击球、击棒、手博等体育活动大多由中国传入，以儒学为代表的中国传统文化对朝鲜体育发展产生深刻的影响。[③]

潘冬的《中日文化交流视域下的日本武道现代化转型及其启示》对日本武道现代化转型进行研究，日本武道从传统到现代的文化结构更新方式在精神、制度、器物三层面有着显著的特征，“和魂洋才”的价值取向、日本精英阶层的体育思想和对待外来文化采取从思想到制度，再到技术的学习策略是其现代转型的内核因素；在实现路径上，国家意识主导下的学校武道教育推进和民间形式的传统武术从“术”至“道”的变革是其文化整合获得成功的关键，对中国武术的现代发展具有积极的启示作用和借鉴价值。[④] 潘冬、岳文言等人《基于文化学视角的中日民族传统体育现代化转型的比较研究》运用文化比较学的方法对中日民族传统体育现代化转型问题进行探讨，中日两国传统体育的现代转型开启于近代“西风东渐”的文化时空场域中，其文化类型、特质及内在调节机制是造成中日民族传统体育现代化转型殊异的影响因素，在时间、空间、主体性特征的三个维度上均出现“时间差”。[⑤]

除了文化同源的东北亚国家的民俗体育比较之外，技击类型相近的跨国民俗体育项目

---

① 黄旭：《苗族反排木鼓舞在贵阳市高职院校推广的可行性研究》，硕士学位论文，成都体育学院，2016年。

② 蔡艺：《中华古礼的东国传衍——朝鲜王朝燕射礼的施行与意义》，《山东体育学院学报》2016年第4期。

③ 蔡艺、安镕吉：《朝鲜宫廷体育研究》，《体育文化导刊》2016年第1期。

④ 潘冬：《中日文化交流视域下的日本武道现代化转型及其启示》，《暨南学报（哲学社会科学版）》2016年第7期。

⑤ 潘冬、岳文言：《基于文化学视角的中日民族传统体育现代化转型的比较研究》，《成都体育学院学报》2016年第4期。

也有比较。如吴学勇的《从历史视域展望民族传统体育的组织化发展》总结中国太极拳、印度瑜伽、中国南疆民族体育品牌长廊繁荣发展的经验，借以论述新时期中国发展民族传统体育的必要性和民族传统体育区域性组织发展的可行性。[①] 亓昕等人的《中印传统体育运动比较研究》对中国的太极拳和印度的瑜伽两种体育运动文化的现状及历史进行比较分析，认为中国太极拳的发展与推动可以借鉴印度瑜伽的群众体育运动发展路线与推广模式，走出当前所面临的竞技体育运动发展模式所致困境和瓶颈。[②] 受到东方技击思想的影响，张雷的《巴西柔术发展探究》认为东西方武术文化的交流衍生出了巴西柔术，带有独特技击性的巴西柔术拓宽了武术的外延，集西方实用主义和东方教化思想于一体的巴西柔术具有深厚的文化内涵。[③]

（二）不同民族、不同项目间的比较

中国的民俗体育文化多元一体，不同族群的民俗体育既有相似点，又有极大的差异性。杨洪波等人的《趋同与求异：祭祀仪式中的丽江纳西族“打跳”与藏族“锅庄舞”》对丽江市永胜县大安彝族纳西族乡大安村藏族村民在祭祀仪式中的“锅庄舞”和周边纳西族祭祀仪式中的“打跳”进行对比研究发现，丽江地区纳西族和藏族的祭祀仪式有着明显的文化涵化现象，处于“文化孤岛”中的藏族村民也在刻意地表明自己的民族身份，其中标示着民族身份的符号就是祭祀仪式中的“藏族锅庄舞”和“纳西打跳”。[④]

汉族文化与少数民族文化相互影响。隋东旭等人的《汉文化影响下的鲜卑体育文化转型》对秦汉至十六国北朝时期鲜卑体育文化的历史进程进行梳理发现，早期鲜卑社会的体育活动主要以骑射、乐舞为主，至十六国北朝时期，随着与中原地区汉族的深入接触与融合，汉文化开始深刻地影响鲜卑文化，鲜卑的体育文化形式、内容都发生巨大的变化。[⑤]

在不同时期，同一族群的民俗体育文化不断发展变化。毕卫忠等人的《西藏古代杂技与藏族传统体育相互融合的探讨》认为西藏古代的娱乐活动以杂技、传统体育为主要内容，是以身体运动为表现形式的文化，具有游戏娱乐性特点。而杂技和传统体育关系密切，西藏古代杂技与传统体育主要活跃于寺院、宫廷和民间，是在相互融合中发展起来的。两者文化相互融合。[⑥]

六　结语

梳理 2016 年民俗体育的研究，我们发现，本年度的研究成果显著。民俗体育的应用

---

① 吴学勇：《从历史视域展望民族传统体育的组织化发展》，《广州体育学院学报》2016 年第 6 期。

② 亓昕、王东敏：《中印传统体育运动比较研究》，《体育文化导刊》2016 年第 3 期。

③ 张雷：《巴西柔术发展探究》，《体育文化导刊》2016 年第 4 期。

④ 杨洪波、叶茂盛：《趋同与求异：祭祀仪式中的丽江纳西族“打跳”与藏族“锅庄舞”》，《体育文化导刊》2016 年第 4 期。

⑤ 隋东旭、王韶峰：《汉文化影响下的鲜卑体育文化转型》，《中国体育科技》2016 年第 1 期。

⑥ 毕卫忠、丁玲辉：《西藏古代杂技与藏族传统体育相互融合的探讨》，《西藏大学学报（社会科学版）》2016 年第 1 期。

研究稳步向前，文化保护与传承受到极大重视，不同地域、不同民族的个案研究数量可观，总体来说，本年度民俗体育的研究成绩斐然。

但是，研究中还存在很多不足。首先，民俗体育的学科基础研究上，民俗体育的研究范式并未建立，导致了民俗体育的研究定位相对不够清晰，学科建设未能完善。由此，多个学科混用研究主题，概念不统一，更遑论及研究方法的严谨性、创新点的选取等问题。其次，研究内容上，应用性研究偏多，但是研究层次表浅，侧重于策略研究，切实可行的应用研究不够深入，本体研究不足，导致基础理论研究相对薄弱，整体性与系统性的研究较为欠缺。今后应加强民俗体育的基础研究与学科建设，促进相关学科之间的对话和交流，注重学术批评与学科反思。

2016年少数民族民俗研究综述

金　蕊　祁云梅*

党的十八大以来，习近平总书记系列讲话中的民族工作思想形成了完整理论体系，这是对中国特色社会主义民族理论的丰富和发展。中国是统一的多民族国家，这是新常态下民族工作的基本国情依据，也是做好民族工作的前提。民族平等、团结，促进各民族共同繁荣发展，协调各民族和谐关系，这些是新常态下我国民族工作的重点。少数民族的民俗研究是学界研究的重点，"中国民俗学之父"钟敬文先生曾指出，中国民俗学是"一国多民族的民俗学"。他强调，少数民族文化是中国整体文化不可或缺的一部分，国家文化的建设需要梳理少数民族民俗。这不仅有利于把握各民族文化的差异点，进行不同地区、不同民族民俗的比较研究，也有利于在差异点的基础上寻找共同点，以增进各民族间的相互理解，实现中国整体文化的共同繁荣与发展。因此，对少数民族民俗研究进行系统梳理十分必要。

一　2016年少数民族民俗研究论文情况

通过检索中国知识资源总库，根据关键词在学术期刊网、硕博论文库、学术会议论文集等资源库进行了不同条件和时间的检索，2016年学界发表的关于少数民族民俗研究论文共有621篇，其中重要会议论文14篇，优秀硕士毕业论文44篇，博士毕业论文6篇。发表的论文涉及以下几个方面。

（一）物质民俗

物质民俗贯穿于民众日常生活的方方面面，与衣食住行、吃穿用度、生产消费息息相关，故而也是最容易被学者观察和感受到的民俗文化内容。本部分综述分为"物质生产民俗"与"物质生活民俗"两大核心部分。

农、牧、渔、猎和匠作商贸等方面的民俗文化，属于人类创造的、为了延续生命所必需的形态，但它又不是创造物质形态本身，而是在创造过程中所形成的一些区域或民族所具有和需要共同遵守的生产特点和习俗惯制，因此称之为物质生产民俗。2016年，一些学者延续传统研究的路径，针对少数民族的生产方式及其手工艺制作方面的技术民俗展开

---

* 本文在写作过程中得到了新疆大学人文学院危庆跃、肖冰泽的帮助，在此一并致谢。金蕊：新疆大学中国语言文学学院教师，新疆文化发展研究中心研究人员；祁云梅：新疆大学历史学院2019级民族学专业硕士研究生。

研究。

王毅、陈桦的《落后生计方式还是保护生态神话——关于蒙古族游牧文化的一种认识》[①] 就指出游牧是蒙古族的传统生计方式，游牧体制创造了蒙古族的历史，也关系着蒙古族的未来。现代文明背景下有关游牧文化是落后的生计方式还是原始生态智慧的争论，形成了两个“神话”之间的对立，但这两个“神话”都不足以拯救当今日益恶化的草原生态环境。传统的游牧体制和现代化生产方式并不矛盾，发展繁荣草原社会与文化，必须超越两个“神话”，以尊重和依托蒙古族的传统文化和草原生态环境为前提。

凌珠的《独龙族传统生计方式及其变迁》[②] 指出，受自然环境和社会文化环境的影响，独龙族之前以“刀耕火种”作为主要的农业生计方式，辅之以狩猎、采集和捕鱼。20 世纪 80 年代在国家退耕还林政策的主导下，独龙族的生计方式也在不断发生变化，目前已改往昔“刀耕火种”的种植方式，开始种植草果、经济作物，甚至还出现家庭养殖和独龙毯、竹器编织等手工副业。

蔡云凌的《谈达斡尔和鄂温克族民歌中的牧业文化体现》[③] 指出，每一个民族都保留着由本民族在长期共同生活中积累下来、并保存至今的生活习惯和思维方式，由于每一个民族历史发展不同，自然生态环境不同，民族关系环境不同，因而传统文化也各不相同，存有一定差异。这种不同和差异在一定意义上就形成了每个少数民族特有的传统文化，甚至成为一个民族区别于另一个民族的重要标志。每一个民族的传统文化都有两种存在形式，一种是外在的，即能够表现在现实生活的各方面；另一种是内在的，即表现在意识中，特别是凝聚为民族意识，即民族认同感。

物质生活民俗最初是以满足生理需要为目的，如以巢穴房屋满足抵御风雨侵袭、防御野兽伤害的需要；以服饰满足遮身蔽体、防寒保暖的需要；以饮食满足维持生活的需要。由于衣食住行是人类日常生活最基本的要素，从研究成果数量而言，这方面是物质民俗领域成果最多的部分。

居住民俗是指一个国家、民族或地域的广大民众在居住活动中所创造、享用和传承的属于本群体的独特的民俗习惯模式。如杨智宇的《论凉山彝族民居与红河彝族民居区别和联系的根源——以瓦板房与土掌房为例》[④] 以四川凉山彝族民居瓦板房和云南红河彝族民居土掌房为例，通过对其建筑形式、结构、材料、布局等多种因素的分析，探讨凉山彝族民居与红河彝族民居间的区别和联系的根源，进而探寻不同地区同一少数民族为适应当地环境而呈现出的不同建筑形式，并讨论其外在区别与内在联系。

金日学、郝吉的《朝鲜族民居的传统要素》[⑤] 研究指出，随着时代快速发展和乡镇人口大量流失，作为我国东北地区重要少数民族之一的朝鲜族，其传统村落慢慢被人忽视，生产力和生产方式的与时俱进，使包括建筑文化在内的朝鲜族传统民俗文化没有得到很好

---

① 王毅、陈桦：《落后生计方式还是保护生态神话——关于蒙古族游牧文化的一种认识》，《黑龙江民族丛刊》2016 年第 2 期。

② 凌珠：《独龙族传统生计方式及其变迁》，《文化学刊》2016 年第 7 期。

③ 蔡云凌：《谈达斡尔和鄂温克族民歌中的牧业文化体现》，《艺术科技》2016 年第 8 期。

④ 杨智宇：《论凉山彝族民居与红河彝族民居区别和联系的根源——以瓦板房与土掌房为例》，《设计》2016 年第 15 期。

⑤ 金日学、郝吉：《朝鲜族民居的传统要素》，《四川建材》2016 年第 4 期。

的保护和发展，不同程度阻碍了朝鲜族传统民俗文化的传承延续。论文通过对朝鲜族传统民居的走访调研，分析朝鲜族传统民俗文化中的建筑文化特色，总结朝鲜族传统民居的平面形态、屋顶和立面形式、色彩搭配以及地理环境特征等构成要素，明确阐述保护、继承朝鲜族传统民俗重要性。

于瑞强的《仫佬族传统民居建筑符号特色及文化再生价值》[①] 在田野调查的基础上，运用建筑符号学的相关理论，解析了广西罗城仫佬族自治县仫佬族民居建筑符号的地域特征和民族意蕴，阐述了村寨空间、院落空间、建筑意境、建筑结构、建筑装饰等得以传承和保护的方法，并在此基础上提出了仫佬族建筑文化在新农村城镇化建设中实现可持续发展的优化建议。

马若予《基诺族传统民居营造技艺调研方法探讨——以云南省版纳州景洪市基诺山基诺乡洛特老寨为例》[②] 指出，传统民居因其所处地域特征多样而呈现出不同类型。针对传统民居的调研研究人员需要进行长期而细致的工作。该文以研究者在云南省基诺山一个自然村的调研过程为例，探讨了在一个保有大量传统民居实体，而近期又无传统民居营造活动的村落中，如何开展民居营造技艺的调研工作。研究者通过此次实践证明了村民参与与协助在调研工作中的重要性。

陆邵明、朱佳伟、杜力的《基于形态语言的地域民居建筑差异性分析——以云南怒江流域怒族传统民居为例》[③] 以怒族民居为例，选取南部老姆登村与北部的秋那桶村作为代表性民居建筑，对其平面布局、材料形式、整体造型等深入调查分析，阐述在同一流域的少数民族民居建筑形态、地域的差异性及其自然、材料技术、文化等因素的生成机制，为保留并传承多样性的怒族民居特征及记忆场所提供思路。

田俊的《藏式家具中吉祥纹样的文化内涵》[④] 从藏式家具吉祥纹样的素材来源、色彩和纹样构图设计等方面进行分析，阐述了藏式家具吉祥纹样的形成方式及其崇拜自然、融合宗教思想、汇聚多种文化的内涵，藏式家具中吉祥纹样的文化内涵反映了藏族人民与大自然和谐共处的生活智慧。

吴桂鸿、麻正合的《湘西苗族传统婚俗“烧火歌”的传承与保护》[⑤] 采用实地调研与测量的方法，以贵州省麻江县宣威镇基东村仫佬族村寨罗政学家宅为对象，研究传统的仫佬族民居构造，了解仫佬族建筑文化与汉族建筑文化的渊源与关系，从而更好地保护与开发仫佬族传统村落与民居。

与这种以实现安居为目的相联系的，是服饰及其民俗的形成。服饰是人类特有的文化现象。作为物质文化，它是人类物质生产的产物；作为精神文化，它又是人们政治、宗

---

① 于瑞强：《仫佬族传统民居建筑符号特色及文化再生价值》，《广西民族大学学报（哲学社会科学版）》2016 年第 1 期。

② 马若予：《基诺族传统民居营造技艺调研方法探讨——以云南省版纳州景洪市基诺山基诺乡洛特老寨为例》，《华中建筑》2016 年第 4 期。

③ 陆邵明、朱佳伟、杜力：《基于形态语言的地域民居建筑差异性分析——以云南怒江流域怒族传统民居为例》，《建筑学报》2016 年第 S1 期。

④ 田俊：《藏式家具中吉祥纹样的文化内涵》，《轻工标准与质量》2016 年第 4 期。

⑤ 吴桂鸿、麻正合：《湘西苗族传统婚俗“烧火歌”的传承与保护》，《铜仁学院学报》2016 年第 6 期。

教、哲学、伦理、审美等观念的结晶。服饰民俗是一个地区生活风尚的表征，服、饰结合的民俗，既指衣饰，也含穿着者的行为和文化习惯。如王晓鹏的《四川茂县羌族服饰类型及其宗教内涵》[①] 指出，由于茂县羌族历史悠久，服饰和宗教文化积淀浓厚，羌族服饰已成为其文化中一个活的载体。羌族人将原始宗教信仰融入自己的传统服饰中，并通过服饰色彩、服饰面料等显现出来，且在长年累月的生产和生活中世代传承，呼唤着一代又一代的有识之士永远将它们保护并传承下去。

陈林子的《探究侗族服饰元素与现代礼服设计的融合》[②] 指出中国 56 个民族各具特色，服饰文化更是多种多样，各个民族服饰的传统元素经常被国内外知名服装设计师运用到各类服装设计中。每一款服饰、每一处细节，都包含着中华民族丰富的服饰文化的深刻内涵。侗族作为中国的少数民族，拥有自身独特的服饰文化，其特点近几年也不断被设计师创新挖掘，在各大时装周上表现出来。文章通过现代服装设计中侗族服饰的运用及其未来的发展，分析侗族服饰元素与现代礼服设计的创新性结合，并满足现代人的审美需求。

李卓霖的《中国俄罗斯族民族服饰分析》[③] 指出我国是一个地域辽阔的多民族国家，除了汉族，还生活着 55 个少数民族。他们在漫长的历史发展过程中创造了绚丽多姿的服饰文化，其中俄罗斯族服饰文化焕发出了灿烂的文化火花。文章从历史和文化方面对居住在中国的俄罗斯族的民族服饰进行分析。

郭芯萌的《探析鄂温克族女性服饰——以使鹿部落雅库特为例》[④] 指出鄂温克族由于人口少，且拥有特殊的习俗和历史背景，服饰也产生了不同于其他民族服饰的文化特征和内涵，鄂温克族服饰对鄂温克人而言有重要的意义。文章从鄂温克族雅库特女性服饰入手，叙述鄂温克服饰发展演变和其艺术功能与价值以及鄂温克族女性服饰现状。鄂温克族被称为“住在大山林中的人们”，与其他民族交错杂居，形成了大分散、小聚居的居住分布特点。随着时代的变迁和环境的改变，鄂温克族服饰正发生着历史性和革命性的变化。

周梦的《贵州苗族侗族传统服饰研究文献综述》[⑤] 从以文字为主的历史文献、以图片为主的古文献、相关专著以及相关论文四个角度，对有关贵州苗族、侗族传统服饰研究的文献进行了梳理和分析，力图向读者呈现出对贵州苗族、侗族传统服饰研究现状的整体认识，为进一步探析贵州苗族、侗族传统服饰提供便利。

马晓玖的《回族头饰的符号学解读》[⑥] 指出作为一支在中国环境下借助伊斯兰文化基因孕育和成形的民族，回族的民俗处处体现着伊斯兰文化的严谨和汉文化的儒雅。作为辨别民族身份最直观和清晰的符号，回族服饰以朴实、素雅的风格在中国少数民族中独树一帜，而其中的精髓——头饰，已是回族服饰展现其美学思想和审美能力的灵魂。文章从符号学角度对回族头饰的渊源、设计和社会功能展开解读，为中国少数民族美学研究增砖添瓦。

---

① 王晓鹏：《四川茂县羌族服饰类型及其宗教内涵》，《美与时代（上）》2016 年第 3 期。

② 陈林子：《探究侗族服饰元素与现代礼服设计的融合》，《大众文艺》2016 年第 24 期。

③ 李卓霖：《中国俄罗斯族民族服饰分析》，《西部皮革》2016 年第 24 期。

④ 郭芯萌：《探析鄂温克族女性服饰——以使鹿部落雅库特为例》，《现代装饰（理论）》2016 年第 4 期。

⑤ 周梦：《贵州苗族侗族传统服饰研究文献综述》，《南京艺术学院学报（美术与设计）》2016 年第 4 期。

⑥ 马晓玖：《回族头饰的符号学解读》，《青海民族研究》2016 年第 1 期。

民以食为天，饮食在人们生活中占有十分重要的地位。它不仅能满足人们的生理需要，且因其具有丰富的文化内涵，在一定程度上满足了人们精神层面的需求，从而形成丰富多彩的饮食文化。对饮食民俗的研究是民俗学研究的热点。如李全敏的《德昂族酸茶老字号与少数民族饮食跨境交流研究》① 指出，我国少数民族众多，传统文化丰富，各民族均具有属于本民族文化技能和品牌的“老字号”。德昂族是我国云南西南部跨中缅边境而居的少数民族，种茶历史悠久，饮茶习俗和用茶习俗丰富，被相邻的其他民族誉为“古老的茶农”，德昂族的酸茶是当地少数民族饮食“老字号”的一个品牌。然而在当今都市茶叶市场中，德昂族的酸茶经营没有被普及，反而在制作技术、仪式活动消费、礼物馈赠、乡村集市交换中促进着少数民族饮食的跨境交流，因此对老字号的研究不仅要从都市企业经营和商业价值层面来看，也需要关注来自少数民族传统文化的跨境区域性影响。

此外，还有杨诗慧、徐慧明的《羊图腾在羌族服饰图案中的体现》②，彭一涵的《鄂温克族建筑与服饰初探》③，华璇、宋道春的《浅谈哈尼族的服饰图案审美》④，朱迪的《花腰傣服饰穿在身上的历史》，赵昕的《赫哲族鱼皮服饰文化特色及传承策略分析》⑤，王欢的《赫哲族鱼皮服饰艺术研究》，金鹏的《试论宁夏回族服饰的纹样和款式艺术》⑥，白爱萍的《京族传统服饰文化及传承与保护》⑦，王瑞的《民国时期黎族的服饰研究》⑧，陈晨的《满族服饰文化研究》⑨，郭小琦的《珞巴族男子服饰文化的发展》⑩，鲁静芳、吴虹霓、金祥花、赵雪威、罗礼的《苗族服饰文化变迁的研究与分析——以贵州省凯里市炉山镇为例》⑪，王蔚岭的《纳西族服饰纹样遗存初探》⑫，彭潘丹犁的《羌族服饰图案文化在现代平面设计的应用探索》⑬，贺春艳的《鱼皮艺术——赫哲族鱼皮服饰》⑭，王丹的《浅析畲族服饰纹样符号化的艺术魅力》⑮，赵玉、孔凡栋、秦德清的《大理地区白族服饰的生态审美观》，张成义、李群英的《演变与传承——白族服饰文化解析》，宋宁的《藏族首饰文化考察要略》，华璇、宋道春的《浅谈哈尼族的服饰图案审美》⑯，王蔚岭的

---

① 李全敏：《德昂族酸茶老字号与少数民族饮食跨境交流研究》，《广西经济管理干部学院学报》2016 年第 4 期。

② 杨诗慧、徐慧明：《羊图腾在羌族服饰图案中的体现》，《山东纺织经济》2016 年第 3 期。

③ 彭一涵：《鄂温克族建筑与服饰初探》，《中国民族博览》2019 年第 1 期。

④ 华璇、宋道春：《浅谈哈尼族的服饰图案审美》，《大众文艺》2016 年第 16 期。

⑤ 赵昕：《赫哲族鱼皮服饰文化特色及传承策略分析》，《中国民族博览》2016 年第 1 期。

⑥ 金鹏：《试论宁夏回族服饰的纹样和款式艺术》，《大众文艺》2016 年第 9 期。

⑦ 白爱萍：《京族传统服饰文化及传承与保护》，《贺州学院学报》2016 年第 1 期。

⑧ 王瑞：《民国时期黎族的服饰研究》，硕士学位论文，海南大学，2016 年。

⑨ 陈晨：《满族服饰文化研究》，《艺术科技》2017 年第 1 期。

⑩ 郭小琦：《珞巴族男子服饰文化的发展》，《西部皮革》2016 年第 20 期。

⑪ 鲁静芳、吴虹霓、金祥花、赵雪威、罗礼：《苗族服饰文化变迁的研究与分析——以贵州省凯里市炉山镇为例》，《湖北函授大学学报》2016 年第 23 期。

⑫ 王蔚岭：《纳西族服饰纹样遗存初探》，硕士学位论文，上海戏剧学院，2016 年。

⑬ 彭潘丹犁：《羌族服饰图案文化在现代平面设计的应用探索》，《中国培训》2016 年第 20 期。

⑭ 贺春艳：《鱼皮艺术——赫哲族鱼皮服饰》，《文物鉴定与鉴赏》2016 年第 8 期。

⑮ 王丹：《浅析畲族服饰纹样符号化的艺术魅力》，《大众文艺》2016 年第 27 期。

⑯ 华璇、宋道春：《浅谈哈尼族的服饰图案审美》，《大众文艺》2016 年第 16 期。

《纳西族服饰纹样遗存初探》①，邵盼盼的《阿昌族传统服装研究》②，陈晨的《满族服饰文化研究》③，张李晶的《满族传统佩饰纹祥在现代佩饰中的应用》④，李立新、魏玥、汪秋韵的《辽宁满族服饰品的研究》⑤，毛李喆、王勇的《哈萨克族女子传统头饰文了灯研究》⑥ 等服饰研究。

阿依努尔·毛吾力提的《哈萨克族茶俗中的性别烙印》⑦，吴滨的《浅议京族饮食文化的传承与开发》⑧，周涛的《民国时期黎族社会的饮食和婚丧习俗研究》⑨，黄玉科的《册亨布依族饮食文化》⑩，郭育更、陈学军、周强的《赫哲族饮食文化保护与发展浅议》⑪，岗措的《漫谈藏族的饮茶习俗及传统饮食》⑫，聂志宇的《侗族饮食习俗特点及其形成的原因探究》⑬ 等关于少数民族饮食习俗的研究。

刘玉玖的《宁夏彭阳回汉杂居的村落民俗文化现象分析》⑭，刘建军的《浅谈沧海畲族村传统建筑装饰特色》⑮，金日学、郝吉的《朝鲜族民居的传统要素》⑯，蒋妍慧的《探析朝鲜族传统民居的建筑装饰艺术》⑰ 等少数民族传统民居的研究。

（二）社会民俗

社会民俗是民俗学的一大分类，它所包含的内容十分广泛。任何习俗在塑造个人行为方面所起的作用远胜于个人可能影响传统习俗做出的任何努力，个人生活史的主轴是对社会遗留下来的传统模式准则的顺应，每个人都反映既有民俗对其的塑造。

婚姻仪礼是婚姻这一民俗现象的主要方面，对婚姻仪礼的研究也是民俗学研究的重点。如黄彩文的《芒市三台山德昂族哭嫁婚俗研究》⑱ 指出哭嫁是广泛流行于我国民间社会的一种婚俗，云南芒市三台山德昂族至今仍沿袭着特色浓郁的哭嫁习俗。在婚礼期间，新娘及其女性亲属用恸哭的方式来迎接婚姻这一重大的人生礼仪，而村寨中的歌手则用吟唱嫁歌的方式来呼应新娘的恸哭。三台山德昂族的哭嫁歌内涵丰富，特色鲜明，呈现出歌

---

① 王蔚岭：《纳西族服饰纹样遗存初探》，硕士学位论文，上海戏剧学院，2016年。

② 邵盼盼：《阿昌族传统服装研究》，硕士学位论文，北京服装学院，2016年。

③ 陈晨：《满族服饰文化研究》，《美术与设计》2016年第5期。

④ 张李晶：《满族传统佩饰纹祥在现代佩饰中的应用》，硕士学位论文，东北师范大学，2016年。

⑤ 李立新、魏玥、汪秋韵：《辽宁满族服饰品的研究》，《辽宁丝绸》2016年第1期。

⑥ 毛李喆、王勇：《哈萨克族女子传统头饰文了灯研究》，《大众文艺》2016年第2期。

⑦ 阿依努尔·毛吾力提：《哈萨克族茶俗中的性别烙印》，《新疆艺术（汉文）》2016年第1期。

⑧ 吴滨：《浅议京族饮食文化的传承与开发》，《广西广播电视大学学报》2016年第1期。

⑨ 周涛：《民国时期黎族社会的饮食和婚丧习俗研究》，硕士学位论文，海南师范大学，2016年。

⑩ 黄玉科：《册亨布依族饮食文化》，《黔西南日报》2016年11月17日第3版。

⑪ 郭育更、陈学军、周强：《赫哲族饮食文化保护与发展浅议》，《合作经济与科技》2016年第11期。

⑫ 岗措：《漫谈藏族的饮茶习俗及传统饮食》，第二届中国食文化研究论文集。

⑬ 聂志宇：《侗族饮食习俗特点及其形成的原因探究》，《中国民族博览》2016年第2期。

⑭ 刘玉玖：《宁夏彭阳回汉杂居的村落民俗文化现象分析》，《大众文艺》2016年第14期。

⑮ 刘建军：《浅谈沧海畲族村传统建筑装饰特色》，《福建建设科技》2016年第5期。

⑯ 金日学、郝吉：《朝鲜族民居的传统要素》，《四川建材》2016年第4期。

⑰ 蒋妍慧：《探析朝鲜族传统民居的建筑装饰艺术》，《现代装饰（理论）》2016年第7期。

⑱ 黄彩文：《芒市三台山德昂族哭嫁婚俗研究》，《思想战线》2016年第2期。

哭分离、文本即兴和曲调固定等特点，承载着族群迁徙的历史记忆，蕴含着尊老爱幼的伦理道德，体现了委婉内敛的民族性格，强化了村寨女性的互助同盟，是研究德昂族的族群历史、婚俗发展、妇女心理以及民族音乐的重要资料。

苏娟的《青海循化撒拉族婚礼仪式音乐的文化解读》[①] 从音乐人类学的角度对婚礼仪式音乐产生的人文语境、仪式音乐的艺术特征和仪式音乐的社会功能等进行文化解读，认为青海循化撒拉族婚礼仪式音乐风格独特、程序复杂、内容丰富，它独特的音乐形态和特定的文化内涵，是原始婚俗文化的遗风、多元文化的感性融合和宗教信仰的理性构建。

王歌的《回族婚姻随礼中的亲属等级——以宁夏三营镇为例》[②] 指出随着我国社会现代化进程的不断推进，农村地区婚礼场合中的随礼形式、内容等多方面都发生了变化，也因此带来了人与人之间关系网络的变化。人们的日常人际关系靠礼物的交换来维系，在一个家族中礼物交换同样承担着重要的角色。婚礼是回族重要的人生仪式之一，也是大型的礼物交换仪式，家族成员交换礼物的数量及价值展现了其在家族中的地位及声望。

谢宁玮、杨旭的《贵州苗族婚俗文化内部变异的研究举例》[③] 提出，婚俗文化在众多文化习俗中很常见，然而，人们对它的变异多习以为常。针对苗族婚俗文化中几个主要环节进行比较研究，希望通过研究找到某种方法发现社会中更多文化习俗的变异，并且期待能够抛砖引玉，让更多学者去探讨民族文化变异的各方面。

丧葬仪礼是人生最后一项“通过仪礼”，也是最后一项“脱离仪式”，学者也对少数民族丧葬习俗进行了一系列的调查研究。如侯兴华的《腾冲胆扎傈僳族丧葬仪式钻蓬的人类学解读》[④] 指出丧礼是宗教行为的典型，是宗教文化展演的重要舞台。钻蓬为傈僳族传统丧葬过程中三大重要仪式之一，亦是傈僳族原始宗教文化元素彰显的主要载体，具有丰富的文化蕴意和较强的社会功能及作用。文化蕴意表现在钻蓬起源的传说、举行的时间选择、禁忌等方面；功能与作用表现在警示教育、消灾祈福的功能，社会控制、慰藉作用两个方面。深入探讨和挖掘傈僳族丧葬仪式钻蓬的文化意涵，使我们更加全面地了解傈僳族传统丧葬文化的当代社会价值和功能。

许淼的《荆州八旗驻防婚丧习俗比较研究》[⑤] 指出，荆州八旗驻防设立于康熙二十二年，乾隆时废除禁止各地驻防官兵与地方交流制度，逐渐同当地人民交流与融合，形成了独特的风俗特点。其婚丧习俗融合清代满族习俗，又受当地汉族礼俗影响而有所简化。将荆州八旗驻防婚丧习俗与清代满族及荆州当地汉族习俗进行比较，对发掘地域文化内容和特点具有重要史料价值和意义。

陈伯霖的《赫哲族传统埋葬习俗中死者头西足东事象解析》[⑥] 运用民族学理论及民族志调查资料，详细地解析了赫哲族埋葬习俗中头西脚东的现象，指出这种埋葬行为是赫哲人认为灵魂不灭，日落方向为鬼方，是亡魂最终归宿之地的观念使然。文章没有孤立地看

---

① 苏娟：《青海循化撒拉族婚礼仪式音乐的文化解读》，《贵州民族研究》2016 年第 5 期。

② 王歌：《回族婚姻随礼中的亲属等级——以宁夏三营镇为例》，《回族研究》2016 年第 3 期。

③ 谢宁玮、杨旭：《贵州苗族婚俗文化内部变异的研究举例》，《人口・社会・法制研究》2016 年第 Z1 期。

④ 侯兴华：《腾冲胆扎傈僳族丧葬仪式钻蓬的人类学解读》，《宗教学研究》2016 年第 2 期。

⑤ 许淼：《荆州八旗驻防婚丧习俗比较研究》，《内蒙古电大学刊》2016 年第 5 期。

⑥ 陈伯霖：《赫哲族传统埋葬习俗中死者头西足东事象解析》，《黑龙江民族丛刊》2016 年第 2 期。

待赫哲族埋葬习俗中的这一现象，而是将其与满—通古斯语诸族、东北汉人乡村社会及世界各地其他原始民族中的丧葬习俗进行类比、参证，揭示出这是一种广泛存在于世界各地不同时期、不同地域的民族丧葬习俗中的行为，是一种具有普遍性的文化现象，对其进行考察与研究具有重要的学术意义。

节日体现了一个民族的传统文化，代表着民族所独有的特点，学者也对少数民族节庆与仪式做了调查研究，如汪雄、万宇、张雪峰、丁先琼的《中缅边境傈僳族“刀杆节”仪式变迁的人类学研究》① 一文运用体育人类学的方法论，采用田野调查法和文献资料法，对傈僳族“刀杆节”仪式变迁进行研究，目的是通过个案调查研究来管窥民族传统体育的演进逻辑和变迁规律。主要结论是傈僳族“刀杆节”仪式从过去到现在始终游离于“神圣与世俗之间”，共经历了萌芽、发展和复兴等几个重要变迁历程；“神圣与世俗”是当前少数民族传统体育固有的双重属性，不同历史时期表现为以“神圣”为主流或以“世俗”为主线；“神圣与世俗之间的通约”是当前少数民族传统体育发展的不竭内源动力。

马伟华的《都市回族流动人口节日文化的价值——开斋节、古尔邦节观察》② 指出开斋节与古尔邦节对于那些在都市中流动谋生的回族人而言，有着重要的精神价值。两大节日是他们聚会的良好时空载体，节日里的聚会、礼拜等仪式活动是获得社会归属感的重要途径，为他们适应都市生活提供了一定的精神力量，展现了城镇化进程中回族传统文化与现代都市生活的调适。

徐俊六的《宗教人类学视野下目瑙纵歌节日仪式研究》③ 指出目瑙纵歌是景颇族最盛大最隆重的民间节日，节日活动中有米推推仪式、鬼神仪式、木代仪式、剽牛仪式与授冠仪式，这些仪式具有鲜明的原始宗教性质与特征。从目瑙纵歌节日仪式的原始宗教祭祀规程，可以蠡测其蕴含的宗教学与人类学意义。目瑙纵歌节日仪式展现了景颇族仪式专家董萨与神鬼沟通交流的方式与途径，体现了景颇人的神鬼崇拜与祖先信仰，也是景颇人对民族历史的追忆，同时也显示了国家在场的重要性。

吴国富的《仫佬族依饭节来源新探》④ 指出，仫佬族“依饭”一词借自汉语土拐话方言，依饭节敬奉的主要神灵来自汉族地区，依饭道场来源于汉族道教，依饭道场经书主要使用汉语土拐话方言念唱，依饭节法师与土拐人师傅的师承关系，当地汉族土拐人一支具有基本相同但更加神圣的传统节日依饭节，不同历史时期进入广西柳（州）、庆（远）、融（水）、罗（城）一带的汉族历史及其发达的经济文化基础对仫佬族产生的深远影响等多方面进行探讨和论证，提出仫佬族依饭节来源于当地汉族（土拐人支系）祭祀“依饭公爷”宗族性还愿仪式活动的新观点。

---

① 汪雄、万宇、张雪峰、丁先琼：《中缅边境傈僳族“刀杆节”仪式变迁的人类学研究》，《体育文化导刊》2016 年第 6 期。

② 马伟华：《都市回族流动人口节日文化的价值——开斋节、古尔邦节观察》，《北方民族大学学报（哲学社会科学版）》2016 年第 4 期。

③ 徐俊六：《宗教人类学视野下目瑙纵歌节日仪式研究》，《宁夏社会科学》2016 年第 6 期。

④ 吴国富：《仫佬族依饭节来源新探》，《广西民族大学学报（哲学社会科学版）》2016 年第 5 期。

陈旭、李智环的《傈僳族阔时节习俗及其社会功能的人类学考察》① 指出，作为一个历史悠久的古老民族，傈僳族在其不断发展的过程中，形成了众多的蕴含丰富文化内涵、体现傈僳族人民辛勤劳动及充满智慧的节日。节日体现了一个民族的传统文化，代表着民族所独有的特点。这些节日中的习俗是人们在漫长的岁月中不断积累起来的，具有一定的社会功能。文章通过对傈僳族阔时节这一传统节日习俗的研究，深层次地探讨隐藏在这些习俗背后的社会功能，从而为促进当地傈僳族发展提出合理建议。

社会组织又称民间组织、非营利组织，在我国是指政党、政府之外的各类民间性组织，具有民间性、自愿性、自治性、非营利性、公益性特征。如雷沈英《畲族传统聚落形态及文化传承对策分析》② 中提出我国是一个文化深厚，民族众多的国家，各个民族有其独特的民族特色和地域分布特点。村寨是反映一个民族地域文化的主要载体之一，也是当地民族人民的精神家园。随着社会主义市场经济的发展，城镇化脚步的加快导致民族地域分布和文化活动发生了深刻的变化。这篇文章主要以畲族为少数民族的对象进行探究讨论。畲族长期以来都处于被动式选址的局面，导致形成的部落聚居处多以偏远山区为主，不仅较为分散而且聚居点不大。但是由于畲族历史悠久、文化底蕴厚重而且有祖先崇拜文化，所以形成了以祠堂为核心的民族聚居特色。在社会城镇化进程加快的今天，我们在适应社会发展的同时，不能摒弃历史文化，因此在优化村镇规划建设的同时也要注重文化传承的问题，保护和传承民族文化。

蒙薇夙的《一个普米族村落中学校与村落关系的民族志研究》③ 提出乡村教育以及少数民族地区的教育是教育人类学的重要研究方面，随着现代化的发展，农村的问题也引起了学者的关注。在教育方面，城乡差异越来越大。为了做出一些改变，政府开始调整农村学校的布局，以优化资源配置，期望能缩减这种差距。有学者认为现代学校进入农村是一个由“嵌入”到“悬浮”的过程。其最重要的表现是乡村教育与乡土社会全面疏离，乡村教育逐渐成为城市文化的“殖民地”。

许娟的《基督教与傈僳族村寨的社会秩序研究》④ 指出，腊村是正在面临征地拆迁的云南怒江傈僳族自治州的一个傈僳族村寨，单一的基督教信仰成为腊村人信仰生活的全部，虔诚的宗教信仰与社会秩序之间关系密切。作者通过对当地人与生俱来的宗教情感、民族性格等的观察，发现宗教信仰在不断形塑当地人的日常生活方式和思维方式。

马婷的《新疆伊犁回族女性“茶会”的人际关系》⑤ 指出，新疆伊犁回族女性“茶会”是一种松散的民间经济互助形式，作者根据在新疆伊犁尼勒克县的“茶会”调查，依据人际关系将“茶会”分为纯经济互助型、血缘及经济互助型、友情及经济互助型、业缘型四种，并分析了在各种不同类型“茶会”中，回族女性的人际关系及其互动形态。

---

① 陈旭、李智环：《傈僳族阔时节习俗及其社会功能的人类学考察》，《攀枝花学院学报》2016 年第 4 期。

② 雷沈英：《畲族传统聚落形态及文化传承对策分析》，《大众文艺》2016 年第 14 期。

③ 蒙薇夙：《一个普米族村落中学校与村落关系的民族志研究》，硕士学位论文，云南大学，2016 年。

④ 许娟：《基督教与傈僳族村寨的社会秩序研究》，《中南民族大学学报（人文社会科学版）》2016 年第 4 期。

⑤ 马婷：《新疆伊犁回族女性“茶会”的人际关系》，《回族研究》2016 年第 2 期。

此外还有付声晖的《论傣族婚姻习俗的变迁——以西双版纳州勐海县M寨为例》[1]，靳坤的《门巴族婚俗初探》[2]，韦芝秀的《册亨布依族婚恋习俗》[3]，红艳的《柯尔克孜族婚礼习俗》[4]，古丽先木·卡吾力的《史诗〈玛纳斯〉中的柯尔克孜丧葬习俗》[5]，李培聪的《景东傣族陶氏土司遗存的发现与研究》[6]，刘婷婷的《牧民定居与文化变迁——以阿克塞县哈萨克族为例》[7]，胡琳玉的《畲族家风的传承及其现实意义》[8]，郑佼、陈倩的《灾后羌族传统村落可持续发展建设和保护——以萝卜寨为例》[9]，紫烟的《奇特的畲族婚俗》[10]，文安安、许媛的《灾后羌族民间民俗文化保护研究——以理县桃坪羌寨和茂县黑虎羌寨为例》[11]，陈博的《黎族传统聚落形态研究》[12]，凡先林、陈学军的《赫哲族特色村寨的保护和发展探索——以敖其赫哲族村为例》[13]，苏红宇的《达斡尔族的春节》[14]，刘露的《云南澜沧县拉祜族葫芦节产生、传承与变迁》[15]，凡延海、刘晓蓓的《浅析回回马帮——以大理巍山县东莲花村为例》[16]，吴波的《侗族民间节会功能研究》[17]，喻启冥、陆安礼的《高荡布依族古村落》[18]，阿依加马丽·苏皮的《少数民族婚姻家庭习惯法研究——以柯尔克孜族婚姻家庭习惯法为例》[19]，尚千惠的《我国回族婚姻习惯法与婚姻法

---

① 付声晖：《论傣族婚姻习俗的变迁——以西双版纳州勐海县M寨为例》，《云南开放大学学报》2016年第4期。

② 靳坤：《门巴族婚俗初探》，《四川民族学院学报》2016年第1期。

③ 韦芝秀：《册亨布依族婚恋习俗》，《黔西南日报》2016年11月17日第3版。

④ 红艳：《柯尔克孜族婚礼习俗》，《中外企业家》2016年第27期。

⑤ 古丽先木·卡吾力：《史诗〈玛纳斯〉中的柯尔克孜丧葬习俗》，硕士学位论文，新疆师范大学，2016年。

⑥ 李培聪：《景东傣族陶氏土司遗存的发现与研究》，《玉溪师范学院学报》2016年第11期。

⑦ 刘婷婷：《牧民定居与文化变迁——以阿克塞县哈萨克族为例》，硕士学位论文，西北师范大学，2016年。

⑧ 胡琳玉：《畲族家风的传承及其现实意义》，硕士学位论文，浙江财经大学，2015年。

⑨ 郑佼、陈倩：《灾后羌族传统村落可持续发展建设和保护——以萝卜寨为例》，《价值工程》2016年第24期。

⑩ 紫烟《奇特的畲族婚俗》，《中国工会财会》2016年第6期。

⑪ 文安安、许媛：《灾后羌族民间民俗文化保护研究——以理县桃坪羌寨和茂县黑虎羌寨为例》，《湖北函授大学学报》2016年第20期。

⑫ 陈博：《黎族传统聚落形态研究》，硕士学位论文，中国美术学院，2016年。

⑬ 凡先林、陈学军：《赫哲族特色村寨的保护和发展探索——以敖其赫哲族村为例》，《产业与科技论坛》2016年第5期。

⑭ 苏红宇：《达斡尔族的春节》，《经济》2016年第Z1期。

⑮ 刘露：《云南澜沧县拉祜族葫芦节产生、传承与变迁》，硕士学位论文，中央民族大学，2016年。

⑯ 凡延海、刘晓蓓：《浅析回回马帮——以大理巍山县东莲花村为例》，《黑河学院学报》2016年第5期。

⑰ 吴波：《侗族民间节会功能研究》，《怀化学院学报》2016年第12期。

⑱ 喻启冥、陆安礼：《高荡布依族古村落》，《文史天地》2016年第7期。

⑲ 阿依加马丽·苏皮：《少数民族婚姻家庭习惯法研究——以柯尔克孜族婚姻家庭习惯法为例》，《法制与社会》2016年第2期。

的冲突探讨——以甘肃省回族婚姻习惯为例》[①] 等研究。

（三）精神民俗

与物质民俗、社会民俗不同，精神民俗是一种无形的心理文化现象，特指民众间流行的偏重于崇拜心理观念的俗信。学者对这种心意民俗进行了较为充分的调查、研究，如穆洪燕的《云南西双版纳傣族宗教信仰现状考察分析》[②] 认为在现今世俗化思潮的冲击下，水傣民众信仰南传佛教的具体现状、不同村寨之间信仰的虔诚度差别很大，不同寺庙中的佛爷、宗教持戒素质也是天差地别。虔诚度较高的村寨较好地保持了传统佛教信仰的一些礼仪。回傣和花腰傣也相对较好地保持着他们自身的传统信仰。经考察分析，宗教信仰的虔诚度与离中心城市的空间距离存在一定的同比关系。

刘闻捷的《云南拉祜族图腾艺术文化底韵及艺术精神传承》[③] 认为云南拉祜族生活地区的宗教文化极为丰富，地域的封闭、地势的复杂，使原始宗教图腾在此得到传承与发展，再加上原始宗教、基督教以及佛教等思想的激荡，孕育了原始气息浓厚的拉祜族传统宗教与图腾艺术，影响了拉祜族的建筑、服饰、音乐以及舞蹈等多个方面，是拉祜族的精神支柱。拉祜族图腾艺术呈现出明显的原生态性，传承这一古老文化艺术，有助于再次激发其强大的生命活力。

蓝希瑜的《浙西南畲族“还福”仪式研究》[④] 指出“还福”是浙西南畲族传统社会普遍存在的民俗事象，其仪式程式主要有请符官、请天上菩萨、拜神、童子勾账、告神、答谢祖师等，内容包括各种请神、献祭，感谢菩萨、神灵的“额外”恩泽与福佑。“还福”重在“还”，应诺还愿、感恩，整个仪式未见明显的功利性取向。“还福”仪式很好地展现了浙西南畲民传统的神灵信仰、文化价值取向与行为逻辑规范。

李祥林的《人类学视野中的羌族圣树崇拜与族群生活》[⑤] 指出，羌人信奉“万物有灵”，除了众所周知的白石崇拜，神圣或灵异植物信仰亦体现在其生活的方方面面。考察羌族民间信仰可知，杉树尤其是他们心目中的神圣植物；杉木崇拜在尔玛村寨民俗中可谓无处不在，跟其族群生活、族群传统以及族群观念有着深层次的关联。

翁家烈的《苗族歌舞与祖先崇拜》[⑥] 指出贵州高原的最早居民为濮人。汉代起，华夏、氐羌、苗蛮、百越等古族系自各方移入，经长期广泛接触、交流，于唐宋时期形成诸多单一民族，共创贵州高原文化。在贵州 18 个世居民族中，苗、布依、侗、水、仡佬 5 族人口主体在贵州。其中，仡佬族及其独特的文化经历了古老而新生的漫长历程。

王馨的《哈尼族图腾文化意涵与当代启示》[⑦] 认为，从哈尼族的创始歌谣、神话传说

---

① 尚千惠：《我国回族婚姻习惯法与婚姻法的冲突探讨——以甘肃省回族婚姻习惯为例》，《法制与社会》2016 年第 25 期。

② 穆洪燕：《云南西双版纳傣族宗教信仰现状考察分析》，《云南社会科学》2016 年第 3 期。

③ 刘闻捷：《云南拉祜族图腾艺术文化底韵及艺术精神传承》，《贵州民族研究》2016 年第 3 期。

④ 蓝希瑜：《浙西南畲族“还福”仪式研究》，《广西民族大学学报（哲学社会科学版）》2016 年第 5 期。

⑤ 李祥林：《人类学视野中的羌族圣树崇拜与族群生活》，《宗教学研究》2016 年第 2 期。

⑥ 翁家烈：《苗族歌舞与祖先崇拜》，《贵州民族大学学报（哲学社会科学版）》2016 年第 6 期。

⑦ 王馨：《哈尼族图腾文化意涵与当代启示》，《人民论坛》2016 年第 14 期。

故事和日常谚语中，可以看到哈尼人对动植物图腾的崇拜、亲近和爱护。图腾最初反映的是哈尼人对祖先的崇拜，被认作保护神，延伸而来的图腾禁忌成为哈尼族地区的无形法律。哈尼图腾的原始宗教性功能逐渐演变为一些社会性的实用功能，各种图腾文化日渐同哈尼族人的日常生活紧密地联系在一起。哈尼族图腾文化中蕴含的生态思想和民族聚合精神对我们有着深刻的启示。

叶笛的《羌族传统舞蹈中的先秦祭礼古舞》[①] 指出，羌族舞蹈与先秦祭礼古舞的诸多“不谋而合”，恰恰反映了人类社会舞蹈艺术共同起源于先民对原始社会生活场景简单“模仿”，且赋予主观“功利”作用之后有选择地“再现”。反复“再现”的舞蹈艺术又客观上有助于先民释放多余精力，以供人种选择与建构社会秩序。上述主客观的功利作用是舞蹈艺术得以存续并发展壮大的根本原因。然而，随着社会的变迁，包括羌族舞蹈在内的传统舞蹈的原始功利功能不可避免地衰落，并最终让位于现代审美功能似乎又是一种必然。

石开忠的《侗族萨崇拜的祭坛与仪式研究》[②] 指出萨是侗族崇拜中一位至高无上保境安民的神灵，建立新的萨坛或整理旧坛均须由师公以鸡卜择期。建坛与安坛均须恪守严格的仪轨，最广泛地动员寨民，秉持对萨的崇拜与虔诚的心态参与之，参与者与坛场选择、建材备办以及工程进展均须遵循阴阳五行观念。萨坛形制多样，称呼各异，坛场地面设置与瘗物的差异，凸显出侗族各支系因地域文化与自然环境差异而出现的萨崇拜的个性化特征。

施东颖的《藏传佛教的民间化发展历程特点及其转换》[③] 指出藏传佛教经过长期的发展演变，在藏族社会形成了两种不同形态：一方面是拥有数量众多的活佛和普通僧侣、以寺院为活动中心的理论化、规范化、体制化并控制整个社会上层意识的神学宗教；另一方面则是在广大民众间广泛流行的、不分教派的民间信仰，这种民间信仰主要是藏传佛教民间化的结果。藏传佛教的民间化主要是佛教通过吸收西藏本土的传统宗教文化而形成的，其内容十分丰富，并与人们的日常生产生活、文化娱乐、民众心理有着密切的联系。作为藏民族的主要信仰，这种民间化的藏传佛教对藏族民众社会生活的各个方面都产生了广泛而深刻的影响。研究藏传佛教民间化的发展轨迹与特点对于了解藏传佛教的社会影响和藏族民众的社会心理，有着十分重要的作用。在藏区的现代化发展过程中，广大民众精神信仰是社会发展变化的关键，因此研究藏传佛教的民间化及其社会影响、探讨“藏人观念之现代转换”，对于藏族社会的现代化发展也具有重要意义。

王悦的《东北二人转与萨满文化》[④]，认为在充满神秘的萨满文化沐浴之下，东北二人转与萨满文化有着千丝万缕的关系，可谓源与流，母与子。文章就东北二人转与萨满文化关系展开叙述，分析二人转表演艺术中所具有的萨满文化内涵。

王丽超的《跨界流动与宗教信仰的转换——以云南德宏傣族景颇族自治州营盘村为

① 叶笛：《羌族传统舞蹈中的先秦祭礼古舞》，《中华文化论坛》2016 年第 8 期。

② 石开忠：《侗族萨崇拜的祭坛与仪式研究》，《宗教学研究》2016 年第 1 期。

③ 施东颖：《藏传佛教的民间化发展历程特点及其转换》，《宗教与民族》（第 10 辑），宗教文化出版社 2016 年版。

④ 王悦：《东北二人转与萨满文化》，《戏剧文学》2016 年第 5 期。

个案》[1] 以云南省德宏傣族景颇族自治州营盘村景颇族为例，考察了其在跨界流动过程中所发生的宗教信仰转换，认为现代宗教对原始宗教在教义体系、宗教活动上的优势以及跨界流动的影响是宗教信仰转换的主要原因，并分析了宗教信仰转换对当地社会结构、社会问题等方面的影响。

此外还有桑爱英的《白族本主崇拜对白族习惯法影响初探》[2]，赵敏的《白族的盐神信仰与文化意蕴》[3]，赵静的《白族民间传统信仰组织莲池会的场域空间与惯习》[4]，何正金、杨国威的《历史、神话与仪式——白族与傈僳族“三崇信仰”的建构》[5]，杨林军的《纳西族三多神信仰的演变及其分布特征》[6]，赵志君的《布依族民俗仪式的当代新“乡愁观”审视》[7]，彭建兵的《论布依族雷神信仰》[8]，张武青云的《傣族宗教祭祀仪式的美学分析》[9]，赵琛的《南传上座部佛教对傣族佛寺壁画的影响》，蔡江帆的《景颇族的原生性宗教信仰与民族文化认同》[10]，张松的《黑龙江畔大五家子一带满族丧葬习俗补充调查》[11]，董安妮的《黑龙江省阿城满族萨满文化研究》[12]，阿拉腾、康志滨的《满族春秋大祭的文化人类学解读——以钮祜禄氏祭祀礼仪为例》[13]，张宇飞的《满族萨满祭祀活动中肢体动作表征研究》[14]，朱可伦的《满族萨满教的历史与遗存》[15]，于洋的《满族萨满教的祖先神信仰研究》[16]，熊晓辉的《腊尔山苗族“巴岱”祭祀仪式的兴起与传承》[17]，麦里筱的《中国境内古今文字里“虹”字的构形及其所反映的民间信仰》，邹蓉的《从羌族与纳西族宗教舞蹈看巫舞的起源与演变》[18]，张犇、张曦元的《从宗教信仰与法器设计辨析宕

---

① 王丽超：《跨界流动与宗教信仰的转换——以云南德宏傣族景颇族自治州营盘村为个案》，《前沿》2016 年第 9 期。

② 桑爱英：《白族本主崇拜对白族习惯法影响初探》，《大理大学学报》2016 年第 11 期。

③ 赵敏：《白族的盐神信仰与文化意蕴》，《大理大学学报》2016 年第 1 期。

④ 赵静：《白族民间传统信仰组织莲池会的场域空间与惯习》，《科学经济社会》2016 年第 1 期。

⑤ 何正金、杨国威：《历史、神话与仪式——白族与傈僳族“三崇信仰”的建构》，《民族论坛》2016 年第 5 期。

⑥ 杨林军：《纳西族三多神信仰的演变及其分布特征》，《普洱学院学报》2016 年第 1 期。

⑦ 赵志君：《布依族民俗仪式的当代新“乡愁观”审视》，《传承》2016 年第 11 期。

⑧ 彭建兵：《论布依族雷神信仰》，《黔南民族师范学院学报》2016 年第 4 期。

⑨ 张武青云：《傣族宗教祭祀仪式的美学分析》，硕士学位论文，昆明理工大学，2016 年。

⑩ 蔡江帆：《景颇族的原生性宗教信仰与民族文化认同》，《华西边疆评论》第 3 辑，民族出版社 2016 年版。

⑪ 张松：《黑龙江畔大五家子一带满族丧葬习俗补充调查》，《满族研究》2016 年第 4 期。

⑫ 董安妮：《黑龙江省阿城满族萨满文化研究》，硕士学位论文，广东技术师范学院，2016 年。

⑬ 阿拉腾、康志滨：《满族春秋大祭的文化人类学解读——以钮祜禄氏祭祀礼仪为例》，《满语研究》2016 年第 1 期。

⑭ 张宇飞：《满族萨满祭祀活动中肢体动作表征研究》，硕士研究论文，吉林大学，2016 年。

⑮ 朱可伦：《满族萨满教的历史与遗存》，《满族研究》2016 年第 3 期。

⑯ 于洋：《满族萨满教的祖先神信仰研究》，《世界宗教文化》2016 年第 3 期。

⑰ 熊晓辉：《腊尔山苗族“巴岱”祭祀仪式的兴起与传承》，《铜仁学院学报》2016 年第 6 期。

⑱ 邹蓉：《从羌族与纳西族宗教舞蹈看巫舞的起源与演变》，《戏剧之家》2016 年第 22 期。

昌藏族的"泛羌性"特征》[1]，侯丁月的《论禹羌文化中的石崇拜》[2]，王永安的《天神信仰视域下的白石崇拜——兼论羌族的图腾崇拜》[3]，袁泽锐、陈晓毅的《畲族民间信仰研究综述》[4]，蔡江帆、张可佳的《宗教信仰结构与民族文化认同——以滇西景颇族原生性宗教信仰及其变迁为例》[5]，杨光的《论赫哲族的禁忌》[6]，黄苹的《浅论傣族佛教艺术中"象"造型的演变和形成》[7]，叶旦才让的《藏族圣湖崇拜研究——以青海"赤雪嘉姆"圣湖为例》[8]，才周卡的《藏族生殖崇拜文化研究——以热贡浪加村的六月会为例》[9]，赵聆实的《最后的萨满：鄂伦春族关扣妮萨满调查报告》[10]，沈彭的《宗教仪式与傣族的社会生活——读〈芒市边民的摆〉》[11]，郭泳儒的《哈萨克族护身符的"护"与"符"》[12]，路哲明的《塔城柯尔克孜族宗教信仰与民族认同关系研究》[13]，许佳莹的《拉祜族在神化崇拜影响下的服装表现形式》[14]，何正金、杨国威的《历史、神话与仪式——白族与傈僳族"三崇信仰"的建构》[15]，何正金的《神话与仪式建构的国家认同——白族与傈僳族"三崇信仰"比较研究》[16]，张丽红、彭柔的《满族乌鸦民俗的"大传统"解读》[17]，李四

---

① 张犇、张曦元：《从宗教信仰与法器设计辨析宕昌藏族的"泛羌性"特征》，《艺术探索》2016年第6期。

② 侯丁月：《论禹羌文化中的石崇拜》，《文史杂志》2016年第1期。

③ 王永安：《天神信仰视域下的白石崇拜——兼论羌族的图腾崇拜》，《阿坝师范学院学报》2016年第4期。

④ 袁泽锐、陈晓毅：《畲族民间信仰研究综述》，《丽水学院学报》2016年第4期。

⑤ 蔡江帆、张可佳：《宗教信仰结构与民族文化认同——以滇西景颇族原生性宗教信仰及其变迁为例》，《世界宗教文化》2016年第1期。

⑥ 杨光：《论赫哲族的禁忌》，《中国民族博览》2016年第8期。

⑦ 黄苹：《浅论傣族佛教艺术中"象"造型的演变和形成》，《艺术科技》2016年第4期。

⑧ 叶旦才让：《藏族圣湖崇拜研究——以青海"赤雪嘉姆"圣湖为例》，硕士学位论文，青海民族大学，2016年。

⑨ 才周卡：《藏族生殖崇拜文化研究——以热贡浪加村的六月会为例》，硕士学位论文，青海民族大学，2016年。

⑩ 赵聆实：《最后的萨满：鄂伦春族关扣妮萨满调查报告》，《格物集：吉林省博物馆协会第三届学术研讨会论文选编2014—2015》，吉林人民出版社2016年版。

⑪ 沈彭：《宗教仪式与傣族的社会生活——读〈芒市边民的摆〉》，《边疆经济与文化》2016年第10期。

⑫ 郭泳儒：《哈萨克族护身符的"护"与"符"》，《伊犁师范学院学报（社会科学版）》2016年第3期。

⑬ 路哲明：《塔城柯尔克孜族宗教信仰与民族认同关系研究》，硕士学位论文，新疆师范大学，2016年。

⑭ 许佳莹：《拉祜族在神化崇拜影响下的服装表现形式》，《山东纺织经济》2016年第2期。

⑮ 何正金、杨国威：《历史、神话与仪式——白族与傈僳族"三崇信仰"的建构》，《民族论坛》2016年第5期。

⑯ 何正金：《神话与仪式建构的国家认同——白族与傈僳族"三崇信仰"比较研究》，《攀枝花学院学报》2016年第4期。

⑰ 张丽红、彭柔：《满族乌鸦民俗的"大传统"解读》，《吉林师范大学学报（人文社会科学版）》2016年第4期。

玉的《论纳西族祭天仪式的现代性变迁》①，冯珍的《羌族的羊图腾初探》②，李凌莹的《宗族、信仰与社区融入》③ 等。

（四）民间文艺

民间文艺是研究人民群众创作和传承的口头文学的学科，其主要任务是对各类民间文学、民间艺术作品进行理论的探索和阐明，或对其理论的历史进行清理和论述。如杨荣涛的《阿昌族史诗〈遮帕麻和遮米麻〉及其宗教内涵探析》④ 指出阿昌族史诗《遮帕麻和遮米麻》是由阿昌族神话传说发展而来的，集创世神话、人类起源神话、英雄神话和洪水神话于一体。其宗教叙事表现为神鬼观念、巫术观念、宗教哲学观念以及创世始祖崇拜、葫芦崇拜、盐神崇拜、猎神崇拜、弩箭崇拜等多重内涵与价值，由祭司活袍在阿露窝罗节、婚嫁、建房、丧葬等民俗活动的仪式上进行演述。阿昌族史诗《遮帕麻和遮米麻》是阿昌族传统宗教信仰的重要载体，阿昌族传统宗教通过史诗《遮帕麻和遮米麻》的演述得以体现。

毕祤的《哈萨克族民间的口头〈尸语故事〉》⑤ 指出，《尸语故事》是古印度的一部故事集，原名《僵尸鬼故事》，经过当地人的增删和修改后，形成了多种藏语本流传于当地，通常称作《尸语故事》。《尸语故事》又经藏族传入蒙古族、满族等民族中，形成多种蒙古语本、满语本。目前虽未曾发现《尸语故事》的哈萨克文翻译本，但在哈萨克族民间可以发现同《尸语故事》所含情节相似的故事流传。

杨金戈的《论鄂伦春族鄂温克族达斡尔族神话产业发展途径》⑥ 认为，近年来，区域文化产业竞争在市场经济竞争中发挥着越来越重要的作用。鄂伦春族、鄂温克族和达斡尔族由于历史原因、人文环境、地理条件等因素制约，区域经济发展较慢，区域文化产业发展滞后。如何在现代市场经济竞争急剧升温的年代，摆脱这种被动局面，缩短与其他地区的发展差距，三个民族正在做着不懈努力。神话是一种文学艺术，文学可以艺术地反映现实。文章以三个少数民族世代积累的大量神话为切入点，意在探讨利用传统神话资源，构建本民族特色文化产业，打造民族地区优势文化产业链，在“引进来，走出去”的强区利民发展战略中，将神话文化有机地转化为神话产业，实现“文学产业化”，发挥神话在现代文化创意产业中应有的作用。

杨金戈的《鄂伦春族射日神话浅论》⑦ 指出，在我国射日神话并非汉族所独有，在南北方很多少数民族中都有流传，并且日益发展成中国神话体系中不可或缺的一部分。鄂伦春族神话研究虽然起步较晚，但自从 20 世纪 50、60 年代得到有效发掘和整理以来，很快

---

① 李四玉：《论纳西族祭天仪式的现代性变迁》，《集宁师范学院学报》2016 年第 3 期。

② 冯珍：《羌族的羊图腾初探》，《中国民族博览》2016 年第 10 期。

③ 李凌莹：《宗族、信仰与社区融入》，硕士学位论文，闽南师范大学，2016 年。

④ 杨荣涛：《阿昌族史诗〈遮帕麻和遮米麻〉及其宗教内涵探析》，《宗教学研究》2016 年第 2 期。

⑤ 毕祤：《哈萨克族民间的口头〈尸语故事〉》，《伊犁师范学院学报（社会科学版）》2016 年第 1 期。

⑥ 杨金戈：《论鄂伦春族鄂温克族达斡尔族神话产业发展途径》，《黑龙江民族丛刊》2016 年第 3 期。

⑦ 杨金戈：《鄂伦春族射日神话浅论》，《黑龙江民族丛刊》2016 年第 6 期。

受到了国内外学界研究者的关注，其射日神话更是独具特色，蕴藏着粗犷纯朴的狩猎民族文化气息，让我们领略到了鄂伦春族先民特有的思维表达及所蕴含的文化内涵。文章对鄂伦春族射日神话进行文本分析，并通过与其他民族以及国外射日神话进行比较，突出鄂伦春族射日神话的特点。

伊兰琪的《鄂温克族史诗研究》① 提出《宝日勒岱莫日根》一直以来都被认为是布里亚特蒙古族的英雄史诗，然而很少有人注意到，这篇史诗文本的记录者和演唱者都是通古斯鄂温克人。通古斯鄂温克是鄂温克族三个部落中的一个，他们有着独特的历史和丰富的民俗文化。通古斯鄂温克人和布里亚特人长期共同生活在贝加尔湖沿岸地区，它们在生产生活方式、民俗文化和宗教信仰等方面相互影响交融，史诗《宝日勒岱莫日根》在流传时受到了两个民族共同的加工，成了两个民族共有的英雄史诗。文章将史诗《宝日勒岱莫日根》与埃文基英雄史诗《力大的索达尼勇士》进行比较研究，通过比较二者的主要内容、文化背景、母题和人物形象，挖掘史诗《宝日勒岱莫日根》中所蕴含的鄂温克族文化内涵。

张丽红的《萨满"火祭"原始戏剧与满族女神创世神话》② 指出火象征着光明、温暖、希望、生机，火是满族及其先民崇拜的对象之一。在满族萨满教神上，火神也是天神的一员，备受先民的崇拜、祭祀。在满族民间流传着盛大而又庄严的"火祭"仪式，在这个隆重的仪式中要迎请鹰神代敏妈妈、东海女神德立克妈妈、盗火女神拖亚拉哈三位女神，这三位女神不仅是满族萨满文化中的光明女神，更是满族萨满文化中的创世女神，"满族说部"中记录了这三位女神创世的丰功伟绩。满族民间的"火祭"仪式是对满族创世神话的戏剧性表演，"满族说部"中的火神形象是萨满"火祭"戏剧的神话原型。

杨杰宏的《纳西族口头传统特征刍论》③ 认为纳西族口头传统记载和传承着民族的"根谱"，东巴文化成为纳西族口头传统的重要传承载体。语言区域的不同是导致口头传统变异的主要原因，最突出的是丽江、泸沽湖地区，但周边民族文化影响程度不同，也会影响到口头传统；语言天然具有口头性、集体性、传承性、地域性、表演性，而东巴仪式通过观念实践使口头传统的这些特征得到了紧密、有机的统一。

陆梅和李佳的《阿昌族口述档案的传承探析》④ 中指出阿昌族有自己的民族语言，但是没有本民族的文字，大多使用汉字和傣文。其民间文化主要依靠世世代代口传心授的形式传承下来，形成了阿昌族自己独特的口述档案。

蒋彬的《口头传统与文本书写：以〈羌族释比经典〉为例》⑤ 指出作为文化工程的口头传统的搜集整理，旨在抢救保护，应避免"保护性"破坏。故而口头传统的文本书写应回归演唱传统与场域，既要包含演唱者信息，又要有参与者的互动过程，使其成为每次演唱的"实录"，达到口头与文本、史诗传统与文化语境的有机统一。

---

① 伊兰琪:《鄂温克族史诗研究》，硕士学位论文，中央民族大学，2016 年。

② 张丽红:《萨满"火祭"原始戏剧与满族女神创世神话》,《戏剧文学》2016 年第 9 期。

③ 杨杰宏:《纳西族口头传统特征刍论》,《中央民族大学学报（哲学社会科学版)》2016 年第 1 期。

④ 陆梅、李佳:《阿昌族口述档案的传承探析》,《兰台世界》2016 年第 S1 期。

⑤ 蒋彬:《口头传统与文本书写：以〈羌族释比经典〉为例》,《北方民族大学学报（哲学社会科学版)》2016 年第 4 期。

此外，还有罗吟吟、何帆的《关于漕涧镇阿昌族神话故事的研究》①，刘青的《从方块白文自造字看白族的语言与民族》②，阮崇友的《德昂族创世神话〈达古达楞格莱标〉的文化内涵》③，杨慧茹、权绘锦的《东乡族民间故事类型及文化内涵探析》④，赵淑梅的《额尔古纳俄罗斯族俄语词汇使用及语法变异研究——以恩和俄罗斯民族乡恩和村为例》⑤，田青的《论鄂伦春族口承文学对民族形象的构建》⑥，黄涵琪的《哈尼族民间故事传播困境及保护措施》⑦，张自春的《傣族民间叙事诗〈召树屯〉的整理出版与改编》⑧，陈启霞的《民间故事的现实意义——以傣族民间故事为例》⑨，翟晓娜的《哈萨克族英雄叙事诗母题研究》⑩，刘安丽的《民间口头文学的著作权保护探究》⑪，徐俊六的《景颇族口传史诗“目瑙斋瓦”吟唱初探》⑫，蒋彬的《口头传统与文本书写：以〈羌族释比经典〉为例》⑬，张希茜的《历史记忆与族群认同视野下羌族神话传说研究》⑭，卞全琴的《羌族“龙女”故事分析》⑮，陈海宏、马婕妤、谭丽亚的《怒族民间故事中的生态伦理意蕴》⑯，殷雅娟、潘洋、秦莹的《云南人口较少民族史诗中传统农业思想的研究》⑰，仲昭铭的《羌族口头艺术的世俗表演及特点》⑱，董雪的《羌族社会神话文本的话语社会学研究——以汶川县萝卜寨羌族社区为例》⑲，陈启霞的《民间故事的现实意义——以傣族

---

① 罗吟吟、何帆：《关于漕涧镇阿昌族神话故事的研究》，《西部皮革》2016 年第 6 期。

② 刘青：《从方块白文自造字看白族的语言与民族》，《昆明学院学报》2016 年第 5 期。

③ 阮崇友：《德昂族创世神话〈达古达楞格莱标〉的文化内涵》，《湖北函授大学学报》2016 年第 19 期。

④ 杨慧茹、权绘锦：《东乡族民间故事类型及文化内涵探析》，《牡丹江大学学报》2016 年第 5 期。

⑤ 赵淑梅：《额尔古纳俄罗斯族俄语词汇使用及语法变异研究——以恩和俄罗斯民族乡恩和村为例》，《内蒙古教育》2016 年第 30 期。

⑥ 田青：《论鄂伦春族口承文学对民族形象的构建》，《呼伦贝尔学院学报》2016 年第 4 期。

⑦ 黄涵琪：《哈尼族民间故事传播困境及保护措施》，《东南传播》2016 年第 5 期。

⑧ 张自春：《傣族民间叙事诗〈召树屯〉的整理出版与改编》，《民族文学研究》2016 年第 5 期。

⑨ 陈启霞《民间故事的现实意义——以傣族民间故事为例》，《安徽文学（下半月）》2016 年第 7 期。

⑩ 翟晓娜：《哈萨克族英雄叙事诗母题研究》，硕士学位论文，伊犁师范学院，2016 年。

⑪ 刘安丽：《民间口头文学的著作权保护探究》，《经济师》2016 年第 2 期。

⑫ 徐俊六：《景颇族口传史诗“目瑙斋瓦”吟唱初探》，《文化遗产》2016 年第 4 期。

⑬ 蒋彬《口头传统与文本书写：以〈羌族释比经典〉为例》，《北方民族大学学报（哲学社会科学版）》2016 年第 4 期。

⑭ 张希茜：《历史记忆与族群认同视野下羌族神话传说研究》，硕士学位论文，西藏民族大学，2016 年。

⑮ 卞全琴：《羌族“龙女”故事分析》，《民族艺林》2016 年第 1 期。

⑯ 陈海宏、马婕妤、谭丽亚：《怒族民间故事中的生态伦理意蕴》，《牡丹江大学学报》2016 年第 5 期。

⑰ 殷雅娟、潘洋、秦莹：《云南人口较少民族史诗中传统农业思想的研究》，《云南农业大学学报（社会科学）》2016 年第 10 期。

⑱ 仲昭铭：《羌族口头艺术的世俗表演及特点》，《阿坝师范学院学报》2016 年第 1 期。

⑲ 董雪：《羌族社会神话文本的话语社会学研究——以汶川县萝卜寨羌族社区为例》，硕士学位论文，四川省社会科学院，2016 年。

民间故事为例》①，木其尔的《口头文化传承的制约因素》②，黄涵琪的《哈尼族民间故事传播困境及保护措施》③，吴素萍的《畲族民间文学的审美特征与生态精神》④，王维波、陈吉荣的《民族学“自观”与异化策略：民族史诗英译的选择——以赫哲族英雄史诗“伊玛堪”为例》⑤，李光荣的《从民间文学看哈尼族的传统生态观》⑥，白杨、陈学军的《赫哲族民俗伊玛堪旅游开发与保护研究》⑦ 等对民间文学相关内容的研究。

“民间艺术”是艺术领域中的一项分类，领域很宽广，且不乏很多“绝活”，像民间音乐舞蹈、皮影、剪纸、编织、绣花、狮子舞等，都是很著名的民间艺术，也是中华文化的瑰宝，如汤洋的《鄂温克族民间艺术探析》⑧ 主要叙述了鄂温克族民间艺术具有鲜明的地域文化特征和民族个性，特别是在民间口头文学、民歌、民间说唱、民间舞蹈、工艺美术、民间绘画雕刻等方面十分发达，以民歌及民间雕刻尤为突出，它们既是森林狩猎民族特有的天赋，也是狩猎经济、狩猎民族文化素质及审美个性的反映；鄂温克族民间艺术从总体来说，仍以森林狩猎民族特有的文化艺术为主，同时具有一定的草原文化特征；鄂温克族民间文化艺术对于丰富多彩、内涵深远的中华民族文化有着深远的意义，是中华文化中重要的组成部分。

朱昊冰的《黔西南布依戏音乐研究》⑨ 指出布依族的文化艺术丰富多彩，其中布依戏尤具特色，它是一个有着悠久历史的戏曲剧种。布依戏音乐就其风格而言，可以分为以“正调”为主的布依戏曲音乐和以“花灯”“彩调”为主体的布依族戏曲音乐两大类。文章将从历史渊源、分类、戏曲音乐的音乐形态进行分析，为布依戏音乐的研究提供可资参考的依据。

罗剑的《论布依族民歌文化变迁》⑩ 指出，布依族民歌作为蕴含民族传统文化的一种重要的文化艺术形态，必然也会因社会文化变迁而引起生存及发展状况的变化。布依族民歌的发展演变从社会功能的演变来看，大体经历四个阶段，集活动于一体的文化品牌代言，如民歌文化节等。而每个阶段都表现出不同的从最初的“娱神”“乐神”“倚歌择偶”到宣传政府的各项政策、再到今天集各种文艺和商业的社会功能。从演唱语言的变迁看，亦表现出“承袭——衍化——变异”的发展路径。这些功能及演唱语言的变化又无不表现出社会人文环境变迁的痕迹。

---

① 陈启霞：《民间故事的现实意义——以傣族民间故事为例》，《安徽文学（下半月）》2016 年 7 期。

② 木其尔：《口头文化传承的制约因素》，《语文学刊》2016 年第 1 期。

③ 黄涵琪：《哈尼族民间故事传播困境及保护措施》，《东南传播》2016 年第 5 期。

④ 吴素萍：《畲族民间文学的审美特征与生态精神》，《宁波职业技术学院学报》2016 年第 3 期。

⑤ 王维波、陈吉荣：《民族学“自观”与异化策略：民族史诗英译的选择——以赫哲族英雄史诗“伊玛堪”为例》，《民族翻译》2016 年第 4 期。

⑥ 李光荣：《从民间文学看哈尼族的传统生态观》，《民族学刊》2016 年第 5 期。

⑦ 白杨、陈学军：《赫哲族民俗伊玛堪旅游开发与保护研究》，《对外经贸》2016 年第 11 期。

⑧ 汤洋：《鄂温克族民间艺术探析》，《黑龙江民族丛刊》2016 年第 3 期。

⑨ 朱昊冰：《黔西南布依戏音乐研究》，《中国戏剧》2016 年第 10 期。

⑩ 罗剑：《论布依族民歌文化变迁》，《贵州社会科学》2016 年第 2 期。

李然的《音乐衍进与社会情境——以跨界民族（赫哲—那乃）音乐文化变迁为例》[1]认为，对音乐衍进过程的探究常常与社会情境密不可分，越来越多的音乐学研究成果重视对总体社会层次的变迁与音乐文化变迁的关联研究，文章以中俄跨界民族（赫哲—那乃）音乐文化变迁为个案，探讨如何对发生在特定社会情境中且充满特殊人文情怀的音乐事象给予更具结构意识的理解和延伸性阐释。

李萃琳的《赫哲族嫁令阔民歌的艺术特色》[2] 指出，嫁令阔民歌是赫哲族民歌中的典型代表之一。嫁令阔民歌依托其独特的民族地域文化，形成了其原生态、一曲多用、即兴演唱等特有的艺术表现形式，从音乐特征、调式节拍、曲式音阶、旋律节奏、歌词衬词等都有其独特的艺术特色，作者通过对嫁令阔艺术特色的分析，充分挖掘出更多的民族的、古老而有价值的音乐内涵，并从中吸取少数民族音乐精髓，让更多的人认识和了解赫哲族民歌嫁令阔的独特魅力。

张睿的《海南黎族民歌文化研究》[3] 认为，近年来黎族民歌研究成果成效显著，但多数研究局限于黎族民歌本身，而对于更深层次的探究则相对匮乏，这不得不令人深思。民歌源于生活，源于人的精神需求，它是语言的升华，是情感的凝练，因而其背后蕴藏的丰富文化景观才是民歌传承的真谛，故民歌文化的探究应当成为音乐工作者倾心关注的焦点。此项研究的创新之处在于通过解析大量的黎族民歌，探析黎族民歌的演唱特征及其文化价值。

黄宇鸿、邓佳权的《论广西北部湾京族民歌艺术特色及文化价值》[4] 指出，京族是我国唯一的海洋民族，其民歌在海洋之滨的地理条件的影响下及与壮、汉等多民族文化交融中独具特色。京族民歌在形式上以“六八体”为主、以“七七体”为辅，内容上具有浓郁的海洋文化气息，唱腔上富有圆润温和的特征。京族民歌具有极高的审美艺术价值、深远的历史文化价值、有益的伦理教育价值和积极的时代价值。

车国辉的《青海土族、撒拉族情歌艺术比较研究》[5] 通过对流传在河湟地区的土族和撒拉族情歌艺术特征的比较研究，了解不同民族民歌的文化内涵、审美价值及其所体现的民族性格。

李永惠的《白族戏曲舞蹈表演程式的演进与文化变迁》[6] 指出白族戏曲包括吹吹腔（吹腔）和白剧两种艺术样式。吹吹腔，民间俗称“板凳戏”“唢呐戏”，是一种历史悠久的少数民族传统戏剧品种，现流行于大理白族自治州的云龙县、洱源县、鹤庆县、剑川县，以及怒江傈僳族自治州兰坪白族普米族自治县等。新兴的白剧与民间自办的“吹吹腔”根深叶茂，二者并存于大理地区的城镇、山村。作为白族戏曲的典型代表，吹吹腔

---

① 李然：《音乐衍进与社会情境——以跨界民族（赫哲—那乃）音乐文化变迁为例》，《中国音乐学》2016 年第 4 期。

② 李萃琳：《赫哲族嫁令阔民歌的艺术特色》，《黑龙江民族丛刊》2016 年第 1 期。

③ 张睿：《海南黎族民歌文化研究》，博士学位论文，东北师范大学，2016 年。

④ 黄宇鸿、邓佳权：《论广西北部湾京族民歌艺术特色及文化价值》，《广西社会科学》2016 年第 11 期。

⑤ 车国辉：《青海土族、撒拉族情歌艺术比较研究》，《青海师范大学学报（哲学社会科学版）》2016 年第 1 期。

⑥ 李永惠：《白族戏曲舞蹈表演程式的演进与文化变迁》，《学术探索》2016 年第 5 期。

和白剧历经了互为依存、互为促进、并蒂竞艳的文化历程，演绎了共同繁荣的历史文化变迁。

车晓夏的《民间传统舞蹈的艺术价值与传承思考——以羌族传统舞蹈“萨朗”为例》[①] 指出，民间传统舞蹈是劳动人民自编自演的群众性艺术活动，是羌族传统文化、风俗习惯和精神面貌的生动写照，它对研究羌族的文化有着重要的意义和价值。羌族“萨朗”舞作为非物质文化遗产项目，越来越受到人们的关注。而在当今全球经济迅猛发展的大形势下，像“萨朗”这一类的民间舞蹈文化均面临着失传的危机，对此从学术的角度以“萨朗”为例研究民间舞蹈的艺术价值及传承是一项任重道远的课题。

张小梅《中越京族民歌传承之比较研究——以中国东兴与越南海防为案例研究》[②] 以文献研究、田野调查等研究方法，论述中、越京族民歌传承的意识、行为方式、现象、特点等问题。并以纵向的历史、横向的多学科方法进行立体的考察，力求突破现阶段该研究的不足，提出有关京族民歌保护和传承的构想，开拓京族民间音乐研究的新领域。

秦瑞莹《“活态传承”理念下民族特色乐器的传承研究——以京族独弦器为例》[③] 指出，活态传承是民族文化传承保护的最好方式，民族特色乐器的传承也不例外。根据相关要素和民族特色乐器传承发展的关联及影响，少数民族特色乐器的活态传承需要从传承人、乐器、平台、模式等方面共同努力。文章以京族独弦琴的活态传承为例进行了详细阐释，以此推动民族特色乐器的活态传承。

张丽的《傣族茶文化中茶歌艺术形态与传承研究》[④] 介绍了傣族茶歌的缘起，分析了傣族茶歌艺术形态，提出茶歌艺术传承的举措如下：茶歌进校园；作为茶产品广告宣传的文字及音视频资源；作为当地特色产品销售的组成内容之一；作为“茶家乐”的娱乐项目等。

徐兵的《羌族舞蹈艺术形成发展探析》[⑤] 认为，羌族的特色舞蹈艺术究其生成发展的历史动因，主要与日常生产、社会生活、宗教祭祀及对外征战密切相关；从舞蹈类型和表现形式来看，大致分为祭祀性、自娱性、集会性及礼俗性等几种类型，并以羊皮鼓舞、猫舞、跳盔甲、锅庄舞、巴绒等形式展现出来；通过对羌族舞蹈艺术的内容、形式及动作进行深入分析，发现羌族舞蹈在舞蹈主题、舞蹈主角以及舞蹈场所等方面均实现了历史性转变。

王亚平的《舞蹈，“民族文化的雕刻师”从舞蹈诗〈乌苏里传歌〉分析赫哲族舞蹈的传承与创新》[⑥] 认为舞蹈是民族文化的雕刻师。舞蹈诗《乌苏里传歌》是中国第一部反映赫哲族生存状态的舞剧作品，是对赫哲族民族文化精髓的完美诠释。赫哲族是中国东北地

---

① 车晓夏：《民间传统舞蹈的艺术价值与传承思考——以羌族传统舞蹈“萨朗”为例》，《四川戏剧》2016 年第 8 期。

② 张小梅：《中越京族民歌传承之比较研究——以中国东兴与越南海防为案例研究》，《中国音乐》2016 年第 3 期。

③ 秦瑞莹：《“活态传承”理念下民族特色乐器的传承研究——以京族独弦器为例》，《贵州民族研究》2016 年第 7 期。

④ 张丽：《傣族茶文化中茶歌艺术形态与传承研究》，《福建茶叶》2016 年第 6 期。

⑤ 徐兵：《羌族舞蹈艺术形成发展探析》，《黑龙江民族丛刊》2016 年第 6 期。

⑥ 王亚平：《舞蹈，“民族文化的雕刻师”从舞蹈诗〈乌苏里传歌〉分析赫哲族舞蹈的传承与创新》，《舞蹈》2016 年第 12 期。

区一个历史悠久的少数民族，主要分布在黑龙江、松花江、乌苏里江交汇构成的三江平原和完达山余脉。“衣鱼兽皮，陆行乘舟”是过去赫哲族渔猎生活的生动写照。在这种传统文化的影响下，赫哲族的舞蹈也独具特色。

华毛措的《试析东乡族民间舞蹈的传承与发展》[①] 指出受宗教习俗和历史变迁的影响，东乡族原生态民间舞蹈一直没有得到很好的保护和发展，甚至在东乡族地区也几乎看不到这种民间舞蹈的生存空间，东乡族民间舞蹈处于濒临消失的境地，相关研究几近缺失。要保护、传承和发展东乡族民间舞蹈，首先要重审东乡族舞蹈风格属性，从族源入手，大胆探索；其次从艺术作品的创作入手，从回族舞蹈风格中提炼共性，从族源和文化特征中挖掘个性，大胆突破并提炼新鲜的舞蹈语汇和动作；之后组建东乡族原生态音乐、舞蹈素材库；最后将东乡族纯正的民族舞蹈元素融入高校教学中。

以民间游戏、竞技、娱乐为代表的民间游戏娱乐也是民俗学界研究的重要方面。如于明岩、于芳的《满族传统游戏“嘎拉哈”的文化特征》[②] 采用专家访谈法等对满族传统游戏的文化特征进行研究。文章指出，满族最具有代表性的游戏“嘎拉哈”是大家喜闻乐见、简单易学、老少咸宜的游戏项目；随着时代的变迁、环境改变、生活习惯以及娱乐和健身方式的多种多样，民族传统游戏得以保留和传承，它必然是在始终保持民族传统特性的同时，不断吸取中华各民族的文化习俗，特别是汉族的民族文化，从而不断丰富和完善自身的民族文化特性。

韩云洁《羌区学校传承羌族民间游戏的意义及途径》[③] 认为，羌区学校是传承羌族民间游戏的重要场所。羌区学校传承羌族民间游戏有利于打造活态传承新领域，促进儿童身体机能和心理功能的发展以及推动校本体育课程的建构。羌区学校传承羌族民间游戏的途径主要有创编校本体育游戏课程、融入教师教研实践活动、举办体育游戏竞技比赛等。

丁玲辉的《门巴族珞巴族传统体育保护与传承路径探讨》[④] 从关注现代化进程中门巴族珞巴族传统体育面临的困境出发，认为在现代文明的进程中，门珞群众的生产生活方式、文化观念发生了变化，昔日的狩猎观念已不存在，造成了门巴族珞巴族传统体育的弱化与变迁。提出门巴族珞巴族传统体育的传承路径应以西藏文化建设为切入点，从旅游业、民俗节庆、全民健身发展与学校教育等方面入手。

张雪莹的《图腾信仰崇拜与文化认同：鄂伦春族传统体育文化考略》[⑤] 指出，图腾文化是鄂伦春族人早期认识自然的思维方式。原始古朴的自然图腾、动物图腾和神图腾信仰崇拜为多样性民族传统体育文化的形成创设了条件，并表现在现实生活、传统游戏、民族间文化、节庆习俗、宗教祭祀等活动中。通过解析鄂伦春族图腾信仰文化、鄂伦春族传统体育文化图腾信仰崇拜与文化认同，在鄂伦春族传统体育文化传承危机的基础上，提出了

---

① 华毛措：《试析东乡族民间舞蹈的传承与发展》，《中南民族大学学报（人文社会科学版）》2016年第4期。

② 于明岩、于芳：《满族传统游戏“嘎拉哈”的文化特征》，《体育文化导刊》2016年第10期。

③ 韩云洁：《羌区学校传承羌族民间游戏的意义及途径》，《阿坝师范学院学报》2016年第3期。

④ 丁玲辉：《门巴族珞巴族传统体育保护与传承路径探讨》，《西藏民族大学学报（哲学社会科学版）》2016年第3期。

⑤ 张雪莹：《图腾信仰崇拜与文化认同：鄂伦春族传统体育文化考略》，《沈阳体育学院学报》2016年第1期。

鄂伦春族传统体育文化传承路径。研究认为鄂伦春族图腾信仰文化分为自然图腾、动物图腾和神图腾三类，弓箭文化、舞蹈文化、游戏文化共同构建了鄂伦春族民族传统体育文化所特有的内容谱系，图腾信仰崇拜意识的淡化、文化空间场域环境的变迁、民族传统体育文化认同的缺位、生活环境及生存状态的变化制约引发鄂伦春族传统体育文化的传承危机。

部分研究以民间手工艺为研究对象，如次仁卓玛的《浅谈藏族宗教木刻艺术》[①] 认为，佛教对于信仰藏传佛教的藏民族来说，以其博大精深的内涵深刻地影响着自己生活的方方面面，因而与佛教相关的艺术形式也以不同的表现形式与流传方式广泛地存在于各大藏区，并在与藏族人民智慧的糅合中形成了富有藏族特色的各种艺术形式。其中与宗教相关的木刻作品，也以高超的技艺以及精美绝伦的画面，展现出了藏族宗教艺术独有的魅力。

张大伟、左红卫《新疆塔塔尔族民间艺人的人文精神及其创造力研究》[②] 指出，民间艺术是民族文化的重要组成部分，也是劳动者心灵的外在显示。民间艺人虽生活在社会的基层，其作品以外在的粗、俗、土示人，但却以人的生命体验为立足点，在材料选择、造型结构及工艺流程等方面，无不透露着民间艺人的审美意识、美学思维及人文精神。新疆塔塔尔族民间艺人对美的追求，显示了其特有的人文精神和创造力。

郜雪倩、侯小锋《傣族竹编技艺的传承现状及发展对策》[③] 指出，傣族由于所处的特殊地理环境和人文环境的关系，与竹子结下了不解之缘。在现代化的工业生产的冲击下，传统的竹编技艺面临着传承与发展的挑战，如何使得竹资源在发挥经济效益的同时有效保留其文化精髓，是现阶段迫切要解决的问题。傣族竹器体现了物与人之间形成的一种自然亲密关系，显示出傣家人的传统技艺和对自然美的追求。

陈曦的《吉林地区满族枕顶刺绣题材概述》[④] 认为枕顶绣作为满族民间文化重要的载体，其题材涉及广泛，体现了清朝至民国初年吉林地区满族妇女的生产生活、所见所学。吉林地区作为满族文化的发祥地之一，有着丰富的非物质文化遗产，满族枕顶绣就是其中的瑰宝，透过对枕顶绣题材的研究，我们可以还原满族妇女的日常生活和当时满汉文化相互渗透融合的历史过程，也为这一非物质文化遗产的传承奠定了基础。

此外，另有李玲的《解读澜沧拉祜族挎包的装饰艺术特征》[⑤]，王相生、孟玲玲、孙熠的《赫哲族风俗画传承与发展问题对策研究》[⑥]，王芳、陈学军的《赫哲族鱼皮制作技艺传承与发展研究》[⑦]，乌英嘎的《鄂温克族装饰艺术品太阳花与苗族艺术品太阳花的比

---

① 次仁卓玛：《浅谈藏族宗教木刻艺术》，《西藏艺术研究》2016 年第 3 期。

② 张大伟、左红卫：《新疆塔塔尔族民间艺人的人文精神及其创造力研究》，《艺术科技》2016 年第 3 期。

③ 郜雪倩、侯小锋：《傣族竹编技艺的传承现状及发展对策》，《中国民族博览》2016 年第 12 期。

④ 陈曦：《吉林地区满族枕顶刺绣题材概述》，《赤子（上中旬）》2016 年第 18 期。

⑤ 李玲：《解读澜沧拉祜族挎包的装饰艺术特征》，硕士学位论文，云南艺术学院，2016 年。

⑥ 王相生、孟玲玲、孙熠：《赫哲族风俗画传承与发展问题对策研究》，《艺术科技》2016 年第 8 期。

⑦ 王芳、陈学军：《赫哲族鱼皮制作技艺传承与发展研究》，《合作经济与科技》2016 年第 3 期。

较研究》[①]，田恒的《鄂伦春桦树皮器物传统工艺研究》[②]，刘春雨、郑勇的《布依族纸染绣花工艺研究》[③]，周祺芬的《布依族蜡染工艺的传承与发展》[④]，闫美霖的《造物的传统与现代——纳西族东巴纸品的工艺实践》[⑤]，王爱民的《黄财神唐卡简析》[⑥]，王永亮的《新疆塔吉克族墓葬壁画探析》[⑦] 等关于民间手工艺的探讨。

还有黄中祥的《哈萨克族的诞生习俗歌》[⑧]，齐兮的《大兴安岭地区鄂伦春族音乐研究——兼论白银纳乡鄂伦春音乐的传承与保护》[⑨]，杨英、李晓涛的《兰坪白族拉玛民歌传承现状考察》[⑩]，段龙山的《保山市布朗族音乐习俗》[⑪]，杨文杰的《云南布朗族打歌活动研究》[⑫]，杜义虎、吴太祥的《布依戏音乐发展现状调查简述》[⑬]，周玉亭的《从布依族山歌传人培养看文化的创新发展》[⑭]，金成的《朝鲜族民间音乐〈老两口对唱〉的研究》[⑮]，王路路的《浅论朝鲜族民谣的审美特征》[⑯]，刘瑶的《嫩江流域达斡尔族萨满音乐研究》[⑰]，蒋勇、杨福梅的《论哈尼族哭嫁歌对女性的教育功能》[⑱]，赵永震的《朝鲜族仪式歌舞音乐探究》[⑲]，方慧的《试论鄂温克族民间舞蹈音乐的狩猎文化特征》[⑳]，李春文的《田野中的文化呈现——哈尼族丧葬礼俗的“哭丧”仪式》[㉑]，江倩倩的《云南墨江卡多

---

① 乌英嘎：《鄂温克族装饰艺术品太阳花与苗族艺术品太阳花的比较研究》，《美与时代（上）》2016 年第 11 期。

② 田恒：《鄂伦春桦树皮器物传统工艺研究》，硕士学位论文，哈尔滨师范大学，2016 年。

③ 刘春雨、郑勇：《布依族纸染绣花工艺研究》，《纺织导报》2016 年第 6 期。

④ 周祺芬：《布依族蜡染工艺的传承与发展》，《美与时代（上）》2016 年 10 期。

⑤ 闫美霖：《造物的传统与现代——纳西族东巴纸品的工艺实践》，硕士学位论文，云南民族大学，2016 年。

⑥ 王爱民：《黄财神唐卡简析》，《美与时代（上）》2016 年第 5 期。

⑦ 王永亮：《新疆塔吉克族墓葬壁画探析》，《贵州民族研究》2016 年第 6 期。

⑧ 黄中祥：《哈萨克族的诞生习俗歌》，《伊犁师范学院学报（社会科学版）》2016 年第 3 期。

⑨ 齐兮：《大兴安岭地区鄂伦春族音乐研究——兼论白银纳乡鄂伦春音乐的传承与保护》，硕士学位论文，齐齐哈尔大学，2016 年。

⑩ 杨英、李晓涛：《兰坪白族拉玛民歌传承现状考察》，《民族音乐》2016 年第 6 期。

⑪ 段龙山：《保山市布朗族音乐习俗》，《民族音乐》2016 年第 3 期。

⑫ 杨文杰：《云南布朗族打歌活动研究》，《曲靖师范学院学报》2016 年第 3 期。

⑬ 杜义虎、吴太祥：《布依戏音乐发展现状调查简述》，《大舞台》2016 年第 5 期。

⑭ 周玉亭：《从布依族山歌传人培养看文化的创新发展》，《贵州民族报》2016 年 12 月 19 日第 A03 版。

⑮ 金成：《朝鲜族民间音乐〈老两口对唱〉的研究》，硕士毕业论文，延边大学，2016 年。

⑯ 王路路：《浅论朝鲜族民谣的审美特征》，《北方音乐》2016 年第 12 期。

⑰ 刘瑶；《嫩江流域达斡尔族萨满音乐研究》，《齐齐哈尔大学学报（哲学社会科学版）》2016 年第 8 期。

⑱ 蒋勇、杨福梅：《论哈尼族哭嫁歌对女性的教育功能》，《红河学院学报》2016 年第 1 期。

⑲ 赵永震：《朝鲜族仪式歌舞音乐探究》，硕士毕业论文，齐齐哈尔大学，2016 年。

⑳ 方慧：《试论鄂温克族民间舞蹈音乐的狩猎文化特征》，“决策论坛——管理科学与经营决策学术研讨会”，2016 年 9 月 3 日，会议论文集。

㉑ 李春文：《田野中的文化呈现——哈尼族丧葬礼俗的“哭丧”仪式》，《中国民族博览》2016 年第 7 期。

人丧葬仪式音乐研究》[①]，杨旭光的《谈塔吉克民间舞蹈的艺术形式》[②]，侯琛、刘佳的《传承与发展——谈满族萨满舞蹈资源的整理与保护》[③]，张丹丹的《新疆柯尔克孜族奥孜库姆孜调查与研究》[④]，庞浩然的《景颇族传统民族乐器“洞巴”探究》[⑤]，马辰媛的《京族哈节舞蹈变迁研究》[⑥]，任中华的《广西环江毛南族傩文化及其傩面具审美研究》[⑦]，张国芳的《毛南族礼俗仪式歌的传播变化和策略》[⑧]，孙越的《赫哲族渔猎舞蹈文化的传承与发展》[⑨]，朱增辉、王帆的《原生态孔雀舞与表演性孔雀舞的分析》[⑩]，曙格拉·努尔兰的《哈萨克族民间劳动舞的调查与研究》[⑪]，李莉的《草原文化背景下的哈萨克族“黑走马”研究》[⑫]，额瑜婷、郭田的《傣族象脚鼓舞舞蹈形态研究》[⑬]，金鹃飞、谢晓芳的《试谈广西三江侗族婚俗歌曲》[⑭]，张健的《传统哈尼族鼓舞的创新与发展》，宋媛的《傣泰民间舞蹈之比较浅析》[⑮]，张媛的《浅析高山族“甩发舞”与佤族“甩发舞”艺术特色》[⑯]，危静的《侗族民间器乐的民俗性解读》[⑰]，张妍的《朝鲜族刀舞的文化积淀与外在表现》[⑱]，金成燕、金成姬的《浅谈朝鲜族刀舞》[⑲]，耿献伟的《珞巴族刀舞的社会价值及文化传承研究》[⑳]，魏永的《贵州布依族竹鼓舞传承发展研究》[㉑]，李剑的《塔吉克族传统体育“鹰舞”的源流、特点及传承研究》[㉒]，何金欣的《哈萨克族婚礼礼乐的特点研

---

① 江倩倩：《云南墨江卡多人丧葬仪式音乐研究》，《黄河之声》2016 年第 10 期。

② 杨旭光：《谈塔吉克民间舞蹈的艺术形式》，《戏剧之家》2016 年第 5 期。

③ 侯琛、刘佳：《传承与发展——谈满族萨满舞蹈资源的整理与保护》，《当代音乐》2016 年 1 月号。

④ 张丹丹：《新疆柯尔克孜族奥孜库姆孜调查与研究》，硕士学位论文，新疆师范大学，2016 年。

⑤ 庞浩然：《景颇族传统民族乐器“洞巴”探究》，《大众文艺》2016 年第 9 期。

⑥ 马辰媛：《京族哈节舞蹈变迁研究》，硕士学位论文，北京舞蹈学院，2016 年。

⑦ 任中华：《广西环江毛南族傩文化及其傩面具审美研究》，硕士学位论文，广西大学，2016 年。

⑧ 张国芳：《毛南族礼俗仪式歌的传播变化和策略》，《新闻研究导刊》2016 年第 11 期。

⑨ 孙越：《赫哲族渔猎舞蹈文化的传承与发展》，硕士学位论文，吉林艺术学院，2016 年。

⑩ 朱增辉、王帆：《原生态孔雀舞与表演性孔雀舞的分析》，《戏剧之家》2016 年第 8 期。

⑪ 曙格拉·努尔兰：《哈萨克族民间劳动舞的调查与研究》，硕士学位论文，新疆师范大学，2016 年。

⑫ 李莉：《草原文化背景下的哈萨克族“黑走马”研究》，《中国民族博览》2016 年第 12 期。

⑬ 额瑜婷、郭田：《傣族象脚鼓舞舞蹈形态研究》，《北京舞蹈学院学报》2016 年第 4 期。

⑭ 金鹃飞、谢晓芳：《试谈广西三江侗族婚俗歌曲》，《邵阳学院学报》2016 年第 4 期。

⑮ 宋媛：《傣泰民间舞蹈之比较浅析》，《艺术研究》2016 年第 2 期。

⑯ 张媛：《浅析高山族“甩发舞”与佤族“甩发舞”艺术特色》，《黄河之声》2016 年第 13 期。

⑰ 危静：《侗族民间器乐的民俗性解读》，《黄河之声》2016 年第 1 期。

⑱ 张妍：《朝鲜族刀舞的文化积淀与外在表现》，《北方音乐》2016 年第 23 期。

⑲ 金成燕、金成姬：《浅谈朝鲜族刀舞》，《美与时代（上）》2016 年第 10 期。

⑳ 耿献伟：《珞巴族刀舞的社会价值及文化传承研究》，《西藏民族大学学报（哲学社会科学版）》2016 年第 6 期。

㉑ 魏永：《贵州布依族竹鼓舞传承发展研究》，《当代体育科技》2016 年第 30 期。

㉒ 李剑：《塔吉克族传统体育“鹰舞”的源流、特点及传承研究》，《武术研究》2016 年第 4 期。

究》[①]，韩汶静、魏莉丽的《浅谈哈萨克族音乐文化的继承与发展》[②]，马生福的《新疆哈萨克族民歌传承与保护的思考》[③]，侯儒的《赫哲族“伊玛堪”说唱艺术的历史溯源——以传承人尤文兰口述史为例》[④]，李成龙的《人类的瑰宝——赫哲族民歌》[⑤]，谢敏的《浅析民族文化中的音乐语言与思维方式——以基诺族为例》[⑥]，郑德威的《京族民歌的内涵探究》[⑦]，哈里丹的《中国少数民族音乐的传承与发展》[⑧]，唐代俊、李可燕的《仫佬族民间音乐在地方戏剧中的运用——谈仫佬剧的发展》[⑨]，谢美琳的《仫佬族依饭节的祭祀音乐》[⑩]，唐代俊、韦海燕的《仫佬族依饭仪式歌的艺术特征》[⑪]，王克永的《浅析仫佬族民歌音乐特征》[⑫]，杨淑萍的《唱出自己的腔调——论鲁若迪基诗歌的民族性与现代性》[⑬]，格茸娜姆的《浅谈普米族民歌的演唱风格与技巧》[⑭]，邵承帅的《浅析羌族多声部民歌的演唱风格与结构特征》[⑮]，李艺的《羌族多声部民歌的传承现况及演唱特征》[⑯]，焦虎三的《羌族口头艺术的巫术表演方式与特点》[⑰]，肖霄的《四川羌族音乐文献综述》[⑱]，汪青玉的《杂技剧〈圣火吉祥〉》[⑲]，扎西东珠的《多元的撒拉民歌文化》[⑳]，车国辉的《青海土族、撒拉族情歌艺术比较研究》[㉑]，赵凌的《贵州水族音乐的民间传承及教育传承研究》[㉒]，黄峰的

---

① 何金欣：《哈萨克族婚礼礼乐的特点研究》，《当代音乐》2016 年 8 月号（上）。

② 韩汶静、魏莉丽：《浅谈哈萨克族音乐文化的继承与发展》，《音乐时空》2016 年第 3 期。

③ 马生福：《新疆哈萨克族民歌传承与保护的思考》，《文艺争鸣》2016 年第 5 期。

④ 侯儒：《赫哲族“伊玛堪”说唱艺术的历史溯源——以传承人尤文兰口述史为例》，《知与行》2016 年第 9 期。

⑤ 李成龙：《人类的瑰宝——赫哲族民歌》，《艺术科技》2016 年第 4 期。

⑥ 谢敏：《浅析民族文化中的音乐语言与思维方式——以基诺族为例》，《黄河之声》2016 年第 23 期。

⑦ 郑德威：《京族民歌的内涵探究》，《音乐创作》2016 年第 11 期。

⑧ 哈里丹：《中国少数民族音乐的传承与发展》，《当代音乐》2016 年 7 月号（上）。

⑨ 唐代俊、李可燕：《仫佬族民间音乐在地方戏剧中的运用——谈仫佬剧的发展》，《中国民族博览》2016 年第 12 期。

⑩ 谢美琳：《仫佬族依饭节的祭祀音乐》，《艺术评鉴》2016 年第 4 期。

⑪ 唐代俊、韦海燕：《仫佬族依饭仪式歌的艺术特征》，《艺术评鉴》2016 年第 7 期。

⑫ 王克永：《浅析仫佬族民歌音乐特征》，《艺术评鉴》2016 年第 6 期。

⑬ 杨淑萍：《唱出自己的腔调——论鲁若迪基诗歌的民族性与现代性》，《云南开放大学学报》2016 年第 11 期。

⑭ 格茸娜姆：《浅谈普米族民歌的演唱风格与技巧》，《民族音乐》2016 年第 3 期。

⑮ 邵承帅：《浅析羌族多声部民歌的演唱风格与结构特征》，《黄河之声》2016 年第 19 期。

⑯ 李艺：《羌族多声部民歌的传承现况及演唱特征》，《艺术评鉴》2016 年第 1 期。

⑰ 焦虎三：《羌族口头艺术的巫术表演方式与特点》，《绵阳师范学院学报》2016 年第 9 期。

⑱ 肖霄：《四川羌族音乐文献综述》，《音乐时空》2016 年第 5 期。

⑲ 汪青玉：《杂技剧〈圣火吉祥〉》，《杂技与魔术》2016 年第 5 期。

⑳ 扎西东珠：《多元的撒拉民歌文化》，《大众文艺》2016 年第 24 期。

㉑ 车国辉：《青海土族、撒拉族情歌艺术比较研究》，《青海师范大学学报（哲学社会科学版）》2016 年第 1 期。

㉒ 赵凌：《贵州水族音乐的民间传承及教育传承研究》，《艺海》2016 年第 10 期。

《布依族山歌从口头传承到光碟传承——以罗甸县董望村布依族为例》[①]，闫可欣的《东乡族歌舞中“宴席曲”表演样态的考究》[②]，孙晓飞的《黑河地区鄂伦春族萨满神歌音乐形态研究》[③]，覃嫔、姚孟沅的《湘西侗族傩舞的艺术与民俗特征》[④]，唐丽娟的《达斡尔族传统音乐舞蹈传承的现状及思考》[⑤]，次仁朗杰的《藏族戏剧文化及其分类研究》[⑥]，纪宇的《宗教世俗化视域下羌族传统体育活动羊皮鼓舞的实地调查》[⑦]，王洋、王悦的《达斡尔族“抹黑节”中的展演与音乐省略调查研究——以梅里斯区达斡尔族为例》[⑧]，唐丽娟的《达斡尔族传统音乐舞蹈传承的现状及思考》[⑨] 等关于民间音乐舞蹈的研究。

（五）非物质文化遗产的保护与研究

在一系列鼓乐盛装的热闹之下，在众口一词的“后非遗时代”进行时，民俗学学者亦十分重视对非物质文化遗产的保护与研究。如阿地里·居玛吐尔地的《20 世纪哈萨克斯坦的〈玛纳斯〉学》[⑩] 认为柯尔克孜族英雄史诗《玛纳斯》从 19 世纪 50 年代进入学术视野以来，经过各国学者一个半世纪的不断研究，如今已发展成为闻名世界的“《玛纳斯》学”。在《玛纳斯》学科研究的世界坐标系中，哈萨克斯坦占据很重要的地位，他们的研究成果是值得我们总结和借鉴的重要学术资源。

庞琳的《茶文化的非物质文化遗产保护传承策略研究》[⑪] 认为我国是茶的故乡，其悠久、浓厚的茶文化气息吸引越来越多的茶客。在现代社会，茶无论是作为一种文化载体还是一种饮品，都已成为现代人生活中的必需品。但随着现代文明的快速发展，大量新鲜事物夺走了青年人的眼球，使他们对蕴含浓厚民族历史气息的茶文化缺乏兴趣与了解。在当前市场经济条件下，增强对茶文化的非物质文化遗产传承与保护，对于传播和发扬我国茶文化有着重要的现实意义，也有助于实现非物质文化遗产保护和经济利益的双赢。

胡艳丽、曾梦宇在《非物质文化遗产“传承人传承”管理研究——以黔东南侗族为例》[⑫] 中描述了他们在侗族非遗传承中进行的一系列的探索和实践，认为在传承人队伍建

---

① 黄峰：《布依族山歌从口头传承到光碟传承——以罗甸县董望村布依族为例》，《佳木斯职业学院学报》2016 年第 2 期。

② 闫可欣：《东乡族歌舞中“宴席曲”表演样态的考究》，《黄河之声》2016 年第 22 期。

③ 孙晓飞：《黑河地区鄂伦春族萨满神歌音乐形态研究》，《音乐创作》2016 年第 4 期。

④ 覃嫔、姚孟沅：《湘西侗族傩舞的艺术与民俗特征》，《黄河之声》2016 年第 12 期。

⑤ 唐丽娟：《达斡尔族传统音乐舞蹈传承的现状及思考》，《音乐时空》2016 年第 10 期。

⑥ 次仁朗杰：《藏族戏剧文化及其分类研究》，《西藏艺术研究》2016 年第 2 期。

⑦ 纪宇：《宗教世俗化视域下羌族传统体育活动羊皮鼓舞的实地调查》，硕士学位论文，成都体育学院，2016 年。

⑧ 王洋、王悦：《达斡尔族“抹黑节”中的展演与音乐省略调查研究——以梅里斯区达斡尔族为例》，《艺术教育》2016 年第 5 期。

⑨ 唐丽娟：《达斡尔族传统音乐舞蹈传承的现状及思考》，《音乐时空》2016 年第 10 期。

⑩ 阿地里·居玛吐尔地：《20 世纪哈萨克斯坦的〈玛纳斯〉学》，《西北民族大学学报（哲学社会科学版）》2016 年第 3 期。

⑪ 庞琳：《茶文化的非物质文化遗产保护传承策略研究》，《福建茶叶》2016 年第 10 期。

⑫ 胡艳丽、曾梦宇：《非物质文化遗产“传承人传承”管理研究——以黔东南侗族为例》，《民族论坛》2016 年第 11 期。

设、徒弟招收、传承环境营造和考评机制建设上尚有进一步细化之处。

钱建东、武杰、赵誉千、曾建明的《哈萨克族非物质文化遗产“多依布”研究》[①]运用人类学和社会学对“物”的研究范式，通过田野调查、文献资料、逻辑分析等方法，对哈萨克族“多依布”的起源、器物、规则、发展现状、保护与传承中存在的问题进行探析；认为“多依布”与国际跳棋存在亲缘关系，该项目的保护与传承现状不容乐观，必须加强对其的活态保护、培育其核心价值、提高知识产权保护意识，挖掘其器物的文化内涵。

徐俊六的《景颇族国家级非物质文化遗产“目瑙斋瓦”传承探析》[②]指出，近年来景颇族社会结构发生了重大而激烈的变化，这些变化导致包括“目瑙斋瓦”在内的景颇族传统文化、传统技艺在社会变革的浪潮中渐渐淡隐。因此，如何传承“目瑙斋瓦”已成为整个景颇群众关注的焦点，也是学者们一直研究的课题。

巴合多来提·木那孜力的《〈玛纳斯〉的当代传承与史诗演述传统的发展走向》[③]以近年来的田野调查材料为依据，关注从传承人群体数量的骤减到年轻一代习艺从师的动机选择，从“玛纳斯奇”的非职业化到老龄化，从口头叙事资源的萎缩到印刷文本的背诵，从演述技艺的退化到史诗韵体叙事的故事化等方面的内容，尝试对当下柯尔克孜族史诗的存续力量及其显见的式微趋势加以探讨。

万雪玉的《社会转型时期的柯尔克孜族传统手工技艺》[④]指出，柯尔克孜族传统手工技艺历史悠久，内涵丰富，是草原文明的精髓之一。在新的价值观念和生存法则的影响下，柯尔克孜族传统手工技艺的生存空间日趋狭小，行业种类不断缩减，最具生命力的女红技艺面临着巨大的发展困境，因此立足于草原游牧文明的文化创新，是柯尔克孜族传统手工技艺重新散发生机与活力的必由之路。

丰蔚的《从苗族刺绣个案中看数码刺绣转化的可能性》[⑤]通过探讨苗绣个案中的数码刺绣转化案例，挖掘传统手工刺绣在数码绣花技术下的可再生性，提炼形成苗绣个案转化的理论依据。通过分析苗绣个案在数字技术下的针法工艺、色彩元素与装饰风格转化的相关案例，从工艺创新、形式美感及其艺术价值取向等多个层面论证其在技术转化方面的可行性与可变性，表明如何处理技术更新与传统技艺传承的关系是其转化可能的关键，因此，利用数码刺绣对手工刺绣形式的发展和探索具有积极意义。

郑姣、李明、耿兆辉的《羌族刺绣“游绣”的艺术特征分析》[⑥]对羌族刺绣游绣的艺术特征进行描述与分析，从游绣的针法、图案、色彩、布局等方面进行叙述，深层剖析形成游绣独特风格的历史、社会、文化等方面的原因。

---

① 钱建东、武杰、赵誉千、曾建明：《哈萨克族非物质文化遗产“多依布”研究》，《新疆社会科学》2016 年第 6 期。

② 徐俊六：《景颇族国家级非物质文化遗产“目瑙斋瓦”传承探析》，《学术探索》2016 年第 5 期。

③ 巴合多来提·木那孜力：《〈玛纳斯〉的当代传承与史诗演述传统的发展走向》，《西北民族研究》2016 年第 4 期。

④ 万雪玉：《社会转型时期的柯尔克孜族传统手工技艺》，《贵州师范大学学报（社会科学版）》2016 年第 4 期。

⑤ 丰蔚：《从苗族刺绣个案中看数码刺绣转化的可能性》，《丝绸》2016 年第 9 期。

⑥ 郑姣、李明、耿兆辉：《羌族刺绣“游绣”的艺术特征分析》，《设计》2016 年第 12 期。

刘敏、程丽云的《赫哲族历史文化遗产开发与利用的成就及影响》[①] 认为全面、深入开发与利用赫哲族历史文化遗产，充分挖掘其学术价值与现代意义，将有利于承续民族文化多样性，有利于促进赫哲族社会发展，有利于构建与形成三江区域特色经济文化。赫哲族历史文化遗产是赫哲族民众宝贵的精神财富。在世界范围对非物质文化遗产重视的大环境下，赫哲族非物质文化遗产的保护、开发与利用也取得了诸多引人瞩目的成就，如伊玛堪成功申遗、乌日贡大会的创建、鱼皮制作与传统饮食技艺的开发与利用、赫哲族特色乡村建设等。

阿旺旦增的《一部西藏非物质文化遗产研究的力作——评〈门巴族珞巴族非遗保护及旅游开发研究〉》[②] 指出，从2005年开始西藏启动了非物质文化遗产保护工作，经过全区文化工作者十多年的不懈努力，摸清了家底，初步完成了抢救性保护的任务，目前正在积极开展非物质文化遗产的生产性保护和整体性保护工作。作者见证了西藏非物质文化遗产保护工作从小到大、从无到有的发展历程，深刻认识到现在西藏非遗保护的重要性。

林尚斌的《保安族的文物现状及其思考》[③] 指出，保安族在本民族形成和发展过程中创造了许多历史文化，至今在积石山保安族撒拉族东乡族自治县及青海省同仁县等地尚存留一些反映保安族历史文化的文物遗存，在新的历史文化背景下深入挖掘这些难得的历史文化遗物对保安族历史文化的研究具有十分重要的意义。

牛顺清的《新疆巴里坤哈萨克族刺绣的艺术特色》[④] 指出哈萨克族刺绣是哈萨克族古老的民间艺术之一。多样奇凡的图案纹饰，艳丽和谐的色彩，细密均匀的刺绣针法，把哈萨克人的生活风俗、宗教信仰、审美情趣通过绣品淋漓尽显。文章对新疆巴里坤哈萨克族民间刺绣图案纹样形式及其文化内涵的阐述，在彰显哈萨克族浓郁民族艺术特征的同时，也是为了更好地保护传承好这项非物质文化遗产。

刘姝、王春梅的《关于赫哲族非物质文化遗产保护与传承的几点思考》[⑤] 指出保护和传承赫哲族丰富而宝贵的非物质文化遗产具有高度的必要性。针对赫哲族非物质文化遗产传承和保护中存在的问题，应进一步加强宣传教育，培育群众对文化遗产的保护观念，并通过品牌战略、法治建设以及人才培育等实践途径，促进赫哲族非物质文化遗产的保护和传承。

李鸿姝在《达斡尔族“乌钦”的传承与创新研究》[⑥] 中认为传统文化作为诠释民族历史的载体，已经成为民族生存与发展的源泉和动力。达斡尔族民歌“乌钦”业已被我国列为第一批非物质文化遗产。文章通过对这种传统民歌文化进行详细介绍，分析了乌钦传承与发展现状，并针对传承中的问题提出了对策建议。

---

① 刘敏、程丽云：《赫哲族历史文化遗产开发与利用的成就及影响》，《黑龙江民族丛刊》2016年第6期。

② 阿旺旦增：《一部西藏非物质文化遗产研究的力作——评〈门巴族珞巴族非遗保护及旅游开发研究〉》，《西藏民族大学学报（哲学社会科学版）》2016年第6期。

③ 林尚斌：《保安族的文物现状及其思考》，《档案》2016年第5期。

④ 牛顺清：《新疆巴里坤哈萨克族刺绣的艺术特色》，国家教师科研专项基金科研成果（1），2016年6月。

⑤ 刘姝、王春梅：《关于赫哲族非物质文化遗产保护与传承的几点思考》，《理论观察》2016年第12期。

⑥ 李鸿姝：《达斡尔族“乌钦”的传承与创新研究》，《理论观察》2016年第8期。

还有金庆姬的《朝鲜族非物质文化遗产艺术的价值与开发研究》[①]，于春梅、王春梅、王辉的《达斡尔族非物质文化的特点及传承》[②]，晓然的《中国非物质文化遗产之侗族木构建筑营造技艺》[③]，汤洋的《论鄂温克族非物质文化遗产的传承与发展》[④]，杨丹萍的《德宏傣剧的传承保护与发展》，薛其龙的《论非物质文化遗产的现代建构——以云南勐养镇曼掌村为例》[⑤]，尹律航的《新疆哈萨克族的非物质文化遗产研究——花毡》[⑥]，左智慧、冯予、景冬影的《赫哲族“伊玛堪”的传承与保护——以贯彻我国〈非物质文化遗产法〉为视角》[⑦]，孙亚强的《黑龙江省赫哲族“伊玛甚”说唱保护项目现状解读》[⑧]，何欣欣的《论“伊玛堪”的史料价值》[⑨]，海日的《伊玛堪研究综述》[⑩]，白玉宝的《非遗保护视野下的景颇族目瑙纵歌节》[⑪]，庞浩然的《景颇族乐器“吐良”的研究》[⑫]，古丽多来提·库尔班的《史诗〈玛纳斯〉中的柯尔克孜族色彩观》[⑬]，阿米娜·叶尔垦的《新疆柯尔克孜〈玛纳斯〉表演及其变迁研究》[⑭]，王珏、孔秀丽的《拉祜族芦笙舞传承与传播的当代实践调查——以普洱市澜沧县老达保寨为个案》[⑮]，于贵敏的《拉祜族民间动物故事的叙事研究》[⑯]，晓然的《中国非物质文化遗产之黎族原始制陶技艺》[⑰]，武广玉的《中国古代原始制陶的活化石黎族原始制陶技艺》[⑱]，韩鹏的《川南苗族芦笙乐舞发展现状研

---

① 金庆姬：《朝鲜族非物质文化遗产艺术的价值与开发研究》，硕士学位论文，延边大学，2016年。

② 于春梅、王春梅、王辉：《达斡尔族非物质文化的特点及传承》，《齐齐哈尔大学学报（哲学社会科学版）》2016年第12期。

③ 晓然：《中国非物质文化遗产之侗族木构建筑营造技艺》，《中国工会财会》2016年第9期。

④ 汤洋：《论鄂温克族非物质文化遗产的传承与发展》，《长江师范学院学报》2016年第5期。

⑤ 薛其龙：《论非物质文化遗产的现代建构——以云南勐养镇曼掌村为例》，《创意设计源》2016年第6期。

⑥ 尹律航：《新疆哈萨克族的非物质文化遗产研究——花毡》，《现代装饰（理论）》2016年第7期。

⑦ 左智慧、冯予、景冬影：《赫哲族“伊玛堪”的传承与保护——以贯彻我国〈非物质文化遗产法〉为视角》，《产业与科技论坛》2016年第19期。

⑧ 孙亚强：《黑龙江省赫哲族“伊玛甚”说唱保护项目现状解读》，《人民音乐》2016年第1期。

⑨ 何欣欣：《论“伊玛堪”的史料价值》，硕士学位论文，黑龙江大学，2016年。

⑩ 海日：《伊玛堪研究综述》，《佳木斯大学社会科学学报》2016年第2期。

⑪ 白玉宝：《非遗保护视野下的景颇族目瑙纵歌节》，《玉溪师范学院学报》2016年第1期。

⑫ 庞浩然：《景颇族乐器“吐良”的研究》，《北方音乐》2016年第1期。

⑬ 古丽多来提·库尔班：《史诗〈玛纳斯〉中的柯尔克孜族色彩观》，《新疆艺术学院学报》2016年第4期。

⑭ 阿米娜·叶尔垦：《新疆柯尔克孜〈玛纳斯〉表演及其变迁研究》，硕士学位论文，新疆师范大学，2016年。

⑮ 王珏、孔秀丽：《拉祜族芦笙舞传承与传播的当代实践调查——以普洱市澜沧县老达保寨为个案》，《西昌学院学报·社会科学版》2016年第3期。

⑯ 于贵敏：《拉祜族民间动物故事的叙事研究》，硕士学位论文，云南民族大学，2016年。

⑰ 晓然：《中国非物质文化遗产之黎族原始制陶技艺》，《中国工会财会》2016年第10期。

⑱ 武广玉：《中国古代原始制陶的活化石黎族原始制陶技艺》，《地方文化研究》2016年第2期。

究》[①]，王伟的《蒙古族音乐活态传承之衍变》[②]，田婧的《非物质文化遗产中技艺的传承与保护研究——以侗族木构建筑技艺为例》[③]，陈晓宇、姜玉露的《社会变迁中的傣族剪纸艺术传承与保护研究》[④]，柯云、朱毅的《指尖上的“非遗”：哈萨克族毡绣与布绣艺术》[⑤]，左智慧、冯予、景冬影的《赫哲族“伊玛堪”保护与传承的法律责任》[⑥]，金朝、冯予、景冬影的《浅析赫哲族“伊玛堪”的文化价值》[⑦]，王文华的《柯尔克孜族史诗〈玛纳斯〉研究在中国》[⑧]，丁丽伟的《新疆柯尔克孜〈玛纳斯〉音乐及传承研究》[⑨]，张天华的《澜沧拉祜族武术文化的传承与保护研究》[⑩]，李婧瑜、刘艳慧、李显秋、李瑞雪的《论拉祜族古村落景观的保护与传承》[⑪]，马东易的《非物质文化遗产的生产性保护——以满族鹰猎习俗为例》[⑫]，史峰、王兴、富勃、潘玲的《抚顺满族非物质文化遗产的保护与传承利用探研》[⑬]，李希影的《黑龙江满族非物质文化遗产生存环境保护研究》[⑭]，朱天梅、赵局建、宋梦青的《民族文化传承视角下的满族口述档案保护研究》[⑮]，廖树群的《浅论广西毛南族分龙节的保护现状及对策》[⑯]，刘婷婷的《试析马头琴传承中的喜与忧（上）》[⑰]，董潇潇的《苗族民间曲艺“嘎百福”研究》[⑱]，谢成超、杨成、李秀

---

① 韩鹏：《川南苗族芦笙乐舞发展现状研究》，《大众文艺》2016年第17期。

② 王伟：《蒙古族音乐活态传承之衍变》，《艺术评鉴》2016年第13期。

③ 田婧：《非物质文化遗产中技艺的传承与保护研究——以侗族木构建筑技艺为例》，《现代装饰（理论）》2016年第12期。

④ 陈晓宇、姜玉露：《社会变迁中的傣族剪纸艺术传承与保护研究》，《山西农经》2016年第11期。

⑤ 柯云、朱毅：《指尖上的“非遗”：哈萨克族毡绣与布绣艺术》，《设计艺术研究》2016年第6期。

⑥ 左智慧、冯予、景冬影：《赫哲族“伊玛堪”保护与传承的法律责任》，《产业与科技论坛》2016年第21期。

⑦ 金朝、冯予、景冬影：《浅析赫哲族“伊玛堪”的文化价值》，《产业与科技论坛》2016年第20期。

⑧ 王文华：《柯尔克孜族史诗〈玛纳斯〉研究在中国》，《华中师范大学研究生学报》2016第1期。

⑨ 丁丽伟：《新疆柯尔克孜〈玛纳斯〉音乐及传承研究》，硕士学位论文，新疆师范大学，2016年。

⑩ 张天华：《澜沧拉祜族武术文化的传承与保护研究》，硕士学位论文，云南师范大学，2016年。

⑪ 李婧瑜、刘艳慧、李显秋、李瑞雪：《论拉祜族古村落景观的保护与传承》，《山西建筑》2016年第29期。

⑫ 马东易：《非物质文化遗产的生产性保护——以满族鹰猎习俗为例》，《才智》2016年第24期。

⑬ 史峰、王兴、富勃、潘玲：《抚顺满族非物质文化遗产的保护与传承利用探研》，《辽宁师专学报（社会科学版）》2016年第3期。

⑭ 李希影：《黑龙江满族非物质文化遗产生存环境保护研究》，《边疆经济与文化》2016年第6期。

⑮ 朱天梅、赵局建、宋梦青：《民族文化传承视角下的满族口述档案保护研究》，《云南档案》2016年第6期。

⑯ 廖树群：《浅论广西毛南族分龙节的保护现状及对策》，《河池学院学报》2016年第3期。

⑰ 刘婷婷：《试析马头琴传承中的喜与忧（上）》，《内蒙古大学艺术学院学报》2016年第4期。

⑱ 董潇潇：《苗族民间曲艺“嘎百福”研究》，硕士学位论文，贵州民族大学，2016年。

林的《非遗物质文化视域下羌族传统体育文化保护与传承研究》[①]，陈瑜君的《非物质文化遗产畲族体育传承人保存现状及保护措施研究》[②]，王慧的《论非物质文化遗产展演的景观化现象——以“泰顺畲族三月三”为例》[③] 等。

综观这些研究成果，有如下特点：关于可观可感的民俗事象的研究居多，尤其是具有表演性质的民俗文化备受关注，涉及少数民族民间用语、民族心理等内容的研究较少，而少数民族民俗文化的教育传承方面的研究更是少之又少。在非物质文化遗产的传承方面，与之相对应地，学者们作出了一些可观的研究成果，这表明以国家政策方针为导向的学术研究方向仍在学术研究中占据主流。

二　相关书籍的出版

此外，我们利用京东网、当当网、亚马逊网的图书出版和介绍，将出版时间界定在“2016 年”，查询到涉及少数民族民俗研究的专著 189 部，研究的具体内容主要包括以下几个方面。

一是概述少数民族民俗文化的，如黄桂秋的《壮族传统文化与现代传承》[④] 内容涵盖了壮族地区古文化遗存、壮族物质文化、壮族制度文化、壮族精神文化及壮族文化传承与传播。对壮族各种形态的传统文化进行全面系统的阐述分析介绍，内容丰富、材料与理论新颖、条理清晰，传统与现代结合，学术与普及兼具，是当下关注壮族文化传承发展各阶层读者的必读之书。

郭雨桥的《蒙古风俗（上下）》[⑤] 阐述了近年来张家川县在经济发展、社会事业、宗教文化、城市规划、交通等各个方面花了大力气，回汉群众在社会变迁中也表现出了巨大的潜力，积极投身于各项社会事业，取得了巨大成就，如在区域文化、特色经济等方面逐渐走出了一条独特的道路。因此，对这一地区的历史、文化、宗教、民族关系、人物进行研究，能够帮助我们明晰新形势下民族地区社会发展的现状、特点及存在的问题等，帮助我们在民族地区经济发展、社会稳定、宗教管理、教育等方面形成一些更加行之有效的政策，还可以进一步推动民族地区文化事业的繁荣发展。总之，在社会转型期，张家川作为一个民族自治县，既有机遇，也有挑战，也出现了一些新的社会问题。故对张家川县回族研究，把握民族地区发展的规律，有着十分重要的现实意义。

郑信哲、李文昕的《朝鲜族史话》[⑥] 指出朝鲜族是由朝鲜半岛移居而来的“跨界”民族，素有“白衣民族”之称。明末清初，其先民越过鸭绿江、图们江，开始落根于我

---

① 谢成超、杨成、李秀林：《非遗物质文化视域下羌族传统体育文化保护与传承研究》，《中国商论》2016 年第 33 期。

② 陈瑜君：《非物质文化遗产畲族体育传承人保存现状及保护措施研究》，硕士学位论文，集美大学，2016 年。

③ 王慧：《论非物质文化遗产展演的景观化现象——以“泰顺畲族三月三”为例》，《忻州师范学院学报》2016 年第 4 期。

④ 黄桂秋：《壮族传统文化与现代传承》，光明日报出版社 2016 年版。

⑤ 郭雨桥：《蒙古风俗（上下）》，民族出版社 2016 年版。

⑥ 郑信哲、李文昕：《朝鲜族史话》，社会科学文献出版社 2016 年版。

国东北地区。该民族乐天淳朴，能歌善舞，重视文化教育，具有独特的民风民俗。此外，朝鲜族还是我国北方最早的"稻作民族"。《阿里郎》《道拉吉》传唱四方，农乐舞、长鼓舞飘逸奔放，充分展示了朝鲜族人民的活力及勇于进取的精神。该书用深入浅出的笔调，向读者娓娓道出了这个民族的悠久历史文化及独特的民族风情。

景爱的《达斡尔族论著提要》① 是《达斡尔族通史》的一部分，达斡尔族全国只有13.2万人，有本族语言，无本族文字。其历史散见于清实录、满文档案，对其族名、民族起源有种种不同说法，在许多论著中都有所表述。作者用了数年时间，阅读了数以百计的有关论著，对其中具有代表性的115种进行评论，指出其思想观点之正误、研究方法之得失及其产生原因，正本清源，提醒读者阅读时应注意的问题。

还有乌热尔图的《北方民族与蒙古族文化丛书：在额尔古纳河流域》②，冀文正的《珞渝文化丛书——峡谷流韵》③，李旭练、张晓峰、董秉山、甘韵琪编写的《藏族传统文化百科》④，虎有泽的《张家川回族研究》⑤，杨占龙的《石嘴山回族百年实录》⑥，格·孟和的《蒙古文化概论》⑦，杨宏峰的《中国纳西族——中华民族全书》⑧，陈敬玉的《浙闽地区畲族服饰比较研究》⑨，聂森的《仡佬族传统民居与居住文化》⑩，赵恩广的《德宏傣族景颇族传统建筑保护抢救（适用型民居特色建筑设计）》⑪ 等。

二是对少数民族精神文化给予关注的，如雒树刚的《中国节日志·布依族六月六》⑫ 记述了"六月六"作为布依族传统节日中最为隆重的一个节日，是布依族重要的文化表现形式。在布依族聚居的村村寨寨，每年农历六月六这一天，家家户户用酒、鸡、刀头肉、香纸、蜡烛到河边、池塘边、水沟边或稻田水口处，祭祀天神、水神、谷神、树神、土地神等，晚上，男女青年聚集于寨中，举行对歌活动，一唱一和，一起一落，大显身手，歌声不断，每每通宵达旦，一连数日。历经千年传承下来的"六月六"是布依族人民在长期农耕稻作生产活动中形成的以娱神、娱人为内容，以祭祀、歌舞活动为载体，含有生产性和文娱性内容的群体性传统节日文化活动。

雒树刚的《中国节日志·萨玛节》⑬ 介绍了"萨玛节"是流行于南部侗族地区萨玛崇拜的、全民参与的一种宗教祭会和民间习俗。它以村为基本组织单位，是纯粹的集体性活动。举办时间一般在秋收之后、春播之前的农历十月到十二月或者正二月间。其基本内

---

① 景爱：《达斡尔族论著提要》，人民出版社2016年版。

② 乌热尔图：《北方民族与蒙古族文化丛书：在额尔古纳河流域》，内蒙古大学出版社2016年版。

③ 冀文正：《珞渝文化丛书——峡谷流韵》，成都电子科大出版社2016年版。

④ 李旭练、张晓峰、董秉山、甘韵琪：《藏族传统文化百科》，中国广播国际出版社2016年版。

⑤ 虎有泽：《张家川回族研究》，民族出版社2016年版。

⑥ 杨占龙：《石嘴山回族百年实录》，宁夏人民出版社2016年版。

⑦ 格·孟和：《蒙古文化概论》，辽宁民族出版社2016年版。

⑧ 杨宏峰：《中国纳西族——中华民族全书》，宁夏人民出版社2016年版。

⑨ 陈敬玉：《浙闽地区畲族服饰比较研究》，中国社会科学出版社2016年版。

⑩ 聂森：《仡佬族传统民居与居住文化》，科学出版社2016年版。

⑪ 赵恩广：《德宏傣族景颇族传统建筑保护抢救（适用型民居特色建筑设计）》，天津人民美术出版社2016年版。

⑫ 雒树刚：《中国节日志·布依族六月六》，光明日报出版社2016年版。

⑬ 雒树刚：《中国节日志·萨玛节》，光明日报出版社2016年版。

容与环节包括请萨、饮萨玛茶、转寨、哆耶、会餐等。鸡骨卜、走阴、杀牲、献生、献熟等也是非常重要的内容和环节。有的村寨，萨玛节期间还邀请客寨来“为也”，开展赛芦笙、演侗戏、对大歌、行歌坐夜等娱乐竞技活动，宾主同欢，人神共乐。作为侗族信奉的最高神祇和民族保护神，萨玛历史上与侗族合款制等相互适应，对侗族的心理意识、价值观念和社会生活等的影响是全面、深刻的。

王新勇、王飞霞的《土家族审美文化学初论》① 旨在从土家族悠久的历史文化艺术以及原生态文化中探索其美学精神，构建当下民族地区的诗性文化。通过对土家族民族文化观其源流，撮其概要，提炼出“群”“谐”“美”元美学精神；揭示了神话哲学精神滚动式发展、直面人生的美学精神、自我完善的审美心理，及其“尚武”“崇文”“倡和”“率性”的主体文化精神。《田氏一家言》《樊樊山诗集》定鼎土家族诗性文化，为当下旅游文化创建和影视文化繁荣发展，提供了诗文化的理论形态的支撑。

陈金文的《壮族民间信仰的传说学管窥》② 阐述了壮族民间有多种多样的信仰。譬如始祖神崇拜、蛙崇拜、铜鼓崇拜、莫一大王崇拜、娅汪信仰、龙母信仰、马援信仰与李将公信仰等。围绕着这些民间信仰，在壮族民众中流传着许多相关的传说。有某种民间信仰，往往就有与该信仰相应的许多传说在民间流传。信仰催生民间传说，传说强化民间信仰，二者互为因果。民间传说与民间信仰关系密切，它们是一对孪生兄弟。通过研究民间传说有可能了解和把握各种民间信仰的内涵或本质。

王献军的《黎族文身——海南岛黎族的敦煌壁画》③ 在广泛搜集前人研究成果的基础上，深入实地进行调查，主要研究黎族文身的历史、现状、功能、与其他民族文身的比较及其价值等。

鲁建彪的《傈僳族伦理研究》④ 讲述了傈僳族是一个古老的民族，具有爽直、纯朴、勤劳、勇敢、热情好客、崇尚忠诚的优秀民族性格。傈僳族伦理思想是傈僳族同胞在历史上形成的经济、政治、劳动、教育、家庭、婚俗、生态、医学、酒文化、民间文学和宗教等各种伦理思想和道德规范的总称。

《苗族审美意识研究》⑤ 的作者何圣伦在开展研究之前占有了丰富的第一手资料，内容翔实，把形式探讨和实证研究相结合，把关学研究和民族学、人类学研究相结合，对于苗族审美范式的概括有独到之处，尤其是对尚力、繁复、拙稚、狞厉之美产生的内在根源作了具有说服力的论证。其主要贡献是对目前尚缺乏系统研究的苗族审美意识、对苗族审美文化形态和凝聚其间的审美意识作了比较全面、系统的梳理、归类和分析，构建了一个认识苗族审美意识发生、内蕴及其衍生形态的框架，基本上呈现出了苗族审美意识的面貌，彰显了苗族文化的独特性，是目前所能见到的对少数民族审美意识研究的重要成果，有新意，有思想深度，丰富了中国少数民族美学理论。

张邦铺、何勤华的《彝族习惯法及调解机制研究》⑥ 指出，党的十八届四中全会明确

---

① 王新勇、王飞霞：《土家族审美文化学初论》，中国社会科学出版社 2016 年版。

② 陈金文：《壮族民间信仰的传说学管窥》，中国社会科学出版社 2016 年版。

③ 王献军：《黎族文身——海南岛黎族的敦煌壁画》，民族出版社 2016 年版。

④ 鲁建彪：《傈僳族伦理研究》，人民出版社 2016 年版。

⑤ 何圣伦：《苗族审美意识研究》，人民出版社 2016 年版。

⑥ 张邦铺、何勤华：《彝族习惯法及调解机制研究》，法律出版社 2016 年版。

提出了"全面推进依法治国"，我国作为一个多民族统一国家，少数民族法治的建设与发展事关能否建成法治中国。实现彝族习惯法及彝族特有民事纠纷解决机制（德古调解）的法治化改造，以促进民族地区法治建设，具有重要理论和现实意义。该书在取得凉山彝族习惯法及其纠纷调解第一手资料基础上，就彝族习惯法及其纠纷调解机制进行研究，以"偏僻角落"的中国最基层社会，即被称为"奴隶社会活化石"的凉山彝族为研究对象，考察该社会纠纷调解的现状、运行和变迁，并探讨民族地区纠纷解决的法治路径，针对整合民间调解资源、彝族多元化纠纷解决机制的构建提出对策和建议。

还有兰却加、完玛加的《格萨尔信仰文献研究（藏文版）》①，周相卿的《雷公山地区苗族习惯法研究》②，冈田谦、尾高邦雄的《海南岛黎族的社会组织和经济组织》③，雷伟红的《畲族习惯法研究——以新农村建设为视野》，唐乐飞的《从苗族民间法看苗族的"多神信仰"》④，巫达的《凉山彝族的宗教世俗化》⑤，勾佳怡、侯德忠的《苗族宗教信仰研究综述——基于国外学者的分析思考》⑥，辛志凤、赵小今的《东巴文所反映的纳西族祭祀文化》⑦，唐凯兴的《壮族伦理思想研究》⑧，熊顺清的《南传上座部佛教与阿昌族文化》⑨，张福慧的《安多藏族传统节日文化研究》⑩，王士立的《海南黎族艺术中太阳崇拜文化意象研究》⑪，何晓芳的《民间祭祀卷——满族历史资料集成》⑫，王丹的《人观身份与意义：清江流域土家族"打喜"仪式研究》⑬，福建省炎黄文化研究会、宁德师范学院编著的《当代视野下的畲族文化》⑭，张积家的《纳西族—摩梭人语言文化心理研究》⑮，麻勇恒、王爱华、姚仁海的《敬畏——苗族神判中的生命伦理》⑯，周永健的《中国西南苗族传统宗教研究》⑰ 等。

三是对少数民族民间文艺展开调查研究的，如林继富的《汉藏民间叙事传统比较研

---

① 兰却加、完玛加：《格萨尔信仰文献研究（藏文版）》，民族出版社2016年版。

② 周相卿：《雷公山地区苗族习惯法研究》，法律出版社2016年版。

③ 冈田谦、尾高邦雄：《海南岛黎族的社会组织和经济组织》，海南出版社2016年版。

④ 唐乐飞：《从苗族民间法看苗族的"多神信仰"》，《佳木斯职业学院学报》2016年第3期。

⑤ 巫达：《凉山彝族的宗教世俗化》，《北方民族大学学报（哲学社会科学版）》2016年第5期。

⑥ 勾佳怡、侯德忠：《苗族宗教信仰研究综述——基于国外学者的分析思考》，《民族论坛》2016年第9期。

⑦ 辛志凤、赵小今：《东巴文所反映的纳西族祭祀文化》，《学理论》2016年第2期。

⑧ 唐凯兴：《壮族伦理思想研究》，人民出版社2016年版。

⑨ 熊顺清：《南传上座部佛教与阿昌族文化》，宗教文化出版社2016年版。

⑩ 张福慧：《安多藏族传统节日文化研究》，中国社会科学出版社2016年版。

⑪ 王士立：《海南黎族艺术中太阳崇拜文化意象研究》，中国纺织出版社2016年版。

⑫ 何晓芳：《民间祭祀卷——满族历史资料集成》，辽宁民族出版社2016年版。

⑬ 王丹：《人观身份与意义：清江流域土家族"打喜"仪式研究》，中国社会科学出版社2016年版。

⑭ 福建省炎黄文化研究会、宁德师范学院编著：《当代视野下的畲族文化》，海峡文艺出版社2016年版。

⑮ 张积家：《纳西族—摩梭人语言文化心理研究》，中国人民大学出版社2016年版。

⑯ 麻勇恒、王爱华、姚仁海：《敬畏——苗族神判中的生命伦理》，民族出版社2016年版。

⑰ 周永健：《中国西南苗族传统宗教研究》，中央民族大学出版社2016年版。

究：基于民间故事类型的视角》[①] 从藏族文化的历史进程中看民间叙事，或者说，通过民间叙事理出藏族文化发展历史的影像。这种对于文化史的整体把握就使得许多具体研究题目获得了历史性的意义，不再是就事论事了，而是把藏族历史和藏族文化发展的历史作了梳理。作者将民间故事作为讨论汉藏文化关系的视角，也是讨论的对象，并且落笔在汉族、藏族民间叙事传统的共同性与差异性上，这种以小见大的研究具体而微，表现出独到的创见性。这部书是集汉族、藏族民间故事研究之大成，在一定程度上把藏族故事研究推到一个新的高度，是二十世纪和二十一世纪初当代学者关于汉族、藏族民间故事研究的一个典型缩影。其可贵之处在于他不把故事研究当作是自我的，而将其视为一个民族文化史、心灵史、社会史的一部分，同时将民间故事视为汉藏情感交流和文化交流的结晶，见地独到。

毕桪的《哈萨克魔法故事探幽》[②] 包括哈萨克魔法故事的内容分类、哈萨克魔法故事里的历史记忆、萨满教信仰与哈萨克魔法故事、多元文化空间的哈萨克魔法故事等。

周传斌、马文奎的《中国少数民族图志：保安族（西北卷英汉对照）》[③] 则以保安族概览、扑朔迷离的民族历史、传统锻造技艺的生计方式、特色的民俗文化、丰富多彩的文学艺术、和而不同的宗教文化等为主要内容。

郗春媛的《布朗族史话》[④] 指出，布朗族是中国西南一个历史悠久的少数民族。该民族有语言无文字，具有丰富的口传历史传统文化，从远古的兄妹成婚衍人类、汉代的哀牢人到今天的布朗人，从靠山吃山、狩猎采集、制茶织布到今天的楼上楼下、电灯电话，从传统的“弹琴说爱”“击鼓传情”到今天的非物质文化遗产，布朗族有着深厚的历史文化底蕴。作者用深入浅出的笔调，向读者展示了这一古老民族悠久的历史文化及独特多彩的民族风情。

郭得宏、龙丁生的《情友歌：良和妮》[⑤] 为叙事性情友歌。以布依文、汉文直译意译对照，以七言句诗歌形式呈现，会集世代流传在布依族聚居区南明区木头寨、水坝寨、二戈寨、甘家院一带的布依族传统情友歌《良和妮》。包括《良和妮结友》《送友十八里》《难缔知心缘》《牵友手去游》《搭友肩去赴“方”》《神游九龙界》《地下连理枝》《化鹤双比翅》以及《双鹤玩花园》等。

普布多吉的《林芝民歌精选》[⑥] 为我们呈现了林芝地区的宗教、历史、文化以及富有乡土气息和生活趣味的情景、场面，具有强烈的民族特色和浓郁的地方色彩，同时体现了林芝人民热爱生活、乐观向上的精神风貌。

王唯惟的《舞蹈与文化——贵州苗族舞蹈的身体叙事》[⑦] 对舞蹈于苗族的特殊意义和价值作了深刻的描述。苗族舞蹈与其社会组织管理生活中的鼓社、议榔、祭祀、婚姻等制

---

① 林继富：《汉藏民间叙事传统比较研究：基于民间故事类型的视角》，人民文学出版社 2016 年版。

② 毕桪：《哈萨克魔法故事探幽》，民族出版社 2016 年版。

③ 周传斌、马文奎：《中国少数民族图志：保安族（西北卷英汉对照）》，民族出版社 2016 年版。

④ 郗春媛：《布朗族史话》，社会科学文献出版社 2016 年版。

⑤ 郭得宏、龙丁生：《情友歌：良和妮》，贵州民族出版社 2016 年版。

⑥ 普布多吉：《林芝民歌精选》，人民出版社 2016 年版。

⑦ 王唯惟：《舞蹈与文化——贵州苗族舞蹈的身体叙事》，人民出版社 2016 年版。

度关系密切。仪式（民俗）活动与其文化的方方面面相联系。由于苗族没有自己的文字，他们的历史很大程度上依靠舞蹈、古歌、传说、服饰、音乐等形式来传承。因此，苗族舞蹈等文化形式所承载的历史文化信息，其文化功能也非常重要。作者对贵阳、遵义、黔东南、黔南、黔西南、黔西以及黔西北等地区的苗族仪式（民俗）活动和舞蹈形式，从艺术学和人类文化学的视野作了深刻的描述和分析，使读者能够更深刻地了解贵州苗族舞蹈的文化内涵。

还有广西壮族自治区少数民族古籍整理出版规划领导小组办公室的《布洛陀经诗：壮族创世史诗》①，蓝汉光的《壮族俗语集成（桂林篇谚语）/广西少数民族非物质文化遗产书库》②，施文科、李亮文的《阿黑西尼摩：彝族创世史诗》③，黄铁、杨智勇、刘绮、公刘整理的《阿诗玛：彝族民歌》④，郭思九、陶学良整理的《查姆：彝族创世史诗》⑤，冯元蔚的《勒俄特依：彝族古典长诗》⑥，《彝族传世经典》编委会的《彝族传世经典勒俄特依》⑦，张曙光的《那达慕的现代传承及意义阐释》⑧，贾瑞光的《那达慕文化变迁研究：以黑龙江省杜尔伯特那达慕为例》⑨，莫合塔尔·加帕尔的《新疆少数民族工艺美术研究·研究卷：新疆柯尔克孜族传统银饰艺术》⑩，温都苏、李崇辉、徐英的《中国北方草原游牧民族雕塑艺术史》⑪，宋小飞的《中国北方草原游牧民族民间艺术史》⑫，华旦尖措的《个性与共性的并存——藏族当代诗歌赏析（藏文版）》⑬，王玉贵、刘衍芬编写的《望谟布依族传说精编》⑭，由云南省少数民族古籍整理出版规划办公室编著的《厘俸：傣族英雄史诗》⑮，王沂暖、华甲编著的《格萨尔王传：藏族英雄史诗》⑯，陈贵培著、李鉴尧整理的《松帕敏和嘎西娜：傣族民间叙事诗》⑰，岩叠、陈贵培、刘绮、王

---

① 广西壮族自治区少数民族古籍整理出版规划领导小组办公室：《布洛陀经诗：壮族创世史诗》，中国国际广播出版社2016年版。

② 蓝汉光：《壮族俗语集成（桂林篇谚语）/广西少数民族非物质文化遗产书库》，广西民族出版社2016年版。

③ 施文科、李亮文：《阿黑西尼摩：彝族创世史诗》，中国国际广播出版社2016年版。

④ 黄铁、杨智勇、刘绮、公刘整理：《阿诗玛：彝族民歌》，中国国际广播出版社2016年。

⑤ 郭思九、陶学良整理：《查姆：彝族创世史诗》，中国国际广播出版社2016年版。

⑥ 冯元蔚：《勒俄特依：彝族古典长诗》，中国国际广播出版社2016年版。

⑦ 《彝族传世经典》编委会：《彝族传世经典勒俄特依》，四川民族出版社2016年版。

⑧ 张曙光：《那达慕的现代传承及意义阐释》，商务印书馆国际有限公司2016年版。

⑨ 贾瑞光：《那达慕文化变迁研究：以黑龙江省杜尔伯特那达慕为例》，民族出版社2016年版。

⑩ 莫合塔尔·加帕尔：《新疆少数民族工艺美术研究·研究卷：新疆柯尔克孜族传统银饰艺术》，新疆美术摄影出版社2016年版。

⑪ 温都苏、李崇辉、徐英：《中国北方草原游牧民族雕塑艺术史》，内蒙古人民出版社2016年版。

⑫ 宋小飞：《中国北方草原游牧民族民间艺术史》，内蒙古人民出版社2016年版。

⑬ 华旦尖措：《个性与共性的并存——藏族当代诗歌赏析（藏文版）》，民族出版社2016年版。

⑭ 王玉贵、刘衍芬：《望谟布依族传说精编》，民族出版社2016年版。

⑮ 云南省少数民族古籍整理出版规划办公室：《厘俸：傣族英雄史诗》，中国国际广播出版社2016年3月。

⑯ 王沂暖、华甲：《格萨尔王传：藏族英雄史诗》，中国国际广播出版社2016年版。

⑰ 陈贵培：《松帕敏和嘎西娜：傣族民间叙事诗》，中国国际广播出版社2016年版。

松的《召树屯：傣族民间叙事诗》[①]，罗世荣主编的《侗都民间故事》[②]，周传斌、马文奎的《神秘的河谷（独龙族民族志文献图片集）/中国纪录影像文库》[③]，乌日娜的《鄂温克音乐文化》[④]，朱小和的《哈尼阿培聪坡坡：哈尼族迁徙史诗》[⑤]，色道尔吉的《阿勒泰地区哈萨克族日常生活点滴趣事》[⑥]，黄中祥的《哈萨克族爱情叙事诗》[⑦]，昌吉回族自治州文联的《回族谚语：回族智慧结晶》[⑧]，汪平的《西北地区回族宴席曲及其音乐特征》[⑨]，李生信的《西北回族话研究》[⑩]，罗健民的《莫一大王：壮族英雄史诗》[⑪]，沈燕琼、陈增瑜的《京族喃字民歌集》[⑫]，孙有康、李和弟的《五指山传：黎族创世史诗（中华大国学经典文库）》[⑬]，拉斯格玛的《汉族题材少数民族叙事诗译注》[⑭]，浙江省民族事务委员会的《高皇歌：畲族长篇叙事歌谣（中华大国学经典文库）》[⑮]，夏天的《阿娌葩和鸳鸯花·相思鸟：土家族民间叙事诗》[⑯]，林继富的《土家族民间故事》[⑰]，庹继光、李缨、庹继华的《中国少数民族传播研究系列·土风巴韵：土家族传播研究》[⑱]，马学良、今旦的《金银歌：苗族史诗（中华大国学经典文库）》[⑲]，朱立春的《满族说部文本研究》[⑳]，贵州省少数民族古籍整理出版社规划小组办公室、燕宝合著的《苗族古歌：苗族

---

① 岩叠、陈贵培、刘绮、王松：《召树屯：傣族民间叙事诗》，中国国际广播出版社2016年版。

② 罗世荣：《侗都民间故事》，民族出版社2016年版。

③ 周传斌、马文奎：《神秘的河谷（独龙族民族志文献图片集）/中国纪录影像文库》，民族出版社2016年版。

④ 乌日娜：《鄂温克音乐文化》，中央民族大学出版社2016年版。

⑤ 朱小和：《哈尼阿培聪坡坡：哈尼族迁徙史诗》，中国国际广播出版社2016年版。

⑥ 色道尔吉：《阿勒泰地区哈萨克族日常生活点滴趣事》，江苏文艺出版社2016年版。

⑦ 黄中祥：《哈萨克族爱情叙事诗》，民族出版社2016年版。

⑧ 昌吉回族自治州文联：《回族谚语：回族智慧结晶》，中国国际广播出版2016年版。

⑨ 汪平：《西北地区回族宴席曲及其音乐特征》，人民出版社2016年版。

⑩ 李生信：《西北回族话研究》，社会科学文献出版社2016年版。

⑪ 罗健民：《莫一大王：壮族英雄史诗》，中国国际广播出版社2016年版。

⑫ 沈燕琼、陈增瑜：《京族喃字民歌集》，广西民族出版社2016年版。

⑬ 孙有康、李和弟：《五指山传：黎族创世史诗（中华大国学经典文库）》，中国国际广播出版社2016年版。

⑭ 拉斯格玛：《汉族题材少数民族叙事诗译注》，民族出版社2016年版。

⑮ 浙江省民族事务委员会：《高皇歌：畲族长篇叙事歌谣（中华大国学经典文库）》，中国国际广播出版社2016年版。

⑯ 夏天：《阿娌葩和鸳鸯花·相思鸟：土家族民间叙事诗》，中国国际广播出版社2016年版。

⑰ 林继富：《土家族民间故事》，四川民族出版社2016年版。

⑱ 庹继光、李缨、庹继华：《中国少数民族传播研究系列·土风巴韵：土家族传播研究》，复旦大学出版社2016年版。

⑲ 马学良、今旦：《金银歌：苗族史诗（中华大国学经典文库）》，中国国际广播出版社2016年版。

⑳ 朱立春：《满族说部文本研究》，长春出版社2016年版。

史诗（中华大国学经典文库）》[1]，色道尔吉的《江格尔》[2]，张越的《探秘〈江格尔〉》[3]，赵文工、丹巴的《祖乐阿拉达尔罕传》[4]，罗兴贵、张成的《苗族道德歌》[5]，盘才万、房先清、李默、林炳熙的《盘王歌：瑶族古典歌谣》[6]，李静、锋晖的《中国少数民族图志：锡伯族：英汉对照》[7]，由阿不都热依木·那札尔所作、刘发俊翻译、岩石整理的《帕尔哈德与西琳（维吾尔族爱情长诗）/中华大国学经典文库》[8] 等。

四是对少数民族非物质文化遗产的介绍与研究，如杨毅的《歌与生活——人类学视阈下的侗族大歌研究》[9]。侗族大歌——侗族民间称为“嘎老”，是流传于侗族南部方言地区的一种具有强烈地域性和浓郁原生性的民族音乐，自20世纪50年代侗族大歌被音乐工作者发现以来，侗族大歌就以其无伴奏自然和声的音乐魅力而逐渐为世人熟知。该书从人类学的视野展开对侗族大歌的整体考察，主要介绍了侗族大歌的分布地域、文化地理学因素；解析了侗族大歌的发展演变、地域分布、历史形态、发展态势、未来趋向；论述了侗族大歌的歌唱内容；剖析了侗族大歌的歌律形态；阐释了侗族大歌的主要社会功能。此外，还从侗族大歌的文化场域、符号叙事、现代语境、当下的视角分析入手，呈现了侗族大歌传承过程中接受心理异动、艺术形态固化、审美体验转型、传承模式嬗变等迫在眉睫的现实问题。

杨永福的《云南瑶族口传非物质文化遗产提要辑录》[10] 提出云南瑶族属于汉藏语系苗瑶语族瑶语支。据专家学者的长期研究考证，认为瑶族始祖是盘瓠，早期生活于五帝时代的帝喾高辛氏时期，与帝喾高辛氏有着密切的联系，至今已有5000多年的历史。瑶族与“三苗”同根，源于“九黎”，而苗瑶先民“九黎”与帝喾高辛氏同为东夷集团关系密切。随着历史的变迁，“三苗”开始分化，魏晋南北朝时期，长沙武陵蛮中的一部分被称为“莫瑶蛮”。从此，瑶族从“三苗”中分化出来，成为单一的民族共同体。在云南，自宋元时期已有瑶族迁入，但学术界比较公认的看法是，瑶族从广东、广西、贵州大量进入云南是在明清时期。

徐义强编著的《哈尼族疾病认知与治疗实践的医学人类学研究》[11] 以人类学的视野，对中国云南省境内哈尼族的疾病信仰与治疗实践进行研究，旨在解读这一古老族群的疾病认知体系、治疗体系以及与之紧密相关的宗教信仰生活和宗教仪式治疗，力图展示一个西南古老族群宗教信仰、仪式展演与治疗实践之间相互交错的文化图景，并探讨在社会变迁

---

① 贵州省少数民族古籍整理出版社规划小组办公室、燕宝：《苗族古歌：苗族史诗（中华大国学经典文库）》，中国国际广播出版社2016年版。

② 色道尔吉：《江格尔》，中国国际广播出版社2016年版。

③ 张越：《探秘〈江格尔〉》，辽宁民族出版社2016年版。

④ 赵文工、丹巴：《祖乐阿拉达尔罕传》，中国国际广播出版社2016年版。

⑤ 罗兴贵、张成：《苗族道德歌》，贵州大学出版社2016年版。

⑥ 盘才万、房先清、李默、林炳熙：《盘王歌：瑶族古典歌谣》，中国国际广播出版社2016年版。

⑦ 李静、锋晖：《中国少数民族图志：锡伯族：英汉对照》，民族出版社2016年版。

⑧ 阿不都热依木·那札尔：《帕尔哈德与西琳（维吾尔族爱情长诗）/中华大国学经典文库》，中国国际广播出版社2016年版。

⑨ 杨毅：《歌与生活——人类学视阈下的侗族大歌研究》，中国社会科学出版社2016年版。

⑩ 杨永福：《云南瑶族口传非物质文化遗产提要辑录》，天津古籍出版社2016年版。

⑪ 徐义强：《哈尼族疾病认知与治疗实践的医学人类学研究》，中国社会科学出版社2016年版。

的大背景下，哈尼人的疾病信仰与治疗实践乃至社会生活发生的变化。该书主要采用“以个人为中心的田野民族志”开展调查与写作，兼顾相关文献资料的搜寻梳理。数年来，作者跟踪了多位职能各异、角色不同的哈尼族民间草医、土俗医生和仪式专家（师娘莫、莫批、咪谷）。通过大量接触，记录了各种各样的治疗方法、治疗仪式并描画他们的个人生命史和心路历程。

林力的《哈尼族剪纸文化研究》[①] 介绍了哈尼族是一个历史悠久、支系众多的民族。哈尼族剪纸与梯田稻作文化密切相关，其纹饰多反映了哈尼人的生活环境及其农耕生产。纹样多表现日月星辰、山川河流等自然物象，村寨中的动植物及人物，以及梯田劳作时使用的生产工具等。哈尼族剪纸具有隐性文化特征，在大多数情况下它只是服饰、纸扎等民间工艺中的一个制作环节，很少有人将它视为独立存在的手艺，在哈尼族文化中处于边缘位置，容易被人忽视。目前所谓的哈尼族剪纸“传统”更多反映的是近几十年来在哈尼族社区形成的剪纸新传统。通过考察可发现，不同支系的哈尼族剪纸文化模式具有差异性；哈尼族剪纸还受到了共居民族剪纸文化的影响，呈现出多民族剪纸文化借用的趋势。

黄任远、刁乃丽的《赫哲族伊玛堪研究史》[②] 是黄先生以其从事伊玛堪研究 45 年成果为基础，参考凌纯声、刘忠波、马名超、李熏风、隋书今等先辈的有关研究成果，首次系统地梳理了伊玛堪研究 80 多年历程，总结了伊玛堪采录、研究和保护的成果，介绍了伊玛堪的说唱与传承，为后人提供了翔实的研究史料。毫不夸张地说，这是国内外第一部关于伊玛堪研究的学术史，对于总结伊玛堪研究理论与方法，进一步推动国内外伊玛堪研究，早日建立我国的“伊玛堪学”具有十分重要的意义。

明庆忠的《佤族文化旅游产品开发研究》[③] 以佤族文化的保护传承为目标，应用现代技术，对佤族传统民族文化进行抢救、搜集和整理，开展佤族舞蹈、歌曲、风情、服饰、展演等多种具有佤族特色的非物质文化遗产旅游利用研究；从利用现代科技保护和传承佤族传统文化遗产的原真性和完整性入手，研发相关旅游产品，重点打造翁丁原生态群居村落文化旅游区，旨在促进当地历史文化保护、生态文化旅游与民族文化的科技融合，创建重量文化和科技融合示范基地。书中提出的众多举措对其他民族文化地的旅游发展也可起到示范借鉴作用。

还有杨育民的《白族吹打：大理传统音乐研究》[④]，金凤官的《中国朝鲜族民谣全集：朝鲜文》[⑤]，李友友、陈金梅的《民族刀具文化——保安族腰刀与阿昌族》[⑥]，张贵华、邓光华的《侗族大歌概论》[⑦]，努尔巴汗・卡力列汗的《哈萨克民间演唱艺人的表演艺术》[⑧]，饶蕾的《新疆少数民族工艺美术研究・工艺卷：新疆柯尔克孜族工艺美术》[⑨]，魏

① 林力：《哈尼族剪纸文化研究》，人民日报出版社 2016 年版。

② 黄任远、刁乃丽：《赫哲族伊玛堪研究史》，民族出版社 2016 年版。

③ 明庆忠：《佤族文化旅游产品开发研究》，人民出版社 2016 年版。

④ 杨育民：《白族吹打：大理传统音乐研究》，人民音乐出版社 2016 年版。

⑤ 金凤官：《中国朝鲜族民谣全集：朝鲜文》，民族出版社 2016 年版。

⑥ 李友友、陈金梅：《民族刀具文化——保安族腰刀与阿昌族》，中国轻工业出版社 2016 年版。

⑦ 张贵华、邓光华：《侗族大歌概论》，高等教育出版社 2016 年版。

⑧ 努尔巴汗・卡力列汗：《哈萨克民间演唱艺人的表演艺术》，中央民族大学出版社 2016 年版。

⑨ 饶蕾：《新疆少数民族工艺美术研究・工艺卷：新疆柯尔克孜族工艺美术》，新疆美术摄影出版社 2016 年版。

远莹、孙振玉的《漫漫百年路：记回医文化传承人张宝玉》①，和云峰的《纳西族音乐史》②，杨和平的《非遗保护与靖州苗族歌鼟研究》③，徐刘蔚的《千年窝妥——丹寨苗族蜡染文化特展》④，叶碧霄、杨葳的《泰顺畲族民歌》⑤，徐红、汪锁红的《新疆少数民族工艺美术研究·工艺卷：新疆塔吉克族工艺美术》⑥，潘淘洁、鲍诗度的《水族刺绣》⑦，周吉、王文章的《中国非物质文化遗产代表作丛书·木卡姆》⑧，陈东的《田野中的艺术呈现：湘西土家族传统音乐文化的多维视角研究》⑨，赵凯的《新疆民族木器装饰艺术》⑩，张红梅、张红霞、周春花的《黎族原始制陶技艺》⑪，张亨德、韩莲芬的《新疆少数民族工艺美术研究·纹样卷：新疆维吾尔族纹样艺术》⑫ 等。

五是对少数民族村落民俗志的书写及文化变迁的研究，如罗明军、李涛、何祖坤的《民族地区权力、文化与社区治理：一个彝族社区的政治人类学研究》⑬ 以一个彝族社区为个案，从下到上的社区权力与从上到下的国家权力在一个社区中的较量、冲突与融合，这两种不同的权力主体和制度对存在的民族文化起到了润滑的作用，形成了一个微观的政治人类学聚焦的场域。该研究在人类学的田野调查方法的基础上，以社区治理的客观事实为依据，以个案质性研究为路径，在民族地区日常生活逻辑基础上探索民族地区社区治理的规律。民族文化系统作为重要的润滑剂，具有基础性的作用，能够协调好各个治理主体之间的关系，使之能够有效合作。

向轼、田阡的《族群性的承变：苗疆边缘秀山苗族的生活》⑭ 采用民族志方法，考察了苗疆边缘的一个苗族村（重庆秀山半沟村），从族群记忆、地缘和血缘、通婚圈、苗语使用、传统文化和象征符号、国家意识与族群心理六个方面，对其族群性进行了剖析，发现苗族族群性的维系有其内在的机制和纽带，也因住地迁徙、政治经济环境变迁，族群之间的互动关系以及族群自身的发展变化而在历史进程中不断改变其具体内容和社会功能。

---

① 魏远莹、孙振玉：《漫漫百年路：记回医文化传承人张宝玉》，宁夏人民出版社 2016 年版。

② 和云峰：《纳西族音乐史》，民族出版社 2016 年版。

③ 杨和平：《非遗保护与靖州苗族歌鼟研究》，苏州大学出版社 2016 年版。

④ 徐刘蔚：《千年窝妥——丹寨苗族蜡染文化特展》，中央民族大学出版社 2016 年版。

⑤ 叶碧霄、杨葳：《泰顺畲族民歌》，浙江摄影出版社 2016 年版。

⑥ 徐红、汪锁红：《新疆少数民族工艺美术研究·工艺卷：新疆塔吉克族工艺美术》，新疆美术摄影出版社 2016 年版。

⑦ 潘淘洁、鲍诗度：《水族刺绣》，东华大学出版社 2016 年版。

⑧ 周吉、王文章：《中国非物质文化遗产代表作丛书·木卡姆》，文化艺术出版社 2016 年版。

⑨ 陈东：《田野中的艺术呈现：湘西土家族传统音乐文化的多维视角研究》，吉林大学出版社 2016 年版。

⑩ 赵凯：《新疆民族木器装饰艺术》，中国建筑工业出版社 2016 年版。

⑪ 张红梅、张红霞、周春花：《黎族原始制陶技艺》，南方出版社 2016 年版。

⑫ 张亨德、韩莲芬：《新疆少数民族工艺美术研究·纹样卷：新疆维吾尔族纹样艺术》，新疆美术摄影出版社 2016 年版。

⑬ 罗明军、李涛、何祖坤：《民族地区权力、文化与社区治理：一个彝族社区的政治人类学研究》，中国书籍出版社 2016 年版。

⑭ 向轼、田阡：《族群性的承变：苗疆边缘秀山苗族的生活》，人民出版社 2016 年版。

李欣欣的《消解与重构——现代性体验与苗族乡村妇女的家庭生活》① 研究了贵州黔东南西江千户苗寨所代表的中国少数民族聚居村寨，作者发现融于家庭生活中的传统文化由于生存环境的变化与外来现代文化的不断冲击而发生转变。与自上而下的强制变迁不同，这种转变通过诸如电视下乡、手机媒介、外出务工、开展民族旅游等现代性力量带有一定的主动性和自发性：传统文化的转变并不意味着消失而是一种重构，以家庭生活为重心的少数民族妇女，在远离中心的乡村寻找由传统到现代的变迁，发现她们对于曾经陌生的现代性的想象和实践。

还有岳雪莲的《仫佬族流动人口与流出地社会变迁研究：基于广西罗城凤梧村的调查》②，罗连祥的《贵州苗族地区教育发展与民族传统文化变迁》③，罗春寒的《水族风俗志》④，李雯主编、陆刚编著的《阿西里西的故乡：板底彝族古村落》⑤，张广才的《城镇化视域下黑龙江人口较少世居民族文化田野调查与研究：以鄂温克族、达斡尔族、锡伯族、柯尔克孜族为例》⑥，郝庆元、纪悦声的《赫哲族社会文化变迁研究》⑦，张国云的《传统、仪式与精神守望：一个维吾尔村庄的人类学个案》⑧ 等。

三　展望与思考

纵观以上少数民族民俗研究的论文和著作，可以说，2016 年少数民族民俗的研究成果颇为丰硕，特点有三：一是学者人数众多，论文、著作层出不穷；二是研究视野既涵盖了民间文化方面，又侧重于解决现实问题；三是涉及面深且广，少数民族的政治、经济、文化、教育、社会、宗教、民俗、民族关系等均有涉猎，其研究范围大大拓宽。然而，该领域的研究仍然存在些许问题，有待民俗学者们进一步充实和解决。

其一，2016 年民俗学研究的论文和著作硕果累累，论文、著作的发表数量较上年同比上升。但是，我们也可以看出民俗学研究成果在核心期刊上发表的数量较少，这在一定程度上反映出论文质量不高，选题新颖度不够。一个学科要蓬勃发展，离不开学者的努力和学术平台的支持。希望在接下来的时间里，学者能够有更多的机会在更广袤的学术天地展示自己的成果。

其二，众所周知，我国少数民族民俗资源非常丰富，因此少数民族非物质文化的普查、建档、研究、保护工作都在火热地进行，各地方政府及文化部门为此做了大量相关工

---

① 李欣欣：《消解与重构——现代性体验与苗族乡村妇女的家庭生活》，上海三联书店出版社 2016 年版。

② 岳雪莲：《仫佬族流动人口与流出地社会变迁研究：基于广西罗城凤梧村的调查》，经济科学出版社 2016 年版。

③ 罗连祥：《贵州苗族地区教育发展与民族传统文化变迁》，中国书籍出版社 2016 年版。

④ 罗春寒：《水族风俗志》，上海故事会文化传媒有限公司 2016 年版。

⑤ 李雯主编、陆刚编著：《阿西里西的故乡：板底彝族古村落》，贵州民族出版社 2016 年版。

⑥ 张广才：《城镇化视域下黑龙江人口较少世居民族文化田野调查与研究：以鄂温克族、达斡尔族、锡伯族、柯尔克孜族为例》，黑龙江大学出版社 2016 年版。

⑦ 郝庆元、纪悦声：《赫哲族社会文化变迁研究》，学习出版社 2016 年版。

⑧ 张国云：《传统、仪式与精神守望：一个维吾尔村庄的人类学个案》，中央民族大学出版社 2016 年版。

作。但是我们发现许多地方掀起了“非遗”保护的热潮，以保护为名、大行旅游开发之实，尤其是对一些具有表演性的、能给当地带来直接收益的“非遗”项目肆意包装、过度开发。在“非遗”保护过程中，重申报、轻保护现象还时有发生。

其三，虽然有些民俗学研究对象转向了文化变迁背景下的调研，但是并没有对其提出有效的针对性的解决方案。例如，在边疆地区兴起的牧民定居工程，由于未能理解牧民的民俗文化与需求，而出现了许多牧民定居后并不适应城市生活返回原居住地进行游牧生活的现象。我们在进行民俗研究时不仅要结合现实问题更需要服务现实问题，将出现的问题与专业相结合，提出可行性意见或建议。

其四，以“中国知网”为代表的数据库中虽然收录了部分少数民族语言书写的论著，但是用少数民族语言文字发表的论文却未列其中。我们在作文献综述时，无法搜集、整理用少数民族语言文字发表的论文，这不能不说是本研究综述的一大憾事。希望 2017 年有更多的汉语译本问世或被收录，这将使得我们的民俗研究梳理更科学、更全面。

当前我国民俗学在经历了多年的发展之后已经形成了一套完整的体系，民俗文化研究也得到了空前发展。但对于学者来说，研无止境，民俗研究是一个任重而道远的征途，需要每一位学人继续努力。2017 年，我们仍需加油。

第四篇

论 著 评 介

【史诗学论集】

朝戈金著，中国社会科学出版社 2016 年 12 月版

自 20 世纪 90 年代中后期起，中国民俗学界积极引进西方口头传统研究的前沿成果，从译介口头程式理论入手，同时紧密结合学科建设的需要，在口头诗学的本土化实践中开创了中国史诗研究的新局面。朝戈金便是其中的领军人物。他在史诗研究领域所取得的一系列实绩是在学术上不断追求自我突破的结果，为中国史诗学、民间文艺学乃至民俗学提供了一条可资借鉴的道路，具有不可忽视的示范意义。作为“中国社会科学院学部委员专题文集”中的一种，《史诗学论集》[①] 共收入朝戈金所撰的关联性论文 18 篇，按“史诗学术的反思与批评”“口头诗学的理论与方法”“口头诗学的本土化实践”三个单元结集。从总体上看，该文集虽以“史诗学”冠名，但既是了解东西方史诗研究历程的必读之作，也是探究口头诗学的经典之作。现围绕“史诗学”和“口头诗学”这两个关键词作一简要评述。

朝戈金是国内口头诗学的倡导者，也是实践者，对口头诗学的理论与方法有首倡和推进之功。《口传史诗的误读——朝戈金访谈录》（与廖明君合作）反思和检讨了使用研究书面文学的方法研究口传史诗的弊端，指明脱离口头传统解读口头文本将导致把口传史诗研究带入学术“误区”的危险，力倡聚焦于口传史诗自身的基本属性和特征，观察、分析和阐释口传史诗在创编、演述、流布过程中所呈现的特质、诗学法则和美学价值等。《口传史诗诗学的几个基本概念》对口传史诗诗学的概念和术语进行了较为系统的梳理与规范，便于国内学界对口头诗学的参考和借鉴，有助于国内学界对口头诗学的某些基本理论、基本概念和术语形成共识，使中西学术批评更好地对话和沟通，进而有裨益于中国史诗研究的切实发展。《“回到声音”的口头诗学：以口传史诗的文本研究为起点》以口传史诗的文本研究为主线，从学术史的角度讨论口头诗学的演成、发展及其理论模型。他倡导将口传史诗的文本与语境关联起来进行整体的把握，归纳口传史诗文本的诗学特质。以“口头性”和“文本性”为问题导向，他强调活形态的口头史诗从来没有“权威本”和“标准本”，反对对所谓的“原本”或“母本”的构拟和追寻。他将口头史诗的演述文本置于演述中界定，充分肯定每一次具体的史诗演述文本既是一首“特定的歌（the song）”，同时又是“一般的歌（a song）”，阐述了二者之间的区别与内在关联。他从版本、语言、结构、接受、创造者等多个层面逐一考察了口头诗学的文本和书面诗学的文本之间的差异，对口头文本、来源于口头传统的文本、以传统为取向的口头文本、大脑文本等文本类型展开了详尽的学术阐发，革新了国内民俗学界既有的文本观念，对国内学界口头文学的文本讨论具有革命性的意义，推动了学界对口头文学本身内在规律认识的深化。

朝戈金在分析史诗与认同关联的基础上，揭示在不同演述传统里，史诗产生的认同辐射范畴大小各异，力度强弱有别，呈现个体认同、社区或区域认同、民族认同等不同表现形式。“史诗存在的意义，在这里就不仅是艺术地讲述一个关于英雄的故事，而是通过宏大的叙事，全面承载一个民族的精神风貌和情感立场。它不仅教化民众，而且强化他们内部的联系——共同的先祖意识、归属感和历史连续感。史诗的操演实践，就是将千百年间传承下

---

① 朝戈金：《史诗学论集》，中国社会科学出版社 2016 年版。

来的叙事，与特定时空中的当下日常生活实践联系起来。生活在当下的民众，在反复与被神圣化和艺术化的历史建立对接和对话过程中，获得自我认同。”① 这种跨学科的理论思考深蕴着朝戈金对本土史诗传统的某种人文关怀，给读者诸多启发，使我们看到史诗认同建构的复杂的历史过程和多样的形态。

史诗的形成是一个漫长的过程，不同民族具有不同的发展过程，因而不同民族的史诗传统发展过程也不尽相同。面对着千差万别的世界各地史诗传统，20 世纪中后期的国际史诗研究者都认为不应该以荷马史诗为范例评价其他文化传统中的史诗，而应该摒弃偏见，以一种不同于亚里士多德的眼光看待史诗，进一步阐述史诗的英雄主义精神。正是因为史诗的多样性，国际史诗学界普遍认为史诗界定工作的取样范围不能局限于印欧文化传统，而应更多地参照世界上其他地区的史诗传统，从而也致使国际学界对史诗的界定众说纷纭。国际学界都指明史诗是长篇叙事诗，但是到底多少诗行才能称得上史诗的规模，学者的意见不一。亚里士多德认为史诗以等于一次看完的几部悲剧的长度的总和为宜，如果以公元前五世纪的希腊悲剧的长度为基准，三部悲剧的总行数应当在四至五千行左右。② 哈图（A. T. Hatto）认为，几千诗行的口头诗歌只能算作叙事短歌（lay），只有上万行的才能称为史诗。③ 劳里·航柯（Lauri Honko）认为史诗长度的最低限度应该是一千诗行。④ 但是，在塞尔维亚—克罗地亚地区，基督教史诗的演唱长度很少能超过 250 行。⑤ 俄罗斯的壮士歌（bylini），又作“勇士歌”，不仅形式短小，且叙事简洁，不同于鸿篇巨制的史诗那样宽泛而详尽地讲述故事。⑥ 运用大量的中外田野研究材料，结合口头诗学理论，在《“多长算是长”：论史诗的长度问题》一文中，朝戈金检讨了多位学者对诗行尺度设定的标准的理据，发现相关论见并不具切合不同史诗演述传统的现实性和合理性，进而较为科学地指出，史诗内容诸要素，而非形式上诗行的多寡，才是认定史诗的核心尺度。朝戈金对史诗长度问题的讨论，具有广泛的包容性与极强的开放性，尽可能地考虑到了史诗演述传统的复杂性和多样性，对史诗这一文类的界定作出了较为谨慎的理论修正，也为史诗叙事传统的研究带来了新的启示。

朝戈金对口头诗学的理论和方法持有的强烈的自觉意识，凸显了他对史诗研究所作出的一种积极严肃的学术思考，有力地推进了口头诗学在中国的发展，丰富和发展口头诗学理论与方法，进而得到学界相当的认可和赞许。

陈寅恪曾说过：“其真能于思想上自成系统，有所创获者，必须一方面吸收输入外来之学说，一方面不忘本来民族之地位。”⑦ 如果仅仅是把口头诗学输入国内，那么朝戈金也就不能成为中国，乃至国际口头诗学的领军人物。如果不立足本民族文学而空谈口头诗学，就有可能使得自身的研究成为国外理论的例证与注脚。反之，则能够发现许多用原来的理论和方法不能

① 朝戈金：《史诗学论集》，中国社会科学出版社 2016 年版，第 173 页。
② ［古希腊］亚里士多德：《诗学》，陈中梅译，商务印书馆 2005 年版，第 168—172 页。
③ Lauri Honko, *Textualising the Siri Epic*, Helsinki, Academia Scientiarum Fennica, 1998, P36.
④ Lauri Honko, *Textualising the Siri Epic*, Helsinki, Academia Scientiarum Fennica, 1998, P36.
⑤ Lauri Honko, *Textualising the Siri Epic*, Helsinki, Academia Scientiarum Fennica, 1998, p36.
⑥ Lauri Honko, *Textualising the Siri Epic*, Helsinki, Academia Scientiarum Fennica, 1998, p36.
⑦ 陈寅恪：《金明馆丛稿二编》，生活·读书·新知三联书店 2001 年版，第 284—285 页。

看到的新东西，而且能够看得更全面、深入和透彻。朝戈金引介口头诗学的价值和贡献固不待言。重要的是他能够立足“不忘本来民族之地位”，能够对口头诗学理论进行吸纳、转化和本土化，创造性地解决本民族的问题，乃至“中国问题”。《蒙古史诗语词程式分析》《蒙古史诗句法分析》是运用口头诗学研究本民族文学的成功样板，是在口头诗学理论烛照下的对史诗句法作出精密分析和理论总结的范例。借鉴口头诗学理论，从口传史诗的创编、演述、流布的内在规律出发，以冉皮勒演唱的《铁臂萨布尔》的现场录音整理本为样例，朝戈金剖析了史诗文本与演述之间的动态关系，对其诗行进行了程式分析，阐述了其程式的类型、系统及功能，对程式的频密度进行了数据统计，按照蒙古史诗押句首韵的基本特点创立了“句首音序排列”的分析模型对诗行的韵式、步格、平行式进行了精细的诗学和语文学分析，归纳了蒙古史诗高度程式化的特点及其口传诗学法则。他将业已脱离演述场域的特定的史诗文本重新置于田野作业中，使得研究获得了来自演述语境的有力支撑，进而将田野作业与语文学的文本解析手段有机地结合起来，创建了“田野再认证”的工作模型。朝戈金对蒙古英雄史诗的程式句法的分析与总结无疑具有开拓性意义，对中国史诗研究、民间文学研究乃至民俗学研究在学术方法上带来一种范式性的变革，直接起到了引领和示范作用。

《口头诗学五题：四大传统的比较研究》是一篇颇有分量的专论型学术文章，在国内史诗学界很有影响，只是这篇长文刊布在《东方文学研究集刊》里，不太容易找到。2000 年，朝戈金赴美国密苏里大学进行博士后研究。在访学期间，他与合作导师弗里（John Miles Foley）并肩而坐，使用两台手提电脑撰写了这篇专论。该文讨论了当今国际口头诗学领域较为前沿的话题，将“一首诗”“主题或典型场景”“诗行”“程式”“语域”五个关键概念并置在蒙古、南斯拉夫、古英语和古希腊的四大史诗传统中进行界定和阐述，没有盯住史诗的一般概念不放，而是以“全球化”的观照、开放的态度以及多样的参照框架有效地阐述了多样和具体的史诗传统，显示了作者开阔的视野和深度的理论思考。这篇专论“没有试图先行搭建一个理论的框架，再逐条论述，而是选取了在口头诗学研究中最为关键的几个概念”①，然后逐条放到蒙古、南斯拉夫、古英语和古希腊的史诗传统中加以验证，通过将四个传统所给出的“答案”进行并置，使结论不经过再阐释和提炼而自动呈现出来。“这种研究理路，就民俗学的跨传统比较研究而言，是一种有创意的尝试，它所采用的研究思路，有助于补充民俗学研究领域特别常见的聚焦于特定民俗事象，而忽略理论升华的倾向。”② 可以说，这种讨论彰显了朝戈金跨越国界的学术本土化的实践，凸显了口头诗学研究的学术视野和基本观照，继承了跨文化、跨学科的比较口头诗学的学术传统。

在成功运用口头诗学理论解决“中国问题”后，朝戈金开始着手中国口头诗学的理论建设和史诗学学科建设，对史诗研究进行学术反思和批评。《从荷马到冉皮勒：反思国际史诗学术的范式转换》便是其中的代表性学术专论，得到业内同行普遍的关注和赞赏。这篇长文没有采用以时间为线索考察各个阶段不同材料和观点的常见做法，而是以古希腊的荷马、南斯拉夫的阿夫多、芬兰的伦洛特、古印度的毗

① 朝戈金：《回眸问学路》，《民族艺术》2012 年第 1 期。

② 朝戈金：《回眸问学路》，《民族艺术》2012 年第 1 期。

耶娑、爱尔兰的莪相以及中国的冉皮勒等国际史诗学术史上若干具有标志性的人为点，聚焦于围绕他们而生的“荷马问题”与史诗作者身份的讨论和口传文本衍成，阿夫多等歌手的研究与“口头程式理论”到“口头诗学”的建构，伦洛特与“以传统为导向的”史诗文本类型，毗耶娑与大型口传史诗的传承、流布和编订，莪相“伪作”公案与如何吸收和化用传统遗产，冉皮勒演述本及其口头性与中国学者的史诗理论探索等六个问题，在对这些重大国际史诗理论问题的提出和解答的学理性反思过程中描摹国际史诗学术演进中的若干标志性转折，透射整个学术史嬗替演进，扼要生动地纵论长达数千年的史诗学术流脉，足见其深厚的功力及其背后强大的学术素养支撑。而其《从“荷马问题”到“荷马诸问题”》《〈摩诃婆罗多〉：“百科全书式”的印度史诗》等书评以从容儒雅的欣赏态度，以“同情之了解”的立场对他人的研究成果进行了精当的述评，点到为止，既见其心性和笔力，也见其批评的深度和力度。

该论文集体现了朝戈金在史诗研究方面做出的重要贡献。他的学术实践所具有的意义不仅停留在史诗研究这一坐标之内，对史诗学、民间文学、民俗学的学科体系、理论体系和话语体系的建设以及与国际学术的对话和接轨而言都是一种有益的探索。他引入口头诗学的理论与方法纠正了以书面研究范式考察与分析口头史诗的偏颇，将口头史诗带出了书面研究范式的窘境，在认识论和方法论上为其注入新的活力。同时，他的研究和努力彰显了中国学术的独立品格，表明在立足本土资源的基础上借鉴和应用国际学术的理论成果，以及发挥个人的开拓创新精神可以创造出具有国际学术水平的成果，使中国史诗研究逐步走向了国际学术舞台的中心，发出更多的声音，在国际学术界占据着越来越重要的地位。

（供稿：冯文开）

【中国民间叙事诗史】

贺学君著，河北教育出版社2016年9月版

作为中国社会科学院重点科研项目“中国民间文学史”的一个子课题，贺学君《中国民间叙事诗史》[①] 从撰写到最终付梓，用时十年之久，如果算上作者前期出版的《中华民间文学史·叙事诗编》[②]，整个研究工作至少应以四分之一个世纪来计算。《中国民间叙事诗史》全书正文共四编二十六章，约四十七万字。这是我国迄今为止第一部为中国民间叙事诗立“史”的专著。此书荣获2018年第十三届中国民间文艺山花奖之“优秀民间文艺学术著作奖”，足见学界对此书的学术价值的认可和肯定。

《中国民间叙事诗史》的突出特点

《中国民间叙事诗史》最突出的特点，在于它不是一部关于汉民族或以汉民族为主体的民间叙事诗史，而是一部中华民族的民间叙事诗史。“中华民族是一个由五十六个民族共同组成的多民族共同体。这个共同体，不是各个民族的简单相加，而是一个气血相容互济共生的命运整体”，作者念兹在兹的是作为“有机整体”的中华民族观念。有鉴于此，全书根据民间叙事诗发展的客观实际，以编年史的方式，“由分而合”结构全书，即“前三编以民族为个体分章演绎，有如民间叙事诗这棵茁壮树干上，依序而生的众多相对独立的枝干；末编按内容类型综合设章，显现多

① 贺学君：《中国民间叙事诗史》，河北教育出版社2016年版。

② 祁连休、程蔷主编：《中华民间文学史》，河北教育出版社1999年版。

民族作品在此时争相绽放的盛况。”① 前三编分别为“先秦至南北朝叙事诗”“唐至元代叙事诗”“明代叙事诗”，第四编为“清代和近代叙事诗”，第四编共十二章、三十九节，篇幅占全书一半。这种结构方式，是符合我们目前所知的民间叙事诗发展轨迹的，也是最经济有效的写作策略，因为年代越早，作品数量越少，年代越近，作品数量越多，越容易按照内容题材分别详述。

按照作者的设想，这部中国民间叙事诗史，既要避免大汉族主义倾向，也要防止写成各个民族作品相加的叙事诗史。从成书效果看，汉族民间叙事诗本不甚发达，各少数民族作品大放异彩，天然不会写成狭隘的汉文学史，但令人遗憾的是，此书终究还是有各民族作品“简单相加”之嫌。张炯、邓绍基、樊骏主编的十卷本《中华文学通史》② 也存在这个问题，少数民族文学历时性地“插播”于汉文学之间。如何让各族民间叙事诗真正成为“多声部的生命交响曲”，真正成为一个“有机整体”？在论述各民族文学独立发展的同时，注重各民族文学的交流和相互影响，或许是一个可行的途径。《中国民间叙事诗史》第四编最后一章“民族文化交流与叙事诗的发展”，篇幅不长，却是这个方向上的有益尝试。但该章以汉族题材的少数民族叙事诗为中心，目前只有汉族文学的单向输出。假以更多的素材，如果能以横向比较的方法，从主题类型、表演模式、美学特征等角度入手，呈现各民族作品的共性和差异性，或许更能说明各民族文化上和情感上的密切关联。

《中国民间叙事诗史》的第二个突出特点，在于它强调民间叙事诗的文学性，在选择、分析、评价作品时把艺术审美价值放在第一位，至于作品的“民间性”，如活态性、生活性、口头性、变异性、传承性等，虽然引入民俗学、文化学、人类学、语言学等相关理论视角，但是由于文献素材有限，也只能“点到为止”③，毕竟我们无法回到古代去进行田野调查。这个特点，我们可以书中对清末回族叙事诗《马五哥与尕豆妹》的论述格式为例：作品的产生背景，文本收集整理情况，介绍情节内容，摘选广为流传的名句，总结文本艺术特征，强调“花儿”歌手现场表演的感染作用。

《中国民间叙事诗史》以作品艺术特色和美学价值为中心的书写方式，属于传统的文学史写作模式，在文学史编纂力求突破创新的今天，作者的老派做法不禁让人大为感佩。在这里我首先想到的是陈平原对当代中国俗文学/民间文学研究“焦点外移”的批评。陈平原说：“研究者关注的，大都是民俗、宗教、语言等，与文学基本不搭边。这一转向，自有其合理性，但丢弃了‘文学’，只将大陆的‘三套集成’或台湾的‘俗文学丛刊’作为社会史料来看待，实在有点可惜。”他还重申胡适 1936 年《〈歌谣〉复刊词》“我以为歌谣的收集与保存，最大的目的是要替中国文学扩大范围，增添范本。我当然不看轻歌谣在民俗学和方言研究上的重要，但我总觉得这个文学的用途是最大的、最根本的”④ 这一主张，坚持俗文学的文学本位。而这也是贺学君撰写《中国民间叙事诗

---

① 贺学君：《中国民间叙事诗史》，河北教育出版社 2016 年版，第 20 页。

② 张炯、邓绍基、樊骏主编：《中华文学通史》，华艺出版社 1997 年版。

③ 贺学君：《中国民间叙事诗史》，河北教育出版社 2016 年版，第 21 页。

④ 陈平原：《俗文学研究的精神性、文学性与当代性》，见陈平原：《假如没有“文学史”……》，生活·读书·新知三联书店 2011 年版，第 40 页。

史》的中心思路，“必须将民间叙事诗定位于‘文学’，确认它是文学家族中的一个特殊分支。”① 作为普通的汉族读者，能借此书提供的各民族文学知识地图，了解其他民族的文学经典，体认中华民族多元异质、洋洋大观的文学传统，拓展眼界，实在是一次难得的文学经验。从这个意义上说，梳理、遴选、介绍历代各族民间叙事诗精品，最终引诱读者沉浸于文学作品本身的《中国民间叙事诗史》，其意义和价值自不待言。

写作《中国民间叙事诗史》，不是一件容易的事，可以想见其困难程度。首先，缺乏现成的可资参考的研究成果，汉族文人叙事诗尚无研究专著，更何况汉族民间叙事诗！少数民族民间叙事诗较为发达，但目前的研究多为族别文学史附带论及，以族别民间叙事诗为题的专著不超过五部。《中国民间叙事诗史》列出的主要参考书目中，仅族别文学史就多达二十余部。整合各民族作品而成一部文体通史，可以说，没有专业学人自觉的责任感和使命感——“我们必须自己（也只能是自己）把这块独具特色的民间文学处女地开垦出来，让它向世界绽放！”② ——几乎就是不可能完成的任务。其次，如贺学君所言，“真正进入作品困难”③，《中国民间叙事诗史》处理的大多是静态的记录文本，无法重现民间文学的立体鲜活性，就记录文本而言，要面临收集整理时二次加工的“篡改”问题、汉译本的质量问题（甚至部分少数民族作品暂时还没有汉译本，只能通过他人的转述），同时，限于撰写体例，也不可能把所有异本纳入讨论，这些遗憾，让人徒叹奈何。

“民间叙事诗”概念辨析

作为填补空白的研究著作，《中国民间叙事诗史》在很多方面都采用了“就粗不就细”的书写策略，例如，民间文学的集体性、口头性、变异性特点，决定了很难确切断定作品的产生年代，只能在较长时段的历史分期中勉强把它们安放在一个大致的位置；书中所言的“近代叙事诗”，也是不确定的“近代”，最晚近的作品大概是晚清“华侨歌”。

“就粗不就细”，也表现在作者对“民间叙事诗”这个核心概念的辨析上。划定研究对象的边界，确定核心概念的定义和特征，不用说，必须是学术著作的第一要务。以“就粗不就细”的方式处理核心概念，乍看起来，无疑会贬损研究的学术价值，但越仔细深究，越觉得要为“民间叙事诗”确立一个精确的定义，根本是不可能的。

我们先来看贺学君对民间叙事诗的定义。此书开篇“绪论”简明扼要地梳理了中西学界对“民间叙事诗”的认识，贺学君认为，以欧美为主的西方学界对叙事诗的研究基本上以史诗为对象，“并不承认有独立的民间叙事诗分类（这可能与他们文学本身缺少这类作品有关）”④；国内学界关于民间叙事诗定义的探讨也歧见颇多，众说纷纭，大体可以归纳为三种看法：一是广义的民间叙事诗，包括了所有叙事体的民间诗歌；二是相对狭义的看法，“仍把史诗、韵文体的神话归入”；三是更为狭义的看法，强调民间叙事诗“形成于阶级社会出现以后，所表现的是人世间的矛

① 贺学君：《中国民间叙事诗史》，河北教育出版社2016年版，第21页。
② 贺学君：《中国民间叙事诗史》，河北教育出版社2016年版，第24页。
③ 贺学君：《中国民间叙事诗史》，河北教育出版社2016年版，第21页。
④ 贺学君：《中国民间叙事诗史》，河北教育出版社2016年版，第24页。

盾斗争、悲欢离合”。[①] 贺学君本人倾向于第三种看法，认为“民间叙事诗是创生并传承于民间，以讲述社会人生故事、塑造人物形象为中心，以口头演唱为基本形式的一种诗歌类型，可以简称为‘有韵的故事’（‘故事诗’）或‘故事歌’”[②]。具体说来，首先，从文学谱系上看，民间叙事诗隶属于民间口传文学，具备民间文学的共同特征，如立体性、活态性和音乐性；其次，从内容上看，民间叙事诗主要是“讲述人类告别童年之后的现实生活”的作品，“世间性”日益浓厚，从而使民间叙事诗与韵文体的神话传说和史诗区分开来；第三，从表达形式上看，民间叙事诗是有韵的故事，“人物是故事的核心，故事是叙事的核心，韵文则是它的语言标志，三者缺一不可”，从而使民间叙事诗与颂歌、祭歌、气候歌、生产歌、习俗歌等区分开来。[③]

贺学君对民间叙事诗的界定，尤其是强调史诗与民间叙事诗的区别，应该说，继承的是1980年钟敬文主编的《民间文学概论》的看法：“史诗和民间叙事诗都是民间诗歌中的叙事体长诗。它们是劳动人民（包括他们的专业艺人）集体创作、口头流传的韵文故事，所以也有人称它们为故事诗或故事歌”“这类叙事体长诗，从它所反映的生活内容来看，史诗产生在各民族形成的童年期，主要反映远古时期的生活，民间叙事诗主要是在阶级社会里产生和发展的”。[④] 所以说，贺著在某种程度上也可视为一部向钟敬文先生致敬的学术献礼。

此外，《中国民间叙事诗史》所论民间叙事诗作品，最引人注目的是包括了敦煌变文。这一点，也与钟敬文《民间文学概论》大有关系。后者认为，隋唐以后，“汉族的民间叙事诗继续发展，并促进了文人叙事诗的繁荣。它一方面成为流传民间、经常运用的一种形式，用以歌咏历史传说和人物故事（各种孟姜女演唱就是叙事唱歌在民间的运用）；另一方面，随着经济的发展和城市的繁荣，汉族民间叙事诗逐渐向讲唱的道路发展。……变文由开始只演述法事而逐步增进了民间故事、民间传说的内容，这便是民间叙事诗逐渐带上讲唱色彩的开端。如《敦煌变文汇录》中的一些篇章，不仅内容采自民间传说和故事，而且都有完整的故事情节，较生动的艺术形象，运用的是接近口语的文学，且合辙押韵，琅琅上口，确实很具民间叙事诗的特点，而其中如《董永变文》《燕子赋》等篇，就是具有浓厚民间风味的叙事诗”[⑤]。值得注意的是这段叙述中的含糊之处，既称部分敦煌变文作品“很具民间叙事诗的特点”，又断言它们“就是”叙事诗。《中国民间叙事诗史》第二编“唐至元代叙事诗”第四章“汉族叙事诗的分流与发展”，不仅继承了钟敬文的“分流说”，也继承了此说的含糊之处，一方面称隋唐以来新兴的讲唱文体中“对民间叙事诗影响最直接的就是变文”[⑥]；另一方面该章所论述的汉族叙事诗，全为敦煌变文，大多韵散相间、说唱兼有，只有一个例外，即七言体一韵到底的《捉季布传文》（《董永变文》疑原本有说有唱，今只存唱词，

① 贺学君：《中国民间叙事诗史》，河北教育出版社2016年版，第3页。
② 贺学君：《中国民间叙事诗史》，河北教育出版社2016年版，第3页。
③ 贺学君：《中国民间叙事诗史》，河北教育出版社2016年版，第3—4页。
④ 钟敬文主编：《民间文学概论》，上海文艺出版社1980年版，第281—282页。
⑤ 钟敬文主编：《民间文学概论》，上海文艺出版社1980年版，第296—297页。
⑥ 贺学君：《中国民间叙事诗史》，河北教育出版社2016年版，第72页。

未录说白）。如果把这些变文作品归入民间叙事诗一类，我们有理由追问：1967 年上海出土的明成化（1465—1487）永顺堂刻印的十六种说唱词话，是不是也可以作为民间叙事诗的讨论对象？鼓词、弹词、子弟书呢？赵景深就曾肯定地说："子弟书虽然大多以中国明清小说、戏曲为题材，但它究竟不是小说、戏曲，而是叙事诗。中国叙事诗过去著名的只有《孔雀东南飞》和《木兰辞》，现在子弟书这类叙事诗却是大量的，其中好多篇杰作并不比《孔雀东南飞》和《木兰辞》逊色。"①

这里，涉及的是民间文艺类型学/体裁学一些比较基础而又十分重要的问题：应不应该区分、如何区分史诗和民间叙事诗？民间叙事诗和民间说唱的界限在哪里？在很多学者这里反复画上等号的叙事诗、故事歌是不是名异实同？② 如果叙事诗、故事歌的概念可以互换，那么是不是应该纳入民间歌谣一类？据我所知，这些问题似乎在学界还没有达成共识。例如，钟敬文《民间文学概论》将"民间歌谣""史诗和民间叙事诗"分列为两章论述，认为某些说唱作品可以视为民间叙事诗。而 1980 年同时出版的乌丙安《民间文学概论》则只辟"民间歌谣"一章，章内含"故事歌"一节，认为"故事歌又通称之为民间叙事诗"，"故事歌是以口头诗歌的语言形式描述具有一定人物、情节的故事为内容特点的歌谣作品"，其内容多以爱情故事为中心，也包括比较大型的古老作品，即广阔反映古代社会生活面貌，表现英雄业绩或神奇事迹的史诗、勇士歌（英雄歌谣）；而山东快书、鼓词等通俗说唱文学作品，"在内容与形式两方面都具有与一般故事歌谣极相近似的具体特点，因此，也适当可以把它们放在故事歌类型中加以注意"。③ 诚如日本学者西村真志叶所言："体裁区分的困难显然不能成为取消体裁概念的正当理由。假如我们把区分概念的难度当作抛弃概念的借口，学术研究则无从谈起。体裁区分的困难正是我们必须反思和加强体裁学研究的原因之一。"④ 但与此同时，我们也很能理解贺学君《中国民间叙事诗史》在民间叙事诗这个概念上"就粗不就细"的处理方式，毕竟，解决这些术语上的学术难题，是整个民间文学研究界的责任，也是中国古代小说研究界的责任。

如前所述，贺学君继承了钟敬文《民间文学概论》的类型分类，把史诗排除出了《中国民间叙事诗》的论述范围。但这个排除工作并不彻底，书中第二编"唐至元代叙事诗"就论及傣族阿銮叙事诗，分为"佛本生型""神话型""英雄型"，说这些作品是史诗也未尝不可。贺学君区分史诗与中国民间叙事诗，在某种程度上也是以西方学界为参照的，即所谓西方学界

---

① 赵景深：《子弟书丛钞·序言》，见关德栋、周中明编：《子弟书丛钞》，上海古籍出版社 1984 年版，第 2 页。

② 如李言统就主张用"故事歌"概念取代"叙事诗"，他认为"在民间文学中，将那些通过唱述来完成的有情节的韵文作品称为'故事歌'较为妥当"。见李言统：《故事歌研究：以 20 世纪以来甘青汉语故事歌为例》，民族出版社 2013 年版，第 3 页。此书"绪论"对故事歌/民间叙事诗的概念史和学术史有翔实、细致的梳理，可以看出民间文学体裁分类和称谓的复杂性。此书还尝试在故事歌和民间曲艺之间设置界限，但效果有限，因为在追溯故事歌的演变时，仍沿袭"《诗经》—汉乐府—唐代俗讲—宋元说话—明清鼓词、弹词"的发展脉络，故事歌与民间说唱的关系依然"剪不断，理还乱"。

③ 乌丙安：《民间文学概论》，春风文艺出版社 1980 年版，第 160、161、166 页。

④ ［日］西村真志叶：《反思与重构——中国民间文艺学体裁学研究的再检讨》，《民间文化论坛》2006 年第 2 期。

对叙事诗的研究基本上以史诗为对象，“并不承认有独立的民间叙事诗分类（这可能与他们文学本身缺少这类作品有关)”。正是这个论断，开始让我重新审视西方的史诗、叙事诗概念。

限于篇幅，这里仅以享誉学界的“帕里—洛德理论”的奠基之作《故事的歌手》为例，粗略检视一下“西方”的史诗概念。此书“导论”中有一段话值得注意：

的确，“史诗”（epic）这个词本身，自其产生起便有许多含义。有时史诗指的就是“高雅文体”的长诗。当然，我们这本书涉及的大量诗歌相对来说较短；事实上长度并非史诗的一个标准。其他的界定将史诗等同于英雄的诗。的确，“英雄诗歌”（heroic poetry）有时用来避免史诗一词给我们带来的模棱两可的麻烦。而纯粹主义者会很恰当地指出，我们所说的口头叙事诗，其绝大多数作品是传奇的或历史的而不是英雄的，不论我们对英雄作怎样的界定，其结论都是如此。就口头叙事诗而言，事实上我们希望包括所有的故事诗，包括传奇的、历史的、英雄的；不然的话，我们将不得不排除相当数量的中世纪韵文叙事文学作品。①

此外，帕里20世纪30年代从田野收集的南斯拉夫史诗文本，据介绍，包括“妇女歌，抒情歌和短篇的叙事诗歌”“英雄征战的叙事诗歌，由古斯拉琴伴奏，数量比妇女歌少，但是篇幅较长”。②

由此可以推论出两点：一是西方并不是没有一般的非史诗性的民间叙事诗作品③，二是西方概念中的史诗也包括“阶级社会出现”以后的作品。事实上，史诗与民间叙事诗的区分本来就是一种历史分类，很难从学理作出逻辑划分。英文Epic，出自希腊语Epos，本义是“话语”“讲话”“叙述”。1928年胡适《白话文学史》谈“故事诗的起来”时称：“故事诗（Epic）在中国起来的很迟，这是世界文学史上一个很少见的现象。”④ 现在看来，胡适把故事诗和Epic画上等号，恐怕不能说是概念误用；我甚至觉得，在阅读《故事的歌手》时，在面对西方语境中的Epic一词时，我们都有必要提醒自己：这个词既指传统一般意义上的史诗（“长篇叙事诗歌，主题庄重，风格典雅，集中描写以自身行动决定整个部落、民族或人类命运的英雄或近似神明的人物”⑤），其本义又指叙事、故事。⑥

---

① ［美］阿尔伯特·贝茨·洛德：《故事的歌手》，尹虎彬译，中华书局2004年版，第7页。

② 尹虎彬：《古代经典与口头传统》，中国社会科学出版社2002年版，第73页。

③ 我翻阅了好几本西方文学术语词典，没有找到“叙事诗”这个概念，最近接的是Ballad。如美国学者M. H. 艾布拉姆斯、杰弗里·高尔特·哈珀姆主编《文学术语词典》最新版（2013年第10版）称Ballad是“一种口头流传、讲述故事的歌谣”“属于叙事类民歌”。见［美］M. H. 艾布拉姆斯、杰弗里·高尔特·哈珀姆：《文学术语词典》，吴松江、路雁等编译，北京大学出版社2014年版，第23页。

④ 转引自钟敬文主编：《二十世纪中国民俗学经典·史诗歌谣卷》，社会科学文献出版社2002年版，第95页。

⑤ ［美］M. H. 艾布拉姆斯、杰弗里·高尔特·哈珀姆：《文学术语词典》，吴松江、路雁等编译，北京大学出版社2014年版，第215页。

⑥ 我的这种看法，很大程度上受到瑞士学者施泰格尔（Emil Staiger，1908—1987）的启发。施泰格尔认为传统诗学的三分法——Lyrik，Epos，Drama——不宜作为文学类型名称，而应代之以抒情式、叙事式、戏剧式三类，其所言的Epos，实为长篇叙事诗。见［瑞士］施泰格尔：《诗学的基本概念》，胡其鼎译，中国社会科学出版社1992年版，特别是可参考“译本序”，第6页。

题外话：中国文学的抒情传统和叙事传统

《中国民间叙事诗史》所论的作品，特别是早期的《诗经》和汉乐府、明清的民歌中的一些具体作品，究竟是抒情诗还是叙事诗，可能还有商榷的余地。如书中所论的南朝民歌《华山畿》（二十五首其一）："华山畿，华山畿，君既为侬死，独生为谁施，欢若见怜时，棺木为侬开。"贺学君承认，严格说来，这类作品还不能算是典型意义的民间叙事诗，"在它们短小的身躯中，实际包含着叙事和抒情两种大体相当的因素，因而既可以说是叙事性的爱情诗，也可以说是抒情性的叙事诗。这里取的正是后者"[①]。这段话，让我联想到近十年来学界因陈世骧（1912—1971）"中国抒情传统论"引发的一些争议。

陈世骧的观点在西方学界影响很大，国内的异议可以董乃斌为代表。董乃斌认为，文学归根结底是一种叙述，所叙者如果是身外之"事"、客观之"态"，那就是叙事；所叙者如果为"情"，包括叙述某种感受、看法、意见、观点即属于主观"情、志、意"范畴者，那就是抒情，叙事、抒情实为文学表现的两种最主要方法，"在更多情况下，叙事、抒情交织在一起，混杂在一起，甚至难以区分，直到发展出各式各样的文学艺术样式"。[②]

陈世骧立论的出发点在于中西文学乃至东西方文学的比较上。其名文《论中国抒情传统》，是1971年在美国亚洲研究学会比较文学讨论组上的致辞，概括说来，陈世骧认为，中国文学传统从整体而言是一个抒情传统，"这个简括的说法对于我们研究世界文学，可能是有用的参照。由此，我们可以将中国文学的传统，以及大致一体的东方文学，摆放在一个聚焦点下，与欧洲文学传统并置、区辨。这个聚焦点就在于并置中的东方抒情传统与欧西史诗及戏剧传统，因互相映照而突显的地方。证据历历可见，一边是原生的、足为范式的作品《诗经》《楚辞》，另一边是荷马史诗和古希腊戏剧，启动了两大文化的两个极其丰盛的文学传统"。[③] 董乃斌的立论，则是基于中国文学本位，更强调中国文学史是抒情和叙事两大传统比肩前行、比翼齐飞的历史。目的不同，出发点不同，结论自然有异，没有谁对谁错的问题。确如董乃斌所言，"抒情传统论"有缺陷，不能解释中国文学史的所有问题，但之所以要从抒情传统来谈问题，是因为中国文学是世界文学的一部分，它的个性和价值，是对全人类精神世界的一种丰富。而这，正是贺学君勤力撰写《中国民间叙事诗史》的初衷和抱负，不仅要填补国内学界的研究空白，还要"让它向世界绽放"。

（原载《民间文化论坛》2018年第5期；供稿：刘倩）

【河北民间后土地祇崇拜】

尹虎彬著，学苑出版社2015年11月版

后土曾经是自然神、文化英雄和祖先神。它由古代神话里的神演变为正统道教神，被民间宗教收为老母神，随后又演变为民间信仰里的娘娘神。自清末、民初以来，河北省易县洪崖山一带保留了后土崇拜的地方传统，扮演着后土信仰的中心角色。以洪崖山后土皇帝庙为中心的方圆数

---

① 贺学君：《中国民间叙事诗史》，河北教育出版社2016年版，第64页。

② 董乃斌：《"唯一"传统还是两大传统贯穿？——从"抒情"与"叙事"论中国文学史》，《南国学术》2016年第2期。

③ 陈世骧：《中国文学的抒情传统：陈世骧古典文学论集》，张晖编，生活·读书·新知三联书店2015年版，第6页。

百里，乡民参与进后土祭祀相关的仪式活动，形成了后土祭祀圈。这个信仰共同体“以共同信奉后土为精神基础，以一年一度的后山庙会为纽带，以定期朝山进香为义务。”[①] 在这个活形态的民间传统里，后土宝卷作为一种神圣文本被表演和传递，展现了这种体裁的社会文化意义及其背后的文化传统和现实关系。

《河北民间后土地祇崇拜》是河北民间后土崇拜与地方口头叙事传统的民俗学个案研究，涉及文本材料众多，包括后土神庙、神社、仪式、口头叙事文本等，这些材料不仅存在于洪崖山一带的后土崇拜活动中，也存在于地方志、碑刻、民间口头叙事之中。该书是中国社会科学院民族学与人类学研究所尹虎彬老师在其博士学位论文的基础上，经过多年的反复修改的成果。

全书六章主要围绕河北后土地祇崇拜展开研究，包括河北的后土神庙、音乐会、佛事会，以及这些民间集会仪式中广泛运用的后土宝卷等。作者以对河北省易县洪崖山民间信仰的田野调查为基础，用图片、影像记录了洪崖山庙会十多年来的变迁，从庙的建制、香火、村落的生态环境、农民身份的转换等方面探讨了村落文化景观发生的剧烈变化。

该书开篇“多神崇拜中的一神独尊”，主要考证了古代典籍中的后土与后土祭祀，确定后土地祇作为崇拜对象的形象，以及后土一词所指身份。作者认为后土之称始于春秋。后土神的造型最初是聚土而成的土堆，有了祭祀仪式后，后土神就自然而然被赋予了人格，随之也有了人形神偶，又在唐代完成“夫人”化。以河北易县洪崖山为中心的地方后土信仰，经考证是金元以后国家正祀降格为民间祭祀的产物。作者通过村落、民间会统、仪式活动、传说及地方志里涉及的人物和事件，勾画出后土信仰的区域范围，进一步认为这是一个跨村信仰共同体。

作者认为“多神崇拜与一神独尊”是民间信仰的普遍模式，而他研究的重点在于“观察这些神社在上香的时候做了什么，在民间的社火仪式当中做了什么”[②]。因此作者总结了三个落脚点，第一个落脚点是庙祭传统，“庙会（temple fair），实际上是‘庙祭’，通过庙祭的形式，把周围的村落组合起来，形成一个信仰的共同体。”[③] 第二个落脚点是坛祭传统，“一个村落还有自己的祭祀仪式，也就是坛祭传统。一个村落有一个后土神，这个后土神是这个村落祭拜后土时膜拜的对象，这种祭拜也是一年一度的。”[④] 第三个落脚点是个人膜拜。

对于庙祭传统，作者主要从后山朝顶的历史记忆、女神带来的庙会经济、被香火烧烤的洪崖山景区、现代消费文化正在消弭庙会的传统性质四个方面来加以介绍。在展示洪崖山（又称后山）庙会的同时，解释了民间信仰研究对于当代社会文化建设的作用。

对于坛祭传统，作者主要通过涞水县表演宝卷的民间组织——“高洛村音乐会”展现。作者详细介绍了当地乐社的组织形式和社会功能、民间仪式音乐的传统曲库、乐师的习艺经历和代际传承，从而描绘出古乐之乡的文化空间。作者列举了口述的和书写的，村落史、乐社史、庙史、功德碑、会碑等不同类型的关于村落神社

① 尹虎彬：《河北民间表演宝卷与仪式语境研究》，《民族文学研究》2004 年第 2 期。

② 尹虎彬：《多神崇拜与一神独尊——河北民间后土地祇庙祭考》，《民族艺术》2014 年第 1 期。

③ 同上。

④ 同上。

的叙述文本，总结出三个共同特点：一是应时性，即特定仪式空间在季节性重复使用中得以展现；二是公共性、公益性、社村专属性，“这些文本宣扬和维护传统的伦理秩序、公德意识，劝善惩恶，因果报应，在伦理、道德和信仰的层面延续和秉承了传统的意识形态。这些文本的对象是在会会员、善男信女、村民百姓”①；三是神圣性，“这些文本在语言使用上采用或模仿佛教道教专门语体风格，强调严肃而崇高的意义，维护礼乐制度和传统观念。传递信仰的神圣和不可侵犯性”②。大量的民间组织形态资料，显示出民间信仰的社会性的一面。

对于庙宇和神社传承中的宝卷，作者主要列举了易州韩家庄《承天效法后土皇帝道源度生宝卷》、洪崖山庙传《后土宝卷》、涞水县南高洛村《后土宝卷》三例。作者认为宝卷作为活形态民间传统，不仅仅是书写文本，更是表演的底本。文中通过研究后土宝卷的版本，解释后土宝卷的文本来源，厘清文本背景、演变与流布特征。还从民间叙事学的角度，研究后土宝卷的结构与主题，认为“宝卷是在传统诗学的框架之内被编织出来的……宝卷具备了一般宗教经卷的语言、篇章结构特点，利用了中国古典诗歌的艺术手段，同时也具有地方性、民间性和口头传统的叙事模式。从文本的层面来说，宝卷和民间叙事文本，两者之间是互为文本的，两者存在着借用、传递、标准化、地方化的动态影响过程。”③

关于神祇与英雄的多重叙事，作者先叙述了“后山神话”的建构，随后从营救者和被营救者的故事、刘秀与后土皇帝庙、戏曲中的刘秀主题、刘秀传说与历史四个方面论述刘秀传说的信仰根基。通过宝卷中出现的有关刘秀走国与后山奶奶的故事，发现“刘秀传说具有浓厚的民间文化传统和持续的趋同特征。刘秀故事演述了不同地域的共同的历史，而其多种多样的趋异性表明，这些故事有着适应不同时代和地域的能力。”④ 最后从民间传说中的后山奶奶形象和后土灵验叙事主题两方面，来研究民间叙事的神话范例。后土灵验叙事是在历史或现实背景下，讲述后土老母灵验的故事。“它以传统神话为范例，是对传统母题的再利用，表达地方性的民间的观念意识；涉及实际发生的历史事件，以神灵干预的形式来维护现实社会秩序；它与宝卷文本有重合的主题范围，但是，它还包括宝卷一般不常表现的迷信或占验风水、巫术内容；它具有较强的神话和仪式的意味，这是它区别于一般传说的地方。”⑤ 作者认为这类故事继承了神话的传统范例，并且适应了现代社会的需要，展现了当地民间社会求食、求子的价值观念，并反映了儒家文明的血缘根基。

作者选择地方性民间信仰作为课题，从层级与空间上展现了华北地区信仰圈的普遍模式，希望能从民俗学学科观点出发，发掘宝卷除历史文献价值之外的社会文化意义。他把宝卷作为一种神圣文本，一种活形态文本，考察宝卷与口头叙事传统互为文本的历史意义，凸显出后土宝卷的内涵及现实信仰的重要性。作者还持有“文

---

① 尹虎彬：《民间神社的历史叙事》，中国民间文学与民族历史记忆学术研讨会，中国民间文学与民族历史记忆学术研讨会论文集，2013 年，第 58 页。

② 同上。

③ 尹虎彬：《河北民间表演宝卷与仪式语境研究》，《民族文学研究》2004 年第 3 期。

④ 尹虎彬：《刘秀传说的信仰根基》，《民间文化论坛》2004 年第 4 期。

⑤ 尹虎彬：《河北民间表演宝卷与仪式语境研究》，《民族文学研究》2004 年第 3 期。

化是一个整体系统，而文本的功能只有通过这个系统的整体结构才能被真正认知"①的观点，所以他把宝卷文本与民众的现实信仰、信仰的外在表现联系起来考察，这时作者得出结论——"当我们透过文本来探讨它的传统意义时，传统的意义大于文本。这时我们便不可能孤立地只研究某个文本。后土宝卷与其他民俗学文本，如刘秀走国、后土灵验的民间叙事、地方传说和古代神话，民间神社的仪式、仪式音乐，民间艺人，地方的神灵祭祀系统，只有在这个系统内各个文化要素才具有生命力。"②

（供稿：皮宇航）

【背过身去的大娘娘：地方民间传说生息的动力学研究】

陈泳超著，北京大学出版社 2015 年 10 月版

在山西省洪洞县有一项著名的"国家级非物质文化遗产代表作"，汾河两岸方圆百里一年一度的"接姑姑迎娘娘"走亲活动。传说尧将自己的两个女儿娥皇和女英都嫁给了舜，尧是羊獬人，舜是历山人，于是羊獬和历山就成了亲家。每年农历三月三，时近清明，羊獬人就到历山将两位"姑姑"接回娘家省亲，到了四月二十八尧王生日，历山人来羊獬给尧王拜寿，顺便将两位"娘娘"迎回婆家。两村相隔约七十里，跨越洪洞县、尧都区两地五个乡镇二十多个村庄。基于共同的祖神信仰，沿途所有村庄都互称"亲戚"，形成了一个独特的尧舜信仰文化圈，产生了大量的民间传说。

陈泳超《背过身去的大娘娘——地方民间传说生息的动力学研究》（北京大学出版社 2015 年版）所要讨论的是，当地民众依据什么逻辑来建构关于尧舜以及两位娘娘的传说体系，这一传说体系在当代社会背景下正在发生哪些变化，又是什么力量在推动着这些变化。

通常的乡土社会研究习惯使用诸如"族群""社区""华北乡村"之类的大概念，从口传心授的传播形式、没有版权约束的开放状态、地域文化的差异、时代的变迁等几大方面来解释乡土社会口头传统的变异现象。在这种概论式的思维中，作为文化传承人的"民众"是被均质看待的，不同传承人演述传说时的欲望、动机、观念、情感和策略，种种喧哗与骚动，都被这些粗疏的大概念给"均"掉了。正如扳手和老虎钳无法用于精密操作一样，概论思维下的大概念、大工具也无法用于精细的学术研究。要突破过度概括的概论思维，就必须深入当地的生活实践，使用更加精准的次级概念来进行细致的深描。

陈泳超带着他的前后十届研究生，连续八年行走在羊獬与历山之间数百平方公里的土地上，积累了难以计数的录音、录像和文字资料。但是，要发现传说变异的动力机制，进入精细的理论研究，单有素材是远远不够的，更重要的是发现文本之间的关系，以及关系之间的动力学类型和层次，从中找出传说变异的动力要素及其潜在结构，只有这样，才能找准每一个文本的明确定位。

走进陈泳超为我们描绘的尧舜信仰文化圈，我们首先看到的是共同信仰之下，不同村落的不同诉求，以及各个村落对于传说资本和话语权力的资源争夺。随着走亲活动成功入选"国家级非物质文化遗产代表作名录"，这种次级的村落诉求直接驱动了传说情节乃至传说主题的多维变异。

① 尹虎彬：《河北民间表演宝卷与仪式语境研究》，《民族文学研究》2004 年第 3 期。

② 同上。

接着，我们将要追问：对于每一个具体的村落来说，又是谁在主导这种诉求、推动传说的生产和变异？许多民俗学者可能会毫不犹豫地回答：民众。这样的答案当然不会有错，概论式的思维往往止步于此，可是，陈泳超的研究恰恰以此作为起点，他要解决的问题是：民众是谁？谁在代表民众？他们又将如何进入具体操作？

通过八年的走亲活动，陈泳超发现：与我们从教科书上看到的“广大人民群众”不太一样的是，绝大多数村民并没有表现出对于传说这种象征资本的特别兴趣，他们既无意于改编，也无意于生产传说，没有明确的责任感和话语权意识，他们更喜欢“随大流”，真正主导着传说话语权力的其实只是其中的一小部分村民。意识到这个问题之后，陈泳超尝试对均质的“民众”进行分层研究，据此提出了传说动力学的层级理论。

当我们习惯性地将研究对象视作“民众”或者“族群”“群众”“村民”的时候，事实上我们预设了研究对象共同的思想和行为特征，也即所谓“均质”的群体意志。但在实际生活当中，这种群体意志其实只是研究者对于研究对象的“普遍印象”，是由研究者抽象、勾勒出来的对于对象的概括认识。陈泳超当然不会满足于此，他根据文化持有人“身份—资本”的不同特点，将研究对象分成了七个不同的动力层级：普通村民（传说的消极传播者）、秀异村民（见多识广的积极传播者）、巫性村民（马子，也即被认为能够传达神的旨意的“通灵”村民）、会社执事（信仰活动的民间组织者）、民间知识分子（知识水平高于普通村民，且能积极介入文化事务的当地知识分子）、政府官员（主要指乡村党政干部）、文化他者（外来的访问者）。然后，对不同层级的动力能量展开分头观察和讨论。

有了清晰的层级划分，原本面目模糊的“民众”突然一个个变得有血有肉有情有感，清晰生动起来，传说的动力脉络也变得泾渭分明。陈泳超发现，不同层级的村民对于传说变异的推动作用落差极大，占比最大的普通村民的动力作用恰恰是最小的，而占比很小的民间知识分子的动力作用却是最大的。

民间知识分子是最重要的民俗精英。“所谓民俗精英，一个基本标志便是有能力掌控公众载体，发出其权威声音，并有形无形、略带强制地要求公众按照他们设定的方案举行群体活动。”（第 179 页）民俗精英的特点在于非但具有相对较高的文化程度，而且对于地方习俗有强烈的介入意识；他们既熟稔当地流传的各种传说形态，同时又能有意识地加以选择和改造，积极影响着广大民众。对于传说中“含混不清的地方，他们都会想办法说清楚；在众口难调的异文中，他们会选择一种加以反复宣讲；在大家都只会片段地随口说说的时候，他们会使之体系化、书面化”（第 159 页）。

民俗精英既热衷于规范旧传说，也热衷于编创新情节，他们的存在对于混乱的传闻异说起到了一种定向整合的作用，这种趋向统一的舆论口径无疑有利于村落文化的稳定和村民的身份认同。“在纷纷扰扰、多样存在的共同体中，整顿出一种相对稳定的话语秩序，乃是地方社会所必需，因为这些传说话语具有直接指导地方人群共同行动的职能，无论是劝说还是蛮力，总要有一个方案，才能保证将民众分散的话语转化为统一的行为因而有效维系地方人群的身份一致感。”（第 172 页）

在传说主题的价值导向上，“民俗精英通常负有较为强烈的道德使命感，他们对于本地传说的更改，总是倾向于往更高的道德标准上提升，因而就自觉不自觉地向超越地方范围的主流文化上靠拢”（第 247—248 页）。尤其是那些中小学教师出身的民间知识分子，他们特别强调“要传播一个正统的文化”“对后人是有教育意义的”（第 239 页）。他们的更改只要不违背原有传说的总体结构，不损害其他村落的现实利益，就不会受到太大的反对，能够得到有效的推广。

民间知识分子往往会密切关注社会主流文化，自觉地发明一些紧扣传统文化和社会主义核心价值观的“正能量”传说，同时，还会在听讲实践中着意压制那些有损娘娘正面形象或者有悖社会主流价值观的“负能量”传说，“他们坚信自己真理在握，认为其他一些异说时常可能损害尧、舜和二妃的光辉形象，因而难以容忍，经常要加以辩难甚至呵斥”（第 162 页）。有时候，他们的影响是具有颠覆性的，比如该文化圈内原本到处流传着娥皇与女英“争大小”的传说，大致是说姐妹俩同嫁一夫，也跟俗人一样争起谁大谁小来了。经过煮豆子、纳鞋底和赶路程三道难题比试，最后终于分出了高低。但谁是获胜者，汾河以东大多认为“大的还是大的，小的还是小的”；汾河以西正好相反，多认为“大的成了小的、小的成了大的”。所以早先汾河以西的娘娘庙里，往往把女英塑在上首，面带笑容，娥皇塑在下首，面呈愠色，有的庙里甚至娥皇还是背过脸去的。但是民间知识分子罗兴振觉得这样有损娘娘形象，非常不好，在他的竭力鼓动下，各地新修庙宇的塑像一律庄严肃穆起来，背过身去的大娘娘则从此消失。另一位民间知识分子吴青松更是对传说进行了脱胎换骨的大改造，把三道难题故事说成是为了学习做家务，而且无意之中还发明了如何煮豆子、做豆沙等，尤其是将出嫁赶路的难题考验说成是为了给沿途百姓传播火种和生活技能，而后人沿着她们的线路烧香游行，则是为了纪念她们的教化功德。

陈泳超的传说动力学还从时、空两个层面，着力探讨了地方性动力和时代性动力对于传说变异的影响，但是，无论是哪种动力，归根结底还是取决于人的因素、人的动力，因此，地方性动力和时代性动力最终都会反映到层级性动力上来，甚至“神的意志”也必须经由通神的“马子”，体现为人的意志。陈泳超生动地描绘了一次由尤宝娅发起主持的羊獬、历山、万安三村矛盾调停会：“是人神共同会商的一次会议，但却是由一个‘人’来召集而非‘神’的意旨，开会的日期农历七月二十八日，也并非什么特殊的信仰节日，这个人当然是非同凡响的民俗精英，众神只是被临时敦请来施加评判，却是这次会议的主体展演部分。”（第 226 页）

对于民俗精英的话语权策略，陈泳超也进行了大量的实证分析。他发现民俗精英都特别擅长利用知识优势来压制异说、发出权威声音，这些知识优势既包括书本知识、古老的口传知识，也包括异地考察得来的独门知识、鲜为人知的冷僻知识等；此外，他们还常常利用逻辑推理以及牵连附会等方法来生产传说、刁难对手。而普通村民对于文字或书本的敬畏、崇拜，有时甚至到了盲从的地步，以至于那些由民间知识分子编订的传说册子也成了村落传说的范本，其力量远远强过同类的口头讲述。因此，一个村落的民间知识分子，也即传说“写手”的多寡与热情，也就跟该村落在这一传说圈中的话语权呈现为一种正相关的关系。

当然，随着调查与思考的不断深入，陈泳超也一再指出，能够左右民间话语的力量并不仅限于民间知识分子，其他层级也可以涌现出特殊的杰出人物。但是，无论是哪个层级要想实施旧传说的改编或新传说的推广，都绕不开民间知识分子的认可和助力。

那么，在数量上占据绝大多数的普通民众对于传说的贡献又体现在哪里呢？体现在他们的约束作用！这一层级是不同民间知识分子着意争夺的终极目标。普通村民虽然没有改编传说的动机和能力，但他们的点滴评论以及实际的选择、接受和传播，却是相当于舆论“选票”，对于传说异文的生命力形成了根本考验。

陈泳超在长期走亲的田野基础之上，掌握了大量的数据资料，借助自创、精准的层级工具，通过鞭辟入里的分析和深描，提出了自己的“传说动力学”理论，有效地解决了长期停滞不前的民间文学变异机制问题，推进了民间文学/民俗学的理论建设，从中国的田野中生出了最具中国特色的中国学问。这种具体实证的，来自本乡本土的理论和方法，及其所衍生的诸多富有启发意义的考察结论，不仅有助于我们清晰地勾勒中国乡土文化的发展轨迹，甚至对于更为宏观的乡土建设乃至乡土治理，都具有积极的参考作用。

同样难能可贵的是，陈泳超就书中所涉的学术概念与相关问题，逐一与海外中国学的地方社会研究，以及西方人类学、民俗学理论展开了大量的学术对话。他不愿意削足适履地套用西方学者“大传统”“小传统”之类的理论工具，而是从具体的田野实践出发，借助亲切的“北京亲戚”（洪洞人对他的称呼）身份，敏锐地捕捉传说表演中微妙的个体诉求，注意其不同场域的表演策略，追踪其变化轨迹，创造性地提出了口传文化的层级理论。借助这些精准的理论工具，混沌的田野呈现出了不同以往的开阔视野，那些令人击节赞叹的民间智慧也因此得以浮现。

（原载《光明日报》2016 年 7 月 26 日第 10 版；供稿：施爱东）

【作为实验的田野研究：中国现代民俗学的“科玄论战”】

施爱东整理，中国社会科学出版社 2016 年 4 月版

我很认同韦伯（Weber，Max，1864—1920）的说法，既然选择“以学术为业”（Wissenschaft als Beruf），就应当立定作为学者的坚定立场，他追问得很清楚：“以学术为业，在物质意义的层面上究竟意味着什么呢？”① 其实就是窘迫困难，就是坎坷歧途，就是持守真知。学者阶层的真正使命“高度注视人类一般的实际发展进程，并经常促进这种发展进程”②，说来容易，但学者需要付出的代价也是极大，而学术作为一种以追索人类知识乃至真理的智性活动，就必须有真诚的讨论，有良性的互动，有激烈的思想风暴。人文与科学之争是一个经久不息的命题，而且有其历史。在西方知识传统中，是存在着长久的秘索思和逻格斯之争的，虽然日后以理性、科学为主的逻格斯传统占据了上风，但并非就是绝对定于一尊的；即便是在中国现代学术谱系里，我们也有过一场“科学与人生观”的论战，其核心问题仍是围绕着方法论的问题。

20 世纪 50 年代之后，中国学术语境随大时代背景而大变，那种立足于学术本身的真诚讨论和争论似乎越来越少，即便是 20 世纪 80 年代以后亦然。这或许也与中国文化传统有关，大家习惯了“温良恭俭让”的彬彬有礼，很不习惯类似西方“针尖对麦芒”的学术争论。新世纪以来，随着资本语境的逐渐生成，更是一味以功

① “Wie gestaltet sich Wissenschaft als Beruf im materiellen Sinne des Wortes?” Weber，Max：“Wissenschaft als Beruf”（以学术为业）. In Weber，Max：*Gesamtausgabe*（全集）. Abteilung I：Schriften und Reden. Band 17. Tübingen：J. C. B. Mohr，1992. S. 1. 中译文可参见［德］马克斯·韦伯：《学术与政治》，冯克利译，生活·读书·新知三联书店 1998 年版，第 1 页。

② ［德］费希特：《论学者的使命》，梁志学、沈真译，商务印书馆 1980 年版，第 37 页。

利为追逐对象，将更为本质的学术使命大多不知抛到了九霄云外的何处去了。正是在这种背景下，我们欣喜地看到，民俗学场域之中爆发了一场关乎真理问题根本的讨论，这在当下汲汲以“创新为业”的中国学界，可谓难得，是少有的关于“真问题”的讨论，而且因其参与者的多元而显出众声喧哗的热闹景象。当事者是这样记录的：

> 21 世纪初，在一贯波澜不惊的民俗学圈内，也掀起了一场关于科学与人文的激烈论战。“民间文化青年论坛”网站关于“田野是什么”的论战，无疑可以看作是“科玄论战”在民俗学界的未息余波，这次论战主要围绕着科学方法是否适用于人文研究的问题，论战从早年的科玄是否分家、科学是否万能的问题延伸到了人文学科的学术伦理与科学哲学的问题。这场主要局限于一批青年民俗学者的网络学术论战，其意义却并不限于民俗学科，它对于我们厘清现代民俗学乃至整个人文社会科学的学术理路都具有积极意义。①

这个引子是有效的，因为其诙谐幽默的语言引导我们进入的却是一个重要的有真讨论的学术空间。但最忍俊不禁的是看后记“一个技工与一群诗人的群殴”，这场“石榴之争”乃是民俗学界两位学者施爱东、刘宗迪的讨论，两者本科同为理工科专业，刘在南京大学大气物理专业，施在中山大学天气动力学专业；之后都获中文系文艺学硕士学位，做大学教师；再到北京师范大学钟敬文先生、刘魁立先生门下攻读，博士后出站之后入中国社会科学院，刘后转山东大学。施爱东的立场清晰：“实验方法是近现代科学最伟大的传统。实验方法的优点在于，通过人为地干预、控制所研究的对象，能够在有意识地变革自然中，更好地屏蔽干扰，突出地把握自然的某一方面的特质。实验观察比自然观察更有利于发挥人的能动性，更有利于揭示隐藏的自然奥秘，它大大扩展了人类经验研究的可能性。”而刘宗迪则彻底否定之：“现代科学是工具和实用导向的，不具有像宗教那样先天的道德合理性，而把他人当成自己的实验对象和检验手段，尤其和民俗学这门学科的精神格格不入。”让我饶感惊奇和兴味的则是：“1920 年代的中国文化界曾经爆发过一场影响深远的‘科玄论战’，我和宗迪之间的论争，应该算作近百年来‘科玄论战’的余绪，我站在科学派一边，宗迪站在玄学派一边。我原以为战斗一打响，支持科学派的同仁和支持玄学派的同仁大约能占到一半对一半，可是，我没料到围观群众都是纯文科出身的民俗学从业者，而不是随机抽样的知识分子，结果双方观点一亮相，大家呼啦一声，全站到宗迪一边去了。”② 科学式微，似乎是这段论述的一个基本观点。但为什么科学如此地受到民俗学界中人的轻视甚至还带有些“鄙弃”呢？

这样的一种基本论述和观点对峙，就使得这个讨论具有了非同一般的意义，而具有更为普遍的学术史价值。歌德的“诗与真”常常被拿来作为文学化的手段，但我认为在学术的世界里，更需要的是理解“知与争”。为什么呢？诚如韦伯在其名著

---

① 施爱东整理：《作为实验的田野研究——中国现代民俗学的“科玄论战”》，中国社会科学出版社 2016 年版，第 2—3 页。

② 施爱东：《代后记：一个技工与一群诗人的群殴》，载施爱东整理：《作为实验的田野研究——中国现代民俗学的“科玄论战”》，中国社会科学出版社 2016 年版，第 261 页。

中所言，既然选择了“以学术为业”，就应当承担起“学者的使命”（die Bestimmung des Gelehrten），按照费希特的说法，那就是：“如果最优秀的分子丧失了自己的力量，那又用什么去感召呢？如果出类拔萃的人都腐化了，那还到哪里去寻找到道德善良呢？”① 所以，我们应该理解自己作为知识人的定位，不能放弃自己作为一个民族精英的职责与使命，克劳塞维茨曾对民族精神进行反思：“……德意志人的智慧恰好具备这种倾向。对一个已经领悟的思想，它会以更大的坚定性继续追踪下去，不会像法兰西人那样看到自己的想法与实际相吻合，就立即感到心满意足……而是要深入到本质中去，立即进行抽象思维，力求能完全把握住对象。有谁能否认德意志语言和文学中的这种精神？在这方面，德意志人是非常出众的，因为在大自然赋予人的整个精神财富中，这种抽象研究的智力肯定是最高的，并且将永远成为德意志人本性的最高级的装饰品。”② 这个判断确实非常重要，也切近了德意志民族性的某种本质特征，它是穷追不舍的，是对真理有一种使命感的，正是这种近乎“为天地立心”与“为生民立命”的职责担当，使得这个民族有着一种一往无前、超越艰难的勇气和毅力，并且真的在人类思想试验场的这个空间里展开了艰苦卓绝和卓有成效的旅程，德意志民族是这个领域的佼佼者和领头羊。

我们甚至可以说，对于一个民族来说，能不能出现和保留这样的知识和学术精英，就是检验它是否能负重行远的最关键标志。爱东兄对于学术的执着和热忱让我敬佩，他的那种纯粹科学式的态度其实我并不赞成。我虽然非常认同科学的重要意义及其方法论价值，但却绝不会一边倒地选择纯科学的路径，不过这并不妨碍我对爱东兄的同情之理解和高度欣赏，虽然我们之间的实际交往并不算多。费希特的那段论述确实是让人千载以下都会砰砰然而心向往之的：“我的使命就是论证真理；我的生命和我的命运都微不足道；但我的生命的影响却无限伟大。我是真理的献身者；我为它服务；我必须为它承做一切，敢说敢做，忍受痛苦。要是我为真理而受到迫害，遭到仇恨，要是我为真理而死于职守，我这样做又有什么特别的呢？我所做的不是我完全应当做的吗？”③ 在现下这个时代里重温这段规训，我们会庆幸，虽然我们生于这样一个颇为无奈的大时代，但在无限度的伦理沉沦之后，我们似乎未必就没有触底反弹的可能性，因为毕竟，我们还拥有和熟记这些文明史上最为光辉灿烂的哲人和思想，而且我们每当重温他们就能产生那样激烈的共鸣和移情！仿佛黎明之际的雄鸡三唱，天下将白！

我们既然选择了以学术为业，就不能不守持一个学术人的基本位置；我们既然命定为学术人和知识人，就必须听从内心的精神召唤（甚至是使命感的呼唤，berufen），这其中既有“求知”的天然本职感，同时也有那种出于兴趣的“探奇解密”的诱惑行为。所以，概括地说，“知”与“争”是我们的基本使命，论争乃是达致真知的不可或缺的手段，如果我们不能本着追求新知的使命感去积极地参与论争过程，而只是犬儒式地将学问作为谋生获

① 《论学者的使命》，载［德］费希特：《论学者的使命、人的使命》，梁志学译，商务印书馆 2009 年版，第 46 页。

② 转引自［德］威廉·冯·施拉姆：《克劳塞维茨传》，王庆余等译，商务印书馆 1984 年版，第 140 页。

③ ［德］费希特：《论学者的使命》，梁志学、沈真译，商务印书馆 1980 年版，第 41 页。

取面包的手段，那么我们就不但是懦弱卑劣的，而且也是有愧于时代家国与人类文明的，我们毕竟还是有共同体归属意识的，我们认识到我们的存在是有赖于这样一种“知与争”的过程，我们不但需要重温“科玄论战”的学术史，也应珍惜今日仍能泉泉流淌的“现代民俗学”的思想火花，更应充满勇气和毅力地走入田野，将自己的学术工作建立在作为实验的田野研究基础之上，助产属于中国也属于世界的原创之思！

（原载《民间文化论坛》2017 年第 6 期；供稿：叶隽）

【蒋观云学术思想研究】

游红霞著，中国文联出版社 2016 年 1 月版

人们通常把寻找现代中国民俗学源头的路径放到西方，追溯到德国的格林兄弟、英国的汤姆斯等。德国格林兄弟在一百多年前对民间故事的搜集整理确实功勋卓著，对西方民俗学的发生起到了重要作用。差不多同时，英国学者汤姆斯创用了“Folklore”一词，标志着英国民俗学的诞生。从那时到现在，有一百五十年以上的时间，但是不到两百年。对于现代中国民俗学的发生，人们追溯到 20 世纪初“歌谣研究会”的成立和《歌谣》周刊的出版，就算从 1918 年开始搜集歌谣开始，也是不到一百年。中国民俗学的历史为什么被确认得这样短呢？

后来学界把现代民俗学的发生时限提前了，著名学者钟敬文先生、刘锡诚先生都不约而同地把现代中国民俗学的滥觞提前到晚清，并确认在 1903 年，即以蒋观云发表在《新民丛报》的《神话历史养成之人物》作为标志。他们认为，蒋观云不仅开启了中国神话学之路、中国民俗学之路，同时也是现代中国文学的理论先驱。这种见解的提出不同凡响，前辈已经将中国现代思想文化与近代思想的隔阂打破了，让我们看到现代学术思想与近代思想之间的无间断关系。而我们过去总是从“五四”开始谈论现代思想文化的进程，感觉现代文化是从天上掉下来的一样。

打破现代文化与近代文化界限的意义最重要的一点是：现代中国学术不都是外部传来的。假如我们翻看很多的中国现代学术史，几乎都要追溯到希腊、文艺复兴或者是近代欧洲，这种表述有些是有道理的，比如计量类的学术研究，统计类的学术研究，相关经济学的研究，相对纯粹的对于外国文化的研究，这些真要去外国寻找源头，学术需要这样开放的胸怀。但是，人文学科相当多的门类，其实是发生在中国的学术背景下的，发生在中国社会的文化背景下的。将学术史研究从“五四”这里一刀割断，割断的不仅是学术文化史，而且会误读中国文化发展的进程，那当然就忽略了本土文化的价值。学术史不仅仅是学术历史资料的堆砌，更是现代学术发展的根基，岂可儿戏？

中国民俗学的学术史研究，要立足于中国的民俗实践。中国民俗学有四个重要的节点，颇类似中国历史的古代史、近代史、现代史和当代史。也就是说，中国民俗学有四大学术来源。蒋观云先生是站在传统与现代转折关头的重要人物，我们要在这样一个大的背景下来理解蒋观云先生的学术追求，就会发现其不同寻常的意义。

中国民俗学的第一个来源是中国五千年的民俗实践与民俗观念。民俗是中华民族凝聚认同的文化资源，是社会管理、国家管理的重要资源，也是民众生活的准则与生活幸福之道，所以历代王朝统治者及其地方官员都会把风俗建设作为管理的重要内容。孔子与儒家的“观风知俗”与“入乡随俗”等思想，老子与道家的“安居乐俗”与“因风顺俗”思想，法家的“移风易俗”与“整饬风尚”的思想等，都是中国社会管理的重要资源。当然古代

各家的风俗管理思想是相互影响，最终是综合融通的。中国传统民俗思想是风俗控制与顺应民情并存的思想，其管理实践是欣赏与改造相统一的方略。与此相关，文化知识体系调动了强大的力量，来调查、书写民俗表现与民俗规范。如《诗经》，是民歌搜集、抢救性保护、研究、创作与传播应用的典范，是风俗建设的综合性教材。然后是《礼记》这样的婚丧嫁娶的规范性文献。儒家的“六经”，涉及歌谣（《诗经》）、音乐（《乐经》）、占卜（《周易》）、神话传说（《尚书》）、日常规范（《三礼》）和历史叙事（《春秋》）等，这些都是风俗建设的教材、国家公共文化认同的文本；这就是“尚同”，拿高端文化、高雅文化提升礼仪之邦的境界。因此，中国能够在人类文明之林中处于受尊敬的地位。

古代仁人志士提出的“致君尧舜上再使风俗淳”的理想，就是在这样一种知识体系下的社会建设和心灵建设目标。中国传统民俗除了“尚同”“尚一”这样的理念外，同时存在着“尚多”“尚众”的主张，于是有丰富的地域风俗的书写与建设。最早从《吴越春秋》《越绝书》开始，到《荆楚岁时记》的编纂，地域风俗书写的著作蔚然成风。晋唐使用了“风土记”一词并形成一种文体，于是后来“某某风土记”便成为地方民俗书写、地方文化认同的重要圣典。举凡当地重要的景观桥梁寺庙，重要的特产风物，重要的乡贤大德，都被记载着，同时通过仪式行为在民间传承。所以古代国家与地方是和谐的，并不是像有人说的古代中国是大国家小社会。

这样的传统是美好传统，但是有时这样的传统丢失，就会呈现出伤风败俗的局面，就会世风日下，国家也就衰败了，近代社会就是这样一种状态。中国民俗学思想也随之进入近代社会。这个时期大家很清楚，列强侵略，国将不国，救亡成了头等大事。而救亡就必须唤起民众，就必须通过民俗来发动，这便是近代的民俗学的核心问题。黄遵宪、梁启超，他们都是这个时代的重要人物，都是民俗发动社会改造、新民树人的主张者与实践者。蒋观云与这些大师一起，站到了社会改造、新民树人的前列。

蒋观云对于民俗研究来说无疑是重要的。但是，多少年过去了，人们关心的主要还是他那篇《神话历史养成之人物》的小文章。对于蒋观云的其他方面的贡献，甚至就是他对民俗学本身的贡献，我们都是知之甚少的。这真是一个奇怪的现象。我们看蒋观云与同时代交往的那些人物，与其过从甚密的梁启超，现在的研究和关注，知网上以其姓名为题的文章有 2000 多篇。蒋观云是近代杰出诗人，其与黄遵宪、夏曾佑被称为“诗界三杰”。知网上以黄遵宪题名的文章有 600 多篇，以夏曾佑题名的文章也有 40 多篇，但是，蒋观云的研究文章，以其名为题的不到 10 篇，蒋观云在民俗学学科的贡献方面要超过前三位，如此被人冷落，相差有多大啊！这说明一个问题，学界对于中国近代民俗及其观念的研究是不重视的。

中国近代的民俗思想，有两个重要内容，第一是传统的文化救世观，如同汉代应劭编纂《风俗通义》那样，有强烈的文化责任感和社会责任感。应劭说：“今王室大坏，九州幅裂，乱靡有定，生民无几。私惧后进，益以迷昧，聊以不才，举尔所知，方以类聚，凡一十卷，谓之风俗通义，言通于流俗之过谬，而事该之于义理也。”这就是“辨风正俗”，传承文化。蒋观云说，要用神话和历史来养成国民之性，因为神话和历史可以“增长人之兴味，鼓动人之志气”。这些观点，与传统的诗教说并没有什么不同。如《诗大序》说：“诗者，志之所之也。在心为志，发言为诗，情动于中而形于言。言之不足，故嗟叹之。

嗟叹之不足，故咏歌之。咏歌之不足，不知手之舞之足之蹈之也。”这不就是鼓舞志气吗？古人说“辨风正俗乃为政之要”，而蒋观云说“人心风俗为国家万事之本”，可以看出，蒋观云是站在深厚的中国传统的民俗观上发言的。

近代民俗思想的第二个内容是中外文化民俗的比较观念。即强调中国的农业社会的静态风俗，西方商业社会的动态风俗，当然这里面就有高低之别了。这也是中国社会危机的一种民俗视角的解读，农业社会扛不住商业社会的冲击。这是近代思想家普遍的看法，觉得中国社会要变革，必须改变农业社会的观念，改变风俗习惯，变得有活力，更加开放，更有商业意识。这是蒋观云等那样一辈人的主张，风俗建设是用来救国救世的。

“五四”以后，也就是人们所说的现代民俗学发展时期，即中国民俗思想的第三个时期。人们不再认为风俗可以救国救世、拯救民心，传统风俗被认为是害人的东西，仁义道德是“吃人的魔鬼”，是封建迷信。大家似乎要挥起手来，把传统风俗一扫而光。正当那些“五四”斗士准备把传统全部扔进垃圾堆的时候，赶上了日本法西斯的侵略战争。抛弃中国文化传统，这正是殖民主义想做而做不到的事情。严峻的现实使得人们不得不重新估量民俗传统的价值。闻一多先生，顾颉刚先生，这些曾经反传统的学人一时转变成为传统的捍卫者，成为文化的守护人。他们的守护，还使用了创新性思维，如闻一多的系统思维。民俗学在他们的批判与建设中建立了一些自己的规范。可是，那种传统批判后来卷土重来，如“文革”粗暴地否定传统，改革开放初期国门大开，民众感受到国家经济落后，产生了极度自卑情绪，导致对传统的再否定。这时的民俗学一度被关闭了。民俗学复兴后学习西方和日本的一些小清新的民俗研究，与现实的关系越来越远。这样的状态一直延续到20世纪末。

21世纪以来，中国民俗研究进入了第四个重要的历史时期。民俗学开始重新担当民族精神唤起，社会治理，文化传承，经济发展的责任。近代社会的思想家的民俗思想遗产重新得到重视。与现代民俗学不同，当代民俗学是社会文化的传承者和建构者，也是社会经济的推进者，这便穿越百年岁月，与近代思想家隔空对话了。蒋观云就在这样一种语境下进入当代民俗学研究视野中。

游红霞博士在攻读硕士学位期间，即以蒋观云的民俗思想作为学位论文，这是民俗学界第一次对大家认同的现代民俗学的开拓者的专题研究。我们知道了蒋观云不仅仅只有那么一篇《神话历史养成之人物》的小文章，他还有《中国人种考》这样磅礴大气的人类学的开拓之作，而这种开拓又很大程度上是以中国神话资料来立论的。其关于黄帝西来、炎黄大战的分析，都是开拓性的成果。蒋观云的《海上观云集初编》，立足现实，提出强国新民的主张，都是大格局的民俗应用的华章。迄今为止，游红霞是对于蒋观云研究发表论文最多的青年学者。现在，她在硕士论文的基础上，将之扩展成为一部关于蒋观云学术思想的探索之作，这是难能可贵的。游红霞以大量的蒋观云与同时代当事人书信往来与著作为依据，为蒋观云的生平画出了一个清晰的轮廓。同时对于蒋观云关于社会改造，风俗批判与建设主张的方方面面进行了讨论，陈述了蒋观云学术思想的复杂性和立体性。比如关于“中国人种西来说”，蒋观云最初是相信并鼓吹的，但是后来逐渐转变成了一个西来说的批评者。这其间并不一定是科学证据的发现，而是人文观念的转变。因为这一学说在传播的过程中，逐渐地从科学讨论变成了政治话语，是一个动摇中国文化根基的话题，所以蒋观云便从一个中国文化的尖锐的批判者转为维护者。但是过去有的学者仅仅根据蒋观云的某些著作的观念分析，便产生了对于蒋观云学说的片面理解，而游红霞博士对此作了很好的辩证。

蒋观云的著作迄今没有出版全集，大都散见于近代的一些发黄的报刊里，这对于一般研究者是极为不便找到的。游红霞在读硕士期间，即将这些论著搜集在一起，以便伺机出版。虽然迄今为止没有出版社愿意出版蒋观云全集，但是这些资料为她对蒋观云学术思想的研究积累了很好的认知基础。对于蒋观云这样一位学贯中西的学者，要达到深入理解还要下很大的功夫，对于现在的青年人来说困难就更大。但是万丈高楼平地起，游红霞博士迈出了坚定的第一步，无论其中有多少不足，我们都要予以鼓励，都要予以喝彩。

开展对于蒋观云学术思想的研究是非常重要的，近代学人的民俗观念与现实关系更加紧密，其改造社会的愿望也更加强烈，这都是我们当下所需要的精神和境界。因此，希望有更多的人加入近代民俗研究的行列。

让我们从近代前辈那里吸取营养，滋养当代民俗学茁壮成长！

（原载《民间文化论坛》2016 年第 2 期，供稿：田兆元）

【神话与古史：中国现代学术的建构与认同】

谭佳著，社会科学文献出版社 2016 年 6 月版

谭佳的新著《神话与古史：中国现代学术的建构与认同》[①] 提出了“神话—古史”的研究模式，并将其视为理解现代学术话语、认知古今学术转型进而反思现代性的一种理论模型。这种模型基于对近百余年以来“神话”观念的引入、建构以至其于现代民族国家认同功能之细致入微的考察而确立，谭佳视此模型为中国神话学最为核心的学术话语，而又将其放置在现代性建构和反思的思想史背景下予以把握，从而为现代神话学的推进开启了可能的纵深维度。该书虽然着眼于神话学研究，但以大量篇幅论及国家认同、民族精神以及现代性等宏观问题，可谓视野宏远，寄意遥深。

论著以走近与理解上古的现代学术研究为发端，指出现代把握上古的三种话语：信仰、信仰—实证和实证，并由此三种话语引出“神话—古史”的二元模型。在此模型观照下，谭著进一步考察了神话和历史的关系问题。这个二元模型被视为进入中国考古学和中国文明探源研究的重要工具。为此，满怀着对上古史和中国文明之源的探秘热忱，谭著对“神话—古史”的来龙去脉作了细腻体贴的梳理工作。

谭著以三章的篇幅分别从文化渊源、建构方式和理论方式勾勒了“神话—古史”模型的基本框架。第一章的“文化渊源：神话的土壤和引进”可视为一部微型的神话概念东渐史，第二章的“建构方式：神话—古史的对立交织”则通过章太炎、梁启超、蒋观云、夏曾佑等人的个案分析，对神话观念如何在中国逐步展开的历史作了回溯，第三章“认同方式：中国神话学的现代性与民族主义”通过鲁迅、周作人的个案从现代性角度探究了神话之于民族国家建构的价值意义。

谭佳所讨论的问题已溢出神话学之外，笔者尤其关注的是涉及中西文化关系的方面，因此在解读谭著的同时，也就某些问题和谭佳探讨，不当之处，请谭佳赐教是幸。

① 谭佳：《神话与古史：中国现代学术的建构与认同》，社会科学文献出版社 2016 年版。

一 天—神之辩与儒、耶之分

谭著旗帜鲜明地指出，神话与神话学绝非一个本然的、客观的研究对象等待着被揭示和被展示，而是充满张力空间和阐释力度的术词（32 页）。通过赋予神话观念以弹性，乃进一步索隐其得以成形的文化背景和权利机制。谭著指出，神话观念的成形和古今思想转型、现代文化建构以及现代学术体系的成形相关，同时又带有批判现代社会、反思现代性的后现代特征（32 页）。众所周知，神话进入中国文化语境主要有两条渠道，一是从欧美直接输入，一则从日本辗转传入。经典神话学的理解通常采取“冲击—反映”的单线论模式，谭著指出这种模式对于体察本土文化内部肌理无能为力，因此乃专意于梳理能够接受外来影响的内部文化因子，遂而将神话观念输入的起点上溯到晚明。谭著以“天”“神”作为晚明西学认知的关键，从而笃定晚明之耶稣会士对“天”“神”的辨析为后来的“神话”学观念之传入开启了可能性。这种追溯值得关注。

如何看待谭著以“天神”之辩为“神话”观念入华的道夫先路者的构想呢？谭著对于“天”“神”的勾勒具有高屋建瓴的敏锐性和洞见性。从世界思想体系的角度看，“天”“神”之争的实际就是儒家传统和西方宗教传统（天主教和基督教）之争，这种争端在晚明未能以“文明的冲突”的形态展开而已。[1] 相较于“神话”“历史”问题而言，中国和域外之间的思想、文化关系问题更为根本和紧迫。这是中国立足于世界的根本问题。谭著的述思路径为神话为现代知识谱系之一脉，而现代知识谱系基于经学历史化或材料化，经学历史化的时代背景科举和西学知识论的合力作用，其关键点则是“天”之信仰的崩塌（从政治上讲，即皇权的塌陷）。故而其以“天”为传统经学的核心，而以“神”为西学信仰的关键。中西之争由此展开。当然，天神之辩也仅止于从笼罩的、轮廓的角度立说。因中国本土也有神明，而西方自然也有其独立的天。问题在于，耶稣会士以华夏之天释西方之神，混乱与争端自此便不可能得免。

“天”“神”二字包蕴的关系错综复杂。质言之，深层次的问题在于儒家和天主教如何理解以及如何设定对神圣性的诉求。就信仰层次而言，天乃是周人革命，以天取代商人之“帝”的结果（是以文献中常有杂用天帝的情况）；神也是中国传统中的关键语汇之一（“祭神如神在”“神不歆非族”等）。《圣经》中的所谓“上帝”、所谓“神”实则为耶和华，本为专名；神乃共名，《圣经》中尚多处留有多神痕迹；摩西效仿埃及法老阿赫那顿进行一神教改革之后，神这一名号遂为耶和华专美。因此，天、神二字背后实有非常复杂的宗教思想或文化背景。这里至少包含三个层次的差别，中国之“神”（复指意义上的）与西方之“神”（god）之别，中国之“神”与西方之“神”（gods）之别，中国之“天”与西方之“神”（god）之别。但是利玛窦等耶稣会士在“易儒排佛”的指导方针下，并未来得及消化儒家思想的精髓（当然也无此动机和能力），却采取了断章取义、牵强附会的解经方式，将传统经典与西方经典肆意啮合在一起，以至于有些词汇久假不还，例如“上帝”“圣经”等。中西文化遭遇后，径用中国的“天”“帝”对译西方的独“神”。不过，这也并非利玛窦等耶稣会士的创造，而是延续了早期佛经译场的惯例。佛教经典中的神，通常译为天，比如大自在天、

① 这个问题在今天得以凸显，参考甘阳：《通三统》，生活·读书·新知三联书店2014 年版，第14—21 页。

摩利支天等，然而这是复数意义上的。这里的对应也可以看出耶稣会士的煞费苦心。

然而仅仅将其视为单纯的翻译问题未免小觑了耶稣会士，该会自始以来便带有极强的宗教动机和意识形态色彩，他们之所以攘“天”掠“帝”，恰恰是一种有意识、有规划的传教策略。“天神”之争所暴露出来的，不只是中西对异文化的不同理解问题，而且还暴露了中西不同的文化品性和文化趋向。犹太—基督一脉，乃是带有激烈的排他性的宗教，西方历史多宗教战争可为一证，尽管奥涅根有“魔鬼也能得到拯救”一类的宗教观念，然终究沦为异端；与此相照，东方思想中“一阐提人皆得成佛”却成为基本信条。故而，基督之所谓“博爱”云云，虽则陈义甚高，而实不肯身体力行，① 徒托空言而已（如美帝在中东假装推行民主之贻笑天下可证）。从这个意义上说，耶稣会士攘中土之“天”释西域之“神”，乃是“易儒”（相当于今天的“和平演变”）的一种策略而已，这本身便带有一种强势介入的西学先天痼疾。由于西学的排他性和侵略性，传统中国文化解体是迟早的事儿（中国文化本身的包容性和平特质注定了其崩溃的命运，况且晚明之季文化本身也发展到了极致），只是时运不到，这个历史进程延缓了三百年。

谭著以为耶稣会士的天学观念根本制约了外来知识的归属和地位。此论可略作补充，原因可能在于传授西方知识的主体本身是宗教人士，而接纳者泰半为儒生，耶稣会士主要目的在于宗教宣传，而儒生又不语怪力乱神。因此便无由顾及古希腊等异邦神的故事。这与佛经传入的情况相似，尽管译经传统源远流长，然而古代僧人却无人关注印度史诗，尽管在佛经中存有两大史诗的梗概。神话观念之所以到晚清才得以传入，正是因为传入主体和时代已经发生了变化。随着中国士人对“天”“神”关系的了解日深，体悟到西学中的信仰成分与中国文化传统之间乃“最不可调和之处”（40 页）。这种不调和表现为深层的理性早熟和宗教偏执之间的尖锐冲突。中国文化发轫期就以强调“和而不同”“攻乎异端斯害也已”为其思想基调，而犹太—基督教思想则以极端的排他性为其理论底色。故而，耶稣会士入华以来，在文化对话的表层能够取得一些文化上的碰撞和交融，而触及世界观、价值观的根本问题，这种矛盾便表露无遗。晚清士人认知西学的方式仍旧受制于传统儒家观念，然而“神话”“历史”等外来术语却因时代丕变而随着西学东渐的大潮涌入中国，而这乃是以中华文化的整体崩塌为代价的。

二 神话—古史体系和中西方之别

谭著对神话的引入下了很大力气，与以往学者仅立足于西学本位的原教旨立场不同的是，谭佳特别注意将“神话”放置到中国当下的语境中勘察其用意。她率先从“神话”二字的传统使用入手，指出晚明的《任氏传》中的“神话”等系“偶然出现”“却又有其必然性”（42 页），而这个“必然性”则是由中国文学中源远流长的“话”体传统决定。这就将“神话”观

① 墨家主张兼爱，而庄子评之曰：“以此教人，恐不爱人；以此自行，固不爱己”（《天下》）。墨学昙花一现而终不复振，恐主要还是因为学理上的缺陷。基督教之所以大行其道，可能一是其传道机制，另一主要是其排他性的信仰所致（所谓民可使由之，不可使知之）。墨家“兼爱”说与《圣经》“博爱”（这词也是撷自中国古书，如《孝经·三才章》）在主张上高度一致，应当考虑传播的可能性。三四百年的时间差，墨子学说有足够的时间从东亚传播到中东，处于华夏文明和西亚文明中间地带的游牧民族可能充当了传播者的角色。待考。

念的内部文化背景揭示出来。实则，西方古典语言中 mythos 最基本的含义仅仅是说话、言谈和故事，与汉语的“话”正可东西互照。谭著梳理了徐珂、徐一士等人对“神话”的使用，并考证出神话最早传入中国的是 1897 年的《实学报》孙福保所翻译的《菲尼西亚国史》，孙氏仅仅立足于翻译，并未将其运用于对中国文化的研究，也不曾改观希腊的认识（52 页）。真正具体将神话用于中国现代学术新体系建设的乃是章太炎和梁启超。通过对章太炎“神话”观念的梳理，谭佳指出了其在中国神话学发轫之初，对“神话—古史”范式的开拓，尤其关注于章氏在现代民族国家认同上的贡献。由于传统文化不语怪力乱神的价值趋向，神怪之谈往往被视为不登大雅之堂的街谈琐语，从而也鲜有人从思想高度予以关注。章太炎借鉴日人的宗教概论，洞悉到“以哲学代宗教”的思想嬗变，为后人理解世界历史、理解人类自身开启了异常深广的探索空间。这种洞见经梁启超、谭嗣同、闻一多、邓实等人阐扬，至雅斯贝尔斯集其大成；以哲学代宗教，换言之，以理性反对神话是文明史上一大激动人心的事件，这场思想运动奠定了后世的思想版图。不过，“轴心时代”是否可以不假批判地移用于中国古史研究？谭著恰恰对此持怀疑态度，她指出中国并没有形成所谓的“理性化”哲学，而仍呈现天人沟通、巫史杂糅的文化特色（62 页）。

秉承康有为对神话之现代性建构的学术路径，梁启超和蒋观云在使用神话上则始终怀有强烈的民族主义诉求。正是在梁启超手下，“中华民族”完成了其自形式而内容的现代范式转型（74 页），“神话”则是其勘定历史和民族的重要视角（77 页），蒋观云则将神话问题推入民族精神的层次，神话得以成为民族存在、民族独立的标志和旗号，“中国神话”则成为“中华民族”的合法依据和精神源泉（85—86 页）。当然，这种建构仍然是立足于本土立场的，从而与西方的文化背景和思想机制存在很大的悬隔。中西差别基于根本不同的两套世界观，亦即杜维明所谓“存有的连续”世界观和西方的二分世界观之别，中国人所用的是以世俗昭显神圣的存在方式（86 页）。谭著随之对夏曾佑、谢六逸等人的思想进行辨析，并过渡到古史辨派的神话研究。从而完成了“神话—古史”之理论模型的学术谱系构建。

这里触及一个相当深刻的问题，亦即中西思维方式的不同。谭著分别从对“轴心时代”理论的反思、中国对神圣性的确认等视角对此加以揭示。这些提示都极富于启发意义。中西之争虽非著者的核心，却是探究神话—古史不得绕行的关键问题。这无非只是儒—耶争端的进一步扩大，其后果则是以儒家文明为代表的中华文明解体。然而，中华文明解体是否是中西之争的最终结局？恐怕远非如此。原因就在于谭著所揭示的，中国有着不同于西方传统的世界观和思维方式。表面上的中西之争实际上折射出的是两套根本不同的思维方式之间的博弈，亦即谭著所谓的西方之完全“理性化”的哲学与中国思想之间的较量。西方的完全“理性化”实际有着深厚的宗教背景，是西方以“启蒙”为口号反对传统宗教的结果，其最初仅止于宗教领域，而后渐渐成为现代性的一大标志。然而，理性的泛滥不可避免地造成了现代畸形发展的文化弊端，正如辜鸿铭所批评的那样，只注重发展人类能力的一部分——智力。[1] 从整全的、宏大的而非局部的、细节的意义上来说，现代学术谱系的建构

① 辜鸿铭著、李晨曦译：《中国人的精神》，上海三联书店出版社 2010 年版，第 71 页。

便是一场纯理性运动，其势必与古典传统格格不入。因为这场相对浅薄的运动并不能洞悉古典精神的深邃，这场运动以“打倒孔家店”或“打孔家店”为其第一高峰，[①] 本质上属于列奥·施特劳斯所讥讽的“青年打老子”的现代性建构之一环。从这个意义而言，中国文明的解体无非只是古典精神沦丧的一个特殊案例，中西之争在深层问题上只是古典精神与现代性的争端，亦即只是古今之争在中国而已，相较于耶、儒的矛盾而言，古今的矛盾更为根本。这个矛盾集中的表现便是如何看待“理性”，具体言之，即“理性”的边界问题，也就是神圣性的重新确认问题。职是之故，儒家传统的塌陷并不意味着中华文明的最终塌陷，而仅仅是中华文明的暂时隐退，它势必以崭新的面貌复兴。这种复兴的历程在其解体之初已经开始，伴随着复兴之路的便是早期知识人对民族认同的重构和对现代性的反思。

三　民族认同、现代性反思和古今之辩

谭著指出，鲁迅不仅完全论述了神话的文学特质，且赋予神话以对抗现代性弊病的力量。其神话学理论背景则是西方进化论神话学。谭佳从鲁迅之“反现代性的现代性”立场出发，论述了鲁迅对中国文化的特殊体察，亦即“中国传统文化本身弥漫着神话性，与西方现代理性化不兼容”（115 页）；黑格尔、马克斯·韦伯之论将理性视为现代社会的核心，从而与信仰传统决裂，而鲁迅则将现代理性相对的古人之思维、信仰、习俗和情感皆视为现代文化的根源（119 页）。谭著指出了鲁迅对于神话理解所达到的思想深度。周作人则从人文反思的角度理解神话，而以“人文追求”为其旨趣，周氏标举所谓“人道主义”，而认定从儒道出来的文章只是“荒谬的思想”（129 页）。对于周氏的神话学思想，谭著从“中西裂变和古今转型的缠绕，从渊源问题上”予以关注（135 页），从而体察到其不同于西方启蒙主义思潮的“纯粹理性之主体建构”的反思和批判（136 页）。

民族认同之最深切的问题便是民族主义，谭著从神话与民族起源、民族溯源的目的入手，梳理了苏雪林、闻一多等人的神话学思想。这里引出了一个比较重要的问题，即上古中国文化和世界文化的关系如何？谭著列出了三种：巴比伦说、印度说和环太平洋文化说。要言之，神话绝非孤立的文化现象。然而，身处世界神话大家庭的中国神话，却绝不能淹没于普遍意义之上的理论洪流之中，这种对于神话个性的强调随着中华民族危机的到来变得日益紧迫。神话遂而成为凝聚民族团结、强化共同信仰从而实现救亡图存之历史使命的工具。这方面最鲜明的例子便是闻一多和茅盾。闻一多对于女娲等女神的研究，对于《诗经》的探索，意在追溯民族文化的“根苗”和“信仰”（147 页），从而在民族文化认同的基础上强化民族团结（149 页），其由神圣而返还真相、消解神话以凸显历史的研究路径，旨在从“共同的可溯性源头上动员和团结国民”（151 页）；这与茅盾通过神话再造以寻找民族的“共同精神”（155 页）可谓异曲同工。他们共同服务于现代性的民族自觉之文化建构。

现代学术谱系建立于基本的预设，即认识论之于一切知识对象能够全面地把握。这也就是伦理价值和事实的分离，是科学主义无孔不入的现代性渗透（157 页）。质言之，就是工具理性的“无耻的胜利”，

① 关于“打倒孔家店”还是“打孔家店”，近年来对此研究和辨析的文章颇多，综合评述可参杨华丽：《新时期以来“打倒孔家店”口号研究述评》，《船山学刊》2014 年第 1 期。

现代学术以“求真”“求知”之名，在各个人文领域内肆意横行，一切价值、一切伦理被悬置、被瓦解。“神话—古史”之建构背后若有若无、或多或少地带有此类的思想背景。因此，谭著以一章的篇幅对此论进行了方法论反思。学术谱系的古今嬗变的本土土壤便是明清易代之际朴学的兴起，谭著列举了顾炎武、戴震等例子证明这一嬗变的内在危机及外部因素，而以1905年科举之废除为标志，这象征着传统制度和价值的整体塌陷。然而，著者尤其强调的是，六经蜕变为历史，伦理下沦为知识，乃科举解体和西学冲击双重合力的产物（159页）。这就为新史学和证据法的引入开启了可能性，而胡适、顾颉刚、傅斯年之俦才有可能打造出所谓的“科学方法启迪”之新学术。谭著用了相对大的篇幅介绍证据法的历史，由二重而三重而四重。

毋庸置疑，证据法能够解决许多知识上的问题，然而却将“尊德性而道问学”的古典价值切割为二，谭著以王静安先生为例，指出王氏以二重证据法平视甲骨与六经，以科学材料瓦解六经之神圣性，从而将传统文化纳入历史研究领域，以完成现代学术建构的融入世界的整体诉求，王氏固然是近代学术的一座高峰，然而却进一步强化了士人无处安顿心灵的信仰危机（180页），王静安先生对于西学的根本性批判，指出清末乱象实际根源于离弃传统而效仿西方（185页）。至于顾颉刚等人的古史辨派，虽然廓清伪神话而留下真古史，却不能支撑其“中国”的信念（190页），“神话—古史”的研究模式终究有其学术限度。从张光直到叶舒宪，从神话历史到神话中国，学人在推进“神话—历史”研究范式的同时，也在对该范式不断反思。

在此，我仍然接续上文的思路，即“神话—古史”问题所折射出的两套不同的思维方式之争。证据法无非是西方认识论推阐到极致的产物，无非是理性精神在器物上的直接体现。随着中国学人对西方文化传统认识的逐渐深入，西学存在的痼疾日益凸显出来。中国学界已经意识到，西方理论并不是包治百病的、放之四海而皆准的真理论述，而仅仅是区域性的地方性知识而已，不加批判、不加反思地移用到中国传统中，虽然在短时期内、局部的细节问题上能够奏效，却并不能解决中国问题的根本。[①] 是以重返本土固有的文化传统、从本民族文化内部寻求解决问题的方案便成为时代的必然选项。而对中西之争、古今之辩的问题也就有了全新的理解。以往单线思维方式将中西关系简单概括为先进—落后、文明—野蛮等（比如马克斯·韦伯等辈），其目的完全是为了建构欧洲中心论的神话。[②] 这种西方中心的思维破产之后，从而又寻找到另一种解读，从单纯的中西之争进入古今之争的层次，亦即所谓现代性问题，中国问题所暴露的问题无非是西方现代性在中国的延伸而已（比如中国的列奥·施特劳斯派）。这一派人体察到，原来现代性不仅仅给中国带来价值迷失和信仰坍塌问题，这也是世界上诸多古老文明普遍存在的问题。在某些文明区域，以原教旨主义的方式反抗现代文明，便是古今之争的极端反映（比如恐怖主义）。为此，我们便不能不进一步观察“神话—古史”研究范式在未来的走向。随着中国学界对施特劳斯派的逐步理解，重返古典传统（包括东西两方的）而找寻现代性的解决方案也成为一条路径，这就是当下中国新儒家（如蒋庆等）一派的主张。在反思现代性的、古今之争的语境下，

① 神话学则以吕微先生的反思尤力，集中的理论可参其《纯粹神话学》，未刊稿。

② ［英］约翰·霍布森：《西方文明的东方起源》，山东画报出版社2009年版，第20页。

"神话—古史"的研究范式当大有用武之地，因为它会为文明探源，重构民族精神、民族认同，强化民族自信心等提供必要的理论动力和学术支撑；亦即具有延续既有的学术路径而进一步发扬光大的可能。叶舒宪先生通过"玉教"的探索，为史前中国的统一找到了一个有力的理解视角。这也说明，"神话—古史"的研究范式在当下仍具有十分强大的生命力。

余论

从古今之争的角度来理解"神话—古史"研究，其中所蕴含的建构现代性、反现代性等各种矛盾问题就暴露出来了，谭著对此作了精彩的分析。我在其分析基础上略作引申。谭佳指出轴心时代理论在解读传统中国所面临的缺憾。我认为基于信仰—理性或者巫史或者其他表达基础之上的二元论，具体而言"神话—古史"这种研究范式在理论预设上便带有西方中心论的色彩，即假定人类社会必然经历一个史前的神话的、宗教的或者巫术的时代。对于上古资料的解释完全是基于这一假定基础之上的。恰恰如上文所指出的那样，这种认识是基于西方社会的区域性知识，即便埃及、苏美尔、玛雅等考古资料能够自证其存在史前神话时代，对于中国的解释却仍然采用的是类推法，这就带有极大的或然性。

在我看来，中国是否存在史前神话时代颇成其为问题，这源于对后世中国的理解。我赞同谭佳书中所提及的中国将神圣性奠基于世俗生活之上。然而，存有神圣性的生活方式是否应当概括为"神话的"生活方式？能否另有一种理解：即判定其世俗还是神圣并不能仅仅观察其是否有这两种因素，而是观察两种因素如何作用于该社会。也就是说，究竟是神圣性为世俗性奠基还是世俗性为神圣性奠基的问题。中国之所以被视为世俗社会，并不是因为其缺乏神圣因子，而是神圣性为世俗服务。从后世推史前，至少存在三种可能性：第一、中国史前为神话时代。第二、中国史前为世俗时代。第三、中国史前亦世俗亦神圣，因势而动。至少，目前这种解释方式对史前社会的解释是值得质疑的。

我之所以对此心存疑惑，还来自另外一个原因，就是在世界古典文明史上，中国是一相当独特的存在。轴心时代理论在解释传统中国时所遇到的困难；原因即在于此。[①] 中国的特殊历史进程、特殊地理环境形成了其特殊的思想文化，如果说世界历史需要"特殊论"之类的解释的话，那么它仅仅适用于中国。尽管世界有数种文字体系，而汉字是唯一产生了记录了思想经典的文字体系，其余的思想经典都是通过字母系统记录的。尽管有若干中国和域外交通的例子，然而中国文明的独特性、延续性却仍是其主要矛盾的主要方面。中国的独特性也就注定了域外知识在解释中国时何以往往削足适履、圆凿方枘。

不过，这也并不意味着排外，文化复兴恰恰需要一种世界主义的情怀，中华文明只有将全世界文化的优秀遗产熔铸为一炉，才能够真正实现自我更新和重构。当然，在吸纳域外文明时候，必须剔除某种原教旨主义的、排他性的因素（这是基督教等文明的痼疾）。所幸的是，世俗性的而非宗教性的价值趋向为中华文化的兼容并包奠定了雄厚的思想基础。

从世俗性的意义上说，"神话—古史"的研究范式又有其局限性的一面。由于中国文明的"六合之外圣人存而不论""不语怪力乱神""人道迩天道远"，它在文化奠基之初便以世俗生活为其主要关怀，故

① 比如，有学者指出雅斯贝尔斯理论之误，中国本无轴心时代，而与三代之学一脉相承。参张京华：《中国何来轴心时代》（上、下），《学术研究》2007年第7、8期。

而其“考信”“证实”“实事求是”的观念深入人心，而神话之以神圣性为皈依、以信仰为目的的立场恰恰与此背道而驰，在完成其重塑民族精神、重拾文化认同的历史使命之后，神话的衰微便不可避免，同时势必会引发一轮对历史的热情。就此言之，“神话—古史”范式的瓦解也就去日无多。谭著因此便显示出其学术殿军的意义。即便后来者在枝节问题上有零星的补充，而对于该研究范式的主干也不会有根本动摇。

（原载《民间文化论坛》2017 年第 1 期，供稿：李川）

【中国仙话与仙人信仰研究】

郑土有著，上海人民出版社 2016 年 7 月版

中国仙话研究走过的百年路途，是中国民间文学乃至中国学术基于本土文化探索的一个缩影。中国仙话因其独有的民族品格与文化风范，成为透视中国传统文化的重要样本，也是洞察中国民间文化不可多得的切入点。将中国仙话作为核心研究对象，已然体现了开阔的学术视野和精到的学术考量。时至今日，“仙话”已经成为一个被广泛使用的学术概念。回溯学术史，“中国仙话”具备学术品位始于 20 世纪 80 年代罗永麟先生的一系列重要文章。在接下来十余年的仙话研究进程中，罗永麟先生和郑土有先生从不同视角对仙话的诸多核心问题予以探究。可以说，中国仙话研究呈现如今的状貌，与他们二人的共同提倡和研究实绩是分不开的。

《中国仙话与仙人信仰研究》① 一书收录郑土有先生关于中国仙话和仙人信仰的研究论文十六篇，其中十一篇发表于 20 世纪 80 年代末 90 年代初，五篇为新世纪以来撰写。这十六篇论文在内容上分为“仙话研究”和“仙人信仰研究”两个部分，这两部分内容在研究对象上既有不同侧重，又构成了一个有机的整体。这些文章当中，既有仙话与神话性质比较的研究，也有仙话本身性质的探讨；有的从理论上进行深入发掘，有的结合具体案例进行精当分析；有的侧重历史脉络的梳理，有的侧重跨文化的共时比较。这些文章在问题甄选、研究方法、论证叙述等方面都展现了中国仙话与仙人信仰研究的拓进。

该书收录的旧文，在发表时就曾引起学界反响。旧文增添新文重新编排成册，回顾自己在仙话研究上走过的路途，这本书倾注了郑土有先生深厚的感情。灯下细细读来，仍能品味出字里行间所蕴藉的生命温度。书中的文章，从仙话与神话的比较研究入手，逐步偏重仙话的文化研究，深入仙人信仰的问题，由民间文学转向于民俗学。这些文章作为一个整体，在当代中国民间文学和民俗学的语境中依然颇具意义。

一　仙话研究的生命温度

学术研究需要客观理性的思考，同时也并非冷冰冰。《中国仙话与仙人信仰研究》（以下简称《仙话与仙人》）所展现的生命温度，主要体现在三个方面：研究缘起的师徒情缘，个人学术体验的感知，对生命的关怀。

首先，郑土有先生一直提及，他对仙话研究怀有特殊的感情。我想这份感情与他的恩师罗永麟先生有密切关系。罗先生早年求学日本，后到上海任教，教授民间文学。20 世纪 80 年代中期，郑土有师从罗先生攻读硕士，硕士题目即选定为仙话研究（亦即书中的《汉代仙话研究》一文）。彼时，“仙话”还是一个新兴的词语，罗先生以七十余高龄撰写了数篇关于仙话研究的文章，亲力亲为倡导仙话研究。当时关于仙话的重要文章基本都出自他们

① 郑土有：《中国仙话与仙人信仰研究》，上海人民出版社 2016 年版。

二人之手，在仙话研究上具有初创和提振之功。尽管在对仙话的问题细分上稍有差异，但诸如仙话与神话的区别、仙话的性质等根本问题是他们共同关注的，所以在早期他们常常在同一问题上相互探讨又独立思考、各抒己见。随着探讨的深入，他们各自的研究取向个性更加突出。在罗先生的指导下，郑土有通过仙话研究经历了严格的学术训练。尤其是在学术态度和风格上，郑土有承继罗先生颇多。

罗先生关于仙话的论文结集为《中国仙话研究》①，被称为“为仙话立言”之作。罗先生研究重心转向其他方面之后，郑土有一直延续着仙话研究。今《仙话与仙人》一书出版，与罗先生《中国仙话研究》一脉相承，遥相呼应。旧文新辑，往事历历，意怀授业先师。

其二，郑土有先生从仙话研究走向学术道路，因此仙话研究对于他有特殊的意义。通过其硕士毕业论文《汉代仙话研究》，已经能够看到郑土有先生最初的知识掌控和兴趣所在，也能够清晰看到文字表述的特色。这篇论文中许多未及详述的内容，成为后来文章的选题。例如“汉代的‘仙人’和‘仙界’观念”原本仅仅是一节，很多话限于篇幅并没有展开。这些未尽的表述就在后来的《仙界：中国人理想中的“极乐园”》（1991）中得以铺展开来。又例如文中提及西王母，论及仙话类型，这些内容经过细致积累，后又扩展为《祈寿思潮与月神原型：西王母身份转变的双重因素》（2012）、《误入仙境型故事的类型、时间寓意及产生原因》（2013）、《中国螺女型故事与仙妻情结研究》（2004）等文章。因此，这些文章有内在的联系。

对比前后发表的文章，也能够看出个人学术性格的变化。早期的文章充满强烈的论辩精神，如《论仙人和仙话》（1987）一文，主要针对闻一多先生《神仙考》中关于灵魂不死观念来自西方羌人、仙人是灵魂不死观念具体化的产物、仙话来自西方羌人这三个观点进行反驳，这样的文章不仅需要广泛搜集材料、细致思考、缜密论证，而且还需要足够的勇气。又如《质的区别：仙话与神话》（1988）一文，针对袁珂先生“仙话是神话的一个分支”的观点，从神与仙内涵的差异、神与仙不死存在的差异、仙话与神话中法术的差异等方面予以论述，明确提出仙话与神仙存在质的区别。此文产生于关乎仙话性质和地位的论辩期间，材料丰富，论述严谨，更重要的是气势硬朗。而观90年代之后的论文，逐渐地文气舒展，论述从容了。

《仙话与仙人》的论文与郑土有早期的著作是密切相关的，如《中国仙话》②《晓望洞天福地——中国的神仙和神仙信仰》③。它们共同构成郑土有先生仙话与仙人信仰研究的整体，可相互参照阅读。《仙话与仙人》的出版，可以看作是郑土有先生在仙话和仙人信仰研究上作的一个系统回顾总结。

其三，仙人、仙话、仙界的研究不可避免地涉及生命存亡的问题，因此，仙话研究（包括仙人信仰）通过对生命现象的观察和思考，不仅没有陷入虚无缥缈的幻境当中去，反而从中更容易觉察中国传统文化对生命的真实态度。《仙话与仙人》一书中的诸多论文在论述仙话和仙人的时候，自觉地进行了理性思索，希望能够从生命哲学的角度来审视看似离奇的“仙”文化和信仰。在仙人缥缈的表象下分析其

① 罗永麟：《中国仙话研究》，上海人民出版社1993年版。

② 郑土有：《中国仙话》，上海文艺出版社1990年版。

③ 郑土有：《晓望洞天福地——中国的神仙和神仙信仰》，陕西人民教育出版社1991年版。

蕴含的现世色彩和生命关怀。

例如在《中国螺女型故事与仙妻情结研究》(2004)一文中指出，“螺女型故事表达一种仙妻情结，实质是贤妻情结，是中国农民几千年来形成的心理愿望积淀而成的一种情结。”并把这种情结与农民生活理想联系起来，这类故事表现了农民对美的追求、对贤妻的追求、对性的需求和宣泄、理想的家庭模式，也是古代天人合一理念的形象化反映。

又如在《仙界：中国人理想中的“极乐园”》(1991)中，透过对仙界的分析，审视仙界观念中所蕴含的文化心态，具体表现为国人的现世主义，更看重生活舒服、活得长寿，追求物质丰裕、生活美满，对人生短暂的深沉忧患意识，对形神关系、理想世界的追问。

仙话、仙人涉及长生不死之术、灵魂肉体关系、仙术、仙界等现象，对这些现象的分析归根结底是对生命现象的分析。这些现象表面是虚幻的、无根的，但赖以生存的土壤却是真实的，反映的文化也是真实的。仙话与仙人信仰的探究涉及的关于生命的形而上的思考，不仅具有文化阐释的意味，而且展现了浓浓的生命关怀。

二　仙话研究的民俗维度

郑土有在他给罗先生所作的传《问道民间世纪行——罗永麟》[①]中，有师生二人对民间文学和民俗学相互关系的讨论，他们认为民间文学和民俗学应分属两个不同的学科，但两者关系密不可分。研究民间文学必然会涉及民俗学，研究民俗学也肯定要借助民间文学。罗先生的仙话研究侧重于文学性研究，而郑土有的仙话研究则较为偏向于民俗学研究。

在研究方法上，虽然在《中国螺女型故事与仙妻情结研究》《误入仙境型故事的类型、时间寓意及产生原因》《中韩“天鹅仙女型”故事比较研究》等篇目中使用了民间文学中惯常的故事类型分析，但在实际的论述中也无法回避民俗学方法的借鉴。即便是基于神话学的最初切入，仙话研究从一开始在郑土有先生的探讨中就带有浓厚的民俗学倾向。

《质的区别：仙话与神话》(1988)和《中国古代神话仙话化的演变轨迹》(1992)两文可以看作郑土有先生在仙话与神话关系探究上的代表作。前者分析了仙话与神话的本质区别，后者希望从神话转化为仙话的历史角度，细致剖分出仙话与神话，并且兼及讨论了神话的演变问题。后者认为“对中国古代神话产生致命影响的因素是仙话化”。神话仙话化的外因在于“历史的发展，文化环境的演进，迫使古老的神话不得不‘修正’自身，以求得生存；农耕文化的土壤决定了古代神话演变的方向；神仙信仰的崛起加速了古代神话仙话化的进程”；神话仙话化的内因在于“同属于文学散文作品，都具有审美与娱乐价值，其核心都是‘文学—宗教’的结合体；都是‘想象—虚构’的产物；某些相同的思维方式”。这两篇文章属于较为突出的民间文学的分析，但是从中已经能够看到论述的内容已经多属于民俗学视野了。

更加明显地，从《论仙人与仙话》(1987)和《仙话：神仙信仰的文学》(1991)等较为早期的论文来看，郑土有先生对仙话的核心概念梳理就是把仙话与仙人并举的，并且明确地把仙话定义为“神仙信仰的文学”：“仙话是一种以记叙神仙活动为主要内容，以追求长生不死和人的自由为中心主题，情节结构曲折离奇，反映人类渴求生命永恒和幸福美满生活愿望的一种叙事文学作品”。基于这样的认

---

① 郑土有：《问道民间世纪行——罗永麟》，上海锦绣文章出版社2011年版。

识，郑土有先生的仙话分析从最初的切入点就把仙话与仙人信仰结合起来，把仙人信仰看作是仙话概念的核心，把仙人信仰视为仙话研究的关键点。这也就不难理解，为何全书把文章按照“仙话”和“仙人信仰”进行切分了。

从仙话入手，实则研究中心转到了仙人信仰上。论述仙界产生、发展及其文化功能的《仙界：中国人理想中的“极乐园”》（1991），梳理中国历代神仙信仰发展脉络的《中国神仙信仰的历史发展》（1990），探讨神、人鬼、菩萨、妖魔等各类民间信仰与神仙关系的《仙化现象：中国民间精灵的独特演变规律》（1991），分析人生礼俗、节日礼俗、日常生活生产习俗中的神仙信仰的《论民俗活动中的神仙信仰》（1990）等篇目，问题的中心在于仙人信仰的研究，而仙话作为至为关键的支撑材料。以上尚属针对普遍现象的思考，另外一些篇目则就具体的信仰个案展开讨论，如《东王公的原型及其演变》（1988）、《祈寿思潮与月神原型：西王母身份转变的双重因素》（2012）、《黄大仙在中国神仙信仰史上的地位》（1995）、《中国的山岳崇拜与仙人信仰》（2013）等。这些篇目着力于解决民间信仰中的某个具体问题，阐释民间信仰的现象，属于民俗学的研究。

总而言之，《仙话与仙人》在理论预设上并非限于民间文学性质的仙话分析，更多地把仙话视为民俗事象；要分析仙话，就必须结合其产生和发展的民俗语境。唯有如此，才能认识仙话、理解仙话。仙人信仰的研究，从纷繁复杂的民间信仰现象中抽取核心线索，以广阔的视野审视先前容易被忽视的信仰现象，为民俗信仰的研究提供极有价值的理论路径和实践方法。

三　结语

《仙话与仙人》一书在仙话研究中占有极为重要的地位，同时推进了民间文学和民俗学研究。

该书中的七成文章都发表于 20 世纪 80 年代末 90 年代初，在那个仙话初生的时期，对提高仙话的知名度、提升仙话研究的品位具有不可替代的价值。这些文章从不同侧面探讨了仙话的概念、仙话的内涵、仙话的类型、仙话的性质、仙话的演变等基本问题，基本形成了仙话研究的体系，达到了一定高度。目前所使用的仙话概念，对仙话的认知，对仙话的继续探讨，很大程度都是建立在这些文章基础之上的。现在结集出版，必然成为仙话研究的必读书目。为人们方便清晰地认识仙话提供了优质的文本。

该书对仙话的研究，使人们对于中国民间文学的独特性有了更加深入的了解，对中国民间文学品种的细分有了实质进展。其中对仙话与神话关系的探讨，促进了神话研究的深入，潜明兹在《中国神话学》（1994）中评价道：“郑（土有）著对神话与仙话的关系所作的探索很有意义。”同时，仙话与民间传说、民间故事、民间戏曲等都有密切联系，《仙话与仙人》都触及相关民间文学类别，必将引发民间文学更加深入的研究。论文中关于具体仙人和仙人群体的研究亦具有珍贵的个案意义和示范价值。

该书对仙人信仰的研究，较为突出地明确了仙人信仰的研究对象，对原先归属于其他领域的信仰现象进行了恰当归类，对原先重视不足的仙化现象、仙界仙境、神仙信仰等进行了别开生面的探讨，对信仰现象的背景、内涵、功能都进行了分析，弥补了之前神仙信仰研究的不足、纠正了之前的某些研究偏颇。对东王公、西王母、黄大仙等仙人的研究成果被广泛征引。

郑土有先生在后记中表示本书选编过程中的一些不足，考虑到忠实记录自己学术生涯的这一阶段，保留了这些“不足”

亦未尝不可。这种做法更显郑土有先生的洒脱与坦荡。倘若遇着某种机缘，把这些文章详加修订，重新编排，形成一个合力，梳理为逻辑清晰的体系，亦为一件美事。

综上所述，《中国仙话与仙人信仰研究》是一本具有开拓性和创新性的学术著作，理性和情怀兼具。它所代表的仙话与仙人信仰研究走过的道路，定会给每个经过的人带来感悟和启示。

（原载《民间文化论坛》2017 年第 6 期；供稿：贾利涛）

【刘伯温文化遗产研究论文集】

国际亚细亚民俗学会中国刘伯温文化研究基地、温州大学浙江省非物质文化遗产研究基地编辑，光明日报出版社 2016 年 6 月版

民间传说是一种讲者与听者达成默契、有意无意地营造半真半假讲述氛围的口头讲述文体。讲者“煞有介事”，听者“姑妄听之”，双方都知道这是在借着一些真实的因素讲一个传奇性的故事。虽然传说讲述的事情有真有假甚至荒诞不经，但是从民俗学的角度来看，传说本身就是民间文学的一种重要体裁，是值得研究和保护的文化遗产。有些历史题材的传说涉及历史上的真实事件或人物，也可以进行一定范围内一定程度上的历史学考证，但以这种传说为基础的地方文化事项在总体上还是民俗文化为主体的地方文化项目，主要靠民俗学者来发表学术见解或为地方文化建设建言献策。

某些传说讲述某个地方或某个名人的事情，在特别重视文化遗产保护或地方文化品牌效应的今天，就成为特定地方就此“作文章”的大事，也会成为不同地方发生争执的缘由。

刘伯温是明代杰出的政治家、军事家、文学家，他的政治思想、军事谋略、个人著述，乃至处世哲学、生平事迹，都是丰厚的文化遗产，在今天发挥着影响，也是相关领域学者的研究对象。但是文化遗产概念注重活态传承，特别是非物质文化遗产，按照国际惯例，必须是在特定社区还在流传的文化事项。那么，在刘伯温文化遗产体系中，上述刘伯温历史文化遗存，就只是基础部分，不是主体部分。其主体部分应该是这些历史文化遗存在当今民众的内心和行为中存留、衍生乃至创新性发展出的内容，那就是以刘伯温传说为核心的民俗文化。刘伯温传说流传广泛、内容丰富，体现出刘伯温作为“三不朽”（立德、立功、立言）伟人对后人的巨大影响。这些传说都是民众在与刘伯温相关的真实事迹基础上的虚构、夸张乃至神化，但都真实表达了民众对刘伯温的认同、赞赏、敬仰乃至膜拜的情感，体现了民众的价值观、道德观、历史观等思想观念。刘伯温文化遗产体系的另一部分，是由民众纪念刘伯温而形成的习俗，比如作为刘伯温故里的浙江省文成县流传的“太公祭”、伯温家宴，相传融入了刘伯温阵法的元宵节鱼灯舞，某些行业拜刘伯温为祖师爷等习俗。刘伯温传说是这些习俗得以延续的直接动力，同时这些习俗也是刘伯温传说的传承载体。

近年，浙江省温州市文成县的刘伯温传说（与丽水市青田县共享）、“太公祭”，先后成为国家级非物质文化遗产项目，两县政府都加强了对刘伯温文化遗产的保护和研究工作。近期，由国际亚细亚民俗学会中国刘伯温文化研究基地、温州大学浙江省非物质文化遗产研究基地编辑的《刘伯温文化遗产研究论文集》出版，在内容上体现了刘伯温文化遗产体系的多层次结构特点。该论文集收录了民俗学、文学、历史学、文献学等领域诸多学者关于刘伯温传说的研究成果，对于地方文化建设有指导和参考价值。

以纪念刘伯温这样的杰出历史人物为出发点的传说、庙会、节日、歌舞、饮食等活态民俗，是特定地方的广大民众集体

传承的社会文化，有些活动还规模盛大甚至全民参与，是当地文化建设的大事，相关政府部门理应在组织学者深入研究的基础上，遵循文化传承规律和相关学理将之保护好，并使之在现代社会焕发新的活力，成为涵养民众心灵、增强社会凝聚力、促进当地社会健康发展的重要资源。

（原载《光明日报》2016 年 11 月 8 日第 011 版；供稿：黄涛）

【汉藏民间叙事传统比较研究：基于民间故事类型的视角】

林继富著，人民文学出版社 2016 年 5 月版

考古发现，从新石器时期开始，中国境内诸多族群就逐步开始了文化接触、文化交流，进而出现了文化融合的现象。也正是在多民族融合、流动、互动过程中，中华文化通过“一个点线结合，东密西疏的网络”，传播与融入各少数民族及其文化之中，从而构建起由区域性到全国性、由弱到强的多元一体格局。[①] 费孝通先生提出的“三大走廊”[②]，不仅展示了走廊地带族群之间文化接触与融合的过程，呈现了走廊地带族群定居与文化流动的辩证关系，以及族群之间文化交流与并存的历史经验与现实面貌。[③] 而且，其背后所展示的是“我们需要一个宏观的、全面的、整体的观念”来审视中华民族。长期以来，“三大走廊”的研究吸引了民族学、人类学研究者[④]的关注，但是从民间文学的视野对走廊内部、走廊之间各民族接触、交融、并接所作的研究成果并不多见。而 2016 年人民文学出版社出版的，由中央民族大学林继富教授撰写的《汉藏民间叙事传统比较研究》无疑是从民间文学角度对民族交流、融合进行研究的力作。正如中国民俗学会荣誉会长刘魁立教授在序言中指出的那样：“应该说这部书是集汉族、藏族民间故事研究之大成，在一定程度上把藏族故事研究推到一个新的高度，是 20 世纪和 21 世纪初当代学者关于汉族、藏族民间故事研究的一个典型缩影。他的可贵之处更在于，他把故事研究不当作是自我目的，而看成为一个民族的文化史的一部分、心灵史的一部分、社会史的一部分，同时，还将民间故事看成是汉藏民族情感交流、文化交流的结晶体现。”纵览全书，这样的评论是很有见地的。

一　文化桥梁：汉藏民族交流的民间叙事

据考古发现，汉族与藏族之间的文化交流始于新石器时代，随着时代的发展，文化交流更加频繁。频繁的文化交流不仅加强了汉族与藏族之间的关系，也成为两个民族社会进步的发展动力。《汉藏民间叙事传统比较研究》在绪论部分梳理了大量的历史事实，从血缘上的同源基因到考古成果的佐证，从典籍碑刻中的刻写记忆到历代政治、经济、文化往来的社会实践，

① 费孝通：《中华民族多元一体格局》，中央民族大学出版社 1999 年版。

② “三大走廊”（“藏彝走廊”“西北走廊”“南岭走廊”）的相关理论经历了一个不断完善的过程。可参见费孝通三次讲话。《中国社会科学》1980 年第 1 期，《中南民族学院学报》1982 年第 3 期，《从事社会学五十年》，天津人民出版社 1983 年版。

③ 王铭铭：《中间圈：藏彝走廊与人类学的再思考》，社会科学文献出版社 2008 年版，第 257 页。

④ 对于“民族走廊”的研究，四川民族研究所学者成果最为丰富。如李星星：《论“民族走廊”及“二纵三横”的格局》，《中华文化论坛》2005 年第 3 期；李绍明：《藏彝走廊研究中的几个问题》，《中华文化论坛》2005 年第 4 期；李绍明：《费孝通论藏彝走廊》，《西藏民族学院学报（哲学社会科学版）》2006 年第 1 期；李绍明：《论武陵民族区与民族走廊研究》，《湖北民族学院学报（哲学社会科学版）》2007 年第 3 期。

指出了“由于汉族、藏族人民之间的经贸往来、情感往来、婚姻往来、宗教往来和知识采借形成了相互依存，共同繁荣的关系。汉族和藏族在彼此来来往往的过程中，辟开了一条条通道，这些通道成为文化流动的走廊，成为传播文化的通道，成为多元文化共同繁殖生长的走廊。他们之间在生产生活方式、宗教信仰、民风民情和文学艺术上相互借鉴吸收，由此形成了许多共同的民族性格和文化特点”①。在此基础上，该著作以民间故事为中心的民间叙事为研究对象，从民间故事类型的角度去探讨汉族和藏族民众生活和文化传统的生成发展过程，凸显民间叙事对于汉藏民族文化交流的桥梁意义。

一方面，汉族和藏族民间故事在民众交往中具有桥梁价值。《汉藏民间叙事传统比较研究》从汉族和藏族的民间叙事传统出发，结合其文化交流的历史，在历史、宗教、文化交往关系的比较中观照汉藏的民众生活知识，证明汉藏文明借鉴、文化共同发展的历史事实，并进一步从中华文化的整体性和民族性视角，总结其相似性民间故事的文化个性与生活意义，认识其民间叙事传统在建构文化多样性和丰富民众生活方面的特殊功能。此外，该著着力对汉藏民间叙事结构层次进行深度阐释，总结其民间叙事结构及其审美价值取向等方面包含的文化认同与国家观念，以期呈现民间叙事交流的路径，探索汉藏民间叙事的交流规律，进一步探寻民间叙事对于汉藏社会发展和民众生活的意义。

另一方面，民间故事对于丝绸之路沿线各民族交往具有桥梁意义。在汉族和藏族政治经济方面的交流互动中，丝绸之路起着重要的作用。由此，“走廊文化”得以开辟，并成为汉藏民间叙事交流的重要路径。汉藏民间故事的交流在生活中不断流动，这些流动和传承依托着不同的传承渠道展开，在丝绸之路上，无论是在民族走廊的内部，还是在与周边民族的文化活动中，汉藏民间故事的流动自始至终都是频繁和兴盛的。林继富教授敏锐地捕捉到了这一现象，他通过对汉藏民间故事的比较研究，从民间叙事的视角展现了丝绸之路对于民族文化交流的重要意义，探求了丝绸之路沿线民间故事作为交往桥梁的运行机制。中国是多民族的国家，民间叙事资源十分丰富，民间叙事在不断交流中发展，并在各自的历史传统和地理环境中形成鲜明的个性。加强跨族际之间的民间叙事比较研究是当下学术界的重要内容，该著在“一国多民族”的跨族际民间叙事比较研究方法论建设上有所助益，也有利于跨族际民族之间的彼此理解和交流。

二　民间叙事共同体：文化的交流与选择

《汉藏民间叙事传统比较研究》立足于汉族和藏族民族文化的交流视域，将汉族与藏族民间叙事传统的比较置于广阔的民众生活之中，清晰地展现出汉族和藏族民众历史的演化过程和生活行为。其中，在以历史为纵轴、以现实为横轴建构的生活空间与文化空间的交汇中，不仅交织着各种生活关系和文化关系，而且结构成了特殊的文化共同体和民间叙事共同体。该著利用20世纪80年代采集的汉族和藏族以民间故事为中心的民间叙事传统，在比较中，用具体的民间故事类型呈现出汉族和藏族民间故事发生、发展的共同性、融通性和差异性。这不仅有助于理解文化共同体内部的生活情状、文化行为、信仰情结和审美取向，也体现出民间叙事共同体在文化交流中的认同与选择，是民族文化认同与文化多样性理念的有力实践。

---

① 林继富：《汉藏民间叙事传统比较研究》，人民文学出版社2016年版，第6页。

首先，从民间故事类型的视角呈现出汉族和藏族族际边界的文化认同现象。该著以民间故事类型为切入点，考证了汉族和藏族的民间叙事传统的同型同构现象，溯源了汉族和藏族民间叙事传统、民间故事传承的文化根脉，总结了汉藏历史发展过程中的生活关系和文化关系。在此基础上，提出了汉藏民间叙事交流的多样性和复杂性，强调了民间叙事交流的动态属性。这不仅有助于推进汉族与藏族之间文化的交流与认同，而且也促进了汉族和藏族社会的和谐发展。

其次，从民众生活的维度展现了汉藏民间叙事和文化的多元化色彩。该著将民间叙事传统的比较研究与汉藏民众生活联系起来，而民间叙事异文的丰富性，其间流淌着文化流动的印记，展现的正是民众的生存方式和生活哲学。汉族和藏族各自族群内部存在多样性，汉族与藏族之间交往活动在不同地区呈现不一样的格局，这种生活空间的变化必然导致民间故事区域内部和区域之间的差异性。同时，作为文化持有者的地方民众的选择也促成了汉藏民间叙事个性化的表达。以上复杂的文化逻辑，在《汉藏民间叙事传统比较研究》一书中均有很好的观照。因此，该著既揭示出汉藏民间故事传承的本土性，以及汉藏文化交流的动力源泉，也呈现了汉藏文化交流的多样化和多元化格局，有助于加深民众之间的文化理解，推进“一国多民族”的发展。

三　叙事传统：民间叙事的生活世界

民俗学是研究民众生活文化的传承之学[①]，也是一门感受生活的学问[②]。换言之，民俗学的研究应立足于民众的生活实践。而民间叙事是“通过乡民的口头语言讲述的各类散文体的叙事形式，它包括常规性的生活行为叙事和具有审美艺术的叙事以及穿插于仪式之中，具有浓厚信仰色彩和高度程式化、模式化的‘神圣叙事’”[③]。因此，民间叙事的研究也应从实践出发来理解民众生活的本质。

“生活世界”是德国哲学家胡塞尔首先提出的概念，他强调的是人的主观和先验，认为生活世界是通过“先验还原”才能“看到”的人主观中的世界。而高丙中教授认为，“生活世界是具体的、实际的、直观的，所以，可以说它是人周围的世界，是人们日常的世界。”[④] 关于生活世界从先验论到经验论的探讨，在叙事传统的概念里这两种观点是融为一体的。首先，传统是从过去延传到现在的事物，是“围绕人类的不同活动而形成的代代相传的行事方式，是一种对社会行为具有规范作用和道德感召力的文化，也是人类在历史长河中创造性的想象积淀”[⑤]。所以，传统即生活，本土即生活，民间叙事的生活世界是生活于其中的人的生活，是具体可感的整体世界，而非形而上地脱离了实在意义的概念。其次，民间叙事传统制约着民间故事的发生和传承，渗透于民间故事活动的全过程。具体来讲，民间叙事传统主要体现在传统的观念、传统的结构、传统的形象、传统的内容、传统的语言五个方面。“民间叙事传统不是一种泛指，而是现实的客观存在，它既是一个文化的聚合概念，

① 赵世瑜：《传承与记忆：民俗学的学科本位》，《民俗研究》2011 年第 2 期。

② 刘铁梁：《感受生活的民俗学》，《民俗研究》2011 年第 2 期。

③ 林继富：《民间叙事传统与村落文化共同体建构》，中国社会出版社 2012 年版，第 19 页。

④ 高丙中：《民俗文化与民俗生活》，中国社会科学出版社 1994 年版，第 129—130 页。

⑤ 林继富：《民间叙事传统与故事传承——以湖北长阳都镇湾土家族故事传承人为例》，中国社会科学出版社 2007 年版，第 41 页。

又是文化个体鲜活的展示。民间叙事传统活跃于老百姓的口头中，不断因表演而获得生机，又被文化人记录，一次又一次历经着文本化的过程。”[①] 可以说，民间叙事传统既是一个历史过程，也是一种现实的即时表达，它强调的是传统在事实和解释之间的互动、互文中传承与发展。在此意义上，民间叙事传统的旨归在于对人之为人和人生活意义的关注。

《汉藏民间叙事传统比较研究》着重研究的正是汉族和藏族民众传承与享用的生活化的民间叙事传统。一方面，它探讨了诸如汉族和藏族以“灵魂”为中心的叙事传统、以“山”“水”为中心的叙事传统、以“关羽”为中心的叙事传统等在民族交往中的形成与发展；梳理了藏族民间故事讲述传统的发展脉络，尤其是对20世纪的藏族民间故事讲述传统作了全面、系统而深入的讨论；建立了以藏族民间故事讲述人为核心理解民间叙事传统的基本理念和跨族际民间叙事传统比较理论建设的诉求。另一方面，民间叙事交流是不自觉的行为，在民间社会广泛流传，渗透到生活的诸多领域；民间故事中既包含了民众的生活道德和文化追求，也包含了中国底边社会的传统精神和人伦关怀。该著通过汉藏民间叙事传统的比较研究，展示了传统文化精神，这对于深刻理解汉藏民族文化的精神实质，探索民间社会交流的基本规律及其未来走向均具有借鉴意义。

四 生活类型：民间叙事的本土实践

20世纪90年代以来，“知识共享、方法互用”已经成为学界的共识。随着口头程式理论、表演理论、民族志诗学等西方理论的传播与发展，民间文学的研究范式发生了转变，已从书面范式转向口头范式，从静态的文本转向动态的文本研究，从偏重文本分析转向文本与语境相结合的研究。在这种态势下，一些经典的研究范式，如文本观念研究、结构形态研究等方法在当代的适用性面临新的挑战。《汉藏民间叙事传统比较研究》在研究过程中综合运用了类型比较研究法、历史地理研究法和文本分析研究法，选取了汉藏具有典型性的民间故事类型进行分析，从文本内部抽取核心母题，试图追踪故事的生活史，以此探讨民间故事流动与汉藏民众生活之间的血脉联系。同时，该著根据汉藏民众交流的历史背景，在民众社会生活的层面上，以民间故事为核心研究内容，既观照历史，又立足当下。可以说，在实践层面上，该著为民间文学的经典研究范式在当代的适用性问题提供了具体路径。

传统类型学的方法始于芬兰民俗学者安蒂·阿尔奈，他在芬兰学者科隆父子的历史地理研究法的基础上编纂了《民间故事类型索引》一书。其后，美国民俗学者斯蒂·汤普森对其进行翻译、补充与修订。该书广泛运用于世界民间文学领域，其索引的分类和编排方法被学界称作“阿尔奈—汤普森分类体系”，简称“AT分类法”。1932年，斯蒂·汤普森提出了母题的概念，编纂了《民间文学母题索引》。随后，德国学者艾伯华的《中国民间故事类型》[②]，美国华裔学者丁乃通的《中国民间故事类型索引》[③]，台湾学者金荣华的《中国民间故事集成类型索引》[④] 等一系列著作，将类型学与中国民间文学紧密结合，

---

① 林继富：《民间叙事传统与故事传承——以湖北长阳都镇湾土家族故事传承人为例》，中国社会科学出版社2007年版，第299—301页。

② ［德］艾伯华：《中国民间故事类型》，王燕生、周祖生译，商务印书馆1999年版。

③ ［美］丁乃通：《中国民间故事类型索引》，华中师范大学出版社2008年版。

④ 金荣华：《中国民间故事集成类型索引》，台北：中国口传文学学会2000年版。

使其成为中国民间叙事研究的重要方法。

在阿尔奈看来，类型只是一种工具，它是从情节上进行概括或提炼出来的故事的集合，是被建构出来的一种文化的集合，仅是形式层面的概念。而林继富教授却认为类型本身是带有传统的，或者说是生活化的类型。他将悬置的类型生活化，把民间叙事置于生活视角进行解读，使其具有在地化的意义。一方面，他认为，“民间故事是人类社会生活中交流普遍的文化类型之一，也是生活化程度高的文化存在，尽管它常常以类型的方式出现。但是，当这些被悬置起来的类型游离于类型之外，被民族或地域‘在地化’以后，就成为地方文化传统和民众的生活方式了。为此，我以我熟悉的汉族、藏族民间故事为突破点，试图通过民间故事为对象，展开汉族、藏族相互依赖，彼此协助、采借和融合的历史图像和文化世界的讨论，试图回答汉族、藏族民间叙事交流中表现出来的文化的共同性和生活化的个性表达。”另一方面，他强调，“民间故事是流动性很强的口头传统，它可以跨越地域、跨越族群、跨越时代而彼此吸纳、整合和涵化。这样，当民间故事进入‘在地式的民族化’过程的时候，其文化基因和民族特性在新的文化关系中得到或多或少的表现，这些民间故事中民族思想和价值观念也或多或少地传递下来。”①

《汉藏民间叙事传统比较研究》一书对具有典型性的 27 个故事类型进行了比较。这些故事类型涉及神话、传说、幻想故事、生活故事等不同文类。其力图从叙事形象、叙事结构、叙事语言、叙事母题、叙事风格以及民间故事包含的文化传统、文化思想、故事讲述人的讲述现场等多个方面寻找汉族和藏族故事类型的共同性与差异性，并探究造成这些现象的原因所在。同时，还分析了汉藏民间故事内部结构、文化母题、主题表达等方面出现的黏接、继承和创新规律，实现了对汉藏民间叙事与民众生活、文化发展、社会进步关系的探讨。在此意义上，该著作突破了类型研究的文本意义，将其放置于语境视域，把民间故事类型当作民间叙事传统来看待，强调每一个类型就是类型化的传统存在和传统的类型化生活，是汉藏民间叙事传统的生活存在。这种观点延展了以往对于民间故事类型的研究视角，是对传统民间故事类型方法的创新；同时，也从族际关系的维度上，体现出类型研究的当下意义。

结语：“多民族的一国民俗学”的探索之路

针对中国民俗学与外国理论接轨的问题，中国现代民俗学的奠基人钟敬文先生曾经指出，中国的民俗学是“多民族的一国民俗学”，要在坚持民俗学独立的学术品格的前提下，借鉴国外有益的学术成果，建立中国民俗学派。② 如果从这样的学术脉络与宏大构想来考量，《汉藏民间叙事传统比较研究》无疑是中国民俗学派本土实践中的一次重要尝试。然而，我国的少数民族大多数生活在边远地区，传统观念较强。面对新型城镇化建设，许多传承在民众生活中的口头传统都在发生着剧烈变化，有些甚至断裂或消失。因此，新型城镇化过程中少数民族口头传统的传承和创新发展成为我国非物质文化遗产保护的重要内容，也成为当前留住少数民族口头传统遗产的当务之急。面对这些复杂的问题，林继富教授已经展开研究。2015 年，他申请了《民族地区新型城镇化与少数民族口头传统传承创新研究》的课题，这对于进一步梳理新型城镇化对民间口头传统遗产

① 林继富：《汉藏民间叙事传统比较研究》，人民文学出版社 2016 年版，第 686 页。

② 钟敬文：《建立中国民俗学派》，黑龙江教育出版社 1999 年版。

的影响，思考如何保护和传承民族口头传统文化，发展有历史记忆、文化脉络、地域风貌、民族特点的美丽城镇都具有重要的理论价值与现实意义。纵观林教授的学术发展脉络，《民间叙事传统与故事传承》是以湖北长阳都镇湾土家族故事传承人为中心的研究，侧重田野实践；《汉藏民间叙事传统比较研究》是从民间故事类型的角度去探讨汉藏民众生活和文化传统的生成发展过程，侧重文本分析；《民族地区新型城镇化与少数民族口头传统传承创新研究》则研究在新型城镇化建设中，如何融入传统文化因素，如何结合地方特色文化，保存当地历史文化记忆、凝聚记忆中的文化情感和家园情结。笔者将林教授的上述三本著作称为“学术三部曲”。在这“三部曲”中，他以口头传统为切入点，从走向田野到回归文本，然后将田野实践与文本分析相结合；从村落中的故事讲述人，到汉藏文本分析，再到族群研究；从对土家族的关注，到汉藏文化的比较，再到跨文化视野中民族口头传统传承研究，在点、线、面的发展历程中，最终的目标是在“中华民族多元一体格局”下达致对中华文化的整体性理解。目前，林教授正在从事《民族地区新型城镇化与少数民族口头传统传承创新研究》的研究。笔者相信，这将是一部不仅具有重要的学术价值，而且具有现实意义的作品，我们期待着这部作品早日问世。“中国的民俗学，从来都是中国人用自己的眼睛、心灵、情感、人生经历和学理知识来创造的学问。”[①] 林教授用长达30年的田野时间从事口头传统的研究，其成果不仅推进了中国民间叙事文学话语体系的建设，而且也是“多民族的一国民俗学”本土实践的重要成果。然而，民俗学既是传统的研究，也是现在的学问，尤其在现代化的今天，在新型城镇化的背景下，面对全球化带来的挑战，“多民族的一国民俗学”应该怎样去进一步实践，中国民俗学界还需要合力去不断探索。

（原载《民间文化论坛》2016年第6期；供稿：谢红萍）

【中国民间小戏史论】

李玫著，中国社会科学出版社2016年1月版

民间有两段，一段是当下的民间，一段是逝去的民间。从事有关民间的研究，对于这两段要采用不同的研究方法。当下的民间，可从田野调查入手。逝去的民间，借用王汎森的话：“我们既无法起古人于地下进行田野调查，只能在现有文献中去仔细分疏了。”[②] 可是，文献主要由精英书写和传承，民间素来被精英文化忽略；即便民间偶尔被精英记录下来，也多半带着贬斥的态度，或者已经由精英文化改造过了，不再是原汁原味的民间。因此，民间文献分疏之难度可想而知。不过，这仅是民间研究具有的共性困难，具体到“非文人创作”的古代民间小戏，缺乏稳定的剧本形态，表演风格活泼、富有变化，如此种种，毫无疑问，研究难度更大。

然而，梳理民间小戏的历史和作品，无疑是戏曲史特别是戏曲文学史的重要课题。民间小戏在中国古代戏曲发展过程中的重要价值，以及对这一课题研究的紧迫性，已经有很多学者反复申说。曾永义论及戏曲之渊源形成与发展，提出八个悬而未决的问题，这八个问题都与“小戏”息息相关，他说：“‘小戏’实为关键所在，因为只要弄清楚小戏，那么大戏乃至戏曲

① 钟敬文：《建立中国民俗学派》，黑龙江教育出版社1999年版，第16页。

② 王汎森：《中国近代思想与学术的系谱》，吉林出版集团2011年版，第63页。

的发展就容易顺理推得。"① 在曾永义的指导下，台湾学者施德玉曾撰写了《中国地方小戏之研究》《中国地方小戏音乐之探讨》等著作，研究小戏的渊源、演变以及当代小戏戏种、音乐等问题。大陆学界，张紫晨《中国民间小戏》着眼于介绍当代小戏的类型，朱恒夫、刘祯等学者的论文则着眼于当代小戏的形态、价值。那么，诸如小戏的本事来源、艺术风格、文学成就等问题，仍需要一部专著作出系统的回答，李玫研究员的《中国民间小戏史论》，正是响应上述学术难题。

2016年春天，这部著作刚出版时，笔者先睹为快，阅读中获益良多。最近，笔者为大百科全书撰写相关词条，检出去年阅读《中国民间小戏史论》写下的笔记，整理成文，将我阅读这部著作的一点心得分享给各位读者，并向李玫老师请教。

一 在文献形成的语境中厘清"小戏"的定义

邓绍基先生在李玫所著《明清之际苏州作家群研究》的序言中，曾就该书附录的考辨文字有这样几句话："在学界多有异说的前提下，未必要企望一致认同，重要的是要划清有据作论和无据猜测的最基本的界限。在这里，或许还存在学风比结论更重要的问题。"学风与学术方法是互动的，严谨的学风需要严谨的研究方法的支撑。怎样才能"划清有据作论和无据猜测的最基本的界限"？这需要朴实而严谨的研究方法，而朴实而严谨的研究方法又必然以文献的搜集、辨正为主。邓绍基先生肯定了李玫在《明清之际苏州作家群研究》中的订正辨讹工作，但《明清之际苏州作家群研究》并非以文献辨正为主，相对而言，《中国民间小戏史论》更能见出作者在文献辨正方面的功力。这里以作者对"小戏"概念的辨正为例，进而论及这一研究方法的意义。

"小戏"并非是一个内涵和外延非常清晰的术语，古人在使用这一词语时又很随意。此外，还有一些与小戏语义接近的概念，如小剧、小杂剧等，厘清这些概念关系，也需大费周折。比如，宋代笔记中的"杂剧""小杂剧"所指为何？相关文献记载简略，没有剧本，现代研究像猜哑谜，分歧很大。面对这些分歧，作者指出，"无论认为'小杂剧'是某类题材的木偶戏，还是宋代的南戏，或是'爨'，这些结论都还有待进一步的探讨。"然而，这并不是说有关"小杂剧"的记载，与后来的小戏缺少关联。作者发现，当代研究者对"小杂剧"的理解都离不开两个要点："一是篇幅短小，二是表现滑稽调笑的内容。""正是以此为基础，形成了关于'小戏'的基本认识。"

明清以后，"小戏"这一术语在具体的语境中呈现出不同的含义，这与当时古代文论方面的术语的使用情况相似，使用随意，内涵缺少明确的界定，需要在具体语境之中理解它的含义。回到每个具体语境之中，作者指出，有以"小剧"指短剧者，有以"小戏"指传奇剧本中穿插的民间技艺的，有以"小戏"指次要角色出场的场次以及指次要角色的，也有以"小戏"指规模小的戏班的；清代中期以后，"小剧"指某一类戏剧样式；到晚清，地方小剧种常被称为"小戏"。

古代记载如彼，今人给小戏下定义时，更是见仁见智。作者又逐一从"剧作抑或剧种""戏曲的雏形抑或戏曲的一类"入手辨析了今人的各类提法，综合今人对小戏的界定，提出四点通则：第一，"篇幅短小、情节简单、人物关系简明、写独立的小故事"；第二，"表现普通人的生活内容"；第三，属于"通常说的小剧种"；第

① 曾永义：《曾永义学术论文自选集·甲编·学术理念》，中华书局2008年版，第323页。

四，“大多是由贴、丑两个行当表演的二小戏或者是由贴、小生、丑应工的三小戏”。作者进而指出，今人在界定小戏概念时，之所以给人纷纭繁复的印象，主要是每位学者强调了上述小戏通则的某一类或某一两类而已。换言之，小戏的特征确实很难全面把握，在研究过程中还要给出研究范畴以明确的规定。

在审慎地完成所有这些文献和相关研究的梳理后，作者为《中国民间小戏史论》所研究的“小戏”确定了含义：“主要从剧本的角度，指篇幅短小而包含一个相对完整的故事的戏”，同时还有一个标准，即“非文人创作”。“非文人创作”这条标准，将文人创作的短剧排除在外，严格地确立了民间小戏研究的取材范围，使得戏曲史、戏曲文学史的研究范围朝着更为边缘的文献迈进了一步。

除了给“小戏”作出准确的界定外，作者还对一些常见术语在具体文献语境中的含义作了讨论，给我印象最为深刻的是“大戏”。作者详细讨论了《扬州画舫录》《霓裳谱》《檐曝杂记》《啸亭续录》及清代宫廷演戏档案等文献中记载的“大戏”，指出这些“大戏”所指具体内容并不相同，具体到宫廷“大戏”，“是指一类排场大、表现喜庆内容，但不规定演出场合及演出中的顺序的短剧”，如《四海升平》《福禄天长》等。而学界惯用“宫廷大戏”指《劝善金科》《升平宝筏》等连台本戏，依据宫廷演剧档案的记载，显然是不准确的，此前朱家溍先生已有所区分，可惜没有引起学界的注意。笔者相信，通过作者这番细致的推敲、辨析，当能引发学界的注意及更准确使用这一术语。

从上述简要的介绍可以看出，作者在为“小戏”及相关术语的意涵作出界定时，总是把术语放到文献中，放到具体语境中。作者既让我们看到这些术语在不同的文献中所指有别，同时又让我们看到这些术语的某些共通之处。作者综合了这些术语的共性与差异，然后作出更符合“小戏”特征的概括与界定。从术语的辨正上，已能见出作者严谨的学术态度和独特的学术研究方法，而在作者，研究方法与学术态度又相辅相成，采用这样的研究方法，必须有这样的学术态度才能见出成效。这独特的研究方法并非什么时髦理论，而是在文献中仔细分疏，弄清楚关于小戏的“真相”，真正扎实、厚重的学术著作是需要这样的研究方法才能写出来的。事实上，《中国民间小戏史论》正是在这样的文献分疏中写成的。

二　考镜源流与卓见迭出的小戏史

论及《中国民间小戏史论》的学术贡献，无论宏观的学术研究方法、戏曲史的撰写形式，还是微观的作品考证、作品评价，所在多有，笔者不可能在这篇小文章里逐一揭示，本文仅从三个方面谈谈笔者阅读的收获。

第一，文献分疏中自动呈现民间小戏史。作者依据文献呈现出的小戏发生、发展情况，将小戏的历史分成了三个大的时段（三编），具体地说，明代中叶以前的一千多年为一段，明代中叶到清朝初年为一段，清代中期以后为一段，而写作重点放在后两个时段。这种依据小戏自身的特点而作出的历史叙述，突破了一般文学史、戏曲史以朝代史为框架，更准确地呈现了小戏从萌芽到自成一体再到成熟与兴盛的发展过程。因此，作者不是“建构”戏曲史，而是在戏曲史文献的梳理过程中自动地呈现戏曲史，这在当下理论先行构建文学史或戏曲史的各类著述中，无疑是一股“清流”。

明代中叶以前的这一长时段，笼统地纳入“小戏”的“传统”这个框架之内，这说明作者既肯定了这一时段的“小戏”与明清小戏的相似性，同时也在着意区别它们。这一编篇幅不长，分成“戏曲孕育期‘小戏’的萌芽”和“宋元时期民间演戏的繁盛与‘小戏’崭露头角”两章，这两章写得非常精审。这既因为汉唐小戏的作品内容和演出形态无法还原，又因为学界在关于宋元时期的作品内容和演出形态的认识上仍旧存在很大分歧。作者仔细梳理了当代有关《公莫舞》《东海黄公》《踏摇娘》以及唐代参军戏、宋元杂剧和院本等研究成果，归纳学界有关这些作品的共性认识，着重于揭示这一段的小戏对明清小戏的影响，呈现出明清小戏在“自成一体”之前的承袭线索。但笔者在阅读中感受到，作者没有夸大“小戏”“传统”的作用，无论它在戏曲史上的作用，抑或在小戏史上的作用，仅仅是如实地分疏文献，客观地书写这一长时段的小戏与明清小戏的承袭关系。

第二，考镜源流，弄清每一个经典小戏作品的演变脉络。作者选出有代表性的30多个民间小戏，逐一考索这些作品的本事来源、形成过程和演变情况等，由这些具体的作品撑起了民间小戏的历史，丰富了民间小戏的历史，从而使我们能够深入了解民间小戏的文学特点、艺术风格。

作者详细考证的小戏作品集中在第二编和第三编。第二编“明代中叶至清代初年——小戏在与整本戏的互动中自成一体”，这是民间小戏发展过程中的一个重要阶段，民间小戏在传奇整本戏演出时代崭露头角，别具一格，被大量戏曲选本作为独立剧作收录。在这一编里，作者首先讨论了收录小戏的戏曲、杂曲选集，举出这些选集收录的重要的小戏作品，如《风月（全家）锦囊》收录的《尼姑下山》《新增僧家记》《木兰记》和《打破西厢·莺莺诉冤》；《词林一枝》收录的《尼姑下山》（与《风月（全家）锦囊》收录的文辞不同）和《孝悌忠言》；《乐府菁华》收录的《百花评品》和《亚仙争能》；《满天春》收录的《寻三官娘》等。接下来的三章里，作者就本编副标题“小戏在与整本戏的互动中自成一体”作了个案研究，第二章是“从传奇折子戏到相对独立的短剧”，讨论了梁祝题材的两种小戏“相送”“访友”与传奇整本戏的互动关系。第三章“目连戏中穿插的民间小戏”，作者讨论了穿插在目连戏中的三部典型的小戏作品《王婆骂鸡》《哑子背疯》和《张三打父》。第四章则以《思凡》《僧尼会》这两个作品为例，探讨小戏形成过程中的复杂性和流传特点。对上述小戏作品，作者不是泛泛列举，而是对这些作品逐一进行考证，找出这些作品的本事来源，揭示这些作品的风格特点和意蕴内涵。

第三编“清代中期以后——小戏的成熟与兴盛”共由六章组成。其中，后两章是关于清代时剧和民间演戏史料的考论，从演剧史的角度研究民间小戏形成与演出形态。前四章研究的是四种不同类型的民间小戏作品，分类实际上也是对民间小戏特点的概括，如从取材上看，分成与明代传奇有关联（《花鼓》《刘二扣当》《罗和做梦》《钟馗嫁妹》《王大娘补缸》）、采用古老题材（《买胭脂》《打灶王》《小上坟》）和源自民歌（《小妹子》《小放牛》）三种不同类型；而第四章着重探讨小戏的讽刺艺术，这是小戏最主要的艺术特征和最突出的文学成就，作者选取《打面缸》《借靴》《张古董借妻》和《磨房串戏》四个小戏作品予以分析、评价，都是最具代表性的。

清代既然是小戏成熟与兴盛时期，产生的作品自然很多，作者挑选的上述14个代表作，都是戏曲舞台上最为活跃的作品，很多作品由民间进入宫廷演出，可谓民间小戏的精品。这14个小戏多数还流行在当代的戏剧舞台上，但若推根溯源，这些小戏的本事来源、如何产生，便不那么清楚了。此前虽然也出现了几种小戏研究著作，但大体上是以田野调查的方式，对这些依旧流行于戏剧舞台上的作品内容、作品形态予以介绍，缺少考镜源流的工夫。因此，有关这些作品的史料梳理、作品评价又最见作者的文史功力和考镜源流的决心。作者在后记中曾经提到“在做这项研究的过程中，总感到游离于某些模式之外”，在我看来，所谓“游离于某些模式之外”实在也可视为回归传统的文史考证之学，这是抛弃了模式、框架而深入故纸堆里的学问。

如《罗和做梦》这部作品，有关它的出处学界有若干种不同的说法，“傅雪漪说其出自元末明初刘君锡的杂剧《庞居士误放来生债》第一折。徐扶明认为出自传奇《一文钱》。王安祈说其出自传奇《两重天》。”一部作品的出处竟然有这么多种不同说法，而作者认为“正确答案应该只有一个”，在辨析了各类说法所举出的文献后，作者认为，“造成关于《罗和做梦》出处不同说法的根本原因，还是在于没有看到传奇《两生天》（即《一文钱》传奇）的剧本。”而关键是“《两生天》是否还有存本?”作者发现傅惜华藏书目录中有一种《一文钱》传奇，“这本《一文钱》传奇是否就是《传奇汇考》中所说的《两生天》?”作者如同侦探一样，探寻各种证据的可能性，然而也如侦探一样受限于客观条件而无法取证。直到2003年下半年傅惜华藏书向读者开放，作者才有机会前往查阅。这本清代康熙年间抄本的《串本一文钱》，从卷首残字勉强可以辨认出“两生天一名一文钱”，再经内容的对勘，作者得出的结论仍旧非常审慎：“说《罗和做梦》是《一文钱》的一个单出，应是较为妥当。”我们在读这样的考证文字时，跟随着作者探寻之旅，时而疑惑，时而惊喜，而至结语之时，不得不敬佩作者的不得究竟不罢休的精神。

第三，论述精当，卓见迭出。如作者评述《风月（全家）锦囊》所收民间小戏时指出：“民间小戏与整本戏、与文人剧作的差别，并不一定表现在取材上，很多时候也不表现在思想观念上，更主要的，是体现在形式风格上。”在笔者看来，这是一个重要且值得引起关注的结论。那是因为，从20世纪开始的中国古代俗文学研究和戏曲史研究，撰著者大都坚持这样一个立场，即俗文学或戏曲文学与雅文学的首要区别即作者思想观念的区别，进而将俗文学和戏曲文学视为活的文学，并与雅文学对立起来。从作者的研究看，民间小戏与文人剧作的主要差别是形式风格，思想观念、取材上的差别是次要的。这一结论相对那些从主观观念出发而建构出来的观点而言，就显得更为切实，更符合民间小戏的特征。

再如，作者的《罗和做梦》探寻之旅结束后，转而分析这一作品的形成，指出清代时剧与民间小戏的关系：“之所以一般认为时剧是风格俚俗的民间小戏，是因为被称为时剧的戏，不仅题材内容民间气息浓厚，而且宜于改调歌之。也即声腔曲调的改变以及文辞相应的变化都相对灵活自由。这在很大程度上取决于所述故事情节具有相对的独立性。即使出自整本戏，其情节也一定程度上游离于主干情节，独立变化的可能性较大。”这正是“《罗和做梦》这样的小戏”与整本戏“分分合合、相互依存、相互推动”，获得“勃勃生机”的原因。这是基于时剧特征的概括，深入挖掘时剧与小戏的关系，才能得出的结论。这就启示我们，民间戏剧作品落实到文本形态时，过程是极其复杂的，可能受到各种相关文艺样式的影响，如果不能全面考察这些文艺样式，很难得出准确的结论。而怎样切实地联系各种文艺样式展开论述，这同样是民间小戏研究中的困难，作者无疑攻克了这样的难题，使我们看到这一曾经活跃于舞台但在文人视野中又很边缘的民间小戏的真面目。

三 将学术研究推进“小传统”的边缘地带

介绍完阅读收获，笔者想进一步谈谈这部著作的学术史意义。

20 世纪 50 年代，美国著名人类学家罗伯特·雷德菲尔德提出“大传统和小传统”这一对二元结构的概念，其中，“大传统指代表着国家与权力、由城镇的知识阶级所掌控的书写的文化传统；小传统则指代表乡村的，由乡民通过口传等方式传承的大众文化传统”，这一对概念很快被学术界接纳，并且在运用中改称“精英文化与通俗文化”①。显然，中国戏曲史课题的研究和撰着，都属于通俗文化研究范围。从对精英文化的关注转向对通俗文化的关注和研究，是 20 世纪以来世界学术研究的大趋势之一。具体到中国，文学研究的现代学术范式之确立，是与王国维的《宋元戏曲史》、鲁迅的《中国小说史略》、胡适的《白话文学史》以及郑振铎《中国俗文学史》等著作分不开的。王国维从 1913 年在《东方杂志》连载《宋元戏曲史》更可视为一个标志性事件，一向被视为“小道”的戏曲率先进入现代学术研究的视野之中，从此很多知名学者投入戏曲史的研究之中，古代社会中的“小传统”一跃而为现代学术的中流砥柱。

一直以来，各类文学史著作都将戏曲文学归入通俗文学领域，但仔细辨析，其中不无可议之处。细绎百年中国戏曲文学研究，一个不可忽略的实情是：大部分的著作倾向于研究文人的戏曲作品，无论王国维《宋元戏曲史》、吴梅《中国戏曲概论》及日本青木正儿《中国近世戏曲史》等早期的戏曲史著作，还是当代重大的戏曲史研究课题，大都以文人作品作为研究对象。在一定意义上，现代学术框架下的中国古代戏曲文学研究，仍然没有摆脱“大传统”的影响。若以雅俗分野看，上述这些戏曲史的研究范围可归入近俗的雅文学。也就是说，位于中国古代通俗文化之中的戏曲是“小传统”，但是现代学术研究的古代戏曲文学是以“小传统”面貌呈现的、与“大传统”有所交叉的部分。那么，什么样的戏曲文学作品才是中国戏曲中的“小传统”？或者，中国古代社会中是否还有“小传统”中的“小传统”？

1998 年，李玫在《百年来戏曲史著述的发展演变》一文中反思戏曲史研究和著述时指出：“这些古代的戏曲和戏曲史研究著作提供给近代戏曲史著作撰着的养料，除了用以再现戏曲历史面貌的原始史料外，学术思考方面的启示起码有两点：一是戏曲史著作的选材范围；二是如何认识和展示戏曲中的各个重要组成因素和创作环节之间的关系。”“戏曲史著作的选材范围”指向的是学术研究的自觉承担，作者选择民间小戏研究虽是课题制度的驱动，实乃学术研究的自觉。而作者将“非文人创作”作为重要标准取舍民间小戏，无论从研究视野上看还是从著述的态度上看，都意味着作者真正进入了戏曲文学研究的“小传统”，进入了“小传统”中的“小传统”，而且披荆斩棘，拓展了戏曲文学研究的领域，取得了丰硕的成果。

李玫在中国艺术研究院读硕士时研究目连戏，侧重目连戏作品的文本研究；在中国社会科学院研究生院读博士时研究明清之际苏州剧作家群，这是一群较接地气的文人剧作家，这些题目和研究视角的选择，都没有脱离文学本位。戏曲是一门综合艺术，可以从文学、唱腔、舞台表演、剧场等各个方面予以研究，而 20 世纪戏曲研究是逐渐从文学研究转向综合研究的。如果以戏曲研究的转向看作者的民间小戏

① 叶舒宪：《中国文化的大传统与小传统》，《光明日报》2012 年 8 月 30 日 15 版。

研究，她恰恰坚守的是文学本位研究，这可能与她所就职的文学研究所这样的研究机构有关，也可能与这是民间文学的重大课题的子课题有关，但显然也与从文学角度研究民间小戏是更为边缘的学术地带、更为艰巨的学术工作有关。从现代学术进程看，这部著作为民间小戏写入中国古代文学史提供了充分的研究成果，将真正的“非文人创作”的民间文学写入了中国文学史。

（原载《戏曲与俗文学研究》2017 年第 2 期；供稿：王小岩）

【满族说部研究：叙事类型的文化透视】

江帆、隋丽著，中国社会出版社 2016 年 10 月版

满族说部是满族及其先民女真人自辽、金以来在北方民间传袭的古老的长篇说唱艺术，满语俗称“乌勒本”（ulabun），以讲唱部族英雄业绩为基本主题，内容涵盖满族及其先民社会生产、生活和氏族发展的广阔历史图景与生存轨迹，是中国北方民族共同的精神财富。近年来整理出版的数十部满族说部作品气势恢宏，内涵厚重，代表着满族及其先民口承叙事文学的最高成就，已被列为中国首批国家级非物质文化遗产名录。

笔者由于承担国家社会科学基金项目“满族说部研究——叙事类型的文化透视”课题所故，近年来，对满族说部叙事及其历史传承语境做了多方位的审视与探析。在对这一古老的满族民间叙事传统的意义予以呈现和阐释的过程中，笔者受其触动，常常追索着这样一些问题：古往今来的满族历代民众为何要创造并沿袭着“说部”这一叙事传统？换言之：满族民众为何叙事？所叙何事？如何叙事？随着课题的深入，上述一些困扰笔者的问题也逐渐有所破解。可以说，一部部厚重的满族说部，犹如历史的多棱镜，映照出千古风尘，世代人性。研究者潜心其中，大可“横看成岭侧成峰”，以下是笔者在研究过程中的某些案头断想。

1. 满族说部系列叙事包蕴着它所生成与“生长”的特定“历史情境”的大量信息，是满族根性文化的重要遗存，堪称满族民众用心记忆、凭口流传的民族兴衰史。

满族说部以史诗般的气势曲折地反映了从南北朝至清末民初 1500 年间满族社会的历史发展进程，其内容的建构与播衍蕴含着丰富的族群历史及文化变迁的质素，是我国北方民族生命意识的艺术展现与诗化歌颂。对满族说部进行深层透视及剖析，可以在一定意义上复原和再现满族文化自然积累、发展的原生形态，引导现代人另辟蹊径进入北方民族历史文化的深处，以一种独特的视角洞悉满族社会发展及族群文化变迁的历史轨迹。同时，通过对叙事中深蕴的历史文化信息予以观照与解读，可以弥补正史之不足，使满族民间思想与话语在以往满族文化史构建中“缺失”的现象得以匡正，为当代社会重构满族“真正意义上的历史”提供一个多元的视角。

2. 满族说部是满族及其先民建构国家和民族历史记忆的文化策略与有效手段。

满族说部是以满族特定的历史与生境为背景建构起来的，是满族及其先民在与自然和社会的多维对话中逐步完善的，是满族及其先民以口承方式记述的族群历史。在历史上北方民族社会复杂的生境演替中，满族说部夯实和传递了满族关于祖先与族群的历史记忆，有效地强化了族群认同，增强了民族凝聚力，实践了建构国家和民族历史记忆的文化功能。

3. “文人”与“精英”联袂是满族说部传承人的文化特质。

满族说部系列叙事之所以能够成为让世人惊羡的泱泱巨著，除北方族群社会与历史的独特背景因素之外，历史上或在当地为官，或流放到北疆的一些满汉齐通的

大家、学士、编修等有较高文化的人士的参与润饰，是不可忽视的重要因素，他们堪称满族说部创作、传承与完善的文化推手。可以说，满族说部叙事是满族及其先民社会中的一些“文人”与“精英”联袂，为保存本民族或氏族的历史记忆而创造出来的，是北方民族及族群以口承形式保存的珍贵历史记忆，是无数位“文化精英”与民间讲述者、听众一起共同完成的与民族历史及文化构建相关的历史记忆书写。

4. “史实加故事”及“类型化叙事”是满族说部的叙事谋略。

满族说部系列叙事基本都带有“史实加故事”的叙事特点。一部部说部叙事亦真亦幻，叙事的情节既因依附于某些史实而显得真实可信，又使处于沉积状态的族群历史因为黏着了故事、赋予了人性与情感的温度而显得更为生动，便于记忆和传承。

满族说部的叙事谋略不只显现在“史实加故事”的叙事内容层面，还体现于可以称之为“北方族群文化特质”的传统之中。在满族社会历史的漫长孕育中，满族说部系列作品犹如一个个不断“生长”的生命体，大都历经有由幼稚走向成熟的演化过程，但发育成熟或曰定型后的叙事文本，在内容与形式上几乎都清晰地显现出承袭传统的特征。此中，“类型化叙事”是突出表现之一，也是满族说部的重要叙事谋略。满族社会的文化传统以及历代满族听众的审美汰选是满族说部类型化叙事特征的形成动因，正是古往今来无数说部讲述者与听众的“合力”，使得满族说部的文本内容与叙事形式呈现出今日之完善与考究。“蓄积”成势的类型化叙事模式，在凸显满族说部的叙事传统与特点的同时，也强化了满族的民族传统。

满族及其先民社会的“文化传统”是催生众多说部叙事的“文化酵母”，既“生发”出数十部说部叙事的主题，也是其文本“产生意义”的根源所在。由于每一部说部叙事的内容含蕴及艺术表现力都紧紧依附于一个充满活力的、有着雄厚根基的北方族群文化传统。因而说部叙事的特殊意义与价值已经超越了讲述者个体。

5. 满族说部的叙事旨向不在于表述历史的真相，而在于真实袒露满族历代民众的心灵历史。

满族说部创作者及传承者的叙事旨向可以概括为以下方面：展现北方民族或族群的苦难历史；勾描北方族群社会历史演进的轨迹及进程中的跌宕与延展；讴歌民族或族群英雄，表现其坎坷的命运与百转千回的人生际遇；揭示民族精神与道德兴衰的动因；彰显对生命存在意义的叩问，对自我与人性的省察与反思；等等。在满族说部叙事的深层结构中，可以体味到此中所凝聚着的民族心智、哲学思考与理想祈向。

6. 满族说部对历史文本具有激活与重释之功用。

满族说部是由特定的人、带着特定的目的，以特定的思想观念和情感态度，在特定的历史条件下，记述和组织起来的民间叙事，其对历史的表述，带有鲜明的北方族群的思想与文化印记。满族说部是满族及其先民用自己的声音记述的族群的历史，对满族及其先民各个部落、氏族重大事件往往有生动描写与细致记录，此中大都是有据可考的真实历史，是满、蒙各部族祖先的亲身经历，很多历史事件与实事鲜为人知，具有见证历史的特殊价值。然而长久以来，由于民间的许多历史记忆与宏大历史不相干，往往被从历史中排除，这种情况从本质上说是反历史的。事实上，历史是合力作用的结果，应尝试从更多的角度、以更多样的方法复原和阐释历史，将以往忽略的底层社会的历史、普通民众的历史、日常生活的历史和民间文化史掸去灰尘，重新放在适当的位置上。

7. 承传至今的满族说部叙事已经蓄积成为一个个意义增殖的文本。

作为北方民族世代传承的民间叙事，满族说部系列叙事虽然历经了若干世纪众口铄金的反复传讲，但叙事的主题与情节结构却并没有发生大的改变，究其原因，概缘于满族说部的叙事主题彰显了满族社会普遍认同的价值观念，叙事中的英雄模式符合满族社会的基本观念意识与伦理规范，叙事模式根植于满族社会的文化传统，并且在某种程度上强化着满族社会的精神伦理与价值取向。通过对满族说部系列叙事的深层解读，还可进一步发现，满族说部叙事的价值与意义已不止于上述，在多重历史语境的孕育中，承传至今的满族说部叙事已经蓄积成为一个个意义增殖的文本，今人应直面这些有价值的信息，对一定历史时期的社会意识形态与文化建构作出当下的价值评判。

当然，上述罗列也只是笔者对此研究的某些断想。确切地说，气势恢宏的满族说部叙事，犹如从历史深处走来的老人，负载着厚重的历史文化资讯，已经矗立在我们面前，而我们对其的审视、解读与研究，还仅仅是开始。

（供稿：江帆）

【华北乡村社会姻亲关系研究】

刁统菊著，中国社会科学出版社 2016 年 6 月版

汉人社会的亲属制度，一直是海内外人类学、社会学、历史学等重点研究的对象。从现有的情况来看，大多数学者都是热衷于研究汉人社会中的宗族制度，因为他们发现这一制度不仅在文化上决定了整个亲属关系的秩序和格局，而且也在国家治理基层社会的过程中发挥重要的作用，因而就成为研究中国社会结构的一个切入点。研究中国乡村社会的变迁，不能不考虑“宗族组织的影响还有多大”这一问题。半个多世纪以来，农民先是在原地被重新组织起来，后是向城市中大规模移动，然而在一些区域，特别是中国的南部，许多村落中还保留有祠堂、家谱和祖先祭祀的传统，这些乡间宗族组织的存在和现实影响，也极大地吸引了学者们的注意力。但是学界在全力研究宗族的过程中，却未能加强对亲属制度中的其他文化现象的研究，尤其是对姻亲关系的规范及其历史变化没有给予足够的重视，如此一来，关于汉人社会亲属制度的研究就显得比较片面了。刁统菊的这部《华北乡村社会姻亲关系研究》，就针对这种不足，进行了具有开辟意义的研究。

该书将研究的地域限定在华北，是为了突破目前的汉人亲属制度研究大部分是面对华南的局限，写出在生活视野上和看问题的角度上可能与以往研究不大一样的新成果。正如该书作者所指出的，在福建、广东的村落生活中，祠堂等“宗族的外显符号比较突出、完备，宗族观念也比较浓厚，但姻亲关系并未遭到忽视。当然姻亲关系的不突出显示，还是它本身的特征所致。姻亲关系与血缘的代际传承相关，没有一条不变的线索，无法得到恒久的延续，正所谓‘只有千年的本家，没有千年的亲戚’。”① 而在华北，墓地成为最重要的宗族符号，“人们计算某个姓氏有几辈子人，往往是根据该姓坟地里有几个辈分的坟墓，这一知识依靠仪式（比如清明上坟、树碑）和口头讲述代代相传。”② 可见，相对华南而言，华北宗族文化的表现偏弱，这

① 刁统菊：《华北乡村社会姻亲关系研究》，中国社会科学出版社 2016 年版，第 290 页。

② 刁统菊：《华北乡村社会姻亲关系研究》，中国社会科学出版社 2016 年版，第 228 页。

可能是姻亲关系民俗在这里显得突出的原因，但是也要看到，恰好在姻亲关系交往当中同时也彰显出了家庭、家族的本位。在华北，家大业大、声名显赫、制度完备的宗族村落远没有华南多，但只要是有数代人连续生活在一个村落，那么就会构成一支或大或小的势力，在整个村落的世代继替中占有一定的历史地位。

在这部著作的各章中，作者都与他人进行了相关问题的对话，同时也形成自己关于姻亲关系研究的问题框架。笔者以为，这些被讨论的问题基本上可以归结为两个核心问题：一是在整个的汉人亲属制度中，姻亲关系有怎样的文化规定及实际表现；二是在整个的乡土社会生活秩序中，姻亲关系发挥了怎样的作用。也就是说，总的意图就是要在乡村社会如何运作的视野下，从相对难以言说的姻亲关系入手，重新审视汉人的亲属制度。笔者注意到，为了实现这一目的，作者在研究方法和表达手段的运用上也作得比较完备，主要是采取结构与功能分析的方法，但又不满足于这种方法。作者运用了自己和民俗学同行近年来村落研究的经验，将理性分析与感性体会相结合，使得自己的这项研究走上一条新的具有解释学实践意义的道路，也就是彻底贯彻民俗是人们的生活文化的观点，致力于理解行动者主体的自我理解。所以作者除了对调查得来的数据进行分析与比较，还较多运用了叙事和描述的手段，将姻亲交往的一些个人经历和事件过程呈现出来，以利于我们对这类特定的生活做出感同身受的解释。是的，对于个人和家庭来说，姻亲关系的交往满足了怎样的情感与功利的需求，这不是单用数据就能说得充分的，需要研究者更多地去听取当地人的私人故事，观察他们如何进入交流的事件当中，怎样担当各自的角色，只有这样才能有资格说对他们已经有所理解。

作者围绕上述两个核心问题作出了一系列的回答，主要是以下几点：(1) 通婚圈对超村落社会的建构具有突出作用；(2) 仪式对于姻亲关系秩序有表达功能和加强作用；(3) 在姻亲关系的交换结构中，给妻集团与受妻集团之间具有阶序性的义务；(4) 姻亲关系对于宗族制度可能有维系或破坏的双重影响；(5) 汉人社会亲属制度固然是父系的单系偏重的性质，但是在日常交往实践中却是双系并重的表现。笔者以为，这些认识都十分重要，会对今后相关的研究产生影响，也会得到不同的意见。比如，费孝通先生在其名著《生育制度》中指出现有的社会，抚育都是双系的，然而在财产和社会地位的继承上却都是单系偏重的。那么刁统菊为什么又提出亲属交往实践其实是双系并重的呢？笔者认为这是从亲属体系在继承原则规定与日常礼物交换、情感交流秩序的不同而提出的看法，是有道理的。而且就前者来说，单系偏重会偏重到什么程度，其变化也是值得注意的，特别是今天法律规定的财产继承已经是男女后代均等了。

最重要的是，这些认识是建立在作者与乡村生活的亲密接触之上，而不是建立在对乡村一厢情愿的想象之上。顺便说一句，农村并不是你想象的“过去”，现在有很多城市人都喜欢谈论村落保护，要是他们有机会读到此书的话，也许会增强直接与农村人交谈的欲望，多一些对他们的了解。

研究姻亲关系的困难，不只是缺乏现成的文献和实物资料，而且是到了现场也不容易看明白的。对于离开农村时间已久的学者来说，要想弄清楚那些复杂多端的姻亲关系，熟悉那些眼花缭乱的礼仪民俗，不花费一定气力是不行的。我们在调查中会发现，与宗族制度的严整和稳固相比，姻亲关系的秩序显得有些漂移不定，主要表现在以下几个方面：第一，姻亲是以个体婚姻为中介而建立起来的亲属关系，又在子女的生育和世代的继替过程中，不断在男女双方原有的亲属关系之间，建构远近扩散并且是经常变化的关系网络；第二，姻亲关系的日常交往行动，固然有着约定俗成的规范，却也会因人、因时、因地而灵活变化；第三，姻亲关系缺乏外显的、固定的组织形式。所以，从日常生活实践的视角来开展对姻亲关系的研究，就不仅是一种权宜之计，而且是根本的途径。当然，这特别需要研究者在田野作业中善于交流、善于设身处地去领悟那些发生在生活中的各种事情。我们看到，该书作者是把民俗学者感受生活的能力与其他学科的实证研究等能力结合起来，使我们原来比较忽略却又说不清楚的姻亲关系研究，终于有了令人兴奋的一大收获。

受到这一著作的启发，笔者也产生了有关亲属制度研究的一些想法。第一，正如此书所证明，研究宗族时一定要看到姻亲关系，研究姻亲关系时一定要看到宗族，汉人的亲属制度是一个整体。从乡村社会空间上看，宗族作为世系传接的共同生活单位，居住在一个又一个的村庄中，宗族与村庄不一定重合，而且会有兴与衰，但大体是居于固定位置上。以此来看姻亲关系，则像是在由这些固定位置连起来的一条又一条线路，但不像乡村的道路那样固定，是靠亲戚关系的建立才能形成、靠亲戚之间的走动才能维持的。所以容易见到在固定位置上的宗族，不容易见到密如网织却隐形不定的姻亲关系，这是研究汉人亲属制度时容易忽略姻亲关系的一个重要原因。可是，宗族和姻亲关系这两者都不可能单独存在，所以又必须将宗族与姻亲结合起来进行考察。姻亲关系的核心作用是使婚姻稳固，这样才能保证对下一代的生育和教养，而宗族的核心作用是使男系继嗣的脉络得以延续。两者互为条件而存在，共同成为乡土社会绵延和兴旺的保证。

第二，姻亲关系的研究还必然会带来对各种各样社会关系的研究，当然这并不是该书所要完成的任务。在乡村社会生活中，许许多多的利害冲突与情感摩擦虽然多在亲属关系之上发生，但反映的却是社会其他力量带来的挤压和冲击。许多人生故事虽然叙述的是个人在亲属关系当中的角色冲突，而造成这种冲突的原因却离不开大的社会变动。20 世纪 30 年代林耀华先生写出《金翼——中国家族制度的社会学研究》，是中国学者用现代学术研究家族村落的一部奠基性著作，是以小说的形式叙述同在一个村庄的两个家族的不同命运。这两个家族彼此有亲戚关系，曾一起合作做生意，但是矛盾也由此而生，甚至还打起官司。这说明，纸面上或称谓上的亲属关系并不等于生活实践中的亲属关系，而后者要表现得更为复杂、诡异。家族可能被一再破坏或者重建，力量多来自外部的政治、经济和社会等层面。莫里斯・弗里德曼在《中国东南的宗族组织》中说到，林耀华先生在这本书中所揭示的家族制度与他先前在论文《从人类学观点考察中国宗族乡村》中所描述的家族制度有许多不同之处。在论文中描述的是稳定而严整的家族制度，在《金翼——中国家族制度的社会学研究》一书中却呈现出另外一番景象。书中特别写到，当商业资本、地方政府和新型的法律制度，还有土匪势力都纷纷介入乡里的时候，家族的生活秩序遇到了不同的冲击，有的加剧了内部的分化，丧失了对外干预的力量，有的却可能应付自如，甚至趁势而兴。《金翼》中所呈现的不只是两个家族案例的比较，而且是如其所是地写出了宗族组织之间、他们与外部世界之间所发生的各种矛盾、纠葛。这说明，基层社会中亲属制度的实际运作，从来都离不开社会的大变局。

第三，正如该书所指出的，“虽然各地方的婚丧嫁娶都会体现出家族的界限，但是几乎所有的制度性习俗又都体现出以家庭为界的利益与情感关系。”① 也就是说，在汉人社会亲属制度中，家庭才是一个普遍独立并连接家族与姻亲关系的主体单元。因此家庭及个人如何主动与被动地在亲属当中交往，就成为研究者特别要了解的情况。汉人社会的亲属制度，也就是费孝通先生所说的人类社会“生育制度”之一种。而从生育制度的角度来看，最基本的社会单位就是由夫妻双方和子女组成的三角结构，这是一个稳定的结构，能够完成生育（生与养）的过程，也能够通过劳动的分工与合作以获得家庭生活所需要的基本物质资料。费孝通先生等于指出了中国农村的小农经济生产方式以及村落共同体的形成，都与家庭这种社会与文化功能的发挥密切相关。

十几年前，笔者曾注意过姻亲关系对于村落生活秩序的建构作用问题，根据实地调查写了《姻亲关系与乡邻合作》的文章，主要是叙述性的。调查的地点离费孝通先生的家乡江苏吴江县不算远，是上海市松江区的几个农村。那里的宗族文化表现不明显，但有村落庙会之类的仪式活动，特别是姻亲交往的规范表现突出，比如办嫁妆所值的钱款必须是彩礼的四倍以上，送嫁妆时还须展示给男女双方的亲友和邻居。女儿出嫁的当日，母女相对，边唱边哭，情词激切。还有，续娶的妻子一定要孝敬原配妻子的父母，不许虐待原配妻子所生子女。问题在于，这些行为规范和文化表达都是以家庭的利益、情感、面子守护为核心功能，几乎没有来自家族组织的压力。松江区农民在生产与救灾上的互助、合作，在防避匪患时要遵守的规矩等方面，都表现出强烈的村落界限的观念而不是宗族界限的观念，这种观念在正月里的舞龙比赛中被象征性地表达出来。所有这些民俗都表明，家户之间的协力最为重要，相互之间的责任和义务是当地村落共同体文化的核心价值。现在回忆起来，觉得这种情况的确应该被正视。

再有一点，我们看到已有几位国内学者对姻亲关系做了专门研究，他们所要解决的问题不完全一致，并非都像刁统菊的这部著作这样，把认知汉人社会亲属关系的整体结构作为研究方向，但是他们却有共同的思想主张，就是都把生活实践看作第一位的现象，把亲属制度的实际运作作为讨论问题的立足点。还有一个明显的情况，即关注姻亲关系问题的学者中女性居多，她们能够运用女性的眼光来看问题，对以往的研究提出不小的挑战。其中，李霞的《娘家与婆家——华北农村妇女的生活空间和后台权力》主要是运用社会性别理论和女性主义文化体验的方法，在一个村庄个案的描述中，以女性一生在亲属关系实践中的处境与角色的变化为轴线，观察和体会亲属关系的社会和文化意义。女人在娘家和婆家之间流动，在两个环境中和不同的人生阶段上，她的许多行为会具有许多不同的意义，一方面是亲属制度所决定的，另一方面是她主动促成的。这种个人生活史，的确关乎整个亲属制度的实践，女人在联姻的两个家族之间的位置值得再去认识。

值得注意的是，刁统菊虽然通过叙述各种类型性的生活细节，引用大量主要是由女性传承的俗语、谚语、歌谣等，发挥出作为女性学者特有的细致的感知能力，使得对姻亲关系的论述非常贴近现实，但是在研究策略上又是适度地控制女性的眼光。她在理解姻亲关系交往规范的意义上，更加注意姻亲关系中由一对夫妻的确立和生育结果所带进来的两方人群所结成的角色体系，既以父系宗族为本位，也顾及双方关系的平衡。同样是说明嫁女在娘家与

① 刘铁梁：《传统乡村社会中家庭的权益与地位》，《北京师范大学学报》2001 年第 6 期。

婆家中的地位和作用，刁统菊观察到嫁女的地位固然受到父系宗族文化的制约，但是嫁女通过婚姻带来的姻亲关系，对娘家和婆家双方同样重要，所以能够让她对这种制约做出一定抗衡，但不只是个人的抗衡，也在两方亲属间起到平衡作用。此外还强调了嫁女主动行为的意义在于她发挥了在生活中传承传统文化价值观的特别作用。笔者以为，正是因为如此，亲属制度在实际运作中并没有完全忽略女性的感受，而对男方也就是受妻集团做出规范，例如做丈夫的要尊敬他的岳父岳母，这就至少直接安慰了妻子和她的母亲这两位女性。

无论如何，刁统菊的这部著作都会再次激活一些人面向亲属制度的研究兴趣，一些具有历史深度和重要现实意义问题的研究进程会由此处而再出发。这些问题将如何看汉人社会亲属制度的统一与多样，严整与灵活？它作为怎样的文化图式而造就了中国乡村社会的生生不息？这一制度的实践怎样代表了中国传统文化的生活传承？等等。所以，今后研究的道路还很长！

（原载《民族艺术》2017 年第 3 期；供稿：刘铁梁）

【中国民间游戏总汇】

林继富主编，湖南文艺出版社 2016 年 4 月版

一 民间游戏与日常生活

民间游戏在世界各民族的文化系统里都是一个丰富宝库，不断被发掘出来，成为当代文化建设的内容。如同其他文化样式一样，民间游戏也建立在一定的民族文化土壤之上。根据一个民族和一个区域的生活内容发生的频率，我把它分为两个组成部分：“日常生活”与“非日常生活”。日常生活指一个民族、一个区域民众生活的常态，其内容发生的频率基本上呈均匀状态，大抵包括经济生产、衣食住行的领域；非日常生活指它的特殊内容，在特定时间、特定场合、特定事件里出现的内容，例如，婚丧嫁娶、宗教祭祀等。一个民族或者一个特殊区域的民众，往往在非日常生活中表现出自身的特殊性，表现出非常具有个性的特质，引起学术界的兴趣，引发重大研究成果，而日常生活状态，则往往平淡无奇，难以引起人们的兴趣。但一个民族也好，一个特定区域的民众也好，生活的大部分时间属于日常生活，在日常生活中表现出来的生存能力、生产能力、创造能力等，决定了他们的生活习性，也决定了他们的生命持久性。民间游戏则常驻一个民族或一个区域民众的日常生活之中。

借助人类文化学的研究，西方学术界对热带民族和部落的神话、仪式和宗教祭祀更为关注，而在相当程度上疏忽了对发达社会的“日常生活”状态下民间游戏的关注，似乎这一领域缺乏文化意味。以处在原始发展阶段民族的“非日常状态”的生活场景，研究人类活动的共同发展规律，例如，英国人类学家弗雷泽［James George Frazer（1854—1941）］的巨著《金枝》，就运用历史比较研究方法，将大量涉及世界各民族的原始信仰，如圣塞开尔的黑色弥撒、西西里农民因为圣人们没有尽早结束旱灾而惩罚圣人、西比尔圣殿的牧师在自己身上割开口子把血溅到圣坛上等，用这些有关灵魂观念，自然崇拜，神的死而复生是巫术、禁忌等丰富的资料，抽绎出一整套严密的体系，揭示人类的文化中集体行为的构成因素和意义。非日常生活状态下的仪式研究，对于理解人类文明发展的关键点的确非常重要，像一把钥匙开启了许多未解的神秘之门，同时也为打开其他许多神秘之门提供了帮助，但是，日常生活之中的内容呢？中国学术界经过多年

的努力收集、整理了《中国民间游戏总汇》[①] 一书，使得学术界能够有机会总览中国民间的游戏，并作为研究的基本材料。该书把中国民间流传至今的民间游戏分为棋牌、语言文字、角力、跑跳、手工制作、表演、球类和综合八类，收集了不同民族、不同时代的民间游戏数千种，其建立的初步体系和详细的材料，为民间日常生活的文化研究提供了新的研究基础。

二 民间游戏在文化系统中的地位

在我们宽阔的文化研究世界，如何定位民间游戏？这是研究民间文化过程中首先遇见的问题。因为民间游戏存在于自原始社会形态到工业文明全过程，也处在民间日常生活文化的最基层，是民间日常生活里最基础和最大众的文化现象。

民间游戏相当复杂。我们所说的民间游戏，有脱胎于古代民族、部落生产和劳动技艺的，例如，射箭、骑术等，也有是社会形态发展到相当成熟时期产生的游戏，例如，麻将、猜拳、酒令、字谜等，还有衍生于宗教禁忌、民间信仰等。以往，西方学术界沿袭亚里士多德的“游戏说”观点，把游戏统称为精力剩余和休闲的活动，一直到康德和席勒，都持这一观点。不过，可以看出，他们所说的游戏，可能仅仅指艺术类游戏和体育类游戏，而非射箭、骑术这类明显有劳动技艺性质的游戏。

按照文化研究对象的层次，我们一般把研究对象区分为物质形态的文化和思想精神文化，而在其中间层次的，我们一般把它称为“非物质文化”形态的文化领域，不过这个称谓有若干含糊之处。所谓“非物质文化”毕竟仍然属于“物质形态”荷载着“非物质形态”，具有跨界性，犹如佛教里既非成佛、又非凡人的层次。在民间文化领域，很多民间习俗，例如，节日、节气和游戏，就属于这个层次。而非物质文化领域所指称的对象，其实是物质文化形态与非物质文化因素的结合，例如，目前列入国家级非物质文化保护目录里的项目（木版年画、蓝印花布、金陵刻经等），都是文化的物质形态与非物质形态的结合。民间游戏就其在文化现象体系里的位置，也应当定位在这个层次。较之于物质文化而言，它具有明显的技艺、情感、规范等超越物质形态的东西；较之于思想精神文化，它具有明显的依赖于日常生活物质形态的性质。

学术界对民间游戏的性质和身份的研究，尚在初步阶段。一般研究范式，是把它置放在两种学术视野下，即作为一种艺术形式的游戏和作为一种社会生活形态的游戏。这两种研究范式有相通之处，但是毕竟还是有所区别的。

作为一种艺术形式，游戏属于人文科学研究对象。人文科学的研究方法在于把对象文本化。民间游戏作为一个文本具有层次性、互文性特征，即民间游戏作为一个独立文本之表层的娱乐层面与深层的文化层面；娱乐层面经常表现为游戏行为的程序、技巧、结构等，而文化层面则蕴含在游戏生成的历史积淀中。随着时间的流逝，文化层面渐渐淡漠了、远逝了，留存下来的仅仅是娱乐层面的形式，而这形式却具有沉甸甸的内容。民间游戏的互文性源自它的区域特征，即民间游戏在其产生和流传的过程中，由于地域变化、不同地域之间习俗差异等原因，在规则、程序和技巧方面发生了若干变化，呈现出不同的玩法，成为同一种游戏文本的不同版本，但仍然属于同一种游戏，作为同源文本的变异而流行。这是民间游戏之区别现代游戏的重要特点，也是民间文化研究的基本特点。因此，作为人文科学之一的民间游戏研究需要借助于文本理论，属于文本研

---

① 林继富主编：《中国民间游戏总汇》，湖南文艺出版社 2016 年版。

究范畴。

但作为一种民俗文化，游戏则属于社会科学研究对象，它紧密地联系于社会学研究方法。社会科学把研究对象置放在社会现象系列上，把研究对象定位于政治、经济、历史、文化和社会制度系列之中，在这个意义上，民间游戏与其他文化现象一样，就处于一种派生和被决定的地位，即民间游戏总体上为政治、经济、社会制度等条件决定，民间游戏作为一种与区域日常生活密切关联着的民间习俗文化现象，在相当大程度上，是其生成的区域内更为基础的、更具有支配性质的力量的派生物，因而，它的地位决定了其内容、性质、功能、影响等其他因素。因此，作为社会科学之一的民间游戏研究方法，须借助社会学研究方法。

三　如何看待民间游戏

民间游戏无论作为人文科学对象还是作为社会科学研究的对象，都需要有发生学基础，也就是说，必须回答民间游戏是如何产生的？关于这个问题，学术界仍然纠缠在功利性与实用性的争论之中。实际上，只要认识到民间游戏中，既有与一个民族发展相伴而来的，也有在民族成长成熟过程中创造出来的，那么，结论就非常清晰：民间游戏具有发生的多元性。从观念上一概而论，说民间游戏是非功利的或者纯粹属于功利性质的，两种观点都难以成立，只有具体到某一种民间游戏，才能够说清楚，所谓实事求是方可。

亚里士多德曾经说过，游戏是劳动之余的休息和娱乐消遣。这个观点影响深远，几成定论。康德说，游戏是与劳动相对立的自由活动；席勒的游戏是剩余生命的刺激观点等，即是对亚里士多德观点的启蒙时期的回响。中国学者们基本上在延续亚氏、席勒的观点。普列汉诺夫在《没有地址的信》的第三封信里，集中论述了游戏与劳动之间的关系，提出了一切原始民族或部落的游戏都起源于劳动的观点，用以批评德国学者卡尔·毕歇尔（1847—1930）提出的“游戏先于劳动，而艺术先于有用物品的生产”观点，以及斯宾塞的“游戏最主要的特征是：它对于维持生活所必须的活动过程没有直接的帮助。游戏者的活动并不追求一定的功利目的”观点。普列汉诺夫在辨析西方理论家的观点之后提出：“劳动先于艺术，总之，人最初是从功利观点来观察事物和现象，只是后来才站到审美的观点上来看待它们。”[①]应该承认，启蒙思想家所构想的“游戏”这一概念具有现实针对性，是面对工业文明发展起来后的西欧社会存在的游戏而言的，正如马克思批评古典经济学家所构想的“人类”实际上就是资产阶级本身一样，启蒙思想家所构想的“游戏”也仅仅局限在17—19世纪资产阶级发展时代的“精力剩余时期的游戏”。历史唯物主义地阐释“游戏”的发生发展内涵，是马克思主义者普列汉诺夫完成的。

但是，在民间游戏发生的问题上，与其简单地断言或起源于劳动，或起源于精力过剩的娱乐，不如更加细致地区分民间游戏这个具体世界的产生格局。中国民间游戏自原始社会到近代工业文明，一直都在不间断产生出来，一些种类也在不断消失，这个事实决定了民间游戏的多样性质。例如，汉族自古就有的“踏歌”，但凡聚会节庆都在汉族民间存在，自元代后就消失了；例如，围棋作为一种游戏，其起源有尧造围棋，以教丹朱的故事；著名围棋大师吴清源先生在《中的精神》中提到：“棋起源于中国，有着五千多年的历史。

① ［俄］普列汉诺夫：《没有地址的信》，曹葆华译，人民文学出版社1962年版，第81、83、106页。

我认为在没有文字的年代，棋盘和棋子是用来观测天文，占卜阴阳的工具。”无论是以围棋来教子启蒙，还是来观测天文、占卜阴阳，都属于功利性质。而同样作为棋牌类的麻将牌，是由明末盛行的马吊牌、纸牌发展、演变而来的。而马吊牌、纸牌等娱乐游戏，又都与我国历史上最古老的娱乐游戏——博戏有着千丝万缕的联系，甚至是“血缘”关系。现在流行的棋、牌等博弈戏娱，无不是在博戏的基础上发展、派生、演变而来的。成熟的麻将先是皇家和王公贵胄的游戏，逐步从宫廷流传到民间，在民间文化丰富成型的基础上，到清朝中叶基本定型。可以看出，无论是麻将的“史前史”还是麻将本身，都与劳动本身无关。在棋牌类里面情况比较复杂，其他民间游戏内部的情况也是这样。起源于功利目的和非功利目的，起源于劳动或源于纯粹娱乐，都存在着。

但是，无论其起源如何，作为一定区域内的民间游戏，一旦被民间使用，便逐渐具有了功利目的，或者作为消遣娱乐、博彩，或者作为儿童益智、锻炼协调能力，或者作为劳动前的训练。在这个意义上，民间游戏被纳入一定区域人们的日常生活体系之中，与物质生产（例如，谷物等，关涉到个体生命的生存）、意识形态系统生产（例如，文学、艺术等，关涉到一个民族价值观的建构）构成一定关联，成为物质生产与精神思想之间的中间地带。它关涉到一定区域、阶层、人群日常生活和民俗文化。在这个意义上，民间游戏对于民族文化具有重要的建构价值。

四 民间游戏活在民间日常生活之中

民间游戏活在民间生活之中，特别是活在民间日常生活之中。民间日常生活是民间游戏的土壤。有了这个土壤，民间游戏能够活态传承；而离开这个土壤，民间游戏就避免不了变异甚至失传的命运。

所谓“民间日常生活”，指区别于以一个时代的政治活动、历史重大事件为中心描述的生活状态；它处在影响时代和社会变革的政治生活的底层，基本不受上述变革的影响。民间日常生活也是社会性的，不过，它以自然区域、经济生产、民族、家族、宗祠、习俗、传统节日等为社会范围，遥望着政治风云和历史变化大事件。所谓文化，其中意思之一乃是民间日常生活中的知识形式、制度、风俗、习惯等，直至民间日常生活本身。在这个文化层面，保持着与民间文学艺术基本一致的恒定性。倘若不处在政治事件发生的中心地区，它千年变化难以觉察；即使处在政治事件和历史变革的中心，它也匍匐在底层，隐藏着“化石般的身躯”，尽量维持着生态原貌。离开这一生活，民间游戏就会发生变异，原先孕育其中的文化功能、习俗和仪式，就会隐身，而活动本身就演变成为另一语境下的纯粹技巧。例如，土家族地方舞蹈游戏肉连响，原称泥神道，是旧社会穷人乞讨的一种方式。乞讨人赤裸上身，身上涂满污泥，双手在拍打身体，使得污泥四溅。乞讨人走到哪一家，哪一家就得施舍。这个表演具有明显的功利目的，也有观赏性。乞讨人的拍打、嘴里哼着节奏、跳舞满头大汗，把秧歌、杂耍、跳丧舞、连厢等民间舞蹈融为一体，通过拍击肩、臂、额、肘、胯、腿、脚等部位，发出有节奏的响声。但是，解放后，随着农民生活改善，乞讨这一群体逐渐消失了，肉连响就演变成纯粹的游戏形式，供乡下群众娱乐了。再例如，流行于渤海北塘河口的游戏跑火把，孕育在老一辈渔民除夕夜手持火把，围着庙宇奔跑、寻求灵气，再带回到自家渔船，这一游戏后来演变成为青少年在奔跑中锻炼体魄、寄托理想的游戏活动。因为失去民间日常生活土壤而失传的游戏，就更多了。

活在民间日常生活中，是民间游戏能够传承的前提，但并非离开这一土壤就必然失传。假如这样，源自传统中国农业文明的民间游戏就没有传承的可能了。由上述例子可以看出，民间游戏在适应新的社会环境的过程中，其程序、技巧和荷载着的习俗文化呈现着逐次剥离的过程，最先剥离的是民俗文化内容，其次才是技巧，最终是程序失传导致整个游戏失传。民俗文化内容隐身或失传，还可以保持传承，例如，围棋、象棋、肉连响和跑火把；历史文化内容被压抑，也在传承，例如，博彩类游戏麻将、宗教祭祀性游戏，都是如此。那些最终失传的，就是玩法失传，即程序和技法失传。因此，很多民间游戏的生存窍门是舍弃民俗文化内容，保留技法和程序，这样，就完成了民间游戏向现代生活的妥协，蜕变为现代体育。现代民族的马术、射箭、游泳、摔跤、拳击等，都经历了这样的变化历史。

在这个意义上，民间游戏作为在场的或隐身的民间文化的荷载者，在“一带一路”倡议格局下，具有重大意义。民间游戏的文化隐身特征，为中华文化传承带来了恰当的方式。实际上，无论是传承中华美学精神，还是传播中华文化，仅仅依靠语言、文字媒介，是不够的，甚至难以见效；最为直接和便捷地沟通不同民族、不同语言和不同区域的人民，唯有游戏艺术，而游戏艺术之中，民间艺术由于诉及人类普遍的日常生活、借助最简单的物质材料、采用最共同的朴素手法、表达最基本的理想和情感，因而，最能够直接为各民族和各个不同文化背景的人民理解、接受；而民间游戏则因其文化元素的不在场或隐身，获得了非常广阔的施展身手的空间，具有不可取代的战略价值。钟敬文先生曾经提出“三层文化”观点：“中国的文化，基本上可区分为三个层次，即上层文化、中层文化和下层文化。也可以简化为两个层次，即把中、下层合而为一……三层文化的拥有者，由于他们的出身、教养和所从事的职业等的不同，各自形成了自己群体的文化。彼此在性质、形态和功能上都有各自的特点，与其他层次相互区别。但是，另一方面，它们又相互联系、互相渗透。”[①] 据钟老的理论，“下层文化”显然建立在民间日常生活的基础上，而下层文化的另一部分，即一个民族或一个区域内的非日常生活部分（例如，宗教祭祀、节日和婚丧嫁娶等内容），则可能是上下层文化的拥有者共享的部分。钟老指出不同层次文化拥有者由于出身、教养和所从事的职业等不同而呈现各自群体的文化，在性质、形态和功能上各自区别。钟老特别指出，它们也相互联系、相互渗透，这个“联系”和“渗透”表现在价值体系上，则是一个民族或一个区域内民众共享的部分，是具有全民性的部分。钟老的三层文化提法非常重要，对于我们理解民间文化的存在规律，具有重要指导价值。

需要特别强调，民间游戏不仅深受民间日常生活制约和影响，也与上层文化有着密切的联系；上层文化对于民间游戏的生产、传播和改造发生了复杂多样的影响。认真研究民间游戏及其现代传承规律，对于我们有效传承和拓展中华优秀民族文化、中华美学精神，具有不可忽视的战略意义。

（原载《中国图书评论》2017 年第 3 期；供稿：邱运华）

【民间艺术的审美经验研究】

季中扬著，中国社会科学出版社 2016 年 11 月版

在现代学术体系中，如很多其他概念一样，民俗与艺术的内涵与外延，在不同

① 钟敬文：《致西山国际会议》，参见钟敬文《谈谈民族的下层文化》，载《群言》1986 年第 11 期。

时空和语境之中差异很大。如今，中国学界所使用的诸如“民俗”“艺术”等概念，都是经由日本转译而引入的西方近代概念。如福柯《知识考古学》所示，西方近代以来所使用的诸多社会科学与人文科学的术语及用法，都是文艺复兴，特别是启蒙运动之后的新创造。正因为“民俗”概念以及民俗学与生俱来的现代性，笔者将在兼顾中国学术史叙述的前提下，主要从西方民俗学的视角展开，探究民俗与艺术相互交织的历史语境，并以季中扬《民间艺术的审美经验研究》（以下简称“季著”）为中心，讨论民间艺术审美经验研究的可能性。

一　历史语境中的“民俗”与“艺术”

虽然民俗作为人类生活的客观事实早已存在，但民俗学作为现代学科以及“民俗”作为现代学科体系中的一个研究对象的历史，则肇始于1812年格林兄弟《儿童与家庭故事集》，即《格林童话》的结集出版。在相关的学术著述中，作为德国浪漫主义（romanticism）及民族主义（nationalism）的代表，格林兄弟将民俗视为处于社会下层的农民阶层的文化，亦即德国本土文化的源头。而与以格林兄弟为代表的德国民俗学家不同，以进化论作为理论基础的英国民俗学家，如1846年发明“民俗”（folk-lore）一词的威廉·托马斯（William Thoms）以及爱德华·泰勒（Edward B. Tylor）等，则将民俗作为远古先民文化的遗存（survivals）。

经过上百年的学科建设及学术发展，民俗学在理论与实践各方面都发生了诸多变化，如：从单纯研究文本（text）到更为重视文本所存在的语境（context）；从探究民俗事象的普遍性以建构宏大理论（grand theory）到关注地方性知识（local/vernacular knowledge）；从单一的学院式教研到将民俗学的理论与方法运用到公共事务中，或者用于解决具体的社会问题；从将自身研究对象看成底层的、落后的、一成不变的到认识到民俗内在依据时势变化与发展的动力（dynamics）。在理查德·多尔森（Richard M. Dorson）提倡都市民俗学（urban folklore/folklore in the city）以及阿兰·邓迪斯（Alan Dundes）将“民”的概念扩大到任何具有共同性的个人所组成的群体之后，民俗的外延得到了极大的拓展。在当今民俗学界，“民俗”概念已涵盖了所有社群及个人日常生活的各个方面。在此意义上，民俗已成为日常生活之中各种文化活动和各类情感表达的指称。

与“民俗”的概念重构过程相类，民俗学者对于“艺术”这一关键词的观照，也经历了语义学意义上的转变。在此，关于艺术的本体论或与此相关的问题并非考察的重点，以下主要将从民俗与艺术相互关系的角度，来探讨民俗学视域中的“艺术”概念。杰尔拉德·柏修斯（Gerald L. Pocius）在其题名为《艺术》的文章中认为，如今艺术被认为是社会上层，即精英阶层的文化形态。此处所谓的精英阶层，是指在社会中拥有压倒性政治经济文化优势以及在社会生活各方面占主导地位的阶层。柏修斯指出，在西方的历史框架中，艺术在本源上并非是精英阶层的专属之物。如今作为文化上层的“艺术”，如绘画、雕塑、古典音乐以及建筑等，与作为中下层文化即“民俗”中的手工艺及其他民俗类别同源。在文艺复兴之前，二者都是包括精英阶层在内的全体民众宗教生活的文化体现，本无既定的高下之分。好坏的评判标准在于技艺的精湛程度。“艺术”与传统手工艺的分离以及“艺术”被精英化，乃是在文艺复兴，特别是启蒙运动之后，由于神权衰落而导致的世俗精英阶层崛起的附加产物。因此，“艺术”直至近代才成为世俗精英阶层标榜其高贵身份及品味的表征。在这个意义上，作为现代学科的民俗学在19世纪的兴起，虽为精英阶层的部分成员引领和倡导，然而，在很大程度上，其作用实则是为非精英文化发声。现代民俗学的宗旨之一，即是关注政治经济文化处于劣势的社会中下层民众的文化和情感表达。换言之，“民俗”在一开始实是“反艺术”（anti-art），而非“艺术”。

在长期的历史发展与文化转型中，“民俗”概念经历了语义学意义上的重大转变。在此过程中，民俗从原先被认为是底层的和落后的文化形态，逐渐与原先作为精英文化指代的“艺术”产生了交集。民俗与艺术建立实质上的联系，始于学界将“民间艺术”（folk art）引入民俗学的观照视域和研究范畴。在民俗学框架中，民间艺术主要指物质民俗范畴中的民间美术和手工艺，如民间绘画、纸艺、器皿、家具、玩具、织物及其他物品。一定程度上，民间器物进入民俗研究者的视野，主要源于19世纪中后期西方在全世界的殖民扩张所带来的丰富异文化资源。欧美博物馆在19世纪中后期及20世纪上半叶出现了展出“他者”文化产物的风潮。对于“他者”的关注也影响到欧美学者对于自身文明中非精英“艺术”即“民间艺术”的研究热情。在1948年美国民俗学会会刊《美国民俗学刊》的发刊词中呼吁将民间艺术看作民俗学的一部分。自此，在关注民俗事象，特别是物质民俗事象的实用功能之外，研究者们开始关注民俗的文化内涵以及与之紧密相连的审美性，或者说艺术性。

在民间器物被粘贴上“艺术”的标签以后，民俗学者逐渐“发现”和“宣称”其他非器物类民俗事象的艺术特质。首先，威廉·巴斯科姆（William Bascom）将口头民俗，即以口头表达或以文字记录的口头表达为载体的民俗事象，如神话、故事、传说、笑话、谚语等，称为“口头艺术”（verbal art）。这一概念经由理查德·鲍曼（Richard Bauman）《作为表演的口头艺术》一书的出版，得到了民俗学界及相关领域的广泛认可和接受。丹·本—阿莫斯（Dan Ben-Amos）更进一步将艺术性作为定义民俗事象的重要指标。在他看来，民俗是小群体内部的艺术性交流（artistic communication in small groups），其艺术特性与该事象的实用功能不可分割。1971年，在《传统艺术中的审美概念》一文中，迈克尔·欧文·琼斯（Michael Owen Jones）更是直接将民俗定义为“传统艺术”（traditional art）。在这一点上，许多研究民俗与艺术的学者如西蒙·布朗纳（Simon J. Bronner）、亨利·格拉西（Henry Glassie）和柏修斯均表示，在某些语境之下，民俗即是艺术。由此可见，基于长期的田野调查和理论分析，学界对民俗与艺术之间毋庸置疑的紧密关系已颇为接受。而这一层关系，既不是民俗研究者所设定的，也不是任何一位来自“精英阶层”的成员所规定的，而是来自民众自身对于民俗与艺术的理解。民俗与艺术之间的天然联系，为学界将民俗学与艺术学/美学研究实践相结合，提供了坚实的经验基础。

二　艺术民俗或民俗艺术的二重性

季著中首先提出了一个问题：“民间艺术是艺术吗?”这一本体论的问题已经在上述讨论中得到回应：民间艺术当然是艺术。季中扬进一步认为，民间艺术不是单纯艺术家的艺术创作，而是民众的生存与生活方式。因此，在民间艺术作为文艺美学的研究对象的同时，前者必定可以丰富和扩展后者的学理和经验。自陈勤建《文艺民俗学导论》始，中国学界关于以民间艺术为代表的民俗的二重性讨论便逐渐丰富，许多学者强调民俗学方法对于艺术学研究的重要作用，试图在实践中将民俗学与艺术学的理论与方法论相融合，致力于构建以民俗学与艺术学为基础的交叉学科。张士闪《艺术民俗学》和陶思炎

《民俗艺术学》即为这方面的有益尝试。

笔者大体认同上述学人的取向，将民俗与艺术的相关性或相似性作为研究的前提，把“民俗性”和“艺术性”看作研究对象不可分割的两个特性。在笔者看来，无论是艺术民俗学抑或是民俗艺术学，其研究对象应首先是具备交流功能，作为群体内部成员之间交流媒介的民俗事象。然而，并非所有的交流方式或媒介都可纳入丹·本—阿莫斯所谓“民俗”的研究范畴，只有蕴含艺术性的交流方式方可称为民俗，而艺术性本身只有在交流过程中才能真正实现。另外，对于何谓“艺术性”的解释和判断，需要处于交流过程之中的各群体及个人的认同和接受。但是，在交流过程中，除了体现出艺术性外，每一民俗事象往往同时具有明确的实用性。这些“非艺术性”往往与民俗的“艺术性”紧密相连，但它们的存在并非是民俗成为艺术的充分条件。因此，作为交叉学科的艺术民俗学或民俗艺术学的研究重点应是民俗的艺术性，即民俗事象之所以能被认作“艺术”的内在特质。所谓民俗的艺术性是一个审美概念，是研究对象的本质特征；而艺术民俗或民俗艺术则是研究对象所属的经验性范畴。兼具民俗性和艺术性的民俗事象即为艺术民俗或民俗艺术。

美国著名民居及民间手工艺研究学者格拉西在《关于民间艺术的构想》（*The Idea of Folk Art*）一文中有以下精彩论述：“民间艺术产生的土壤，是与产生康丁斯基和毕加索的土壤不同的。后者的产生和被重视，大体是由于商人和学者的兴趣，而民间艺术的产生，则是由于创作它们的人的需要。当织布的人坐在自己的织布机前，当敬拜者将自己的额头触碰铺在圣殿地上的垫子，在所有类似的情境中，民间艺术本身并不是现代艺术发展的必然结果，或者是人们为了追逐异于现代艺术而重建的另一种潮流，它实际上是我们日常生活经验的一部分。在日常生活和劳作之中，人们总是能发现和创造各种事物来寄托他们自身的情感，表达他们的社会归属感和对浩瀚宇宙的敬畏之情。在这个意义上，这些被发现或者所造之物便不再是民俗的，而是艺术的。”格拉西的洞见对研究民俗的艺术性有诸多启发。首先，他强调了艺术民俗/民俗艺术的特殊性。艺术民俗/民俗艺术不同于精英艺术，二者的差异性以及前者的内在特质，决定了艺术民俗/民俗艺术有其独特的内部与外部规律。其次，他强调了民俗的艺术性和民俗的其他属性，特别是实用性（功能性）的关系。他认为民俗的艺术性不能脱离民俗的其他属性而存在。另外，他强调了创作主体在“生产”民俗艺术过程中的重要性。在格拉西看来，创作主体是将日常生活转化为艺术活动的重要推手。最后，格拉西注意到民俗与艺术的相互差异。他意识到，民俗向艺术的转变需要经历一个过程。同时，格拉西也提示我们：当民俗转变为艺术以后，原先以精英艺术作为主要研究对象的艺术学理论与方法论便应适用于民俗研究，以达到对研究对象的全面理解和准确阐释。

三 民俗/民间艺术的审美经验

在笔者看来，对于民俗的艺术性或者说艺术民俗/民俗艺术的研究应分为三个阶段。首先是民俗学/经验实证阶段。在此阶段，研究者需要对研究对象进行民俗学考察，即在对研究对象比较全面了解的基础上，确认其民俗性，并着重了解创作的过程和语境，而后进行民俗学的分析和阐释。在民俗学的研究过程中，研究者应有意识地将研究对象的艺术性从其他功能属性中独立和抽离。其次是艺术学/审美阶段。当研究者将研究对象的艺术性与其他属性区分之后，需要进行艺术学的探讨。艺术学的考察主要是进行艺术鉴赏和艺术批评，并最终发展出基于研究对象，并高于研究对象本身的有较大适用性的艺术学理论和方法论。约翰·克拉克（John R. Clarke）在这方面做了很好的尝试。他利用民俗学的视角和艺术学的理论对古罗马时期普通人生活中的艺术作品进行了细致的考察，其研究所秉承的宗旨“语境就是一切”（Context is everything），即将“语境”看作分析、理解和阐释的关键。在克拉克看来，只有将艺术作品置于其原有的语境中进行研究，才能真正理解艺术作品本身，以及被研究群体（即主体）的品位、信仰、态度、需求或者说其所沉浸其中的整个文化。最后是一个理想化的阶段。此阶段的目标，即在于建立属于艺术民俗学/民俗艺术学自己的理论体系和方法论范式。此一阶段目标的实现，建基于前两个阶段的研究实践。当然，此处所谓的民俗学阶段和艺术学阶段是比较粗略的划分，二者并不能完全分离，而是相互依存、相辅相成。

就目前研究而言，民俗学者关于第一阶段的研究已著述颇丰，但鲜有对于民俗艺术性的探究。如何研究民俗的艺术性？季著中的讨论是具有开创性和启发性的。与陈勤建在《文艺民俗学导论》中的讨论相类，季中扬旨在将民间艺术纳入文艺美学的研究范畴，通过原本用于讨论精英艺术的思辨性理论来审视全然不同的审美对象。季中扬对于民间艺术审美经验的考察，并非来自直接照搬和套用文艺美学的理论，而是将后者作为基础性的理论资源，目的在于为前者的研究开拓思路，并寻求创建新的理论视角的可能性。正是基于这样的思考，季中扬在其书“导论”的最后指出了民间艺术审美经验的独特性：“民间艺术的审美经验是一种多感官联动的、融入性的、认同性的审美经验，不同于现代美学体系所要求的，以视觉经验为中心的、分离式的、求异性的审美经验；在人类审美经验史上，保持静观态度的审美赏鉴只是特定文化群体的一种审美方式与审美趣味，这种分离式的审美经验并不具有普适性；民间艺术作为群体共享的审美意识的表征，与表现艺术家个人审美意识的美的艺术是不同类型的艺术形态，因此，美学研究应该像对待美的艺术一样，将民间艺术视作一个整体对其进行系统研究，而且如同研究美的艺术一样，对民间艺术进行系统的美学研究应该以审美经验作为出发点，作为中心。”从引文中可见，季中扬关于民间艺术审美经验的洞见，特别是其提出的整体式审美经验、融入式审美经验和认同性审美经验，均来自其对于民俗事象民俗性的思考。这些思考无疑将刺激民间艺术研究者以及艺术理论学者关注作为整体的民俗事象的二重性。从民俗学立场上看，这些洞见将促发更多的民俗学者深入研究民俗事象的艺术性及与之相连的特殊本质。同时，作为民俗学经验与文艺美学理论交叉互渗的重要成果，季著将会使得民俗学者重新思考民俗学肇始之时的重要传统之一——文学传统，对于当前民俗学的意义和作用。当文本依存于语境与演述过程的预设成为业界公论及学术讨论前提之时，关于文本的理论是否还能闪烁曾经耀眼的光辉呢？季中扬的思考给予了肯定的答案。

当然，笔者以为季著中仍有值得进一步讨论和深化之处，如审美主体的问题。在书中的第三章前半部分，季中扬对民间艺术创作主体的审美经验进行了一定探讨，后半部分的论述主要就审视作品的方式展开，但其对于民间艺术使用者和观赏者主体性的问题却没有展开讨论，文字中也较少涉及民俗学者作为社区外部批评主体的经验存在。如若将参与民间艺术意义生产的各主体进行全面考量，或可构建一个以民间艺术事象为中心媒介，联结创作主体、使用者、观赏者以及民俗学者等各方联动、众声喧哗的“民间艺术场”。对于“民间艺术场”的把握，将深化学界有关民间艺术不同于精英艺术的独特经验和审美价值的认识。

长期以来，民俗学界虽认识到民俗事象所兼具民俗性与艺术性的特质，但对于其二重性的研究多停留在对于民俗性的探讨，鲜有关注研究对象的艺术本质及其审美存在规律。在笔者看来，关于艺术民俗/民俗艺术的研究，应基于民俗事象本身所具有的二重性，通过民俗学阶段和艺术学阶段的考察，建构符合研究对象自身特质的理论体系。季中扬《民间艺术的审美经验研究》对于民间艺术独特本质的探究，是民俗学者突破原有学科疆界，借助其他学科的理论视角和分析框架拓展本学科视域的有益尝试。

（原载《民族文学研究》2017年第4期；供稿：李牧）

【长阳传统手工技艺：九佬十八匠】

戴曾群、张颖辉主编，崇文书局、长江出版传媒2016年12月版

可以上溯万千年历史的中华民族传统手工技艺，正在快速消亡中。秉承传统手工技艺的工匠一批批谢世，一部分行当的传统手工技艺已随着经济、科技高速发展而相继湮没。技艺已经失传的，濒临失传的，和技艺流程发生改变的，均难以胜数。在民间，当下手工工匠的具体状态则鲜为人知。湖北省长阳土家族自治县的文化工作者与企业家联手，对县域范围内的“九佬十八匠”现状进行了全面调查，成果为结集付梓的《九佬十八匠》。此书资料翔实全面，在湖北省为首部，全国范围内亦鲜见。就针对当代民间工匠的专项调查而言，此书具有独到的开掘意义。

长阳“九佬十八匠”调查

“九佬十八匠”是民间对不同行当工匠的概括数、统称。其指向明确，有别于“三百六十行”。周成树《三百六十行大全》①，对古今各类谋生行当记述全面，从宦官、媒婆、狱警到收破烂的、卖彩票的一并梳理，不囿于手工业技艺范畴。民间工匠的行当，按工种细分，历来不止“九”与“十八”之和的27种。仅就狭义的“九佬十八匠”而言，其排序先后在民间亦多说并存，如“十八匠”在首句“金银铜铁锡”之后，即呈现“石木雕瓦漆”“木瓦石雕漆”“石木雕画皮”等不同说法，此在一县之内、一省之内常见。全国至今尚无统一的分类、排序标准。

长阳根据本县实情，组织专班从田野调查入手，自2013年7至11月，对全县8镇3乡“九佬十八匠”人力资源分布情况与生存环境、传统技艺的工艺流程及其相关涉的行业祖师祭拜与禁忌、匠人师承仪礼、行规、积淀历代匠作师傅经验的行业俗谚等，用文字、录音、摄影、摄像多种方式进行了全面留存。其间，同步着手了代表性产品与制作工具的采集，摄录的视频时长1232分钟，拍摄图片2000余幅。调查专班登记各类手工艺人3557人（按，2013年末，长阳土家族自治县户籍总数149 798户，人口402 217人。② 手工艺人占总人口之比约8.7%），其中重点采访98人。从古迄今，在一个县域内，应用现代科技手段将广义的“九佬十八匠”查清家底，长阳土家族自治县为首开先河。

秉承先辈技艺的长阳“九佬十八匠”

明朝末年面世、系统记述了工匠技艺的宋应星《天工开物》（崇祯十年〈1637年〉刊刻）中，对烧制砖瓦、造纸（竹纸、皮纸）、制砻、榨油、酿酒等多种手

① 周成树：《三百六十行大全》，上海人民出版社2009年版。

② 中共宜昌市委党史（地方志）编：《宜昌年鉴·简明市情手册》（2014），内部资料本，第170页。

工技艺有详细记载，其内容并兼及选址、工具使用方法、工具适用人员。如烧制砖瓦，窑址“必于斜阜山岗之上”（第七《陶埏》）；造纸操作纸帘，“轻荡则薄，重荡则厚”（十三《杀青》）；制作稻谷去壳的砻，“木砻必用健夫，土砻即孱妇弱子可胜其任”（第四《粹精》）[①]。

将《九佬十八匠》记述的当代长阳“九佬十八匠”技艺与《天工开物》比较，即可见长阳“九佬十八匠”的诸多制作程序、材料选用、大部分工具配置、部分产品使用要领，与《天工开物》所载一脉相承。《九佬十八匠》载入的当下已经普遍使用的电锯、电钻等工具，则是明代没有的。特别值得注意的是，长阳“九佬十八匠”调查专班在调查期间、在《九佬十八匠》书稿完成之前，并未研读《天工开物》，而调查专班关注的与工匠技艺相关的信息资料之全，可谓与老前辈宋应星不谋而合；对工匠精细到对人的观照，则显然超过了见事不见人、见物不见人的《天工开物》。

在当代，对“九佬十八匠”进行论述的著作，在综论中涉及的甚多，包括民俗学教材和一部分系列研究丛书。后者如汤一介先生主编的《中华文化通志》第九典、高丙中撰《民俗风情志》[②]。《九佬十八匠》这部田野作业调查报告文本，是当代保护非物质文化遗产大环境下对一个县域“九佬十八匠”的全方位的细化记载，堪称“九佬十八匠”专项调查的范本。

长阳“九佬十八匠”是民族民俗文化融合的实证

在长阳土家族自治县，工匠传统技艺统属于民族民俗文化范畴。长阳历史悠久，“长阳人化石”显示长阳地域在19.5万年前即有古人类活动。考古人员在长阳发掘出土的不同时期的石器、陶器、铜器，证明了一代代先民在此繁衍生息。秦代，今长阳地域隶属黔中郡。西汉初立，改黔中郡为武陵郡，设佷山县，为长阳地域始设县治，迄今约2200年。遗憾的是从汉代以降直至宋元王朝，罕见对长阳工匠技艺进行记载的典籍，这使得探究长阳“九佬十八匠”沿革流变史的难度增大。

由荣获国家民族宗教事务委员会表彰的民族文化先进工作者、湖北省民间文艺家协会理事、县文化体育局局长胡世春负责的长阳“九佬十八匠”调查专班，在该县“土家风情园”董事长、宜昌市民间文艺家协会副主席覃德铭鼎力支持下，坚持科学立场，对湮没的事象不作主观臆断，在辨析县域“九佬十八匠”沿革时，依据匠人传承谱系确认可上溯至清代。这个认定是客观的。清代，亦是长阳人口剧增时期，成因是清廷继明朝之后持续实施的大移民。大移民推动长阳人口构成发生了重大变化。

长阳在明代中期的人口，据弘治九年（1496年）刻本《夷陵州志》记载，为575户、3024人。[③] 到明末清初，在绵延不绝的战火（张献忠、李自成起义军向西转战，李来亨等率领的“夔东十三家”长期坚持抗清，清军大规模围剿，加上其间吴三桂北进之乱）对鄂西川东社会经济造成巨大伤害期间，长阳反复遭到蹂躏。百姓伤亡的、背井离乡逃难的，超过总人户的4/5。

---

① 引自《校正天工开物》，台北世界书局1971年重印版，杨家骆主编《中国学术名著丛书》第五辑《科学名著》第二集第一册。

② 高丙中：《民俗风情志》，上海人民出版社1998年版。

③ 明弘治九年刻本《夷陵州志》，宜昌市地方志办公室、宜昌市夷陵区委史志办公室2008年7月整理校勘，内部资料本，第28、29页。

长阳《杨氏族谱》有对该时段县情的记载："大清定鼎，顺治十有八年（1661年），有官无民，印贮荆州府库，县属均为老菁。康熙元年（1662年），始得樊大爷领印来任。行至枝江县（今宜都市枝城镇），住在金盆山庙内，通详各县，行文各府，不许隐匿长民（指长阳县之民）。坐招抚民四载，领民回县。"① 康熙初年的长阳首部县志记载："西山寇起，势成燎原，前后蹂躏几数十载，风鹤震恐，鸟奔兽散，城邑空虚，处处榛芜。癸卯年（康熙二年，1663年），赖王师荡平，招徕复业，而还归者寥寥。茅檐野处，仅止百家，不可复振。以视昔之星罗棋列，盖不能无寄概云。"②

战乱结束后，康熙借鉴明洪武二年（1369年）朱元璋下旨"移民垦荒"举措，施行大规模移民，雍正、乾隆因循。从17世纪后期至18世纪末，移民潮历时百余年。长阳民间迄今记忆为"江西填湖广，湖广填四川""挽草为记"。在这100余年间，先后落籍长阳的移民人户超过尚存留的原住民人户10倍以上。一批批来自江浙、安徽等地的移民（含雍正对鄂豫川黔区域的土司体制施行改土归流之后迁入的移民），不仅促进了荒山荒地的开发，促进了苞谷、洋芋、红苕等从异邦传入中国的高产作物的大面积推广，促进了长阳人口超常规增长（到20世纪抗战初期，长阳人口已达25.5万人）③，而且以前所未有的徽派民居建筑、宁波床等生产生活用具用品的打造，带动了工匠技艺水准的提升。长阳"九佬十八匠"调查专班的研究馆员戴增群和县非物质文化遗产保护中心主任张颖辉，结合清代《长阳县志》、县域内的家族谱牒、门楣匾额、碑铭进行探讨，充分肯定了在清廷对鄂西容美等土司体制施行改土归流之后，长阳传统民间工艺形态所发生的渐趋丰富繁杂的变化。戴增群在该书《概述》中指出，"自雍正十三年（1735年）清政府在土司地区实行改土归流后，汉族地区的百艺工匠大量进入长阳地区，定居于各大小集镇、山寨，促进了民间工艺的发展""如榔坪镇不足两华里的街上，就有铜匠、铁匠……斋铺、药铺等四十多家""俗称长阳'小汉口'的资丘集镇，来自十三个省市的外来从业人员几乎全都是手工业者。当地手工业者学习外来手工技艺，技术水平不断提高。"

当代长阳的手工艺品分为生产生活实用品类，节庆娱乐品类，宗教、祭祀品类，装饰品类等几个大的类别，其品种繁多。诸多制作技艺，与在汉族聚居的广大区域中流布的大同小异。长阳工匠技艺，认定为民族民俗文化融合的产物当无异议。

方志学家、1991年版《长阳县志》主编陈金祥先生，在《长阳文艺搜存集（初编）·序言》中阐明了这样一个很有见地的观点："今天所见的'土家族文化'……既有土著一代代坚韧开掘的遗传的种子，也有外族特别是汉族先进分子无数人不断充实滋润培养的伟力。"④ 将此用于对长阳工匠技艺的评价，我认为也是准确的。

（原载《民间文化论坛》
2017年第5期；供稿：王作栋）

① 长阳《杨氏族谱》，转引自《武落钟离山考》。

② （清）田恩远《修〈长阳县志〉序》，载康熙版《长阳县志》。

③ 引自王新祝、马尚云主编《巴土文化丛书》（第二辑）之《长阳近代兵事史话》，刘光容《序（一）》，云南人民出版社2008年版。

④ 王新祝、马尚云主编《巴土文化丛书》（第二辑）之陈金祥校注《长阳文艺搜存集（初编）·序言》，云南人民出版社2008年版。

【运河记忆：嘉兴船民生活口述实录】

嘉兴市文化广电新闻出版局、嘉兴市文学艺术界联合会编著，上海书店出版社 2016 年 12 月版

“这船工的日子啊，就和水一样，流着流着就过了一辈子。”在访谈中张继亭这么回忆他的一生，“别看我现在 86 岁了，但是我身体还好，脑子也清楚，再过几年，那些运河航运的事就没人知道了。”

从抗战、新中国成立、三年困难时期、“文化大革命”到改革开放，他在运河水上起起伏伏的一生被记录在《运河记忆：嘉兴船民生活口述实录》里。1 月 15 日，该书首发式在清华大学甲所会议室举行，这本包含着45 位被访者对运河与舟船生涯记忆的实录，向我们勾勒出“船民”这一特殊群体的生活百态。

建桥梁者：我们这代人的历史责任

“运河抱城，八水汇聚”，在嘉兴这座被京杭大运河穿城而过的城市，对水的亲近和对船的依赖造就了嘉兴船民这一在运河江南水系乃至整个运河流域都颇具典型性与代表性的船民群体。“天下第一苦——摇船，打铁，磨豆腐”，长年累月漂泊水上讨生活的人们在承受陆上居民所难以理解的艰辛的同时，也创造出独特的行业文化与劳动记忆。2014 年 6 月，“中国大运河”项目入选《世界遗产名录》。在运河作为物质遗产的意义被肯定之时，其文化价值也日渐受到重视。“将运河比作一幅长卷国画，运河人民的生活构成了画中必不可少的细节”，《运河记忆》一书主编金琴龙这么形容，而为运河船民撰史、立传，正是期望展现运河水所滋养的文化与日常。

但这撰史与立传的过程，却始终与一种迫切性相随。划桨、摇橹、撑篙、扯帆、拉纤等行船技能，随着机器动力的出现与进步渐行渐远；而由于淡水养殖业的扩张与水环境的恶化，渔民从捕鱼转向养鱼，诸多精细而珍贵的传统捕捞技能也在面临着失传的窘境；上世纪五六十年代穿行在运河的罱河泥船、粪船，如今更是难觅踪影。我们所面临的不仅是一种独特的行业技能和劳作方式的衰退，更是保有这些记忆的整个群体的边缘化。金琴龙在介绍本书编纂状况时谈及，大部分船民已经不操旧业，上岸定居，而且其中的大多数人年事已高。船民口述生活实录初稿文字尚在整理中，就已经有至少两位接受访谈的老船民过世。对消逝的慨叹与遗憾，不仅发自参与访谈的研究者口中，也真实地呈现在结束了船上生活的老船工的叹息里：

> 每当夜里睡不着觉的时候，我就在想，我为了子女不再像我那样受苦，都把他们送进了城里，可这样一来，我们潘家四代捕鱼的事业也就从我的手里断了代，想想有点对不起祖宗。我不知道自己这样做到底对还是不对?

老船工“对不起祖宗”的苦恼，更凸显了我们的历史责任。“抢救性的工作”一词，出现在朝戈金、陈岗龙、陈泳超等多位与会学者对该书的评论中。当现代化的进程使得生活方式的改变成为不可逆转的趋势时，关注文化记忆、保存文化现象的任务便更显其急迫。社科院民族文学研究所所长朝戈金以日本学界对沿海渔民生活史的记录为例，强调了通过尽可能详尽和广泛的档案保留、还原细节的重要性，并再次肯定此书对草根生存方式与文化智慧的细致关注。在他看来，对下层百姓和边缘群体口述史撰写过程中最重要的，在于“对民间生活怀有敬意和谦恭的心态”。

“其实何止船民，我们国家认定的非遗传承人，其中的大多数也处于极为尴尬的境地，他们被时代抛在身后，无法真正与这个时代对话。还有更多的未被认定的默默无闻的人，他们来自旧的生活，旧的

行业，身上有旧的传统，旧的操守，他们和现代社会格格不入，被社会发展的洪流冲刷到了边缘地带。我深切地感到时间在我们的社会生活中劈开了一道深不可测的鸿沟，我们是一群不自量力的人，干着在鸿沟上架设桥梁的工作。”金琴龙在谈话末尾感叹。

从庙堂到草根：带着温度的生活史诗

如书名所显现，船民对行业历史和生活记忆的口述构成了《运河记忆：嘉兴船民生活口述实录》的主干。事实上，口述史的体裁和研究方式并不新鲜，早在上世纪50年代，现代口述史学便逐渐兴起与发展。然而《运河记忆》一书的意义，在于“把眼光从帝王将相、庙堂、知识精英转向草根、民间，为经济史、社会史、文化史研究提供宏阔理论所不能取代的丰富细节”，朝戈金如是评价。而北大东语系教授陈岗龙也补充道，“不同于过去以上层的、精英的、政治的为主的口述史”，呈现在这本书中对普通民众的生活关注，大大有别于对社会结构或政治制度的宏观研究。

问题在于，如何真实呈现平民百姓日常生活的文化？

社科院文学研究所研究员施爱东批判道，过往对平民文化的研究，带有强烈的“碎片化”倾向：“尽管我们使用‘民族志’这样的表达，却在研究中将各种文化事项肢解了——比如研究过年，就罗列过年有哪些习俗，每一项习俗如何如何。换言之，我们用自己的解释框架和分类视角，将作为整体的民俗事件切碎了一件一件单列而出，或在此基础上将不同碎片拼接在一起进行比较或阐释。”

在他看来，这种“碎片化”，实质是对平民文化一种学究式追问的结果：长久以来，平民文化一直是由学术精英来呈现的；平民并未自己发言，而是让学者代言，而后者在介于平民生活过程中，又难免带有预先的理论选择和价值判断，往往只追问自己需要的材料。“但这本书标题里‘实录’一词用得十分妥帖，实录所呈现的，是船民对自身文化与生活印象最深的部分，是船民对自身记忆的主动选择——哪些是重要的，哪些是关键的？而每种选择都包含着独属船民的价值判断。”

正如施爱东所言，以主观视角忠实地呈现船民的情感与生活是本书核心特征。我们看到每一次重大的历史事件，是如何以一种日常的、切近的方式被普通船民所记忆与感知：

> 我15岁那年，日本人投降了。抗战胜利，渔民生活有了一定好转，那时候米价贱了，而我们卖鱼虾的价格却反而贵了。我记得很清楚，当时卖掉一斤虾已经可以买一斗米了。……到我16岁以后，捉了一条大点的“花鳜鱼”就可以买到一斗米，多的时候一天捕鱼的收入，甚至可以买到一石米呢！（桐乡市船民姚虎林口述）

他们从鱼虾价格的起伏，从航运线路的变化，从工资的多少与饮食的好坏来回想与重温每一个重要的历史时段。在北大中文系教授陈泳超看来，呈现在《运河记忆》中的口述文字，是因此而带着情感与温度的。

“不如说，这是民众自己的生活史诗。”施爱东如此总结。

记忆的纵深：关系视角下的区域社会

尽管着重船民生活记忆的主观呈现，《运河记忆》仍被视为具有重要的学术启示与研究价值。清华大学历史系教授仲伟民便指出，书中如职业称呼等细节为新的研究题目提供了良好线索。同为清华历史教授的倪玉平则认为，口述文字、图片和视频的丰富结合使得这本书得以在资料上与学术研究相互照应。

但更重要的，或许是通过船民多样的经历与丰富的情感记忆，我们得以窥见这片运河区域内错综复杂的社会脉络和文化关系。正如聊城大学运河学研究院吴欣所言，以往的运河研究更关注诸如漕运、河工等宏观研究，精细研究较弱；而在谈及运河工程对区域社会影响时，研究者往往难以摆脱二元化的价值判断，即，或从“运河促进发展”的肯定面向，或从“运河破坏环境”的否定面向论述运河意义。“但这本书提示着我们，能否抛弃旧有的二元判断，从一种关系性的框架下看到运河与该区域社会的关系？能否去关注具体的人，看看他们的生活与劳作方式因为运河产生了怎样的改变？换言之，能否通过关系性的、精细化的研究，揭示运河文化区域的发展联系？”

正是在这样一种关系性的、精细化的视角中，我们走入船民记忆的纵深处——“通过船民近百年来的生活图景，我们能看到其中文化，发现运河文明独特的生长方式”，中央民族大学教授林继富肯定道。

（原载“澎湃新闻”2017 年 1 月 18 日 https：//www. thepaper. cn/newsDetail_forward_1601902，供稿：黄蕙昭）

第五篇

年度优秀论文

民俗学伦理与非物质文化遗产保护

巴莫曲布嫫*

说到民俗学伦理问题，我首先想到的是 1999 年 8 月在芬兰图尔库参加第五届民俗学者暑期学校（FFSS99）的课程培训，其中的第四工作坊专门致力于“民俗学研究伦理”（Folkloristic Research Ethics）。印度学者萨迪哈纳·奈沙尼（Sadhana Naithani）将该工作坊的有关讨论抽绎为一个非常直观的关系图，后来我在研究生田野调查的课程教学中也使用过这个图。

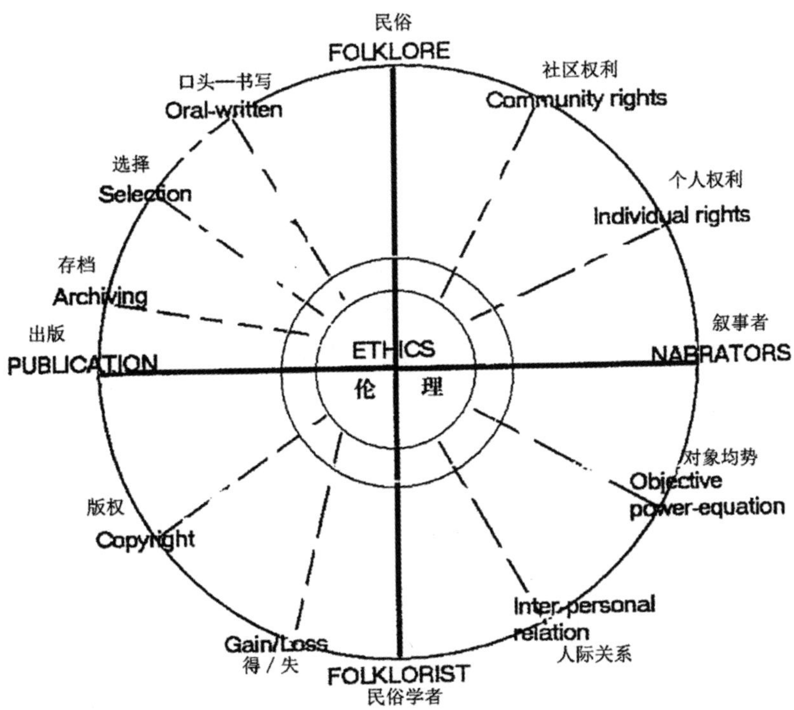

伦理问题图示

奈沙尼认为，以圆形为图，是因为伦理问题往往是循环的。也就是说，伦理问题贯穿

---

* 作者系中国社会科学院民族文学研究所研究员。

民俗学活动过程的始终，无须去设定明确的开始或结束。在这个圆圈里面有一个交叉的十字，其垂直轴的两端连接着民俗（田野）和民俗学者（研究者），而其水平轴的两端则是叙事者（田野对象）和出版（知识产品）。而将民俗学者置于底部（基础），是因为整个圆形表述的伦理关系正是因为民俗学者的出现才得以构成。而围绕“伦理”二字则有三个圆圈：最里面的内圈表示讨论的核心即“伦理”，第二圈以四道弧线将所有的问题分类连接到一体，第三圈则显示各种各样的问题，也是该工作坊一直在讨论的问题类别。按这个关系图来进行讨论，其顺序是逆时针方向的，即从民俗学者到叙事者再到民俗再到出版，最终回到民俗学者。

第一段弧线关注的是两类问题，一是对象均势，二是人际关系。所谓对象均势指的是民俗学家和叙事者在均势关系中如何发现自身。这种关系的形成可能是在农村和城市之间，或是在跨文化语境中，乃至在任何其他的力量均势之间。另一类问题是人际关系，即指源于民俗学者和叙事者之间的这种力量均势的过程和关系。第二段弧线则涉及权利和所有权的伦理问题。其中之一涉及个人对传统的所有权，或基于传统的演述的所有权。比如说，是否一位叙事人业已完成的叙事就会成为他或她的个人叙事？他或她是否对其叙事拥有进一步的个人权利？抑或说这种权利与社区相关？带着这一棘手问题，我们再看第三段弧，其中描述了民俗及其出版物之间的关系。首先，口头性被转化为书面语词，或是就此变成其他任何形式，其间卷入的基本问题包括誊录和翻译；第二，选择的过程，一般使用“建档”（documentation）一词，这听起来很中立，但事实上代表着一种貌似合理的选择：从大量的资料汇集中选择什么可以建档并进一步选择什么可以出版；第三，存档的问题，这一环节涉及的伦理困境则更为复杂。到了出版之际，出版物和民俗学者之间的第四道弧线至少带来两个伦理问题。一个是版权问题，另一个是得失问题，这不仅仅只是物质利益的获得，也包括精神上无形的得失问题。

奈沙尼指出，这些问题分类都基于不同的关联，而它们的组合可能来自各不相同的情形，而且相互之间也可能不总是存在相同的关联。中间的那道圆圈同时也表明，只要存在民俗的搜集，所有这些类别的问题都会构成并和，因而研究过程中遇到的伦理问题还将继续生长①。

作为该工作坊的讨论人之一，美国学者卡伦·米勒（Karen Miller）在检视了大量的案例之后归纳出以下关键问题清单，与奈沙尼的图示形成呼应和补充。（1）研究目的：界定研究的宗旨和目标。（2）影响申明：所有学者都应该就其研究的理由撰写详细的说明吗？（3）责任：对档案材料或调查对象都要担负责任吗？而且这必须成为一种必备的二分法吗？学者对支持研究的供资机构的责任是什么？（4）调查对象：保护信息提供者，也要保护个人之外的集体社区的利益。（5）知情同意：在所有情况下，发起研究之前都应当从每一位调查对象那里获得知情同意吗？我们应该允许调查对象查看和编辑所有的誊写［调查资料］吗？（6）接触权：田野工作中的首要关系是与机构抑或是与个人建立的？社区因这样的选择结果而实施某种结盟会带来怎样的影响？因商业利益而使用档案的接触权和滥用或剥夺这些材料的后续风险。在互联网技术环境中档案资料的接触权。本地人对源于自身的资料成品的接触和追回问题。（7）互惠：研究人员以何种方式可以回馈与他们共事的社区、个人或家庭？（8）材料的所有权：包括个人或社区的所有权，受版权保

① FFSS99. “Workshop IV: Folkloristic Research Ethics,” *FFN* 20, 2000 (11).

护的知识产权问题，以及我们如何对文化信息的所有权进行概念建构，或提出质疑。①

美国民俗学会早在 1988 年就发布了《AFS 伦理申明：专业责任的原则》②。十年之后，北欧民俗学界也就是否需要制定一套民俗学伦理守则（a folkloristic code of ethics）发起过辩论③，而 1999 年芬兰暑校的这个工作坊正是这场辩论的某种继续。2010 年，中国民俗学会秘书处也曾就是否制定学会这一学术共同体共同遵循的“伦理守则”有过动议，但最终未果④。实际上，2004 年前后，中国民俗学界关于学术伦理的思考在“田野和文本”的辩论中逐步走向深入，而安德明提出的“家乡民俗学”这一论域也引发了多位学者有关田野伦理的自我反思。随着非物质文化遗产保护工作的开展，民俗学者在其间的角色、立场和作用，乃至具体的技术路线和实地的研究策略也常常与伦理问题的纷争纠结在一起，但相关讨论并不充分，思辨性文章也不多见⑤。即使到了今天，奈沙尼的“伦理关系图”和米勒的“伦理问题清单”，对我们思考民俗学伦理问题依然有着工具性的指向意义。诚然，我们还可以继续沿此方向行进，乃至加上第四个或第五个圆圈，将日益凸显的伦理关切包括困扰我们的诸多问题切分得更为具体，勾连得更为细致，以回应今天的学术发展趋势和学科建设取向。

《民族文学研究》2016 年第 3 期首家刊布了联合国教科文组织保护非物质文化遗产政府间委员会第十届常会正式通过的《保护非物质文化遗产伦理原则》（以下简称《原则》）。而这十二条原则的出台，在联合国教科文组织的层面至少可以追溯到 1989 年通过的《保护民俗和传统文化建议案》（以下简称《建议案》），在“民俗传播”一章中明确提出“鼓励国际科学共同体采纳一套伦理准则，以确保以适当的方式对待传统文化并对之予以尊重。”⑥ 而该《建议案》正是《保护非物质文化遗产公约》最终面世的先声。该《公约》生效十年以来，各国在保护实践中也遭遇了种种伦理挑战。而《原则》正是在应对挑战的辩论语境中提出的，一则围绕非物质文化遗产日益面临的威胁——包括商业化、

---

① FFSS99. “Workshop IV: Folkloristic Research Ethics,” *FFN* 20, 2000 (11).

② American Folklore Society. “AFS Statement on Ethics: Principles of Professional Responsibility,” *AFS-News*, New Series, Vol. 17, No. 1 (February 1988). http: //www. afsnet. org/? page = Ethics.

③ Ulrich Marzolph. “A Code of Ethics for Folklore Studies: An invitation to participate in an interdisciplinary debate,” *FFN* 14, December 1997: 11 - 12. Lauri Honko. “Do we need a folkloristic code of ethics?” *FFN* 21, March 2001: 2 - 7. 此外，王杰文在《北欧民间文化研究（1972—2010）》（学苑出版社 2012 年版）一书中，按时段对北欧民俗学界有关伦理问题的相关讨论进行了较为系统的综述和分析。

④ CFS:《中国民俗学会是否或怎样制订本会的〈学术伦理守则〉?》http: //www. chinesefolklore. org. cn/forum/viewthread. php? tid = 18266.

⑤ 其中值得述及的论文主要有：吕微：《反思民俗学、民间文学的学术伦理》，《民间文化论坛》2004 年第 5 期；安德明：《民俗学家乡研究的理论反思》，《民间文化论坛》2005 年第 4 期；祝秀丽：《家乡民俗研究者的角色冲突》，《民俗研究》2006 年第 3 期；刘铁梁：《感受生活的民俗学》，《民俗研究》2011 年第 2 期；刁统菊：《民俗学学术伦理追问：谁给了我们窥探的权利？——从个人田野研究的困惑谈起》，《民俗研究》2013 年第 6 期；张多：《田野突发事件的田野伦理——一次奇遇引发的反思》，《民间文化论坛》2014 年第 6 期。

⑥ 1989 年，联合国教科文组织第 25 届全体大会通过了《保护民间创作建议案》，其英文原题为 Recommendation on the Safeguarding of Traditional Culture and Folklore，直译应为《保护传统文化和民俗建议案》。相关情况可参考巴莫曲布嫫《非物质文化遗产：从概念到实践》一文，刊于《民族艺术》2008 年第 1 期。这段译文为笔者重译。

商品化和去语境化——出现了越来越多的关切，二则反映了缔约国在履约过程中急需伦理方法及其指导方针的普遍诉求。参与制订该《原则》的专家们来自不同学科，一致重申伦理关切不应针对活形态遗产本身的实质，而应侧重于保护方面的努力。他们认为，发展、促进和实施保护非物质文化遗产的伦理原则有助于在文化规范、诚信、透明度及确当行为方面实现敏感度的提升，防止任何形式的不尊重和对非物质文化遗产在道德、法律或商业上的不当使用。因此，《原则》的出台将极大地强化相关社区、群体和个人致力于保护非遗的努力，也将指导文化遗产、博物馆、人类学、民俗学、旅游业、媒体和知识产权等相关领域为保护人类共同的遗产而做出努力，进而促进对非物质文化遗产的尊重。

为将学术伦理问题的讨论引向深入，《民族文学研究》编辑部向民俗学、民间文学、人类学、社会学、历史学等平行学科的多位学者陆续发出了笔谈邀请，以利于加强学科间的对话。本期设立的话题是“田野调查伦理”，彭兆荣的“家园遗产守则”，陈泳超的“‘无害’即道德”和施爱东的“学者是田野中的弱势群体”皆从各自的田野研究经历出发，阐析个人的伦理观点，或秉持人文关怀，或总结田野策略，或反思田野关系，各深有见地，颇有张力，引人省思。应当说，这组笔谈乃是《民族文学研究》意在形成关联性持续讨论的一个楔引，正如奈沙尼绘制的关系图所示，伦理问题在学术研究的不同阶段都会以不同方式循环显现，而且不会画上句号；而米勒所列的 8 个问题清单对今天的民俗学研究和非物质文化遗产保护工作而言，也远未穷尽我们已然面临的种种挑战。值得期待的是，《民族文学研究》计划继续组织学者围绕若干伦理问题进行研讨，而笔谈、对话、席明纳、圆桌会议、专题论坛等方式，抑或也可成为加强对话、推进学术和服务社会的讨论向度，其间的话语皆可结集为文字续为系列化专稿。因此，这组笔谈也可视为共同讨论的一个邀约，欢迎大家关注并积极参与。

（原载《民族文学研究》2016 年第 4 期）

探寻本土神话研究的路径

李子贤*

【摘要】在云南这个“神话王国”中，不仅有着神话存在形态的多样性，神话传承机制的历时性、完整性等特质，还以活形态神话为其主体。因此，如何从云南少数民族神话的实际出发，深化对活形态神话相关论题的探讨，考察活形态神话与文化语境乃至更大的文化系统之间的内在联系，寻觅本土神话研究的最佳观察视阈，建构一个活形态神话研究的分析框架，便是云南本土神话研究的一种路向。

一

中国神话研究已走过了110年的历程。在这个过程中，经历了对西方神话学理论的介绍和引进，对中国汉文献经典中神话资料的梳理、考据，经历了对少数民族神话的发掘与整理。在此基础上，通过几代神话研究者的不懈努力，中国的神话研究在神话学理论研究、汉文献神话研究，以及少数民族神话研究等领域都已经取得了可喜的成就，出现了茅盾、顾颉刚、丁山、闻一多、袁珂、萧兵、王孝廉、叶舒宪、马昌仪、杨利慧等一批神话学者。

由于神话所独具的特质，自欧洲近代神话学诞生以来，神话学就成了一门“显学”。不论在哪一个时代，哪一个时期，都会有一批又一批的学者，从不同的角度、不同的层面，以不同的专业背景，对神话进行苦苦探寻，试图解开神话之谜。然而，近两百年来，不论出现了多少学派，不论出现了多少神话学研究巨匠，似乎都只打开了神话这个迷宫的一扇扇窗口，离解开神话之谜似乎仍然有漫长的路要走。纵然如此，神话研究者却不断出现，并对此道乐此不疲。这在人文学科领域中也算是一道独特的文化景观。究其原因，至少有以下几点。其一，若要探寻人类的心灵史，探寻人类早期的思维模式，探寻文学的发端，探寻宗教的起源，探寻历史学的先声，探寻人类文化史的初始形态，都离不开神话的辅佐。其二，各种神话素的萌发与整合，神话文本叙事内容之奇特的组合方式及内在“逻辑”，直到当下仍然没有被人们清晰明了地完整解读。其三，为何在数千年前就被笔录下来的神话至今仍然有其独具的魅力？为何许多神话千百年来一直在民间得以存活？神话是人类所创造的，为何它一旦成了一种生活的“实在”或精神实体之后，就一直与人类相伴随并以某种潜隐的方式参与并影响着人类文化的发展？其四，在当下的所谓高科技

* 作者系云南大学文学院教授。

社会或现代社会中，似乎早已隐退了的神话为何仍在发挥着它的某种功能，成了维系并影响人类心灵的某种力量？正如约瑟夫·坎贝尔所说："当今社会的问题之一是，人们对心灵的内涵并不熟悉。反而只对每天、每小时发生的事情感兴趣。……古老神话传递出的信息，既与几千年来支撑人类生活、构建人类历史、提供宗教内容的主题有关，也和人类内心的问题、人类内在的奥秘、人类内在历程的枢纽相关联"，"神话使我们发现自己的本来面目"，"神话是帮助我们发现内在自我的线索"，"神话是找出人类精神潜能的线索"。这些论述是耐人寻味的。总而言之，神话是一种独特的文化样态，是人类在精神文化领域中所创造出的奇葩。神话不仅体现出了人类心灵巨大的创造力，是人类无限潜能的标识，神话还一直在伴随着人类同行，并预示着人类无比广阔的发展前景。因此，神话必将是一门永远不会终结的学科。

当下，中国的神话研究从表面上看来似乎处于某种相对沉寂的状态，但实际上却在酝酿着中国神话学研究的又一个新的突破。这是因为，对中国汉文献神话的梳理和研究早已提升到了一个新的高度，对少数民族文献神话以及一直在民间传承的神话资料的收集、整理，已经取得了重大的成果。早已开启的对中国少数民族神话的研究，也取得了初步的成果，并引起了国内外相关学者的关注。对于引进、吸收当下国外神话学研究的相关理论，早已摆脱了曾经的"描红"心态，开始警觉在这一研究领域由于缺乏学术自信而忽略了自主创新的理念，已逐步将学术思考的重心转移到了深耕本土文化，具备一定的国际学术视野，从中国立场、中国神话的实际出发，走自己的路，逐步建构具有中国特色的神话学理论这一路向上来。

从国内外神话学史中可以看到，在神话学研究领域要取得新的突破、新的成果，必须至少具备以下几个基本条件。第一，学术的生命在于不断地超越与创新，这是一个首先要具备的学术理念。第二，在神话研究领域，应当以神话的本真状态、原生形态是什么，神话的本质是什么，神话何以在民间一直得以传承的动因是什么，怎样认识族群对神话的态度及演变，如何描述和把握神话的力量，神话如何与人们的心理需求结合在一起，以及民族神话与民族文化的内在联系等论题为主轴展开探讨。第三，新的研究对象、新的资料的发现，必然会引发人们对神话本质及特征的再认识、再探讨。第四，新的学科理论的介入，必然拓宽神话研究的视野，例如历史上文化人类学与神话的邂逅。第五，研究方法的更新与完善，也是神话研究取得突破的一个不可或缺的因素。

中国是一个统一的多民族的国家。在中华民族的历史发展过程中，每一个民族都创造了自己丰富而独具特色的神话。对少数民族神话的研究是中国神话研究中不可或缺的重要组成部分。因此，中国神话研究是一个极其庞大的系统工程。早在20世纪三四十年代，就有不少学者开始了对少数民族神话的发掘与研究。在此，我们要特别提及凌纯声、芮逸夫、闻一多、楚图南、陶云逵、马学良、光未然等老一辈学者在少数民族神话发掘与研究领域所作出的贡献。然而，对少数民族神话的全方位、多角度的研究，是20世纪80年代以后才逐步得以展开的。究其原因，其一，对少数民族，尤其是云南少数民族神话的系统调查，始于1958年大规模的采风。之后，云南大学等很多高校陆续组织师生开展了对少数民族民间文学的田野调查，发掘出了许多少数民族神话。20世纪80年代，中国各个少数民族地区的民间文艺家协会以及相关学术机构，为编撰"五套集成"中的"民间故事集成"，对各个少数民族的民间故事，其中包括神话，进行了为期数年的深入普查，基本上探明了各个少数民族的神话蕴藏情况，各个民族的神话大多得以收集、整理出版，这就为中国少数民族神话的研究奠定了一个较为坚实的基础。其二，开启于20世纪三四十年代的少数民族神话的发掘与研究，更多的是文化人类学家对相关论题所进行的分散式的零星研究，少有对神话本体论相关论题的探讨。其三，存活于民间的少数民族活形态神话一直是神话诸种存在形态的主体，与用文字书写的文献神话，既有很多共同点，又存在着明显的差异性。其中最突出的是，书面文本神话与存活于民间的活形态神话，其存在形态是截然不同的。如何把握这二者各自的特质，并从这一特质的实际出发，探寻与之相适应的研究路径，也只有在20世纪80年代以后才有可能展开。因此，自20世纪80年代开始，探寻研究本土神话的路径就成了摆在少数民族神话，尤其是云南少数民族神话研究者面前的一个重要任务。那么，中国少数民族神话，尤其是云南少数民族的活形态神话，与文献神话最主要的区别是什么呢？换言之，从神话的存在形态来审视，少数民族神话的总体特征是什么呢？笔者又是如何迈出探寻本土神话研究路径的脚步的呢？

这不得不从笔者对云南少数民族神话进行田野调查的经历讲起。1962年3—6月，笔者的首次少数民族民间文学田野调查，是到宁蒗县的彝族地区以及永宁摩梭人地区搜集民间文学及相关民俗。1963年9—12月，笔者又徒步穿越碧罗雪山、高黎贡山到独龙江畔，进行独龙族口承文学及相关民俗的田野调查。通过这两次田野调查，笔者首次接触到了存活于上述各民族民俗生活之中的活形态神话，并收集到了独龙族的创世史诗《创世纪》。当时笔者头脑中一个鲜明的感受是，它们都是存活于集体记忆之中，存活于民俗生活以及相关祭仪之中的神话，而不像笔者在大学的专业课堂上听到老师讲授的，或者从《山海经》《楚辞》等文献中看到的早已用文字写定了的书面文本神话。这也让笔者联想起孩提时代在建水曾经历过的一幕：当出现月食的时候，整条街、整条巷的人都会拿起能够敲响的器皿敲打起来，大声喊叫："天狗吃月亮喽！赶紧把天狗吓开，救月亮喽！"这，就是活形态神话。在经历了20世纪70—80年代的多次田野调查，笔者发现，云南少数民族的神话既有早已笔录进彝文经典、傣文经典、东巴文经典中的书面文本神话，但更多、更具普遍性的是存活于民俗生活之中，并仍在发挥着某种功能的活形态神话。可以说，云南少数民族的神话其主体是活形态神话。换言之，神话存在形态之一的活形态神话构成了云南少数民族神话的一大特色。这些活形态神话大多与相关的民间信仰与祭仪相连属，从属于该民族文化这一大系统，是长期存活于特定的文化语境中的神话。笔者于1987年发表于《西北师范学院学报》第4期上的《活形态神话刍议》，以及1987年在日本庆应义塾大学发表的讲演《论佤族神话——兼论活形态神话的特征》等两篇论文，便是在这一阶段对活形态神话所作的初步的学术概括与阐释。此后，笔者便将神话研究的重心逐渐转移到活形态神话上来，并试图探寻活形态神话研究的路径。

神话学史上最早提出活形态神话这一概念的是人类学功能学派创始人之一马林诺夫斯基（B·K·Malinowski，1884—1942）。1914年，马林诺夫斯基参加了去美拉尼西亚等地的蒙特人类学远途考察队，从此开始了他的人类学研究生涯。在特罗布里恩德岛上所做的整整四年调查，是他后来学术成果的主要源泉。其功能主义理论最初在1922年发表的调查专刊《西太平洋的探险队》中提出。后来在许多其他著作和论文中又进一步发挥，最后在《科学的文化理论》一书中作了系统的总结。他认为，人类要生存下去，就要满足基本生物需要，而要满足这一基本生物需要，又必须有各种社会组织形式来保证，而有了社会组织的人们又会产生新的需要，即精神方面的需要。因此，各种文化现象和文化器具都有满足上述三种需要中某一种需要的功能，因而人类学家的任务就是要认识这种功能。

对于马林诺夫斯基所提出的上述学术见解，学界早已有所评价，笔者不再赘言。马林诺夫斯基关于活形态神话的相关论述主要见于《巫术·科学·宗教与神话》一书。该书关于“活的神话”“活着的神话”的论述中，重要的有以下几点：

> 根据我在野蛮人之间对于活的神话之研究，原始人很少对于自然界有纯粹艺术的或理论科学的关心；野蛮人底思想与故事之中，很少象征主义的余地；神话，实际说起来，不是闲来无事的诗词，不是空中楼阁没有目的的倾吐，而是若干且极其重要的文化势力。神话底自然派的解释，不但忽略了神话底文化功能，而且凭空给原始人加上许多想象的趣意，并将几种清楚可以分别的故事型类弄得混合，分不清甚么是童话，甚么是传说，甚么是英雄记，甚么是神圣的故事——即神话。
>
> 神话这个部落里面神圣的民俗信仰，我们以后就要明白，乃是帮助原始人一种强有力的工具，帮助他能使对于文化的结合出入相抵。我们更要明白，神话给原始文化的最大帮助乃是与宗教仪式、道德影响、社会原则等协同进行的。宗教与道德取资于科学趣意或历史的既是很少，所以神话所依据的乃完全是另一套心理态度。
>
> 存在野蛮社会里的神话，以原始的活的形式而出现的神话，不只是说一说的故事，乃是要活下去的实体。那不是我们在近代小说中所见到的虚构，乃是认为在荒古的时候发生过的实事，而在那以后便继续影响世界影响人类命运的。野蛮人看神话，就等于忠实的基督徒看创世纪，看失乐园，看基督死在十字架上给人赎罪等等新旧约的故事那样。我们底神圣故事是活在我们底典礼，我们底道德里面，而且制裁我们底行为，支配我们底信仰，野蛮人底神话也对于野蛮人是这样。
>
> 神话底研究只限在章句上面，是很不利于神话底了解的。我们在西方的古籍，东方的经典以及旁的类似去处得到的神话形式，已经脱离了生活信仰底连带关系，无法再听到信徒们底意见，无法认识与它们同时的社会组织，道德行为，一般风俗——最少，也无法得到近代实地工作者容易得到的丰富材料。况且说，传到现在的文字记载，无疑地已经大与原样的故事不同，因为经过传抄、疏证，以及博学的祭司与神学家等等之手而不同了。打算要在神话底研究中知道原始生活底奥秘，必得转到原始的神话，尚在活着的神话；而且这样作，要在祭司的聪明将它用木乃伊的办法装殓起来，保存在损坏不了但是没有生命的死宗教底圣龛里以前。
>
> 我们就要见到，研究活着的神话，神话并不是象征的，而是题材底直接表现；不是要满足科学的趣意而有的解说，乃是要满足深切的宗教欲望，道德的要求，社会的服从与表白，以及甚么实用的条件而用的关于荒古的实体的复活的叙述。神话在原始文化中有不可缺少的功用，那就是将信仰表现出来，提高了而加以制定；给道德以保障而加以执行：证明仪式底功效而有实用的规律以指导人群，所以神话乃是人类文明中一项重要的成分；不是闲话，而是吃苦的积极力量；不是理智的解说或艺术的想象，而是原始信仰与道德智慧上实用的特许证书。

马林诺夫斯基对神话学的突出贡献，概括起来讲，大致有以下几个方面：第一，最早发现并指出在原始民族中存在着“活着的神话”。第二，这种存在于原始民族中的“活着的神话”，与被反复修改而与其原始面貌相去甚远的文献神话或书面文本神话有着明显的差别。前者保持着与生活的联系，而后者却早已被割断了与现实生活的联系。第三，这种

“活着的神话”是与人们的信仰体系、祭仪系统、文化心理等诸多文化要素融为一体的神话，因而是活在人们的民俗生活、心灵世界中的神话。第四，对神话的研究不能仅仅停留在神话叙事文本的章句文字之上，而要关注这种“活着的神话”与社会生活的联系，从而对其进行整体研究。第五，神话在社会生活中是一种文化力量，发挥着其特殊的功能。第六，主张神话研究者要关注并且研究“活着的神话”，反对在书斋中坐在安乐椅上只关注文献神话或书面文本神话。笔者认为，即便从当下神话学研究的视点来审视，这些论述仍然是精辟而具启迪性的。

由于受到历史条件的限制，马林诺夫斯基关于“活着的神话”的相关论述，肯定存在着某些局限或不完善之处。笔者认为，其一，活形态神话曾产生并一直存续于原始民族之中，这一点是毫无疑义的。不过，在后来的各个历史发展阶段，直到当下，活形态神话在某些地区、某些民族中仍在存续。中国的云南及周边地区、日本的冲绳诸岛、韩国的济州岛等地区，虽然已进入了现代社会，但时至今日仍有活形态神话存续，就是明证。可见，活形态神话并不仅仅存活于原始民族之中。其二，从神话的存在形态来审视，神话具有多种存在形态。笔者认为，神话至少具有以下四种存在形态：文献神话或书面文本神话；口头神话，即在民间口耳相传的神话；活形态神话；以某种实物或虚拟物为象征符号的神话。活形态神话是神话的存在形态之一。当然，它是神话最初始、最自然，因而也是最典型、最本真的存在形态。其三，活形态神话与书面文本神话都有自己独特的结构，深入探讨二者之间不同的结构系统，寻觅出由此而产生的二者的文化内涵之差异性，是一个不可或缺的论题。其四，文献神话尤其是古文献神话，是弥足珍贵的一种神话资料，也是一宗宝贵的文化遗产。其中蕴含着在其产生或在特定民俗生活中传承时的诸多文化信息，是我们在研究活形态神话时不可或缺的重要参照系。在某种情况下，将活形态神话与文献神话结合起来进行综合审视，也是一个极为重要的研究环节。其五，黏合着许多文化要素的活形态神话可视为一种特殊的“活体”，它必须存活于某种特定的“母体”之中。深入研究“活体”与“母体”之间的内在联系，研究二者如何相互影响、相互作用，保持某种调适、平衡状态，也是活形态神话研究的一个重要论题。其六，每一个民族的文化都经历了自己独特的历史发展进程，总是在发生着渐进式的或突变式的文化变迁或文化转型。神话赖以存活的文化生态系统如何调适自己以适应这种变化，作为“活体”的某一特定的活形态神话，也会发生着某种嬗变，以调适其与文化语境的关系，这些也是活形态神话研究的不可或缺的论题。其七，活形态神话结构系统的一个重要特征便是它的动态性。神话叙事文本内容的稳态性是相对的，结构系统的动态性带来的变异性则是绝对的，除非它已被用文字将其叙事文本内容笔录了下来。这样看来，活形态神话结构系统的动态性特征及内在规律，也是我们必须加以审视和探讨的一个论题。其八，活形态神话赖以存活的文化生态系统，都从属于某一个民族之民族文化这一大系统，乃至于由更大的地域范围、许多民族共同组成的某种特定的文化圈这一大系统。这一点也是我们在审视活形态神话时必须加以关注的论题。当然，某种特定的经济文化类型亦与活形态神话有着某种内在联系。例如，采集—狩猎文化、畜牧文化、水田稻作文化、梯田稻作文化、山地旱作文化等，它们与活形态神话的内在联系也应受到关注。其九，神话的传承主要或重要的是活形态神话的传承。某一神话一旦用文字写定而成了书面文本神话之后，也有其如何在各种不同的文献、版本中传承下来的问题。但一般而言，它远不像活形态神话在民俗生活中的传承那样，必须具备某些文化要素，诸如传承场、传承人，以及人们对神话的态度与需求度等因素的介入和参与，呈现出一种极为复杂的文化现象而需要加以认真探讨。以上，便是笔者对活形态神话相关论题的粗略思考。

二

活形态神话无疑是与价值取向、信仰体系、祭仪系统、生产生活方式、文化心理等融为一体，存活于特定的文化语境中并仍在发挥着某种功能的神话，因而必有其特定的载体。神话传承的主体是整个族群的成员，虽然有祭司、老者、民间艺人等为其主导，然而，在不同的社会发展阶段、不同的历史时期，活形态神话与信仰体系、祭仪系统、神话传承的参与者等文化要素的关系却有着某种程度或表现形态上的差异。笔者试以云南为例，将神话传承载体之变化情况分为四个历史时期来加以考察：原始氏族社会时期、文明社会的初期、传统农业社会时期、当下的现代社会。

原始氏族社会时期。直至20世纪50年代以前，生活在独龙江畔以及怒江大峡谷的独龙族、怒族，仍处于原始氏族社会时期或其解体期。在这一历史时期，盛行着原始信仰与万物有灵观念。但由于生产力的低下，生产、生活资料的匮乏，祭仪系统还不够完备，一些重大的、相对复杂的祭祀活动尚未出现或较为罕见，因此，活形态神话更多的是存续于族群成员的集体记忆、对神祇的敬畏与崇拜心理及一些较为简单的仪式之中。独龙族除了一年一度的“卡雀哇”（年节）有剽牛祭天、巫师吟诵《创世纪》或相关神话，整个家族或氏族成员参加这一相对大型的祭仪之外，平时只有极为简单的祭山神、祭猎神和驱鬼仪式。怒族虽然盛行图腾信仰，传承着许多图腾神话，但是人们除了对其氏族图腾保持着敬畏、崇拜心理之外，平时少有对图腾的专门祭祀，只是在逢年过节时对祖先及其信奉的图腾举行简单的祭祀活动。

文明社会的初期。在这一历史发展阶段，社会生产力有所提高，物质财富相对有所增加并掌握在少数人的手中，祭仪系统迅速完备起来，对神祇的祭祀成了人们宗教民俗生活中的第一要务。于是，与民间信仰、相关神话有着某种内在联系的大型的祭祀活动便逐步形成，并频繁地举行。其中以四川及云南大、小凉山的彝族，西盟佤族的活形态神话最具代表性。在大凉山彝族地区，每年都会举行一些大型的、祭场布置极为复杂、祭仪程式颇为繁复、必须有祭司及其助手主持、全体族群成员参与的祭祀活动。祭祀过程中要献奉牛羊等牲畜，并且需延续数日才能完成相关仪程。在这样的祭祀活动中，神话是重要的构成要素之一。祭场既是文化积淀场、传承场，也是神话传承的一个重要载体。历史上，西盟佤族猎头习俗中的拉木鼓、人头祭是一项重大的祭祀活动，活动必须由祭司主持，要有全体族群成员参与，祭祀过程中也要献奉牛猪等牲畜，并且也需延续数日才能完成相关仪程。参与祭祀活动的族群成员心中都知道举行仪式的必要性和重要性，以及为什么要举行这种仪式。因为神话中讲到是祖先用人头供奉了木鼓，天地才分开；是祖先用人头供奉了木鼓，才没有发洪水；是祖先用人头供奉了木鼓，撒下的谷种才长出了粮食。人们延续拉木鼓、祭木鼓的习俗，是为了让天神和谷神庇佑粮食丰收，人畜平安。此时，祭司作为神话传承的主导者，祭场作为神话传承的重要载体之一，开始突显。

传统农业社会时期。这是一个漫长的历史时期，民间信仰犹盛，信仰系统犹存。在祭仪系统中，一些与原始信仰相关联的祭仪已发生了某种程度的嬗变，导致某些古老的神祇及其神迹与祭祀活动渐进分离，而一些与当下民间信仰中相关联的神祇及其神迹便在祭祀活动中突显出来。人们对神话的态度虽与前述两个历史时期相比发生了某种微妙的变化，但族群成员中的大多数依然笃信神话所述的一切，仍然对神话有着较强的依赖感、需求度。族群成员中的绝大多数依然是神话传承的主体，但祭司、民间艺人作为神话传承的主导者之地位越发明显。古代传承下来的某些神话逐步成了只是“讲一讲”的故事，然而尚有许多神话仍依托于民间信仰及祭祀活动而得以存活。虽然有的民族已产生了书面文本神话（如彝族、纳西族、傣族等），但活形态神话在神话诸种存在形态中的主体地位仍未动摇。当然，在这一历史时期，神话的总体格局出现了一些新的变化及特点，值得关注。各个民族之神话的总体格局愈来愈各具特点，神话的民族特色愈加鲜明。在傣族中，由于南传上座部佛教的传入，一些印度神话及佛教神话逐步在傣族中传播开来，甚至在傣族的神话系统中逐步居于主导地位。例如，佛祖释迦牟尼的神话尤其是佛迹神话，都以活形态神话的方式得以呈现。当然，一些古老的神话如寨神神话、勐神神话，以及谷神神话等仍然在民间传承，并与某种祭仪相连属。在白族中，一些古老的图腾神话在白族聚居的中心区多已失传，而只传承于白族聚居区的某些边沿地带。由于佛教的传入，大黑天神神话、观音神话等迅速在白族地区传播开来，并呈现出活形态神话的样态。遍布于白族聚居区各地的本主信仰，其中有许多本主都有叙述其神迹的神话，并以活形态神话的传承方式在民间传承。在纳西族中，以《创世纪》（《崇搬图》）为依托的祭天仪式，其实是以道场设置、祭仪程式在一次又一次地演绎着相关神话内容，可谓典型的“活着的神话”。值得注意的是，纳西族的祭天仪式除了就祭之外，还有望祭。望祭就是在各自的家中设置较为简单的祭坛，举行祭祀。悠远古朴的祭天仪式，一直得以传承到20世纪五六十年代，这是一个较为罕见的文化事象。一年一度在三朵神庙中定期举行的祭三朵神仪式，也在告诫人们应牢记三朵神的神威，祈求吉祥平安。在红河州的许多彝族地区，也有活形态神话的传承。其中最为典型的是祭竜神（村寨守护神）仪式，叙述竜神神迹的神话便成了人们为何要祭竜神的神圣性依据。

当下的现代社会。就云南而言，20世纪90年代开始直至当下，云南少数民族地区发生了一次重大的社会、文化转型，现代化之风几乎吹遍了每一个少数民族村寨，许多长期处于传统农业社会的地区已逐渐迈入了现代社会的门槛。那么，活形态神话在少数民族地区还能继续得以存活吗？毋庸讳言，随着社会、文化的转型，在一些少数民族地区，民间信仰体系正在逐步退出社会、文化生活，某些祭仪逐渐淡化及萎缩，一些传统文化的积淀场、传承场已开始逐步萎缩乃至消失。重要的是，人们对神话的需求度越来越低，参与神话传承的人越来越少了。但是，我们并不能就此断言：活形态神话已经消失了。在当下的日本冲绳诸岛，活形态神话仍在当地的宗教民俗生活中存续；在当下的韩国济州岛，与某些祭仪相连属的活形态神话也仍在存续。云南的情况也是如此。在已有100年工业化历程的开远市的碑格乡的仆拉人中，仍有祭司存在，仍有许多由祭司主持的祭祀活动存在，当然也就有活形态神话继续传承。在开远市的小龙潭镇的老勒村，与人祖庙，即供奉洪水后再造人类的两兄妹的神庙并存的洪水型兄妹婚神话，依然依托于人祖庙继续在民间传承。人祖庙与洪水型兄妹婚神话相互依存，融为一体。由此可见，只要民间信仰还得以存续，只要某些祭祀活动还得以存续，只要在当地族群的一部分人的文化心理结构之中神话仍占有一席之地，只要活形态神话的传承场或载体还未丢失，那么，活形态神话还会得以存续，就是毫无疑问的了。

从更大的地域范围来看，上述分期并不一定就具有普遍性。然而，对于探究云南的本土神话而言，力图对活形态神话的传承载体作适当的历史分期进行粗略的梳理，探寻其演化轨迹，则是十分必要的。

活形态神话是存活于宗教民俗生活中的神话，是神话最本真、最自然的存在样态，有着许多与书面文本神话不同的特点。因此，活形态神话的研究除了掌握一般的神话研究的理论、方法之外，还需要紧紧抓住以下三个重要环节。首先，要进行持续深入的田野调查。由于活形态神话的研究对象及其所从属的文化生态系统孕育在民间，与研究对象相关联的民俗文化事象存续在民间，所以，田野调查是活形态神话研究者必备的基本功，是活形态神话研究的安身立命之所。从某种意义上说，学问在民间，功夫在田野：在田野调查中挖掘新的资料，在田野调查中发现新的问题，在田野调查中引发学术联想，在田野调查中反复求证答案。这似乎是一条普遍规律。活形态神话所具有的特质，也对田野调查提出了许多特别的要求。例如，“活体”（神话的叙事文本与讲述的场域）与“母体”（文化生态系统）如何互补与互动？从神话叙事文本，到吟诵或讲述神话的场域，再到传承着该神话的族群之价值取向、信仰体系、祭仪系统、文化心理结构等，又如何物态化之后而形成了某种特定的文化生态系统？反之，也要考察某种特定的文化生态系统如何支撑着神话传承的载体，即在特定的吟诵或讲述场域中，又传承着什么样的神话，都需要在田野调查中逐步明晰并让其突显出内在的关系网络，以便逐步弄清“活体”与“母体”之间的内在联系。为达此目的，我们在田野调查中要把握好以下几个要点：首先，要具备多学科的学术视野，以提升自己捕捉相关信息和资料的能力，提升自己透过某些表层的民俗事象进行深度开掘的洞察力与穿透力，提升自己对某一活形态神话所黏合着的各种文化要素进行整体把握的能力；要将田野调查获得的资料与相关文献资料结合起来进行审视，从而得出某种较为准确的学术判断；要时刻把持并调适调查者之主位（内省）与客位（外察）的关系；要随时注意田野调查的客观性与准确度。诚然，对活形态神话的田野调查不可能一蹴而就，必须进行发现、跟踪、回访等持续调查，保持对研究对象强烈的好奇心、求知欲，努力成为一个熟悉那个异文化社会，熟悉该族群活形态神话的异乡人；对于活形态神话研究者而言，要保持一种对田野调查的魅力驱动，真正做到在田野调查中自得其乐、乐此不疲。其次，对活形态神话要进行多学科或跨学科的综合研究。笔者早在 1991 年出版的《探寻一个尚未崩溃的神话王国——中国西南少数民族神话研究》的后记中就提出了这一研究思路：神话所具有的特质，“决定了对神话必须进行跨学科或超学科的综合研究。国内外许多有成就的学者早已这样做了”。最后，要特别关注并深入进行对活形态神话的存续与特定的文化生态系统，即“活体”与“母体”的内在联系之深入探究。由于笔者已有相关论著对此进行了论述，这里就不再赘言。在此，笔者仅仅是试图提供一个活形态神话研究的观察视阈，建构一个活形态神话研究的分析框架。如果说我国学界对活形态神话的发掘与研究开启于 20 世纪三四十年代，而真正展开对活形态神话较为系统、深入的研究是起步于 20 世纪 80 年代的话，那么，我国的活形态神话研究还正在路上，远远没有构建起一套相对完整、系统的研究理论及方法，还有许多新的论题有待探索，可谓任重而道远。

[原载《长江大学学报（社会科学版）》2016 年第 5 期]

论口头史诗中的多级程式意象

——以《格斯尔》文本为例

乌·纳钦*

【摘要】程式意象是史诗歌手的工具，歌手运用它的途径是演述中的再创编。本文通过分析一位歌手同类内容的两次演唱文本揭示出程式的内部有着分解转化的弹性，程式的分解转化又造成富含声学魅力和审美快感的多级程式意象及其平行式。多级程式意象平行式又在诗行末端达成内在原型的统一，显示出核心美学功能。同类程式意象在同一位歌手不同史诗诗章中又产生变异，即被简化或潜伏，构成多级程式意象的逆向再创编。

意象通常被认为是书面诗人的“专利”，其实史诗歌手也会使用意象，那是程式意象。程式意象是程式诗句或词语中聚合传统性美学表象和意义的字或词。在书面诗歌那里，创作与阅读之间也许有一条鸿沟，即不一定在同一个现场进行互动。而在史诗歌手那里，演述（即表演，下同）的那一刻就是创编，也是与观众面对面的互动。彼时，程式意象会有另一番情景。本文就从史诗歌手的程式储备与再创编谈起。

程式储备与再创编

史诗歌手都要有一定的程式储备，而且要娴熟地运用程式诗句，顺利地完成一次又一次的口头史诗演述。那么，这“娴熟地运用程式”的具体表征又是什么呢？那便是洛德所说的“表演中的创作”（或曰：演述中的创编）。洛德根据帕里的意见，在为“程式”作出定义时指出：“程式，是相同的格律条件下为表达一种特定的基本观念而经常使用的一组词。”① 洛德强调的是“经常使用”，而不是“重复使用”，且一再提到程式的可变性特征。他指出：“我们应该看到程式并非是僵化的陈词滥调，而是能够变化的，而且的确具有很高的能产性，常常能产生出其他新程式。”② 在《故事的歌手》一书不同的段落里，洛德将类似观点反复强调了不下十次。洛德之所以反复强调这些，是因为自由多变的

---

* 作者系中国社会科学院民族文学研究所研究员。

① ［美］阿尔伯特·贝茨·洛德：《故事的歌手》，尹虎彬译，中华书局2004年版，第5页。

② ［美］阿尔伯特·贝茨·洛德：《故事的歌手》，尹虎彬译，中华书局2004年版，第5页。

“演述中的创编”乃是程式的生命环境。真正的歌手运用程式时，不会机械地拼贴堆积，更不会让它们以僵化的集体面貌反复登场，而是给它们以富有变化的生命形态，不断让它们改头换面，有时还从中分解出新的程式，给听众以新的审美体验。歌手所谓“运用程式”，其实就是对程式的再创编。以史诗中的宫殿场景为例，“在某些诗章中，这个宫殿场景可能极为简洁；在另外的一些诗章中，歌手可能会极尽所能描绘宫殿大厅的巨大和华丽。”① 因此，我们在研究中不能停留于对程式的分门归类等工作，而应进一步观察和捕捉其更为多变的生命细节。

在观察歌手的演述时，我发现，熟练的歌手既不会无节制地重复使用程式，也不会无节制地变化使用程式。这缘于歌手在完成程式再创编时需要坚守的一些传统内部法则。史诗歌手在音乐伴奏下演唱时，速度往往会逐渐加快，直至变得异常迅疾。语速加快的这个阶段，又是在整个演唱过程中大量运用程式的关键环节。演唱达到高潮时，更没有任何推敲思考或彷徨犹豫的余地，只能任由语速逐步加强，进而变得飞快。那速度是常人无法企及的。这时，歌手在几秒钟之内完成整句或更多诗行的演唱，而且把唱出来的诗句套入既定韵律框架。彼时，死记硬背的吟诵或字斟句酌的拼贴都将彻底失效。歌手也不可能创编出完全脱离于既定韵律框架的诗句。语速已超出思维，瞻前顾后的构思推敲变得不现实。由于听众等着要把故事听下去，歌手只有在记忆中的程式模式中改编或重新创编一些新的程式诗句，以足够的词汇去填满不断逼近嘴边的无数个下一行诗句的音节空间，以最终实现完整史诗段落或诗章的演唱。正如洛德所说：“即他能依靠以基本程式为基础而建立的模式，为即兴的表达去创作或再创作一些词语。”② 只要用好那个基本程式模式，歌手就能将诗句源源不断地铺排下去；如果用不好，则只能选择中断演唱。此时，程式的既定模式是歌手唯一的依靠和归宿，是他情急之中唯一能抓住的救命稻草，也是逼迫他发挥才能的万能工具。只有在这种高难度的口头演唱中，我们才会发现，歌手对程式的再创编能力，其实就是歌手对既定程式诗句模式的熟练驾驭能力。同时，可以感悟到，程式并非仅仅在组合诗行的意义上，而是在满足歌手具体演述中急切创编需要的特殊功能上，对口头史诗演唱更为重要。可以说，对一部口头史诗来讲，程式不仅只是工具，而更是它再生的肌体。

可以说，史诗歌手的程式储备并不仅仅是指歌手对语词、片语的记忆，抑或是歌手增加程式语库的储量，而是指歌手不断培养对传统诗句模式或词语模式的驾驭能力。程式的表达还有一种“俭省”的特点，而这“俭省”表明了歌手对史诗诗句既定模式有一种本能的依赖性。“俭省”的含义是“只要有一个固定的词语范式，它能够被用来表达某个给定的意思，那他（歌手）就会坚持使用该范式，同时拒绝使用其他一切‘可能的’表达方式”。③ 对歌手来讲，只有掌握了这样一种驾驭既定模式的能力，程式才变成实际演唱中鲜活的动机。程式再创编过程中，歌手实质上是在传统诗句模式中熟练地铺排语词和诗

---

① ［美］约翰·迈尔斯·弗里、［中国］朝戈金：《口头诗学五题：四大传统的比较研究》（论文），东方文学研究集刊（1），王邦维主编：《东方文学：从浪漫主义到神秘主义》，湖南文艺出版社2003年版，第48页。

② ［美］阿尔伯特·贝茨·洛德：《故事的歌手》，尹虎彬译，中华书局2004年版，第5页。

③ 朝戈金：《口传史诗诗学：冉皮勒〈江格尔〉程式句法研究》，广西人民出版社2000年版，第234页。

行，有时创编出新的程式。但传统诗句模式之外蹦出的语词和诗行还不能算作程式，它是全新的创作。别具新意的创造性词汇更是另一个层面的问题，它是彻彻底底的创造，而不是传统的再创造，它浸入到传统还需时日。说到底，程式是善变的传统模式，也是多产的传统模式。它既有固定形式，又有很大的灵活性。程式固然有助于记忆，但它更有助于再创编。程式应当是更易于演述的言语模具或动机。只有理解到这一层面，我们才能彻底领会洛德那句话的真谛："故事歌手既属于传统，也是个体的创造者"；"每一次表演都是单独的歌；每一次表演都是独一无二的，每一次表演都带有歌手的标记。"①

下面，我对一位史诗歌手同一类《格斯尔》史诗内容的两次演唱文本进行个案分析，以观察口头史诗程式多变的生命运动。在此，对歌手作简要介绍。歌手叫敖干巴特尔（uugan-bagatur），男，蒙古族，1971 年 4 月 13 日生于巴林右旗查干沐沦苏木毛敦敦达（modon dumda）嘎查。8 岁进村小学读书，小学毕业后回家放牧。他天生有一副好嗓子，从长辈和民间歌手那里学到不少民歌，还学会四胡演奏，开始在四胡伴奏下演唱民歌。后来，他拜老一代《格斯尔》史诗歌手金巴扎木苏为师，学习《格斯尔》史诗演唱。《格斯尔》史诗素以歌手口耳相传、言传身教来传承，因此，敖干巴特尔拜师学艺过程符合继承《格斯尔》史诗演述技艺的传统。敖干巴特尔于 2013 年 3 月 22 日至 28 日，为我演唱了七章《阿齐图·莫日根·格斯尔可汗》史诗。其诗章分别为《阿齐图·莫日根·格斯尔可汗降生人间之部》《阿齐图·莫日根·格斯尔可汗少年之部》《阿齐图·莫日根·格斯尔可汗镇压黑斑虎之部》《阿齐图·莫日根·格斯尔可汗镇压嘎拉旦蟒古思之部》《阿齐图·莫日根·格斯尔可汗镇压劳布斯嘎蟒古思之部》《阿齐图·莫日根·格斯尔可汗地狱救母之部》《阿齐图·莫日根·格斯尔可汗镇压红毛疯牛之部》。这些文本证明了敖干巴特尔已成长为一个合格的青年格斯尔奇歌手。本文分析的两个文本便来源于此。

一组"羽翼丰满"的程式

从听众的角度讲，史诗演唱韵律齐整、语词优美，有很强的审美感染力。但从歌手角度讲，史诗演唱总有一种急迫性。洛德敏锐地观察到这种急迫性。他说："歌手的任务是要一行一行地快速构筑诗行。即使他说出了诗行的最后一个音节，但构筑'下一行诗'的需要仍然逼迫着他。"② 这种急迫的演述需求引出一连串程式。越是急促的演唱越会使歌手创编出洛德所说的那种"羽翼丰满的程式"。③

下面，就以敖干巴特尔文本为例，看看在具体史诗演述中程式是如何被再创编的？我们选择了一个"英雄披甲戴盔"典型场景（或母题）。这个典型场景以 194 个诗行组成，是《阿齐图·莫日根·格斯尔可汗镇压黑斑虎之部》（732 个诗行）诗章中的一个组成单元，约占整个诗章诗行的 26.5% 的比例。④

---

① ［美］阿尔伯特·贝茨·洛德：《故事的歌手》，尹虎彬译，中华书局 2004 年版，第 5 页。

② ［美］阿尔伯特·贝茨·洛德：《故事的歌手》，尹虎彬译，中华书局 2004 年版，第 74 页。

③ ［美］阿尔伯特·贝茨·洛德：《故事的歌手》，尹虎彬译，中华书局 2004 年版，第 44 页。

④ 笔者采录此文本时间为 2013 年 3 月 28 日下午，采录地点为内蒙古赤峰市巴林右旗巴林宾馆。该录音文本现收藏于中国社会科学院民族文学研究所资料库。史诗诗章誊写文本已收入到乌·纳钦著：《"格斯尔之乡"新格斯尔奇艺人》（蒙古文）一书，民族出版社 2014 年版，第 228—250 页。

弗里和朝戈金曾认为："洛德将'题旨'或'典型场景'（typical scene or theme）界定为具有多种形态的叙事单元，亦即'经常以传统歌的程式风格讲述一个故事时所运用的观念组'。以口头程式理论的观点来看，这些是建构故事的构件，可伸缩变形，可重新塑造以适应具体的叙事环境的要求。"① 典型场景由诸多程式诗句组成，它为史诗旅程提供了某种地图。② 一定意义上说，典型场景是程式赖以生成和扩展的平台。那里会不断出现歌手在演述的急迫性需求下竭尽全力再创编的一组组"羽翼丰满"的程式。这样的典型场景样例，才会让我们更清晰地观察到一组组程式多变的生命细节。对歌手敖干巴特尔演唱的"英雄披甲戴盔"典型场景进行解剖之后，我们感受到了典型场景伸缩变形和适应具体叙事环境的能力，也看到了在那里生成的程式自由不羁的表现形态。

在"英雄披甲戴盔"典型场景的诗句平行式第一层面上，歌手描述了英雄披甲戴盔动作的完整过程。大致顺序汉译如下（蒙古文音标转写将在下段列出）：

（把）紧贴肉身的柔软蟒缎内甲披在身上→（把）玛瑙珍珠纽扣有序地扣上→（把）绵缎宝饰铠甲套于上面→满洲白丝腰带皮肉中勒进了→（把）万凰之力的腰带系在腰间→（把）虎头靴子蹬于双足→（把）银甲披在健壮的身体上→黄金甲遮盖了全身→日光明镜闪耀于胸前→钢铁扣子鳄鱼嘴般环环相扣→月光宝镜在肩甲下闪光→（把）绸缎锦旗叠为七层→（把）黄金头盔晃了一晃戴在头上→缓缓拾起宽大红色蟒袍披在身上→（把）青玉彩虹般蚕丝腰带系于腰间→（把）绸缎锦旗插在头盔后面→（把）金饰箭筒佩戴于身后→（把）十三支神箭满满地插入箭筒里→（把）五虎强弓挂在胯边→（把）钢铁神剑擦得锃亮放入剑鞘→周身披甲戴盔只待出征。

这里表现了英雄披甲戴盔动作的全过程，也架起了典型场景全部诗行基本格局。这里所描述的从内甲到外甲、从外甲到腰带、从靴子到金银战甲、从胸镜到头盔、从蟒袍到锦旗、从箭筒到神剑的动作顺序同史诗英雄——格斯尔可汗披甲戴盔整装待发的一系列行为程序完全一致。并且，英雄的每一个行为步骤构成了相应的一句程式。这也让我们想起了南斯拉夫穆斯林史诗传统中的典型场景："南斯拉夫穆斯林史诗传统中（'备马'的）动作往往要从英雄到马厩里把马牵至庭院里开始，然后是一番彻底的清洁和梳理打扮。……无论这个典型场景在这位或者那位歌手手上，在这个或者那个场合中被演唱成什么样子，它的结构和内容都是合乎南斯拉夫史诗的一贯模式的。"③ 本文列举的"英雄披甲戴盔"典型场景也符合蒙古族史诗中的一贯模式。而且，它的结构和内容来自于传统中史诗英雄

① ［美］约翰·迈尔斯·弗里、［中国］朝戈金：《口头诗学五题：四大传统的比较研究》（论文），东方文学研究集刊（1），王邦维主编：《东方文学：从浪漫主义到神秘主义》，湖南文艺出版社2003年版，第47页。

② ［美］约翰·迈尔斯·弗里、［中国］朝戈金：《口头诗学五题：四大传统的比较研究》（论文），东方文学研究集刊（1），王邦维主编：《东方文学：从浪漫主义到神秘主义》，湖南文艺出版社2003年版，第50—51页。

③ ［美］约翰·迈尔斯·弗里、［中国］朝戈金：《口头诗学五题：四大传统的比较研究》（论文），东方文学研究集刊（1），王邦维主编：《东方文学：从浪漫主义到神秘主义》，湖南文艺出版社2003年版，第53页。

的行为程序，由此铺排出了与英雄行为顺向递增的诸多程式诗句，构成这一典型场景第一层面程式诗句平行式。假设歌手为英雄再增加几个行为动作，比如，为他多设计几件兵器，那么，相应程式诗句便会一直顺向递增下去。这是常见的程式顺向（或平面横向）递进平行式。在实际演唱中，如果程式的这种顺向（或横向）递增出现过多，难免会使故事情节变得冗长，以至于可能让听众失去兴致。本文例举的“英雄披甲戴盔”典型场景的建构却没有停留于此，而是在第一层面平行程式下，歌手又纵向分解了每一个程式，使之纵深递增并转化成一组组另外的意象群，由此为我们展现了程式再创编的别样精彩图景。下面，就让我们逐一举例阐释。

在“英雄披甲戴盔”典型场景中，开始时的7行程式诗句并没有实现纵深分解。这可能由于歌手一开始尚未真正进入构建“英雄披甲戴盔”典型场景的演述状态，诗句里充溢着粗线条的意象铺排：

Mihan-nu xastir jögelen ged mangnog huyag-i yen hetürel-e
（把）紧贴肉身的柔软蟒缎内甲披在身上
Manuu subud-un tobqi-gi mayig darag-a-bar tobqilajai
（把）玛瑙珍珠纽扣有序地扣上
Mindasun erdeni-yin huyag-i-ban tegün-nu degegür dabhurlagad
（把）绵缎宝饰铠甲套于上面
Manju qagan yonghor-i-ban miha-gi xigidütel-e qinggalagad
满洲白丝腰带皮肉中勒进了
Tümen garudi-yin hüqütü böse-gi töb dumdagur-iyen qinggalajai
（把）万凰之力的腰带系在腰间
Tögörig altan gogqog-a nugud togorig mataragad höbhil-e①
圆圆的金制扣环环环相扣而变了形

接下来，随着演唱速度的加快，歌手从第8个诗行开始对程式意象进行纵向分解和转化（或递增）。也就是说，歌手从唱出“虎头靴子”这个程式开始，将描述的重点转移到“虎头靴子”意象，完成描述对象的转化，进而以一组排比诗句细腻地描述了“虎头靴子”意象，实现程式的内部分解，使之纵深递增并转化成另一组意象群。表面上看，这似乎偏离了“英雄披甲戴盔”典型场景这一总体描述对象，实则却通过逐一细腻地描述该典型场景一个个组成部分即“虎头靴子”等，从而更加饱满地建构了“英雄披甲戴盔”典型场景，达成更深层次上的一致性。就这样，从第8行开始，照此模式，歌手对接下来的几乎所有程式进行一番纵向分解和逐层转化，从而构筑了整体典型场景下程式诗句多级程式意象板块。“虎头靴子”程式分解转化情形如下：

Bars-un tologaitu gutul-i（把）虎头靴子
Ölemei höl-degen dugtural-a（往）双足套上
Batu qagan jujagan ula 厚实的白靴底

① 乌·纳钦：《“格斯尔之乡”新格斯尔奇艺人》（蒙古文），民族出版社2014年版，第233页。

Gajar debsen badaral-a 地上跺一跺扬起尘土
Badaragan bars-un hoyar nidü（靴筒上绣的）老虎那双眼
Ebüdüg ögede-ni göleilqeged（把英雄的）膝盖气势汹汹地盯着
Baldag dörben soyog-a gejü（老虎那）巨大的四颗獠牙
Hongxiyar habqin döröilejü（把）靴筒口的两边咬住了
Bahadum-a jüirei türei gejü 漂亮的一双靴筒
Bolqing teberin teniiged（把英雄）双腿肌肉紧紧抱住了
Egülen he-tei tuuhuu-ni（绣着）云纹的裤套
Ebüdüg darun höbheljeged 在（英雄）膝盖上飘动
Erdeni-yin saihan luu gejü（护套上绣的）宝龙
Enggeljegür degegür-ni oriyaldogad①（英雄的）胸前攀附着

这里，在描述“虎头靴子”时，细腻地描述了靴底、靴筒上绣的老虎那双眼睛、老虎的四颗獠牙、护套上绣的宝龙等，使这双靴子神奇无比。这也意味着“虎头靴子”程式纵向分解转化为“老虎双眼”“老虎獠牙”“宝龙”等意象，构成程式意象的转化。“钢铁扣子”的程式分解转化情形如下：

Gang tebege matar-un ama nugud 钢铁扣子鳄鱼嘴般
Garh-a bolgan-eqe emhüged abul-a 环环相扣
Gajar gajar-un tebegen-eqe（在）多处的扣环上钩挂着
Gorgilaju tatagad qinggalal-a da（英雄）牢牢地将它们扣紧时
Mörgöge hoyar matar-un tologai 对峙的两只鳄鱼头状的钢筘
Mörön degegür-ni önggeljeged irel-e（从英雄的）肩头爬了上来
Möliger dörben soyog-a nugud-ni（那鳄鱼）光滑的四颗獠牙
Mön-qü gohan-eqe elgüged abul-a 又从它的环扣咬住了
Möliijü harahu hoyar nidü-ni（那鳄鱼）冰冷的一双眼睛
Möröbqi-gi-ni dagagad göliljeged irel-e②（英雄）肩头上怒瞪着

这里，“钢铁扣子”的程式转化为“鳄鱼嘴”“鳄鱼头”意象；“鳄鱼头”意象又转化为“四颗獠牙”与“冰冷的眼睛”意象。“月光宝镜”的程式分解转化情形如下：

Saqurag erdeni-yin saran toli 月光宝镜
Dalun door-a-ni gereltüjü irel-e（在）肩甲下闪光
Samadi erdeni-yin gal-un dülü（发出）萨玛迪③宝石火焰
Hüriy-e tatan jörildöged irel-e（火焰变成了）交错的火圈
Qagan hoos arslan gedeg-ni 白色的一对狮子

① 乌·纳钦：《“格斯尔之乡”新格斯尔奇艺人》（蒙古文），民族出版社2014年版，第233页。
② 乌·纳钦：《“格斯尔之乡”新格斯尔奇艺人》（蒙古文），民族出版社2014年版，第234页。
③ 萨玛迪，意为沉思、默思。

Qagarig　dumda-ni　jörildöged　irel-e 火圈中交错飞舞
Qahilgan　hoyar　nidü le gedeg-ni（那狮子）闪电般的双眼
Nara-gi　haragad　gilaljagad　irel-e（向着）太阳射出了光芒
Xijir　altan　üsü del-eqe-ni（那狮子）金色的鬃毛里
Gal badaran　düreljejü 火焰燃烧着
Xitam-a ulagan　nara-gi-ni（那狮子的爪子把）滚烫的太阳
Xigürüged　abhu-du　bologad la 险些扑到了
Xiremel　yonghor　böse-gi-ni（当把宝镜的）蚕丝带
Xilgeged　batu　gorgilatal-a（刚刚）扣紧之际
Has-un seilbüri　hoyar　luu-ni（蚕丝带上雕着的那）一对玉龙
Hamar-ni　düileged　jörildöged　irel-e 相互闻着鼻子交错飞来
Huluiju　harahu　hoyar　nidü-ni（玉龙）一双双冷眼
Haqar　ögede-ni　melemeljeged　irel-e（把英雄的）脸颊紧盯着
Hanghar　saihan　eber-uud　gedeg-ni（玉龙）奇异的犄角
Hair-iyen　dagagad　gulbiljagad　irel-e 鳞片上贴着向后仰起
Habtagai　qagan　soyog-a gejü（玉龙）扁平的白色獠牙
Hadamal　bolon　gohaqaldugad　irel-e① 钩挂一起定在了那里

这里，“月光宝镜”的程式也完成了多级分解转化，起初是“一对白色狮子”及其相关意象，而后转化为“一对玉龙”及其相关意象。“黄金头盔”的程式分解转化情形如下：

Xijir　altan　dugulag-a-gi（把）黄金头盔
Xilgegejü　baigad　emüsqü 晃了一晃戴在头上
Qindamuni　erdeni-yin serege　nügüd（头盔上的）如意宝石三叉
Qailjaju　haragdagad 闪出白色光芒
Nogogan　subud-un sonobqi　gedeg-ni（头盔上的）绿珠盔缨
Nölö　badaragad　serbeijei 火焰般竖起
Norbo　erdeni-yin　seilbür　igedeg-ni（头盔上）宝石雕纹
Nomin　öngge-ber　miraljaju（发出）碧绿色光芒
Nundag　xirü-yin xigidhege　gedeg-ni 碎珊瑚的镶纹
Badm-a-yin palang-du ulaljagad（在）莲花底纹上发出红光
Noqom-a ulagan　jilag-a 燃烧的火焰般缨穗
Oroi　deger-e-ni　badaragad（在）头盔之顶飘扬
Nögqögejü　hoixi-ban daruju（那缨穗）向后飘落
Otog-a bolon　sajilagad（像一条）花翎般摇曳
Ebhemel　solonggan　ereübqi-gi（头盔）彩虹般的系带

① 乌·纳钦：《“格斯尔之乡”新格斯尔奇艺人》（蒙古文），民族出版社 2014 年版，第 234—235 页。

Ereü-yin doogor-ni qinggalagad（英雄的）下巴颏下系牢
Elegejü holiyahu ügei-ber（为了）不让头盔晃动
Erqimteihen qinggalaju（英雄再次）紧了紧系带
Eregeljü garugsan üjügür gedeg-ni（那）多余的系带头儿
Ebqigün urugu-ni unjiigad la 飘在（英雄的）胸前
Eb jüitei haragdaman 看着非常得体
Böqe bolon duvalagad la① 领带一样闪耀

这里，“黄金头盔”的程式也分解转化成多种意象。“宽大红色蟒袍”的程式分解转化情形如下：

Agujim ulagan mangnug debel-i（把）宽大红色蟒袍
Alagur abugad hetürtel-e 缓缓拾起披在身上
Altan hadamal jirug-un luu（蟒袍上）缝着的金丝龙
Amidu metü magxildugad 活灵活现地飞翔
Aru-gi-ni dagagad la arban luu（蟒袍）后背上的十条龙
Agar-un egüle-gi hölöglejei（正在）腾云驾雾
Amadagad iregsen basa hoyar luu-ni 迎面飞来的两条龙
Amur eriged inagxijai 彼此特别亲昵
Engger degerehi yisün luu-ni（蟒袍）前胸的九条龙
Egülen-eqe degegxi degdejü（正在）冲上云霄
Ebhejü iregsen hoyar luu-ni 回过头来的两条龙
Erdeni bömböge-ber toglagad la（把那）宝石龙珠嬉耍着
Hormoi dagagad horgoi luu-ni 袍襟上的锦缎龙
Hurmusta ögede-ni magxiju（向那）霍尔穆斯塔天攀附着
Homigad iregsen basa nige luu 迂回而来的另一条龙
Hoirgolaju abugad egürlejei 懒惰地筑巢歇息
Taxiyan deger-e-ni taji luu-ni 胯上的一条闪缎龙
Tanggis-eqe degegxi degdejü（从）海面扶摇而上
Tanug abugsan sorgog luu 力大无比的灵敏龙
Taxigulaju höbegelejü gürbeiged（把）蟒袍的边嵌儿抱着
Sugu ögede-ni subud-un luu 腋窝下的珍珠龙
Solongg-a barigad degdejei（握着）彩虹上升
Sunugad iregsen basa nige luu 伸展而来的另一条龙
Soliju jöriged ebherejü 蜷缩着错开
Onogo degerehi ogotor luu-ni 袍衩上的小短龙
Odon-nu dumda-ni ergildüged 星宇间盘绕

---

① 乌·纳钦：《“格斯尔之乡”新格斯尔奇艺人》（蒙古文），民族出版社 2014 年版，第 235—236 页。

Oriyaju　iregsen　basa　nige　luu-ni 卷曲而来的另一条龙
Ugalja　bolon　emjiyerileged（变成了蟒袍的）云纹镶边
Mörön　degerehi　mönggön　luu-ni 肩膀上的银色龙
Mehüijü　hebteged　iqegelejei 俯身躺下进入了冬眠
Mörgöged　abugsan　basa　nige　luu-ni 顶到（蟒袍）镶边的另一条龙
Mushiju　sagugad　ebhereged le 扭曲着身体蜷缩在那里
Jagam-a oriyagad　jasar　luu 领口上的雕纹龙
Jagalmai　oriyagad　gürbeljeged le（呈）十字状盘着隆起
Jöriged　süljigsen　basa　nige　luu 交叉错开的另一条龙
Jöb-iyer　ergiged　mushildugad la（正在）顺时针旋转
Tajir　mönggön　xilbi　tobqi-ni（小腿上的）珍珠银扣
Tamag-a xilbi-eqe　elgügdeged（从）小腿肚上挂起
Taji　mangnug　agujim　debel-ni 珍珠蟒缎宽袍
Tab bagutal-a sugsuigad① 显得那么合体威武

整个“英雄披甲戴盔”典型场景中，就数“宽大红色蟒袍”的程式分解转化最多，其一个显著特征便是程式转化之后又集中于“龙”的意象上。“青玉彩虹般蚕丝腰带”的程式分解转化情形如下：

Bidüryen　solongg-a yonghor　böse（把）青玉彩虹般蚕丝腰带
Belhegüsü　darun　oriyagad（在）腰间系上
Belgetü　öljei-gi　janggiyalagad 吉祥结系成
Bahin　emün-e-ben janggidugad 牢牢地在前方系上
Urtu　garugsan　üjügür-i 多出来的腰带头儿
Ugaljalaju　janggidugad　bagulgajai 系成祥云结耷拉着
Öndör　garugsan　üjügür-iyer-ni 长出来的腰带角儿
Öljei　janggiy-a unjihiqagulugad（系成）幸运结耷拉着
Örgen　xir-a torgan　saqug 宽大的黄色缨穗
Ölemei　tulugad　seterleged（在英雄的）脚面上耷拉着
Tabun　öngge-yin jalm-a gejü 五彩的飘带
Taxiyan　degegür　dabhurlagad（在英雄的）胯上层层飘落
Tan-a has-un garah-a gedeg-ni 珍珠玉石圆环
Helhiy-e tatan　gereltüged② 环环相扣闪耀光芒

“青玉彩虹般蚕丝腰带”的程式分解转化为各种“吉祥结”意象。有些程式分解后形成的诗行较少，转化的意象也较少。如“黄金甲”的程式分解为5个诗行：

---

① 乌·纳钦：《“格斯尔之乡”新格斯尔奇艺人》（蒙古文），民族出版社2014年版，第236—237页。

② 乌·纳钦：《“格斯尔之乡”新格斯尔奇艺人》（蒙古文），民族出版社2014年版，第237页。

Xijir altan huyag 黄金甲
Bey-e halahalan emüsqü （把）全身遮盖了
Xigidhegeri altan hairsu 金色镶物如鱼鳞般
Ar tatagad la gilbaljaju （发出）粼粼波纹
Xigeji altan tebege nügüd 小拇指般的金挂钩
Matar-un himusun-du gohatalqagad① 鳄鱼爪般的扣环上勾住了

“绸缎锦旗”的程式分解为6个诗行：

Durdung hemerlig dalabag-a-gi （把）绸缎锦旗
Dugulag-a-yin aru-du hadhumanjin （在）头盔后面插上
Alag garudi altan luu （锦旗上的）凤凰与金龙
Abulqagad abugad magxildugad 相互厮打腾跃
Alhug-a gishige hödelgen-ni （它们）步伐和舞姿
As astagan gürbeljeged② 各有各的风采

“十三支神箭”的程式分解为8个诗行：

Arban gurban hobilgan sumu-gi （把）十三支神箭
Arhailgaju dotor-a-ni hurlagad 满满地（往）箭筒里插入
Almas gang-un gilubar-uud 金刚箭簇
Ama-tai yumxig taqiginagad 长了嘴一样噼啪作响
Anggir tas-un ödö gedeg-ni 黄雕毛的箭羽
Ayas tatan sürqigineged （发出）有韵律的响声
Altan uni-yin tonog 金色的箭槽
Alus hola-eqe gilbaljagad③ 从远处闪光

“五虎强弓”的程式分解为4个诗行：

Tabun bars-un hüqütü numu-gi （把）五虎强弓
Taxiyan deger-e-ben jegül-e xiü （在）胯边挂上
Tas börgöd-un seilbüri xiri （弓筒上雕刻着）鹰隼雕画
Tangsug öngge-ber alaglaju④ 色彩华丽而斑斓

① 乌·纳钦：《“格斯尔之乡”新格斯尔奇艺人》（蒙古文），民族出版社2014年版，第234页。
② 乌·纳钦：《“格斯尔之乡”新格斯尔奇艺人》（蒙古文），民族出版社2014年版，第237—238页。
③ 乌·纳钦：《“格斯尔之乡”新格斯尔奇艺人》（蒙古文），民族出版社2014年版，第238页。
④ 乌·纳钦：《“格斯尔之乡”新格斯尔奇艺人》（蒙古文），民族出版社2014年版，第238页。

“钢铁神剑”的程式分解为 12 个诗行：

Dunggar gang-un selem-e-gi （把）钢铁神剑
Duvalatal-a-ni　jülgüjü 锃亮锃亮地擦好
Dologan　odon-nu xigidhege　gedeg-ni 七星镶嵌物
Barigul　deger-e-ni　gilbaljaju （在）刀把上闪耀
Qabqimal he-tei　mönggön　hui-du 镶着银色雕刻的刀鞘中
Qir hitel-e huilagad 嚓地一声插入
Qagatai　tal-a-yin söbegen-dü （在）另一边的胯上
Xib　hitel-e habqigulugad 嗞地一声挂住
Tauhai　altan　elgügür 秤砣般金制挂钩
Tosqo　abun　gohadaju 恰好钩住
Torgan　ulagan　molqog-i （以）红色丝绸缨穗
Ergigüljü　abun　qinggalaman① 反过来包它个结结实实

多级程式意象

我们把上列“英雄披甲戴盔”典型场景的程式分解与意象转化情况以表格显示如下：

<table>
<tr><th>典型场景</th><th>一级程式意象</th><th>二级程式意象</th><th>三级程式意象</th><th>四级程式意象</th></tr>
<tr><td rowspan="16">英雄披甲戴盔</td><td>柔软蟒缎内甲</td><td>×</td><td>×</td><td>×</td></tr>
<tr><td>玛瑙珍珠纽扣</td><td>×</td><td>×</td><td>×</td></tr>
<tr><td>绵缎宝饰铠甲</td><td>×</td><td>×</td><td>×</td></tr>
<tr><td>满洲白丝腰带</td><td>×</td><td>×</td><td>×</td></tr>
<tr><td>万凰之力的腰带</td><td>×</td><td>×</td><td>×</td></tr>
<tr><td>圆圆的金制扣环</td><td>×</td><td>×</td><td>×</td></tr>
<tr><td rowspan="5">虎头靴子</td><td>厚实的白靴底</td><td>×</td><td>×</td></tr>
<tr><td rowspan="2">靴筒上绣的老虎</td><td>老虎双眼</td><td>×</td></tr>
<tr><td>老虎四颗獠牙</td><td>×</td></tr>
<tr><td>漂亮的靴筒</td><td>×</td><td>×</td></tr>
<tr><td>绣着云纹的裤套</td><td>裤套上绣的宝龙</td><td>×</td></tr>
<tr><td>银甲</td><td>×</td><td>×</td><td>×</td></tr>
<tr><td rowspan="2">黄金甲</td><td>鱼鳞般的金色镶物</td><td>×</td><td>×</td></tr>
<tr><td>小拇指般的金挂钩</td><td>×</td><td>×</td></tr>
<tr><td rowspan="2">日光明镜</td><td rowspan="2">花斑虎</td><td>启明星般的双眼</td><td>×</td></tr>
<tr><td>老虎四颗獠牙</td><td>×</td></tr>
</table>

① 乌·纳钦：《“格斯尔之乡”新格斯尔奇艺人》（蒙古文），民族出版社 2014 年版，第 238 页。

续表

典型场景	一级程式意象	二级程式意象	三级程式意象	四级程式意象
英雄披甲戴盔	钢铁扣子	鳄鱼嘴	×	×
		鳄鱼头状钢箝	鳄鱼的四颗獠牙	×
			鳄鱼冰冷的眼睛	×
	月光宝镜	萨玛迪宝石火焰	×	×
		白色的狮子	狮子闪电般的双眼	×
			狮子金色的鬃毛	×
			狮子的爪子	×
		宝镜的蚕丝带	一对玉龙	一双双冷眼
				奇异的犄角
				扁平的白色獠牙
	绸缎锦旗	×	×	×
	黄金头盔	如意宝石三叉	×	×
		绿珠盔缨	×	×
		宝石雕纹	碎珊瑚的镶纹	×
		火焰般燃烧的缨穗	一条花翎	×
		头盔彩虹般的系带	系带多余的头儿	×
	宽大红色蟒袍	缝在蟒袍上的金丝龙	后背上的十条龙	×
			迎面飞来的两条龙	×
			前胸的九条龙	×
			回过头来的两条龙	×
			袍襟上的锦缎龙	×
			迂回而来的另一条龙	×
			胯上的一条闪缎龙	×
			力大无比的灵敏龙	×
			腋窝下的珍珠龙	×
			伸展而来的另一条龙	×
			袍衩上的小短龙	×
			卷曲而来的另一条龙	×
			肩膀上的银色龙	×
			顶到镶边的另一条龙	×
			领口上的雕纹龙	×
			交叉错开的另一条龙	×
		小腿上的珍珠银扣	×	×

续表

<table>
<tr><th>典型场景</th><th>一级程式意象</th><th>二级程式意象</th><th>三级程式意象</th><th>四级程式意象</th></tr>
<tr><td rowspan="18">英雄披甲戴盔</td><td rowspan="6">青玉彩虹般蚕丝腰带</td><td>吉祥结</td><td>×</td><td>×</td></tr>
<tr><td>多出来的腰带头儿</td><td>×</td><td>×</td></tr>
<tr><td>长出来的腰带角儿</td><td>祥云结</td><td>×</td></tr>
<tr><td>宽大的黄色缨穗</td><td>幸运结</td><td>×</td></tr>
<tr><td>五彩的飘带</td><td>×</td><td>×</td></tr>
<tr><td>珍珠玉石圆环</td><td>×</td><td>×</td></tr>
<tr><td>绸缎锦旗</td><td>凤凰与金龙</td><td>×</td><td>×</td></tr>
<tr><td>金饰箭筒</td><td>×</td><td>×</td><td>×</td></tr>
<tr><td rowspan="3">十三支神箭</td><td>金刚箭簇</td><td>×</td><td>×</td></tr>
<tr><td>黄雕毛的箭羽</td><td>×</td><td>×</td></tr>
<tr><td>金色的箭槽</td><td>×</td><td>×</td></tr>
<tr><td>五虎强弓</td><td>弓筒上雕刻着鹰隼</td><td>×</td><td>×</td></tr>
<tr><td rowspan="4">钢铁神剑</td><td>七星镶嵌物</td><td>×</td><td>×</td></tr>
<tr><td>银色雕刻的刀鞘</td><td>×</td><td>×</td></tr>
<tr><td>金制挂钩</td><td>×</td><td>×</td></tr>
<tr><td>红色丝绸缨穗</td><td>×</td><td>×</td></tr>
</table>

从上表我们看到了“英雄披甲戴盔”典型场景的程式纵向分解和意象转化的整体面貌。反复浏览这程式意象分解图式，我们想起洛德那句至理名言：“程式的面貌并不像坦荡如砥的大平原那样有其地平线，将所有的东西整齐划一，一览无余；而是像高山、深谷、起伏的山峦，拥有无限变化的风景；我们必须从全景的视角来探求程式的核心。”① 的确，如果我们不去解剖这组典型场景，则不可能从全景视角窥见其高山、深谷、起伏的山峦般变化多端的程式风景，也不可能触摸到程式的核心。同时，从业已分解的程式与业已转化的意象之多寡，仿佛感受到了歌手的现场演述：他在缓慢进入演述状态（开始时的几个程式并没有分解），进而逐步调动了激情，语速越来越加快，终于达到了演述高潮（出现“龙”的意象群），而后又缓慢走向收尾。这里既有“目治之学”的观感魅力，也有“耳治之学”的听觉魅力。② 根据上表，我们还可以归纳出如下九个方面。

第一，“英雄披甲戴盔”典型场景分解为表格第一列 21 个“一级程式意象”时，从“柔软蟒缎内甲”到“钢铁神剑”的程式排列井然有序，与史诗故事中格斯尔可汗披甲戴

---

① ［美］阿尔伯特·贝茨·洛德：《故事的歌手》，尹虎彬译，中华书局 2004 年版，第 42 页。

② 朝戈金称：“从 20 世纪末到 21 世纪初，中国史诗的研究格局确实发生了一些新的变化。简单概括的话，出现了这样几个学术转向：从文本走向田野，从传统走向传承，从集体性走向个人才艺，从传承人走向受众，从‘他观’走向‘自观’，从目治之学走向耳治之学”。［朝戈金：《从荷马到冉皮勒：反思国际史诗学术的范式转换》（论文），汤晓青主编：《多元文化格局中的民族文学研究——中国社会科学院民族文学研究所建所 30 周年论文集》，中国社会科学出版社 2010 年版，第 33 页。］

盔行为动作的顺序相一致。

第二，“一级程式意象”往下分解至二、三、四级程式意象时，多数下一级程式意象都在各自层级内形成了独立的意象板块。程式逐级分解时出现的每一个意象，都是一种转化而来的意象。从歌手角度讲，这是描述对象的转化。转化的层级越往下，所出现的意象与同一级其他意象板块就越没有关联。二、三、四级程式意象只在各自意象板块中形成了平行关系，同时隶属于各自上一级程式意象。下一级意象群只是上一级意象本体的某些组成部分，如，四级意象“扁平的白色獠牙”是三级意象“一对玉龙”的獠牙，而这“一对玉龙”又是二级意象“蚕丝带”上的图案，“蚕丝带”又是一级意象“月光宝镜”一个部件。由此可见，多级程式意象是程式分解转化后形成的多层次意象。在多层次板块中，每个程式意象在表象和意义上都隶属于上一级程式意象。层级越往下，其与同一层级其他程式意象之间就越没有隶属关系。

第三，有的“一级程式意象”并没有分解，有的却一直分解到“四级程式意象”。其中，“黄金甲”“绸缎锦旗”“十三支神箭”“五虎强弓”“钢铁神剑”等只分解至“二级程式意象”；“虎头靴子”“日光明镜”“黄金头盔”“宽大红色蟒袍”“青玉彩虹般蚕丝腰带”等分解至“三级程式意象”。唯独“月光宝镜”分解至“四级程式意象”。程式纵向分解的不同层级与歌手瞬间把握的灵感以及对描述对象的描述能力有关。我在上文中也已说明，一开始的几个程式未被分解，是因为歌手尚未进入演述状态。据观察，程式的分解产生于快速演唱，歌手语速越快时，程式分解程度就越高。随着歌手进入状态，语速加快，将程式分解成诸多意象，兴奋之余语词喷涌而出，直到把每一个描述对象修饰充足，才会尽兴而收。可见，程式的分解与转化是指歌手在具体演唱中将一个特定程式意象进行表象或意义的解体，造成描述对象的纵向转化，从而产出该特定程式意象范畴中的次级程式意象。程式的分解与转化也可理解为同一事件的两个步骤，即程式分解的同时实现意象的转化。当然，歌手在唱出一些程式诗句时，一旦唱错语词而瞬间迟疑或停顿，就又会刹那间放弃该程式，转而进入同级单元下一个程式。故此，一些程式也就没有再继续分解下去，导致整体上程式分解与意象转化多寡不齐。但是，即便此次演述中歌手没能唱出，却不意味着那些意象不存在。一些片语和意象是隐形的，只有在歌手快速而顺畅的演述中，在歌手充分尽兴之际才会浮出水面，否则我们将永远听不到或看不到它们。这表明，程式固然是一种传统的模式，但在歌手具体演述中，它的内部还有着分解转化的弹性，而这种分解转化的弹性程度取决于歌手现场的创编把握能力。从这样的例子中，我们才能真切地印证洛德那些反复强调的论点：“对口头诗人来说，创作的那一刻就是表演”；“一部口头诗歌不是为了表演，而是表演的形式来创作的。”① 而且，越是这样的创编性演述中，作为模式的程式就越不会束缚歌手，反而会使他获得更多自由，使他变成名副其实的锻造程式意象的能工巧匠。

第四，程式的分解也造成了多级程式意象平行式。平行式（Parallelism），“在一般文学批评中，也有汉译‘对应’的，指句子成分、句子、段落以及文章中较大单元的一种结构安排。平行式要求用相等的措辞、相等的结构来安排同等重要的各部分，并要求平行

---

① ［美］阿尔伯特·贝茨·洛德：《故事的歌手》，尹虎彬译，中华书局2004年版，第13页。

地陈述同一层次的诸概念。”[①] 上表中的“一级程式意象”相互间恰好有个平行关系，但它们之间并不是排比平行关系，[②] 而是一种跳行平行关系。这种跳行平行式还不是帕里所说的那种“跨行平行式”。因为，“跨行”是指一句诗行的结束不是在诗行末尾，而是在第二诗行的中间。英文诗歌中类似现象普遍，但在蒙古族史诗中则较为鲜见。[③] 由于上表“一级程式意象”板块中每两个相邻程式意象之间隔着几个诗行或者数十个诗行，而那两个相邻的程式意象隔着诸多诗行才能达成平行关系，所以，我们称之为“跳行平行式”。可以说，跳行平行式是指在程式分解转化基础上出现的、间隔两个以上诗行而达成平行关系的对应性程式意象组。它在同一意象层级中表达同一层次观念。这也表明，歌手对整体典型场景的建构早已成竹在胸。歌手如此“成竹在胸”，亦同时表明他具备杭柯所说的那种“大脑文本”[④]。换句话说，这种“跳行平行式”的基础动机便是歌手的“大脑文本”。“一级程式意象”之下，在二、三、四级程式意象板块中，在同一层级又形成了其他形式的平行式，其中有排比、递进和复合意象平行式。而最有魅力的要数复合意象平行式。一个典型的例子便是“宽大红色蟒袍”下“三级程式意象”板块中一组16个“龙”的平行意象群。这是一种名副其实的“一个词预示着下一个词、一个词组暗示着下一个词组”[⑤] 的复合意象平行式。它是在歌手的演述达到高潮时出现的。这组“龙”的意象旋风般登场，以排山倒海之势，把“宽大红色蟒袍”修饰得无比神奇，从而将“宽大红色蟒袍”的主人——英雄格斯尔可汗的形象塑造得极具雄武气概和浩浩神威。黑格尔曾说：“美只能在形象中见出，因为只有形象才是外在的显现，使生命的客观唯心主义对于我们变成可观照、可用感官接受的东西”。[⑥] 这里，听众以感官（主要是听觉）所接受的格斯尔可汗的形象确实令人肃然起敬。可见，这组意象平行式一个主要美学目的便是塑造格斯尔可汗形象。另外，这些平行式也是平行式之下的平行式，各层级平行式构成了一种多级程式意象平行式。这样的多级程式意象平行式在具体演述中极具声学魅力，把层出不穷的优美意象如海潮般源源不断地输送给听众，给听众以很强的听觉审美快感。

第五，程式的分解、意象的转化、多级程式意象平行式等，还与“英雄披甲戴盔”典型场景有着内在的原型和美学关联。据上表，程式虽然被歌手分解了，但并非无限度地

---

① 朝戈金：《从荷马到冉皮勒：反思国际史诗学术的范式转换》（论文），汤晓青主编：《多元文化格局中的民族文学研究——中国社会科学院民族文学研究所建所30周年论文集》，中国社会科学出版社2010年版，第10页。

② 朝戈金认为，在蒙古史诗中，平行式的运用极为广泛和多样。他在对冉皮勒《江格尔》一章的分析基础上提出“排比平行”“递进平行”“复合平行”等三种类型。（朝戈金：《口传史诗诗学：冉皮勒〈江格尔〉程式句法研究》，广西人民出版社2000年版，第194—203页。）

③ ［美］约翰·迈尔斯·弗里：《口头诗学：帕里—洛德理论》，朝戈金译，社会科学文献出版社2000年版，第79页。

④ 杭柯认为，在民间文学范畴内，尤其像史诗这样的口头传承，主要来源于民间艺人和歌手，他们的脑子里有个“模式”，可称为“大脑文本”（mental texts）。当他们演述之际，这些“大脑文本”便成为他们组构故事的基础。［朝戈金：《从荷马到冉皮勒：反思国际史诗学术的范式转换》（论文），汤晓青主编：《多元文化格局中的民族文学研究——中国社会科学院民族文学研究所建所30周年论文集》，中国社会科学出版社2010年版，第15页。］

⑤ ［美］阿尔伯特·贝茨·洛德：《故事的歌手》，尹虎彬译，中华书局2004年版，第44页。

⑥ ［德］黑格尔：《美学》第一卷，朱光潜译，商务印书馆1997年版，第161页。

分解铺排下去的；意象虽然转化了，也并非无节制地转化排列下去的。不难观察到，程式意象被逐级分解转化后，最后都不约而同地聚拢到一些萨满神灵意象之上。它们是，龙、虎、狮子、鳄鱼、凤凰、鹰隼等飞禽猛兽意象；虎眼、虎牙、鳄鱼獠牙、鳄鱼眼、龙眼、龙的犄角、龙的獠牙、黄雕羽毛等飞禽猛兽和神话动物身体部位意象。上表每一组程式意象末端平行意象群可证明这一点。由此，分层铺排的多级程式意象又统一至一个凝聚点。这是多级平行意象的深层美学旨趣的统一，也是内在的原型统一，是传统史诗中萨满神灵崇拜与力量崇拜观念的具体体现。斯钦巴图对史诗《江格尔》中《哈日黑那斯生擒雄狮英雄洪古尔之部》的程式诗句进行分析后认为，“用来描绘英雄的诸如太阳、月亮、大树、岩石、猛虎、雄狮、雄鹰、大雕、熊、狼、鹰隼、野猪、蛇、龙等等都是萨满教崇拜的神物，是萨满教的神灵。……史诗用它们比喻英雄，意在表示英雄得到这些神灵的佑护和英雄体内渗透着那些神物的力量、生命和灵气。”[①] 同样地，上表多级程式意象的美学原型最终统一到众多萨满神灵意象之上，这个现象表明，英雄格斯尔可汗经过一番仪式般隆重的“披甲戴盔”过程，获得了神灵的力量，进而他的形象也变得更加雄伟神奇。这样的形象非常符合于蒙古族传统英雄史诗“雄威高上（神奇）风格”[②] 的美学旨趣。可以说，程式之所以分解，意象之所以转化，无论意象层级多少，无论平行诗行多寡，最终都是为了突出“英雄披甲戴盔”典型场景这个中心命题服务的。多级程式意象美学原型和美学旨趣的终极统一，比一些普通白描性程式排列组合更具美学冲击力，给人以很强的审美感染。如果加以概念界定，可以说，程式意象的原型统一是指在同一典型场景或母题范畴内，在多级程式意象平行式末端形成意象原型的趋同现象，使程式意象在终极表象与意义上达成一致，表达某种统一的传统性观念或美学诉求。应当认为，程式分解转化后，其原型和美学旨趣在深层次上得到统一，以此强化典型场景这一中心动机的功能，正是这些多级程式意象的核心美学功能。这应该就是洛德常说的“程式的核心”。以往研究中，程式常常被认为是歌手记忆并组装史诗的工具或部件，而较少关注它的美学潜能。经上文分析，我们看到程式意象也有着惊人的美学表现。这一点无疑在提醒我们，口头程式仍有很大的阐发空间。口头程式并非只是实用性工具，而是讲求美感的工具；口头程式是一种演述技巧，更是一种美的表现手段。

第六，通过上文分析，我们还发现，程式是带情感的语词排列，是流露着歌手丰富激情的言语阵容。这激情也依赖于歌手的记忆，而歌手记忆的载体便是程式。程式诗句的音调和节奏，以及平行式，首先具备记忆提示器的功能，可在歌手脑海中被长时间地保存并在具体演唱中毫不费力地显现。具体演唱中，程式会帮助歌手捕捉到一个个史诗情节与诗行，更会使歌手经过“依凭记忆的叙述”[③] 而逐步走进一个忘我的创编境界。那是歌手因开启记忆闸门，在既定模式中源源不断地制造出令自己满意的诗句时才能达到的兴奋状态。歌手进入兴奋状态，就类似于书面诗人遇到突闪的灵感，类似于萨满神灵附体或者“神授”式点拨。歌手的兴奋又会进一步使史诗演唱达到高潮（如，上例出现“龙”的意象群），使个人激情与才艺得到充分爆发，从而使诗句变得越来越优美，使演唱行为最终

---

① 斯钦巴图：《蒙古史诗：从程式到隐喻》，民族出版社 2006 年版，第 132 页。

② 巴·布林贝赫：《蒙古诗歌美学论纲》（蒙古文），内蒙古人民出版社 1991 年版，第 80 页。

③ ［匈］格雷戈里·纳吉（Gregory Nagy）：《荷马诸问题》，巴莫曲布嫫译，广西师范大学出版社 2008 年版，第 209 页。

变成真正动情的、有生命律动的“生产”美的艺术活动。

第七，从上表可以看到，程式是一种运动中的模式。当程式纵深分解之后，构成一组组横向平行式；横向平行式中的个体意象，又进一步向下完成纵向分解与转化。这绝不是格式化魔方的拆分和拼贴，而是一种灵活的口头创编机制。这里最凸显的并不是程式的“重复性”特征，而是“善变性”特征。这证明，程式的魅力不在于没有变化和没有生命动力的堆砌，而在于富有美学活力的魔术式转化和再创编。那么，能够创编出这样程式组合的歌手，应当被认为是很有演述能力的歌手。因为，“一个成熟歌手的标志是他在传统之中游刃有余。”① 本文分析的史诗歌手敖干巴特尔正是这样一位口头诗人。

第八，早期传统蒙古史诗中，“英雄披甲戴盔”典型场景的建构常常只是一些粗线条描述，本文选取的样例中却出现了花样繁复的描述，这无疑是受到了后期东部蒙古族胡仁·乌力格尔口头艺术的影响。

第九，程式分解的另一个关键缘由是歌手的类型与风格。蒙古族胡尔奇歌手有编创型胡尔奇歌手（urgumal hugurqi）与循文型胡尔奇歌手（surgamal hugurqi）两种。这两种歌手类型与卡尔·赖希尔所说的“创造型歌手”与“复述型歌手”基本上一致。卡尔·赖希尔指出：“虽然歌手的类型众多，但我们却能对‘创造型’（creative）和‘复述型’（reproductive）两种歌手作出比较清楚的区分。对于‘创造型’歌手的定义，不同的传统有不同的看法，但在大多数情况下它主要是指歌手拥有创造‘新’歌的能力，比如说对史诗系列增添一个分支章节或根据听众的要求变换自己所演唱的史诗内容。‘复述型’歌手更加难以定义。有些‘复述型’歌手以特定形式学会一部史诗并且总是固守自己所背会的歌，没有任何变化。但与此同时，他却能够‘创造’出另外一些篇幅短小的作品来。另外，‘复述型’仅仅表明该歌手具有强烈的文本稳定意识。但事实上，我们在他每一次演唱的文本之间都能找出一些差别。这种差别是由于演唱技艺的特殊需要而造成的。”② 本文分析的史诗诗章中，程式分解有着收缩自如的即时性，显露着出自创造型歌手之手的应有特征。如果是一位复述型歌手，其诗章中的程式分解就不一定这么多。可以说，歌手类型与演述风格也是促成程式的分解转化与多级程式意象的关键因素。

程式的潜伏：一种逆向再创编

现在，再看看同一位口头诗人在另外一篇史诗诗章中如何建构了同类典型场景？歌手敖干巴特尔在演唱上文列举的 732 个诗行的《阿齐图·莫日根·格斯尔可汗镇压黑斑虎之部》史诗诗章的前两天，即于 2013 年 3 月 22 日上午，在有 1069 个诗行的《阿齐图·莫日根·格斯尔可汗镇压嘎拉旦蟒古思之部》③ 史诗诗章中，同样描述了一组“英雄披甲戴盔”典型场景，主人公是同一位英雄，即格斯尔可汗。这组典型场景为 74 个诗行，这在该诗章整体长度中约占 6.8% 的比例。同一类典型场景在同一位歌手的不同史诗诗章中

---

① ［美］阿尔伯特·贝茨·洛德：《故事的歌手》，尹虎彬译，中华书局 2004 年版，第 35 页。

② ［德］卡尔·赖希尔（Karl Reichl）：《突厥语民族口头史诗：传统、形式和诗歌结构》，阿地里·居玛吐尔地译，中国社会科学出版社 2011 年版，第 96 页。

③ 乌·纳钦：《“格斯尔之乡”新格斯尔奇艺人》（蒙古文），民族出版社 2014 年版，第 251—283 页。录音文本现收藏于中国社会科学院民族文学研究所资料库。

出现时所产生的变异还不仅仅限于它在整个诗章中所占诗行比例之间的不同，而在内容上也发生了较大变化。虽然它也有程式分解、意象转化和多级程式意象，但较之上文样例，却明显被简化。先看看它“一级程式意象”的铺排情形：

（把）紧贴肉身的柔软蟒缎内甲披在身上→满洲白丝腰带勒进了皮肉→双脚套上红色蟒缎袜子→（把）万虎之力的腰带系在腰中间→（把）青铜金甲披在身上→青铜圆宝镜在胸前闪耀→（把）金银铠甲套在上面→浑圆金色双镜闪耀光芒→锤纹吉祥结迎头叠合→（把）黄金结银褡裢挂在腰间→（把）青铜金色铠甲穿在身上→（把）珍珠黄金甲披在身上→洁白银泡钉闪耀光芒→圆圆的银泡钉闪耀光芒→（把）宝饰钢镯套于手腕→（把）带钢环的吉祥腰带紧了一紧→（把）震慑五洲的强弓拿在手上→（把）藏有五种雷电的利镞塞入箭筒

以同样的表格显示其程式分解与意象转化图式如下：

<table>
<tr><th>典型场景</th><th>一级程式意象</th><th>二级程式意象</th><th>三级程式意象</th><th>四级程式意象</th></tr>
<tr><td rowspan="22">英雄披甲戴盔</td><td>柔软蟒缎内甲</td><td>×</td><td>×</td><td>×</td></tr>
<tr><td>满洲白丝腰带</td><td>蟒缎珍珠链</td><td>×</td><td>×</td></tr>
<tr><td>红色蟒缎袜子</td><td>腾跃的红金龙</td><td>×</td><td>×</td></tr>
<tr><td>万虎之力的腰带</td><td>圆圆的金环</td><td>×</td><td>×</td></tr>
<tr><td>青铜金甲</td><td>×</td><td>×</td><td>×</td></tr>
<tr><td>青铜圆宝镜</td><td>×</td><td>×</td><td>×</td></tr>
<tr><td>金银铠甲</td><td>×</td><td>×</td><td>×</td></tr>
<tr><td rowspan="4">浑圆金色双镜</td><td rowspan="4">握着爪子的两条龙</td><td>张着嘴的龙</td><td>×</td></tr>
<tr><td>龇牙的龙</td><td>×</td></tr>
<tr><td>瞪着眼睛的龙</td><td>×</td></tr>
<tr><td>露着鳞片的龙</td><td>×</td></tr>
<tr><td>锤纹吉祥结</td><td>×</td><td>×</td><td>×</td></tr>
<tr><td>黄金结银褡裢</td><td>×</td><td>×</td><td>×</td></tr>
<tr><td>青铜金色铠甲</td><td>青铜金挂钩</td><td>×</td><td>×</td></tr>
<tr><td>珍珠黄金甲</td><td>珍珠龙珠</td><td>灵敏的两条龙</td><td>龙爪</td></tr>
<tr><td>洁白银泡钉</td><td>蜷曲的两条龙</td><td>×</td><td>×</td></tr>
<tr><td>圆圆的银泡钉</td><td>×</td><td>×</td><td>×</td></tr>
<tr><td>宝饰钢镯</td><td>躺着和立着的两条龙</td><td>×</td><td>×</td></tr>
<tr><td>带钢环的吉祥腰带</td><td>×</td><td>×</td><td>×</td></tr>
<tr><td>震慑五洲的强弓</td><td>×</td><td>×</td><td>×</td></tr>
<tr><td>藏有五种雷电的利镞</td><td>×</td><td>×</td><td>×</td></tr>
</table>

从上表可以看出这一组“英雄披甲戴盔”典型场景的程式纵向分解和意象转化情形，

并可归纳出如下四点。

第一，“一级程式意象”为18个，在数量上与上文样例中的“一级程式意象”（21个）比较接近，而且从“柔软蟒缎内甲”到“藏有五种雷电的利镞”之间的程式排列井然有序，与史诗故事中格斯尔可汗的披甲戴盔行为动作顺序相一致。这表明，“一级程式意象”是歌手在不同诗章中建构该典型场景时所使用的基础意象群。歌手即便简化了其他层级的意象，也不会简化这组“一级程式意象”，否则该典型场景将变得不完整。在史诗歌手那里，“完整”是个伸缩性较强的概念，有时他会认为10小时的文本和20分钟的文本同样都是“完整”的，因为对他来讲，“完整”其实是指故事的基干。而程式的“完整”则应当就是指这些“一级程式意象”。

第二，大部分“一级程式意象”并没有向下分解，只有“珍珠黄金甲”一直被分解转化到“四级程式意象”。程式的分解转化程度如此之低，可能与歌手演述时的临场把握与瞬间兴致有关，也可能因为歌手考虑到整体语境是否适合铺排大量程式意象而调整了程式创编策略。不管怎样，在演述中歌手是自由的，他既可以源源不断地铺排多级程式意象，也可以毫不犹豫地让它们集体“隐去”。这种“隐去”并不是“消失”，而是“潜伏”。程式的潜伏就是指歌手在传统诗句模式或词语模式中明显地降低程式意象的分解转化程度，从而造成多级程式意象集体隐去的现象。歌手把多级程式意象潜伏下来，也是一种程式的再创编。并且，相对于展露所有的意象而言，这种“潜伏”其实是多级程式意象的逆向再创编。这充分显示了多级程式意象可伸缩变形、可重新塑造、适应不同叙事环境的弹性能力。

第三，程式分解的减少直接导致了意象平行式的减少，从而多级程式意象平行式基本上都隐去。全部程式意象中，只有“浑圆金色双镜”被分解至三级板块时出现了四行“龙”的意象平行式。由于多级程式意象的缺席，该典型场景的声学魅力和美学感染力明显减弱。在多数情形下，程式的“潜伏”可能有损于口头史诗美学功能的发挥，那些“羽翼丰满”的多级程式意象毕竟是在歌手高度兴奋的状态下被创编的，而“潜伏”了的程式意象显然没有遇到那种优质的“临产”环境。

第四，从上表还可以观察到，被分解转化的多级程式意象在平行式末层又都不约而同地聚拢到“龙”的意象上，似乎有意要达成一种内在的默契。例如，“红色蟒缎袜子”末层意象“腾跃的红金龙”；“浑圆金色双镜”末层意象“张着嘴的龙”“龇牙的龙”“瞪着眼睛的龙”“露着鳞片的龙”；“珍珠黄金甲”末层意象“灵敏的两条龙”及“龙爪”；“洁白银泡钉”末层意象“蜷曲的两条龙”；“宝饰钢镯”末层意象“躺着和立着的两条龙”等。美学原型的这种内在终极统一，说明了歌手在本次演唱中无论使程式简化到什么程度，都没有放弃给听众以审美冲击力的努力，没有偏离美学的核心追求，没有偏离多级程式意象的核心美学功能，也就没有偏离“程式的核心”。另外，“龙”的意象群也是该歌手个人程式储备中的常态语库之一，也是他口头史诗演述的一个美学标记。总之，歌手在不同的环境、不同的条件下建构典型场景时，无论怎样伸缩或重新塑造多级程式意象，可能都会坚持两点，一是典型场景的大框架或基础意象群，二是多级程式意象的核心美学功能或“程式的核心”。

综上所述，敖干巴特尔文本中的两个“英雄披甲戴盔”典型场景中，程式有着自由不羁的表现形态，其内部有着分解转化的弹性。程式的分解转化造成了多级程式意象及其平行式，这在具体演述中极具声学魅力，即把层出不穷的优美意象源源不断地输送给听众，给听众以很强的审美快感。多级程式意象在诗行末端又达成美学原型的内在统一，聚拢到一些萨满神灵意象上。这是传统蒙古史诗中萨满神灵崇拜与力量崇拜观念的体现，也是多级程式意象核心美学功能所在。同类典型场景在敖干巴特尔另一篇史诗诗章中出现时，又产生变异，程式意象明显地被简化或潜伏，而这是多级程式意象的逆向再创编。史诗是宏大叙事，但以诸多细节组成。如果只见史诗叙事的宏大躯壳，则未必能看清其诸多细节，而要是看清了其诸多细节，就一定能清晰地认识其宏大躯壳。通过在具体事例中放大细节来揭示史诗这个庞然大物的真实面目，或许正是口头程式理论一个突出的功用吧。

（原载《民族文学研究》2016 年第 3 期）

民间文献与民间传说的在地化研究

——以沂源牛郎织女传说为中心的探讨

叶 涛*

【摘要】民间传说如何由全国性的公共知识在地化而进入地方话语，是值得探讨的话题。本文以山东省沂源县燕崖乡大贤山的织女洞和牛郎官庄村一带的牛郎织女传说作为讨论这一话题的案例，在当地碑刻、族谱等民间文献的交互参证中，牛郎织女传说经由“沂源牛女风物传说的形成”“孙氏家族与牛女传说”与“非遗运动对牛女传说在地化的催化作用”三个阶段逐步“在地化”而进入地方话语的历史建构过程得以展现。

一 沂源牛郎织女风物传说的形成——大贤山碑刻资料释读

沂源牛郎织女传说的调查研究是在十年前，也就是2005年国家第一批非遗名目工作开始这一背景下展开的。当时第一批国家级非物质文化遗产名录的评选程序是由文化部发布通知，各省自主申报，比如山东省淄博市申报的“孟姜女传说”就入选了第一批国家级非物质文化遗产名录的民间文学项目类别。由于是工作初期的第一批申报评选，大家都没有经验，所以材料准备也各不相同，在民间文学这个项目类别里面，除了牛郎织女传说外，四大传说的另三个（孟姜女传说、梁祝传说、白蛇传传说）都进入第一批国家级非遗名录当中。在名单公布之后，由于非遗工作与政府业绩直接挂钩，各地政府纷纷开始重视，沂源县的县委书记、县长就在此背景下发现了当地的牛郎织女传说，并通过关系找到了在山东大学工作的我。2005年的山东大学民俗学研究所，已经有了民间文学博士点，虽然李万鹏老师等人过去做过一些民间文学的调研工作，但是在整体上山大还是偏向于民俗学研究，比如我们最初办《民俗研究》期刊时就有些“矫枉过正”，在前几期几乎没有刊登民间文学的内容，因此我对于沂源牛郎织女调查自然很感兴趣。在这个背景下，我从2005年开始，先是自己去沂源做了初步了解，后来组织老师和学生到当地进行田野调查，并且在帮着沂源县地方政府进行非遗申报的同时，陆陆续续地拉着几位民俗圈里的老师们去开会和编书，并指导学生写学位论文，到了2008年、2009年，这件事就告一段落。

---

* 作者系中国社会科学院世界宗教研究所研究员。

今天在这里主要把我对沂源牛郎织女传说的研究思路和大家进行交流。关于这一话题，我所一直在思考的着眼点在于，在传说中存在着一些流传非常广，历史很悠久，影响非常大，同时不拘于一时、一地、一族的传说，比如“四大传说”，而这些“大”的传说存在着一种“在地化”的过程，虽然这个问题实际上和所谓的起源之争有关系，但我在这里最想讨论的是牛郎织女传说是如何被“在地化”的。换言之，牛郎织女传说作为一个本来在整个中国，起码是在文人阶层里流传，从《诗经》《古诗十九首》到唐诗、宋词，一直到后世戏曲小说都有的题材，如何被某一个地方认为“是我的”而“不是你的”，而且认为只有我这里有，你那里流传的版本都不对。这类传说现象是如何造成的，对此我希望通过沂源牛郎织女传说这个案例来讨论这一现象。正因如此，我的讨论和民间文学的关系不大，我更多的是把传说作为一种文化现象，讨论它是如何从一个公共知识变成地方性知识，甚至成为一个家族知识的。我的运气也比较好，沂源的牛郎织女传说给我提供了一个比较好的研究个案，尤其难得的是，它恰恰有一批史料，并不是传统的历史文献，而是留存在当地的地方文献。因为传统文献往往难以具体地指向某一个具体空间，然而我们调查中发现的一批地方文献材料则能够为我的上述想法提供佐证。

在四大传说中，牛郎织女传说从起源、历史和传说类型等方面来说都是值得我们认真讨论的话题，然而相比于其他三大传说而言，它恰恰被研究得很不足，这或许与后来董永传说把它给分流了的原因有关。具体来说，董永进入二十四孝里面之后影响更大，牛郎织女传说反而被大家所忽略了，这是很有意思的现象。作为传说，牛郎织女传说实际上涵盖的内容非常丰富，其中，我在这里特别强调它作为风物传说的面向，因为风物传说是我下面所要讨论的“在地化”话题中最重要的问题。事实上，牛郎织女风物传说的形成最早可能和星宿传说有关系，因此不存在所谓的起源地，谁看见牵牛、织女星宿谁就可以说是传承人，但是在沂源，这则传说是如何被在地化的，这是我从一开始进入田野时就关注的问题。

我接触沂源的牛郎织女传说有一定的背景，沂源县政府方面非常明确是为了参与申遗，他们相信自己是牛郎织女传说的起源地，并且希望能得到学者的肯定。但我在一开始就明确说明，牛郎织女传说不存在起源地，只有流传地。对此，沂源县政府也很尊重学者，为我们提供了一系列条件。从我的角度讲，我始终就有自己的主观希望，我是要进到田野当中寻找材料，调查清楚沂源的牛郎织女传说的来龙去脉。

我们从沂源县的历史地理背景开始进行介绍。沂源县处于山东省的中心位置，是山东屋脊，平均海拔有四百多公尺，有四条河发源于沂源县，所以这里生态环境历来很好。由于沂源县是中国共产党在解放之前的 1948 年期间建立的，沂源县的史料查找起来比较麻烦，比如它的南部地区（涉及牛郎织女传说的部分）就去查沂州府的《沂水县志》才有可能找到。虽然沂源县的成立很晚，但是历史悠久，比如由北京大学考古系吕遵谔教授发掘的沂源猿人就是和北京人同时期的，以上就是沂源县的整体情况。在沂源县当中，燕崖乡牛郎官庄村非常重要，尤其要特别说到的是这个村庄的人大都姓孙。沂河从鲁山发源后大体向南流，但到了牛郎官庄村这个地方则是往东拐了一下再往南，这里正好是拐弯的地方，今天已经建设成很漂亮的景区了。这里有座大贤山，它的悬崖叫作燕子崖，燕崖乡也由此得名，在大贤山上又有一个织女洞，沂源县牛郎织女的故事就要从这儿讲起了。

织女洞的建成年代大约在宋金时期，从织女洞俯瞰是在这里拐弯的沂河，沂河对面就是牛郎官庄，当然还有牛郎庙。我们的田野调查目的是查到能够证明这个地方开始有和牛郎织女传说有关系的文献资料。在此之前，我们在《沂水县志》中几乎找不到线索，甚至连牛郎官庄甚至燕崖乡的名字也没有提到。虽然我们后来从山上的碑刻里面看到许多文人的记载，但是这些内容并没有被收录到志书里面。因此，我们只好从当地、从大贤山展开对地方文献的发掘收集。大贤山是道教名山，这一点从唐宋以来的史料可以完整地看出来。在大贤山的织女洞里有碑，2005 年 10 月我在第一次的调查中看到这些碑刻后就觉得会好办，而 2006 年第二次去调查时又发现了家谱，后来就集中带着学生去做了全面调查。在织女洞里面，除了碑刻还有织女像，不过织女像前后更换了好几次，本来最初是老百姓自己塑造的，后来由景区负责，而后县委书记不满意又重新塑，各个时期不同，如果有兴趣的话，在未来专门对“像”做一些阐述也会是很有意思的。

我们在调查中把山上的、庙里的、村里的所有碑刻统统做了完整的拓片，并收录在《中国牛郎织女传说·沂源卷》中。其中，最早的碑刻是一通宋代元丰四年的碑，宋碑在民间留存至今很不容易，但是尽管是放在织女洞里，这通碑刻和牛郎织女传说却没有任何关系，其内容只是元丰年间皇帝祝寿时当地的士绅在此做法事的记录，不过它却印证了当时道教活动在这一地区非常兴盛的事实。从织女洞再往上走，有一个九重塔，这个塔上面有字有图，是一个仙风道骨的仙人的线描图，及其弟子给这位仙人师父做的小传，其中写道：“乃游此地，……山名大贤织女崖。”从碑刻传记中可以读到，这位名为张道通的道士在此山修炼，生于唐代，活了 318 岁，到金太和六年（1206）升仙。有仙人在此，这个山的道教活动就会围绕着仙人而来，但我注意的是，宋金时期，山东地区是金的统治范围，而这个生于唐代死于金代的仙人活动的地方是在大贤山织女崖，因此这就可以说金代已有织女崖的称呼。（图 1）

在此之后是明代的碑刻。山顶的玉皇庙有正德年间的碑刻“重修玉帝行祠”，这个碑本身非常重要，因为上面有这么几句话：“山曰大贤，观曰迎仙。所谓山之大贤者，因织女之称也；观之迎仙者，昔仙人所居也。”可见，这个迎仙观是和活到318岁的道士张道通有关，而大贤山则是因为织女的贤惠而得名。更重要的资料则是织女洞里万历年间的两块碑。万历七年的《沂水县重修织女洞重楼记》碑是我们解决在地化问题的关键：“志云：唐人闻个中札札机声，以故织女名。旧矣，踵踵骚文勾翰寿石为沂上选胜焉。万历戊寅，邑侯王公过谓守者曰：洞固灵异，而岩依贵秘，秘贵虚顾。弗虚则灵窒，弗秘则异泄，弗窒弗泄盍通以重甍。守者会公意，即礼多方金粟，展力为之，对岸并起牛宫，于是乎，在天成象者而在地成形矣。……公畅然曰，牛女之晤不在苍苍七夕，而在吾山间旦暮矣。”（图2）可见，大贤山、织女崖都和织女有关系，而到万历年间的这块碑刻，尤其是其中“在天成象”“在地成形”这八个字更是集中概括了沂源牛郎织女在地化的过程。万历十五年的《沂水县重修织女洞记》碑文则进一步记载到，由于当时织女洞的洞口面向东方，从星宿上来讲位置不对，所以当地人把织女洞口改向偏北，然后在织女的后面添一尊神像，加了屏风和暖阁，这样就进一步和天上对应起来。这两块碑刻基本上反映了这么一个广为人知的传说成为沂源牛郎官庄村实实在在的风物传说的过程，即所谓“在天成象，在地成形”，这是非常形象的。从万历六年县令的一番谈话，到万历七年牛郎庙落成，这个地方开始可以实实在在地说牛郎织女传说是我们的，比如万历年间的县令说“牛女之晤不在苍苍七夕，而在吾山间旦暮矣”。牛郎织女作为一个风物传说在这里就基本形成了。其他许多地方也都有相类似的风物传说，只不过没有这么丰富，比如湖北郧西县的天河里有牛郎织女传说中王母娘娘划隔天河的金钗石，郧县县委书记就据此打造七夕文化。诸如此类的风物传说都是如此。

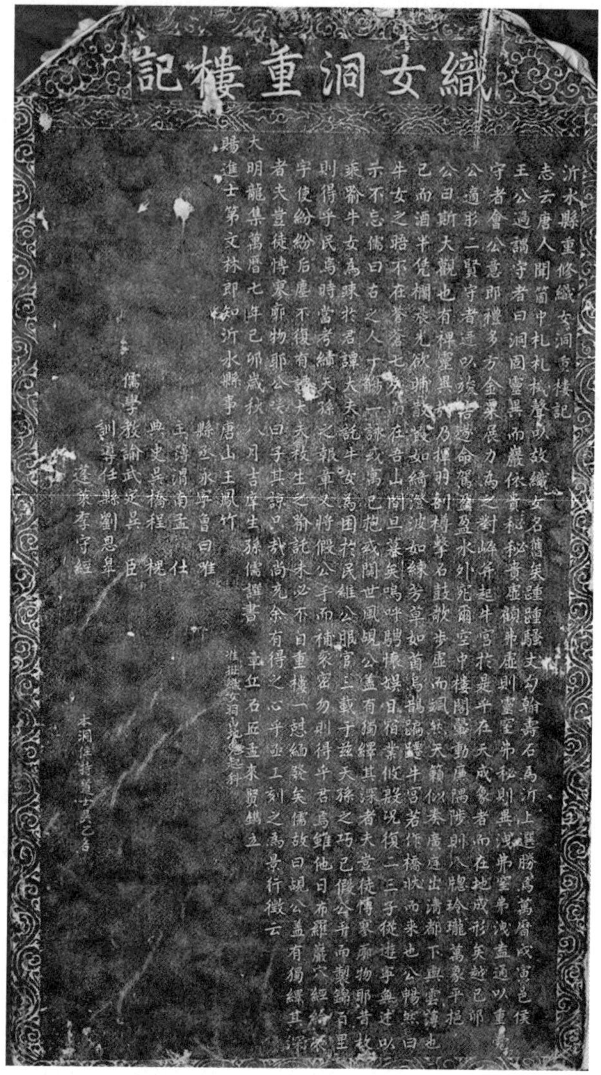

二　孙氏家族与牛郎织女传说——孙氏家谱与碑文资料的互读

前面的内容是关于一个传说是如何在当地实实在在地落地的，这从上述碑刻的部分得到解释。另外还有一个内容是我比较关注的。我在2005年第一次去沂源的时候，当地人向我们提到说牛郎是牛郎官庄村姓孙的家族的祖先，这个说法是我特别感兴趣的，这里面透露出一个信息，也就是一个传说故事和一个家族又是如何结合起来的呢？虽然不用去坐实这件事，但是这个说法本身就很有趣，于是我们可以继续讨论传说、村落、庙宇和家族在这个空间的关系。

基于此，我们对牛郎官庄的孙氏家族做了调查。我在第一次调查时纯粹是看空间，在第二次调查时我问到了孙氏家族有没有家谱，照片上的这个老人把家谱就拿出来了（图3），当时趁着刘魁立、刘铁梁老师和他们聊天时，我就用300万像素的旧相机全部拍下了这两本家谱。家谱全部是手写的，实际上两本内容一样，是同一次修谱的东西，一个是草本，内容更丰富，另一个则更严整。正本中的序言很珍贵，我那次全部拍了下来，过两个月再去调查的时候家谱就找不到了。我想通过家谱证明孙氏家族是什么时候到这里的，什么时候开始参与地方上的信仰活动，以及这个家族在牛郎庙、织女洞信仰活动中所起的作用。我们的研究不是去佐证所谓的家族关系，而是讨论这种拟血缘关系是怎样被构筑的，我希望得到一个时间的脉络。

牛郎庙有明确记载是修建于万历七年，清代碑刻还提到说当时的牛郎庙不过是三间屋的小庙。家谱资料则是民国初年山东省议员顾石涛撰写的，他是牛郎官庄孙家的外甥。在序言里，他详细地叙述了他姥姥家的来历。家谱是在民国二十年到民国二十三年之间修成，其中，序是二十年写的，但顾石涛在二十三年时还曾来到这座村庄了解家族的沿革情况。按照家谱记载，孙家大约在明代末年由淄川县（属于淄博，和沂源之间隔着博山）的孙家大庄迁到了沂水县西北乡安乐社高厂庄，再迁到牛郎官庄定居。这是民国年间孙氏族人在经过相关考证的基础上做出的推断，即孙氏家族是在明代末年才开始迁移，经过了几代，可能是两三代才在牛郎官庄定居。因此，孙氏家族最早是在明末清初到达牛郎官庄村，先有牛郎庙，后有孙氏家族，这是根据这些家谱材料可以得出的一个推断。（图4）

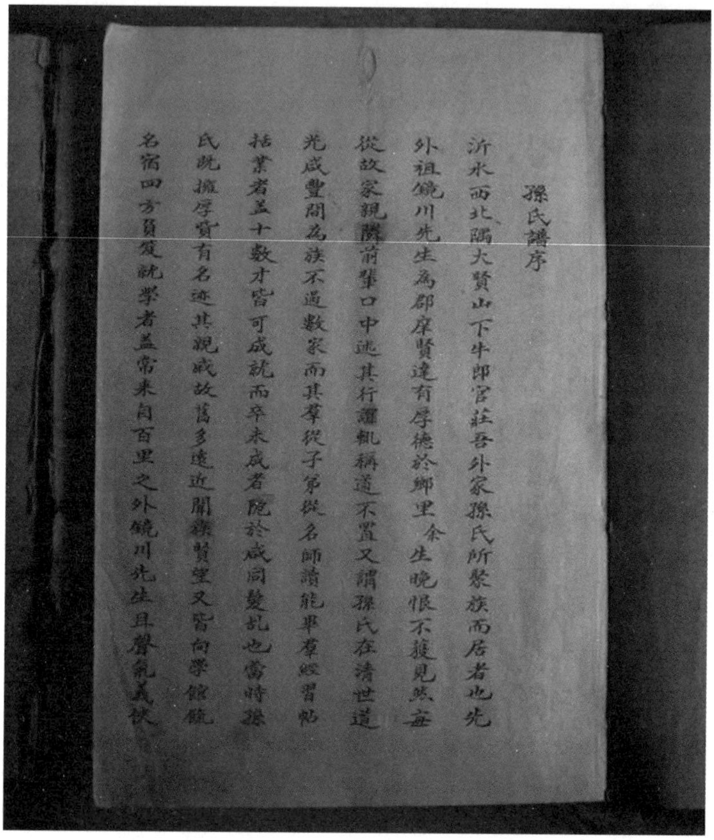
孫氏譜序
沂水西北隅大賢山下牛郎宮莊吾外家孫氏所聚族而居者也先
外祖鏡川先生爲郡庠賢達有厚德於鄉里余生晚恨不獲見然每
從故家親隣前輩口中述其行誼輒稱道不置又謂孫氏在清世道
光咸豐間爲族不過數家而其尊從子弟從名師讀能畢羣經習帖
括業者五十數才皆可成就而卒未成者厄於咸同變亂也當時孫
氏既擁厚貲有名望其親戚故舊多遠近聞孫賢望又皆向學館餽
名宿四方負笈就學者益常來自百里之外鏡川先生且磬氣義俠

根据当地另外的一些碑刻资料，我们还可以对这一推断进一步加以补充。其中，较早的有天启年间天齐庙的碑刻资料，其中出现姓孙的人名，但是这个人在家谱里找不到，嘉庆年间，落款里开始出现可以和家谱对应的孙姓人名，不过这时孙姓族人只是参与人员，到咸丰、道光、光绪和民国年间，孙家在其中渐渐开始发挥重要作用，这是和家族发展历史有关系的。在家谱里可以看到家族逐渐发展并参与地方活动，包括修庙祭祀等，比如在天齐庙最早创修的嘉庆年间，孙家作用不大，而到了后来光绪年间，孙家就成为重修庙宇工作的领袖了。不过，对于牛郎就是孙家祖先的这一说法则没有任何文献材料可以证明。

尽管牛郎是穷小子，但是他娶到了天上的仙女这也不是不荣耀的事情，但是在所有文献里却没有提到任何相关的事情。那么牛郎是孙氏家族祖先的这个说法是如何被提出、又是何时出现的呢？从现有各种文献中是找不到答案的，那么我们就得用另外的思路。在

《中国牛郎织女传说》的《俗文学卷》中，所有地方戏曲里牛郎都姓孙，比如在最早的秦腔里面有哥哥孙守仁、弟弟孙守义。《俗文学卷》把牛郎织女的戏曲从最早的到现在的全部搜集到了，但是在最初牛郎织女是没有姓名的，只是地方戏曲里面开始出现，按照现在学界的推断，大概是清代中晚期的乱弹兴起，地方戏曲里的《天河配》才开始有名有姓。而孙家大概恰恰是清初以后才到达牛郎官庄并定居下来，而这一时期的民间戏曲里，《天河配》已经是民间比较盛行的应节戏了，由此，孙姓的牛郎自然而然地就与牛郎官庄的孙家连接成拟血缘关系，虽然没有证据，但是这种推断对于解释民间的说法应该是合情合理的。

这是我们所讨论的第二个问题，由此，牛郎织女传说在地化的过程和家族结合起来，得到了进一步的强化，这个本是虚无缥缈的天上传说落到地上，落到家里，甚至过年过节还要去拜祖宗了。当然我们最早去调查的时候比较有趣，询问牛郎官庄的老百姓，大部分人对于这个问题就只是一笑而过，但是外村的人绝对都说牛郎就是孙家的祖先，孙家人自己反而并不是那么确认。但是后来不一样了，比如我们 2006 年在当地开会，我就拿到一个政府下令村里不能说牛郎不是孙氏家族祖先的材料，而当时我们开会是会影响到申遗的，因此县里特别重视。对于讨论传说在地化的问题而言，前面我所说到的这些民间文献恰好和传说有着很密切的关系，但在其他地方，碑刻不一定这样丰富，而碑刻内容也可能与传说的关系没有那么密切。当然，我们在进一步做研究的时候不仅要考虑民间文献、村落家族等层面，还要联系起当地的整个道教信仰环境做综合性的讨论。

三 非遗运动对牛郎织女传说在地化的催化作用

以上两部分内容是我下功夫比较大，也是我比较幸运的部分，不论是民间文献还是家族家谱，都成为我们讨论牛郎织女传说在地化问题的关键。最后一部分我想进一步谈谈非遗运动对民间传说在地化的催化作用。

在 2005 年国家非遗第一批名录申报的时候，除牛郎织女传说外的三大传说都得到申报。等到名单公布，由于非遗运动作为政府工作可以列入政绩，有的地方很不服气，于是各地就都开始重视起来了，比如沂源在 2006 年我们调查结束后，政府工作报告中就将牛郎织女传说申遗作为“政府要为民众做好的十件事”之一列入政府工作。可见，第一批国家级非物质文化遗产名录公布之后，各地都开始重视，尤其是牛郎织女传说由于没有进入第一批名录，从 2005 年到 2006 年出现了 11 个地方明确主张自己是所谓的牛郎织女传说起源地。到了 2006 年底开始申报第二批国家非遗名录时，有六个地方把它纳入到省级名录并报到国家，后来第二批公示的则有陕西长安、山东沂源和山西和顺。如果没有非遗，沂源的县委书记不会找我来做这件事，加上沂源县属于淄博市，而淄博市的孟姜女传说申报第一批非遗已经成功，于是当地就觉得牛郎织女传说同样可以作为一个文化资源来用，加上淄博文化局长曾经在沂源县工作，所以就支持了我们的调查和研究。

非遗运动构成沂源县牛郎织女传说调查的直接背景。从 2005 年到 2006 年，沂源县牛郎织女传说的民俗调查开始展开，2006 年召开全国首届牛郎织女传说研讨会。2008 年，中国牛郎织女传说研究中心建立，并编纂五卷本《中国牛郎织女传说》（起初策划的还有《史料卷》，共六卷本）。同时也在 2008 年，沂源县牛郎织女传说入选国家级非物质文化遗产第二批名录。不难看出，非遗运动对沂源牛郎织女传说的在地化起到了强化、催化的作用，比如政府要求村民说牛郎是孙氏家族的祖宗，诸如此类的事情都出现了。

当前中国非物质文化遗产的普查、申报和后期的保护工作，涉及政府、学者和民众三方面的力量，而这三方的出发点、利益诉求和对非遗的认识都是不同的。政府将非遗作为政绩，学者则有理论诉求，民众则是被动地被卷进来，因为非遗所涉及的就是民众本来的生活内容。可见，政府、学者和民众这三方的力量是不一样的。

从沂源的例子来看，政府是整个申遗行为的主导方，比如在2006年首届牛郎织女传说研讨会之前，牛郎织女传说研究唯一的专著只有台湾学者洪淑苓在其硕士论文基础上的《牛郎织女研究》，再比如2008年沂源县牛郎织女传说列入国家非物质文化遗产名录后，2009年春节前县委常委开会讨论牛郎庙与织女洞景区的修建等。对于牛郎庙的修建，当时县委常委会一致决定要盖成唐代风格，我得知后哭笑不得，春节后我在拜访韩书记时提到此事，我提出史料明确记载牛郎庙只是一座明清小庙，而且唐代风格的庙宇放在当地的环境里会显得不伦不类。于是韩书记联系几个部门负责人，经过讨论决定改盖明代风格的庙。可见，牛郎庙的修建倘若不是由政府主导也无法完成。在过去，牛郎庙一带是包含有三官庙、天齐庙在内的庙宇群，但是现在这一带的整个地基都被改成了牛郎庙。在牛郎祖堂里，原来既有牛郎也有织女，但是作为祖宗祠堂，现在的牛郎庙里就只有牛郎了。另外，在牛郎庙旁边还盖起了牛郎织女民俗展览馆，这也很难得。此外，县里还做了一件让人很感动的事情，2006年2月，沂源县委做出决定，在景区周边河道里不能挖沙，而上游的造纸厂虽然是县里的利税大户，但由于会有污染，造纸厂被关闭炸掉，这是牵涉几百人安置的大事，但为了避免景区污染而被关停，这都是只有政府才能完成的大事。关于政府的作用，其中还有一例是当地本来有一处天孙泉，由于韩书记觉得“孙”字不好听，于是改称“织女泉”，诸如此类都是政府主导的事情，有利有弊，但是现在来看还是利大于弊。

学者在这个问题上的角色是理论建言与积极参与者，在沂源牛郎织女传说的案例中，学者的作用是很明显的。我们在当地展开了长期而细致的调查，比如对于当地传说，我的学生郭俊红写出了硕士论文，再如我们对村落信仰与庙会的全面调查等，都是学者所做的工作。学者的参与还有召开研讨会、成立中心、出版调研成果等。在这种合作当中，学者并不是只给地方政府做事，而是一方面要有自己的立场，比如在沂源的案例上，我从一开始就明确不谈起源地的说法；另一方面是要立足我们的学科本位，比如我的学生要去调查做论文，正好可以借机培养学生做田野，再比如学者写文章出书、开研讨会等等，这几本书（《中国牛郎织女传说》五卷）做得比较痛快，合作也比较愉快，从学者和政府的合作来看是双赢的结果。

最后谈民众这方面的力量。老百姓是遗产的拥有者，但是他们是被动地参与进来的，不知道情况的人会认为是干扰民众的生活，但是百姓在申遗当中积极配合，也可以说是一定的受益者。2008年首届牛郎织女情侣节时开幕式上老百姓也在举行自己的仪式。可见在同一个时空当中，老百姓有自己的一套生活方式，尽管这时当地的牛郎织女传说已经列入国家级非遗名录，举办了首届的七夕文化活动，一直到现在每年还在如期举行，但老百姓也同样在继续着自己的仪式。另一方面，这些七夕的仪式活动过去不可能有如今这么隆重，现在由于申遗成功，政府重视所以百姓也重视。类似的情况还有，此前春节虽然也会在庙里烧烧纸，但没有大型家族祭拜活动，而现在政府重视，老百姓自己也随之重视起来，相应的活动场面也很壮观。（图5、图6）

从上述沂源的案例出发可见，牛郎织女这个传说只有流传地，而不存在所谓的起源地。我觉得四大传说都存在这样的问题，不过我只能从牛郎织女传说来讲，它的起源地就是天上的那两个星宿，对于这类传说，我们确实可以换个角度再做更多的考虑。

（原载《民族艺术》2016 年第 4 期）

网络谣言的语法

施爱东*

【摘要】网络谣言作为一种特殊的叙事文体，具有可外在识别的结构、语法等形态特征。如相对简短的篇幅、语不惊人死不休的标题、难以追踪检索的模糊信源、情绪宣泄式的行文风格、极端化的夸张表述、浅显直白的警示语等。当代流行的网络谣言多由网络水军、职业谣言家生产传播，往往以快速扩散、吸纳关注为其核心诉求，一方面高调故作惊悚之语，一方面压低姿态求转发、求关注、求辟谣，行文多用祈使句、感叹号，等等。有些谣言只有其中一两种特征，有些谣言具有以上多种特征的复合形态，这些显著的形态特征让我们有可能仅仅凭借谣言的衣着相貌就将其从纷繁的网络信息中识别出来。

之所以将谣言视为一种文体，或者一种叙事类型，是因为我们总能从中找到一些高频出现的、相对稳定的叙事结构和语法。比如，口传时代的谣言传播很可能以“最近出了件大事，不知道你听说没有”来开头，以“这可不是闹着玩的！你千万要提醒家人，小心那些外地人”来结尾，谣言是有结构公式的①。数字时代的网络谣言，这种结构性的特征不仅没有消失，反而因为文字的固化，以及复制、粘贴的便利，变得更加清晰、多样。

“搜狐新闻—谣言终结者”栏目组在其辟谣实践中发现，多数谣言都有比较固定的表达方式，往往经不起深究，比如，“新闻有 5 要素——时间（when）、地点（where）、人物（who）、事件（what）、原因（why），但谣言往往缺前三个”，谣言具有信息不明确、无靠谱消息源等特征，而且它们总是与负面、热点事件挂钩，因而极易引爆网络，并以加速度传播。②

那么，谣言具有什么样的外貌特征或叙事语法，能够让我们从纷繁的信息中将它一眼识别出来呢？

谣言标题的常用短语

口传谣言是一种简短、快捷的小道消息，口口相传，不需要标题。而那些广为流传的

---

* 作者系中国社会科学院文学研究所研究员。

① 施爱东：《灾难谣言的形态学分析——以 5·12 汶川地震的灾后谣言为例》，《民族艺术》2008 年第 4 期。

② 孙颖：《“谣言终结者”终结厅长叛逃谣言》，《北京晚报》2013 年 6 月 21 日。

网络谣言，多数都是由网络水军或营销团队专业生产和传播出来的，尤其是近年来最为流行的微信谣言，不仅有标题，而且还有通行的标题模式。“惊悚的标题、夸张的配图、极具亲和力的叙事方式，已经成为近期微信谣言的‘标配’。现在的微信谣言伪装术越来越‘高明’，标题吸引眼球让人有‘点’的冲动，内容看似权威让人有‘转’的欲望。”①

以微信公众号的谣言为例，标题制作中最常见的语法策略大约有如下几类。

一、使用惊悚短语，故意制造紧张气氛。这类标题偏好使用诸如“震撼”“愤怒”“出事了”“惊呆了”“紧急通知”“扩散出去”“太可怕了”“绝密偷拍”“轰动全国”“昨晚刚刚发生”“央视刚刚曝光”等抓人短语。如《太恐怖了！女性朋友一定要看!》《高考阅卷老师冒死揭露内幕》《天呐！开车吃荔枝被酒驾！3 颗酒驾！你还敢吃吗?》《出事了，千万不要捡这种钱!! 速看!》《央视刚曝光，出大事了！速看!》《昨晚刚发生的，千万要注意！北京、上海、广州、深圳等地都传遍了!! 速看!!》《央视曝光！它比马桶脏 18 倍，你居然还天天抱着它吃饭？太恶心了!》《那些医生死守的秘密，第一条就惊呆了!》《国人吓一跳：美军发动伊拉克战争的真正原因曝光》《震撼内幕：美国 21 世纪最大阴谋曝光》等。

二、使用语义模糊的暗示性短语，故弄玄虚，制造一种“报料内幕消息”的神秘感。这类标题偏好使用诸如“离奇”“诡异”“删前速看”“北京传出”“终于证实”“你知道吗”“看后秒懂”“这都敢说”“没流量也要看”“记者冒死卧底”之类的短语。如《速度转发，一会就发不出去了》《可怕的阴谋，震惊国人，删前速看!!!》《绝密偷拍！为什么啤酒厂的员工绝不让亲人喝啤酒?》《中国为何只喊不打，内幕消息令人震惊……!》《这个视频，没流量也要看完（3 日后删除）》等。

三、诉诸亲情和温情，传播“为了……”的爱心谣言。这类标题偏好使用诸如“家里有小孩的注意了”“为了你的家人，请一定要看”“不看后悔 500 年”“为了你和家人健康，请珍藏”“女人看了流泪”“家里有这些东西的注意了”，如《家里有孩子的注意！用它一夜等于吸 100 支烟，很多人都在用!》《举手之劳，凝聚爱心》等。

四、借助名人、名嘴效应，吸引读者注意力。这类标题偏好使用诸如“□□说的太好了”“□□终于站出来说真话了”“□□炮轰”“□□语录”之类的短语，如《赵本山的奢侈生活大曝光》《杨振宁一家搞晕中国 14 亿人》《马云哲学语录》等。有意思的是，那些名人即便是著名政治家，在谣言中也会表现得像个市井愤青一样，不仅喜欢对别人的家事评头论足，而且口无遮拦，信马由缰，好发极端言论，如《希拉里：中国将成为最穷的国家》《希拉里要中国“俯首帖耳”》《耶鲁大学校长：中国大学是人类文明史上最大的笑话》《台艺人炮轰内地综艺：难看死了台湾早做过》等。

五、以“中国人”或“日本人”为题头，挑动民族主义情绪的微信短文，基本上都是谣言，其次，以“德国”“美国”为题头的微信短文中，谣言的概率也比较大。这类标题偏好使用诸如“是中国人就转”“不转不是中国人”“日本人终于害怕了”“看看日本的□□”“日本人绝对不□□”“日本人又□□”“一个日本医生的忠告”“美国万万没想到”“看看德国的□□”等短语，如《为什么日本人不吃小龙虾?》《特大喜讯：购买钓鱼岛遭天谴，石原慎太郎的幼子坠崖身亡》《大家别买苹果 6，手机地图里把钓鱼岛划给了日本》《非典的真相：美国的阴谋!》《看德国抗洪神物，我们与世界隔着的只是一个下

① 李家鼎：《微信谣言玩起“伪装术”》，《人民日报》2016 年 4 月 14 日。

水道?》《德国的下水道旅游》等。

六、性暗示的微信标题，只是一种吸引眼球的花样招式，内文一般不会有情色内容。这类标题偏好使用诸如“女人勿入”“男人看了受不了”“刚看两秒就受不了”之类的短语，而且会在标题页配上一些图文无关的半裸美女图片，如《绝密偷拍：一对男女半夜走进一家旅馆，可是……》《绝密偷拍：爽死了，你懂的!!!》《一个富婆醉酒后说出的秘密！看了别脸红……》。“今日头条”曾有一篇文章专门谈到鸡汤谣言的标题制作：“没有最污，只有更污。《拔出来，别插着睡!》《姐夫别吸了我姐回来了》《男女晚上欲望不能太强》《18 岁花季少女做鸡的经历》《乳头都被你吸破了》《她，再干净你也不能碰》……看父母辈的人分享的一些文章标题，是不是觉得很污，不好意思点开看？实际上，多数是鸡汤文采用的标题党。《拔出来，别插着睡!》讲的是插座，《姐夫别吸了我姐回来了》讲的是戒烟，《18 岁花季少女做鸡的经历》是女主持在详解鸡的烹饪做法，《乳头都被你吸破了》讲的是哺乳。”①

七、食品和健康类的谣言标题一般都有两副面孔，一副用来恐吓，一副用来安抚。前者会使用“致癌”“致命”“致死”“有毒”等与读者生命安全相关的惊悚字眼来警告读者，后者则使用“抗癌”“健康”“不生病”“一百岁”等引导性词汇来安抚读者脆弱的心灵，谣言就在这一惊一乍之间，抓住了读者的眼球，获得了关注。这类标题偏好使用诸如“千万不要再吃”“为了你和家人的健康”“癌症远离你”之类的短语，如《桃子和西瓜吃马上致命》《赶紧扩散，这两种液体一旦混合，马上致命!》《癌症克星的三种蔬菜！天啊，太神奇了……》《九百年来没人得癌症的民族，原因竟是这!!!》《治疗癌症最大的错误就是去做化疗!》《美国科学家揭开终极底牌：癌症自愈源于心脏》《这 7 种“换血食物”经常吃，可以让你年轻 20 岁》《她坚持每天吃三颗枣，一个月后竟然……》《白醋让你年轻十岁，效果惊人!》。

当然，最常见的谣言标题是以上多种短语的复合。如《周立波胆真肥，这都敢说！删前速看!》《家里的这两种液体一旦合体，马上死亡！速速扩散!》《惊呆了！生姜堪称“还魂花”，99% 的人竟然只知当作料!》《内幕曝光：房价降一半我也不会买！真相惊醒 99% 的人》《古天乐真实身份！内幕惊人！震惊 14 亿中国人!》《不比不知道：两个惊天大案对社会的影响，发人深省》《为姚贝娜、傅彪治病的名医终于站出来讲真话了！和你息息相关》《请一定转给你身边的女生看，这是最新骗局!》《中南海 1 号档案解密，老毕后悔完了》。

以惊悚标题来博取关注是网络谣言家们最常用的伎俩。谣言标题最常使用的标点符号就是感叹号！而且常常是多个感叹号扎堆出现!!! 数字时代的自媒体滋生了大量的职业谣言家②，眼球经济和注意力市场成为谣言家们倾力争夺的数字战场。为了抢占读者资源，谣言家们可谓无所不用其极，凤凰卫视主持人窦文涛有句颇为无奈的名言：“谣言的标题就像裸体女人引人眼球……你看这些标题，什么叫人性的欲望，就好像我弄个光屁股女人

---

① 头条号：《揭秘心灵鸡汤的有毒底料，一篇 10 万 + 的鸡汤文淘秘籍》，今日头条，http://toutiao.com，2016 - 05 - 09.

② 施爱东：《谣言生产和传播的职业化倾向》，《民族艺术》2015 年第 4 期。

在那儿看，大家都要看……你看见这个标题，你也会点。”①

谣言总是开门见山，一语惊人，决不使用循序渐进的叙述手法。一则惊悚的标题对于谣言传播往往起到事半功倍的效果，虽然这样的惊悚标题多数都是反常识的命题，经不起仔细推敲，正如食品安全专家所指出的：“仔细看看这些标题下的内容，无非是收集一些过时的消息，把一些查出极少数食品中有砷超标的，就称其为‘比砒霜还要毒’；果蔬中测出有农药或者农药超标的就称其为‘剧毒’；粮食中只要有黄曲霉毒素的就称其为‘百分之百致癌’。就算食物中被检出含致癌物或有毒物质，也并不意味着它一定会致癌或有毒，断然宣称其为致癌食物或有毒食物显然是无中生有，是对公众健康极不负责任的行为。”②

但在这个信息过剩、快餐文化盛行的时代，对于信息的仔细推敲并非多数网民的读帖习惯，相反，浏览标题之后立即对事物做出印象式的判断，快速参与评论和传播才是网络时代的读帖风气。为了迎合网民懒于阅读、惰于思考的习惯，谣言家们逐渐形成了一些相对固定的标题制作模式，如偏爱使用惊叹号，以及善恶对照、黑白映衬、严厉质问、极度夸张等煽情的修辞手法，组织情绪化的祈使短句，编造骇人听闻的网络谣言。

“求转发”与“求辟谣”

魏泉认为，“求转发”是网络谣言最明显的形态特征，谣言所关注的并非事实真相，而是以快速传播为诉求，以点击率或转发量为目的：“以往流言蜚语和小道消息在亲友之间口耳相传时，鉴于消息的敏感性，尽管谣言总会不胫而走，但是人们在谈论时常常要附上一句：‘千万不要说出去’。‘请勿外传’的潜台词，固然并非真的不希望让更多的人知道此事，而只是一种对消息的价值和重要性的强调，但是从‘请勿外传’到‘求转发’，却是一个耐人寻味的转折。”③

腾讯公司将各种强制、煽动、利诱用户将消息分享至朋友圈的行为定义为“诱导分享”，并且进一步将“求转发”诱导分享界定为：“用夸张言语来胁迫、引诱用户分享。包括但不限于：‘不转不是中国人’‘请好心人转发一下’‘转发后一生平安’‘转疯了’‘必转’等。”④ 此外，中山大学大数据传播实验室通过对200篇诱导分享谣言的统计分析发现，依照“高阅读+高点赞+高举报”进行排序，排名前六的谣言主题分别是“金钱（94篇）、名人相关（58篇）、社会秩序（36篇）、人身安全（32篇）、奇闻逸闻（21篇）、健康养生（19篇）、政治/政策相关（19篇）”⑤。

网络谣言中的“求转发”，往往置于谣言的题头或结尾处。一般来说，置于题头的“求转发”形态比较单纯，主要为“求转”“请转”“急转”“速转”“转起”“求扩散”

---

① 窦文涛：《谣言的标题就像裸体女人引人眼球》，凤凰网卫视—锵锵三人行，phtv. ifeng. com/program/qqsrx，2013－08－22.

② 马志英：《破解朋友圈食品安全谣言之标题恐吓》，《食品与安全》2016年第4期。

③ 魏泉：《网络时代的“谣言体”——以微信朋友圈为例》，《民俗研究》2016年第3期。

④ 腾讯公司：《微信朋友圈使用规范》，腾讯科技，http：//tech. qq. com，2015－03－15.

⑤ 徐静、曾繁宜：《微信“诱导分享”文章中47%涉及金钱主题》，《广州日报》2015年12月15日。

“求帮忙”“求你们了”等短语。置于结尾处的“求转发”又可细分为道德绑架、巫术胁迫、情感哀求三种类型。

一、道德绑架。也即在结尾的警示语中对读者的价值观、道德观提出绑架要求，明示或暗示“中国人”“好人”“有良知的人”就必须转发，否则就是“非我族类”。道德绑架在民族主义谣言和爱心谣言中表现得尤为突出。如：“是中国人就顶！不是不勉强！”“朋友们，拿起你的鼠标，复制然后粘贴一下！是中国人就速速转发!!”“是客家人就转一下。”“有爱心的网友请动动您宝贵的手指转一下，多一人转发就多一分希望。”“此时此刻请不要吝啬你的转发！有良知的请为阿伯转一下，替阿伯夺回公道!!!”

二、巫术胁迫。这类语言巫术还可细分为白巫术、黑巫术两种。白巫术以祝福和祈愿为主，如：“帮帮这个可爱的小女孩吧，好人终有好报！动动你的手指转发吧!”“66 秒内转发，全家平安!”“最灵验的‘过考符’，高考必备！转发有好运～”黑巫术以谴责和诅咒为主，如：“不转不是中国人!”“看完就转！不转不是人!”“看完请马上转发给你的亲人朋友，望大家小心。没良心的就不要转了。”“帮帮这位可怜的老人吧，若觉得会脏了你的手可以不转!”“戴玉的规矩，不懂不要乱戴！不转后悔!!”“中国人要让《贞子》票房为零。朋友们必须转起！谁看《贞子》倒霉一辈子!”

三、情感哀求。情感往往比事实更容易打动读者，因此，以情求转也是网络谣言常用的手法。如：“小伙伴们帮忙转发一下，谢谢亲们!”“医师强调，如果每个收到这份微博的人，能够转发十份给其他人，肯定至少有一条生命将会被挽救回来，请转发!”“请拿起鼠标转发扩散！让更多的人知道，这个社会并不和谐，在某一个角落还隐藏着邪恶!”“如果他给你的童年带去了无数欢乐，如果你觉得他是无可超越的经典，请默默地转发，让更多的人祝愿猴哥一路走好!”

如果说“求转发”的传播者未必知道自己转发的是谣言，那么，“求辟谣”的传播者则是明知其为谣言而传谣。

大凡网络中以“听说”“求辟谣”“求证实”开篇的消息，几乎没有不是谣言的。如：“听说韩寒在比赛中不幸身亡，是真的吗?”① “听说最近在江苏省徐州市沛县杨屯镇到龙固镇之间丢了 12 个孩子了，有团伙开着轿车，从孩子家长手里或者宝宝座椅里抢了就跑。”② “路边社消息：中国海军的一艘情报收集船于 15 日凌晨 3 点前后进入了鹿儿岛县口永良部岛以西的日本领海，清晨 5 点前后驶离领海。求证实……”③

这类消息发布者中，真咨询者少，打着求证名义故意造谣传谣者占了绝大多数。但无论是真咨询还是假咨询，消息发布者本人都明确表明了“不知情”或“无法坐实消息”的态度。正如上述案例所自称的“路边社消息”，但凡此类标榜“路边新闻社”或“洋葱社”“洋葱新闻”“路透消息”“路透短讯”，基本可以肯定是带有网民恶搞性质的谣言。

信源要素的缺失

我们关注谣言的语法，不仅要关注它们“有”什么，还可以关注它们“缺”什么，

① 微博“苏一新”，http://weibo.com/206327774，2012-08-28.

② 微博“姚慧淘”，http://weibo.com/u/1711335750，2012-08-01.

③ 微博“DS 大彪”，http://weibo.com/u/2288735533，2016-06-15.

谣言语法中最关键的缺失，是信源要素的缺失。因为谣言大多是无中生有、捕风捉影，或者张冠李戴、指鹿为马，所以大多数谣言都会故意模糊其信源问题，以躲避读者的追溯、倒查。

信源要素的缺失包括四种情况。

一是无具体信源。这类谣言最初级，也最容易识别。谣言往往只是使用“网传”“转发”“求证”“求辟谣”等非信源短语，虚构或转述一些容易引人瞩目的小道消息。比如：“网传，赵本山今晚被控制，在被抓时自杀未遂，赵本山已沦陷。”① “网传李双江儿子轮奸案和解。某认证博友称：李冠锋（李天一）未满 18 岁，作案又处醉酒状态，很难重判，5 名嫌疑人家长与被害女孩家长沟通，赔偿重金、北京户口、工作、1 套房，女孩已撤诉。”②

二是使用模糊信源。模糊信源旨在增加读者的倒查难度，阻止读者进一步查证，如“央视已经报道”“紧急通知！刚刚电视新闻已播出”“公安局提醒您”“外交部发言人说”等不确定、不具体、难以追查的信源短语。比如：“中央电视台《焦点访谈》已经播出，可口可乐承认旗下（果粒橙）含有美国禁用农药‘多菌灵’，多菌灵可致脑麻痹、肝脏肿瘤等癌症。包括香港正在销售的（果粒橙），香港食环署正在了解此事件。专家指出，（多菌灵）跟其他农药一样，对脑部影响最大，可引致局部麻痹，并会导致癌症。”③谣言既没有提供《焦点访谈》节目标题，也没有提供具体的播出时间，普通读者若要查证，无异于大海捞针。谣言表面上似乎提供了信源，事实上只是一种取信读者的谣言伎俩。

三是捏造虚假信源。有些谣言故意对信源进行模糊处理，犹抱琵琶半遮面，但也有些谣言言之凿凿，时间、地点、人物样样俱全，可事实上全是虚假信息。比如 2012 年广为流传的一则谣言：“近日，国务院文学专家谢丁河称，就官员和普通女性发生性关系的新闻报道，用‘嫖’字显得太不尊重官员和受害人，应该使用‘宠幸’一词。——到底是中华文化无耻，还是中国专家文人无耻?”许多传谣者还附录了“谢丁河”清晰的半身标准照④。这样的谣言貌似信源确凿，可是，不仅“谢丁河”是个子虚乌有的名字、“国务院文学专家”是个莫名其妙的头衔，就连照片都是盗用清华大学一位刘姓教授的，也即所有信源都是虚假的。可是，由于谣言图文并茂，貌似信源充分，多数读者并不核实查证，谣言依然得以广泛传播。

四是提供无效信源。有些谣言虽然交代了“知情者”或“当事人”的某种特定身份，甚至可能提供一些细节信息，但是读者却无法从中获取有效的检索方式，不可能核实信息真伪。如：“《柳州日报》7 月 12 日报道：7 月 7 日下午，柳州市的张先生在柳江河白沙二队附近亲水平台给小狗洗澡时，被 3 条凶猛的食人鱼攻击……食人鱼是有人故意投放，

---

① 辛闻：《传赵本山涉黑被抓搜出 20 吨黄金，徒弟辟谣》，中国警察网，http：//www.cpd.com.cn，2014－12－28.

② 微博“记者帐琴”，http：//weibo.com/u/1154814663，2013－03－25.

③ 今夜风凉凉：《各位，中央电视台“焦点访谈”已经播出》，百度贴吧—李毅吧，http：//tieba.baidu.com，2013－01－22.

④ 懒猫 1181：《对官员和女性发生关系用嫖字太不尊重应称为宠幸》，中华网，http：//www.china.com，2012－06－01.

经司法机关介入调查，现已查明，在华日籍人员平原一郎、野田吉秀有重大作案嫌疑！平原一郎，男，现年45岁，于2012年4月来华，从事电子贸易交易；野田吉秀，男，现年22岁，于2011年9月来华，现为国内某高校在读研究生。”① 该谣言真假信息掺杂发布，前半段消息为真，后半段消息为假，所谓的两个日本人，表面上连他们的出生年月、来华时间、目前身份都交代得清清楚楚，可以上全都是无效信源，根本无从查证。又比如：“以下图片是表姐的一个香港朋友发过来的。我看完之后，全身打冷抖…天啊…怎么会有这样的事情啊…”② 就算发帖人真有一个表姐，表姐真有一个香港朋友，读者从何处能找到这位“表姐的香港朋友”进行核实呢？类似的无效信源还有“我一个哥们”“一位医院工作的朋友”“我老婆的一位同学”“我父亲的一位同事”，等等。

这些无效信源的谣言显得更狡猾、更具欺骗性，获取的转发量往往也更大。有研究者指出：“在传播较广的谣言中，对信源有所交代的谣言是未提及信源谣言的近乎两倍。本研究的样本中，明确具体信源的谣言占比达到总样本数的51.1%，可见加入受到信任的信源信息成为谣言制造和传播过程中的常用手段。以往研究将谣言信源模糊性视为主要变量，然而本研究发现，明确提及信源并不会减弱其传播，‘亲眼看见’‘亲身体会’往往更能取得公众信任。”③

信源倒查是识别和查证谣言最有效的手段，有传播学者指出：“只要掌握几种‘武器’，就能提高对谣言的辨识能力。‘武器’之一：看信息来源。有些信息来源于道听途说，有些属于个人臆想式的‘孤证’；有些媒体发布的信息也没有明确的信息来源，只好标明‘网传’，类似信息的可靠性值得怀疑，不能轻信。‘武器’之二：要善于搜索、比对。一些谣言属于‘旧闻翻新’，虚化了时间、地点重新上传以误导网民；还有一些谣言的内容情节离奇，可以用关键词搜索的方法，将不同的说法进行比对，以判断信息的可信度。”④ 可是，正所谓道高一尺，魔高一丈，谣言家们总是会想出各种办法既规避辟谣网民的倒查，又博取普通网民的信任和转发，其最简便的做法就是提供虚假信源或无效信源。

极端化的夸张句式

谣言夸张、离奇、耸人听闻的故事风格，比那些平淡的叙述无疑更加生动，更容易取得谣言家想要达到的宣传效果。因此，谣言往往诉诸强烈的情感，体现为一种情绪化的思维和句式。比如这则抹黑民政抚恤的谣言：“一位老母亲在她儿子牺牲在老山前线20年后，终于第一次见到自己唯一儿子的坟墓。为什么20年她才来看儿子的墓？因为她没去云南烈士陵园的路费。儿子的战友找到了烈士的家，看到她的屋里只有一口破锅，一个土

---

① 柳花飘香：《日本人干的：广西柳州食人鱼来源已经查明》，中华网—中华论坛，http://club.china.com，2012-07-12.

② 默默：《关于肯德基看了让你心惊肉跳！为了祖国的下一代，看完请务必转载》，新浪博客“默默的博客”，http://blog.sina.com.cn/u/2189539033，2015-08-07.

③ 王理：《灾后谣言传播中的社会化辟谣研究——以“4·20”雅安地震为例》，《新媒体与社会》2014年第1期。

④ 余荣华、李亚楠：《北京网站共建辟谣平台》，《人民日报》2013年8月3日。

炕，一堆棉花套。老人只靠当地民政每个月给的 28 元过日子。"① 谣言发布者是一位作家，貌似平静的叙述中，饱含着强烈的情感暗示。

谣言都是"重口味"的。为了引起注意、刺激传播，谣言不仅迎合受传者的口味，还会将这种口味强化到极致。谣言重口味主要表现在各种故事功能的强化处理上，往往利用善恶对比，通过夸张形态、夸大程度等极端化的处理使叙述情景得到强化。在谣言的叙事中，灾难总是"最惨烈的"，受害者总是"最值得同情的"，施害者总是"最不能原谅的"，施害原因总是"最难以理喻的"。比如："七旬老汉靠卖自己种的菜为生。从执法车上下来了一个年轻人，朝马路边摆地摊卖青菜的老汉走来，连扇老汉几个耳光连推倒在地。老汉到处寻找执法者，只想告诉他，我从山里骑着烂单车到这里用了 3 个多小时，只想卖点钱给生病卧床的老伴买药。"②

对比手法是极端化谣言最常用的手法。在上面这则谣言中，"年轻城管"的粗暴、蛮横，与"卖菜老汉"的艰辛、无助都被推向了极致，形成了鲜明的强弱对比、善恶对照，很容易激发读者对于老汉的同情，以及对于城管的憎厌。又如："【抵抗强拆，女子在公安局被扒光】一中年女子在贵州盘县红果街上裸奔，家属称，这名女子因抗强拆被抓到公安局，她在公安局内就被扒光，公安们打赌称这名女子不会跑出公安局。最后围观人越来越多，公安感觉到事态严重性，于是把该妇女打晕抬上车，扬长而去。"③ 极其羸弱的受害者对应的是极其蛮横、无法无天的施暴者。施暴者暴行之极端，令人闻之亢阳鼓汤、血脉贲张，谣言想要的效果就是："这样的帖子看了不转，你还是人吗?"

在极端化谣言中，用做比较的对象总是那些公众日常最熟悉的、被视为极品的事物。如《这 7 种肉，医生已禁，比砒霜还毒》《天啊！最常吃的水果竟然比砒霜还要毒!》的比较对象是砒霜，《比三鹿奶粉毒性厉害 100 倍的大闸蟹，你还敢吃吗?》的比较对象是三鹿奶粉，《比德国"防洪神器"强 100 倍，来看看中国宋朝排水系统!》的比较对象是德国，《美国调查发现易拉罐上的细菌比马桶多》的比较对象是马桶。

类似的对比手法在民族主义谣言中表现得尤为突出。比较的对象也总是我们最熟悉的世界强国，所以，比得最多的是美国，其次是日本，再次是德国等。比如这则流传极广的谣言："美国护照中写着：'不管你身处何方，美国政府都是你强大的后盾。'在中国护照中写着：'请严格遵守当地的法律，并尊重那里的风俗习惯。'微评：美国说：出去了有人欺负你，招呼一声，咱修理他！中国说：出去了老实点，听人家话，少给老子惹麻烦!"④ 类似的谣言还有："1994 年前后，中美入世谈判最艰难的时刻，美方突然向中方提出：在全世界都实行双休日的今天，中国必须尊重人权，也给中国人双休日，并把这一项作为入世条件之一。于是，1995 年 5 月 1 日起，我国开始实行双休日工作制。我们到底应该感谢谁?"⑤

---

① 微博"作家熊聪颖"，weibo. com/u/1980547921，2011 - 11 - 28.

② 微博"琦元宝 123"，http：//weibo. com/u/3202681171，2013 - 05 - 01.

③ 微博"地被强征了"，http：//weibo. com/u/1846566497，2012 - 01 - 20.

④ 中国雨天：《中国护照和美国护照上面到底写的什么》，铁血网，http：//www. tiexue. net，2012 - 05 - 01.

⑤ 反人类犯罪：《是谁给了中国人双休日》，360doc 个人图书馆，http：//www. 360doc. com，2012 - 12 - 15.

在数字处理上，谣言的极端化特征尤其容易识别。谣言偏爱使用耸人听闻的大倍数、大概率数据，强化谣言对象的“决定性作用”，暗示“情节严重”，诱导读者“一定要转”。谣言数据都偏好使用诸如“100倍”“100%”“99%”等极端化的数字，如《吃了100%得癌的食物，千万别碰》《100%的癌症患者是酸性体质，你了解多少?》《萝卜这样吃，100%得癌症》《这个东西连皮吃，可防99%的癌，才2元一斤！可惜知道的人太少》《40年4万倍：香港股神是怎么炒股的?》《生姜堪比还魂药，可惜99%的人只当佐料》《老中医一绝，刮手指治百病！98%的人不知道》等。典型的谣言文本如：“全国人大代表韩德云，连续7年提交官员财产申报公开提案，否决率达99%。他已当选两届全国人大代表，今年他又一次提交要求官员财产公开提案，据说该提案一提出，全场立时鸦雀无声，代表们在无声中按下否决钮，否决率竟达99.99%！——由此是否可以得出结论：官员腐败率已达99.99%?”[①]

当然，微不足道、否定性的小概率数据也是一种逆向极端化的强调，如：《你的命不好，是因为你从来没有这样做……（据说只有1%的人知道)》《只有不到1%的人才知道的恐怖真相，不要说我没告诉你》等。

此外，用作对比的数字，也偏好使用整倍数来夸示其差距。如2012年7月北京暴雨，房山水灾，紧接着便是伦敦奥运会，有谣言称：“有7000名祖国记者去伦敦，只有不到70个记者去房山。这说明啥？据说，光央视就去了2000人。伦敦奥运会新闻中心也说，前来注册和非注册外国记者几乎一半是中国面孔。”[②] 谣言总是喜欢凑整数，之所以弄出个7000和70，就是为了凑出“相差100倍”的效果。

在修辞上，谣言偏好使用一些情绪性、极端化的副词或形容词，诸如“最”“绝对”“唯一”“永远”“严重”“肯定”“至少”“死定了”“断子绝孙”“无一幸免”，等等。如：“隐翅虫在你身上时绝对不要打，她身上有毒液，接触到皮肤，就死定了！跟你的孩子、朋友讲，万一身上有这虫，用嘴巴轻轻吹走就好。绝对不要用手打。如果每个收到这条信息的人，能够转给十个其他人，肯定至少有一条生命将会被挽救回来！”[③]

有网民模仿谣言夸张手法，戏编了这么一则耸人听闻的恶搞谣言：“紧急通知：震惊！太可怕了！烧开的自来水千万不要直接喝，转起来，让更多的人知道！经国内外数名专家及几千万例临床联合实验表明，无论是城市还是农村，无论是大铁锅还是电水壶、饮水机烧开的自来水，千万不要马上直接喝！直接喝的话……烫得很！”

荒唐的逻辑与混乱的语法

一般来说，文化层次和社会地位较低的网民，率先获得重大信息的可能性也非常小。由这些人发布的重大消息，除非能确认他们是目击者或者当事人，否则基本可以判定为谣言。那么，识别网民较低文化层次的指标是什么呢？主要有三：语法不通，叙事不清，逻

① 之夏：《触目惊心的中国式官场腐败》，天天观察网—天天评论，http://www.worldhots.com/opinion，2015-05-26.

② 微博“深圳热点”，http://weibo.com/u/2057384454，2012-07-30.

③ 方与圆623：《全球紧急通告：见到这种虫，千万不要打！100%致死!》，360doc个人图书馆，http://www.360doc.com，2014-10-29.

辑混乱！识别其较低社会地位的重要指标则是泼妇骂街似的情绪性语言，而非心平气和的事实分析。我们且看这则谣言："瓶子将会飘向钓鱼岛，飘向世界任何角落，里面装着人的，我们要向全世界呐喊，钓鱼岛是我们的，是无耻的，人滚出钓鱼岛。如果你爱，请复制扔五个出去……"① 该帖在用词、语法、逻辑各方面，处处都是问题，很可能是从某个QQ 邮箱漂流瓶中复制出来随意粘贴的，原有的一些表情符号缺失之后，显得语义混乱不堪。笔者通过搜索引擎一一追踪传播该帖的十几位网民的个人主页，分析其个人资料、照片及发帖历史，基本可以验证其年龄层次、文化层次和社会地位均有相对较低的特征。

2013 年雅安地震之后，微博上有一则广为流传的灾后谣言："雅安总人口 153 万，三星苹果富士康三家总共捐款加起来是 1 亿 6 千万，平均分给每个人是 105 万左右。现在还在缺物资，缺钱，各地方各组织各学校还在圈钱。钱去哪了我们不知道，真的不知道该说啥。再加上加多宝集团的一个亿。我只想问：钱呢？给老百姓们的钱呢？"② 谣言一出场就出现了"总共捐款加起来"的古怪句式，不仅文辞不畅、语句不通，更荒唐的是其弱智的算术，谣言的计算结果与实际计算结果足足相差了一万倍。稍有计算能力的小学生都能一眼看穿的荒唐算术，却欺骗了数以万计的网民，正应了一句无奈的网络名言："傻子太多，骗子都不够用了。"③

2012 年 8 月 24 日，美国一家地区法院裁定三星多款产品侵犯了苹果多项专利，被判向苹果支付高达 10.49 亿美元的罚金。随后，一则关于三星以硬币支付罚金的谣言迅速风行各大网站："近日，满载 5 美分硬币的 30 辆卡车抵达苹果位于加利福尼亚的总部。一开始，苹果安保说卡车停错了地方，几分钟后，蒂姆—库克接到三星总裁的电话，后者说这就是三星给苹果的 10 亿赔偿金……苹果为此头疼，他们必须花费大量时间来数钱，存钱，希望有银行愿意接受这笔大存款。三星电子总裁李健熙告诉媒体，他们不会被一群狡猾的极客吓倒，如果要玩阴的，他们也知道怎么玩。你们可以用这些硬币买早点，或者把它溶掉来造电脑。反正这不是我的问题，我已经遵守法律赔给你们了。"④

如此荒唐的谣言，居然能引起一些诸如"央广网"等官方媒体的编发，也是怪事。且不说有网民列出算式，一个钢镚重 5 克，10 亿美元就是 200 亿个钢镚，总重 10 万吨，就算一个大卡车能拉 100 吨，那也得 1000 辆大卡车！而不是区区 30 辆；单说三星总裁所谓的"玩阴的"，谣言声称"苹果为此头疼，他们必须花费大量时间来数钱"，可是，难道三星筹集 10 亿美元钢镚就会比苹果数钱来得更容易吗？这种"杀敌一百，自损三千"的蠢招，到底是在"阴"别人还是"阴"自己，这不明摆着吗？

很快有网民通过检索发现，这则谣言源自一个名叫 El Deforma（意为"变形"）的墨西哥网站，该网站专门发布讽刺性假消息⑤。也就是说，这本来就是一则恶搞的"假新闻"，部分网民"错把棒槌认了针（真）"了。

---

① 开心网"连尉青"，http://www.kaixin001.com/home/4342012.html，2012-09-18.

② 微博"coser 子寒"，http://weibo.com/p/1005052147593591，2013-05-13.

③ 吴卓平：《傻子太多，骗子都不够用了》，《杭州日报》2014 年 11 月 26 日。

④ 央广科技：《传三星赔偿苹果 10 亿美元：5 分硬币装满 30 辆卡车》，央广网，http://www.cnr.cn，2012-08-30.

⑤ Stuart Thomas, "Hoax: Samsung paid Apple its $1bn damages in nickels", Memeburn, http://memeburn.com，2012-08-28.

荒唐的恶搞谣言或钓鱼谣言被网民不加辨识地当成“新闻”或“真事”，是当代网络谣言中非常突出的现象。钓鱼谣言往往故意使用夸张的语气、荒唐的逻辑、震撼性的内容，引诱识别能力较低的网民当“新闻”传播。比如：“汕头市人民医院昨天凌晨二点二十一分，一孕妇感染 SB250 病毒死亡，年龄 31 岁，双胞胎孩子还在妈妈肚子里，参与抢救的医生已经被隔离，据悉孕妇是在市场买草鱼回家做酸菜鱼吃后发觉呕吐头晕送院，中央 250 套电视新闻已播出，暂时别吃鱼肉、酸菜，特别是草鱼、酸菜鱼、水煮鱼，因汕头市到揭阳市 250x10 个鱼塘已感染。收到马上发给你关心的人，预防永远胜过治疗。”① 所谓“鱼塘”以及各种“鱼”，指的就是“钓鱼”的“鱼”。更可笑的是，其中反复出现“250”（民间俗语“傻瓜”），甚至直接出现“SB”（网络用语“傻逼”的拼音代码），明显讽刺上当者即“傻逼 250”，但就是挡不住网民的“一键转发”。

一位网民对于误信钓鱼谣言的自省状，颇能用以说明钓鱼谣言为何总是风行不止：“我以前有过非常神棍的一段时间，也干过对谣言进行升级的事情，所以我想这些人的心态大概是类似的：看到一条消息之后，自己脑补出比原消息更多的内容，然后再擅自把原谣言中的一些不符合自己想法的东西改掉，比如原信息中有一些内容逻辑不自恰或者看起来很奇怪，理解这部分信息有困难的时候，我会用自己脑补的信息（进行加工），比如把 250 改成 260 之类的，让谣言内容更加符合自己的理解。谣言被这么一加工后，少了很多原有的信息，多了很多脑补出来的东西，而且少掉的内容往往是信息发布者故意加进去用来提醒观众‘钓鱼’的信息。然后，最关键的是，我自己会完全相信这个被自己加工过的谣言版本，而且会比谣言的原始版本更加相信。”②

直截浅白的警示语

在我们的话语系统中，“谣言”是一种负能量的叙事，可是没有一个传谣者会承认他正在传播的是一则谣言，因为谣言总是披着正能量的道德外衣（或价值外衣/情感外衣）行走江湖的。笔者曾在一个微信八卦群中指出一则信息为谣言，一位邓姓网友马上驳斥道：“事件本身真不真实不重要，关键是作者指出了当代社会的现实问题，话糙理不糙！”这句话说出了谣言的一种文体属性——寓言属性。

谣言和寓言在形式上具有很高的相似度。多数寓言都是为阐释道理而编造的故事，并非真实事件；多数谣言也是经由捕风捉影、添油加醋而精心编造的，披上了“正能量”价值观的虚拟故事。寓言多有鲜明的讽刺性和教育性，借助简单的故事来阐释一个富有训诫意义的主题或道理；谣言也多是借助虚构的或者变形的故事，来达到讽刺不良社会现象、抨击时政时弊的“风谣”作用。寓言大多由此及彼、借古喻今、以小见大；谣言更是热衷于张冠李戴、声东击西、指桑骂槐。两者最为关键的相似之处，都会在结尾处引出一段启示语或警示语。

---

① 食人妖萨满：《微信谣言“SB250 病毒”传播变化分析》，果壳网—谣言粉碎机，http：//www.guokr.com，2016－04－27.

② “字符与标点”对“食人妖萨满”《微信谣言“SB250 病毒”传播变化分析》的评论，果壳网—谣言粉碎机，http：//www.guokr.com，2016－04－28. 原文语句不大通顺，引文在遵照原意的基础上略有订正。

不过，两者之间也有巨大的差别：寓言的结束语是一种启示，倾向于阐明一个哲理，以诉诸理性的方式来启迪读者思考；而谣言的结束语是一种警示，倾向于发出警报，以诉诸感性的方式来煽起读者的情绪，或者以激烈的言辞来恐吓、感染读者，以谋求特定的效果。谣言警示语主要可以分为三种。

一、防范性警示语。警示读者注意某种潜在的危害。如："一个人在家千万不要给陌生人开门。""为了你和家人的健康，请转发！""请当地居民提前预防，并迅速相互转告。""如果每个看到这条微博的人，能够转发 10 份给其他人，肯定至少有一条命将会被救回！""年关将至，请各位家长出入公共场所务必带好孩子！""男士们注意了……珍爱生命，远离 Wi－Fi！""请火速转给你在乎的朋友，不要给孩子们喝这种饮料。""通知大家先谨慎对待这个消息，暂时别吃牛肉制品。""刚刚微博看到的，好可怕啊。"

二、谴责性/诅咒性警示语。主要用于黑幕谣言，向谴责对象发出严厉警告或表达问责立场。如："这就是大家谴责的中海油卖国事件。""评：让官员艳照来得更猛烈些吧！""在中国到底还有多少这样的外籍官员？""滚滚滚！杀杀杀！""团伙作案手法迅速，可恶的人贩子不得好死！""一起来发现屠杀食用猫咪的场所和人吧！！迅速行动起来！！""人类请降低你们的欲望吧！""女人不能乱睡。看看出事了吧！""小日本鬼子滚出中国，我们不欢迎你！日本猪！"

谴责性警示语中，反讽也是占比非常大的一种。如："计生国策干掉自己的孩子，却资助别人家孩子，中国人民很行，真的行，相当行。""（李天一）律师团告诉我们：轮奸就要第一个上！""中国人固有一死，或死于地沟油，或死于石灰面粉，或死于结石奶粉，或死于毒疫苗。""她喜欢出名，咱们就帮帮她吧！"

三、爱心提示语。提请读者转发谣言献爱心、表忠心。如："请帮忙转发一下！""爱心转发，抗震救灾！""爱心接力。请看了的人帮忙转给你的群，我相信转的好心人一定有好报。""也许您的一下简单转发就能给孩子们一个温暖幸福的冬天！""他的妈妈已近崩溃，望知情者提供线索，求扩散！"等。

四、祈愿/呼吁式警示语。这类警示语主要用于强调立场，表达愿望。如："请动一下鼠标，转发，表达一下谢意。""如果是真的，中国雄起！""日本人说中国人垃圾不团结，腾讯公司和日本打赌，转发超过两百万的话，日本人就是垃圾，是中国人的就转！""跨民族结婚，生一个孩子奖励一万。结婚吧咱。""希望警方尽快缉拿凶手，查明真相，告慰良心！""转出去，让更多人知道！"

谣言毕竟不是寓言，谣言警示语并没有什么引人深思的哲学思想，更不会含蓄委婉地轻点灵犀，它总是激情澎湃、直截了当地诉诸情绪，表达一种浅白的立场。有时，谣言也会聘请一些虚拟的"专家"或"警方"作为警示语的权威发布者，如："专家认为，这将成为世界历史上的不解之谜！""专家说法：活该……""警察提醒：这是一种新型电信诈骗。"在这里，所谓"专家"或"警察"只是谣言的代言道具，既不具备专业素质，也不代表道德高度，只是用来唬人。

（原载《民族艺术》2016 年第 5 期）

湖北英山地区的“生死异姓”现象及传说

李 牧*

【摘要】湖北英山地区的丧葬习俗“死后易姓”是在特定历史社会环境下，某一宗族的成员为求宗族的生存与发展而根据其所掌握的社会文化资源做出的长期策略性选择。这一习俗的稳定传承取决于宗族间长期存在的一方对于另一方的强烈依附。在外在形式上，习俗的稳定性是通过祖先传说的建构和讲述，以及宗族间共同祭祖的仪式来实现的。

一 引言

姓氏是中华传统文化的重要符号之一，是个体和族群身份认同的重要组成部分。个人及宗族的姓氏一般不能轻易改变，如有改动，常与较为深刻的社会文化因素有关。中国历史上所出现的改姓现象，如所谓“避忌改姓”“避难改姓”“赐姓”“贬姓”“汉化改姓”“过继改姓”“入赘改姓”及“随母改嫁随养父姓”等，前辈学者已有较详尽的论述，在此不再赘述①。而本文所讨论的，湖北英山地区的“生死异姓”，与上述改姓现象既有联系，又存在差异。本文将首先以蒋萧氏为例介绍何谓“生死异姓”，进而通过前辈学者的研究成果及笔者田野访谈资料，对《蒋萧氏宗谱》中《由蒋入萧记》这篇专门解释此现象的重要文献进行解读，最后，借助当地及附近其他宗族的“生死异姓”传说，笔者将提出一些或许并不成熟的思考，冀能为进一步全面理解此现象提供可能。

二 湖北英山的“生承萧姓，死归蒋宗”

英山县今属湖北省黄冈市，位于湖北省东北角，大别山南麓，与皖西的金寨、霍山接壤。据民国九年版《英山县志卷一·地理志·沿革》所载，直至民国时期，英山县属地与今安徽诸邑归属同一行政区，因此，英山在文化上与皖省更为接近；同时，在人员流动

---

* 作者系东南大学艺术学院讲师。

① 参见陈连庆《中国古代少数民族姓氏研究》，吉林文史出版社 1993 年版；郝黎《唐代的赐姓赐名制度》，《文史知识》2003 年第 9 期；汪化云、陈金仙《避忌改姓现象述略》，《汉字文化》2003 年第 3 期；向熹《漫谈中国历史上的改姓》，《文史杂志》2000 年第 2 期；张书岩《我国古代的改姓问题》，《汉语学习》1995 年第 3 期；张宗钦《改姓·赐姓·贬姓》，《中国近代史及史料研究》2010 年。

上，英山与皖省的人际互动也更为频繁。与安徽的许多地方（古徽州为典型）类似[①]，自宋以降，除商业活动较为活跃的县城及一些市镇外，在乡村，英山民众大多是以父系血缘及世系聚族而居的。据笔者田野调查了解，英山的许多村落，在今天仍有十分明显的，一姓集中而形成大姓的现象，如草盘地镇（俗称“草盘”，故下文皆称“草盘”）星光村多黄姓，杨柳镇芭茅街村多胡姓，以及方咀镇多方姓，等等。当地地名也反映了英山历史上较为突出的聚族而居现象，如马家畈、张家咀、吕家湾、陶家河、王家老屋及曹家冲等地均以姓氏命名。可见，在历史上，英山地区的宗族力量较强。据笔者朋友，也是此次调查活动的陪同者，英山草盘人黄鹤[②]介绍，当地民众一般将英山依水系划分为三个片区，即东河、南河及西河。每一片区都有所谓的“大姓”。东河有四大姓：徐、胡、萧、杜；西河亦有四大姓：余、傅、金、叶；南河则有两大姓：王与段。

东河萧氏家族中的一支，即所谓的“草盘萧”（萧姓的最大支派）有一个颇为独特的风俗，即此宗族的萧姓男子去世后，其墓碑上所将刻写的姓氏，不再是其生前所使用的“萧”姓，而是看起来与其生活毫无相干的“蒋”姓。黄鹤已故外祖父即是草盘萧姓，由于其外祖母伍翠华仍然健在，故仍未立碑。黄鹤的外祖母说，待她百年之后，与其夫合葬之时，其夫墓碑上会刻写“蒋”姓[③]。笔者 2015 年 8 月在草盘镇调查时，正好有一位“萧”姓老人去世。据其亲友说，来年清明之前，家人会为其立碑，而碑上会依据传统铭刻“蒋”姓。黄鹤大堂姐夫萧志文（章字辈，属高辈分）之兄萧志龙即是当地一名刻碑人。萧志龙告诉笔者，在其职业生涯中，草盘萧姓家族过世之人，从未有不改姓的；如有不改姓的，则必定是同姓不同宗[④]。据萧氏族人介绍，萧氏“生死异姓”的传统始于该族的迁英（即迁到英山县）五世祖萧子才。根据 2003 年编撰的九修《蒋萧氏家谱》，萧子才应生活于宋元之际。其夫妇合葬之墓如今在草盘镇大屋村三组大屋垸背后山。该墓坐西北朝东南，大圆头，灰麻岩石质。碑高 1.6 米，碑宽 0.95 米，碑厚 0.15 米，封土堆高 1 米。碑中间阴刻：“主簿五世祖考蒋公子才，始妣蒋母徐老孺人之墓”，碑右侧阴刻：“大清同治元年庚午仲冬月”，碑左侧阴刻“合族重修”。据湖北英山县文物局（暨博物馆——毕昇纪念馆）工作人员姜红胜介绍，此属宋代墓葬，因经受水害，清代重立。据姜先生说，当地习俗会将老碑置于新碑之内，故现今看不到旧物[⑤]。从此碑上可以看到，在生时为“萧”姓的子才公及其夫人，墓碑上所刻却为“蒋公”及“蒋母”。若此墓确属宋代墓葬（或元代初年），那么英山草盘萧氏家族的“生死异姓”传统已有近千年的历史。而“生死异姓”起源为何呢?

---

① 关于中国宗族研究的论著已汗牛充栋，可参阅常建华之《二十世纪的中国宗族研究》（《历史研究》1999 年第 5 期）、《近十年宋辽金元宗族研究综述》（《安徽史学》2011 年第 1 期）、《近十年明清宗族研究综述》（《安徽史学》2010 年第 1 期）和《近十年晚清民国以来宗族研究综述》（《安徽史学》2009 年第 3 期）等文章对国内外宗族研究作全面了解。

② 黄鹤乃笔者本科及硕士阶段的北大同届同学，目前正在北京大学继续攻读博士学位。

③ 笔者于 2015 年 8 月 4 日曾与伍翠华女士就此事交谈。

④ 笔者于 2015 年 8 月 5 日曾与萧志龙先生讨论此事。

⑤ 笔者于 2015 年 8 月 7 日曾与姜红胜先生交谈。

三 解读《由蒋入萧记》

对于“生姓萧，死姓蒋”的传统，萧氏族人，特别是其中的妇女及年青一代，大多是只知其事，但对原因则语焉不详。直至笔者遇到前述提到的，作为草盘萧氏章字辈长兄的萧志龙，这个问题才有了初步答案。萧志龙所藏九修《蒋萧氏宗谱》中有一则名为《由蒋入萧记》的文字，为光绪二十六年（公元1900年）萧氏裔孙萧际云所撰写①。现录全文如下：

事有传闻史实，以至袭谬沿讹，愚者信之。即间有疑其事者，而年代湮远，苦于考证之无从，未尝不掩卷太息，不敢轻为变易也。如我四世祖由蒋入萧之由，据前谱所载，不但没祖妣报恩之意，且未深体祖考继绝之心。犹幸呵护有灵，越数百年尚留残帙。俾后有人得循借书刊谬之例。此次谱牒，若不补载，是心诬祖，咎更甚于臆断也，忍乎哉？

按光绪丙子科廿一世孙序伦领乡荐，往潜省墓，追祭小河南之蒋氏祠，居数日，于乱书中得前明旧谱一帙，载我英邑一支，承萧户籍原委，不禁感泣涕零，讶前谱已经五修，何考核之未确也。因怀此帙归示族人。乃知省一生潜邑，远馆于英之东河。英有萧氏夫妇，家资甚巨，仅生一子，抚候姓女为养媳，年甫十龄，而萧之子殁，翁姑念承继无人，爱侯女不忍嫁，遂以媳为女。每执手欷歔曰：“萧氏之绝续，视此女也。”频年选婿，无当意者，省一公馆英日久，萧素慕其为人，请媒邀为赘婿。登门之日，二老悲喜交集，首告以子丧媳留之苦衷，且曰：“为他人婿则呼为半子，为我家婿，则倚为宗子也。”迨生子子才、子贵，候妣遂固请之。尝愀然曰：“今二老虽亡，言犹在耳，目之瞑否，未可知也。”公亦不胜恻恒，且感候妣之不忍负恩。爰命自五世后，生承萧姓，死归蒋宗，庶几恩义两全，根源不没云。嗟乎！我族书香罔替，而蜚声桂苑者不乏其人，自泽及公后二百余年，伦序始接其踵，得毋公妣实迹未彰，故阴为启牖，默为指使欤。

今谱之修，伦序已下世五稔矣。年未周甲，有志未成，他事惜无多见。而往潜一役，有功于祖居多，欣喜之余，感慨系之矣。继自今公妣之心迹，皎于日月，谱则从蒋，姓则从萧，继继绳绳，足慰候妣之灵于地下。惟萧氏源源，杳不可溯，即欲寻候妣翁之墓，而登高凭吊，并不知何处荒烟蔓草中，有一抔黄土也！族中议者曰：“是毋庸虑，异日为四世祖妣建专祠，将以前萧氏历代英灵，合一祖而追祀之可乎？”众曰：“诺。”

裔孙际云撰

光绪二十六年岁官庚子孟秋月合族　补载

此篇记述内容极为丰富，笔者将讨论以下几个问题。第一，关于《由蒋入萧记》的建构性质。在此篇记文所述的故事版本被发现以前，关于萧氏族人生死异姓的传说很多，而记文中的版本则出现较晚，且鲜为人知。从行文上看，记文作者对于其他关于此习俗的传说持否定态度，认为这些传闻“失实”，是“袭谬沿讹”。最重要的，其认为这些传闻有诋毁萧氏祖先之意，“不但没祖妣报恩之意，且未深体祖考继绝之心”。由于材料缺乏，现已不能得知记文作者所针对的传闻内容，但笔者在草盘走访时，耳闻了几则与记文故事

① 载于九修《蒋萧氏宗谱》第64页。

不同的传说。以下是与草盘萧氏同姓不同宗的退休教师萧辉华所述的版本[①]：

> 我记得他是一个姓萧的，一个姓萧的男的，跟的一个姓蒋的女的，中途结婚了，所以后来呢，因为这个事情打官司，姓萧的要孩子们姓萧，姓蒋的要求孩子们姓蒋，那是什么时候我也搞不清楚，应该是古代的时候，后来两个打官司，县官就一判呢，说一个要后代姓萧，一个要后代姓蒋，所以呢，判的就是说呢，要解决这个矛盾，就生姓萧，死姓蒋。

由于草盘萧氏生死异姓的习俗为当地人所熟知，因此，即使不是萧姓人士对此习俗也颇为了解。以下是黄鹤二伯父黄开炯的版本[②]：

> 有一个女的，先嫁了萧家，有了孩子，又嫁给了蒋家，这个孩子呢，后来很有出息，做了大官，两家就争这个孩子应该姓萧还是姓蒋，因为这个孩子有萧氏的血脉，又为蒋氏所扶养，所以朝廷呢就颁布说让“生姓萧，死姓蒋”。

除此之外，笔者还听到另外一个版本，为一位不愿意透露姓名的黄先生及一位万先生所述：

> 萧氏的媳妇与蒋氏私通，生下一个儿子，姓萧，后来做了大官，后来两家人争这个孩子的姓氏，后来皇帝判说“生姓萧，死姓蒋”。

在这三个版本中，萧辉华的版本讲述的起因是夫妇之间的矛盾，黄开炯的版本讲述的起因是妇女改嫁，而黄万二人版本中的起因则是女子的不贞。从内容而言，这三个版本确实不如记文故事符合社会伦常，故记文的版本被萧氏家族成员，特别是宗谱修订者所接受，实属合情合理。而此处的合情合理正反映了记文浓厚的后世建构意味[③]。如果信息确实，从时间上看，记文故事所本谱牒的年代，正与自明朝（特别是明嘉靖十五年“大礼议”后）开始的，大规模的明清民间造谱修谱运动相吻合。这一运动是

---

① 笔者于2015年8月5日对萧辉华先生进行访谈。

② 笔者曾于2015年8月5日与黄开炯先生对此事进行交谈。

③ 关于宗谱中祖先传说的建构性，可参阅陈支平《福建族谱》（福建人民出版社1996年），黄挺《16世纪潮州的家族建构与官绅关系——以碑刻资料为中心的一项研究》（《潮学研究》2002年第10期）、《碑刻文本里的16世纪潮汕社会》（《汕头大学学报》2003年第1期）及《16世纪潮州士大夫的家族建构与家史重写——以翁万达的举丁翁氏家族为例》（《汕头大学学报》2005年第2期），李甜《“方德让家”：从旌德方氏看明清皖南宗族的家史编纂》（《安徽史学》2014年第3期），刘志伟《附会、传说与历史真实——珠江三角洲族谱中宗族历史的叙事结构及其意义》（上海图书馆编：《中国谱牒研究》，上海古籍出版社1999年版）及《从乡豪历史到士人记忆——由黄佐〈自叙先世行状〉看明代地方势力的转变》（《历史研究》2006年第6期），饶伟新《清代赣南客民的联宗谱及其意义初探》（《赣南师范学院学报》2007年第4期），汪受宽《巩昌汪氏的族属及其与徽州汪氏的通谱》（《民族研究》2006年第3期），钟俊红《地方宗族主导下的民间传说流传——基于大坪圩钟氏宗族相关民间传说个案研究》（《民族文学研究》2011年第5期）。

由各地拥有官职或功名的士大夫乡绅阶层主导的。从《由蒋入萧记》中可以看到，萧伦序是萧氏族人中首位看到所谓“前明旧谱”的。同时，据民国九年版《英山县志卷十·选举志·科第》[①] 所记，他也是自宋代以来，首位获取功名（举人）的萧氏族人（光绪二年丙子科，即1876年）。因此，为了使本族传统契合儒家伦常，萧伦序很可能在未见到旧谱的情况下，“创作”了《由蒋入萧记》。这或许可以解释，记文故事直到清末，才被发现的原因。

当然，如果萧伦序确是见到旧谱，笔者推测，此谱中的记录应是较早的记文故事版本。即是说，在萧伦序以前，族人应已开始构建新的习俗传说。据九修《蒋萧氏宗谱·五修谱序》所记，此族宗谱的第一次编修当在清康熙四十五年（公元1706年），而直到萧际云所补载的光绪二十六年（公元1900年），如其所云，“讶前谱已经五修，何考核之未确也”。这近二百年的时间，或许是萧氏族人致力于将祖先形象及“生死异姓”习俗伦理化的时间。从明朝编辑故事的族人始到萧际云止，“前谱所载”之“失实”传闻便已被完全删除。另外，从记文故事与笔者耳闻的三则传说的比较中可以看到，记文故事之外的三则传说大都强调女性行为，如夫妻争执、改嫁或失贞等，对于后世习俗的深刻影响，而记文故事则较倾向于以男性为中心。这一转变极有可能与萧伦序中举，萧氏族人由此获得政治地位的提高有关。但这个男性形象，因为其婚姻形式，又是值得玩味的。

第二，蒋省一的入赘问题。记文故事的核心人物（蒋）萧氏的四世祖蒋省一并非英山本地人，而是来自潜邑（今安徽霍山县附近）的教书先生。由于其人品好，被当地富户萧家看中，选为女婿。而女方并不是萧氏之生女，而是其为已故独子早已选定的童养媳，虽未过门，但已有媳妇之名。因此，蒋省一的婚姻形式应该类似于迎娶“望门寡妇”的入赘婚[②]。在民间的入赘婚中，依据女婿自身的社会地位，财富、翁婿关系及夫妻关系等参数的不同，入赘的女婿在家庭中的地位，及其所享有的丈人财富的使用权和继承权是不同的。在有宋一代，《宋刑统》中并未提及赘婿的地位与权利，因此，生活在南宋中晚期的蒋省一可算是弱势群体，其家庭及社会地位是缺乏保障的。但是，从记文故事来看，由于蒋省一拥有作为教书先生（“坐馆”）的文化身份，较之需要应付繁重赋税差役的一般赘婿而言，应该比较舒适。更何况，萧氏“家资甚巨”，并将蒋省一倚为宗子，翁婿关系应该比较和谐。即是说，入赘女婿蒋省一承担了萧氏继绝的责任，成为萧氏的异姓宗子。在历代王朝政府所颁行的法律及许多宗族族规中（根据朝代和宗族的不同，在具体规定上有所差异），虽然异姓承祧往往被禁止或严格限制，但在民间实践中，民间惯例与官方规定存在巨大冲突，即使在宗法力量十分强

① 民国九年版《英山县志卷十·选举志·科第》页四。

② 关于赘婚制的诸多形式的介绍与解读，可参阅初晓旭、王壹《从〈名公书判清明集〉看南宋赘婿的财产继承权》（《学术交流》2013年第10期），果娜、孙剑艺《古代“赘婿”的称谓祠勾稽及礼俗特性分析》（《民俗研究》2011年第4期），郭松义《从赘婿地位看入赘婚的家庭关系——以清代为例》（《清史研究》2002年第4期），李云根《宋代入赘婚略论》（《江西社会科学》2012年第8期），石璠《宋代弱势群体法律地位探析——以寡妇、赘婿和养子为例》（中国政法大学，2005年法律史硕士学位论文）及郑鑫龙《元代赘婚制度法律研究》（西南政法大学，2012年法学硕士学位论文）等。

势的古徽州地区，异姓承祧的现象比比皆是[①]。作为宗子，蒋省一在萧氏二老去世之后，继承了萧氏的户籍，同时享有了萧氏家族财产的使用权甚至支配权。虽然宋代的赘婚制并未强制赘婿改姓，但从九修《蒋萧氏宗谱》所载的萧氏世系看，蒋省一应随萧姓，并更名为萧一省[②]。但是，蒋省一对于家庭财产的支配可能是受到限制的。据学者考证，宋代法律只规定了寡妇、女儿等与户主有法律承认的继承关系的家庭成员，在户绝（没有男丁——笔者案）情况下的权利[③]。因此，蒋妻侯氏应该享有受法律保护的财产控制权。从记文来看，确是由于侯氏的坚持，蒋省一才做出了让后辈子孙“生承萧姓，死归蒋宗”的决定，而没有让孩子归宗。试想，如若侯氏没有对于家庭的一定控制权，蒋省一很可能逃避其作为“宗子”的承祧义务。这一点可从该族祭祀实践上得到旁证。

第三，(蒋)萧氏祭祀问题。记文中提到，《由蒋入萧记》是光绪年间中举的萧伦序，在祭祖省墓时发现的。可见，英山萧姓的裔孙并非在英山祭祖，而是“往潜”，而且，其所祭奠的并非萧氏先祖，而是“追祭小河南之蒋氏祠”。依照宗法，异姓承继或者赘婿的子孙所应祭祀的应是承继的户主，或者说，该户主应是承继该户的后辈所祭祀的祖先之一。笔者祖父也曾入赘当地富户，并将本姓“李”改随岳父“张”姓，膝下儿女亦皆从张姓，并传之子孙至今[④]。如今家中祭奠，神主牌位上皆书“张李氏历代祖宗”。反观英山萧氏，虽承萧姓，却无祭奠萧氏祖先的习俗。如记文所述，“惟萧氏源源，杳不可溯，即欲寻候妣翁之墓，而登高凭吊，并不知何处荒烟蔓草中，有一抔黄土也!”另外，如九修《蒋萧氏宗谱》记载，蒋省一逝后并未葬在英山，而是回归潜邑安葬。以下是宗谱中关于蒋省一的记录[⑤]：

> 继嗣子 省一
>
> 妣侯氏，公入赘萧门后，生子二：子才、子贵。公席萧业，因萧公承继无人，不

---

① 关于异姓承祧，可参阅陈瑞《明清时期徽州宗族内部的血缘秩序控制》(《中国社会历史评论》第8卷，天津古籍出版社2007年版)，高楠《宋代归宗改姓问题初探——从〈建炎元年兵士张德状〉谈起》(《宋史研究论丛》2011年第00期)，韩宁平《清代徽州的拟血亲承继——以〈星源甲道张氏宗谱〉为中心》(《黄山学院学报》2007年第9卷第4期)，胡中生《异姓承继及其上谱的争论与收族理念的转变》(《徽学》第六卷)，华琛、秦兆雄《族人与外人：一个中国宗族的收养》(《广西民族学院学报》2004年第1期)，金眉《唐宋养子制度变动研究——以异姓男的收养为考察对象》(《法制与社会发展》2011年第4期)，栾成显《明清徽州宗族的异姓承继》(《历史研究》2005年第3期)，王善军《从〈名公书判清明集〉看宋代的宗祧继承及其与财产继承的关系》(《中国社会经济史研究》1998年第2期)，魏天安《宋代的户绝继承法》(《中州学刊》2005年第3期)，汪庆元《明代徽州“义男”考论》(《中国社会经济史研究》2004年第1期)，张爱萍《继嗣与继产：明清以来徽州宗族的族内过继》(《安徽史学》2012年第4期)。

② 九修《蒋萧氏宗谱》，第78页。

③ 参阅初晓旭、王壹《从〈名公书判清明集〉看南宋赘婿的财产继承权》(《学术交流》2013年第10期)，果娜、孙剑艺《古代“赘婿”的称谓祠勾稽及礼俗特性分析》(《民俗研究》2011年第4期)，郭松义《从赘婿地位看入赘婚的家庭关系——以清代为例》(《清史研究》2002年第4期)，李云根《宋代入赘婚略论》(《江西社会科学》2012年第8期)，石璠《宋代弱势群体法律地位探析——以寡妇、赘婿和养子为例》(中国政法大学，2005年法律史硕士学位论文)及郑鑫龙《元代赘婚制度法律研究》(西南政法大学，2012年法学硕士学位论文)等。

④ 笔者李姓乃有独特原因，在此不便赘述。

⑤ 九修《蒋萧氏宗谱·卷一》，第91页。

忍没其姓氏，命子孙生承萧姓，殁归蒋宗。凡祭祀、茔墓、碑誌，仍书蒋氏。此公恩义两全之深意，即本支承萧姓之由来。公往潜探生身父母，殁于潜，葬蕨萁坪二龙戏珠，与生父母同茔共碑，辛乙向。侯妣殁，葬本乡朱家山万栗园灵鼠投仓形，甲庚向。七世祖妣周氏，八世祖妣李氏殁，附葬左右，同冢共向，有碑。

从此段文字中可以看到，蒋省一去世后，其遗骸并未运回英山，并最终与其妻侯氏合葬，而是被留在潜邑，与其父母同葬。从记文来看，侯氏也并未被后代子孙所祭奠（或经常祭奠）。直至光绪年间，族人才提议为侯氏建专祠，并在祠中同祭萧氏历代先灵。但是，直至今日，祭奠萧氏的计划仍然只有蓝图。更重要的是，由于“生承萧姓，死归蒋宗”的传统，萧氏族人在去世后，便不再与“萧”氏有任何牵连，如此，“萧”氏从仪式上便被完全涂抹，“未绝”的草盘萧氏，变成了文化仪式上的“绝户”。在这一意义上，蒋省一的做法似乎并未做到“恩义两全”，甚至有“忘恩负义”之嫌。作为继嗣子的蒋省一，为何在当时宗法观念逐渐兴盛和强势的地区，不顾宗法之约束，一意为之呢?

四　“生死异姓”之我观

首先，不论从宋代国家法律还是从当时的宗法观念出发，萧氏纳蒋省一为赘婿，并将之倚为宗子，以及之后蒋省一较为自由地归宗，且使其子孙不再祭祀萧氏祖先等现象，均不易出现在一个本宗凝聚力较强的宗族[①]。根据九修《蒋萧氏宗谱》可得以下萧氏世系图（从蒋省一的萧氏高祖始）[②]：

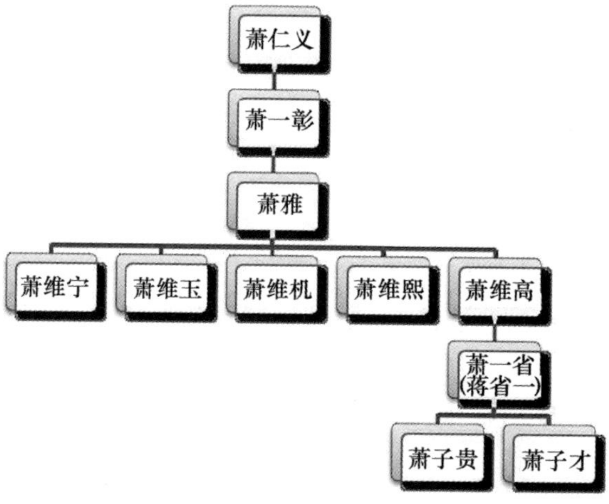

① 关于这一点，可参阅陈支平《福建族谱》（福建人民出版社 1996 年版），黄宽重《宋代的家族与社会》（台北东大图书股份有限公司，2006 年），费成康《中国的家法族规》（上海社会科学院出版社 1998 年版），冯尔康等《中国宗族社会》（浙江人民出版社 1994 年版），《名公书判清明集·卷七·户婚》（中华书局 1987 年版），王善军《宋代宗族和宗族制度研究》（河北教育出版社 2000 年版）、《宋代宗族发展的区域差异及其原因》（《安徽史学》2013 年第 1 期）。

② 九修《蒋萧氏宗谱》，第 78 页。

关于这一支系的萧氏家族，九修《蒋萧氏宗谱》有以下一段介绍：

> （萧）大心（萧姓始祖——笔者案）得姓受氏以来，代远年湮，支分派别，至南宋前，通族已分成三十二大宗派，分布于少数民族及海内外，极为复杂。细理瓜藤，上下左右细心求索，终于理出嫡传世系。自心公至二十一世何公（指萧何——笔者按），世居沛郡，故为“沛郡宗派”。四十世整公为淮阴令，居武进之东城里，遂为南兰陵，历齐、梁、陈、隋、唐，虽徙迁不一，皆自兰陵分，仍以“兰陵宗派”赅之，五十五世悟公，至五十七世廪公，为“豫章宗派”。自五十八世益公，至七十二世一彰公，为“武陵宗派”。彰公之子雅公，由下萧红崖迁湖广武昌府兴国州（即湖北省阳新县黄桥洪坪市），为兴国萧姓始祖。雅公之后裔，有留居洪坪市、居黄冈徙大冶的，有先后迁居罗田、英山的，并迁居岳西、霍山、立煌、霍丘等县的，他们十四世以前，均以“湖广兴国宗派”而断。唯雅公长子维高公始迁英邑，未与任何宗支联合，因亲生一子少殇，以未婚童养媳倶女招我蒋公省一入赘为嗣。生子才公，正式承萧户籍。故宜另起新宗，自子才公诸祖以下，应为“鄂英蒋萧宗派”。
>
> 爰自心祖至子才公，计七十六世，合列一表，一线嫡传，微及其旁。斯表也，固亲其亲祖之义，亦俾后人穷源而上，知吾身之所自，竟委而下，知吾族之兴，于焉未艾也。是为引。

此文的作者是萧氏裔孙，现年81岁的退休历史老师萧同敬。他告诉笔者，为探寻萧氏先祖，其曾用七年时间翻阅以《二十四史》为主的历代史书，及所能查阅的萧氏宗谱，将萧氏列祖之世系列出①。萧先生谈道：“以前的家谱没有了。修这个家谱非常难。找不到根据。到处凑，慢慢凑出来的。”萧氏先祖部分的后世建构自不待言，亦非本文考察之重点。但萧先生在访谈中提到，其对于萧氏“湖广兴国宗派”及“鄂英蒋萧宗派”的记述，是参阅现存各派之谱牒。若数谱可以互相印证，则其世系源流应是各派所共同承认的。即是说，各宗派的世居地、迁徙过程及相互间的亲疏关系，讹误应该较少，故英山萧氏的源流大致应该不错。此文中提到，英山萧氏的始祖，应是萧雅的长子萧维高，即蒋省一所承继的户主。另外，据九修《蒋萧氏宗谱》，萧维高的二弟萧维熙没有子嗣，三弟萧维机迁居黄州府，而其四弟萧维玉和五弟萧维宁则留在兴国②。萧维高迁英以后，“未与任何宗支联合”，而且是该族迁徙到英山的唯一宗支，因此，选择同宗子弟承祧，便是较为困难的（当然，也有可能是其自身不愿意选择同宗承继）。这一萧氏家庭由于疏离本宗，一方面较少受到宗族及宗法的制约，有较强的独立性和自由度，这应该也是萧维高夫妇能顺利纳赘，以及后来蒋省一可以归宗并立下“生死异姓”宗约的重要原因。但是，在另一方面，由于没有强大的宗族作为后盾，英山的萧氏家族可能缺乏与其他宗族竞争的实力，因而，其所能支配的社会资源，便也十分有限。据民国九年《英山县志卷一·地理志·物产》③所记，英山“境多山，鲜平畴广陌。田不恒及三之一。而东西二河，近因河物淤塞，沿河左右之田，半被河身佔有，田几又去十分之一。惟邑境山稍平衍，田地较

---

① 笔者曾于2015年8月5日对萧同敬先生进行访谈。

② 九修《蒋萧氏宗谱》，第78页。

③ 民国九年《英山县志卷一·地理志·物产》页十六。

阔，故丰岁仅足自给，歉岁则食邻封。”由此可见，英山当地自然资源较为贫乏。虽然县志中并未提及各宗族之间是否出现激烈争斗，但依据一些学者对中国其他地区宗族，特别是移民宗族关系之研究①，进行推测，英山当地的竞争也应十分激烈。而解决宗族之间争端的有效方法之一，便是壮大自己的宗族力量，与有利益冲突的宗族实现实力上的对等，甚至超越，以维持互不侵犯的局面，或者迫使对方离开自己的生活场域。

作为萧维高系的萧氏家族，直到招赘蒋省一，在英山仍未发祥，男丁甚少，枝叶不茂。由于势单力薄，萧氏必须利用英山以外的宗族关系，来增强自己的实力。而在其迁徙到英山的初始阶段，英山萧氏可以整合，并且可靠的资源仅有两个，一是萧氏在鄂皖境内的其他支派，如前文提到的，定居在兴国及黄州的维高诸弟，二是作为萧氏姻亲蒋省一的蒋氏家族。从宗法角度而言，英山萧氏首先应该寻求鄂皖其他萧氏家族的支持。但是，正如前引萧同敬文所述，自萧维高迁英以后，便与家族其他成员没有往来。其原因不明，可能相互有隙，或者担心同宗子弟觊觎其资财。关于萧氏家族各支之间的疏离，萧同敬先生曾提到下例：

> 我最近发现，就是我这支人一件事，搬到六安那边去了，我算账，三百多年了，跟你年纪差不多的两个小伙子找到这儿来了，找到我了。的确是我这的，是我这大字辈祖人时候搬过去了，一直两三百年，这么近，没联系，他不晓得。但是他的排行相像。我说怎么个排行呢？上辈往下传的，小时候要我读得非要我背，大了他要我写得出来。就是这样往下传的。我说你幸亏往下传，不然你追不到根儿。到我这儿我帮他查到了，是白树湾那支人，大字辈脚下。

可以推测，由于萧维高与其他鄂皖萧族支派疏远，蒋省一亦不可能与这些亲族亲近。再者，萧同敬文也提到，萧氏族人定居于兴国仅不到两代，而迁居黄州则不及一代。因此，这些族人恐怕与萧维高一样，立足未稳，可能仍自顾不暇，有心无力。最后，蒋省一的赘婿身份，或其后的异姓宗子身份，可能不易得到萧氏族人的认同。因此，蒋省一便转向定居于潜邑的蒋氏族人寻求支持。这大抵可以解释前引略传中所提到的蒋省一归潜邑探望父母（可能是经常性的行为，且每次时间不短），且最后逝于潜邑并与父母同葬等问题。

但是，需要提及的是，蒋省一向蒋氏族人寻求帮助，并建立英山萧氏与潜邑蒋氏的联系，并非情急之下的无奈之举，这一转向明智而有效。除蒋省一与其父母及族人关系，较鄂皖萧氏家族应更为亲密外，还因为蒋氏家族在英山及潜邑等地，已历五世，而且人丁兴

---

① 关于宗族之间的竞争关系，可参阅郎擎霄《中国南方械斗之原因及其组织》（《东方杂志》第30卷第19期，1933年）、《近三百年来中国南部之民间械斗》（《建国月刊》第14卷第3—5期，1936年）、《清代粤东械斗史实》（《岭南学报》第4卷第2期），朴元熇《从柳山方氏看明代徽州宗族组织的扩大》（《历史研究》1997年第1期），谭棣华《略论清代广东的械斗》（《清史研究通讯》1985年第3期）、《清代珠江三角洲的沙田》（广东人民出版社1993年版），王昌宜《明清徽州的汪氏宗族与汪王信仰》（《宗教学研究》2012年第2期），徐晓望《试论清代闽粤乡族械斗》（《学术研究》1989年第5期）。

旺。据九修《萧蒋氏宗谱·卷一·蒋氏宗源》所载[①]：

> 九十三世，发显公，字子礼，名必举，别号芾，谥荣敏。世居江苏宜兴，后徙锡山。南宋辛未年（一一五一）进士，文武兼全，拜仆射同平章事兼枢密使，官至吏部侍郎。时值南宋向金称臣，政治腐败，战乱频繁。母卒辞官，再诏力辞不就。迁居徽州黄山龙源，后徙江西鄱阳，再转迁潜邑，最后定居英山。殁葬柳林河杨柳桥。实为我族迁英始祖。公生二世祖万浩公，由英迁潜，生元一、元二、元三。元一复由潜迁英，生省一、省八。省一公入赘萧公维高门下，生五世子才公，爰命从五世起，生承萧姓，死归蒋宗，此乃蒋萧氏之特色由来也！省八公后裔，昌繁英邑。元二公之后，绵延潜、怀。元三迁河南光山，元末，有裔孙蒋仕杰，为避乱而迁居浙江奉化，亦成巨族。

此段文字亦出自萧同敬之手。从其整理的蒋氏迁英以后的世系中，可以看到，蒋氏宗族虽也有迁徙分居，但大部分族人定居地极为接近。即使是迁徙河南的蒋元三支族，其活动之光山（即今天河南光山县）也紧靠大别山，为今天鄂豫皖之交界，与英山及潜邑，在地理上十分接近，使得宗族成员之间的相互支持成为可能。另外，从此段记文中可以看到，较之同一时期萧氏族人，蒋氏族人在丁口上更有优势，使得他们有能力支持蒋省一承继的英山萧氏。而所有因素中最为重要的，或许是（所构建的）蒋氏先祖显赫的社会地位及文化资源。

与名不见经传的萧氏族人不同[②]，蒋氏宗族的迁英始祖是南宋名宦蒋发显。据上引《萧蒋氏宗谱·卷一·蒋氏宗源》所载，发显公是“南宋辛未年（一一五一）进士，文武兼全，拜仆射同平章事兼枢密使，官至吏部侍郎”。在访谈中，萧同敬先生特意补充说：“官做到吏部侍郎，相当于现在大概部长这么大个官。他那时很年轻，文武双全，秦桧想利用他。他就借这个事向皇帝请假，说母亲死了，我回去奔丧，葬母亲，他就这样跑了，不再回朝中了”。萧同敬先生告诉笔者，此公在《宋史》中有传。笔者翻阅《宋史》，确是在《卷三百八十四·列传第一百四十三》中寻到了“蒋芾”的传：

> 蒋芾字子礼，常州宜兴人，之奇曾孙。绍兴二十一年，进士第二人。孝宗即位，累迁起居郎兼直学士院。
>
> 签书枢密院事，……
>
> 除权参知政事、同知国用事。
>
> 明年，拜右仆射、同中书门下平章事兼枢密使。会母疾卒，诏起复，拜左仆射，芾力辞。有密旨欲今岁大举，手诏廷臣议，或主和，或主恢复，使芾决之。芾奏：“天时人事未至。”拂上意。服阕，除观文殿大学士、知绍兴府、提举洞霄宫。寻以言者论，落职，建昌军居住。期年，有旨自便。再提举洞霄宫，卒。

---

① 九修《蒋萧氏宗谱》，第 34 页。

② 据九修《蒋萧氏宗谱》（第 90 页），萧雅之子，萧维高之弟萧维玉与萧维宁后取得功名。萧维玉登宋宁宗嘉定元年科第（未注排次），官至中书舍人。其弟后官封太常博士，赠将士郎。但笔者并未在《宋史》中找到关于二人之记载。

两相比对可知，《蒋萧氏宗谱》及萧同敬先生所述的先祖蒋发显的字与名，和《宋史》中蒋芾的字不同。《宋史》亦未提到蒋芾的别名以及谥号。二者相同之处，仅是发显公的别号，与蒋芾之名相合。其次，在萧氏族人的著文及谈论中，蒋发显官至吏部侍郎，而《宋史》中的蒋芾则是身居宰辅。再次，萧同敬先生提到，蒋发显是因不甘为奸臣秦桧利用，而借母丧辞官，且之后不再就官。而根据《宋史・卷四百七十三・列传第二百三十二》，秦桧卒于宋高宗绍兴二十五年（1155 年），先不论绍兴二十一年（1151 年）中进士的蒋芾能与秦桧这样的宰辅大臣能有多少交集；就《宋史》而论，蒋芾直到孝宗朝仍然为官。再者，依据《宋史》，蒋芾在服母丧之后，力辞的是左仆射之职，之后其仍然“除观文殿大学士、知绍兴府、提举洞霄宫”，可见其仍在官场。最后，虽然蒋芾曾迁居建昌军（今江西南城县），但其最后应是在“提举洞霄宫”任上去世的。而洞宵宫乃是今浙江省杭州市余杭区中泰乡的大涤山中峰下，大涤洞旁的一处道观，南宋时多以去位之宰执大臣提举洞霄宫。可见，蒋芾应是在杭州，即当时南宋都城临安去世的。而根据萧氏族人，蒋发显逝于英山，且墓冢存留至今。根据英山县文物局的资料，蒋发显夫妇的墓冢在今湖北省黄冈市英山县温泉镇斗米畈村。蒋发显夫妇墓属于较大的墓葬，包括墓冢一座，碑刻四通，石雕二件。此墓座西北朝东南，三门四柱，两层碑盖头，大理石质，碑通高 1. 74 米，宽 2. 28 米，厚 0. 10 米。碑中间阴刻：“迁英始祖蒋公发显大人，母何老夫人，母袁老夫人墓”。封土堆高 3 米。此墓现已被认定为宋代墓葬，属县级文物保护单位。据英山县文物局工作人员的调查，萧氏族人近几年每逢清明节都对该墓进行清沟、维修和祭拜，因此墓葬保护较好，只是墓碑两侧石雕被盗。

但是，与前述（蒋）萧子才的墓碑类似，两墓虽然都被认为是宋墓，却难以找到切实之证据。根据前引姜红胜先生的解释，旧的墓碑一般都会依照当地惯例，置于重修之墓或者重立之碑中，现已不可见。根据蒋发显夫妇墓之碑文，此墓是在 1997 年重修的，晚于重修之（蒋）萧子才夫妇墓，如今并未留下旧墓或旧碑的图片或文字资料。而如今可见的碑文，与九修《蒋萧氏宗谱》中的记文十分类似，同样是 1997 年重修家谱之始重新书写的，因此并不能作为蒋发显生平的佐证。因此，蒋发显与蒋芾极有可能并非一人，而所谓别号为芾，乃是巧合或是后人的附会之作。关于这一点，在访谈中，萧同敬先生也承认：“这以前是无文字可查。只是我们这支人一直传下来的。那是历代往下传的。墓碑上有写。都是说蒋发显，从江西瓦屑坝，迁到英山来的。因为我在史料上追了蒋发显，这今后在我们的家史家谱上我都把它记载了。以前也有记载，没得现在清楚。”可见，将蒋发显认作蒋芾的说法由来已久，并非九修《蒋萧氏宗谱》之萧氏族人首创，或始于明代的修谱运动或更早的历史阶段。

而英山蒋萧氏所联结的蒋芾家族，乃是宋代的高门世家。蒋芾的曾祖，出身名门的蒋之奇在其时也是名动一时的。据《宋史・卷三百四十三・列传第一百二》载，“蒋之奇，字颖叔，常州宜兴人。以伯父枢密直学士堂荫得官。擢进士第，中《春秋三传》科，至太常博士；又举贤良方正，试六论中选，及对策，失书问目，报罢。英宗览而善之，擢监察御史。”随后，蒋之奇历经北宋数代皇帝，“为部使者十二任，六曲会府，以治办称。且孜孜以人物为己任”，是一位很有政绩的人物。笔者臆断，蒋发显的蒋氏宗族能在英山一地立足并发展，除其自身努力之外，或与其所“缔结”的与宜兴蒋氏宗族的同宗关系密切相关[①]。而英山的萧氏宗族则通过建立与蒋氏的联系，实现了与宜兴望族的联宗关系。或由于萧氏宗族所塑造的祖先形象，使其逐渐在地方事务中取得高位。萧氏五世祖萧子才之生平可为旁证[②]：

省长子　七六世　子才

主薄。字荣甫，生于南宋宁宗嘉定十一年。承萧姓，为鄂英蒋萧派始祖。维时红巾作乱[③]，公率乡众扎天马寨，保障一方，输粮济国，受主薄冠带。

许多宗族研究者认为，宋代自北宋始，科举兴盛，到萧子才所生活的南宋末年，中国，特别是汉族政权控制地区，已然发展为较成熟的科举社会；而科举社会的特征就是社会中崇尚科举世家或者“尚官”的风气，士绅阶层开始逐渐控制（或已经控制）乡村社会[④]。在这一背景下，以宜兴世代官宦的蒋氏家族作为其文化资源，加上英山萧维高氏所遗留的家财，丁口不旺的萧子才才有可能在地方社会中脱颖而出，“控制”“乡众”，且在取得胜利之后被授予“主薄冠带”之殊荣。

依前所述，从蒋省一开始，萧氏族人或已开始与蒋氏频繁接触。作为蒋省一本人，虽然入赘萧家为嗣子，但其与父母兄弟的血缘关系是不容置疑的。因此，遇到困难时，蒋省一返回本宗寻求支援，并最终获得帮助的成功率不低。但是，其后辈子孙是否还能维系这样的互助关系，则是一个疑问。笔者在对《由萧入蒋记》的分析中提到，为应付现实社会生活中的困难，蒋省一曾考虑过将子孙归宗，无奈由于自己入赘及嗣子的地位，加上夫人侯氏的坚持，想法并未完全付诸实践。而是选择了一个折中的方法，即“生承萧姓，死归蒋宗”。在前引蒋省一的略传中，有以下文字：“命子孙生承萧姓，殁归蒋宗。凡祭祀、茔墓、碑誌，仍书蒋氏”。如此，至少从文字上，萧氏宗族与原蒋氏宗族之关系便可世代延续。而更为重要的是，蒋省一为萧氏子孙创立了一套祭奠蒋氏祖先的制度。许多学者提到，共同祭祖具有十分强烈的宗族认同的象征意义；宗族的凝聚力往往是通过祭祖仪

① 关于同姓不同宗而通过建构祖先故事重构通谱以达到现实功利目的的，可参阅冯尔康《古代宗族乱以名贤为祖先的通病——以明人〈新安萧江宗谱〉为例》（《中国宗族制度与谱牒编纂》，天津古籍出版社 2011 年版，第 282—314 页），刘志伟《祖先谱系的重构及其意义——珠江三角洲一个宗族的个案分析》（《中国社会经济史研究》1992 年第 4 期），王日根、张先刚《从墓地、族谱到祠堂：明清山东栖霞宗族凝聚纽带的变迁》（《历史研究》2008 年第 2 期），汪受宽《巩昌汪氏的族属及其与徽州汪氏的通谱》（《西北民族研究》2006 年第 3 期），吴景山《元代汪世显家族碑志资料辑录》（《西北民族研究》1999 年第 1 期）熊远报《清代徽州地域社会史研究：境界・集团・ネットワークと社会秩序》（东京汲古书院 2003 年版，第 69—148 页）。

② 九修《蒋萧氏宗谱》，第 91 页。

③ 所谓“红巾作乱”，应为元末，笔者以为此处有误。

④ 可参阅康武刚《宋代的宗族组织与基层社会秩序》（《学术界》2015 年第 4 期），林济《弗里德曼模式与中国宗族社会史研究》（《史学理论研究》2003 年第 2 期），刘志伟《宗法、户籍与宗族——以大埔茶阳〈饶氏族谱〉为中心的讨论》（《中山大学学报》2004 年第 6 期），徐斌《由涣散到整合：国家、地方及宗族之内——以黄冈县郭氏宗族的形成与发展为例》（《中国社会历史评论》第七卷，2006 年），张邦炜《婚姻与社会（宋代）》（四川人民出版社 1989 年版），朱开宇《科举社会、地域秩序与家族发展》（台大文史丛刊，台湾大学出版委员会，2004 年）。

式来催生和构建的[①]。从这一点出发思考蒋省一的归葬，会发现这一举动值得玩味。蒋省一选择不与自己的妻子侯氏合葬，而是与父母同葬一处，使得萧氏与蒋氏族人共同祭祖成为一个客观事实。而且，前引蒋省一略传中提到，侯氏的墓葬周围有“七世祖妣周氏”和“八世祖妣李氏”“附葬左右”，均未与丈夫合葬。可见，除蒋省一外，其曾孙及玄孙亦有可能归葬蒋氏故地。而且，后世子孙归葬的比例也应该不低。从《由蒋入萧记》可知，光绪时的裔孙萧伦序是到潜邑祭祀的，而当时士大夫一般按朱子《家礼》在宗祠中应只祭奠高曾祖考四代（不论大宗或作为小宗的本宗）[②]。因此，可以推测，当时萧伦序的近祖中，应该有人归葬蒋氏宗祠。再者，《由蒋入萧记》中提到，萧伦序是在居潜邑祭祖的时候，发现了载有符合伦常的生死异姓故事的明朝谱牒。这说明蒋氏家族收藏着萧氏的宗谱，或者其旧宗谱中有关于萧蒋同宗的记载。从这一点上看，蒋氏族人直到清末仍认同萧氏族人的同族关系，并同意这些“异姓”与他们共同祭祖，二姓关系的亲密程度可见一斑。当然，以上分析多出于笔者的推断，还需实证相佐。在此，笔者从自身民俗学专业的角度，引入一例与萧蒋生死异姓类似的传说，作为以上分析的经验佐证。

五 生死异姓之汪胡传说

前文提到，在英山之东河片区，有所谓徐、胡、萧、杜四大姓。在四姓之中，胡氏家族也有与生死异姓相关的传说。胡氏家族在英山多有分布，但大都以东河片区的杨柳镇芭茅街村为中心向外辐射。与胡氏相关的生死异姓传说，被当地人称为“汪胡一姓”，这一说法，即使在英山其他地区，如雷家店镇和草盘镇也有流传。而与此传说有关的汪氏宗族，则聚居于与英山县杨柳镇接壤的，安徽省六安市金寨县燕子河镇凉亭村。“汪胡一姓”的习俗与萧蒋生死异姓类似，即汪氏男性族人去世以后，其墓碑上不刻汪姓，而改为胡姓。对于“汪胡一姓”的考察，笔者采用与萧蒋异姓不同的方法，即在调查萧蒋异姓时，笔者是从改姓者的角度探讨，而对于“汪胡一姓”，笔者则从保持原姓的一方进行。关于“汪胡一姓”，胡氏宗族流传着这样的说法[③]：

> 关于汪胡呢，是胡家的姑娘嫁给了汪氏，生了儿子以后回娘家，在胡家夭折了，死了，胡氏又不好搞啊，对不对？不敢讲，不能讲，最后采取了一个什么办法呢？把胡氏的一个小孩，就是她哥哥的小孩，就当成她的儿子，带回给汪氏。（他哥哥就把自己的小孩给妹妹带回去）。这个事情不能讲，不能讲是因为她在娘家住的时间长，这以后呢，就是传说啊。传说呢，就是（这个小孩）死了以后啊，树碑，树碑就是

---

① 可参阅常建华《明代墓祠祭祖述论》（《天津师范大学学报》2003年第4期），科大卫、刘志伟《宗族与地方社会的国家认同——明清华南地区宗族发展的意识形态基础》（《历史研究》2000年第3期），钱杭《血缘与地缘之间：中国历史上的联宗与联宗组织》（上海社会科学院出版社2001年版），郑振满《宋以后福建的祭祖习俗与宗族组织》（《厦门大学学报》1987年增刊），庄孔韶《银翅——中国的地方社会与文化变迁》（生活·读书·新知三联书店2000年版）。

② 刘志伟:《宗法、户籍与宗族——以大埔茶阳〈饶氏族谱〉为中心的讨论》，《中山大学学报》2004年第6期。

③ 笔者于2015年8月7日对胡氏宗族第二十四世长兄胡跃及二十三世著名孝子胡拥军进行访谈。

汪氏的，这个碑上写的就是汪，但是一树就倒，一树就倒，树不起来。之后汪氏到胡氏来问，是什么原因，最后胡氏就坦诚地跟他讲了这个事情。后来这个碑写上胡氏以后才能树起来。这就是汪胡一姓的来历。汪家的后代其实是胡氏的根本。现在汪氏住的地方就在安徽一带，就在这附近，也不远。跟我们接壤。在安徽凉亭坳。汪氏都到我们英山胡氏祠堂祭祖。

与萧蒋异姓传说相较，除增加了一些神秘成分外，汪胡故事大致与前者类同，也可被看成一个异姓承祧的叙述。只是萧氏和蒋氏在入赘（或者说异姓继嗣）之前没有任何血缘或社会关系，而此处的汪氏和胡氏是姻亲。在中国社会，婚姻关系是除血缘关系之外，最重要的社会关系之一。由于婚姻关系的缔结，两个毫无血缘关系的家庭或者家族，甚至整个宗族，都可能受到影响。而两个家族的结合，往往使双方的实力增强，从而能够更为有效地参与社会资源的竞争。王日根和张先刚在二人对于山东栖霞地区的宗族研究中，提到："栖霞地区的族谱对娶进媳妇所属之村落、嫁出去的女儿之家庭，也都有比较详细的记载。……对于娶进媳妇娘家村落以及其亲属的记录和强调，一方面是记录彼此间的亲属关系，另一方面也有利于巩固和强化两姓之间、两村落之间的联络。……族谱中对姻亲关系的重视，一定程度上表明其对宗族发展影响巨大。……族谱中对姻亲关系的详细记录，则在一定程度上反映了宗族力量相对不足，其他社会关系尤其是姻亲关系成为宗族力量的有益补充。"① 而汪胡两族，不仅是姻亲，而且通过异姓承祧成为一家人。在英山资源贫乏的境况中，他们的联合不仅是感情上的，也是生存现状所决定的。

不过，虽然从汪胡一姓的故事看，汪氏实为胡氏后裔，改姓胡氏情有可原。但在现实生活中，两个宗族之间的关系或许不是平等的。首先，汪氏之祖，即那位被用作"顶替"表兄，送往汪家做嗣子的胡公，在胡氏族谱之中并未记载。或许，如胡跃先生所说，胡氏宗谱只是列了世系，由于其迁出本家，或者胡氏宗族为了掩盖"顶替"之实，故意不载此事。但是，胡拥军先生说："汪胡这个事情不是一个小事啊，是一个大事啊，大家基本上都知道，这肯定是有充足的根据，很多东西都是代代流传下来的"。而这个"充足的根据"，或许只记载在汪氏族谱。如前引《由蒋入萧记》，此故事可能是后世建构的文本，目的是二姓联宗。而联宗的推动者，大概是汪氏，而非胡氏。这一推断可从汪胡的祭祖活动得到部分证实。据胡跃先生介绍，胡氏在英山，特别是东河杨柳一带是大户，因此在很早以前，胡氏家族便有祭祖的习俗。在明清时代，胡氏族人修建了恢宏壮观、雕饰极其精美的胡氏宗祠，并于每年冬至及新年，有全宗族的祭祀活动。虽然遭遇历次政治运动，旧祠堂已不复存在。而改革开放后，胡氏族人又开始修建宗祠。如今，新宗祠位于芭茅街村附近，每年都会有盛大的祭祖活动。除胡氏宗族以外，自旧时到现在，安徽金寨的汪氏族人一直都是祠堂修建及祭祖活动的重要参与者，且皆以胡氏族人自居。据胡拥军先生观察，"每年祭祖汪氏都回来，比我们还隆重，都是整猪，整羊。一两百台车"。从汪氏参与胡氏宗族的祭祖活动来看，汪氏族人历来认同胡氏。而这种长期保持的高度认同感，除"汪胡一姓"故事所提到的血缘关系及姻亲关系外，想必还有历史上长期存在的，以胡氏为中心的利益共生关系。正如胡跃及胡拥军先生都提到的："应该说，我们历史上对汪家

① 王日根、张先刚：《从墓地、族谱到祠堂：明清山东栖霞宗族凝聚纽带的变迁》，《历史研究》2008 年第 2 期。

算是有恩的”。这一份恩情，除了为汪家继嗣外，应还有其他元素。

六 反对旧制

在访谈及一般性交谈中，笔者多次询问受访对象，是否知晓有不遵循生死异姓规矩的族人。外姓人的回答往往是肯定的，他们认为，萧氏或者汪氏子孙肯定有不遵守此项族规之人。但是，基于其作为刻碑人的长期经验，萧志龙至今不曾见过一例违反祖制的行为。其弟萧志文持与其兄相同的看法，认为“传统不是你说改变就改变的。我们萧家人做事还是依照传统和俗例的，哪能任凭个人乱改”[①]。但是，如今，九修《蒋萧氏宗谱》的主修人之一萧同敬，则对此有不同的看法。萧先生说：

> 我们应该是姓萧。现在到萧子才，到现在20代了，应该姓萧，如果牵得起这个藤，就更好，如果牵不起这个藤，我们就单独一支萧。再不可能再转姓为蒋。到现在20多代了，你么可能（英山方言，么，即没——笔者按）转去改姓，不可能。和原来姓萧的不同。现在就有了。过去家族管着在，不能乱搞。在我的观点就不同了。民国推翻了，民国不可能再用清朝的，这个东西。人要随时代走，要与时俱进。他们平生，从出生开始姓萧，如果说你改成姓蒋，他的子孙就搞不清楚。怎么我姓萧，我的太爹姓蒋。这就是个矛盾，存在的问题。这是我们的祖先留下来的问题。所以从我这开始，比如我和我哥。因为我和蒋家根本毫无血缘关系了。对这个事，我现在有个想法，我想翻这个案，到我头上已经24代了。就是说从一世祖到现在我已经24代。自古以来，没有一个人死了过后改姓。不可能，所以我想翻这个案，再修谱的话，如果我在的话，翻这个案。这里面，还有个什么呢，我有很足的根据。一是，姓萧的我们这支人有点名望的，县志、省志、包括国史，你生姓么事（英山方言，么事，即什么——笔者按），死了还姓么事。你不可能，比如说我萧同敬，如果有点能力，在国家档案室，写着萧同敬，死了之后不可能改成蒋同敬撒，是吧？

萧同敬先生的这段话，清楚地表明了其希望改变旧制的想法。他告诉笔者，会要求子孙在墓碑上刻写“萧”姓。萧先生对其改变旧俗的想法提出了两个理由。其一，是“和蒋家根本毫无血缘关系了”；其二，是英山萧氏族人的声望已经在慢慢提高，改姓在制度上已不可能。据萧志龙介绍，如今萧氏在草盘为主的英山地区已蔚为大族，丁男超过两万人。从萧志龙介绍的情况分析萧同敬先生的话，笔者推测，在今天安定丰足的时代，作为英山大族的萧氏，已经无须强为与他族认亲联合，即是说，从前宗族间依附关系的利益基础已不存在，故萧氏对于蒋氏的认同便在今天弱化了。关于这一点，黄素龙在介绍与英山地区相似的，广东潮汕姓氏的“生死异姓”现象时，也有提及，但仅限于描述逸闻[②]。

---

① 笔者曾于2015年8月5日与萧志文先生就此事进行交谈。

② 黄素龙：《生死异姓：潮汕姓氏中的奇特现象》，《寻根》2011年第5期。

结语

通过以上的分析，笔者阐述了湖北英山宗族生死异姓的习俗背后，邻近宗族之间的利益依附关系。这一利益共生关系的维系，往往是通过祖先故事的建构，以及丧葬祭祖仪式的践行而实现的。通过祖先故事的叙述传承及仪式礼俗的延续，由于姻亲关系而可能疏远的宗族间关系，重新回归到血亲关系上，使得事实上的异姓联宗成为可能。而这种联宗并不仅是家庭层面的异姓联合，更非临时性或短期的策略性交换，乃是具有较大人口数量的，长期稳定的宗族合并，但在外在形式上仍然保留原先的独立宗族形态。九修《蒋萧氏宗谱》的另一主修人，现年 86 岁的退休教师萧同壁对笔者说："这项习俗的传承是因为长辈的一句话"①。萧同敬先生也提到，过去不能翻案是因为"过去家族管着在，不能乱搞"。而根据笔者的分析，长辈或者家族制定这样的宗约，应是出于当时现实的考量。常建华曾做过以下评述："宗族的形成发展也与移民、开发联系在一起，祖先传说的故事结合地方社会才能深刻理解。解析祖先故事成为宗族研究的重要途径，族谱世系的早期部分也焕发出新的资料价值"②。现今宗族研究多关注单个宗族的发展，对宗族间关系的探讨，则主要集中于相互之间的争斗。本文希望从宗族间共生发展的角度，对过往宗族研究做一补充。

（原载《民俗研究》2016 年第 6 期）

---

① 笔者曾于 2015 年 8 月 5 日对萧同壁先生进行访谈。

② 常建华：《近十年明清宗族研究综述》，《安徽史学》2010 年第 1 期。

民间文艺学经典研究范式的当代适用性思考

——以形态结构与文本观念研究为例

康　丽*

【摘要】形态结构研究与文本观念研究，在很长一段时间内都是行之有效的且占据主导位置的经典研究范式。但是，随着学界研究视域渐向日常生活实践的方向转换，这两种经典范式的当代适用性开始成为影响学者进行方法择选的重要问题。严格来说，研究范式的讨论，实质上指涉的是学术视角与对象认知的针砭。因此，本文对这一问题的追索，探赜的不仅仅是具体研究方法的时代命运，更为重要的是，在这一过程中，揭示出促动学者进行范式的沿用、转换甚至重构时，必须予以审慎思考的学科认知问题。

同民俗学一样，民间文艺学一直都将“传统”作为学科前行的基础与动力。只不过，在民俗学的研究视野中，“传统”的承载形态是复杂多样的，其多样化的形态几乎可以涵括地方社会生活的全部内容。而在民间文艺学研究中，“传统”的呈现方式更多地聚焦在具有口头传承特质的民间叙事上。因为这种叙事特质的存在，使得“许多对于口头传统、口头叙事和语词艺术的研究，都是以‘文本’这个概念作为出发点，从而建立在搜集和分析的基础之上。”①形态学研究方法、结构主义的分析模式、文化释义的解读途径等技术路线与工作手段，给予民间文艺学界以极为深远的影响。但是，随着近年来学者的眼光更多地聚集在日常生活的实践层面，更为关注民间叙事的现代命运、变迁过程与主体实践。以“事件、过程、交流行动与实践”为标志的“语境”和涵括了“传统、事件、表演者、受众以及研究者”在内的“建构”②，作为核心术语进入了学者的视野，成为学界在“口承—书写”框架下深入反思

* 作者系北京师范大学文学院副教授。

① Finnegan, Ruth., *Oral Tradition and the Verbal Arts: A Guide to Research Practices*, Routledge: London and New York, 1992, p. 17.

② 语境在民间文艺学的研究中也有很长的传统，但在经典民间文艺学研究中，语境大多被泛化为相对宏观的文化背景，当代学界对语境的看法已有较大的转变。参见彭牧：《实践、文化政治学与美国民俗学的表演理论》，《民间文化论坛》2005 年第 5 期。杨利慧曾在细数了表演理论在中国的传播与相关学术实践之后，以“语境”“过程”“表演者”作为中国当代民俗学转型的标志。参见杨利慧：《语境、过程、表演者与朝向当下的民俗学——表演理论与中国民俗学的当代转型》，《民俗研究》2011 年第 1 期。巴莫曲布嫫在对凉山诺苏彝族史诗“勒俄”的个案检视中，精炼地提出了“五个在场”的田野研究操作模式。参见巴莫曲布嫫、廖明君：《田野研究的“五个在场”》（学术访谈），《民族艺术》2004 年第 3 期。王杰文在讨论学界对传统的认知变迁时，特别提到了建构主义思潮的重要影响。参见王杰文：《“传统”研究的研究传统》，《民族文学研究》2010 年第 4 期。

"文本"性质的重要助力。这种研究视角与立场的转换，让越来越多的学者意识到，传统民间文艺学研究对其学术立足点——文本的理解过于偏狭了：将文本视为"等着被筛选和分析的原材料"① 的看法，实质上将文本的性质固化在以书写为基础的静态存在上。这种看法仅仅关注了口承文本经由文字转写之后的结果，而忽略了文本的建构特性，屏蔽了所有曾在文本生成过程中发挥作用的影响因素的存在。因此，建筑在书写文本认识上的各种分析模式，也因其无视或无力在文本与地方社会民众生活之间搭建关联，不能为理解生产文本的主体——民众提供足够的认知信息，从而逐渐丧失揭示民众口头传统的有效性②。

任何一门学科的发展都是承继前贤、后启新锐的结果，而新锐理论的建构又大多是建立在梳理经典研究的基础之上的。本文尝试以形态结构与文本观念研究为例，探讨这两种经典研究范式在当代的适用性，并追索由此关联出的在进行范式的沿用、转换甚至重构时必须予以深思的学科认知问题。

一　形态结构研究：同构文本的集群构成与传统稳定性的体现

在民间叙事研究的文本实践中，文本的聚合形态与结构方式是认知多元异文同源属性的一个基本学术命题。作为研究民间叙事的看家本领之一，形态结构研究对这一命题的回答一直是相当有效的。应该说，从以分类为目的的形态学与以多元文本同质性为目的的结构分析成为民间叙事文本研究中的关键指向时起，学者们的努力基本上都是围绕着文本之间的关系展开的。譬如，在该领域众所周知的，由芬兰学者安蒂·阿尔奈（Antii Aarne）开创、其美国的后继者斯蒂·汤普森（Stith Thompson）完善的传统类型学研究，就是通过确定文本的"类型"（Type）与"母题"（Motife）③，为民间叙事，尤其是民间故事的

---

① Brunvand, J. H., *The Study of American Folklore, An Introduction*, 3rd edition, New York and London: Norton, 1986, p. 19.

② 目前学界对民间文艺学经典研究范式的有效性，存在比较普遍的质疑。而引致这种质疑声音出现的前提，是普遍存在于当代人文社会科学界的反思大潮。对以往宏观理论的解构、对研究对象客体性质的批判、对以人为主体的实践关怀，已经成为众多学科的基本认识。在这种意义上，对文本认识的转变，也是这种思潮引发的结果，同时也是促使当代民间文艺学研究民俗学化或文化学化倾向出现的原因之一。

③ 传统类型学研究依靠的分类方法，先是由芬兰民俗学者安蒂·阿尔奈（Antti Aarne）在芬兰学者科隆父子（Julius Krohn 和 Kaarle Krohn）的"历史—地理研究法"（historic-geographic method）的基础上发展而来，并编纂了一部《民间故事类型索引》。这部索引后经美国民俗学家斯蒂·汤普森（Stith Thompson）的翻译、补充和修订，成为世界民间文学领域使用最为广泛的工具书之一，学界通常把该索引的分类和编排方法称作"阿尔奈—汤普森分类体系"（the Aarne-Thompson classification system），或简称为"AT 分类法"。需要说明的是，斯蒂·汤普森不满足于类型分类的粗放，于 1932 年提出了将故事情节切分为"最小单位的"的母题概念，并在定义"母题"这一术语时，说明了它同情节类型的关系："对于民间叙事作品作系统分类，必须将类型与母题清楚地区分开来，因为对这两方面项目的排列实质上是不一样的。一个完整的故事（类型）怎样由一系列顺序和组合相对固定了的母题来构成，……一种类型是一个独立存在的传统故事，可以把它作为完整的叙事作品来讲述，其意义不依赖于其他任何故事。当然它也可能偶然地与另一故事合在一起，但它能够单独出现这个事实，是它的独立性的证明。组成它的可以仅仅是一个母题，也可以是多个母题。"也就是说，汤普森主张从相对固定的母题或母题组合的层面来把握故事情节类型。注中引文自［美］斯蒂·汤普森：《世界民间故事分类学》，郑海等译，上海文艺出版社 1991 年版，第 498—499 页。

雷同勾描出具有世界性的同源图景。再比如，俄罗斯形态学大师普罗普（Vladimir Jakovlevic Propp）的叙事形态学[①]，借助情节与叙事节奏的复现，提炼出 31 种结构单元——“功能”（Function/функция），并通过确定其组合与固定编排的序列，规定了同构文本多元形态中的基本结构限度，为俄罗斯神奇故事勾画出具有标志性的形态规制。站在“文本”的角度，不难发现，这些被归置到结构主义形态研究下的学术实践，基本上都建立在同样的认识基础上，即文本是凌驾于其生成语境的独立客体。他们的研究所强调的，也都是疏远具体传统的文本独立性。

近年来，受后现代主义思潮的影响，人文社会科学界普遍性地将当前的关注重点从中性确定的“客体”或设定的均质制度转向过程和实践。尤其是近 30 年来，随着表演理论、口头传统等西方理论在国际学界的传播与发展，民间文艺学界逐渐接受了这样一种认识，“一些在过去被称作特殊文化的‘文本’（故事，神话，歌谣等），有时候只不过是一个个体在一个特殊场合的一次表演，或者是被某一人群中的一个个体所制造和拥有。伴随与此，日益增长的关注不再将文本视为等待搜集的客体，而趋向对口头程式的创作、表演、接受、循环或操控过程的看重。”[②]就这样，语境因素的生产特质被纳入到学者研究文本的考量之中，于是，“过程”成为被设定的文本最为本质的表现：任何一个文本的出现，都是对其生成过程的一种节录，都是传统与新生勾连互动的结果。

在笔者看来，有了“过程”与“语境”的视角，文本与文本之间的关联，就不再是遵循线性逻辑的同一源出主体的多元变形，而是具有同质结构、但生成过程各异的文本集群。与超越“传统”的中性文本认知不同，“集群”概念强调的不仅是同质结构在使大量异文可以作为一个整体存在的边界意义，更为重要的是具有同一性的形态结构与生成它的口头传统的差异性之间的复杂关联。因为这些同构的文本来源于不尽相同的群体生产过程，而抛却了这些过程中民众口传的思维和表述特点[③]、背离了地域或民族群体的整体认知，是无法在集群的层面上真正理解文本聚合构架的成因与本质的。以“集群”的方式理解同构文本的聚合，实质上触及的，是对民间文艺学而言至关重要的一对张力——传承的稳定性与变异性。

对传统而言，传承是其生命力存续的重要表现。故而，民间文艺学才会有“传承之学”的称谓。作为传承之学的民间文艺学，应该回答的是“此时此刻存在的东西从何而来，为何得以存在，其得以存在的深层机制是什么[④]”的问题。言及传承，就不可能不提

---

① ［俄］弗拉基米尔·雅可夫列维奇·普罗普：《故事形态学》，贾放译，中华书局 2006 年版。

② 关于文本概念的讨论，鲁丝·芬尼根（Ruth Finnegan）曾在自己的专著《口头传统与语辞艺术：研究实践导论》中有专门的梳理与分析，不仅讨论了学界对文本概念认知的转变，也详述了导致文本概念反思的三种理论思潮。相关内容请参见 Finnegan，Ruth.，*Oral Tradition and the Verbal Arts：A Guide to Research Practices*，Routledge：London and New York，1992，pp. 17 - 22.

③ ［美］瓦尔特·翁（Walter Ong）：《基于口传的思维和表述特点》，张海洋译，《民族文学研究》2000 年增刊（总第 79 期），2000 年 12 月。

④ 赵世瑜对民俗学学科本位的讨论，针对的是民俗学在面对当前多学科问题意识与研究方法的交互（Interdisciplinary Studies）趋向时所发生的定位模糊问题。他的讨论是立足于它与临近学科人类学、历史学的关系之上的。他认为民俗学应当是一门以“记忆”为主要工作方法的传承之学，强调的是研究对象的过程性特征，这将与强调研究对象结构性的人类性和只关注过程当中趋于过去的那一端。笔者以为，民间文艺学研究的关注点同民俗学一致，故而“传承之学”的称谓转引来称呼民间文艺学，亦无不可。详见赵世瑜：《传承与记忆：民俗学的学科本位》，《民俗研究》2011 年第 2 期。

到在其行动过程中的两种表现——稳定性与变异性，而想要回答形态结构研究当下意义的问题，首先需要正确理解稳定性与变异性的关联。从本质上说，对于包括民间叙事在内的口头传统的传承而言，变异性与稳定性是分处于制衡张力两端的两种叙事力量，只有彼此依存，传统才有传续的可能。单纯地倚靠任何一端，对包括民间叙事在内的口头传统而言，都将是灭顶的打击。因为没有稳定性制约的变异，会将口头传统慢慢带离传统圈定的边界；而没有变异创新的稳定，虽然没有离群的危险，但会因与生活现实的渐行渐远慢慢丧失存活的动力。因此，对两者的探索是从不同侧面来完善对口头传统的整体认识，二者之间不存在任何悖逆之处，且在对传统的研究中缺一不可。既然研究对象的重要已然清楚，那么用以开掘任一对象的研究范式的存在合理性，自然也是毋庸置疑的。

具体到民间叙事的形态结构研究。回顾相关学术的研究历史，可以发现，凡是对该模式产生过重要影响的学术发现，从芬兰学者安蒂·阿尔奈（Antii Aarne）对“类型”（Type）的归纳开始，到俄罗斯民间文艺学家普罗普（V. J. Propp）对结构“功能”（Function）的梳理[①]，美国民俗学家斯蒂·汤普森（Stith Thompson）对“母题”（Motif）的界定[②]，法国结构主义大师列维—斯特劳斯（C. Lévi Strauss）对“神话素”（Mytheme）的假设[③]，美国口头程式理论的创立者帕里—洛德（Parry-Lord）对“程式（Fomula）—主题（Theme）—故事范型（Story-pattern）”的发现[④]，乃至美国学者阿兰·邓迪斯（Alan Dundes）对“母题素”（Motifeme）的开掘[⑤]，无一例外的都是在传承稳定性与变异性的二元思维框架下对构成民间叙事文本聚合的叙事结构的研讨。上述已知学术实践成果明确了这种研究范式的实际指向，是在结构意义上口传叙事得以持续传承的稳定性。同时，也证实了该范式解决稳定性问题的有效性。对比从安蒂·阿尔奈到阿兰·邓迪斯的相关研究成果，我们会发现，在其一致性的研究指向下，这些学者各自的旨归是不尽相同的。粗略说来，应该可以分为三类：第一类，是历时取态的传统类型学研究。阿尔奈与汤普森的分类研究是建立在民间故事一元发生假说基础上的，他们对跨文化文本的拆分是为了能够

① ［俄］弗拉基米尔·雅可夫列维奇·普罗普（Vladimir Jakovlevic Propp）：《故事形态学》，贾放译，中华书局2006年版。

② 斯蒂·汤普森于1932年提出了将故事情节切分为“最小单位的”的母题概念，并在定义“母题”这一术语时，说明了它同情节类型的关系：“对于民间叙事作品作系统分类，必须将类型与母题清楚地区分开来，因为对这两方面项目的排列实质上是不一样的。一个完整的故事（类型）怎样由一系列顺序和组合相对固定了的母题来构成，……一种类型是一个独立存在的传统故事，可以把它作为完整的叙事作品来讲述，其意义不依赖于其他任何故事。当然它也可能偶然地与另一故事合在一起，但它能够单独出现这个事实，是它的独立性的证明。组成它的可以仅仅是一个母题，也可以是多个母题。”也就是说，汤普森主张从相对固定的母题或母题组合的层面来把握故事情节类型。注中引文自［美］斯蒂·汤普森：《世界民间故事分类学》，郑海等译，上海文艺出版社1991年版，第498—499页。

③ ［法］列维—斯特劳斯（Claude Lévi-Strauss）：《结构人类学》，陆晓禾、黄锡光等译，文化艺术出版社1989年版，第47页。

④ ［美］约翰·迈尔斯·弗里（John Miles Foley）：《口头诗学：帕里—洛德理论》，朝戈金译，社会科学文献出版社2000年版，第104—138页。尹虎彬：《古代经典与口头传统》，社会科学文献出版社2002年版，第101—172页。

⑤ ［美］阿兰·邓迪斯（Alan Dundes）：《北美印第安人民间故事的结构类型学》，［美］阿兰·邓迪斯（Alan Dundes）：《民俗解析》，户晓辉编译，广西师范大学出版社2005年版，第13—24页。

在异文中构拟出故事的原型。第二类，是共时取态的结构主义形态学研究。普罗普、列维—斯特劳斯与邓迪斯都应归属此类。他们三者的学术发现之间是有着一定的互动与承继关联的。虽然对结构单元发现的途径与定名相异，但其共同的努力方向都是想要揭示出文本集群结构同质性的存在。第三类，是关注表演的口头诗学研究。相形之下，帕里—洛德的讨论虽然也是从文本集群的同质结构开始的，但是这种结构的程式化形制是他们用来解释口头传统何以称之为传统知识武库的重要工具。

如果从学术承继的角度看，上述三个类别逐一连接的过程，实质上也是对文本构架进行研究的学术发展历程：从传统类型学研究对文本类型性源头的追索，到经典结构主义形态学研究对结构法则与代表人类心智的普遍逻辑过程的提炼，再到口头诗学理论对口传叙事的模式化结构层级——从程式到故事范型的开掘。相应学术成果的累积，让学者的视点逐渐从单纯的疏离于传统的文本分析，慢慢转移到文本与传统的互构关联上来。尤其是帕里—洛德关于传统持续力量与保守性的讨论，极其清晰而肯定地宣告了：模式化的同质结构，在口传文本集群的传演过程中，是作为制衡变异力量的叙事传统的有机组成部分存在的。

如果说，近年来关注了“语境”与“过程”① 的文本研究是对叙事传统变异本质的深描，那么添加了帕里—洛德立场的形态结构研究，就成为可以发掘稳定结构的有效工具，并在明确了聚合文本集群的同质结构之后，来揭示结构意义上的叙事传统，告知“在‘传统’标签之下，世代口传的东西是什么？什么是大家公认的形式?②”在这个意义上，形态结构研究的当代适用性，最为深切地表现在：它对文本集群结构体系的发掘，可以为辨析民众口头叙事传统的稳定呈现与变异表达提供足够的信息支撑。具体来说，这种研究模式以结构主义的取态原则，依照形态元素的条分缕析，通过寻找文本集群聚合的基本原则和维系传承中依附地方或民族群体的恒定特性而形成的最终规律，从而最终揭示出民间叙事传演张力中稳定一端的力量来源——这种力量来自于民众的叙事传统，是凝结了文本生成群体在文化传承过程中对自我与其所属文化群体的生活方式的复杂认识与身体实践的结果。一旦在比较的视野下，将代表稳定的结构规律与文本变体进行对照，就可以在二者的差异中发现民众生活赋予文本的地方性特征，从而更好地理解文本当中“最有意思、最意味深长的民间哲学与民间道德的世界③”。

二　文本观念研究：历时认知与共时结构统合研究的可能性

长期以来，民间叙事最为重要的社会文化功能之一，就是以艺术的方式传达民众对生活的认知。这也是惯于遵循历时的思维逻辑来解析文本与创造主体的关联的文化内涵分析方法，成为民间文艺学界经典研究范式的主因。但随着学界对文本概念的知识生产特性与

---

① 杨利慧在总结民俗学界，尤其是民间文艺学学界近年来研究范式的转向时，特别以“语境”“过程”“表演者”为标志范式转变的学术核心。详见杨利慧：《语境、过程、表演者与朝向当下的民俗学——表演理论与中国民俗学的当代转型》，《民俗研究》2011 年第 1 期。

② 尹虎彬：《古代经典与口头传统》，中国社会科学出版社 2002 年版，第 156 页。

③ ［俄］弗拉基米尔·雅可夫列维奇·普罗普（Vladimir Jakovlevic Propp）：《神奇故事的结构研究与历史研究》，贾放译，《故事形态学》，贾放译，中华书局 2006 年版，第 195 页。

过程本质的强调日盛，这种研究方法也因为操作路径未能脱离书写文化的主观解读模式，越来越多地为关注语境与主体认识的当前研究所诟病。

在以往以文本观念为旨归的研究实践中，文本同样是作为超越具体传统而存在的客体。在相应的分析当中，民众群体的异质性、地方文化的生产性与表演语境的建构性都被一一规避掉。因而，创造了文本观念的民众在此类研究中通常是作为面目模糊的均质群体存在的。而与之对应的分析阐释所展现的，与其说是民众的认识，倒不如说是学者建筑于揣度之上的建构。深究起来，这种方法饱受质疑的原因，并不在于民间叙事的文本中缺少对观念的表达，而是在于学者对文本观念真实性的误读。

笔者相信，所有尊重事实的研究者，都能认可这样一个现实：在缺失具体讲述语境的情况下，任何文本，哪怕是储量丰厚的文本集群，都很难一一提供能够追寻文化传统全部细节的线索。口头讲述一旦被固化为书写文本，许多蕴含于其中的文化意义就必然会随着与语境关联的断裂而部分地流失或隐匿了。因此，这里的真实性不是指观念的传统性与文本表达的明确性，而是指文本观念与文化现实的互释功能及其存在的方式。诚如上文所言，口承向书写转化的代价就是文化意义的折损。因此，背离语境的观念揭示，会因为对文本口头本质的疏离而难于挣脱研究者主观揣度[①]式的桎梏，其结论的危险性是不言而喻的。但是，这部分文化意义的消逝，并不意味着文本会变为保存形态结构的单一书写标本。因为情节叙事性的存在一定会有民众认知的附着，只不过这些认知不是依存于语境需求的地方性或群体性的认同，而是以观念形式稳固表现的超越地方性或群体性的民众对历史传统的理解。由此可见，基于民间叙事传承的稳定性特征，经历了书写转化的口传文本，能提供给学者寻找并发掘的，只有民众世代相传的、跨越了时间洗礼与地域隔膜的集体生活智慧与社会思想。从这个意义上看，文本观念同叙事结构一样，承担了维系传承稳定表现的功能，被传统赋予了牵引力量。作为叙事传统在文本中的双重存在方式，形态结构的存在与文化深意的存在之间是否存在关联，是值得深思的问题。对文本事实来讲，形式与内容原本就是一体两面的。但是这种形之表面的关联，不足以为厘定口传文本集群的传统属性提供充分的支持，我们需要探明的是两者之间更为深层的互构关联。

在田野实践中，笔者发现，民众在讲述民间叙事文本时，总会自觉或不自觉地将切身的情感体验和道德判断融入其中。但他们很少采用概念或论证等抽象的方式直接传达某种观念，因为这种方式是与口语表述思维的特点相悖离的。相形之下，民众更多的是通过“存于记忆中的故事范式传递信息”[②]，所以每个被设置在结构中的结构单元与叙事单位，乃至它们的排列顺序都蕴藏着某种文化深意。这种深意不是学者的凭空臆断，而是民众在传承过程中，因受到叙事结构的制约而不断重温其认知的结果。因此，文化观念的传达并

---

① 这也是文化内涵研究法备受学界抨击的主要原因。笔者对这种学者释义性的研究同样持批判态度。但是在本文的讨论中，笔者之所以认为这种方法依然具备当代适用性，是因为在正确理解文本观念真实性的基础上，在与形态结构研究的方法相佐证的情况下，它可以揭示出如下问题：在文本内部，文化观念与其载体——结构模式是如何在紧密结合的同时，又彼此制约的？最为重要的是，文化观念的传达会通过民众的传承部分地留存在文本当中，但它们是否能够影响、更迭甚至撼动叙事结构的整体框架？

② 约翰·迈尔斯·弗里为瓦尔特·翁《基于口传的思维和表述特点》一文所作的题注，《民族文学研究》，2000 年增刊（总第 79 期）。

非是与其形态结构无关的。恰恰相反，它们之间的关联非常紧密。一方面，叙事结构通过对民众主体演述的限定，而制约着文化观念的传达。而另一方面，文化观念的传达又在调整结构单元排序的基础上，借由民众主体的演述，完成了它对整个结构框架的影响、更迭乃至撼动。具体来说，叙事结构中稳定的基本结构序列，规定了角色在文本所描述的生活场域中的基本作用。这种作用在反映角色行为社会意义的同时，可以传达出民众投射于角色的情感需求和道德判断。简言之，传达了稳定性的文化观念是在叙事结构的制约下，从文本中确实传达出来的民众思想。因此，无论是以形态结构为目的的研究，还是以文化深意为目的的研究，在进行深究的过程中都是无法规避另一方对认知文本真相的影响的。形态结构与文化深意在文本当中的互构，足以说明对以二者为目的的两种研究范式确有统合的必要。

但是，受到“形式—内容”这个二元对立思维构架的影响，在学界对研究方法的传统认知中，遵循历时原则的观念研究与取态共时的结构形态学范式同样是以二元对立态势存在的。那么，这两种取态相异的研究范式是否有可能突破二元框架的囿限统合在同一对象的研究中?

从目前的研究现状看，学界对此问题的态度是较为壁垒分明的：以普罗普、阿兰·邓迪斯为代表的学者，坚信结构研究是文化分析的基础，二者的统合可以修正以往结构主义故事研究中忽略外部社会历史因素的弊端。譬如，普罗普曾在与列维—斯特劳斯论战的长文《神奇故事的结构研究与历史研究》中，尖锐地声明，“对所研究材料的形式研究和准确的系统描述是历史研究的首要条件和前提……只有研究了故事的形式系统并确定了它的历史根源之后，才有可能在其历史发展中客观科学地揭示故事中包含的最有意思、最意味深长的民间哲学与民间道德的世界。”① 同普氏的观点一致，在邓迪斯的研究中，精确的结构分析也是可以揭示故事文本中所包含和联系的一个社会的重要隐喻的。在他看来，对这些隐喻类型的分析和解释，会为理解民众的观念与行为提供理论支撑②。这种看法在认同索绪尔共时研究观点③的反对者眼中是难以成立的，因为直至目前，学界鲜少出现在同一研究中结合二者的成功实践，故而，施爱东在评述刘魁立关于民间叙事生命树研究的长文中直言，“共时研究与历时研究是学术史上一对充满辩证意味的矛盾统一体……两者无法共存于一种研究范式之中④。”

若是站在研究方法的角度上看，上述两种截然不同的看法，的确是有各自的理论依据的。但是，如果将视野置于民间文艺学方法论的建设上，就会发现，“形态的研究以及结

---

① ［俄］弗拉基米尔·雅可夫列维奇·普罗普（Vladimir Jakovlevic Propp）：《神奇故事的结构研究与历史研究》，贾放译，《故事形态学》，贾放译，中华书局 2006 年版，第 184—185、195 页。

② 李扬译著：《西方民俗学译论集》，中国海洋大学出版社 2003 年版，第 112 页。

③ 索绪尔曾经以下棋为喻坚决否认了历时研究在共时研究中的合理性：“在一盘棋里，任何一个局面都具有从它以前的局面摆脱出来的独特性，至于这局面要通过什么途径达到，那完全是无足轻重的。旁观全局的人并不比在紧要关头跑来观战的好奇者多占一点便宜。要描写某一局面，完全用不着回想十秒钟前刚发生过什么。这一切都同样适用于语言，更能表明历时态和共时态之间的根本区别。”引文详见［瑞士］费尔迪南·德·索绪尔（F de. Saussure）：《普通语言学教程》，高铭凯译，商务印书馆 1980 年版，第 129 页。

④ 施爱东：《民间文学的形态研究与共识研究——以刘魁立〈民间叙事的生命树〉为例》，《民族文学研究》2006 年第 1 期。

构的研究，如果将来不向历史文化内涵的研究发展，不能成为后者的基础和前奏，而只是把它当作自我目的，那么，这种研究只会停留在一定层面上，其价值可能是相当有限的。”① 可见，将两种研究范式统合到对同一对象的研究实践当中，不仅是非常必要的问题，而且对在更深层面上把握同构文本集群整体而言，也是极为重要的问题。

与之相关的讨论与试验性的研究实践，对民间文艺学理论的建设而言，都将具有反思和示范的功效。例如，普罗普曾在俄罗斯神奇故事的系统研究中，希望通过对故事衍化的考察来搭建从形态结构分析转向历史文化阐释的桥梁。他以老妖婆的小木屋为例，详述了包括简化、扩展、损毁、颠倒、强化和弱化、故事内部的替代、日常生活的替代、宗教的替代、迷信的替代、古风的替代、内部同化、生活同化等20种故事衍化的类型②，来强调日常生活在故事的衍化中起到的巨大作用。在他看来，“整个衍化系列都可以用现实生活对故事的入侵来解释……日常生活不会打破故事的总体结构，但是可以从日常生活中为各种各样的新老更替吸取材料。”③ 普罗普这篇“桥梁”性的文章虽然不长，但是却极为鲜明地指出了，形态结构研究对理解与探究文本的文化观念而言，所具有的基础性与重要性。只有系统的形态结构研究，才能将叙事文本的基本形式与派生形式区别开来，从而判定民众的日常生活在故事中的投射。

笔者也曾在中国巧女故事类型丛的研究中，尝试以文本角色作为勾连两种范式的中介平台。之所以做这样的尝试，是因为研究故事的叙事形态结构与社会文化意义，都是从分析角色行动开始的④。只不过，前者关注的是角色行动的抽象功能，而后者关注的则是角色行动的具体承担者以及由这个承担者施发或执行的行动对处于同一关系网络中其他角色的影响。换言之，对故事的叙事结构而言，角色的最大功用在于他施发或执行了某种能够推进情节发展的行动，至于是谁承担了这一角色并不十分重要。但问题是，在绝大部分民间故事中，角色不是单一存在的，而是处在由多个角色承担者构成的社会关系网络之中。

---

① 刘魁立、［日］稻田浩二：《〈民间叙事的生命树〉及有关学术通信》，《民间叙事的生命树》，刘魁立等著，中国社会出版社2010年版，第19页。

② ［俄］弗拉基米尔·雅可夫列维奇·普罗普（Vladimir Jakovlevic Propp）：《神奇故事的衍化》，贾放译，《故事形态学》，贾放译，中华书局2006年版，第163—172页。

③ ［俄］弗拉基米尔·雅可夫列维奇·普罗普（Vladimir Jakovlevic Propp）：《神奇故事的衍化》，贾放译，《故事形态学》，贾放译，中华书局2006年版，第159—161页。

④ 笔者试图从故事角色的行动出发，追溯叙事结构研究与文化意义研究之间的关联。这种尝试的进行，源于普罗普对其学说的核心概念——“功能”的说明。普罗普曾指出：“功能指的是从其对于行动过程意义角度定义的角色行为。……对于故事研究来说重要的问题是故事中的人物做了什么，至于谁做的以及怎样做——这只不过是附带研究的问题”。从这一界定看，普罗普对角色的重视，更多地侧重在角色行动所指向的功能意义。但是我们在巧女故事乃至其他生活故事的解读中发现，故事角色做了什么固然是重要的，但谁是这些角色行动的承担者、这些行动对角色关系有何影响也同样具有着重要价值。故事角色从不同侧面同时影响着故事的叙事形态与文化意义——故事中的角色及其行动的分布关系着故事情节形态的变化，因为导致形态变化的结构组织单元——范型与范型序列都是由角色的单一行动和一系列行动及其后果构成的；而对角色及其行动的选择或设置则关系着民众观念的变更，因为它们都是能够体现民众思维模式以及现实思考的要素。以上，就是笔者将角色分析作为勾连形态结构研究与文本文化意义研究之中介的理论基点。引文出［俄］弗拉基米尔·雅可夫列维奇·普罗普（Vladimir Jakovlevic Propp）：《故事形态学》，贾放译，中华书局2006年版，第17页。

任一角色的任一行动都有可能对关系网中的其他角色造成影响，甚至导致故事结局乃至整个讲述主题的改变。我们需要借助这个关系网来判断角色的属性。所以，涉及故事角色的考察，就很难避免这种投射了社会文化的角色关系的影响。由此可以确定，附着于角色能指之上的有两种所指，即结构功能所指和社会关系所指。

为了把握类型丛中具有普遍性的叙事结构，自然要将角色从他身处其中的社会关系网络中抽取出来，使角色与其社会关系所指相剥离，这样才可能把具体角色的行动转化为抽象的结构功能。然而，一旦这种抽象的功能被置回到故事文本中，就会重新被纳入到社会关系网络中与其社会关系所指相融合，成为行动承担者的具体作为。这些行为彼此互动，共同传达了民众赋予故事的文化意义。可以这样说，当研究视点从行动转向承担者时，故事角色也就从结构功能意义转向了社会关系意义。从这个意义转向出发，故事角色的分析是可以充当研究关联的中介层面，即借由角色研究，叙事形态结构与社会文化意义被统合在一起：通过叙事形态结构的变化，观察到角色分布与转换的规律；再通过角色关系及其行为互动的设置，找到它与民众观念变更之间的关联，挖掘出民众赋予故事的社会文化意义。如果说，普罗普的研究是申明了共时结构与历时认知统合研究的必要性与重要性，那么笔者的尝试则在一定程度上确实说明了这种统合的可能性与有效性。

钟敬文先生曾经将口头性、集体性、传承性与变异性之间的相互关联，规定为是划定民间文学边界的重要标识。在钟敬文先生看来，这四个特征之间具有密切的联系：作为本质特征，口头性与集体性对民间文学的创作与流传起着主导的支配作用。而对立统一的传承性与变异性，是从口头性和集体性作用于民间文学的过程中显示出来的。它们的存在又印证了口头性与集体性的重要意义。关于民间文学基本特质的讨论，从钟敬文先生将其纳入《民间文学概论》开始，一直都是学科的基础性命题。[①] 关于四大基本特征是否具有时代适宜性的批评[②]，我们暂不讨论。但是，如果从学术逻辑的思维形态细究这些特征的话，隐藏于其后的是历时与共时这两个时间轴向的重叠——民间文学/叙事传统在口头传承的历时演进中最为本质地经历着多元变异，但总会有与传统关联密切的集体留存制衡着变异的尺度。这种留存一方面表现为有利于讲述主体记忆与口头表达的程式化结构，另一方面则表现为沉积在结构之中的传统观念。至此，我们可以确定观念的传统来源以及它们在共时取态研究中存在的可能。从这样的立场出发，原本被设置在结构形态研究与文化分析研究之间的对立藩篱，变得不再牢不可破。

结语

本文的讨论起始于这样的问题：在民间文艺学领域中，以书写文本为出发点的研究方法，在文本概念被反思与重构的当代社会，是否还有继续沿用的可能性与必要性？对这个问题的解答关键，是要理清口传文化的书写文本与体现着生产性的民间叙事传统之间的关

---

① 相关内容详见钟敬文主编：《民间文学概论》，上海文艺出版社 1980 年版，第 23—46 页。

② 近年来，不断有学者开始反思这四大特性的有效性，陈泳超对此问题的讨论是非常具有启发性的。陈泳超：《中国民间文学研究的现代轨辙》，北京大学出版社 2005 年版，第 11—15 页。

联。学界近年来关于“传统化”与“传统化实践”的讨论[①]呈现了一个清晰的事实，即传统在传续过程中更为本质地表现了开放的特性。但是这种开放性中，始终有种力量将其与新生事物的融合圈定在一定的范围当中，使之不致完全切断与历史的关联。这种力量便是帕里—洛德所关注的传统的保守性。因为保守性的存在，民间叙事才得以冠上“传统”的标签。作为始终体现传承稳定性的形态结构与文本观念，如果将它们视为传统的保守力量在文本中的具体表现，那么对以二者为目标的研究范式的研讨，在本质上指向的其实是民间文艺学的一个核心命题，即文本集群的传统属性与聚合边界，以及如何在充斥着变异的传承中保有它？

回到学科本位的立场上，作为融合了稳定与变异的口头传承，为民间叙事带来了极为多元的影响。它可能是固有文类与文本的转变，也有可能是当前语境中新文类与文本的生成。无论是前者“传统”标签的归属，还是后者新生性质的判断，都是可以通过标定其在传承过程中表现出来的稳定存在——形态结构与固有观念，来判断它们与传统的关联。因此，断裂地看待与使用以上述两种目标为旨归的研究范式，总会让研究者时有顾此失彼或力有不逮的危机感。如果能够转换视角，寻找并运用恰当的研究中介，将两种经典范式统合在同一对象的研究实践中，就可以更为有效用地划定口承文本的传统属性与聚合边界，清晰地呈现出历史积淀而成的文化意义在共时层面的存在形制，揭示出叙事结构与文化义存的互动规律，也为在语境视野下的变异研究垒实探究的可能与比较根基。至此，关于经典研究范式的当代适用性的讨论，最终要归结到的是复合了学术立场的选择、研究视角的转换与术语体系的兴建等多元要素的方法论认知变革的梳理。

（原载《清华大学学报》2016 年第 1 期）

① 关于传统化与传统化实践的理论讨论可详见 Hymes. Dell.，“Folklore’s Nature and the Sun’s Myth”，The Journal of American Folklore，Vol. 88，No. 350（Oct. – Dec.，1975）. Bauman，Richard.，*A World of Other’s Words：Cross-Cultural Perspectives on Intertextuality*，Blackwell Publishing Ltd，2004，p. 147. Handler，Richard.，Linnekin，Jocelyn.，“Tradition，Genuine or Spurious”，The Journal of American Folklore，Vol. 97，No. 385（Jul. – Sep.，1984）. 中国学者的相关实践可参见康丽：《从传统到传统化实践——对北京现代化村落中民俗文化存续现状的思考》，《民俗研究》2009 年第 2 期。《传统化与传统化实践——对中国当代民间文学研究的思考》，《民族文学研究》2010 年第 4 期。

太行山说书人的社会互动与文艺实践

——以山西陵川盲人曲艺队为例

卫才华*

【摘要】太行山说书人通过不同历史时期的文化政策互动、市场互动、礼俗互动，保持并发展了长期的说唱曲艺传统。通过对陵川盲人曲艺队和说书艺人的大量调查，我们发现现代民间说唱正在成为连接传统与当下，政府与民间，市场与习俗等多种社会博弈的艺术表达。太行山说唱文艺实践特点，首先表现在当下民间曲艺资源超越乡土的多样性，呈现为社会需求、政府支持，以及特殊教育的传承路径；其次，表现在超越艺术的社会性，在多元的社会互动中形成独特的曲艺组织经验。再次，表现出超越地方的文化共享性：在说唱文艺的历时演进和变化中，继承传统，与时俱进。最后，当下民间曲艺不仅仅是一种曲艺门类，还更多体现为艺人能动的生活智慧，表现出超越文本的，以“人”为核心的文化生活性品格。在此背景下，民间曲艺所展现的太行山地域文化面貌是植根于草根形式，又包含着多样社会经验和生活方式的文化图景。

20世纪50年代，说书经历社会主义改造之后逐步被曲艺化、政治化，随之鼓书艺人的社会地位与待遇也得到提高，开始进入文化系统编制管理，各地隶属于文化馆的盲人曲艺队相继成立，创编新书目及时宣传党和政府的新政策，传统个人走村串巷地说书形式悄然发生变化，很多喜欢鼓书的健全人也加入曲艺队中，说书人的传统角色逐渐弱化。20世纪80年代起，鼓乐行业恢复，市场越来越大，然而社会条件发生变化，民间表演形式丰富起来，演出行业市场的竞争越来越激烈。21世纪非物质文化遗产保护工作的开展深刻影响了传统曲艺的生存状态，各地政府积极投身到民间文化的挖掘和整理中，鼓书艺人开始重新建构其新的社会地位和角色。

进入新世纪以来，曲艺被赋予新的时代意义和文化价值。民间艺术在社会层面扮演越来越重要的乡土认同的角色。它一方面平衡多种文化归置的多重角色，借助传统的积淀帮助政府实现公共文化建设的社会目标，实现地域文化的文艺构想；另一方面，民间艺术扎根于礼俗生活，在信仰失范的城乡社会中，唤醒公民城镇化进程中“民间社会”的理想诉求。地方曲艺的发展历程，不仅仅是曲艺的时代变化，同时承担着社会互动的多个层面，折射出政府、社会、民间等多种角色的价值重构，文艺实践的过程就是民间文化的隐

* 作者系山西大学文学院副教授。

形表述，艺术化地传递着文化生长过程，以及新时期群众的文艺观念、社会态度和人生体验。

一　超越乡土的多样性：社会需求 + 政府支持 + 特殊职业教育模式的传承路径

陵川县地处晋东南，位于太行山南端的最高地带，北邻壶关、长治，西界高平、泽州，东部和南部与河南省辉县市、林州毗邻。陵川钢板书是山西省非物质文化遗产项目名录，它源于清道光年间河南“四股弦”。据说有位从河南林县逃荒的盲艺人来到山西陵川演奏“四股弦”，但由于其浓重的方音难以在当地发展，便和陵川的钢板书艺人合作，将河南“四股弦”音乐揉进了“钢板书”唱腔，并在唱腔中设置前奏和过门，用四股弦琴（即胡琴）、三弦、书鼓进行伴奏，形成新的陵川钢板书。[①]

陵川盲人曲艺队是活跃在当地礼俗生活中重要的文艺宣传队伍。盲人曲艺队组织机构健全，由现任队长侯安凤负责，队员有老队长侯松锁，盲文老师李志臣，队内骨干演员靳文莲、宋学敏、焦路来等人。1996 年 7 月，盲人曲艺队办起了陵川县第一个盲童学校，设有特教班，聘请特教老师，陆续开设盲文、数学、语文等文化课，还安排了德育、音乐、曲艺等课程。现有学员 28 人。[②] 特教班人员流动性较大，除个人及家庭因素之外，有学员为了学习深造会离队。因此学员年龄 6 岁至 20 多岁不等，近些年学员人数逐渐增多，年龄层次也比较分散。队员进盲人曲艺队的时间年限不一样，有些盲童几岁就被送进队里，而有些 20 多岁才进队。学员们日常吃住都在盲人曲艺队，只在年节时短暂回家居住。特教班的学员平时上课学习表演等相关知识，有需要演出时提前排练。盲人曲艺队分为三个小组，每组 10 人左右，设有组长，每小组视情况组织演出。不适合曲艺演出的队员会去学习按摩，或者负责一些队里的日常卫生工作。[③] 陵川县盲人曲艺队建队 70 年来，相继创办了粮食加工、棉花弹套、推拿按摩、理发、商店等多个社会福利实体。

陵川盲人曲艺队每场的演出费用均需交公，工资按月结算。而结算工资采用计分制，工资与演出和平时生活排练相关，主要根据学员的说唱技能，同时兼顾迟到早退、好人好事、卫生纪律、演出场次等，评分时由其他学员来评。工资与学分相挂钩，技能优秀的学员每年收入达到两万多元，普通学员每年收入六七千元。

陵川县盲人曲艺队演出形式主要有鼓书、钢板书、丝弦书等，演出传统曲目有《包公案》《大八义》《金镯玉环记》等，新编曲目多以党和国家的方针政策，以及百姓生活为主要内容。盲人曲艺队属于独立核算、自负盈亏的集体所有制单位。学员工资及日常开支几乎全部靠演出和盲人中医按摩所得收入维持，偶尔会有一些爱心资助。[④] 部分符合条

---

① 中国曲艺音乐集成编委会编《中国曲艺音乐集成·山西卷·上册》，中国 ISBN 中心，2004 年，第 309 页。

② 内部资料：陵川县特教班课程表。

③ 口述资料。访谈人：郑月、苗贤君；被访谈人：陵川盲人曲艺队现任队长侯安凤，女，58 岁；访谈时间：2014 年 7 月 1 日；访谈地点：特教班教室。

④ 访谈人：郑月、苗贤君；被访谈人：陵川盲人曲艺队特教班班主任李志臣，男，41 岁；访谈时间：2014 年 6 月 30 日；访谈地点：陵川盲人曲艺队大院。

件的队员享受政府发放的城镇居民最低生活保障待遇。其收入来源于两方面：第一是政府支持的文化下乡演出，每年有上百场；第二是当地礼俗生活中家户说书的市场需求。在这两类收入的基础上，结合盲童学校教育和曲艺知识学习，形成陵川盲人曲艺队特殊的社会互动模式，一方面可以让残疾人自谋生路，另一方面也很好地传承了鼓书说唱的传统。

如下表是农历2013年十二月至2014年五月期间陵川盲人曲艺队家户请书登记簿，从中可以看出当地礼俗生活中各（隔）七和烧纸仪式是盲人曲艺队重要的说书场合，每月少则七八场，多则十几场。如果赶在清明、七月十五、十月初一等民俗节日期间，一天就会有六七场书。这种民俗生活传统也保证了当地说书的市场需求。

农历2013年十二月至2014年五月陵川盲人曲艺队家户请书登记表①

时间		地点	价格（元）	事项	定金（元）	烟	车	联系人	备注
十二月	初三	后川	300	各七			接		
	十二	南川	550				再联系		
	十三	燕掌	300			一条	接	建峰	
	十九	三道河	450	敬神	50		自去	秦燕飞	
	二十二	张家庄	450				自去	保有	
	二十四	苇水	500	烧纸	100	三条	接	李志勇	
	二十六	窑庄	360	各七	100		自去	王米富	
正月	初六	南关	500	各七	100		自去	马媛娥	
	初八	南关	300	各七			自去		
	初十 十一	北坡	1800	白事			自去		
	十三	在则	600	各七			自去		
	十四	东洼	1500	大队			自去		自己吃饭
		北关	300	各七				晋峰	
	十五	老牛湾	500	大队			自去	苏昌	九点到
	十八	簸箕掌	300	各七					
	二十二	西关	300	各七			接		
	二十七	簸箕掌	300	各七			自去		
	二十八	北四渠	700	各七	200		自去	赵宝龙	学校后
		南关	300	各七			自去	小平	

① 本表按照原始材料格式录入，“各七”应为“隔七”，为保存资料原貌，在整理时，仍然写作“各七”。“隔七”和“烧纸”是陵川当地的风俗，隔七是逝者七天后，家户举行的纪念性仪式，一般都要请说书。有的家户隔头七，就是逝者离世七天的纪念，隔二七，就是对逝者离世十四天的纪念，以此类推，一般讲究户主有几个子女不隔几七，如有一个子女，就不隔头七。烧纸也是对逝者的纪念仪式，特指十年、二十年、三十年的周年祭祀，民间俗称“烧纸”，一般来讲在这个仪式中家户也都要请说书。

续表

时间		地点	价格（元）	事项	定金（元）	烟	车	联系人	备注
二月	初一	北义城							晚上
	初二	农行		市场大组				王树忠	
	初三	北义城		说书					下午晚上
	初四	郎车岗	350	说书			接	支书	
	初六	南关	300	各七			自去	小平	
	初七	北关	400	各七			自去	牛志刚	医院西
	初八	东石门	400	各七			接	原园胜	
	初九	张家庄	400	各七	100	两条	接	张虎松	
	初十	车毕		各七					
		花落		大队				支书	
	十五	簸箕掌	400	各七	100		自去	秋锁	
	十六	东关	400	烧纸	50	一条	自去	王有存	春秋阁
	二十三	横巾					接	李海红	老李定
	二十五	北四渠	400		100	一条			
三月	初一	尧庄	400	各七	50	两条	自去	李兴儿	新村
	初四	南关	400	烧纸	200		自去		
		窑庄	400	烧纸	100	两条	自去	苏振富	旧村供销社
		沙上头	400	烧纸	100	两条	接	申常保	
	初五	窑庄	400	烧纸	50	两条	接	李秀平	
		北关	400	烧纸	100	两条	自去	王根英	
		沙上头	400	烧纸			联系		
	初八	尧庄	400	各七	50	两条	自去	李兴儿	
	初九	云各图	400	各七	100	两条	自去	志玲	
	十九	汤庄	1500	庙会			接		
	二十一	张家庄	400	说书			自去		
	二十七	南关	400	各七			自去		三中门口
四月	初四	南池	400	各七				学玲	
	初十	南池	400	各七			自去	学玲	
		云各图	400	各七	200	两条	接	玉亮	
	十五	上河大队	1600				自去		两场
	十九	河头	600	各七		两条	接	老冯	
五月	初五	尧庄	430	各七	100	两条	自去	张松旺	
	十一	岩头	1800	白事		四条	自去		
	十二	冯庄	400	各七	100		接	焦忠法	
	十六	刘椭斗	400	烧纸		一条	自去	闫根喜	
	二十 二十一	北坡	1300	出丧			自去	玉清	
	二十五	汤庄	500	各七		两条	自去		

登记簿中演出最少的是十二月，共七场，该月家户说书的收入是2190元。最多的是二月，演出十四场，按每场家户说书400元计算，收入约5600元。表中单场说书价格最高的是白事1800元和庙会1500元，家户各七请书最少的为300元，最多不超过500元，主家一般会给一到两条烟，白事更多一些，是四条烟，表示对参与仪式人员的酬谢。有的主家派车来接，有的自己租车去。价格差别主要体现在盲人曲艺队小组和大组上，小组一般三至五人，仅有简单的乐器，大组有十几人，乐器设备和节目都比较多。另外家户各七、烧纸一天就结束了，白事仪式可能需要两三天时间，不但要说书表演，还要器乐演奏，穿插唱歌、舞蹈、小品等节目，所以费用较高。

晋东南一带逢红白喜事等，特别是白事，一般都会请被称为“先生”的说唱艺人在仪式中说书。盲人曲艺队是当地民间礼俗生活的主角，婚丧礼仪中每个重要的仪式环节，都需要说书人引导和组织仪式的进行。艺人不仅说书，而且是承担仪式专家的主导性角色，使仪式表达更丰富的文化内容。在实际的生活中，说书参与到民间礼俗中，循复着这些礼俗仪式，经久传承。作为仪式文化构成的一环，已经远远超越了艺术本身的意义。说书人是礼俗仪式的一部分，在“招亡”“迎供”等仪式中都会有他们的参与，共同推动仪式的进行。说书人参与着传统仪式过程，传统仪式也给说书人更多的礼俗空间，这是一个互助的过程。说书人通过在周年仪式中说孝书，表达后人的哀思与纪念之情，同时给说唱曲艺提供有活力的民俗市场。在陵川，仪式活动是否邀请说书或者音乐队，很大程度上是人们衡量仪式是否办得隆重的一个标志，也是别人评判仪式承办人是否孝顺的一个重要标准。①

观察说唱曲艺的视角不仅仅是文艺的，而且涵盖社会的方方面面。从盲人曲艺队的互动层次可以看出当下乡土艺术作为“非遗”项目的变化。特别是进入21世纪以来，曲艺成为乡土认同的重要途径，当其他民俗事象的整体性遭到破坏的时候，曲艺能够及时适应社会的主旋律与地方礼俗演进变化的规律，变得更加社会化，从艺术化走向乡土认同，从乡土认同走向社会关注。这样的社会互动才能更加有效地融入社会发展体系，服务乡村文化建设。以陵川盲人曲艺队的发展来看，就呈现出“社会需求 + 政府支持 + 特殊职业教育模式”的传承路径。陵川盲人曲艺队的发展分为以下几个阶段。

（一）1946—1977年

1. 1946—1949年

1945年陵川县解放以后，为了妥善安置和解决县内原说书盲人的生存问题，1946年5月3日，陵川县政府组织24名民间流散艺人，成立盲人曲艺宣传队，简称“盲宣队”，编为4个宣传小组，每组6个成员。② 解放战争爆发以后，为了更好地贯彻“利用文化（包括民间文化）来为社会主义革命服务”的总要求，陵川县政府严禁盲人曲艺队说旧书和算命打卦的行为，并对其进行革命文艺的全面改造。于是县政府为盲人曲艺队编排反映

---

① 这里“音乐队”的概念，主要指的是当地另外一种民间仪式音乐形式“八音会”，另外，调查中发现“音乐队”也指以传统器乐为主，融合唱歌、小品表演、舞蹈、魔术、鼓书等多种表演形式的草台班子，有时也被称作“歌舞团”，这种民间班社与盲人曲艺队以说唱曲艺为主的表演，在标志性艺术形式上有很大的不同。

② 赵魁元主编《跋涉光明》，内部资料，2006年，第239页。

革命老区人民生产自救、支前参战内容的新曲目，如《解放陵川》《攻打潞安》《孟祥英翻身》等。盲人曲艺队以文艺工作者的崭新姿态，进行革命老区的新文化建设。

2. 1949—1965 年

中华人民共和国成立后，曲艺事业全面进入社会主义改造时期。盲人曲艺队由于思想和管理上的松懈，一些队员在下乡演出时，暗自进行打卦算命活动。针对这一情况，在1955 年文化系统文艺整风运动中，县政府组织文化馆人员对盲人曲艺队培训学习毛泽东主席《在延安文艺座谈会上的讲话》，主要阐释两个标准，即“政治标准”和“艺术标准”来规范与约束说唱活动的方向，让队员进行自我教育、自我批评与自我革命。1959—1961 年的三年困难时期给盲人宣传队的发展造成了很大的影响。[①] 这一时期盲人曲艺队员的基本生活都失去了保障，大部分人选择回家，只有少数留守的盲艺人坚持围绕党和政府的中心工作下乡宣传。

3. 1966—1977 年

1966 年 6 月，“文化大革命”一开始，传统书目及鼓曲小调被视为“四旧”而禁止演唱，盲人宣传队停止下乡演出，应上级“思想整顿、精兵减员”的要求，保留了正式队员 11 名，其余大部分人员离队。这一时期主要演出革命样板戏。1970 年陵川县文化馆根据革命现代戏《红灯记》《智取威虎山》京剧本，选取剧中重点场次改编成说唱段子，供盲人曲艺队集中学习排练，经宣传文化主管部门审查后，重新下乡演出。

（二）1978—2009 年

党的十一届三中全会后，在“二为”方向和“双百”方针指引下，陵川盲人曲艺队及时配合政策宣传需求，下乡演出。按照每组 5—6 人的分组习惯，划分演出小组和演出区域，制定演出场次，规定收费标准。如：在 10—30 户村庄演出，每场收费 10 元；在30—50 户村庄演出，每场收费 20 元；在 60 户以上村庄演出，每场收费 100 元；对于 10户以下的村庄则免费演出，等等。陵川县政府特意开专用介绍信并加盖公章，要求全县各乡镇、行政村以及机关单位、企事业团体，每年都要接收盲人曲艺队有偿演出若干场，并按规定收费标准结算演出费。每到一地演出结束后，当地村委会填一张演出卡片，演出人员作为将来演出付酬的证据。演出内容包括演出地点、演出时间、演出曲目、观看人数、当地意见等，由演出小组随身携带，演出完毕后找村委会相关人员签写卡片内容并盖公章，演出活动结束后交由盲人曲艺队专人收存。晋城其他各县也都有类似的曲艺队演出办法。这种政府文化惠民、曲艺巡回演出的方式，从 20 世纪 40 年代至今，相沿成习，是当下陵川盲人曲艺队收入的重要来源。

（三）2009 年至今

2009 年陵川钢板书入选山西省第二批省级非物质文化遗产名录，增强了其影响力和知名度。从 2008 年开始，陵川县盲人曲艺队开始承担部分文化低保村的文艺演出活动。起初分配到几十个低保村的名额，每场演出费用是 500 元。从 2013 年开始，费用提高到1000 元，拿到 130 个低保村的演出任务，所以 2013 年仅这项收入就有 13 万元，极大地推

① 侯松锁，男，1930 年生，陵川盲人曲艺队原队长，访谈时间：2014 年 6 月，调查人：卫才华、张小丁等。

动了盲人曲艺队的发展。2014 年盲人曲艺队争取到 50 个文化低保村的演出任务，每场 1000 元。这个费用由晋城市政府承担 70%，陵川县政府承担 30%。[①]“文化低保下乡”是晋城市政府于 2008 年推动城乡基本公共服务均等化而实施的一项文化惠民工程。主要是从晋城市 2340 个行政村中选取 537 个文化低保村（贫困村、在贫困标准线上波动的行政村、革命老区村），每年为每个文化低保村开一场文艺晚会。

总体看陵川盲人曲艺队发展的起落与曲艺市场变化，从 1950 年代至 1980 年代，经过 30 多年发展，中国农村社会发生了翻天覆地的变化。盲人曲艺队也随着一次次时代政策影响发生深刻的转变。创建之初，盲人曲艺队隶属于基层文化部门领导，并逐步结合地方喜闻乐见的说唱曲艺形式，发展成为党的基层文艺宣传和政治宣传的重要阵地。1980 年代盲人曲艺队从文化体制内回归到自谋生路的社会需求中，起伏经历了数个高峰和低谷阶段，期间很多经验是值得当下的民间文化传承积极借鉴的。

1979 年，随着中国改革开放后，市场经济渐渐地活跃起来，曲艺市场也逐步发展壮大，随着农村经济生活水平的好转，说书市场变得非常繁荣。原先文化体制内管理的盲人曲艺队，逐步独立外出经营，自负盈亏。各级政府以经济建设为中心，一方面很少进行 20 世纪五六十年代的基层文艺巡演和政治宣传，与此同时，盲人曲艺队下乡演出也面临很多问题，电影、电视的兴起，使得农村娱乐文化选择多了起来，传统说书受到巨大的冲击，很多村庄不再接待盲人曲艺队下乡演出。

另一方面文化系统内响应市场改革，减负放权，很多集体性质的曲艺队相继解散。少数硕果仅存的曲艺队，实质上只是在名义上归当地文化馆管理，其收入开支全靠自己经营。火热的说书市场需求和冷清的基层文化管理让很多年轻的说唱艺人纷纷下海闯荡。1985 年，陵川盲人曲艺队先后有数位文艺骨干离队，自己组建说唱团在社会上揽活单干。这就几乎架空了盲人曲艺队的核心，最困难的时候，一个说唱表演节目，连演员和乐师都凑不齐，更别说演出经营了。

这种情形下，陵川盲人曲艺队觉得改革刻不容缓。他们积极筹办福利加工厂、盲人按摩店，扩大多种经营，改善盲人曲艺队经济状况。改变以往单靠政府支持“文化下乡”演出的思路，将农村演出与市场化道路相结合，积极加强与社会企事业单位的联系。陵川盲人曲艺队主动走出去，为企业、宣传部、环保局、司法局、法院等各单位编写宣传材料，说唱曲灵活生动，形象直观，成本较低，深受民众的喜爱。各单位也乐于和曲艺队合作，宣传最新的时事政策。这一时期，礼俗说书的市场也日渐兴盛，曲艺队还积极承揽如家户隔七、做周年、口愿书、庙会书、红白喜事等礼俗说书，这成为重要的收入来源。经过改革开放之初的阵痛之后，陵川盲人曲艺队最终成功地跨越了社会发展给曲艺文化带来的第一个挑战。

2000 年以后，网络、多媒体等深入广大城乡民众的生活中，陵川盲人曲艺队再次面临社会时代变迁带来的新问题。社会企事业单位的宣传已远远不能满足曲艺队的发展需求。这一时期曲艺队员年龄偏大，身体状况不允许再继续下乡演出，而年轻艺人人数较少，整体上还处于青黄不接的状态。为了扩大知名度，得到新时期政府文化建设的重视，曲艺队还是积极“走出去”寻求发展机遇，通过外出巡演参加全国性残疾人文艺汇演，

---

① 访谈对象：侯安凤，女，1956 年生，陵川盲人曲艺队现任队长；访谈人：张小丁；时间：2014 年 6 月 30 日 17 时；访谈地点：陵川县盲人曲艺队院内。

屡屡载誉而归，取得成绩后，为当地文化建设增光添彩，对曲艺队发展更有利了。2001年第一次在北京比赛获得金奖。2001—2005 年两届残疾人文艺汇演获奖，特别是 2001 年获得全国金奖以后，曲艺队名声大震。政府开始重视盲人曲艺队演出，给予相关政策和资金扶持，积极组织编排宣传节目，演出市场不断扩大，许多人慕名而来，纷纷邀请表演，说书市场重新获得生机。

纵观 20 世纪 80 年代以来陵川盲人曲艺队的发展，主要有以下经验：

曲艺的良性发展需要一代一代核心艺人的培养和传承。积累了多次经验之后，盲人曲艺队特别注意人才的重要性。1998 年，当时农村八音会特别受欢迎，单干的说书个体户收入不菲。盲人曲艺队又出现核心人才流失的情况，有队员外出组建八音会，出现了队员流动频繁、演出不稳定的状况。值得注意的是，当时曲艺队正逐步发展盲童特殊教育，很多盲童学校孩子的曲艺水平已经能够独挑大梁，这成了陵川盲人曲艺队最好的后备力量，于是与盲童教育的结合，就很好地解决了人员流动给说唱曲艺带来的影响问题，同时又发展出曲艺传承的教育路径，解决了人才培养问题，这成为陵川盲人曲艺队相对于其他县区鼓书团体最重要的特色。

艺术传承要注重创新。盲人曲艺队能紧跟时代变化，适应社会需求，积极主动调整自己的曲艺发展方向。一方面，要尊重曲艺自身发展的规律。1980 年代盲人曲艺队和机关单位合作时增加了八音会的乐器伴奏，穿插鼓书表演、小品、唱歌、跳舞等，表演形式多样再加上鼓书说唱价位低，迅速赢得了群众文艺市场。另一方面，曲艺要适应社会发展，提高自身艺术水平。陵川盲人曲艺队队员年轻化，为了更好地到外地演出，说唱鼓书时尽量接近普通话，这样一来突破了地域限制，扩大了演出市场和受众面。当然，也不放弃用当地方言说唱鼓书的韵味。曲艺队积极编排新节目，然而再好的节目，听的次数多了，观众也会厌倦。民众对鼓书艺术欣赏水平不断提高，面对这种情况，曲艺队不仅自编自演，还花大力气请省群艺馆的教师指导编排节目，出文化精品，比如钢板书节目《退钱》获得第十届中国艺术节和全国第十六届群星奖。荣誉背后是曲艺传承中“观念”的突破，那就是不故步自封，努力创新，不断提升艺术水准，借鉴优秀说唱艺术经验，不断满足群众生活的审美需求。陵川盲人曲艺队近四十年的发展，充分体现了曲艺在政府文化政策、礼俗生活需求以及特殊职业教模式上的良性社会互动，当下的陵川说唱曲艺文化走出一条政府支持、文化传承、教育培养、社会需求等多方受益的良性发展之路。

二　超越艺术：社会互动中陵川盲人曲艺队的组织经验

说书人的社会互动，不仅体现在时代的社会参与中，也体现在内部不同历史时期的更新调整中。陵川盲人曲艺队从 1946 年建队，创造了内部独特的管理经验，曲艺队现有资料是从 1968 年开始的，从这些材料中能够看出曲艺队发展的历史，也可以理解为什么如今曲艺队还能在太行山区办得有声有色。首先从 1968 年“毛泽东思想宣传队”看，当时队内规定还比较松散，主要是紧跟政治宣传目标，如“要学习三大纪律，八项注意，互教互学，以斗私批修为首，高举毛泽东思想伟大红旗奋勇前进”。明确实行工资制度，公共财产赔偿，艺人的医疗保障等，具体如下：

1968 年陵川县盲人宣传队制度条约

1. 我们要学习三大纪律，八项注意，互教互学，以斗私批修为纲，高举毛泽东思想伟大红旗奋勇前进。

2. 爱护公共财物，坚决执行工资制度，按劳取酬，多挣多得。其情况是由总收入款内抽出 20% 的公共积累，其余有多分多，有少分少。

3. 吃药 30% 的报销，一月 5 元报销 30% 的，超过 5 元不管。

4. 如果为公出发把家伙打破，30% 的赔。其中 15% 小队赔，15% 的个人赔，如果不是为公出发，不管理。为公□□□□疑的打破，要按情节轻重处理（收音机在内）。

5. 一年出乡 8 个月，开会 2 个月，放假 2 个月，如果是批准假期有工资，没有批准没有工资。2 天以内给小队告。2 天以上给大队告，请批准。

特此证明

毛泽东思想盲人宣传队

一九六八年元月一号①

新中国成立初期，百废待兴，对于艺人的改造停留在对艺人身份的改造，并没有对其生存的手段和表演内容进行过多的追究，对艺术表演本身的干涉并不多。② 1968 年中共八届扩大的十二中全会对“文化大革命”的理论和实践做了完全的肯定，所以在曲艺队的说书管理中，并没有涉及曲艺的表演内容，以政治宣传为核心，斗私批修为首，严格禁止艺人私自出去揽活挣钱，特别是给家户打科算卦，当时主要任务就是配合宣传党的路线方针政策，宣传毛泽东思想。各小组一经发现私自出去揽活就要受到责罚，如下面 1971 年曲艺队成员的自我检查书：

检查书

……因为我没有用毛泽东思想武装了自己的头脑，没有深入群众，这是我值得注意的。像我们三组赫文新，在外边大搞迷信复辟，迷糊群众，给群众打科算卦，和毛主席思想唱对台戏，这完全是我的责任，这是因为我做的工作不够，每天睡大觉，根本没有活学活用毛泽东思想，没有用毛泽东思想来武装起队员和自己的头脑。

毛主席教导我们说，不拿群众一针一线。可是我们这个组，队员们有时中午不吃饭，黑来好大吃一顿。一天国家发上 1.3 斤粮票，可是中午不吃饭剩下一顿，群众说一顿不安锅，两顿一半多，所以说，中午不吃饭黑来当然要多吃，这是多么可耻的，根本不符合毛泽东思想。我们这个组要立即改正这个错误。……

1971 年 2 月③

到了 1973 年，曲艺队的组织规定再次做了调整，转变为“我们要进一步贯彻执行毛主席的革命路线，使本职工作为党的中心工作服务，为广大工农兵群众服务，当好‘农

① 陵川盲人曲艺队档案室《1968 年陵川县盲艺人队制度条约》，手写稿。

② 杨旭东：《当代北京评书书场研究》，民族出版社 2013 年版，第 112 页。

③ 陵川盲人曲艺队档案室《1971 年陵川盲人曲艺队学员检查书》，手写稿。

业学大寨'运动的促进派"。曲艺队增加了文艺工作为"工农兵群众"服务，同时要帮助社会主义建设，可见当时社会思潮和社会工作重点逐渐转变到生产建设和经济建设中。于是文艺服务也由1960年代的毛泽东思想宣传的任务调整为社会文化建设的新任务。

1973年陵川盲人曲艺队关于工作计划与几项制度

在毛主席的革命路线指引下，我们满怀豪情跨进了一九七三年。在新的一年里，我们要进一步贯彻执行毛主席的革命路线，使本职工作为党的中心工作服务，为广大工农兵群众服务，当好"农业学大寨"运动的促进派。为此，我们通过认真学习，总结经验教训，经民主讨论，特制定七三年工作计划及有关制度于下：

一、全体队员要坚持认真看书学习，深入开展批修整风，彻底批判和肃清刘少奇一类骗子在文化战线上的流毒，划清两条路线的界限，不断提高执行毛主席革命文艺路线的自觉性，树立全心全意献身于党的宣传工作的革命思想。在新的一年里，要继续宣传工作的革命思想。在新的一年里，要继续宣传马列主义、毛泽东思想，广泛深入地宣传党中央、毛主席在元旦社论中向全党和全国人民提出的新的战斗号令，以使广大人民群众团结起来，去争取更大的胜利。

二、保证宣传场次、提高宣传质量。今年在全县范围内，十八个公社，四百零四个大队，社社队队都到遍，百分之八十的生产队基本上宣传一次。全队共完成宣传场次7505场，每组平均250场。同时，要加强业务学习，提高宣传质量，节目以自编自演为主，要宣传党的方针政策，反映我县"文化大革命"以来取得的伟大成就，并要随时随地地调查、编唱群众中涌现出来的新人新事、新道德、新风尚，以鼓舞人民群众的革命生产积极性。今年，每组要保证自编、自学、自唱节目20个。

三、在规定收费标准的原则下，全年每组平均收入3000元，全队收入9000元。

四、凡属本队正式队员，工资按月领发，如果请假超逾者，超假期工资月底照数扣除。试用人员与学徒，在每年放假期间不发工资，请假、超期工资处理与正式队员相同。女队员在产期，头胎休养日为30天，二胎为20天，三胎为10天，除此以外本人休假不发工资。

五、1973年试验人员转正定级，盲人试验人员转正期限不定，如本人认真学习记住了宣传工作，有了一定的宣传能力可转正，定额工资15元，但必须有群众意见、领导批准，一般人员试验期半至一年（工资12元）。第二年转为长期工资15元，特殊情况例外。

六、严格执行财务管理制度。全体队员要积极爱护公共财产，严格遵守管理制度。宣传队常用乐器服装，由各组员严格管理。如果有管理不善，发生损坏，由本组追查责任。若个人因闹情绪故意损坏者，由本人照价赔偿，并要作出检查。另外，为保身健，每月报销百分之五十的药费。

七、严格执行三大纪律八项注意。各组队员一定要以解放军为榜样，遵守群众纪律，借东西要还，损坏东西照价赔偿，不能有丝毫折扣。

上述计划和制度，全体队员一定要认真落实，自觉执行。

一九七三年元月十三日

陵川曲艺宣传队特订①

---

① 陵川盲人曲艺队档案室《1973年陵川盲人曲艺队关于工作计划与几项制度》，手写稿。

这一时期重点围绕经济建设，一般认为文化建设是被忽略的，可曲艺队的说书活动非但没有停滞反而开始注重节目的质量，更加注重宣传。1973 年中国共产党召开第十次全国代表大会，在《1973 年陵川盲人曲艺队关于工作计划与几项制度》材料中，提到全队全年宣传场次 7505 场，宣传工作量很大，而且明确提出节目上的要求“提高宣传质量，节目以自编自演为主，要宣传党的方针政策，反映我县‘文化大革命’以来取得的伟大成就，并要随时随地地调查、编唱群众中涌现出来的新人新事、新道德、新风尚，以鼓舞人民群众的革命生产积极性”，“每组要保证自编、自学、自唱节目 20 个”①。

在艺术方面，曲艺队首次将曲目的创新和改编写入规章制度中，可以看出这个时期曲艺队开始重视曲艺节目的质量与政治宣传的结合，既有政治性又有文艺性。不像之前唯政治宣传为纲。曲艺队员的角色也发生变化，成员包括正式队员、女队员、试用人员和学徒。有盲人试验人员和一般人员转正定级的区别，内容更加详细，特别是对女队员产假的规定，越来越丰富细致。曲艺队员来源多元化，其身份角色也在这一时期出现转正与非转正的差别，有的说书艺人从农村户口转为城镇户口，有些曲艺队员正式入编政府系统，成为政府文化管理和舆论宣传的重要部分。

改革开放后，曲艺队也发生了变化，包括组织变迁、曲艺的变化等。经过群艺馆文化系统编制，组织系统进一步细化，全队工作由队长全面负责，大队队委由队长、会计、保管、事务长和各组长组成，共同负责全盘工作。在规章制度中，增加了队庆日、婚丧事请假等新的社会元素。

1984 年陵川县盲人曲艺宣传队宣传工作制度

第一条：我队共有 35 人，被确定为一个统一的战斗集体。分别编制为四个小组进行单项的宣传活动。除生产小组四人外，其余四个宣传组都均以七人组成。机构健全后，全队工作由队长全面负责。大队队委由队长、会计、保管、事务长和各组长组成，共同负责全盘工作。各小组由组长、会计、保管安排本组业务。在这样层次分明的领导班子中，但还要继续发扬坚持民主集中制的原则，一般事情，大队由大队干部决定，小组由小组干部决定，如有较大事项，须通过队委会研究决定。

第二条：全年仍为四个季度下乡宣传，出勤率要保持在八个月以上。其余两个月到机关开会学习，两个月放假。这四个季度下乡回来的统一集中时间分别定为每年的队庆日（5 月 3 日）、国庆节、阴历年前夕（特殊情况例外），在每次回来，必须进行总结评比，经验交流，好人好事及时表扬推进，坏人坏事立即批评指导。

第三条：妇女产期 56 天，超过一胎者没有工资，婚丧大事有 10 天假期（特殊情况例外）。

第四条：每季度要学会一个小时的新节目，两个小时的传统鼓书。节目效果必须达到百分之八十以上的群众好评。超学一个小时的节目奖三元，少学一个小时的节目惩五元。

第五条：每场宣传紧跟形势的节目不低于三分之一，其余配合优秀鼓书。不经过挑拣验收合格的节目不许上场，午场不低于两个小时，晚场不低于三个小时。否之受惩。

第六条：会计光管账目，要做到收支分明。各小组每次集中前，必须把账算清，汇报写成。保管负责现金，超过五十元要存入信用社和储蓄所。不许私自挪用公款。否之受

① 陵川盲人曲艺队档案室《1973 年陵川盲人曲艺队关于工作计划与几项制度》，手写稿。

惩。每季度必须先除下交大队款，然后再发本组工资。借款要经过组长批准，不能超过本人工资。做到每季度金额兑现，互不拖欠。特殊情况要经群众讨论。[①]

1979 年邓小平在中国文联召开的第四次全国代表大会上发表了讲话，调整了文化“为人民大众服务，为政治服务”的方针，认为艺术发展应当脱离政治宣传，文艺发展应该百花齐放。所以这份材料与之前相比，增加了曲艺节目的质量、工资分配、请假制度、账目管理、分区演出分工、盲人学徒要交学费、要总结评比等内容，政治思想的宣传性逐渐淡化。特别是“强调每季度要学会一个小时的新节目，两个小时的传统鼓书。节目效果必须达到百分之八十以上的群众好评。超学一个小时的节目奖三元，少学一个小时的节目惩五元”。“每场宣传紧跟形势的节目不低于三分之一，其余配合优秀鼓书。不经过挑拣验收合格的节目不许上场，午场不低于两个小时，晚场不低于三个小时，否之受惩。”陵川盲人曲艺队节目质量提高，收支统一管理，下乡演出分成四个宣传小组。一组附城片，二组秦城片，三组西河专片，四组礼义片，各组坚守自己的宣传战地，不许侵犯外组的地区。如有侵犯，收来的宣传费归大队。收费按规定办，超收一元惩两元。

五年之后，1989 年改革开放十年，曲艺演出市场重新热闹起来，民间礼俗生活中的说书需求也开始大量出现，商业化特点愈加明显，曲艺队甚至明确声明要打造华北地区的“曲艺产品”，这种市场化的语言鲜明地体现了商品化浪潮对说唱曲艺的影响。曲艺队也开始注重文化品牌的打造，屡获“红旗单位”的荣誉称号，曲艺队内组织系统改革，新老交替，适应新的商业市场需求，改变以往分组划片式的经营，主动出击，寻求市场空间。首先明确了曲艺队干部的职责和分工。其次是增加了家户说书的收费标准，开始明确可以重新恢复当地礼俗生活的需求，而且增加奖励措施，这在之前是明令禁止的。“如有远、近个体户说书者一场 23 元，两场 40 元，车费在外，如办丧事者每人可外加一元。给个体户说书，见一场，大队奖一元。”[②] 1989 年陵川盲人曲艺队工作条例中奖惩制度更加细致，也隐约地暴露出当时曲艺队演出的一些问题，比如队员之间的管理、队领导分工的不明确、队员平时的表演和生活习惯等等。规定可谓事无巨细，说明在改革开放的十年里，虽然曲艺队的收入高了，但是很多社会问题也裹挟而来。进入 20 世纪 90 年代，曲艺队进一步市场化，有了明确的奖惩制度，小组之间按不同的等级有不同的激励措施。

陵川县曲艺队 1993 年工作制度（部分）

一、职务补助奖：

头等组长 100 元，隔一级差别 10 元；头等会计 70 元，隔一级差额 7 元；头等保管 50 元，隔一级差额 5 元。

二、人头工作奖：

组长和老队员 50 元，会计 30 元，新学徒、队员、临时工 20 元。

三、完成定额超收一元奖四角，少收一元惩四角。

四、评为先进一等组奖金 200 元，二等组 150 元，三等小组 100 元。

一等小组组长 200 元、会计 100 元、队员 50 元

---

① 陵川盲人曲艺队档案室《1984 年陵川县盲人曲艺宣传队宣传工作制度》，打印稿。

② 陵川盲人曲艺队档案室《1984 年陵川县盲人曲艺宣传队宣传工作制度》，打印稿。

二等小组组长150元、会计75元、队员37.50元

三等小组组长100元，会计50元，队员25元

年底评比按上年等级标准升、降级标准奖惩。

五、每人每年交100元押金费，职务押金组长200元，会计、老队员150元，如有中途不干、不当者，押金费不退，下浮1—2级工资。

六、全年总下乡天数270天，在270天内少下一天乡，少得5天奖金；旷工一天，少得一个月奖金；旷工两天，少得一季度奖金，特殊情况例外，准假一天有工资，旷工一天惩两天，无故一个月不上工者除名，供应人员户口留下。

有事和队长请假，下乡时和组长请假，不请假视为误工，婚丧大事10天假期。

七、在队开会时以打钟为令，超过10分钟按半天误工，误半小时，记误工一天，误一次会议扣10天奖金，半路不请假和私自离开会场，按以上时间记录执行。

1993年2月13日

陵川县盲人曲艺宣传队①

1990年代国有企业改革、社会转型，这一段时期曲艺队遇到社会转型的问题。曲艺市场惨淡，各地曲艺队经营都举步维艰，盲人曲艺队也经历了很多重组，很多队员出去单干，也有的转行做盲人按摩。曲艺队也经营了福利加工厂进行转型，单靠市场演出已难以维持基本开销。

在《1996年陵川曲艺队规章制度》材料中，说唱艺术上的变化是在表演中每场必须演唱2—3首歌曲。每场必须有紧跟形势的节目或大本头传统鼓书。在乐器上，每场必须有喇叭、扩音器、电子琴、唢呐、笙伴奏。在队里统一验收时，要有快板、相声、数来宝、小品、豫剧、上党梆、上党落片段和选段。在学艺方面要比句词、调门、音乐多，表演质量效果高，看普通话、调花样、音乐好、语句熟练等等。曲艺队演出与生活上的规定更细致，表扬和惩罚细则，如书场、会场抽烟、打人、睡，笑，说不利于本队的话、办不利于本队的事各5元；书场要求两三次不答复、随便下场、说小话、忘词、说错词、弦不准、精神不振、不带感情、唱词与动作不符、语言不文明、不卫生、不戴眼镜、最后不经组长批准散场、好事坏事不上报各2元；冒弦、顶板、乱倒水、倒饭、抓灶具、借东西不送、随意解手、吐痰各一次1元。可以说在20世纪90年代，说书无论从社会需求还是乐器伴奏、演出节目都发生深刻地改变。说书市场的竞争很激烈，很多小班社都开始活跃在乡村生活中，所以曲艺的形式和质量都要改进。演出增加流行音乐、电子音乐，节目要丰富多样，不仅仅是单一的鼓书说唱，队员要学会多样的艺术门类，几乎是一台小晚会的内容。所以在新时期，社会时代要求曲艺必须与时俱进，满足群众文艺当下的审美需求，充分体现了草根文艺的能动性和生命力。②

与以往关注鼓书、三弦书等艺术层面不同，从社会互动的层面看，艺术的表现更多是由其所处的社会结构来决定的，因此我们希望在社会发展的历时框架中重新审视曲艺队“非艺术”的一面，关注他们作为艺术组织的生存状态，梳理个人或团体在社会洪流中的历史经验和自我形象塑造。以上从1968年、1973年、1984年、1989年、1993年、1996

① 陵川盲人曲艺队档案室《陵川县曲艺队1993年工作制度》，打印稿。

② 陵川盲人曲艺队档案室《1996年陵川曲艺队规章制度》，打印稿。

年这六份材料看，横跨时间约三十年，每次制度都伴随社会时代的变革发生深刻转变，在材料中也透露出不同时期曲艺队组织管理的生活面貌。①

曲艺队的社会互动已经超越了艺术本身单向度的表现，代表一个特殊群体的生活状态，他们努力发出声音，表达社会认同的渴望。在1950—1980年三十年间，曲艺实际上成为政府改造及利用的对象，政府在曲艺队发展和建设中占有主导作用。首先是曲艺队的编制改革，曲艺队归属文化局管理，原先的说书艺人进入曲艺队后，户口由农业转入城镇，成为有编制的文化馆工作人员。说书艺人的表演、剧目内容和书场管理，需要文化局统一领导，给其发演出证。其次，负责人方面，大都由文化局派人专任，或者有专职的财务人员分管具体事务。再次，组织管理方面，曲艺队队员要定期开会学习，在财务收支上，文化局行政领导，业务上则自负盈亏，有专人监管，艺人收入按等级制度。民间说唱在近三十年的改造中，始终和政府文化建设保持一致，在主流文化宣传方面发挥了极大的作用，这三十年的历史进程，传统民间曲艺更多地承担了社会动员、文艺改造的职能，成为社会主义社会管理和建设的一部分。直到1990年代，社会改革开始全面进入市场化之后，曲艺队自主经营的特点显现出来，在说书市场和政府文化建设之间，平衡关系，不断地寻求发展空间，维持说书在当地的传承与发展。

三　超越地方：历史视野中说唱文艺的时代演进和变化

从历史上看，陵川盲人曲艺队的发展受社会时代变化影响很大，特别是主流意识文化形态的建构，曲艺说唱充当了社会动员、文艺宣传改造的主要角色，其历史背景与发展特点主要有以下方面。

（一）延安文艺传统

20世纪40年代，特别是1943年延安文艺座谈会后，文艺工作者开始关注民间文艺，之后，延安开展了大规模的说书艺人改造运动。首先是发现了说书艺人，标志性事件就是1944年丁玲发表在《解放日报》上的《民间艺人李卜》一文，使得李卜广为人知。此后，这些民间艺人的发掘便成了文艺工作的一项重要任务。1944年延安文教大会之后，说书改造受到了极大的关注，发现了“韩起祥”这样代表性的说书艺人，因为他更加“持续和有系统地参加了中国共产党的民间文化活动”。②

此外，20世纪30、40年代中国共产党在毛泽东《新民主主义论》及1942年《在延安文艺座谈会上的讲话》的精神指引下，建构“新民主主义文学”。毛泽东指出“这种新民主主义的文化是大众的，因而即是民主的。它应为全民族中百分之九十以上的工农劳苦民众服务，并逐渐成为他们的文化。”③ 随着中国共产党在全国范围内的胜利，其首要任

---

① 笔者于2014年、2015年、2016年多次去实地调查，陵川盲人曲艺队历史资料均来自曲艺队档案室，根据资料原件整理，保持资料原貌。不同时期，陵川盲人曲艺队也被称作“毛泽东思想宣传队”“鼓书队”“曲艺队”“陵川县曲艺队”“陵川盲人曲艺队”，本文中提到的这些名称都指的是陵川盲人曲艺队。

② ［美］洪长泰：《新中国文化史与中国政治》，一方有限出版公司2003年版。

③ 毛泽东：《新民主主义论》，《毛泽东选集》（第二卷），人民出版社1991年版，第708页。

务就是使得全国范围内迅速认可新的现代民族国家。[①] 20 世纪 40 年代延安时期的“群众文艺”“文艺大众化”，积极寻找民间艺人，发现和改造旧文艺，实际上是将农村社会的革命动员、民众教育与乡村社会改革共同进行。

1946 年间，文艺工作者讨论老百姓究竟应该过什么样的文化生活，太行根据地乡村的文化状况是怎样的。当时文化工作者讨论会中，有位作家从老百姓家里拿来几本书，有不知是什么迷信团体的《太阳经》《老母家书》，写着“洗手开看”的《玉匣记》《选择捷要》，在农村青年手中借来的《秦雪梅吊孝唱本》《洞房归山》，还有《麻衣神相》《增删卜易》《推背图》一大堆。他说这才是在群众中间占着压倒之势的“华北文化”！随行的马夫勤务员们也都向老乡借《五女兴唐传》之类来看，而且很好借，家家都有！针对农村封建文化这种状况，文化生活方式的变革要从《秦雪梅吊孝》手里夺取读者阵地，还得从《四郎探母》的戏台下夺看客。[②]

从材料可以看出，当时农村说书和戏曲非常盛行，几乎家家都有《五女兴唐传》这类的唱本。太行山革命根据地的文化讨论，承袭延安文艺精神，改造乡村文化生活方式，在文化生活和文学领域，构建新中国民族国家话语。在这一背景下，说书人从简单自由的两三人组合，逐渐转向由文化系统管理的“曲艺队”，有的被称为“抗日宣传曲艺队”“鼓书宣传队”。到了 1960 年，成立“盲人毛泽东思想宣传队”，名称的变化也恰好说明对说书人的社会改造过程，延安文艺座谈会确立“文艺改造”的根本目的就是要启蒙教育民众，建立新的乡村生活规范。1946 年陵川盲人宣传队就是在这一曲艺背景下成立的，其实晋东南各县也在这一时期纷纷成立政府文化体制下的曲艺队。如 1952 年，在《政务院关于戏曲改革工作的指示》和“百花齐放，推陈出新”的方针指引下，高平县成立了曲艺宣传队，并且吸收了部分女性人员和明眼人参加。[③] 说书通俗易懂，灵活生动，故事性强，历来是文艺宣传的排头兵，特别是对广大农村来说，是文化意识形态争夺的重要场域，所以文化工作者才会发出要向唱本和戏台夺回文艺宣传阵地的呼声。

（二）抗战时期太行根据地说书艺人的变化

首先，1937 年中国共产党在太行山区建立了抗日根据地。文艺界积极配合抗战宣传，曲艺队活跃在斗争的第一线，通过编创新节目宣传抗日斗争，鼓舞军民士气。有的盲人还利用流动说书打探消息，直接参与革命斗争，沁县盲说书艺人赵文焕冒险给八路军送情报牺牲在沁县寺家庄。这一时期说书艺人开始了“新说书运动”，主要宣传抗日英雄，歌颂军民团结、土地改革等内容。其次，演出人数和乐器也发生较大改变。由过去一两人走街串巷的演唱变为三五人的舞台演出，乐器也由单一的鼓板、三弦，加入了锣、鼓、镲、二把、板胡、笛子等伴奏。再次，有些曲种根据需要改变了唱腔。最后，抗战时期以及解放战争时期，政府请文艺专业人员对艺人辅导，教习简谱、乐器演奏技巧。如 1945 年武乡

① 毛巧晖：《现代民族国家话语与民间文学的理论自觉（1949—1966）》，《江汉论坛》2014 年第 9 期。

② 王春：《继续向封建文化夺取阵地》，原载 1946 年 6 月《北方杂志》创刊号，摘自《山西文艺史料（第三辑）》，山西人民出版社 1961 年版，第 17—19、37 页。

③ 《高平鼓书与九莲灯》内部资料，2013 年，第 5 页。

鼓书艺人韩庚江还曾应邀给在潞城驻扎的北方大学讲授鼓书的唱法和书目。[①]

（三）1950 年代政府文化部门开始系统管理民间艺术团体和民间职业艺人

1959 年山西省文化局《关于处理盲艺人鼓词宣传队问题的函》针对黎城县鼓词宣传队部分盲而不艺的问题，通过及时整顿，把业务水平低的人安置到公社从事生产劳动，同时积极培养爱曲艺的青年后辈，不再组织青年盲人学习说唱艺术，并拨给艺人生活救济金四百二十元。1961 年山西省文化局转发《文化部关于加强戏曲、曲艺传统剧目、曲目的挖掘工作的通知》，希望“团结当地曲艺艺人，分别轻重缓急，有计划、有步骤地将本地所有传统曲目、曲牌、书词如实地抄录下来”。1964 年山西省出台了《关于流散曲艺、杂技职业艺人管理办法》，发给流散艺人登记证，演出要经当地文化部门同意，发给巡回演出介绍信。[②]

另一方面，文化系统组织的民间文艺汇演，使得传统曲艺逐步舞台化、艺术化。有些民间曲艺所属的艺术种类和名称都是在这一时期才逐步确立的。1950 年代，中央和各省市地方政府组织大量的文艺汇演，迎来新中国民间文艺事业的高潮。通过一系列的汇演，民间文化在艺术领域崭露头角，曲艺等民间艺术也逐步开始雅化、舞台化、意识形态化、官方化的历程。这种文艺汇演和全国性的交流比赛，首先提升了民间艺人的社会地位，扩大了说唱曲艺的知名度，很多土生土长的节目和底层艺人，因为汇演，可以去北京接受党和国家领导人的接见，得到了国家文化建设对乡土艺术的高规格认同，进入主流意识形态的文化宣传领域。另外，民间曲艺被纳入到政府文化体制内传承。晋东南各县市文化馆、群艺馆纷纷建立曲艺队，为艺人安排编制岗位，从农村调入城镇，统一管理。鼓书节目的创作开始有作家、艺术家等知识分子的参与，比如赵树理的《谷子好》，更让高平鼓书名声大震。经过社会媒体的广泛宣传后，传统节目开始登上大雅之堂，尝试舞台表演，乐器伴奏、服装道具、唱词变化等改革，更加符合时代气息，之前自由生长在民间的民歌小曲，一时成为具有官方性、合法性的，代表地方特色的标志性民间艺术。

（四）非物质文化遗产视野下民间文艺的变化

20 世纪 80 年代文化部牵头开始全国性的十大文艺集成工作，其中曲艺集成重点搜集各地鼓书小戏，数以千计的民间曲艺，如鼓词、道情、琴书、三弦书被文艺工作者重新挖掘整理出来。直至 2009 年，被誉为“中国民间文艺的万里长城”的《中国民族民间十部文艺集成志书》才全部出版完成。[③] 1980 年代开始的曲艺普查，再次焕发出民间曲艺的艺术魅力，很多珍贵的视频文本资料得以保存，由此也拉开了民间曲艺再次进入政府主流文化建设的序幕。到了 21 世纪，中国加入联合国教科文组织非物质文化遗产保护的公约，开始了自上而下的非物质文化遗产保护，全面搜集整理地方民间文化，按照十大类的分类体系，在民间曲艺、民间音乐中重新开始申报非物质文化遗产项目的四级名录。三十年前

---

① 《中国曲艺音乐集成．山西卷．上册》，中国 ISBN 中心，2004 年，第 19—20 页。

② 《中国曲艺志・山西卷》，中国 ISBN 中心，2011 年，第 569—574 页。

③ 《中国民族民间十部文艺集成志书》，从 20 世纪 80 年代开始，近 30 年的时间在各省陆续出版十部集成，至 2009 年全部出版完成，被称为“中国民间文艺万里长城”。见周巍峙《修筑中华民族宏伟壮丽的“文化长城”——谈十大民族民间文艺集成志书的编纂任务》，《文艺研究》1993 年第 2 期。

做过的曲艺普查被再次推至民间文化保护的前沿。所以各地的秧歌、鼓书、道情、三弦书利用已有的基础资料，重新成为新时期非遗项目中的佼佼者。民间曲艺迎来了非遗时代，传统鼓书、钢板书、四弦书成为非遗保护项目，文艺与政府公共文化建设之间的联系更加紧密，传统民间文化再一次成为地方文化建设的亮点。

四 超越文本："太行书会"曲艺赛背后说书人的变化

新时期政府公共文化建设与民间文艺具备了新型关系。从当下看，陵川盲人曲艺队社会活动的新特点就是借鉴“书会”的文艺交流形式，联络成立晋东南盲艺人联合会，于是便有了“太行书会”。[①]“太行书会”曲艺邀请赛，由陵川县盲人曲艺队老队长侯松锁发起，每年举办一次，从2012年至2014年已举办三届，是晋东南各地盲说书艺人交流、聚会的平台。参加书会的艺人来自晋城各市县区，有健全人也有盲人，有专业的也有业余的，有精神矍铄的老艺人，也有朝气蓬勃的年轻人。他们说的都是当地的曲种，有陵川钢板书、阳城鼓书、高平鼓书等。前两届“太行书会”都是由“陵川县盲人曲艺队”主办，第三届开始由晋城市文化局主办，其书会内容也有了一些新变化。例如：“太行书会”盲艺人聚会交流活动变为“曲艺邀请赛”；举办地点由陵川盲人曲艺队大院改到晋城市文化广场；举办方也发生变化，前两届由陵川盲人曲艺队自行组织，企业赞助，第三届则由晋城市文化局组织；参赛剧目要求必须是新剧目。另外，书会表演变得更加舞台化、说唱表演形式也更加多样化。

2014年政府参与太行书会曲艺赛的组织，无论从舞台设计、视频直播、音箱、灯光等媒体准备，还是主持、评委、比赛奖励，都有极强的号召力，为整个说书市场带来很大的影响。随着时代的发展，政府也从最初对于市场的宣传，逐步发展为对于整个市场的操控，使其明显地呈现出文化产业发展的态势。[②] 比赛中对传统曲目的改编也有很大的争议。有的鼓书已经改编为歌舞唱，有艺人不满与抱怨，认为“那些获奖的书，连鼓和板都没有，已经不是鼓书说唱了，完全失去了传统的味道”。政府地域文化形象的塑造，需要从传统艺术提炼特色艺术元素，说书人则希望政府能提升鼓书说唱的文化品牌，双方是共赢的良性互动，但是需要谨慎处理传统与现代曲艺观念的差异，否则会影响地方曲艺的整体发展。这是政府曲艺赛的两难之处：究竟该与时俱进，追求艺术水准，提升新编书目的质量，还是保持传统，平衡地方曲艺艺人的整体发展？后非遗时代民间艺术大多面临这种发展与传承的困境。

曲艺赛要求必须有新剧目，符合时代主旋律。调查发现，很多传统的鼓书说唱，内容

---

① 2011年在参加山西长治沁县恢复传统的“沁州书会”时，陵川盲人曲艺队老队长侯松锁提议在晋城陵川也应该组织盲人书会，给盲艺人一个交流技艺的场所，于是队员们商议，一致同意采用“太行书会”作为“书会”名字，由陵川盲人曲艺队主要组织。2012年在陵川盲人曲艺队大院召开了首届“太行书会”。此外，2014年首届“太行盲艺人联谊会”由左权盲人曲艺队发起，陵川盲人曲艺队老队长侯松锁被选为名誉会长。2015年5月在陵川盲人曲艺队大院召开了“太行盲艺人联谊会第二次会员代表大会”。

② 郝沛然：《音乐与养家糊口——山东省胡集书会研究》，硕士学位论文，华中师范大学，2009年。

不能及时更新，就无法参加曲艺赛，这就使传统书目数量减少。另外舞台表演有时间限制，长篇曲目就不适合舞台化表演，只能表演小段和书帽，这对于原本就岌岌可危的长篇鼓书更是雪上加霜。这类舞台化的书会曲艺赛，让传统“听书”变为以“看书”为主的欣赏习惯。还有的曲艺工作者改革鼓书一人一板的表演形式，加入舞蹈表演、小品等元素，民众很喜欢这种热闹的氛围，但对传统鼓书而言，这种改变已经超出其本身的艺术特点，似乎已经不再是非遗项目所要传承的形式。改编的尺度和民众欣赏需求的平衡，这种传统艺术的现代论争再次成为曲艺传承的双刃剑。

日本民俗学者菅丰谈道：“对于非物质文化遗产来说，变化才是他本来注定的命运，历史越是悠久，其所发生变化的频率就越高”，“但在现实当中，因为这样的产生新文化的活动，人们的生活才会变得丰富多彩，而且，即使具有历时性的古老的文化，也正是经历了这样的文化的创造过程才生成的。”[①]“太行书会”的出现其实隐含着新时期艺人、政府、民众之间的文化互动关系。

太行书会的转变实现了传统与现代的良性对接，有助于实现政府与艺人的双赢互构。说书这种传统曲艺属于民间文化易受冲击的一类形式，它有顽强的适应社会发展的生长性，但也存在极为脆弱的一面。在社会进程如此之快、各种文艺形式如此之多、民众审美要求日益多样化的当下，民间说书面临极大挑战。现在正逢国家大力保护传统文化发展之时，受众也在经历过各种新奇之后重新接受传统的回归，政府发现“太行书会”承接传统文化的闪光点，于是由最初民间自发逐渐转变为政府参与的公共文化建设。

传统曲艺是社会公共文化服务体系建设中的重要组成部分。从太行书会组织形式的转变中可以看出，地方政府积极挖掘传统文化优势资源，为现代公共文化建设提供新的动力，使公共文化产品的供给和服务能够真正满足民众实际生活需求。对于说唱本身来说，此种民俗文化借助政府之力，以一种全新的姿态重返民众视听审美当中，这是当下民俗曲艺的重要取向。对于民众来说，传统说书既有传统的历史感和生活气息，同时又面向当下的社会内容，艺人在广场化的曲艺赛中重新得到“宣传”认同，这对双方都是有益的，因此互动成为新时期地方传统文化展现和重构的重要途径。

从新时期盲人曲艺队的社会互动看，无论是历史变化，还是演出内容，都有了新的时代特征。曲艺队作为传承群体的特征明显，保护和参与的主体呈现多样性。在现代文化传承的视野下，单方面的力量无法完成钢板书、鼓书等项目的整体性保护。就“太行书会”曲艺赛来看，群艺馆排练的老师、舞台表演、主持人、晋城文化局、群艺馆的曲艺研究人员等多种社会角色的参与，共同造就了当下非遗项目的整体性面貌。虽然在传统的保持中，曲艺会随时代变化而变化，但这种多样性主体的存在，可以促进传统记忆的恢复以及新生文化的良性发展。

从非物质文化遗产的角度去认识传统说唱，不只是从非物质文化遗产的“民族性”“稀有性”“历史性”这些宏观壮阔的大话语之下去看待与分析，更应该从一种实际的、有情感和温度的“与人幸福”之间的关系去把握。“作为能够给保持它的人们带来幸福的一种资源”[②]。太行书会作为联结晋东南盲艺人的一种组织，有助于增强盲艺人这个特殊群体之间的凝聚力与归属感，使得“人际关系的重新确认和再度强化”。从此层面上来理

① ［日］菅丰：《何谓非物质文化遗产的价值》，陈勤建译，《文化遗产》2009年第2期。

② ［日］菅丰：《何谓非物质文化遗产的价值》，陈勤建译，《文化遗产》2009年第2期。

解社会转型时期的说唱艺术才更具现实意义。

传统意义上对地方传统的关注，缺少乡土信息和草根情结，对散落在民间的碎片化民俗知识，或者是改造的眼光、文艺宣传的工具，抑或礼失求助于野的田园情怀。较少从民间艺术所关联的社会互动、生活关系，甚至说书人自己的归属感、幸福感等方面，重新审视现代社会框架下以人为核心的文化承载。一定程度上，说书人是我们理解民间艺术，进而认识地方民俗社会的出发点。人们借助民俗实践实现自我的社会属性与人生标识。民俗代表着一种传统的惯性，个人在参与这一传统惯性的社会实践活动中不断地自我生成，生成其情感、理性、理想、人格等。张士闪认为：大致说来，中国传统文化在载体形式上可以分为两类：一是文献典籍，二是民俗传统。其中，包括民间艺术在内的民俗活动是传统文化之根，最贴切中华民族的生活世界，古往今来滋养着民众的生命情感。在中华文明传承发展史上，国家意识形态经常借助于对民间艺术活动的渗透而向民间社会生活中贯彻落实，形成“礼”向“俗”落实、“俗”又涵养“礼”的礼俗互动情势，官民之间良好的政治互动框架由此奠定。民间艺术中的礼俗互动态势，就其本质而言，既是民众向国家寻求文化认同并阐释自身生活，也体现为国家向民众提供认同符号与归属路径。换言之，借助民间艺术等文化形式，民间社会始终发挥着对主流传统文化的葆育传承能力。民间艺术作为一种富有活力的文化因子，在当代中国社会发展进程中依然具有相当的社会影响力，其自身也必将在这一社会进程中显现出自我调适、多元创生的文化活力。①

传统曲艺形式是依照一系列的文化习俗与有组织的实践形成的，在其演变过程中，社会历史的连续性与个性化的选择起着一定作用。乡村说书不仅仅是纯粹的曲艺活动，在实际生活中还能够增加仪式感的神圣性和趣味性。当下城镇化进程加速，中国社会结构转型，农业文明、农业生产方式逐渐衰弱，传统民俗学学科经典研究对象，诸如民歌、民间故事、民间传说逐渐消失，民俗随着乡村生活方式的改变，社会影响力也微乎其微，这些民俗传统很难主导现代社会的人生和日常生活意义。但民间艺术的演变轨迹却截然不同，在工业社会、后现代社会，特别是近些年，随着非物质文化遗产话语的提升，传统民俗曲艺资源，逐步成为地方乃至国家文化建设的一部分，代表地域优秀文化形象，被重新赋予新的社会角色。民间说唱也被裹挟在这个文化创造的时代，不可避免地被放大或者摒弃，在重构、解构和建构中找到新的价值。也正因如此，新时期民间说唱正在成为连接传统与当下，政府与民间，市场与习俗多种社会博弈的艺术表达，由此展现的新型地域文化形象是植根于草根形式，包含着多样社会经验和生活方式的文化图景。

（原载《民族艺术》2016 年第 4 期）

① 张士闪：《眼光向下：新时期中国艺术学的“田野转向”——以艺术民俗学为核心的考察》，《民族艺术》2015 年第 1 期。

民族、女性与商业

——社会史视角下的旗袍流行

杜佩红*

【摘要】旗袍是20世纪20~40年代民国时尚女性最主要的服饰种类之一。辛亥革命后，“满清”的旗装曾经一度因为排满之风盛行而遭社会排斥，但是随着时代的变化，在民族主义、女性解放及商业文化的推动下，旗袍逐渐成为一种时尚。尤其是到1926年后，旗袍在全国范围内大规模流行开来，成为各阶层女性竞相追逐的服饰潮流，甚至在海外成为东方女性服饰的象征。从社会史视角出发，在满与汉、中与西、女性解放以及商业文化等诸种因素的复杂互动中解读旗袍的兴起、流行与形象演变，使我们可以从旗袍最终成为“民国范儿”代表这一历史现象中，对民国时期的社会文化变迁有一个更深入的理解。

旗袍由满族妇女所穿的袍服演变而来。在入关前，满族妇女一般穿着连体袍服，这与汉族女子的上衣下裳有很明显的区别。入关后，清廷规定八旗女子必须着旗式袍服，而准许汉族女子仍着汉装，一直到清末这种女服上的满汉界限仍未被打破。辛亥革命推翻了“满清”政权，一时排满之风甚盛，旗人妇女易旗装而改汉装的现象很多，旗袍受到普遍排斥。但在沉寂近十年后，旗袍却在争奇斗艳的女性时尚衣着中异军突起，压倒汉装与西服，成为女装中的翘楚，甚至在后人的怀旧里被定格为最经典的“民国风”。这不仅是一个简单的服饰流行问题，更是一个很有研究价值的社会文化现象，从中我们可以加深对民国时社会变迁、大众心态的理解。

学界对于旗袍已有不少研究，但多数是从服装史角度出发来考察旗袍的渊源与变迁①，从中我们能对旗袍的款式与工艺有清晰地了解，但并不能帮我们回答旗袍何以流行，其与当时的政治社会状况、民众文化心态是什么关系。只有少数研究突破了服饰史的局限。吴昊在《中国妇女服饰与身体革命》中有若干章节讨论了旗袍，让我们看到旗袍

---

* 作者系中国人民大学清史所博士研究生。

① 包铭新：《中国旗袍》，上海文化出版社1998年版；袁英杰：《中国旗袍》，中国纺织出版社2001年版；于君：《女性与旗袍》，辽宁美术出版社2001年版；袁仄、胡月：《百年衣裳》，生活·读书·新知三联书店2011年版；陈婷：《追溯民国旗袍的发展》，硕士学位论文，四川大学，2005年。

的流行与民国时期的妇女解放密切相关。[①] 而 Antonia Finnane 的 What Should Chinese Women Wear? A National Problem 则让我们明白旗袍不仅是传统中国服饰的延续，实际也是近代国家政治塑造而成的。[②] 这两篇文章让我们对旗袍得以流行的政治、社会因素有了大致的了解，但限于作者的选题角度与材料之稀少，两篇文章于旗袍流行原因的解读仍有失简单。在其中，女性解放、民族主义与旗袍流行的关系更多只是宏观解释，而较少能进入当时具体的历史场景；至于如满族因素在其中扮演的角色两位作者更都没提到。[③] 所以对于旗装何以从民初的被排斥到20年代后成为时尚潮流、后来甚至成为中华文化的代表，现有的研究并不能给我们满意的回答，仍有拓展的余地。本文即拟从民国时期的报刊材料出发，对上述问题做一个更深入的解答。

一 从排斥到流行

民国之初，由于排满思潮的延续，许多旗人为了避免受到歧视，不得不抛弃了多年的生活习惯。尤其是最为显眼的满族衣裳，更要深藏起来，生怕显露自己的旗人身份。旗装或是压进箱底，或是典卖铺中，转而改穿汉族的“上衣下裳”[④]。虽然在京津和东北，仍有一些上层满族人家的妇女还穿着旗袍，但大街上已少见其踪影。[⑤] 正如时人所描述的：“大半旗装改汉装，宫袍裁做短衣裳。”[⑥] 1921 年《解放画报》上一位作者回忆 20 年代之前的旗袍景况时也说道，“辛丑革命，排满很烈，满洲妇女因为性命关系，大都改穿汉服，此种废物，久已无人过问”[⑦]。

但是经过近十年的沉寂，旗袍却在上海重新走上大街。至迟在 1920 年初，上海就已有一些妇女开始公开穿旗袍[⑧]，到 1921 年时更是“入冬穿旗袍者已有十之二三”[⑨]。旗袍

① 吴昊：《中国妇女服饰与身体革命》，东方出版中心 2008 年版。

② Antonia Finnane："What Should Chinese Women Wear? A National Problem", in *Modern China*, Vol. 22, No. 2, Apr. 1996.

③ 一些学者以旗袍款式与满族服饰并无很大继承关系，由此认为旗袍与满族服饰基本无关。卞向阳和包铭新都认为民国时期的旗袍已与旗人的旗袍有很大不同，反而接近于西方。（卞向阳：《论旗袍的流行起源》，《装饰》2003 年第 11 期；包铭新：《中国旗袍》，上海文化出版社 1998 年版。）但是如果我们回到当时的历史情境中，不论现代旗袍在款式上是不是旗装的变体，但至少民国时，人们普遍认为旗袍就是由旗人服饰而来，如果讨论旗袍成为时尚的原因，那么就无法绕过民国社会怎样看待满族。

④ 在旗人大鼓书中有一段描写了一些明明是旗人妇女，但却穿的是裙子，“实在不合样”。李家瑞：《北平风俗类征》，北京出版社 2010 年版，第 370 页。

⑤ 吴昊：《中国妇女服饰与身体革命》，东方出版中心 2008 年版，第 265 页。

⑥ 李家瑞：《北平风俗类征》，北京出版社 2010 年版，第 372 页。

⑦ 钱病鹤：《旗袍的来历和时髦》，《解放画报》1921 年第 7 期。

⑧ 1920 年 2 月《申报》的一则报道中就描述了上海南京路上有一个年逾古稀的老妇头戴白绒线帽、身穿狐皮旗袍、足踏西洋皮鞋，街上人视之为“老怪物”。《新年新装束之怪现状》，《申报》1920 年 2 月 25 日，第 14 版。

⑨ 《世界小事记》，《礼拜六》1921 年第 102 期。

从死灰堆里重新燃起火光，很可能是从上海娼妓界最早流行开来的。[①] 据 1921 年《礼拜六》上一篇文章的说法，旗袍流行起初是靠妓女老林黛玉的提倡，人老珠黄的她为了吸引客人，便别出心裁地从箱底翻出来满族旗袍穿上，竟然成为一时时尚。[②]

到 1923 年时，旗袍已风行一时[③]，按当年 2 月 11 日《申报》上一则报道的说法，那些高档皮料多被制成旗袍，甚至一些假充高档皮料做成的假货旗袍也能卖得出去，衣庄因此“无不利市三倍”[④]。就是上海附近的一些地区也开始有了旗袍的身影。[⑤]

但是旗袍真正得到大范围推广，成为大江南北的普遍衣饰，则是要等到 1925 年之后。北伐时期，一些女学生投身革命，为了革命事业，她们剪短长发，穿上类似男子长袍的旗袍，她们把妇女解放及带有妇女解放色彩的旗袍带到全国。在 1925 年、1926 年左右，穿着朴素旗袍、剪短头发已成为全国进步女学生的标准形象。1926 年 3 月《京报副刊》上一出独幕喜剧的作者，就借着剧里一名角色之口说道：“我常常在街上碰见三五成群的女学生，剪了头发，又穿着旗袍。”[⑥] 而在 1926 年“三一八”惨案中遭杀害的刘和珍，她留下的遗像即是“穿着一件布的旗袍，带着素淡而朴质的情调”，就是在运动当天，一些女学生也是穿着旗袍的。[⑦]

一方面是女学生的提倡，另一方面也是随着旗袍制造业的发达、旗袍价格降低，旗袍开始在各阶层中流行开来。据周瘦鹃说，1926 年时“上海妇女无论老的少的幼的差不多十人中有七八人穿旗袍”[⑧]。而北京杂志《语丝》的作者们也开始讲“旗袍是近来南北一致所赞美的漂亮衣服”[⑨]。大众杂志《紫罗兰》甚至专为旗袍办了一期《旗袍特刊》。可以说从 1926 年开始，穿旗袍成为一种全国性的潮流。

国民政府建立后，虽然围绕旗袍有不少争论，但旗袍还是成为官方正装的一种。国民政府 1929 年 4 月 16 日《服制条例》规定女子的正装有两种，其中甲种为“齐领前襟右掩，长至膝与踝之中点，与裤下端齐，袖长过肘与手脉之中点”，从样式上看实际即旗袍。[⑩] 由此，旗袍不再只是民间潮流，而是登上“大雅之堂”，成为各类正式场合的占据

---

① 也有人认为旗袍的兴起应该更早。据说在护国战争时期小凤仙已然穿着旗袍，故此一些人又把旗袍称为“小凤仙装”，但笔者没有找到明确的一手材料来证明，之所以有这种说法很可能是因为传说小凤仙是旗人（当然实际上小凤仙并不是旗人）。而且上海兴起的旗袍是作为新服饰潮流出现的，而小凤仙即使当时确实穿着旗装，也并没有引起什么社会反响。故此笔者还是倾向于当时人的说法，旗袍兴起于上海的娼妓界。

② 《旗袍［调寄一半儿］》，《礼拜六》1921 年第 101 期。

③ 在《民国历年来服装演进》的文章中我们可以看到旗袍在这一时期已经由上海传到广州，可见旗袍已流行。《民国历年来服装演进》，《申报》1946 年 10 月 7 日，第 6 版。

④ 《壬戌年度沪上各商业之概况》，《申报》1923 年 2 月 11 日，第 13 版。

⑤ 比如一家苏州刊物上就有一篇文章提到了穿旗袍的贵妇，《某富豪之家庭》，《消闲月刊》1921 年第 2 期。

⑥ 《在安琪小姐的客厅里》，《京报副刊》1926 年第 441 期。

⑦ 《吊刘杨二女烈士记》，《京报副刊》第 450 号，1926 年 3 月 26 日，转引自孙敦恒编：《三一八运动资料》，人民出版社 1984 年版，第 232 页。

⑧ 周瘦鹃：《妇女与装饰：我不反对旗袍》，《紫罗兰：旗袍特刊》1926 年第 1 卷第 5 期。

⑨ 苏郎：《自然美论》，《语丝》1927 年第 138 期。

⑩ 《服制条例》，《国民政府公报》1929 年 4 月 16 日。

者。按照三十年代一位作家的说法，在双十节这类国家纪念日里，“男性们不妨西其装，革其履，头发梳得油淋淋地，苍蝇站在上面都会跌断脚胫。‘准’冒牌或‘竟’冒牌的密司们当然更要换上一件新旗袍”①。而在40年代，一些政府部门开始硬性规定男公务员必须穿中山装，女公务员则必须穿旗袍，旗袍已然成为与中山装相配的法定制服②。事实上，从30年代中后期开始，旗袍已几乎成为城市女装中的霸主，以致有人嘲笑上海的裁缝“只会做千篇一律的旗袍”③。在农村，虽然妇女不会天天穿，但若是去庙会一类的“大场面”，还是会郑重地穿上一件新旗袍，以此为荣光。④

不仅是国内兴盛，旗袍的风行甚至波及海外，成为巴黎、好莱坞的流行品⑤，在海外的华人也纷纷以穿着旗袍为荣⑥，就是宋美龄出国访问时也常穿旗袍⑦，旗袍俨然成为东方女性文化的代表。

二　旗袍何以成为时尚

上面我们看到，旗袍经过民初的冷冻，先是上海妓女的出奇制胜，后是进步女学生的革命鼓吹，终于流行全国。而它之所以能成为官方正装、民族典范，除了这些风潮女性的引领，当然还有一些更为深层的原因。

（一）适宜现代女性

首先来说，旗袍在各类传统女性服饰中，相对来说最适合现代女性的生活方式。

旗人妇女早先生活在关外，上马打猎取食、下马操劳家务，外出劳作比汉族妇女多得多，所以旗袍初时“既大且宽，足以御寒也便于上马驰纵”⑧。而入关后旗人妇女的活动自由比起汉族妇女仍大得多⑨，旗袍正与旗人女子这种生活方式相适应，所以比汉族女服更适合现代女性的外出与工作。在20年代旗袍被推重的原因之一也是它活动便利、适合

---

① 剑芒：《纪念云乎哉》，《语丝》1929年第5卷第18期。

② 《粤推行勤俭运动》，《申报》1948年9月27日，第2版。

③ 施济美：《玛琍马》，《申报》1947年10月30日，第5版。

④ 李文琦：《庙会》，《铃铛》1937年第6期。

⑤ “近年来，美国的妇女们喜欢穿着中国的旗袍算是美观。所以国产的丝织品在美国销路很好。在目前一切洋化的时代，西洋妇女竟就效东方女子穿起古老的服装来。”《旗袍风行美国》，《都会半月刊》1939年第10期；“好莱坞的电影明星也竞相采用。”李美：《旗袍风行好莱坞》，《周播》1946年第3期。

⑥ 美国三藩市的华侨曾给《申报》去信说：“目前国人处处用美式配备，但美国妇女爱穿中国旗袍，此在我国妇女闻之，当引为无上光荣。”《上海妇女服装沧桑史》，《申报》1946年10月7日，第6版。

⑦ 《三绺梳头两截穿衣：从蒋夫人的旗袍说到文化交流》，《香海画报》1946年第1期。

⑧ 碧遥：《短旗袍》，《上海妇女》1938年第1卷第12期。

⑨ 在清代民国各类关于旧京风俗的笔记中我们常能看到旗人女子一把燕尾髻游走各处、引得外来人纷纷观看的记载。见《中华全国风俗志》《北平风俗类征》《老北京的穿戴》的相关记载。

妇女工作。[①] 而且旗人妇女不缠足，所以旗袍比汉装更适宜天足。[②] 清代旗人女子一袭旗袍，下面配着花盆底鞋，走起路来袅袅婷婷；而汉族妇女的上衣下裳则更适合弓鞋。所以民国以后，旗袍也就更容易与现代女性的天足相搭配，尤其是等到海外的高跟鞋传入中国，与花盆底搭配多年的旗袍正好和高跟鞋一拍即合。再加上旗袍与男性长袍相似，穿上旗袍你远远看去有时分不清到底是男是女[③]，这正适应了 20 年代一部分人对女性解放的理解——以仿效男性来追求男女平等。[④] 按张爱玲在《更衣记》中的说法，“五族共和后，全国妇女突然一致采用旗袍，倒不是为了效忠于‘满清’，提倡复辟运动，而是因为女子蓄意要模仿男子……她们初受西方文化的熏陶，醉心于男女平权之说，可是四周的实际情形与理想相差太远了，羞愤之下，她们排斥女性化的一切，恨不得将女人的根性斩尽杀绝”[⑤]。这一说法虽然有些偏激，但也部分道出旗袍为进步女性所推崇的原因。

除了旗袍本身款式恰好在某些方面适应现代女性需要外，旗袍得以在民国流行，也是由于其从清代以来经过了不断地演变完善。张爱玲说：“在‘满清’三百年的统治下，女人竟没有什么时装可言，一代又一代的人穿着同样的衣服而不觉得厌烦。”[⑥] 其实这并不准确。旗袍在清代经历了一个长期的演化过程，吸收了很多汉族服饰元素。虽然清前期清廷严禁满族及蒙古族妇女仿效汉族装束，但是这并没有阻止满族女性对汉族装束的仿效。旗袍在入关之前样式和结构较为简单，基本款式为圆领、大襟、窄袖、带纽扣、四面开衩、束腰带。但到清中期后，由于生活习惯的变化及汉族妇女服饰的影响，旗袍袖口由紧窄变为宽松[⑦]，四面开衩变为两面开衩或不开衩，圆领口或带有较低的立领变为较高的立领，用色上由原来的色调自然淡雅变为讲求花色搭配、色彩光亮，装饰上由纹饰简洁变为纹样繁杂。[⑧] 旗袍日益完善，变得越来越精美，能搭配各种衣饰。[⑨] 满汉妇女服饰风格的悄相交融，使双方服饰的差别日益减小，这正是旗袍在民国后能为汉族妇女接受的基

---

① 旧时的东安市场的台球、乒乓球社的服务员女青年打球要求穿市面公认的“工作服”。夏天穿竹布大褂；冬天则穿蓝布旗袍。常人春：《老北京的穿戴》，燕山出版社 1999 年版，第 59—60 页。

② 在清代，广州那些不裹脚的妇女，有些就会穿上满族旗装来遮盖一双大脚。见 Antonia Finnane: “What Should Chinese Women Wear? A National Problem”, in *Modern China*, vol. 22, No. 2, Apr. 1996, p. 108.

③ “远远看去，竟不知是男是女，无怪乎那些洋车夫都叫伊们‘先生’呢”。《在安琪小姐的客厅里》，《京报副刊》1926 年第 441 期。

④ “长袍子是男子的衣服，现在女子也穿了叫作旗袍”。琢庐：《男女平权》，《申报》1923 年 12 月 3 日，第 8 版。

⑤ 张爱玲：《更衣记》，《流言》，北京十月文艺出版社 2006 年版，第 62 页。

⑥ 张爱玲：《更衣记》，《流言》，北京十月文艺出版社 2006 年版，第 57 页。

⑦ 有诗调侃道：“袍袖直如弓荷袋，可能恭敬放挖杭?”李家瑞：《北平风俗类征》，北京出版社 2010 年版，第 360 页。

⑧ 咸、同年间就有“十八镶”之说。徐珂：《清稗类钞》（第 13 册），中华书局 2003 年版，第 6186 页。

⑨ 清末时外国来华的何德兰就曾这样称赞旗袍：“那些衣服太美了！柔软异常的丝袍，夏天上面罩极轻薄的绣花的纱罗，冬天上面罩衬着昂贵的毛皮衬里的艳丽的缎子，各个时节都有其相应的数量和品种。”［美］何德兰：《慈禧与光绪》，宴方译，中华书局 2004 年版，第 168 页。

础。[①] 实际上，在晚清时，曾有一段时间，汉族妇女也开始流行穿旗装，只是由于辛亥革命的发生才被打断。[②]

而在民国之后，精明的商家们为了吸引顾客，竞相改良样式、变化风格，在剪裁中加入了很多西式元素。[③] 旗袍在流行初期一般是与马甲相配穿着，传统味道还很足，之后经过不断改良，旗袍变得越来越有现代气息，极能凸显女性身体的美感。旗女之袍不显露形体，宽大平直，内着长裤；而民国旗袍则开省收腰，内穿短裤或三角裤，着丝袜，开衩处露腿，着力凸显女性的身体美。[④] 按照1928年《国货评论》上一位作者的说法，"初时的旗袍'委实不很高明'，只是一股笨气，因为不开叉，因此下边异常阔大，袖子承袭大袖，腰身不小，只有棉的一种。后来单的、夹的和冬季的皮的就跟着出来了。由于以前搁置的短衣服很可惜，于是旗袍马甲流行开来，后来在上海女子的变化下，旗袍由呆板到轻俏，注重曲线美，后又把旗袍改短，袖子也缩小伸长，略近欧化。后来又实行两边开衩"[⑤]。旗袍由此成为美丽窈窕的代表。在民国时的小说里，作家描写男子想象他的梦中佳偶时，往往会写道，"她是如何的可爱！我虽不曾认识她的面孔便知道了。她是又标致，又温柔，又美丽……她必是穿着淡紫色的旗袍……"[⑥]

除了新潮美观外，经过商家不断更新材料、丰富样式，旗袍变得适用面越来越广。早期的旗袍主要是在秋冬天寒之时方穿，而后来经过改良，则变得夏天也能穿。在冬天，穿旗袍比穿袄子暖和[⑦]，而且比穿袄子轻便，显得"雍容华贵、举止大方"[⑧]。而到夏天，一袭丝织的单旗袍，即使很热的天也能觉得凉爽，并且手臂、大腿这些该显露的地方都能露得恰到好处，尽显女性身姿[⑨]，走起路来"轻盈飘拂，婀娜多姿"[⑩]。不仅冬夏皆宜，亦且老少咸可、适合各种身材。穿上旗袍，矮小的人看上去不觉矮小，个子高的能烘托出身材的颀长。而对于不长不短不胖不瘦的身材，则更如风摆荷叶，让"走路时很有一种无可形容的姿势"[⑪]。所以不管是上了年纪的妇女，还是十几岁的小姑娘，都可以找到适

---

① 一些学者已指出清代旗袍对汉装的吸收是"旗袍流行全国的前奏"。包铭新：《中国旗袍》，上海文化出版社1998年版，第3页。

② 《上海妇女服装沧桑史》，《申报》1946年10月7日，第6版。

③ 在《申报》上就能看到很多这样的例子：如"上海南京路一家马玉山公司发售了一种丝织绣花鸟，用以滚旗袍或女袄的四角，预订者拥挤非常""先施公司新到特别嵌花衣边饰配旗袍为时髦""中华工业厂生产处适合于单旗袍的绣花衣裙料，使得营业额提升"等等。《胜德新出丝织绣花鸟》，《申报》1925年11月14日，第16版；《特别嵌花衣边》，《申报》1925年12月11日，第18版；《中华工业厂之绣花衣裙料》，《申报》1926年5月25日，第19版。

④ 包铭新：《中国旗袍》，上海文化出版社1998年版，第12—14页。

⑤ 《旗袍的美》，《国货评论刊》1928年第2卷第1期。

⑥ 雪门：《儿童和玩具》，《晨报副刊》1925年第12期。

⑦ 因为袄子可以做得很厚，但下面的裙子却没法保暖，而旗袍一身下来，就不存在这个问题。周瘦鹃：《我不反对旗袍》，《紫罗兰》1926年第1卷第5期。

⑧ 秋郎：《旗袍应改称颀袍》，《申报》1935年11月11日，第14版。

⑨ "一入了夏季，上身的旗袍，近于马甲化，……而两条玉臂、两条玉腿，遂都赤条条的尽露与外了"。惟经：《裸臂裸腿》，《申报》1936年6月16日，第18版。

⑩ 秋郎：《旗袍应改称颀袍》，《申报》1935年11月11日，第14版。

⑪ 施兰珍：《长旗袍与短旗袍》，《女朋友》1932年第1卷第26期。

合自己的旗袍。①

总之，旗袍自身有许多固有优势，而且能适应现代潮流，不断吸收新审美元素，从而能引领时尚。

（二）国货运动的推波

除了旗袍自身优势外，旗袍得以流行也有赖于政治社会因素的推动。②

民国成立后，除陋习，易服饰是新政府亟待解决的问题。1912 年民国政府在制定《服制草案》时是想以完全西化为最终目标的，“今世界各国趋用西式，自以从同为宜”，但是在实际上并未采取全盘西化。③ 其原因当然是多方面的，除了“于习惯上一时未易通行”，一个主要原因是为了维持国货。④ 在此后一段时间，在服饰问题上到底该采纳西式、还是该维持国货，一直是不断摇摆，未有定论。而在五四时期，随着抵制日货运动波及全国，“支持国货”成为一个被普遍认同的口号。由此，支持国货服装成为许多社会精英身体力行的行动，一些女性也开始参与其中，纷纷穿起国产女装，以宣扬爱国救亡。⑤ 而随后的“五卅运动”，更是将国货运动推向高潮，越来越多的社会阶层开始投入国货运动中。

重新走上前台的旗袍正好赶上了这股服饰上的民族主义潮流，对于那些受教育现代女性来说，穿着带有民族色彩的旗袍，既能追赶时代潮流，又能有爱国之名，此何乐而不为。而商家和媒体也对此推波助澜：卖旗袍的商家们也积极地把旗袍赋予爱国色彩，开各

---

① 1927 年的《申报》中有一则待领启事：在闸北有一个迷路的小女孩穿的就是旗袍。《迷路男女孩留慈善团待领》，《申报》1927 年 1 月 17 日，第 11 版；在 30 年代初的一些小说里也会出现十三岁的小姑娘也吵嚷着要做旗袍。采芬：《送影子》，《语丝》1929 年第 5 卷第 21 期。

② Antonia Finnane 讲到了国家政治因素对旗袍的影响：在 20 年代中期流行旗袍，其背后诉求是女性解放，追求男女趋同，很像男式长袍的旗袍正适应此一潮流，因而得以流行，三十年代后则重新强调女性化，因此旗袍越来越突出女性身体的曲线，开衩越来越高。这种发展既适应了国民政府走向保守，又与政府的保守政策有冲突。Antonia Finnane：“What Should Chinese Women Wear? A National Problem”, in *Modern China*, Vol. 22, No. 2, Apr. 1996, pp. 99 - 131. 但作者限于材料，更多只是宏观分析，史料论证部分很少。此外，葛凯的《制造中国》也讲到了民族国家建立与近代服饰变革的关系，但对旗袍较少关注。[美] 葛凯：《制造中国：消费文化与民族国家的创建》，黄振萍译，北京大学出版社 2007 年版，第 289—292 页。

③ 具体规定是“礼服专仿美式，公服以中国货料仿照西式制作，而常服则仿中国古制稍为变通”。而在女子服饰问题上则认为不需要大改变（也是仿效日本妇女不变旧服），仍以旧式上衣下裙为准。《新服制草案图说》，《民立报》1912 年 6 月 23 日。《服制草案理由 · 服制草案》，《民立报》1912 年 7 月 17 日。

④ 当时有一种意见是中国服饰尽仿照西人用呢绒，因为呢绒既经久耐用，又轻便保暖，有利卫生。但是这遭到丝织行业的顽强抵制，说尽用外国材料会大大有害本国纺织业。于是在政府颁布的《服制草案》中做出变通，材料兼用丝织与呢绒，“所以寓维持国货之意也”。《易服问题与国货问题之解纷》，《民立报》1912 年 2 月 6 日。《服制草案理由 · 服制草案》，《民立报》1912 年 7 月 17 日。

⑤ 《苏州女子爱国十人团提倡国货》，《时报》1919 年 7 月 19 日。

种国货展览会，让穿着国货旗袍的女模特走到大众面前，以民族主义来增加旗袍的销量。[①] 而媒体也纷纷报道外国人如何欣赏旗袍、海外的留学生如何以穿着旗袍表示自己的中国心[②]，这更大大增加了旗袍的爱国自励色彩，自然使旗袍更受欢迎。

到国民政府成立后，这种服饰上的民族主义更有了官方在立法上的明确支持。1929年国民政府颁布服制条例，规定公务人员必须穿着中山装、旗袍等国服。而1933年，陈肇英在提交中央政治会议的议案中以“吾国近来‘男女服装’多用洋布制作，导致‘利权外溢，风俗内偷，为立国之大病’”，而建议“重厘服制，以定人心，顾及本源，以崇国货”，国民政府于是向各级机关重申1929年的服制条例，要求公务人员及学生等不许穿着西服，只准穿服制条例中准许的种类。[③] 与国民革命关系紧密的旗袍于是在官方对西服的打压下进一步扩大了市场。

（三）上海商业文化的推动

此外，北地旗人的服饰却在现代上海得以兴盛，这无疑与上海本地的商业文化有密切关系。

精明的沪上商人熟知市场动态与人们的消费需求，不断用各种方式促动顾客的购买热情。他们设计出各种新奇款式的旗袍，来迎合时尚女性的需要。并利用各种手段来进行宣传：开时装展示会，让女模特穿着旗袍来吸引新女性[④]，在报刊画报上刊登各类广告，等等手段，不断翻新、层出不穷。各种大众媒体也纷纷以刊印穿着旗袍的女性为吸引读者眼球的手法：或是以妖艳奢侈的夸张旗袍照为刺激，或是以大家闺秀的娴静旗袍图为吸引[⑤]，如此愈发将旗袍炒作成为一种潮流时尚。此外，电影也成为推动旗袍流行的重要基地，在三十年代，电影已成为大城市里较为普遍的娱乐方式，电影明星的各式穿着，往往会成为时装潮流。而当时像阮玲玉、胡蝶、周璇这些最有号召力的影星，都非常喜欢穿旗袍，那些印着她们画像的画报、广告牌、月份牌、香烟盒，将旗袍的华美形象送入千家万户，引得时尚女性们竞相模仿，以穿着旗袍为荣耀。

除了在时髦上做文章，上海的商家们也不停地改良材料、降低价格，推动旗袍的大众

---

① 在时装展会上，讲解旗袍时说：“旗袍用国货淡绿色的薄绸制成。”紫薇：《国货时装图说》，《申报》1933年5月11日，第13版；上海印染公司捐赠国货旗袍五十件来发起时装表演大会。《筹募福音医院经费时装表演大会近讯》，《申报》1934年11月24日，第10版；《沪大国货展览会昨日开幕》，《申报》1928年5月30日，第27版。

② “我国在美之女生，虽有短裙袒臂，效西式装者，然亦有衣旗袍一袭，未忘祖国之风”。石子：《在美之几件中国事件》，《申报》1928年4月25日，第17版。

③ “令各公私立中等以上学校校长、县市区教育局局长转令以后服制、务须一律采用国货，仰各遵照办理由”。《训令：甘肃省教育厅训令：第三三八号［三月六日]》，《甘肃教育公报》1933年第9—111期。“陈委员肇英提议：重厘服制，严用国货”。陈肇英；《云南教育行政周刊》，1933年第2卷第46—47期。“湖南省建设厅训令：所属各机关，为奉省府令，发行政院训令，重厘服制，严用国货”。《湖南省建设月刊》1933年第35期。

④ “一时装公司在雇佣女郎穿上京缎旗袍，颇有古气，于是女同学都效仿”。松盛：《南京缎子谈》，《申报》1925年6月22日，第15版。

⑤ 《都市的刺激》，《良友》1934年第85期；《上海妇女衣服时装［其二]：长旗袍大家闺秀多穿之此乃正面观》，《良友》1926年第4期。

化。在《申报》上我们常能看到“国货合作商店星期天进行旗袍等的促销减价活动”“永安新到旗袍料……花样新颖入时，每尺二元二角……此等衣料最宜于夏季制为女子旗袍”“天宝华行将减价……更有杂色印度绸及夏季新颖旗袍料、种类繁多，不日即举行夏季大减价”这类的广告①，在店铺街市上亦有各种打折促销，这促使一般女性也如痴如醉地投身于旗袍时尚之中。

此外，商家们也很会跟随时代潮流。比如五卅时期抵制洋货、提倡国货，一些商家就改进了旗袍，用国产布料，既降低了价格，又迎合了爱国诉求，因而备受欢迎。② 而到1934年政府推行新生活运动，提倡简朴、严倡国货，有些商人便打出广告“为提倡国货起见，特发售经济旗袍、采用国货”③。

正是借着上海这个商业中心，旗袍不断被时尚化、大众化，带动得全国咸以旗袍为新、为美。而也正是借助上海的国际影响力，旗袍得以走出国门，进入国际时尚之列，并被塑造成为东方神韵的典范。

三　复杂的旗袍形象

通过上面的分析我们看到，旗袍之所以能成为时尚，其背后的动因是很复杂的。这种种不同因素的相互交织，使得旗袍不断更新变化、得以引领时代潮流，而同时也造成时人对于旗袍的感知评价纷繁各异、迥然不同，由此产生了许多围绕旗袍的争论。

（一）满族之服还是中华之服

在20年代旗袍复兴之初，关于“旗袍”的口舌主要集中在“旗袍”这个名称上。

当时反满之风仍未完全消退，故此很多人对“旗袍”这一带有“满清”色彩的名称是很反感的。当时有人作诗调侃穿旗袍的女子：“盈盈十五江南女，竞作胡姬塞上装。”④而一些人更言辞激烈得斥责说：“着旗袍的女子们听着：现在不是清朝世界，你们生的忒迟了些，挨不著你们望帝承恩、去做爱新觉罗的宫娥彩女。”⑤ 即使对旗袍本身不那么排斥的人，也认为“旗袍”这个名称大为不妥：“汉家自有制度，旗袍是八旗妇女穿的，我们是汉人，为什么要叫旗袍呢?”⑥ 所以1926年有位作者写了篇《袍而不旗》的短文投给《民国日报》，建议把“旗袍”改称“中华袍”⑦。而在一次国产丝织品礼服运动中，与会

---

① 《国货合作商店星期廉价》，《申报》1926年1月17日，第20版；《新新特价货品纪略》，《申报》1927年6月20日，第17版；《本埠增刊商场消息》，《申报》1929年5月17日，第22版。此外，类似的还有《绸缎大同业举行减价》，《申报》1926年1月3日，第15版；《先施减价今日为止》，《申报》1926年2月3日，第17版。

② 《中华工业厂又有新出品》，《申报》1925年8月31日，第19版。

③ “值此新生活运动声中、该公司为提倡国货起见特发售经济旗袍”。《市声》，《申报》1934年6月27日，第13版。

④ 毕倚虹：《旗袍》，《紫罗兰》1926年第1卷第5期。

⑤ 《服妖》，《饭后钟》1922年第2期。

⑥ 徐青宇：《为什么要叫做旗袍呢?》，《女子月刊》1933年第1卷第3期。

⑦ 《袍而不旗》，《民国日报》1926年2月27日。

人也主张改旗袍的“旗”为“颀长”的“颀”①。

虽然如此，但社会依然称“旗袍”而不改其名。我们现在也只记得“旗袍”，早记不住那些“改良”名称。究其原因。一方面是经过几百年的满汉交融，满汉风俗之间已有太多交叉，汉人审美受满族影响很深，而满族风俗也融入了不少汉族元素。所以在民初时变更服制，男装就仍延续了“满清”的长袍，而并未转回汉服，如果真要换回明代衣冠，社会反而不适应。当那些男性用民族原因批评妇女穿旗袍时，他们忘了自己的穿着其实也早不是纯粹的汉家装束，《紫罗兰》上就有这么一则故事，说有个人在餐馆里吃饭，估计是喝了两盅酒，一时激愤，就和朋友说：“今之妇女装束可为服妖！‘满清’覆亡已十余年，而犹袭其遗制，服旗袍罩以旗式之长马甲，抑何荒谬乃尔”。旁边一个穿旗袍的女子听到这话，马上就站了起来，走过去反问他说：“先生穿的长袍短褂是汉族之服还是满人之服呢?”这让对方哑口无言。② 在女服上，虽然由于清初的男降女不降，汉族女装还有很多保留，但如前文所述，旗袍经过清代几百年的发展，已经吸收了很多汉族服饰因素，渐渐适应汉族人的审美标准，因而一些汉族妇女也愿意穿旗袍而不觉得别扭。另一方面，即如一些研究者已经指出的，近代排满主要是上层精英鼓动的结果，并不是基层满汉冲突的爆发。③ 事实上一般民众对于所谓满汉之别并没有太强烈的感觉，在社会最基层，旗人与汉族人的联系是相当密切的，相互之间并没有很多的排斥。④ 对满族持排斥态度的人主要是上层精英，而在二十年代持这种态度的人已越来越少。这少数精英的排满鼓吹，当然比不上现代商业传媒的鼓动及女性对美的追求来得有号召力。因此，因排满而拒绝旗袍终究只成为时代大潮中一段小插曲，对广大女性全情拥抱旗袍并无太大影响。

事实上，可能正是满族衣饰带有的“没落贵族气”，使得上海的追新者趋之若鹜。在沪上这样一个商业化最高、一切以金钱来分等的地方，贵族身份因稀缺而变得更为诱人。穿上一件满族贵妇的衣服，遥思旧贵族的风韵，无疑很能满足繁华女子的虚荣心。⑤

---

① 潘怡庐：《纯孝堂漫记：旗袍流行之由来》，《绸缪月刊》1935 年第 2 卷第 2 期。

② 程瞻庐：《记旗袍女子之言》，《紫罗兰》1926 年第 1 卷第 5 期。

③ 这在汪利平对于清代杭州旗人的研究中可以得到证实：他在文章中表明旗人在城市中的角色经历了一个从占领者到定居者的变化。在清中期以后，旗人与本地居民的相处其实是比较融洽的，直到清末，由于现代民族意识的传播及上层汉人士大夫的鼓吹，才出现排满问题。汪利平：《杭州旗人和他们的汉人邻居》，载于刘凤云编：《清朝的国家认同——“新清史”研究与争鸣》，中国人民大学出版社 2010 年版，第 147—168 页。

④ 从金启孮、老舍等人的作品及一些口述材料中看到这一点。如金启孮就谈道：“旗、民关系都很好，因为他们之间没有什么利害关系。”金启孮：《金启孮谈北京的满族》，中华书局 2009 年版，第 27 页；汉人金宝琴也说：“我们蓝靛厂分三块：营子里头的、老营房和蓝靛厂大街。营子就是火器营，是满族人的营房。……满人特别规矩，礼儿大，说话办事什么的比较文明，不招人讨厌……我们跟满人相处的特别好。”定宜庄：《老北京人的口述历史》（下），中国社会科学出版社 2009 年版，第 792 页。

⑤ 所以清末汉族妇女流行穿旗装也是最早从上海发源。光绪十四年的《游沪笔记》中即讲，“洋泾浜一隅，五方杂处，服色随时更易。……女则间效满洲装束，殊觉耳目一新”。《上海妇女服装沧桑史》，《申报》1946 年 10 月 7 日，第 6 版。而 1929 年申报上一则戏院广告中，我们更能看到上海人对“逊清贵族女子之服装丰采”的极力推崇：“尚艺员及小翠花艺员，于此剧之旗装，玉立亭亭，别具风范，富有贵族旗门女子雍容华贵之态，诸君欲睹数十年前逊清贵族女子之服装丰采者，尤不可不观此剧”。《云讯》，《申报》1929 年 4 月 4 日，第 12 版。

不论怎样，正如前文提到的，在二三十年代以后，由于提倡国货以及与西服争胜的自强意识，旗袍反而成为民族的代表。历史就是这样有趣，早先被排斥的“异族”之服却变成中华之荣光。从中我们正看到晚清民国时期由革命精英激发起的满汉隔阂，怎样在后来的大众文化博兴与中西文化交流的背景下被消解于无形。

（二）“进步”还是“反动”

而在20年代中后期到30年代，当旗袍成为女性的主流衣饰后，关于旗袍的争论则主要围绕在它到底代表“进步”，还是意味“落后”。

前文中已经提到，在20年代后半期，旗袍被革命学生赋予了很强的“进步”意义，对比阔家小姐太太的飘飘长发、时髦西服，剪短发、穿旗袍意味着自尊自爱、追求进步①：一方面这是女性自主选择的服装，它意味着对旧“风化”的挑战；另一方面这表现女性的自强，不做无用的花瓶，一切向男性靠齐，也能和男人一样学习、劳动甚至革命。这种“男性化”虽然在当时受到了不少批评，被调侃说是不男不女的妖服；但至少在革命群体内部，他们坚信这是进步的，所以当军阀孙传芳禁止女性穿旗袍时，孙大帅遭到了左派媒体的猛烈抨击，说这是捍卫旧宗法、阻碍妇女解放的“反动”行为。②

这一时期女学生中流行的是长及膝盖的短旗袍，风格朴素，按张爱玲的说法是代表一种“清教徒的风格”③。但进入30年代，旗袍变得越来越长，越来越奢靡暴露，这就引来了很多批评。

一种批评认为它代表着一种旧势力的“反动”；有的人认为旗袍是士大夫阶级的奢靡穿着④；而有些更激烈地认为“长旗袍简直是文化的反动”，因为它像古代皇后贵妃的衣服，女性穿起来看上去就像戏台上的老太婆，没有时代精神，所以“反对长旗袍是促进中国文化的进步与革命，是求人类生活的科学化、合理化”⑤。

另一种更广泛的批评则是它使妇女成为男子的玩偶、失去自我。我们知道，在20年代初旗袍是经由妓女的提倡而时兴起来的，早期的旗袍大多都很贵，动辄几百大洋⑥，一般是上等娼妓或阔人家的姨太太才敢穿。⑦ 所以在一些人眼里，认为只有“野鸡才穿旗袍”⑧，那些穿旗袍的妇女“只配到上海胡家宅或是四马路一带穿了旗袍曼立远视而望，

---

① 《在安琪小姐的客厅里》，《京报副刊》1926年第441期。

② 《孙传芳通令禁着旗袍》，《民国日报》1926年2月27日；《准备三个革命纪念日的工作》，《中国青年》1926年第155期。

③ 张爱玲：《更衣记》，《流言》，北京十月文艺出版社2006年版，第62页。

④ 在《剥去旗袍和裙裾》中作者发问道：“为何要穿长衫或旗袍？……因为这是士大夫阶级的。”李明那：《剥去旗袍和裙裾》，《女子月刊》1933年第1卷第8期。

⑤ 伊凡：《评〈长旗袍〉》，《循环》1931年第1卷第6期。

⑥ 如《申报》一则新闻就提到：“窃贼浦和尚，前晚至法租界居民徐金生家，窃取狐嵌旗袍、洋灰鼠袍子，各一件，共值洋二百余元。”《窃贼禁押三月》，《申报》1921年3月1日，第11版。

⑦ 这一时期报纸上出现的穿旗袍的妇女基本上都是豪富人家的姨太太或者阔小姐。如《申报》中小说《卧雪记》中描写穿旗袍的玉林就是一位姨太太。《卧雪记》，《申报》1921年1月26日，第14版。此外，在报刊中提到穿旗袍的也多为富豪家庭中的女性。如《某富豪之家庭》，《消闲月刊》1921年第2期。

⑧ 《十烦恼》，《饭后钟》1922年第2期。

幸喊几声‘来、来’”[①]！这种看法随着旗袍价格的降低与革命女学生加入穿着行列而暂时发生了转变。但到了30年代，随着旗袍的变长与走向暴露，旗袍又开始与奢华、堕落联系在了一起。与旗袍相搭配的已不是进步女学生的短发，而是风月场上的高跟鞋。一袭华丽的旗袍、高高的开衩，再加上摩登的高跟鞋，成为那些卖弄风情的交际花、女招待们的典型形象。[②] 即如茅盾在其小说《子夜》中描述的那样：“淡青的印花的华尔纱长旗袍，深黄色绸的里子，开衩极高，行动时悠然飘拂，闪露出浑圆柔腴的大腿。”[③] 长及鞋面的旗袍非但不再适合女性工作，反而大大有碍于女性的活动，当时就有不少关于女性因穿旗袍而绊倒出危险的报道。[④] 旗袍所剩下的唯一作用似乎就是取媚男性。

在一些持革命观点的人士那里，长旗袍成为革命精神衰退的代表。在他们眼中，旗袍是社会的腐化剂，阻碍国民进步、消磨青年斗志，让女学生沉迷奢侈、不思学业[⑤]，让男学生堕于女色、不务上进。1932年，一位作者在《学生文艺丛刊》上写了一篇关于旗袍的短篇小说，讲的是一位叫刘镇西的贫寒学生，为了追求一位姓何的漂亮小姐，日夜想念，却苦于无钱给小姐买旗袍而致病倒。在同学的奔走下他终于从一个老师那借到了钱，他拿到钱后，一下子就从病榻上蹦了起来，欢天喜地得捧着钱去给何小姐做了一件精美的长旗袍。可是当他把旗袍喜匆匆送去给何小姐时，换来的结果却是“她睬也不睬他手里的旗袍是怎个样儿，怎样花儿，停着手中的工作，顺手一挥，他手里捧着的衣包，也就趁着手势不翼而飞出去了，炫耀人目的旗袍与报纸也飞开来，新的旗袍像一条火般地落到对面积地有污水的街沟里，火也熄灭了，几成黑色，只有报纸还在空中飞舞着，一件预备爱人穿着的旗袍，倒做了街沟的伴侣”。见到此情此景，镇西一时怔住了，“说不出话来，呆呆地望着她”。却只听到何小姐冷冰冰得说：“你真是蠢极了，我先前受了你的骗，昨天才知道你不过是一个穷小子，难道我配与一个穷小子说话吗？做朋友吗？”镇四终于领悟到这种奢侈不切实际的爱情是虚无的，“哎，爱就是这样的，我的失去的志向啊！快回来吧！救国还须从求学开始，有高深的学问，才能救国，现在中国不是该救得吗？”于是回到学校拿起了书本，开始重续自己的远大理想。[⑥]

不过，虽然舆论对于旗袍有诸多批判，甚至国民政府也有若干举措限制旗袍[⑦]，但已

---

① 《服妖》，《饭后钟》1922年第2期。

② “女招待穿旗袍长马甲来招呼客人，以此来吸引客人”。《纪神仙世界》，《申报》1926年2月24日，第20版。“交际场上的姑娘只得穿几件很鲜艳的时髦大氅或是旗袍来取媚主顾”。《汽车疆场上的窥豹》，《申报》1927年3月5日，第26版。

③ 茅盾：《子夜》，《茅盾选集》，四川人民出版社1982年版，第197页。

④ 一个女士下船时被自己旗袍绊倒以致落水丧命，于是扬州人喊出“打倒旗袍”的口号。树春：《打倒旗袍之扬州》，《联益之友》1929年第135期；1928年1月《申报》“自由谈”上的一则报道说宁波火车站一个穿旗袍的妙龄女郎因为穿旗袍活动不便，下火车时自己绊倒，以致毙命。《旗袍致命之惨闻》，《申报》1928年1月16日，第17版。

⑤ 冯玉祥就曾经讥讽女学生烫发瘦旗袍，“女学生在学校不是节俭用功，而是穿着时尚”。《冯玉祥针砭女学生烫头发瘦旗袍》，《时代生活［天津］》1937年第5卷第6期。

⑥ 徐光：《美术特刊号——文学：〈旗袍〉》，《学生文艺丛刊》1932年第7卷第1期。

⑦ 1934年，蒋介石推行了新生活运动，规定女子不准奇装异服，对旗袍也进行了规定：“旗袍最长须离脚背一寸、领最高须离颚骨一寸半，左右开叉旗袍不得过膝盖以上三寸……”《蒋委员长·取缔妇女奇装异服·赣省府拟定取缔办法先从女公务员等实行》，《申报》1934年6月10日，第8版。

然阻挡不了旗袍的流行，民众还是对旗袍趋之若鹜，最多是在款式上有所收敛，无论评价它奢华也好、堕落也好，它确已成为女性生活中不可缺少的一部分。

四　结语

通过上面的梳理，我们对旗袍的流行过程与形象演变有了一个大致的了解。

在民国之初，由于排满风潮的继续，旗袍在一段时间中慢慢淡出了人们的视野。但在20年代后，先是上海妓女的引领，后是进步学生的倡导，旗袍得以风行全国。而追溯其流行的原因，离不开民族主义、女性解放与商业文化之间复杂的交织碰撞：由于旗人妇女外出多、不缠足，生活方式上与现代妇女有很多类似的地方，所以旗袍比汉装更适合现代女性的要求。而它与男装有相似之处，满足了一些进步女性追求男女平等的要求。且经过从清代开始几百年时间的改良，通过吸收汉族元素、现代元素，旗袍变得越来越精美成熟，适宜现代女性的审美。而提倡国货、民族自尊也使得旗袍在与西服的竞争中胜出，再加上海的商业文化的推波助澜，种种因素合力，终于使得旗袍成为民国衣饰中的皇后，并在很长时间里成为在外国人眼里中国女性的代表衣着。

而这因缘际会中的异军突起，也使得旗袍被赋予了种种迥然不同甚至决然对立的颜色。到底是满族之服还是中华之服？到底是对妇女的解放还是对妇女的新禁锢？从中我们看到了排满思潮怎样在大众文化博兴与中西文化交流的背景下被无形消解，以致旗人之服成为中华衣饰的代表；我们也看到了女性解放如何从开始的向男性看齐，而走向后来的张扬女性身体，直至被视为“反动”“堕落”。

旗袍是说不尽的，民国也是说不尽的，但通过本文的简短梳理，想来读者还是能从中对旗袍与民国时期的社会文化状况有一些更深的认识，而本文的意义也正在于此。

（原载《民俗研究》2016 年第 3 期）

范庄龙牌会与两种文本中的信仰表达

赵旭东　朱天谱*

【摘要】在与世俗权力纠葛的过程中，中国民间的信仰实践往往呈现为两种文本的信仰表达形式。显在的信仰文本处于权力的监控之中，更多地是一种社会性的信仰表达，除了呈现为以经济发展为中心的地方利益，地方信仰的实践本身也是村落的“人格”在信仰世界中的具象表征，相比之下，民间信仰实践的隐藏文本则更多地体现为一种情感性的信仰表达，在性质上是对地方社会传统信仰结构的延续。实践中的中国民间信仰是一种权力的建构性与信仰的意志性相形而生的概念，地方信仰的“真实”并不是臣服于世俗权力的建构形态，而是一种脱离于权力意志和具有独立运作逻辑的精神世界。

纵观人类宗教发展的历程，政治权力与宗教之间的亲缘性已经成为一种既定的事实。在人类社会的政治世界中，“一切正当的政治权力（不管其结构为何）多少都混合有神权政治或政教合一的要素”①。传统的政治权力需要宗教建构自身合法性，通过在“迷信”与“非迷信”之间划清界限，国家在信仰的世界中确立了代表神权政治的信仰“正统”。在权力意志的控制之下，人们的信仰看似是自由意志的表达，“但在其背后又蕴含着一套国家话语或知识体系”，人们“沿袭着这一套信仰体系及其建构的逻辑”，使得“信仰关系的建构与表达，常常就是一种国家权力或精英主义的建构”。② 当然，在人类宗教与政治发展的历史上，虽然政治权力对宗教发生着持续性的影响，但在人类社会的任何一个时代，信仰却不总是呈现为与世俗权力的共谋，在人类社会的信仰世界里，无论政治权力如何纵横捭阖，信仰者脱离于国家意志的自由性仍然能够以某种方式得以维持。

作为学术界长期聚焦的民俗事项和赵县重点开发的民俗旅游项目，范庄的龙牌会很显然是一种带有政治权力建构的事实，但龙牌会的发展历史并不单向度地体现为国家权力对于民俗信仰的重构。自建国以来，作为一种民间信仰而存在的龙牌会一直在“迷信”和

---

* 赵旭东，中国人民大学人类学研究所教授，中国人民大学社会学理论与方法研究中心兼职研究员；朱天谱，中国人民大学社会与人口学院博士研究生。

① ［德］马克斯·韦伯：《支配社会学》，康乐、简惠美译，广西师范大学出版社 2005 年版，第 358 页。

② 李向平：《“宗教生态”，还是“权力生态”——从当代中国的“宗教生态论”思潮谈起》，《上海大学学报（社会科学版）》2011 年第 1 期。

“民俗”两套国家话语体系的界定之间徘徊，为了使村落的庙会信仰能够持续，范庄的“行好的”[①] 们一直在努力建构一种符合国家权力意志的信仰文本。20 世纪 90 年代，范庄的地方文人终于在民俗学者刘其印的帮助下，以中华民族的“龙图腾”实现了对龙牌会的象征重构，龙牌会也因此成为赵县第一个以“民俗”的名义而复兴的庙会。但在龙牌会的具体实践过程中，范庄人在公共性的符号表达中所呈现的信仰逻辑与其在交往表达中所呈现的信仰逻辑却是分离的，世俗权力意志作用于村落公共空间的符号呈现，而作为一种自由意志表达的信仰情感则承接了华北地方社会传统的信仰结构。

一　从龙牌到“人祖”的历史演变

河北赵县的范庄村距石家庄东部 50 里，地处滹沱河故道，在物产上以出产上等雪花梨而著名，因此古时这一带又被称为“梨区”。即使到今天，梨树的种植也是梨区地方产业结构中的重要组成部分。在每年梨花盛开的季节，范庄一带都会举行盛大的梨花节，这也成为范庄一道亮丽的风景线。

梨区的庙会古时即已十分兴盛。传统上，梨区有“村各一庙，庙各一会”的信仰风俗，包括范庄在内，梨区共有大大小小的地方庙会组织几百个，甚至在建国后国家主流意识形态的压制之下，梨区的庙会活动也并未见实质性的衰败。[②] 在这些传统的庙会活动中，范庄的龙牌信仰因其与中国传统龙文化在意向上的关联性而成为学者们关注的焦点。刘其印是最早将范庄的龙牌会引入学界讨论的学者之一，自刘其印于 1991 年在其主编的《风俗通》第 1 期中刊登关于龙牌会的介绍性文章[③]，并于 1992 年发表初步性研究文字开始[④]，范庄龙牌会开始逐渐进入学术表述体系之中。而在刘铁梁于 1995 年在范庄组织的第一次现场考察之后，范庄逐渐成为民俗研究者重点聚焦的田野点之一，龙牌会活动本身也成为民俗研究领域反复描述、书写和阐释的对象。

现今的龙牌会是梨区最为盛大的庙会活动之一[⑤]，但在二十多年以前，龙牌却还只是供奉于十多户村民家居之中的一个形制简单的神位而已。[⑥] 对于在赵县旧县志及赵州志中均无成文记载的龙牌会而言，关于范庄龙牌“真身”的讨论在学术界一直众说纷纭。篆刻在范庄龙神殿殿前石碑上的“‘二月二’龙牌会的由来”一文中记述，范庄人奉上古神话中的勾龙为祖先，每年一度的龙牌会是为纪念勾龙的生辰。但进入范庄社会研究的学者们大多将勾龙传说视为村落文人有意附会的结果，据车锡伦考证，华北社会在晚清时期普遍流行的白莲教等民间教派的经文“宝卷”上也印制有龙牌[⑦]，其形制与范庄的龙牌并无

---

① 梨区对于操持庙会的当地老年人的称呼。

② 岳永逸：《传统文化与新农村建设——以华北梨区庙会为例》，《社会》2008 年第 6 期。

③ 武留栓等：《赵县范庄镇“二月二龙牌会”的由来》，《风俗通》1991 年第 1 期。

④ 刘其印：《话说“二月二”》，《民俗研究》1992 年第 1 期。

⑤ 有学者统计，仅在 2000 年的龙牌会中，前往范庄过会的庙会组织就有 100 个以上，而邻近的李村和常信村的数目都不到 50 个。（赵旭东：《中心的消解：一个华北乡村庙会中的平权与等级》，《社会科学》2006 年第 6 期。）

⑥ 岳永逸：《传统文化与新农村建设——以华北梨区庙会为例》，《社会》2008 年第 6 期。

⑦ 车锡伦：《山西介休“念卷”和宝卷》，《民俗研究》2003 年第 4 期。

二致，因此，作为一种物质形式而存在的龙牌或许仅是对“以龙纹图案做装饰的神牌的称呼”[①]。民俗学界关于龙牌的解读主要有两种：一种观点认为范庄所奉龙牌其实是土地神，《礼记·祭法》记载：“共工氏之霸九州也，其子曰后土，能平九州，故祀以为社”，中国民间往往奉勾龙为土地神，既然范庄的官方文本奉勾龙为先祖，那么范庄人所尊奉的龙牌则有可能是土地神的牌位[②]；另一种观点则认为，范庄的龙牌信仰是华北社会在传统上较为普遍的龙王信仰的衍伸[③][④]，1927 年出生的范庄龙牌会前任会头罗庆祥在与岳永逸的交谈过程中回忆，龙牌会起源于范庄当地在天旱时的求雨活动，“考虑到梨区当地天旱少雨，而龙王信仰在传统华北社会又极为普遍，因此，罗庆祥的说法似乎可以成立”。[⑤]

龙牌的神格提升与龙牌会发展的契机产生于民俗学者的研究聚焦。自 20 世纪 90 年代以来，专注于村落研究以及民俗研究的学者们纷纷来到范庄进行田野调查，在学者们对于龙牌会的反复“书写”之下，范庄人也在有意迎合外来者的欣赏旨趣和地方权力精英的意志，使龙牌会发生“对范庄更有益”[⑥] 的变化。早在 2001 年，当时的赵县县长即撰文将范庄龙牌会认定为有益于推动赵县经济发展的“人祖文化”[⑦]，2003 年，在地方政府的默许之下，范庄人以“龙文化博物馆”的形式自发兴建了龙祖殿，时至 2006 年，范庄龙牌会被评定为河北省级非物质文化遗产项目[⑧]，这也标志着原本作为一种“迷信”的龙牌会正式进入国家认可的“民俗”表述体系之中。

在地方性民间信仰的精英人物、外来的学者，以及政府的参与和共同建构之下，现今的龙牌会已经完成了从龙牌到勾龙，再到“人祖”的建构过程，龙牌会意义上的“龙”正式由一种区域性的地方信仰形式升级为民族国家共同体的图腾和祖灵[⑨][⑩]，被范庄人奉

---

① 齐易：《是保护，还是破坏——对河北省范庄龙牌会现象的思考》，《民间文化论坛》2013 年第 2 期。

② 齐易：《是保护，还是破坏——对河北省范庄龙牌会现象的思考》，《民间文化论坛》2013 年第 2 期。

③ 赵旭东：《龙牌与中华民族认同的乡村建构——以华北一村落庙会为例》，《广西民族大学学报（哲学社会科学版）》2009 年第 2 期。

④ 有学者考证，《赵州志》记载有两篇求雨的祭文，因此范庄的龙牌信仰可能源于传统华北地方社会中的龙王信仰，一篇为元太常院奉礼郎屈敏中的“龙井庙祷雨记”，另一篇是明副使杨森的“龙泉双庙祷雨记”，两篇祭文见赵县地方志编纂委员会：《赵州志校注》，赵县地方志编纂委员会印，1985 年版，第 199—200 页。（赵旭东：《文明的固化与信念的变异——围绕华北乡村庙会中龙观念转变的再思考》，《思想战线》2011 年第 4 期。）

⑤ 岳永逸：《乡村庙会的多重叙事——对华北范庄龙牌会的民俗学主义研究》，《（台湾）民俗曲艺》2005 年第 147 期。

⑥ 岳永逸：《乡村庙会中的人神互动：范庄龙牌会的龙牌神与人》，吕薇、安明德编：《民间叙事的多样性》，学苑出版社 2006 年版，第 406 页。

⑦ 岳永逸：《传说、庙会与地方社会的互构——对河北 C 村娘娘庙会的民俗志研究》，《思想战线》2005 年第 3 期。

⑧ http：//info. hebei. gov. cn/eportal/ui？pageId = 1962757&articleKey = 364678&columnId = 329982.

⑨ 赵旭东：《龙牌与中华民族认同的乡村建构——以华北一村落庙会为例》，《广西民族大学学报（哲学社会科学版）》2009 年第 2 期。

⑩ 赵旭东：《以国家的名义重新书写乡村文化：以河北两庙会为例》，《河南社会科学》2009 年第 6 期。

为龙祖。龙牌会自身也由一种“遗风陋俗”转而进入构建现代民族国家的话语表述体系之中，信仰活动所依托的场所进入社会的公共空间，规模日渐扩大，甚至成为现今梨区规模最大的庙会活动之一。

二　两种文本中的地方信仰实践

斯科特曾经以“显在的文本”与“隐藏的文本”描述东南亚乡村社会中的农民与国家之间的互动关系，农民在对国家表面一致的服从之下其实掩藏着依据生存道义的逻辑而生发的不满与反抗。在斯科特的论述中，对于农民而言，隐藏的文本是一种常态化的反抗形式和更为真实的情感表达。[①②] 我们在范庄的田野调查发现，在从庙会的筹备到正式举行这样一个具有连续性的仪式活动序列之中，信众群体中也存在与斯科特的表述相类似的信仰表达的两种文本形式，即迎合世俗权力意志的显在文本与表达真实信仰情感的隐藏文本。

（一）显在的信仰文本与以龙祖为中心的信仰表达

在中国民间社会，空间是神圣性表达的一个面向，空间往往与运势、地位联系在一起，因而也能成为一种仪式性的表达形式。范庄的龙文化很大程度上是在公共空间中象征性地建构起来的，范庄村的村口立放有一尊巨大的石制牌坊，其正面的匾额上刻有“泽被黎民”，两边石柱刻有对联“龙腾华夏钟灵地”“德启门庭毓秀人”。走进范庄村落的行政中心——村委会，其大门内的白色墙体上绘有黑色繁体的“龙”字，墙体两边的对联是“弘扬龙文化”“铸造中华魂”，而村委会张贴的门联则是“龙牌神韵世代传千古”“龙的传人永远心连心”。与村落行政中心的文化呈现相类似，在龙牌会的仪式过程中，空间也成为一种神圣性的介质，仪式的空间呈现显示出了“圣”与“俗”之间的区分以及不同神仙在神格层面的序列排布。范庄龙祖殿分为前殿和后殿，龙牌会操办时，龙牌被摆在前殿正中，正对着庙宇的广场——各种仪式性狂欢展演的场所。站在龙祖殿殿前，首先映入眼帘的是各种贡品拥簇之中的身形硕大的龙牌，殿前的龙旗、饰有九龙图案的横幅、篆刻有“‘二月二’龙牌会的由来”一文的石碑、前殿墙壁上悬挂的历朝历代龙形象的图画，以及标有“我们都是华夏子孙，龙的传人”的横幅、标语，这些摆设都在空间的层面上呈现出了龙祖的尊贵神格。而与龙祖的尊奉地位相比，其他儒、释、道各家的神仙则被摆布在后殿和前后殿之间的过道中，并且只以画像的形式呈现，与龙牌相形之下显得甚为卑微。

村口、村委会是村落社会公共空间的中心，对于进入范庄的外来者而言，在这些空间中的话语表达象征了范庄社会的整体意志，通过将饱含意喻的文字置放于村落的公共空间，范庄人将“龙”建构为村落中最为醒目的文化符号。同样地，在乡村社会的文化情境中，对联也是象征性表达的一种形式，范庄的对联以文字的方式表述了其对于“龙”

---

① 斯科特有关农民抗争的两种文本的具体论述可参见［美］詹姆斯—斯科特：《弱者的武器》，郑广怀、张敏、何江穗译，译林出版社2007年版，第2—3页。

② James C. Scott, *Domination and the Arts of Resistance: Hidden Transcripts*, New Haven and London: Yale University Press, 1990, pp. 9 - 10.

的理解。村口的牌坊是范庄村落社会的门庭，在方位上象征了村落对外的意志呈现，其上所刻的“泽被黎民”意喻“龙”的神性与“黎民”“华夏”之间的联系，象征性地将地方信仰层面的“龙”与中华民族共同体意义上的“龙”勾连在了一起，从而建构出了“龙”在民族—国家政治话语层面的神性和合法性。连同范庄人在龙牌会的仪式过程中以神仙排位所表达的序次观念，范庄人实际上是在村落社会的公共空间中主要建构出了一种以龙祖为中心的信仰结构，这种中心与边缘环绕式的序次结构构成了范庄人信仰内容的显在文本。

（二）隐藏的信仰文本与以世俗神仙为中心的信仰表达

从“请龙牌”到正式祭祀仪式的展开，范庄的庙会活动呈现为一个显在的信仰文本与隐藏的信仰文本交杂展开的连续性序列，其中既有面向公众的公开性的仪式操演，而公共仪式展演的间歇也为信众生活化的交往提供了空间。在充满神圣性的情境之下，庙宇中进行的生活互动是一种既带有日常性，又带有神秘性的交往。信众相互之间的熟识为其相对自由的话语表达提供了可能性，而庙宇所提供的神圣情境又使信众的情感表达限制在信仰的范畴之内。正因如此，这一时段的庙宇空间中充满了各种神灵显圣的故事，这使得对于信众信仰情感的细节捕捉成为可能。

筹备期的龙祖殿是信众的生活化交往最为密集的时空点，在二月初一晚上，龙祖殿彻夜明灯，信众要在这晚为第二天的庙会仪式做好筹备。许多村民集中在这时来拜祭神灵，因此，此时的龙祖殿也往往伴有一些非正式的仪式操演。信众在筹备夜的交往和仪式活动集中在后殿，在二月初一的晚上，前殿中显得格外冷清，只有三个男信徒在看守着功德箱，此外，有两个中年妇女在龙牌旁边的靠椅上休息。后殿是信众聚集的地方，在三皇神位和五圣母神位的旁边分别集聚着一群信众。三皇神位旁是一群中年女性，她们在聊着无生老母的故事，而围绕五圣母圣像周边的信众则在看香。

生活性的唱经是庙会仪式中的一个重要组成部分。在龙牌会仪式上，一群以中老年妇女为主体的信众会在神像前集体吟唱为所参拜神仙写作的经文，唱经的经文一般是四句五言或七言的齐言句，节奏轻快、抑扬顿挫，极其押韵，在唱诵的过程中同时伴有打击乐伴奏。[①] 关于神仙的经文所记述的内容一般是各种神仙的生平事迹。《老母经》讲述了无生老母幻化为疯婆子而劝导世人向善的故事，二月初一的晚上，一群中年妇女聚集在三皇圣像周边交流无生老母的事迹，她们吟唱的经文内容为[②]：

有老母坐灵山常挂念，又想起众儿男还在凡间，有老母渡儿女东土世界，混沌世末劫年劝儿归山，有老母她制下金船一支，又装男又装女东土临凡，南海母驾金船来到苦海，装疯婆讨饭婆渡氏儿男，走大街串小巷开演义教，普天下众儿女老少呼言，有福人上船来还家认祖，没福人丢掉他红尘世上，有根人都说老母亲口点破，无根人都说贫婆述口胡言，一点心身受苦，何人得救，想师父盘道果，哪里追赶。

她们先是以平和的语调念诵经文，渐渐为之感动，一个年龄稍大的信徒情不能自拔，最终含泪唱诵，其他信徒的声音也渐渐抽噎，为之动情落泪。在信徒声泪俱下的唱诵中，我们可以发现，经文不仅是仪式所依据的经典，在信众的精神世界，经文更成为一种颂扬

① 齐易、刘佳：《河北范庄“龙牌会”的唱经》，《天津音乐学院学报》2011 年第 4 期。

② 摘自 2015 年 2 月 19 日田野笔记。

宗教理念和确证神迹的“历史文本”，是一种由信众共享的，并且可以作为交流媒介的共同经验。对于龙牌会的信众而言，经文所传颂的事迹是一种真实的记忆和体验，而信众在唱经过程中的感性表现也代表了一种信仰情感的真实寄托。

筹备期的看香是华北民间社会普遍流行的一种预测命运的方法，信众在特定圣像前跪拜并燃香，由香头根据香燃烧的形状解释信徒的运势。看香是将自身的运势寄托于神灵的一种信仰表达方式，这种活动与神判类似，对预测“灵验”的笃信也寄托了信众对于特定神仙神性的依赖，因此，看香也是信仰情感表达的一种方式。正式的看香是在龙牌会当天举行，但在二月初一的晚上，范庄本地的信众也会自发聚集，请香头帮忙看香。筹备期的看香在龙祖殿的后殿举行，有两位“司仪”主持看香，主要的看香人是一位有二十多年看香经验的香头，他在五圣母圣像前主持看香，而另一位则是辅助性的香头，他在玉皇圣像前主持看香。

看香是整个庙会节庆中必不可少的程序，也是龙祖佑其子民的最为直接的表达形式。很多慕名而来的外乡人都会在庙会当天请香头看香，但对于土生土长的范庄人而言，他们更热衷于在二月初一的晚上进行这种活动，因为范庄的二月二更像是一个举村欢腾的日子，各种节庆表演让人应接不暇，而且还会有很多外乡人前来过会，这让看香这一件非常具有诱惑力的事情变得十分拥挤，虽然香会为此设立了多处看香的场地，但往来的信众仍然是拥挤不堪。相比之下，二月初一晚上的看香更像是对一种对范庄本村人的福利，在这一晚他们会逐个祭拜所有的神位，然后攒聚在主要香头的四周等待看香。

在二月初一的整个晚上，龙祖殿的后殿聚集了几乎所有往来的范庄信众，在不经意之间，这些信众为无生老母的经文所触动，也将裁定自身未来运势的权力交托于玉皇大帝和五圣母，相比之下，此时的龙祖则处于一种相对边缘化的状态，在信众的话语表达中从未被主动提起，这与范庄人在公共空间中的信仰表达截然不同。归结起来，范庄人在公共性的符号表达中建构出了一种以龙祖为中心的信仰结构，而在相对自由性的信仰表达中，范庄人却循着华北地方社会的信仰传统，将虔诚的情感寄托给了“无生老母”“玉皇大帝”“五圣母”等在华北传统民间宗教谱系中占主要位置的世俗神仙，从而在其信仰世界中型构了一种以世俗神仙为中心的隐藏文本。

三　解读两种文本中的信仰逻辑

与斯科特关于农民抗争的两种文本的论述相似，范庄地方信仰的两种文本最显著的差别也在于世俗权力的参与和监控。显在的文本是一种对于精英意志的妥协，因为信仰活动的持续无论如何都需要资源来维持，而政治妥协是一种谋取资源的途径，因此，显在文本的操演本身也不得不成为一种“权宜之计”。相比之下，隐藏的文本则是一种更为真实的情感表达，在世俗权力的有意限制之外，范庄人表现出了对于“迷信”的热诚，此时的范庄人延续了华北地方社会传统的信仰逻辑，按照宗教经典的定义和关于村庙的记忆，他们在仪式中展现出了一套有别于显在文本的信仰规则。

（一）显在文本的信仰结构与地方信仰的社会性

信仰的仪式表达作为一种公开的文本形式，其所置身于其中的情境是一种可以容纳多种权力主体的利益表达和互动博弈的场域，在随时可能触犯意识形态禁区的政治环境中，相比于信众自身，包括范庄的村干部和地方文人在内的村落世俗权力代表在这一场域中更具有发声的权力。对于范庄而言，龙牌会既是一种地方经济的驱动力，也是范庄人提升社区主体性的一种路径。作为在世俗权力限制之下的信仰形式，显在信仰文本的实践逻辑主要体现为权力主体的世俗意志，也即是说，在文本的属性上，民间信仰的显在文本体现了信仰的社会性而不是情感性，具体而言，这种社会性是村落社会边界的信仰表征和主要表现为经济欲望的权力意志。

在地方信仰中建构社会边界①，社会学年鉴学派一贯的理论思路是将宗教的形态归因于社会，杜尔干早年关注有关初民社会中图腾制度的研究，他将图腾界定为特定社会单位的成员表现自身社会归属的“徽记”②。在谈到物属分类的社会性时，杜尔干说道，“最初的逻辑范畴就是社会范畴，最初的事物分类就是人的分类，事物正是在这些分类中被整合起来的。”③ 也即是说，在图腾制度中，图腾物的分类表征了人的社会属性，初民通过对特定物种的区别崇拜象征性地建立了自身的身份属性。华北庙会风俗在区分人的归属性的意义上与初民的图腾制度相似，各村依本村村庙而建立起的庙会也能够成为村落共同体的外在表征。在仪式层面上，庙会是信仰表达的一种形式，而就围绕着庙会展开的集市等各种世俗性的活动而言，庙会同时也是村落社会的公共事件。传统上，每个村落都有自己的香会组织，在会际往来中，不同香会对外代表本村，因此庙会则成了村落社会共同体在对外交往时的一种象征性呈现，与图腾所发挥的社会功能类似，庙会也成了村落的徽记，是村民社会身份归属的一种象征性表达。

在杜尔干的叙述中，图腾之所以能够成为社会的徽记，其最基本的原因在于分类体系本身所具有的区别性特征，不同社会单位所崇拜的图腾各异，在这种差异性的关联中，整个社会的体系得以象征性地建构，可以说，这种社会分类的基础正在于赋予自然性的差别以社会性的价值。华北梨区的庙会风俗也具有呈现社会分类的意义，地方信仰中的神仙谱系是客观存在的，而不同的村落在地方信仰体系中择取各自特殊的神仙作为庙会主要祭祀的对象，并以百神拥簇的形式呈现其最为尊贵的地位，以这样一种区别性的方式，庙会在村际之间的差异得以有价值地呈现，从而成为与图腾相似的村落社会象征物。

地方权力精英的经济意志宗教所具有的政治合法性及其发展的社会空间，有其与地方行政权力之间的交互影响，乃是“地方政府的利益关系、宗教本身所具有的社会利益功能、政府利益与宗教利益之间实行相对交换的结果”。④ 在中国民间社会，民间仪式往往因为其潜在的经济价值而被国家所征用，政府出于发展地方经济的目的，经常利用地方的

---

① 关于信仰界定传统地域社会边界的观点，吴真博士也在《从封建迷信到非物质文化遗产：民间信仰的合法性历程》一文中提到，自中国宋代以降，地方社会中大型的民间庙宇也是地域社会的一种标志。[参见吴真：《从封建迷信到非物质文化遗产：民间信仰的合法性历程》，金泽、邱永辉主编《中国宗教报告（2009）》，社会科学文献出版社 2009 年版，第 169 页。]

② 杜尔干在《宗教生活的基本形式》一书的第二卷第一章中将图腾界定为“作为名字和标记的图腾”（[法] 爱弥儿·杜尔干：《宗教生活的基本形式》，渠东、汲喆译，上海人民出版社 2000 年版，第 131 页。）

③ [法] 爱弥儿·杜尔干，马塞尔·莫斯：《原始分类》，汲喆译，上海人民出版社 2000 年版，第 89 页。

④ 李向平：《“宗教生态”，还是“权力生态”——从当代中国的“宗教生态论”思潮谈起》，《上海大学学报（社会科学版）》2011 年第 1 期。

民间宗教资源开发民俗旅游，而经由宗教精英与地方政府的合作，民间宗教往往能够因此而建构其服务于地方经济和社会发展的合法性。

在中国自民国以后的庙会风俗中，庙会与集市相互重合，因此，庙会的举办也就具有了发展地方经济的价值。在今天“文化搭台，经济唱戏”的政策理念之下，地方政府往往“宣扬庙会的经济功能，将庙会办成以商品交易为主色的物资交流会、商贸洽谈会、招商引资会，三缄其口庙会敬拜神祇的内核”。[①] 聚焦于范庄的龙牌会之上，庙会为周边的集市贸易带来了可观的消费人群，龙牌会前后几天，范庄吸引了各色商贩，除了摆摊算命、叫卖食品和日用品，范庄的主街道上还搭建了儿童游乐场和马戏团的小型展览篷，当天赶会的主要是范庄村和周围村落的乡民，除此以外，也有许多记者、学者和官员参与，庞大的消费群使得集市中的贸易颇为繁荣。这种商贸的繁荣使庙会成为信仰存续与经济发展之间的结点，出于集市贸易和民俗旅游开发的目的，龙牌会的信众实现了与地方权贵资本的意志整合和相互利用，在繁荣地方经济的同时，龙牌会也获得了存续的政治空间和社会资源。

（二）隐藏文本的信仰结构与地方信仰结构的稳定性

如果说“公开”即意味着被监视，那么“隐藏”就为自由表达提供了某种形式的可能性，地方信仰的隐藏文本是范庄信众在相对生活性的交往中所进行的信仰呈现，它置身于世俗权力意志的监控之外，或是得到其默许，因此是一种更为真实和相对自由的情感表达。在范庄信众与村落世俗权力代表的博弈中，信众总是在试图寻求着信仰情感的公开化，经过村落不同权力主体之间的协商，龙牌会的信仰呈现规则更多地成了一种相互妥协的产物。在仪式呈现的主要场所，龙祖是范庄信仰体系的中心，这是村落世俗权力代表的意志表现，但在一些相对次要和隐匿的仪式空间中，世俗权力也不得不允许信众在一定程度上按照自己的意志展演仪式，因此，对应于两种信仰的文本形式，龙牌会公开呈现的仪式规则其实也展现了两种截然不同的信仰逻辑。在世俗权力明显控制的显在文本以外，范庄信众对于其信仰的自由表达实际上承接了华北地方社会传统的信仰结构，而这种继承性在仪式过程中最为直接的体现是龙祖殿后殿中所供奉神像的选择和排布规则。

相对于前殿而言，龙祖殿的后殿因其在区位上的相对隐蔽而成了信众可以施展其自由意志的空间，除了在仪式筹备期的交往事件以外，后殿神像的选择和排布规则也表现为一种对于华北地方社会传统信仰结构的延续。河北新河县与赵县同处滹沱河一带，在传统地方信仰体系上具有很大程度的同构性，傅振伦所编纂的《新河县志》记载了新河县在民国时期各村村庙的分布状况，通过对比新河县县域内的村庙和龙牌会的神灵谱系可以发现，龙牌会中所祭祀的主要神仙都能够在新河县的村庙中找到原型。由此可见，村庙虽然在建国后历次的政治运动中被夷为平地，但是范庄人对于这些神灵的信仰却一直存在。[②] 而龙牌会为范庄人提供了一种展示信仰记忆的契机，他们实际上是将所有过去在华北村落中以村庙的形式表现的神灵崇拜聚集于一处，因此，与“人祖”所代表的造神运动不同，在龙牌会中以简易画像呈现的神仙盛宴更多地其实是一种传统信仰形式的再现。除了重现

---

① 岳永逸：《宗教文化与功利主义——中国乡土庙会的学界图景》，《云南师范大学学报（哲学社会科学版）》2015 年第 2 期。

② 岳永逸：《传统文化与新农村建设——以华北梨区庙会为例》，《社会》2008 年第 6 期。

地方信仰体系的历史面貌，这些世俗神仙的排布规则与道教经典文本中的传统定义也存在着很大程度上的一致性。玉皇大帝和三皇是在传统道教体系中是极为尊贵的神仙，在道教的经典文本中，玉皇大帝位列仙班首位，而三皇则被定义为开天辟地的创世神。依照经典文本中定义的神性序列，两位神仙在龙祖殿的后殿中也被供奉了在最为尊贵的位置，玉皇大帝的画像被供奉在前墙的正中间，而三皇的画像则被供奉在后墙的正中间。除了玉皇大帝和三皇以外，三皇姑的画像也被供奉在了与三皇画像隔过道相望的位置，在华北社会的民间信仰体系中，三皇姑是有名的送子神仙，对于三皇姑的尊奉实际上也承接了农民传统上对于生育子嗣的期望。

在世俗权力参与监控的程度上，信仰的显在文本和隐藏文本的定义与斯科特关于农民抗争文本的论述存在一定差别，因为在整个龙牌会的仪式过程中，有些隐藏的文本实际上是呈现在世俗权力的目视范围之内的，却得到了权力代表的默许。[①] 但正是借由这种各方都能够表达自身意志的机制，参与到仪式中的各种主体达致了一种相对稳定的结构关系，村落世俗权力代表控制仪式过程的核心表象，而信众则在此以外不停地寻求情感表达的公开化。隐藏的信仰文本更多地是信仰情感的寄托，这种宗教感情是信仰活动得以维持的最基本动力，而显在的信仰文本则为信仰的持续提供了一种合法化和争取资源的途径，正是在两种信仰文本相互影响的过程中，作为一种信仰和仪式体系而存在的龙牌会才能够得以维持。

四　总结与讨论

“自古迄今，民间信仰的传统实践方式大多依附于现实社会、世俗权力关系，民间宗教信仰从来就不是国家权力的一块‘飞地’，地方宗族、官府、信众、行会、士绅等多个利益集团及其关系，在这一领域中交织着。”时至20世纪90年代，在经历了建国后长期的政治压制之后，中国的民间信仰在民俗文化的话语体系中得到了一定程度的复兴，但这时民间信仰的存续也并未越出权力意志的桎梏，民间信仰中庙宇的重建、庙会的举行，也都处处可见国家权力与地方利益之间的共谋与协商。[②]

在精英与草根的权力博弈之中，最“无力”的信众展示出了一种游离于政治妥协和坚定信念之间的草根智慧，这也就是地方信仰中所体现的两种文本的表达形式。对于村落公共空间中的符号建构和仪式展演，信众主要表现出了表面一致的顺从，而在公开仪式的间隙和生活性的信仰交流中，他们则不遗余力地表露自己所真实秉持的信仰感情。在一种现代民俗事项的建构过程中，公开的仪式呈现为信众生活性的信仰表达提供了合法化和公开化的途径，而信众生活性的信仰表达则为公开的仪式操演提供了存续的基本动力，因此，显在文本和隐藏文本相互交织而且不可偏废其一。

如果对中国社会的民间信仰实践与国家权力意志之间的关系做更深一层的反思，前文

---

① 信仰的文本与斯科特所描述的抗争文本最显著的区别在于，农民抗争的隐藏文本发生在国家权力完全忽视，或者想努力控制的领域，国家在这一概念中是被动性的主体，而信仰的隐藏文本是信众与世俗权力协商之后的结果，在这种相对稳定的结构性关系中，两种主体都是主动性的。

② 李向平：《“宗教生态”，还是“权力生态”——从当代中国的“宗教生态论”思潮谈起》，《上海大学学报（社会科学版）》2011年第1期。

所界定的两种信仰文本在信仰逻辑上的结构性差异则是一种更值得探讨的问题。具体而言，民间信仰实践的显在文本更多地是一种社会性的信仰表达，除了呈现为以经济发展为中心的地方利益，地方信仰的实践本身也是村落的“人格”在信仰世界中的具象表征，相比之下，民间信仰实践的隐藏文本则更多地体现为一种情感性的信仰表达，在性质上则是对地方社会传统信仰结构的延续。换而言之，实践中的中国民间信仰往往是一种权力的建构性与信仰的意志性相形而生的概念，地方信仰的“真实”并不是臣服于世俗权力的建构形态，而是一种脱离于世俗权力意志和具有独立运作逻辑的精神世界。

（原载《民俗研究》2016 年第 5 期）

精神返乡与历史记忆：易代之际的民俗书写

张　勃*

【摘要】多重断裂是政权易代之际的一种社会现实，身处其中的人们往往会产生强烈的断裂感、破碎感、漂泊感、无方向感和人生如梦的空幻感，浓重的乡愁油然而生。中国易代之际出现了诸多怀旧式民俗文献，这正是在乡愁寻寄的情况下文人们精神返乡的结果。它们在重构了故乡的同时，也成为珍贵的历史记忆，成为当代人们寄托现代乡愁的精神家园。阅读它们并凭借想象穿越至其书写记述的那些美好、安定、和谐、统一而完整的生活，是当下精神返乡的重要方式。

一　中国政权易代之际的怀旧式民俗文献

中国民俗传统悠久，并形成了民俗记述的学术传统，民俗文献十分丰富，而且中国古代的民俗文献还有一个特点，诚如钟敬文先生所说："就是从回忆的角度来记录民俗"①。在流传至今的古代民俗文献中，怀旧式书写占了相当大的比重。《荆楚岁时记》《秦中岁时记》《东京梦华录》《梦粱录》《武林旧事》《北京岁华记》《如梦录》《金陵岁时记》《岁华忆语》等均是怀旧式民俗文献，尤其值得注意的是，它们往往书写于政权易代之际。②

《荆楚岁时记》是中国第一部区域岁时民俗文献。该书作者南朝梁人宗懔，字元懔，又字怀正，约生于公元500年，卒于563年。曾任职于梁朝，深受梁元帝宠信，承圣三年（554年），西魏攻破江陵，梁元帝遇害，宗懔则与数万百姓一起被俘，押解长安。"及江陵平，与王褒等入关。周文帝以懔名重南土，甚礼之。"③ 背井离乡的宗懔在北周政权的

* 作者系北京联合大学北京学研究所研究员。

① 钟敬文：《建立中国民俗学派》，钟敬文《钟敬文文集（民俗学卷）》，安徽教育出版社2002年版，第366页。

② 后文所引怀旧式民俗文献版本如下，没有特殊情况不再出注。宗懔著、谭麟译注《荆楚岁时记译注》，湖北人民出版社1985年版。孟元老《东京梦华录序》，孟元老撰、李士彪注《东京梦华录》，山东友谊出版社2001年版。吴自牧《梦粱录》，浙江人民出版社1984年版。四水潜夫辑《武林旧事》，西湖书社1981年版。（明）佚名，孔宪易校注《如梦录》，中州古籍出版社1984年版。陆启浤《北京岁华记》，张勃《明代岁时民俗文献·附录三》，商务印书馆2011年版。潘宗鼎、夏仁虎撰，卢海鸣点校《金陵岁时记·岁华忆语》，南京出版社2006年版。

③ （唐）李延寿《北史》，中华书局1974年版，第2435页。

礼遇中度过了他人生的最后一段岁月。学者们多认为《荆楚岁时记》正是宗懔这一时期“寄人篱下，追思故乡”的作品。①

《秦中岁时记》出于唐亡之后。陈振孙《直斋书录解题》卷六据《中兴书目》著录“唐膳部郎中赵郡李绰撰”之《秦中岁时记》，引述说“其序曰：‘缅思庚子之岁，洊周戊辰之年。’庚子，唐广明元年（880 年）；戊辰，梁开平二年（908 年）也。又曰：‘偶记昔年皇居旧事，绝笔自叹，横襟出涕。’然则唐之旧臣国亡之后，伤感畴昔，而为此书也。”②

孟元老《东京梦华录》出于北宋灭亡以后不久，作者自序作于“绍兴丁卯岁除日”，即宋高宗绍兴十七年（1147 年）的除夕。③《梦粱录》乃吴自牧入元后的作品。④《武林旧事》的作者周密，字公谨，号草窗，又号萧斋，南宋淳祐年间曾做过义乌知县。《武林旧事》是他“于宋亡以后在元朝统治下，回忆南宋旧事而写作的”⑤。

《北京岁华记》作于甲申年（1644 年），其作者陆启浤，字叔度，浙江平湖人，但在北京生活长达二十年。

《如梦录》是继《东京梦华录》之后出现的又一部详细记载开封的专著。虽然关于其作者到底是谁，自清代以来一直是个有争议的问题，迄今尚无定论，但都承认该书著成于明末清初。⑥ 有学者甚至明确指出：“著者出身于‘宗潢’，其父祖辈或著者本人，在周藩（开封是朱元璋之子周王朱橚的封地——笔者注）属内一些统治的机构中，如宗正府、八所等任过一些有关的职务”，“入清之后，著者深怀胜国王孙之哀惧，和对故国乔木之思，为此，根据自己所拥有的文献资料及回忆所及而写成此书，因面对着异族统治者搜寻‘官朱’的严厉，故隐晦了自己的身份和姓名”⑦。《金陵岁时记》始记于“光绪之季”，

---

① 李裕民：“魏恭帝二年（555 年），宗懔约于此年撰《荆楚岁时记》一卷。”见宋金龙校注《荆楚岁时记》代序《宗懔及其〈荆楚岁时记〉考述》一文。萧放：“回忆故里的生活成为他晚年的精神排遣，在这种思想动机之下，宗懔有心将江汉故里的日常生活记述成文，《荆楚岁时记》很可能成于这一时期，虽然我们还没有直接的证据。”参见萧放《〈荆楚岁时记〉研究——兼论传统中国民众生活中的时间观念》，北京师范大学出版社 2000 年版，第 2—5 页。

② （宋）陈振孙：《直斋书录解题》，上海古籍出版社 1987 年版，第 191 页。

③ （宋）孟元老《东京梦华录序》，孟元老撰，李士彪注《东京梦华录》，山东友谊出版社 2001 年版，第 2 页。

④ 吴自牧《梦粱录序》作于“甲戌岁中秋日”，但甲戌岁具体指哪一年，学者们有不同看法，据钱大昕《十驾斋养新录》，吴自牧入元后活了很久，于元顺帝元统二年甲戌年（1334 年）写了这篇序文。日本学者梅原郁认可并论证了这一说法的正确性。参见日本学者梅原郁论文《关于〈梦粱录〉及其作者吴自牧》，漆侠《宋史研究论文集——国际宋史研讨会暨中国宋史研究会第九届年会编刊》，2000 年。但学者一般认为这一时间标记可能是由于传抄失误的结果，亦有人认为这是作者故意为之。亦可见安德明的分析，见安德明《对象化的乡愁：中国传统民俗志中的“家乡”观念与表达策略》，《民间文化论坛》2015 年第 2 期。

⑤ 西湖书社 1981 年版四水潜夫辑《武林旧事》的“出版说明”。

⑥ 参见“《守汴日志》提要”，（清）永瑢等《四库全书总目》，中华书局 1965 年版，第 489 页；刘士岭《〈如梦录〉及其史料价值》，《中国史学史研究》2008 年第 1 期；张勃《明代岁时民俗文献研究》第三章“第三节《如梦录·节令礼仪纪》”，商务印书馆 2011 年版，第 234—237 页。

⑦ 孔宪易：“前言”，（明）佚名，孔宪易校注《如梦录》，中州古籍出版社 1984 年版，第 7—9 页。

成书时间不晚于公元 1923 年。《岁华忆语》则始作于乙卯年（1915 年）春，己巳年（1929 年）完成。① 同样是政权易代之际的作品（见下表）。

政权易代之际怀旧式民俗文献一览表

书名	作者	成书时间	所写地点	内容
《荆楚岁时记》	宗懔	南朝梁亡后	荆楚一带	岁时节日
《秦中岁时记》	李绰	唐五代之际	长安	岁时节日
《东京梦华录》	孟元老	两宋之际	开封	城池河道、街巷店肆、官署宫观、商贸娱乐、饮食物产、岁时节日、朝廷庆典等
《梦粱录》	吴自牧	宋元之际	杭州	城池河道、街巷店肆、官署宫观、商贸娱乐、饮食物产、岁时节日、朝廷庆典、神灵人物等
《武林旧事》	周密	宋元之际	杭州	朝廷庆典、岁时节日、饮食娱乐等
《北京岁华记》	陆启浤	明清之际	北京	岁时节日
《如梦录》	佚名	明清之际	开封	城池形胜、周府故基、文武衙署、市井贸易、祠庙古迹、花园景物、制度典章、风俗礼仪等
《金陵岁时记》	潘宗鼎	清民国之际	南京	岁时节日
《岁华忆语》	夏仁虎	清民国之际	南京	岁时节日

为什么在政权易代之际出现如此多的怀旧式民俗文献，是个饶有趣味的文化现象和学术话题，值得细细体味，认真分析。

二　多重断裂与乡愁寻寄

夏朝以来几千年的中国古代史是一部朝代更迭史。由是中国历史上出现了诸多的易代之际。近几年来，关于易代之际的研究逐渐成为一个重要学术领域，有学者认为，政治格局的变化与士人选择的多元、文化价值的重估与思想观念的活跃，以及文学风格的多样与审美形态的趋新，赋予了易代之际以独特的研究价值与学术魅力。② 这里，他说明了易代之际的思想史和文学史意义。易代之际之所以成为历史上的特殊时间段落，根源于易代本身既是巨大的变迁，同时也是引发进一步变迁的动力。

政权易代本身是巨大的变迁。古代中国，政权易代很少是和平的禅让，每一次易代几乎都伴随着长期而残酷的战争。战争往往带来深重的灾难，令民生凋敝，人们的生命、财

① 潘宗鼎、夏仁虎撰，卢海鸣点校《金陵岁时记·岁华忆语》的作者序、跋与该书的“导读”，南京出版社 2006 年版。

② 左东岭：《易代之际研究的学术价值与难点所在——兼及张晖之〈帝国的流亡〉》，《中国文化研究》2014 年第 1 期。

产和心理都遭受重大创伤。而易代成功，王朝易姓，往往同时意味着国号易名，国都易地，旧国灭亡，新国建立，虽然受其冲击最大的是旧王朝的统治者，但易代影响所及可以到每一个生民身上。因为每一个政权都有自己的治国方略，都有自己的政治制度、军事制度、经济制度和文化制度，而身处其中的人很难不受其任何影响。因此，对于生活于特定时空尤其是距离权力中心较近、具有较高文化自觉的人而言，易代绝不简单等同于时间的迁逝，而是一切正常状态的不能延续，是包括生活空间、社会身份、生活内容、心理认同、文化传统等诸多方面的断裂以及由此而来的断裂感。上述怀旧式民俗文献的作者都经历了多重断裂，并产生了痛入骨髓的断裂感。

首先是个人生活空间的断裂。在中国历史上，政权易代往往伴随着大规模的移民，上述民俗文献的作者一般都因为易代离开了自己正在生活的地方。宗懔本任职生活于江陵，梁朝灭亡后不得不居于长安；孟元老本卜居于京师汴梁州西金梁桥西夹道之南，而“一旦兵火”，不得不“出京南来，避地江左”；陆启浤“客燕二十年”，庚辰年（1640 年）“度天下将变，遂归隐”，离开了京城。身体的离开，让家乡变成了故乡，让异乡变成了居留之地和生活空间。

其次是社会身份的断裂。中国古代识字率较低，能够进行书写的人多是知识分子出身，上述民俗文献的作者在易代之前具有较高的社会身份，有些还担任官职。如宗懔在梁朝官任江陵令、尚书侍郎；李绰曾为唐膳部郎中；周密则在淳祐年间做过义乌县令；夏仁虎自幼聪慧，是“晚清的秀才、拔贡、举人，刑部、商部、邮传部的小京官”。孟元老的详细身份虽然不能确知，但从他“仆从先人，宦游南北”的自述中，也可知其出身于官宦人家。陆启浤虽然没有担任官职，但弱冠之年即已“博极经史”，客燕期间结交甚广，《光绪平湖县志》说他“交满长安”，乾隆《平湖县志》说连当时一些王公大臣也都争相“折节”与他往来。[①] 但是政权易代改变了他们的社会身份，使其从故朝文士变成了新朝遗民。

再次是个人生活的断裂。山河破碎、国家灭亡往往带来巨大的失国之痛，尤其宋代以降，伴随着夷夏之辨意识的增强，政权易代带给士人心理上的创伤更大。而生活空间的断裂和社会身份的断裂，往往又会导致既有社会关系的断裂。所有这些因素加在一起，使个人的生活与往时产生了很大的不同。这里的生活，不仅指生活内容，也指生活心态。元明之际的刘崧曾记述过一位号“逢掖生”的奇人，平时他像多数士子一样“习举子业”，遭世乱后，生活就发生了巨大变化：“稍解纵绳检，自放于酒，生事一不以介意，日与其徒剧饮于东西家。既醉，招摇而归，即闭户酣睡。或造焉，辄瞋目大诟曰：‘吾乃不知有吾身，何有公等也。’竟不答。感时触事，郁不得故，时时操翰引觚，咏述事物，陈摧古今，兼体风谣，绰有思致”[②]。逢掖生在易代前后的变化正提示了他个人既有生活的断裂。尽管面对政权易代，不同的文人会有不同的政治取向和选择，有的投入新朝的怀抱，有的则“执义以自守”，不仕新朝。然而，无论采取哪一种态度和选择，生活内容和生活状态都不能不改变。逢掖生只是易代之际众多文人中的一个代表。

怀旧式民俗文献作者们的个人生活同样出现了断裂。宗懔被俘到北周后，虽然深受礼遇，甚至还官拜车骑大将军、仪同三司，并“数蒙赐宴”，但一个长年在南方生活的人在

---

① 张勃：《〈北京岁华记〉手抄本及其岁时民俗文献价值》，《文献》2010 年第 3 期。

② 刘崧：《逢掖生传》，李修生《全元文》第 57 册，凤凰出版社 2004 年版，第 296 页。

年过半百之后，作为亡国之臣背井离乡到北方生活，各种不适应是可想而知的。而他遗留下来的若干诗篇，“游客伤千里，无暇上高台”“望望无萱草，忘忧易不忘”，等等，也鲜明地揭示出在看似富贵安逸的生活背后，他的内心是如何的忧郁与悲伤。孟元老的生活也大大改变了，易代之前他过着衣食无忧、休闲娱乐的安定生活，所谓“数十年烂赏叠游，莫知厌足”，易代之后则“情绪牢落”。本在南宋任职县令的周密入元后选择了隐居不仕，他“放浪山水，著《癸辛杂识》诸书，……有黍离诗人彼何人哉之感”①。陆启浤客燕二十年，生活闲适优裕，明清易代则使他归隐山中，“偃息蓬门”，偶与朋友相遇，“辄短歌欷歔，泪俱下”。可以说，洪晧所谓“故宫为禾黍，改馆徒馈于秦牢；新庙游衣冠，招魂漫歌于楚些。虽置河东之赋，莫止江南之哀。遗民失望而痛心，孤臣久絷而呕血”②，成为他们普遍的生活状态。

政权易代不仅带来个体层面的各种断裂，同时也带来社会层面文化传统和生活传统的断裂。孟元老提到易代之前的文化传统和生活传统：“太平日久，人物繁阜。垂髫之童，但习鼓舞。班白之老，不识干戈。”然而这样的传统断裂了。他不无悲痛地说：“暗想当年，节物风流，人情和美，但成怅恨。近与亲戚会面，谈及曩昔，后生往往妄生不然。”③

与孟元老极为相似的是潘宗鼎和夏仁虎。在《金陵岁时记》的“自序”中，潘宗鼎通过今昔对比的方式，描述了文化传统和生活传统在易代之际的断裂：

> 繄我金陵，艳称江左。……属夫时丁隆盛，俗竞繁华，饼说元辰，糕题嘉节，腊尾年头之会，露初星晚之场，或绸缪于古欢，亦追逐于时尚。秦淮赏夏，笙歌画舫之天；萧寺延秋，金碧楼台之界。东南佳丽，人物雍熙，四时但醉，太平百年，不见兵革，宜乎渡名长乐、湖号莫愁者矣！而乃风景不殊，山河顿异，名士堕新亭之泪，美人销旧院之魂。玉树歌残，雨花香散，竟应“白门”之谶，屡书元二之灾。……即此一编，记于光绪之季，证以父老之谈，已觉见不逮闻，十未得一。洎乎民国改用阳历，未免夏时既易，汉腊谁知，谈天则《月令》无征，观稼则《豳风》何验？嗟人事之代谢，叹天道之靡常，俯仰之间，已为陈迹。④

夏仁虎在其自叙中通过今昔对比的方式也谈道：

> 余家金陵，地当都会，为士大夫渊薮。风俗习尚，华而不侈。佳时令节，人家祭祀宴乐，及里巷间往来酬酢之礼，故多鄙俚，足资谐笔，然亦往往而近于古……自留滞北方，行二十稔，金陵再遇劫灰，闾阎生计萧索极矣。重以历朔既更，跪拜礼废，人家子弟，有不知祖宗何德望、亲族何系属、戚友何行辈者。而社会之娱乐，家庭之欢谦，所有存焉者益希矣。⑤

① （清）永瑢：《四库全书总目提要》，中华书局 1983 年版，第 1417 页。

② （宋）洪晧：《功德疏》，引自《续资治通鉴》卷 115，中华书局 1957 年版，第 3064 页。

③ （宋）孟元老撰，李士彪注：《东京梦华录》，山东友谊出版社 2001 年版，《东京梦华录序》第 1 页。

④ 潘宗鼎、夏仁虎撰，卢海鸣点校：《金陵岁时记·岁华忆语》，南京出版社 2006 年版，第 12 页。

⑤ 潘宗鼎、夏仁虎撰，卢海鸣点校：《金陵岁时记·岁华忆语》，南京出版社 2006 年版，第 53 页。

多重断裂是易代之际的一种社会现实，身处其中的人们往往会产生强烈的断裂感、破碎感、漂泊感、无方向感和人生如梦的空幻感，孟元老、吴自牧和《如梦录》的作者都径直以梦来命名自己的书籍："古人有梦游华胥之国，其乐无涯者。仆今追念，回首怅然，岂非华胥之梦觉哉！目之曰《梦华录》"[①]。"昔人卧一炊顷，而平生事业扬历皆遍，及觉则依然故吾，始知其为梦也，因谓之'黄粱梦'。……缅怀往事，殆犹梦也，名曰《梦粱录》云。"[②] 其他怀旧式民俗文献虽未以梦名，但其作者同样有如梦的感觉。如周密在《武林旧事序》中说道："及时移物换，忧患飘零，追想昔游，殆如梦寐，而感慨系之矣。"[③] 夏仁虎也在《岁华忆语》中明确说："京华尘梦，忽焉已醒。"[④] 多重断裂，也会导致自我认同的严重危机。前引逢掖生醉骂"吾乃不知有吾身，何有公等也"，再好不过地揭示了这一危机。

我是谁？我从哪里来？我要到哪里去？这些平常隐而不显的问题，在易代之际则赤裸裸地摆在文人们的面前。

如果说，渴望稳定、安全和完整，追求生命的自在满足，对自我发展的连续感、归宿感的期盼，对真、美、善的眷恋等，是人的生存理念的基本诉求，那么它与个人在易代之际的生存现状就产生了巨大的反差，从而产生了强烈的现实世界对自己的异己感，正是在这种巨大的反差和强烈的异己感中，一种可以称为乡愁的情绪油然而生。

一般认为，乡愁是人类所具有的一种自然的心理机制和普遍性情绪体验。从西方词源学的角度看，乡愁（nostalgia）源于两个希腊词根 nostos 和 algia，前者是回家、返乡的意思，后者是一种痛苦的状态。1688 年，瑞士医生 J. 霍弗尔首次使用 nostalgia，专指一种因为远离祖国而产生的痛苦而强烈的思乡病。随着社会的变迁和人们认识的深化，乡愁经历了"一个由生理病症转变为心理情绪再变为文化情怀的过程"[⑤]。在汉语里，乡愁一般指漂泊在外的游子对家乡故土的思恋之情，但从一开始，中国乡愁就具有浓厚的文化情怀。

个人"并非一个纯粹的、单独的、自由自在的个体，他必须置于文化传统的连续之中加以定位"[⑥]。乡愁需要找到寄托的地方。乡愁寻寄，是中国政权易代之际、受其影响较大的人们的普遍诉求。其本质，是人们在追求连续、完整、同一的人性召唤下，面对易代之际的断裂、破碎、漂泊、陌生、动乱而通过采取某些方式使断裂得以接续、破碎得以修复、漂泊得以安定、陌生得以熟悉、动乱得以太平的种种努力。

三　精神返乡与书写怀旧

如何使乡愁有所寄托，使断裂得以接续、破碎得以修复、漂泊得以安定、动乱得以太

① （宋）孟元老撰，李士彪注：《东京梦华录》，山东友谊出版社 2001 年版，《东京梦华录序》第 2 页。

② （宋）吴自牧：《梦粱录》，浙江人民出版社 1984 年版，《梦粱录序》。

③ （宋）四水潜夫辑：《武林旧事》，西湖书社 1981 年版，《武林旧事序》。

④ 潘宗鼎、夏仁虎撰，卢海鸣点校：《金陵岁时记·岁华忆语》，南京出版社 2006 年版，第 53 页。

⑤ 赵静蓉：《怀旧：永恒的文化乡愁》，商务印书馆 2009 年版，第 17 页。

⑥ 南帆：《冲突的文学》，《当代作家评论》1994 年第 4 期。

平？最好的办法就是返回故乡。返回故乡，不仅因为故乡是自己熟悉的有着明确四季以及各种景观的地理空间，也因为那里有自己熟悉的人和熟悉的风物，有自己曾经的生活，有自己安身立命、认同归属的文化传统，还因为故乡的生活曾经是那样热闹繁华，安乐太平。那么对于一个身处异乡的人而言，怎样才能返回故乡寄托乡愁呢？

东晋葛洪《西京杂记》记载汉高祖刘邦建立汉朝定都长安后，将父亲刘太公接来同住，可太公整天“凄怆不乐”，派人一问，才知道缘故：“以平生所好皆屠贩少年。酤酒卖饼。斗鸡蹴踘。以此为欢。今皆无此。”① 于是，高祖建了一个新丰，将老家的人移居于此，太公“乃悦”。汉高祖又“并移旧社。衢巷栋宇物色惟旧。士女老幼相携路首，各知其室，放犬羊鸡鸭于通涂，亦竞识其家。其匠人吴宽所营也。移者皆悦其似而德之”②。汉高祖运用最高统治者的权力将故乡的景观、人物、风俗民情整体性迁移，成功在异地再造了故乡，或者说复制了故乡，从而在最大限度上保持了个人生活和文化传统的连续性与同一性。太公由“凄怆不乐”转而“乃悦”，乡愁有了寄托。

像营建新丰这样如此完整地在异地再造故乡的例子，在历史上并不多出，但是在异地努力延续故乡过去的生活，刻意保留曾经的生活方式、习俗传统，以对抗断裂、破碎、漂泊的社会现实，则是常见的现象。有学者曾经将北宋都城东京与南宋都城临安相比，认为“东京移民成为左右临安城市建设的强有力因素，他们的眷恋和记忆使临安经历了一个‘东京化’的过程。在房舍街衢、服饰饮食、风俗习惯等方面皆与东京相髣髴，以东京改造和引导着临安的城市风貌，企图以此重温京师华梦。以至于这一时期的临安几乎成为东京的翻版”③。在异地再造故乡，刻意保留过去，使异乡拥有故乡的模样和生活方式、文化传统，是寄托乡愁的重要方式。

身体返乡是寄托乡愁的另一种方式。然而，对于易代之际的人们来说，故乡所在的那个地方往往已经沦陷，身体是很难回去的；更何况即便回去，也已经物是人非，甚至物人皆非，再难以找到能够寄托乡愁的地方了。如《如梦录》的作者目睹了“周府宫阙一旦拆毁，俱为瓦砾之场，荆棘丛生，芦苇满地，百花园俱为牧场，松柏果木，任人戕伐”④，这些地点仍在、景物全非的空间，既是作者记忆的一部分，也承载着作者的记忆。它们在作者眼前的再现，虽然勾起了作者对它们以及附着于其上的故人、往事、时景、旧情的种种回忆，却非但不能缓释寄托作者的乡愁，反而为作者增添了无尽的乡愁。

相比之下，精神返乡是一种更容易做到，也更有效的乡愁寄托方式，即通过对故地、故物、故景、故人、故事、故情等与故乡有关的一切的回忆和想象，从而使自己的精神、心灵、情感贴近故乡，通过回忆和想象建立过去与现在未来的连续性，满足对自我同一性和身份感的诉求，以抵抗对现实的不满，表达对理想的诉求。

拥有相似经历的人相聚一起谈论故乡，共同回忆往事，通过共同谈论和言说，是一种典型的精神返乡，恰如周辉在《清波别志》中所说：“绍兴初，故老闲坐，必谈京师风

---

① （汉）刘歆等撰，王根林校点：《西京杂记》，上海古籍出版社2012年版，第18页。

② （汉）刘歆等撰，王根林校点：《西京杂记》，上海古籍出版社2012年版，第18页。

③ 宋莉华：《汴州与杭州：小说中的两宋双城记》，中国典籍与文化编辑部《中国典籍与文化论丛》第七辑，北京大学出版社2002年版，第184页。

④ （明）佚名，孔宪易校注：《如梦录》，中州古籍出版社1984年版，第92页。

物，且喜歌曹元宠《甚时得归京里去》十小阕，听之感慨，有流涕者”①。孟元老提到自己与亲戚会面时，也会“谈及曩昔”。然而，文人们并不止于谈论和言说式的回忆，他们还会用手中的笔，将过去写下来，通过怀旧式书写进行精神返乡。城市中的时间生活、空间场所以及人物风俗，是怀旧式书写的重要对象。

岁时节日构成了城市中的时间生活。岁时节日是以历日、月份和季节等组成的历年为循环基础的、在社会生活中约定俗成的、具有特定习俗活动的特定时日，是由特殊名称、特殊时间、特殊空间、特殊活动、特殊情感等诸多要素共同构成的文化时空。每个节日都有自己特定的“过法”，一般都有专门的饮食活动、服饰活动、信仰活动、娱乐活动、社会交往活动等。这些活动的存在，使岁时节日成为时间的驿站、生活的华章，是日常生活的特殊部分和高潮部分。正如孟元老在其《东京梦华录序》中所说：“时节相次，各有观赏。灯宵月夕，雪际花时，乞巧登高，教池游苑。举目则青楼画阁，绣户珠帘。雕车竞驻于天街，宝马争驰于御路。金翠耀目，罗绮飘香。新声巧笑于柳陌花衢，按管调弦于茶坊酒肆。八荒争凑，万国咸通。集四海之珍奇，皆归市易；会寰区之异味，悉在庖厨。花光满路，何限春游；箫鼓喧空，几家夜宴！”②

回忆基于记忆和想象。一方面，岁时节日生活往往因其特殊性给个人带来不同寻常的生命体验，在个人的头脑中留下深深的印迹，从而成为可以回忆的重要内容。另一方面，节日是大家共同的日子，是一年一度、周期性度过的日子，节日里的各种活动将个人置于血缘关系、姻缘关系、地缘关系、业缘关系等各种关系上建立的社会群体之中，置于年复一年、周而复始不间断的文化传统之中，置于和天地自然沟通对话的宇宙情境之中；在节日里，个人最能获得自己的身份归属感、文化认同感、生活安定感和世界完整感。此外，在易代之际文人眼里，岁时节日生活更被赋予了“太平之象”的意义，成为理想社会的象征。正如夏仁虎为《金陵岁时记》所作序中所说：“承平本无象也。岁时点缀，则承平有象矣。小言之，不过地方土俗；大言之，关乎国家气运盛衰。”③ 综上所述，当个体生命日渐走向被回忆往事充斥的老年阶段，当人生经历了从朝歌暮嬉、不识干戈到朋游沦落、国破家亡、繁华不再的巨大变迁，那些发生在故国故乡的岁时节日民俗生活，最适合易代之际的文人们对抗现实生活中的断裂感、破碎感和漂泊感，并用以表达他们对于太平盛世的理想诉求，也就成为他们精神回返的地方。

除了岁时节日民俗以外，空间民俗也成为易代之际文人书写的重要内容。无论是《东京梦华录》《梦粱录》，还是《武林旧事》《如梦录》，都专门对城市中的地方、场所、河流、街道、景观及其相关风俗等进行了详细描述。比如《梦粱录》卷七至卷十六以及卷十九，都是对城市空间的专门书写。尤应注意的是，在对岁时节日民俗的书写中，也格外对空间予以关注。“任何活动都涉及空间，节俗活动也不例外。对节俗活动而言，空间并非仅仅为它提供一个得以展开的、外在于它的场所或地点，而就是它的内在要素，在很大程度上决定着节俗活动的性质和意义”④。但中国古代一般的岁时民俗文献多瞩目于岁

---

① （南宋）周辉，（清）鲍廷博校：《清波别志》，清抄本。

② （宋）孟元老撰，李士彪注：《东京梦华录》，山东友谊出版社2001年版，《东京梦华录序》第1页。

③ 潘宗鼎、夏仁虎撰，卢海鸣点校：《金陵岁时记·岁华忆语》，南京出版社2006年版，第11页。

④ 张勃：《明代岁时民俗文献研究》，商务印书馆2011年版，第225页。

时节日里的民俗事象或活动方式，而疏于对活动空间的把握。相较之下，怀旧式岁时民俗文献对于空间则十分关注。比如《东京梦华录》记述“七夕”时就提到潘楼街东宋门外瓦子、州西梁门外瓦子、北门外、南朱雀门外街及马行街内，记述“重阳”则提到仓王庙、四里桥、愁台、梁王城、砚台、毛驼岗、独乐岗、开宝寺、仁王寺等处。《梦粱录》记述“元旦大朝会”提到禁中、宫门、阊阖门、宫城、大庆殿、殿陛之角、殿西庑、殿廊、殿前、折槛、明庆寺、灵隐寺、玉津御园等处。“二月望”则提到钱塘门外玉壶、古柳林、杨府云洞，钱湖门外庆乐、小湖等园，嘉会门外包家山王保生、张太尉等园，以及天庆观、崇新门外长明寺等地点。再如《如梦录》记述：“初一日后，赴相国寺、萧墙街”；“初八日，赴东岳庙进香游玩”；“初九日以后，俱赴上方寺，或在树阴，或者禅室，或在五柳亭，或塔左右”；端午节，“亦有携酒赴繁塔寺、禹王台、九仙堂各处游宴”；“清明、中元、十月朔，俱是鬼节。预先请城隍行神至孤魂坛；请府城隍西门外孤魂坛，请县城隍宋门外孤魂坛”①，等等。

美国城市设计理论家凯文·林奇（Lynch，K.）曾经指出：“一个整体生动的物质环境能够形成清晰的意象，同时充当一类社会角色，组成群体交往活动记忆的符号和基本材料”，并认为“一处好的环境意象能够使拥有者在感情上产生十分重要的安全感，能由此在自己与外部世界之间建立协调的关系，它是一种与迷失方向之后的恐惧相反的感觉。这意味着，最甜美的感觉是家，不仅熟悉，而且与众不同”。② 家乡的、有着确定地点和相应功能的特定地方，更容易给精神返乡的人们以确定性和安定感。这当是易代之际文人将城市空间及其民俗作为怀旧内容的重要原因。

由是，从时间生活维度和空间生活维度对城市民俗的怀旧式书写，成为易代之际文人精神返乡的一种方式；而书写的过程，也便成为他们精神返乡的过程。

四 故乡重构与历史记忆

易代之际的怀旧式民俗文献是其作者用文字对自己关于故乡多种构成要素（如岁时节日、街道、河流、井泉、祠庙、宫殿、店铺、职官、人物、物产等）的记忆按照一定逻辑关系进行组合与编织的结果。在书写故乡风物民情时总是本着十分认真的态度，强调以实录原则记述所见所闻，对自己不能确定的事物甚至还会求助于知情者，所谓“及有未经从处，得于人，不无遗阙；倘遇乡党宿德，补缀周备”③，但乡愁寻寄、精神返乡的特性，决定了所有易代之际的怀旧式民俗文献，都不可能是真正的实录。它们所能呈现的都是作者带着人生如梦的空幻感，带着对生活现实的不满和绝望，对已逝生活的眷恋、赞美、痛惜，对未来理想生活的盼望而重构了的过去和家乡。

真实的、必然是如意与不如意共存的家乡，因为变成了故乡而被赋予新的意义，缺点被隐藏，不如意被遮盖，人们用赞美欣赏的态度看待故乡的一切。譬如岁时节日虽然是生活的华章，但在很多时候会因为奢侈浪费、破坏既定的社会秩序而颇受褒贬。比如隋朝的

① （明）佚名，孔宪易校注：《如梦录》，中州古籍出版社 1984 年版，第 87—91 页。

② ［美］凯文·林奇：《城市意象》，方益萍、何晓军译，华夏出版社 2001 年版，第 3 页。

③ （宋）孟元老撰，李士彪注：《东京梦华录》，山东友谊出版社 2001 年版，《东京梦华录序》第 2 页。

柳彧"见近代以来，都邑百姓每至正月十五日，作角抵之戏，递相夸竞，至于糜费财力"，就"上奏请禁绝之"。① 明朝的王稚登对于苏州里社表现出极度的担忧，并进行言辞激烈的抨击：

> 每春夏之交，妄言神降，于是游手逐末、亡赖不逞之徒张皇其事，乱市井之听，惑稚狂之见，朱门缨笏之士、白首耄耋之老、莽镈蓑笠之夫、建牙罴虎之客、红颜窈窕之媛，无不惊心夺志，移声动色，金钱玉帛，川委去输，百戏罗列，威仪杂遝，启僭窃之心，滋奸慝之行，长争斗之风，决奢淫之渐，溃三尺之防，废四民之业，嗟乎！②

但在易代之际文人笔下是看不到类似言论的。他们将岁时节日视为太平之象。对于"不论贫富，游玩琳宫梵宇，竟日不绝。家家饮宴，笑语喧哗"的节日生活，吴自牧虽然称其为"此杭城风俗，畴昔侈靡之习"③，但并无批评之意，反倒以其"至今不改"为自豪。孟元老更直白地表示："伎巧则惊人耳目，侈奢则长人精神。"故乡的岁时节日就是由美酒佳肴、彩衣靓饰、游山玩水、歌舞赏花、祭神祀祖、礼尚往来等充实着的。在这里，没有矛盾，没有黑暗，歌舞升平，神灵受到尊重，祖先得到礼敬，人心自由而欢快，万事万物处于和谐之中。这样的世界，无疑是天下太平的盛世！

总之，在承载着乡愁的怀旧式民俗文献中，故乡是一个时间有序、空间有序、人缘相亲、生活美好的完整的生活共同体。这是被回忆和想象重构了的故乡，代表着作者们的人生理想，成为他们的精神家园。

特别值得一提的是，易代之际怀旧式民俗文献的作者们，已经超越了对自我个体的一般注视，面对文化传统的断裂，他们有一种传递传统文化、保存历史记忆的自觉意识，他们的乡愁不仅是对故乡那些土地景物人情的乡愁，更是一种文化乡愁。这是中国古代文人具有淑世情怀的典型表现。孟元老说他写作《东京梦华录》的原因在于："仆恐浸久，论其风俗者失于事实，诚为可惜；谨省记编次成集，庶几开卷得睹当时之盛。"④《如梦录》的作者在序言中也谈道："《如梦录》所记者，汴梁鼎盛之时也。恐后人未见，不知有此光景而失其传，故记之，以便后人观览，阅之者了然在目，即见繁华之盛也。"⑤ 夏仁虎亦明言："书视儿辈，使知故乡风物。小人怀土，无当大雅，弇鄙之讥，未遑顾也。"⑥ 可以说，正是这样的责任感使得几乎每个易代之际都有优秀的民俗文献得以面世。这些几乎代代有之的怀旧式民俗文献，不仅自身构成了一个富有特色的文化传统，而且为我们留下了各个时代城市生活的样貌，成为珍贵的历史记忆，成为我们了解历史、认识历史，建立

① （唐）魏征：《隋书》，中华书局 1973 年版，第 1483 页。

② （明）王稚登《吴社编》，（明）杨循吉等著，陈其弟点校《吴中小志丛刊》，广陵书社 2004 年版，第 169 页。

③ （宋）吴自牧：《梦粱录》，浙江人民出版社 1984 年版，第 1 页。

④ （宋）孟元老撰，李士彪注：《东京梦华录》，山东友谊出版社 2001 年版，《东京梦华录序》第 1—2 页。

⑤ （明）佚名，孔宪易校注：《如梦录》，中州古籍出版社 1984 年版，第 13 页。

⑥ 潘宗鼎、夏仁虎撰，卢海鸣点校：《金陵岁时记·岁华忆语》，南京出版社 2006 年版，第 53 页。

起与前人联带感和密切关系的重要凭依。

结语

多重断裂是政权易代之际的一种社会现实，置身其中的人们往往会产生强烈的断裂感、破碎感、漂泊感、无方向感和人生如梦的空幻感，浓重的乡愁油然而生。然而，生活总要继续，乡愁总要有所纾解与寄托。中国政权易代之际出现诸多怀旧式民俗文献，正是在乡愁寻寄的情况下文人们精神返乡的结果。通过精神返乡，书写怀旧，他们与不满意的现实和不如意的自己进行心理上的对话与抗争，并在这个过程中确认时移世易的事实，取得一定的心理平衡，逐渐形成新的认同感，并由此获得继续前行的动力。当然，从历史记忆的角度看，这些怀旧式民俗文献也许不够完全客观真实，但这一点在当代却有着另外的意义。处于现代社会和全球化时代的人们处于新的易代之际，尽管这个易代不是政权易代，但有着比政权易代更为深刻的影响，带来了更为深刻的多重断裂，也激发了普遍的不同以往的现代乡愁。而这些怀旧式民俗文献，恰恰营造了一个又一个值得所有中国人追忆怀念的美好的故乡和过去，它们是寄托现代乡愁的精神家园。阅读它们，“通过文本符号的解读进入作品的内在空间”①，凭借想象穿越至其书写记述的那些时代，那些城市，那些美好、安定、和谐、统一而完整的生活，则是我们当下精神返乡的重要方式。

（原载《民族艺术》2016 年第 4 期）

① 董学文：《试论文学价值和价值系统》，《北京联合大学学报》2014 年第 1 期。

从生活智慧到文化传统

——中国民间游戏起源研究

林继富[*]

【摘要】民间游戏是民众的生活智慧，是民众生活的基本类型，也包含了文化传统的基本类型。这些文化传统类型的发生、发展与民间游戏密切相关。理解民间游戏应该以“地方性知识”为出发点和落脚点。

每个人从出生那一刻起，父母的音容笑貌成为自己快乐的营养源和催化剂，爷爷奶奶口口相传、爸爸妈妈手把手传递的游戏歌谣和游戏活动，成为儿时快乐成长的主要元素；儿时伙伴无拘无束地在游戏中的协助、竞争生动有趣，这些游戏中展现出来的亲切感总是与朗朗的笑声和浓浓的乡情融在一起。不论是斗百草、放风筝、骑竹马、荡秋千、捉迷藏、斗蟋蟀，还是跳房、老鹰捉小鸡、拔河、赛龙舟、摔跤、下土棋等，几乎每个炎黄子孙都会津津有味地说出许多许多。这些传统民间游戏产生于民间，流行于民间，深受民间百姓的喜爱，成为他们儿时快乐生活的源泉，伴随着他们成长，丰富他们的生活，并且沉淀成温暖生活的幸福记忆。

民间游戏是民众的生存方式，是他们生活中的智慧表达，这些生活智慧不断在行为实践中升华，由此构成了民众生活的基本类型，民间游戏中的一系列惯制逐渐成为文化传统，丰富着民众的生活。

一　作为传统的“民间游戏”

人类对游戏的痴迷吸引了古往今来众多学者对其深入研究，并就游戏的定义及其特点提出了许多看法。柏拉图认为游戏开始于一切动物的幼者“不能使身体静止或不出声”而“试图运动和发出声音”的活动。亚里士多德认为游戏是劳动之后的休息和娱乐消遣，游戏本身并不是游戏者的目的。康德认为游戏是与劳动相对立的自由活动，在康德眼中，游戏有广义和狭义两种：广义的游戏是指一切内在目的的心意活动；狭义的游戏是指以情感体验为内在目的的鉴赏活动。弗洛伊德的游戏“替代”论与康德的理论相反，他认为游戏的对立面不是谋求外物的劳动，而是人谋求并利用外物以满足自身愿望的现实活动。

---

* 作者系中央民族大学文学与新闻传播学院教授。

游戏“是人借助想象来满足自身愿望的虚拟活动”。席勒认为游戏是“剩余生命的刺激”①。有的学者认为游戏是某种“模拟本能”的释放，是人们在生产、生活中放松自己的需要。拉扎勒斯认为，游戏或者娱乐可以恢复人们在生活中损失的能量，起到恢复体力的作用。20世纪早期的哲学家帕特里克发展了拉扎勒斯的“松弛说”理论，认为游戏源于娱乐的需要。美国心理学家霍尔和吉利克认为儿童游戏是在复演史前人类祖先到现代人的进化过程。荷兰学者约翰·赫伊津哈在《游戏的人：关于文化的游戏成分的研究》中提出：“游戏是在某一固定时空中进行的自愿活动或事业，依照自觉接受并完全遵从的规则，有其自身的目标，并伴以紧张、愉悦的感受和‘有别于’平常生活的意识。”② 这个概念从文化—历史学的角度对游戏下了个定义，它囊括了所有动物、人类儿童和成人的游戏活动，较为准确地揭示了游戏的特点和游戏自身的价值。

在全球化与城镇化的背景下，民间游戏受到了越来越多国内各学科研究者的关注和重视。中国众学者对民间游戏的研究更多的是基于中国传统文化背景，较国外学者的理论更贴近中国民间游戏的概况。但是，因为各学者的研究方向和研究目的存在差别，所得出的民间游戏的结论也各有偏重。杨荫深、崔乐泉认为游艺就是游戏的艺术，是各种游戏或娱乐活动的总称，是人们以娱怀取乐、消闲遣性为主要目的的一种精神文化活动③。蔡丰明认为，从本质上说，游戏是人们出于为了满足生理上的运动欲的需要而产生的本能性活动，它是没有什么特定的功利性的④。李屏提出游戏是自愿进行的、以休闲娱乐为目的的活动⑤。郭泮溪在《中国民间游戏与竞技》中提出民间游戏是指流传于广大民众生活中的嬉戏娱乐活动，俗称“玩耍”⑥。

当代汉语词典对游戏的解释代表了人们对游戏的认识，如《现代汉语大词典》中的“游戏”词条的解释：1. 游乐嬉戏、玩耍；2. 犹戏谑，也指不郑重、不严肃；3. 文娱活动的一种，分智力游戏（如拼七巧板、猜灯谜、玩魔方）、活动性游戏（如捉迷藏、抛手绢、跳橡皮筋）等几种⑦。这种解释较全面地列出了游戏的现象，并没有从本质上来界定游戏的属性。

游戏，在中国古代常常称为“游嬉”“戏”，也有称“嬉”或“游”。《礼记·学记》中曰“藏焉修焉，息焉游焉”。即学习时要努力修学，休息时就尽情游戏。崔学古在《幼训》中指出游戏对儿童发展的作用：“优而游之，使自得之，自然慧性日开，生机日活。”即在游戏中进行的儿童教育，必须顺应儿童的自然发展规律。

民间游戏作为游戏中以“人”为核心的活动，是指流传在民间社会，由广大民众创作、传承的生活文化和文化传统，是民众在特定的时空中，通过或轻松或紧张的活动和相

① ［德］席勒：《审美教育书简》，冯至等译，上海人民出版社2003年版，第229页。

② ［荷兰］约翰·赫伊津哈：《游戏的人：关于文化的游戏成分的研究》，中国美术学院出版社1996年版，第30页。

③ 崔乐泉：《忘忧清乐——古代游艺文化》，江苏古籍出版社2002年版，第1页。

④ 蔡丰明：《游戏史》，上海文艺出版社1997年版。

⑤ 李屏：《中国传统游戏研究——游戏与教育关系的历史解读》，山西教育出版社2012年版，第2页。

⑥ 郭泮溪：《中国民间游戏与竞技》，中国社会出版社2008年版，第2页。

⑦ 《现代汉语大词典》，汉语大词典出版社2002年版。

应的规则形成的彼此之间的游乐嬉戏活动。

民间游戏作为民俗事象，是由普通民众生活经历、经验和智慧创造的民间文化集体活动形式；民间游戏作为传统，由于朝代的更迭、政治经济环境和风俗习惯的改变，民间游戏受到各个朝代民众生活方式和时代文化的影响，先前的传统民间游戏的细节不断完善，花样不断翻新，并且不断融入时代新的内容。同时，每个朝代均会产生新的游戏，尽管这些游戏流传在民间，有的游戏并不复杂，但是却体现了民众在生活中的大智慧、大情怀。从这个角度来看，不同种类的民间游戏的发展轨迹记录了不同阶段民众生存状况、文化心理和精神气质，是民族传统的重要组成部分，是一个民族时代精神最直观、最鲜活的外在体现。美国人类学家格尔茨认为游戏是一种文化的文本或者符号，在他看来巴厘岛斗鸡游戏虽然表面上是金钱的输赢，但是斗鸡的深层意义却在于获取象征性的地位。因此，我们不能简单地把民间游戏仅仅看作为一种玩乐、玩耍的活动，而应该将民间游戏视作地方文化传统，并且立足于“地方性知识”理解民间游戏。

二　民间游戏起源与文化传统类型

我国绚丽多彩的民间游戏活动，其产生的历史时期有的很早，有的比较晚近；形成时期有的有清晰的记录，有的则比较模糊；形成的动因有的源于生产，有的源于生活，有的源于宗教，有的源于战争，有的源于娱乐等各有不同。

民间游戏起源较为复杂，它关涉到两个层面的意思：民间游戏作为民众生活和民间传统文化类型的起源相当古老；某一种或某一个民间游戏的起源，往往产生于特定历史时期的民众生活和文化传统之中。无论哪一种民间游戏的起源都难以说清楚具体的时间和空间，综合中国民间游戏的诸多现象，生产活动、宗教祭祀、巫术活动、社会习俗、军事活动等既是中国民间游戏来源的主要渠道，也是构成中国民间传统游戏的基本主题。

（一）生产活动

西方文化人类学家冯特指出：“游戏是劳动的产儿，没有一种形式的游戏不是以某种严肃的工作做原型的。不用说，这个工作在时间上是先于游戏的，因为生活的需要迫使人去劳动，而人在劳动中逐渐把自己的力量的实际使用看作一种快乐。”① 我们看到，冯特注意到了游戏与劳动生产之间的内在关系。人类为了生存，必须进行生产劳动，这种生产劳动的初衷是为了人类的延续，然而，随着人类生产力的发展，劳动效率的提高，劳动力就有了剩余，此时，人类不需要把所有精力投入到劳动当中，除可以拥有较多的时间休息，甚至可以进行一定的“娱乐”活动，于是他们将原有的生产劳动形式转化为娱乐游戏活动，最初的游戏便诞生了。

这种游戏起源论与德国诗人及哲学家席勒关于游戏起源于人类剩余精力的假说②相似，他认为生物的精力除了维持正常的生活之外，如果还有剩余或过剩的精力就必须通过一定的途径消耗它，而游戏就是消耗剩余精力的形式之一，剩余精力越多，游戏的种类和

---

① 北京师范大学中文系文艺理论教研室编：《文学理论学习参考资料》上册，春风文艺出版社1981年版，第119页。

② ［德］席勒：《审美教育书简》，冯至等译，上海人民出版社2003年版，第229页。

游戏的时间也就越多。

民间游戏起源于生产活动具有合理性，从目前民间流行的游戏来看，有些民间游戏确实与生产劳动之间存在联系。如“竹马”游戏与游牧民族生产生活中骑马狩猎、骑马迁徙的生活场景之间的联系，“荡秋千”游戏与山地民族采集野果、躲避野兽袭击等生活的联系。我国湖南、广西等地瑶族有一种“独木滑水”的竞技活动。比赛时，参加者每人脚下踩一根长约两三丈长的原木，手持一根竹竿，顺着急湍流水滑行。比赛结果以不搁浅、不触礁、人不落水，谁最先到达终点者为胜。这一游戏记录了远古先民渔猎生活时的情景。再如赛牦牛、赛骆驼、斗牛、斗羊、斗鸡等民间游戏与家畜家禽的驯化和畜牧业的产生与发展有某种渊源关系。流行于我国江南地区的“摇快船”与蚕桑农事活动有联系。养蚕时，河道里行船，历来有让运桑叶船先通过的习俗。一旦缺少桑叶，人们往往外出行数十里买桑叶赶着往回运，这就要求摇船的速度越快越好。在这种行船劳动中逐渐演变成名为“摇快船”的娱乐活动。《嘉兴府志》记载：“清明……有摇快船之戏。”每年农历三月之初，在嘉兴河塘上，人们兴高采烈地进行划船比赛。赛船上分别插上红、黄、蓝、白、黑五色旗，划船手们身穿色彩鲜艳的服装，协同摇橹划桨，使船身迅速前行，这在一定程度上保留了当时摇船运送桑叶时的景象。

游戏起源于生产活动假说为我们提供解读游戏的视角。原始社会，生产力低下，集体劳动、平均分配劳动产品的制度是维系部落、族群的基本准则。从生产集体化的角度讲，生产活动之余的游戏便具有群体性的特色，虽然民间游戏中也有个人游戏，但所占比重很小。

民间游戏是群体性的行为，其活动倾向于形成自己特有的社会团体和参与人群，尤其在熟人社会里，由彼此之间熟悉规则、具有共同传统知识基础的人在一起“游戏”，这样才能够实现娱乐、快乐和协作、竞争的功能，从这个角度上说，民间游戏是小范围内的生活艺术和交流艺术。当然，民众的生产劳动因为年龄、性别、职业的不同，相应地民间游戏也出现了差异，这些不同的人群玩着某些游戏，反过来，这些游戏又成为凝聚某类人群的力量。

（二）宗教祭祀

人类精神文化的最早状态，可能与原始宗教之间存在各种形式的联系。如歌、舞的起源与原始宗教的祭祀仪式的关系就是典型例子。有学者提出冀州民间的“蚩尤戏”属于角力竞技类活动的游戏，起源于牛图腾崇拜的变异形式①。我国传统“踢毽子”游戏起源于古代傩舞的观点②。

游戏起源于宗教活动的观点与美国心理学家霍尔与吉利克提出的“游戏源于儿童复演祖先活动”的观点相似：“儿童是动物与成年人之间的进化锁链的环节，在儿童期中人类的历史得到了复演。即儿童游戏反映了从史前的人类祖先到现代人的进化过程，游戏活

① 李屏：《中国传统游戏研究——游戏与教育关系的历史解读》，山西教育出版社 2012 年版，第 29 页。

② 王绍曾：《中国古代游艺》，山东教育出版社 1991 年版，第 22 页。

动是祖先最早活动的再现，是复演祖先的动作和活动。”① 以“爆竹”为例，爆竹在最初被发明时，是为了驱疫、逐祟。《荆楚岁时记》中记载：“正月一日……先于庭前爆竹，以辟山臊恶鬼。”这里记录用燃竹发爆的办法以辟山臊恶鬼算得上燃放爆竹的原始意义。不知从何时起，喜庆之日模仿“庭前爆竹”的习俗，放起爆竹来，从而在“爆竹”驱疫逐祟的功能之上，添加了庆贺的意思。一般认为，宋代出现的烟花，是在爆竹的基础上发展而成的节令性玩具，现在中国民间流行的“甩炮”“摔炮”等游戏，成为新年期间儿童喜欢的娱乐游戏。宋代以后盛行的泥娃娃“磨喝乐”，就是佛教造像转化为民间玩具，“木棒娃”是由道教耳报神演变而来。此外，由祭月活动派生出来的兔儿爷也是源自宗教的民间玩具。维吾尔族历史上信仰的宗教也深刻地影响了民间游戏，“皮热”“萨玛”“火焰”等宗教信仰习俗仪式，在漫长的历史过程中逐渐转换为民间游戏竞技活动流传至今。从这个角度来看，宗教祭祀活动中的道具、活动过程均成为民间游戏起源的重要途径。

民间游戏源于宗教祭祀，不仅体现在古老宗教的复演，也包含了道教和佛教以及基督教和伊斯兰教的祭祀、传经布道活动中，这些源于宗教祭祀的民间游戏在某种程度上依然保留了宗教的特性，但是更多地将宗教中的娱乐成分、宗教中的人与人彼此交往关系的活动进行了发展、丰富和世俗性的生活化，从而体现出以宗教起源为中心的游戏的活态传承的特点。也就是说，民间游戏在发展过程中，通过不断变化、不断革新和不断创造，将宗教的传统祭祀及其宗教器具演化成民间游戏活动及其道具，使传统民间游戏既具有传统文化底蕴，又具有时代特色，从而确保了民间游戏的生命活力经久不衰。

（三）巫术活动

巫术是民众生活中古老的信仰行为，源于人们在生活实践中许多难以实现的愿望，难以克服的困难，借助神奇、神秘的行为，通过同类相生的彼此模拟和相互接触付诸现实。巫术中的念咒、占卜、唱颂、歌舞、祈求、祭祀、招魂、驱鬼、施蛊、避邪等活动中的许多内容成为民间游戏的源头，有些民间游戏至今仍然保留了巫术因素。

山东民间斗百草中的“劈豆腐块”可以溯源到远古时草卜巫术的遗风。“劈豆腐块”方法是：取三棱草长茎一根，两人各持一端破为两半，同时向中心点劈开。至中心点，交换其中的一股再向两边拉开。最后以劈为正方形如豆腐块者为胜。山东民间称劈成正方形的为“小厮”（男孩）；劈成“H”形者为“闺女”；劈不成形者为全败。这种游戏的源头是先民预测妇女生男孩还是生女孩的一种占卜巫术。可以想见，当时这类活动应该是虔诚的仪式，后来随着社会的发展，“劈豆腐块”草卜仪式越来越游戏娱乐化了，最后演化成斗百草游戏。如抓子儿（抓石头子儿）的游戏源于古代的“抓子儿”（抓儿子）仪式。据记载，新年之后的正月，对于妇女来讲是“求子月”，她们玩一种用橡木银砾做的小圆丸，向上抛掷再以手承接，即“抓子儿”。

巫术与民间游戏的关系是紧密的，不仅许多民间游戏来源于巫术，而且巫术还为民间游戏提供赖以传承发展的文化环境。从巫术到民间游戏，凸显了巫术的娱乐成分、教育成分，淡化了巫术的神秘色彩，那些不适应时代的文化被剔去了，由此而演化成被民众喜闻乐见的游戏活动。

---

① 李屏：《中国传统游戏研究——游戏与教育关系的历史解读》，山西教育出版社 2012 年版，第 22 页。

（四）社会习俗

游戏起源于社会习俗的观点，被许多游戏研究学人接受。何谓习俗？习俗就是在民众中普遍流行，且代代相传的具有一定模式性的社会行为。这些诞生在特定时间和特定空间中的民间游戏即是当地民众的生活习俗，也就是说，许多民间游戏源于民众的生活习俗。

“昔葛天氏之乐，三人操牛尾，投足以歌八阙”。这是我国较早以民俗歌舞形式出现在民众生活中的娱乐性玩具，这里记录的“葛天氏之乐”与马家窑型彩陶图案中有带短尾的人形娱乐一脉相承，它证明了当时的人们游乐性舞蹈与社会生活民俗之间的关系。

原始时代，我国先民就在与自然打交道的过程中创造和发明了历法知识，并且懂得利用历法知识为人们的生活服务。这些历法知识的日积月累，使先民对时间的把握超越了“太阳东升西落”的简单感知，慢慢进入到较为严密的岁时记录时代。岁时的观察和记录最早出于对农事活动安排的需要。农作物的生长有鲜明的季节性，农业生产的规律呈现出鲜明的时间性、季节性特点，不同的时间从事不同的生产劳动，收获不同的季节性的劳动成果。为了实时、合理地安排农业生产劳动，人们从一年的时间中规定出一些特定的日期，以此作为划分时间变化规律的界限，这些特定的日期逐渐发展成为节日时间。与农耕生产有关的节日带有严肃的生产性意义，随着社会生产力的发展和人类心智水平的提高，在以合理安排农事为初衷的节日里，出现了一些游乐性的活动表示纪念和庆祝。如在我国青海南部地区，当地从事农业的藏族民众会在藏历正月十五（或正月十五前后），自制形态各异的风筝，呼朋引伴相约到麦场或空旷地放风筝。据介绍，放风筝不仅是新年期间的游艺活动，也是民众观察气象、观测大地是否回暖、预测春耕时日的重要风向标。

民间游戏来源于社会习俗的观点与西方学者拉扎勒斯关于游戏产生于人类松弛精神、舒缓疲劳的需要的观点相似。扎拉勒斯认为：艰苦的体力和脑力劳动使人身心俱疲，这种疲劳需要一定的休息和睡眠才能消除，然而只有当人解除紧张状态时，才可能得到充分的休息，游戏和娱乐活动具有解除肌体紧张的作用。在人类肌体需要休息的情况下，游戏便产生了。扎拉勒斯注意到了游戏具有缓释疲劳和紧张的功能，其实质与节日中的游戏解除日常劳动中的疲劳和精神上的负担是相同的。

民间游戏来源于社会习俗，意味着民间游戏具有应时性、应境性特点。也就是说，民间游戏属于群体性游戏，具有松弛紧张精神和缓解疲劳的功能，具体到某一类游戏，参与人群和社会团体等方面有“约定俗成”的规定，玩耍游戏的时间方面也有一定的规定。如跳绳、踢毽子等游戏比较适合在寒冷的冬季。有些游戏形式必须依靠一定季节中的自然条件才能活动，如放风筝没有风力不行，但风力太大也不行，因此，放风筝一般选择在微风轻拂的春秋之季。此外，如要花灯、猜灯谜、赛龙舟等活动也只能在相应的节日时间里进行。

（五）军事活动

“国之大事，在祀与戎”，远古时代，军事活动对国家建设和发展具有重要意义。战争胜负关系到国家生死存亡。为了达到“攻无不克，战无不胜”的目的，在非战争状态下，士兵战斗力训练就显得尤为重要。然而，繁重的训练和紧张的精神需要得到缓解和释放，于是在军营中就出现了以两人对抗为主要内容的竞技类游戏。这类游戏以日常军事训练为目的，但却是以自由和轻松的形式展开，从而使训练摆脱了枯燥的重复和艰苦的比拼。

军营中的游戏传播到民间，成为民众模仿的对象。这种模仿不仅使参与游戏者的身体得到训练，从某种意义上，也间接地为军队培养了能征善战的士兵。如“角抵”就是从军事训练演化为民间游戏的典型事例。这种流行于军营中的游戏传播到民间，随即成为民众消遣娱乐、释放压力的途径，角抵游戏不仅锻炼了人的身体，也使游戏参与者成为某一类专门人才做好准备。角抵游戏的发展演变过程，证明了由军事活动演变为娱乐游戏的事实。

民间游戏产生于军事活动或军事训练的观点与西方学者格罗斯关于游戏起源于“生活预备”的观点相似。格罗斯指出，儿童游戏随时代的发展而发生变化。首先是实验性游戏，它包括感觉训练游戏和运动训练游戏；第二是社会性游戏，它包括玩打仗和追逐（打闹性的游戏），以及模仿的、社会的和家庭的游戏（戏剧性的游戏）①。格罗斯强调游戏的训练作用，对于理解游戏具有重要的意义。

民间游戏与严格规范的军事训练之间的关系，似乎告诉我们民间游戏并非随性而为，毫无章法的活动。虽然民间游戏具有自由和自愿的特征，但这种自由和自愿是针对游戏参与者是否参与游戏的个人意愿而言。就民间游戏的本质来说，每一种民间游戏在“游戏”过程中都有严格的规则和秩序，每个游戏者在游戏中有属于自己的角色，每个游戏者均因角色拥有相应的权利和义务，游戏者上场有顺序，怎么样轮换游戏及其游戏的方式、游戏的方法，对参与游戏胜利者的奖励，失败者的惩罚都有明确规定。游戏中的游戏者、游戏过程、游戏奖罚都是按部就班进行的，都是在严格的秩序规定下完成，因此，游戏培养了人们的规范性，培养了人们彼此的尊重，培养了人们严谨和谐的生活态度。民间游戏虽然具有自由的精神，但参与者一旦进入游戏，就必须绝对遵守民间游戏的全部规则，否则民间游戏就无法继续，即使继续也没有意义了。

除此之外，民间游戏还与地方性的历史人物、历史事件有紧密关系。比如“拽石”是流行于福建宁海一带的季节性游戏活动，在每年中秋之夜举行。游戏者用绳索绑一块大石头，在街头巷尾往返不停地拖拽着游戏取乐。相传“拽石”游戏与戚继光有关。传说有一年，戚继光率军队到福建海宁，得知海上倭寇防守严密，便决定智取。这一年的中秋之夜，戚家军和当地民众手执火把，把大街小巷照得如同白昼，青壮年赤着膀子用渔船上的缆绳绑着一块块大石头在街上来回拖着，发出隆隆声响。盘踞在海宁城外海上各岛屿的倭寇得知城里的军民正在欢度中秋节，也跟着饮酒过起节来。当倭寇烂醉如泥时，戚家军便兵分几路奇袭岛上的倭寇，大获全胜。自此后，每年中秋节的晚上，城内外的民众便以拽石纪念戚继光，并演变成具有娱乐色彩的季节性民间游戏。

综上所述，中国民间游戏的起源是多样化的，尽管我们将民间游戏起源进行了归纳，但是笔者以为，中国民间游戏的起源绝非上面几种形式，也并非每一种民间游戏仅仅只有一个源头。那些将民间游戏起源归结为某一种生活、信仰或者文化的观点，是不科学的。

民间游戏起源的基本类型，实质上是民间游戏的基本内容，也就是说，民间游戏起源

---

① 吴慧珠、蒋晓：《课外校外活动》，人民教育出版社 1991 年版，第 73 页。

时的生活、文化，成为民间游戏的基础和核心，由此形成民间游戏的母题传承不绝，从这个角度来说，“生产活动”“宗教祭祀”“巫术活动”“社会习俗”“军事活动”属于中国传统民间游戏的基本传统了。

三 民间游戏与文化传统建构

伽达默尔说：“游戏是人类生活的一种基本职能，因而人类文化要是没有游戏因素是完全不可想象的。”① 在伽达默尔眼中，游戏活动在人类文化中的地位非常重要。这种重要性，除了民间游戏包含丰富的传统文化之外，民间游戏还以特殊的方式建构传统文化、丰富传统文化。

比如，儿童在进行传统民间游戏的时候，往往根据自己的观察和已有的知识，在游戏活动中，将传统游戏与周边生活的动物、植物和人们的活动结合起来，由此建构出属于自己的民间游戏版本；有些儿童通过观察家人的活动，在自己头脑中形成已有的印象，他们就在游戏中虚构出种种假想的生活场景，从而实现对周围现实和成人世界的模仿，建构成人的生活世界，在此基础上诞生了立足于儿童却指向成人的生活世界和文化世界。“过家家”游戏中，扮作“妈妈”的孩子要模拟买菜、做饭、哄小孩、洗衣服等家务活，扮作“爸爸”的孩子则会模拟上班、下班、喝茶、看报等行为。儿童在玩游戏的时候，并非被动式的照搬，而是将童真、童趣、童心充分展现在游戏之中，由此建构了属于自己的世界、自己的游戏文化。之于成人游戏者来说，他们在游戏过程中，也是与当时的环境、当时的心境以及自己的文化程度相关联，将民间游戏赋予情感，并且具有个性化色彩。所有这些均意味着民间游戏过程就是文化建构的过程。

民间游戏活动不断构建民众生活的精神取向，不断构建村落文化特色，这些民间游戏成为村落文化传统，成为民众不断记忆的文化资源。活跃在中国传统乡村的民间游戏及其娱乐活动在乡民那里被赋予了生活的意义和乐趣。乡民们从事的民间游戏及其娱乐活动构成了与之相对应的文化取向、民众生活价值观念。民间游戏在民俗环境中进行，并且延续和构架着乡村社区民俗传统特色。从这个意义上讲，乡村民间游戏承担着文化建构功能。同时，民间游戏大量涉及的规矩、秩序以及传统文化道德有助于传统礼俗的传承和建构，民间游戏的建构就是文化传统的建构，民间游戏建构有助于民众生活传统的建构。

四 结语

民间游戏作为中国民众生活方式，是中国传统文化的重要组成部分。民间游戏的历史久远，并且伴随着民众生活的变化而变化，民间游戏表现出来的传统类型也会或多或少地出现变化，甚至先前游戏传统中的巫术传统逐渐消失。但是，总体上看，今天民间游戏仍然是民众娱乐生活的一部分，仍然具有旺盛的生命活力。当然，传统民间游戏与民众其他生活方式、生活行为和生活文化一样，面临着来自现代化进程、城镇化建设和新媒体发展

① ［德］伽达默尔：《美的现实性》，张志扬等译，生活·读书·新知三联书店1991年版，第34页。

的巨大冲击，许多传统民间游戏难以适应当代人的生活而逐渐趋于销匿，有些传统民间游戏实现了与当代民众生活方式相适应的转换，甚至有些民间传统游戏走向网络游戏而发生明显的改变，诸如此类的情况意味着民间传统游戏在与时俱进过程中，也存在着可持续发展的危机问题。因此，在当下现代社会语境下，应该加大力度汇聚中国传统民间游戏，摸清中国传统民间游戏的家底，对于保护中国人的传统生活，留住中国人的过往的生活记忆，保护中国传统文化，促进社会文化和谐发展具有重要意义。

（原载《原生态民族文化学刊》2016 年第 2 期）

“农家乐”与民俗主义

周　星*

【摘要】作为乡村旅游的尝试性实践，“农家乐”被赋予了天然、健康、从容、质朴，以及亲情温暖、民风淳厚等特质，展现了不同于以往的珍视传统、守护乡土的新文化观。同时，它还被寄托了诸如发展乡村经济、缓解城乡对立、提升国民幸福指数等多方面的期许。实际上，“农家乐”是基层政府、投资经营者以及旅游者等多种力量形塑的旅游项目，这类项目通过在地化的实践，日益脱离乡民日常生活的语境，被强调甚至特化为本地的民俗文化特色，成为旅游场景下的民俗活动，这是民俗主义的具体表现。如此一来，“农家乐”及更宽泛意义上的民俗旅游就造成了民俗、民俗承载者的客体化以及各种形态的特化，这在一方面有助于提升当地民众的文化自觉，甚至可能带来民俗传承的契机；另一方面，也促使民俗发生各种影响其本真性的变化。但不可否认的是，民俗旅游和民俗文化以及在地的日常生活是彼此关联的存在，民俗的传统性和地方性是民俗旅游的关键，农家生活的质朴性和乡土田园性则是“农家乐”的根本。因此，保持“农家乐”与民俗旅游健康发展的关键是小本经营、在地经营、社区参与，及其农家生活文化环境的可持续。

30多年持续的高速经济增长为中国社会结构带来了巨变，同时也带来了堪称“生活革命”的生活方式大变迁。在为数众多的变迁当中，近20多年来在全国范围内普遍兴起的“农家乐”现象显得格外醒目①。截至目前，“农家乐”主要是在旅游产业、城乡一体化、发展农村经济或扶贫、西部开发②、新农村建设等政府工作的文脉之中得到关注、研究和推动的。中国民俗学在为数不多的“民俗旅游”研究当中，偶尔也会涉及“农家乐”，或将其视为民俗旅游的一部分，或认为它属于乡村旅游，比起民俗旅游来是较为低端的旅游形式。然而，全国各地的“农家乐”均程度不等地内含着很多将民俗文化作为“资源”予以利用的实践，也深刻地反映着地方乡土的或“传统”的民俗文化，在现当代

* 作者系日本爱知大学国际中国学研究中心教授。

① 2014年7月12日，笔者在爱知大学国际中国学研究中心组织并主持了以“乡村旅游的中日比较”为主题的文化研究会，徐赣丽教授以“‘农家乐’：中国的乡村旅游”为题，田村和彦教授以“日本的乡村观光与‘故乡’”为题，相继做了研究发表。笔者写作此文，亦受到两位学者的启示，谨此鸣谢。

② 徐国才：《西部旅游开发新模式——农家乐》，《中国旅游报》2000年9月15日。

中国社会中的基本遭遇和新的发展的可能性。中国民俗学对于“农家乐”现象的轻视，在某种意义上，可以说明其对当代现实社会中涉及民俗文化的事象常常反应迟钝。

本文试图从民俗主义视角探讨“农家乐”的相关问题。近十多年，笔者有多次机会接触到各地的“农家乐”，其中既有作为研究者从事相关课题（但并非“农家乐”）调查的情形，也有被亲友款待或自己作为消费者前往体验和度假的情形。本文依据笔者亲身体会过的“农家乐”，诸如陕西省韩城市党家村、户县东韩村、丹凤县王塬村、万湾村，天津市蓟县的西井峪村，甘肃省兰州市的仁寿山“农家乐”，以及四川成都市三圣乡的“农家乐”等，同时参考相关研究文献中对其他一些地区“农家乐”的描述等展开分析，尽管这些文献大多不被认为具有民俗学的专业属性。

城市化大背景下乡村生活与民俗文化的再认知

中国在1950—1970年代，由于“剪刀差”政策和以城市为中心的社会主义建设，以及壁垒森严的户籍制度，导致城市和农村之间形成了巨大的鸿沟，甚至形成了“准身份制”的二元社会结构。与此同时，社会主义意识形态和以工业化为核心的现代化战略，也始终是把农村和农民视为文化落后、封建迷信盛行，需要加以改造的对象。这在相当程度上部分地构成了当前农村、农民和农业，亦即所谓“三农”问题的历史根源。与上述时代背景相对应的是地方乡土的民俗文化受到压制，农村的日常生活频繁地受到干扰，农民们动辄得咎，无所适从，甚至连种庄稼也被纳入到国民经济的僵硬计划的体制之中。结果是农村经济濒临破产，农民饱受城市居民（干部、职工和市民）的歧视。二元社会结构限制了城乡之间的社会流动，跳出“农门”成为农村青年可望不可即的梦想。虽然特定时期的上山下乡（1968—1976）和居民下放运动，曾经具有一些反城市化的倾向，但其完全无法改变城乡对立的基本格局。

1980年代的改革开放率先从农村开始。农村经济的再生迅速改变了农民的生计，同时促成了大批剩余劳动力的进城。城市各项建设事业对于劳动力的需求、户籍制度的渐进性改革，带来了人口流动的激活，导致出现了全国范围内的青壮年“农民工”现象。农民工为改革开放以来的中国社会发展和城市建设做出了巨大的贡献，但正如其称谓所反映的尴尬处境一样，他们依然是饱受白眼的人群。不能够被城市接纳的农民工群体，候鸟般地在城市和乡村之间漂泊，钟摆似的迁徙往返，从而构成了现当代中国人口周期性大流动的奇特景观。

另一方面则是城市化规模的持续扩大，城市扩容不断地把周边的城郊农村卷入其中。小城镇的全面发展和乡镇企业的崛起、户籍壁垒的松动等诸多因素，以及国家明确的城市化政策，均导致城市人口持续猛增，除了城镇常住人口，几乎每个城市里均有大量的流动人口。1970年代末，中国的城市化率约为17%，2011年猛增到52%，城镇居民人口净增5.2亿人。2014年年末，中国的城镇常住人口达7.49亿人，占全国总人口的54.8%。除去城镇人口的自然增长之外，有大约4亿的农民进城成为市民。与此同时，农业在国民经济中的比重逐渐下降，到2011年仅占全国GDP的10.1%，2014年进一步降至9.2%。2005年，中央政府决定废除已有数千年历史的农业税，这意味着中国社会在相当程度上，已经初步地实现了从农耕社会朝向城市工业社会乃至于后工业时代的信息社会的转型。2013年和2014年，中国政府相继颁布了《全国促进城镇化健康发展规划（2011—2020

年)》和《国家新型城镇化规划（2014—2020年)》，所谓新型城镇化，其实就是要进一步地缓解城乡之间的各种问题，力争让更多的农民在城市落地生根，转化成为市民。

虽然中国依然存在着不能掉以轻心的“三农”问题，城乡之间各项差距的严峻性依然如故，但广大农村的社会与经济面貌发生了深刻的进步性变化，却也是不争的事实。各级政府在持续地致力于解决“三农”问题的过程中，“农家乐”成为一个颇有吸引力并具有实践可行性的思路。与此同时，急速和大规模的城市化也引发了大面积的怀旧情绪和文化乡愁。城市中拥挤的空间、窘迫的环境、激烈的竞争、超快的生活节奏，以及社会人际关系的稀薄化等因素，均不断地滋生着短暂或象征性地“逃离”的出行动机。当然，还有双休日、黄金周、小长假等国民节假日体系的改革与完善，也持续地促成了城郊型乡村旅游项目的快速增长。于是，在各大中城市的周边，或者就以小型城市或古村镇等为基础，开发出各种旅游服务设施，以便满足城市人暂时逃离，或者修养“充电”的需求。这其中，以“农家乐”最为突出，也最为适宜成为民俗学的考察对象。

改革开放的成果和中国现代化的初步进展，带来了国民社会意识形态的大转型。自从“五四”以来将以农村为大本营的传统乡土文化视为“革命”对象的意识形态，逐步让位于珍视传统、守护乡土的新文化观，这尤其在近十多年来全国范围内风生水起的非物质文化遗产保护运动中表现得颇为突出[①]。诚如“农家乐”这一用语所寓示的那样，乡村、农家、广义的农业（包括林、牧、副、渔、果、蔬等）在现当代中国的媒体话语体系当中，不知不觉地至少部分地改变了以往那些负面的印象，而逐渐成为怡然自得、天然、从容、健康、质朴，以及亲情温暖、民风淳厚等正面的印象。这固然只是媒体和部分市民浪漫化的憧憬和想象，但也正是在上述诸多背景之下，乡村风情、小农人家、慢节奏生活、田园风光等，作为中国现代旅游产业大发展格局中一个新兴的支脉，亦即乡村旅游的基本资源得到了明白无误地确认，而“农家乐”作为乡村旅游的一类尝试性的实践，现已取得巨大的成功。

“农家乐”只是中国当下乡村旅游的形态之一，与其类似的还有“古镇游”“古村游”“民族村寨风情游”以及“生态农业游”等，它们大体上也都可以在上述的时代脉络当中得到理解，亦即都是在城市化进程中对于古村镇以及乡土传统和民间农户生活的“再发现”、再认识和再建构[②]。与其说这意味着村民或乡村为城里人提供了什么，倒不如说是城市人重新发现了乡村，这当然不是真正的“回归”，只是暂时的“逃离”和休憩，为的是获得一时的身心放松；或许对于一部分的城市知识精英而言，还是他们一种基于后现代主义理念的消费行为[③]。上述这些旅游项目最为表层和显而易见的共同特征在于，它们都位于大中城市的周边，所在的具体地点均是交通便利之处，大多可以当天往返；或是分布于大中城市的郊区型景点、著名旅游景区[④]或县级景区的周围，距离市中心一般为1—2个小时车程。几乎所有的“农家乐”都是以城市居民为目标人群。此外，城市郊区

① 周星：《非物质文化遗产与中国的文化政策》，周晓虹、谢曙光主编《中国研究》，2009年秋季卷，社会科学文献出版社2011年版。

② 周星：《古村镇在当代中国社会的“再发现”》，《温州大学学报》2009年第5期。

③ 吴巧红：《后现代视角下的乡村旅游》，《旅游学刊》2014年第8期。

④ 张文菊、杨晓霞：《风景名胜区发展“农家乐”的问题与对策——以重庆市缙云山景区农家乐为例》，《安徽农业科学》2006年第23期。

的扩张和道路交通革命的发生，导致城乡之间的交通情况有了极大改观，于是，以前距离城市较远的那些山清水秀的乡村，如今也终于有可能成为方便“进出”的观光目的地了。

多种力量形塑的乡村旅游模式

“农家乐”并不是一个有着清晰定义的学术概念，而是一个约定俗成的公共用语。按照目前较多认同的定义，狭义的“农家乐”是指从消费者立场而言，来自城市的游客在农家田园寻求乐趣，体验与城市生活不同的乡村意味；从经营者的立场而言，主要是指乡民农户利用自家庭院和周围的田园景观，以较为低廉的价格吸引市民前来吃、住、玩、游、娱、购的旅游形式。广义的“农家乐”与广义的农业概念相关联，还将所谓“渔家乐”以及林业户、牧业户等也包括在内①。由此可知，“农家乐”主要是指来自附近城市的游客，到乡村农家用餐、体验农家生活，以及欣赏农村田园风光的一种短距离旅游项目。但稍微检索一下文献，便不难发现“农家乐”这一用语的内涵灵活多变，从简单招待游客就餐的接待点（户），到可以提供吃住、游乐、购物、体验、娱乐、度假、疗养等服务的综合性设施或景区，以及介于上述两者之间的无数中间形态。

“农家乐”大约起源于20世纪80年代后期，但要确凿考据却有不少困难，这主要是由于“农家乐”的概念太过含混和多义。有人认为，浙江省富阳县新沙岛是“农家乐”的起源地，1985—1986年间，该县旅游局曾策划过“外国人做一日中国农民”的项目，后来慢慢发展；到1987年5月，当时的国务院副总理谷牧曾为其题词“农家乐，旅游者也乐”。另一说是把成都作为“农家乐”的起源地②，据说在90年代初，郫县的友爱镇农科村先是以花农苗圃作为旅游资源吸引游客，后来出现了餐饮接待；1992年，有省里领导为其题词“农家乐”。还有人把1987年成都郊区龙泉驿书房村举办的桃花节视为是以“农家乐”命名的乡村旅游的肇始。其实，在全国其他地方应该也有类似的过程，例如，北京在20世纪80年代后期，率先在昌平十三陵一带出现了观光桃园，后来发展成为郊区农村观光，吸引了很多北京市内的青年学生前去体验农村生活；1995年以后，出现了民俗旅游的接待专业户，接待的内容主要包括吃农家饭、住农家院、体验传统生活习俗、采摘果品菜蔬以及垂钓等，可以说具备了“农家乐”或民俗旅游的一些基本特征。因此，对于上述各种关于“农家乐”起源地的说法不必认真计较，我们将“农家乐”理解为是在城市化大背景下，中国乡村旅游大约在20世纪80年代后期开始起步，也就足够了。更有论者将“农家乐”一词，上溯于唐宋诗人孟浩然及陆游等人的作品之中，可知该用语原本内含着文人学士对于富足乡村农家生活的美好想象。就此而言，当代“农家乐”距离其古意，依然没有多大变化。

“农家乐”很快发展成为城市居民新兴的休闲度假方式，后来被总结为“吃农家饭、品农家菜、住农家院、干农家活、娱农家乐、购农家品”等，成为一种富于中国特色的乡村旅游模式。对于“农家乐”的分类也有各种尝试，若就其依托的资源而言，如农家

① 田喜洲：《休闲旅游“农家乐”发展探讨》，《北京第二外国语学院学报》2002年第1期。

② 何景明：《成都市“农家乐”演变的案例研究——兼论我国城市郊区乡村旅游发展》，《旅游学刊》2005年第6期。刘德谦：《关于乡村旅游、农业旅游与民俗旅游的几点辨析》，《旅游学刊》2006年第3期。

田园型、观光果园型、季节采摘型、自然景区旅舍（类似于日本的民宿）型、农事体验型、传统民居型等等①。其实，如此分类的意义并不是很大，因为“农家乐”大都是因地制宜，并尽可能彼此兼顾，故很难有非常清晰的分类依据。进入21世纪，“农家乐”在全国遍地开花，进入到提升品质、规模经营的阶段。2010年10月12日，“首届全国农家乐生态旅游论坛暨中国农家乐协会成立大会”在北京举行，会后成立的中国农家乐协会（China Country Retreat Association），是一个由国内外从事“农家乐”行业及相关的企业、家庭、单位、部门、科研、院校等人士自愿发起组成的行业性、非营利性民间社团，职能主要是为全国“农家乐”提供各种信息交流等服务，现已设立了学会网站和开始出版会刊。近年来，各地“农家乐”的发展在极力发掘和维持各自的地方性和乡村性的同时，也出现了大面积的雷同趋向，例如，有学者比较了四川和北京的乡村旅游，发现其模式和路径惊人地相似②。全国性交流平台的形成以及政府或其相关部门（如旅游部门）推进“农家乐”的理念、方式和路径等，经由相互的借鉴与模仿而显得非常近似，因此，“农家乐”的模式化或千篇一律化将是今后一个重大的问题。但无论如何，伴随着国民出境游、国内长线游的繁荣，郊区近距离的“农家乐”也被视为是一种更加合理、便捷的旅游消费选项，与此同时，它还被寄托了诸如发展乡村经济、缓解城乡对立，以及提升国民幸福指数等多方面的期许。

在现当代中国社会，“农家乐”作为乡村旅游的一个比较成功的模式，其实是被多种力量形塑的。至少有以下几种力量参与了“农家乐”观光模式的创造。

一是各地基层的政府或其相关的部局委办，诸如旅游局、农委、文物部门或文明办等，来自政府部门对于“农家乐”的强力推动（往往作为扶贫任务或农村工作的一环），当下仍持续地处于“现在进行时”。例如，2015年4月2日，北京市门头沟区区长主持召开促进“农家乐”发展座谈会，会议邀请一些“民俗户”代表参加，区旅游委汇报了区内民俗旅游发展的基本情况，区长讲话要求规范化经营、打造品牌，一手抓景区旅游，一手抓民俗旅游，使民俗旅游成为拉动门头沟区经济增长的新亮点。这当然只是现在进行时的一个小片段，多年来，北京市各级政府一直是把乡村旅游作为扶贫与促进乡村发展的中心工作来抓的，实施了大量的优惠政策，经过多年努力，现已建立起所谓的4级管理体系（区县、旅游管理部门、乡镇和民俗旅游村）。2002—2003年，北京市农委会、市旅游局相继联合推出了《北京市郊区民俗旅游接待户评定标准（试行）》和《北京市郊区民俗旅游村评定标准（试行）》，在全市评定出首批计4166个挂牌的“民俗旅游接待户”和首批计35个“民俗旅游村”。此外，由北京市农村工作委员会主办（北京观光休闲农业行业协会承办）的北京乡村旅游网（http//ly. bjnw. gow. cn），也是其诸多努力中较见成效的一项。

在远隔数千公里之外、位置偏僻的陕西省丹凤县，近年来政府也是努力推动“农家乐”旅游项目，几年前曾制定《丹凤县农家乐建设实施方案》，出台系列优惠政策，鼓励农户参与“农家乐”旅游餐饮服务。卫生部门对经营户的健康证、卫生证、防疫检验证等予以统一办理；文化旅游部门组织卫生知识、旅游知识、礼仪知识、餐饮技能等免费培训；城建部门为“农家乐”建房免费提供规范设计图和技术服务等。2015年1月，更在

① 刘娜、胡华：《成都市郫县农家乐现状剖析与发展思路》，《国土经济》2001年第1期。

② 邹统钎：《中国乡村旅游发展模式研究——成都农家乐与北京民俗村的比较与对策分析》，《旅游学刊》2005年第3期。

《丹凤县精品旅游景区建设实施方案》中提出“旅游活县”战略，在突出强调“商鞅封地、丹凤朝阳”之地域旅游品牌的同时，也非常重视乡村旅游，突出风土民俗等地方特色，例如，将发掘丹凤商芝肉、苜蓿肉、豆腐宴、莲菜宴、山珍宴及“八大件”、“十三花”[①] 等地方民俗饮食，也纳入到其精品菜系的开发计划。值得注意的是，“农家乐”在此已经是旅游规划的重要组成部分，是在重点景区及其周围发展起来的农家旅舍、农家饭馆、农家作坊等服务设施的总称。除了乡村风情、商山地域文化、古驿站等标签之外，政府还明确和具体地要求大力开发魔芋、粉条、柿子醋、苞谷酒、核桃，以及南北二山的吊挂面、杂粮，以及丹凤葡萄酒、山茱萸果酒、商字瓦当、竹林关青铜器、刺绣、十字绣、竹编草编等以特色农产品、手工艺品为主的旅游商品。当然，还有农田景观营造，建设优美小镇，创见“秦岭美丽乡村”，希望努力保持传统乡村文化和民俗风貌来确立可持续发展的基础。政府的努力在万湾村等“农家乐”示范点得到了明确体现，只是这样的示范点往往并不只是为了旅游，它同时还要承担旅游接待以外的许多其他各种功能，诸如，“生态农业”的示范或社区建设等方面[②]。

在“农家乐”较为发达的成都市以及很多其他地方，“农家乐”往往还是作为传统农业结构的调整方向、作为传统农业的替代产业而出现的。有时候，它是郊区失地农民迫不得已的选择。但在有些地方，“农家乐”若发展得较好，就有可能促使农村社区由农业生产组织朝向旅游企业转变，更多的情形当然只是把“农家乐”视为其多种经营中的一项。成都市在发展“农家乐”的过程中，政府不收取管理费，经营者在1—2年之内不缴纳税费，对中低收入农户还免征各种证照费用，土地承包30年不变，卖地经营则10年不变，等等，这些都是政府深度介入“农家乐”的基本情形。

二是外部资本的注入。此处所谓“外部”，主要是就乡村农户而言。尽管大多数“农家乐”项目并不需要巨额投资，但如果是作为旅游企业经营的“农家乐”，尤其是那些作为综合性的旅游服务基地的“农家乐”，外部资本的介入往往就难以避免，其影响力也不容忽视。一般来说，乡村旅游中外来资本的“飞地化”，容易带来促使乡村性消失或变色的危险[③]。2015年6月，由龙桥集团投资的“金山公园、龙驹山庄”在丹凤县举办了开园仪式，这个集观光旅游、休闲度假、养生保健、运动娱乐为一体的生态旅游度假区，也包括了“农家乐”的概念与设施在内，但它很可能将成为资本介入彻底提升或改变了“农家乐”内涵的例证。这类例子在全国各地比比皆是，2009年4月，在北京市的高碑店村，“华声天桥民俗文化园”的入驻，促使高碑店村从展示本村生活文化的民俗旅游，一变而成为展现老北京以“天桥”为标签的市井文化的基地。一方面，固然可以说这是对本地民俗旅游资源的一种丰富，但同时也潜藏着因外来“飞地”的嵌入而导致本地本村的民

① “八大件”一般是指称山阳、镇安、柞水等地民间待客筵席的菜品组合。“十三花”一般是指商州、丹凤一带民间待客筵席的菜品组合，又有“商州十三花”或丹凤“九碗十三花”之称。此外，也有用“八大件”特指商洛山区土特农产品的组合，一般包括板栗、核桃、香菇、肉羊、土鸡、土猪、高山蔬菜、木耳。——译者注

② 李悦、侯熠芃：《陕南山区“农家乐”的社区建设研究——以商洛市丹凤县万湾村为例》，《改革与开放》2014年第15期。

③ 邹统钎：《中国乡村旅游发展模式研究——成都农家乐与北京民俗村的比较与对策分析》，《旅游学刊》2005年第3期。

俗文化被稀释的危险。据说高碑店村与“华声天桥”是招商关系，后者向村里缴纳租金，但实行自我管理，恰如外来资本的一块经营“飞地”。

各地的“农家乐”或民俗旅游能否坚持本地化及其特有的乡村性，将是它是否能够实现可持续发展的关键。本地化和乡村性的实质就是旨在满足当地乡民幸福感的旅游开发。乡村旅游经营者与劳动力的本地化，是乡村旅游可持续发展的根本保证。绝大多数“农家乐”的经营者，均属于“农、游两栖”，“农家乐”只是其农业等其他营生之外的一种副业，这与笔者在贵州苗寨观察到的村寨旅游颇为类似①。尽管这种“两栖性”有可能不够规模和所谓的档次，它却是体现本地居民参与的最重要特点，也正是这一点可以保证其乡村性。相比之下，外来资本导致的“飞地化”，反倒容易让城市投资者反客为主。

三是游客，及其他们带来的购买力或消费趋好。一般来说，城市居民对于“农家乐”的想象与期待，总是会直接或间接地影响到“农家乐”的品位。游客带来了城市的新观念，在希望体验“农家乐”的同时，也会要求比较接近于城市的卫生、道路、环境等基本条件，有时甚至会对此斤斤计较、吹毛求疵，这便内含着深刻的悖论。就目前各地“农家乐”的实际客源看，“农家乐”的旅游消费者，大多是城市里的核心家庭、生活无虑的中老年人、追求新奇体验的年轻人等，这些人群的受教育水平以中上程度居多。应该说，“农家乐”的体验有助于这些来自城市的人群获得对于乡村的新认识；当然，他们也会体验到一般在城市里较为稀缺的乡民们的友善、热情与淳朴的姿态。

所有这些影响“农家乐”旅游项目的力量，在现实社会中均各有其代表人，例如，地方基层政府的干部；多少是在政府的担保、鼓励和优待之下，愿意投资“农家乐”的经营者，以及一波又一波潮水般涌来的游客。根据一些经验研究，在某些成功的“农家乐”项目中，还可以见到致力于促成上述诸多要素彼此结合的类似“文化中介”（或文化掮客）之类人士的身影。

“农家乐”的在地实践：灵活变通的民俗主义

尽管“农家乐”旅游模式受到上述诸多力量的影响和形塑，也无论来自外部的推动或期许多么强大，所有的“农家乐”项目均必须有在地化的落实。正是在“农家乐”在地实践的过程当中，发生了诸多灵活变通的民俗主义。分别对应于上述那些形塑“农家乐”的力量，民俗主义也就有了诸多不尽相同的表现。

按照德国民俗学家汉斯·莫泽与赫尔曼·鲍辛格的定义，所谓“二手性地对民俗文化的继承与演出”，或使某种民俗在其原本的时空脉络之外予以重置，并由此获得新的功能，或是在新的目的之下得以展开的现象，便是“民俗主义”②。如此看来，所谓民俗旅游或在旅游产业中利用民俗文化资源的所有相关作为，均可以从民俗主义这个视角去理

---

① 周星：《村寨博物馆：民俗文化展示的突破与问题》，（台）《博物馆季刊》2000年第1期。

② H・モーザ：「民俗学の研究課題としてのフォークロリスムス」上・下（河野真訳）、『愛知大学国際問題研究所紀要』、第90・91号、第63—95页、第1—38页、1989・1990年。Bausinger, H.（Dettmer, E., transl）: *Folk Culture in a World of Tecknology.* Indiana Univ. Press. 187p., 1990. 河野真：「フォークロリズムからみた今日の民俗文化—ドイツ民俗学の視角から—」、『三河民俗』3号、第94—112页、1992年。

解，“农家乐”当然也不例外。事实上，德国和日本民俗学对民俗主义的相关讨论，最多集中的课题领域正是与旅游观光密不可分的民俗主义，但在中国民俗学对民俗旅游的研究中，还很少如此看待问题。笔者在此将“农家乐”及民俗旅游的整体置于民俗主义的视角之下予以审视，乃是因为“农家乐”首先面临的就是一个时空脉络的重置。包括陕西、北京和成都的例子在内，但凡开展“农家乐”旅游项目的村落或农户家庭，无一例外地均有对其村容、村貌或家庭卫生环境的整理程序；事实上，很多地方需要由地方政府提供可供游客“进出”的基础设施（道路、通讯等）；大多数这样的村落和农户都是被筛选出来，并经过了某种程度的培训，例如，对“农家乐”从业人员进行的以餐饮、礼仪、安全、外语为主要内容的培训，其实是全国各地的普遍现象。

“农家乐”得以开张的最初步骤是要选择出合适的“接待户”。例如，在陕西省户县甘亭镇的东韩村，246 户人家中有 70 多户成为“接待户”，成为接待户有若干条件，比如，待人热情，家庭各方面条件较好，尤其是饮食、住宿和如厕的卫生条件得到大幅度改善。以东韩村名为“桃花源”的接待户为例，其厨房、餐厅、客房都得干净。若是涉及接待外宾，接待户的遴选就更加重要。东韩村有些接待户就被要求达到能够接待外宾的水平，这是由旅游部门具体指导的，例如，能接待外宾的接待户家里，有时还会在厨房、卫生间、客房等设施上标有中英文。村里还为此组织过简单的英语交流培训，要求农妇也能够用简单的英语与客人沟通。

北京市的高碑店村曾经以“国际民俗旅游”为卖点，其接待户的遴选，据杨利慧等人的调查，一般要求“三世同堂”，为的是给“老外”展示中国人的家庭价值观；家庭成员中的老人要有明确的文化与民俗意识，愿意和客人说话，聊聊中国的民俗；家庭要体现尊老爱幼的传统美德，且在日常生活中能付诸实践，比如，吃饭时请老人先入座之类。当然，家庭中要有厨艺较好的成员，最好同时还掌握一点传统的手艺（剪纸、扎风筝、书法）。值得一提的是，室内装饰也要求“传统化（traditionalization）”，有意识地凸显中国传统文化的一些特色，诸如悬挂“中国结”或张贴年画、书法、国画，或摆放全家福照片、中国特色的花瓶或工艺品①。所有这些皆意味着“农家乐”及民俗旅游场景中的民俗文化，已经被置于一个重新建构的时空脉络，而与其先前没有外来游客打扰时的状况程度不等地有所不同了。在当代中国社会，政府及其业务部门强力介入的事业，一般均具有民族国家之现代化诉求的属性，以及强烈的中华文化意识形态渗透，上述对“农家乐”和民俗旅游的具体指导，正是权力和意识形态促使民俗文化脱离先前语境而被彻底仪式化的情形②。若从本文的角度去看，这也正是民俗主义的主要类型之一、亦即政治性地利用民俗文化的典型例证。

“农家乐”中被认为较容易保持原汁原味的可能是饮食，除了一般农户不能做出城里饭店那么多花样之外，接待户们大都清晰地意识到游客前来欣赏的就是地道的本地农家饭。对于游客来讲，可能是特色的农家饭；对于接待户而言，确实有可能只是他们日常饮食的稍微豪华版。笔者在东韩村体验的农家饭是 20 元一人，主要就是当地的特色面食，

---

① 杨利慧、祝鹏程、张荣：《北京市民俗旅游的发展状况（2008—2009）——以高碑店村和涧沟村的田野调查为个案》，北京文化发展研究院编：《2008—2009 年北京文化发展报告》，文化艺术出版社 2009 年版，第 336—350 页。

② 刘晓春：《民俗旅游的意识形态》，《旅游学刊》2002 年第 1 期。

诸如裤带面、软面、臊子面、摆汤面、手擀面、浆水面，以及锅盔饼、手撕饼之类。但即便如此，这样的农家饭依然和主人的日常饮食形成了一些重要的差异，例如，比较注意饭菜的品相、提供菜单可供客人点选、客人也可进入厨房观察料理过程等。笔者在天津蓟县西井峪村和房东大叔闲谈得知，他隔几天就得去县城购买蔬菜，并进几箱啤酒。自家菜园其实是不够接待蜂拥而至的游客，有些游客还特别点明了需要提供啤酒。饮食和住宿（东韩村住宿一晚约50元，西井峪村住宿一晚约80元）同时也是“农家乐”明码标价的服务项目，这和他们日常的饮食起居以及款待亲戚的情形，即便看起来没有多大不同，但最大的差异就在于商业化，因为这对于接待户而言就是一单生意。

“农家饭”之脱离乡民日常生活语境的另一个方向，恰好相反，亦即有可能过于特化。杨利慧等人的研究报告曾提到高碑店村在接待外宾时，食谱甚至也要由旅游局与农委统一确定，需要兼顾营养、卫生标准、外宾口味及传统饮食的中国特色或老北京特色。据说“爱吃硬菜（肉菜）”的外国游客来了，必须做的两个菜是宫保鸡丁和京酱肉丝，这正是为了突出民俗特色。此外，旅游局还要求接待户尽量将包饺子、抻面条的过程表演给客人看。地处门头沟区妙峰山脚下、故以国内游客为主要对象的涧沟村，其“农家饭”充满了山野风味，柴鸡炖山蘑、玫瑰饼、野菜馅团子、卤水豆腐等，许多现在已不再被村民日常食用的传统饮食，又被重新发掘出来，曾经是苦难生活的记忆符号，如今却被赋予了全新的功能和意义，以迎合城市游客的口味偏好①。类似情形也见于陕西商洛各地的“农家乐”，当地乡民的日常饮食和所谓“农家饭”总是有着这样或那样的不同。屡屡在旅游场景被特化的土特产品或乡土饮食，其在当地民众的日常生活中，或许并没有那么普及和重要。此外，“农家饭”不只是一餐饮食，还内含着与城市的麦当劳之类“快餐”形成对照的“慢餐”（慢节奏生活）的寓意。但是，旅游产业的发展又容易促使旅游产品的形式和内容均出现标准化、模式化和同质化，亦即所谓“麦当劳化”的趋势②，因此，“农家乐”如果被用于大规模的旅游接待，就会背离它原本作为“慢餐”的意义，从而失去其特有的魅力。

涉及“住农家院”的民俗主义现象也有若干个不同的方向。一是改造成简易旅馆或城市常见的宾馆形式，改造农家厕所为抽水马桶等，从而脱离了农户居室生活的日常；二是特意突出“农家”特色，以突显与城市高层建筑之房屋的不同。例如，党家村是利用传统四合院吸引游客，窗户上贴了剪纸，屋檐下挂上红灯笼，以及玉米、辣椒等农作物。这是特意配置的旨在迎合城市游客想象的“农家院”，其实在村民的日常起居中一般是很少有此类布置的。在其他一些地方的民俗旅游村，还频繁地更换大红灯笼，为的是持续性地维系红火和喜庆的氛围。三是某些几乎已经消失了的居室设施，又得以“复原”或再现。如在北京的涧沟村，特意强调其“农家大炕”的特色，以迎合游客稀奇的消费心理。这可以说是民俗旅游使得乡村土炕这种民俗起死回生，成为颇有些特别的文化资源。类似情形也见于党家村。作为“农家乐”接待游客住宿的设施，较为普遍的情形是外部形态

① 杨利慧、祝鹏程、张荣：《北京市民俗旅游的发展状况（2008—2009）——以高碑店村和涧沟村的田野调查为个案》，北京文化发展研究院编：《2008—2009年北京文化发展报告》，文化艺术出版社2009年版，第336—350页。

② 刘志扬、更登磋：《民族旅游及其麦当劳化：白马藏族村寨旅游的个案研究》，《文化遗产》2012年第4期。

多采取当地民居形式，尽力突显其地方性或民俗文化特点，内部装修则适当地追求现代化，以兼顾客人对体验和舒适的双重需求。有些时候，对于村落形貌的展示，由于迎合外部世界对中国美丽乡村的固定、刻板印象，还会特意去做一些匪夷所思的塑造。例如，2009 年以来，在高碑店村，配合新农村建设而对该村西区进行的改造，据说是统一按照“徽派风格”建成的，这样做的目的是为了与已有的古典家具街和民俗接待区相协调。这意味着整个高碑店村将成为一个“民俗”的大展示场，但与此同时，其村落的历史与文化个性或将因此而蒙受一定的损失。

体验农家生活的其他项目，例如，在东韩村，据说若赶上种麦子的时节，游客可跟随农户一起去田间地头，甚至参与劳动，但至少对于国内游客而言，参与者寥寥无几。东韩村有一个“布坊”，专门用于让游客参观和体验当地农妇的“粗布”纺织工艺。主人坐在当地常见的老式织布机上，脚踩踏板、手投线梭，经纬线交替织就当地旧时乡村常见的“粗布”。曾有媒体记者将此场景描述为“唧唧复唧唧，木兰当户织”，虽不伦不类，却也是一种不无勉强的联想。曾经是农妇持家的基本女工技能，织布如今成为给游客演示的项目。与之配套的“陈列室”，有粗布床单、睡衣、衬衣、短袖等粗布制品，因为做工细腻、触觉温暖和价格适中而很受游客青睐。农妇在织机上的表演成为这些粗布制品最好的广告。按照当地人的解释，一块粗布床单需要整整两天才能织成，大概能卖 130 元，看来得有更多的农家织女在家里劳作，把各自的产品拿到这里销售，就像是一个代销点的机制一样。由于市场销路不错，一些年轻姑娘也有意开始学习织布了。这是“农家乐”体验旅游拉动土特产品需求，进而促使社区内传统手工技艺的传承得以维系、而不至于失传的案例。然而，织布演示和其他很多民俗体验、展演活动，都有策划或第三者导演的存在，也因此脱离了先前的文脉，成为旅游场景下的民俗活动，而不是乡村自然就有的状态。除了果蔬采摘之类的收费体验项目，大多数民俗体验活动是难以维系长久的，这是因为原先很多非日常的民俗活动，要在“农家乐”项目中隔三岔五地演出而又不易收费，其成本除非有特定的，例如来自政府或旅游企业集团的支持，否则，便是“农家乐”项目难以承受的。

各地“农家乐”项目的具体内容千差万别，但共性是均强调甚至特化本地的民俗文化特色。若将极少数完全由外来资本打造的度假设施偶尔也会打着“民俗村”或“农家乐”幌子的情形除外，绝大多数“农家乐”的设计均有将民俗文化、乡土风情视为资源的理念和逻辑。党家村是以大面积地保存完整的古民居作为资源开发的，这些古民居的外观大同小异，多为典型的窄长型四合院，结构紧凑而又和谐，被认为是富有看点的人文景观。因此，这里采取了收取门票的方式，就和参观博物馆一样，只是在村里的饮食、住宿和购物消费，则采取了“农家乐”的基本形态。在传统的四合院里住宿，也算是一个不错的卖点①。在东韩村，被视为资源的民俗文化，其实是著名的户县农民画。农民画的视觉冲击力，为东韩村带来了很多游客，但它能否算得上是该村的民俗文化，其实大可质疑。这里的很多“农家乐”接待户，似乎均有各自的民间艺术绝活，或是剪纸，或是十字绣，或是石头画，显示这里并不是自然状态的乡村，而是人为组合的文化园地。在这里，不定期地免费举办农民画、剪纸、织布、刺绣、秦腔等表演和学习活动，使得东韩村

---

① 周星：「古村落の観光資源化—陝西省韓城市党家村を事例として—」、爱知大学现代中国学会编：『中国 21』Vol. 34、第 243—264 页、2011 年 3 月。

"农家乐"更像是一个农村文化的传播基地，这与当地农家的日常生活及其民俗文化，当然是已经有了极大的距离，因为当地农民基本上不消费农民画，农民画主要就是"卖给人看"的创作。

在"农家乐"的旅游场景中，如何讲故事或"叙事"也显得非常重要。例如，在党家村，涉及古民居的叙事既有可能围绕着风水展开，也有可能围绕某个院落先前主人的科举成功故事展开，甚至还会具体到前朝状元曾经睡过哪个土炕之类。在东韩村，似乎人人都是民俗艺术的高手，很多新创的艺术形式也被"说成"是本地固有的、传统的，甚或是具有中华文化之基因的等等。由此可知，通过对民俗旅游之"导游词"文本的研究，将有可能揭示民俗被重置文脉之后所具备的全新的功能与意义。

"农家乐"的卖点还有乡村的环境，亦即田园风光。农田、菜地、果园、林地、村头小溪、竹编篱笆，或者小桥流水人家，田园风光的具体形态多种多样，但都与城市里的"水泥森林"形成鲜明对照，当然，还有乡村清新的空气也总是被反复强调。但是，几乎所有吸引游客前来"回归自然"的田园风光，无一例外地，均是人为建构的文化空间，事实上也都程度不等地因为"农家乐"的开办而经过了打造甚或雕琢。在陕西省丹凤县商镇王塬村，村委会为了开展"农家乐"，就曾提出过"旅游田园化"的理念，试图利用山清水秀的田园风光，发展特色经济。万湾村的 20 多个开展"农家乐"业务的农家小院，散布在成片的李梅和苹果园附近，据说为打造良好的观光环境，万湾村曾先后投入 2500 多万元，实施了新农村建设、环村道路硬化和环境保护等工程，使得村容村貌焕然一新，成为全省的"旅游示范村"。兰州市安宁仁寿山公园的同乐园山庄，其实是依托于千亩桃园、百年枣园和仁寿山绿化景区，从而成为兰州市民理想中的"城郊田园"；同在兰州的皋兰什川景区，依托"百年梨园"和黄河景观，开发"农家乐"和度假村，故有"兰州后花园"之称。上述这些案例均是把人为建构的田园景观作为资源并赋予意义，同时也始终是瞄准着附近大中城市里有可能成为游客的目标人群。

"农家乐"与民俗旅游研究

在东韩村，潘晓玲画室以"关中八怪"为主题创作的农民画，标出了 10 万元的天价，因为据说它曾经获得 2002 年全国农民画一等奖。户县东韩村所在的关中民间素有"八怪"一说："手帕头上戴，面条像裤带，盆碗分不开，房子半边盖"等等，这一类风土民情现如今也成为民俗旅游竞相开发的资源。重要的是，农民画成为民俗风情的载体，然后也作为旅游商品而风靡①。这意味着东韩村的村民和农民画家们均非常明确、清晰地意识到本地民俗风情的客体化，以及作为商品，作为旅游消费者来看、买和体验的对象。在高碑店村，人们特意把那些精心挑选出来并获得培训的家庭称为"民俗户"，这可能是经过认定程序而在门楣上标出的"民俗接待户"的简称，总之，他们是一些有责任也有能力向外来游客展示本村或北京的民俗乃至优秀的中华传统美德的家庭。"民俗户"这一称谓意味着包括东道主在内，大家均心照不宣地将"民俗"对象化、客体化了。于是，"民俗"就被与日常生活切割开来，它在这里已经不同于一般乡民的生活文化，而是特化

① 周星：《从政治宣传画到旅游商品——户县农民画：一种"艺术"传统的创造与再生产》，《民俗研究》2011 年第 4 期。

成为一些能够认定的内容或项目，就像在民俗学概论类著述中予以排比的民俗分类项目一样，诸如，踩高跷、包饺子、放鞭炮、新娘花轿、对唱山歌、腰鼓舞等，以及全国各地无数经过精心准备、筛选和训练出来的民俗游艺表演。

“民俗”的客体化同时伴随着各种形态的特化，以及进一步连那些民俗承载者也被客体化①。民俗旅游和“农家乐”项目的当事人、接待方，无一例外地意识到了此种自己也被客体化了的处境。这反倒可以说明他们并没有完全丧失主体性。参与“农家乐”项目或民俗旅游，对于他们而言，不仅是一个有利润和价值的营生，同时也是他们表现自己人生的机会。所以，研究者不仅需要看到形塑“农家乐”和民俗旅游的诸多力量，还应当看到当事人的主体性与积极能动性，他们作为当地的生活者、作为民俗文化的承载者，作为“农家乐”项目和民俗旅游的利益攸关方，总是能够在其生活和生意的实践中创造出各种花样来。例如，有很多单干的“农家乐”通过网络招揽生意；通过游客的口碑而致力于维系回头客；在接待游客的同时，也出售自己的农副产品；精心打造有机的庭院经济或果园、菜园的营生，作为吸引客人的资本；相互串联，为客人推荐其他去处；等等。在主场的“旅游场景”中，他们多会积极主动地和客人交流，有意识地管理和建构可能会给游客留下的印象②。若是从“农家乐”当事人的主体性去看民俗主义的界说，不难发现所谓的“二手民俗”其实很难一概而定，因为至少有一些被重新置于新的时空脉络当中的民俗文化事象，最终也是通过当事人来予以落实的。

长期以来，民俗学和旅游的关系颇为疏远，这并不稀奇，因为从民俗学的理念（传统、传承等）出发，旅游总被认为是较为表皮或转瞬即过的事象③。近年来，中国民俗学开始逐渐地也把“民俗旅游”纳入到自己的研究视野之内，这一方面反映了民俗学者注意到现实社会中民俗旅游相关事象的大面积存在，出于民俗学原本具有的应用和实践的理念而予以关注；但另一方面，“民俗旅游”这一范畴却也透漏出固守对“民俗”的界定，只是将和“民俗”有关的旅游事象才视为研究的对象。虽然在现实的旅游场景当中，“民俗”和生活、“民俗”和其他各种事象之间实在是难以泾渭分明的区别开来，但通过将“民俗”予以特化，既能够维系固有的民俗学的框架体系，也能够宣示自己在旅游研究中的存在感。所谓“民俗旅游”，当然是与自然景观游、历史古迹游等明显不同，根据现有的定义，它一般是指人们离开惯常住地，到异地以及异己的人群中，以民俗事象为主要观赏内容而进行的文化旅游活动④，这样的民俗旅游可以满足游客对于异地以及其他人类群体日常生活方式的直接体验和感知的需求，等等。若是按照这个标准去理解，以“吃农家饭、品农家菜、住农家院、干农家活、娱农家乐、购农家品”（此外，还有“观农家景、随农家俗”之类的归纳）为基本形态的“农家乐”，无非就是民俗旅游在农村的通俗

---

① 太田好信:「文化の客体化ー観光をとおした文化とアイデンティティーの創造ー」、『民俗学研究』57 巻 4 号、第 383—410 页、1993 年。

② 周星:《旅游场景与民俗文化》,《西北民族研究》2013 年第 4 期。

③ 川森博司:「民俗学と観光」、江信清、藤巻正己编:『観光研究レファレンスデータベース:日本編』、第 2—10 页、株式会社ナカニシヤ出版、2011 年 3 月。

④ 杨利慧、祝鹏程、张荣:《北京市民俗旅游的发展状况（2008—2009）——以高碑店村和涧沟村的田野调查为个案》，北京文化发展研究院编:《2008—2009 年北京文化发展报告》，文化艺术出版社 2009 年版，第 336—350 页。

性表述，或干脆就是最为基础性的民俗旅游。民俗旅游的概念也有可能涵盖到城市（若以北京为例，则有“北京胡同游”之类）[①]，“农家乐”只局限于乡村农户。在这个意义上，将“农家乐”视为民俗旅游的一种，至少就眼下在现实社会中的实践而言，较为适宜。

但是，有部分民俗旅游的研究者在谈论民俗旅游时，却认为不应该把民俗旅游简单地归结为“农家乐”，因为“农家乐”的内容，仅限于吃农家饭、住农家院、干农家活（如推磨、担水、采摘等）[②]，在他们看来，所谓民俗旅游似乎要更为高级一些，必须是欣赏到某些可被认定的民俗项目（各种富于表演性的民俗游艺，如扭秧歌、踩高跷、张灯结彩之类）。或者反对把民俗旅游理解为“就是广泛地展示‘咱老百姓怎么过日子’”，因为那样就与普通的“乡村旅游”混为一谈了。在笔者看来，把“农家乐”视为民俗旅游的低端形态予以贬低，把“民俗”特化地区别于当地民众的日常生活，这类观点其实有悖于民俗学的基本立场，因为在民俗学看来，衣食住行之类的日常生活，正是民俗学的最基本的对象范畴。

若是从旅游产业的经济效益去讨论，较为初级的“农家乐”，由于一般只是提供餐饮、茶座或棋牌之类的娱乐服务，比起能够有更多收费的旅游项目而言，确实是处于低端；但若是从民俗学的民俗旅游研究来看，低端论其实是有问题的。因为“吃农家饭、住农家院”之类的体验，无论在理论上还是实践上，都不比更显热闹、稍微能够聚集一些人群的其他民俗游艺类旅游项目为低级。事实上，“农家乐”恰恰因为更有草根性而具备着顽强的生命力，而那些需要花费巨大的社会动员，以及投入大量资源和人力的民俗演艺类项目，却由于成本高、难以收费而无法维系长久。在全国各地，类似的民俗旅游策划每每归于失败的例子比比皆是，而提供基础性服务的“农家乐”却如野火般蔓延开来。在这种情形下，眼下中国民俗学的民俗旅游研究对“农家乐”的轻视，反倒凸显了民俗学及民俗旅游范畴的某些局限性。

对于中国民俗学而言，民俗旅游研究乃新兴、朝气蓬勃和有重大贡献的课题领域。因为它通过现场的实证性研究，可以和那些认为旅游导致民俗变质或堕落，或成为“伪民俗”的看法[③]形成讨论。研究者们可以证明民俗旅游对于村民农户的收入、对于地方经济均有正面影响，至于它对民俗文化及其传承的影响，则较为复杂。一方面，民俗旅游的确能够促使当地社区的居民重新认识他们自身的生活文化，并且关注自身生活中的民俗及有关传统，甚至也不排除一些已经濒临消亡的民俗事象借此契机而得以延续或起死回生的可能性。换言之，民俗旅游有可能促进民俗传统的复兴或延续，更准确地说，应该是传统的“发明”，因为它们大多是在新的时间脉络中对于民俗文化的再创造[④]。但在另一方面，民俗旅游也促使民俗发生各种变化，包括一些不愿意为民俗学者看到的变化，例如，过度的

---

① 刘德谦：《关于乡村旅游、农业旅游与民俗旅游的几点辨析》，《旅游学刊》2006 年第 3 期。

② 杨利慧、祝鹏程、张荣：《北京市民俗旅游的发展状况（2008—2009）——以高碑店村和涧沟村的田野调查为个案》，北京文化发展研究院编：《2008—2009 年北京文化发展报告》，文化艺术出版社 2009 年版，第 336—350 页。

③ 陈勤建：《文化旅游：摈除伪民俗，开掘真民俗》，《民俗研究》2002 年第 2 期。

④ 徐赣丽：《民俗旅游与“传统的发明”——桂林龙脊景区的个案》，《文化遗产》2009 年第 4 期。

商业化，或任意的拼接组合等。事实上，就民众的在地实践来看，很多场景下，也多是把他们能够为游客提供服务的“民俗”项目和自己的日常生活加以区隔的，以便维护自己的生活不受游客的过多骚扰。在此，那些借由民俗旅游而复兴的民俗传统，以后会在多大程度上能够复归于其生活当中，今后尚需做持续性的观察。

只要民俗旅游的研究者不固执于自己头脑里可能事先秉持的“真/伪”二元论的思维理念，那么，在田野中所观察到的事实和现象，也就既不存在纯粹、真正的民俗，也不存在伪劣、捏造的民俗，有的只是人们的各种试错与尝试，并最终在各相关方面均可以接受的范围或层面上，达成一个真正具有混合性的文化展演形态。在这个状态之下，当地居民认领其为自己村落、家族或者地方性的民俗或文化传统，游客也相信他们欣赏、消费到了值得为之前来的乡土文化，或者他们看到的场景还是较为符合他们意象中的乡村或传统。这意味着在游客、东道主以及两者之间的中介者彼此之间，可以形成微妙的平衡①。换言之，民俗旅游产品和当地的民俗文化，以及与在地的日常生活是属性不同而又彼此关联的存在，正是在此产生了所谓“真实性”的问题②，但归根到底，这里的“真实性”只能是不同程度和相对性的标准。的确，在“农家乐”和民俗旅游场景下，有可能会出现“本真性”与“商品化”之间的张力关系③，民俗旅游研究者的立场，应该是要超越它们之间的悖论。

正如我们已经指出的那样，包围着“农家乐”和民俗旅游的那个巨大的时代背景、亦即城市化也会随着游客的蜂拥而至悄悄降临。例如，用于接待城市游客的建筑物的城市化与相关设施的标准化，就是一个值得注意的倾向。除了城市游客们自相矛盾的旅游需求，还有当地以各种方式迎合游客口味的城市化倾向④。围绕着“农家乐”、民俗旅游和乡村旅游，事实上还存在一种堪称是“围城”的双重心理趋向，不只是城市游客憧憬和浪漫地想象乡村生活，乡民农户也自然而然地会向往和羡慕城市人的生活方式⑤。眼下，在少数“农家乐”旅游的目的地，已经出现了明显的城市化⑥，一旦这些地方也被彻底地城市化了，城市游客们便会毫不犹豫地弃之而去。

“农家乐”由于游客增多和外来文化因素的过度流入，以及过度商业化等，均有可能导致出现可持续性难以维系的问题⑦。当过度商业化导致淳朴的民风发生变异，就会使那些有关乡村农家的美好意象逐渐消失或恶化，游客们会因此背离而去，并寻找新的心灵绿地。所以，包括“农家乐”在内的民俗旅游，乃至更为宽泛的乡村旅游，最为重要的是如何维系其旅游资源的可持续性。如果说乡村性（rurality）是乡村旅游的生

---

① 森田真也：《民俗学主义与观光——民俗学中的观光研究》（西村真志叶译），《民间文化论坛》2007年第1期。

② 倪婷：《民俗旅游真实性初探》，《焦作大学学报》2009年第3期。

③ 李正欢、黄远水：《解读民俗旅游本真性与商品化的内在张力》，《哈尔滨学院学报》2002年第11期。

④ 马彦琳：《环境旅游与文化旅游紧密结合——贵州省乡村旅游发展的前景与方向》，《旅游学刊》2005年第1期。

⑤ 吴巧红：《后现代视角下的乡村旅游》，《旅游学刊》2014年第8期。

⑥ 赵煜：《“农家乐”休闲热的社会学分析——对团结乡生态休闲旅游业的调查》，《昆明理工大学学报（社会科学版）》2003年第4期。

⑦ 何景明：《国外乡村旅游研究述评》，《旅游学刊》2003年第1期。

命线，那么，民俗的传统性和地方个性，则是民俗旅游的关键，农家生活的质朴性和乡土田园性则是“农家乐”的根本。保持“农家乐”与民俗旅游健康发展的关键，与其说是上档次、上规模或高投入，不如说是小本经营、在地经营、社区参与及其农家生活文化环境的可持续。

（原载《中原文化研究》2016 年第 4 期）

西部民族传统体育的身体经验和身体意义

万建中*

【摘要】在中国西部，民族传统体育铸就了民族的身体，而西部民族的身体经验又通过体育的形式表现出来。体育传统融入民族生存环境当中，成为生存必需的活动形式。体育是西部民族获得身体运动的主要方式之一，身体张扬、释放和表达的最为直接和生动的形态就是体育和舞蹈。由于具有竞争和游戏的性质，相对于舞蹈，体育让身体的意义体现得更为充分。在体育的维度中，西部民族的身体是民族的、历史文化的、社会关系的。身体通过体育表现出来的，是多元生活需求的极大满足，可以不断地充实自身的民族文化内涵和坚守初始状态的体育发展的轨辙。西部民族的身体史，就是体育史和社会生活史。

体育与身体的关系不言而喻。而在西部民族中，体育之于身体及生活的意义更加突出。西部民族特有的生存环境和生存方式孕育出西部民族特有的身体和体育。相当多的体育活动是民族基本的生产和生活方式的自然延续和转化，传承和叙述了民族身体的记忆，对一个民族而言，具有无可替代的生活意义。这些体育活动的开展得益于西部民族特有的身体机能，是身体机能民族性的鲜明表达。对西部民族而言，传统体育已不仅为了强身健体，还已然成为情感交流、心神欢愉、记忆延续、竞技和审美追求的必然选择，突显了身体经过长期锻炼形成的生存能力。

一　特定生存环境的过程"凝结"

西部各民族的传统体育是基于两种要素发展起来的，一是根植于民族历史文化土壤，二是以愉悦为原则的身体对生存环境的调节与顺应。大多生产和生活方式被赋予了体育的身份，贴上了体育的标签。其特征是还没有从基本的生产方式中挣脱出来，成为纯粹的体育活动，而是将生存的感性和身体外化为运动本体。

生存环境之于民族体育和与民族体育直接关联的身体机能具有决定性的意义。特定区域是一个民族长期繁衍生息的地理规定，一个民族的传统体育样态、体育理念、审美情趣等民族娱乐文化现象，以及体育的身体潜能，在相当程度上受制于所处生态环境的规范，西部各民族亦不例外。自然生态、人文历史环境及身体体验的需要，铸就了西部各民族形

* 作者系北京师范大学文学院教授。

式多样而又独具特色的传统体育。同时，这些传统体育和与之相应的体育身体不是现成的，过去完成式的，而是伴随当地人的生产、生存方式生成的，身体的体育意向来源于生产劳动和征服自然过程中所获得的直接经验和技艺的再现。诸如蒙古族的赛骆驼，塔吉克族的叨羊，鄂伦春族的套马，白族的越过花园门，苗族的穿花衣、穿花裙赛、舞狮爬桌，侗族的抢花炮，布依族的丢花包，仫佬族的打蔑鸡蛋，彝族的摔跤，赫哲族严冬进行的滑雪和射击等一些具有标志性的民族体育项目都是生存必须掌握的行为方式，都是具有鲜明民族特色的身体图式和身体技能。就展示性而言，民族传统凝结成了身体传统和体育传统，或者说，身体与体育共同承袭和弘扬了民族历史文化传统。

山区和半山区是西部各民族绝大部分的居住环境，这种生存环境为体育项目的选择给予了方向性的限定。在专门体育器具和场所较为缺乏的情况下，西部各民族同胞因地制宜，田间地头的劳动工具、屋里屋外的常用生活用品都可以成为从事体育运动的器材。场地没有统一要求，生产和生活的场所，诸如田间地头、屋前屋后等都可用于身体的能量释放。组织方法灵活，比赛规则明确、简单、易懂，一切都让位于身体的体育表达。

艰苦的生存环境锻造出西部民族人民矫健、强壮的身体，为体育的生成和开展储备了充足的身体资本。与其说是民族体育，不如说是民族身体。诸多西部体育都表现为身体的直接体验和生产方式的体育转型。譬如，“射猎为业，食肉衣皮”，“用桦皮盖屋”，“骑木而行”是鄂伦春族典型的经济环境特征，其体育则是这种生存方式的“理性模仿”，演绎为西部民族固有的身体技能表演。

渔猎活动是西部民族早期最重要的生存方式之一。各部族先民经过漫长渔猎的实践，形成了各种渔猎的方法和渔猎技能。这些方法和技能与渔猎者的身体融为一体，成为生存必需的身体展示，渐渐地，又蜕变为流传至今的体育样式。赫哲族人以捕鱼为生，早年以鱼皮为衣，为使鱼皮保持完好，渔叉（渔叉是捕鱼工具，又叫脱镲标、带索标）只能准确地叉在鱼鳍上。经过反复的实践，才能具有高超的叉鱼本领，因此，叉草鱼作为一种体育竞技项目便流行开来。彝族的飞石索和皮风子，土家族的打飞棒，苗族的打草蛇，侗族的投火把，怒族的射箭、爬溜索、跳高，拉祜族的射弩，满族的射兔，哈萨克族的叼羊等许多体育项目都是族群对早期狩猎行为的复制。[①] 原初生产世界的身体体验置换为体育世界的身体表现，劳作的身体可以直接转变成体育的身体，而无须进行专门的规训。这些体育活动融入民族历史文化的血脉之中，与该民族的生存、发展息息相关，成为西部民族特有的“身体史”和最为耀眼的族群认同的身体符号。

狩猎更是鄂伦春族和鄂温克人的重要谋生手段。鄂伦春人的体育器具大多为经常使用的生产工具，诸如猎枪、弓箭、猎刀、野猪皮雪橇、嘎拉哈（也叫狍拐，是狍子的膑骨）、皮质球、桦皮船、桦树皮棋盘等，皆为鄂伦春族日常生产生活用品的直接应用。这些器具在漫长的生产生活实践过程中，早已深深地根植于人体，成为族群身体一个重要的部分。通过族群的身体，生产生活完成了向体育的直接过渡。[②] 鄂温克人与鄂伦春族同属一个生态区，早期的狩猎工具有用于水上交通的桦树皮船、弓箭、扎枪套子、夹子、网滑雪板、辅助猎人捕捉禽兽的犬和鹰、猎人乘骑的驯鹿。狩猎辅助与方式多种多样，从狩猎

① 马辉：《少数民族传统体育文化探源》，《宁夏大学学报》2004 年第 6 期。

② 黄起东、王淑华、雷霆：《鄂伦春族传统体育文化特征探析》，《唐山师范学院学报》2012 年第 2 期。

生活形态中萌生了早期体育的雏形，并确立了后来围猎、射击、投扎枪、狩猎体操、滑雪、赛桦树皮船等体育项目的操作规程和对身体素质的基本要求。[①] 单一的经济生产模式和身体技能必然孕育出特色鲜明的体育和体育的身体实践。

京族是一个生活在海洋的民族，经常面对惊涛骇浪。为了让船只平稳航行，必须在船上将身体能量释放到极致，渔民或水手常攀桅“椅”而望风观鱼。风帆巨大而又沉重，升帆需要众人动作协调并竭尽全力。锚沉重而又深陷海泥，开航起锚需要多人齐心协力才能把锚拔起。于是，以“爬桅”“升帆”“拔锚”等生产行为为标志的渔村体育竞技应运而生。奥运会项目投标枪，是海上投掷渔叉捕鱼的现代翻版。在泥滩涂上，渔民踩着“踏槽”（又叫“弹涂船”）挖蛭子、捡泥螺、拾贝类、捕螃蟹、捉跳跳鱼等，[②] 这些劳作形式挪移到岸上，便成为京族特有的体育运动样式。劳作与体育的嫁接是如此简明而直截了当，说明京族同胞的身体语汇本身就具有劳作和体育的双重属性。

生存环境、生产方式、身体机能和体育选项高度统一，这既有利于获取生活物质的知识和技能的传授、民族文化传统的延续，又有利于身体的定向锻造，以不断适应恶劣的生存环境。生存环境和生产方式共同奠定了西部民族体育和身体的发展指向。身体和体育成为西部民族特定生存环境的过程“凝结”。这种凝结是在民族内部自我生成的，无须借助任何外在的因素和力量，是族群发展进程中必然的选择。民族传统体育肇始于族群在生存和发展过程中本能的身体需求和经验，反映了与族群生产和生活生存环境的和谐顺应性。在西部民族中，身体处于劳作模式和体育之间，成就了前者向后者的延伸。这一身体媒介大概是西部民族独有的。

二　作用于感官的竞技享受

追求身体的快乐是人类的本能，体育是西部民族获得身体快乐的主要方式之一。这一本能在东部地区的体育活动中可能已被荣誉或奖金所异化，在西部兄弟民族中则顽强地延续着，这是因为他们的生产方式仍未完全步入现代化进程。

仍以鄂伦春族为例。鄂伦春人出猎一般是集体行动，但人们长年累月远离“乌力楞”（为通古斯语，意为“子孙们”，指基本经济单位），以深山老林为伴，难免孤独和寂寞。为了不致身体陷入困顿，他们时常在狩猎的空余时间，剥一块桦树皮，画上棋盘，摆上用柳条削制的棋子，玩起了两人对弈的“班吉”棋，观棋盘者围着一圈，构成一幅原始古朴的野外体育场景。在广袤无垠的森林中，猎人的身体是那么孤单，而体育活动能够使他们的身体感受到快乐和精神的慰藉。由于森林辽阔，“乌力楞”之间的距离甚远，除内部成员交往之外，猎人们几乎与世隔绝。在此等境况中，带有竞争性质的体育可以让身体处于紧张状态或完全松弛下来，以免除漫长时间对身体的煎熬。在祭祀火神和“穆昆”大会等重大仪式场合，人们才从森林的各个角落汇聚到一起，体育活动便成为沟通感情、深度交往的重要方式。鄂伦春族诸多体育的动机，主要是通过猎人们身体的接触而达到相互熟悉和娱乐身体的目的。[③] 鄂伦春族猎人之间的技艺切磋和情感抒发等身体经验都以体育

---

① 丛密林：《鄂温克族体育文化源流探讨》，《体育文化导刊》2012 年第 10 期。

② 陈贵春、黄剑：《京族海洋民俗体育文化探究》，《产业与科技论坛》2012 年第 1 期。

③ 黄起东：《鄂伦春族传统体育文化产生的渊源》，《黑龙江史志》2012 年第 7 期。

的形式表现出来。由身体建构起来的体育关系成为涉及鄂伦春族猎人社会地位、生产技能、伦理道德等的基本关系。

一旦身体进入体育的表演世界，身体便具有了狂欢的意义。身体是用来游戏的，游戏最大限度地维持了身体对于快感的体验。西部民族体育之所以能够娱乐身体，主要在于一些传统体育没有失去游戏的本色。如鄂伦春族的赛马、射击，回族的打木球、爬木城，满族的珍珠球、狩猎、蹴球，蒙古族的马球、蒙古式摔跤、布鲁、射箭，基诺族的打鸡毛球、扔石头、顶竹竿、跳大鼓，等等，竞技的成分远远弱于游戏，体育与其说是竞赛的，不如说是游戏的。[①] 彝族的跳乐、拉祜族的吹葫芦、哈尼族的秋千等，尽管可以归入体育行列，但显露出典型的玩乐、嬉闹本质。这些体育活动，几乎是全民出动，男女老少助阵呐喊，到处莺歌燕舞，人们尽情地参与其中。这种身体体现出来的愉悦、情绪释放和满足是处于自然状态的、本能的和感性的。身体一旦进入游戏而且是民族传统游戏的状态，便获得了生命张力和诗性的感悟。与东部体育单纯的竞技意向比较，西部各民族体育则被视为使人精神爽快、放松休闲和恢复体力的游戏，恰到好处地消除了人们的压力与紧张，强调身体的感觉和享受。

在西部民族，体育出现在各种娱乐场合。各族人民利用节日和庆典仪式，进行各种体育活动，以歌颂丰收、欢度佳节、祝贺新禧、祈祷吉祥乃至闲暇消遣。将体育寓于各种令人喜悦的生活形态之中，各种喜庆仪式场合都伴随体育活动，这种体育与喜悦事件的联姻丰富了体育娱乐的内涵。另外，体育渗透着民族的历史、宗教信仰和文学艺术，嵌入了各具特色的经济生活和风俗习惯，使体育娱乐更加具有精神品质和内涵深度。在这样的体育当中，身体表达出多向度的民族文化的意义。与东部地区体育凸显强烈的政治意识不同，西部民族体育秉承了鲜明的民族心理、民族意识和民族情感。因此，附着身体的不仅是体育的世界，而且是更为广阔的民族文化传统。或者说，民族文化传统通过体育活动内化于身体当中，使民族传统体育一直能够保持纯粹的素质。西部民族的身体是属于体育的，更是属于民族文化传统的。更为本质而言，这些形塑了身体的历史文化元素不在身体之内，身体不是民族历史文化的表现及媒介，而是民族历史文化本身。西部民族的体育传统之所以没有被异化，没有成为政治与荣耀的附庸，没有成为对身体的强加，正是由于成就了体育的身体完全浸润了民族历史文化传统的底蕴，并执著于原初民族生活世界的记忆和原生态的体育动机。无须刻意追求，在自然而然当中，身体通过体育运动就可以不断地充实自身的民族文化内涵和坚守初始状态的体育发展的轨辙。身体一旦体育化了，就不完全属于体育参加者自己的，因为民族的一切的一切都在它上面打下了深深的烙印。

由此可以理解，西部民族的身体本身就具有丰富的体育表现力。相当多的体育方式并不需要器材，完全体现为人最基本的身体语汇。摔跤、比颈力、扛人、弹跳、掰腕、赛跑，哪怕是在劳作和攀登，这些都是身体审美的基本形式。体育竞技完全摈弃了道具和其他外在的辅助手段，只是依附于人的身体，诉诸口头与肢体语言。“身体总是媒体的原始范例——以构成人类生活最基础的中介方式。事实上，在大多数的古代文化和非西方文化里，身体也是哲学探讨的基本领地，被当作一种批评的、自我塑造的生活实践、一种生活

① 黄银华、龚群：《从娱乐性谈民族传统体育的开发与利用》，《武汉体育学院学报》2006 年第 11 期。

艺术来构想。”①

体育过程表现为感官的竞技享受，是“身体美学”（somaesthetics）在生活形态中最本真的体现。这种身体的对抗技能一般也是在生产的自然状态中不知不觉获得的。其实，为了喜悦、幸福、健康和美好的生活，西部各族族民一直在经历身体感官技术的训练。“这种喜悦的直接性，通过生气勃勃或有规律的躯体活动得以体现，其形式可以是游行、舞蹈，或者乐队高奏乐曲。”② 而在西部民族中，除了舞蹈之外，最为流行的躯体活动就是传统体育了。

巴赫金（Ъахтинг，МихаилМихаЙлович，1895—1975）狂欢化理论侧重于语言（话语）的狂欢。可以说，语言的狂欢远不及身体的狂欢直接和彻底，身体狂欢所得到的感官享受更为强烈，其实践经验的意义是语言狂欢不可比拟的，且不说语言容易离开人们的记忆。因此，体育之于身体的狂欢属性是内在的、本能的，其效能也是最为完全的，任何游戏形式不可与之同日而语，尤其是在西部民族地区。另外，话语具有权威性质，正是在颠覆权威的过程中，具有了诙谐和政治意义。但在西部体育世界，身体的狂欢与权威和等级无涉，在亲密无间中，人们的身体一起洋溢着轻松和喜悦。

相对于汉民族的竞技体育，西部各民族的体育活动更具身体愉悦的特性。西部民族的传统体育不是孤立开展的，体育和音乐、舞蹈、歌唱一并进行，在同一时空里，身体进入到综合性的娱乐殿堂。例如维吾尔族的达瓦孜，黎族的跳竹竿，苗族的舞狮、跳芦笙、打花棍，白族的霸王鞭、跳火盆，壮族的打扁担，傣族的象脚鼓、孔雀拳，瑶族的打铜鼓等，维吾尔族的“姑娘追”，柯尔克孜族的“打皇宫”等体育项目都与歌颂美好生活的歌舞融为一体，且多在节日举行。③ 这种集体育、音乐、歌唱和舞蹈于一身的民族传统体育活动，使族民的身体得到全方位的愉悦，最大限度地满足了躯体本能的需要。在此等场景中，身体的民族感性和民族自然性在从事体育盛会的过程中充分体现了出来。人们在获得身体审美的尽情享受当中，活络了筋骨，又陶冶情操，传播了民族文化传统。④

以身体造型、竞技争胜和歌舞表演为自我体验的身心美感，委实是西部体育文化特有的经验感受。起初，娱乐并不是为了娱乐别人而出现的，而是为了发泄自我内心的情感和族群认同意识，人们在欢愉心情达到高潮时便身体活动起来，进入体育表演的境界。⑤ 西部体育一旦成为歌舞中的竞技，便呈现为场面宏大的集体表演，着重于人的身体性需要和情感愿望的满足，而不刻意要求高超的技艺、强壮的体魄和专业性的场地，突出的是自娱自乐、消遣的游戏本质。在欢歌笑语之中，体育娱乐身体的功能被放大到了极致。

三　身体之于体育的社会作用

身体是与整个西部民族的社会生活发生关系的过程，并不是纯粹的身体，而是属于西

① ［美］理查德·舒斯特曼：《生活即审美：审美经验和生活艺术》，彭锋译，北京大学出版社2007年版，第185页。

② ［美］维克多·特纳：《庆典》，上海文艺出版社1993年版，第4页。

③ 蔡荣之：《我国民族传统体育的特点》，《中国民族》1991年第10期。

④ 王国元、张玉祥：《新疆少数民族传统体育项目文化特征分析》，《新疆师范大学学报》2004年第3期。

⑤ 钟敬文：《论娱乐》，《浙江学刊》1999年第5期。

部特定生存环境的身体，是民族性的身体。身体通过体育表现出来的，是多元生活需求的极大满足。西部民族的身体史，就是体育史和社会生活史。身体之于体育的话语广博而又深邃。

体育之于身体，主要在于提高身体素质，强身健体应该是西部民族传统体育的主要目的。西部民族的身体与体育传统是相辅相成的，互为关联的，身体延续了西部民族的体育，体育强壮了西部民族的身体。通过“体”的叙述话语，“身”和“育”得到融合，并同时得到超越于想象的真切表达。经过长期的体育实践，西部民族的运动更加有益于身体肉身的强壮和矫健。藏族的押加（又称大象拔河，藏语叫“浪波聂孜”）、回族的木球、白族的霸王鞭、傈僳族的射弩、拉祜族的接新水、侗族的抢花炮、哈尼族的秋千等，都要求人们四肢伸张舒展，躯体能量释放到极致，身体素质不断地完成超越，并且适合和满足了各自民族族民的体质状况和运动喜好。①

西部民族一些生产生活方式一旦注入了强健体魄的意识，便向着体育文化方面转化，体育活动的开展，既提升了人们的生产生活技能，又使族民的身体更能达到生产生活在体能方面的要求。

西部民族性格剽悍，相对于汉民族的体育项目而言，一些体育竞技更具有挑战性和危险性，身体面临诸多考验和危险，譬如上刀山下火海、走钢丝、马背上的惊险动作等，似乎唯有这些极限的体育行为才能让身体价值充分地显示出来。勇于挑战自我、敢于冒险、大无畏和坚忍不拔成为西部民族身体素质的突出表征。仡佬人的高台舞狮亦是一项危险性较高的民族体育项目。高台高度可达到 12 米，最上层一张桌子四脚朝天。在上面完成高难度的惊险动作时，舞狮者没有任何的安全保护措施。仡佬族一句古话云：“舞狮上高台，仡佬攀高山，山高路途险，脚下出平川。”这些挑战自我和极限的运动表明，体育是对西部民族身体的极度张扬，并且赋予了西部民族身体的民族精神。通过体育，身体在反复地显示自己的民族气魄和民族自豪感。人们认识和理解西部民族的身体本质，体育理所当然是最主要的切入点。

西部民族传统的体育环境兼顾到人们不同的身体状况，能够满足不同层次人群的身体属性。男性崇尚张扬生命的活力，投身惊险，体现勇武精神，喜好摔跤、赛马、举石锁、攀崖、投掷等体育项目；女性则娴熟、平静、细腻，推崇心灵手巧。她们从事的体育活动有苗族、阿昌族、哈尼族、纳西族、布依族等族的秋千，壮族的投绣球，布依族的丢花包、打鸡毛毽，苗族的织麻赛跑，苗、侗、瑶、壮、水、彝等民族的打陀螺等。青壮年是民族传统体育活动最热衷的参与者；老年人体育经验丰富，德高望重，充当竞赛的评判者，并充当青年人的教练；儿童则在旁观和模仿。② 依据性别和年龄，在传统体育活动中，每个人都能具有自己的位置。身体对于体育，是一种全方位的适应，委实是全民体育的身体。同时，在身体相互碰撞和交流的过程中，人们强化了对自己民族身体的认知和认同。以往，我们都在强调文化的认同，其实，身体的认同同样重要，而且是更为本质的自身认同。身体认同也同样需要体育这类全民性运动的维系和巩固。

在节日中，身体与体育的关系表现得更为丰富多彩。身体不仅是运动的，更是欢快的、喜悦的、舒畅的、热烈的及展示的、交流的和融合的。西部民族的传统体育盛会，往

① 陈宇红：《少数民族传统体育功能初探》，《云南民族学院学报》2012 年第 5 期。

② 钟敬文：《民俗学概论》，上海文艺出版社 1998 年版，第 372—373 页。

往在民族传统节日里举行，传统体育赛事是民族节日中不可缺少的重要部分。彝族火把节的摔跤、跳火绳，水族瑞节的赛马，蒙古族那达慕大会上的摔跤、赛马和射箭，傣族泼水节举行的划龙舟，这些传统体育竞技提供了身体表演的契机，将节日的气氛烘托了出来。还有些传统体育活动，就是本民族的节日，诸如傈僳族的“刀杆节”，苗族的“龙舟节”，侗族三月三的“花炮节”，瑶族的游泳节等。在西部众多的民族节日中，有些直接以传统体育项目命名，苗族的“爬山节”“赶秋节”，侗族的“花炮节”，壮族的“陀螺节”，侗族的“摔跤节”等莫不如是。适逢夏季，天空湛蓝，水草葱郁，在新疆伊犁哈萨克自治州的“阿肯弹唱会”上，人们载歌载舞，欢天喜地，哈萨克族传统体育竞赛活动也在如火如荼地进行。处于这些节日当中的身体，是纯粹民族传统体育的身体，远离了权力，远离了政治，远离了经济，也远离了世俗的功利和邪恶，与福柯（Michel Foucault）笔下的身体风马牛不相及。然而，此在的身体所彰显出的体育效能，却深刻地影响到民族的政治、经济和文化，具有促进社会和谐发展的强劲的张力。

在西部民族传统体育中，身体能够保持其纯粹性，不为外在的功利因素所困扰，还在于以下三方面的因素。首先，在农闲时间和节假日里，人们都是出于自愿参与民族传统体育活动的，这种“自由—自在”超越了竞技体育的运动员和体育专业学生所要承受的强制性，也免除了东部地区各种运动会因排列名次而产生的压力。身体之于体育是完全自由、放松的，能够从中获得一种随意而轻松的满足感。如果有紧张的话，那也是体育竞技本身造成的。其次，西部民族的传统体育都是身体经验的产物，体育项目众多，均为身体而设。参与者总是能够找到一项适合自己身体特点的运动方式，并且乐在其中。再次，体育规则和要求完全由身体决定，不需要像竞技体育那样被外界认可，也不要求规范统一。在比赛中，一般无严格的年龄、时间限制，也没有专门的场地和裁判，程序简单，器材简易。比赛完全围绕身体展开，成为身体运动的过程，且过程远比结果重要，真正体现了“体”之育和育之“体”。西部民族体育的本质不在于输赢，这种本质延续了体育初始的动机和目的，与东部地区体育的名次功利性形成鲜明对照。在东部地区，体育与政绩、影响、地位密切相连，承受了沉重的外在因素的负担，体育的娱乐属性被大打折扣。而西部民族这种本质也让身体在体育过程中彻底解放了出来。身体的集体狂欢甚至湮没了个体技能的炫耀。

西部民族的诸多优秀品格和气质只有在传统体育过程中方能得到淋漓尽致的展露，体育塑造了开朗、质朴、乐观、坚韧、豪迈、向上的西部民族整体的身体形象，体育是一种主要以身体话语来表达和叙述的文化，包括两个基本层面：一是通过身体本身的话语，诸如外在的动作、姿态、造型乃至运动规则和场地来表达各种意愿的实践参与；二是内化为体育有机组成部分的民族精神、思想内涵、文化特质，并以此净化心灵、陶冶情操、铸就道德品格、强化民族记忆的情结以及传承生产、生活的传统方式。[①] 对于西部民族体育的参与者而言，这两个方面都不是客体对象，不是给定于他们的，而是作为其身体的一部分呈现出来的。西部民族体育在自然、感性的维度中，实现了对身体自身的超越。

（原载《西北民族研究》2016 年第 3 期）

① 韦丽春：《红水河流域仫佬族传统节日中的体育文化探析》，《搏击·武术科学》2008 年第 3 期。

第六篇

重要论文摘编及摘要

【城市化背景下民俗学的“时空转向”：从民间文化到大众文化】

徐赣丽[1]，《学术月刊》2016 年第 1 期

民俗学一向是以追求“本真性”为己任，以对民俗事项做追根溯源为主要研究理路，时间维度的传承概念成为民俗学的关键概念，空间维度的传播却很少被重视，空间转向可以突破或摆脱长期以来的对文本的依赖，使民俗学“从古代文化的理论研究转变（为）当代日常生活的实践研究”，并用动态的眼光研究当代社会人们的日常生活。这里的空间意义，也指关注语境下的民俗研究，和具备学术研究的整体观。人类学向来强调整体观，但是民俗学长期以来似乎更多是对琐碎的民俗事项的研究，空间转向的意思，就是要把民俗视为整体，探寻其内部的逻辑。

【非物质文化遗产保护中“动物使用”的伦理困境】

林海聪[2]，《民族艺术》2016 年第 1 期

人类通过生产实践、娱乐生活与象征想象，不断在改变对动物的认知与定位，它促使人类开始考虑如何协调社区之间的观念差异，努力寻求文化多样性与生物多样性平衡，以期推动地球的“可持续性发展”这一现代性议题。正是在这种动物观念变迁的文化语境之中，当代“非遗”保护遭遇到文化多样性与生物多样性的伦理选择困境。

【“动物保护”视域下的非物质文化遗产传承——来自“狗肉”“猴戏”与“点翠技艺”的法律思考**】**

孟令法[3]，《民族艺术》2016 年第 1 期

虽然司法制度以“代表性”的前缀修饰语规定了传承人的社会属性，但这并不能否认“非遗”活态传承与保护的全民参与，也就是说作为生活所需的“非遗”，其代表性传承人仅是具体“非遗”项目得以有效延续的中坚力量，而更多并未入选但身具“非遗”传承力的民间“艺人”，甚或那些只是享用者的普通大众，则是这类文化创造永葆青春的决定性因素。

【超越语境，回归文学——对民间文学研究中实证主义倾向的反思**】**

刘宗迪[4]，《民族艺术》2016 年第 2 期

由于录音机的发明和应用，让研究者对声音以及“时间”的“观看”成为可能，让研究者能够“一字不漏地”甚至是翻来覆去地审视、观察民间故事歌手的讲述或演唱过程的每一个细节，从而发现了很多以前仅仅靠耳朵当场倾听所无法发现的细微的差异。但是，再多的关于细节的观察，也无法替代设身处地、生动活泼的聆听、交流和理解：对声音的观看和审视，让研究者从诗和故事的聆听者变成了观看者，观看只能看到表象和细节，而聆听才能获得意义和教诲，意义不在表象和细节中，意义只存在于聆听和交流之中。这种对于声音的观看态度，就是我今天要说的值得反思的对于民间文学的“实证主义倾向”的要害所在。

---

① 徐赣丽：华东师范大学社会发展学院教授。

② 林海聪：中山大学中国语言文学系博士研究生。

③ 孟令法：中国社会科学院研究生院民俗学专业博士研究生。

④ 刘宗迪：山东大学儒学高等研究院教授。

【图像谣言：数字时代的谣言新宠】

施爱东[1]，《民族艺术》2016 年第 2 期

以图像作为吸引听众或者读者的手段，是一种古老的故事传统，但是，借助图像传播谣言却是数字时代的谣言新形态。网络谣言所传播的图像，多以加工编辑后的摄影图像为主，常见的图像谣言可以分成五类：一是“看图造谣”，即对照图片编造谣言；二是“依谣索图”，依照谣言主题寻找表面上可以相匹配的旧图像；三是“依谣修图”，依照谣言主题对既有图片进行修图改造；四是“依谣演图”，依照谣言进行表演和录制，即通常所说的造假摆拍；五是“假图传谣”，即图文没有内在逻辑关系，配图只是为了吸引眼球。一则图像谣言从成像到成谣至少会经历三重异化：首先是摄录过程对于历史场景的片面化记录；其次是图像编辑的立场偏向及其加工改造；再次是谣言家对于图像符号的歪曲和误导。

【辟谣公式的三项要素】

施爱东[2]，《民族艺术》2016 年第 4 期

辟谣不是谣言的预防和控制，而是针对既有谣言的澄清行为。辟谣效果主要取决于三个要素：辟谣主体的权威性、辟谣信息的可信度、辟谣信息的有效传播面。第一，作为公共事业管理的核心主体，政府是最重要的辟谣者，维护和保证政府的公信力，选择最具辟谣资格的具体执行者核实澄清谣言，发出权威的辟谣信息至关重要。第二，调查取证，用事实说话，是辟谣工作中最重要的一环。提高辟谣信息的可信度是一项需要诚意和耐心的技术活。第三，辟谣是否有效，还取决于是否能将真相有效地送达谣言受传者。辟谣是一场硬碰硬的战斗，谣言在哪里流行，辟谣就得在哪里迎战，切忌谣言走谣言的渠道，辟谣走辟谣的渠道，导致谣言继续转，辟谣帮着传。总之，辟谣公式中权威性、可信度、有效传播面三者是一种乘法关系，其中一项为零，辟谣效果就等于零。在辟谣公式中，辟谣效果与公民素质呈弱相关关系。

【民间文艺表达私法保护的目的论】

户晓辉[3]，《民族文学研究》2016 年第 3 期

对于自动继承和传承了某种民间文艺表达的群体而言，虽然他们不能继承或传承已经过世的先辈的人格权，但是，如果他们能够继承这种民间文艺表达的知识产权，那么，按照中国实行的大陆法系传统，知识产权与人格权就是密不可分的。对民间文艺表达设立知识产权固然不一定有助于甚至不能保有民间文艺表达本身，但这并不表明民间文艺表达这种财产就没有主人，更不能表明没有必要设立这种知识产权。因为设立知识产权的根本目的是保护财产主人的文化权利。这就需要我们对文化权利的性质做进一步的讨论和辨析。

【“一国”的文化共享：《中国年俗》的民俗国家化过程探究】

宋颖[4]，《民俗研究》2016 年第 1 期

纪录片的解说中核心价值明确，学者访谈表现出话语权威，而民众的个人生活则充满了细节上的再造和创新，在媒体表述中对于民俗的解释进行了新的权力重组，而媒体的视角和表达具有全能全知的特点，起着文化宣传和主流价值的引导作用。春节的片段，展示了国家媒体对于传统文化的回复和振兴的信心，在对传统的寻找中

① 施爱东：中国社会科学院文学研究所研究员。
② 施爱东：中国社会科学院文学研究所研究员。
③ 户晓辉：中国社会科学院文学研究所研究员。
④ 宋颖：中国社会科学院民族文学研究所助理研究员。

重新树立起国家的形象，即全民的幸福、自由、亲如一家的温馨和以团圆为核心的国家（民族）大团结。

【作为方法与文体的民间文学志：民间文学田野研究中的叙事四面体】

吴新锋[1]，《民俗研究》2016 年第 2 期

故事讲述者的记忆在某种“恰当的时机”（kairos）下被激发，时间或空间的记忆投射到讲述的空间中；而讲述的招数从根本上讲内在于故事结构，换句话说，讲述的招数就是故事结构链条上脱落或添加的行为选择本身；这种带有讲述者记忆色彩的故事讲述，链接过去的某个时间和空间，并将其置于当下时间和空间中，直接参与了当下场域中故事讲述者和听众（包括研究者）的话语建构以及故事文本本身的变异。

【“以女性民俗实践者为中心的情境研究”探索】

王均霞[2]，《民俗研究》2016 年第 2 期

女性民俗研究作为民俗学研究中特别将“为了妇女”视作自己研究使命的研究领域，它实际上更需要通过对女性民俗实践者与民俗文化的互动关系的考察来深度理解一个个作为个体的女性民俗实践者，呈现个体的生命故事及其诉求的差异性与复杂性。

【信息技术如何进入日常生活：一个知识扩散的视角】

吉国秀　王明月　杨宏戟[3]　《民俗研究》2016 年第 4 期

常人的经验知识不只来自于古老的神话、传说与民间故事，仪式或者象征，它还来自于专家系统知识，而后者构成了前者生存的社会环境，这就是鲍辛格所定义的“第二自然”。常人的经验知识与专家系统知识之间的沟通和交流，是我们日常生活中的重要进程。知识的扩散正是在这个意义上，将常人的经验知识置于更为广阔的社会结构之中，去探讨其与专家术语系统之间的关系，而不是屏蔽常人经验所位于的社会环境，将其作为一个独立的对象呈现出来。

【礼俗互动与中国社会研究】

张士闪[4]，《民俗研究》2016 年第 6 期

在传统中国的复杂社会系统中，“礼俗互动”奠定了国家政治设计与整体社会运行的基础，并在“五四”以来的现代民族国家建构中有所延续。礼俗互动的核心要义，是借助全社会的广泛参与，将国家政治与民间“微政治”贯通起来，保障社会机制内部的脉络畅通，以文化认同的方式消除显在与潜在的社会危机。在全球化、信息化急速发展的今天，我国面临着国际规则、国家法权与民间治权等方面的多重考量，礼俗互动所寓含的传统政治智慧与社会运作机制或有助益。

【论布洛陀神话的文化价值】

王宪昭[5]，《百色学院学报》2016 年第 3 期

布洛陀神话的生成主要依托于他的行为事迹所形成神圣的叙事，其神圣性时常会借助于某些特定的仪式或语境来完成。对于一个人或一个民族而言，“寻根”是

---

① 吴新锋：新疆石河子大学中文系副教授。

② 王均霞：华东师范大学民俗学研究所讲师。

③ 吉国秀，辽宁大学文学院教授；王明月，辽宁大学文学院硕士研究生；杨宏戟，巴斯斯巴大学创意计算中心教授。

④ 张士闪：山东大学文化遗产研究院教授。

⑤ 王宪昭：中国社会科学院民族文学研究所研究员。

人们获得存在感的重要途径之一，那么关于文化祖先的塑造也往往与积极的信仰有关。从布洛陀神话系列叙事而言，集中体现出一个具有智慧的文化祖先的优秀品质。布洛陀的“人格”逐渐上升为“神格”，在文化诉求中慢慢凝聚为一种“神圣”，这种情况从进入21世纪后在田阳敢壮山兴起的壮族祭祀布洛陀盛典也可管窥一斑。民族传统文化中关于始祖文化的塑造与一个民族的灵魂或信仰密切相关，一个民族关于本民族祖先谱系的认知、塑造与高度关注，往往体现着一种文化自觉，在建构合理的人际关系与强化区域性社会管理方面往往会产生积极的文化引导作用。

【“神话细胞”论与神话学方法论的拓新——陈建宪教授的母题分析理论述评】

孙正国[1]，《广西民族大学学报（哲学社会科学版）》2016年第3期

陈建宪教授借鉴斯蒂·汤普森的母题分类理论，提出“母题是神话细胞”的观点，由此探索出相对客观的神话学方法论——母题分析理论。他从神话分类出发，完成了其神话学研究的三个阶段：母题内涵研究——中国古代神话、人类洪水神话的母题个案研究——母题分析理论。陈建宪教授系统建构的以母题分析为灵魂的神话学方法论，对于当代中国神话研究具有拓新价值，就世界神话学而言，也有别开生面的方法论意义。

【台湾原住民地底人神话】

鹿忆鹿[2]，《长江大学学报（社科版）》2016年第10期

木臼与吸食食物都与谷物有关，都在强调地底人是谷物的拥有者，舂捣谷物、烹煮谷物却不饮不食，分与来访客人食用。地底人藏尾其中的木臼与不饮不食的无肛特征，似乎才是我们思考的重点，地底人神话中形塑了一个乐园空间，一个可以提供谷物给原住民的乐园空间，神话中未曾见到地底人对原住民的伤害，只见到地底人尾折消失或被戳洞而死亡。地底人的地底世界是一个有如乐园的他界空间，比原住民的真实我界更好，他们要从地底偷盗谷种，弥补我界现实生活的不足。而这个地底的他界空间并非永恒的存有，偶一误入后，就往往再也回不去了。地底人神话中的地底人是原住民对他界乐园空间的一种想象建构。

【尧舜禅让：儒家政治神话的历史建构】

叶舒宪[3]，《民族艺术》2016年第2期

文明史以来各朝代短暂更替现象，是由社会权力的兴衰变化和社会群体暴力激增导致的攻伐及毁灭能量所决定的，不为华夏文明所独有。据考古发现，材料为第四重证据发现华夏文明起源期呈现社会暴力化情形，有关远古尧舜禹时代的尚贤世风和禅让传说被视为儒家的政治神话，以仁义道德的立场，谴责和掩蔽暴力行为，成为诸子和史书一贯秉承的价值观，并将虚构的仁爱政治神话当成实际发生的历史，用来遮盖血淋淋的暴力现实，具有历史建构功能，这是中国式非暴力主义思想在儒墨两家的产生及其渊源。

【破石而生的英雄——关于“禹生石纽”神话传说的考察】

刘惠萍[4]，《长江大学学报（社科版）》2016年第1期

以“禹生石纽”的神话传说为主要考察对象，并结合传世文献与出土文献中所

① 孙正国：华中师范大学文学院教授。

② 鹿忆鹿：台湾东吴大学中文系教授。

③ 叶舒宪：中国社会科学院文学研究所研究员。

④ 刘惠萍：台湾东华大学中文系教授。

保留的与禹出生相关的材料，发现过去的研究者因多将“石纽”视为地名，致相关的研究多陷于地望的考据及争执。然若仔细梳理先秦两汉时期“禹生石纽”的记载，可知此说最早见于扬雄的《蜀王本纪》。“禹生石纽”之说，可能是“禹生于石”此一神话传说的变形与置换，其产生的背景则与原始初民相信石头可以生人有关。此说之所以会演变为“禹生石纽”，则又与神话的理性化、历史化，以及禹的传说渐渐倾向于人王有关。

【神话 VS 神话主义：神话主义异质性质疑】

杨利慧[①]，《长江大学学报（社科版）》2016 年第 6 期

神话主义是指现当代社会中对神话的挪用和重新建构，神话被从其原本生存的社区日常生活的语境移入新的语境中，为不同的观众而展现，并被赋予了新的功能和意义。该文以河北涉县娲皇宫景区的民族志研究为基础，通过对社区日常生活语境中业余讲述人与遗产旅游语境中职业导游所讲述的女娲神话的比较，揭示出神话与神话主义的三方面区别：口语表述相对于文字内化后的口语表述、有机性相对于精致化、地方性相对于全观在地化。文章质疑神话主义具有异质性的偏见，认为神话主义可在探索书写传统与口头传统的纠葛、业余与职业讲述人的多样性等方面，为神话学和民间文学理论提供启示。

【书面神话与神话主义——1949 年以来云南少数民族神话书面文本研究】

高健[②]，《长江大学学报（社科版）》2016 年第 6 期

在讨论神话主义时，有一个不能绕开的问题——为什么是神话主义？也就是说为什么单单提出并研究神话主义，难道没有传说主义、史诗主义，甚至是民间文学主义吗？回答这个问题，首先需要从神话自身的特质出发。传统的民间文学与文学史研究会将神话看作是最先产生的。作为民间叙事文类之一的神话，其边界是最为模糊的，同时与其他文类具有一定程度的重合，甚至可以相互转换。此外，神话还具有更为丰富的表现形式与深刻的内涵。神话既可以是一段口头叙事，也可以依附在一个物件上，实践于一个仪式中，甚至表现为一段舞蹈；而我们对神话的把握既可以从字面含义去理解，也可以从象征、哲理或情感的角度去阐释。其次，神话被认为是一个民族文化传统的根基。正是由于神话的这种“始基性”，使得它相对于民间文学其他文类，更加适合做深入或者说是“拔高”的阐释。再次，神话更加适用于经济的开发与政治的操纵。神话在对内强化民族认同，对外打造“他者”形象等方面都具有很强的可塑性。最后，现当代社会中的一些神话虽然离开了原来的社区日常生活，但这并不是对其进行去语境化，这些神话会进入到同样能够产生功能与表述意义的新语境中，并且经过调适与“激活”仍然会具有旺盛的生命力，神话会由此产生“第二次生命”。神话主义赋予现当代社会中神话的某些存在形态以合法性，扩展了神话学研究的视阈。

【《山海经》与古代朝鲜的世界观】

刘宗迪[③]，《中原文化研究》2016 年第 6 期

朝鲜王朝时期所绘制的《天下图》，其基本图式和主要内容都与古老的华夏典籍《山海经》所载地理知识一脉相承。

① 杨利慧：北京师范大学文学院教授。

② 高健：云南大学文学院博士后。

③ 刘宗迪：山东大学儒学高等研究院教授。

《山海经》之所以对古代朝鲜影响如此之大，是因为它是世界上最早明确记载朝鲜地理的文献，它让古代朝鲜人据此来想象世界和自我，进而得以确认其在世界上的地位和价值。这种观念的背后则是朝鲜王朝对于华夏文化的强烈认同意识。《山海经》不但能证明朝鲜与中华在地理上同气连枝，而且是古代朝鲜文明悠久、早得华夏文明真传的重要依据。《天下图》其实是古代朝鲜人的一幅较真实世界地图更令人着迷的精神地图。

【山与物:《山海经·五臧山经》"物"记述】

高莉芬[①] 谢秀卉《长江大学学报（社科版)》2016 年第 8 期

《山海经·五臧山经》由五方之山所藏之金、石、草、木、禽、兽、虫、鳞等"物"记述构成其主要内容。《五臧山经》中"明标山川道里方位"与"述明物之位置、种类、质量、功能""总校群山祠礼"等三种程式化的记述方式，使其文本形式自成体系，呈现独特的规律性。五方之山，山各有"臧"，"臧"有其"用"。"臧"有"常""异"之分，"用"有"善""恶"之别，而"记物"之博与"辨物"之异的思维就鲜明地体现在《五臧山经》的"物"记述中。《五臧山经》就在"以山聚类""常异分述""善恶有别"的记述原则中形成一个平常自然与怪奇谲丽兼而有之的"记物"与"辨物"体系。

【神话如何进入历史：张光直神话研究述略】

王倩[②]，《中国矿业大学学报（社会科学版)》2016 年第 6 期

多数读者倾向于将张光直先生视为考古学者与人类学者，但事实上张光直先生同时也是一位神话学者，他关于中国古代神话尤其是商周神话的研究集中在神话如何进入历史这一话题上。在该话题下，张光直主要探讨了三个问题：第一，作为财富及其象征符号的神话图像如何建构权力象征体系；第二，神话宇宙论如何被统治者利用作为建构意识形态的工具；第三，英雄神话如何被宗族叙事改编进入历史叙事层面。以上三个问题反映了张光直先生将神话作为文化编码的神话理念，同时将神话研究作为跨学科研究的方法论思想。

【傣—泰民族的"布桑该与雅桑该"创世神话及祖先信仰】

屈永仙[③]，《黔南民族师范学院学报》2016 年第 1 期

笔者多次在泰国、老挝、缅甸、越南等国家进行跨境民族神话田野考察，得出这样的结论：越南奠边府为核心的傣族有"帕雅天"信仰圈；老挝泰族有"布热雅热"信仰圈；泰国东北部、中部有"布桑嘎洒雅桑嘎西"和"帕雅恬"信仰；泰国北部及我国西双版纳属于兰那文化区域，有"布桑嘎西雅桑嘎赛"信仰圈；我国德宏傣族及缅甸掸邦有"布桑该雅桑该"和"布判咩判"信仰。根据泰国玛哈萨拉堪大学 Winwat 教授和 Rachan 教授介绍，"布桑该雅桑该"的故事早在佛教传到泰国之前就有了。这个故事一般都是以父母长辈向子孙口头讲述的形式来代代传承。多数学者认为：民间依然有大量的贝叶经记载着关于"布桑该雅桑该"创世的神话，属于傣泰民族最古老的祖先崇拜文化。

① 高莉芬：台湾政治大学中国文学系教授。

② 王倩：淮北师范大学文学院副教授，东南大学艺术学院博士后。

③ 屈永仙：中国社会科学院民族文学研究所助理研究员。

【中国神话的创世模式及其“神圣叙述”】

刘亚虎[①]，《世界宗教文化》2016年第6期

中国古人对宇宙形成的思考或始于传说中的伏羲时代，《周易》《老子》出现了宇宙形成叙事结构，神圣化了的农耕技能促成宇宙由混沌到秩序的升华，创世经历了秩序空间、秩序时间的创造以及遭受倾侧毁坏再创等过程。中国古代创世神话影响、参与建构中国优秀传统文化的精髓，彰显了民族脚踏实地、积极进取的人生态度，又展示了超越意识、丰富的想象力。

【中国民俗神话学的践行者——徐华龙神话学研究述评**】**

夏楠[②]，《长江大学学报（社科版）》2016年第6期

在多元神话学视野和思维的映照下，徐华龙先生结合中国神话学的本土经验，成为民俗神话学的积极践行者。一方面，他着眼于神话观的探讨，将神话置于长时段的历史与具象的社会文化脉络之中；另一方面，他运用“同质相论、异质比较”的方法论，借由活态的神话遗存印证早期神话的潜藏因子。徐华龙先生以民俗神话学的视角，对诸多远古类型神话提出了深入透彻的见解。

【走进上古神话历史】

刘跃进[③]，《读书》2016年第9期

从口传到抄本文献的诸多争论问题，现代神话学提供了一个可供选择的理论视角。《比较神话学在中国》中“神话历史”的提出提醒我们，古典立场的“史”与现代的“历史”观念根本不同，无论希罗多德、塔西佗还是司马迁、班固，其采取的都不是现代“求真”的兰克派史学立场。立足于古典，一切记录都是特定记录者立场的反映，没有所谓纯粹的真实的“史实”。比如以神话学眼光介入到历代帝王本纪，便可以发现其寻求政权合法性的叙事动机。这就为神话学介入史学提供了契机，神话学理论是理解历史记忆、走向历史深处的一条有效途径。早期文献的传播途径不一，出现了文本互文性问题，神话记录尤其表现出这样的特征。西方神话学的文本细读、结构主义阐释等方法论，为我们理解这一问题提供了新的理解思路。

【从蚕马神话到盘瓠神话的演变】

吴晓东[④]，《黔南民族师范学院学报》2016年第1期

蚕虫的成长是靠蜕皮来完成的，蚕的头像马头，被称为马头娘。为了解释蚕的头为什么像马头，古人借用了蜕皮现象，说蚕在蜕皮的时候换上了马皮，因此产生了最初的蚕马神话。当蚕被人格化为女子之后，蚕马神话演变为人兽婚的神话，增添了曲折与悲剧色彩，但两者的结合依然是换皮。在此神话的流传演变过程中，马变异为犬，形成了蚕犬神话，并进一步演化为目前的盘瓠神话。“盘瓠”一词来源于在《山海经》中被称为槃木（爿木）的扁担星，此星在中国牛女神话中被称为牛郎星，在日本被称为饲犬星。

---

① 刘亚虎：中国社会科学院民族文学研究所研究员。
② 夏楠：华中师范大学文学院博士研究生。
③ 刘跃进：中国社会科学院文学研究所研究员。
④ 吴晓东：中国社会科学院民族文学研究所研究员。

【心灵与秩序："神话主义"与当代西王母神话研究】

吴新锋[①]，《云南师范大学学报（哲学社会科学版）》2016 年第 6 期

当代神话作为远古时期的人类记忆历经岁月洗礼，其传承媒介已经发生了根本的变化。从口头讲述到文字记录，再到电子新媒介的革命，传承方式以多元混存的状态呈现。但无论如何，古老的神话传统其实已经作为一种集体记忆、文化记忆或文化背景存在于个体生活的社会环境之中。"神话主义"在未作用于个体之前，神话传统就已经潜在地浸润着或召唤着个体。该文通过引入"心灵""秩序"和"记忆"等概念丰富"神话主义"的讨论。以"神话主义"的理念为基本视角，以西王母神话的当代呈现为中心，讨论"神话主义"与当代西王母神话研究的可能性路向。或许，当下我们可以考虑以"神圣叙事"的概念，借助"神话主义"的契机，重新开启中国当代神话研究的可能性。

【神话与宗教的同质性：马林诺夫斯基的神话观】

惠嘉[②]，《民族文学研究》2016 年第 6 期

马林诺夫斯基认为教义、仪式和道德性是构成宗教的三大因素，三因素皆与神话密切相关。人们对宗教的信仰建立在神话之上，教义以神话为载体，仪式以神话为指南，宗教要发挥道德功能须以人们对神话的信仰为前提；所以，宗教与神话以信仰为公约数，在不考虑各自作为现象的具体显现方式的情况下，可以互相置换，具有同质性。马林诺夫斯基的神话观可为我们从另一向度理解神话的本质提供宝贵的启示。

【《格萨（斯）尔》史诗音乐范式与汉族曲牌】

姚慧[③]，《民族文学研究》2016 年第 4 期

《格萨（斯）尔》史诗是跨地域、跨民族传播的一种史诗类型，其中凝聚着多民族历代民间艺人在口头传承中积淀与蕴藉的丰富智慧。它以史诗演述与说唱的形式保存着流布地区民族看待世界、描绘世界的审美取向、价值判断与民族记忆，不同民族在演述与传播过程中又呈现出同中有异、异中有同的音乐特征。

藏学和蒙古族音乐学者皆有用汉族曲牌指代《格萨（斯）尔》音乐及其他史诗音乐的惯常用法。作为汉族音乐横跨几个朝代的重要音乐形式，曲牌本身也是一个不断发展的概念。在《格萨（斯）尔》史诗音乐范式与汉族曲牌"重复与变异的创编思维"，"宏大篇幅下横纵双向结构中单曲体的重复、变异与联缀"，"叙述性与古老性"三个层面的比较中，我们发现，对曲牌的认识不可一概而论，既不能截取曲牌的某一时期的具体形态来判定一种音乐形式是不是曲牌，也不能忽略作为整体概念的曲牌，而简单地仅以其某一侧面或特征为依据来指涉他民族的音乐类型便是汉族的曲牌。

【《格萨尔》域外传播的翻译转换与话语体系】

王治国[④]，《青海社会科学》2016 年第 4 期

在青藏高原、蒙古高原活态流传的藏族史诗《格萨尔》（蒙古族称为《格斯尔》）属于口头说唱文学，其翻译与传播

① 吴新锋：新疆石河子大学中文系副教授。

② 惠嘉：中国社会科学院民族文学研究所博士后。

③ 姚慧：中国社会科学院民族文学研究所助理研究员。

④ 王治国：天津工业大学外国语学院副教授。

横跨人类媒介文化的诸多形态，历经口头传承、文本传播和当下可能的数字媒介传播阶段，涵盖了人类文化变迁的三个阶段——口语媒介文化、印刷媒介文化和电子媒介文化，呈现出媒介融合的态势。在《格萨尔》传统民族文化向现代化、国家化和世界化转化的态势下，需要重新审视民族史诗历经媒介文化语境变迁的翻译转换机制。

在中华文化“走出去”的时代背景下，《格萨尔》对外传播事业契合国家文化发展的战略规划，走向了官方主导、民间参与、个人译介的多维阶段。《格萨尔》三个英译本由海外汉学家翻译逐渐过渡到中国本土译者翻译，国家译介与个人译介相结合，其实质就是一种“文学外交”或“文化外交”。在海外汉学翻译与大陆翻译构建的话语空间中，梳理民族文化国际传播的翻译转换机制，探索民族口传文化进入汉语文本再进入世界文学的可能模式，彰显中华本土译者话语的主体性，对于当前少数民族口头文学的对外传播意义尤为重要。因此，《格萨尔》域外传播个案，可为少数民族活态史诗域外传播提供很大的话语阐释空间。

【《勒俄特依》之“物”】

闫月珍　马海五达[①]《民族文学研究》2016 年第 3 期

《勒俄特依》之“物”包括两个维度，即器物和自然物。《勒俄特依》这部创世史诗里，不同的器物如金、银、斧头、披毡、弓箭皆出自“人”的锻造制作，都被人们认知并控制。器物是由人向外延伸出来的产物，人们习惯赋予器物以人文意义。而与之不同的是，史诗中的雪、蛙、鹰、杉树、黑头草等“自然物”与人产生关联时，则处于一种相对独立的关系中。此间的自然物依靠一条想象建构的“血缘纽带”与人建构起“亲缘关系”，成为独立于“人”之外的“通灵之物”，在这里，“人”与“自然物”更多的是以一种“精神交互”的关系存在。

总之，彝族人文的意义一方面衍生自器物，另一方面衍生自自然物。物在被人化的过程中具有了隐喻意义，“人”与“物”之间不停流动的对话形成厚重、缤纷的彝族文化。因而，“物”是不可不提的途径和方法，对《勒俄特依》进行物质文化研究，我们正可以发现彝族“物”系统的原始意义。

【论《江格尔》的边缘型篇章和体裁转换型篇章——产生的根源及其在系列史诗形成或解体过程中的作用】

斯钦巴图[②]，《贵州民族大学学报（哲学社会科学版）》2016 年第 4 期

《江格尔》史诗篇章以人物为主线，可分基本型篇章和扩展型篇章。在其周边，分布着一些同样以人物为线索与《江格尔》发生关联的边缘型篇章（其他史诗）和体裁转换型篇章（英雄故事）。基本型篇章和扩展型篇章，反映了《江格尔》史诗内部发展过程。边缘型篇章和体裁转换型篇章则处于《江格尔》与传统中的其他史诗、英雄故事甚至民间故事的交叉点。边缘型篇章打开了《江格尔》吸收其他史诗，或者《江格尔》篇章脱离系列的一扇大门。而体裁转换型篇章则打开了英雄故事转换体裁进入《江格尔》史诗系列，或者《江格尔》的篇章转换体裁脱离系列，与英雄故事甚至民间故事汇流的另一扇大门。它们都是一种过渡形态。产生这种现象的根源在于，《江格尔》和蒙古卫拉特

① 闫月珍，暨南大学文学院教授；马海五达，暨南大学文学院硕士研究生。

② 斯钦巴图：中国社会科学院民族文学研究所研究员。

其他英雄史诗、英雄故事共享着同一主题、母题和程式以及故事范式，它们之间的联系，来自于传统的深处。

【人物角色转换与史诗变体的生成——以《汗青格勒》史诗中蒙异文为例】

斯钦巴图[①]，《民族文学研究》2016 年第 4 期

口传史诗的不同唱本之间，按变异程度上的差异，互相成为异文与变体关系。在词语上或“故事的那些非实质性部分”上有所不同的文本，相互之间形成异文关系；在故事的某些重要方面发生变异的，相互之间成为变体。保持异文关系，是史诗变异的一般限度；保持变体关系，则是底线，突破它意味着新的史诗篇章的诞生。

《汗青格勒》史诗的中蒙异文之间，就表层故事而言存在相当大的差别，但在深层情节结构上，有着一致性。它们并不是“完全不同的故事”，彼此之间也不存在“续篇”关系，各异文之间更不存在并列复合的关系，它们不构成系列史诗，它们之间是变体关系。表层故事上的那些差别，其实是源于蒙古英雄史诗传统中英雄的妻子与英雄的妹妹、英雄的结拜兄弟和英雄的对手这两对关系，经常处于相互转换中。因而，我国青海蒙古史诗传统中，被争夺者是英雄的妻子，而在蒙古国史诗传统中，被争夺者就变成了英雄的妹妹。而在对手这一块，我国异文中汗青格勒的婚姻竞争者很明确，在蒙古国异文中，随着英雄的妻子角色被英雄的妹妹角色所取代，婚姻竞争者角色就被模糊化了。当英雄的妻子和英雄的妹妹被相互调换、英雄的义兄弟和英雄的对手之间转换角色的时候，艺人须按不同的角色调整故事情节套路，以适应不同的角色，从而产生了叙述上的较大差别。因此可以说，英雄的妻子/妹妹关系组合和英雄的结拜兄弟/对手关系组合的存在，是某些史诗不同变体生成的重要原因。

【格斯尔本土形象与信仰——以巴林右旗为例】

乌·纳钦[②]，《内蒙古社会科学（汉文版）》2016 年第 2 期

在巴林，格斯尔是一位从蒙古语族认同平台“空降”到本地民众认同平台的史诗英雄，是巡视当地草原并随时为民众除魔祛邪的地方保护神。这说明史诗英雄与特定地域的粘着性加强，民众的属地保护意识和自我保护意识的增强。在巴林，格斯尔的神职范围从缥缈遥远的蒙古语族的宏大时空集中到可触摸的本土场景，有了现实针对性和即时灵验性，从而发展出多层次的本土信仰习俗。

由于格斯尔提供了防御保卫的心理甲胄，使得民众在面临难关或危机时，在全旗、村落、家庭三级信仰场所，在规定的或随意的时段，向格斯尔表达着各种功利需求。那些习俗的功能有三种，即在决定草原盛衰的关键时节进行祭神求福，在面临灾害（或匪患、损失）的非正常环境中进行祭神求福、在祭祀仪式结束后（或开始前）进行娱神等。在全旗、村落、家庭三级信仰场所中进行的大小仪式分别复制了这三项功能，使得格斯尔的灵验性在三级信仰场所循环运转，确保了在民众所需时随即发挥作用。它们的仪式规程虽然并不复杂，但构成了一套完整的体系，以较强的张力，适时地解除着民众生活世界与心灵世界的种种不安与困惑。仪式的原型无外乎是求雨、祛邪、招福等巫术。在这充满隐喻意蕴的巫术背后，凝结着巴林民

① 斯钦巴图：中国社会科学院民族文学研究所研究员。
② 乌·纳钦：中国社会科学院民族文学研究所研究员。

众对美好生活的热切渴望。而这个美好的渴望正是格斯尔本土形象与信仰得以在巴林落地生根，继而累进成长、枝繁叶茂的生命动力。

【云南少数民族迁徙史诗的叙事程式】

王淑英[①]，《民族文学研究》2016 年第 6 期

在云南少数民族中，很多民族都拥有类型丰富、数量繁多的迁徙史诗。这些史诗以各民族的世系、谱牒为时间线索，以迁徙辗转的路线、沿途的暂居地为空间线索，以迁徙原因、迁徙活动、迁徙结果为主要叙述内容，通过口头演述或经籍文献流存下来，构成了云南各少数民族独树一帜的“迁徙史诗群”。这些史诗通过口头演述或经籍文献流存下来，形成了云南的“迁徙史诗群”，它们的文本可分为“口头文本”“源于口头的文本”和“书面文本”三种形态。这三种形态的史诗文本通过母题、程式、故事范型等，不断产生新的文本，构筑了迁徙史诗的程式化特性，形成了特有的迁徙史诗网络。不同时空存在着的任何一种迁徙史诗文本都不是封闭性的独立存在。迁徙史诗文本只有在有着浓重的漂泊感、“寻根意识”与“家园情结”的文化传统中才能实现与迁徙有关的母题、叙事范型、祭祀仪式、音乐舞蹈等其他文化形式跨越时空的交流，实现对文本历史、文本所承载的族群记忆与族群文化的无限延伸。

【哈萨克族史诗的母题组合类型】

黄中祥[②]，《西北民族研究》2016 年第 4 期

根据哈萨克族婚姻、英雄、历史和宗教四类母题系列的内容和组成方式，可将哈萨克族史诗的母题组合类型归纳为简单型、复合型和多重复合型三种组合类型。哈萨克族简单组合型母题系列的史诗分为婚姻型和英雄型两类，其中早期的简单组合型婚姻母题系列的史诗一般包括考验女婿型、包办婚姻型和抢婚型，而晚期的简单组合型英雄母题系列的史诗一般包括部落复仇型、抗击敌人型和财产争夺型。早期形成的简单组合型史诗，其主人公的诞生比较奇异，一般都是英雄的父母年老无子，受人歧视，被迫开始了求子行程，最终感动了上苍，年迈的妻子怀孕，并害口想吃狮心豹胆等猛兽的脏器，而在晚期形成的简单组合型史诗中就没有这些母题。显然，自然环境和生产方式的变化会对母题产生影响，是母题消失和出现的根本原因，也是母题组合类型发生变化的主要缘由。

【从“追魂—弃魂”母题看《尼山萨满》传说的形成】

吴刚[③]，《民间文化论坛》2016 年第 5 期

《尼山萨满》是流传在我国东北满、达斡尔、鄂温克、鄂伦春、赫哲等多民族的萨满传说。目前发现满文抄本 6 种，口述本 11 种。这些民族的《尼山萨满》传说之间关系紧密。《尼山萨满》是满族、达斡尔等民族共同参与完成的，“追魂—弃魂”是《尼山萨满》的核心母题。《尼山萨满》向世人所讲述核心的不是“追魂”，而是“弃魂”，以及由“弃魂”而引发的尼山萨满的灾难。这反映了清代禁止萨满文化的宗教政策，这是《尼山萨满》传说形成的根本因素。齐齐哈尔、瑷珲是对清朝宗教政策积极响应之地，也是《尼山萨满》传说的核心区。

① 王淑英：云南民族大学民族文化学院副教授。

② 黄中祥：中国社会科学院民族文学研究所研究员。

③ 吴刚：中国社会科学院民族文学研究所副研究员。

【蒙古族《青蛙儿子》故事与蒙古族史诗传统】

乌日古木勒[①]，《民族文学研究》2016年第3期

“青蛙丈夫”故事在蒙古族地区，尤其是在卫拉特和鄂尔多斯等史诗传统活跃的地区流传过程中，吸纳蒙古史诗和英雄故事中的母题，给“青蛙丈夫”这一世界性民间故事类型增加了很多扩展情节，并注入独特的文化内涵，使这一故事类型焕发出新的活力。这是蒙古族故事家和听众，对世界“青蛙丈夫”故事的传播和发展做出的贡献，也是蒙古族《青蛙儿子》故事的突出特征。

【布努瑶密洛陀史诗的活态传承与文化自觉】

覃琮[②]，《广西民族大学学报（哲学社会科学版）》2016年第5期

20世纪50年代以来，现代教育的推行，外来主流文化的冲击，生活态度的改变，现代媒体的多元化发展，不断冲击密洛陀史诗的文化生态环境，致使史诗的传承氛围由盛转衰，史诗与布努瑶人的关系发生了始料未及的变化，最终导致了史诗传承过程中的裂变和价值认同的复杂化。史诗在不同代与代之间的情感传递也变得越来越淡薄，史诗传唱的内容和场合不断缩减。史诗传承的濒危状况，促发了史诗的传承由过去在民间社会的“自生自灭”到如今在一批接受现代教育的“书写型”传承人的觉醒和推动下，开始有意识地维护、保护、传承史诗及史诗文化。作为布努瑶的精神支柱和精神家园，密洛陀史诗在当代的保护、传承及其表现，在很大程度上将影响甚至决定布努瑶如何在现代社会中找到自我。

【归化与异化：《格萨尔王》中藏族特色文化意象翻译策略】

张宁[③]，《贵州民族研究》2016年第11期

归化和异化是《格萨尔王》中藏族特色文化意象翻译的基本策略，归化可以降低大量藏族文化意象给读者造成文化生疏感，异化有助于特色文化意象在目的语中如实传递。作为藏族文化的最高代表，《格萨尔王》包含着大量藏族文化信息，建构了藏族特有的文化意象，文本的文化异质性更加突出，尽可能地缩小译本和受众的文化距离，加强目的语受众接受，同时又能最大限度地传递藏族文化情调，便成为史诗归化和异化翻译策略应用的基本要求。基于《格萨尔王》史诗的特殊性，相较于其他文本翻译，对于两种策略的具体运用需要强调以下三个方面：第一，归化策略要有度；第二，异化策略应用要注意内容选择；第三，异化和归化两种策略运用要统一。

【藏传佛教“众生平等”与传统女权主义“男女平等”之比较——以藏族《格萨尔》为例**】**

伦珠旺姆　黄敏[④]《青海社会科学》2016年第6期

传统女权主义运动，秉持包含理性、公正、机会均等、选择自由等基本观点在内的“男女平等”思想。藏传佛教亦有“众生平等”这一根本理念。在《格萨尔》史诗活态传承发展的过程中，藏传佛教发挥着深刻的影响作用，其“众生平等、视众如母”的理念成为史诗中生态思想的重

---

① 乌日古木勒：中国社会科学院文学研究所副研究员。

② 覃琮：华东师范大学社会发展学院博士后。

③ 张宁：南京工程学院外国语学院讲师。

④ 伦珠旺姆，西北民族大学格萨尔研究院教授；黄敏，西北民族大学文学院硕士研究生。

要基础。因此，《格萨尔》史诗中与女性形象塑造相关的文本内容，较为生动立体地诠释藏传佛教“众生平等”思想在内涵、本质上与传统女权主义所提倡的“男女平等”思想的同与异，它们在性质和现实发展方面有着根本差异，在终极追求方面有着契合之处。

【巴·布林贝赫蒙古史诗诗学中的艺术自然论】

阿拉德尔吐[①]，《民族文学研究》2016 年第 3 期

艺术自然是巴·布林贝赫《蒙古英雄史诗的诗学》（简称《史诗诗学》）第六章的核心概念之一，也是从审美结构透视诗性心理模式的主要路径；其雏形始见于《〈江格尔〉中的自然》一文，经《蒙古诗歌美学论纲》（简称《论纲》）得以丰富和拓展，终在《史诗诗学》中形成融艺术自然与宇宙诗论为一体的表述体系。“第二自然”（即艺术自然）不仅是《蒙古英雄史诗的诗学》艺术自然论的核心概念，亦是巴·布林贝赫自然诗论的重要内容，它的理论源头是西方哲学特别是德国古典美学的“第二自然”观；其二，《蒙古英雄史诗的诗学》通过对史诗世界即艺术自然的三重结构分析，确立了艺术自然论的本土维度和诗学范例；其三，《蒙古英雄史诗的诗学》着眼于史诗世界的关系结构论与创作手法之间的内在关联，从本土诗学的高度阐释和开辟了以史诗文类为基础的自然诗学的新领域。

【仁钦道尔吉的蒙古史诗结构研究之思想渊源】

陈岗龙[②]，《民族文学研究》2016 年第 3 期

仁钦道尔吉的蒙古史诗结构研究理论的形成其实是一个具有深厚学术思想基础的历史发展过程，可以追溯到普罗普的结构形态学、日尔蒙斯基的史诗起源理论甚至维谢洛夫斯基的历史诗学思想。仁钦道尔吉不是简单的演绎海西希蒙古史诗母题分类法，而是充分吸收自维谢洛夫斯基以来普罗普、日尔蒙斯基等俄罗斯学者关于史诗起源和发展的理论的基础上，结合社会发展阶段和史诗形态发展的分析，提出了蒙古史诗结构发展的理论学说。

【从神灵“移民”看民间信仰的传承动力与演化逻辑】

江帆[③]，《中原文化研究》2016 年第 6 期

辽西地区的“李龙王赶香烟”信仰活动源于山东的“秃尾巴老李”信仰，山东移民将其载携“出关”后，在沿袭原有文化记忆的基础上，依循文化固有逻辑，对这一民间信仰予以重新建构，并最终在辽西生根扩布。在融入当地的文化调适中，这一信仰仪式由“静”到“动”发生着演化，生动地体现了民间信仰作为一种象征性的文化资源，在闯关东移民群体的文化建构中的认同功能，凸显出民间信仰所具有的文化策略本质。以民间信仰的建构与演化机制来看，在生成与传承演化的进程中，信仰的持有主体一般都能根据外部生境的变化，自觉运用原有的文化经验和民间智慧，将原生文化所建构的信仰象征符号以及权力话语予以巧妙地调适，使其成为新的生存环境中民众能够接受和认同的地方性知识，并且会根据本群体以往的集体记忆和对原来的信仰事实的理解，重新建构起一种具有地方性和本族群文化属性的民间信仰话语体系。

① 阿拉德尔吐：贵州师范学院副教授。

② 陈岗龙：北京大学东方文学研究中心教授。

③ 江帆：辽宁大学文学院教授。

【都市传说分类方法述论】

李扬　张建军[①]《文化遗产》2016 年第 3 期

与外国相比，中国的都市传说研究起步较晚。到目前为止，我国民俗学者尚未建立起本土的都市传说类型索引体系。西方学者围绕着真实性、主题、类型、结构等诸多方面对都市传说的分类系统展开了讨论。布鲁范德《都市传说类型索引》的面世，成了西方都市传说分类和索引研究的里程碑式著述。同时，它对于中国都市传说的分类工作也有着重要的借鉴意义和参考价值。

【史诗的传说化与传说的史诗化——以巴林格斯尔传说叙事结构为例**】**

乌·纳钦[②]，《民间文化论坛》2016 年第 4 期

该文以巴林格斯尔传说为例，从叙事结构深层，探讨了一个史诗的传说化和传说的史诗化现象。巴林格斯尔传说所描述的山水风物都是独立的，可传说的情节却彼此连贯。经分析，正是蒙古族早期失而复得式史诗和迎敌作战式史诗母题序列被转输到传说情节序列之中，组成连贯的情节链，使传说有了史诗的结构。这是史诗的传说化现象，也是传说的史诗化现象。在史诗与传说的互文过程中，史诗是传说的前文本，传说是史诗的后文本。传说之于史诗，是直接套用其结构的互文关系；史诗之于传说，是借助传说的形式获得第二次生命。巴林格斯尔传说中套用单篇型史诗结构的原因，一方面出于风物传说的句式限制，另一方面可能因为它们被编创于1716 年北京木刻本《格斯尔传》出版之前。

【介子推传说的历史记忆与当代建构】

段友文　闫咚婉[③]《民俗研究》2016 年第 5 期

介子推是春秋时期晋国的贤臣，因其“割股奉君”“功不言禄”的义举而被世人称颂，其传说更是家喻户晓。民众对介子推传说的历史记忆可从典籍文献、口承故事与地域空间三个维度进行追溯，其记忆建构过程是在传说文本“历史发端”“以史运事”与“因史生事”历史演绎的基础上，利用空间物化的记忆形态来进一步加深对传说的记忆。因传说记忆主客体存在的差异性，当代介子推传说呈现出两种不同的传承模式：个体传承和集体传承并存的沁源在地化传承模式与以景观叙事为主的介休景观化传承模式。传说发展的动力机制是由多种元素相互制衡、促动而形成的，它的研究对传说的当代传承具有重要的现实意义。

【文化记忆的建构、遗忘与重构——以上海“康王建城”叙事为中心的讨论**】**

毕旭玲[④]，《上海文化》2016 年第 10 期

文化记忆的建构、遗忘和重构是循环往复的过程。文化记忆分为功能记忆和存储记忆两大类型。功能记忆为当前记忆，是文化记忆中被选择出来用于当下文化建构的部分，一部分没有现实价值的文化记忆信息则被遗忘或者休眠，由功能记忆进入了存储记忆。那些进入存储记忆的文化

① 李扬，中国海洋大学文学与新闻传播学院教授；张建军，中国海洋大学文学与新闻传播学院硕士研究生。

② 乌·纳钦：中国社会科学院民族文学研究所研究员。

③ 段友文，山西大学文学院教授；闫咚婉，山西大学民俗学专业硕士研究生。

④ 毕旭玲：上海社会科学院文学研究所副研究员。

记忆信息在未来的某个时间将会被唤醒并得到重构。上海“康王建城”传说就经历了一个从建构到遗忘再到重构的过程，充满了根据本地政治、经济发展状况做出的自我调整与适应的文化印痕。

【女性主义视角下对观音本生与显化传说的再审视】

庞亚辉[①]，《世界宗教文化》2016 年第 6 期

观音信仰在民间的兴盛与女性地位的下降大体发生在同一时期。民间传说、地方戏曲和曲艺中讲述的观音本生与显化故事，成为传播观音信仰的重要媒介。化身众多、变幻无方是观世音菩萨与其他女神、娘娘相比十分突出的一大特征。从女性主义视角看，菩萨这种“多面”形成，是佛教观念的传播与妇女信众群体的女性意识觉醒互动的结果。观世音菩萨之所以在女性中间格外深入人心，一个重要原因就在于对她/他指引了一条于外低调含蓄、谨守本分，于内坚守内心、张扬个性的女性救赎策略，为天下女性提供了一种身缚枷锁而心灵自由的可能。

【日本“山姥”传说的现代文学解构】

肖霞[②]，《民俗研究》2016 年第 2 期

“山姥”是日本流传较广的一个民间传说，但在日本现代女性作家的作品中，“山姥”已不再是传说中“栖息在山中的老女”形象，而是对具有某些山姥特质的女性解构之后而形成的崭新的富于理性思考的女性人物形象。现代社会中的“山姥”，大都是遭遇人间不公，饱受生活磨难的女性。她们是现代社会既有制度和世俗凡尘的受害者，其最终命运往往是被世人当作禳灾辟邪的牺牲者而被供奉于人间道德的“审判台”上，从而成为夫权专制社会罪孽的救赎者。

【蒙冤叙事与下层抗争：天地会起源传说新论】

李恭忠[③]，《南京大学学报》2016 年第 5 期

从民间文化的语境来看，与其说天地会的起源传说是一种关于清初反满斗争的记载或影射，还不如说是一种另类的“义士蒙冤”叙事。跟近世以来大众文化中常规的“小民蒙冤”和正统的“忠臣蒙冤”叙事不同，“义士蒙冤”叙事容许甚至公开倡导对来自庙堂的巨大不公进行复仇性的抗争。这种抗争逻辑采用了大众文艺的戏剧化叙事结构，虽然染上了传统族类观念的色彩，但却深嵌于两千多年来的主流天命意识形态之中，下层抗争的正当性由此在形式上得到了主张。这一抗争逻辑的要义并非复仇申冤，亦非“权利”意识的伸张。“顺天行道”这一口号体现了对于皇权的想象性竞逐，天地会在日常社会生活层面则沦为一种内外有别的集团暴力。

【中古时期蒙古人的另一种祖先蒙难叙事——“七位幸免于难的脱险者”传说解析】

钟焓[④]，《历史研究》2016 年第 3 期

目前学术界在讨论蒙古祖先传说时最关注的材料之一，即拉施特《史集》所叙述的两男两女蒙难逃生，避居额尔古涅—昆山岭的传说。然而，《史集》所重构的上述历史叙事绝非 13 世纪前后的蒙古人中间所流行的唯一祖先蒙难记忆文本。实际

---

① 庞亚辉：中国佛学院普陀山学院讲师。

② 肖霞：山东大学外国语学院教授。

③ 李恭忠：南京大学民间社会研究中心副教授。

④ 钟焓：中央民族大学历史文化学院副教授。

上，《元典章》、柏朗嘉宾行记、埃及马木鲁克王朝史学家伊本·达瓦达利的著作均记载了与之有别的另一种祖先蒙难叙事，其核心内容甚至还见于16世纪察合台语编年史《选史——胜利之书》中。这一主题的起源可以追溯到11世纪成书的《记述的装饰》中，通过对该型故事的研究，有助于我们全面地认知并复原13—14世纪蒙古人群体中所保持的关于祖先起源的历史记忆。

【改土归流背景下他留人族群传说的话语建构】

杨晓雯①，《云南师范大学学报》2016年第3期

云南省丽江市永胜县彝族支系他留人旧时自称“他鲁苏”，他称“他鲁人”，近年来统一为“他留人”。“他鲁”与“他留”作为他留人的指称，先后出现于明、清地方志书中。关于他留人族源的传说围绕“他鲁”更名为“他留”的缘由形成了不同文本，无论是影响最大的与高土司相关的“铜佛像”传说，还是其他文本，作为一种象征资源，均为“流”与“土”、民间与官方所征用并建构。流官政权采取民间话语对土官进行“妖魔化”的表述；土官阶层则借助民间话语形式进行象征性资本的建构，体现出对汉文化的积极认同。

【从碑志看高句丽人的始祖记忆与族群认同】

祝立业②，《社会科学战线》2016年第5期

好太王碑的树立，标志着高句丽始祖传说自我建构的形成，冉牟墓志体现了始祖传说的流传和认同，《魏书·高句丽传》则体现了始祖传说的完善和再创造，及至高句丽灭亡，其移民墓志则体现了始祖传说认同的衰减，这也是“选择性失忆”和“谱系性失忆”的结果，这一结果也体现了入唐移民逐渐融入唐王朝的历程。

【攀附与逃离：作为社会记忆的中渡城隍传说】

李鹏③，《民族艺术》2016年第2期

城隍作为中国民众普遍祭祀的对象，在民众生活中占有十分重要的地位。中渡是西南中国的古镇，因在洛江之滨，明清至民国时期曾为桂中重要的市镇。城隍是古镇民众主要的信仰对象，当代人流传着两则城隍传说，内容有共同之处，即去皇宫救火，并被光绪封赏，因而名声大噪，也存在较大的差异，主要是城隍的身份问题；第二则中认为城隍来自于洛江的“神木”。肇始于哈布瓦赫的社会记忆理论，为本文提供了理论视角，运用社会记忆理论分析两则城隍传说，尤其关注两则传说的异同点，可以看出城隍传说折射出的国家与地方的互动关系，也可以通过对社会记忆理论的探讨，指出当前社会记忆理论的不足及发展方向。

【故事类型的不变母题和可变母题——以中国洪水再殖型故事为例】

陈建宪④，《广西民族大学学报》2016年第3期

民间故事类型由众多文本集合而成。同一个民间故事类型中的每篇异文，都含有常量和变量两种元素，常量是该类型共有的结构元素，即不变母题；变量指每篇异文中的具体情节单元，称为可变母题。

---

① 杨晓雯：云南大学副教授，云南大学文学院博士研究生。

② 祝立业：长春师范大学历史文化学院博士研究生，吉林省社会科学院副研究员。

③ 李鹏：广西科技大学西部地区产业与城市发展研究中心讲师。

④ 陈建宪：华中师范大学文学院教授。

作者从500多篇中国洪水再殖型故事异文中筛选出洪水、遗民和再殖三个不变母题，将洪水的起因、遗民身份、再殖人类的方式在不同异文中有所变异视为可变母题。把不变母题和可变母题输入数据库，进行组合检索，便可得到母题组合的数据，经过统计分析和画出地理分布图，能够发现异文间的联系，从而揭示民间故事传承和变异的规律。

【存在论转向下的“母题”概念探析】

徐磊①，《广东外语外贸大学学报》2016年第4期

源自民间文艺学、民俗学的经典概念——“母题”被广泛运用于诸多研究领域，但其界定与划分标准至今仍处于较为混乱的状态，且关于这一问题的讨论多陷于认识论的“寻真”困境。学术界在由认识论向存在论转向的背景之下，急需在尊重人与人以及周围世界之间的主体间性，坚持在“我与你”对话的态度的基础上，对母题概念进行进一步的探讨，使母题成为“我与你”相遇，并就“你”的叙事世界、精神世界进行对话的方法入口。

【关于编纂《蒙古族民间故事类型索引》与数据库建设的一些思考】

斯琴孟和　孟克代力格日②《民族文学研究》2016年第1期

文章首次全面搜集国内外的蒙古族民间故事，把故事分成AT分类体系中的故事类型和无法纳入AT分类体系中的故事类型两大部分。对于不能纳入AT分类体系中的蒙古族民间故事类型另行制定分类编码体系，称之为“SM分类体系”。借助数据库，将故事文本进行分类、归纳、整理、录入、标记、检索，设计建立相应的英、汉、蒙三种语言同时兼容的类型分析数据库和综合数据，从而为蒙古民间故事研究提供一个广阔的平台。

【童话现象学：苦心孤诣谁愿识?】

户晓辉③，《民间文化论坛》2016年第3期

麦克斯·吕蒂的童话现象学在世界童话研究领域独树一帜，它不仅使欧洲童话研究大为改观，也从根本上转变了人们关于童话的常识和印象。吕蒂认为童话是对人类具有存在论意义的一种叙事体裁。他的童话研究不是民俗学研究而是文学科学研究，将童话的本质视为目的形式，是现实中的童话的共同趋向并力求实现的目的形式。童话现象学的研究就是对现实中的童话进行本质还原。通过比较各种异文得到某个标准形式可能比用历史地理学派方法寻找原始形式更容易。他从现象学出发对诸多童话的动态的和辩证的还原，童话的体裁的形成关键不在于它使用的母题而是它使用母题的方式。通过空洞化、升华化和孤立化童话的形式（本质）得以形成。童话的形式和本质最终归结为童话中呈现的人的形象。童话以自身特有的抽象化、图形化和孤立化风格描绘了一种人的形象。童话表达的是对人及其存在的一种特殊理解。吕蒂对童话的现象学研究是借助童话的本质研究通往人的形象和人的存在。民间童话中的行动者揭示了人的存在处境和真相。吕蒂认为童话最大的功能在于“把听众带进人的存在的本质”。吕蒂的童话现象学对童话不变成分或恒定因素的寻求构成了欧洲童话研究的另一种更值得继承的

---

① 徐磊：广东外语外贸大学东方语言文化学院副教授。

② 斯琴孟和，西北民族大学蒙古语言文化学院教授；孟克代力格日，内蒙古大学蒙古学学院博士研究生。

③ 户晓辉：中国社会科学院文学研究所研究员。

传统，也是20世纪童话研究的一大特征。尽管这个传统在当代欧洲已经有些式微而且后继乏人，但吕蒂的童话现象学仍然是欧洲童话研究乃至民间文学研究深刻而宝贵的遗产，值得我们重视和发扬光大。

【西方故事学的转型与民族志故事学的兴起——以琳达·德格的“以讲述者为核心的叙事表演研究”为中心】

张静[①]，《广西民族大学学报》2016年第3期

琳达·德格（Linda Dégh）提出的“以讲述者为核心的叙事表演研究”是西方故事学转向民族志的重要成果。她认为故事的生命力源于传统、讲述社区和讲述者，从社区（包括听众）和（讲述者）个人、传统和（讲述者的）创新两种对立关系中考察故事讲述活动。（讲述者）个人具有创造性，但受传统和社区的限制。讲述者处于核心位置，处于传统的约束与自我创新，以及社区的约束和个人的自由的两种张力之间。三者互相联系和影响，构成一个系统。琳达·德格持续研究了匈牙利的传统农业社区和美国匈牙利移民社区的讲述活动，通过故事讲述考察社区、传统和听众的互动和研究讲述者在传统和创新的博弈与协调中完成故事的表演，发现讲述活动有时间性，讲述形式有“轮流讲述”和“个人讲述”两种。讲述者的创造性是在有限框架内进行的。通过追踪一个家庭内故事的变化，考察同一社区内不同讲述者讲述同一个故事的变化，比较同一讲述者对同一故事的多次讲述，对故事的核心内容及变化的法则有了新的认识。德格的研究对田野和文本同样重视，吸纳了俄罗斯的民族志故事研究传统和欧洲故事学的精髓，借鉴了人类学的田野调查法和北美的表演理论，对西方故事学研究产生了深远影响。

【法国类型索引编制史与口头文学研究思潮】

鞠熙[②]，《民族文学研究》2016年第2期

与很多国家一样，法国故事类型索引的编纂，直接受到历史—地理学派的影响，使用AT（现为ATU）分类法。但这项工作在法国一开始就有较强的地方文化研究色彩，并始终与口头文学的研究思潮保持密切关系：故事形态学、结构主义、民族志的研究转向，直到文化遗产学的理念，无一不在编制类型索引中留下印迹。文章主要阐述法国民间故事类型索引编纂的历史与现状，除介绍索引本身的内容与体例外，重在分析每一阶段编纂索引的理论特点及其学术史背景，以期对中国学者有所借鉴。

【从“英雄奇异诞生”论情节单元的跨国、跨故事现象和情节单元索引的编写】

金荣华[③]，《民间文化论坛》2016年第6期

跨国、跨文化的同类型故事具有相同的基本结构或核心情节，形成同类型故事跨国、跨文化的多样化面貌取决于情节元素或次要情节。“英雄奇异诞生故事”主题的各种“奇异诞生”都是一个自成单元的情节，不同故事的主角可以有同一方式的奇异诞生。这种情节单元是民间故事的基础，而情节单元的多样性和跨故事现象，则丰富了故事的风貌。作者提出对于该类型故事的研究，如果有能利用大量的情节单元快速检出其出处的工具书，把单一国家或地区的情节单元索引和汤普逊的索引

① 张静：华中师范大学文学院讲师。

② 鞠熙：北京师范大学中国社会管理研究院/社会学院讲师。

③ 金荣华：台北中国文化大学教授。

相结合是较好的方法。

【“弃老”故事与长生成仙信仰】

海力波①，《民间文化论坛》2016 年第 3 期

“弃老”实为古代人生礼仪中从老年走向死亡的过渡仪式，老人在特定的年龄阶段从公共生活中隐遁，在社会身份与生活空间上与世人相隔离，以等待死亡的到来。“仙”之原意当为老年年龄等级之称谓；长生成仙信仰起源于古人对曾经存在的“弃老”习俗与仪式的曲折记忆与美化想象。处于仪式阈限状态的老人形貌与“野化”生活方式成为早期仙人形貌与仙界生活的原型；飞升与尸解极有可能源自火葬与食尸葬等丧葬形式。

【跨族际的故事比较——汉族、藏族“天鹅处女”型故事研究】

林继富②，《青海民族研究》2016 年第 4 期

汉族、藏族流传了大量的“天鹅处女”故事，形成了具有共同性和特殊性的叙事传统，这些传统与汉族、藏族民众生活紧密相连。汉族的“天鹅处女”故事，具有久远的历史，书面传统为汉族“天鹅处女”故事留下了完整的发展轨迹，其故事情节构成的复杂性和传承中的包容性在“天鹅处女”故事中表达得十分充分。藏族的“天鹅处女”故事情节单元较为复杂，多重母题粘连，或“迭加”或“镶嵌”。在故事生存土壤上，受制于藏族宗教信仰的影响，故事中的信仰色彩和信仰性的主题较为明显。语言表达上，受藏族史诗讲唱传统的影响，重叙事，轻抒情。汉族、藏族“天鹅处女”故事具有显明的印度佛教同类型故事色彩。

【佛教譬喻故事“略要本”在西域和敦煌的流传——以敦研 256 号写卷为例】

陈明③，《文史》2016 年第 4 期

敦研 256 号残卷是一种佛教譬喻故事的“略要本”，乃供佛教司讲唱的僧侣讲说譬喻故事时所用。作者借助敦煌写卷资料考察了包括“老鼠噉铁”型故事的“略要本”。发现敦研 256 的形成既与印度和西域的胡语佛教譬喻故事的传写有关，也与敦煌所传汉语佛教故事纲要本的形式相关，应该是印度佛教文学与中土文化混融的产物。对该类型文本的分析有助于进一步认识印度佛教文学的流传及其对中土的影响。

【“舜子变型”故事在中日两地的流传变异】

陈泳超④，《民俗典籍文字研究》2016 年第 1 期。

舜孝故事在中国源远流长，从形态上说，大致可以分为“史记型”和“舜子变型”两类，作者着重分析“舜子变型”故事的来龙去脉。从现存资料来看，该型故事最迟在东汉时期应已出现，到六朝时期已可见到完整的框架，其最丰满的展示则为敦煌的《舜子变》，五代之后，此类型故事在包括通俗文艺在内的通行文献中销声匿迹了，但它的实际生命并未结束，我们从广西、福建、台湾等南方边缘地区的下层文艺以及口传文本中依然可以见其身影，也发生了一些共同性的变异，最明显的是结尾部分由原先的化恶为善改成了惩罚恶人。该型故事很早就流波日本，尤其在两个国内失传的早期汉文《孝子传》

① 海力波：广西师范大学文学院教授。

② 林继富：中央民族大学文学与新闻传播学院教授。

③ 陈明：北京大学东方文学研究中心、北京大学南亚系教授。

④ 陈泳超：北京大学中文系教授。

中，有比较充分的展示，而且此后在日本各类文献中绵延不绝，并不像中国这样失传于主流文献。同样，在日本近代口传文本中也可以看到许多该型故事，尤其集中于受中国文化影响很深的冲绳地区，它们与我国东南沿海口传文艺中对该型故事的承续和变异情况颇为相似，其间或许存在新一轮的交流影响。

【山西狼/狐精怪故事的比较研究】

岳永逸　赵雪萍①《民间文化论坛》2016年第2期

狼外婆和小红帽的故事影响深远，中国亦不例外。70多年前司礼义神父对大同南部包括狼精故事在内的口传故事，采用了文本细读和宏观比较相结合的方法进行研究。这一方法在现代精怪故事研究中同样具有实际指导意义：搜集比较山西境内不同地区的32则狼/狐精怪故事，对该类故事在山西境内的地域分布进行简要描述，按前情、结果等不同量标对故事进行了分类，并就这些故事中的植物、动物、食物、日常用品、韵语和获救方式等进行了比较分析，最后与AT分类法中的老虎外婆型故事的母题进行了比较。

【"轮流奉妖"母题的传播与文化的异变整合】

王立　陈立婷②《南开学报》2016年第1期

"轮流奉妖"母题往往与过路英雄顶替牺牲、斩妖除害、扫清积弊等情节相结合。印度史诗、民间故事和佛经为母题之源，而本土淫祀观念在与汉译佛经故事结合中推波助澜。明清同母题故事由轮流奉妖吃童男女，转而关注以童男女修炼及强娶人妻等，显现出人类在生存空间中，其角色从作为暴力者的食物转变为暴力者的修身养性成仙了道之工具。专制社会伦理迫使家族操控者轮流贡献下一代"舍生济众"，将不合理的"规矩"视为正常，需要少数外地英雄打破陋俗，此为母题伦理反思的核心。

【"边缘"之魅——文化视野中的古代狐精故事解读】

任志强③，《民俗研究》2016年第2期

狐介于人类和物怪之间，介于明暗之间，介于仙妖之间，界限模糊，令人难以捉摸，处于范热内普所说的"边缘"和特纳所阐释的"阈限"状态。这种状态往往会被人们视为是危险的、令人难以控制的，甚至会给现存社会秩序带来威胁。从狐精故事呈现出的狐精形象可以发现，不管是胡人、妓女还是流民，都是古代社会中的边缘群体。狐精所象征的这些群体，通常被认为是危险的、边缘的、官方难以控制的。这些群体，是中国社会中受到社会规范抑制的代表，是文化制约的对象，也是官方压制的力量。

【浅谈"浴女"习俗与毛衣女故事】

孟慧英④，《中央民族大学学报》2016年第6期

东晋干宝在《搜神记》记述的"毛衣女"故事，在故事分类中属于天鹅处女型故事。从壮族女子太阳节、萨满文化区域的天婚习俗以及甘肃西和县的七夕习俗三个案例中，探寻该故事呈现的"女子成年礼"的核心意义，从中可辨析在不同文化

① 岳永逸，北京师范大学文学院副教授；赵雪萍，北京师范大学文学院硕士研究生。
② 王立，大连大学语言文学研究所教授；陈立婷，大连大学语言文学研究所硕士研究生。
③ 任志强：河南师范大学青少年问题（社会福利）研究中心、中原非遗研究中心副研究员。
④ 孟慧英：吉林师范大学教授、中国社会科学院民族学与人类学研究所研究员。

系统有关习俗中所展现的故事成因、象征功能以及它蔓生、演化的情况。

【略论故事形态学理论研究的新进展】

李扬[①]，《贵州民族大学学报》2016 年第 2 期

《中国民间故事形态研究》较早尝试借鉴普罗普的故事形态理论研究中国民间故事。随着国内学界对普氏理论的译介和运用，这一理论逐渐得以“激活”、受到重视，新的研究成果不断出现，普氏体系被修正、深化和延展，形成故事学研究中一个重要的学术方向，并对其他学科领域产生了影响。

【论“民间笑话圈”】

王旭[②]，《民族文学研究》2016 年第 1 期

民间笑话是一种颇受人们喜爱的民间叙事类型，材料丰富，有广泛的现实基础。但是它却一直被学界视为不登大雅之堂的小众，研究工作相对薄弱。在现有研究成果中，学者们致力于探索笑话文本背后跨文化的普遍规律，对笑话的地方属性不甚关注。文章从“笑话圈”的理论视角出发，结合广泛流传的汉族和少数民族笑话资料，探讨笑话圈形成的区域基础、精神内核、交流符码、本体特征，以及笑话圈的变迁和意义。

【民间故事讲述的话语互动序列与合作叙事——以亲子间两次听讲《包公行医》为例**】**

祝秀丽[③]，《民族文学研究》2016 年第 5 期

采用实验法对亲子间讲述的《包公行医》故事从话语行为层面进行细致解析。作者认为《包公行医》是讲述者和参与者合作完成的故事，在听讲双方的积极交流中生成的。故事包含前言、讲述—反应、离题和结束四类话语互动序列。由于母子的亲密关系和反复的听讲实践，故事讲述过程充满了“对话体的”叙述形式和合作叙事的主体间性。

【“灰姑娘”型故事研究批评】

李丽丹[④]，《民俗研究》2016 年第 6 期

“ATU 510A 灰姑娘”型故事百余年的故事研究史呈现出民间故事研究的方法变迁：中外民间故事类型的索引编纂确定了故事类型在世界范围内的广泛存在；类型中稳定的“继母虐待”“以鞋试婚”“生母变牛”等母题是文化人类学、精神分析学的分析重点；新马克思主义者扩大故事文本的研究对象与研究领域，展开童话中的阶级斗争图景；女性主义研究揭示出故事中人物形象的男权中心主义实质与长期处在男权压制下的灰姑娘在当代语境中逐渐形成顺从与抗争并存的局面。一个故事个案在研究方法与研究成果的层累，对民间故事的互文性研究具有启发意义。

【苗族民间故事善恶观与基层社会治理研究】

肖远平　奉振[⑤]《贵州民族研究》2016 年第 12 期

民族传统文化是民族智慧的结晶，其蕴含的文化精髓对当前民族地区基层社会治理具有重要的借鉴意义。深入挖掘苗族

---

① 李扬：中国海洋大学文学与新闻传播学院教授。

② 王旭：北京师范大学文学院博士研究生。

③ 祝秀丽：中国科学技术大学科技传播与科技政策系副教授。

④ 李丽丹：天津师范大学文学院讲师。

⑤ 肖远平，贵州民族大学教授，华中师范大学兼职教授；奉振，华中师范大学国家文化产业中心博士研究生，贵州民族大学讲师。

民间故事中的治理观念，将其所蕴含的善恶观如何与基层社会治理理念、主体、方式和结果相结合进行研究，探索有效降低基层社会治理成本、提高治理效果、推动治理现代化的新视野和新途径。

【宝卷文献研究述略】

苗怀明①，《中国古代小说戏剧研究》2016年年刊（总第14辑）

根据各个历史时期的情况，可以将宝卷文献的研究分为五个阶段，即20世纪上半期、新中国成立后三十年间、20世纪80年代、90年代及21世纪初的前十多年间。不同历史时期在宝卷文献新发现、目录索引编制、作品整理、文献资料的汇编及研究等方面呈现出不同的特点。经过研究者的不懈努力，宝卷文献研究已初具规模，为宝卷研究奠定了坚实的文献基础。

【戏曲史家民俗学家张次溪】

沈达人②，《戏曲艺术》2016年第3期

张次溪毕生致力于历史、社会、民俗、戏曲资料的搜集、整理，著述甚丰。在他完成的多种著作中，当以《清代燕都梨园史料》《天桥丛谈》两种影响最大。《清代燕都梨园史料》辑录51种有关清代戏曲的著述，对戏曲演出活动、戏曲班社沿革、戏曲名优传略、梨园轶闻掌故搜罗备细，具有相当珍贵的史料价值。《天桥丛谈》奠基于《天桥一览》《北平天桥志》《天桥杂技考》《天桥景物图录》等张次溪的旧作，是张次溪积30年对天桥戏曲、曲艺、杂技、艺人生平、民俗活动调查、整理的结晶。

【20世纪以来口述戏剧史料的整理与研究】

郑劭荣③，《戏曲艺术》2016年第3期

口述戏剧史料是戏曲口头传承的产物，它是整个戏曲史料的重要组成部分。20世纪前半叶，学界开始搜集、汇编口传资料，并尝试用于花部戏剧的研究。建国后至20世纪末，集中整理了口述剧本、剧种史料及艺人口述的回忆录，其中戏曲志、剧种史及仪式剧研究是口述史料付诸学术实践的成功范例。21世纪以来，在口述史料的采集运用上，借鉴人类学、民俗学及口述史方法，极大地推动了濒危剧种及传承人口述史研究。未来需要强化学科意识，探索构建专门的口述戏剧史料学。

【歌子戏载体“杂念调”之研究】

游素凰④，《民间文化论坛》2016年第6期

歌子戏发展早期所唱的杂念调，为其基础唱曲之一。杂念调乃初级的语言音乐化所产生的歌子调。其语言性非常强烈，从歌词语言声调之高低而产生曲调，以近似于说唱性质的演唱方式呈现，具浓厚的戏剧性效果。其唱词的语言本身，富含意义情趣与思想情感，称作词情；且具喜怒哀乐等音乐性的语言旋律，称为声情。二者须互相融合，且相得益彰。在此基础之上，作曲者顺应歌词之声情度曲，谱曲之际同时彰显其词情，再搭配器乐烘托诠释歌词。最后，由演员以其音色、口法、行腔，依其个人之技艺修为与对歌词意义情境思想之体悟，融会运转用歌声表达呈现，此为戏曲歌乐之最终完成，即演员之唱腔。作者从杂念调的歌词与曲调内在质素及其曲调构成，并借由七字调、都马调的比较，析理齐言与长短句在歌子戏载体中运用的

① 苗怀明：南京大学文学院教授。

② 沈达人：中国艺术研究院戏曲研究所研究员。

③ 郑劭荣：长沙理工大学中文系副教授。

④ 游素凰：台湾戏曲学院副教授。

异同，以供音乐与戏曲界之参考。

【新疆曲子戏的发生学研究】

任方冰[1]，《戏曲艺术》2016 年第 2 期

新疆曲子戏是在西北小曲的基础上，经重新整合而产生的一种戏曲艺术形式。作为一种新的被认同的知识体系，其形成经历了一个由各地小曲传入、整合统一、确立三个重要时期。乾嘉时期西北小曲的传入为新疆曲子戏的发生创造了基本条件；道光时以“唱太平歌”代称西北小曲，促进了曲子戏的整合，民众对曲子戏的认知逐步统一；新疆建省和政策的驰松，为新疆曲子戏的形成奠定了基础；曲子戏民间自乐班社的社会行动巩固了民众对新疆曲子戏的社会认同。

【民间祭祀戏剧表演空间探论】

王志峰[2]，《戏曲艺术》2016 年第 3 期

祭祀活动中，不论祭祀戏剧的娱人成分有多少，却始终得披上娱神的“合理”外衣，祭祀活动主祭场的布置及掌坛师的仪式，使以之为中心的祭祀戏剧表演笼罩着浓重的宗教色彩，营造了祭祀戏剧表演的宗教空间。祭祀戏剧演出的过程中，从来没把其活动范围、剧情结构拘泥于一个封闭的空间，仪式插入、观众进入情境的现象非常普遍，形成收放自如、吐纳随性的开放式空间。祭祀戏剧的展演空间巨大、多变、丰富，这种环境意识，开拓实体的表演场域外，还可以涵纳更广阔的空间环境，使演剧具有一种自然生态的特性，与天地浑然一体，不分你我，更彰显其蓬勃的生命力。

【从乡村戏台到城镇舞台：江西傩艺人身份的艺术人类学考察】

曾澜[3]，《戏曲艺术》2016 年第 2 期

乡村傩祭仪式中，傩庙戏台承载了乡村共享共有的地方文化，标示了傩艺人身份自我与他者的同一性。当傩戏成为舞台上的民俗表演时，舞台代替了戏台成为定位傩艺人身份的核心场域，傩艺人被赋予了“民间艺术家”由主流文化所定位的身份。身份展演情境的变异，导致了傩戏地方性文化内涵的模糊和剥离，为身份提供确定性意义的同一性被分裂，傩艺人身份发生变异；傩艺人身份的变异是民间戏剧不断被展演和被表述导致的结果。

【民间文化对元杂剧叙事结构的影响】

彭栓红[4]，《戏曲艺术》2016 年第 4 期

元杂剧的形成发展离不开民间文化这块沃土。元杂剧从内容到形式都有民间元素。元杂剧叙事结构深受口头文学、民间信仰影响，形成了多种范式，情节内容前后呼应，并与一本四折体制相适应，与杂剧的舞台表演相结合，符合民众的审美心理，易于观众接受，也有利于戏剧冲突的形成、人物形象的塑造和主题的彰显，同时还是元人生活的客观记录。这一特点，使得元杂剧叙事颇接民众、民间之“地气”，同时也是元杂剧广泛传播的重要原因。

【地方戏曲戏弄特色探究——以二人台为例】

王秀玲[5]，《戏曲艺术》2016 年第 2 期

地方戏曲戏弄的特色渊源在于古优、古参军，戏弄的传统源远流长。在整体上，

---

① 任方冰：中央音乐学院音乐研究所讲师，北京民族音乐研究与传播基地驻地研究员。

② 王志峰：山西师范大学戏剧与影视学院副教授。

③ 曾澜：上海社会科学院文学研究所助理研究员。

④ 彭栓红：山西大同大学文学院副教授。

⑤ 王秀玲：内蒙古大学艺术学院副教授。

地方戏曲戏弄的特色体现在提供一般的类型，重点不在个性人物的刻画上。地方戏曲蕴含的喜剧性具有深刻的历史文化背景。地方戏曲的主要来源——民歌，使它的剧目特点表现出注重抒情，不以讲述有头有尾的完整的故事为目的。地方戏曲戏弄的特色具有明显的狂欢节类型的节庆活动的特征。戏弄特色主要通过丑角展示，丑角决定了地方戏曲的艺术品格。

【苏州评弹与近代江南乡民日常教化】

郝佩林[①]，《民间文化论坛》2016 年第 4 期

与按时定点的正规教育不同，乡民的知识教育应该化入其赖以存活的日常共同体内。评弹作为扎根于吴地乡土的民间曲艺，以其独具特色的展演方式，随时随地诠释着教化乡民的生动过程。在时间上，短到一日之间，长到年关节庆，无限伸缩，俨然成为江南乡民日常生活的固定节律；空间上，茶馆地摊，田园场头，说书艺人活跃在乡民的日常生活场域之中；艺人们依托吴地方言，通过角色形态的刻画，契合乡民心理的书路改编，日常元素的摹效等方式，不断演绎着书中的世俗民风、人情冷暖。评弹用这种契合日常场景的内容与式样，使江南乡民在日复一日、年复一年的日常生活中接受着来自经典世界的知识化育，也生动地诠释了日常生活共同体内乡民接受知识教育的延展性与持续性。

【从艺校教学到师徒传承——兼论恢复柳琴戏师徒传承模式的价值和意义**】**

李春颖[②]，《黄钟》2016 年第 4 期

作为国家级非物质文化遗产代表作的柳琴戏，自清末产生以来一直沿用口传心授的传承方式，然而这种传承方式自 20 世纪 50 年代的“戏改”以来被戏校这种集中授课的师生培养模式所取代。传承体制的变革给柳琴戏的发展带来了新活力，同时也产生了一系列问题。笔者对柳琴戏的学校集中授课和师徒传承进行比对分析，认为在当今社会恢复传统口传心授的师徒传承模式仍具有重要价值和深远意义，应视为传承保护的重中之重。

【社会主义文艺的边缘人：“戏改”中的艺人流动与私人办团现象】

苏菲[③]，《戏曲艺术》2016 年第 2 期

“戏改”开展以来，国家曾尝试通过支外、转业、返乡等方式对个体艺人和私营剧团进行改造，但这些方式却一再出现反弹，不论是城市的街头、郊县的茶馆还是农村的大队，都能看到流散艺人和无证剧团的踪迹。特别是在刚刚度过困难时期的 1962 年，他们的活动尤为活跃，反映出政治、市场与文艺在这一国家政策缓和的特殊时期的关系。从中可考察文艺改造在城乡推行时的不同效果，并探讨社会主义国家对文艺的管控态度。

【中国戏曲非物质文化遗产的活态传承研究】

王晨[④]，《艺术百家》2016 年第 5 期

戏曲非物质文化遗产的保护与传承，包括戏曲传承者的表演技艺传承、戏曲剧目的整旧与创新和戏曲观众的回归，这是对整个戏曲生态的恢复和重建。以师徒和科班传习为主的个体表演技艺传承、以剧团演出为主的戏曲剧目传承、以剧演空间

① 郝佩林：苏州大学社会学院博士研究生。

② 李春颖：徐州工程学院艺术学院讲师。

③ 苏菲：复旦大学历史学系。

④ 王晨：南京艺术学院文化产业学院教授。

的社会场域中的观演互动为主的戏曲集体记忆传承机制构成了整个戏曲生态，戏曲“非遗”的活态保护是对个体经验、院团剧演组织和社会集体记忆三个层面传承机制的复活和再生。

【西部少数民族曲艺档案的文化价值与记忆功能】

李萍[①]，《广西民族大学学报（哲学社会科学版）》2016年第5期

档案作为社会记忆建构的中介和载体，在民族文化的保护传承和发展利用上发挥着不可替代的作用。建构西部少数民族曲艺档案既是纵向链接曲艺历史片段的有效手段，也是横向联结曲艺区域因子的重要途径，同时还是开发利用曲艺资源的前提举措，对西部少数民族曲艺资源的抢救、贮存、发展以及曲艺社会记忆的修复、强化、重构皆有着不菲的价值和独到的功能。

【传统戏曲传播的新途径：移动新媒体平台】

杨洋[②]，《戏曲艺术》2016年第2期

智能手机、平板电脑、车载电视等新一代智能移动终端设备已经将传播全面带入了移动新媒体时代。戏曲艺术是我国传统艺术瑰宝，在移动新媒体时代，戏曲艺术与现代传媒必将不断走向融合。移动新媒体具有娱乐性、定制性、互动性、碎片化四方面特征。利用最新的移动新媒体传播方式对戏曲艺术进行更广泛的传播和发扬，是当代戏曲艺术传播不可忽略的重要途径。

【守护传统　返本开新——谈福建传统戏曲传承**】**

耿羽[③]，《文艺报》2016年12月23日

2016年福建多出地方戏经典折子晋京展演，此次展演汇集了梨园戏、莆仙戏、闽剧、高甲戏、歌仔戏以及潮剧、闽西汉剧、北路戏、提线木偶戏、掌中木偶戏10个福建地方戏剧种，由19个院团上演39个传统折子戏。多出经典折子戏集中演绎，呈现了福建戏曲历史悠久、剧种多样的外在特征，更呈现了福建戏曲历来坚守传统本色的内核特征。福建在推进戏曲发展时始终提倡先传承后求变，注重在“返本”的基础上“开新”，数年一以贯之地保护文本、传承人和文化生态，在回归传统接续古韵中实现文化自觉与文化自信。

【“天才的”还是“集体的”：关于歌谣归属的文艺论争】

曹成竹[④]，《民族艺术》2016年第5期

这场发生在李长之与寿生、卓循之间的歌谣归属之争虽并不引人注意，但反映出的问题却是发人深思的。从20世纪早期的歌谣征集事业来看，李长之的歌谣观无疑带有反叛性，然而从中国文艺发展的长远历史来看，寿生、卓循的歌谣观则是对文艺秩序的颠覆与挑战。两方观点并无所谓对错，它们从文本传统和社会现实维度共同构建了文艺美学“中国经验”的完整性，也正是二者的张力——寻求内容和语言的大众化、民族化，同时又不失于浅白，尊重个性和艺术性——最终成为中国文艺现代发展转型的合理方向。

---

① 李萍：百色学院文学与传媒学院副教授。

② 杨洋：中国戏曲学院新媒体艺术系副教授。

③ 耿羽：福建社会科学院社会学研究所副研究员。

④ 曹成竹：山东大学文艺美学研究中心副教授。

【中央苏区红色歌谣的传播与影响】

顾楠华[①]，《郑州大学学报（哲学社会科学版）》2016年第6期

在中国共产党领导的革命和建设时期，红色歌谣不仅是一种特定类型的歌曲，更呈现出一种政治文化艺术现象。运用传播学理论分析中央苏区红色歌谣，可以清晰地揭示出其传播的过程、各个环节的构成及互动关系，以及传播效果最优化的内在机制。从传播者和受众上看，红色歌谣都以红军和群众为主，传唱双方高度合一，大大减少了信息传播过程中的“损耗”以及意义解读上的偏差。从传播内容上看，红色歌谣的词曲都与当地民众的日常生活具有高度接近性。从传播媒介上看，红色歌谣以人际和组织传播为主，人是最基本和主要的载体，因而受众清晰明确，到达率高，且可以在传唱过程中夹杂大量情感因素。上述四个环节相互作用的结果，共同促成了红色歌谣传播的强效果，政治动员和宣传教育功能得以实现。

【日本学界的中国西南少数民族对歌研究】

曹咏梅[②]，《民族艺术研究》2016年第4期

早在20世纪初期日本学者就指出，古代日本的对歌类似于中国西南少数民族的对歌习俗。但少数民族对歌文化的研究并未受到重视。中国改革开放以后，日本学者开始踏入西南地区对少数民族对歌进行田野调查，出现了少数民族对歌习俗的相关论文。90年代后期起，古代文学研究者也开始走进西南少数民族地区调查对歌。最近十多年来，中国西南少数民族对歌的研究进行得很活跃，但还不是全面的、大规模的研究。只是一部分的研究者，对一部分的地区或对几个少数民族进行的研究。该文主要对近年的研究成果进行梳理和介绍，继而引发了关于民俗的变迁与研究方法论；西南对歌与西北对歌的关系；中日学者之间的交流、研究成果的发布与共享等问题的相关思考。

【“木兰从军”歌谣及北魏“天子”和“可汗”的并存】

曾庆盈[③]，《江西社会科学》2016年第12期

“木兰从军”在长达几个世纪的时间中不断激发人们的想象力，这个源于民间歌谣的故事直到今日还是文学作品中常见的题材，这位女勇士获得了国际上的承认，并且成为代表“中国”的符号。然而，故事里代表着“中国”的统治者实际应来自该文所要讨论的拓跋部族。近年来，学者们特别注意到了《木兰诗》中的“可汗”与“天子”两种称谓历史，北魏时期的大背景应该最能解释歌谣中的这些细节：当时中国北方经历了十六国的分裂后的首次统一，北魏帝王在沿用中原帝王“天子”称谓的同时，还保留了突厥化蒙古人的“可汗”称谓，由此反映出这一时期北魏帝王独特的双重面貌。

【白茆山歌“劳动歌”与先秦歌谣对比研究】

王文意[④]，《北方音乐》2016年第22期

2002年版《中国·白茆山歌集》中的白茆山歌“劳动歌”可分为两类：农耕之歌、渔船之歌。该文旨在将这两类白茆山歌“劳动歌”与先秦歌谣“劳动歌”进行对比研究，发掘古今歌谣之间的传承关系。

---

① 顾楠华：南昌大学艺术与设计学院讲师。

② 曹咏梅：日本神奈川大学、国学院大学非常勤讲师。

③ 曾庆盈：北京大学古代东方文明研究所研究员，北京大学外国语学院南亚系博士后。

④ 王文意：江南大学。

【巴渠民歌与川陕革命根据地红色歌谣的关系研究】

何凤先[①]，《四川戏剧》2016 年第 9 期

巴渠民歌肥沃的土壤孕育了川陕革命根据地红色歌谣，以巴渠民歌为基础的川陕革命根据地红色歌谣又为革命精神的传递奠定了良好的基础，后者是对前者的继承和丰富，后者在发展的过程中也形成了自己的特点，二者在形成背景、传唱意义和艺术特色上也有着明显的区别。

【论“歌谣体”新诗在左翼文学中的发生与嬗变】

李瑞华[②]，《南京师范大学文学院学报》2016 年第 1 期

“歌谣体”作为歌谣入诗的一种新诗实践，在五四文学革命中丰富了诗歌的表现形式，也契合了启蒙主体“平民化”的时代需求。30 年代左翼诗歌团体中国诗歌会倡导的“新诗歌谣化”，进一步把新兴的阶级话语和歌谣体这一传统形式相结合，40 年代在左翼主流话语的建构下，“歌谣体”新诗渐趋圆熟，并出现了以《王贵与李香香》为代表的典范之作。现代文学历程中“歌谣体”在新诗建构和发展过程中的嬗变，体现出左翼文学“场域”对文学话语形式的决定作用，同时“歌谣体”新诗的审美性特质也在某种程度上受到意识形态的制约和影响。

【庙堂仪礼与巫觋表演——《诗经》《九歌》中的戏曲因素和戏曲品性**】**

陈友峰[③]，《文化艺术研究》2016 年第 3 期

《诗经》中的“桑间濮上之歌”走进朝堂并与“朝廷之音”相结合，为王宫廷堂上的“雅乐”补充了质野鲜活的血液，尤其一些“对话”形式的歌谣，具有初始形态的戏曲品性，为综合性表演艺术的出现创造了条件；《楚辞》的某些篇章同样拥有鲜明的戏曲因子，《九歌》歌舞并重，结构完整，情节曲折离奇，且多是装扮表演，不论整体结构，抑或祭祀过程中的场上演出，均体现出鲜明的戏曲品性。尤其是华美的唱词（或曰“歌词”）、意向明确的装扮表演、描绘细腻的心理活动、刻画丰满的人物形象以及笼罩全场的诗意性和浓郁的抒情性，体现出戏曲艺术初始形态的鲜明特性。

【文化共生视野下鄂豫皖苏区文化动员的实践与表达——以革命歌曲为例**】**

邹荣[④]，《赣南师范大学学报》2016 年第 5 期

以鄂豫皖苏区文化动员的实践与表达为研究对象，探寻和追溯苏维埃革命时期中共文化建设的思想和逻辑基础，并从文化共生的视角进行分析，对马克思主义与中国传统文化的初步融合进行探讨，以此为基础对该时段中共文化动员的历史意义进行梳理和总结。

【客家歌谣女性书写的当代价值】

闫淑惠 徐林祥[⑤]《江西社会科学》2016 年第 4 期

女性在具有鲜明地域和族群特色之客家歌谣的创作、传播过程中发挥着主体作

① 何凤先：四川文理学院音乐与演艺学院副院长。

② 李瑞华：首都师范大学文学院博士研究生，商丘师范学院讲师。

③ 陈友峰：中国戏曲学院戏曲研究所副研究员。

④ 邹荣：武汉大学信息管理学院博士后，湖北省社会科学院马克思主义研究所助理研究员。

⑤ 闫淑惠，扬州大学文学院博士研究生，赣南师范大学客家研究中心讲师；徐林祥，扬州大学文学院教授。

用，客家歌谣呈现出女性书写与书写女性交相辉映的状态。客家歌谣中的女性书写与客家传统社会的地理状况、民风民俗、经济发展等因素直接相关。它集中展现了传统社会客家女性的生活、情感和精神世界的多样风貌。同时，客家歌谣中的女性书写为族群与地域文化研究提供了样本，对深化客家学研究、开拓当代女性研究视野、促进客家文化传承与创新等具有现实意义与当代价值。

【工匠精神的社会学批判：存在与遮蔽】

潘天波[1]，《民族艺术》2016 年第 5 期

作为一种价值观，工匠精神是一种复杂的文化形态，其存在特征主要表现为公共性、定型化以及社会性，并超越于物性已然成为工匠素质及其价值观的指称。然而，工匠精神常常被人们误解与遮蔽，加之艺术家对至高无上艺术性的追求，又逐渐疏远了工匠精神，致使工匠精神的存在指向发生严重偏向。在现代性面前，尽管科学技术、生产方式、消费文化等依然在遮蔽工匠精神，但伴随现代性文化自觉、艺术人的觉醒以及社会进步，被遮蔽的工匠精神必将获取普遍理解与接受，并在复兴中发挥其特有的社会价值。

【“生生”美学与民间艺术】

季中扬[2]，《学术研究》2016 年第 12 期

《周易》建构了一个阴阳创生、相推生化的宇宙观，凝练出一个核心范畴——“生生”。“生生”不仅是天地间的自然现象与宇宙法则，也是审美的枢机与对象。“生生”美学建构了中国古典美学对宇宙万物的基本认识，在审美精神以及本体论、认识论层面塑造了中国古典美学的内核。中国古代艺术包括文人士大夫艺术与民间艺术两种基本形态。文人士大夫艺术主要体现了儒家美学精神与道家美学精神，民间艺术则直接体现了来自本原哲学的“生生”美学精神。“生生”美学精神与儒家美学精神、道家美学精神一道构成了中国艺术精神的三个基本维度。

【当代民间艺术的奇美拉化——围绕农民画的讨论**】**

徐赣丽[3]，《民族艺术》2016 年第 3 期

农民画在泛民俗主义的影响下，不仅为政治宣传所征用，也成为文化产业化运作的对象。作为普通民众的业余创作，农民画在各个阶段为适应不同的政治或经济需要而不断调适自己，其最初从民间艺术中采借形式和汲取营养，而后从专业队伍中学习国画、水彩画、漫画甚至西洋画派的油画技法或风格。虽然其主体仍围绕农民或农村景观进行创作，并体现地域或民族特色，但总体上已经偏离了传统民间艺术的轨道，呈现当代大众文化的复杂形态，这也是当代民间文化的总体发展趋势。

【绘画与生活：嘉兴灶头画的民俗学分析】

宋方昊[4]，《民俗研究》2016 年第 4 期

嘉兴灶头画，又称“灶壁画”，其题材类型多样，纹样丰富，在制作的时间、方式上均有一定的习俗规制，是地方民间祭灶习俗的重要组成部分，并与地方民众日常生活紧密相关。因此，嘉兴灶头画不仅仅只是一种艺术形式，而是集祭祀性、装饰性与象征性于一身的日常生活用品。其传承与演进，反映了民间工艺美术与地

---

① 潘天波：江苏师范大学传媒与影视学院副教授。

② 季中扬：南京农业大学人文学院副教授。

③ 徐赣丽：华东师范大学社会发展学院教授。

④ 宋方昊：山东大学文艺美学研究中心博士研究生，山东大学现代工业设计研究所副教授。

方民俗文化的深刻关联。

【明清以来年画中女性形象的母题探析】

袁宙飞[①]，《民俗研究》2016 年第 4 期

女性是明清以来年画的重要主题之一。该文选取明清以来年画中的女性形象为具体研究对象，通过对其中生育女神的崇信和女性对女神纳吉祈福活动的分析，认为“生命绵延”和“吉祥求美”是年画中女性形象表达的两个核心母题。

【政治空间压缩与杂技传统的建构——基于杂技艺人“化外之民”形成与发展历程的考察】

王立芳[②]，《民族艺术》2016 年第 5 期

多年来国家层面对杂技的保护走的是精英化路线，而大型舞台杂技的辉煌却不能带动杂技的整体复兴。自宋代伊始直到新中国成立之前，杂技所处政治空间不断被压缩，作为传承主体的民间从业者成功开拓出乡土空间与江湖空间，杂技艺人逐渐成为“化外之民”。然而，在此双重空间中形成一套民间运作机制，使杂技在民间社会充满活力。基于此，当代中国杂技复兴的关键在于以乡土认同为依托，构建新的空间语境下的民间运作机制。

【作为文化表征的仪式艺术与文化再生产——以两个场域中的湘西苗族绺巾舞蹈为例】

邹宇灵[③]，《民族艺术》2016 年第 6 期

文化表征理论认为，我们使用各种表征符号建构意义，并且透过社会实践、权力关系使意义随着社会发展而促成文化再生产。湘西苗族社群整合自我表征与他者想象的文化符号，对仪式艺术绺巾舞蹈进行文化再生产，呈现了文化市场中文化表述的权力关系。随着新的舞蹈形态与传统仪式，舞蹈成为并存的社会实践，它们通过地方文本与现代化社会语境阐释，为其创造的艺术形态在社群文化秩序中获取了合法席位。

【论多工序性民间制作技艺类非物质文化遗产的传承——以宣纸制作技艺为例】

汤夺先[④]，《文化遗产》2016 年第 2 期

非物质文化遗产的传承是一个备受关注的问题。以多工序、非单一主体传承的非物质文化遗产宣纸制作技艺为例，依托田野调查资料，总结其传统传承模式即家族内传承与作坊内师徒传承，分析了当前职业教育培训模式、工厂内固定制师徒传承模式对宣纸制作技艺传承之利弊。认为类似非遗传承时要以保留手工技艺为本元，充分发挥带徒传艺式师徒传承模式的价值，并讨论了类似非遗项目由个体传承人身份改为团体传承人的可能性。

【艺术人类学视野中民间艺术的文化意蕴】

徐习文 谢建明[⑤]《江苏行政学院学报》2016 年第 5 期

民间艺术是乡民在日常生活中将其心灵的情感以物化经验的方式引入客观世界，从而形成一种形式直觉的文化符号。从艺术人类学的视角解读这一文化符号，需要运用田野和深描方法，在“艺术品——艺术实践主体”为中心的社会生产关系和语境中直觉艺术形式。只有从动机心理、技

---

① 袁宙飞：山东大学儒学高等研究院博士后，山东大学艺术学院讲师。

② 王立芳：石家庄铁道大学马克思主义学院副教授。

③ 邹宇灵：云南民族大学艺术学院讲师。

④ 汤夺先：安徽大学社会与政治学院人类学系副教授。

⑤ 徐习文：东南大学艺术学院教授；谢建明：南京艺术学院教授。

术活动、生活行为及其情感等方面进行切入，才能理解民间艺术所包含的物质技术、信仰风俗、审美文化等不同面相的文化意蕴。

【青藏地区冬虫夏草的经济形态和文化变迁】

范长风[①]，《民俗研究》2016 年第 1 期

阿尼玛卿山的虫草经济经历了三个不同形态和阶段。在“散挖—行商”阶段，高海拔草原成为季节性人口争相涌入和采挖虫草的公共资源。虫草商人处于行商阶段，市场体系尚未成型；在“限采—禁采”阶段，草原承包制在公有制语境下有名无实，各级政府介入分肥，限制和禁止的高压行政管理未能减缓外来人口的压力。随着政府角色从利益相关者转变为社会服务者，虫草经济开始对生态移民政策发挥积极作用，虫草商人也从行商中分离出来；在“契约—电商”的新阶段，草原承包制全面推行，牧民获得草原收益和管护的权利。市场体系建立后，契约交易发展迅速。虫草电商的崛起加剧了虫草资源的竞争和垄断。虫草给牧民带来生计机会和草原经济的繁荣，同时也给草原生态带来巨大压力和可持续性问题，以及藏族传统文化的变迁。政策设计应着重维系人类、文化和自然的连续体以促进草原社会的可持续发展。

【木头变黄金：尼泊尔菩提的跨国流动】

李静玮[②]，《民俗研究》2016 年第 1 期

在中国文玩热的影响下，尼泊尔菩提的价格暴涨。对于手握菩提资源的塔芒人而言，这一机遇不仅为他们带来了金钱，也改变了其生活方式。凤眼菩提价格上涨背后，族群因素，全球化市场中并行的原始经济和市场经济，以及族群与资本运转的关联扮演着重要角色。除却市场经济的主导作用，菩提价格的上涨是塔芒人对外策略运作的结果，也与其以“自己人”概念为中心的互惠、再分配和家计经济有着诸多关联。在跨国贸易的过程中，通过钱物交易，地理位置偏僻的地方与另一个国家紧密相连，人的自利性、社会性和道德性都得以呈现。

【清代湖州“笔客”考——笔商的另一种社会身份**】**

姚丹　顾平[③]《民族艺术》2016 年第 1 期

清代湖州“笔客”（俗称“走笔包”）是善琏笔商外出行商时形成的一种社会身份。“笔客”出现在清代的主因是当地种植业与手工业经济结构调整的结果，同时也受到了当时文化、政治和经济中心变迁和战乱等因素的影响。“笔客”与文人士大夫构成的互动关系是湖笔在清代时期持续兴盛的主因，为还原中国传统社会独特的人文景观提供了有力佐证。

【藏文化的空间句法——视觉人类学视野下的藏族空间观念**】**

宋卫红[④]，《民族艺术》2016 年第 1 期

曼陀罗是藏文化中想象或组织空间的基本法则。西藏的宗教建筑空间设计、拉萨的城市空间建构都是曼陀罗式的，对整个吐蕃疆域的想象、对世界中心冈仁波齐山的想象以及理想王国香巴拉的想象也都与曼陀罗观念直接相关。它是贯穿大大小小一切空间类型的基本认知形式。这种空

---

① 范长风：华东师范大学社会发展学院民俗学研究所副教授。

② 李静玮：中国社会科学院研究生院民族学系博士研究生。

③ 姚丹，江南大学设计学院博士研究生；顾平，江南大学设计学院视觉文化研究所教授。

④ 宋卫红：中山大学中国语言文学系博士生，西藏民族大学文学院副教授。

间句法具有独特的民族性，理解它对于保护藏族文化遗产有现实意义。

【景德镇瓷业生产的时间性结构建制】

牟晓林[①]，《民族艺术》2016 年第 1 期

陶瓷生产与气候、环境等自然因素紧密相连，景德镇人在长期的生产与生活实践中对时间运行规律、自然气候规律、瓷业生产规律以及人的精神活动规律等进行总结，合理安排生产、生活、节庆、祭祀等活动，形成一套整一性的时间节律。时间环及其中的节日和非节日的时间性“节点”，“节点”间的时间“线”在景德镇瓷业生产与日常生活中起到有益于生产者调节身心、集体凝聚、促进生产、文化传承等作用。对照这种环形时间结构及其作用，对在当下的缺失给当代人造成诸多不良影响中，能提醒人们警惕不断追求经济发展和技术进步带来越来越富足的物质的同时，也在悄无声息地夺走劳动曾带给人身心难以替代的满足感和幸福感这一重要问题。

【“文创”神偶之显圣性及实现——台湾南投县个案**】**

陈丹[②]，《民族艺术》2016 年第 1 期

台湾民间信仰丰富，神明偶像众多。神作为一个抽象的存在，以神偶为载体，构成地域社会的民间信仰观念及其实践。这种地方性知识处于不断流变之中，与其相关的物质也在发生变化。台湾南投县的神明形象文化创意品——“文创”神偶，在不同的社会空间拥有多元的社会功能。它有别于传统神偶，一般只接受简易的仪式，并且难以被当作真正的“神”来膜拜。这与圣俗空间、材料形制等因素相关，背后反映了世俗生活经验对神偶成神的影响。仪式作为一个关键因素促使神偶进入神圣空间，成为神明灵力的文化空间载体。同时，“文创”神偶又被纳入与传统神偶相一致的禁忌体系之中，这是民众基于对神明既“敬”又“畏”的心理所做的“趋利避害”的选择。

【面具之“声”——艺术人类学的原理关涉**】**

彭兆荣[③]，《民族艺术》2016 年第 4 期

面具伴随着人类的步履一路历经沧桑，从神话时代走到今天。面具之制一直是人类学关涉的重要领域，而“面具”中的普世性与多样性相兼相融，形成了事实上所谓的“悖论的普世价值”，因为最后的“普世性”一定来自于“多样性”。结构主义人类学大师列维—斯特劳斯的《面具之道》，无意之中将中国的“道”（言说、原理）嵌入其建构之作。面具的特性由文化属性所决定。在中国，对于面具文化的讨论，学术界引入“傩”与“萨满”的不同概念，值得深度探讨。而面具文化的一个典型代表，贵州安顺的地戏一直是学者们所热衷考察的对象。“面具之声”总在讲述“面具之道”。面具各有声音，也各自成道，生命之树所以长青。

【台儿庄古城的重建：记忆重构、公共记忆与国家话语】

王明远[④]，《民俗研究》2016 年第 1 期

“记忆”是近 20 年来在人文社会科学领域备受瞩目的概念。根据记忆理论，记忆可以“圣化、选择、复旧、抹消”，它的本质是可塑性。记忆是有层次的，如集

---

① 牟晓林：中国艺术研究院助理研究员。
② 陈丹：中山大学中文系非物质文化遗产学博士研究生。
③ 彭兆荣：厦门大学人类学研究所教授。
④ 王明远：枣庄学院政治与社会发展学院讲师。

体记忆和公共记忆，并可以互相转化。台儿庄古城的重建，就是对台儿庄原有的历史和文化传统进行记忆重构形成集体记忆的过程，这一过程让台儿庄形成了新的历史和文化传统。台儿庄古城既是新的集体记忆形成的标识，也对其建构起到了重要作用。这段集体记忆借助国家话语经过了向国家公共记忆的转化和升华，台儿庄古城也由此获得了崭新的历史地位和意义。关于这种现象，应该超越对其本真性的探讨，洞察其在当下社会环境中的生成逻辑和建构过程，以揭示文化传统的传承实质。

【河浜·墓地·桥梁：太湖东部平原传统聚落的景观与乡土文化】

吴俊范[1]，《民俗研究》2016 年第 2 期

传统时期太湖东部平原的聚落具有“浜村相依”的普遍特征，河浜是聚落景观的主体，具有提供饮水、交通、农田排灌等各种实用功能，同时还是民间风水信仰的精神依托所在。家族墓地围绕河浜而构建，更是聚落风水的聚焦点和家族福祉的寄放地。跨越河道的桥梁具有利通衢、益行旅、便耕耘等实用价值，由此逐渐衍变为乡村道德教化与慈善的载体。乡村各群体在对河浜、桥梁与风水的共同占有、享受、管理与维护中，形成了坚实的精神共同体。

【奥斯曼（*Otto*）与鲁米（*Rumi*）：外籍“景漂”与景德镇陶瓷人文景观建构的互动关系】

邝蓝岚[2]，《民俗研究》2016 年第 6 期

“奥斯曼”（Otto）与“鲁米”（Rumi）是土耳其籍“景漂”艺术家 Ekrem Yazici 来到中国后替自己选择的代称。以 Ekrem Yazici 为对象展开的初步田野调研案例说明，外籍“景漂”的文化自觉以及他们作为行动者对景德镇陶瓷人文艺术景观建构的主动参与，反映了在建构过程中，外籍“景漂”由“他者”到“行动者”身份的转变、认同与重塑，同时也论证了现当代外籍在华艺术家群体作为具有多重身份的“行动者”，是现当代中国人文艺术景观建构过程中不应被忽略的重要因素。

【“过渡礼仪”理论概念与实践模型的描述与建构】

吕微[3]，《民间文化论坛》2016 年第 1 期

借助康德对理性的理论使用和实践使用的先验划分，给予范热内普的描述性、归纳性“过渡礼仪”理论概念以实践模型的演绎重构；并使用这一模型，解释了“过渡礼仪”的单纯理论概念在认识过渡礼仪的整体性时陷入的二律背反，及这一概念在后现代被实践地使用的可能性；同时也验证了过渡礼仪的实践模型对前现代、现代和后现代，以及单一文化和多元文化之间“双重边缘”（张举文）状态的普遍解释力。

【革“弊”？中国人—神敬拜的礼俗辩证】

岳永逸[4]，《民俗研究》2016 年第 4 期

遵循乡土宗教人神一体的辩证法，漠河的金圣李金镛、苍岩山的三皇姑和毛崇拜都经历着礼与俗的混融历练。金圣发财香之俗是文物化祠堂之礼的主动下沉，既有旅游业的驱动，也暗合了现代民族国家边疆的政治宣誓。主要因应地方社会的稳定和经济建设，百多年来的三皇姑敬拜之

① 吴俊范：上海师范大学都市文化研究中心研究员，上海师范大学人文学院副教授。

② 邝蓝岚：美国佛罗里达中央大学艺术与人文学院哲学系助理教授，美国富布赖特学者。

③ 吕微：中国社会科学院文学研究所研究员。

④ 岳永逸：北京师范大学文学院副教授。

俗终至成为当下承载地方历史文化、繁荣地方经济的象征符号和地方馈赠给他者的礼。毛崇拜则与新中国的正史建构息息相关。民众巧妙利用公权力，化公为私，化礼为俗。在日常生活层面，礼与俗始终是变化通融的让渡关系。

【地方礼俗教化权利的分享与边界——以清前期士绅赵执信《礼俗权衡》为例】

任雅萱[①]，《民俗研究》2016 年第 4 期

在清康熙年间的鲁中山区，作为国家代表的地方官以“六谕”“上谕十六条”为依据积极推行乡约。与此同时，士绅阶层在其家乡的建设活动更为频繁，而且有将礼仪在乡间闾里进行推广的趋势。士绅阶层一方面受礼仪的教化，了解官方的话语；另一方面，除去士大夫的身份，他们又是土生土长的本地人，熟知本乡的风土人情。因此，他们对礼俗的讨论，并非只停留在国家礼仪制度层面，而是多从本地乡里的实际风俗出发。国家和地方士绅在基层社会的礼俗教化，存在着权利的分享和边界。二者有所重叠，但彼此又存在着微妙的距离。

【德都蒙古人洗礼仪式与仪式音乐的文化变迁】

崔玲玲[②]，《中央民族大学学报（哲学社会科学版）》2016 年第 3 期

在青海、甘肃德都蒙古人的一生中，要通过三大喜事，即洗礼、剪发礼、婚礼，其中洗礼是人一生中的第一个通过仪礼，具有重要意义。通过对德都蒙古人洗礼仪式的深刻描述，从洗礼仪式及音乐并行发展结构中探寻仪式与音乐同形同构相互依存的仪式模式，对仪式三个单元结构的深入解析，找出随着时间的推移其仪式感依次呈递减规律。如此可得出，在洗礼仪式传承中具有精神内涵的固定因素是洗礼行为和祝词内容，成为洗礼仪式得以传承的必要条件，而依附于洗礼而存在的其他仪程则成为洗礼文化中的可变因素。

【“演礼”以“成人”——中国古代“成人仪式”的理想与实践】

王杰文[③]，《民间文化论坛》2016 年第 1 期

中国古代儒家所谓的“礼”不同于现代民俗学意义上的“仪式”。“礼”可析解为“义”与“仪”两个方面，“礼义”恒常不变；“礼仪”可因时、因地而宜。中国古代的“冠礼”可以相应地区分为“冠义”与“冠仪”，强调“演礼”以“成人”。“冠礼”的理论意义受到了历代儒家学者的强调，但在现实中它又只是一种“久废不举”的古代文化理想。现实中“成人”与否与“冠礼”被实践与否之间显然无法建立必然的联系。不过，分散在其他仪式（尤其是婚礼）中的冠礼的遗留元素对于中国人“成年”身份的获得与养成的作用仍然是不容置疑的。

【从字说创作看元代冠礼的传承与变迁——兼论儒家的成人观念】

贺少雅[④]，《文化遗产》2016 年第 5 期

字说是一种应用性文体，其源于古代冠笄之礼中的祝词，兴起于宋代，发展于元代，兴盛于明清，衰落于民国以后。元代是宋代理学发展的重要阶段，也是传统礼仪走向复兴的重要发展时期。从元代字说的写作中可以看出，一方面，古代冠礼的“加冠命字”仪节正在重建，另一方

---

① 任雅萱：香港中文大学历史系博士研究生。

② 崔玲玲：中央民族大学教育学院副教授。

③ 王杰文：中国传媒大学艺术研究院教授。

④ 贺少雅：北京师范大学社会学院博士研究生。

面，冠礼仪式各环节之间正发生着转化和分离，主要表现在：字说写作逐渐盛于加冠祝词、“加冠”和“命字”仪节发生分离、宾者与冠者之间的关系更加多元化。同时，字说文体中对冠者名字内涵的解说折射出了当时儒家的成人观念和价值导向。

【**中原地区婚俗变迁初探**——以河南开封尉氏县L村为例】

纳日碧力戈　马静[①]，《民俗研究》2016年第5期

婚姻是社会关注的焦点，婚俗的变化反映了社会发展的一个侧面。中原农村的婚姻缔结模式从包办婚过渡到自由婚，婚姻圈由小变大，嫁娶成本逐年上升，女性的家庭地位也得到提高。这些变化间接反映了中国农村社会转型的过程。文章注意到，在网络与全球化背景下，中原地带“半封闭—半开放”的L村婚俗在部分保持传统的基础上，也顺应时代潮流，注入了男女平等、自由恋爱等理念。L村的婚姻模式也由过去的包办婚逐渐转向自由婚，通婚圈迅速扩大，从村内婚走向了临近婚、省外婚，并扩及国外婚。伴随于此的是婚姻成本的大幅提高。婚姻中的女性受外界文化影响，越来越多地参与到市场经济中，在个体家庭经济中扮演着重要角色，地位逐步提升。该研究以婚俗变迁折射出中国农村巨大社会转型的一角。

【**宋代以降的家礼实践与乡村礼俗重建**】

何斯琴[②]，《社会治理》2016年第1期

朱熹所撰《家礼》，以冠昏丧祭为纲，意在为士庶行礼提供指南，成为后世民间礼仪实践所遵循的范本。元明以来，以《家礼》为基础的文人礼书、礼仪指南大量涌现，参与到基层社会礼俗的建设之中。宋代以降的家礼实践有着高度的社会价值，在乡村社会秩序的维系与礼俗生活的建设中，发挥着重要的作用。乡村伦理和社会秩序，在不断进行的家礼实践中得到申明与强化，并逐渐构成乡村社会最为核心的价值观和文化传统。宋代以降的家礼实践对当代乡村礼俗与文化重建仍具有重要价值。

【**散杂居地区回民婚俗文化探析**——以山东地方镇为例】

李华[③]，《民俗研究》2016年第2期

学界关于散杂居地区回族民俗文化的研究较少。山东地方镇是一个典型的回汉杂居地区，近年来回汉通婚频繁。地方镇的回民婚俗表明，散杂居地区的回民婚俗，一方面包含了一些西北等回族聚居地区和当地汉族婚俗的共同性，一方面又与两者的婚俗有所不同，形成了独具特色的散杂居地区的回民婚俗，这种民俗具有重要的文化意义和社会价值。近年来，以地方镇为代表的散杂居地区的回民，跨民族婚姻越来越多，尤其与汉族的通婚成为一种趋势，因此，由通婚而建构的民族关系与社会互动在民族杂居中带有一定的普遍性，于此我们探析归纳散杂居地区回族婚俗的功能特点。其一，文化记忆与传承。其二，民族的民俗生活方式认同。其三，民族团结共同发展。其四，社会和谐共同繁荣。

【**实践的亲属关系**——关于“娘家”与“婆家”的人类学研究（下）】

周星[④]，《西北民族研究》2016年第1期

中国人类学的亲属关系和亲属制度研

---

① 纳日碧力戈，贵州大学人文学院教授；马静，贵州大学人文学院博士研究生。

② 何斯琴：福建工程学院人文学院。

③ 李华：山东大学儒学高等研究院博士研究生，宁夏社会科学院回族伊斯兰教研究所助理研究员。

④ 周星：日本爱知大学国际中国学研究中心教授。

究，长期以来在宗族范式的影响下积累了很多重要的学术成果，同时也在姻亲关系研究上取得了一定的进展。然而，宗族范式不可避免地存在着男性意识偏见。李霞的人类学专著《娘家与婆家》，通过将女性视角和实践的观点引入亲属关系的人类学研究领域，彻底超越了此类男性意识偏见，她不仅在汉人社会中发现了妇女亲属关系的存在及其重要性，同时还对妇女们的亲属关系实践的意义作出了令人信服的说明。该文对《娘家与婆家》一书进行了较为系统的述评，明确指出李霞的研究成果乃是中国人类学者在亲属关系和亲属制度领域新近取得的突破性成果。

【花亡配婚：广西南宁地区的冥婚——兼与香港、台湾冥婚的比较】

吕永升[①]，《民俗研究》2016 年第 5 期

冥婚仪式与地方社会结构的关系密切。冥婚习俗乃中国传统社会“男娶女嫁”观念的投射，男性需要通过结婚“传宗接代”，确保自己祖先的香火不断。女性则需要通过结婚，从夫家得到父系社会承认的祭祀地位。然而，早夭未婚的男女，要怎样解决未婚乏嗣的香火祭祀与传承，便成为社会的重要问题。这个问题直接涉及地方社会的价值体系与社会结构，同时也影响到冥婚的形式。2009 年，广西南宁地区举办了一场跨村落的“斋会”与冥婚的仪式，反映了乡村社会的信仰体系以及这套信仰体系所象征的社会结构与人群的关系。比较广西南宁、台湾和香港乡村社会未婚亡灵奉祀的现象，能够了解未婚亡灵在不同社会结构下的祭祀难题与处理的办法。

【儒家丧礼“饰死者”析义】

张寿安[②]，《学海》2016 年第 2 期

一般讨论儒家丧礼，多专重在谈“丧服”，也就是生者如何为死者服丧；而忽略了死者。其实，儒家的丧礼有二方面。一方面是“生者自饰”：生者依其与死者的身份关系进行自饰，包括服饰及丧期，这就是一般所说的“丧服”。另一方面是“饰死者”。《荀子·礼论篇》说：“丧礼者，以生者饰死者也。”就是为死者进行装饰。这方面谈论的人比较少。该文就儒家如何“饰死者”略加述论，同时也借由饰死者的“仪式”来观察讨论儒家“慎终追远”之“慎终”的礼文化意义。

【《家礼》对《仪礼》丧葬礼仪知识的继承与发展】

龙晓添[③]，《文化遗产》2016 年第 3 期

儒家礼仪文献为中国长期以来的礼仪实践提供了基本的前提，是礼仪研究的重要参考资料。从《仪礼》到《家礼》，历代有关礼学的著述，讨论丧礼、丧服的篇卷众多。这些经典的丧礼记述，成为丧礼知识传承的重要依据。《仪礼》化俗成礼，制定了一套复杂的士大夫及以上阶层的礼仪制度。且成为后世制定礼典，传承礼制的基本依据。而随着时代的发展，《仪礼》不能满足更广泛的社会需要，朱熹试将《仪礼》化繁就简，尝试在更大范围内推行儒礼，《家礼》又逐渐成为后世礼书的基本模板。《仪礼》《家礼》作为儒家重要礼仪文献都呈现出一脉相承的丧礼书写特点：以“慎终追远”为丧礼的基调；以别亲疏、贵贱为制礼的基本原则；倡导有节制的、周全的情感表达。

---

① 吕永升：香港中文大学历史系讲师。

② 张寿安：台湾“中央研究院”近代史研究所研究员。

③ 龙晓添：广西师范大学文学院副教授。

【人生仪礼、家庭义务与朝山进香——冀中南地区苍岩山进香习俗研究】

华智亚①，《民俗研究》2016 年第 1 期

冀中南民间多供奉女神三皇姑并定期前往苍岩山朝拜，此习俗至迟在清代后期已经形成，至改革开放后，又重新兴起。当前，信众前往苍岩山进香不仅是为了“祈福祛灾保平安”，更是为了完成“求子”“还娃娃”和“报死亡”等人生仪礼。由于个体生命历程中的重要仪礼都与三皇姑及苍岩山紧密相连，朝山进香并正确地施行这些仪礼就成为一种对家庭成员应尽的义务，同时，也正是这种义务性使得苍岩山进香习俗在当下依然得以维系和传承。

【浦江郑氏家族的《家礼》实践——以家族祭祀活动为中心】

杨逸②，《文化遗产》2016 年第 6 期

浦江郑氏家族于宋元之际开始以《家礼》为中心自觉建设自家礼法，经历了一个从“一遵朱子《家礼》”到损益《家礼》以“求可行于今”的转变。至明初，郑氏家族已有三世实践《家礼》的传统，塑造了“最有礼法”的家族形象，成为当时践行儒家伦理的乌托邦。祭田制度的兴衰导致了家族祭祀礼制的嬗变。依据《家礼》，郑氏家族建立了自家祭田并不断增扩。在明代中期的分居异财后，家族祭田不断流失。随着捐助祠产的增加，祭田的重要性不断下降，终于在道光四年废止。祭产结构的变化导致了家族内部权力结构的嬗变，捐助者得以更多地干预家族祭祀活动。于是，祭祀种类不断增加，淫祀现象开始出现，祭祀逐渐失去“事亡如事存”的古礼内涵，蜕变为家族的娱乐活动。

【地方认同与族际关系的仪式表达——青海三川地区二郎神祭典仪式的考察】

刘目斌③，《北方民族大学学报（哲学社会科学版）》2016 年第 5 期

在青海省民和县三川地区，围绕二郎神的地域崇拜与文化认同，土族、藏族、汉族民众共同参与的神灵祭典仪式可分为春季的“转青苗”与秋季的“纳顿节”“八月会”。前者体现出“合”的仪式表征，后者则有土族跳“纳顿”与藏族、汉族注重献祭之不同仪式表达方式上的文化分野。两次分合有序的族际仪式，作为一项跨越族群边界而为多民族共享的信仰文化传统，在精神层面上体现出“一体多元”与包容共生的文化特质，展示出三川族际社会中“和而不同”的社会交往模式与族群关系的文化表达图式，维系着地域社会的良性运行与协调发展。

【沁县族谱中的“门”与“门”型系谱——兼论中国宗族世系学的两种实践类型】

钱杭④，《历史研究》2016 年第 6 期

“房”“门”一向用来标识中国宗族内部的分支，明清以来山西省沁县族谱中的“门”，则除了标识分支，还另有深意。“门”是小于“族”、大于“房”的包容性范畴，其中心概念是同辈兄弟而非异辈父子；同辈兄弟既可一人一“门”，也可多人一“门”；同辈诸“门”间可互为第一旁系至第四旁系。“门”型系谱不影响各分支原有的继承制度，在包容性上与地缘相近的“房”间联宗相似，但拟制性大大降低。立“门”既与移民宗族在沁县的发展阶段有关，又反映了族人以整合兄弟

---

① 华智亚：上海政法学院社会管理学院副教授。

② 杨逸：西安工程大学副教授。

③ 刘目斌：安徽大学社会与政治学院讲师。

④ 钱杭：上海师范大学历史系教授。

关系来增强宗族内向性和凝聚力的要求，是“亲亲”传统的延续。但“门”的范畴没有展示出与宗族大传统之间直接的历史渊源，并且存在地域限制。因此，“门”虽然在生成原则与实践方式上自成一格，由于不具有广泛性与稳定性，并不是以构成“族—门”的模式，而是应把“门”及“门”型系谱视作与“房”型系谱不同的另一种世系学实践类型。

【**祭簿与房的运作**——以清代广东乐昌楼下邓氏为中心】

李晓龙[①]，《学术研究》2016 年第 1 期

祭簿是中国宗族制度中有特色的、能体现有文字社会与无文字社会差异的制度性文书。祭簿与宗族核心组织——房的运作存在密切联系，它是宗族中维持房的观念与运作的重要文本，而这一深层含义却一直为学术界所忽视。邓氏宗族对族谱、祠堂并不十分重视，房的组织在地方宗族中发挥最重要的作用。祭祖对宗族各房的运作最为重要，而祭祀建立在祭产的基础上，祭产的破坏往往导致祭祀中断。祭簿作为家族祭产的登记册，具有保护祭产不被私吞和维持正常祭祀秩序的功能，符合房的运作的需要。传统中国社会对祭祖的高度重视，又促使族人将维系房的日常运作的任务寄托于祭簿所建立的秩序之中。借助祭簿，建立了房的运作秩序，有效地维系了房内子侄与族内各房之间的联系，由此可见祭簿对于房的作用，以及祭簿在中国宗族制度中的地位。

【**宗族研究中的分枝与立户问题**——基于山西曲沃靳氏宗族的个案研究】

张俊峰 高婧[②]《史林》2016 年第 2 期

山西曲沃靳氏宗族由宋代发展至今，在其发展过程中，经历了两次宗族分支，分别为元代分枝和明代立户。靳氏宗族的分枝与立户是宗族发展不同阶段系谱原则和功能性原则起主导作用的结果。在宗族的自由发展阶段，系谱原则起决定性作用，元代分枝便是基于系谱原则的现实考量。一旦国家势力介入，功能性原则开始占主导地位，明代分户便是宗族在族人稀疏的情况下，为了履行国家户籍制度，便于赋役征收的功能性决策。系谱与功能同时存在于宗族组织当中，皆是宗族运行发展的必要因素，二者在不同时期具有不同的重要性。立户之后，各户在宗族内部活动，并没有发展成为新的“户族”。“户族”只是宗族发展过程中的一个侧面，是有局限性的，并非所有“户”都是“户族”，也并非所有“户”都发展为“户族”。对于靳氏这样一个历史久远的宗族而言，并未因立户入籍政策的施行而发生分裂，所谓的“户族”只是系谱宗族肌体上附加的一个功能而已，并非一个新生的事物。

【**“各族皆有家神”**——以湘潭阳塘龙王信仰与周氏宗族建构为中心】

陈瑶[③]，《安徽史学》2016 年第 1 期

湖南湘潭阳塘的龙王信仰，作为周氏宗族的家神信仰，不仅与近水的生活环境和需要用水的农业生产密切相关，也与宗族建构密切相关，其发展变化的背后具有深刻的地域社会文化脉络。周氏宗族的发展提供了神明信仰与宗族间关系的一种模式，并且反映了当地自明清以来社会变迁的时代特色和区域特征：人口稀少、社会结构流动性强的移民群体在早期宗族建构中以神明信仰为核心文化符号，逐渐叠加

① 李晓龙：中国社会科学院近代史研究所研究员。

② 张俊峰，山西大学中国社会史研究中心教授；高婧，山西大学中国社会史研究中心硕士研究生。

③ 陈瑶：厦门大学历史系助理教授。

形成完备的宗族世系与礼仪；发展为人口众多、稳定性强的世家大族后，又借神明信仰宣誓其在地方社会的中心地位。龙王信仰在周氏族人记忆中是明初周氏始迁祖从江西带来的，由周氏族人轮流奉祀，是周氏宗族早期建构的重要文化符号。雍正初年，周氏宗族编修族谱、修建宗祠、举行祭祖仪式，宗族制度自此成为占有经济资源、展示历史渊源和社会地位的主要方式。晚清以降，周氏宗族通过经管老龙神庙愈益体现其在地域社会文化的中心地位。龙王信仰对于地域宗族和社会结构一直具有不可替代的文化意涵。

【宗族、民间宗教与地方社会发展——基于珠三角农村的田野调查】

王婉雯[①]，《山东社会科学》2016 年第 9 期

明中叶以降，珠三角宗族和民间宗教作为强有力的组织力量一直影响着地方社会的发展。改革开放以后，随着民间宗教与宗族文化的复兴，出现了新的乡村社会发展模式。通过对珠三角多个村庄的调查发现，由于村庄的外向型特点及村庄发展的需要，近年来该地区宗族和宗教活动更显开放性，利用宗族和民间宗教活动的纽带和黏合作用整合资源，祭祀圈突破血缘与地缘限制，地方社会的合作范畴大大扩展，对抗性与封闭性减少。在外向型村庄中，出现了活动主办者兼具多重权力身份的现象，此种权力结构符合村庄组织管理的需要。单一的传统权威难以组织与控制开放社会的异质人群，多种权威力量的集结才是实现活动高效组织和有序进行的重要保证。这些现象的出现适应了地区发展需求，又进一步盘活了乡村社会的发展。

【民族国家、承包制与香火经济：景区化圣山庙会的政治—经济学】

岳永逸[②]，《中国乡村研究》2016 年辑刊

在经济发展、文化建设、文物保护的合力下，“被承包的信仰”早已成为普遍的社会事实。受从果到因的逻辑推理的规训，媒介写作中的“被承包的信仰”完全丧失了在文化、宗教、行政管理以及道义等层面的合理性、正当性，香火经济也成为口诛笔伐的对象。近 30 年来，圣山的景区化建设与管理使得原本作为信仰中心地的苍岩山旅游风景区的景观色彩日渐浓厚。与此同时，以三皇姑信仰为核心的苍岩山庙会也具有了事实上的合理性、合法性。乞丐、江湖术士、香头、“行好的”和庙主等新老行动主体纷纷掺和其中，竞争也妥协，庙会热闹而红火。为求利益最大化，承包制经营管理的模式使得景区化的圣山苍岩山更加倚重三皇姑信仰，从而使得景区化的圣山被再圣化，并滋生出新的神祇、景观。图像化的圣山庙会历时性地呈现出复杂的社会形态学和人文地理学特征，统括着圣山上下形态各异、或生或灭的大小社区型庙会。最终，围绕三皇姑信仰的香火经济——被承包的信仰——事实上成为地方旅游经济的龙头，并与兴国兴邦的民族国家发展的宏大叙事一道携手前行。呈现出承包与被承包多重辩证法的景区化圣山庙会也就有了在生活之流，尤其是社会之流中研究的应然与必然。

【交换断裂——妙峰山庙会的危机】

曹何稚[③]，《民俗研究》2016 年第 2 期

妙峰山庙会作为一项社会盛典和文化奇观，其活力与魅力源于强大的自组织性。

---

① 王婉雯：中山大学华南农村研究中心助理研究员。

② 岳永逸：北京师范大学文学院副教授。

③ 曹何稚：北京大学社会学系博士研究生。

其自组织性的核心纽带与关键机制是以人—神交换为基础的交换体系，个人到来、组织结成、行会聚合以及中心与外围的协调都通过交换而实现。然而随着市场经济的发展，商品交易作为一种新的人际关系模式渗入到庙会当中，大量“经济人”涌入庙会。新旧体系有着迥然不同的逻辑与结构，没有良好对接，导致参与者的交换过程发生断裂，以此为基础的整合随之失效，社会结合与总体秩序逐渐瓦解，庙会成为多种人群在同一时空内机械且充满冲突的汇总。妙峰山庙会的散客整体脱离庙会自组织系统，系统内的香会圈与个体香会也都受到影响。妙峰山庙会的规模缩小、后继无人、传统流失等问题一定程度上都是交换断裂的结果。这构成了当下妙峰山庙会的一个核心危机，重新将主体间断裂的纽带联结起来，成为关系妙峰山庙会存续与发展的核心问题。

【结社的断裂与重建——当代北京香会的多元生态】

张青仁①，《民族文学研究》2016 年第 6 期

香会是特定区域内的信众在地缘结社的基础上成立的集体进香组织。随着市场经济体制的建立与城市化进程的加快，乡土社会的传统纽带成为现代化的清理对象，传统社会的结构趋于瓦解，依存于它之上的北京香会遭遇了传承困境。而当代社会民间信仰组织存续的实质是传统民间信仰组织如何适应当前社会发展与变迁、实现传统延续与再造的问题。包括信众、国家在内的多元主体试图重建人与人之间的联结，实现香会传统的再造，由此形成了当前北京香会学校化、拟亲属关系化和公司化的三种新形态。其中唯有公司化的香会发展顺利，这表明在市场经济繁荣发展的当下，科层制单位与民间传统不兼容，传统社会人际关系式微，能够把人团结在一起的唯有建立在个人主义基础上的共同利益，利益格局成为当前社会的基本格局，利益团体亦成为民间信仰组织新的载体。民间信仰活动对利益格局的适应，形成了中国民间信仰“弥漫性”的当代形态。但利益关系的建立也保证了信仰活动的参与主体之间的联系，促使主体投入信仰活动，并通过强调传统香会的协作、奉献精神，恢复民间信仰组织与活动在公民社会建设中的意义。

【30 年来近代华北泰山信仰礼俗研究的回顾与展望】

李俊领②，《泰山学院学报》2016 年第 4 期

30 年来，海内外学界在近代华北泰山信仰礼俗研究上取得了较为丰硕的成果。大陆研究主要集中于民国时期泰山信仰庙会的调查与讨论、近代泰山信仰与王朝统治策略及民族精神建构、近代泰山信仰与华北民众生活、近代华北碧霞元君信仰与四大门的关系、近代碧霞元君信仰与民间宗教的关系等专题。海外学者则主要集中于民国时期碧霞元君的祠庙塑像与文化形象、近代碧霞元君信仰与四大门的关系、近代华北泰山信仰习俗的进香仪式与空间特色、近代碧霞元君的神明“标准化”等问题的研究。这些研究成果在新史料发掘、新视角运用、跨学科对话等方面各有优长，但也存在着过于借重政治史研究范式和西方社会科学理论、单一“国家—社会”视角运用、跨学科研究方法运用不充分等局限。未来相关研究似可以注意以下方面：拓展新的研究领域，加大田野调查力度，尝试运用“区域社会史”视角，建构以“日常生活”为观察起点与归宿的中层

① 张青仁：中央民族大学世界民族学人类学研究中心讲师。

② 李俊领：中国社会科学院近代史研究所助理研究员。

理论。

【“约纵连衡”与“庆叙亲谊”——明清以来番禺地区迎神赛会的结构与功能】

刘晓春①，《民俗研究》2016年第4期

重返民俗学的结构—功能主义研究，从历史变迁的维度，考察明清以来番禺地区迎神赛会的结构与功能。在象征层面，迎神赛会体现世俗性的社会关系。番禺地区的迎神赛会，以神明崇拜为核心，以神明显圣的神话传说为信仰动力，人们通过神诞中的仪式展演，象征性地建构人与社会、人与超自然的神及祖先之间的关系。人们年复一年举行模式化的仪式，期望通过神明崇拜与仪式展演，强化世俗社会的象征性关系。人神互惠，是迎神赛会之所以能够延续的稳定的结构，也是其信仰基础。由于社会的变迁，随着这一稳定结构中的各种社会关系此消彼长，迎神赛会的结构与功能都发生了变化。传统社会中，迎神赛会同时具有“约纵连横”与“庆叙亲谊”的功能，80年代以来，“约纵连横”的防御性功能日渐消失，逐渐失去推动迎神赛会有机发展的动力，而“庆叙亲谊”的联谊性功能，继续作为迎神赛会的有机动力，并逐渐成为迎神赛会的主要功能。

【社庙演变、村际联盟与迎神赛会——以清以来广州府番禺县茭塘司东山社为例】

朱光文②，《文化遗产》2016年第3期

该文以广州府番禺县茭塘司东山社为例，通过整理地方文献和口述访谈，系统研究了清以来社、社庙演变、村际联盟与迎神赛会的关系。乾嘉年间，东山社由七乡演变成九乡，由于邬族崛起而引起东山社庙的主神变更；道同年间，洪兵之乱与东山社学团练组织的建立，以及清末民国东山社九乡联盟及其北帝诞会与协恭社的联防和联谊。试图说明明清鼎革以来，特别是乾嘉年间，随着频繁的海盗、盗乱及宗族械斗对包括禺南地区在内的珠三角乡村的侵扰，为满足防御的需要，一些乡族的祭祀组织逐步与村社组织结合，演变成为跨乡的祭祀组织。道咸年间，在抵御英军和洪兵之乱的背景下，祭祀组织又与团练组织进一步整合，成为村际祭祀和防御联盟。同时，一部分村落联盟又基于共同的信仰和防御的需要进一步联合起来，组成规模更大的村落联盟。这种村社、祭祀、团练的结合，以及乡村军事化的乡村演变趋势，已成为清末以来包括禺南地区在内的珠江三角洲乡村社会演变的一种主流。

【汉人传统庄社的基本性质】

林美容③，《民俗研究》2016年第2期

以台湾的研究经验，论述汉人传统庄社的基本性质。其一，汉人传统庄社是一个仪式共同体，基本上是一个仪式界定的社会单位，人们在所居住的庄社里崇拜神明，举行共同的祭祀活动，有很强的社会凝聚力。未完形的村庄通常由土地公庙等相关祭祀，但土地公并非村神，完形的村庄以村庙的建立为指标。其二，汉人庄社具有法人性格，这可以从传统汉人庄社拥有公地，以及庄社神明拥有田产，看出端倪。其三，汉人庄社是一个命运共同体，长期共同生活经验的累积，让庄民产生命

① 刘晓春：中山大学中国非物质文化遗产研究中心教授。

② 朱光文：广州市番禺区文化馆非物质文化遗产保护中心副研究馆员。

③ 林美容：福州外语外贸学院闽海中心特聘研究员，台湾“中央研究院”民族学研究所兼任研究员。

运与共的一体感，可从庄社地理的说词与每年所抽的年签看出。其四，汉人庄社是一个生命的有机体，村庄和人一样有生老病死，生命不断变化，也有毁庄灭庄的情况发生。其五，村庄是一个意志单位，村庄作为社会集体的存在，可以透过头人表达其自由意志的选择，特别是在与外界建立村庄联盟的时候。其六，村庄是村际关系的交陪单位，透过友庙、交陪境、联庄组织等，村庄与其他村庄建立长期稳定的交陪关系。这些村庄的基本性质都和民间信仰的组织与活动具有密切关系，以村庄为基本运作单位形构的地域性祭典组织是民间信仰体系的核心内涵。

【理想的民间体认——顾颉刚妙峰山考察的思路问题**】**

朱洪涛[①]，《文化遗产》2016 年第 6 期

顾颉刚的妙峰山考察有其特有思路，这体现在顾颉刚用同情正面的眼光观察民众，使得《妙峰山的香会》这一文本材料尽管丰富多样，然而作者的民众观则显得颇为浪漫。该文将顾颉刚的这一文本与奉宽、金禅雨、金勋、孙伏园等同类文本进行对读，揭示顾颉刚之所以不对民众痛下批评，反而大力赞扬民众的新鲜活力，与知识分子的孱弱无力相映衬，并不是他没有看到民间藏垢纳污的一面，主要是囿于民众的知识水平还不便对之进行否定，免得民众对知识心生恶感，后续的启蒙无法进展，同时希望知识分子能够吸收民众的新鲜血液改变老衰的面目。也反映顾颉刚眼光向下的心态、建立民众文化的目标。顾颉刚这种思路同时也是当时“到民间去”的社会思潮在学术上的体现。但他的研究思路从学术角度来看，主观感太强，对民众有情的议论不太能经得起推敲。

【坚守与调适：城市化进程中清明节的传承与变迁】

张勃[②]，《文化遗产》2016 年第 1 期

通过坚守与调适，处于城市化进程中的清明节在变迁中传承，在传承中变迁，较为成功地实现了现代转换，并借此获得了旺盛的生命力。从节日的结构性要素来看，清明节在当代展现出了节期明显变短，并深受假期影响、活动空间从小尺度到大尺度以及传统习俗多样性降低、祭扫活动丰富性增强与新的节庆活动兴起等变化。清明节的当下传承与变迁显示出，清明节本身具有接受变化的潜力，城市化带来的变化则促进人们去改变它，令人们抛弃一些节日习俗的同时，也令人们重新解释一些习俗，取代一些习俗，拓展一些习俗，发明一些具有发展成为习俗潜质的活动方式和活动内容，甚至重新发现和复兴一些已经衰亡了的习俗。当然其间也不乏对一些习俗传统的坚守。如今清明节依然牵动着亿万中国人的心弦和脚步，成为现代社会日常生活的重要组成部分。它在很大程度上应对了城市化提出的诸多挑战，适应了城市化所带来的需求变化。它为现代人提供了一种充满温情和敬意的人际关系，一个令人产生认同感和归属感的精神家园，并参与着城市文化和现代精神文明的建设与塑造。清明节与其他一些经历现代转换的节日一起以自身证明，民间具有高超的智慧与调适能力，城市化所带来的不仅是挑战亦是机遇。只要珍视我们的文化传统，给予自由传承的空间，稍加引导，民间智慧与调适能力就能发挥巨大作用，不仅可以使传统节日适应现代社会，生机

① 朱洪涛：常熟理工学院人文学院讲师。

② 张勃：北京联合大学北京学研究所研究员。

勃勃，亦可以使现代社会的普罗大众因之而生活更幸福，心灵更安宁。

【公祭节日与当代城市人文空间的构建】

王霄冰[1]，《文化遗产》2016 年第 1 期

该文从城镇化过程中的中国社会需求出发，结合笔者近年来对各地祭孔礼仪的跟踪调查，探讨公祭节日对于塑造当代市民精神、构建城市人文空间的意义。从孔子去世到今天，祭孔典礼在历经了漫长的中世纪的宗教性辉煌之后，又开始回复到了最初的社会风俗礼仪的存在形态，不再遵从王朝体制下形成的一整套繁文缛节，不再强调严格的礼仪规范和仪式等级制度，而是根据各地以及当事人的现实需求，逐渐演变成了一种地方性的公共节日和社会文化活动。由此可见，在中国社会从乡土社会向市民社会转型的过程中，官方举办的公祭活动正逐步地从传统的带有宗教色彩的政治典礼，转变成为以服务社会为主旨的现代化节日，担负着促进地方文化建设、培养当代市民精神、构建城市人文空间的重要功能。为适应这一新的需求，各地在打造新型的公祭节日时，应有意识地加入一些公民道德教育的内容，并对活动内容及其形式加以改革，以提高节日的公共性和亲民性。

【城市、创意与传统节日文化——台北、仙台的七夕活动观察与比较】

洪淑苓[2]，《文化遗产》2016 年第 1 期

在传统的民俗节日中，七夕（农历七月七日）相传是牛郎织女相会的日子，观星祈愿、乞巧会等传统习俗流传已久，闽南一带甚至衍生“做十六岁”成年礼的习俗。但进入现代社会，七夕却已被视为“中国情人节”，各地的活动逐渐偏向以爱情为主题，和传统习俗已有若干差别。该文以亚洲的两个城市——台湾的台北、日本的仙台为例，对其七夕活动进行观察与比较。台北的七夕，可概括为“融合月老信仰，加强情人节主题”。以霞海城隍庙为一个聚焦点，板桥林家花园的七夕活动和大稻埕烟火节都和它联结在一起，形成强大的七夕节庆网络。仙台的七夕，可概括为“与商业联手创造节日文化”。以商业区的彩饰、烟火为重点，形成观光热潮，也代表日本七夕的特色。这两个城市的七夕活动都代表了现代都市、节日的创意文化。台北、仙台的七夕活动充分展现了现代都市的活力，把传统的民俗节日活动赋予新的形式，以适应现代人的生活。仙台七夕祭已经成熟稳定，每年吸引无数人潮；而台北的七夕，也以大稻埕区域的活动为主轴，其中霞海城隍庙更扮演吃重的角色，所企盼的也是吸引观光人潮。这显示，现代都市对传统节日的改造，其诉求往往和观光、商业结合在一起，因此信仰仪式、旧有习俗都不是首要的考虑，反而是现代人的娱乐需求才是最需考虑的。在现代都市繁忙的生活步调下，节日文化确实在改变，而这些琳琅满目的活动若能够持续下去，不啻代表已被人接受与期待，也形成了新的节日文化。

【传统节日的时间节点性与坐标性重建——基于社会时间视角的考察】

王加华[3]，《文化遗产》2016 年第 1 期

作为一种人为创造的社会性时间，在以农为本的社会状态下，中国传统节日是

[1] 王霄冰：中山大学中国非物质文化遗产研究中心、文化遗产传承与数字化保护协同创新中心教授。

[2] 洪淑苓：台湾大学中文系教授。

[3] 王加华：山东大学儒学高等研究院副教授。

民众年度时间生活的重要节点与时间坐标，并进而通过崇宗敬祖与神灵崇拜等精神内涵而被建构为一种非日常的神圣性时间。但今天，随着中国日渐由农业社会转变为工业社会，传统节日的这种节点与坐标功能逐渐消逝，传统节日内涵与神圣性也日渐失去。基于此，该文在已有研究的基础上，借鉴时间社会学的相关概念与理论，从社会时间的视角，对如何在今天更好地保护与传承中华民族传统节日提出一些建议。作为与自然及农事节律紧密相关的一种社会时间制度，节日曾在传统时代民众社会生活中发挥了极为重要的作用，是民众年度时间生活的重要时间节点与坐标，且体现出强烈的“神圣性”。但近代以后，由于经济与社会环境的大变迁，传统节日的功用与传承发生了很大改变，变得日益式微。要想传统节日在今天能更好地传承与发展，一个重要途径就是重建节日在现代民众时间生活中的节点与坐标作用，如实行国家法定节假日制度、实行地区性的弹性节假日制度等。同时，还应重塑传统节日的深厚文化内涵，以重建这一时间制度的神圣性。这是一项困难而又长期的社会文化工程，需要结合当下的社会现实环境与总体政策要求，经由政府、各社会与民间团体、普通民众等多方面力量的相互协作与配合，才能最终实现这一伟大目标。

【二十四节气的文化意蕴】

张勃[1]，《光明日报》2016 年 12 月 5 日第 2 版

二十四节气自秦汉时代定型之后，2000 年来就一直在国计民生中发挥着十分重要的作用。它既是国家行政的时间准绳，也是农业生产的指南针、日常生活的风向标，而其中蕴含的尊重自然、效法自然、爱护自然、利用自然、扶助自然的天人合一思想，更是中国文化的精髓，在全球生态环境日益恶化、可持续发展遭遇危机的当下，凸显出普遍意义和共享价值。只有让二十四节气扎根人心，回归生产生活日用，才是真正的保护与传承。在长期的生产生活实践中，各地的人们不仅身体力行地传承着内在于其中的中华文明的宇宙观和核心价值理念，而且对于二十四节气进行了因地制宜、因俗制宜的创造性利用，形成了丰富的物质文化和精神文化——既有国家祭典，又有生产仪式和习俗活动，还有谚语、歌谣、传说、诗词、工艺品、书画等文艺作品。二十四节气等非物质文化遗产申遗成功，有助于激起国人继承传统文化的热情，增强我们的文化自信。另一方面，也会进一步增强外国人士了解中华文化的兴趣，推动中华文化“走出去”。

【端午节的文化传承：凤舟竞渡与女性参与】

陈华文[2]，《广西民族大学学报（哲学社会科学版）》2016 年第 5 期

端午节是中国传统文化中非常重要的节日，它在数千年的历史过程中，不仅形成了丰富多彩的文化，而且地区性内容非常鲜明，对不同时期的民众产生过巨大的影响，并且在今天依然产生着影响。该文通过竞渡文化，包括龙船竞渡，主要是凤舟竞渡这一独特文化叙述，讨论女性参与的作用和传承意义，尤其是在节日文化中女性参与的价值和对于文化传承与保护的特殊意义。端午节的龙舟竞渡是端午节文化中最具有典型性符号象征意义的一种文化。但是龙舟的龙，是具有男性性别象征

① 张勃：北京联合大学北京学研究所研究员。

② 陈华文：浙江师范大学文化创意与传播学院教授。

的神性“动物”，在以男性为主导的社会，人们一般习以为常地以为，它就是天经地义的表达。在龙舟竞渡的主导性文化的另一面，却在中国的一些地区存在着凤舟竞渡这一与女性性别息息相关的竞渡文化。端午节大量细节性习俗都由女性主导或完成，但女性在端午节中的主角存在和意义，并不等同于文化女性主义。女性在端午节文化传承之价值的重新认定，仅仅是一种对女性在节日文化中扮演的真实身份的复原，是一种男女平等理念下的客观事实的重新发现。对于女性来说，如果她缺席节日文化的传承，不仅使节日文化退化，而且必定使节日文化失去区域性或地方性的特色，也失去家庭存在的意义。因此，如何建立男女两性在角色方面的新的认同，并通过女性参与意义或价值的重新界定，而让文化平等的观念成为文化表达的动力，这是我们在文化保护中必须面对的。文化是共有的，这种共有首先是文化共同体内男女的共有，其次才是文化共同体外的共有，否则文化的传承将失去动力而断裂，凤舟竞渡文化的传承意义也正在于此。

【非物质文化遗产的实践过程与社会性别角色再生产——对一次春节面食制作过程的微观分析】

王均霞[1]，《民族艺术》2016 年第 6 期

该文通过对 2015 年山东省鲁东南地区纪村家庭主妇双菱家春节蒸馒头的场景与过程的考察，来探讨在具体的实践情境中食物的制作者如何赋予食物以社会性别意涵以及食物的制作过程又如何再生产了乡村社会的社会性别角色，并尝试揭示性别视角在非物质文化遗产保护中的重要性。在非物质文化遗产实践过程中，非物质文化遗产传承人的性别对非物质文化遗产多重意义的生产具有不可忽视的影响。一方面，非物质文化遗产的实践过程再生产了乡土社会的社会性别角色规范。另一方面，非物质文化遗产的实践过程形塑了非物质文化遗产本身的性别化特征。在非物质文化遗产保护的研究与实践中，忽视了非物质文化遗产保护过程中所呈现的社会性别角色规范的再生产过程以及非物质文化遗产所具有的性别化特征，很可能使得被边缘化的女性非物质文化遗产传承人位置更加边缘。非物质文化遗产的实践过程亦是其意义的生成过程，剥离了对非物质文化遗产传承人及其与非物质文化遗产的互动过程的考察来谈非物质文化遗产保护，其实是忽视了非物质文化遗产所赖以生存的语境及其在该语境中因与周围环境所发生的错综复杂的互动而发生的复杂的意义生成过程，这使得非物质文化遗产被从其富有生命力的生存土壤中剥离了出来。

【国家治理视域下的传统节日发展】

关昕[2]，《文化遗产》2016 年第 1 期

国家权力的介入和规划是当代传统节日发展的重要表征。该文重点讨论当代传统节日的演化过程中政府的角色与作用，分析国家对节日传统改造利用的复杂过程，阐释国家的治理结构对于传统节日发展转型的影响。进入 21 世纪以来，保护和弘扬传统节日已经成为中国公共话语的一部分，在节日文化的建构中，与时代的社会诉求相衔接，凸显着传统权利的伸张和建构民族国家的意义。在各级政府部门对传统节日的有意识倡导中，传统节日文化作为一种价值信念和道德上的引领，日益凸显合法性，并通过广泛的景观和庆典的营造，形塑了新的集体记忆。

① 王均霞：华东师范大学民俗学研究所讲师。

② 关昕：国务院参事室中国国学研究与交流中心副研究馆员。

关注传统节俗内涵与主流价值观的融合，加强道德化的诠释，凸显社会公共性和民族主义的理念，是政府主导型节日活动的重要表现形式。政府的节日治理透过条块分割的管理模式，并部分通过局部的运动式动员，促成了传统节日文化在地方社会的再生产。这种“自上而下”的运作模式在一定程度上带来了各地节俗内容的同质化。在节日活动的组织中，需要进一步加强“有机团结”。

【节俗的文化关联：以嘉兴清明节为例】

杨秀[①]，《中原文化研究》2016 年第 2 期

节日文化一直是民众生活文化的重要组成部分，寄寓了人们丰富的情感与美好的愿望。节日的节俗仪式和内容承载着厚重的象征文化，使节日成为时间长河中不同于日常的特殊时间节点。该文主要以嘉兴地区的清明节为切入点，看传统节俗如何通过具体的象征途径，与文化建立起关联及有什么样的关联。嘉兴清明节的节俗内容涵盖了上坟祭祖、踏青以及浓郁的祈蚕丰收仪式。丰富的节日内涵和繁复的仪式彰显了地域文化的独特性，真切地印证了地方社会里诸如“清明大如年”之类约定俗成的社会规范能够继续在当代社会里发挥作用。由民俗节庆的外在显现再转入到节日习俗的文化关联，原本普通的生活物品，借助节日这一特殊节点，加上信仰观念的注入，经由一系列仪式过程，诸多民俗事象具有了深层的文化关联。从此点出发，就能理解人们在传统节日里，仪式的讲究和吃穿用的铺排张扬，不是为了一时的表面的享用，而是祈求长远的美好，这也是节日文化被赋予的特殊意义所在。

【论端午节俗与民俗舟船的谱系】

田兆元[②]，《社会科学家》2016 年第 4 期

端午节俗与民俗舟船有不解之缘，但其结构以谱系视角看会有诸多的新发现。端午民俗之舟分为竞渡之舟与非竞渡之舟两个大类。竞渡之舟早期是鸟舟形制，并无龙舟竞渡之说。鸟舟竞渡自先秦至唐代，绵延千年。南宋开始的龙舟竞渡，形成了广泛的文化认同。而民间存留的鸟舟竞渡，以凤舟竞渡的称谓继续传承，凤舟竞渡是比龙舟竞渡更加古老的端午文化传统。端午之舟还包括非竞渡之舟，含载灵之舟与表演之舟两大类。表演之舟表达节庆祝福等习俗。载灵之舟与端午健康健身习俗结合，多为送瘟神之用。西塞神舟会之舟是载灵之舟，送灵之会。我国台湾地区影响盛大的王爷信仰，都是载灵之舟的送灵之会，与西塞神舟会存在着诸多的联系。民俗之舟不仅出现在端午节，许多节庆场合，民俗之舟都有表现。民俗舟船形成了一个强大的谱系，在世界舞台上承担起重要的文化整合认同与民众幸福追求的功能。谱系学说从结构上看，是整体性与多元性的视角；从功能上看，是互动性与认同性的视角。文化遗产的谱系观，将深化对于民俗传统的研究。

【山西介休的清明传统与当代实践】

高忠严[③]，《湖南科技学院学报》2016 年第 4 期

清明是中国传统节日，清明是从二十四节气中发展起来的一个传统节日，以祭祖扫墓、踏青郊游、祈求丰产、催护新生为主要内容，表达民众慎终追远的精神寄托和追求。山西介休被认为是清明节的发源地，为了解介休的清明习俗，文章以实

---

① 杨秀：中国艺术研究院艺术人类学研究所副研究员。

② 田兆元：华东师范大学社会发展学院教授。

③ 高忠严：山西师范大学文学院黄河民俗文化研究所讲师。

地调查资料为主，兼用其他地方史志资料，对山西介休绵山的清明习俗进行描述和分析。介休市在山西省中南部，汾河中游，农业较为发达的晋中盆地的南端，从中可以看出清明节根植于农耕文化的土壤。在介休民间，百姓普遍认为清明节并不是一天，而是一个时间段，一般为三天。现在介休和灵石一代并没有吃冷食的习俗，但各地禁火。寒食清明节最普遍的活动是祭祀祖先、为祖先扫墓，人们以家庭或家族为单位到祖先坟前铲除杂草，修补塌陷，并用新土将坟堆增高，通过这样的方式表达对逝者的缅怀和追念，增强了后代成员之间的团结，有助于家庭或家族的优良家风继承，民众通过祭祀先祖强化了家庭和家族的认同感。因为非物质文化遗产保护和旅游开发的需要，地方政府在清明寒食节的宣传和组织方面发挥了重要的作用，在尊重地方民俗价值观的基础上科学引导，推陈出新，适应社会发展，在保留传统节日民俗价值观的同时拓展了节日的内涵。在民俗节日的发展方面做出了有益的探索。

【温州端午节龙舟竞渡习俗的传统仪式与保护策略】

黄涛[①]，《温州大学学报（社会科学版）》2016 年第 6 期

温州龙舟竞渡活动传统上是由民间自发组织的，竞渡活动的时间一般为十天，夏历四月三十日进河，五月初十收殇。其主要程序分为五个阶段：请神，进河，摆祭与参龙，斗龙，收殇。它主要有四个特色：一是竞渡习俗极为繁盛和普遍；二是传说龙舟竞渡起源于纪念越王勾践训练水军，并祭祀“五阴太保”“36 殇官”等神灵；三是由“参龙”这种祈福辟邪的祭祀活动发展为一种口头诗歌竞赛；四是具有水上台阁这种观赏性龙舟。历史上温州龙舟竞渡常出现安全事故和经费摊派的弊端，因而屡遭官府严厉打压甚至强行禁止。今天在非物质文化遗产保护的语境中，应按着传统面目复兴温州龙舟竞渡习俗。要保护温州端午习俗，必须珍视、保持和传承好这些特色，而不能因为它们有某些弊端或出于误解而歧视、限制、打压。龙舟竞渡习俗的传承与保护不能搞“去信仰化”，将举办龙舟活动的主动权还给民间，由民众按着传统民间方式来组织和操办龙舟竞渡活动。相关政府部门可以加以必要的支持和管理，但不能越俎代庖、管得太死。对于龙舟竞渡容易出现安全事故和经费摊派的弊端，应该能够采取措施予以避免，而不能因噎废食地取缔或打压龙舟竞渡。

【粽子与龙舟：日渐标准化的端午节】

岳永逸[②]，《中原文化研究》2016 年第 2 期

端午节是由人们对自然时令转换的理解而生的一个节日，在更多的地方，它是人们面对即将来到的炎热夏天举行的一种群体性的“过关礼”，有着除瘟辟邪、祝福妇幼、整合社区、纪念历史人物等丰富的文化内涵，并因自然地理、人文历史、地方风情的差异而形成多样的社会形态。在 21 世纪以来申报和保护非物质文化遗产的浪潮中，端午节出现了更倚重于以屈原为依托的粽子、龙舟等关键符号，并日渐标准化、趋同化、简约化的倾向。非物质文化遗产语境下的端午节延续了现代民族国家意识形态建构的路径，即在民族主义、爱国主义等宏大话语的支配下，原本多样的端午节日渐简约化为粽子和龙舟两个物象，并将其起源都指向伟大的爱国主义诗

① 黄涛：温州大学人文学院教授。

② 岳永逸：北京师范大学文学院副教授。

人屈原。由此，一些地方原本意在祈福禳灾、驱瘟除恶祛病、求子联谊的端午习俗在"非遗化"的过程中，主动添加进了屈原这一象征符号。端午节正在发生的趋同的整体性变迁似乎意味着历史演进并非从简单到复杂，而是从复杂到简约。

【论节日事项的"共有""扩散"与"移借"诸问题——以端午节为例】

宋颖[①]，《民间文化论坛》2016 年第 3 期

对于传统节日的研究，除了收集、记录、描述和比较节日事项的具体形态，更需要具有学术阐释力的概念，能从根本上把握表面上多元化的复杂现象。笔者从对端午节跟踪近十年的事项研究中，尝试使用"共有""扩散"和"移借"等几个概念，来探索节日事项的变动性和关联性，概括并解释节日事项的繁杂多样性。"共有"构成了节日事项在群体内世代共享的传承基础，它承载着一个民族群体内部共同的记忆和文化情感，是构建民族认同和文化认同的重要组成部分。从"共有"的概念入手，能够更好地分析某一群体内部长期传承的节日事项，把握节日的内核，即"核心元素"。正是节日当中所"共有的"这些核心元素，能够使得某一节日呈现出较为固定的形态，而得以整体把握，并在非物质文化遗产保护工作中上升为国家软实力和文化传统的象征，标明和区别"我群"与"他群"，获得在更大范围上"共有"的可能性。"扩散"涵盖了人们在生活实践中对同一个节日的文化元素的择用，精准性和模糊性同时存在。"移借"是指将系列文化符号成组搬移，不局限于某一节日，体现出人们在日常生活中的行为惯性。节日事项的"共有""扩散"与"移借"，有利于习俗的在地化，呈现出适应性的细节变化，为人类的实践和创新提供了可能性。节日事项的"共有"，是建构民族认同和文化认同的重要组成部分，保证了节日的整体性、延续性，不仅是某一群体的标志物，而且能够成为文明之间相互交往和对话的基础。而节日事项的"扩散"和"移借"恰恰是节日生命力的有效保障，是人类在生活实践中的智慧结晶，为创新和发展提供了无限的可能性。带着这几个概念去认识细碎的民俗生活细节，就能够透过现象看到节日的本质。

【假装与语言游戏】

张励耕[②]，《世界哲学》2016 年第 5 期

假装、佯装或欺骗都是我们生活中的常见现象，而且它们之间似乎存在某些特定的相似之处。但想要详细阐明这些现象究竟是什么，则并不是一件容易的事情。在该文中，笔者希望引入一些来自维特根斯坦的案例，以对这些现象进行哲学上的分析。从一种维特根斯坦式的角度看，所有这些现象都归属于一种特殊的语言游戏，这种游戏与其他一些更为基础性的游戏有着深刻的关联。事实上，对这些基础性游戏的熟知是进行假装的必要条件之一。此外，我们还需要依据不同的语境来决定需要做出哪些行动。因此在开始进行一场语言游戏之前，我们其实已经做出了某些并不属于该游戏本身的决定。

【我国儿童游戏研究现状及趋势——基于游戏硕博士学位论文的统计与分析】

杨琴　李适[③]《天津市教科院学报》2016 年第 6 期

该研究利用内容分析法，对所收集到

① 宋颖：中国社会科学院民族文学研究所助理研究员。

② 张励耕：中国社会科学院哲学研究所。

③ 杨琴，昌吉学院初等教育学院讲师；李适，陕西师范大学教育学院博士研究生。

的158篇儿童游戏类硕博士学位论文进行了研究年份、院校分布、所属二级学科、论文层次、研究主题和研究方法六个维度的统计分析后认为，今后的儿童游戏应该鼓励相关跨科学的参与，引导高层次的博士研究生群体加入，加强游戏本体特征、游戏课程、儿童游戏权利与游戏质量评价以及儿童游戏的实证量化研究。

【民间游戏教育价值研究综述】

冯超群[①]，《陕西学前师范学院学报》2016年第2期

游戏是儿童生活的重要组成部分，是儿童学习的主要方式。民间游戏是游戏的重要表现形式，对其教育价值的研究具有重大意义。民间游戏的教育价值主要体现在对儿童身心完满发展的促进作用方面，具体表现为民间游戏在儿童生理发展、认知发展、社会性发展、情感发展及个性发展五个方面的教育价值。不足之处体现在：有关民间游戏的理论基础不足；民间游戏对儿童精神层面影响的研究略有欠缺；民间游戏在实证研究中缺乏普适性的论证及在实际运用方面未得到有效体现。

【作为传播的游戏：游戏研究的历史源流、理论路径与核心议题】

周逵[②]，《现代传播（中国传媒大学学报）》2016年第7期

该文从“游戏研究”的理论历史源流出发，尝试系统性地梳理作为传播学研究重要领域的“游戏研究”，在数字媒体时代研究的理论路径与核心议题。作者历时性地梳理了游戏研究的谱系及其文化性、哲学性存在的渊源，并试图深入到当下媒介社会学、文化人类学和传播学研究的纵深之处，探求游戏与现代学术场域的互动，试图提炼当下最受关注的主流话语与“游戏研究”的契合之处。“游戏研究”作为如今国际学术界最热门的研究领域之一，在国内传播与媒介研究领域中却习惯性被忽视。对于仍处于蛮荒阶段的中国本土“游戏研究”而言，找到借鉴之意义。

【丝绸之路古代游戏、娱乐与竞技场地空间分布考研】

郑志刚　李重申[③]《敦煌学辑刊》2016年第4期

游戏、娱乐与竞技一直是汉唐以来的一项具有体育特征的身体文化活动。该文利用考古发现的长安、敦煌、吐鲁番等地的遗址以及文献资料，从历史遗址学研究视野，采用考察遗址分析和考古资料对丝绸之路古代游戏、娱乐与竞技场地空间分布的遗址现状有个较为完整的认识，完成对古代体育运动场地遗址生态环境本体格局和环境信息等整合研究，提出相应的意见和建议，这无疑对体育史的深入研究和体育遗址保护具有重要的学术价值和现实意义。

【生态移民背景下宁夏回族民间体育游戏传承与发展】

古雅辉　孔德银[④]《宁夏社会科学》2016年第5期

以生态移民为背景，对宁夏回族民间体育游戏的分类、特征、传承的现状及困境进行分析和探讨，认为生活环境的变迁、

---

① 冯超群：淮北师范大学教育学院硕士研究生。

② 周逵：中国传媒大学新闻传播学部电视学院副教授。

③ 郑志刚，深圳职业技术学院体育部副教授；李重申，上海体育学院教授。

④ 古雅辉，北京体育大学教育学院博士研究生，宁夏大学体育学院讲师；孔德银，宁夏大学体育学院讲师。

生活方式的转变动摇和削弱了回族体育游戏传承和发展的生存空间和动力，现代体育项目的发展冲击了回族民间体育游戏传承的需求。并在此基础上提出了宁夏回族民间体育游戏保护与发展应以回族居民为主体，以回族文化为核心，以健身娱乐为方向，以家庭、学校、社区体育为途径的若干建议，促进生态移民过程中宁夏回族民间体育游戏与回族传统体育文化的传承与发展。

【重建幼儿混龄游戏的理论基础及现实途径】

袁婷婷①，《教育探索》2016 年第 3 期

由于自然游戏群体的衰落和幼儿园按年龄编班的组织模式，混龄游戏在幼儿的生活中不断消弭。为了发挥混龄游戏对幼儿认知、情感、社会性方面的发展价值，应以皮亚杰的游戏理论、维果斯基的最近发展区理论、班杜拉的社会学习理论和布朗芬布伦纳的人类发展生态学理论为基础，从家庭、社区及幼儿园三个主体出发，重建幼儿混龄游戏的现实途径。

【中国电视体育游戏节目研究】

徐龙②，《体育文化导刊》2016 年第 8 期

该文运用文献资料和综合评价等方法，回顾我国电视体育游戏节目的发展历程，探索电视体育游戏节目成功原因。认为：我国电视体育游戏节目成功的原因是娱乐性强；明星效应和节目的陌生化效果刺激观众收看欲望；互动性强和平民参与等。电视体育游戏节目能够激发全民参与休闲运动的热情；促进全民形成健康运动的新观念。提出：避免以低俗的体育游戏节目迎合观众需求、增强节目的益智功能等建议。

【人工智能与人类智能——从认知科学五个层级的理论看人机大战**】**

蔡曙山 薛小迪③《北京大学学报（哲学社会科学版）》2016 年第 4 期

人类心智和认知分为神经、心理、语言、思维、文化五个层级。在人类认知的所有五个层级上，人工智能都是在模仿人类智能；人工智能是在不断进步的，但在总体上并未超过人类智能。在语言、思维和文化层级上，即在高阶认知层级上，目前人工智能都远逊于人类智能。事实上，人工智能和人类智能这两种智能方式是截然不同的。机器学习也只是对人类认知能力的一种模仿，不能作过高的评价，不必惊慌，更不能人为地制造恐慌。著名的塞尔人工智能理论“中文房间论证”的模型和标准并未过时，根据这个论证，数字计算机（digital computer）永远不会具有人类智能，因此，在可预见的未来也不会出现超过人类智能的人工智能。

【游戏中的共在——人机对弈的解释学**】**

廖恒 刘洋④《中国图书评论》2016 年第 6 期

该文从现代诠释学的角度对这场人机对弈进行了深度剖析，通过对胜负、天人、身心、共在这四个人机大战关键词的解读，从围棋领域上升到对人文世界、人与自然关系的哲学思考，在对人工智能的乐观或忧虑的两极观点之间，人所应该并且能够

---

① 袁婷婷：江苏师范大学教育研究院硕士研究生。

② 徐龙：齐齐哈尔大学体育学院讲师。

③ 蔡曙山，清华大学心理学系、贵州民族大学民族文化与认知科学学院教授；薛小迪，清华大学心理学系。

④ 廖恒，西南交通大学中文系；刘洋，中央民族大学预科教育学院。

做的，即是以共在的方式与天地万物相处，并尽力将科学、人心导向良善的方向，那未来的前景，终究要由人类自身的努力去开启。

【论民俗旅游的文化视阈】

李岩　顾涛[①]《广西师范大学学报（哲学社会科学版）》2016年第6期

对待民俗文化的开发，要充分认识文化的适应性问题。在民俗的异质性和同质性关系上，二者如何协调和统一，如何调动游客的情趣和欲望，同时实现文化的共性和个性共存，是旅游可持续发展的重要课题。民俗旅游的未来规划，应该从文化接受和文化传承与共存的角度来思考民俗资源的开发和利用，适当界定和规划民俗的异质性和同质性，以实现民俗旅游的健康和深度发展。

在对待民俗的衍生现象方面，一定要采取审慎和辩证的态度，应从市场出发，结合市场特点，根据游客的需要开发受欢迎的民俗旅游产品。市场需求是产品开发的重要依据和指南针。产品开发前，要深入市场展开调查，了解市场行情，然后决定产品开发的规模、档次、类型。产品投放市场后，要时刻跟踪产品销售情况，掌握市场变化动态，注意收集市场反馈回来的信息，及时调整产品结构。同时，也不能盲目迎合市场需求，还要根据民俗的自身发展规律，从保护和传承民俗的要求出发，反对和杜绝消极的民俗衍生现象。

民俗旅游活动和产品的设计理念要充分体现民俗的保护、传承和发展意识，要改变过去文化搭台、经济唱戏的简单思维和经济为主的功利思想，要重新定位文化和经济、人与环境、社会和自然的关系，以可持续发展思想为指导，科学设计民俗旅游的一切活动。在发展民俗旅游时，把民俗及民俗地的文化生态环境系统放在设计的核心，尊重民俗，尊重民俗的本真和传统，尊重民俗的自身规律。要打破以前的认识局限，从尊重、爱护、传承、弘扬文化着手来设计开发它。文化自身具有发展规律，不能再盲目嫁接和拉郎配，不能把文化作为经济的配角和附庸，对民俗旅游的设计创新不能只考虑如何迎合游客，而要尊重当地人的意愿，要按照文化发展的内在规律和旅游自身的规律，设计出有利于文化保护和社会和谐发展的产品。

【民俗旅游的文化空间建设与语境表达】

李杨　张旭[②]《包装工程》2016年第18期

旅游地的民俗文化空间建设，能够打动旅游者的根本在于“本真”，而本真的表达必须结合更为具体、细致的制约因素影响下建立的文化语境建立。这些制约因素来自文化场域的多级符码的分析与最终确立，以及“当代乡愁”对旅游者、原住民、外来务工的服务者所具有的不同意义。把握当代乡愁“归属感”与“民俗文化特质”的内涵，通过侧重于不同人群的文化符码共性、关联、特性关系分析，将民俗文化从“民俗事象”角度完成“音、形、色、意”4个方面的文化符号提炼与创新，将能够为民俗旅游的文化语境表达提供更明确和清晰的建设方向。

【旅游语境下的客家民间信仰重构——以粤东灵村的惭愧祖师信仰为例】

黄平芳[③]，《赣南师范大学学报》2016年第5期

神圣与世俗应保持一定距离或边界

① 李岩，山东科技大学马克思主义学院教师；顾涛，洛阳师范学院美术学院副教授。

② 李杨，天津理工大学副教授；张旭，天津理工大学讲师。

③ 黄平芳：赣南师范大学历史文化与旅游学院副教授。

才能保持其权威，如果世俗社会过度嵌入则会降低宗教神圣性。村民在民间信仰场所从事旅游经营活动和日常休闲活动，实则是将自己的世俗生活嵌入了神圣空间，并且获得了近距离窥视宗教“隐私”的机会，从而大大降低了宗教神秘感和神圣感；而寺庙经济和旅游经济所带来的村民利益失衡心理，更是引发了村民与宗教人员之间的矛盾和隔阂，弱宗教权威的现象就在所难免。这无疑指陈了旅游语境下客家乡村社区的信仰世界与现实世界更是叠合和融通的，它给村民提供了宗教信仰与日常生活的场所，也为他们提供了表达宗教情感和世俗愿望的机会，在旅游经济的利益博弈下，世俗生活更加容易嵌入民间信仰空间，以致出现“祛魅”化趋势。

【民俗节庆真实性研究——以中国·湄洲妈祖文化旅游节为例】

蔡礼彬[①]，《华侨大学学报（哲学社会科学版）》2016 年第 2 期

民俗节庆在文化方面起到继承当地传统文化，对外传播，突出文化定位的作用；在经济上则是作为一个重要的经济平台，除了吸引外来游客以外，也带动了相应产业的全面发展。在地方性的旅游产业中将发挥相当大的作用，其文化、经济意义不言而喻。而不论从宏观的文化复兴、地区文化认同、地区旅游经济发展角度，还是比较微观的旅游者的体验角度，民俗节庆的真实性都是至关重要的存在：一方面民俗节庆是地方传统文化以及地域象征历史文化传承的一个重要的表现形式，真实性是其生存的土壤；另一方面对于追求真实性民俗文化的旅游者而言，缺乏真实性的民俗节庆不能满足其旅游的动机。

【遗产旅游中的民俗叙事研究——以泰山遗产旅游为例】

程鹏[②]，华东师范大学博士学位论文，2016 年

遗产旅游是以自然、文化、非物质的等各类遗产为旅游吸引物，以到遗产地去深度接触遗产景观、体验、学习遗产文化的一类旅游活动。世界遗产名录的建立，不仅推动了遗产旅游的发展，其象征意义与经济、社会价值也使得许多国家和地区陷入狂热的遗产运动之中。在当前如火如荼的遗产旅游中，民俗叙事在遗产申报、导游讲述、景观生产和市场营销等方面发挥了重要作用，但是遗产旅游活动对于民俗叙事的选择性与商业属性改造也改变和遮蔽了原生态的民俗叙事，从而造成了遗产旅游破坏民俗遗产资源的情况。

民俗叙事，不仅可以有效地提升、建构、宣传遗产旅游地的价值，促成旅游者的消费意愿，而且在旅游中还可以提升旅游者的游览趣味，增强其对遗产旅游地的感知，并进一步实现重构记忆、提升自我价值的升华。作为文化遗产的民俗叙事本身应该被保护，以避免在遗产旅游中遗失真正的遗产，而这需要民俗学者积极介入旅游民俗学的研究与应用中。

民俗叙事的研究路径为旅游民俗学的发展开拓出一条道路，但旅游民俗学的研究任重道远，在语言叙事分析、口头叙事表演、文字叙事撰写、景观叙事设计、表演叙事规划、影像叙事拍摄、口述史的运用等方面仍有很大的研究空间，需要我们不断的努力！

---

① 蔡礼宾：中国海洋大学管理学院副教授。

② 程鹏：华东师范大学民俗学博士研究生。

【体育人文社会学的方法意识与问题意识——徐晓光教授学术访谈录】

赵毅[1] 韩进飞《体育与科学》2016 年第 1 期

“三度思维”即高度、角度、尺度运用于基础思维和深度思维形成的一种人文社会科学研究方法。体育人文社会学应当保持一个开放的视角，充分运用跨学科资源，更新研究方法，由此为自身方法论基础的独立积淀根基。体育人文社会学研究应当回应中国社会现实，解决中国问题。体育人类学和民族体育研究具有深厚的民间传统。古罗马体育法与贵州黔东南苗族、侗族民间体育法规则具有相似的共性，这说明人类文明对规则意识的追求和体育精神的弘扬不分古今，不论中西。

【民间体育、民族体育、民俗体育与传统体育等概念及其相互关系辨析】

罗孝军[2]，《沈阳体育学院学报》2016 年第 2 期

以哲学认识基础和逻辑学方法差异为出发点，对民间体育、民族体育、民俗体育与传统体育概念及其相互联系研究中出现的各种观点思维方法特征进行梳理与归纳，认为论争有助于研究的深入，但是研究者应该反思目前研究方法导向下的认识差异，运用科学、合理的方法认识争论各方的研究路径与思维特征，厘清民族体育、民间体育、民俗体育与传统体育各自概念的本质特性及其内在联系。研究得出民间体育是上位概念，传统体育、民俗体育与民族体育是其下位概念，既相互包含，又相辅相成、相互促进。在现有基础上，应借助人类学田野调查实证研究方法，让文化回归生活，从质性研究出发揭示民族传统体育各相关主体的文化本源。

【人类学视野下民族传统体育价值观的调查整理方法——以壮、侗、苗、瑶等的村落体育项目为例】

周家金 孙庆彬[3]《沈阳体育学院学报》2016 年第 4 期

运用文献法、逻辑分析法和例证法，以人类学的文化层次理论和“深描”方法为依据，以单个体育项目为研究视角，探析民族传统体育价值观的调查整理方法，为民族传统体育的保护、传承与研究等提供支持。研究认为，调查民族传统体育价值观，应考虑体育价值观的存在特性——隐身性、弥布性、稳定性和系统性；调查的切入点有体育器物、体育制度、体育行为、体育环境要素和体育历史要素等；应采用以“深描”为主的综合调查分析法；应将调查到的体育价值观信息进行整理：首先甄选出核心体育价值观，然后以核心体育价值观为统领，对调查来的价值观内容进行分层聚类，构建出完整的体育价值观体系。

【壮族蚂拐舞的文化本源与体育文化价值研究】

韦丽春[4]，北京体育大学硕士学位论文，2016 年

（1）该研究运用文献资料法以及田野调查法等科研方法，以壮族蚂拐舞的

① 赵毅：苏州大学王健法学院副教授。

② 罗孝军：重庆文理学院体育学院副教授。

③ 周家金：玉林师范学院民族地区文化安全研究中心、体育学院讲师。孙庆彬：玉林师范学院民族地区文化安全研究中心、体育学院副教授。

④ 韦丽春：北京体育大学硕士研究生。

文化本源作为切入点，以探寻壮族蚂拐舞的体育文化价值以及壮族蚂拐舞健身操的创编与教学实践作为落脚点展开深入研究。（2）该研究认为，神话传说、图腾崇拜与民间信仰塑造了蚂拐舞的文化本源。壮族蚂拐舞源起的神话传说有：雷王之子传说、雷王使者传说、东林郎传说、龙王宝传说等。在壮族民众的心中蚂拐是主宰人间雨水之神，从而对他产生崇拜。它与古老的自然崇拜、图腾崇拜和祖先崇拜等民间信仰有着密切关系，这也构成了蚂拐舞习俗重要的文化基石和源泉。壮族蚂拐舞的象征体现在吉祥性象征、禳灾性象征、生殖性象征、丰饶性象征等四个方面。它作为寄托着广大壮族民众情感的民俗事象，极大地满足着村寨民众的精神需求。蚂拐作为壮族的图腾主要源于生殖崇拜说、祈求雨水说和农耕说。（3）壮族蚂拐舞是一种具有代表性的民间宗教祭祀仪式活动，其中包含了重要的原生态身体运动文化。蚂拐舞兼有文化娱乐和体育健身的本质属性，因而具有壮族传统体育舞蹈的美誉。壮族蚂拐舞的体育文化价值体现在：健身与健体的价值、心理慰藉与情感宣泄的价值、艺术与审美的价值、民族凝聚力与民族文化认同的价值、文化教育与文化传承的价值等。（4）该文把壮族蚂拐舞的基本动作元素与健美操的形式有机结合，创编出壮族蚂拐舞健身操并在学校体育课堂进行教学实践研究。此套操的创编体现了原生性与现代性、健身性与娱乐性、科学性与健康性相结合的原则。其动作刚劲有力，又不失风趣幽默，具有健身性、民族性、表演性、观赏性及娱乐性等特点，是一个充满了壮族地域特色的民族健身操舞，符合学生的生理和心理特点，具有较高的推广价值。此套操不仅可以丰富学校体育课程资源，而且还可以作为全民健身的项目在社区开展。同时，还可以使壮族蚂拐舞在学校得到传承和发展。

【中国古代球类活动演进与捶丸起源研究——兼具考古学资料分析】

崔乐泉[①]，《体育科学》2016 年第 7 期

在中国古代体育史中，球类活动的历史可以追溯到史前时期。随着历史发展和社会进步，由史前石球演进和拓展而来的众多球类运动形式，成了中国古代体育大家族的主体成员。通过对相关考古文物资料的分析，结合历史文献记载，对中国古代主要球类运动形式的演进进行了初步分析，并在此基础上对捶丸活动起源的历史背景和演进过程做出了整体探究。作者认为，史前时代的石球是古代球类运动形式之源；而由石球到蹴鞠直到演变而来的击鞠，则是捶丸活动形式之祖；由击鞠蜕变而成的步打球和棒击球，当为捶丸活动的前身和雏形。

【文化记忆下的腊湾老人舞研究】

郭振华[②]，《体育文化导刊》2016 年第 4 期

运用田野调查法等对腊湾老人舞及其文化记忆的载体性、媒介性、历史性、传承性、功能性、发展性等进行研究。结论：腊湾老人舞以步法、伴舞用的道具以及采用的曲调等成为腊湾彝族文化遗传中重要的文化基因代码，与民族风俗节日一起构成腊湾彝族文化记忆的符码表述系统。在文化记忆语境下，对以腊湾老人舞为代表的民间民俗体育文化以及地方性知识为表征的文化记忆研究，对研究中国社会变迁具有积极意义。

---

① 崔乐泉：上海体育学院中国武术研究中心、国家体育总局体育文化发展中心教授。

② 郭振华：吉首大学体育科学学院副教授。

【传统村落对民族传统体育发展的促进作用研究】

游拢[①]，《体育文化导刊》2016 年第 12 期

采用文献资料法等，通过分析传统村落与民族传统体育之间的关系及其价值发现：传承人传承、宗族内传承与狭隘的正统保护主义是民族传统体育发展的桎梏。建议：组建农村体育或艺术社团，形成传承和创新的核心辐射队伍；通过传统体育技能的群众化、艺术化与简单化创新，以广大村民的常规健身活动、民俗节庆、红白事等为运用平台，在健身技能创新、文化功能创新、美德传承与和谐社会关系的创新中，推动民族传统体育的全民以及全面传承。

【巫风舞影：溧阳社渚镇傩舞现代传承的动力及路径】

张明[②]，《南京体育学院学报（社会科学版）》2016 年第 6 期

运用文献资料法、实地考察法等研究方法，对江苏溧阳社渚镇傩舞进行了研究。研究认为，作为民俗体育的组成部分，江苏溧阳社渚镇傩舞源远流长，目前傩舞的表现形式分为蒋塘竹马灯、嵩里跳幡神、河口祠山庙会、大田跳五猖、乘马圩冻煞窠、宋村关帝舞、新塘跳观音等。社渚镇傩舞现代传承的动力因素主要有国家政策的支持、乡村精英的带动、民众信仰的认同以及旅游市场的助推等。促进社渚镇傩舞的现代传承，需要进行空间再造，设立社渚傩舞的文化生态保护区；民俗进校，建立傩舞传承推广的合作机制；完善制度，形成傩舞传承保护的网络体系。

【民族体育的身体行为研究】

陈青[③] 张建华 常毅臣 王增喜《上海体育学院学报》2016 年第 4 期

综观目前民族体育方面的研究成果，存在着诸多偏离其本质的现象，该现象蔓延将影响着民族体育研究的客观真实。根据行为理论分析认为：民族体育指作为主体的自我对作为客体自身，运用本族群习惯的、有序的、具备一定能量代谢水平的身体行为，主动进行生命塑造的活动；身体行为是指在人的意识指导下，有目的、合理的专门技术动作；身体行为是将民族体育生成基本元素——肢体活动转化为民族体育的中介和桥梁；民族体育甄别的原则是身体行为实践选择，甄别的操作标准为身体行为、能量代谢、习练周期和生命塑造。

【论少数民族传统体育、舞蹈蕴含的生命观】

郑玲玲[④]，《云南民族大学学报（哲学社会科学版）》2016 年第 5 期

丰富多彩的少数民族传统体育与舞蹈不仅具有强身健体、欢娱、培养和增强团体协作意识与精神的作用，而且被创造和传承它们的人类赋予了更加丰富的意义。透过其形式的表达，从象征的视角深入分析，可以清楚地看到其中蕴含着人类关于自身生命存在形式、内容和意义的理解与诠释，有助于对人类生命观的认识和理解。

【中日文化交流视域下的日本武道现代化转型及其启示】

潘冬[⑤]，《暨南学报（哲学社会科学版）》2016 年第 7 期

在基于文化社会学视角，以文化发展

---

① 游拢：四川工业科技学院讲师。

② 张明：南京体育学院副教授。

③ 陈青：西北师范大学体育学院教授。

④ 郑玲玲：云南民族大学民族研究所副教授。

⑤ 潘冬：暨南大学体育学院副教授。

理论为支撑，运用文献资料法和逻辑分析法对日本武道现代化转型研究显示：日本武道从传统到现代的文化结构更新方式在精神、制度、器物三层面有着显著的特征，“和魂洋才”的价值取向、日本精英阶层的体育思想和对待外来文化采取从思想到制度，再到技术的学习策略是其现代转型的内核因素；在实现路径上，国家意识主导下的学校武道教育推进和民间形式的传统武术从“术”至“道”的变革是其文化整合获得成功的关键，对中国武术的现代发展具有积极的启示作用和借鉴价值。

【仪式体育：作为身体实践的族群记忆】

郭军　仇军[①]《武汉体育学院学报》2016年第12期

通过对人类学仪式概念的分析，提出了“仪式体育”概念并进行了界定。认为傈僳族的“爬刀杆”是仪式体育典型代表项目。在20世纪以前，傈僳族没有关于自己族群的文字记录，其历史主要是通过仪式、口述记忆、神话等方式代代相传。“爬刀杆”仪式是一个融合了族群历史、宗教信仰、价值观、口述记忆、技术记忆等为一体的宏大叙事体系，为族群成员提供了一个习得和追忆族群过往史的“场域”，对族群历史文化和宗教信仰以及价值观的传承起到了不可替代的作用。“爬刀杆”仪式是用身体来理解并用身体来展现族群记忆的社会实践活动，在社会、文化传统的“规训”下，重复上演的族群记忆经由族群成员的内化积养成符合族群价值规范的行为举动，最后长久地储存在族群成员之中。

【西北走廊游牧民族传统体育文化的同根异功现象】

张建华[②] 陈青 王增喜 常毅臣《中国体育科技》2016年第5期

文化现象是文化存在方式的表征和意义的表达。西北走廊游牧民族传统体育文化的同根异功现象，与文化的多链共生有关，共时性存在的文化，发展具有多链特征，每一文化链条都保持着自身存在的特殊意义。同处一个文化空间，西北走廊游牧民族传统体育在仪式庆典和旅游场域中表现出不同的文化功能和意义。仪式庆典中的民族传统体育文化是族群记忆和身份认同的符号形式，是一种文化的“小传统”；旅游场域中的民族传统体育文化则是国家、市场和民间力量相互博弈后游牧文化的标签和象征，通过景观展演实现文化资本的经济价值和文化自身的延伸，本质上是一种文化再生产。

【失衡与适应：论我国民族传统体育文化发展】

郑国华[③]，《思想战线》2016年第4期

在现代社会的飞速发展过程中，我国民族传统体育发展已经跟不上社会骤变的节奏，出现文化生态失衡现象。具体表现为，民族传统体育成为逐利者的工具；民族传统体育意义逐渐匮乏；体育成为奢华生活攀比的手段；民族传统体育重物质轻文化；民族传统体育的“西式化”。民族传统体育文化生态失衡的原因有文化冲突的问题，也有管理者主观选择的问题。要做到民族传统体育的文化适应，可以通过融合民族传统体育的原始意义与时代意义，保存民族传

① 郭军：清华大学体育部博士，三峡大学体育学院；仇军，清华大学体育部教授。

② 张建华：西北师范大学体育学院教授。

③ 郑国华：上海体育学院休闲与艺术学院、体育历史与文化研究中心教授。

统体育的核心形式，融合民族传统体育的民族性与时代性来实现。同时，在发展道路选择上，要让民族传统体育通过服务社会来实现自身的发展。

【体育非物质文化遗产的传承模式及其变迁】

刘喜山[①] 邓星华《体育学刊》2016 年第 1 期

从传承模式的宏观视角，以传承的主导力量为划分依据，提出体育非遗存在自然传承、国家传承、社会传承 3 种模式。研究认为传承主体由个体走向群体，传承场域由乡村走向城镇，传承内容由仪式走向身体动作，传承手段由单一走向多元，传承目的由娱神走向娱人是体育非遗传承模式变迁表现，并预测社会传承模式将逐步成为体育非遗传承的主导模式。研究认为体育非遗传承模式变迁的动因包括自然环境、科学技术、经济体制、社会组织等。社会文化生态结构模式的变化，首先引起传承模式各要素的变化，传承模式各要素的变化又必然决定体育非遗传承模式的变迁。

【20 世纪哈萨克斯坦的《玛纳斯》学】

阿地里·居玛吐尔地[②]，《西北民族大学学报（哲学社会科学版）》2016 年第 3 期

千百年来以口头形式在民间传承的柯尔克孜族英雄史诗《玛纳斯》从 19 世纪 50 年代以来进入学术视野，经过各国学者一个半世纪的不断研究，如今已经发展成为具有国际影响力的、相对独立的“《玛纳斯》学”。在《玛纳斯》研究学科的世界坐标系中，哈萨克斯坦占据很重要的地位，他们的研究成果及其影响力是值得我们总结和借鉴的重要学术资源。

【傣族民间叙事诗《召树屯》的整理出版与改编】

张自春[③]，《民族文学研究》2016 年第 5 期

《召树屯》是傣族民间叙事长诗，20 世纪 50 年代，它由陈贵培、刘绮、王松等人搜集、翻译并整理出版，其后经历了多种版本的出版与改编。作为一部混杂着宗教色彩、民族特色、民间气质和诗歌样式的文学作品，《召树屯》的流传不仅涉及民间文学的传承问题，还与时代、文学传播媒介的变化密切相关。

【《玛纳斯》的当代传承与史诗演述传统的发展走向】

巴合多来提·木那孜力[④]，《西北民族研究》2016 年第 4 期

随着社会经济的迅速发展和信息技术对民众生活世界的逐步渗透，许多少数民族口头传统及其代际传承正在发生复杂而深刻的变迁。虽然新疆柯尔克孜族的口头传统在一定程度上依然保有强韧的生命力，但以《玛纳斯》为代表的活形态史诗演述出现了复杂的发展走向。该文以近年来的田野调查材料为依据，关注从传承人群体数量的骤减到年轻一代习艺从师的动机选择，从“玛纳斯奇”的非职业化到老龄化，从口头叙事资源的萎缩到印刷文本的背诵，从演述技艺的退化到史诗韵体叙事的故事化等方面的内容，尝试对当下柯尔克孜族史诗的存续力量及其显见的式微趋势加以探讨。

---

① 刘喜山：华南师范大学体育科学学院讲师。

② 阿地里·居玛吐尔地：中国社会科学院民族文学研究所研究员。

③ 张自春：陕西师范大学文学院讲师。

④ 巴合多来提·木那孜力：中国社会科学院民族文学研究所助理研究员。

【都市回族流动人口节日文化的价值——开斋节、古尔邦节观察】

马伟华[①]，《北方民族大学学报（哲学社会科学版）》2016 年第 4 期

开斋节与古尔邦节对于那些在都市中流动谋生的回族人而言，有着重要的精神价值。两大节日是他们聚会的良好时空载体，节日里的聚会、礼拜等仪式活动是获得社会归属感的重要途径，为他们适应都市生活提供了一定的精神力量，展现了城镇化进程中回族传统文化与现代都市生活的调适。

【宗教人类学视野下目瑙纵歌节日仪式研究】

徐俊六[②]，《宁夏社会科学》2016 年第 6 期

目瑙纵歌是景颇族最盛大最隆重的民间节日，节日活动中有米推推仪式、鬼神仪式、木代仪式、剽牛仪式与授冠仪式，这些仪式具有鲜明的原始宗教性质与特征。从目瑙纵歌节日仪式的原始宗教祭祀规程，可以蠡测其蕴含的宗教学与人类学意义。目瑙纵歌节日仪式展现了景颇族仪式专家董萨与神鬼沟通交流的方式与途径，体现了景颇人的神鬼崇拜与祖先信仰，也是景颇人对民族历史的追忆，同时也显示了国家在场。

【满族萨满教的祖先神信仰研究】

于洋[③]，《世界宗教文化》2016 年第 3 期

满族民间普遍将西墙的“祖爷板”视为祖先神神位。祖先神内涵复杂，主要包括南位神和北位神两种类型，有各自的祖先身份和文化逻辑。该文在文献和田野的双重视角下，通过对满族祖先神观念和仪式的考察，发现满族南位神并非祖先来源，而是作为“恩人神”“贵人神”“保护神”的客神身份被供奉；而北位神多由家族历史上已故萨满、族长等有重要影响的祖先灵魂构成，具有“巫祖”原型特征。该文通过对两类祖先神的面貌、异同及相互关系的揭示，剖析祖先神信仰的萨满教来源，提出理解满族祖先神的基本路径和方法。

【“活态传承”理念下民族特色乐器的传承研究——以京族独弦器为例】

秦瑞莹[④]，《贵州民族研究》2016 年第 7 期

活态传承是民族文化传承保护的最好方式，民族特色乐器的传承也不例外。根据相关要素和民族特色乐器传承发展的关联及影响，少数民族特色乐器的活态传承需要从传承人、乐器、平台、模式等方面共同努力，以京族独弦琴的活态传承为例进行了详细阐释，以此推动民族特色乐器的活态传承。

【纳西族口头传统特征刍论】

杨杰宏[⑤]，《中央民族大学学报（哲学社会科学版）》2016 年第 1 期

纳西族口头传统记载和传承着民族的“根谱”，东巴文化成为纳西族口头传统的重要传承载体。语言区域的不同是导致口头传统变异的主要原因，最突出的是丽江、泸沽湖地区两个方言区；同属一个方言区，但周边民族文化影响程度不同，也会影响到口头传统；语言天然具有口头性、集体性、传承性、地域性、表演性，而东巴仪式通过观念实践使口头传统的这些特征得

① 马伟华：南开大学周恩来政府管理学院副教授。
② 徐俊六：云南师范大学文学院讲师。
③ 于洋：吉林师范大学历史文化学院讲师。
④ 秦瑞莹：陕西师范大学音乐学院讲师。
⑤ 杨杰宏：中国社会科学院民族文学研究所副研究员。

到了紧密、有机的统一。

【仫佬族依饭节来源新探】

吴国富①，《广西民族大学学报（哲学社会科学版）》2016 年第 5 期

通过对仫佬族“依饭”一词借自汉语土拐话方言，依饭节敬奉的主要神灵来自汉族地区，依饭道场来源于汉族道教，依饭道场经书主要使用汉语土拐话方言念唱，依饭节法师与土拐人师傅的师承关系，当地汉族土拐人一支具有基本相同但更加神圣的传统节日依饭节，不同历史时期进入广西柳（州）、庆（远）、融（水）、罗（城）一带的汉族历史及其发达的经济文化基础对仫佬族产生的深远影响等多方面进行探讨和论证，提出仫佬族依饭节来源于当地汉族（土拐人支系）祭祀“依饭公爷”宗族性还愿仪式活动的新观点。

【赫哲族历史文化遗产开发与利用的成就及影响】

刘敏　程丽云②《黑龙江民族丛刊》2016 年第 6 期

赫哲族历史文化遗产是赫哲族民众宝贵的精神财富。当前，在世界范围内对非物质文化遗产重视的大环境下，赫哲族非物质文化遗产的保护、开发与利用也取得了诸多令人瞩目的成就，如伊玛堪成功申遗、乌日贡大会的创建、鱼皮制作与传统饮食技艺的开发与利用、赫哲族特色乡村建设等。全面、深入开发与利用赫哲族历史文化遗产，充分挖掘其学术价值与现代意义，将有利于承续民族文化多样性，有利于促进赫哲族社会发展，有利于构建与形成三江区域特色经济文化。

① 吴国富：广西民族大学民族学与社会学学院副教授。

② 刘敏，佳木斯大学赫哲族历史文化研究所教授；程丽云，佳木斯大学赫哲族历史文化研究所副教授。

第七篇

优秀学术随笔

传统与现代并非对立

乌丙安　主讲　王学思　整理

在社会转型的过程中，现代化社会向我们迎面走来，我们的生活呈现了一个传统和现代融合在一起的状态。这里的“传统”不是从另外一个地方走进来，而是回到“传统”原来发展的一种状态中。传统不是“客人”，是“家里人”；现代也是“家里人”，它是“家里人”的一个转型变化的过程。

近10年来，我国的非遗保护事业确实得到了全社会的认可，而且形成了一个保护的热潮。这种认同和认可对非遗的现代化发展非常有利。目前，各级政府已经开始自上而下地主导传统工艺振兴计划的制定，但我们还要密切关注计划的执行，对此我有三点想法。

第一，对传统与现代、工艺与生活的认识。本次非遗博览会的主题里面提到了传统工艺和现代生活，我们把它横断切开找到相对应的词，就是传统与现代、工艺与生活。将这两组概念放到中华民族文化发展的历史进程中纵向观察，就会发现几乎所有历史时期都遵循着继承传统，并且不断地更新传统、提升传统，从而成功地走向现代的发展过程。

回顾历史，我们把传统反掉都没有好结果，哪个阶段都吃了大亏。我觉得在今天的历史发展过程中，我们应该看到这一点，现代和传统的关系应该是对称而不是对立的。当传统工艺要走进现代生活，满足大家的需求，就必须克服把传统和现代对立起来的错误观念。工艺和生活也是密切相融的两个概念，离了工艺就没有生活。人类生活无论物质或精神生活都离不开工艺尤其是手工技艺，因此我们的手艺绝对不会丢，因为这是血肉相连的。因此现代与传统应该是亲上加亲的，自古以来都是这样。

第二，要考虑传统工艺对现代生活的贴近和切入。我们国家的非遗传承人不只列入名录中的几千人，而是一个成千上万的或者是几十万的群体，因此应该关注到这个群体。在这个群体中他们的手艺一个比一个精湛，但他们很多人都在基层，要想让他们的手艺、工艺进入现代生活，首先传承人必须进入现代生活。比如，南通蓝印花布印染技艺的国家级传承人吴元新是我很尊敬的一位传承人。他的团队是传统的师承和祖传结合的，而他对徒弟的传承培训是按现代意识去处理的，而且做得很有成效。我们的传承人大部队要进入现代生活，要有这个意识，而且更重要的是我们振兴手艺的前提是保护好它最好、最精华的部分。

第三，现代生活对传统工艺要充分地尊重维护，很好地利用。我们要给传承人创造条件，支持他们振兴，尊重他们的手艺。应该充分调动起现代生活中各个领域、社会各界及城乡社区民众主体，使更多的人直接或间接地参与到保护和振兴传统工艺的热潮中来，形成良好的振兴传统工艺的氛围。

新媒体要为传统工艺振兴做精做细做大做强，不仅是要做大规模的宣传，更重要的是要有中国传统工艺及产品和手艺人的大制作，全面进入民众的网络生活。依法开拓传统工艺产品交易网点或逐步进入网售网购，满足群众对传统工艺品的多样化需求。

（原载《中国文化报》
2016 年 10 月 19 日第 4 版）

“共同体”如何想象

王晓葵

安德森 1983 年出版的《想象的共同体》，距今已经有三十多年，这本据说是针对越南进攻红色高棉而写的论著，已经成为横断整个人文社会科学的必读书，安德森在这本书中提出的对民族和民族主义的历史性和非本质性的讨论，引发了学界对民族、国家、民族文化、民族主义这些固有概念的反思。

安德森的想象的共同体论，是对民族的本质主义和超历史的存在这样一个过去的民族主义的认知的批判，虽然在他之前，盖尔纳和安东尼等人也都提出过类似的论点，但是，从没有人像安德森这样明快而简洁准确地指出这一点，并提供了令人信服的证据。

传统的民俗学或者人类学的研究，通常会把某个具体的地域，例如村落作为自己研究的对象，这个地域的人们通过血缘、地缘等纽带连接在一起。他们之间共同恪守祖辈留下来，通过乡规民约呈现出来的所谓礼教或者规范。这样“面对面”的共同体，具有本质主义的特征。但是，一旦超出这样的范围，没有血缘、地缘的关联，也没有宗教或者王权这样的力量来规制的时候，人们是如何互相认定是属于同一个“共同体”的？特别是“国家”这样的庞然大物，无论面积多么小，人口多么少，也无法像村庄这样，建立一种面对面的本质性的关系。安德森给我们的答案就是“想象”。他说，（民族）“是想象的，因为即使是最小的民族的成员，也不可能认识他们大多数的同胞，和他们相遇，甚至听说他们。”（5 页）

那么，民族国家这样的共同体，到底应该如何“想象”？

在《想象的共同体》第二章文化根源，安德森做过如下论断：“没有什么比无名战士的纪念碑和墓园，更能鲜明地表现现代民族主义文化了。这些纪念物之所以被赋予公开的仪式性的敬意，恰好是因为他们本来就是被可以塑造的，或者是根本没人知道到底是哪些人长眠于其下。这样的事情，是史无前例的。”（11 页）

在这里，安德森提示了一个命题，即共同体的“想象”需要某种媒介。我们周围处处可见的无名烈士纪念碑，虽然在形式上和过去的墓碑相似，但是，其内涵则完全不同。过去的墓碑虽然也是记忆的表象，但是其具体的内容，是不容许有想象的空间的，而无名战士的纪念碑所表象的和参观者没有任何血缘地缘的本质性联系的人们的死，成为建构共同体认同的重要手段。

纪念碑作为社会记忆的表象，成为一个意义生产装置。在这里，“偶然”的战死，被转写成“必然的牺牲”，“死者”与参观者、追悼者在纪念碑前相遇，通过纪念仪式将无名战士的“死”与参观者、追悼者的“生”联系起来。而“为民族而死”“为国家献身”这样的碑文或悼词所表达的意义和价值，就是民族国家“想象”的有力媒介。

作为“想象”共同体的媒介，除了纪念碑之外，安德森还强调了“语言”。语言所具有的“原初性”（primordialness），也就是说无人能够定出其诞生的日期，很容易给人以本质性的、根深蒂固的特点。就像用英语说的话，往往会让英国人感到似乎是先祖所传递下来的“英国性”（Englishness）。（171 页）

的确，似乎每一种语言都天然地带有某种“民族性”。我们都曾读过的都德的《最后一课》所传递的信息，就证明了这一点。文中主人公说，“法语是世界上最美丽、最清晰、最严谨的语言”，而“当一个民族沦为奴隶时，只要它好好地保存着自己的语言，就好像掌握了打开监狱的钥匙”。说的正是法语所带有的“法国性”。

其实，和语言同样具有“原初性”的还有“风俗”。在中国近代民族主义建构的研究中，过去的中国研究者都注意到了清末民初知识精英在建构民族国家的话语时，有关种族的、历史的叙事的创造。比如在清末，前近代界限模糊的“天下”“本朝”“蛮夷”空间概念，开始转化为近代民族国家的具有明确疆域的“万国”“中国”的概念。而这个中国的概念，必须通过一定的可视化或者具象化的操作，才能让民众对“国家”有明确的认识，进而涵养“爱国”之心。日本学者吉泽诚一郎用“国土的一体性、国民的一体性、通时的历史的一体性”来概括近代中国自我认同建构的具体内容。吉泽指出，当时的革命派的报刊大量登载中国地图或分省地图，来向读者展示中国国土的空间图像，将国家的疆域概念可视化。而国民的一体性的创出，则有多种手段，其中共同的历史记忆的创出则是一个重要的手段。中国通史的撰写就是其中重要的一部分。而中国通史的主要特点就是强调民众生活的部分，捐弃过去帝王将相、英雄才俊的王朝更迭的历史叙述。这个“民史”的诉求，成为梁启超为代表的新史学的重要倾向。但是，在这个民史的诉求中，自然有了对中国各地生活文化的关心。比如，1922 年，著名训诂学家、文人胡朴安编撰《中华全国风俗志》一书，介绍各地民间习俗。在序言中，胡陈述了了解各地风俗习惯的重要性，并强调“周知全国风俗”简直成了取代“儒术”，实现国家文化统一的法门。而张炽章为此书所作之序，也表达了同样的旨趣。张氏原为孙中山的秘书，曾任民国第一大报《大公报》总编辑 15 年。他说：

“外人之讥我曰中国并非一国家，中国人并非一国民。吾诚耻之，而不能辩，何则？普及国家主义之前提，在于知彼知己。易言之，必知世界知本国而后可以涵养爱国爱群之心。甚者且不知中国之大与久，夫于其地其人既毫无观念，又不辨共同之历史文化。则虽同胞亦尤之异民族矣。”

这里的所谓“知彼知己”，便是“知世界知本国”，而以中国之大，如何可以“知”，其媒介便了解各自的“风俗”。张解释说：“盖风俗乃历史产物，乡间习俗，皆有渊源，一事一物，俱关文化，故能知古今风俗，即为知中国一切。”（胡朴安：《中华全国风俗志》，张炽章序）。

风俗的起源，和语言相似，都具有“原初性”，共有风俗，便属于同一个共同体。那么，如何解释各地“风俗”的差异性呢？这里“世界”作为他者的存在，成为“中国风俗”认同的参照物。和西洋、东洋相比，河南与河北，山东与山西，都是“中国”的一部分。对于绝大多数从未离开过故土的中国人来说，他们确信，在遥远的外地，还有和自己虽然风俗不同，但是可以互相理解的人群的存在。

安德森说：“一个美国人终其一生至多不过能碰上或认识他 2.4 亿多美国同胞中的一小部分人罢了。他也不知道在任何特定的时间点上这些同胞究竟在干什么。

然而对于他们稳定的、匿名的和同时进行的活动，他却抱有完全的信心。”（27 页）

如果说，美国人的这种“信心”来自安德森揭示的对“同质而空洞的时间”的共有的话，那么，中国的“信心”大概更多来自他们相信年三十晚上，所有的“中国人”都会放鞭炮、吃年夜饭。虽然北方人初一吃的是饺子，南方人吃的是年糕。但是，只要是“中国人”，“年”都是要过的。

（原载《社会科学报》
2016 年 4 月 14 日第 8 版）

推进中国民间叙事文学理论话语体系建设

林继富

中国民间叙事文学是中华民族重要的文化传统。长期以来，我们对中国民间叙事文学没有足够重视，即使有一些民间叙事文学研究成果，也只关心汉族古籍中记录的民间叙事文学，对其他民族民间叙事文学的关注较少。五四运动以后，西方民间叙事文学理论进入中国，对于建立中国民间叙事文学理论话语体系有些许帮助。改革开放以来，1984 年由国家层面主持的大规模“中国民间故事集成”工作，为中国民间叙事文学理论话语体系的建立提供了丰厚的材料基础；1997 年《中华文学通史》一书提出“中华文学”的理论命题，与随后出版的《中国各民族文学关系研究》《20 世纪中华各民族文学关系研究》等成果共同揭示了中华各民族文学之间的关系，对于推进中国多民族民间叙事文学理论话语体系的建立具有一定的价值。但是，本土化的中国民间叙事文学理论话语体系尚待进一步构建。

各民族优秀的民间叙事文学是中华优秀传统文化的重要内容，各民族民间叙事文学经典类型是传统中华文学经典体系的有机组成部分，它们不仅丰富了中华文学经典宝库，而且具有促进民族文化集体认同的意义。每个民族创造的民间叙事文学既是该民族的，也是各民族共同拥有、共同分享的。各民族民间叙事文化之间相互平等、相互交融、共同创造、共同发展。因此，中国民间叙事文学理论话语体系应建立在中国多民族民间叙事文学实践的基础上。这种实践基于以下三点：中华民族“多元一体”的形成发展史；统一多民族国家的现实；中国多民族民间叙事文学交融互动、共同发展的历史。以此为出发点和落脚点，加强多民族之间的民间叙事文学交流研究，理清中国跨族际民间叙事文学的共同性和差异性研究，建设中国多民族国家的民间叙事文学理论话语体系的基本路径就显得清晰而具体。

以多民族民间叙事文学观为核心，以多民族“多元一体”的历史观、国家观、民族观为支撑，建立中国多民族民间叙事文学的整体架构。我国不同民族的民间叙事文学之间存在“你中有我，我中有你”的生活关系和文化联系，不同民族之间缔结成为不可分割的整体，也使不同民族的民间叙事文学形成统一体。如西南地区彝、白、哈尼、纳西等民族，在历史上的滇国、南诏、大理等时期，都存在着相互渗透的内在联系。藏族与纳西、独龙、门巴、珞巴等民族之间，藏族与汉族之间，傣族与布朗、基诺等民族之间都存在不可分割的相互关联。中华大地上的少数民族与少数民族、少数民族与汉族的思想文化联结为一个整体，民间叙事文学因为历史和生活的关系联结为一个整体。因此，以“多元一体”族际关系为基石建设中国民间叙事文学的话语体系就显得特别重要。

建立民间叙事文学与书面文学并重的民间叙事文学观念。汉族、藏族、蒙古族、维吾尔族、彝族等民族有发达的书面文学传统和口头性质的民间叙事文学传统，这些民族展现出民间叙事文学与书面文学并存共生的精彩。所以，对以不同记录方式传承的民间叙事文学，以及对书面传统与口头传统交互关系中的民间叙事文学的科学分析，成为中国民间叙事文学理论体系建设中不可缺少的内容。

梳理中国多民族民间叙事文学发展脉络，建立以民间叙事文学发展线性时间为主导，结合中国各民族民间叙事文学多元发展历史，形成多民族国家民间叙事文学发展的时间结构。充分利用20世纪80年代采集中国各民族以民间故事为中心的民间叙事传统，从中华民族文化整体出发，着力研讨汉族与少数民族之间、各少数民族之间民间叙事交流的路径，探索中国各民族民间叙事交流规律以及民间叙事之于中国各民族社会发展和民众生活的意义，总结中国各民族民间叙事结构及其审美价值取向等方面包含的文化认同与国家观念，将是中国民间叙事文学理论话语体系建立国家整体观念的需要。

加强对汉族与少数民族民间叙事文学之间、不同少数民族民间叙事文学之间复杂关系的历史性考察和理论总结。并以此揭示中国多民族民间叙事文学形成与发展的内在规律，从中提炼中国多民族民间叙事文学发展传承、传播与影响的范式以及以民间故事为中心的中国各民族民间叙事传统的基本倾向，阐析各民族民众生活往来、文化接触与民间叙事共同体形成的路径选择。

对各民族民间叙事文学活动空间的关注，成为推进中国多民族国家民间叙事文学话语体系建立需要讨论的内容。比如，汉族和藏族民间故事交往活动在不同地区呈现不一样的格局，汉族和藏族的“民族走廊”因为民众生活需求得以开辟，其内部多民族民众生活及周边频繁的文化活动和民间叙事交流也因此得以进行。中国各民族不同层次和不同时代的历史关系和文化关系既是民间叙事交流的背景、交流的场域，更是民间叙事交流的实践。“民族走廊”及多元化的民族交流在“民间叙事共同体”作用下，中国多民族民间叙事生成、共享、交流的丰富性、多样性、共同性得以形成。

建立以经典民间故事类型为根本的跨族际民间叙事文学的比较，以此找寻不同民族民间叙事传统的共同性与差异性，构建“各美其美、美美与共”的民间叙事文学话语体系。比如，讨论汉族、藏族民间叙事文学特征主要依据经典的民间故事类型作为比较对象，集中研究民间故事讲述的个性化与传统之间的关系、民间集体记忆与历史发展的关系、故事类型化与故事多样性的关系，归纳每个故事类型的叙事传统和个性特征，实现民间叙事文学研究在方法论上的重要突破。民间故事类型不是悬置的文化，而是与民众生活紧密联系在一起的。民间故事类型不仅是情节母题的概括，而且是建立在类型基础上的生活，各种民间故事类型代表了民间叙事传统影响下多样化的生活存在，经典民间故事类型成为多民族边界的认同文化，显示出不同民族民间故事传承的本土性和多元性色彩。

立足民间叙事文学的生活维度，从不同民族民众生活和民族交往关系中凝练出民间叙事文学的理论话语体系。比如，汉族和藏族以民间故事为中心的民间叙事传统交流建立在民众生活和社会发展的基础之上。汉族和藏族民间叙事交流不是为交流而交流，而是在生活的交往过程中得以发生和发展的，民间故事讲述在无形中完成了汉族和藏族民间故事的交流和整合；在此基础上，汉族和藏族民间叙事结构及审美价值取向包含的文化认同与国家观念就是生活的，是具体而有情感温度的。因此，生活维度是建立中国民间叙事文学理论话语体系本土化的基础。

中国民间叙事文学包含了中华民族共

同的核心思想和民族精神，这些共同的核心思想和民族精神不仅是中国各民族民间叙事文学的灵魂，也是中国民间叙事文学传承的基石，它们共同构成了中国人的核心价值观念。因此，倡导建立中国民间叙事文学理论话语体系，不仅是民间叙事文学学科上的问题，其旨归更是以科学理论为指导，回归中国多民族民众鲜活的生活，并据此寻找中国各民族整体性与多样性的精神原乡。

（原载《光明日报》
2016 年 9 月 8 日第 16 版）

杨七郎的传说：一段故事 一种敬仰

刘锡诚

北宋杨家将一门忠烈英勇报国的传说故事在我国可谓家喻户晓，妇孺皆知。除《宋史》《辽史》《资治通鉴》《续资治通鉴长编》等正史和诗歌、笔记外，北宋著名文学家欧阳修所作《供备库副使杨君墓志铭》中亦有记载，“君之伯祖继业，太宗时为云州观察使，与契丹战殁……父子皆为名将，其智勇号称无敌”，并且指出，“至今天下之士至于里儿野竖，皆能道之”。“天下之士”“里儿”“野竖”足以印证杨家将传说故事传播范围之广、知名度之高。以尚武家族而论，在古代中国几无人出其右，杨家将传说故事是中华民族最重要的精神品牌之一，并以此衍生出的戏曲、民间传说、故事多达数千种版本，但是长期以来随着时间的流逝，流传下来的传说故事多已残缺或失去了杨家将精神的精髓，尤为可惜。

2014 年 11 月，杨家将之杨七郎墓传说被列入第四批国家级非遗名录。这标志着，这个在天津市宁河区神奇的七里海域附近流传的系列民间传说群，作为中华传统文化和天津传统文化的重要组成部分，从此在国家层面上得到了保护。这也是天津市首个民间传说类国家级非遗项目。

日前，由杨家将传说的代表性传承人吕殿增编著的《杨家将传说（杨七郎墓传说）故事集》正式出版。综观杨七郎墓传说，大都是由历史人物、事件，经过民间口传心授，一代代流传下来的。一个村落、一棵老槐树、一段古遗迹，都被人们附会上一段故事。这些传说带有地方民众的审美特点和地方群众的想象力特点，质朴而又珍贵，如《神奇的七郎山》一文中所说，潘美将杨七郎绑在百尺高杆上，放箭射之，七郎用眼一扫，那些箭就噼里啪啦地掉在地上，吓坏了老贼，后又用计使杨七郎身中一百单三箭而亡。还有，抗日战争时期，日寇始终不敢进入天津市宁河区潘庄镇的西塘坨村，人们相信是杨七郎的神灵护佑着这一方土地，福泽着地方百姓。这种神化了的传说，是人们对英雄不屈精神的一种敬仰，也是一种念想。更感动的是《手筑七郎山》一文中人们对英雄的敬仰，传说故事中写道：“杨七郎被害后，随从将士趁人不防，连夜将尸体运出，路经西塘坨村西时，突然天空乌云翻滚，电闪雷鸣，下起瓢泼大雨，人们放下七郎尸体，躲到附近大树下避雨，等大雨过后，再来抬尸体，尸体不见了，只见地上留下一摊鲜血。后来，村民中有一位姓运的老汉，用双手捧黄土将七郎的血迹掩埋，堆起了一个小坟堆。村里的人看见了，都跑来捧土，坟堆越来越大。”人们连英雄的一摊鲜血都舍命维护、不忍亵渎，终于成就了七郎山，杨家将的精神就是人们心中的七郎山。

我们也欣喜地读到一些民间故事中近似于寓言的，带有训诫意义的作品，如《七郎神助红白喜事》一文中，当地人谁家要是有个红白喜事，用些杯盘碗筷、桌椅板凳，只要到杨七郎墓前焚香祷告，说明来意，需用之物就会出现在家中了。再后来，借来的东西不知爱惜，损坏甚多，甚至借了不还，惹七郎神生气了，就再也借不到了，故事说明人心不古、贪心不足，最终还是不方便了自己。此外，杨七郎打擂、七郎之妻杜金娥的传说、杨七郎在赤碱滩驻军的故事等，均富有生活气息，又离奇动人。掩卷凝思，仿若那个杨家最小但是顶天立地，身高八尺，擅使丈八蛇矛枪的凛凛英雄跃然马上，目光如炬，戍守边防。

另外，在整理传说故事的同时，编者还将根据杨家将传说故事衍生出的当地百姓喜闻乐见的评剧剧本，也挖掘整理出来，如评剧《杨七郎托兆》《摆箭计》等剧目，其中有的剧目可追溯到民国初期，非常珍稀，具有很高的历史研究价值。

在流传的民间传说中人们表达着对爱国英雄的敬仰、对无畏精神的崇尚。这是中华民族祖祖辈辈的优良传统，一个国家、一个民族，万万不能缺少自己的民族精神，可以说杨家将就是爱国主义的典范，杨家将精神就是生动的爱国主义教育素材。

（原载《中国文化报》
2016 年 6 月 15 日第 7 版）

寺庙传说：佛教文化的珍宝

田兆元

寺庙传说是民俗传说的一个独特类型，是寺庙珍贵的文化遗产，也是全社会珍贵的非物质文化遗产。寺庙传说对于寺庙有正面或负面的意义，但都应该惜之敬之，慎而待之。

寺庙传说是关于寺庙来源、对于寺庙人物故事及其评价的一种传说。寺庙传说与社会各种观念交织，组成了一幅链接信仰与社会的图卷。

相传中国寺庙之祖为河南洛阳白马寺，而此寺之得名于天下，乃是该寺的传说。在白马寺的传说中，汉明帝夜梦金人、白马驮经、经函放光明的神话，缔造了白马寺的神圣地位。

这种带有历史因子的神话具有很大的影响力，因为这些故事看起来令人信服。在白马寺的传说中，汉明帝实有其人，寺庙实有其物，寺庙内确有葡萄等美味水果植物，还有一个称宝公的人。

寺庙传说塑造寺庙地位是毫无疑问的。上海有一座著名的寺庙——龙华寺。龙华寺的起源与三国时期僧人康僧会相关，而康僧会的故事，则是今天龙华寺将其奉为祖师的依据。

龙华寺的起源故事，是一个僧龙斗法的故事，是一个佛教与民间信仰、本土文化冲突的故事。相传过去龙华一带乃一片水泽之地，是广泽龙王的寄生之所。康僧会来到这里，结茅茨为庐弘法。广泽龙王怎么办呢？一说是两人斗法，广泽龙王输了，逃到东海去了；一说是两人斗法，广泽龙王也是输了，但是做了护法；一说是广泽龙王让出来地盘，但是寺庙给了他一片空间享受供奉。

白蛇传的故事是表现民间对于佛教信仰态度的重要传说，曾被列为中国“四大民间故事”。这个故事最初并不是白娘子与寺庙的冲突、与法海的冲突，而是与某道人的冲突。江南地区两处重要的佛教建筑——雷峰塔和金山寺，在民间传说的讲述中躺枪了。鲁迅的一篇《论雷峰塔的倒掉》，把佛教经典建筑视为罪过标符。

从宋代开始出现的，以《西湖三塔记》为基本原型的民间传说故事，其主旨还是教育百姓不可纵欲，否则丧生。故事以夸张的情节，描述因为贪恋女色导致的悲剧。故事一波三折，惊险曲折，引人入胜。但是后来的情节出现了法海和尚，出现了金山寺，出现了雷峰塔，这些佛教元素长期以来都是正面的，是教育青年健康成长的民间教程。雷峰塔和金山寺因为这些传说获得外在的助力，成就了名寺和名塔的地位。

“五四”以来，田汉的改编版《白蛇传》和鲁迅的杂文，一下子将白蛇传的故事引向了单一的个性解放与封建压迫矛盾的方向，这使金山寺、雷峰塔备受压力。尤其是随着电视剧《新白娘子传奇》的热播，法海的负面形象日渐突出，成为定式，后来各种版本的影视作品迭出，虽然有为法海翻案、为法海的行为寻找合理性的动机，但是法海的形象越抹越黑则是不争的事实。

对于倒掉的雷峰塔，这是一个地方风

物惨遭破坏的事件，被鲁迅解读为一个值得鼓掌的事情。雷峰塔本来是一个信仰对象，但是随着白蛇传故事的传播，雷峰塔的形象开始向着娱乐、向着大爱的方向转变。原谅白娘子、同情白娘子、祈福白娘子的社会心理事实上与佛教的慈悲为怀相一致，于是杭州有了雷峰塔的重建行为。这其中当然有旅游开发的民俗经济发展的基本动机，更有杭州城市形象营销的内在动机。事实上，重建的雷峰塔不仅很快收回了投资，产生了强大的社会效益和经济效益，对于杭州城市文脉延续更是起到了不可替代的重要作用，对于佛教大爱精神的传播也起到了正面的支撑作用。

与民俗传说保持和谐，因势利导传达佛教精神境界，是杭州雷峰塔的成功经验。但同一个传说的负面因素对于金山寺所在地江苏镇江来说，在当下无疑是非常尴尬的。看着西湖的人流涌动，镇江有些无计可施。就金山寺法海传说，金山寺基于历史事实进行了正面的讲述和回应。金山寺称，法海即裴头陀，是唐代高僧。可是相对于沸沸扬扬的白娘子与法海斗法的故事，裴头陀的叙事对于社会公众来说简直微不足道。

今天的少林寺名噪天下，很大程度上也是与少林寺的历史与民间传说传扬有关。少林寺有两套传说，一是佛祖菩萨的传说，一是相关的历史与民俗传说，其十三棍僧救主这一神奇历史故事，经过民俗化传扬，提升了少林寺的地位。

江苏太仓同觉寺，同样具有两套传说，一是关于佛祖、菩萨和罗汉的传说，一是关于寺庙来源的传说，即明朝建文帝传说：

太仓市同觉寺，始建于明朝永乐年间，距今已有600多年历史。传说当年建文帝曾避难至此，并栽植银杏树一棵（现存同觉寺公园），“同觉寺”的寺名也是建文帝根据其祖父朱元璋出家的“皇觉寺”而命名，因为明太祖由僧人的身份成就帝业，而建文帝也暗含了希望从僧人身份恢复帝业。

这是民间传说故事的标准形式，有时间有地点，煞有介事。还有物象为证，如银杏。更为标准的就是命名来源，同时这个来源还有意义诠释。由于建文帝传说与明代风起云涌的社会密切关联，因此其故事本身的社会历史信息可谓空前宏富。

建文帝的传说本质上是寺庙传说，这是罕见的人物传说、历史传说与风物传说的统一体。同觉寺是众多建文帝传说系列中的一个环节。有关建文帝的寺庙传说，在江苏、浙江、福建、广西、云南、贵州、青海、北京、上海等地，乃至海外，都有广泛的流布。这是中国最大的寺庙传说谱系。建文帝寺庙传说故事已经成为很多地方争相申报保护的珍贵文化遗产。

有些寺庙已经不复存在，但是它的传说却会亘古不灭，并因此具有了重建的可能性。从这个意义上说，寺庙传说乃是佛教文化之珍宝，应该格外珍惜和梳理。

（原载《中国民族报》
2016年1月12日第7版）

打捞“失落”的民间故事

张　勃

当前许多民间文学专家，往往重研究而轻实践，不愿意在搜集、编纂故事这样不算科研成绩的事情上花费精力。

一项调查数据显示，我国青少年喜欢的20个经典动漫形象中只有1个来自中国。孩子们对白雪公主、丑小鸭等西方童话角色往往耳熟能详，对孟姜女、田螺姑娘等中国民间故事人物却知之甚少。可以说，中华民间故事在当代生活中已严重失落。

是因为中华民间故事不够精彩吗？显然不是。中华民间故事数量众多，既有神话、传说，又有童话、生活故事，这些故事既承载着长期积淀下来的文化传统，又包含丰富的历史信息、生产和生活知识，也蕴涵着中华民族的道德情操、人生信念和价值观念。很少有人知道，中国早就诞生了西方经典童话的原型故事。比如，早在一千多年前，唐人段成式记载的《叶限》中，就包括后母虐待、神力帮助、集会出彩、以鞋验身、嫁与王公等情节，与《灰姑娘》的故事如出一辙。而清人黄之隽记载的《虎媪传》，则是典型的“狼外婆”类型故事，它比《小红帽》的情节更复杂，传递的文化信息更丰富，却鲜为人知。大量散见于古人笔记、野史中的民间故事，运用活泼形象的语言，展开丰富的想象，演绎着感人的故事，讴歌善良、诚信、智慧和勤劳，鞭挞凶残、自私、虚伪和懒惰，不仅会是童年最难忘的回忆，更能滋养心灵、陶冶情操，在潜移默化中奠定最初的是非善恶观。

故事精彩却难逃失落，与今人的挖掘功夫欠缺有关。鲁迅的《故事新编》是一部“神话、传说及史实的演义”，在“博考文献”的基础上，“取一点因由，随意点染”。意大利著名作家卡尔维诺则对意大利民间故事进行了搜集和整理，出版了《意大利童话》。所以，挖掘民间故事绝不是“小儿科”！当前许多民间文学专家，往往重研究而轻实践，不愿意在搜集、编纂故事这样不算科研成绩的事情上花费精力。缺少了学者提供的“原材料”，出版商又多以利润为终极诉求，于是五花八门、各种版本的《伊索寓言》《格林童话》《一千零一夜》霸占了童书的柜台，我们自己的民间故事却愈加罕见。此外，西方童话之所以在我国大行其道，很大程度上在于综合运用了多种媒体，顺应了从口耳相传到听觉、视觉、触觉、生活日用相互影响的时代变化。美国迪士尼公司在这方面用力颇多，它对民间故事进行的创新性开发，不仅有效输出了自己的价值观，也赢得了口碑，赚得了巨额的利润。相比之下，我国在综合运用多媒体传播、开发民间故事方面还缺乏好的做法。

为此，中华民间故事的发扬光大还需要社会各方面勠力同心、有所作为。比如，政府有关部门应制定相关政策，引导全社会对民间故事的关注，加大对民间故事传承、传播的政策和资金支持。教育部门需在学科目录和专业设置上提高民间文学的地位，并适当增加民间文学作品在中小学教学中的比重。民间文学专家应充分利用专业优势，在数量庞大的中华民间文学作品中筛选出一些优秀作品，并进行符合时代精神的改编，形成一些作品集。文化企业则可以此为基础进行再加工，出版图书，绘成图像，录制音频，或改编成影视剧、动画片、舞台剧等形式，形成综合优势。同时，还可充分发挥传统媒体和新媒体的作用，组织民间故事讲述、表演大赛等，广为宣传。至于家长，在为孩子挑选故事的时候，也要对“我们自己的”有更加明确的倾向性。

民间故事的“失落”，是中华文化的重大损失，不仅会使我们坐失这一领域的话语权，也浪费了提升文化软实力的宝贵资源。我们应该面向世界，协同努力，讲好自己的故事。打捞“失落”的民间故事，已经刻不容缓，否则将会耕了别人的田，荒了自家的地。

（原载《人民日报》
2016 年 4 月 15 日第 24 版）

猴生肖与猴文化

杨利慧

几天前，英国 BBC 节目的主持人在一档谈中国春节的节目中，曾从一个普通外国观众的视角，好奇地问我：属猴的人有什么特点？猴年是个什么样的年？本命年应该怎么过？这三个问题虽然比较浅显直白，却也一语中的：它们的确也是众多普通中国老百姓常问的问题。谈到猴年，关键词也许免不了有这三个："属猴""猴年"以及"本命年"，三者之间有联系也有区别。

在"生肖"一词中，"生"是指出生，"肖"是指类似、相似。中国人对于属相与人的关系的认识，常常是把相应动物的类似属性，加诸在人类的身上。在语文修辞上，有一种手法叫"拟人化"，指的是把物比附作人，赋予其人格或人性的色彩。在属相文化中，情形似乎正好相反，使用的手法往往是"拟兽化"，即把人比附为动物，赋予人动物的性格和品性。比如属马的人，往往被认为像马一样自由奔放、豪爽活泼、机智迅速；属羊的人则往往性情温顺，富有耐力和同情心，却不免有些羞怯……与此相类，属猴的人多被认为聪明伶俐、活泼敏捷，然而缺乏专注。这其实全都是用动物来比附人的"拟兽化"的结果。

猴年是个什么样的年呢？其实在民间的说法中，人们对猴年的态度并不单一。有种观念认为猴年是自然灾害频繁的一年。这一年里，很容易发生干旱、洪涝、风暴、冰雹、蝗灾等各种自然灾害，造成粮食歉收和饥荒。在笔者所调查的甘肃天水一带，流传着"饥猴饿狗年"的谚语。著名的谶纬诗歌《烧饼歌》中，也有"金羊水猴饥荒岁"的说法。但是，也有一种相反的观念认为，猴年是大吉大利的一年，喜气洋洋、催人奋进，诸事皆宜、运气奇佳，猴年中新发明、新创造将会大量涌现，各种工作会顺利开展。

属猴的人遇到了本命年，这是有利还是不利呢？前些天我们几个民俗学者还在一起议论本命年带给人的影响。有的人说自己本命年时往往一帆风顺、吉星高照，有人说自己遭遇了不小的挫折，可见大家对于本命年的影响有着不同的认知。我不禁想起自己小的时候，说到本命年时，一般人常认为是自己的幸运年。可是近年来，这样的想法越来越被"本命年于己不利"的说法所取代：专家们在媒体上不断阐释"本命年犯太岁"说法的来龙去脉，商家也在拼命兜售红衣、红袜、红腰带，提醒人们以此方式避灾祸，安然度过本命年。在媒体、专家和商家的联合影响下，原本多样化的民俗观念正变得趋同。这一点，需要全社会警惕。

除了上面谈到的三个关键词，从更宏阔的角度说，要认识猴生肖，不能不谈猴文化。换句话说，必须要将猴生肖置于猴文化的背景中，方能认识其产生的内在根基。一些民族从古至今，都代代相传着猴的神话，其中的猴往往不是人类的始祖，就是文化英雄或宇宙的缔造者，具有格外显赫的神圣地位；在大量的传说、故事中，关于猴的习性、品质、智慧等方面的解说和演绎更是丰富多彩；与猴有关的俗语，则大多聚焦于猴性的弱点，或嘲讽、蔑视猴的各种特征，或讽刺和贬低人类的某些相似容貌或行为，比如“尖嘴猴腮”“猴儿相”“沐猴而冠”“小猴子戴草帽——硬充人”等。猴的形象，还经常出现在文人作家的笔下。文人笔下的猿猴形象，与老百姓口头传诵的相比，有新的发挥、创造，但更主要的是相通和承继，许多作家（尤其是小说类）的相关创作，往往受到了民间文学的启发或者直接采用了民间流行的文学题材。这不仅从一个侧面说明了猴形象在中国广大民众中的悠久传承及其深远影响，而且也证明了民间文学与作家创作的渊源关系，但作家到底更善于想象、描述、加工和渲染。无论是摹声状物，还是叙事抒情；无论是直抒胸臆，还是借猴骂鸡……在文人作家的生花妙笔下，猿猴的形象往往更为鲜明生动，特别在小说类作品中，情节更加复杂曲折，猿猴形象也更加丰满动人。特别是著名长篇小说《西游记》中神通广大、智勇双全、幽默乐观的孙悟空，可谓猿猴世界中最为光彩夺目的英雄形象。

再进一步讲，猴文化的产生，归根结底，又同人们在日常生活中对猴的认识和利用密切相关。猴头脑机警、行动敏捷、活泼灵巧，是动物界中智力颇高的一类。在形貌上，它同人类又极其相似，且十分善于模仿，顽皮好动。它的这些特点，随着时间的推移，不断地为人们所观察和了解，并最终得以形成了对它的认知和利用——猴是人们生产生活的帮手，是滑稽惊险的猴戏表演的主角；受它的行为动作启发，猴拳等体育项目由此产生；在一些民间信仰观念中，猴既是保佑人们生生不息、平安幸福的始祖或一般神灵，又是具有驱邪禳灾、避瘟逐疫等神奇力量的灵物；它常常与其他传统的民族吉祥物一道，构成人们表达增福益寿、富贵封侯愿望的祥瑞象征……可以说，猴在中国人的日常生活中，有着多方面的作用和非常丰富的内涵。

总之，作为大自然中活生生存在的一种动物，猴走进了中国人的日常生活，并活跃在生产劳作、游戏娱乐、民间文学、民间信仰、民俗语言、体育运动、工艺美术等许多领地，成为中国文化的一个重要组成部分。生肖猴的观念，即是中国猴文化这座花卉大观园里的一朵奇葩，它为中国人的计时和自我认知方式增加了不少俏皮可爱、活泼灵动的明艳色彩，成为中国人无比丰富的文化创造力的又一范例。

（原载《中国文化报》
2016 年 2 月 5 日第 7 版）

“年味淡了”是对民俗的误解

郑土有

每到年关，都会看到人们发出“年味淡了”“越来越没有年味”的感叹。我想主要是基于两方面原因：一是出于对传统年俗逐渐弱化甚至消失的担忧，二是对民俗的误解。

毋庸置疑，传统年俗的部分仪式活动确实逐渐淡出了我们的生活，“二十三糖瓜粘，二十四扫房日，二十五推糜黍，二十六去吊肉，二十七宰只鸡，二十八把面发，二十九蒸馒头，三十晚上守一宿，大年初一扭一扭”的场景在广大城镇乃至部分农村地区已渐行渐远。

其中，有些是因为经济发展、人们生活方式改变引起的自然变化，属于年俗的正常演变。如祭灶习俗，现在城镇居民家中甚至部分农村都用上了煤气、天然气，柴灶逐渐消失了，灶王爷没有了立身之所，祭灶也就逐渐消失了。又如春节食品，原来都是家家户户自己做的，做好之后隔壁邻居、亲戚朋友互相赠送品尝，其乐融融，现在一方面人们无暇制作，另一方面商店都有销售，于是自家制作春节食品的习俗也就淡化了，其制作技艺也逐渐消亡。

有的是人为因素造成的，如以往一度禁止在春节期间祭祀天地、祖先，把春节期间表达慎终追远、感恩情怀的信仰内容都禁绝了；这种情况随着国家对传统文化的重视，已大为改观。再如禁放鞭炮，鞭炮在春节中扮演着重要的角色，外在形式可以增添热闹气氛，内在心理方面则表达了民众在新旧交替之际驱邪除祟、祈福求吉祥的愿望。诚然，燃放鞭炮对环境会造成污染，甚至有时造成意外伤害或者引发火灾。但我们应该花大力气改进鞭炮的制作工艺，使其污染减少到最低程度，现有的技术能力完全能够做到。“一禁了之”则弱化了春节的氛围。

“年味淡了”，言下之意就是以往“年味浓”。但这只是部分城市人的感受，在广大农村地区，过年气氛依然是浓浓的，这从繁忙春运就可以看出，每到春节，数以亿计的中国人都朝向一个目标——家（老家）——汇聚，任何困难都阻挡不了人们前行的步伐。尤其是最近几年，随着政府主管部门以及广大民众对春节的重视，许多仪式活动得到恢复，“年味”一年比一年浓，也就更加吸引人们返乡过年的愿望。

之所以产生“年味淡了”的感叹，另一个重要原因是对民俗的误解。民俗是在人们日常生活中逐渐形成的一种约定俗成的生活方式，是伴随着时代发展、技术进步、观念改变而不断变化发展的，民俗不是静止的、一成不变的，年俗也是如此。试想宋代的过年和唐代的过年会一样吗，清代过年会跟明代过年一样吗？

例如，春节期间亲戚朋友之间互相“拜年”（走亲戚）是重要的习俗活动，它对于强化亲情、密切人与人之间情感联系起到重要作用。拜年习俗源自何时已难以考证，但至少到宋代，上层统治阶级和士大夫便有用名帖相互投贺的习俗。当时的贺年片，用梅花笺纸裁成约二寸宽、三寸长，上面写着自己的姓名和地址，朋友之间在农历正月初一这一天，互相赠送。明代，投寄贺年片风俗盛行。到了清代康熙年间，贺年片开始用红色硬纸片制作。当时时兴一种“拜盒”，将贺年片放到锦盒里送给对方，以见庄重。普通百姓拜年没有士大夫那么讲究，只要有一定的礼物就行。通常是晚辈给长辈拜年或同辈之间拜年。客人登门拜年，先拜尊长，如厅堂上挂有主人祖先的画像，也需叩拜。拜毕，主人端出花生、瓜子、糖果之类的果盘待客，再请客人吃具有春节特色的民俗茶点。小孩随往拜年，主人还要给小孩“压岁钱”。也就是说传统的拜年都是登门的。

现在春节期间，我们仍可看到全家老幼、提着大包小包拜年的人群。但同时，各种新兴拜年方式不断出现，电话普及后有了电话拜年，手机普及后有了短信拜年，现在的年轻人更热衷于微信拜年、发手机红包，这些在30年前都不可想象。同样，以往除夕夜“守岁”，全家老少围坐包饺子、吃零食、聊天，自1983年中央电视台有了春节联欢晚会后，看春晚已成了新的年俗。因此，从某种意义上说，“年味淡了”是个伪命题，今天的过年就应该是这样子的，无所谓年味淡了的问题。

春节是中国人的传统节日，在中华大地上传承了两千多年，已沉淀在每位中国人的血液之中。今天虽然已进入了后工业时代、信息时代，为了农事而酬神、祈神的目的已经淡化，但春节所具有的巩固亲情、联络感情的功能仍具有重大意义。虽然其仪式活动会随着时代的发展而不断变化，但其承载的文化意义和精神内涵则仍然鲜活。我们应有充分自信，相信民众的无限创造力，相信“年俗”的更新能力和顽强的生命力。

（原载《中国青年报》2016年2月5日第2版）

年俗：变的是形式 不变的是内涵

孙正国

春节历经漫长而复杂的时空演变，已成为中国乃至整个华人社会最典型的节日文化符号。祭灶、放鞭炮、贴春联、贴年画、祭祖、拜年、守岁、闹元宵……几千年中，各种传统年俗活动不仅为每年的春节营造着浓郁的节日氛围，也用一种仪式化的存在承载着绵延不断的中华文化。

然而，近二三十年快速的现代化、城市化和全球化进程，使中国人过年的方式发生了显著变化，一些传统年俗正在消失，比如，燃放烟花爆竹的习俗在城市受到限制，一些地区还明令禁鞭；祭灶、贴门神、祭祖等传统仪式习俗，在很多地区已不多见。同时，一些新年俗已经形成，比如观看春晚，微信发红包，利用春节假期外出旅游等。传统年俗式微，新年俗不断涌现，是当代春节的重要特征。

赓续了几千年的传统年俗，何以在最近二三十年中迅速式微？新年俗不断涌现的背后又有什么神秘力量？新旧年俗转变之间，附着于传统年俗之上的传统文化又将何去何从？

传统年俗活动式微是自然规律

以前国人一到腊月就开始忙碌，蒸馒头、炸丸子、炒花生、包饺子、插花、上坟祭祖、写春联、熬夜守岁……样样都不能少。可现在过年，馒头不蒸了，丸子不炸了，花也不插了，有的人家连饺子也不包了，直接到超市买速冻的。历经千年不变的传统年俗在新时期开始消解，一些传统年俗活动甚至已经消失。

传统年俗是农耕文明的产物。如今的中国社会正由工业文明时代进入后工业文明时代，社会基础变了，文化生态变了，传统的年节习俗自然也会随之改变，这是自然规律。

以曾经在民间广泛流行的祭灶活动为例，在农耕社会，传说灶王爷是玉皇大帝派往民间的“监察御史”，负责监察民间千家万户的生产生活。老百姓的灶台上都有一个灶龛，龛内挂着灶王爷的画像。过年时，一把火烧了画像就等于“送”灶王爷上天去做“年度汇报”。祭灶时要摆放祭品，要放鞭炮，期望灶王爷“汇报”时能多说好话。但现在城市里早已没有灶头，农村的灶头也越来越少。没有灶头，就没有地方放灶龛和灶王爷的画像，因此祭灶活动便越来越少。更重要的是，传统农业社会，农民基本靠天吃饭，对自然充满敬畏，因此在无力改变生产生活条件的情况下，只能将希望寄托于“灶王爷”之类的鬼神，祭灶之类的传统民俗活动也就有了产生和传播的主观与客观条件。

如今，生产生活条件已跟农业社会完全不同，不少传统民俗活动如祭灶，既丧失了原有的功能，也失去了传播的客观条件，因此式微乃至消失也就不足为奇。

新年俗折射技术和观念之变

这个春节，各种“抢红包”大战如火如荼，“摇一摇”“咻一咻”“集五福”，新鲜的过年方式给新春佳节增添了不一样的趣味，成为新时代的“新年俗”。年节习俗是重要的文化现象，理解新年俗，首先离不开对文化的理解。英国人类学家泰勒对文化的讨论很有启发性：文化教育或文明，从广泛的民族学意义上说，包括知识、信仰、艺术、道德、法律、习俗以及任何人作为社会成员而具有的能力和习惯在内的复杂整体。这一定义，明确了文化的主要范畴、文化实践者的社会属性，说明了文化形态的丰富性。以这个概念为出发点，可以从技术、观念等维度来分析新年俗，并尝试把它们作为一个整体来思考，以揭示它们之间的内在关联。

看春晚，电话、短信拜年，微信发红包……这些新年俗的出现，首先是因为科学技术的发展。电视机、智能手机、互联网技术日益普及，必然会形成科技化的人际关系。微信朋友圈、QQ 好友、网络社区等成为当代人际关系的新模式。年俗是人们日常生活交往习惯的映射，技术进步所带来的新的人际交往形式，改变了人们的生活交往习惯，反映到过年的方式上，自然是新年俗的出现。比如，微信拜年、微信发红包等新年俗兴起的背后就是近年来基于互联网与通信技术的微信传播。作为新年俗的科技背景，微信与其他技术工具一样，最大化地消解了普通民众与科学技术迅猛发展的时代之间的隔膜，每个人都可以凭借技术工具，实现群体认同的社会性存在。

新年俗的出现，既反映出技术变革，也折射出人们观念的转变。过年回家曾是中国人几千年不变的年俗习惯。但现在过年，有越来越多的人离开“家”——有的与亲友出境旅游，有的从老家农村前往城市与父母或儿女团聚。在这一新年俗中，最大的变化是关于“家”的团圆观念的变化。因为在春节的本义中，“回家”是核心精神，所以无论在外时间多长，无论所处地方多远，过年中国人一定会克服重重困难回家。现在人们不再局限于传统意义上固定的“家”，不再把春节看作“回家”的节日，而是将春节当作走出家门与亲友团聚的一次假期，在旅行中收获“家”的力量与情感。

团圆祝福是永恒主题

新年俗的繁荣兴盛，一方面带给人们新的过年方式和新的年节体验，另一方面也让人们对能否留住附着在传统年俗之上的文化记忆深感忧虑。

不可否认，随着一些传统年俗活动的消失，人们记忆中的那种“年味儿”越来越淡。如今在城市里过年，人们不再赶大集、蒸年糕、剪窗花，甚至连年夜饭也懒得做了，而是到饭店里撮上一顿。这些变化，是人们物质生活丰富之后的必然结果。几千年中，每逢过年，人们祭灶、敬天，祈求新的一年中风调雨顺、五谷丰登，其愿望不就是物质生活越来越好吗？如此看来，一些传统年俗的消失，倒反映出社会的发展和进步。人们今天怀念过去的“年味儿”，不是怀念过去的过年方式，而是渴望过年的那种团聚和热闹。

说到团聚，其实这才是春节年俗文化的核心。不管是传统意义上的“回家”，还是新时代父母或子女从老家农村到城市与亲人团聚，抑或是全家人一起出国旅游，中国人对阖家团圆的渴望从未改变，并且随着交通工具的进步，曾经不可能的团聚现在成为可能，“团圆”的主题得到了进一步强化。

发红包、贴春联等传统年俗活动，虽然形式上都有变化，但文化内涵从未改变。最初的红包出现在唐宋时期。过年期间，皇家给大臣红包，表示一种鼓励；长辈给晚辈红包，表达一种关怀。自产生以来，红包始终有赠予金钱（物质）和吉祥祝福

（精神）两个层面的意思。微信红包、电视红包可以说是传统年俗在网络上的创新发展，是“年俗 + 互联网”的创新之作。春联虽然手写的少了，但印刷品春联色彩更鲜艳，字体更漂亮，同样含有浓浓的喜庆。从这个意义上讲，新年俗跟传统年俗并非是完全的取代与被取代的关系。消失的只是旧有的形式，改变的只是过年的仪式，年文化的核心并未改变——人们对“年”依然心生寄托，依然期待团聚与停歇。这种演变后的过年的“味道”，更需要用心来品味。

（原载《光明日报》
2016 年 2 月 20 日第 9 版）

农历：民族信仰与情感的时间载体

萧　放

农历新年，今称春节，是举国同庆的中华民俗大节。为何公历（格里高利历）在中国推行100年来，农历岁首仍然为国人如此重视？

要回答这一问题，还得从农历的产生及其文化内涵、功能说起。农历，又称夏历、阴历，是中国先民的文化创造与智慧结晶，在几千年的不断调整与完善中，成为中华民族的重大文化遗产，至今仍生动地传承于百姓日常生活之中。

农历，顾名思义，是服务农业生产的历法。农业是传统中国人谋生的主业，农业生产活动直接受到天地自然的制约与影响。因此，人们对天文、气象、物候的时序变化极为关注，在长期的生产生活中，逐渐形成了一套与自然协调的时间体系。

日月是上古社会最早观测到的时间标志，人们通过高悬天空中的太阳与月亮测度时间变化，太阳的东升西落为一日，月亮的圆缺为一月，昼夜时间的长短反映季节时序，由冬至、夏至、春分、秋分点的观测逐渐形成中国的纯阳历二十四节气。我们的先民在日、月、季节的恰当配合之后，“四时成岁”，形成中国人岁、年的概念。一个年度周期12个月，一年平均365天。由于月度时间与岁年时间有时日差异，为了让月度时间与季节时序（二十四节气）大体同步，人们很早就发明了闰月的方式，加以协调。可见，我们长期使用的农历，虽然因近代西洋阳历（格里高利历）的传入，而对应被称为阴历，其实并不是纯粹的阴历，而是阴阳合历。

农历即阴阳合历，是中国人日月信仰的产物，也是中国人对人的生命体验与生计活动充分考虑之后的综合性人文设计。它通过朔望日与月度的配合，通过二十四节气与太阳年的配合，让中国人长期生活在与日月协调的时间框架之中，将岁首规定在立春附近，春夏秋冬在岁年周期中流转循环。中国人围绕时序节点形成了一系列的文化活动习惯，这些习俗模式就构成了传统节日的原型。汉魏时期出现了四季错落有致的节日体系，如正月大年、元宵，二月春社日、三月上巳、四月寒食清明、五月端午、六月尝新、七月乞巧、八月秋社，后来的中秋，九月重阳、十月秦岁首（后来寒衣节）、十一月冬至、十二月腊八、除夕等。

月度时间在传统中国也被赋予诗意。正月为新春之月，二月为花月，三月为桐月，四月为梅月，五月为蒲月，六月为荷月，七月为巧月，八月为桂月，九月为菊月，十月为良月，十一月为葭月，十二月为嘉平。这时的农历就不仅是纯粹的农民历，而是全社会遵循的时间指南，人们按照历法时间安排各种社会活动。农历成为一种阴阳和谐的文化时间体系。虽然在1912年之后，中国以格里高利历为公历，作为政府与社会的公务时间，但民间一直传承着古老的农历。它仍然服务着百姓的日常生活。村落社会人们的日常生计、生老病死的仪式生活，至今仍以传统的农历为时间依据。

农历既是古老时间技术，也是传承华夏文明的文化时间，是中国人文化信仰与情感的时间呈现。在年复一年的岁月长河中，农历成为中华主体民族的时间生存方式，我们珍爱农历，我们传承民族文明。

［原载《人民日报（海外版）》2016年2月19日第15版］

传统节日的全媒体传播

张 勃

传统节日是中华民族优秀的文化遗产。作为历史悠久的文化传统，中华传统节日在传统社会有其特定的传播方式，主要依靠人的空间移动、国家政令的颁布以及节日文献（如文稿、书籍）的传播来实现。

如今，由于电子媒体、数字媒体的发展和普遍使用，综合运用文字、影像、图表、声音等各种表现形式全方位、立体地展示传播，并通过传统媒体和新媒体等多种媒体加以展示，成为普遍诉求和社会现实；同时，除了职业传媒外，人人都可借助数字科技成为制作、复制、发布、传播信息的媒体，正是在这种情况下，中国社会进入了全媒体时代，而传统节日的传播体现出全媒体化传播的特点。

传统节日的全媒体传播，不仅大大提升了传播的速度与广度，而且大大丰富了传播内容，尤其是节日生活即个人或群体如何过节的内容，比如节日饮食、节日服饰、节日活动、节日心情感悟等。此外，它也密切了传承与传播的关系。传承重点在纵向传递，传播则强调横向传递，二者是传统节日两种不同的存在方式，本来关联性不强，但现在关系甚大。传承的好坏极大地影响传播的速度、广度与强度，传播的速度、广度与强度极大地影响传承的效果。在传统节日重振复兴的语境中，传播传统节日的知识、信息，不仅是了解和理解并进而热爱传统节日的必要途径，为传承所必需，而且也在很大程度上营造了传承的氛围。十分重要的是，留言、点赞、评论、发红包、按住说话、音频聊天、视频聊天等交互性功能的设置，保证了身处异地的亲朋好友能够同时参与、分享节日的欢乐。也因此，全媒体时代不仅在很大程度上延续了节日丰富生活、凝聚人心、传承文化、推动经济发展、促进社会和谐、缓释心理压力、满足情感需求等多种功能，也在很大程度上塑造了新的过节的内容和方式。

总之，从目前来看，通过对节日文化知识的普及、对节日生活的展示与分享，全媒体对传统节日传播正在产生十分积极的影响。

当然，当前的传统节日传播，也面临着相关信息被淹没在海量信息中的难题。尤其是新媒体对传统的面对面交流的消解，对高质量的节日生活造成了一定的不良影响。有学者就指出电视春晚消解了年末守岁，短信拜年替代了走亲访友，微博微信影响了合家欢聚。虽然这样的观点因为只看到了现代传播媒介对节日的负面冲击与影响而有偏颇之嫌，但其批评也确实在一定程度上抓住了全媒体时代传统节日遇到的真实问题。以至于不少人感慨：“世界上最遥远的距离，莫过于我想跟你说说话，你却在低头玩手机。”如果这样的问题不解决，节日生活的质量和人们的幸福感就会遭受巨大损失。

如何在全媒体时代更好地进行传统节日的传播？这是需要大家共同思考的问题。观念决定行动。无论职业媒体还是自媒体，都应该有更强的传播中华传统节日的文化自觉意识，在传播什么、如何传播等方面有更多思考。具体而言，当前，应该运用全媒体优势，积极进行中华传统节日网站和公众订阅号品牌建设，并重视文化内涵和核心价值观念的展示。

每一个传统节日都不是一般的日子，而是长期传承的社会成员共同的日子，都有特定的“过法”，是包含着名称、时间、活动（涉及饮食、服饰、信仰、交往、娱乐、禁忌等）、活动空间、象征物、传说、主体的情感体验等诸多要素在内的有机体。文化内涵是传统节日的精神核心，是传统节日文化传承的力量源泉，寄寓于这些结构性要素之中。中华传统节日文化内涵的具体内容，包括对风调雨顺、个人康健、家庭团圆、天下太平的美好期盼，对天地自然的感恩与敬畏，对祖宗先贤的缅怀与尊崇，对亲情的倾注，对乡情的依恋，对弱者的关怀，对爱国之情的执着，等等。更进一步地，这些文化内涵从天人关系、人际关系、义利关系、人格理想等层面，揭示中华传统节日所蕴藏的中华民族主导价值观念和理想诉求。比如在天人关系方面强调天人合一，以人为本。人既要遵循自然界的普遍规律，循时而动，同时又刚健有为，自强不息，赞天地之化育，辅万物之自然，利用自然并调整自然，以实现人与自然的和谐。这种处理人与自然关系的观念在今天和未来仍具有合理性。而天地、万物、人事各守其正、矛盾统一的“和”则是“天下之达道”，是中华民族的理想诉求。

此外，更加注重对优秀节日文学的系统化、多样化传播。节日文学是以语言文字为工具，围绕节日现象而出现的艺术作品，包括作家节日作品和民间文学作品，前者如节日诗词、节日散文、节日小说等，后者如节日传说、节日故事、节日笑话、节日谣谚、节日仪式歌、节日短信等。在全媒体时代，可对一篇优秀的节日文学作品进行多种艺术形式的再创作，并利用文、图、音、像结合的表现方式进行系统化和多样化传播。比如苏轼的《水调歌头·明月几时有》，既可以配乐朗诵，也可以谱曲，或用舞蹈形式表现，还可以改编为音乐剧，或者与书法、绘画艺术相结合，用不同的艺术形式加以表现，并通过全媒体方式进行传播。再如节日传说节日故事，过去主要是口耳相传的讲，现在可以用影视、绘本、动漫、游戏等多种形式加以表现。

最后，特别需要说明的是，在全媒体时代，我们往往重视纸媒、电子媒体和数字媒体，而忘记了我们的身体也是重要的媒体。在当下，有必要强化面对面的交流与共享。合理分配时间，分清轻重缓急，将身体在场的线下交流、共享与身体缺席的线上交流、共享做合情合理的划分与结合。只有这样，才有可能是高品质的节日生活，也才有更强的幸福感，也才能真正实现传统节日的理想功能，实现传统节日的良好传承。

（原载《光明日报》
2016年2月19日第5版）

避免民俗文化过度消费

萧　放

互联网作为一种技术平台，它深刻地改变了民俗的传播方式。

在传统社会，民俗文化传播方式是群体习染与口耳相传，面对面的交流互动，是民俗文化传递的基本方式。民俗文化的生成与传播、形态与特色，都与风土环境、地域社会有着密切的关系，因此民俗文化具有鲜明的地方性与伦理性。民俗文化向来具有强化基层社会认同的胶合剂与润滑剂的特殊功能。

互联网时代以极具革命性的信息技术力量，彻底改变了此前原生的人际传播方式，以超时空的方式介入民俗生活。在互联网的影响下，民俗文化形态正在发生重要变化，这种变化虽自工业时代以来已经发生，但“互联网+”时代的民俗的变化影响深远。

互联网时代的民俗变化虽然主要是传播方式的改变，但也实际影响着民俗生活内容。民俗已不再是特定地方小群体的自我服务的文化，也不是静态的代际重复。民俗作为一种生活方式，在互联网等新媒体技术模式的作用下，成为更大范围内的关注对象，民俗文化纳入了比较的视野，也被人们有意识地视为文化多样性的体现。因此，“互联网+”时代的民俗是与全球文化密切联系的动态变化的文化存在，它不断重组与再造，传统民俗以变化的方式存在于日常生活之中，这是我们应该特别关注的变化特点。

平心而论，我们已经充分享受到互联网带来的文化传播的便利，民俗文化的超时空传播，让我们不仅具有文化多样性的视角，认识到民俗文化的生态分布特点与价值。同时，它利用民俗文化共享的方式，增进了群体内部的团结与民族文化认同。更重要的是，在日益物质化的社会里，人们发现民俗文化传统中所固有的人情与人性的价值，重新检讨反思我们的生活方式，记住乡愁的呼唤、乡居模式的开启，返回乡土、重振乡村，成为互联网时代的新风尚。

当然，作为民俗文化研究者，我们应该对互联网技术的双刃剑的杀伤力有清醒的认识，对互联网时代的民俗畸变情况有准确的把握。目前所见，互联网时代对民俗传承的负面影响主要体现为以下两点：一是脱离语境逻辑、碎片式的借用与模仿频繁发生，不同活动主题、不同活动场景中采借同一民俗意像，民俗文化的同质性问题十分严重；二是满足于互联网时代好奇慕异的风尚，将古老已经消失了的奇风异俗复活，进行特别的强化展示。这些特定历史阶段出现的、小群体的习俗，在生成的时代与特定环境中可能有其存在理由，但在今天被当作猎奇的对象，就是脱离民俗生活的滥用，不值得提倡。

无论上面所说哪种现象，都是对民俗文化的过度消费，是对民俗文化是服务民众生活的文化本质的背离。民俗文化世代相传，其内涵在于人伦之美与生活技艺之美，温情和谐是民俗文化的魅力所在。

因此，互联网时代的民俗文化建设需要理性的文化守护者与建设者。在一个充满变化的网络时代，如何有效发挥技术优长，将其与民俗文化有机结合，推进传统文化与现代社会的融合，是一个理论认识问题，也是一个具有实践意义的课题。

互联网时代传统民俗的形式与内容将会发生适应性变化，一些传统民俗观念、一些失去生活服务功能的民俗现象，将逐渐淡出；一些传统的民俗方式也会随着技术条件的改变而发生形式改变；同时也会在新的社会条件下逐渐形成新的民俗生活传统。在新的时代，一切变化皆有可能，唯有民俗服务于人、温暖人心的本性不会改变。

传统民俗文化与互联网的神奇邂逅，二者必将碰撞出异样的光辉，它将烛照中华文明在传承中的新生之路。

（原载《人民日报·海外版》
2016 年 5 月 21 日第 11 版）

神山崇拜文化对青藏高原生物多样性保护有积极作用

赵海凤 色 音 徐 明

在浩瀚的历史长河中，藏族人民逐渐形成了特有的原始信仰体系，其表现之一就是神山崇拜。在藏区，围绕着一座座神山，形成了一个个神圣的场域，即“圣地”。而高耸入云、层峦叠嶂的神山更是增加了这一场域中的神圣感。巍峨神山是世俗世界与神圣世界沟通的通道，通过山，神圣的世界向世俗世界传达着旨意，世俗世界乞求着神圣世界的保护与庇佑。

藏区的神山崇拜与神山文化

在青藏高原，一座座山脉像巨龙交错盘旋在广袤的草原，高耸的峰顶钻入湛蓝的天空，被云雾环绕，忽隐忽现，庄重而威严地俯瞰着脚下的万物生灵；太阳悬在近山的“头”顶，射出万道光芒，把远处的雪山照得银光四射。然而阳光未散，风雪忽来，呼啸声回荡山谷，万物惊恐，唯有巍然高山镇定自若，似乎在从容地指挥着这一切。藏族人民就在这瑰丽莫测、威严神秘的群山峻岭之中世代生息繁衍。人们的日常起居与放牧劳作都依赖雪域高山，然而高原瞬息万变的气象抑或突然崩塌的雪山常使人们感到面对大自然灾难来临时的无助与无力。人们在世代的生存经验中体会到了大自然的力量，认为自然界的万物都具有人类所不及的神力和灵气，山也就成了具有神力的神山，成为藏族人民主要的崇拜对象。在万物有灵的思想意识下，人们认为神山中存在山神，它主宰着神山上的动物、植物等“财产”，具有超能力，既能保佑村落，也会由于人们的触犯而降下灾难。

因此，每逢藏历的宗教节日，藏族人民都会穿上鲜艳的服饰，举行各种祭祀山神的活动，或手持转经筒，或祷念经文，表情肃穆地围绕神山转起。四周桑烟缭绕，七彩经幡随风飘扬，人们以此来表达对神山的虔诚崇拜。

祭山仪式一般包括煨桑、插箭与放“风马”、血祭与放生、转山等，也会根据地区或不同神山的神性之差异而有所差别。而每个神山的神性都会有各自的传说或历史由来。在部落中，神山被认定为部落祖先和头人去世之后灵魂所在的那座山，比如青海果洛人认为，年保玉则山是他们的祖先神和保护神。藏族人民流传下来一些传说、诗歌，记载、歌颂神山或山神，表达对神山的虔诚之心，以及对美好生活的无限憧憬。

神山在藏族人民心中神圣而不可侵犯。在藏区，神山上的植物、动物都不能随意采摘或猎取，这是民间流传已久的习俗。这些禁忌约定俗成，藏族人民都认为一旦触犯，一定会遭到山神的惩罚。

藏族人民经过原始的自然崇拜、灵魂崇拜、雄性崇拜，再经过宗教教义的整合，神山已经不再是山与山神的事情，而是一个将山、神、山上及周围的万物囊括为一体的完整的生态意义上的神山观念。这种在山神崇拜观念的基础上形成的宗教禁忌，已经成为藏族人民特有的、朴素的环保理念，使当地的自然生态环境得到了有效保护。青藏高原物种丰富、资源独特，生态系统多样，由于当地人与大自然的和谐相处，使这里虽历经岁月沧桑，却未曾改变“容颜”。当人们在惊叹高原精灵藏羚羊的完美身姿和高原雄鹰展翅翱翔的优美姿态之时，又怎能不感慨神山育化万物的神奇与伟大。

神山崇拜与生物多样性保护

近年来，中国科学院地理科学与资源研究所生态系统网络观测与模拟重点实验室课题组系统调查、监测了青海省生态系统，并随机抽取境内的格拉丹东峰、青新峰、错日尕则峰、玉珠峰、马兰山、湖北冰峰、五雪峰等7座神山为研究样本，对神山的生物多样性进行了数据收集和分析，研究神山崇拜与生物多样性及其保护的关系。

青海省地处青藏高原北缘，平均海拔3000米以上，境内不仅山脉高耸、地形多样，其中分布有很多神山。像古人的社会地位划分等级一样，神山也被分为高低等级，这些级别的划分因素包含了自然地貌状况、信奉神山的信徒状况。神山按照等级体系可划分为众山之首、地域之神、次级神山、村落神山、家族神山等级别。比如，果洛藏族自治州玛沁县西北部阿尼玛卿神山是整个藏区的神山，果洛州久治县的年保玉则神山、黄南藏族自治州热贡县的阿尼夏琼神山等则是地区性的神山。再下一级就是部落神山及农区的村落神山。

青海省独特的地理自然环境赋予了它丰富的生物多样性。省内有国家Ⅰ级、Ⅱ级保护动物73种，占全国Ⅰ级、Ⅱ级保护动物的29.2%。其中，Ⅰ级保护动物21种，占全国的21.6%；Ⅱ级保护动物52种，占全国的34%。此外，青海还有省级保护动物35种。因有丰富的物种多样性和遗传多样性，青海享有“高原物种基因库”的殊荣。

神山作为藏族宗教文化的产物，通过代际交流得以传承，依靠信仰约束得以维护。长期以来，人们认为青海省保留下来的丰富的生物多样性与当地传统的神山崇拜文化可能有密切关系，但一直缺乏实证数据。正是基于此，课题组开展了对神山生态环境及其物种多样性的数据分析。

课题组根据《青海省生态系统服务价值评估报告》（2016年6月）中提供的物种调查数据和栖息地空间分布图，通过GIS叠加分析，得到青海省59种珍稀濒危物种的丰富度分布图。然后，通过叠加上述7座神山的地理位置，再围绕每座神山产生30公里的同心圆及其外围30公里至60公里的环状对照区，对两个区域的物种丰富度分别进行计算。

结果表明，神山周边30公里以内的物种丰富度平均每平方公里为1.41种，其周边对照区的平均物种丰富度为每平方公里1.27种，前者显著高于后者。同时，通过比较神山所在区域（半径30公里范围）与周边对照区的海拔高度，发现神山区域的平均海拔为4884米，对照区为4825米。按照生物多样性分布的垂直梯度理论，高海拔区域的物种丰富度应该低于低海拔区域。但研究发现，神山区域的物种丰富度显著高于外围低海拔地区，更显神山之保护功效。因此，课题组认为，神山与生物多样性之间存在着积极的正相关；神山崇拜促进、保护了生物多样性；生物多样性和保存良好的生态资源也反馈于神山和千百年来山下的族群；宗教信仰与生物多样性之间形成了良性循环。

“神山”这一威严的信仰，让民众自觉地充当了出色的环保卫士的角色。在神山崇拜的观念和行为层面中，蕴含着敬畏大自然、爱护大自然、维护生态平衡和回归大自然的环境意识和环保精神。研究证实，在青海藏区的神山信仰和禁忌习俗中，隐含着丰富的环境意识或生态保护意识，藏民族对神山崇拜所产生的生态文化对青藏高原的生态环境保护起到了良好作用。在该地区的神山信仰和禁忌习俗中，既有观念层面上对环境破坏现象的预防措施，又有行为层面上限制环境破坏的信仰禁忌。这些民间的信仰和禁忌习俗客观上起到了保护生物多样性的作用。

神山信仰的环境保护作用是通过“神治”的方式表现出来、以“神”的名义来治理环境和防止生物多样性丧失的一种民间民俗措施，确实能够有效地提高对珍稀濒危物种和生物多样性的保护水平。因此，应该重视和发掘神山崇拜文化中的积极成分，探求其有利于生态保护的积极要素，并将其纳入到生态文明建设框架当中。

（原载《中国民族报》
2016 年 11 月 1 日第 7 版）

第八篇

学人评介

周作人：早期神话研究

陈　刚　刘丽丽

周作人是五四新文化运动的领军人物之一，是“中国民间文艺学和民俗学最早的奠基者和理论家之一”①，其成果既繁且深，别的方面暂且不论，仅在民俗学与民间文艺学方面就成就卓著：他是歌谣研究的发起者和组织者之一，是童话研究的发起者和代表者，是翻译欧洲、日本神话的先行者，是翻译乌克兰、俄罗斯、朝鲜等国家民间故事的开拓者，是系统介绍国外神话理论和方法的第一人。用他自己的话说：“他原是水师出身，自己知道并非文人，更不是学者，他的工作只是打杂，砍柴打水扫地一类的工作。如关于歌谣，童话，神话，民俗的搜寻，东欧日本希腊文艺的移译，都高兴来帮一手。”② 仅就神话研究而论，他撰写了许多至今仍脍炙人口的佳作，不仅足以代表当时的神话研究水平，而且尚可启发当今的神话研究。不过由于种种原因，目前专门介绍和研究周作人神话研究的著述尚且不多，只有刘锡诚、陈泳超等学者略有提及③，但未详细展开。有鉴于此，本文仅以周作人的神话研究为对象，结合其思想观点，就其神话研究及其意义进行评述。由于周作人的神话研究涉猎广泛，涵盖了中国神话、希腊神话、日本神话等，尤其是希腊神话，足以单独成文。因此本文主要以其思想、方法、神话研究为主，而不过多涉及具体的希腊神话研究。

一　周作人的神话研究之路与鲁迅

周作人对神话的兴趣，可以说贯穿其一生。他十几岁就已经读过《西游记》《聊斋志异》《夜谈随录》《阅微草堂笔记》等神怪小说④，在 71 岁高龄仍在撰写关于希腊神话、普罗米修斯和夸父逐日的文章，正如他自己所说：“但是有一样东西，我总是喜欢，没有厌弃过，而且似乎足以统一我的凌乱的趣味的，那便是神话。”⑤《西游记》等神怪小说形象鲜明，想象奇特，活泼生动，相对于四书五经，对儿童的吸引力自然更大，影响更深。在晚年时，周作人仍在为孙行者辩护，可见《西游记》对他的影响之深。因此，可以说周作人自幼便对神话耳濡目染，兴趣盎然。年长求学时，周作人报考了水师学堂，到日本后进入日本法政大学预科，后来进入东京立教大学修希腊文，最终转向文学研究。“至于文学，自问没有专门的研究，

---

① 刘锡诚：《二十世纪中国民间文学学术史》（上卷），中国文联出版社 2014 年版，第 57 页。

② 参见周作人著、止庵校订：《周作人自编集》，北京十月文艺出版社 2012 年版。

③ 刘锡诚：《二十世纪中国民间文学学术史》，中国文联出版社 2014 年版；陈泳超：《中国民间文学研究的现代轨辙》，北京大学出版社 2005 年版。

④ 周作人著、止庵校订：《我的杂学》，《苦口甘口》，北京十月文艺出版社 2012 年版，第 66 页。

⑤ 周作人著、止庵校订：《发须爪序》，《苦雨斋序跋文》，北京十月文艺出版社 2012 年版，第 144 页。

不过我平日很喜欢向文学这条路上走去，尤其是对于古典文学——神话很感趣味……”[①] 此时周作人对神话的喜爱，已经不仅仅是幼时的喜欢想象，更是一种兼顾理性与兴趣的结合。为了学习欧洲文学，他开始有计划地阅读西方神话，尤其是希腊神话，并因此对神话研究产生兴趣，逐渐走上了神话研究之路。“当初听说要懂西洋文学须得知道一点希腊神话，所以去找一两种参考书来看，后来对于神话本身有了兴趣”，“于是在神话集这面有了亚坡罗陀洛思的原典，福克斯与洛士各人的专著，论考方面有哈理孙女士的《希腊神话论》以及宗教各书，安特路朗的则是神话之人类学派的解说，我又从这里引起对于文化人类学的趣味来的”。[②] 通过阅读希腊神话和研究著作，进而喜欢上了文化人类学。幼时喜爱神话的丰富奇特想象，成年后运用种种理论进行神话研究，并坚持一生，这就是周作人的神话研究之路。

周作人之所以选择进行神话研究，应该与鲁迅对他的影响有直接关系。事实上，不仅周作人的神话研究，而且他的成长与学术道路，都与鲁迅密切相关。鲁迅对周作人的影响是长期的，也是深刻的，甚至可以说鲁迅塑造了周作人的性格与学术风格。在幼年时期，家门衰落，父亲病故，是大哥鲁迅为其撑起了一片蓝天。“只是老二有一个比他大四岁（按农历计算只大三岁）聪明、能干又负责的哥哥，家里一切困难事情，都由他哥哥一人承担了”。不仅小时候如此，而且在周作人的求学求职中，鲁迅也起到了积极的引导作用：“其他如到三味书屋读书、到南京上学、去日本留学等等，都是老大在前，老二在后，事事都有老大引导照顾。连老二在北京大学教书的工作，也是老大给他联系的。”[③] 正是因为鲁迅的悉心呵护，周作人不需要过多接触社会的阴暗面，也不需整日为生存而奔波，反而可以闲适而超然地观看世间万物与社会百态。在长期的相处中，鲁迅不仅影响了周作人的成长道路与性格，也影响着周作人的学术与兴趣。

在神话研究方面，鲁迅与周作人有诸多共同之处，但要明确区分谁影响谁，恐怕难有确凿证据，只好暂且将共同之处罗列出来。一、童年时喜爱神话。鲁迅童年时非常喜爱《山海经》，周作人十几岁时就已经读完《西游记》《聊斋志异》《阅微草堂笔记》等神怪小说。二、重视神话的文学与民俗价值。鲁迅撰写《破恶声论》《摩罗诗力说》等文章，从文学的角度为神话进行辩护，并在《中国小说史略》中专门设有“神话与传说”一章，阐释神话的性质及变迁；周作人撰写《神话的辩护》《续神话的辩护》《神话的趣味》等文章，从文学、民俗的角度为神话进行辩护，阐释神话研究的理论与方法。三、把神话看作远古先民思想信仰的体现。在神话性质方面，鲁迅和周作人都把神话看作是远古先民思想的遗留。“神话大抵以一‘神格’为中枢，又推演为叙说之神，之事，又从而信仰而敬畏之，于是歌颂其威灵，致美于坛庙，久而愈进，文物遂繁。”[④] 周作人更是用古典进化论、心理学的理论和方法研究神话，探析先民的思想文化。因此，在神话研究方面，鲁迅与周作人存在诸多共同之处，鲁迅的影子时时出现在周作人的研究之中，周作人则在理论和方法方面走得更远。

---

① 吴平、邱明一编：《周作人民俗学论集》，上海文艺出版社 1999 年版，第 11 页。

② 周作人著、止庵校订：《我的杂学》，《苦口甘口》，北京十月文艺出版社 2012 年版，第 73 页。

③ 俞芳：《谈谈周作人》，《鲁迅研究动态》1988 年第 6 期。

④ 鲁迅：《中国小说史略》，上海古籍出版社 2006 年版，第 5 页。

二　博采众长的神话研究理论

20世纪初，“神话”一词被介绍到中国，一批学者开始介绍、研究神话，如梁启超、鲁迅、周作人、顾颉刚、茅盾、谢六逸等。在那个群星璀璨的时代，周作人的神话研究可以说代表了当时的研究水平。

周作人的神话研究是以人本为主线，以思想信仰为核心，以古典进化论、心理学和文学等为主要理论，以了解人的思想、文化、心理的结构和发展为目标，以最终求得人的全面发展。因此，周作人不为神话而神话，而是为人而研究神话。在理论方法上，周作人的神话研究理论博采众长，相互发明，不限于一种学说，主要以文学和文化人类学的双重视角来看神话，既把神话看作是虚构的，注重神话的文学意义和价值，又把神话看作原始遗留，通过神话研究远古先民的习俗和思想。概而言之，就是以文学的眼光看神话的想象，以科学的眼光看神话的思想和习俗。

周作人的神话研究始于文学研究，他为了研究西洋文学而关注希腊神话，却又不限于神话的文学研究，逐渐从文学研究进入了文化人类学的研究。周作人是当时为数不多懂希腊语的学者之一，对希腊神话了解颇多，也颇为赞赏。在《神话与传说》《神话的趣味》《我的杂学》等文章中，周作人从文学的角度阐释了神话的价值，并希望中国学习希腊美术家和诗人的精神，“因为这种希腊精神即使不能起死回生，也有返老还童的力量，在欧洲文化史上显然可见，对于现今的中国，因了多年的专制与科举的重压，人心里充满着丑恶与恐怖而日就萎靡，这种一阵清风似的祓除力是不可少，也是大有益的”①，以此来唤醒中国人对美的强烈追求，进而改变当时中国饱受专制和科举束缚的思想和精神。

周作人虽然重视神话的文学价值，但不主张将神话研究完全放在文学研究之下，而是更加注重神话的文化价值。如在《希腊神话一》中，他引用哈理孙《希腊罗马的神话》的引言说道：“第二个障害是，直到近时希腊神话的研究总是被看作全然附属于希腊文学研究之下。”② 因此在阐释神话的文学价值的同时，周作人把更多精力投入到国外神话理论的介绍和应用方面。据目前可见的资料，周作人是我国系统介绍西方神话理论的第一人。在《神话与传说》《神话的趣味》中，他集中论述了欧洲神话研究的主要流派，将其归纳为退化说和进化说两个流派，简明扼要地对各种理论进行评述，指出其优势与不足，尤其是当时影响较大的马克斯·缪勒的语言神话学派。语言学派神话理论当时在西方影响很大，一些学者也将其理论和方法介绍到中国来。对当时的中国神话研究来说，语言学派神话理论是一种新颖的方法，并与中国传统的训诂之学有相近之处，虽有贡献，但局限也同样明显。因此，周作人认为必须指出其不足之处，并概括了其主要不足。一是语言疾病的普遍性问题。语言疾病可能在一种语言中广泛存在，却不可能世界诸多语言中都存在，“但在神话研究中，根据路易斯宾斯（Lewis Spence）的神话概论引朗氏自己的话说：‘难道是有一种言语上的疹子，同样地传染了一切言语自梵文以至却克多语，到处在宗教与

① 周作人著、止庵校订：《我的杂学》，《苦口甘口》，北京十月文艺出版社2012年版，第73—74页。

② 周作人著、止庵校订：《希腊神话一》，《夜读抄》，北京十月文艺出版社2012年版，第70页。

神话上留下同样的难看的伤疤的么?'"①二是把一切神话看作自然现象。他认为,"中国神话研究刚在开始,关于解释意义一层不可不略加注意,不要走进言语学派的迷途里去才好"②,而应该更多学习以泰勒、安德鲁·朗、弗雷泽等为代表的古典进化论的思想和方法。

周作人对古典进化论神话理论大加赞赏,认为它找到了神话研究的路径,"人类学派并不废语源学派的研究,但不把一切神人看作自然现象,却从古今原始文明的事实中搜集类例,根据礼俗思想说明神话的意义,即使未能尽善,大致却也可以满意了"。他最早主要受到了安德鲁·朗的影响,但后来受弗雷泽的影响更大,"(安特鲁朗的著书)这里边于我影响最多的是神话学类中之《习俗与神话》,《神话仪式与宗教》这两部书,因为我由此知道神话的正当解释,传说与童话的研究也于是有了门路了"。把遗留物说运用到极致的,恐怕要数弗雷泽了。在阅读了弗雷泽的《金枝》后,周作人深受其影响,"但是于我最有影响的还是那《金枝》的有名的著者茀来若(弗雷泽)博士"。③周作人主要接受了古典进化论的遗留物说和心理一致论,认为这两者能够解释神话中难以理解的内容。他认为,"盖现代文明国的民俗大都即是古代蛮风之遗留,也即是现今野蛮风俗的变相,因为大多数的文明衣冠的人物在心里还依旧是个野蛮",同时"以类似的心理状态发生类似的行为为解说,大致可以得到合理的解决"。因此他觉得"民俗学"方法可以解释神话中荒唐不经的习俗,"如在一国见有显是荒唐怪异的习俗,要去找到别一国,在那里也有类似的习俗,但是在那里不特不荒唐怪异,却正与那人民的礼仪思想相合"。古典进化论在当时是突破语言学神话的创新之作,对当时的中国来说也具有积极意义。这一理论不仅为周作人提供了理解神话的一种途径,而且还把他引向了更为广阔的文化人类学领域:"我因了安特路朗的人类学派的解说,不但懂得了神话及其同类的故事,而且也知道了文化人类学,这又称社会人类学,虽然本身是一种专门的学问,可是这方面的一点知识于读书人很是有益,我觉得也是颇有趣味的东西。"④当然,关于古典进化论的不足,周作人也有清醒的认识:"关于分布说诸家尚有意见,似乎朗氏所说有太泛处,唯神话创作的心理状态作为许多难懂的荒唐故事解释的枢机大致妥当,至今学者多承其说,所见英人讲童话的书亦均如此。"⑤他认为,古典进化论虽能够解释神话中的古俗,但也夸大了心理一致,过分强调了文化的一致性,忽略了文化的丰富性和复杂性。

在各派学说中,周作人受心理学的影响最大,这与他个人的兴趣和研究取向密切相关。他以人为本,一生关注人的思想文化、习俗等,而心理学恰是研究人类思想和心理的重要途径,不仅成就颇丰,且

① 周作人著、止庵校订:《习俗与神话》,《夜读抄》,北京十月文艺出版社2012年版,第16页。

② 周作人著、止庵校订:《续神话的辩护》,《雨天的书》,北京十月文艺出版社2012年版,第182页。

③ 周作人著、止庵校订:《我的杂学》,《苦口甘口》,北京十月文艺出版社2012年版,第182、75、78页。

④ 周作人著、止庵校订:《我的杂学》,《苦口甘口》,北京十月文艺出版社2012年版,第78、75—76、77页。

⑤ 周作人著、止庵校订:《习俗与神话》,《夜读抄》,北京十月文艺出版社2012年版,第17—18页。

与他的兴趣和研究取向相契合，因此他对心理学不惜溢美之词："我们对于神话那研究文学的眼光来看，是有价值的，有趣味的；又从心理学上来看，那更是不可漠视了。"① 这方面，周作人主要受到弗洛伊德、霭里思、冯特等人的影响较多。周作人把心理学当时较新的一些成果介绍到中国并运用于神话研究。他借鉴冯特（Wundt）《民族心理学》的思想和方法，在神话的产生和远古民的心理方面提出了一些深刻的新观点，对当下神话研究仍具有启发意义。

心理学对于当时的中国来说，尤其是对中国神话研究来说，无疑是新鲜事物。按照他自己的观点，周作人应该算作介绍心理学神话研究的中国第一人了。在《神话的趣味》一文中，周作人扼要介绍了弗洛伊德的心理学研究："新心理学在中国没有人介绍过，是奥大利医生 Freud 所发明，著有《析心术》一书，中有一段解释神话极有价值。他以为人的欲望的要求在平日不能满足，且为道德法律所拘束，势难发展，然在睡时遂一一显现于梦中。无数可惊，可喜，可怒的事，全从梦中反应出来，文学也是同样的借以发表人心中的欲望的，但人的欲望是与良知良能有关系的……所以我们从人类学说和从新心理学更进一步的解释神话，加以证明，是极有趣味的。"② 虽然中国现今对弗洛伊德的介绍和翻译已经较多，但当时的这段介绍可谓是慧眼独具。周作人想借用弗洛伊德提出的潜意识来解释神话，这确实是神话研究的一条新途径。周作人后来亦曾多次强调弗洛伊德对他的影响，如 1934 年时他曾说："以上是民国十九年为《燕大月刊》所写。现在可以加添一句，如不懂弗洛伊特派的儿童心理，批评他的思想态度，无论怎么说法，全无是处，全是徒劳。"③ 这段话是周作人后来特意加上的，一再强调儿童心理对于理解他的思想的重要性，也可视为周作人对自己思想的概括。周作人也自认为霭里思对他影响颇大，"性的心理，这于我益处很大，我平时提及总是不惜表示感谢的"④。霭里思通过性心理来解读人生和历史的方法，给了他很大启发。在远古思想和思维方面，冯特的《民族心理学》则对他影响颇大，正是借鉴了冯特的相关论点，他提出了关于神话产生、远古思想等方面的深刻观点。总之，对心理学的介绍和运用，既是周作人以人为本思想的体现，也是不断学习和吸收国外理论和方法的结果。除此之外，他还注意神话与仪式的关系，但似乎并未展开，"还有一层，研究希腊神话而不注意仪式一方面，也是向来的缺点"⑤。

周作人的神话研究可以说综合各学派之长而又不囿于其中，看似有点杂乱无章，但却有一条贯穿其中的主线，那就是对人的关注，以人的生存和发展为核心，以其文化的起源与发展为重点。"我对于人类学稍有一点兴味，这原因并不是为学，大抵只是为人，而这人的事情也原是以文化之起源与发达为主"。周作人既关注儿童和妇女，成就卓著，也关注远古先民及现代习俗："我所想知道一点的都是关于野蛮人的事，一是古野蛮，二是小野蛮，三是文明的野蛮。一与三是属于文化人类学的，上文约略说及，这其二所谓小野蛮乃

① 吴平、邱明一编：《周作人民俗学论集》，上海文艺出版社 1999 年版，第 17 页。
② 吴平、邱明一编：《周作人民俗学论集》，上海文艺出版社 1999 年版，第 16 页。
③ 钟叔河编订：《周作人散文全集》卷六，广西师范大学出版社 2009 年版，第 434 页。
④ 周作人著、止庵校订：《我的杂学》，《苦口甘口》，北京十月文艺出版社 2012 年版，第 84 页。
⑤ 周作人著、止庵校订：《希腊神话一》，《夜读抄》，北京十月文艺出版社 2012 年版，第 71 页。

是儿童。”[①] 神话是研究远古文化起源与发展的重要材料，自然是周作人关注的对象。因此周作人研究神话，不是为了某种理论和方法，而是博采各种理论和方法的长处，化为研究人的工具：“我们不拿进化学说来解说，则研究荒诞的神话亦属无用。我们所以要研究神话，就是要懂得我们的祖先的思想和故事。”[②] 对人的关注体现在广博阅读中，便是他对风俗物产类著作的喜爱：“不佞从小喜杂览。所喜读的品类本杂，而地志小书为其重要的一类，古迹名胜固复不恶，若所最爱者乃是风俗物产这一方面也。”[③]

三 神话研究的内容与面相

周作人的神话研究主要包括四个部分：神话起源，神话与童话、传说、故事的关系，神话的价值以及个案研究。神话起源体现了对远古先民思想、思维特点的探索，神话与其他类别的关系体现了神话的性质、远古的思想信仰，神话的价值不仅体现了神话作为了解远古先民思想文化的途径，而且表现出对于今人的意义，个案研究则通过无生老母和鬼而探析人的思想和心理，关注荒诞离奇中的合情合理。总之，周作人神话研究的主线是以人为本，体现了他对古人与今人以及儿童与妇女的关注。

（一）神话起源

神话起源是神话研究中一个困难却不得不面对的问题。现今流行的观点多认为神话是民间文学中最早产生的，不同类型的民间文学的产生顺序为：神话、传说和童话。在关于童话的论述中，周作人也曾多次采用类似的观点。但在《神话的辩护》一文中，周作人则借鉴冯特的观点，推陈出新，认为神话并不是最早产生的，广义的童话才是神话之源。周作人认为童话有广义和狭义之分，狭义的童话应为当下流行的童话，广义的童话在远古时期则是被信以为真的，在广义的童话之后才是神话、传说时代。“神话的发生，普通在神话学上都有说明，但我觉得德国翁特（Wundt）教授在《民族心理学》里说得很得要领。我们平常把神话包括神话传说童话三种，仿佛以为这三者发生的顺序就是如此的，其实并不然。童话（广义的）起的最早，在‘图腾’时代，人民相信灵魂和魔怪，便据了空想传述他们的行事，或借以说明某种现象；这种童话有几样特点，其一是没有一定的时地和人名，其二是多魔术，讲动物的事情，大抵与后世存留的童话相同，所不同者只是那些童话在图腾社会中为群众所信仰罢了。”[④]

为什么广义的童话是神话之源呢？周作人从童话、传说、神话的主人公入手，结合远古先民的思想进行了分析：“童话的主人公多是异物，传说的主人公是英雄，乃是人；异物都有魔力，英雄虽亦常有魔术与法宝的辅助，但仍具人类的属性，多凭了自力成就他的事业。童话中也有人，但大率处于被动的地位，现在则有独立的人格，公然与异物对抗，足以表见民族思想的变迁。英雄是理想的人，神即是理想

① 周作人著、止庵校订：《我的杂学》，《苦口甘口》，北京十月文艺出版社2012年版，第79—80、82页。

② 吴平、邱明一编：《周作人民俗学论集》，上海文艺出版社1999年版，第15页。

③ 周作人著、止庵校订：《关于竹枝词》，《过去的工作》，北京十月文艺出版社2012年版，第1页。

④ 周作人著、止庵校订：《神话的辩护》，《雨天的书》，北京十月文艺出版社2012年版，第178页。

的英雄；先以人与异物对立，复折衷而成为神的观念，于是神话就兴起了。”在远古时代，在与精灵鬼怪的杂处中，人往往处于被动，而不会自认为是万物之灵，处于主要地位的仍是精灵鬼怪。而人又不甘于永远的被动，随着对外界认识的加深和独立性逐渐增强，人逐渐摆脱了精灵鬼怪的控制，并逐渐产生了神的观念，从此产生了神话。因此，神灵并非是在最初产生的，而是社会、经济、思想、文化发展到一定阶段的结果，“其次的是翁特所说的英雄与神的时代，这才是传说以及神话（狭义的）发生的时候”①。周作人从远古先民的思想、心理和思维入手，认为人们在万物有灵观念的影响下，必然先产生关于精灵鬼怪行事的想象和叙述，因此产生了广义的童话，并逐渐产生了神话。虽然这一观点并不完全是周作人的独创，但却是他深邃思想、广博学识和敏锐目光的结晶。国外神话研究比中国时间长，成果多，范围广，介绍国外理论必将有益于中国神话研究。这一观点虽似乎并未引起太多重视，却可以让后来的研究者少走弯路。

早期神的形态是什么？现今学界认为神形态的演变是从非人形态到半人半物再到人的形态，也就是认为早期神是非人形态。当然这只是神的形态演化的大致过程，并非每个神灵都绝对如此。“古代埃及与印度也有特殊的神话，其神道多是鸟头牛首，或者三头六臂，形状可怕，事迹亦多怪异，始终没有脱出宗教的领域，与艺术有一层的间隔。希腊的神话起源本亦相同，而逐渐转变，因为如哈理孙女士所说，希腊民族不是受祭司支配而是受诗人支配的，结果便由他们把那些都修造成为美的景象了。”② 因此，周作人认为形象行为怪异的神灵更为古老，古埃及、印度神灵因被信仰而保留了古老形态，希腊早期神话形态也是如此，但后来经诗人改造而变得优美。在《山海经》中，绝大多数神灵都是以非人形态而出现的，也与古埃及、印度神话相呼应。

为什么远古先民会先创造广义童话，并把远古神灵形态塑造成非人形态呢？这恐怕与他们的思想、思维和心理有密切联系。关于远古先民的思想、心理，周作人引述安德鲁·朗的观点：“《神话仪式与宗教》第三章以下论野蛮人的心理状态，约举其特点有五，即一万物同等，均有生命与知识，二信法术，三信鬼魂，四好奇，五轻信。”③ 在此种思想和心理状态下，精灵鬼怪游荡在远古先民的世界里，数量不少于人类，并且发挥着举足轻重的作用。“在野蛮人的世界里，四分之一是活人，三分之一是死鬼，其馀的都是精灵鬼怪。这第三种，占全数十二分之五的东西，现在总称精灵鬼怪，‘西儒’则呼之为代蒙（Daimones），里边也未必绝无和善的，但大抵都是凶恶，幸灾乐祸的，在文化幼稚，他们还没有高升为神的时候，恐怕个个都是如此。”④ 远古先民既能感受到如此多的精灵鬼怪，并受到他们的支配与影响，于是便能叙说他们的形貌、力量和行为等，因此也必然会创造出关于他们的“童话”。总之，通过对远古先民思想、心理和思维的认识和分析，周作人提出了广义童话是神话之源的观点。这一看法至今仍有启发意义，既反思了当今流行的对神话性质和

① 周作人著、止庵校订：《神话的辩护》，《雨天的书》，北京十月文艺出版社 2012 年版，第 178 页。

② 周作人著、止庵校订：《我的杂学》，《苦口甘口》，北京十月文艺出版社 2012 年版，第 73 页。

③ 周作人著、止庵校订：《我的杂学》，《苦口甘口》，北京十月文艺出版社 2012 年版，第 76 页。

④ 钟叔河编订：《周作人散文全集》卷四，广西师范大学出版社 2009 年版，第 417 页。

内涵的认识，也否定了人们习以为常的观念、思想，更开启了新的神话研究思想和方法。

（二）神话与童话、传说、故事的关系

周作人对神话、传说、故事、童话进行了深入而细致地比较。他认为，神话依其性质，可大体分为四类，即神话（Mythos = Myth）、传说（Saga = Legend）、故事（Logos = Anecdote）、童话（Maerchen = Fairy tale）。在这里，他采用的是狭义神话和童话概念，并把民间叙事分为神话、传说、童话和故事四类。“神话与传说性质相异：神话中所讲的是神的事情，传说中所传的是人的事情，故其性质，一是宗教的，一是历史的，但其形式则不同。传说与故事性质亦相异：传说中所讲的是半神的英雄，故事中所讲的是世间的名人，故其性质一是历史的，一是传记的，但其形式相同。这三种可以归作一类。童话则不然，重事不重人，其性质是文学的，与上列三种由别方面转入文学者不同。”① 周作人当年有关神话、传说、故事、童话的分析，大致正确，表现了他对这四者之间关系敏锐而深刻的理解，仍是现今学界的主流观点。其中对神话的宗教性质的判断，无疑是正确的，马林诺夫斯基、巴斯科姆等学者也都认为神话是神圣的叙事。除了对神话基本性质的判断，周作人还分析了神话与童话的联系和区别，认为两者存在根本的不同，但仍有联系，并具体分析了两者之间的转变：“神话和童话截然是两件东西，虽然古代的神话也可以流落为现代的童话，别国的神话的内容，在本国也会与童话相同，不过成了童话便不是神话了，因为神话的性质是宗教的历史的，而童话是文艺的。”② 在神话与童话的关系上，周作人似乎存在矛盾之处：一是认为神话、传说、童话的大致诞生顺序是如此，这与当今流行观点一致。“上古之时，宗教初萌……而神话兴焉。其次亦述神人之事，为众所信，但尊而不威，敬而不畏者，则为世说。童话者，与此同物，但意主传奇。”③ 这里周作人主要采用了狭义的童话概念，与广义的童话概念不同。因此在关于童话的问题上，周作人前后存在矛盾，但这也正凸显出他的不停探索。

（三）神话的价值

周作人认为神话是远古先民的文学、宗教和科学：“神话是原始人的文学，原始人的哲学，——原始人的科学，原始人的宗教传说，但这是人民信仰的表现，并不是造成信仰的原因。”④ 这种认识大致是正确的，现今大多数观点也都认为神话是远古先民信仰、艺术和知识的混合体。在文学、科学、宗教中，周作人似乎更加强调文学和宗教，这也与他的个人兴趣、研究旨趣相吻合。从文学而到人类学，他始终关注人，关注人的思想和行为。正是由于对神话性质的正确认识，周作人坚定地为神话进行辩护。在20世纪初，中国神话还往往是被误解和批判的对象：一是用科学理性的眼光去审视神话，不免得出神话的虚假性；二是用信仰的眼光批判神话，认为神话会导致迷信。针对这两种观点，

① 吴平、邱明一编：《周作人民俗学论集》，上海文艺出版社1999年版，第12页。

② 钟叔河编订：《周作人散文全集》卷四，广西师范大学出版社2009年版，第49页。

③ 周作人著、止庵校订：《童话略论》，《儿童文学小论 中国新文学的源流》，北京十月文艺出版社2012年版，第4—5页。

④ 周作人著、止庵校订：《续神话的辩护》，《雨天的书》，北京十月文艺出版社2012年版，第180页。

周作人对神话进行了辩护："近来时常有人说起神话，但是他们用了科学的知识，不作历史的研究，却去下法律的判断，以为神话都是荒唐无稽的话，不单没有研究的价值，而且有排斥的必要。"因此，他主张神话主要有两种不同的作用：一是研究的价值，一是文艺的价值，应该充分认识神话的价值，而不是从科学和迷信的角度去批判神话。这种神话观在当时可谓是振聋发聩。"神话在民俗学研究上的价值大家多已知道，就是在文艺方面也是很有关系。"概而言之，即以真实的眼光看待神话的真实性，以文艺的眼光看待神话的想象性。有些人虽然看到了神话遗存着远古的思想，却以远古思想的存在批评现代文化，这在周作人看来也是不能接受的。"他们从神话中看出种种野蛮风俗原始思想的遗迹，——其实这是自然不过的事，他们却根据了这些把古代与现代溷在一起，以为这就足以作批评现代文化的依据。"①

对于神话的性质，周作人在1951年所写的《嫦娥与白蛇》中曾说："《白蛇传》是公定的神话故事，所以其蛇的成分是可以不必取消的。这与迷信的不同是，迷信是活着的动物，而神话乃是死了成为化石的。"② 在《孙行者的神话》中，他也以类似的理由为《西游记》辩护。建国之初，反对迷信的声势很强大，周作人仍大胆为白蛇、嫦娥、孙行者辩护，着实需要勇气和策略。这种为神话辩护的观点，似乎与神话是宗教的观点有些矛盾，但笔者并不觉得周作人的神话观在发生变化，区分迷信与神话，更多只是为神话辩护的一种方式。因为他曾说："我不大相信民众会怎样进步，我不能想象有一个时代会完全没有宗教或迷信，无论社会制度如何改变，教育如何发达。所以我非本心地还主张一个在家拜财神菩萨也可以不问，虽然我对于这位菩萨的存废是毫不感到痛痒的。"③ 总而言之，周作人对神话性质的认识并对神话进行辩护，视野开阔，见解精深，足以代表当时的水平。

（四）个案研究

周作人介绍神话理论，不仅为学，更是为人，是为了通过神话而更好地了解人们的思想和生活。除了用古典进化论的方法外，周作人还运用心理学等方法解析神话，其中对鬼、无生老母等用力较多，见解独到。周作人撰写的几篇论及鬼的文章，虽然时间较久，但是至今读来仍颇有新意，如《说鬼》《鬼的生长》《读鬼神论》《谈鬼论》《溺鬼》等。他广泛搜集鬼之种类、形态、行事等，加以比较，展现了民众的鬼信仰，进而挖掘民众的心理和思想。"'我们喜欢知道鬼的情状与生活，从文献从风俗上各方面去搜求，为的可以了解一点平常不易知道的人情，换句话说就是为了鬼里边的人。'所谓鬼里边的人，即是使这些鬼神，以及事鬼神之仪物，神仙之说，地域轮回之说，等等所由生的人心是也。"当然，周作人之所以研究鬼，根本还是为了了解人，这一点他曾多次强调，如"鬼神生于人心，这句话本来也很平常，但是我颇觉得喜欢，因为与我的意义有点相合"④。既然鬼神生于人心，鬼是民

---

① 周作人著、止庵校订：《汉译古事纪神代卷引言》，《苦雨斋序跋文》，北京十月文艺出版社2012年版，第37—40页。

② 钟叔河编订：《周作人散文全集》卷十一，广西师范大学出版社2009年版，第285页。

③ 钟叔河编订：《周作人散文全集》卷五，广西师范大学出版社2009年版，第79—80页。

④ 周作人著、止庵校订：《读鬼神论》，《苦口甘口》，北京十月文艺出版社2012年版，第141—142、140页。

众的现实生活、思想和心理的反映，于是他就想通过鬼来认识民众的生活与思想，“我之所以屡次讲起它者，乃是因为对它有兴味，即是鬼的概念与现实生活有何矛盾与调和”①。

周作人还分析了鬼产生的深层心理机制和人与鬼交往的方式，他认为人对鬼的心理是以畏为主，爱在其次，而敬又与前两者融合在一起。“钱君所列举的敬与爱与畏，说鬼神之由起，很是圆到，我所说的一节也即属于爱的部分，但这只是关于现今的方便说法，实在说最重要的还是畏居第一，末了是爱，敬只介在中间，讲到底如不是敬畏也就是敬爱，单是敬的几乎可以说是没有。”因为民众对鬼的畏与爱，决定了人们对鬼的态度主要有两种，即驱邪与招纳，而最终目的是为了生存与繁衍：“人间的大欲望是生与生生，凡对于这个有妨害的必须设法防御，若是有利益的自当竭力奉迎，宗教根本意义只是驱邪降福，所谓驱邪与招纳之仪式，即鬼外边，福里边二语尽之矣。”② 对于鬼的见解，周作人可谓深刻。他通过鬼的形状、行事，不仅分析了民众的情感和信仰，而且深入分析了其背后的深层心理。

《无生老母的消息》是周作人运用心理学派思想和观点进行神话研究的力作，也可以说是其具有代表性的神话研究文章。他搜集整理了古籍中无生老母的相关加载，并结合社会、经济等分析了民众信仰无生老母的渊源和原因，“这些经卷现在既已无从搜集，我们只好像考古学家把拣来的古代陶器碎片凑合粘成，想像原来的模型一样，抄集断章零句来看看，不独凭吊殉教的祖师们之悲运，亦想稍稍了解信仰的民众之心情……”。在注重文献搜集整理的同时，周作人主要用心理学的思想方法展开分析，不仅探讨了信仰背后的经济困境与社会压迫，而且深入分析了母神崇拜，揭示了无生老母信仰的内涵和价值。“大概人类根本的信仰是母神崇拜，无论她是土神谷神，或是水神山神，以至转为人间的母子神，古今来一直为民众的信仰的对象。客观的说，母性的神秘是永远的，在主观的一面人们对于母亲的爱总有一种追慕，虽然是非意识的也常以早离母怀伟遗恨，隐约有回去的愿望随时表现，这种心理分析的说法我想有道理。不但有些宗教的根源都从此发生，就是文学哲学上的秘密宗教思想，以神或一或美为根，人从这里分出来，却又蕲求回去，也可以说即是回归故乡或云还元。”

中国神话学诞生于二十世纪初期，并吸引了诸多著名学者，周作人便是其中之一。探讨周作人的神话研究，不仅可以丰富、完善中国神话研究史，而且可以鉴往而知途。周作人凭借广博的学识和兴趣，系统介绍了西方神话研究的理论和方法，评价其优势和不足，同时运用古典进化论、心理学等合理观点研究中国神话，得出了深刻而新颖的观点，不仅对当时中国神话学具有积极意义，而且对于当今神话研究也有借鉴意义。当然神话只是周作人广博的研究领域之一，因此神话研究并没有专门成集，而是如粒粒珍珠散落在他卷帙浩繁的著作之中，虽有惊艳的光芒，但也缺乏系统性和连贯性。

（原载《民俗研究》2016 年第 6 期）

---

① 钟叔河编订：《周作人散文全集》卷十四，广西师范大学出版社 2009 年版，第 221 页。

② 周作人著、止庵校订：《读鬼神论》，《苦口甘口》，北京十月文艺出版社 2012 年版，第 141—142、140 页。

顾颉刚：中国现代民俗学与历史地理学的开创与扭结

赵李娜

20世纪初期，一大批现代学科从传统学科中脱胎而出获得新生，其中民俗学与历史地理学是较特殊而又具有共同点的两门学科，关于这两学在20世纪初开创期的研究在各自学术史书写中亦从未停止。但由于当代学术分科体系下之学术壁垒，两学科在肇始与开创之初的关联与扭结却从未被提起。更重要的是，同时拥有着这两学科开创之功的顾颉刚先生，虽其学术贡献在各自学术史中反复被提及，但从未有人从跨学科角度，对其贡献做通盘论述，实为学术史研究上的一处留白。实则，民俗学与历史地理学虽则具体研究对象及学科归属相异，但若仔细回顾其学科历程，两者无论是古代学术渊源，还是现代肇始背景，都颇有重合之处。因此本文拟选取顾颉刚早期学术活动作为研究对象，借以窥知现代民俗学和历史地理学之互动线索，相信在当今学界倡议打破学术壁垒之背景下，这样的梳理和研究应该具有一定的现实意义。

一 20世纪初年两学科之生发

赵世瑜先生在《眼光向下的革命》中说："民俗学意识及学科的产生，是不同的学科在人文主义思想和对世界的深刻认识的前提下，强调民族和民众的重要性的产物。中国现代民俗学道路开辟者的学科意识，是在西方近代学术和思想传统的总体影响下产生的"，即"民俗学在中国的发生，其最初的思想动机远远大过了它的学术动机"①。而中国历史地理学在传统学科时期表现为沿革地理，在清中叶后边疆问题凸显下应运而生，同时加上近代西方学术的影响与冲击，也是社会环境下传统学术应激之产物。从政治环境和学术背景来说，两学科之生发基本一致，具体情况略有差异。

（一）社会环境：内忧外患与民族主义

虽然现代民俗学与历史地理学各自在学科史上被公认为具有现代意义上之"学"，皆以20世纪初五四运动前后作为其开创节点，但清中叶以后国家内忧外患的现实政治环境，才是两学科生发之最大前提。众所周知，清朝中叶以后，外部列强环伺，边疆危机，社会内部酝酿变动，民众意识亟待觉醒，历史地理学与民俗学正好对应着此环境压迫应激而生。1842年，魏源撰成《海国图志》，提出了"以夷制夷""师夷长技以制夷"的口号，自述撰述此书旨在"藉求地理知识之扩充，以唤国人的认知"②。此后，由魏源、徐继

① 施爱东：《倡立一门新学科：中国现代民俗学的鼓吹、经营与中落》，中国社会科学出版社2011年版，第66页。

② 彭明辉：《历史地理学与现代中国史学》，东大图书馆1995年版，第41页。

畲等人所开创的研究世界地理之风气迅速兴起。由于清代之陆上外患主要来自西北边疆，知识界逐渐形成一股研究边疆史地之热潮。1911 年辛亥革命，推翻帝制，但列强觊觎并非减弱。1919 年巴黎和会的山东归还问题，刺激到当时以南高—东大（今南京大学）为中心的南方学界对山东问题与世界局势的关心，遂有1920 年“史地研究会”及其杂志《史地学报》之创立。1931 年九一八事变，日本入侵东北，再次掀起上下爱国热潮，顾颉刚、谭其骧等学者发起以北大、燕大、辅仁三校师生为基础的“禹贡学会”，并创办《禹贡》半月刊，承袭传统史学中的沿革地理学和清代的西北史地研究，面对新时局唤醒民族意识和抵抗侵略的思想导向，成为禹贡学会之研究宗旨。顾颉刚先生在《发刊词》中说：

> 自然地理有变迁，政治区划也有变迁。如果不明白这些变迁，就到处都成了“张冠李戴”的笑柄。……这数十年中，我们受帝国主义者的压迫够受了，因此，民族意识激发得非常高。在这种意识之下，大家希望有一部中国通史出来，好看看我们的民族的成分究竟怎样，到底有哪些地方应当归我们的。但这件工作的困难远出于一般人的想象。民族与地理是不可分割的两件事。我们的地理学既不发达，民族史的研究又怎样可以取得根据呢？……我们是一群学历史的人，也是对于地理很有兴趣的人，为了不忍坐视这样有悠久历史的民族没有一部像样的历史书，所以立志要从根本做起。……我们要使一班学历史的人，转换一部分注意力到地理沿革方面去，使我们的史学逐渐建筑在稳固的基础之上。……我们一方面要恢复清代学者治《禹贡》《汉书》《水经》等书的刻苦耐劳而严谨精神，一方面利用今日更进步的方法——科学方法，以求博得更广大的效果。

顾颉刚提出用研究地理来支撑民族意识，充分说明了现代历史地理学应对“外患”之结果。而民俗学学科意识的发生正好与历史地理学相互补充，是传统学术对“内忧”亦即国家内部社会结构之变化所做出的响应。

民俗学之主要研究对象既然是“民”，现代学科之发生自然与之有关，对国民性或民族性的改造便是其直接诱因。1895 年甲午战后，著名思想家严复在《论世变之亟》中比较了中西民族性差异之后，认为西方文化中的许多方面优于中国民族传统，提出“鼓民力，开民智，新民德”之号召。梁启超亦著《新民论》，办《新民丛报》，认为只要有了“新民”，就会有新制度、新国家，只有使全国人民的民德、民智、民力都达到西方水平，才可与之抗衡，光靠少数精英人物无济于事。知识界直接将国家富强的希望寄诸全体国民乃至下层民众，由此引发了一场“眼光向下的革命”，新文化运动便是这场革命的直接产物。

1918 年，由北京大学刘半农等人发起的歌谣征集活动拉开帷幕，1922 年 12 月《歌谣》周刊创刊，其《发刊词》提出要借搜集歌谣“编成国民心声的选集”“民族的诗”“人民的真情感”。1928 年中山大学语言历史学研究所“民俗学会”创办《民俗》，顾颉刚先生在发刊词呼吁：

> 我们要站在民众的立场上来认识民众！
>
> 我们要采检各种民众的生活，民众的欲求，来认识整个的社会！
>
> 我们自己就是民众，应该各各体验自己的生活！

我们要把几千年埋没着的民众艺术，民众信仰，民众习惯，一层一层地发掘出来。

我们要打破以圣贤为中心的历史，建设全民众的历史！①

如此清晰地喊出为民众而研究的倡议和号召，鲜明地突显出中国现代民俗学的“民众立场”，而这正与清末以来历史地理学的“民族”及“国家”意识互为表里，显示出传统学术对时局变换之积极应对。

（二）学术背景：西学东渐与新旧交替

民族运动之掀起与民族情绪之抒发，是对外来刺激的反应。但若未遇上本土学术的波动，不过是一池春水中的涟漪，无法掀起滔天巨浪。

中国民俗学与历史地理学在清末民初脱颖而出，直接原因亦在于作为中国学术主体的传统经学到晚清时期步入穷途，失去了原有权威。从学术渊源来说，民俗学与历史地理学可谓同出一源，不论是先秦时的《禹贡》《山海经》，还是古代官修正史中的地理志、风俗志，抑或是各地方志，皆以疆域沿革、风俗、物产、地理等统于一书甚至一篇，因此说在传统学术中，两学皆从“史”“志”中来应该是无疑义的。中国史学在19世纪末20世纪初经历着一场大的革命，这就是梁启超首倡的“新史学”运动，这场学术运动，不仅使得中国传统史学在西学激荡之下走向了“科学”史学运途，且使隐藏于传统史学之下的诸多领域从史学分离出来，成为具有现代意义的“学科”，民俗学与历史地理学就是其中的重要两门。

中国民俗学之开端北大歌谣运动实为五四新文化运动之组成部分。在此之前，一班知识分子受西方学术影响，结合本国情境，认为“要从理论上，给本民族习以为常的民间歌谣做出学理解释”②，言下之意是当时学科初始，理论范式尚未成型，仅凭少数学人摸索前行，“借鉴当时比我们先进的西欧理论”来对中国的一些民俗事象进行阐释研究，这就是被钟敬文先生称为“描红格子”。然而对于一门学科来说，这样的状态不会一直存在，当时环境迫切需要中国学者“自力更生”来发展与完善这一新兴的学科，此为中国民俗学初创之期的学术背景。

历史地理学在20世纪中国之所以成为一门独立学科，亦是中西碰撞、新旧交融之结果。在中国传统四部之学，具有地理学性质的舆地、沿革、疆域、物产、风俗之论，皆归于历史门类之下。然而，19世纪末至20世纪初，附丽于史学之下的舆地、沿革之学已不能满足现实与学术之需要，一批经受过西方学术理念洗礼的知识分子筚路蓝缕、苦心经营，为使地理学真正在中国成为独立学科做出巨大贡献。1909—1910年间，中国最早的地学组织“中国地学会”及其刊物《地学杂志》在著名学者张相文的倡导之下于天津面世，是为地理学成为独立学科之真正起点。1919年南京高师国文史地学部学生在地理教师童季通指导帮助下，成立了地学研究会，“其目的在研究专学以为学课之辅助”③，到次年5月召开全体会员大会之时，考虑到地学与史学历来关系密切之特点，学会改名“史地研究会”，并在简章中明确“本会以研究史学、地学为宗旨”。1920—1926年间，史地研究会成员发展至近百人，该会刊物《史地学报》亦于1921

① 顾颉刚：《“民俗”发刊辞》，《民俗周刊》1928年第1期。

② 钟敬文：《建立中国民俗学派》，黑龙江教育出版社1999年版，第6页。

③ 《史地学报》1卷1号，1921年11月。

年11月正式出版。学报由大批优秀的文史地学者为其供稿，如南师—东大地学系主任竺可桢、著名文史学者柳诒徵以及学科新秀张其昀、胡焕庸、陈训慈等，他们一方面秉承传统史学经世致用、关心国计民生之精神，同时又积极向西方取经，在该杂志中介绍了大量西方各国历史地理学新知，这不但大大拓展了地理学在中国的学术局面，更使得史学与地学在新的学术环境激荡下重新双轨并行，形成具有现代学科意义的历史地理学。

总之，民俗学与历史地理学自传统史学脱颖而出，实为内忧外患的社会背景与西学东渐的学术环境共同激荡的产物，这种“同出于史”之渊源使得两学在萌芽之初颇为亲近，而顾颉刚先生在两学创建中的巨大贡献尤其有目共睹。

二 由顾颉刚先生学术旨趣看两学之扭结

（一）学术总旨：古史为主、经世致用

古史研究作为顾颉刚先生学术历程之主线是毋庸置疑的，民俗学、历史地理学的研究可以说是他史学研究之“副产品”，说到底是围绕着治史旨趣而进行。这一点亦为先生自己所反复提及，最能说明这一切的莫过于他在自己所创办的民俗学、历史地理学相关杂志中所写的话，如《民俗周刊》发刊词的最后一句为：“我们要打破以圣贤为中心的历史，建设全民众的历史！”在《圣贤文化与民众文化》中的一段话更加清晰地阐明了他的学术动机：“我们研究历史的人，受着时势的激荡，建立明白的意志：要打破以贵族为中心的历史，打破以圣贤文化为固定的生活方式的历史，而要揭发全民众的历史。”①

顾颉刚一直强调自己的历史学家身份：“我自己知道，我的研究文学的兴味远不及我的研究历史的兴味来的浓厚；我也不能在文学上有所主张，使得歌谣在文学的领土里占得它应有的地位；我只想把歌谣作我的历史的研究的辅助。”在《禹贡半月刊》的发刊词中说：“我们是一群学历史的人，也是对于地理很有兴趣的人，为了不忍坐视这样有悠久历史的民族没有一部像样的历史书，所以立志要从根本做起。”也正是因为顾颉刚先生对古史研究的执着，才能“多开途辙，发人神智”②，使中国的民俗学与历史地理学虽然是在西方学术刺激下产生，但并未落入对西方理论亦步亦趋之窠臼，而拥有与众不同之学术底蕴。

（二）治学历程：数学并进，互有生发

若从正式首倡及开创来看，古史辨和民俗学在顾颉刚先生治学历程中明显早于史地学。他早在1914年22岁时即作《〈古今伪书考〉跋》，可谓古史辨之酝酿与先声。1918—1919年间休学在家，正值当时北大征集歌谣运动之始，他遂极力搜集，发现歌谣也和小说戏剧中的故事一样，会随时发生变化，后又将搜集范围扩大到方言、谚语、谜语、唱本、风俗、宗教各种材料。到1920年夏天顾颉刚毕业留校北大任教时，逐渐认识到故事的来历和演变有许多层次，研究古史也可以用研究故事的方法。1923年他在《读书杂志》上发表《与钱玄同先生论古史书》，提出“层累地造成中国古史观”，引起古史大辩论。

历史地理学正式出现于顾颉刚之学术生涯，似乎晚于民俗学与古史研究，大多

① 顾颉刚：《圣贤文化与民众文化》，《民俗周刊》1928年第5期。

② 语出1940年7月2日钱穆致顾颉刚的信，转引自顾颉刚《顾颉刚日记》第四卷，台北联经出版事业股份有限公司2007年版，第395页。

数学术史研究都以1934年《禹贡》创刊及其后的禹贡学会成立作为顾颉刚从事历史地理学研究之起点。但若仔细思量他以前的治学细节，亦不难找到历史地理研究之端倪线索。盖因研究古史，必然要涉及地理，而他在20年代初即开始的古史辨工作，首当其冲要考辨的古书就有《尚书》，而《禹贡》作为其重要篇章，自然会进入其视野。1923年6月写就的《答刘胡二先生书》一文中，顾颉刚更详细地解释了之前他提出的“层累古史观”，并进一步提出“在推翻信史方面”应具有的四个标准，前两条“打破民族出于一元的观念”“打破地域向来一统的观念”都与历史地理学密不可分。

古史研究虽以时间为主要依归，但地域终亦为依托而承载人类活动，此即为历史与地理结合应有之义。1928年下半年，顾颉刚他在中山大学开设的“古代地理研究”课，他在《古代地理研究课旨趣书》里明确了此课的目的：一是搜集古人所说的“前代”的地理材料，照他们所说的时代去编排，寻出它们所立的旧系统；二是搜集古人所说的“当时”的地理材料，依时代的次序去编排，看出古代疆域的实际状况，备我们立一个新系统。1929年顾颉刚离开中大，又在燕大、北大开设“中国上古史”课，他觉得上古史还有许多尚待解决的问题，特别是可称骨架的地理沿革史。于是1933年又将课程改为“中国古代地理沿革史”，专讲《禹贡》，“借了教书来逼着自己读书”。他在与同人交流过程中，越来越认识到古史与地理之关系，此时他已经开始将古代地理研究工作付诸实施了①。围绕着古代地理沿革史课的进行，一个专研古代地理的小团体从1933年开始孕育，1934年正式创办《禹贡》半月刊，两年后“禹贡学会”的诞生。禹贡学派在顾首倡之下，学术活动十分活跃，实现了传统沿革地理向现代历史地理学的转型。

值得一提的是，顾颉刚先生的“孟姜女研究”，在现今的学术史书写中，多仅为民俗学界所关注。但在笔者看来，顾颉刚对孟姜女故事的研究，能在纵的历史演进的排列之后，又做第二部分“地域的系统”，将八个地域氛围内所流传的孟姜女传说罗列清楚，并讨论其中一些问题之成因与价值，其“地域”之眼光，并不是一般纯治史者能考虑得到的，这或多或少与他在古史研究时关注地理与地域之思维方式是分不开的。从这个意义上来说，“孟姜女故事研究”可以视为民俗学与历史地理学两者相互映照之产物。

（三）研治之法：传承创新、注重实证

美国学者恒慕义在评价顾颉刚先生的学术方法时曾说过：“他一方面接受了本国学术界的最好遗教，他一方面又学会了西洋的种种方法，所以能用最严格的科学精神来主持这次（古史）论辩”②。诚然，对于既有中国古典文化底蕴，又受到过新式大学教育的20世纪初学者们来说，新旧、中西学术方略之交融，几乎成为他们治学之主要落脚点，而顾颉刚先生独以历史地理学、民俗学开创之功著称，自然是新旧学术浇筑之共同成果，其当中既有对中国传统考据之继承，又有对新式科学思维方法之借鉴。

1918年歌谣运动伊始，初衷只是以从民间汲取营养以创造新文学，然而当时休学在家的顾颉刚却抓住了这一学术契机，一边搜集歌谣，一边研究歌谣。1924年11

---

① 孙喆：《从顾颉刚学术旨趣的演变再析〈禹贡〉半月刊创办缘起》，《历史档案》2009年第1期。

② 顾颉刚：《古史辨》第2册，上海古籍出版社1982年版，第447页。

月，一万两千字的《孟姜女故事的演变》在《歌谣》周刊第69期刊出。此文一出，学界好评如潮，刘半农给顾颉刚写信称赞说："你用第一等史学家的眼光与手段来研究这故事；这故事是二千五百年来一个有价值的故事，你那文章也是二千五百年来一篇有价值的文章。"1926年7月，其《吴歌甲集》单行本由北大歌谣研究会出版，更迅速吸引了学界的关注目光，刘半农又为此书写序："前年颉刚做出孟姜女考证来，我就羡慕得眼睛里喷火，写信给他说：'中国民俗学上的第一把交椅，给你抢去坐稳了，现在编出这本吴歌集，更是咱们'歌谣店'开张七八年来第一件大事，不得大书特书。'"歌谣运动由几位有文学背景的学者开创，却由研究古史起家的顾颉刚开创出一片新境界，这当然得益于顾颉刚广阔的学术视野。他并不只仅仅拘泥于搜集与整理，而是以历史学家的眼光看待其生成与变迁的过程；不仅仅以文学和文艺的角度来看待民间传说，而是以历史的眼光来探究歌谣承载的文化底蕴及社会现状，在观念与方法论上都超越同侪。

顾颉刚先生对于中国历史地理学的学科建立，亦不乏创新之思。从学术理念方面来看，他应是国内较早提出史学与地学重要关联的学者之一，且在以后的研究及教学实践中，亦努力将二者进行融合、互相生发，这也是中国历史地理学真正学术意义之所在。

"历史地理学"之所以得名，其目的就是要打破史学与地学之界限。20世纪初期的中国学者，尽管已认识到了史学与地学之重要联系，亦有"史地学派"这样的学术团体及其刊物致力于史地研究，但仔细分析其刊物论文，可以发现大多文章仍各以史学与地学分列，而并算不上真正的"历史地理学"研究，直到30年代，以顾颉刚先生首倡的"禹贡学派"及其刊物才使两学真正融合成为具有现代意义的历史地理学，从其刊物《禹贡》半月刊英文译名 The Evolution of the Chinese Geography 改为 The Chinese Historical Geography 便可看出。这一点，从刊物的学术实践中可以看得更明显。例如，1937年6月刊《禹贡》第七卷中有一项边疆实地考察计划，其中列出了如下需调查的九项内容：

（1）西北民族感情之考察；（2）西北教育之考察；（3）西北经济状况之考察；（4）边族宗教之研究；（5）边族统治世系之研究；（6）古迹图及古物谱之编制；（7）边族文化之搜求；（8）边族歌谣之采集；（9）边陲碑铭雕刻之摹拓。

虽然这项调查后因抗战原因而未能全部完成，但这些计划内容，其中涉及心理、教育、经济、宗教、世系、古迹、文化、歌谣等各个方面，可谓无所不包，可见这些研究计划已脱离传统疆域沿革地理之窠臼，属历史人文地理之研究范畴。

在治学方法上，顾颉刚先生及其禹贡学派亦有创新。顾颉刚治学颇重书本与实地相结合，他本人亦是田野考察之身体力行者，早在其民俗学研治时期，妙峰山考察开风气之先，是"我国首次有领导、有组织、有计划的民俗学田野调查"[①]。回顾其治学历程，以征实为宗旨和目的的实地调查贯穿其学术生涯之始终。特别是在顾颉刚主持禹贡学会及进行边疆史地治学实践时，亦将田野与文献结合的方法论播布至当时史地学界，在《禹贡·发刊词》中他就大声呼吁："不搜集材料作实际的查勘，单读几篇极简单的经书，就注定了他毕生的地理观念，这又不是我们的耻辱？"他自己亦身体力行进行实地调查：1931年春的北方等省区古迹调查，1934年夏与燕

① 王文宝：《一代民俗学巨擘顾颉刚》，《文化学刊》2006年第2期。

大同事吴文藻等的绥远考察，1936 年 7 月组织禹贡学会河套水利调查，1937 年 9 月开始的西北教育考察等，皆为顾颉刚学术历程中的重要田野实践。其中尤为重要的是 1934 年的绥远考察，于禹贡学会乃至当时中国历史地理学界皆有重大意义。顾颉刚不仅本人亲自撰写了《王同春开发河套记》等重要调查及研究成果，而且，这次考察直接促成了禹贡学会对边疆史地研究的进一步关注与实践。此后，《禹贡》半月刊"屡出专号，讨论东北、西北、蒙藏、南洋诸方面事故"①，将原有的地理沿革真正拓展至边疆史和民族史研究上来，"又集燕京师生立边疆研究会，以假期从事旅行调查，平日则一星期开一次讲演会，选延一二边疆人士之游于北平者及内地人之为边疆学这分主讲座……而诸同人之边疆知识亦日趋于系统化"②，可以说是奠定了现代中国边疆史地研究之学术基础。

（四）学术交谊：师友同侪、辐辏而至

学术研究不光是单纯沉迷于于故纸堆闭门造车，还需学者间的相互交流与思想碰撞，相互砥砺与切磋对于学问之进步与发展尤为重要，因此学人交谊亦是学术史研究中值得关注的一个重要细节。顾颉刚素来主张，学术研究作为一种事业不是任何一个人可以包办了的，必须分工合作，必须聚集同志。他自己与当时各界学者交游颇广，古史、民俗、史地诸学无所不及，本节主要简略探讨他在民俗学与史地学领域的学术交谊情况。

自 1920 年顾颉刚在北京《晨报》副刊发表有关于吴歌搜集的文章开始，到 1929 年离开中大到北京燕京大学，这近十年间，他的朋友中有很多是对民俗学感兴趣的各界学者，如早期北大歌谣运动的倡导者刘半农、沈尹默、沈兼士、周作人、常惠等人，自 1924 年以来与顾颉刚来往密切的东莞容庚、容肇祖、容媛三兄妹，以及董作宾、钟敬文、何思敬、陈锡襄、杨成志、辛树帜等学者，都是"顾氏民俗店"开张期间的共同经营者与参与者。早期北大刘半农等学者发动的歌谣运动，引起了青年学生顾颉刚的民俗学"兴趣"，而容肇祖、董作宾、钟敬文、辛树帜等学者，则是顾颉刚从事民俗学研究与学科开创活动中的亲密战友，皆为中国的民俗学作出贡献。值得一提的是，容氏兄弟及辛树帜、董作宾等，一方面在当时民俗学学科建设或研究中有一定学术声誉，同时在史地学与古史研究中亦成果卓著，这一点与民俗学在中国发生之初的"多学科背景"以及顾颉刚先生本人的学术旨趣亦密不可分。

1929 年顾颉刚由中山大学回北平执教于燕京大学，直至 1940 年，恰好是他创立"禹贡学会"致力于中国历史地理学科建设与经营时期，在此期间以禹贡学会为中心，顾颉刚身边又迅速聚集起一批史地研究爱好者，与他一道将中国历史地理学引向新境界。1934 年的顾颉刚与谭其骧深感当时教授沿革地理课时学生之热情与好学，为学科计，决定创办《禹贡》杂志，在顾颉刚、谭其骧及冯家升师生三人的努力下，杂志日益红火：不到两年，会员增至两百余人，篇幅亦扩至七八万言。学术力量的壮大，促成了 1936 年禹贡学会的正式成立，彼时会员又增至四百多人，成立之时以顾颉刚、钱穆、谭其骧、冯家升、唐兰、王庸、徐炳昶为理事，又有于省吾、容庚、洪煨莲、张国淦、李书华为监事，以当时学会的理事与监事等主要成员来看，都与颉刚先生有着不同程度之学术往来。其中钱、容、洪三人可谓是顾先生之同侪学友，

---

① 顾颉刚：《西北考察日记》，甘肃人民出版社 1983 年版，第 167 页。

② 同上。

在此前数十年岁月中与顾颉刚往来频繁，在学问上互相砥砺。更为重要的是，在禹贡学会时期，顾先生努力提携年轻诸生，为中国历史地理学培养了大批人才，至学会创办三周年时，每期杂志字数已增至十四万，印数也增至千五百册每期，内容涉及历代史地、边疆史地、本国地志、内地民族与宗教、地方志、历史地图、中外关系、外国史地、地理古籍、地理书目、地理学家事迹等方面。学会胜友如云，大多数都是由顾氏学生追随依附而来。1935 年 3 月，北平研究院欲聘顾颉刚为史学研究会历史组主任，条件甚厚，当时他已是燕大历史系主任，自己亦认为燕大学术环境颇适合个人治学，然而为了能将青年优秀学生毕业之后有个好去处，他放弃了燕大优越的治学环境，决定改聘北平研究院任职。7 月 1 日顾颉刚一到任，就聘请几十位年轻学生或学者为编辑、助理等职。他所提携奖掖过的学生都不负师恩，日后大都成为各自领域的当行学者，其中尤以历史地理学为最多。近五十年后，当年的学生、史学家杨向奎写道："（《禹贡》半月刊）造就了许多人，现在历史地理学中的大家名家全是那时出来的。"① 这样的评价甚为公允，谭其骧、史念海、侯仁之、童书业、冯家升、白寿彝、吴丰培、杨向奎等史学家，无不以禹贡学会时期为其学术事业之开端，皆为当时顾颉刚先生选拔优秀学生予以支持及培养之善果。

三　民俗学与历史地理学之“夙世因缘”与未来展望

本文之宗旨在于讨论民俗学与历史地理学之“扭结”，即两学科之关联，并以顾颉刚先生在两学中的开创之功作为个案探讨。在缕析两学在现代学科背景下的生发历程基础上，有必要对其前世今生做一番历时性总结与探讨，才能真正触及核心问题，在当今倡导跨学科研究的语境下，两学是否能达到再度互相借鉴、生发以至融合之理想愿景？这也是笔者写作之另一宗旨。

首先，两学科皆为中国先秦“采风问俗”政治功用下产物。在此意义上，可称得上是“同源而生”，在古代两学研究范围、获得资料手段亦有相类之处，一些古典文献也成为现今两科共享之宝贵历史资料。

《汉书·艺文志》论及古代学术渊源，谓诸子之学皆出王官，历史地理学者辛德勇先生认为古代的史学和地学也出自王官，他注意到宋人司马光在论及我国地理学缘起时，认为其滥觞于《周礼》当中“职方氏”等职官：

> 《周官》有职方、土训、诵训之职，掌道四方九州之事物，以诏王知其利害。后世学者，为书以述地理，亦其遗法也。②

辛先生认为司马光虽指出《周礼》记述的职方、土训、诵训这几个官职为中国地学之创始，但对其具体缘由却语焉不详，而历代研治《周礼》者亦无恰当之解释；他认为所谓“职方”，本义应是“记识各地诸种部类族属的居民与物产特征”，其“土训”作用为“道地慝”，意即令君主“辨地物而原其生”，对特定地域自然地理有所了解。而“诵训”者，功用为“道方慝”，是为便于君主得知“地俗”，所以王官之学“职方氏”之职能为了解采录各地

① 杨向奎：《回忆〈禹贡〉》，《历史地理》1981 年第 1 期。

② 司马光：《河南志序》，《温国文正司马公文集》卷六十五，商务印书馆，民国影印《四部丛刊》初编本，第 126 页。

物产、风俗以便君主执政之用，直接服务于统治者①。此说说明，中国民俗学和历史地理学在古代实为同出一源。实际上，不论是《周礼·职方》《山海经》《禹贡》等先秦文献，还是统一王朝官修廿四史中诸如《地理志》《地形志》及《郡县志》等篇章，亦或是各地风俗方志之类，皆为现今民俗学与历史地理学稽考历史上民俗现象及自然、人文地理之共同宝库。

至于“采风问俗”之田野方法，也是两学在古代归于史学而又异于传统“书斋史学”的独特之处。尽管采风问俗在古代只是前学科时期获得资料之手段，多不具有真正学科意义的研究方法，然而当今“田野调查”已经成为民俗学与历史地理学中最基本研究手段之一，与其说是近代西方学术科学方法影响之结果，不如将其置于中国古代传统学科时期“征实”之学术风格背景下更易理解。

其次，由于其生发环境相同、开创者同为一人，民俗学与历史地理学在当今面临的学科问题与各自关注之学术问题多有重合与扭结，这一点亦值得进一步探讨。

在学科关注内容及具体研究对象上两学亦有所重合，盖因两者均有探究“人地关系”之学科旨趣，“人地关系”为历史地理学之主要探索对象，亦即“社会历史发展同地理环境”之间的关系。“人地关系”不仅探索人地互动时人与地的关系，还包括这人与人（社会）之间的关系，亦唯有此，才能尽显“人地关系”之全意。民俗学的研究主题及关注对象，其实也摆脱不了这一“人地关系”的研究范畴。

当然，由于两学毕竟并非同一学科，因而各有其边界和视角。相对来说，民俗学较为关注主体——“人”，史地学较为关注具有客体意义的“时”与“地”，但是，由于两学有着天然的亲缘关系，随着跨学科研究的倡导，其所关注问题的重合之处越来越多。譬如民间信仰是民俗学所重点关注的一类问题，而在历史地理学中也被历史人文地理、历史宗教地理和历史社会地理等分支学科所关注。例如，复旦大学历史地理研究所朱海滨先生的《祭祀政策与民间信仰的变迁——近世浙江民间信仰研究》②、陕西师范大学僧海霞的博士学位论文《区域视野下的信仰与景观——以清代陕西太白山神信仰为中心》（2010年）、中山大学司徒尚纪教授的《民间信仰文化景观的时空演变和对社会文化空间的整合——以明至民国初期佛山神庙为视角》③ 等论著皆是历史地理学之成果，但其研究对象是“民间信仰”，这就不能不说与民俗学没有关联了。而民俗学界一些研究也不乏“历史地理学”的味道，如姜彬先生倡导的“区域文化研究”、中山大学叶春生教授的《区域民俗学》④ 等，其中研究内容和关注问题当然亦有重合。综上所述，笔者认为“人地互动”尽可包含两学之部分主旨。不仅如此，由于历史地理学界新近又有一种“尽全时空观念”，其具体含义为“任何事物都由具体的时空组成，这样，对历史客体的认识应由地域性客体和时间性客体两大部分组成。在这

① 辛德勇：《〈周礼〉地域职官训释——附论上古时期王官之学中的地理学体系》，《中国史研究》2007 年第 1 期。

② 朱海滨：《祭祀政策与民间信仰的变迁——近世浙江民间信仰研究》，复旦大学出版社 2008 年版。

③ 李凡、司徒尚纪：《民间信仰文化景观的时空演变及对社会文化空间的整合——以明至民国初期佛山神庙为视角》，《地理研究》2009 年第 6 期。

④ 叶春生：《区域民俗学》，黑龙江人民出版社 2004 年版。

样的情形下，要全面、客观、准确地认知客体，首先既要尽可能地占有所有历史时间信息符号，也要尽可能全面地占有所有历史地域信息符号。”[①] 如此一来，“人”“时”“地”三位一体、全面发展的“人地时空学”，应能尽括民俗学与历史地理学之内涵与主旨，两学在此意义上的同一性更应引起学界之重视。

第四，关注现实，注重田野研究等学术风格的保持也是两学具有经世致用之活力的最直接原因。正如历史地理学者蓝勇教授所说：

> 树立关怀现实、注重田野考察的风尚，是历史地理研究走出书斋，发现现实问题，感受古今异同，选准项目方向的必由之路。这就要历史地理学者在日常生活中关注现实，将田野考察不仅看成感应景观场景、印证文献史料、寻求民间资料的途径，而且还应将田野考察当做了解现实历史地理研究很好地服务社会的关键。要真正做好历史地理研究服务于现实，还要树立一种社会责任感，将历史地理研究看成从另一个角度关怀国计民生的重要途径[②]。

1949年以来，特别是改革开放以后，历史地理学者的本学科研究成果在防灾减灾、经济建设、文化建设等方面发挥积极作用[③]。而由于民俗学者的研究对象民俗事项是“民众生产、生活知识、智慧、经验的展演”，其研究面向更能“反馈于社会发展所需，经世济民，成了认识民生、关爱国家、促进现代化建设不可缺少的必然选择”[④]。因此近几年来轰轰烈烈的非物质文化遗产保护热潮中，亦多见中国民俗学者积极奔走、出谋献策之身影，他们顺应国际国内社会文化发展之需求，亦能从自身知识理论出发，积极主动地投入各地非物质文化遗产的保护工作之中，有力地推动着城乡文化建设。非物质文化遗产作为见证地方文化之样本，能被民俗学者所重视、挖掘、研究，这与历史地理学科所致力于关注的地方文化建设亦有不谋而合之处。

（原载《民俗研究》2016年第1期）

---

① 蓝勇：《中国历史地理》，高等教育出版社2010年版，第21页。

② 蓝勇：《中国历史地理研究透露出的现实关怀——以西南地区的历史地理研究为例》，《光明日报》2012年1月5日。

③ 蓝勇：《中国历史地理》，高等教育出版社2010年版，第20页。

④ 陈勤建：《面向现实社会关注经世济民——21世纪中国民俗学的一个重要选择》，《韶关学院学报（社会科学版）》2006年第11期。

丁山：神话研究

刘宗迪

1923年，胡适主编的《读书杂志》第九期《努力》增刊上发表了顾颉刚的《与钱玄同先生论古史书》一文，顾颉刚在其中说，历来被视为上古圣王、治水英雄的大禹，并非人，而是神，并认为中国上古史大多是由神话演变而来的，很少信史，因此应该推翻旧古史，重建新古史。此文一出，一石激起千重浪，顾颉刚的观点立刻在史学界激起轩然大波，“大禹只是一条虫”的说法不胫而走。这一事件在标志着对中国现代学术造成深远影响的古史辨学派横空出世之同时，也标志着中国现代神话学的正式诞生。在此以前，尽管章太炎、刘师培、蒋观云、鲁迅等人，都曾谈论过中国上古神话，但他们只是把神话作为原始的文学来看待，并没有将其纳入学术研究的视野。现在，顾颉刚既然认为中国上古史很多内容只是由神话演变而来的伪古史，要建设信实可靠的上古史就首先要把神话清理出去，让神话的归于神话，让历史的归于历史，因此，要重建古史，就离不开神话学。古史辨学派在从古史中发现神话的同时，也为神话学在中国落地生根开出了出生证。正是在古史辨派重建古史号召的感召下，一些年轻的古史学家汇聚在神话学的旗号下，运用对他们而言尚显生疏的故事学、民俗学、宗教学、人类学、考古学、比较语言学等现代学术方法，对中国上古史那些历来被视为信史的古圣先王的事迹进行重新审视，从中发掘上古神话的真相，重建中国上古神话体系和宗教体系。由于一些具有深厚学养和广阔视野的古史学者的参与，中国现代神话学在其甫一诞生的20世纪20—30年代，就迎来了一个学术高峰，产生了不少非同凡响的研究成果，并涌现出几位引人注目的神话学者，丁山就是其中之一。

丁山（1901—1952），早期治学，追随导师沈兼士，主攻文字学、音韵学，1920年代末转向甲骨文、金文研究，1930年代至1940年代，研究重点转向上古史和神话学研究，尤其是依据甲骨文资料对古代宗教、神话和民族的研究，曾发表《唐写本切韵残卷跋》（1926）、《殷契亡尢考》（1928）、《数名古谊》（1928）、《召穆公传》（1930）、《说文阙义笺》（1930）、《郦学考序目》（1932）、《由齐侯因資敦铭黄帝论五帝》（1933）、《宗法考源》（1933）、《辨殷商》（1934）、《由三代都邑论其民族文化》（1935）、《开国前周人文化与西域的关系》（1937）、《聚珍本牧菴集跋》（1940）、《河出昆仑说》（1940）、《文武周公疑年》（1941）、《吴回考：论荆楚文化所受印度之影响》（1941）、《周武王克殷日历》（1941）、《论小雅六月于征于王》（1941）、《九州通考》（1941）、《帝系发疑》（1943）、《齐叔弓钟铭跋》（1944）、《班簋铭跋》（1944）、《论炎帝太岳与昆仑山》（1944）、《新殷本纪》（1940）等论文。丁山身后留下大量遗稿，其中部分遗稿由家人及友人整理为《商周史料考证》（1960）、《中国古代宗教与神话考》（1961）、《甲骨文所见氏族及其制度》（1988）、《古代神话与民族》(2005)、《丁山子学研究未刊稿》(2011)等出版。就神话学而言,其研究成果主要体现于《中国古代宗教与神话考》和《古代神话与民族》两书中。

丁山的神话学研究,主旨可归纳为如下几个方面:一、通过对古代史官制度和古史流传途径的勾稽,澄清古史传说由口传到书写、由神话到历史的流变过程。二、借助甲骨文、金文史料与文献记载互证,运用音韵学、文字学和比较语言学的方法,重建上古自然崇拜和神灵体系,并说明此种自然神灵体系是如何经由后世宗法制度的改造而演变为帝王世系的。三、结合甲骨文和金文史料,通过对先秦文献中不同民族先王谱系的勾稽,重建上古时期民族构成的多元性,并说明这些原本各有渊源的种族世系是如何因为种族融合的缘故而被糅合为华夏千古一系的先王谱系的;通过比较语言学考证,勾稽中国上古宗教和神话所受外来文化,如印度、波斯、巴比伦的影响。这三方面的研究,即古史传说由神话到历史的演变、古代宗教和神话体系、古代民族多元性及其变迁历史,恰为古史辨学派所倡导的古史重建研究的三个主要方向。由此可见,丁山尽管不是《古史辨》的作者,算不上古史辨学派的核心人物,但他的神话学研究却基本上是在古史辨的神话研究和古史重建的框架下展开的。因此,要理解丁山的神话研究在学术史上的地位,对其研究的学术价值做出中肯的评价,就有必要首先对于古史辨学派,尤其是这个学派的奠基人顾颉刚先生关于神话研究和古史重建的构想有所了解。

一 丁山与古史辨派神话学

对顾颉刚先生而言,神话研究是推翻伪古史、重建新古史的重要环节。他在《古史辨自序》《与钱玄同先生论古史书》《答刘、胡两先生书》《我的古史研究计划》等早期撰述中,围绕其古史重建的研究计划,对古代神话研究提出了系统的构想。总体而言,这些构想可以归纳为如下几个方面。

(一)对古代神话的故事学研究。顾颉刚从小就喜欢看戏,他发现戏剧中人物、故事在流传中常会发生变化,受此启发,他对故事的流传、变迁产生了浓厚的兴趣,因此收集了大量古书记载和民间流传的孟姜女故事,对此故事随着历史、地域的转变做了全面的梳理。受故事转变的启发,他认识到,古史如同故事一样,也会随着时代的政治、思想和制度的改变而不断变异。古人关于上古史并无真切的记载,其对于上古史的记忆来自口耳相承的神话,最早并没有将神话和历史区别开来,对他们而言,神话也就是历史。神话在流传的过程中,不断改头换面、移步换形,一事分为数事,一人化身数人,其原本具有的荒诞的神话色彩逐渐淡化,神话冒充为历史,鬼话转变为人话,神话中那些天地山川、日月风雨之神也被重新打扮成民族的祖先和人间的帝王,神话变成了伪古史,古史的真相也因此被掩盖。有鉴于此,要重建古史,就首先要剥下古史的伪装,揭露其神话的真面目,而这就要运用故事学的眼光研究古史,了解神话蜕变为历史的机制,澄清古史中神话的来源与转变的痕迹及其时代、政治、思想的背景,只有这样,才能把古书记载的古史系统中的神话与历史区分开来,在还历史以真面目的同时,也把湮灭的神话发掘出来。顾颉刚先生在《答李玄伯先生》一文中,称他研究古史,首先想担任的工作就是“(一)用故事的眼光解释古史的构成的原因;

（二）把古今的神话与传说为系统的叙述”[1]。这种研究，关注的是神话在流传过程中的变迁，是典型的故事学研究方法，简言之，就是“用故事的眼光看古史”。顾颉刚先生的孟姜女研究、《虞初小说回目考释》《禹鲧的传说》等就是这方面研究的典范。

（二）对古代神话的宗教史研究。神话是宗教观念的反映，神话中创世的神明和为民造福的英雄，原是神道中崇拜的对象，人们基于对众神的崇拜想象，编造出他们的故事，就成了神话，这些神话经过古代巫史、儒生的演绎和改造，就成了帝王英雄救世济民的历史。神话既然源于宗教，因此，要最终揭示神话的来历，真正理解这些神话的意义，揭露古史传说中帝王的神灵原型，就需要重建这些神话赖以产生的宗教信仰体系。顾颉刚先生在《古史辨自序》中列举他在辨证古史领域想做的各种研究课题，第一项就是研究“春秋、战国时的神衹和宗教活动（如郊祀、祈望、封禅等）”。而这种研究，又离不开民俗学，他之所以从事民间神道和妙峰山庙会的调查，就是希望“把城隍神和土地神的人物历史弄明白，上接春秋以来有功而祀的人物，并看出民众的信仰的旨趣”，为揭示神话和古史传说赖以形成的古代宗教体系提供参照，借以打破他所谓的“古史人化的观念”，恢复古史的神话本相。他在《答刘胡两先生书》中说：“古人对于神和人原没有界限，所谓历史差不多完全是神话……他们所说的史固绝不是信史，但他们有如是的想象，有如是的祭祀，却不能不说为有信史的可能。自春秋末期以后，诸子奋兴，人性发达，于是把神话中的古神古人都‘人化’了……所以我们对于古史，应当依了那时人的想象和祭祀的史为史，考出一部那时的宗教史，而不要希望考出那时以前的政治史，因为宗教是本有的事实，是真的，政治是后出的附会，是假的。”[2]

（三）对古代神话的民族史研究。世系是历史编纂学的中枢。华夏民族都是炎黄子孙，由《大戴礼记·帝系》《世本》《史记·五帝本纪》所建立的这种一脉相传、千古一系的古史观在国人心目中可谓深入人心，早已根深蒂固。但是，《左传》《国语》以及先秦诸子中保存的古国宗族的世系，虽然只是只鳞片爪，也足以证明，春秋时期还保存着各成一体的古族世系记忆，当时人们心目中，还没有这种一元论的世系观念。此类古族世系中的民族始祖，多为神性人物，表明此类世系多从神话中取材，古代民族的历史记忆多借神话传说而保存，所以，神话学就成为打破伪古史的一元化世系、重建上古多元民族史的重要手段。顾颉刚先生在《答刘、胡两先生书》中说，要推翻伪古史，首先就要“打破民族出于一元的观念”：

> 在现在公认的古史上，一统的世系已经笼罩了百代帝王、四方种族，民族一元论可谓建设得十分巩固了。但我们一读古书，商出于玄鸟，周出于姜嫄，任、宿、须句出于太皞，郯出于少皞，陈出于颛顼，六、蓼出于皋陶、庭坚，楚、夔出于祝融、鬻熊，他们原是各有各的始祖，何尝要求统一。自从春秋以来，大国攻灭小国多了，疆界日益大，民族日益并和，种族观念渐淡而一统观念渐强，于是许多民族的始祖的传说亦渐渐归到一条线上，有了先后君臣的关系，《尧典》、《五帝德》、《世本》诸书就因此

---

① 顾颉刚：《顾颉刚古史论文集》卷一，中华书局2011年版，第315页。

② 顾颉刚：《顾颉刚古史论文集》卷一，中华书局2011年版，第203页。

> 出来……我们对于古史，应当依了民族的分合为分合，寻出他们的系统的异同状况。[①]

这三个方面的研究，构成了古史辨学派古史重建研究的三个支柱，使神话学成为上古史研究的学术基础。对神话的故事学研究，用故事的眼光看古史，把被伪装成历史的神话重新发掘出来，从古史中发现神话，使对上古史的神话研究成为可能；对神话的宗教史研究，把神话追溯到其赖以生成的古代宗教体系，剥掉伪古史系统中古圣先王的人间伪装，还其神性的本来面目；对神话的民族史研究，揭示了上古历史记忆参差多端的多元性本色，在重建真实的上古族群版图之同时，最终瓦解了民族自古一体、地域自古一元的传统古史观。三方面的研究环环相扣，相辅相成，构成了一个以古史重建为轴心的神话研究体系。

顾颉刚先生所构想的古史重建事业，规模宏大，任务艰巨，因此不可能凭其一人之力凑功于一役。但是，他一方面以其高远的理论筹划，为中国古代神话研究勾勒出一个宏大的学术远景，一方面又通过对具体的古史问题的研究，为后继者发凡起例，勾画出清晰的研究路径。可以说，从事古代神话研究者，尽管研究的侧重点各有不同，学历和才识各有短长，但都无法脱出顾颉刚先生所勾画的这个整体蓝图和研究轨辙。因此，这一蓝图也就成为我们观照和评估后来者研究成果的参照框架。

在对古史辨派的神话学构想作了上述一番粗略的鸟瞰之后，再来审视丁山在神话研究方面的撰述，不难发现他的神话研究也大致包括上述三个方面的进路。

二 对神话的故事学研究

丁山的神话研究著作，主要包含在《古代神话与民族》和《中国古代宗教与神话考》两部书中，这两部书在议题、方法和结论上往往相互关涉，难以割裂，因此，我们把它们放在一起进行评述。《古代神话和民族》一书是丁山生前自编的文集，收入其中的主要是其已经发表的一些神话和民族史研究论文；《中国古代宗教与神话考》则是他在去世前不久撰写的一部神话学专著，身后才在友人的帮助下整理出版。这两部论著在研究取向上虽然各有侧重，但皆包含了上述的三个研究取向。下面我们就从这三个方面，对丁山在这两本论著中所提出的见解及存在的问题做一概览。

如上所述，正是因为用故事的眼光看古史，把古史看作在流传中不断改头换面、添枝加叶的故事，顾颉刚先生才从古史中发现了神话，对古史的神话学研究才有可能。但是，顾颉刚先生尽管认识到古史载记大多出自原始神话，神话在流传过程中，因为政治、制度、学术、思想等方面背景的改变而不断分化衍生，最终褪去神话固有的荒诞色彩而演变为可以乱真的历史记述，但是，在他及其古史辨派同道的研究中，尚缺乏对上古神话和历史记忆赖以生成、流传、变形的具体途径和生成机制的知识制度史研究。因为神话的生成是一个知识生产问题，神话的传承和改造则是一个知识再生产问题，而知识的生产和再生产作为一个知识史问题，其背后又都与特定的知识生产和传承制度有关。因此，神

① 顾颉刚：《顾颉刚古史论文集》卷一，中华书局2011年版，第202页。

话的生成与传承以及神话叙事向历史记事的演化，归根结底是一个知识制度史问题，只有把在背后决定着知识生产和再生产的制度机制勾画出来，才能对神话的生成流变、古史体系的形成做出透彻的说明。丁山尽管未使用“知识生产”之类的概念，但他对古代史官制度和历史文体的钩沉，却已经触及这个问题了，他在这方面的论述，因此也成为其神话研究中最具创见的见解。

《中国古代神话与宗教考》中有一章即题为《史官与史料》，具体来说又分为四个部分：周代的史官；商代的史官；编年史与别史；训语与古代神话。第一部分根据先秦古书稽考了周代的各类史官，如太史、小史、内史、外史、左史、右史、作册、令尹之类。第二部分根据殷商卜辞的记载，认为周代的史官名目大多亦见于卜辞，推断周代的史官制度是从商代沿袭而来的。第三部分根据《左传》《国语》的记载，勾稽出先秦用于保存历史记忆的各种文体，认为“先秦的学术与史料，至少有诗、书、执礼、乐、箴、诵、谏、赋、世、令、语、图、法、故志、训、典、春秋，十余种载记”①。而丁山尤留意于“世”和“瞽史之纪”，认为它是记录世系的谱牒，为《帝系》《世本》所本。丁山指出，此类或由宗伯、祝史之属执掌的谱牒文献，原系用于记录宗庙祭祀的昭穆次序，是神谱转化为帝王谱、神话转化为历史的关键枢纽，至于瞽史之纪，则是盲人史官口头记诵之史，是后世小说的雏形。以上所论古代史官和史体，一般治史学史者大抵皆能言之，但丁山之所属意，却不在仅仅勾稽古代史官制度和史学传统而已，其最终落脚点则是第四部分《训语与神话》。他根据《国语·楚语》申叔时论教诲太子之法，“教之语，使明其德，而知先王之务，用明德于民也；……教之训典，使知族类，行比义焉”之说，认为《楚语》所谓“语”就是《周语》《鲁语》《晋语》《楚语》一类传述各国故事的杂记，又联系到《郑语》引《训语》所记褒姒出世的荒怪故事和《左传·襄公·襄公四年》引《夏训》后羿篡夏、寒浞杀后羿的历史传说，认为所谓“训”或“训语”，作为一种文体，“盖专藉前人的懿行逸事，用演义的方式来劝诫后世统治者，其人不必无，其事不必真。博物如子产、史墨、郯子、太史克、观射父都能够原原本本论往古以证来今”，就是因为有这种专载掌故异闻的史籍流传。其性质类似于后来的《虞初周说》《汉武故事》等稗官小说乃至宋元以降的平话小说，如《三国演义》《水浒传》、柳敬亭说书之类。丁山认为，此类虚实糅杂的训、语文体，就是上古神话的载体：

> 古代训话，当然是神话多而史实少，与宋以来的平话体例相似。后人一定要将之与《春秋》编年史等量齐说，必然如《孟子》所谓“尽信书不如无书”了。然而，晚周以后，诸子百家，竞说上古，由三王上伸至五帝，再由五帝上伸至三皇，以至天地开辟之初，正是根据宗教神话与古代训话“层累而成”。不但三皇五帝，完全是天神、地祇、山川之神，晚周诸子硬将他们编入帝系以冠冕三王之上，即三王五霸之事，也何尝不窜入若干神话部分以乱真的史实啊！瞽史、巫史、大祝、大宗，都会造作训语以自神其神，所以我们要了解三皇五帝系统之构成的原因，必先自宗教祭典中剖析

① 丁山：《中国古代宗教与神话考》，上海书店出版社2011年版，第233页。

他们各自的神格。①

在《古代神话与民族》的序言《从东西方文化交流探索史前时代的帝王世系》一文中，丁山再次阐发了这一观点：

> 我国史学总是奉《太史公书》为不祧之祖。《太史公书》，刘歆《七略》始次于六艺略春秋家，《汉书》因之，由是言史学者只知《春秋》或《纪年》之类编年史为鼻祖。实则，《春秋》、《尚书》两家之外，小说家也是古代史学的干流。《艺文志》小说十五家有《青史子》五十七篇，云"古史官记事也"。……青史之外，在古代尚有瞽史，《国语·晋语》四引《瞽史之纪》曰："唐叔之世，将如商数。"……不但如此，除了太史、青史、左史、右史、瞽史不计，……如《左氏春秋》、《国语》所征引的先王之"教"、先王之"训"、先王之"令"、先王之"志"，都该有史官掌之。他如《汲冢琐语》纪"晋平公梦见赤熊窥屏"事，赫然见于昭公七年《左传》，可见《左传》所引的《训典》、《夏训》之类，亦皆出于稗官，而五帝三王的祖孙世系，必出于祀典或祭典。祀典之变也，即为《帝系》、《世本》，训语、训典之变也，即为《国语》、《琐语》、《归藏·启筮》。②

"瞽史之纪""训语""国语"之类文献，无论从其名目分析，还是根据典籍所引此类文献片段分析，都不难看出其原本为口头记诵或者吟唱的文体，丁山认为，对于理解神话和古史传统，此类记诵文体较之《春秋》《纪年》之类的书面文体更值得重视。实际上，由于简册繁重，书写困难，人类早期的历史记忆主要靠口耳记诵而传承，西方学者称之为口头传统，凭借口头传统而流传的史前历史记忆，由其文体言为史诗，由其内容言则为神话，这一点已成为现代神话学和口头诗学的常识。丁山对于瞽史之纪、训语、国语之类文献与神话关系的阐发，已经触及了口头传统与神话的关系问题，将神话的再生产或传承落实到了知识史和制度史的层面，尽管由于当时尚无口头传统的概念，他在这方面也不可能有更深入的探究。

顾颉刚先生在《古史辨自序》中谈起他为辨析古史拟研究的课题时，提到他想研究如下的题目：

> 古代的智识阶级（如巫、史、士大夫）的实况。
>
> 秦汉以后的智识阶级的古史（承认的古代传说）和非智识阶级的古史（民间自由发展的传说）。
>
> 春秋战国间的人才（如圣贤、游侠、说客、儒生等）和因了这班人而生出来的古史。③

对巫、史、士大夫等智识阶级以及非智识阶级之状况及其古史观的研究，如果落到实处，必定触及这些人物在神话和历史知识的生产和传承中发挥的作用，以及各种古史传统的载体和文体问题，但顾颉刚先生在具体研究中却侧重于宏观的思想史和学术史论述，而并未将这种研究具体而微地落实到知识制度史的层面。丁山的研究在这方面构成了对顾颉刚研究的补充。

顾颉刚先生"用故事的眼光看古史"

① 丁山：《中国古代宗教与神话考》，上海书店出版社 2011 年版，第 237 页。

② 丁山：《古代神话与民族》，商务印书馆 2013 年版，第 4 页。

③ 顾颉刚：《顾颉刚古史论文集》卷一，中华书局 2011 年版，第 51 页。

的核心是“层累地造成的古史说”，他受崔述《考信录》的启发，发现在古书中记载的古史，“时代愈后，传说的古史期愈长”，譬如积薪，后来居上。例如，“周代人心目中最古的人是禹，到孔子时有尧、舜，到战国时有黄帝、神农，到秦有三皇，到汉以后有盘古等”[①]。但是，何以时代愈晚其传说的古史越长？古史辨派学者并未从历史知识的生成和流传机制上予以着实的说明，他们似乎认为这种现象只是古人托古改制的倾向所导致，如童书业在论述三皇说兴起的原因时说：

> 战国本是个托古改制的时代……他说他的主张是古者某某圣王之道，你又说你的主张是古者某某圣王曾经实行过的；你说你的主张很古，我又说我的主张比你更古；你讲尧、舜，我便讲黄帝，他更讲神农；思想家的派别愈繁，古史的时代也便愈拉愈长。你把你编造出来的“古”堆在他编造出来的“古”上面，我更把我编造出来的“古”堆在你编造出来的“古”上面。在这种情形下，那向来为人所不知道的“三皇五帝”的一个历史系统便出现了。[②]

那么，战国的人编造古史，其材料是哪里来的呢？古史辨学者尽管也认识到很多古史中的先王及其事迹除瞎编乱造之外，其中也有来自宗教及其神话，“把天上的上帝和神也拉下凡来，凑圣帝圣贤的数。这样一来，宗教的传说便变成了真实的历史，而神更变成了人”，但他们并没有说明宗教中的神和神话是经由什么途径流传到战国时代并被改造成历史的。

丁山基于其对古代史官制度的认识，对此一被古史辨学者悬置的问题提出了自己的解释。他在《观象制器的文化史观》一文中指出：

> 《鲁语上》谓：“凡禘、郊、祖、宗、报五者，国之祀典。加之以社稷山川之神，皆有功烈于民者也，及前哲令德之人，所以为明质，及天之三辰，民所以瞻仰也，及地之五行，所以生殖也，及九州名山川泽，所以出财用也。”所有这些都是天地社稷、三辰五行、名山大泽之神。这群神祇，春秋以前，都著于列国的祀典，每个神祇，巫觋祝宗之流都按其神性编制一套神话，以教戒当时封建主们洁诚精享不可怠慢了鬼神。于是乎产生了《西游记》、《封神榜》式的训语、瞽史之记。这类训语，古人以为神，后世历史家误以为古代的圣王贤相或是暴君污吏，更认真的当作史实诵读。于是，巫觋祝宗所传说的神话，到了晚周都演变为信史。所有《五帝德》、《帝系》与《史记·五帝本纪》等都不必从六经中订其真伪，都该自《楚辞》、《山海经》中考其神话的性质。不但燧人、伏牺、神农，秦汉以后所谓“三皇”、黄帝、颛顼、帝喾、尧、舜等及秦汉以后所谓“五帝”都是天神地祇，即夏商周秦四代“本纪”的开国以前世系，何莫非神话多而史实少呢。[③]

宗教祀典中的群神被巫祝之流编为神话，这些神话经由瞽史之记、训语的途径以野史稗官的形式流传下来，到了战国时期，其宗教源头被人遗忘，其中的神被误

① 顾颉刚：《顾颉刚古史论文集》卷一，中华书局 2011 年版，第 181 页。
② 童书业：《三皇考序》，顾颉刚：《顾颉刚古史论文集》卷二，中华书局 2011 年版，第 2 页。
③ 丁山：《中国古代宗教与神话考》，上海书店出版社 2011 年版，第 464—465 页。

解为上古帝王，因此就被当时的学者拿来揉进古史系统中，从而才有了《帝系》《世本》《五帝本纪》中越拉越长的上古历史。此类“稗史”，“春秋以后，始则与‘正史’相互发明，继则分庭抗礼，战国之后，则喧宾夺主，渐以稗史压倒正史，譬如积薪，后来居上，古代史的层次，便愈积愈高，其年系也愈积愈远”①。与“正史”相比，此类由巫祝所发明、由瞽史与训语所流传的稗史尽管不登大雅之堂，甚至无法被载诸简帛，但却一直借口耳相传的形式流传着，待到礼崩乐坏、史官制度瓦解、诸子之学勃兴的战国时期，始被托古改制的学者收拾起来，编入古史，并被冠于原有的古史谱系之前，祀典中的群神跻身上古帝王之列，历史于是愈拉愈长，于是才有了“层累地造成的古史”。而正是基于其对于古代史官制度的认识，丁山才对古史辨派的“层累说”提出了令人信服的解释。可见，在丁山看来，《帝系》《世本》《五帝本纪》之类的古史，尽管是后人发明的伪史而非信史，但却并非后人仅仅出于托古改制目的而杜撰，其材料自有来历，即借巫祝之流而流传下来的古代宗教祀典和神话。正因为有见于此，将上古史的帝王谱系还原为其宗教祀典原型，亦即对古史和神话的宗教史研究，就成为丁山神话研究的主要工作。

三　对神话的宗教史研究

所有民族的古史都从追溯民族早期的祖先谱系开始，帝王谱系是古史的主心骨，古史的发明，核心是上古帝王谱系的发明，而要推翻伪古史，就首先要揭露其帝系的来历。顾颉刚先生在《古史辨第四册·自序》中说，为了揭穿古史造伪之迹，他想编四个考，第一个考就是“辨古代帝王的系统及年历、事迹，称之为帝系考”，“我们对于古史，应当依了那时人的想象和祭祀的史为史，考出一部那时的宗教史，而不要希望考出那时以前的政治史，因为宗教是本有的事实，是真的，政治是后出的附会，是假的”。因此，他曾有志于研究民间神道和庙会，借助民俗学的眼光和材料，以了解古代的造神运动。他撰写《三皇考》，对三皇说形成的背景和演变的过程做了全面的梳理；又与童书业合撰《禹鲧的传说》，认为被视为夏朝祖先的禹，最初是“山川神主”，即大地之神或社神，所以在神话中成了敷设大地、平定洪水的创世之神。至于其计划中的“五帝考”，则最终未能完成。顾颉刚先生毕竟是一位古史学家，他所重点关注的一直是战国秦汉之际古史重构的过程及其背景，不仅顾颉刚先生本人，其他几位古史辨派的神话研究健将，如童书业、杨宽等人，其着眼点也主要侧重于考证原本不同民族、不同地域的神祇和祖先谱系在战国秦汉之际是如何被重构为统一的上古帝王谱系的，至于上古帝王的宗教神话原型则非其研究的重点所在。

古史辨派驻足的地方恰恰是丁山的起点。既然上古帝系中的先公先王归根结底源于宗教祀典，那么要澄清帝系的来历，就归结为对先公先王的宗教崇拜原型的分析。

宗教崇拜的天地群神如何演变为古史系统中的人间帝王？丁山从神话的知识生成机制的角度，对此提出了独特的解释。他认为古代宗法制度的尊祖配天观念，将祖先与天地群神合祭，是造成天地群神转化为人间帝王的根本原因。他在《神话观之夏、商、周、秦建国前的先王世系》一文中说：

① 丁山：《中国古代宗教与神话考》，上海书店出版社2011年版，第224页。

古代人都是泛神论，泛神之中比较崇大如天、地、日、月、风、雨、图腾之类，他们认为都是人类生命的源泉，也是人类生命的保护者……从"万物本乎天，人本乎祖"，与"天地之祭，宗庙之事，伦也；社稷山川之事，鬼神之祭，体也"一套"天人一体"的理论看，天地社稷山川之神实与祖先同体，因将这类自然界一切神祇，尊若圣王，亲若先祖。于是国之典祀，禘、郊、祖、宗、报的大神历时既久，也都递演为人类的祖先，误会为古代的圣王。始则见于列国祀典，继则传为故事，到了晚周史学家纂辑《世本》，牒为《帝系》，谱为王侯大夫，硬将列国所祭的古代自然界神祇一律纂次于先公先王之前。于是，夏、殷、周、秦诸国的先祖反降于神祇之下，不若黄帝、炎帝、太皞、少皞、高阳、高辛、帝尧、帝舜一类神明的显赫，构成了中国上古之世神不神、人不人的五帝世系。这个五帝世系，从春秋时代的祭典与训语一类神话载记看，在孔子以前，似已完成其基础，故孔墨之徒一追溯中国文物的来源，"言必称尧舜"……后有三王五霸，前有三皇五帝，这套三五代兴的思想，正发源于晚周之世士大夫们"慎终追远"与"报本反始"的理论，也正发源于"孝道"，孝的作用，不但妨碍了中国社会的发展，而且影响史前神话的体系。那个时候中国是"宗法社会"，观夫先秦以前的帝系与王侯大夫谱，固不出宗法范围，而反观秦汉以后的帝王家谱与夫一般族谱，也何尝跳出尊祖的祭典。换言之，祖有功而宗友德，是后世"正史"的类型，也是史前神话的本质。所以研究商、周两王朝的宗教内容，不但要注意《周语》上所谓"昔夏之兴也，融降于崇山，其亡也，回禄信于聆隧。商之兴也，梼杌次于丕山，其亡也，夷羊在牧。周之兴也，鸑鸣于岐山，其衰也，杜伯射王于鄗"这类痕迹显著的神话，尤其要注意《周语下》所谓"玄王勤商，十有四世而兴；后稷勤周，十有五世而兴"这套十四世、十五世的先王先公世系。这套世系，所表现的才是他们民族信仰的本质，也反映出各民族宗教的真相来。①

人类最初所崇拜和祭祀的神都是与其生产生活息息相关的天地、日月、风雨、雷电、社稷之类的自然神，但由于宗法制度下"尊祖配天"观念的影响，将祖先与神明同祭、祖先与祖先同列祀典，历时既久，神明遂与祖先相混，神明被当成宗族的远祖，即所谓先公先王，而被列入宗族世系中的诸祖之前。"宗祝之官始则将图腾宗祀为高祖，继则将社稷山川之神宗祀为高祖，终则将天神、天使、日月星辰之神也宗祀于太庙，血食于明堂，都奉为人类的先祖，为统治阶级的感生帝。至于糅合这群天神地祇于古史系统，殷商王朝创之，宗周王朝继之，秦、楚、陈、齐诸国仿而效之，瞽史、稗史之流从而演绎出来训语、训典以神其说，晚周诸子从而推波助澜，附托其立说根据。于是由三王而五帝，而三皇，而封泰山者七十二代。自天地开辟至于鲁史《春秋》之绝笔，凡二百七十万年，上古史年代愈积说愈长，人物世系愈积说愈繁。"古史系统归根结底源于宗教体系，因此，要揭示古史系统的来历，就离不开对古史传说和神话的宗教史研究。"一切宗教的精神，都是寄托在祭

① 丁山：《中国古代宗教与神话考》，上海书店出版社2011年版，第590—591页。

神的仪式上，所以我们今日研究古代的中国宗教，一定要从那时的祭仪着眼。”①

如果说，古史辨派主要关注原本各成一统、互不相干的诸侯世系，是如何随着春秋战国之际的民族融合运动而被重构为三皇五帝这一古史正统的，主要是从政治史、民族史的角度着眼，那么，丁山这一论述，则主要是从宗教学的角度着眼，揭示了由古代宗教祀典的万神殿向古史的帝王谱转变的文化机制，对古史系统的来历做出了穷究原委的说明。循此思路，古史辨派将古书从伪装的政治史还原为真正的宗教史的学术构想方能落到实处。

对神话传说中诸位神明和上古帝系中先公先王们的宗教原型的考证，构成为丁山两部神话研究论著《中国古代宗教与神话考》和《古代神话与民族》的主要内容。《中国古代宗教与神话考》一书中，以《洪水神话》为界，前面的几篇，即《自古代祀典说起》《后稷与神农》《后土为社》《社稷五祀》《月神与日神》《四方之神与风神》《五祀与五工正》《帝五丰臣与四中星》《方帝与方望》《帝与上帝》诸篇，侧重论述的是商周宗教祀典及其神明体系；后面几篇，即《史官与史料》《尧与舜》《尧舜禅让即春归夏至寓言》《颛顼与祝融》《帝喾也是夔》《高辛与八元八恺》《高阳与高祖汤》《太皞与青阳》《少皞与熙》《炎帝与蚩尤》《炎帝与山岳》《黄帝》《五帝系统说三元》《三皇说之成立》《史前神话人物世系多出商周祀典》《祭典分论》《神话观之夏、商、周、秦建国前的先王世系》诸篇，则侧重探究古史系统中诸位帝王的宗教原型。正如大洪水神话是各民族创世纪中从神话时代转入历史时代的转折点一样，丁山也以《洪水神话》一篇为界，将全书划分为上、下两部分。上篇论祀典和神话体系，下篇论史官和帝王谱系，而对古史系统的宗教史阐释则贯穿始终，可见丁山在《中国古代宗教与神话考》这部遗作中，对于中国古代神话研究，是有一个完美的体系构想的。

《古代神话与民族》一书所收为丁山早年的神话研究论文，其中数篇论文，也是关于神话和古史的宗教史研究，诸如《卜辞所见先帝高祖六宗考》《禹平水土本事考》《由鲧堙洪水论舜放四凶》《后土、后稷、神农、蓐收考》《句芒、高禖、防风、飞廉考——风神篇》等，都致力于对古史帝王的宗教原型以及上古自然崇拜体系的勾稽。其中虽然尚未提出像《中国古代宗教与神话考》一书中那样的体系架构，但其从宗教学角度入手研究古史和神话的治学路数在这本书中已经确立。

炎帝、黄帝、太皞、少皞、颛顼、帝喾、祝融、尧、舜、鲧、禹等皆为古史系统中名载帝系的著名帝王，丁山皆一一考证了其自然崇拜原型。

三皇五帝等上古圣王皆由天神转变而成，这在古史辨派之后已人皆能言之，但丁山并不以此为满足，在他看来，不仅三皇五帝之流盛名显赫的圣王原为神灵，即使《史记》所载夏、商、周、秦这些朝代的世系中那些早期的列祖列宗，尽管并无多少神话色彩，也无多少神奇的事迹，也都是由宗教原型演变而来的。其《神话观之夏、商、周、秦建国前的先王世系》一文即为此而作，文中针对《史记》所记载的夏、商、周、秦四代开国前世系，即商的先王契、昭明、相土、昌若、曹圉、冥、振（王亥、王恒）、上甲微、报丁、报乙、报丙、主壬、主癸、成汤，周的先王后稷、不窋、鞠、公刘、庆节、皇仆、差弗、毁隃、公非、高圉、亚圉、公叔、祖类、古公亶父，秦的先王大业、大费、大廉、孟

① 丁山：《中国古代宗教与神话考》，上海书店出版社2011年版，第610页。

戏、中衍、仲潏、蜚廉、恶来、女防、旁皋、大几、大骆、非子、季胜、孟增、衡父、造父等，一一考出其神祇原型。据此，他认为“四代开国前世系皆宗祝伪托”，《史记》夏、殷、周三代本纪所传说的历代世系，“只是古代的宗教祭典，说不上历史的体系”①。其根本依据是《帝系》《世本》，而《帝系》《世本》则根据列国宗庙昭穆世次，宗庙世次则根据宗祝之流的安排。宗祝之流安排先王的世次，开国以后，有人可考，有事可记，开国以前，既无史籍，则无记载可靠。至于遥远的上古之世，其世系则更是荒渺无稽了，而其后人为了显示祖上“积世累仁”，往往依托巫祝之流所流传的祀典、神话而编造祖先世系，认神灵为祖宗。直到后来的《魏书》《辽史》《金史》《元史》所载各朝世系，都是按此路数伪托开国前的列祖列宗，四裔传如《史记·匈奴传》《后汉书·南蛮传》《隋书·高句丽传》《北史·西域传》等，开篇也离不开什么狼犬相交、河伯嫁女之类的图腾神话。以后例前，可以断定夏、商、周、秦四代开国前世系，也是根据神话如法炮制的。②

把古史还原为神话，把世系还原为祀典，把人间帝王还原为天地神祇，这一思路，从理论上说，显然是言之成理的，为古史重建和神话研究勾画了一条清晰可循的路线图，就此而言，丁山对于中国神话研究的理论建树是不可抹杀的。然而，当丁山试图将这一理论构想付诸实践，当他具体着手对一个个帝王或神灵的宗教祭祀原型进行考证时，他的方法却失于简单鲁莽，导致其结论也乏善可陈，严重影响了其研究的学术价值。

上古时期，文字应用不广，祀典和神话唯凭口传，待到后世文字流通，原始宗教和神话却已成绝响，口耳流传之神话传说，即使被偶或著于简帛，也只是只鳞片爪，且早已面目全非。因此，研究上古神话和宗教，先天就具有文献不足、史料匮乏的限制，要根据有限的资料，上探原始宗教的真相，谈何容易。正是有鉴于此，顾颉刚先生才不得不求助民俗学、神话学，希望凭借对仍然存活于民间的神道、社会的研究，了解宗教、神话发生演变的规律，借以窥见古史传说及其宗教渊源的真相。在西方，弗雷泽那一代学者从事人类学研究的一个重要目的，也是为了借以了解古代宗教和神话。时至今日，人类学、民俗学已经成为神话学研究不可或缺的理论工具，丁山从事神话研究的时代，民俗学、人类学等学科已经引入了中国，除了海外汉学家有不少这方面的研究之外，闻一多、郑振铎、孙作云等学者也已经开始用民俗学、人类学的视角考察中国古代神话，为古史研究别开生面，但是，从丁山的神话研究中却基本看不到民俗学、人类学的影子，显得颇为隔阂。

丁山对古史世系的宗教神话原型的考证，所凭借的唯一理论工具是比较神话学或比较语言学。比较神话学是十九世纪中期由于印欧语系的发现而在欧洲兴起的。欧洲人在印度的殖民开发导致他们注意到印度的语言和宗教，他们发现，梵语经典中有些神的名字和神格跟希腊神话、波斯神话中的一些神十分相似，这促使他们假设，印度、波斯和欧洲的语言乃至人种在上古时期有一个共同的源头，这就是所谓雅利安语或印欧共同语。因此，他们认为，可以通过对印度、欧洲语言的比较研究，以重建作为其共同来源的原始印欧语，由此比较语言学应运而生。比较神话学作为比较语言学的重要组成部分，致力于通过

① 丁山：《中国古代宗教与神话考》，上海书店出版社2011年版，第611页。

② 同上书，第587页。

对不同语言中神灵名号的比较语言学和语源学研究，探究这些神灵的宗教崇拜原型。比较语言学和比较神话学兴起之际，正是德国浪漫主义兴盛之时，比较语言学的代表人物格林兄弟就是德国浪漫主义运动的健将。受浪漫主义怀念远古黄金时代、向往大自然之淳朴等倾向的影响，以马克斯·缪勒（Friedrich Max Müller，1823—1900）、库恩（A·Kuhn，1812—1881）、施瓦茨（W·Schwarz，1821—1899）、曼哈特（W·Mannhardt，1831—1880）等为代表的德国比较神话学家，相信原始人天生就是自然的崇拜者，最初的宗教都是对太阳、月亮、风雨、雷电等自然现象的崇拜，雅利安先民最初就用这些自然现象的名字称呼其崇拜对象，而这些名字在流传过程中，由于语言的演变、发展，其最初朴素的含义被遗忘、扭曲，最终被人格化为神的名称，这就是比较神话学的核心观点“语病说”。基于这一理论，比较神话学的研究即归结为通过对各种语言中神名的比较语言学和语源学考证，以追溯其最初所表示的自然现象原型，即用比较语言学的方法，考证神名的初始含义，揭示诸神所源出于其中的自然崇拜原型。丁山在其神话研究中，就自觉地使用了这种比较神话学和比较语言学的方法，如他在《古代神话与民族》的《自序》中说：“用比较语言学剖析史前时代的神话，不自我始。马克斯·缪勒（Max Muller）所著《语言学讲义》曾以语言学为工具，发现雅利安民族所有的神名，常指宇宙的现象。”① 丁山之所以对比较神话学情有独钟，自然是因为他的治学最初正是从文字学、音韵学进入的，主治甲骨文、金文，尤其是甲骨文中，保存了众多关于商代祭祀和崇拜的记录以及众神和先王先公名号。对于熟悉甲骨文，有志于凭借甲骨文、金文资料重建商、周宗教和神话系统的丁山而言，比较神话学的比较语言学方法可谓一拍即合。但是，比较神话学的语言学方法，到了丁山的手上，却被极大地简单化了，被他当成了横扫一切、包打天下的神器，从而导致他的考证往往草率行事、粗枝大叶，严重影响了其结论的可信度。

丁山的两部神话研究论著，对甲骨文、金文和古代文献中诸神名称的文字学、音韵学考证占了大半，对其中种种虚妄、悖谬之处，此处难以一一检视，也无须一一检视，我们只需从其书中摘取一段，就足以窥一斑而见全豹。试看他在《神话观之夏、商、周、秦建国前的先王世系》中关于周代早期世系中诸王名称的考证：

> （1）不窋，读为“丕窋”，《说文·穴部》：“窋，物在穴中。”……丕窋，当是居人的大方穴。
>
> （2）鞠，《世本》作“鞠陶”，“鞠”当为“匊”，《说文·勹部》所谓“在手曰勹”也。“陶”读如“陶复陶穴”之陶。……复，三家《诗》作“覆”，地室也。……管见以为，鞠陶，即匊土为覆的省言。
>
> （3）公刘，《说文》未见“刘”字，言古文者皆以字当作“留”，“留”孳乳为“霤”，《说文·广部》云：“中庭也。”……由是言之，公刘，当是中霤别名，而《绵》诗咏古公亶父所谓“乃召司空，乃召司徒，俾立室家。其绳则直，缩版以载，作庙翼翼。捄之陾陾，度之薨薨，筑之登登，削屡冯冯。百堵皆兴，鼛鼓弗胜”，毋宁说是公刘的写照。盖周人初居于大方穴，谓之“不窋”；继而掬土为覆穴，谓之“鞠陶”，至公刘

① 丁山：《古代神话与民族》，商务印书馆2013年版，第10页。

乃就覆穴而筑为宫室，始有中霤。

(4) 庆节，疑是建筑上的专名词……《明堂位》曰："山节藻棁，复庙重檐，天子之庙饰也。"郑注："山节，刻欂卢为山也。"……山节之称节庆，庆盖亦古代发语词。

(5) 皇仆，疑是建筑上的名辞。"仆"疑读为"朴"，木皮也。盖当陶瓦尚未发明以前，或葺茅为屋盖，或剥木皮为屋盖……因此，皇仆，可以说是屋上的朴桷。

(6) 差弗，疑即"義"字之误为二名者，《说文·我部》："義，己之威仪也，从我从羊。羛，墨翟书，義从羊。"……所谓"差弗"，当作"羊弗"，即六国古文字之误释。"義"孳乳为"羲"，金文有《鬲铭》云："作羲妣宝尊彝"。……羲妣，犹言"月母羲和"，是以"差弗"为义，若非羲和月母，当时朝曦之神，正是殷商王朝所祭的大神"義京"。

(7) 毀隃，《世本》作伪榆。"榆"，《五臧山经·西山经》之首作"羭"，云："……羭，山神也。"……"羭"，《管子·小闻篇》作"俞儿"，云："臣闻登山之神有俞儿者，长尺而人物具焉。……。"按："俞"，不䫋簋："广伐西俞"，字则作，从舟，声。即"禹"字初文。……"毀隃"当即山川之主禹之别名，周人尝自称有夏之后，正以毀隃之故。

(8) 公非辟方，疑即四方风神。

(9) 高圉，"圉"当为圉，即日神高辛合文，《礼记》所谓"上辛"。

(10) 亚圉，亦当作"亚圉"，即日神亚辛合文。亚辛，《左传》哀公十三年作"季辛"，云"鲁将以十月上辛有事于上帝先王，季辛而毕"，是也。以高圉比太皞，亚圉也即少皞，白日西沉之神也。

(11) 公祖叔类，……今按，"类"本周代祭典之名。《周官·小宗伯》："兆五帝于四郊，四类亦如之。"……以《书·尧典》"类于上帝"和《礼记·王制》"类乎上帝"诸说测之，四类宜是天神。……管见以为，类即周代的上帝，也即周人的原始图腾神。……《说文·犬部》："類，种类相似，惟犬为甚，从犬頪声。"然则，类者，犬也，以犬为民族图腾者，《后汉书·南蛮传》言长沙武陵蛮祖帝高辛，"畜狗，其毛五彩，名曰槃瓠。"徐整《三五历纪》以槃瓠为中国人开天辟地的始祖盘古氏。……由是言之，类者，周人原始图腾神也。……公祖叔类，当是周人尊其民族图腾神为先公先祖之名，也即盘古氏的滥觞了。《荀子·礼论篇》："先祖者，类之本也。"正是"公祖叔类"之确诂。

(12) 古公亶父，……《礼记·祭义》"天子……事天地山川社稷先古"，注则云："先古，先祖也。"是古公若非盘古之别名，定为"祖公"的雅篆。……亶父，古地名，字亦作"单父"。商代的南单之台，载记相传或作"南坛"，因此，管见以为，亶父即《礼记·祭法》所谓"燔柴于泰坛，祭天也"，……果如《周本纪》说"文王受命，追尊古公为太王"，那末，太王，正是"燔柴于泰坛，祭天也"，他是宗周王朝的原始天神，也即晚周诸子所谓"泰皇"了。①

① 丁山：《中国古代宗教与神话考》，上海书店出版社 2011 年版，第 577—580 页。

不窋是大方穴，鞠是掬土为覆穴，公刘是宫室之中霤，庆节是房檐的斗拱山节，皇仆是盖屋顶的树皮朴桷。丁山纯凭神名的单文孤辞，以声韵辗转牵扯，就轻易地将周人世系中几位早期祖先都归结为房屋建筑，周人何以会把房屋甚至房屋上的几个简单的建筑构件奉为祖宗？全不顾在民俗学、宗教学上道理是否讲得通。若按此望文生义的办法，则不妨对"丁山"其名进一解：南方丙丁火，"丁"，于古人干支方位观，属南方，属火，则"丁山"本义指南方的火山，丁山其人实为山岳崇拜之体现，然而，岂有此理？

对于无法从音韵上轻易与名物相牵扯的先王之名，丁山则不惮改字为训。差弗，字面意义不明，于是认为"差弗"是"羊弗"之讹，而"羊弗"则是"義"字断为两截，又由"義"字牵扯商代卜辞中的"義京"，复根据《山海经》中关于日月之神羲和的记载，而断定其为月神。"非其族类，不歆其祀"，商人之月神何以会被周人当成祖宗？毁隃，字不可解，遂以"隃"牵扯"俞"字，复由金文"俞"字半边字形似"禹"字，而断定"毁隃"即禹的别名。禹敷土治水，屡见《诗》《书》，为周人崇拜之创世之神①，何以会混同为一个名不见经传的周人祖先？高圉、亚圉，因"圉"字方框中"幸"字与"辛"相近，遂以其字为圉字之讹，断定高圉为高辛，即《礼记》之"上辛"，断定亚圉为季辛，即《左传》之"季辛"。但《礼记》《左传》之"上辛""季辛"只是天干纪日的日期，又与周人先公何干？丁山对先王之名或诸神名称的考证中，屡见此类罔故基本逻辑而轻改古文以迁就其说的情况。

公非辟方，因其名称中有一"方"字，不经任何论证，就疑其为四方风，即使此书的"方"有特殊的宗教含义，它为什么不会是指"方国""方社""方望""方明"等等呢？其实它可能只是一个并无所指的专名而已。而且，"公非辟方"一名四字，何以仅仅凭"方"一个字就断定其所指，其他三字就可以置之不顾吗？公祖叔类，名字也是四个字，但丁山一味在"类"字上做文章。因《尚书》《周礼》有"类于上帝"之说，因此就断定公祖叔类是周人的上帝，又牵扯《说文》以"类"为犬以及《后汉书·南蛮传》槃瓠神犬之说、三国时期徐整盘古之说，谓公祖叔类为神犬，系周人的图腾。遍检载籍，何曾有关于周人以犬为祖的丝毫线索？作为祭祀的类、作为犬名的类与作为人名的类，岂能这样轻易混为一谈？其说之荒诞不言而喻。古公亶父，因"亶父"与"单父"声音相近，而以"亶父"即"单父"；又因殷墟卜辞中提到"南单"，以"亶父""单父"即"南单"；又因"单""坛"音近，以"南单"即"南坛"；又因《礼记》中有"泰坛祭天"的记载，以亶父即泰坛，即周人的原始天神，亦即三皇之一的泰皇。《吕氏春秋·察传》有云："狗似玃，玃似母猴，母猴似人，人之与狗则远矣。"如此一味以音声辗转牵扯，不难把任何原本毫不相干的东西都拉到一起、画上等号。据《史记·周本纪》，古公亶父是周文王的祖父，因逼于戎狄，去豳居岐，经营城郭宫室，设五官有司，周人对其事迹有清晰的记忆，《诗经·大雅·绵》即吟诵其事。因此，古公亶父显然是实有其人的，很难相信周代的史官连其开基之祖文王的祖父是谁都不知道，把一个什么莫须有的天神泰皇拉来充数。丁山的考证中，此类不顾情理的论述时时可见。

① 参见顾颉刚《讨论古史答刘、胡二先生》及其与童书业合撰《鲧禹的传说》，两文皆载《顾颉刚古史论文集》第一卷，中华书局2011年版。

其实，古人尽管没有文字记载，对于渺茫的上古历史缺乏可靠的记忆，常会拉神祇冒充为祖先，但这种攀附神明的情况，一般只会出现于族谱的最初几代，只是为了给其历史记忆找一个神圣的开端而已。例如，就周代的世系而言，其始祖后稷显然并非实有其人，后稷原本只是谷物之神，被周人冒领为自己的祖先。后稷的母亲姜原也非实有其人，“原”或谓原野，姜原原本可能只是表示土地之名，或为周人供奉的土地之神而兼母神，姜原生后稷，不过是土地生五谷这一自然现象的象征。至于不窋以下的诸位先祖，虽无事迹可考，但很可能是实有其人的。历史记忆对于族群的认同和凝聚至关重要，所以古人虽无文字史册，但也会用口耳相传的史诗的形式，记诵其祖先的世系和功烈，这一点，至今仍能从很多少数民族的古歌中得到旁证。所以，古人的历史记忆尽管不可避免地充满了缪悠荒唐之语，但却不至于像丁山设想的那么全出后人杜撰，其世系也不至于像他设想象的那样全不靠谱。丁山尽管认识到了解古史帝系的来历应从其生成和流传机制入手，但由于他对民俗学、人类学缺乏足够的了解，对于口头传统在上古时期的作用还没有充分的认识，因此低估了古人的历史记忆能力。

丁山的神话论著，通篇都是此类对神名形、音、义的武断解释，率尔操觚，漏洞百出。当时学者就已经对他的这种做法表示不满，杨宽就指责他的考证，“除毛举一二古文字外，他无实证”①，实乃一针见血。但丁山对杨宽的批评却不以为然，他以西方的比较神话学为借口给自己辩护，认为“由文字演变之迹以论史实之递传递变，犹近世东西学者藉语文异同以探寻民族分合之迹，同为治史者极基本工作”②。实际上，德国比较神话学家一味依靠对神名的语源学考证将诸神统统溯源到某种自然现象的做法，在比较神话学兴起不久、还如日中天时，就遭到安德鲁·朗格（Andrew Lang，1844—1912）等民俗学者的严厉批评，很快就被对神话的人类学、民俗学研究取而代之了。丁山把比较神话学的语言学方法和自然神话论当成打开古代神话之奥秘的唯一的万能钥匙，却反倒被它引入了迷途。

总之，丁山试图通过对古史传说和先公先王的宗教和神灵原型的考证，打破古史帝系的历史幻象，还其宗教与神话的本来面目，其构想不乏卓见，但在将其构想落实到具体考证时，却由于片面倚重比较神话学的方法而纯凭文字学、音韵学的牵扯附会，因其论证过程多失于武断，导致其研究的学术价值大打折扣，时至今日，他的大多数考证都不具有什么学术价值了。

四 神话的民族史研究

如果说对神话的宗教史研究，旨在说明古史中的帝王世系是如何从其宗教神话原型脱胎而来的，那么，对于神话的民族史研究，则旨在说明上古时期各民族、方国原本各自独立的帝王世系是如何随着历史的进程而被重构为一个同枝连根的上古史谱系的。这正是古史辨派神话研究的重点所在。

上古时期，各民族、方国尚未融合为一个共同的文化共同体，它们各奉其祖，各有其昭穆世系，《左传》《国语》等书中就保存了不少这方面的信息，说明直到春秋战国之际，各民族、方国还保留着其古老的历史记忆。但到了战国后期，随着兼并进程的加剧，历史记忆也被重构，统一

① 丁山：《古代神话与民族》，商务印书馆2013年版，第97页。

② 同上书，第97页。

的帝王世系被发明出来，《大戴礼记·帝系》《世本》以及《史记·五帝本纪》所记载的由黄帝、颛顼、帝喾、尧、舜、禹同出一源的帝王世系，就是在此背景下形成的。这种华夏民族自古出于一元的世界观，既然出自战国晚期的发明，而非上古历史的真相，因此，顾颉刚先生认为，要揭露古史的真相，就必须首先打破此种“民族出于一元的观念”。他在《古史辨第四册序》中说，自己计划作四个方面的古史考，第一个就是“帝系考”，辨古代帝王的系统及年历、事迹，他说：

> 我们的古书里藏着许多偶像，而帝系所代表的是种族的偶像。……我们从古书里看，在周代时原是各个民族各有其始祖，而与他族不相统属。如诗经中记载商人的祖先是“天命玄鸟”降下来的，周人的祖先是姜嫄“履帝武”而得来的，都以为自己的民族出于上帝……《左传》上说：“任、宿、须句、颛臾，风姓也，实司太皞与有济之祀。”则太皞与有济是任、宿诸国的祖先。又说：“陈，颛顼之族也。”则颛顼是陈国的祖先……这原是各说各的，不是一条线上的人物。到了战国时，许多小国并合的结果，成了几个极大的国，后来秦始皇有了统一的事业……于是有几个聪明人起来，把祖先和神灵的“横的系统”改成了“纵的系统”，把甲国的祖作了乙国的祖的父亲，又把丙国的神算作了甲国的祖的父亲。他们起来喊道：“咱们都是皇帝的子孙，分散的远了，所以情谊疏了，风俗也不同了，如今又合为一国，咱们应当化除畛域的成见。”……借了这种帝王系统的谎话来收拾人心，号召统一，确实一种极有力的政治作用，但这种说法传到后世，便成了历史上不易消释的“三皇五帝”的癥瘕，永远做真史实的障碍。①

由于神话中保留着各民族的历史记忆，因此，要打破民族自古一元的观念，要“依了民族的分合为分合，寻出他们的系统的异同状况”，神话就成为不可或缺的史料，对神话的民族史研究就成了古史辨派古史重建工作的重要内容。顾颉刚先生本人在《战国秦汉间人的造伪与辨伪》《昆仑传说和羌戎文化》等文章中关于上古民族分布、迁徙、分合的研究，都把神话传说作为重要的线索加以利用。杨宽《中国上古史导论》更是基于对神话传说资料的全面研究，将中国古代民族分为东、西二系，即由殷商、东夷、徐戎、楚、郑、秦、赵等组成的东系民族和由周、羌、戎、蜀等组成的西系民族。

丁山的神话研究继承了古史辨的问题意识，关于神话的民族史研究也构成其神话研究的重要一环。其《古代神话与民族》一书的标题就足以表明，在丁山眼里，神话研究与民族史研究是密不可分的。这本书所收各篇文章，或依据古史资料，探究民族早期的宗教；或依据神话传说并结合历史地理的考证，考察古代民族的起源和迁徙过程；或通过对古史传说中人名、地名的比较语言学分析，推测上古时期中国文化所受外来文化的影响。如《由三代都邑论其民族文化》，根据古代文献中关于三代迁都的记载和相关古史传说，推断夏后氏起自晋西南，商人起自河北，周人起自陇。《卜辞所见先帝高祖六宗考》依据殷墟卜辞对商人高祖夒之图腾原型的考察，推断商人源于东胡民族。《开国前周

① 顾颉刚：《顾颉刚古史论文集》卷一，中华书局2011年版，第202页。

人文化与西域关系》根据周人的火葬习俗、历法特征以及“七日”旬周的习俗，推断“周成王以前，周人文化实与古代波斯、印度成一系统”。《禹平水土本事考》考察大禹治水、禹死为社等神话，认为禹原为雨神，与求雨的雩祭有关，并据此认为禹与西亚苏美尔人所祀恩利尔神格相同，推断“禹之一切神话，或与恩利尔之传说，同出一源”，“若以种族言之，则苏美尔人所宗祀之恩利尔，若非传自夏后氏，必夏后氏宗禹神话来自苏美尔”。《由鲧堙洪水论舜放四凶》以《尚书·尧典》中舜所流放的四凶族为古代四裔民族的图腾或徽号，“四凶罪恶，皆春秋时代四裔民族性之写照，四凶名称，亦春秋时代戎、狄部族之徽号”。“饕餮、穷奇为匈奴部族之号，浑敦、梼杌、三苗之族，西羌之先也。”四凶原为四裔民族，后人将四裔之名附会为鲧、驩兜等凶神，于是导致“种姓之名与神话人物混而为一”①。《吴回考——论荆楚文化所受印度之影响》通过对楚国祖先名称以及古史传说、文化事项的比较语言学研究，认为楚国文化深受印度文化的影响。《论炎帝太岳与昆仑山》通过对昆仑神话、四岳神话和瓜州、九州等古史地名与印度须弥山神话、南洋昆仑国地名的比较语言学研究，认为炎帝、四岳为羌人之神，羌人足迹北至雁门五原，南至南洋群岛，昆仑神话源于印度须弥山神话，以昆仑为神山的道教源于婆罗门教。

丁山此书对于神话和民族史的研究，除受古史辨派重建古代民族史的学术构想以及比较神话学的语言学方法影响外，也透露出浓重的中国文化西来说的影响。中国文化西来说原是西方殖民主义和东方学之产物，最初滥觞于明、清时期来华的西方传教士。19世纪末期，法国学者拉克伯利（Terrien de Lacouperie）用当时盛行的比较语言学方法，将中国的语言、文字、历法、神话、古史传说和西方亚述学关于古巴比伦的研究成果进行比较，认为中国文化乃至人种都是从巴比伦传来的。拉克伯利的学说原本漏洞百出，在西方汉学界并无多少市场，但在被日本东洋学者译介到日本后，被视为定论，写入东洋史和日本史教科书。晚清民族主义者刘师培、章太炎、陶成章、黄节、蒋智由等出于排满灭清的民族主义立场，将此种学说引入国内并极力宣扬，中国人种和文化西来说遂风靡一时，对中国上古史研究也造成一定的影响。1920年代瑞典考古学家安特生在河南考古发现的彩陶，就被当成中国文化西来说的证据。进入1930年代以后，随着中国本土史学和考古学的崛起，西来说迅速遭到主流学术界的摈弃。但是，在神话研究领域，中国文化西来说却一直余音不绝。卫聚贤、苏雪林、凌纯声等关于中国古代神话和宗教的研究，都留有明显的西来说影响的痕迹。这相当程度上是由于上古时期的史料不足，神话研究者不得不倚靠比较语言学的方法，通过对个别术语、名物的跨文化比较来探求其意义和源流。由于上古时期文化简单，不同民族的文化之间在某些基本方面肯定会有相通之处，而这很容易让研究者在存在某种相似性的两种文化之间建立一种似是而非的源流关系，并将时间在前的文化（比如古代西亚两河流域文化）视为时间在后的文化（比如古代黄河流域文化）的来源。丁山在其神话研究中，既然正是以比较语言学的方法为轨辙，因此也就难逃此种中国文化西来说的窠臼。

西来说的主张者为了在中国文化中寻觅能够证明这一学说的线索，往往无视基本的时空逻辑和语境脉络，仅凭对个别词

① 丁山：《古代神话与民族》，商务印书馆2013年版，第216、261、260、265页。

语在语音、语义上的相似性，断章取义，随意牵扯，单凭语言学线索将两个相距遥远的民族搭上关系，丁山的民族史研究也同样难免此弊。

仅举其《吴回考》一文中论吴雷即火神 Agni 之音译为例。吴回为楚祖之一，见于《大戴礼记·帝系》和《史记·楚世家》。丁山认为"吴回"可音转为"吴雷"，但经典中并无"吴雷"之名，唯《楚公逆作镈铭》有之，曰"楚公逆自作吴雷镈。""吴雷"，自宋以来学者皆释为"夜雨雷"，丁山重释为"吴雷"，并且说：

> "吴雷"，古音 Nguo-luai，日本汉音 Go-rai，依汪荣宝《歌戈鱼虞模古读考说》，鱼模读若歌戈，歌戈读若麻韵，则"吴"之主音为 u，宜可读为阿（a）。"雷，"汉音 Rai，依章炳麟《古音娘日二纽归泥说》，古时宜有读 Na 者。况 L、N 两纽，在今若干方言中尚有浑而不辨者，则"吴雷"古音，宜或读为 A-na 矣。不特此也，梵语中，语尾之 Ka 音，唐前译述，往往省去，如 Lokesvar-raga 译楼夷桓罗，Aksobhya 之译阿閦，Laksa 之译落沙……，以是为例，则 A-nai 吾得谓即 Akni 或 Agni 之省译。Agni，六朝以来，音译为阿耆尼，意译为火神，有是因缘，余故疑"吴雷"即"阿耆尼"之对音。①

用一系列似是而非的音转解释，兜兜转转地把吴回与印度火神阿耆尼攀上亲，而全不顾吴回或吴雷之发音与六朝译 Aqni 之音阿耆尼相去甚远的基本事实。实际上，吴回之名，首见《大戴礼记·帝系》，谓颛顼产老童，老童产重黎及吴回，吴回产陆终，陆终子季连为楚人之祖。《史记·楚世家》依据此文叙楚世系，并称吴回为帝之火正，为祝融，即暗示吴回原为火神。春秋时期，火神又名回禄。《左传·昭公十八年》云郑国发生火灾，子产令人"禳火于玄冥、回禄，祈於四鄘"，可见回禄为火神。又《国语·周语》上云："昔夏之兴也，融降于崇山；其亡也，回禄信于聆隧。"此文回禄与融（祝融）并称，盖以其与祝融同为火神。火神名为"吴回""回禄"，"吴回""回禄"实与"火"同音。《说文》云："火，毁也。呼果切。"又云："燬，火也。从火毁声，许伟切。"又云："回，转也，户恢切。"《段注》火、回古音皆在十五部。可见，火、燬、回古音通，则"吴回""回禄"与"火"为一音之转文，故古人以吴回为火正，以回禄为火神。火与人类生活休戚相关，故所有民族都有火神崇拜，中国火神不必由印度传入。而火神之所以成为楚人的祖宗，则不过是因为楚国相对于中原处于南方，在五行系统中南方属火，因此，战国时期的学者在编造古史谱系就把同属火神的重黎、祝融、吴回安排给楚国当祖先了。可见，吴回之得名及其作为楚祖，缘由并不神秘，与印度梵语以及婆罗门教、佛教毫无关系。丁山受文化西来说的影响，因见吴回是火神，阿耆尼在印度神话中也为火神，有相似之处，就贸贸然地以为吴回出自阿耆尼，楚文化出自印度文化。都是因为先有偏见在胸，不惜舍近求远，迂回曲折，非得把吴回与阿耆尼拉上亲戚不可。

不仅此也，为了证明楚文化出自印度，他还从楚文化中拈出数点，认为都是源于印度。如《帝系》载陆终妻女隤氏剖左肋生六子，为《梨俱吠陀》牝牛破肋而生因陀罗神话之变相；楚人尚左、肉袒示敬源于印度风俗；重黎为楚祖，《国语·楚语》

① 丁山：《古代神话与民族》，商务印书馆 2013 年版，第 344 页。

所载重黎绝天地通神话为婆罗门教三界神格说自之变相；《楚语》称楚史倚相能读《三坟》《五典》《八索》《九丘》，皆为印度教典，《三坟》即婆罗门教三《吠陀》，《九丘》即《九歌》，屈原《九歌》迎神曲为婆罗门教祭仪；屈原《天问》所述的宇宙本源论，出自《梨俱吠陀》的《创造赞歌》；老子《道德经》的有、无、道、一等基本概念都出自《吠陀经》；楚国的国姓“熊”或“酓”由梵语 Soma 变来，Soma 即印度的致幻神药苏摩汁；老子长髯，楚人多须，印度人多胡须，暗示楚人与印度有相同的血缘；甚至西方人称中国为“支那”，也可能是“荆楚”的译音，等等。诸如此类的简单比附，迹近捕风捉影。类似的简单比附，也充斥于《论炎帝、太岳与昆仑山》一文关于昆仑与印度须弥山之间关系的论证中。此种所谓民族史的“考证”，天马行空，完全不顾历史和地理的逻辑，没有任何文化交通史上的证据，单凭似是而非的“声转”“对译”之说，在相距遥远、文化与语言皆不相同的两个民族之间穿针引线，实在不具有多少学术价值。此种明显站不住脚的论调，丁山之所以能够言之凿凿，除了中国文化西来说的影响之外，主要还是归咎于他过于偏执于比较语言学的研究方法。

五　结语

神话传自上古，久经岁月，在文献中仅存只鳞片爪，因为文献不足，史料匮乏，所以，运用比较语言学的方法，通过考证其中各种名物的原初含义，以追溯其宗教原型和民族渊源，确实是神话研究的一个重要途径。但是，比较语言学的名物考证，对于神话研究而言，只能是一个辅助性方法，而不可能是唯一的途径，更不能作为包解各种难题的万能钥匙。首先，要重建神话和古史传说的宗教文化背景，要揭示神灵的宗教崇拜原型，要理解一位神灵的象征意义、文化功能和生成语境，了解其与人类原初生活的关系，离不开人类学和民俗学；要揭示神话传说和宗教风俗的民族文化渊源，厘清其在不同文化和地域之间——尤其是中国和域外之间——传播和演变的路径，以及它在不同民族文化中的变与不变，就离不开文化交流史的研究，离不开历史、地理、语言等多方面史料的支持；传世文献和甲骨文、金文中的语言现象，仅仅提供了进一步研究的线索，要让这些线索真正落到实处，就需要像古史辨派那样从具体的历史语境出发，按照时间的先后、空间的脉络对文献史料和考古史料进行缜密的辨析、排比和阐释，才能做到言之成理、持之有故。在这些方法论方面，顾颉刚、童书业、杨宽、陈梦家等神话研究者已经打下了一个良好的基础，其对于神话研究的作用，远非单纯的比较语言学方法可以代替的。

丁山的神话研究，尽管在问题意识和研究构想上深受古史辨派的影响，他继承了古史辨派的神话研究架构，在古史辨所开辟的几个主要方向，即神话的故事学研究、宗教史研究和民族史研究方面皆有所继承与创获，勾勒出了一个极富学术魄力也很有可行性的神话研究框架，在某些具体问题上也提出了颇有启发性的见解，例如，他认识到古代史官制度，尤其是口头述史文体对于神话和古史传说之生成和流传的重要意义的，认识到巫祝制度和宗法制度在将宗教性的神灵祀典转换为政治性的古史世系中发挥关键性的作用，认识到正是古代史官制度下历史知识的生产和传承机制导致了“层累地造成的古史”，以及他致力于综合甲骨文、金文和传世文献重建上古宗教和神话体系，并由此认识到了商、周两代在宗教和神话传统上的连续性，都为中国现代神话学乃至古史学领域增添了新知，让丁山在中国现代神话学史上获得了无可替代的地位。

不过，丁山的神话研究尽管继承了古史辨派神话研究的问题意识和学科构想，但由于丁山片面而过度地倚重比较语言学，理论视野和方法论极为单一，既缺乏古史辨派所擅长在史料考据、文献辨析的功夫，也没有古史辨派基于历史语境同情地理解文本和史料的思想史和学术史视野，对神话学、宗教史、民族史研究所必需的人类学、民俗学、地理学、中外交通史等学术领域又缺乏了解，单纯依赖比较语言学，一条道走到黑，一味在音韵、文字上辗转勾连，轻率立论，其考证不可避免地陷于空疏和随意，导致其研究的结论大率失于武断，很难经得起时间的考验。相较其同时代的其他依靠甲骨文资料对古代宗教和神话进行研究的学者，如胡厚宣、郭沫若、陈梦家等，丁山的神话研究尽管著述更多，但其学术价值却要逊色得多。实在说来，尽管我们按照其研究的问题取向，将其神话研究区分为故事学研究、宗教史研究和民族史研究三个方面，从研究方法上说，丁山的神话研究只有一个取向，就是比较语言学。归根结底，丁山的神话研究，成也比较语言学，败也比较语言学。

尽管丁山的神话研究存在严重的缺陷，但是，在中国现代神话研究的学术史上，丁山的地位仍是无可替代的。现代学者中对古代神话进行系统清理和研究的学者屈指可数，丁山在战争年代极为困难的条件下，在颠沛流离之际，仍孜孜不倦于对中国古代神话和宗教体系的全面清理和研究，试图为中国古史研究的重建铺路开道，尽管其研究的缺陷不容忽视，其时常闪现的卓见也足以启发后学，其雄心勃勃的学术构想更是有待于后来人的继承与发扬。

本文并不想对丁山神话研究的每一个具体观点做出评判，而主要是想从他置身于其中的学术语境出发，将他的研究放回由古史辨学派、比较神话学和比较语言学、中国文化西来说等多个学术传统纠结交错而成的学术史背景下，对其进行同情的了解，说明他何以会提出如此这般的问题，何以会对神话研究有如此的期许，何以会犯那些在今天看来似乎是轻易可以避免的错误……唯其如此，在读前辈学者的书时，我们才能不仅知其然，而且能够知其所以然，也才能真正理解其研究在学术史上的价值和意义。

（原载《民俗研究》2016 年第 6 期）

叶德均：民俗学与俗文学研究

关家铮

叶德均（1911.06.06—1956.07.06），江苏淮安人，别名叶子振，笔名均、子振、云君、匀君、玄明、永明、柏森、振之、德均、叶云君。1925年，淮安中学学习期间，他开始民俗学方面的收集整理工作。1927年加入中山大学民俗学会，成为第一批民俗学会校外会员。1929年编辑《淮安歌谣集》并出版，成为中山大学民俗学会出版的代表当时民俗学研究最高成就的三十六种丛书之一。1930年考入上海复旦大学中国文学系，师从赵景深先生，1934年大学毕业。大学毕业后，辗转扬州和上海等地，从事教学及俗文学研究。1944年任浙江湖州中学教师，1945年任教于浙江青年中学。1947年任长沙湖南大学副教授，讲授"俗文学"及"宋元明讲唱文学"。1948年应云南大学中文系主任徐嘉瑞先生邀请，任云南大学教授，讲授"中国戏曲史""历代散文""中国俗文学史""中国文学史"等课程。1956年7月6日含冤去世。

叶德均先生在20世纪上半叶中国民俗学和俗文学研究中具有重要的学术地位，其研究涉及民俗学、民间歌谣、民间故事、神话学、小说史、戏曲史、俗文学等多个学术领域。由于其著述大部分发表于20世纪20年代末期至40年代杭州、广州、福州和上海的小型期刊和报纸副刊上，而如今这些报刊或毁或佚，因此其成果对于今日学界而言，显得颇为陌生和隔膜。有鉴于此，本文基于对叶先生著述年表的整理，对其学术研究进行初步的评述，以期增进学界对于这位杰出学者的学术思想和学术成就的理解，促进中国俗文学学术史的研究。

一　民俗学与民间文学研究

1918年2月1日，《北京大学日刊》刊登《北京大学征集全国近世歌谣简章》和蔡元培的《校长启事》，正式揭开了中国"歌谣学运动"的序幕。1920年，"歌谣研究会"在北京成立。1922年12月创刊发行《歌谣》周刊，明确说明"歌谣是民俗学史上的一种重要资料"，在全国公开征集歌谣。1923年1月，歌谣研究会决定扩大搜集范围，除歌谣外，还要收集神话、传说、童话故事、风俗、方言等。"歌谣学运动"的兴起，使民间文学和民俗学受到人们的热情关注，一时间研究者云集景从。①

叶德均就是在这一时代背景下开始走上学术道路的。叶德均早期的民俗学活动主要是对地方民俗的搜集整理，尤以他的家乡淮安的民间谚语、歇后语、歌谣、故事传说等为对象，著有《淮安风俗杂掇》《淮安歌谣集》《淮安农谚》《"歌谣零拾"补》《淮安方言录》《淮安谜语》《淮安旧

① 关于这一时期"歌谣学运动"的详细情况，可参见刘守华：《中国民间故事史》，湖北教育出版社1999年版，第735—746页。

俗》《淮安地名谜》《淮安东岳庙》《淮安旧俗》《淮安医学的谜信》《民俗杂谈》《淮安赌的迷信》等。1929年《淮安歌谣集》作为“民俗丛书”之一，由国立中山大学语言历史研究所出版。该书的出版，极大地激发了叶德均的研究热情，此后数年他一直致力于民俗学（民间文艺）的研究，陆续发表了《关于二郎神的诞日》《绍兴歌谣》《中国民俗学书目》《中国民俗学研究的过去及现在》《山海经中蛇底传说及其它》《民俗学的意义及其变迁》《民俗学之史的发展》《关于八仙传说》《明代撒帐歌钞》《清代歌谣的采集》等。即使在后来研究戏曲、小说时，他往往也会借用民俗学或民间文艺学的研究方法和资料。其中，《关于民俗》《中国民俗学研究的过去及现在》二文，是对我国民俗学运动的概括性总结，是研究中国民俗学运动和民俗学史的重要参考文献。在《民俗学之史的发展》中，叶德均系统地阐述了西方民俗学各派的观点理论，并提出了自己的观点，是能够集中反映他民俗学思想的一篇重要论文。综观叶德均的民俗学研究，对传统民间文化的继承和对西方民俗学思潮的接受始终贯穿于其中，为我国早期民俗学学科的建设和发展做出了很大的贡献。

叶德均还发表了很多民间文学研究方面的论著，主要有《民间文艺的分类》、《为“民间文艺的分类”答绍原先生》、《中国民间文学概说（杨荫深著）》（评论）和《民间故事书目》《李调元故事集》等。其中《民间文艺的分类》一文，通过对沈杰三《民间文艺的类别》、徐蔚南《民间文学分类》和周作人的歌谣分类（为民间文艺的一部分）等分类种类的分析和比较，最后提出了自己的分类主张：（1）故事类：A. 故事、B. 传说（普通传说、地方传说）、C. 童话、D. 神话、E. 寓言、F. 笑话；（2）有韵的：G. 歌谣，分为情歌、生活歌、滑稽歌、叙事歌、仪式歌和儿歌（又分为事物歌、游戏歌、拗口令和无意思），H. 小调，L. 莲花落；（3）片段的：J. 谜语、K. 俗谚（又分为谚语、歌诀、歇后语）。对于歌谣的划分，在当时民间文艺的分类问题上是很有影响的观点。《猴娃娘型故事略论》一文，较系统地梳理了古籍中的猿猴盗妇型作品，并分析了二十余篇本类型民间故事材料，论述了猴娃娘型故事发展演变的情况与原因，是我国第一篇系统研究猿猴抢婚型故事的专论。作者指出猿猴抢婚故事乃是原始图腾主义的产物，这一观点颇有启发性，尽管论述尚欠精细，但其开拓意义却值得充分肯定。《民间故事的前人记述》对“现在流传的故事”“螺女型”“老虎外婆型”“灰姑娘型”“天鹅处女型”“水灾型”进行了纵向的追溯。这些研究都是具有开创性的讨论，至今仍不失其价值。

叶德均重视民间文学的搜集整理，尤其是重视从古代文献中辑录民间文学资料。如《歌谣资料汇录》（载《戏曲小说丛考》）一文，就辑录了前人著述中有关宋代以来歌谣的资料，其目的是给研究口头文学的人提供帮助，“为研究中国口头文学史提供一些歌谣资料，以免别人检书之劳”。文中辑录了瑶歌、僮歌、苗歌等少数民族的歌谣，十分珍贵。文章分上、下两辑：上辑是从宋代以来的笔记、诗话、地方文献和通俗小说等书中辑出的；下辑是从元明清的南戏、传奇中辑出的。所辑以反映人民痛苦、揭露社会黑暗的“民谣”和“歌谣”为主，其中劳动人民的“情歌”占相当大的比重。在“汇录”前的引言、凡例中，集中地表达了他的民间文学观，充分肯定了中国人民口头创作遗产的丰富，认为“中国历代劳动人民口头创作的歌谣，不仅产量丰富，而且质量也是优良的”，“这些口头文学是历代劳动人民智慧的结晶”。针对一些人认为古代的口头创作早已全部在现代人民口头上消失了的看法，他指出："这种看法显然是不恰当的事实说明，古代人民的口头文学，有一些仍然保存在现在人民的口碑上。"①

叶德均重视对民间的俗曲研究，作有《俗曲史料钞》《元代俗曲》《高念东的俗曲》《关于俗曲的传流演变——读俗曲小记》《清代小说中的俗曲》等。他对俗曲的整理并非简单地搜集汇总而已，而是有着学术研究的大局观。《明代的俗曲》一文，以沈德符《万历野获编》与顾起元《客座赘语》为"重要线索，并钩稽他书涉及俗曲史料的记载，做一个通盘的考察。其目的是为明代俗曲作一笔总账"。之后他又陆续写作了《明代俗曲序论》《明宣弘间的俗曲》《明嘉靖间的俗曲》《明隆庆前后的俗曲》《明嘉靖间的俗曲》《明万历间的俗曲》《明末的俗曲》等，其目的就在于"只是把明代俗曲做一次结账式的整理"，"希望以后有机会写成一册明代俗曲志"。

叶德均对说唱伎艺和说唱文学的研究格外值得我们重视。对宋代说唱艺术的论述，他作有如《"鼓子词"杂话》《说词话》《宋元的女"说话人"》等文章。对清代弹词女作家，他陆续写了《再生缘续作者许宗彦梁德绳夫妇年谱》《郑澹若与周颖芳》《陈端生的世系》《邱心如的生平》等文，对说唱文学作者的生平和家世进行了详尽考辨。

《宋元明讲唱文学》是叶德均民间文学研究的代表作，也是中国民间文学和俗文学研究史上较早的一部关于讲唱文学的专著。该书全面清理了宋元明（实际涉及清代）时期包括乐曲系、诗赞系及两系兼用在内的说唱文学体系及其发展。作者首先概要论述了乐曲系和诗赞系讲唱文学的特点、区别及联系，还分析了韵文唱词在讲唱文学中的作用。接着论述了乐曲系讲唱文学的发展和流变，介绍了宋元以来的小说、叙事鼓子词、覆赚和诸宫调、驭说、说唱货郎儿的情况，指出明代流行的陶真、叙事乐曲道情、叙事莲花落等，虽不在乐曲系讲唱文学范围以内，但其中也有少量的用乐曲和散文构成的叙事讲唱文学作品或伎艺。论述了诗赞系讲唱文学的发展和流变，如宋代的涯词、陶真，元代的词话，明代的弹词和鼓词等。着重论述了词话的特点以及从词话到弹词、鼓词的发展演变过程。叶德均对宋元明时期民间讲唱文学所作的分类和许多论述，至今仍很有启发意义，由此本书也成为俗文学尤其是说唱文学研究者最重要的参考书目之一。

二　戏曲研究

戏曲研究是叶德均为自己确立的主要研究方向，他对此用力最勤，也取得了丰硕的成果。

20 世纪的戏曲研究，王国维（1877—1927）有《曲录》（1908 年）、《宋元戏曲考》（1912 年）等著作，吴梅（1884—1939）有《奢摩他室曲话》（1907 年）、《顾曲麈谈》（1914 年）、《曲学通论》（1919）、《南北戏曲概言》（1923 年）、《中国戏曲概论》（1926 年）等著作，对当时的学术界有着非常重要的影响，在戏曲研究史上具有开拓性的意义。

与王国维大约同时，还有一位戏曲研究者姚华（1876—1930），他的词曲理论主要见于《菉漪室曲话》（四卷，初刊于 1913 年《庸言》杂志，后被收入任二北编《新曲苑》），该书以辑佚和考释的文献研究方法探讨词曲的流变与传承。他的另一著作《曲海一勺》（初刊于 1913 年《庸

① 叶德钧：《戏曲小说丛考》，中华书局 1979 年版，第 758 页。

言》杂志第5、8、15期，后被收入任二北编《新曲苑》和文集《弗堂论稿》)，分为《述旨》《原乐》《明诗》《骈史》四章，完整而系统地呈现了姚华一生词曲理论的精髓。叶德均在《姚华的〈菉漪室曲话〉》一文中，称赞“他的著作中却有精密独到之处，如用治经史的校勘、辑佚的朴学方法来治戏曲，虽其成就不及近人，但首先运用这方法治戏曲的，当以姚氏为第一人”。

“用治经史的校勘、辑佚的朴学方法来治戏曲”也是叶德均本人的戏曲研究所最常使用的方法，《地志与戏曲家传记》《白朴年谱》《元代曲家同姓名考》《读曲小纪》《清代曲家小纪》等专门研究古代戏曲家的论文代表了他的治学理念和意趣。他在戏曲版本和目录方面用力颇勤，希望以此来达到“辨章学术，考镜源流”的目的。他认为：“编印古书，最低限度是必要举出所据的版本，并以古本为主。”① 为此，他专门写了《曲目拾零》《曲品考》《曲目杂识》《曲目钩沉录》《祁氏曲品剧品补校》等文。《曲品考》主要包括三个方面：(1) 作者在比较《曲品》的各种版本异同后认为，“暖红室本及吴本是今日流行的诸本中改易原文最多的二种，其价值反不如次序错乱的三种《曲苑》本。因为从那几本中尚可约略窥见《曲品》的本来面目”。(2)《古人传奇总目》和吕天成无关，但《总目》的作者却是有心补《曲品》之失的。至于作者的时代，大约是清初或清中叶，最迟也应在乾隆四十六年以前。这位作者是《曲品》的读者或传抄者，所以将所作附于《曲品》中，后人因移写之讹，误认为吕作；至刘世珩，又误以为高奕之作，遂使近人堕于两重迷障之中。(3)《曲海目》和《曲录》都曾引用过《曲品》，但只注意到眉目清楚的191种，对释曲部分的曲目则视而不见。在中国古代戏曲目录中，《曲品》无疑是特色极为鲜明的一部著作，它与后来祁彪佳的《远山堂曲品》《远山堂剧品》以“品第”式著录方式为后世研究者关注。《曲品考》还对《曲品》的版本异同、错误、相互影响及其与王国维《曲录》的关系进行了详细考察。

《曲目钩沉录》所录，“大抵取材于诗、文、词集、诗话、杂著、方志、书目、小说、戏曲诸书，以未见著录且尤传本者为限”，共钩沉出明、清两代戏曲（包括“杂剧之属”“传奇之属”“杂剧传奇未明之属”及“不知剧名之杂剧传奇”）曲目176种。此录着力于汇集各种文献上所载戏曲曲目资料，补充已出曲目记载之不足，钩稽戏曲总集选本之遗漏，并适当作考辨以明此曲之来源、内容等，对各种曲目记载材料相互比较，以明别出。所以，它的价值在于可补历代各种曲目著录之不足，是从事戏曲目录研究价值较高的材料。

《祁氏曲品剧品补校》是补充黄裳《远山堂明曲品剧品校录》一书之疏漏和不完备而作的校正材料，主要探讨了《曲品》《剧品》本身的特点、错误及《校录》本存在的问题，“择其可补充、商榷者二百四十余则，为之补校一过”。文章认为，《校录》的错误主要有两种，一种是已为其他曲目著录或有传本的，《校录》以为没有著录；一种是《校录》认为已见其他曲目著录但事实并未著录的，属于这种情况的最多。《补校》是叶德均继《曲品考》《曲目钩沉录》之后对戏曲目录的又一次钩沉和考证。

叶德均的戏曲研究重考证，因此在一些名家的作品中能检出不足和疏漏。《关于〈新曲苑〉》编录了大量传统戏曲曲目，

① 叶德钧：《关于〈新曲苑〉》，氏著：《戏曲小说丛考》，中华书局1979年版，第467页。

对任讷（1897—1990）《新曲苑》（1940年）的得失作了学术商讨。他肯定“近人治戏曲而有所成就者，首推王国维，其次便是吴梅”，但也发现吴梅《霜崖曲跋》里有许多违失与错误，“其原因当为吴氏写跋文时，亦与往日传统文人作序跋相同，是漫不经心随意一挥而就的”①。

《明代南戏五大腔调及其支流》专论明代南戏声腔并探讨了明代南戏源流的问题。考证了明代南戏五大声腔——温州腔、海盐腔、余姚腔、弋阳腔、昆山腔的源流，五大腔调的兴衰演变及五大唱腔的支流及各种滚唱腔的戏曲，认为一些传统上被认为是“雅调”“官腔”的文人传奇，其腔调归属应该受到质疑。

三 小说研究

小说研究也是叶德均学术研究的重要组成部分。叶德均长于对小说史料的发掘和作者生平事迹的考证，如《凌濛初事迹系年》一文，根据凌氏后人凌廷华嘉庆乙丑本《凌氏宗谱》及《湖州府志》《乌程县志》等资料撰写而成，钩稽出凌濛初的家世及其生平概况，成为研究凌濛初家世的重要参考文献。②《西游记研究的新资料》从陈文烛《淮上诗》、丁晏山《山阳诗征》中发现了三首有关吴承恩的诗歌。这些对研究吴承恩及《西游记》皆有重要的参考价值。另外，《瞿佑史料辑》一文，汇录所辑有关《剪灯新语》作者瞿佑生平及著述的史料七条。《小说考源》《古今小说探原三则》《三言二拍来源小补》以及《聊斋志异的本事》等都是对小说本事的研究，为这些小说的研究打下了坚实的基础。

中国古典小说与唐宋以来的说话、评书有着十分密切的关系。许多名著的产生，大都经历了先在民间广泛流传，然后再由文人写定的过程。在流传过程中，作品会掺入不同时代的社会风尚和民俗意象，这就为研究者探讨其作者和成书提供了有效的信息。叶德均《水浒传和宋元风习》一文，选取《水浒传》中关于“灯市”“酒库”“锦体（文身）”“圆社（蹋球）”等社会风习的描写，将其与孟元老《东京梦华录》、耐得翁《都城纪胜》、西湖老人《繁胜录》、周密《武林旧事》、吴自牧《梦粱录》等文献中的相关描写对照，印证了《水浒传》中对灯市等习俗的描写，大致符合宋元时期的实际情形。这种用民俗资料与小说相互印证的研究方法，对于探讨《水浒传》的成书过程和成书时间，有着十分重要的意义，为中国古典小说研究增添了新的角度，开拓了新的视野。

《无支祈传说考》一文，广征博引，用力甚勤。文章运用民俗学的研究方法，探讨了淮涡水神无支祈故事发展演变的过程，认为：“即使其他猴子故事和印度相似，但与无支祁传说毫无关系，更非同源一类。”《释“砌”》一文，揭示出诨砌、使砌、点砌、打砌、诸杂砌、砌话等语，皆为插科打诨、诙谐调谑之意。《释“常卖”》一文，认为原来“常卖”是宋代俗语，指沿街叫卖零星实物者；“尹常卖”是曾经的职业称谓：“说三分是讲‘三国志’平话，五代史是讲‘五代史’的平话——这两种都属讲史的一家，霍四究和尹常卖是讲史的两个‘说话人’。”修正了此前一些学者的误读。

四 结语

叶德均先生一生主要从事民俗研究和

① 叶德钧：《吴梅的霜厓曲跋》，氏著：《戏曲小说丛考》，中华书局1979年版，第494页。

② 徐永斌：《凌濛初考证》，江苏人民出版社2010年版，第3—10页。

戏曲、小说、民间文学等所谓的“俗文学”研究，在现代文史研究学者中，他称不上鼎鼎大名，原因并不在于他不够多产，更不是因为他的论著缺乏深度。在研究成果的质和量两方面，叶先生都堪称当时民俗学和俗文学研究诸家中的佼佼者。可惜其学术盛年正遭逢20世纪上半叶的社会动荡和战乱频仍，以不满半百之年遽然辞世，可哀可叹！加之其著述多发表于20年代末期至40年代杭州、广州、福州和上海等地的诸多小型期刊和报纸副刊，而如今这些报刊或毁或佚，今日难得一观，故学界对其人其文的陌生和隔膜是可以想见的。因此，对叶先生著述年表进行整理并对他学术研究做相关评述，对于我们了解这位杰出学者的学术思想和学术成就，加深中国俗文学学术史的研究，都有着重要的意义。

（原载《民俗研究》2016年第5期）

贾芝：守望民间文化的半壁江山

金茂年

2016 年 1 月 14 日，贾芝永远离开了我们，离开了他所热爱的民间文艺事业。但他的人格魅力永在，依然有许多人爱着他、想着他、写着他。

中国作家协会党组成员、副主席白庚胜，大学毕业即在贾芝领导下工作学习。他曾这样评价贾芝："贾芝先生不迷官场迷民间，不恋权力恋'草根'，始终牢牢把握社会主义民间文化工作方向，并不断规划其宏伟的蓝图，一直守望着中国文化的半壁江山。他和他们那一代创业者给后人留下了人民文化的一个组织系统、一支雄劲队伍、一门新生学科、一种合理结构、一方广阔天地。他还在'双肩挑'的实际工作中形成了独特的学术理念与学术方式，以一己之牺牲成全了整个事业之繁荣，举一个人的心力参与推动了全民族的民间文艺、民间文化、民族文学的自觉。"

在 2012 年 12 月 12 日贾芝百岁生日之后，我们着手编辑了庆贺文集。如今翻阅文集，其中的故事已成为历史，往日的平淡，今天演化为永恒。往事并不如烟，一篇篇感人的故事、不经意间发生的事依然闪烁在被时间稀释了的记忆中，说不尽，道不完。

"四没有"学者，忠诚的民间文艺家

陶阳是贾芝的老朋友，曾担任中国民间文艺家协会书记处书记、研究部主任、《民间文学论坛》主编，对贾芝的工作有很全面的了解。他记得早在 1955 年贾芝创办《民间文学》时就提出"忠实记录、慎重整理"。1958 年贾芝在全国民间文学工作者第二次代表大会上又提出"全面搜集、重点整理、大力推广、加强研究"的工作方针，同时再次强调"忠实记录、慎重整理"的原则，并经中宣部审定下达全国，指导民间文学工作。1960 年，民研会扩大理事会上就民间文学的范围界限及科学性发生过一场争论，面对极"左"思潮，贾芝不怕围攻，终获包括作者在内的广大与会者的支持，他们都是忠诚的民间文艺家。1979 年中国民间文学工作者第三次代表大会上，贾芝仍强调"我们必须大声疾呼，坚决反对不忠实记录和乱改乱编的做法"。

民族民间文学研究专家过伟曾说，贾芝是个"四没有"学者："没有"在大学做过民间文学的专职教授，"没有"写过民间文学概论教科书，"没有"本科生、硕士生、博士生弟子，"没有"搬弄洋理论的专著。许多人视贾芝为"师友"，亦师亦友，既是引路的老师，又是同行跋涉的好友。

嘱咐抢救《格萨尔》，让萨满进学术殿堂

贾芝的同事徐国琼 1958 年由北京调往青海工作，当时就带着贾芝托付他搜集抢救《格萨尔》的任务。"文化大革命"中，徐国琼牢记贾芝的嘱托，不顾全家的生命

安危，将《格萨尔》手抄本、木刻本 57 种 71 本秘密转移，埋藏地下。1973 年"四人帮"猖獗之时，贾芝写信鼓励他说："《格萨尔》以后还会搞的。"1978 年寒冬过去，他们开始了从中央到地方一次次斡旋奔波，为《格萨尔》平反，恢复《格萨尔》的抢救研究工作。贾芝曾带领徐国琼向周扬同志汇报，周扬亲笔题词鼓励。徐国琼斯人已去，故事依旧新鲜绚丽。

藏族学者降边嘉措1980 年参加中国社科院研究员的考试答辩时，贾芝建议并要求他发挥自己的优长，将主要精力用于《格萨尔》的抢救和研究工作。1985 年，贾芝排除各种干扰和困难，携降边嘉措等人赴芬兰参加《卡勒瓦拉》与世界史诗大会。他们的发言在各国学者中引起强烈反响，第二天他俩的大头像见报。芬兰各大报纸纷纷报道，"中国是一个史诗的宝库，史诗在中国还活着"。这从根本上推翻了"中国无史诗"的谬论。芬兰总统特别接见了贾芝，贾芝荣获《卡勒瓦拉》银质奖章。

满族学者富育光在 1979 年与贾老结识，在汇报东北满族民间文化遗存及抢救问题时，贾老对吉林冲破"左"的束缚开展满族萨满文化的调查给予充分肯定，嘱其以吉林萨满文化的抢救与调查为题做一次学术交流。当时"左"风尚烈，录制萨满祭祀资料十分困难，贾芝通融斡旋得到胡乔木院长的支持，成功邀请满族萨满进京，对满族石姓家族萨满古祭进行面对面的调查采录。这是新中国成立以来第一次系统地对濒临消失的萨满文化进行抢救，在我国民族学、原始宗教学、民俗学发展中产生重大影响并载入史册。

精通满文的女学者宋和平回忆了 1981 年在贾老亲自主持下，共同筹划完成对满族石姓家族萨满古祭遗产调查采录和十天的工作会议。当时"左"的影响尚在，某些领导把萨满教说成封建迷信甚至"反动会道门"。贾芝却独具慧眼、远见卓识，顶着雷把满族文化人士和"跳大神"的萨满一起请进社科院最高学术殿堂。这次会议成了研究民族文学的重要着力点，为中国萨满文化研究揭开了序幕。30 多年后的今天，人们很难想象这在当年需要怎样的勇气与担当？

保护"花儿"，肯定"故事村"，抢救"襄汾二宝"

回族学者郝苏民谈到他 33 年间对贾芝从神往到交往，由泛读、细读，到品读、悟读与体悟的全过程，他说："老少边地区基层民间文学工作者里有不少人都认识贾老、喜欢贾老。有话可直接'通天'找贾老，无需辗转托人。大家都说，有事求贾老没有复杂的顾忌，无论求教难题、汇报基层情况，还是写序、题词，或求他的墨宝，他多不拒绝而给予满足。"然而，他又不是没有原则的不倒翁。"十年动乱"结束不久，甘肃莲花山有人强令取缔"花儿"，封山禁歌，闹得动用民兵发生流血事件，地方民众无计可施，把材料转到了贾老之手。贾老看后拍案而起，疾书成文，披露报端，为各族民众伸张正义，在社会上造成很大影响。终于压倒了邪气。

河北民俗文化协会会长袁学骏对贾芝先后五次去耿村记忆尤深。1986 年，河北发现故事村一事在学界引起争议，贾老三次亲临视察后对"故事村"的理论概念予以充分肯定，义无反顾地支持。1989 年贾老在布达佩斯国际民间叙事文学研究会第九届代表大会上推出这个典型，还放映了耿村故事演讲录像，博得世界学者的尊重与喝彩；1999 年为《耿村民间文化大观》作序；2006 年 93 岁时为《耿村一千零一夜》题写书名。耿村人一说起贾老都啧啧称赞他不拿架子、平易近人，至今大家还记挂着贾老，常常问起他。贾老被称为中国民间文艺界的大寿星，也许与耿村人民天天给他祝福很有关系。

山西农民刘润恩几十年来坚持自费搜集民间文学，整理出两部书稿《大能人解士美》《七十二呆》，贾老分别为之作序，称为“襄汾二宝”。早年，刘润恩联系几家出版社都得出钱包销，忽有一书商出价4万元，当时意味着这位农民立即可进入“万元户”，那时贾老工资每月才200余元，多大的诱惑呀！刘润恩高兴地向贾老汇报，贾老得知书商是买断，生气地说：“那是襄汾人民的共有财产，你无权卖掉！否则你就是襄汾的罪人！”刘润恩遵从贾老意见把襄汾二宝保留下来，之后经历了许多困苦，但终于有了收获：十多家报刊登载政府拨专款出版了，在国家、省、市、县多次获奖了，还被列入非物质文化遗产保护项目。刘润恩也因此成了山西十大新闻人物，省级非物质文化遗产项目代表性传承人，出版专著10本，创办刊物《呆呆》。至今他还忘不了贾老的冲冠一怒。

中国社会科学院荣誉学部委员刘魁立曾说，贾老的生平很像这个时代一支宏大的乐曲，这里或许有委婉，有凄怆，但更多的是激昂慷慨，乐观向上，很多同时代人也会在这支乐曲里找到自己在不同时期的音符。

（原载《中国艺术报》2016年1月22日第8版）

周巍峙：立德、立功、立言

刘魁立

20 世纪 80 年代初，在那个百废待兴的年代，我国文化领域的知识界和理论界意气风发，有不少创造性的建树。其中，最具有代表性和重大意义的是《中国大百科全书》的编辑出版和十部《中国民族民间文艺集成志书》的搜集编撰工程。这两项工程的设计者和组织者是姜椿芳同志和我们敬爱的周巍峙同志。他们为我们的中国文化发展史写下了前所未有的篇章，他们是创造这段文化历史的领头人。

说这两项工程意义重大，是因为这是开风气之先的、创造性的工作。《中国大百科全书》把从事理论研究和学术实践的绝大多数工作人员都动员起来，参与这项工程。《中国大百科全书》总结了我国人文科学、自然科学各个门类的发展历史进程，纲要性地描绘出当代科学成就的面貌，是各科知识的总汇。十部文艺集成在一个社会发展急剧变化的历史转折时期，把尚存于广大民众现实生活当中的以及尚存于他们鲜活记忆当中的那些宝贵传统民间文艺创造全部搜集起来。许多濒临消亡的传统作品，得以立此存照；那些活生生的民间文艺形式及其作品，得以继续流传，并获得新的弘扬。这项工程如同一个大熔炉，一个大学校，不但发扬了民间创造的生命力，同时还动员了数十万人参与工作，让大家在工作过程中获得了新的认识，产生了深厚的感情，很多初次接触的新手从此走上了保护民间传统文化的专业道路，很多人成了现今活跃在这个领域里的专家和生力军。十部文艺集成在十余年过程中，陆续完成了三百余卷民间文艺十个门类的集成志书。工作的进程俨然是一曲继承传统进行文化建设的大合唱，这个大合唱的指挥就是我们今天为他纪念百年诞辰的周巍峙同志。很多人把这项工作比喻成文化的万里长城，建设这座文化长城的总工就是周巍峙同志。

我和周老接触并不多，但是在这很少的接触过程中，给我印象极为深刻。1957 年，我作为一个晚辈第一次认识周老，当时我 20 岁刚出头，在苏联留学。这一年世界青年联欢节在莫斯科举办。我被指派照顾受苏联政府特约担任裁判的中国贵宾胡果刚、程砚秋、戴爱莲、喻宜萱、杨荫浏等艺术大师，同时担任翻译。有一天，临时调我去为一位领导同志做一次会议翻译，这位领导就是周巍峙同志。他当时担任中国青年代表团的副团长，团长是胡耀邦。在翻译过程中，因为紧张，我把瑞典翻译成了瑞士，会后察觉了，第二天我向周老作检讨。周老对我说，这件事如果发生在正式场合，就是一个政治性的错误，你年轻，以后注意就是了。当时我又惭愧、又感激。多少年我一直不忘他的谆谆教诲。30 年过后，在 80 年代，我向周部长说起这件事，他说他不记得了，但是这件小事在我的生活中被不断地放大，给我的教育是深刻的。

在编辑十部文艺集成的过程中，我参与《中国民间故事集成》的编审工作。20 世纪 80 年代中期，当故事、歌谣和谚语三套民间文学集成的编辑工作遇到困难的时候，周老毅然决定将三套集成纳入原来已经开始工作的音乐、舞蹈等七套集成的统一框架内。这样做，不知会遇到多少困难，这需要有极大的胸怀和魄力。我清楚地记得，周老亲自到中国民研会坐落在太仆寺街的临时办公地点，在二楼的简陋会议室里，和钟敬文、贾芝、马学良三位主编促膝谈心、共商大事，他们的音容笑貌至今仍浮现在我的眼前。周老工作繁忙、头绪万千，但是，在我们召开审稿会的时候，他不止一次地过来看望我们并指导工作。他和故事、歌谣和谚语三套民间文艺集成的三位主编，钟老、贾老、马老建立了极好的同志关系。周老尊重他们，有事同他们商量，有问题向他们请教，有了不同意见也耐心地切磋、说服，大家合作得非常愉快。现今，这几位老人都离开了我们，但周老和这三位专家的友谊及合作始终感动着我们。

《左传》讲到，为人应该立德、立功、立言。

周老 18 岁就参加革命，在民族危亡的关键时刻和在祖国建设的过程中始终心怀人民、心怀党的事业，光明磊落、一心为公。他虚怀若谷、和蔼可亲，他说自己是“奔忙六十载，一个打杂工”。无论在职还是离休之后，他都不辞辛劳，心系人民。我记得，三套民间文艺集成的出版原来没有纳入国家财政预算，出版遇到困难。每出一本书都是周老到各处去“化缘”，筹措经费。今天回想，如果不是周老，这三套集成的命运是很难预料的。十部集成完成之后，周老又毫不停歇，立即安排十部文艺集成的数据库建设，接着又筹划和设计编纂民俗志和民俗影像志的工作。这种一往直前努力使民众的文化创造能够万古流芳的宏愿，正是周老立德的体现。

周老的事业建树是多方面的，功绩是巨大的。在我所见的范围内，这厚厚的三百余卷志书，本本都浸透着周老不懈的精神，都浇灌着周老的心血。这些宝贵的历史文献，正是周老立功的佐证。

新中国成立初期，在年轻的共和国面临最严峻考验的历史时刻，周老创作的那首“雄赳赳、气昂昂，跨过鸭绿江”的战歌，振奋了所有国人的心，这是那个时代的最强音，也是我们回忆起那个时代的一个最好、最形象的象征符号。还有周老组织创作的大型音乐舞蹈史诗《东方红》，以文艺的形式，反映了革命的历史进程，那种宏阔和深邃都使它成为不朽的创作。这两个事例，像黄钟大吕震撼着我们的心弦，警醒着、激励着我们后人。这是周老立言的象征。

周老忠于党和人民的事业奋斗不懈的一生、周老立德立功立言的一生，是我们要永远学习的光辉榜样。

（原载《中国艺术报》
2016 年 7 月 20 日 6/7 版）

姜彬：倡导区域文化与民间文艺学新体系的民俗学家

涂　石

近日，我又重新阅读《民间文艺集刊》，想到当年主编这一理论刊物的姜彬。《民间文艺集刊》从 1981 年 11 月创刊，历经《民间文艺季刊》（1991 年 11 月），到《中国民间文化》（1996 年 11 月），十五年光阴，姜彬为它付出了多少心血！不仅如此，姜彬进入晚年后，依然孜孜不倦地读书写作，继 1990 年撰写出版《区域文化与民间文艺学》个人著作后，1992 年至 2005 年先后出版了他主编的《吴越民间信仰》《稻作文化与江南民俗》《东海岛屿文化与民俗》三部学术分量很重的带有浓厚地域色彩和鲜明理论个性的民俗文化学专著。姜彬先生虽说离开我们已经有 12 年头了，但当我回忆起近三十年前我对他采访的情景，至今仍记忆犹新。

1989 年 9 月 15 日上午，我前往位于长乐路 570 号的蒲园——姜彬先生的寓所。这是一座西班牙式花园洋房，紧靠长乐路第一排，人行道沿栽有绿叶成荫的梧桐树，高高的三层楼外墙爬满了树藤和绿茵。这座洋房被上海市政府列为“优秀近代历史建筑”加以保护。在我担任姜彬主编的《中国民间文学大辞典》《吴越民间信仰》两部书的责任编辑期间，我曾多次往返于姜彬家。姜彬家一楼是客厅，二楼是卧室，三楼是书房。当我登上三楼书房时，姜彬在他的书房门口迎接我。书房很大，有 20 多平方米，朝南，光线充足，除两壁摆满了书的书橱外，墙上还挂有几幅名家的书画。在我们各自就座后，姜彬客气地请我喝茶。在我说明来意后，姜彬犹豫了许久，才打开话匣，谈起了自己从事民间文学事业的经历。

姜彬接触民间文学最早可以追溯到 20 世纪 40 年代。那时候，他在山东解放区工作。一次偶然的翻车事故，使他不慎受伤，从此转入文化部门——华东新华书店编辑部（山东）工作。这期间，他从不断收到的民间文学来稿中，感受到丰富多彩的民间文学是人民大众的智慧创造和心血结晶；感觉到从事文学事业，应当向民间文学学习，从而萌生了热爱民间文学的事业心。于是，他开始搜集民间文学资料，如谚语、民谣等。日长月久，他渐渐对民间文学加深了感情，进一步感到自己的认识也应当逐步从感性认识提高到理性认识，这就使他产生了对民间文学进行研究的兴趣和信念。20 世纪 50 年代初，姜彬从解放区来到上海，先是在新华书店编辑部工作，后是在华东人民出版社工作，工作虽然一直很忙，他却总是忙中偷闲地在工作中留心积累材料，放弃一切休息时间，坚持业余研究写作。功夫不负有心人，1954 年他出版了第一部著作《论歌谣的表现手法及其体例》。1955 年又出版了《中国古代歌谣散论》。在华东人民出版社任副总编辑期间，工作虽忙，他却较系统地阅读了马克思列宁主义的著作，这为他从事民间文学理论研究，打下了坚实的基础。这期间，文学和历史虽都是他涉及的方面，但重点用心的却仍是民间文学。

1958年我国经济上刮起了一股共产风，但在这个特定的历史背景里，人们的精神世界确实是振奋的，研究被这个时代气氛感召起来了的人民群众的精神面貌、文化心态及其表现方式是一个很有意义的课题。姜彬这时候正在上海作家协会工作。这个工作，使他在与群众文艺结合方面有了更多的认识与实践。他的《一九五八年中国民歌运动》一书就是这个环境下的理论探讨的产物。从研究人民大众的文化心态说，这本书超出了民间文学本身的意义，它具有更为广阔的文化史意义。书写出来了，他的身体也垮了，他因日夜辛勤写作，患了神经衰弱症，足足休息了半年时间。他感慨地说，1958年这一年是他写作产量最多的一年。除了这部20万字的专著外，他还不断地在报纸杂志上发表文章，有散文，有关于新诗发展问题讨论的文章，还有关于哲学的小册子，等等。

1960年春天，姜彬被调到中共上海市委宣传部文艺处任处长。在繁忙的文艺宣传工作之余，他完成了一件事：即组织了几个人，用半年时间，通过作目录、索引，对中国现代民间文学、民俗学运动，是从“五四”时期开始的这个问题，进行了探讨，弄清了这个时期的历史发展线索。这个认识对今日进一步从事民间文艺学的事业是十分必要的，它使我们认识到我们今天的事业是“五四”以来这一事业的历史发展。那时候，民间文艺学家有个好的工作方法，就是调查研究，搜集资料，我们今天更应该重视这个理论研究的基础工作。基于这个认识，为在调查研究方面取得经验，姜彬主持组织了由市作家协会、市群众艺术馆和上海文艺出版社三方面的6个人参加，用半年时间，在上海进行第一次民间文学的典型调查，即对上海郊区奉贤县进行典型调查。这次典型调查，除了取得经验外，取得了三个直接成果：《白杨春山歌》《哭丧歌》和《奉贤民歌调查报告》。姜彬对这个阶段的研究小结说，十七年研究特点是从当前工作出发，紧密结合现实生活，研究与现实生活同步，是带工作指导性质的，真正学术有点突破的是70年代后。

20世纪六七十年代期间，姜彬被靠边长达八年之久，1972年因生病，从干校回城养病。养病期间，他潜心于民间文学分支民间故事的主体研究，在资料图书都十分困难的情况下，他千方百计克服困难，用两年时间写出了20万字的《中国民间故事初探》一书。1978年任上海文艺出版社总编辑期间，由于工作繁忙，虽对民间文学出版工作是重视的，但个人写作时间很少，因此，理论研究没有很大进展。1979年到上海社会科学院任文学研究所所长后，工作虽也忙，但研究的条件却大大改善了。在那里，姜彬接触的资料多，时间也多，研究也相应多一些，并更加重视论文著作的学术性和学术质量了。

1978年，国家实行开放政策，民间文学的研究蓬勃发展，提出了许多新问题，如理论研究工作究竟应当怎样展开、怎样建立具有中国特色的民间文艺学、民间文艺学研究有没有理论体系、怎样建立我们自己的理论体系等。在中国民间文艺研究会第二次理事会上（1982年），姜彬对这个基本理论问题提出了自己的看法，其中心思想是中国的民间文艺学经过一个历史发展时期，历史条件决定，它走过一段路，现在应该怎样走、理论研究怎样进一步提高，还有研究的方法、对象都应当重新考虑。民间文学的地位要靠研究水平的提高来提高。30多年，我们的民间文学研究是存在一定体系的，至少我们已经形成了自己的民间文学研究的特色，和国际上许多学派比较，我们的研究有众多不同的地方，那就是我们比较偏重于文艺学角度的研究。建国以来，我国民间文学研究可分成前后两个阶段，20世纪60年代之前是第一阶段，我们着眼在文艺学角度的研究，我们使民间文艺从其他学科分离出来，使它成为一个独立的学科，我们的研究，不仅阐明文艺学上的问题，也涉及民间文艺的一系列特性的问题。20 世纪 70 年代至今为第二个阶段。这个阶段，我们的研究涉及更多方面，向多角度多侧面的方面展开，除了文艺的角度外，也从民俗学、民族学和其他有关学科进行结合。但作为研究对象的主体仍是民间文学，它仍是一门独立的学科，而不是民俗学、文化人类学等的一个附属部门。谈到建立中国特色的民间文艺学，姜彬说，马克思主义的民间文艺学体系应当是多元结构的，它不是唯一的一种形态。社会主义社会里的民间文艺研究可以有不同的学派，比如说，它和文艺学结合起来（从文艺角度来研究民间文艺），成为文艺学派；和民俗学结合起来，成为民俗学派；和文化人类学结合起来，成为人类学派；它还可以和其他学科，如考古学、心理学、宗教学等结合起来，成为考古学派、心理学派、宗教学派等。还可以从文化史的角度来探索和阐释民间文学，把民间文学看作是这个国家、这个民族文化的一个组成部分，它是这个国家、这个地区、这个民族文化发展的结果。关于建立中国特色的民间文艺学，一直是钟敬文先生倾心探讨的一个理论问题，这方面钟先生提出了许多宝贵的意见和建设性的构想。这样一个基本理论问题需要民间文学界齐心协力共同探讨与实践才能逐步形成。

20 世纪 70 年代末到 80 年代初，姜彬理论研究的重点仍在民间文学上，特别是吴歌研究上。有关吴歌研究、“古歌”、“逃婚调”研究，以及关于方法论的文章，就是 1985 年结集出版的《论吴歌及其他》一书。

为不断提高民间文学理论研究的水平，必须开拓民间文学研究的新领域，打开民间文学研究的新局面。这个思想在姜彬脑子里酝酿了好几年。在江苏、浙江、上海两省一市民间文艺研究会的共同倡议下，1981 年成立了两省一市民间文学吴语协作区。姜彬说，吴语协作区的成立，无论对上海或是对整个协作区来说，在民间文学的理论研究上都是一个重要的转折点。它的出现，标志着：第一，它不再是个别爱好者和热心民间文学事业的个人的活动和努力，它是一个有庞大组织作后盾的集体的事业；第二，它不再是个别爱好者以个人兴趣为转移的活动，而是有领导、有计划的搜集和研究活动；历史上从来也没有人对吴地的民间文学作过大规模的采集，也没有人把它作为有广阔前景的研究对象；而现在在两省一市的协作下，不但对吴地民间文学作了较大规模的集体搜索，而且有计划有步骤地多次召开规模相当大的学术讨论会，使这一地区的民间文学成为有众多的人参加的专门研究对象。第三，由于有上述的条件，使吴地民间文学开拓出了更加广阔的领域。从来吴歌都是短小的，而现在发掘出了为数不少的具有独特风采的长篇吴歌，这个意义现在还没有为很多人所认识，如果说明清时期吴语地区的俗文学，曾经在文学上开辟了一个独特的时期，在历史上放过异彩，那么，以长篇吴歌、《白蛇传》、孟姜女传说、梁祝传说三大民间传说和新故事为中心的民间文学，到一定时期，也会成为全国乃至世界学者所注目的一个研究对象的。第四，它不是一个孤立的运动，它是在全国民间文学运动的推动之下发展起来的，它是全国民间文学的一个不能分离的部分，这使它有历史上民间文学工作者所不能有的吸取不尽的力量。姜彬回顾吴语协作区成立以来所取得的成绩后说，吴语协作区民间文学研究，亦可分成为两个阶段，第一个阶段概括起来，主要是对吴歌和三大传说开展学术研究。事实证明，协作区的工作是有成效的。现在两省一市范围内，有了一支比较熟悉的合作的队伍，尤为难能可贵的是涌现了一批中青年研究工作者。这在吴语地区来说虽是个突破，但仅仅停留在这个水平上是远远不够的，应当有新的开拓和发展。

姜彬在和我交谈中，特别提到，在从事吴越文化与民间文学这一课题研究中，越来越感到文化与民间文艺学关系的密切。1987年姜彬就提出吴越文化与民间文学——后来发展成为区域文化与民间文艺学这个新概念。这个新概念的中心思想就是把吴地的民间文学看成是整个吴地文化的组成部分，把一个区域的民间文学看成是这个区域文化的组成部分，把民间文学放在更为广阔的文化背景中加以考察，改变过去那种就民间文学研究民间文学的积习。姜彬说，吴越文化的背景既广阔又久远。近的是近代半殖民地半封建社会生活对民间文学的影响，明清以来出现的资本主义萌芽，对城乡经济和人民生活、意识形态的影响；远的从东晋以来，中国文化中心逐渐南移，到南宋小朝廷建都临安，全国文化中心移到了江南。这时吴地经济的进一步开发及文化结构、文学创作发生了深刻变化，对吴地民间文学也产生相适应的影响；更远一些，还可以探索到新石器时代以来，经历春秋战国、汉魏、南北朝的漫长的历史时期。把民间文学放在这个大的文化背景中去研究，会使我们的研究境界大大地开阔，对民间文学的研究也会具有更深的理论深度。吴语地区研究水平要上去，就要从吴越文化这个大背景上着手研究。这就是姜彬说的吴语地区民间文学研究的第二阶段。这第二个阶段，不仅是多侧面的多角度的研究，而且是更侧重于多学科的研究。他说，在我国这个区域广大、人口众多、民族错杂、历史悠久的国家里，文化是分区域的。不说别的，以水系来分，就有黄河流域文化和长江流域文化；以长江流域来说，就有下游的吴越文化、中游的楚文化和上游的巴蜀文化以及滇文化；等等。这些不同的区域，由于所处地理条件、民族构成和历史地域的不同而各具特色，形成不同的文化，使统一的中华文化，从地域上分别了开来，它们既是统一的，又是个别的。每种文化都有自成系统的文化构成。从而，姜彬认为区域民间文艺学是建立有我国特色的民间文艺学的一个台阶和基石；建立有我国特色的民间文艺学不能离开这个台阶和基石。现在，区域文化与民间文艺学这个观点，不仅为姜彬本人所实践，而且也逐渐在为许多人所赞同和运用。姜彬这几年中，对民间文学基本理论的一些新探讨以及对区域民间文学的研究文章，已结集为《区域文化与民间文艺学》一书，由中国民间文艺出版社出版。

姜彬说，现在研究范围广阔了，许多与民间文学相关的边缘学科必然要联系到。因为广泛的文化包括社会的物质生产状况、人民的生活方式、风俗习惯、心理结构、思维方式、道德观念、文化素养和文艺创造等，它是一个国家、一个民族在历史长河中形成的包罗万象的综合体。从1988年开始，我们认识到吴越地区的民间文化需要进行彻底的、全面的调查研究，在初步调查的基础上，列出一大批选题，它反转来促进我们深入进行专题调查研究，从而大量搜集资料。现在我们认识到，过去研究水平上不去，原因在于缺少生动的资料，我们不能就理论研究理论，就民间文学研究民间文学。必须通过调查研究，一个课题一个课题地进行研究。我们甚至设想，在调查研究和理论探讨中，吴语地区也完全可能形成自己的地区民间文艺学的体系。因为中国地区大，民族和地区的特点都极为显著，理论研究不可能不带有地方和民族的特色。姜彬说，他将把全部精力扑在这个事业上，对吴语地区文化生活的各方面，进行深入细致的调查。初步规划，三五年之内，组织力量，搞出四五部专题调查报告，然后在这个基础上，逐个进行专题理论研究，写出著作。1989年，姜彬写的很少，却跑过许多地方，已到过嘉兴、湖州、苏州、无锡、东南沿海地区和上海近郊等地，通过开座谈会，摸清情况，然后有的放矢地确定选题，由专人调查。实践证明，收效显著，已写出一批很有质量的调查报告。这第一部的调查报告取名为《吴越地区民间信仰与民间文学调查报告》，约60万字，1989年年内完成。姜彬说，吴越地区特点是水：湖泊和大海，太湖、沿海和浙江众多的水上岛屿，所以我们的调查也是以水为特点的调查。调查对象有渔民、农民和蚕桑民。以浙江为例，它是七山两水一分田，山区民间信仰也是整个吴越地区民间信仰中的重要特点，它遗留着很多古代信仰遗响。姜彬一边说，一边捧出《吴越地区民间信仰与民间文学调查报告》的目录给我看，30篇调查项目，全面、系统地展示了整个地区的民间信仰的广度和深度。姜彬有条有理、兴致勃勃地对我讲述了吴越地区民间信仰种种表现及其特点。我一边听，一边在想，这些内容一定就是姜彬说的他将为这部调查报告写的长篇导论的内容，也一定就是姜彬明年准备着手撰写的理论专著《吴越地区民间信仰与民间文学的关系的考察与研究》（被列为国家重点科研项目）的轮廓吧。姜彬满怀信心地说，这四五部调查报告和这些调查报告相应的理论专著完成之后，他的学术活动生涯也将告一段落。这是一项十分艰巨的工程，但他一定要完成它。他说，靠一个人的力量是不够的，要依靠熟悉这个地区，依靠这个地区的集体的力量完成这个艰巨的工程。在这个基础上建立起地区的民间文艺学体系来是完全可能的。

采访结束了，整整花费了姜彬的半天时间，真不好意思。因为就在我对他进行采访的时候，我看见他在书桌上摊放着几本书和几张正在起草的文稿。姜彬说，那是他正在准备撰写的一篇探讨吴歌的论文稿子。

后来，我将姜彬先生学术活动的经历和特点，归结为以下几点：第一，坚持正确的认识论和辩证法的理论指导；第二，注重把理论研究密切与现实生活结合；第三，提出区域文化与民间文艺学新概念，开拓科学研究新局面；第四，注重新资料发掘和社会调查；第五，注重地方色彩和民族特色，立足吴越地区，面向全国各地，他主编的《民间文艺集刊》《民间文艺季刊》《中国民间文化》集中体现了这一办刊宗旨；第六，亲自带研究生，通过从事田野作业“传帮带”，用心培养江浙沪两省一市的年轻民间文学工作者，重视理论队伍培养和使用。在民俗学这块园地上，由于姜彬不畏艰难险阻，长期辛勤耕耘，所以在学术上不断取得新成果，他主编的《吴越民间信仰》《稻作文化与江南民俗》《东海岛屿文化与民俗》都先后获得上海市哲学社会科学优秀著作奖，以及全国社会科学基金项目优秀著作奖。姜彬先生将自己所从事的学术活动视为自己生命的一部分，每当他主编完成一部著作，都会自然而然地在后记中，用极其优美的文字，抒发自己无限欢悦的感情。1995年4月2日，他为《稻作文化与江南民俗》一书写的后记中说：

> 当本稿画上最后一个句号的时候，悠悠韶光已经流逝掉三个多年头了。三年多来，我且不谈伏案振笔、甘苦自知的日子；此刻，映现在我脑海里的是和本书一些作者跋山涉水深入吴越民间进行实际调查的情景。我们或穿江越河奔驰在辽阔的江南大地，赶去参加一个调查会；或爬山越岭深入

山区采访当地独有的民俗活动；或出入在风光旖旎的江南小镇的街坊小道上，寻觅古人的遗踪；或在水边人家的田头树阴下和老农促膝谈心。在春天，我们披上一身水乡的烟雨；在夏天，我们顶着南方的炎炎骄阳；木叶摇落的秋天，我们迎着朝霞，走向金黄的田野分享农家丰收的喜悦；冬天是一个调查的好时节，虽然现今冬闲不闲，但年头岁尾的习俗活动是一年中最集中的，农事已毕，一年辛苦，农家要加以补偿；这里祭祀才毕，那里灯会又开，好不热闹。

数年辛苦，一朝都来眼前，一支秃笔是不能尽述的。每当我想起这一段值得忆念的时日，我心头就升起了得到幸福的一种感奋的思绪，久久不能排去。此时此刻，我只有一个美好的祝愿，寄向散处在江南各方的和共同奋斗了几个寒暑的学术界的同仁们，愿本书的出版给他们带去一些些微的补偿，愿他们的学术青春像刚刚来临的春天的草木一样，永远欣欣向荣。

2004年10月18日，他在《东海岛屿文化与民俗》一书后记中写道：

这部书稿终于要出版了，我心里除了高兴，更多感慨。本书的编写从策划到完成，历时八年之久，其中经历的曲折和艰辛，在我以前的写作生涯和主编活动中是没有遇到过的。这其实也并不奇怪，科学研究的道路从来就是不平坦的，这其中的种种因由在这里也不必详说。我心里确实也有了一种别样的喜悦，像长途涉跋终于走到的尽头，像在迷雾里行进中忽然见到了光亮，心头的思绪是难以言说的。

本书编写之初，就得到了吴越地区众多的学人的响应，参加撰写的学者达十余人，地区广达二省一市，一个课题能够自动地糅合这么多学人，这除了本地区历史地理的客观条件之外，还有一个不可忽视的原因，是这个地区自20世纪80年代前后出现了江浙沪两省一市民间文艺协作区的组织，有过较长时间的合作传统，这使这地区学者中自然地形成了一种合作的情结，在实地考察和理论研究上也然，从80年代以来，我们吴越地区的学者不仅开了多次研讨会，出版了不少论文集子。对本系列来说，也已经合力完成了两部比较成功的著作（即《吴越民间信仰》《江南稻作文化与民俗》），赢得了国内外学术界的好评，获得了党和政府的奖励。因此，这个课题的组织也得到了两地学者的热烈响应，尽管他们地隔几百里，星散在不同的岗位上，仍然不妨害他们在这个课题上的凝聚力。虽然，遇到的困难不少，但是，我们终于达到成功的彼岸。

最后，我还要说一句我实在不愿意说的话：我身患绝症已两年有余，这期间，我大部分日子是在医院里度过的；在家休息的时候，也是闭门谢客，很少与外界接触，连各种会议都不参加，业务上的一些事更不在我的视线之内；在体力允许之下，我除看一些报、读一些书之外，唯一用心做的事即是如何将已经进行数年的一部课题书稿，不半途而废，将它做到底，做成功。为此，我付出了不少的心血和仅有的一点精力。

姜彬是2004年12月16日去世的，这篇后记是2004年10月18日写的，他去世相隔两个月。此书是2005年6月由上海文艺出版社出版的，他生前没能看到此书出版。从这篇后记，可以知道，他在生命的最后时刻，还在写作。他为著书立说，呕心沥血，鞠躬尽瘁，死而后已。在 2007 年 12 月 17 日下午由上海社会科学院召开的"《姜彬文集》出版座谈会"上，我曾说："2002 年 1 月 10 日，钟敬文逝世，使中国民俗学界失去了中国民俗学之父；2004 年 12 月 16 日姜彬逝世，使我们失去了一位倡导区域文化与民间文艺学新体系的卓越的民俗学家。钟敬文和姜彬的先后离去，是中国民俗学运动的巨大损失，必将给我们的事业，带来一段久远的空白。"如今，他们离世已十余年了，事实证明，这个空白已经显现出来了：中国民俗学运动的发展方向不清晰了，学术活动的内涵欠深度了，还有，上海的《民间文艺集刊》或《中国民间文化》何时复刊呢？我期盼着！

值此姜彬先生离开我们的第十二个年头，我写下以上这些文字，表示我对他的深切怀念和崇高敬意。

（原载《上海采风》2016 年第 8 期）

乌丙安：用双脚走出来的民俗学家

高慧斌

乌丙安，1929 年 11 月 3 日生于呼和浩特，蒙古族。辽宁大学民俗研究中心原主任，国际民俗学家协会（F. F.）全权会员、中国民俗学会荣誉会长、国家非物质文化遗产保护工作专家委员会副主任委员、中国申报世界人类非物质文化遗产评审委员会评委、中国民间文化遗产抢救工程专家委员会副主任、国际民间叙事创作研究协会（ISFNR）会员、德国民族学会会员、日本口承文艺学会会员。代表作品有《民间文学概论》《民俗学丛话》《中国民俗学》《民俗学原理》《民俗文化新论》《中国民间信仰》《神秘的萨满世界》等，被誉为“我国第二代最富有声望的民俗学家”。乌丙安说他此生选择了一个最适合发挥自己特长的专业，据此他也实现了个人的最大价值。

“真没想到，我这一生还有第三次的精神焕发。如果说 1978 年我重新开始中国民俗学研究，是开始了第二个学术春天，那么，退休后的这 18 年，我为中国民族民间文化遗产保护所做的工作，就是我学术研究的第三次高峰。这一点我很欣慰，我对自己是满意的。”他说他的民俗学专业是带有历史永恒性的，永远不会有做完的时候。而这 18 年来为我国民族民间文化遗产即国家非物质文化遗产的保护出力献策，有些工作成效，也是当初不敢想象的。

学术研究的第三个春天来了

记者约访乌丙安教授时，见面他说的第一句话就是，“你今天不来，我就又‘飞走’了，你再晚来一会儿，我就出去了。你看我的行程都是满满的，你今天上午来，我可是推掉了好几个人的约访。”刚见面，88 岁的乌丙安就告诉记者，交谈的时间不能太长，他有太多的工作要处理。

民俗学家、民间文艺学家乌丙安，在民俗学和民间文艺界可是响当当的人物。一直以来，他的工作行程安排都是满满的。工作紧张时，一周要“起飞”两次，在国内国际忙碌，和联合国或周边国家打交道。

“再远的工作就不提了，自从习近平总书记《在文艺工作座谈会上的讲话》发表后，我再次感到我的学术研究的第三个春天来了。”记者刚坐下，乌丙安就讲起了他最近几年的工作成效。“习近平总书记提出的中华优秀传统文化是中华民族的精神命脉，是涵养社会主义核心价值观的重要源泉，也是我们在世界文化激荡中站稳脚跟的坚实根基的论断，对民俗学大发展来说真的是及时雨，尤其是对国家非物质文化遗产的保护工作促进太大了。这个讲话对我们来说，是多么大的鼓舞！让我自豪的是，现在我们中国被联合国教科文组织评审进入世界级‘人类非遗代表作名录’项目的数量暂列世界第一位，且遥遥领先。”

语速快、口齿清晰、铿锵有力，乌丙安话语间总是伴有加深意味的手势，说到动情处会爽朗地笑起来，他动作敏捷，神采奕奕，与实际年龄实在不符。看到记者打量且惊异的目光，他马上打消记者的顾虑："我的民俗学研究可是靠双脚走出来的。"乌丙安边说话边拍着他的腿，"我能有现在的身体，应该说和那10年农村劳动很有关系，没有那10年的艰苦劳动，跋山涉水，跟农民打交道，哪有我今天的身子骨？哪有我对中国乡村最切近的了解？哪有我今天的成绩？现在我去各地宣讲如何保护传统文化、如何申遗，经常一讲就是一上午，有时甚至上下午连讲，精神头不输给你们年轻人。"

"做了60多年的中国民俗学研究和教学，从事30多年的中国民间文化遗产保护，国家和各级政府对此是日渐重视，现在的重视程度也是前所未有的。有政府的大力支持，有法律的保障，多抢救保护一些中国的民间文化遗产，就是对中华文化大发展大繁荣的贡献，这项工作可不能耽误，必须争分夺秒。"乌丙安开始给记者讲起他工作的学理依据。"抛弃传统、丢掉根本，就等于割断了自己的精神命脉。习近平总书记把传统文化提到了国家民族精神命脉的高度，这是多么高的战略眼光。"

多年前，乌丙安就把民族民间的传统文化视为一个国家、一个民族的文化身份象征。他在各种场合或讲座中，都希望人们从这个高度来认识传统文化。他说，传统民族民间文化非常珍贵，是中华民族赖以生存发展的最重要的文化根基，我们自己民族的文化精华千万不能丢掉。

一生将永远画正号

1929年，乌丙安出生在呼和浩特一个蒙古族家庭，自幼接受良好教育。1949年，20岁的他只身离家投奔晋察冀解放区，后来辗转来到北平，成为新中国第一批大学生中的一员。1953年，24岁的乌丙安又成为新中国首批研究生中的一员，进入北京师范大学民间文学专业，师从钟敬文先生研究民间文学和民俗学。两年后被分配到辽宁大学讲授民间文学课，正当他准备一展宏图时，他和同时代的人一样经历了长达20年的风风雨雨。

这期间，他走村串户了解中国民间习俗。历经曲折后，1978年，50岁的乌丙安带着300多万字的第一手民俗民间文艺调查资料回到沈阳，迎来了学术研究的第二个春天。

"那段日子，我还自学了外语。恢复教学工作后，我立即开始写文章，出专著。我的文章一直连续发表，我的著作也在陆续出版，直到今天。"

记者在乌丙安的书房看到，他的著作从《民俗学丛话》到《中国民俗学》，再到《民俗学原理》，从《民俗学综论》《中国民间信仰》《民俗遗产评论》到《萨满信仰研究》《民间口头传承》，2014年，又出版了八卷本的《乌丙安民俗研究文集》，在国内外发表了100多篇学术论文，构建了完整的民俗学学术体系。

"我今年88岁，值得庆幸的是，1991年，国际上评选20世纪世界民俗学家，根据发表的著作和国际学术贡献由电脑测评，最后评出78名。很荣幸这78人里面就有我（中国只有两人）。入选后不久我应邀参加了德国首届总统文化节。"

"我一直有一个动力，这一生将永远画正号，无论做人做学问，必须这样。"乌丙安说，在人生道路上确实有正反两方面的选择，但只有不怕艰难困苦、坎坷不平，坚持走自己的正路，才有资格做个有脊梁的中国人。

每年至少有100个工作日在下面采风

乌丙安在教学第一线工作到70岁退休。退休后，他更忙了。18年来，他把大量的精力都投入到我国民族民间文化遗产即国家非物质文化遗产的保护上。

2004 年，文化部、建设部先后聘任乌丙安为国家非遗专家委员会副主任和传统村落保护与发展专家委员，他甩开膀子一直干到了今天。“让我欣慰的是，现在我们国家非遗保护数量列世界第一位。联合国教科文组织批准的全世界人类非遗名录截至现在共有 267 项，其中中国有 38 项，遥遥领先于其他各国，另有 1219 项进入了国家级非遗名录。近 13 年来，我直接参与了这些项目的调研、考察和评审，极大地激发了我对这项工作的热情。”

至今，乌丙安参加国家非遗名录大约 1.5 万多个申报项目的评审工作，把几十项国家级名录向联合国教科文组织做了推荐，参加了 4500 多名申报国家级非遗代表性传承人的评选工作。参与了国家级 3000 多传统村落的评审推荐工作。在全国 29 个省 200 多个乡镇村落做了实地调研，特别是对闽南汉族、闽粤客家人、湘西苗族、鄂西土家族、版纳傣族、红河谷哈尼族等聚居地的遗产做了实地调查采访，绝大多数取得成功。还参与主持评审了辽宁省省级非遗全部 248 项名录。到现在为止，国家级遗产名录中，辽宁省 67 个项目和进入省级名录的很多项目，都得到了有效保护，辽宁省的非遗数字化保护已经进入全国先进行列。

“我做了 62 年的民俗和民间文艺研究，每年都会有至少 100 个工作日在下面采风，以至于到哪个地方都努力学习方言土语，这样才能做到真正有效的踏查采风。”乌丙安说，文艺工作者传承传统文化，一定要脚踏实地融入民间，不能高高在上脱离民间。

（原载《辽宁日报》
2016 年 7 月 12 日 A10 版）

刘锡诚：使命意识与学术史写作

叶　涛

学术史的建构是一门学科的基础性工作，也是学科走向成熟的标志。钟敬文先生在谈到民俗学的学科架构时，就曾把“民俗学史”作为民俗学学科的六大组成部分①，给予高度重视。

关于学术史，有以下三点值得重视。

首先，学术史的写作建基于学科长期发展所取得的成果。抛开作为滥觞期的晚清时代，我们只是从“五四”新文学运动算起，作为中国现代人文学科重要组成部分的民间文学，至今已经走过了一个世纪的历程，一个世纪的学术积累（包括学术著述、学术活动、重要学者等）为学术史的建设奠定了良好的基础。

其次，学术史是对学科发展历史的学理性总结，绝不是简单的学术史料的堆积。一部优秀的学术史著作，既要梳理本学科的学术思想发展脉络，同时，更应该将学科发展的历史放置于更大的社会思想背景下进行思考，这对于从事学术史研究的学者提出了更高的要求。

另外，虽然说学术史不能够简单堆积资料，但是，充分掌握历史资料、掌握尽可能多的第一手史料，则是任何史学类写作的基本前提。同时，在充分占有材料的基础上，能否对这些史料做出符合历史事实的分析与学理评述，也是对学术史写作者的考验。

刘锡诚先生的《二十世纪中国民间文学学术史》② （以下简称《学术史》），从学术流派、学术机构、学术期刊、学术活动、重要学术著作等多个方面，全面系统地梳理了20世纪中国民间文学的发展演变历程。刘先生的《学术史》，是对时间过去未久、人物影响尚存、一些学术活动依然延续的20世纪中国民间文学学科发展史的理论总结，虽为一家之言，但其学术价值至今无人超越。

由刘锡诚先生来撰述《二十世纪中国民间文学学术史》，属于当代人评述当代事，之所以这么说，是因为刘先生本人就是它所评述的学术史中一个不可或缺的部分：他亲历了20世纪50年代中后期以来直至当今中国民间文学学科所走过的全部历程，上承周扬、顾颉刚、钟敬文、贾芝等老一辈学人，中间他本人就可以作为中生代的代表，此后还衔接了至今活跃在民间文学领域的诸多后学。这种身份，使他的著作多了一分真实，多了一分情感，但同时也使这部学术史著作平添了一些忌惮：许多学术事件的当事人还在，或者相关联的人物还在，对于一些事件的评述还要顾虑到时代的局限和当事者及其后人的感受。因此，当我们读到刘先生所撰写的《周扬

---

① 钟敬文主编：《民俗学概论》，上海文艺出版社1998年版，第9页。

② 刘锡诚：《二十世纪中国民间文学学术史》（上下卷），中国文联出版社2014年12月。中国文联出版社的上下卷《学术史》系修订版，该书第一版《二十世纪中国民间文学学术史》2006年12月由河南大学出版社出版，修订时作者有较大幅度增订。

与我国民间文学事业》[①] 一文时，就更加能够理解这部学术史著作的撰写是多么不容易了。

尽管有如上所述的顾虑，刘先生的这部《学术史》还是在多个方面有所创新，特别是在史料的占有、失佚学者的再发现、学术流派的建构与梳理等方面均有独到见解。其中，对中国民间文学进行学术流派的梳理，将20世纪中国民间文学与中国现代学术思想有机地结合在一起，大大拓宽了民间文学学术史的视野，功莫大焉。

前文说到，刘先生的《学术史》属于当代人评述当代事，这是我要特别予以指出并重点强调的一个方面。

1949年新中国成立之后，民间文学因阶级属性的缘故，使其成为无产阶级新文学的重要组成部分。在国家制度体制内，有专门的民间文学研究机构——中国民间文艺研究会；在大学教学体系中，从50年代的人民口头文学创作，到七八十年代的民间文学课程，在文学殿堂中均占有一席之地。同时，也造就了一批从事民间文学管理与教学研究的人才，中国民间文艺研究会便是有行政级别的管理机构，各个大学中则有教授、副教授、讲师等一批以民间文学为学术职业的专业教研人员，民间文学与时代的密切关系也便从这种体制中生发出来。正因为这种缘故，在20世纪中后期，中国民间文学的搜集整理、教学研究、人才培养等便不只是单纯的学术调查与研究活动，而成为与其所处时代的政治与思想密不可分的学术运动。从50年代后期的“新民歌”运动，到八九十年代的“三套集成”，直至当下的非物质文化遗产保护运动，莫不如是。

从1949年至今，民间文学界的一批学术前辈们，投入到各个时期的学术运动中，他们为学术观点而争鸣，因学术活动而辛劳，被各种学术的、非学术的运动所左右。如今，比刘锡诚先生高一辈的学者大都已走完自己的人生历程（如钟敬文、贾芝等），与刘锡诚先生同辈的学人（如刘魁立、乌丙安、刘守华、祁连休等），年龄均已进入耄耋之年，他们是一个世纪以来中国民间文学发展历程中承前启后的最重要的一代学人。

我们以刘锡诚先生为例。除了这部《学术史》中所记述的他本人所参与的学术活动，近年来，刘先生还撰写了一批带有学术总结性的文章，在这些文章中，刘先生以他细腻的笔触回忆故人，叙述往事，字里行间包含着大量的极其珍贵的学术史资料，前述《周扬与我国民间文学事业》一文可做这类文章的代表。读罢《周扬与我国民间文学事业》，我们可以了解到，学术史决不单单是学术问题的争论和学理性的梳理，还有许多人为的因素掺杂其中，如果没有当事人的叙述，我们仅仅从留给后代的表面文字中，根本无法理解某些学术纷争的真实意图，甚至完全可能错误认识这些纷争的本质。

在刘锡诚先生作为中国民协负责人主政时期，还有一些影响至今的重要事件，如中国民协参与三套集成的过程、中国与外国学者联合进行民间文学的考察活动、中国民协更名为民间文艺家协会的经过等等，虽然这些事件离今天并不遥远，但像我们这些20世纪60年代出生的后辈学人，当说起上述事件时已经难解其详，当我们的学生辈将来再做学术史梳理时，就更需要下大功夫去考证、索隐了。上述事件，如果由作为当事人的刘先生及其同辈参与者各自记述下来，从各个角度为他们所参与创造的历史留下浓重的笔墨，这将是功在当代、利在千秋的大好事。

刘锡诚先生在离开民协的工作岗位之

---

① 见“中国民俗学网”——“刘锡诚的博客”：https：//www. chinesefolklore. org. cn/blog/？7681/.

后，从一个官员蜕变为一名学者。之所以用“蜕变”来形容他的这段经历，我想这其中的甘苦只有先生及其同辈学人能够体会。刘先生的转型极其成功，他个人的几部重要的学术著作都是在此后完成的，如《中国原始艺术》《原始艺术与民间文化》《象征——对一种民间文化模式的考察》《民间文学：理论与方法》《石与石神》等，特别是这部修订后达110万字的皇皇巨著《二十世纪中国民间文学学术史》，十数年几易其稿，对于一位没有助手、没有科研经费、没有图书馆可以依靠的老人而言，这其中的艰辛可想而知。

刘锡诚先生在20世纪90年代之后，除个人著述之外，还组织编纂学术丛书、参与学术团体的领导管理工作等。本世纪国家非遗工作开展以来，刘先生还积极参与了非遗保护工作的理论探讨与项目评审，特别是担任非遗评审工作民间文学小组的召集人期间，积极推动非遗申报文本的规范化，为民间文学类非遗项目进入国家名录做了大量工作。

学者的个人经历潜移默化地影响着他的学术取向，这在许多学人的自述中都得以体现。刘锡诚先生是山东人，我曾长期在山东工作，自20世纪80年代后期开始与刘先生接触，多年来，从他的言谈话语中，可以看出他对家乡、对山东的民间文学、对山东地方文化的关心。还是在他主政民协的20世纪80年代中期，曾经有过一个很好的动议：闯关东是涉及山东、河北、东三省的重大历史文化事件，其中以秃尾巴老李传说为代表的反映闯关东的民间文学作品（这其中，还应该包括山东和吉林流传的人参传说），应该引起民间文学界的关注。在刘先生的倡议下，山东民协率先行动，在全省范围内搜集了各种类型的秃尾巴老李传说，并且编辑成书（书中除有各地流传的文本外，还收有李万鹏先生编选的相关史料，极其珍贵）。在此基础上，山东民协还召开了“秃尾巴老李传说学术研讨会”，刘锡诚先生和贺嘉先生还专程到会指导。大概是由于这个缘故吧，我后来在北师大跟随钟先生读书时，还曾经想以闯关东与秃尾巴老李传说为研究内容，来撰写我的博士论文；由于主客观多种原因，我的愿望没有实现，此后在山东大学指导研究生论文写作时，便让学生以此为题，有两篇硕士论文、一篇博士论文都是研究山东秃尾巴老李传说的。

2005年至2008年，我和我的老师李万鹏先生一起，带领着山东大学民俗学、民间文学专业的学生们对山东省沂源县的牛郎织女传说进行调研，并协助地方文化部门将该传说申报列入省级和国家级非遗名录。在这三年期间，刘锡诚先生对我们的调研工作给予了多方面的指导，特别是在文本的搜集整理方面更是对学生们耳提面命，不厌其烦。在我和其他几位学者共同编纂完成五卷本《中国牛郎织女传说》时，刘先生还赐予了总序，对这项研究工作给予充分肯定。

秃尾巴老李传说也好，牛郎织女传说也罢，这里虽然叙述的是一些个人之间交往的琐事，但从这些琐细的杂事中，也可以反映出一个学者的学术关怀，甚或人情冷暖。我与刘先生的交往主要都是在他离开民协领导岗位之后，多年来，他对我的关心除学术之外，还体现在生活的多个方面，比如他关心我的进修与博士学习、关心我爱人出版社的选题策划等。

在同辈学人中，刘锡诚先生是最重视学术史料的搜集、保存、整理并公开发表的，感谢他为学术界、为我们这些后辈学人留下了珍贵的史料。同时，我们也希望其他学术前辈能够重视学术史特别是重视对个人学术史的回顾。比如，20世纪留学苏联的中国留学生中，刘魁立先生选择了民间文学作为学习与研究的方向，这在留苏学生中属于极个别的选择，对此，很希望能够看到刘魁立先生对那段留学经历的回顾与总结。乌丙安先生是国内较早研究萨满教的学者，而据他个人介绍，他与萨满的接触却是在非常时期——被打成极右分子、关在劳改营中才接触到萨满，这些劳改营中的萨满及其萨满教，却成为乌先生后来学术生涯中最重要的研究对象。

一部鲜活的学术史，不应该只是由学术著作和学术大家组成，也应该由能够反映学术发展历史、揭示学术发展思路的诸多细节而构成。这些细节对于后学者而言，可能要比那些皇皇巨著、那些令人仰视的学术大家给他们留下更加深刻的印象，甚至会影响到他们个人学术道路的选择。遗憾的是，这样的一些细节，在传统的学术史叙述中，在具有严格写作规范的学术史著作中，往往被忽略、被删除、被格式化了，留下的只有干巴巴、冷冰冰、拒人于千里之外的学理性文字。

综上所述，刘锡诚先生的《二十世纪中国民间文学学术史》是中国民间文学学科建设中不可忽视的重要著作，我们祝贺这部学术巨著的诞生，期待刘先生为学界奉献更多学术精品。同时，我们希望各位令人尊敬的学界前辈，请你们重视对于个人所亲历的学科发展史的回顾，为学术史的建构留下珍贵的第一手史料。在此，还特别呼吁中国民协等有关部门，对于本学科领域的学界前辈们，应该尽快考虑设立口述史方面的国家级项目，申请专项资金，配备专门的人手，在充分论证的基础上，开展民间文学、民俗学、民间艺术领域的口述史工作，这项工作所指向的对象，人数已经屈指可数，再不抓紧时间进行抢救性记录，留下的只能够是遗憾！

（原载《民间文化论坛》2016 年第 3 期）

刘守华：开掘民间故事这口深井

明海英

“民间故事中含有恒久不灭、贯通古今的文化基因，不断给各个时代的书面文字以有益滋养，从中可以探究种种人类文化之谜。”对现年81岁的华中师范大学文学院教授刘守华来说，民间文学研究是兴趣、职业和责任三者的结合，小时候痴迷的那些故事后来成为他从事民间文学研究的根基。

从听故事走入民间文学研究

刘守华出生于湖北沔阳农村，当地保存下来的民间文艺丰富而多样。“我小时候最喜欢听老人们讲‘古话’（故事），有一次听得太入神，竟从高凳子上跌下来。”回忆起往事，刘守华说他是幸运的。

1950年，刘守华考入沔阳师范学校。出于个人兴趣，他常利用假期去收集革命故事和歌谣。至今，刘守华都保存着一个红色的小笔记本，里面记录着他当时抄写的100多首民歌和许多谚语。

1953年，刘守华从沔阳师范毕业，被保送到华中师范大学中文系。在国家“向科学进军”号召的激励下，刘守华加入民间文学课外学习小组，在老师的指导下钻研民间文艺学。此后，他的研究基本上都围绕民间文学展开。

围绕民间故事深入探究

关于民间童话的特征与界说问题历来令研究者困惑，常有人把童话与神话、传说混为一谈。从20世纪50年代中期到70年代末，刘守华主要致力于民间童话研究，其著作《中国民间童话概说》是对这段研究的总结。

20世纪80年代，写文学史成为风气。刘守华就想写一部故事史，希望既吸取一般文学史的体例，同时又涵盖故事学一些新的成果。在这一思想指导下，其《中国民间故事史》从材料的发掘、体系建构到文本论析，都具有原创性与开拓性。钟敬文先生曾评价它说：“作为系统研究中国民间故事的第一本著作，它已经具有重要的开创意义。”

20世纪我国民间故事研究的重要成就是对民间故事类型的研究。不过，由于大部分是针对某一个具体类型或某类型的一个方面进行分析，刘守华开始尝试对民间故事类型进行宏观与微观相结合的系统研究和深入考察，他据此申请了国家教委“九五”规划重点项目。其成果《中国民间故事类型研究》，重点剖析了贯穿故事同一类型众多异文的母题，把同一故事的多种异文集合起来进行比较、分析、综合。这样既可以从“大同”中看出它们共有的母题、思想文化内涵及艺术情趣等，在广阔的时空背景下探索民间故事发生、传承、演变的历史进程；也可以从“小异”之处看出不同文本的民族地域色彩以及讲述人的个性风格等，进而获得一个故事的完整印象。

刘守华说，他治学的具体方略就是始终抓着民间故事这口油井进行开掘，从各个侧面不断对之加宽加深。

建构中国比较故事学

受新时期比较文学热潮的启发，刘守华开始对民间故事做跨国、跨民族、跨学科的比较研究。1979 年，他的《一组民间童话的比较研究》在《民间文学》上发表，被《新华文摘》转载。由此，刘守华开始探索民间故事的比较研究。在比较研究的基础上，刘守华的《民间故事的比较研究》1986 年出版。该书借鉴西方人类学、民俗学及比较文学的方法与成果，对中国与日本、印度、阿拉伯等民族与地区的民间故事的影响与异同，做了多侧面论析。

学然后知不足。刘守华在国内外前辈学人的启示和指导下，就比较故事学进行了长达十余年的理论学习和探索。他借鉴芬兰历史地理学派的学理与方法，在综合各学派理论和民间故事比较研究成果的基础上，提出了建构中国比较故事学的基本原则与方法，探求民间故事在历时与共时的文化背景上产生、流传、演变的规律。

“比较研究的天地是十分广阔的。”刘守华说，目前更为迫切的是对我国各兄弟民族的民间文学做系统的比较研究。在此基础上，建立中国学派的比较民间文艺学，包括比较神话学、比较歌谣学、比较故事学。

（原载《中国社会科学报》
2016 年 4 月 11 日 002 版）

李子贤：神话王国的探寻者

高　健

中国神话学已走过百年历程，而李子贤先生对神话王国的探寻从第一次神话田野调查至今也有五十余年，他的神话研究能够在一定程度上反映中国神话学后半程的面貌，并且给予后辈研究者示范与启迪。本文将选取李子贤先生的三个重要的学术事件作为引子，对其神话研究中的田野调查、活形态神话理论以及研究范式进行梳理与评述。

一　神话田野调查与活形态神话“发现”

事件：“1962 年 2—7 月，为‘云南省小凉山彝族民间文学调查队’队员、副队长，背着行李从丽江徒步至宁蒗县彝族区、永宁摩梭人聚居区进行民间文学的田野调查。”①

中国的神话研究，尤其是少数民族神话研究，往往既依赖田野又脱离田野，前者指的是神话研究的文本资料来自于田野调查的搜集整理，后者则指对这些资料的运用经常止步于叙事文本的阐释，一方面因为文本资料的信息提供不充分，另一方面也因为许多神话研究者并不进行神话的田野调查，学界现在所运用的神话资料基本上都是来自于“地方民间文艺工作者”。李子贤先生早在 1962 年 2—7 月就进行了其学术生涯的第一次田野调查。1963 年 9 月至 1964 年 1 月，又赴独龙江畔进行独龙族民间文学田野调查工作，这两次调查可以算作是李子贤先生的神话学“成年礼”。

首先，转变了他对神话的认知。在此之前，李子贤先生对神话的认知还停留在文献记载的古希腊神话以及《山海经》《楚辞》等汉族古代神话上，通过这两次田野经历，他发现神话也可以存活在人们的宗教信仰、民俗生活、集体记忆之中。

其次，在某种程度上奠定了其神话研究的基础。在李子贤先生近年所撰写的论文中还可以看到对这两次田野调查的论述，甚至在其 2016 年 7 月即将出版的新书《再探神话王国——活形态神话新论》中，还附上 1963 年搜集整理的 500 余行的独龙族创世史诗《创世纪》。虽然在这期间李子贤先生并没有形成与之相关的神话研究成果，但是，田野调查以及随后的文本整理工作，无疑加深了他对神话尤其是活形态神话的理解，尤其是为他在“文化大革命”后能够迅速建构其活形态神话理论打下了基础。

最重要的是，这两次田野调查使得李子贤先生经历了许多神话学者所没有的“神话体验”。一方面，我们今天的神话田野调查往往首先要寻找能够大段演述神话的人，然后还要“组织”一场演述活动。而 20 世纪 60 年代至 90 年代初可以算作中国神话田野调查的“黄金时期”，像云南的独龙族、怒族、佤族、哈尼族、彝族等

① 李子贤：《李子贤学术文选——探寻一个尚未崩溃的神话王国》，云南大学出版社 2015 年版，第 283 页。

民族受“涵化”的程度较小，与神话相关的祭祀活动、信仰观念并没有完全丢失，神话赖以续存的传承场还在，社区日常生活中就有许多“神话专家”，他们能够大量演述并解释其族群的神话。所以，这个时期的神话调查往往水到渠成，许多神话都是“遇到”而不是“找到”的。这个时期田野调查的艰苦程度是我辈无法想象的，但是这些困难所带来的“神话体验”也可以算作最丰厚的回报，同时也是我辈可望而不可即的。此外，“神话体验”的另一方面指的是李子贤先生一直以来并没有把神话简单地看作是一种叙事，而是“滋生、依附、存留于特定的社会生活、文化环境这个大有机体中的一种‘活’的实体”①。所以，李子贤先生对神话的调查往往是深入到神话赖以存活的文化生态系统中，充分考察并体验神话与文化生态系统的互动。

研究对象的决定，使得李子贤先生的神话研究无法离开田野调查，用他自己的话说，田野是他“安身立命之所”。从1962年至今，李子贤先生数十年如一日，从未间断过田野调查，除了1960年代两次格外重要的田野工作，李子贤先生在半个多世纪里，还在彝族、纳西族、白族、景颇族、拉祜族、哈尼族、佤族、傣族，以及怒江大峡谷的怒族、傈僳族、独龙族等少数民族地区进行过多次田野调查。② 甚至走出中国，去到日本的冲绳岛、韩国的济州岛等地区进行调查。即使在“文化大革命”期间，他作为云南大学中文系“新闻专业进修班”教学组组长与班主任，利用带领学员进行新闻采访实习的机会，在孟连、澜沧、中甸、剑川、楚雄、金平等地进行了田野调查。正是持之以恒的田野调查，使得李子贤先生在以汉文献为中心、以叙事文本阐释为主要范式的中国神话学界独树一帜。

李子贤先生的田野是发掘新材料，生发新问题的“沃土”。比如，佤族与东南亚其他地区的神话系统颇为相似，它们之间有何关联？③ 彝族的传统文化本无宗庙、无偶像，但是李子贤先生却在云南开远的彝族村寨老勒村发现了我国西南少数民族地区唯一存续至今的兄妹婚“人祖庙”。④ 由云南楚雄马游村梅葛的泛化现象来看文化生态系统的变化与口头传统的调适。⑤ 马林诺夫斯基（B. K. Malinowski）认为，“活着的神话”是原始民族的产物，但是李子贤先生通过田野调查发现，直至当下，在中国的云南及周边地区、日本的冲绳岛、韩国的济州岛都有活形态神话的存续。总之，李子贤先生的田野思路可以用他自己的话概括为：“在田野调查中获取新的资料，在田野调查中发现新的问题，在田野调查中引发学术联想，在田野调查中反复求证答案。”⑥

---

① 李子贤：《活形态神话刍议》，《西北师大学报（社会科学版）》1987年第4期。

② 李子贤：《神话王国诸相——对云南少数民族神话总体特征及存续的解读》，《云南师范大学学报（哲学社会科学版）》2010年第6期。

③ 李子贤：《佤族与东南亚“U”形古文化带——以神话系统的比较为切入点》，《思想战线》2010年第2期。

④ 李子贤：《彝、汉民间文化圆融的结晶——开远市老勒村彝族“人祖庙”的解读》，《云南民族大学学报（哲学社会科学版）》2010年第4期。

⑤ 胡立耘、李子贤：《原始性史诗存活与文化生态系统的关系——以彝族史诗“梅葛”为视点》，《贵州民族研究》2005年第6期。

⑥ 李子贤：《李子贤学术文选——探寻一个尚未崩溃的神话王国》，云南大学出版社2015年版，第281页。

李子贤先生经过50余载的田野耕耘，建立起一个属于自己也属于神话学界的神话王国。具体来说，这个王国具有以下特征：首先，是“生机盎然的”，因为李子贤先生主要的研究对象与所运用的大量资料都是活形态神话。活形态神话黏合了诸多其他文化元素，与一些文化事象互动，甚至反作用于文化生态系统，并且它必然随着社会情境的转变而发生变迁。其次，时间跨度大，从“原始氏族社会时期”到“文明社会的初期”，再到“传统农业社会时期”，直至“当下的现代社会”，对于活形态神话存活时限的认知已冲破了“人类童年时期”产物的藩篱。再次，内部层次分明，尤其是李子贤先生将神话分为活形态神话、口头神话、文献神话以及以某种实物或虚拟物为象征符号的神话四种存在形态。最后，具有差异性，大量的田野调查，使得李子贤先生目睹、体验了不同地域与人文环境中的神话。此外，李子贤先生的研究路径并不是纯粹的母题研究，即通过大量的异文归纳建构出某一神话的稳定系统，他更加关注的是在不同的文化生态系统中神话的互动与调适。

库恩（Thomas S. Kuhn）认为，在范式转换的过程中，一个重要的环节就是“科学发现”①，而活形态神话的发现正是李子贤先生的神话研究从文本研究转向田野研究的导火索。

二 建构活形态神话理论体系

事件：“应日本国学术振兴会的邀请，云南大学中文系副教授、云大中文系民族民间文学研究室主任李子贤于1987年4月10日赴日本作为期4个月的学术交流活动。”②

这次日本之行一方面扩展了李子贤先生的国际学术视野，使其与日本学界建立了保持至今的学术联系，同时，日本学界也通过李子贤先生了解了中国尤其是云南少数民族的神话与研究状况；另一方面，李子贤先生基于对日本神话研究的了解，在回国后开始重新认识云南，反思以往的神话研究。同年，发表论文《活形态神话刍议》，这篇论文“不仅掀开了他活形态神话研究的序幕，也标志着活形态神话研究在中国从此进入了一个新的时代”③。

李子贤先生的活形态神话理论建构材料来自于他大量的田野调查，同时，马林诺夫斯基关于“活着的神话”的论述也给予他极大的启迪。④ 在吸收马林诺夫斯基思想的同时，李子贤先生对其又有所超越。比如，打破马林诺夫斯基对于神话“非生即死”的二元对立认知，将神话细分为多种存在形态，并且摆脱马林诺夫斯基对于文献神话的“功利主义”倾向，认为文献神话尤其是古文献神话同样弥足珍贵，对活形态神话的研究要参照文献神话；将马林诺夫斯基原始民族的“活着的神话”延伸至当下现代社会；将神话研究的语境从社区扩展到支系、民族以及更大的社会文化语境中，等等。而最主要的超越，当是将马林诺夫斯基这一论述建构成一个以活形态神话为中心的理论体系。

笔者粗略地将这一体系总结为以下几

① ［美］托马斯·库恩：《科学革命的结构》，金吾伦、胡新和译，北京大学出版社2003年版，第48页。

② 《云南大学中文系副教授李子贤访日》，《民族文学研究》1987年第4期。

③ 陈丹：《浅析活形态神话研究在中国的兴起与发展》，硕士学位论文，云南大学，2008年。

④ ［英］马林诺夫斯基：《巫术·科学·宗教与神话》李安宅译，中国民间文艺出版社1986年版，第82—86页。

部分。

其一，整体。从事过大量田野调查的学者对神话的研究无不秉承着整体观的视角，李子贤先生也不例外。他把神话放到更为广阔的情境中，考察神话与其他文化事象的相互关联与依存。但是他关注的焦点更侧重那些与社会组织、宗教信仰、文化心理相关联的文化要素，如祭祀活动、节日庆典、文化符号等。也可以说他把活形态神话以及与之相耦合的文化要素看作是一个整体。此外，整体观也包括对少数民族神话研究的兼顾，李子贤先生在其论文中不止一次强调要将少数民族神话纳入中国神话体系中进行整体研究：“深化、提升活形态神话的研究，在整合中国56个民族的神话资源，较准确地整体把握中国神话（而非仅为汉文献神话）的基础上，建构中国神话学理论。”①

其二，范畴。对神话的存在形态与载体要从两个范畴来把握：外显的神话与潜隐的神话。外显的神话很好理解，指的是可闻、可见的神话，即普遍意义上的口头与文献神话。而潜隐的神话则是指在族群内部“那些只存乎于心、存活于‘集体表象’之中的神话。即只由氏族或族群内部的成员之心灵承载或附丽于某一象征物，因而只为本氏族、族群之内的人们所知，而不一定要讲出来让外界所知的神话”②。潜隐神话的提出，是对神话的表现形式、叙事文本以及族性等进行重新思考的结果。

其三，态。即神话的存在形态、动态结构以及文化生态系统。首先，神话的存在形态包括活形态神话、口头神话、文献神话以及以某种实物或虚拟物为象征符号的神话四种存在形态。一个事物的存在形态既包括它的外在表现形态，也包括其内部各元素的结构性变化，对神话存在形态的区分能够呈现出神话自身的差异性，并且能够从内部分别把握与神话相耦合的文化元素。其次，神话的动态结构指的是“第一，某一则神话的历时性变化。第二，神话总体上的多向度发展演进”③。李子贤先生以独龙族神话为例来说明这两种动态结构，先是比较了陶云逵在1930年代、李子贤先生自己在1960年代以及1990年代田野调查所搜集到的卡窝卡莆神话的变与不变，然后又分析了独龙族神话从氏族神话发展到民族神话、从独立神话发展到体系神话的动态过程。④ 对于神话动态性的内部演进规律，李子贤先生作了如下表述：“原始思维模式与神话模式具有某种同构性；原始信仰与神话又有密切的关联性，常常是相互构成了各自的存在基础。神话作为一个精神实体，它又黏合着社会生活中的各种文化要素，或者说，神话通过特定的网络系统广泛地连接着社会生活的物质层面与精神层面中的诸多文化要素。连接这一切的‘中枢’是神话的承载体——人们共同体的信仰体系和价值取向。只要物质层面和精神层面的某些要素发生变化，人们便会依赖于十分谙熟和既存的神话模式对现存神话作出某些改变，或创造出具有新质的神话。”⑤ 最后，文化生态系统“是某一族群为了适应生存于其中的自然环境而对其进行长期的改造、加工而形成的具有特定人文特点的人工生态系统。它

① 李子贤：《神话学史的启示：关注活形态神话》，《玉溪师范学院学报》2011年第11期。

② 李子贤：《存在形态、动态结构与文化生态系统——神话研究的多维视点》，《云南师范大学学报（哲学社会科学版）》2006年第3期。

③ 同上。

④ 同上。

⑤ 同上。

是由自然环境系统、经济文化系统、社会组织系统、精神文化系统组成的复合体”。李子贤先生活形态神话的提出，也意味着他完成了从“民俗”到“语境中的民俗”研究范式的转换，他并没有沿用语境、场域等概念，而是为神话“量身制作”了文化生态系统这个概念。具体来说，文化生态系统至少要具备以下几个关键要素：“原始信仰或民间信仰体系存留；神话的传承场及传承方式仍然存留；族群仍保留着对神话的信赖感与需求度；神话仍担负着维护传统的一切的重要作用。总之，必须基本保持神话对族群的依赖性与族群对神话的依赖性二者之并存，并处于互相支持的和谐状态。”①

其四，体。首先，如果把活形态神话看作是“活体”，那么文化生态系统就是其赖以生存的“母体”。“将神话置于特定的文化生态环境中加以考察，重视对神话与文化生态环境的互动关系的思考与探索，一直是李先生研究的一个重要方法。”②“活体”与“母体”之间的关联即平衡或失调状态，是衡量神话存活程度的尺子，“母体”的改变，尤其是信仰体系、价值体系发生变化，必然导致“活体”做出调适，有时甚至会因失去“母体”这个存续的根基而消亡。李子贤先生对“活体”与“母体”的论述，为神话研究提供了一个可资借鉴的分析框架，依此框架可以衡量神话的存活程度、适应性以及动态发展过程等，尤其是在现当代的社会情境中，神话在不同的情境中转换，其变迁速度前所未有，这个分析框架就更加具有指导意义。其次，如果把活形态神话看作是本体，那么口头神话、文献神话就是一定意义上的变体。这种类似于“本质主义”的观点不免会让人产生质疑，即神话的各种存在形态是按照线性“退化”的发展序列依次形成，而田野中的活形态神话是原始社会、原始思维的遗留物。事实上，李子贤先生提出的神话各种存在形态的内涵及其关系要复杂得多。第一，活形态神话作为本体，不仅是因为它是神话的最初始存在样式，而且它是神话的典型存在形态，具有更多的神话特征，更符合神话模式。第二，关于“原始”这个概念，李子贤先生认为：“适当划清社会发展史中的‘原始氏族社会’及其产生的文化，与文化人类学、民俗学等学科中难以明确界定和规范的原始民族、原始文化的界限，很有必要。前者是指史前时期的原始氏族社会产生的原始文化，后者则指文化人类学、民族学形成之后由学者所发现的我们当代的原始民族及其文化……就云南而言，有两点值得注意。第一，我们所能见到的原始文化或原始神话、原始习俗，并非一直保持着一成不变的原始样态，不应轻易地从发生学之意义上将其视为初始样态的东西。但是，我们又必须看到云南绝大多数的少数民族，其社会历史发展长期处于缓慢甚至是停滞的状态，特别是那些由于受制于历史、文化、交通及地域环境的制约，长期处于与外界基本隔绝，缺少与外来文化交流与互动的民族，其文化中保留原始性因素的可能性就很大。”③第三，各种存在形态的神话并不是完全此消彼长的，它们往往是并

---

① 李子贤：《存在形态、动态结构与文化生态系统——神话研究的多维视点》，《云南师范大学学报（哲学社会科学版）》2006 年第 3 期。

② 陈丹：《探寻西南古老的神话王国——李子贤活形态神话研究述评》，《文山学院学报》2015 年第 4 期。

③ 李子贤：《神话王国诸相——对云南少数民族神话总体特征及存续的解读》，《云南师范大学学报（哲学社会科学版）》2010 年第 6 期。

存的，甚至互为依托。同时，李子贤先生对神话存在形态进行分类并不是最终的目的，他最后还是要把各种存在形态综合起来作为一个神话的整体来研究。总之，无论是“母体”中的“活体”，还是变体之于本体，其提出的目的是强调活形态神话的研究要具备整体与动态的视角。

综上所述，李子贤先生的活形态神话是在他20世纪60—80年代田野调查所经历的神话体验与神话震撼、马林诺夫斯基关于“活着的神话”等相关理论以及对文献神话的反观等背景中提出来的。尔后，它的内涵与外延不断变化，概括来说，活形态神话指的是能够与文化生态系统中其他文化要素尤其是宗教信仰合理地整合在一起的神话存在形态，它的存在条件是与之相关的民间信仰并未断裂，仍为社区生活的神圣依据，传承场依然存在。“活形态神话为我们充分展示了神话的整体性、综合性和动态性，让我们自己看到了与故事内容相关联的上下文。”①

三　比较神话学研究

事件：2004年李子贤先生再次获批国家社科基金项目“少数民族活形态神话研究”。

中国神话学经过20世纪80至90年代的“神话热”后逐渐走向消沉，李子贤先生却一直坚守在这块领域，并且在进入新世纪后其学术有了新的视阈与超越。《少数民族活形态神话研究》这个项目只是一个契机，在1990年代末，随着李子贤先生活形态神话理论建构日趋完善，其学术道路也越走越宽。他的田野足迹已经走出西南，甚至来到韩国、日本。他的问题意识已由什么是活形态神话转向当下的活形态神话怎样调适；由神话的特点、分类问题转向古今中外概莫能外的神话模式是什么，等等。而最主要的改变是以神话为切入点，通过神话系统的比较，探寻由不同族群组成的文化带、文化圈。

从2000年后李子贤先生的论著题目就不难看出这种转向，如《多元文化与民族文学——中国西南少数民族文学的比较研究》《西南少数民族的稻作文化与稻作神话》《“梅葛”的文化学解读》《佤族与东南亚“U”形古文化带——以神话系统的比较为切入点》② 等。在《佤族与东南亚“U”形古文化带——以神话系统的比较为切入点》这篇文章中，李子贤先生将目光由云南拓展到台湾及东南亚地区，勾勒出一个“U”形古文化带，其两端为中国的云南的佤族和台湾原住民，中经中南半岛、印度尼西亚、菲律宾等地。而用以串联这个古文化带的线索就是各地的神话系统。进而李子贤先生又提出这一古文化带的源头或祖地，也许就是云南的佤族聚居区及周边地区。在具体操作上，李子贤先生首先提出在云南范围内佤族的神话系统与其他各民族差异较大，具有其自身的特质，然后通过对台湾原住民以及中南半岛、印度尼西亚、菲律宾等地神话母题与类型的梳理，尤其是对以活形态神话为支撑的猎头习俗的深入探讨，发现这些地区的族群属于同一文化类型即山地旱作文化，而后又将生计模式、民俗生活、宗教信仰等方面的共同文化元素进行比较，最终绘制出这个“U”形古文化带。此外，近年来李子贤先生对彝族兄妹婚洪水神话的研究也有所突破。2007年，李子贤先生来到云南省开远市老勒村进行田野调查，在这个彝

---

① 黄泽、黄静华：《神话学引论》，海南出版社2008年版，第56页。

② 李子贤：《佤族与东南亚“U”形古文化带——以神话系统的比较为切入点》，《思想战线》2010年第2期。

族村寨中，发现了极有可能是我国西南少数民族地区唯一存续至今的兄妹婚“人祖庙”，并且认为这是明代以降彝汉基层文化、民间文化圆融的结晶。[①] 圆融是李子贤先生在2000年后经常使用的一个关键词，特指一种文化与另一种文化碰撞而产生新的文化特质的现象，而神话在两种文化圆融的过程中不仅自身被改变，同时也发挥了衔接、调和等功能。在之后一系列关于彝族兄妹婚洪水神话的探讨中，李子贤先生把神话与始祖信仰相关，并放到彝汉民族关系的历史进程以及东亚格局中进行考察。

正如前文所言，李子贤先生早在1980年代就与日本学术界建立了交流往来联系，他关于文化带、文化圈的研究也部分地受到了日本学界的“照叶树林文化”论、稻作起源等研究的影响。但是他充分利用了云南民族文化的优势以及自己几十年的田野积淀，在民俗学、人类学、宗教学、考古学等多学科交叉运用的基础上，探寻出自己的研究路径。韩国学者金善子认为，“他（李子贤）关于‘活形态神话’和‘文化系统’的研究，是在与闻一多完全不同的层面上抛出了许多现代神话研究的启示点。”[②] 李子贤先生的许多研究基本上都是首先以神话为切入点，对其进行分类、比较以及归纳，然后又将神话还原到宗教信仰、民俗生活、社会经济、民族历史与民族关系中进行考察，而最后往往又会回到神话这个议题。之所以要把神话作为切入点，是因为神话是一个族群文化系统的表征，并且它的表征能力是其他文化事象所无法比拟的，一个族群的神话天然具有对本族文化的解释权与构造力，神话可以作为文化带中不同族群文化相似性分析的质的标准。而最后神话议题的回归，也使得对神话的讨论更为深入。比如在《东亚视野下的兄妹婚神话与始祖信仰》这篇文章结尾，李子贤先生提出，“东亚各国、各民族的兄妹婚神话与信仰民俗，为何既有惊人的相似之处，又各具特色，原因就在于此。笔者认为，这应当是神话学界今后值得深入研究的重要课题。”[③] 李子贤先生对神话的研究是建立在云南文化“多元一体、多源一体、多元共生、多元并存的格局”[④] 的认知基础上的，同样，具体到不同族群的神话，也是“多元共生、多元并存，各具特色”[⑤]。综上所述，李子贤先生的神话研究，突破了文本阐释的固有研究范式，以及单一民族、单一学科理论的限制，将神话还原到其赖以生存的文化生态系统中进行立体的审视，将云南的神话放到东亚、东南亚文化格局中进行更广阔的比较，将神话学与民族史、人类学、宗教学等学科对接进行综合研究。

---

① 李子贤：《彝、汉民间文化圆融的结晶——开远市老勒村彝族“人祖庙”的解读》，《云南民族大学学报（哲学社会科学版）》2010年第4期。

② ［韩］金善子：《通过兄妹婚和人祖信仰来看女娲神话的悲剧性与女娲的新形象》，李子贤：《形态·语境·视野——兄妹婚神话与信仰民俗暨云南省开远市彝族人祖庙考察与研究国际学术研讨会论文集》，云南大学出版社2011年版，第248页。

③ 李子贤：《东亚视野下的兄妹婚神话与始祖信仰——以中国彝族相关神话为切入点》，《民间文化论坛》2012年第1期。

④ 李子贤：《东亚文化格局中的云南文化》，《思想战线》1999年第1期。

⑤ 李子贤：《神话王国诸相——对云南少数民族神话总体特征及存续的解读》，《云南师范大学学报（哲学社会科学版）》2010年第6期。

四　结语

李子贤先生不仅开活形态神话研究之风气，还建云南神话研究之团队，育神话研究之人才。在1980年代云南大学民俗学就形成了一个以李子贤、傅光宇、张福三、秦家华四位先生为主的神话研究学术共同体。2001年又组建彝族梅葛的研究团队，其最后的研究成果《“梅葛”的文化学解读》受到多方好评，并于2009年获得“第九届中国民间文艺山花奖·民间文艺学术著作奖”。1983年李子贤先生开始招收少数民族民间文学研究生，他的神话学思想对后学也产生了全面的影响，云南大学民俗学专业所有教师都有神话学的论著成果，每届研究生的学位论文也几乎都有与神话学相关的题目。李子贤先生的这些研究成果以及田野工作，已经成为云南大学民俗学的优良传统，薪火相传。

至今，李子贤先生已经积累了丰富的学术成果，并获得了国内外的广泛认可。他的《论佤族神话——兼论活形态神话的特征》一文被收入《中国神话学文论选萃》，《活形态神话刍议》一文被收入《二十世纪中国民俗学经典·神话卷》，杨利慧在她编著的教材《神话与神话学》中将《探寻一个尚未崩溃的神话王国——中国西南少数民族神话研究》一书列为中国神话研究范例。在国外，1985年李子贤先生的论文《试论云南少数民族的洪水神话》就被全文翻译发表在日本学术刊物上，并被视为中国“文化大革命”结束后神话研究的动向。[①] 自1987年起，他多次被邀请赴日本进行学术访问，2012年、2015年两次被韩国延世大学邀请，做有关活形态神话的讲演。

先生已年近80岁，但仍笔耕不辍、宝刀不老，新书《再探神话王国——活形态神话新论》即将于2016年7月出版。[②] 这本书囊括了李子贤先生近年来的神话研究成果，与1991年出版的《探寻一个尚未崩溃的神话王国——中国西南少数民族神话研究》一脉相承，但是，“再探”并不是对过往研究的重复，李子贤先生近年来的研究在田野资料、理论、方法上都有所更新。另外，这两本书的书名都为“探寻神话王国”，实际上李子贤先生一直在努力探寻着一条少数民族神话的研究路径，从开始的并无现成之路可循，到现今一系列具有典范意义的成果呈现给神话学界。同时，在孟慧英、杨利慧等学者的共同努力下，这条路径已日渐宽广。但是，当下的活形态神话出现了许多新景象，一些理论问题还值得继续深入探讨，所以，还需要更多的研究者进行活形态神话的田野调查与研究。

本文是通过笔者的理解，对李子贤先生的神话研究进行一番解构—建构的操作，在这个过程中，笔者自知才疏学浅，无法完全用精炼、精确的话语表述出李子贤先生真正的神话学思想。所以，本文只能算作是笔者学习先生思想的感悟与笔记。最后用先生自己的一句话结尾，这也是他的学术历程的真实写照：“学术的生命在于不断地超越与创新。”

［原载《长江大学学报（社会科学版）》2016年第5期］

① ［日］山田宗睦：《日本·中国（西南少数民族）神話の比較研究の》，《自然·人間·社会第6号》，《関東学院大学経済学部教養学会》1985年版，第113页。

② 李子贤：《李子贤学术文选——探寻一个尚未崩溃的神话王国》，云南人民出版社2015年版。

那木吉拉：少数民族神话研究

王宪昭

初次结识那木吉拉教授缘于十多年前的一次阿尔泰语系神话学会议，当时的印象是一位气质儒雅的谦谦君子。此后，在不断的交往中越来越清晰地感受到他对学术的热情、执着与坚守。他在中国少数民族神话特别是北方阿尔泰语系诸民族神话研究中殚精竭虑，在通往神话学神圣殿堂的征途中奋力前行，最终以骄人的成果铺垫出一个少数民族神话学家的成功之路。本文试图对那木吉拉的少数民族神话研究历程及学术建树做些简单的回顾与反思，以期对少数民族神话研究者和有志者有所启迪和鼓舞。

一　独具慧眼的神话学研究视野

少数民族神话对许多读者甚至一些学者而言，可以说并不是一个非常明确的概念。中国少数民族神话研究与其他人文学科相比，也是一个晚近时期才发展起来的新兴学科。尽管许多学者对少数民族神话熟视无睹或不甚关心，但它却是中国神话学建设的重要一翼，也是中国文化研究，特别是中国少数民族文学研究的不可分割的有机构成。

那木吉拉丰富的成长经历锻炼出其优良的学术素养。《孟子·万章下》中说："颂其诗，读其书，不知其人，可乎？是以论其世也……"同样的，"不知其人"，则"难论其事"。那木吉拉1954年出生于内蒙古库伦旗一个传统的蒙古族家庭，早期接受的是蒙古族传统文化，使用的是蒙古族语言。他1978年考入作为中国少数民族学术精英摇篮的中央民族学院（今中央民族大学）少数民族语言文学系，本科毕业论文题目为《蒙古神话研究》。1982年毕业并留校任教，同年考入本校少数民族语言文学系攻读硕士学位。1994年晋升副教授并被遴选为硕士生导师，1996年开始培养蒙古古代文学研究方向硕士研究生。1997年在中央民族大学师从满都呼先生攻读博士学位，主修蒙古族神话，其间由学校选派赴日本圣德学园大学研修一年，博士毕业论文题目为《蒙古神话的比较研究》。2001年晋升为教授。2003年赴蒙古国立大学从事为期3个月的学术交流与教学工作，2003年底被遴选为博士生导师。2004年作为中国政府派遣研究员赴日本千叶大学文学部从事科学研究一年。宝剑锋从磨砺出，梅花香自苦寒来。通过那木吉拉学术成长经历不难发现，一个成功学者不仅要有丰富的阅历，更需要在不断探索中不改初衷，孜孜以求。

那木吉拉的学术研究经历了三次理念提升与四次学术转型。纵观那木吉拉的学术成长经历和阶段性研究成果，他的治学理念有如下三次提升：一是从对一般少数民族文学基础的把握到选择蒙古族神话研究作为学术方向；二是以蒙古族神话研究为基础，扩展到阿尔泰语系诸民族神话研究；三是将阿尔泰语系诸民族神话研究扩展到整个中国少数民族神话以及国外相关神话研究。这种学术实践外延的不断扩大，可以大致归纳为如下四次成功的学术转型。

第一次转型由宽泛的少数民族语言文学专业学习聚焦到蒙古族文化研究，主要发生在20世纪80年代初到90年代初。那木吉拉作为一位长期受到蒙古族文化滋养的本民族学者，自觉肩负起学习和研究蒙古族文化的责任。他早期涉猎的研究领域主要是蒙古族古典文学及传统经典文化，除发表《早期探马赤军职司考辨》（《民族研究》1992年第1期）等多篇蒙古族文化考证性论文外，还出版了《成吉思汗札撒与必里克》（内蒙古文化出版社1989年版）、《中国元代习俗史》（人民出版社1994年版）等专著，为此后的神话学研究打下了良好的学术基础。

第二次转型是由蒙古族文化考证与研究进入蒙古族神话的比较研究和北方民族神话的类型比较研究。此阶段蒙古族神话包括中国蒙古地区搜集的神话文本和蒙古国、俄罗斯联邦布里亚特共和国的布里亚特、俄罗斯联邦卡尔梅克共和国的卫拉特蒙古神话。那木吉拉针对这些神话的比较研究相对薄弱的现状知难而进，先后发表了多篇蒙古族神话研究论文，如《蒙古神话和英雄史诗中的印度日蚀月蚀神话影响》（《民族文学研究》2001年第2期）、《蒙古族神话中的腾格里形象初探》（《西北民族研究》2001年第2期）、《蒙古神话与佛教文化关系研究概述》（《内蒙古民族大学学报》2001年第1期）、《蒙古族北斗七星神话比较研究》（《中央民族大学学报》2001年第6期）、《蒙古族洪水神话比较研究——以〈天上人间〉和〈猎人海力布〉为中心》（《中央民族大学学报》2002年第3期）等，并出版了蒙古文专著《蒙古神话比较研究》（民族出版社2001年版）。

第三次转型是由蒙古族神话研究扩展到阿尔泰语系诸民族神话比较研究。主要标志是2002年立项的国家社会科学基金重点课题“中国阿尔泰语系诸民族神话比较研究”。阿尔泰语系诸民族是从语言角度对相关民族的属性分类，主要涵盖了突厥语族民族、蒙古语族民族和满—通古斯语族民族。这些民族由于语言方面的共性而存在诸多文化因素的相近与关联，特别是在神话主题与母题方面形成了相对集中与相互影响的神话文化圈。以此为前提，那木吉拉将阿尔泰语系诸民族神话视为北方民族共同文化土壤里生长的一棵整体性的文化之树，通过与相关民族或国家的神话进行比较，进而揭示出阿尔泰语系诸民族神话的共同点与差异性。那木吉拉在这一时期进一步自觉地将蒙古族神话研究纳入阿尔泰语系诸民族神话宏观研究之中，既有由点到面的观照，也有从学理到个案的演绎与分析，最终覆盖了整个阿尔泰语系诸民族神话比较研究。此期的《狼图腾——阿尔泰兽祖神话探源》（民族出版社2009年版）、《中国阿尔泰语系诸民族神话比较研究》（学习出版社2010年版）等，都堪称精品力作。

第四次转型是由阿尔泰神话比较研究扩展为中国少数民族神话整体研究。这次转型可以以那木吉拉2007年立项的国家社会科学基金项目“中国少数民族神话比较研究”为标志。该项目历时5载，对南北方两大神话系统进行比较，在全面探讨三个语系诸民族神话各自特点的同时，追溯了诸民族神话的原初形态及其历史文化意义，并解释了中国南北少数民族神话文化的共性与个性的成因。那木吉拉的研究动态显示，他在中国少数民族神话比较研究的基础上，将汉族和55个少数民族神话全方位研究以及中国满—通古斯语族民族神话的跨国比较研究列为重点攻关课题。

当然，任何学术界限和研究历程的划分只能是笼统的、相对的，在不同的学术阶段，其他相关研究也会自然开展。但通过上面的四次成功转型，我们已看到一位少数民族神话学学者从立足乡土，到一步步走向中华各民族乃至放眼世界的学术发展轨迹，看到一个有责任的神话学学者的战略眼光与博大胸怀。

二 不拘一格的神话学研究方法

神话学研究方法名目繁多，众说纷纭。其中既有本土的传统方法，也有可以攻玉的他山之石。鉴于神话内容的博大精深与形式的复杂多样，在研究界曾出现哲学方法、人类学方法、历史学方法、语言学方法、心理学方法等，若进行细分又有比较研究、结构研究、原型研究、母题研究、功能研究、仪式研究，等等。任何一种工具与方法是否实用与适用，关键取决于具体对象。那木吉拉在少数民族神话研究，特别是北方民族神话研究中的方法论实践，也许会给我们提供一些启迪。

（一）神话比较研究

比较研究是少数民族神话研究领域最为常见的研究方法，兴起于19世纪末和20世纪初的比较文学学科，主要是对两种或两种以上民族文学之间相互作用及其过程的有关问题进行探讨，也可以涉及文学与其他文类或意识形态的关系研究，包括影响研究、平行研究和跨学科研究等。比较研究在少数民族神话学术发展中占有重要地位，如早在20世纪早期，茅盾以玄珠笔名发表的《各民族的神话何以多相似》（《文学周报》1928年第5期）、钟敬文《南蛮种族起源神话之异式》（《艺风》1935年第3卷第4期）等，均通过比较，揭示少数民族神话的民族特色。至今，这种研究方法仍被少数民族神话研究者作为最便利的公器之一。正如那木吉拉所提出的“中国少数民族神话的比较研究经历了自然状态下的比较研究和现代神话学理论指导下的比较研究两个阶段，第二阶段比较研究成果主要是在少数民族神话之间的比较，少数民族神话与汉族神话之间的比较，少数民族神话的多角度、多层面的比较和少数民族神话与国外民族神话之间的比较等领域或范围内进行。”①

在那木吉拉的神话比较研究中，不仅有单一少数民族神话类型的比较研究、少数民族神话之间的比较研究、不同语系民族神话的比较研究、不同类型神话的比较研究，也有少数民族神话与汉族神话的比较研究、中外民族神话的比较研究等。如《蒙古神话比较研究》（民族出版社2001年版）一书，通过比较文学和比较故事学的理论和方法，全面考察了蒙古神话和佛教神话以及信仰佛教的相关民族与国家神话之间的联系，探讨了蒙古神话如何通过佛教文化的媒介接受外部文化的影响，以及蒙古神话接受影响之后发生演变的轨迹。浏览那木吉拉的学术著述目录不难发现，许多成果题目都直接冠以“比较”之名，以2005—2006年发表的论文为例，就有《蒙古神话与佛教神话比较研究》（《内蒙古民族大学学报》2005年第1期）、《中亚狼和乌鸦信仰习俗及神话传说比较研究——以阿尔泰语系乌孙和蒙古等诸族事例为中心》（《中央民族大学学报》2006年第4期）、《东北亚月亮阴影神话比较研究——以阿尔泰语系诸民族与阿伊努族事例为中心》（《长江大学学报》2006年第6期）等多篇作品。再如，《蒙古族北斗七星神话比较研究》（《中央民族大学学报》2001年第6期）采用的是单一民族的同一类型间的比较研究，而《蒙古神话和英雄史诗中的印度日蚀月蚀神话影响》（《民族文学研究》2001年第2期）则属于中外神

① 那木吉拉：《中国少数民族神话比较研究综述》，《湖北民族学院学报（哲学社会科学版）》2011年第6期。

话比较范畴。正如神话学家叶舒宪在近期出版的《中华文明探源的神话学研究》一书中，针对如何揭示神话的文化大传统价值时所提出的，“将比较神话学视角引入文明探源研究，能够在理论和方法两方面获得创新契机。其实际意义在于，改变人们通常对神话的偏见与误解，让比较神话学发挥跨学科多角度整合的优势，成为解决古史的传说时代若干重要疑点和难点的突破口。”① 在这个方面，那木吉拉可以算得上一位不遗余力的践行者。

（二）母题研究方法

在那木吉拉的神话研究中，母题分析方法占据着重要地位。如果细心阅读那木吉拉的学术成果，就会发现，无论是神话研究著述，还是一般性的学术论文，对于母题分析法的使用都已做到信手拈来的程度。如《蒙古神话比较研究》一书，在具体母题分析的基础上，将蒙古神话与北方阿尔泰语系诸民族以及信仰佛教民族的神话进行比较，通过一系列母题数据阐释了蒙古神话在发生学方面因受外部影响而发生的变化和演绎情况，从而揭示出蒙古神话的民族个性及其本质特点。这种母题研究方法在多篇学术论文中都得到广泛运用，如《阿尔泰语系民族和日本“不死水”神话比较研究》（《内蒙古师范大学学报》2012 年第 4 期）一文中，通过比较蒙古、哈萨克等阿尔泰语系民族民间传承的“不死水”神话以及蒙古文《苏勒哈尔乃传》（Sulharnai yin tuuji）所载“不死水”神话与日本同类型神话之间的相通性，阐释了阿尔泰语系民族和日本“不死水”神话母题与非洲一些民族“死亡”起源神话母题之间的共性，认为“阿尔泰语系诸民族与日本神话文化的一致性可能是民族迁徙或民族间文化交流的结果。日本和美索布达米亚族神话的一致性也可以民族间的文化交流来解释。至于阿尔泰语系民族、日本‘不死水’神话与非洲死的起源神话之间母题相通性是以平行发生论来解释。”同样，他的《“盗食”与“长生”：一个东方神话母题的比较研究》（《中央民族大学学报》2011 年第 4 期），在对具体母题进行分析的基础上，提出“盗食”与“长生”母题的三种形态分属于巴比伦神话系统、古印度神话系统和我国汉族飞天神话系统，并且三种形态的神话母题之间存在相通之处，构拟出母题比较的开放性框架。从某种意义上说，“母题”方法可以通过对母题数据的“量”的分析，进一步强化对不同神话作品的“质”的比较。特别是那木吉拉在阿尔泰语系诸民族的神话比较研究中，“‘母题’比较的应用，利用母题作为分析元素的典型含义和结构功能的相对稳定性，把它作为神话叙事比较的基本分析单位，从这个基本元素入手对不同的神话进行梳理识别，进一步洞察各民族神话发生、发展和变化的轨迹，多角度分析各民族间相同母题的关系，找出各民族神话的文化共性或差异，进而实现对阿尔泰语系诸民族原始神话的深入探讨。”② 那木吉拉的大量神话学研究实践，有力证明了母题方法的开放性及其在多民族神话比较研究中的实用性。

（三）其他研究方法

那木吉拉在神话研究中根据具体的研究对象，往往会采用不同的研究方法。如原型分析法，《阿尔泰语系诸民族月亮斑痕神话比较研究》（《中央民族大学学报》

① 叶舒宪：《中华文明探源的神话学研究》，社会科学文献出版社 2015 年版，第 12 页。

② 王宪昭：《一部中国神话研究的精品力作——评〈中国阿尔泰语系诸民族神话比较研究〉》，《内蒙古民族大学学报（社会科学版）》2010 年第 5 期。

2003年第3期），分析了阿尔泰语系赫哲、蒙古和柯尔克孜等民族中流传的母题情节基本相同的月亮斑痕神话，并以这些神话中的诅咒语言巫术以及月亮攫去小女孩或小媳妇的母题为切入点，探寻了阿尔泰语系诸民族月亮斑痕神话原型以及奔月神话向变月神话的演化。在《东北亚月亮阴影神话比较研究——以阿尔泰语系诸民族与阿伊努族事例为中心》（《长江大学学报》2006年第6期）一文中，将东北亚地区分布的阿尔泰语系诸民族与阿伊努族中所流传的月亮阴影神话划分为“祈求型”“攫取型”和“惩罚型”等三个类型，并以此为基础得出三者来自“月亮阴影”神话原型。《额尔古涅—昆传说的神话原型——蒙古、突厥语民族狼图腾神话传说探讨》（《中央民族大学学报》2005年第1期）则应用原型分析方法，认为额尔古涅—昆传说中的“捏古思”是从蒙古语的“犬”的复数发展而来，可以用“赤那思”置换；乞颜或乞牙惕之名则与史籍中频繁出现的“独角兽”等以及古代波斯神话传说中的动物有关，并属于动物图腾之名。《“符离之窟”与“额儿古涅—昆”——阿尔泰语系突厥、蒙古语族先民隧穴信仰探讨》（《黑龙江民族丛刊》2005年第1期）以《周书》等汉文书籍所载古代突厥语族民族狼救助始祖神话传说中的“符离之窟”和拉施特《史集》所载《额儿古涅—昆传说》中的“额儿古涅—昆”之间存在着相通性为例，论证了神话传说所描述的“符离之窟”和“额儿古涅—昆”的原型为山中自然隧穴。这类研究从特定视野直入神话意象的文化本质。

考据学与历史学方法在那木吉拉少数民族神话研究中也得到运用。如《成吉思汗“纪念陵”传说考证》（《内蒙古社会科学》2001年第5期），针对17世纪成书的《黄金史纲》等几部蒙文史书记载的成吉思汗“纪念陵”，以蒙文史籍和蒙、藏民间文学资料为依据，以母题为切入点进行考证，得出史书关于成吉思汗“纪念陵”的记载并不真有其事，而是使用了相关神话母题所虚构的一则民间传说故事。同样，他的《成吉思汗降伏“十二歹汗”传说研究》（《西北民族大学学报》2011年第5期）一文，则在全面考证的基础上，认为成吉思汗降伏“十二歹汗”传说是以佛教为媒介，接受一代藏王聂赤赞普镇伏诸魔和“十二夜叉小王”传说影响而产生的，而佛教史学家把蒙古人的成吉思汗崇拜和佛祖释迦牟尼信仰统一起来，把成吉思汗塑造成佛祖派往凡界降伏“歹汗”为民造福的“圣主”，就是该传说产生的思想认识基础。《“雕戈蒙豹尾，红旆插狼头”——古代突厥语族民族狼头纛考述》（《内蒙古师范大学学报》2010年第5期）通过论考汉籍所载古代突厥语族民族立狼头纛仪式及与之相关的历史事迹、文化史图鉴、民族壁画等，证实了古突厥民族历史上的立狼头纛仪式的史实，认为该仪式实为氏族社会时期初民狼图腾崇拜文化的遗留。

民族学与宗教学方法的合理运用。如《论元代蒙古人摩诃葛剌神崇拜及其文学作品》（《中央民族大学学报》2000年第4期），应用民族学、宗教学方法，阐释了元代蒙古统治集团笃信藏传佛教萨迦派，并以该派高僧为“国师”“帝师”，摩诃葛剌便成为他们的保护神的来龙去脉；《蒙古族神话中的腾格里形象初探》（《西北民族研究》2001年第2期），则用宗教学理论探讨了自佛教在蒙古地区传播之后，古代蒙古人顶礼膜拜的神祇腾格里以及众腾格里之主孟克·腾格里在蒙古族神话叙事中发生的一些变化。

此外，在那木吉拉的《中亚狼和乌鸦信仰习俗及神话传说比较研究——以阿尔泰语系乌孙和蒙古等诸族事例为中心》（《中央民族大学学报》2006年第4期）、

《“四十”与柯尔克孜族源传说——兼论古代北方民族数文化》（《民间文学论坛》1997年第1期）、《犬戎北狄古族犬狼崇拜及神话传说考辨》（《民族文学研究》2008年第2期）等作品中我们还可以看到民俗学、人类学等研究方法。那木吉拉在少数民族神话研究中对多种方法的大胆尝试与自觉运用，彰显出一个神话学家的科学精神与不懈追求。

三　独树一帜的神话学研究成果

桃李无言，下自成蹊。那木吉拉以其厚积薄发的沉稳学风，在少数民族神话研究的沃土中潜心耕耘已40余年，其成果以蒙古族神话为核心，以阿尔泰语系诸民族为重点，兼具中国各民族神话的总体观照，用回春妙手书写出少数民族神话研究的华丽篇章。

（一）学术创新

一个学者的学术生命力不仅在于其成果的数量，更依赖于其成果的质量。而质量评价的重要维度之一，就是对本学科学术研究的推动与创新。那木吉拉的许多创新源于他的质疑精神，如《狼图腾——阿尔泰兽祖神话探源》（民族出版社2009年版）提出，“龙图腾”是从狼图腾演变而来、“中华第一龙”为“狼龙”说质疑，“突厥以狼为母系之始祖”等诸说质疑，“狗国”神话在突厥语族民族中的传承，“狗国”神话在契丹、蒙古等民族中的传播，北南“狗国”神话的差异等，这些新观点融会了作者的学术质疑。而更多的创新则表现在对少数民族神话知识体系的自觉建构。知识体系建构主要表现在两个方面。一方面，是对少数民族神话研究的明确的目的性，即上面所说的从蒙古族神话到阿尔泰语系神话，再到中国各民族神话的逐级扩展，如投石击水由点到面层层延伸。更可贵的是，在神话研究对象延展的同时，却保持了不竭的原动力，既有神话研究理念的不断反馈，又有研究广度和深度的同时增强，因此在少数民族神话研究的学理创新方面呈现出不断攀升的趋势。另一方面，那木吉拉对少数民族神话知识体系的建构还表现在对少数民族神话多种类型的研究广度与兼容并包。尽管中国神话学已有一百多年的历史，但由于主客观条件的限制，主体上对汉族典籍神话的研究一直占据主导地位，而对数量巨大、形式多样、生态纯朴的少数民族神话，特别是晚近时期采集的民间口传神话的关注，远远没有达到应有位置。那木吉拉的著述中涉及了创世神话、人类起源神话、万物释源神话、动植物神话、洪水神话、争战神话、文化发明神话等绝大多数神话类型，这不能不说是当今中国神话学中一个窥豹的窗口。通过这个窗口，一系列少数民族神话类型尽显眼前，如《蒙古创世神话的佛教神话文化影响》（《内蒙古民族大学学报》2003年第6期），探讨了蒙古族创世神话受到的外部神话的影响；《阿尔泰语系诸民族树生人神话比较研究》（《西北民族研究》2009年第3期），探讨了人类起源神话中典型树生人母题的古老性和原发性；《蒙古族洪水神话比较研究——以〈天上人间〉和〈猎人海力布〉为中心》（《中央民族大学学报》2002年第3期），探析了中外洪水神话的内在关系；《阿尔泰语系诸民族图腾神话形态追寻》（《百色学院学报》2013年第1期），阐释了突厥语族、蒙古语族、满—通古斯语族民族图腾救助始祖的神话、雌性图腾动物与男性成婚神话以及雄性图腾动物与女性成婚神话中所体现的氏族社会时期的原始文化内涵。

（二）学术贡献

那木吉拉对少数民族神话研究的主要

贡献凸显在国家社会科学基金三大课题与民族神话比较研究著作“三部曲”方面。其中三大课题主要是国家社会科学基金项目“中国阿尔泰语系诸民族神话比较研究”（2002）、“中国少数民族神话比较研究”（2007）和“中华各民族神话比较研究”（2015），此外，相关课题还有中央民族大学学术著作出版基金资助项目“狼图腾——阿尔泰兽祖神话探源”（2009）、全国少数民族优秀图书资助项目“蒙古古典文学研究——以蒙古族及北方民族历史文化为背景”（2010）、中央民族大学“985工程”资助项目“阿尔泰神话研究回眸”（2010）等。这些课题的精华或前期积累更集中地反映在他的颇具代表性的神话比较研究三部曲中，分述如下。

一是《蒙古神话比较研究》。该书作为单一民族神话研究，“是我国第一部比较研究蒙古族神话的学术著作。它把蒙古族神话置于佛教文化传播的历史背景上，观察蒙古神话与相关国家或民族神话的异同，追寻蒙古神话的特色，提出诸多独到见解，在蒙古神话研究领域内产生广泛影响。”①

二是《中国阿尔泰语系诸民族神话比较研究》。该书是基于比较研究学基础上的学术成果，兼及中国阿尔泰语系诸民族神话中的开天辟地神话、动物图腾崇拜神话、日月星辰神话、天神信仰神话、人类起源神话、洪水神话、物种起源神话、动植物神话、盗火与文化英雄神话等十大典型神话类型，全面考察了阿尔泰语系突厥语族、蒙古语族、满—通古斯语族民族神话，形成多民族神话多层次、全方位的比较系统，廓清了中国北方各民族古老文化在发生学上的同源性以及后来神话传承与流变的轨迹。该书明确提出，现今阿尔泰语系诸民族神话是从一种原始神话演化而来，因此阿尔泰语系诸民族神话母题之间存在很多契合，在一定程度上探知了阿尔泰语系诸民族神话的原型因子。

三是《中国少数民族神话比较研究》。该成果在全面搜集神话文本材料和语境资料的基础上，对南方汉藏语系少数民族神话、南亚语系少数民族神话和阿尔泰语系诸民族神话进行多维度比较，探讨各民族神话的发生、发展变化的轨迹及其各自的特征。在具体研究中突破了以往孤立、封闭式的研究模式，运用比较神话学、比较故事学、比较文学的理论和方法，并交叉运用历史比较语言学、历史学、考古学、民间文学、宗教学等多学科理论和方法，对中国少数民族创世神话、人类起源神话、图腾神话、洪水神话、天神信仰神话、日月神话、文化英雄神话等 7 大类型进行了全面系统的比较研究，形成少数民族神话之间的比较研究、少数民族神话与汉族神话比较研究、少数民族神话与国外相关民族神话比较研究等数个板块，以宏大的研究视域，将各民族神话的宏观研究与微观研究有机统一起来，为时人全面了解与认知中国少数民族神话提供了可资之鉴。

（三）学术展望

那木吉拉关于少数民族神话特别是北方少数民族神话的研究成果，如神奇的宝囊中不断流出的美酒甘泉，给读者带来挥之不去的记忆和体验。这些学术成果获得的多项奖励与证书以及不断增长的引用率，也很好地证明了它的价值和广泛影响。特别是阿尔泰语系诸民族神话相关学术成果，不仅开辟了阿尔泰学研究的新空间，也带动了阿尔泰学其他研究课题的介入与发展。此外，那木吉拉还以自己的实际行动和多

① 中央民族大学科研处：《那木吉拉教授简介》，《中央民族大学学报（哲学社会科学版）》2007年第1期。

种方式积极推动着少数民族神话在业界的影响，如在少数民族神话的专题性资料学建设方面，其主编的《阿尔泰神话研究回眸》（民族出版社 2011 年版）收入不同学者的 55 篇论文，按照神话的语族分为阿尔泰神话综合研究、突厥语族民族神话研究、蒙古语族民族神话研究、满—通古斯语族民族神话研究、朝鲜族神话研究等 5 个单元，勾勒出阿尔泰语系诸民族神话研究史的脉络，为今后深入探讨阿尔泰语系诸民族神话提供了一个很好的平台。

毫无疑问，中国少数民族神话作为中华民族不可再生的非物质文化遗产，正在引起人们的极大兴趣与广泛关注。在少数民族神话研究正攻坚克难走向繁荣的大背景下，有这样一位著述等身的少数民族神话研究专家，无疑是令人欣慰的。他独辟蹊径的学术见地令人钦佩，他勤耕不辍的学术精神令人鼓舞，他不断延伸的少数民族神话研究之路令人深受启迪。欣闻那木吉拉教授目前正全身心投入到中华各民族神话比较研究的新征程中，神话梦，中国梦，老骥伏枥敢为人先，既然他再一次扬帆启程，我们相信，几代学人精心培育出来的中国少数民族神话研究的百花园，一定会因为有了他的浓笔重彩而变得更加美丽！

［原载《长江大学学报（社会科学版）》2016 年第 1 期］

朝戈金：开创中国民族史诗研究新局面

王佑夫

中国有众多民族史诗群，蒙古族的《江格尔》、藏族的《格萨尔》和柯尔克孜的《玛纳斯》则堪称世界之最。但自1920年以后民间文学研究在中国兴起，学界几乎一直忽视了口头文学有别于书面文学的特征及其独特的诗学规律和审美价值，多数学者从经典的教条出发，局限于文本，没有将口传史诗作为口头传承的民俗事象来研究；对民间文学学科归属中的中国史诗的研究理论与方法基本上采用民间文学的一整套模式，通过田野中调查搜集整理记录史诗口头文本，再回到案头就文本研究文本，忽视了口头文本的演述语境。而且学术研究和民族意识、国家意识形态相互混淆。在这种背景之下，我国一些青年学者从20世纪90年代中期开始致力于引进和介绍口头程式理论。他们梳理了口头程式理论的学术史背景、核心概念和研究方法，并运用于我国少数民族的活形态史诗的研究，开创了史诗诗学的新局面。口传诗学对口头传统的再发现使得中国学者主动地以一种新的学术思想、方法和研究范式来反思史诗研究。史诗研究也逐渐从主要依靠书面文本转向了口头文本的创编与演述。在以口头文本分析为主的口头程式理论引进后，中国史诗研究逐渐深入到史诗演述语境，结合对史诗歌手的实地调查与田野民族志的撰写展开的史诗研究新范式逐步确立。这才真正体现出了我国口承史诗的“活形态”特征。

1

在口头程式理论引进过程中，蒙古族学者朝戈金是其中的主要代表之一，他与欧美学者交流学习，引进并翻译了口头程式理论的经典著作。他也是国内最早把口头程式理论运用于蒙古史诗口头研究与程式语法分析的史诗学者。如果说朝戈金与关纪新合著的《多重选择的世界——当代少数民族作家文学的理论描述》是他早期对我国少数民族作家文学与民族文学理论等书面文学研究的理论探讨，那么他的《口传史诗诗学：冉皮勒〈江格尔〉程式句法研究》则是以蒙古族英雄史诗《江格尔》的口头程式研究为出发点对口头诗学理论的一次开掘。

多年以来，朝戈金在新疆、内蒙古等地进行多次田野作业，调查民间口头艺术样式。他对于引进和实践“口头程式理论”，有首倡和大力推进之功，并在史诗研究领域及相关领域做出了重要贡献。他力倡从事口头文学研究的学者，反思和检讨从民间口头文学和作家书面文学简单对立的意识层面出发、套用书面文学的研究理论和方法研究口头文学的弊端，倡导一种以口头文学本身的内在规律和特征为本，重新辨析和归纳口头文学的演述特征、诗学法则和美学价值的研究取向；在研究切入点上，他提醒研究者警惕从总结自书面文学的套路和术语体系出发以分析作家作品的内容、人物塑造方法和艺术表现手法等路数观照民间文学的老路，他主张实践一种聚焦于口头传统的演述、创编和传承等基本特征的观察、分析和阐释。

作为口头程式理论的引进和倡导者，朝戈金比较系统地翻译和介绍了口头程式理论，进而结合自己所熟悉的蒙古口头文学，尤其是口传史诗的本土学术优势，在创造性地运用口头程式理论的程式概念和表演中的文本分析模型的基础上，对蒙古口传史诗文本进行了语文学和诗学分析。其专著《口传史诗诗学：冉皮勒〈江格尔〉程式句法研究》是引进和吸纳口头程式理论、重新审视口头传统和演述文本的一次新的系统性反思。其中对史诗研究术语进行规范的努力，对诗行进行频密度统计、程式句法和韵式、步格和平行式的解析等，尤其是他结合蒙古语韵文的句首韵和“元音和谐律”特征进行的诗句排列和重组，是很有意义的尝试，也代表了中国少数民族口传史诗口头特征和诗学法则研究的水平。

《口传史诗诗学》一书的理论构建，主要是参照了国际民俗学界晚近盛行的“口头程式理论”“民族志诗学”和“演述理论”三大学派的理论。按照朝戈金自己在书中的阐释，“口头程式理论”又叫作“帕里—洛德理论”，是由两位北美学者基于口传史诗研究及相关田野调查而发展起来的一套分析口头传统的理论，该理论反复强调史诗的文本与语境的关联以及强调对史诗的整体把握，强调史诗演述的现场“创编”等。它长于在人类学调查的基础上，通过运用语文学的分析，基于对古典口头传统的深湛理解，确立口传史诗分析的样板和模型，方法严密，论证周详；而“演述理论”与“口传程式理论”有一定连带关系，它是在深入理解口头演述行为及诸要素的基础上，形成的关注演述行为的解析方法。“民族志诗学”则通过对本土诗歌传统的多方面考察，通过强调文化解读的本土立场和范畴，尝试建立跨文化的诗歌理解、翻译和欣赏的可能性。

借用以上理论，朝戈金在书中重新界定口传史诗的文本属性。朝戈金在着手史诗文本解析时，另辟蹊径，力避运用书面文学的研究范式去研究口头文学。他以口头文学本身的内在特征为出发点，重新思考口头文学的文本属性。他以《江格尔》为例，将文本归纳为转述本、口述记录本、手抄本、现场录音整理本和印刷文本五种类型。学界对口头文学的特殊属性认识得不够充分，没有注意区分不同类型文本之间的差异，在文本研究的基础环节上，出现了一些认识模糊之处。朝戈金对口传史诗文本的界定强调口头史诗的“创编”问题以及文本与语境的关联问题，而且从“书面文学研究的出发点”提出活形态口传史诗没有“权威本”或“标准本”的观点，指出通过对活形态民间史诗演唱的把握来界定每一次具体的演唱文本的科学性，阐述“一般的歌”（A song）与“特定的歌”（The song）之间的关联。

歌手每次特定的演唱既不是完全靠记忆进行复诵，也不是在每次演述时都要彻底创新，而是演述惯制允许演唱在一定限度之内发生变异，只是歌手本人并不见得能够意识到这点。关于文本与语境的关联这一问题上，朝戈金强调，口头史诗的文本不仅是传统中的文本，而是具有表演语境中的文本，它本身就是口头传承的一个组成部分。《江格尔》作为民族口传叙事史诗，自然也没有“权威本”。它的口头属性决定了它不同于书面文学，不过一经文字出版，进入流通和阅读，大体上就固定下来了。“活形态的口头文学传统，是随时处于变动之中的，因为产生了不同的异文。”[①] 总而言之，需“以传统为本”。以传统为本的意思，是说将口头诗歌传统的特征与该传统的批评模式相结合。[②] 每一次所演述的文本，终究不能脱离传统的主题和程式。但另一方面，每一次演述，又是一次创新，口传史诗文本的含义，又总是会溢出文字的限定范围，并不断在表演——创作——流布的文本运行过程中游移不止。

对于程式的阐释，作者参考与借鉴的是帕里的定义，即程式是在相同的步格条件下，常常用来表达一个基本观念的词组。程式是具有重复性和稳定性的词组，它与其说是为了听众，不如说是为了歌手——使他可以在现场表演的压力之下，快速地流畅地叙事。在不同的语言系统中，程式可能具有完全不同的构造。蒙古史诗开篇语和结束语、关于特定人物的修饰语、关于马匹的描述、关于英雄的牧场、宫殿及其妻子美貌的描述、关于英雄对手及其妻子的描述、关于英雄与其对手的肉体搏斗和射箭比赛行为的描述，都运用着大量的重复词语和诗句。蒙古史诗无论是主题、故事模式和叙述词语以及演唱韵律都是高度程式化的。《口传史诗诗学》从口传史诗的即兴演述和创编规律出发，选取来源于卫拉特蒙古口头传统的史诗文本——冉皮勒演唱的《铁臂萨布尔》作分析的样例，对史诗文本中关于人物、马匹、器物和特定场所等的程式进行了精细的诗学和语文学分析，阐释了蒙古史诗高度程式化的特点及其口传诗学法则。

2

对于朝戈金的《口传史诗诗学》，国内资深专家给予了高度重视，中国社会科学院学部委员杨义评价到，该著“确立口传史诗诗学范畴，并从事相应研究的，这在国内还是首次”。书中所涉及的口头诗学基本理论问题，是作者以多年的史诗田野作业和理论思考为基础，并广泛参照国际上晚近的史诗学理论成果总结出来的，“具有相当的理论价值”和“开拓意义”。荣誉学部委员郎樱也这样评价：该专著对于活态史诗“口承性”的把握，对于史诗文本基本类型与属性的分析，对于“表演中创作”的阐释，“精当而有创见”。结合二位学者的评价以及对原书的分析，我们不难发现本书的几点创见。

其一，在借鉴国际上晚近的史诗学研究成果的基础上，结合中国史诗传承的特点，初步建立了中国史诗学的术语体系。这项工作已经得到了多数学界同人的认可。其二，尝试实践了将特定史诗文本在田野中再认证的工作。这样就使得一些原本已经“脱离”了演述场域的文本，重新部分地获得了来自语境的支撑。其三，关于程式句法的分析和总结，既是经验性的，也是学理性的。体现了作者的理论素养和直接的田野经验及其所具有的文学和民俗学学术训练的背景。其四，对蒙古诗歌句法的精细分析，是创造性地化用西方诗歌韵律分析手段的成果尝试。其五，通过对口传诗歌的分析，将研究的归旨放在诗学理论建设上，强调“口头诗学”的建构，是朝戈金近年著述的一个侧重点。

我国已故民俗学泰斗钟敬文先生生前在为该书所作的序言里说，朝戈金将史诗从根本上纳入到了口头传统的民俗学视野来加以重新审视，“从这一个角度上讲，

① 朝戈金：《口传史诗诗学：冉皮勒〈江格尔〉程式句法研究》，广西人民出版社2000年版，第106页。

② ［美］约翰·迈尔斯·弗里：《口头诗学：帕里—洛德理论》，朝戈金译，社会科学文献出版社2000年版，第208页。

这一专著一改以往史诗研究的惯有路线，在活形态的史诗演唱传统正在逐渐消失的实际中，从文本分析入手，通过引证大量的实例，去探查和树立文本背后的口头传统”。他还指出，史诗研究一方面要立足于本土文化去探究建设中国史诗学的一些基本理论问题，另一方面，要在方法论上尝试并倡导一种可资操作的实证研究，通过个案分析以支撑大幅度的理论探索。可以说，“这两方面的学术初衷，通过朝戈金精审深细的论证和分析，成功地体现为这部即将面世的专著。”①

3

朝戈金的口传诗学理论思考，还集中体现在他的两个长篇专文中，一篇是《口头诗学五题：四大传统的比较研究》，另一篇是《从荷马到冉皮勒：反思国际史诗学术的范式转换》。在《口头诗学五题：四大传统的比较研究》中，朝戈金与美国史诗专家弗里合作，将古希腊、古英语、南斯拉夫和蒙古史诗传统进行并置，进而回答了何谓一首诗，何谓“典型场景”或“题旨”，何谓“诗行”，何谓“程式”，何谓“语域”，在这种跨文化的并置中，我们看到的是，不同的传统，在对应我们学界通用的叙事单元时，会给出可能大体合拍、可能差距很大的应对。由此可见，在“原生性”概念与“分析性”概念之间，需要随时搭建理解和沟通的桥梁，需要不断对话与交流，否则，我们难免流于用西方既成的概念来套中国的活生生现实。这是一种跨越国界的“本土化”学术努力。其中所讨论的诗学基本问题，以开阔的视野和理论的深度，在中国史诗学界颇有影响。

《从荷马到冉皮勒：反思国际史诗学术的范式转换》立意在通过国际史诗学术研究范式的转换，勾勒国际史诗研究的晚近发展趋势，并进而论述中国史诗研究的新学术生长点和发展前景。选取学术史上的六位著名史诗歌手，通过聚焦于围绕他们而生的“问题”，描摹国际史诗学术演进中的若干标志性转折。

上述两篇论文是朝戈金口传诗学的延伸。从宏观上来看，朝戈金的口头史诗研究起步于蒙古史诗，但从上述两篇专论来看，朝戈金已经把目光投向了不同文化传统中口头史诗的比较研究，前一篇《口头诗学五题：四大传统的比较研究》就是明显的例证。在比较研究中去发现口头叙事的共性与个性。也为进一步厘清口头史诗理论的相关概念提供了资料与思路。后一篇《从荷马到冉皮勒：反思国际史诗学术的范式转换》是对口头诗学理论的实践和检验，以不同文化传统的史诗歌手作为比较研究的对象，在比较检验中试图把“荷马”一样的史诗歌手的身份、史诗文本的类型、口头传统的演进、史诗传承、流布、编订的问题都纳入口头诗学的领域加以再研究，并为口头诗学理论从具体问题的研究层面提供了有力的支撑。

（原载《新疆社会科学》2016 年第 1 期）

---

① 朝戈金：《口传史诗诗学：冉皮勒〈江格尔〉程式句法研究》，广西人民出版社 2000 年版，第 3 页。

刘德增：齐鲁文化 我情有独钟

鲁　民

他是钟情于传承、弘扬优秀传统文化的知名学者之一，更是在研究、传播齐鲁文化方面的大家。

1980年，刘德增以397分的优异成绩考入山东大学历史系。山东大学素以“文史哲”研究见长，当年的历史系拥有王仲荦、张维华、郑鹤声等一批蜚声海内外的史学大家，刘德增受到了良好的史学训练。大学毕业后，他考入山东师范大学历史系，师从安作璋先生研习中国古代史。安作璋先生是全国著名的史学家，以研究秦汉史著称。刘德增在其门下苦读三年，得其真传。

从1985年发表第一篇论文迄今，刘德增在《考古》、《文史哲》、《光明日报》史学版、香港《新亚论丛》、《秦汉史论丛》、《史学月刊》、《民俗研究》、《中国史研究动态》、《文史知识》等报纸杂志上发表论文90余篇，出版《山东移民史》《闯关东——2500万山东移民的历史与传说》《大迁徙——寻找“大槐树”与“小云南”移民》《解读山东人》《正统的北方人》《中国王朝覆亡检讨》《帝国的兴衰》《秦汉衣食住行》等专著15部，主编《历史疑案的最新线索》《儒学传播研究》等8部著作，与安作璋、马新等教授合著《汉武帝大传》《中国传统文化读本》《亚细亚文明》等5部著作，参编《中国通史》《山东通史》等30余部著作。

刘德增学术研究的重点是齐鲁文化与中国文化，他以独特的文化视角、平实的语言和翔实的史料使枯燥的学术专著变成了大众喜爱的读物，更触动了无数山东人的故乡情结和内心的骄傲。2006年出版的《解读山东人》，曾成为畅销书；2008年出版的《闯关东——2500万山东移民的历史与传说》，曾登上《光明日报》“光明书榜”。《人民日报》（海外版）、《光明日报》、《文汇报》、香港《大公报》、澳门《联合报》、《中国青年报》、《北京日报》、《天津日报》、《新华文摘》、《报刊文摘》、《高等学校文科学报文摘》、《中国历史学年鉴》、《中国考古学年鉴》等曾摘发、转载、报道过其研究成果。

凭借丰硕的研究成果，1994年刘德增破格晋升为副教授，1997年又破格晋升为教授，时年35岁，是当时山东省最年青的历史学教授之一。他还兼任中国民俗学会常务理事、中国秦汉史研究会常务理事、山东省闯关东文化研究会会长、山东省民俗学会副会长、山东省城市文化研究会副会长等。

他是致力于学校传承的学者之一。

学术研究是文化传承的方式之一。但是，在文化传承上，最重要的是学校传承。这项工作向来被视为文化普及，研究成果不受重视，出力不讨好。但是，没有学校传承，文化传承就如同空中楼阁。

2003年，刘德增主编了山东省中小学地方课程教材《走进齐鲁文化》。是年，又与马新、杨朝明、杨守森教授合著高等教育教材《中国传统文化要论》。

2014年，受中共山东省委高校工委和山东省教育厅委托，《中国传统文化要论》改版为《中国传统文化读本》，《教育部简报》2014年第57期介绍了《中国传统文化读本》在高校传统文化教育方面所引起的社会反响，并将其作为山东省大力弘扬传统文化的一项重要工作予以肯定。2014年12月12日的《中国教育报》也刊发了题为《用优秀传统文化滋养大学生——山东编写〈中国传统文化读本〉，开展多种主题教育活动》的专题报道。2015年，《中国传统文化读本》大学版又入选山东省齐鲁优秀传统文化传承创新重点项目。

2016年，教育部首次在京外召开现场新闻发布会，解读地方教改新政——《山东省中小学德育课程一体化实施指导纲要》，《山东省普通中小学中华传统文化课程指导纲要》是其中之一，刘德增是该纲要主要起草者之一。该《纲要》研制历时一年半，数易其稿。2016年夏，山东省教育厅召开《山东省普通中小学中华传统文化课程指导纲要》培训会，刘德增解读了该《纲要》的三大特色：重新回归“文化”、重新发掘“经典”、重新扬弃“传统”，引起了热烈反响。该纲要发布后，刘德增又与民进山东省委员会、齐鲁师范学院、孔子研究院及中小学的五六十位同人，根据该纲要编写中小学教材。

他在参政议政舞台上为弘扬、传承传统文化鼓与呼。

作为中国民主促进会山东省委员会副主任、省政协常委、省政协科教文卫体委员会副主任，传承、弘扬优秀传统文化是他议政调研的重点领域，在政协全委会上，他以个人或民进山东省委会的名义，提交了多项提案，产生了积极的社会影响。

如莒文化是重要的区域文化之一，也是齐鲁文化源头之一，别具特色，但研究、阐发不够。为此，在2013年省政协全委会上，刘德增联合王育济、曾振宇、陈东、王云、杨波等多位委员提交了《关于设立莒文化发展基金的建议》，呼吁加大对莒文化研究开发的支持力度，设立与莒文化相关的文化发展基金，成立莒文化研究院，以文化带动区域绿色经济的发展。《大众日报》、《齐鲁晚报》、人民网、凤凰网、新浪新闻、搜狐新闻、网易新闻等都做了报道。2015年，莒文化研究院成立，莒文化研究方兴未艾。

再如，近年来，山东省在传承、弘扬优秀传统文化方面做了大量工作，可谓轰轰烈烈。但是，刘德增通过深入调查研究，发现山东省传承、弘扬优秀传统文化活动也存在诸多问题。

一是对“文化”的本义不够重视。在古汉语中，“文化”指以“文”教化。在文化建设方面，能够带来经济效益的文化产业、可以改善形象的文化设施，为各级党委、政府所关注，也取得了较大的成绩。但是，文化的本义——以文化人，并没有引起应有的重视。

二是形式主义。迄今为止，山东省中小学普遍开设了传统文化地方课程、校本课程，其中“经典诵读”尤为普遍。此外，还有省文化厅主导的“尼山书院”；社区乡村主办的“道德讲堂”“儒学讲堂”，有的地方甚至推行一村一名“儒学讲师”、一村一座“儒学讲堂”；社会团体、民间力量也在举办培训班、研讨会、讲座。各种各样的活动轰轰烈烈，但形式大于内容。

三是良莠不分。传统文化教材、读物，参差不齐，各种各样的诵读、讲座，鱼龙混杂，存在误人子弟、贻害匪浅的隐患。

针对这些问题，在2016年山东省政协全委会上，刘德增提交了《弘扬传承优秀传统文化，建设“美德山东”》的提案，有关部门做了积极回应。

在《解读山东人》一书中，刘德增定义“山东人”说：诚实、尚义、节俭、好客、粗犷、豪放，如此等，加在一起，就是“山东人”。刘德增可谓“真正的山东人”之一。他在学术研究上崇尚孔子的一句话：“多闻阙疑，慎言其余。”在为人处世上，他恪守的道德底线，也是孔子的一句话：“己所不欲，勿施于人。”

（原载《联合日报》
2016 年 10 月 15 日 1 版）

刘宗迪：超越神话学的神话研究

郭　佳

刘宗迪先生的《失落的天书——〈山海经〉与古代华夏世界观》一书（以下简称《失落的天书》）即将第二次再版。纵观当代《山海经》研究，他的相关著述可谓其中既严谨又别出心裁、独树一帜的成果之一，其口碑与影响从其再三出版便可得知。实际上，《失落的天书》仅是作者对《山海经》一个部分的研究。通过文本分析与篇目考证，刘宗迪指出，《山海经》中《海经》与《山经》是两篇性质迥异并曾在战国时期独立流传的文本，故对《海经》与《山经》只能做区别的研究而非一概论之，《失落的天书》就是对《海经》专门而全面的观照。首先，本书正标题“失落的天书”指的是隐藏在《海经》文本背后、早已不为世人所知的一幅古月令图。《山海经》依图而作的观点早已有之，作者进一步揭示了只有《海经》才是述图之作，这幅面目模糊不清的古图不是人们想当然认为的有关山川方国的地图，而是天文历法之图。其次，从副标题“《山海经》与古代华夏世界观”以及本书目录所涉及的内容可以看出，他的研究不限于对《山海经》一书的解谜，而是有着更宏大的学术目标，即通过《海经》文本析出古月令图，通过古月令图阐述古代的天文知识与历法制度，再通过天文历法及仪式庆典这一对古人而言最基本也最重要，但对今人而言早已陌生的领域，重建古代华夏的知识体系与世界观。

一　研究路径

刘宗迪对《山海经》的研究之所以显得特立独行，原因在于他没有按照学术界最普遍的两种路径——地理学与神话学——进行解读：既没有遵循传统视野，将《山海经》笼统地视为地理博物之书；也没有遵循现代视野，从文学与神话学的角度看待《山海经》。在他看来，一方面，古代乃至现当代将《山海经》视为客观真实之记录并据以考证地理历史的研究，因信其无疑而无法清醒认识这些“怪异”记载背后的文化传统；另一方面，基于西方神话学与人类学的研究，把《山海经》的存在归结为原始思维作祟，因斥其虚妄而又将这些“怪异”记载的知识价值一笔勾销。不同于上述两条路径，刘宗迪选择了文化史、知识史的视角，或者说民俗学的研究视角。这条路径看似新奇却并非前无古人，其学术思想之渊源正是来自其师钟敬文先生，书中“谨以此书缅怀钟敬文先生”的扉页正表达了对师承的铭记与尊敬。钟敬文先生关于《山海经》的几篇文章没有受到学界的重视，但身为弟子，刘宗迪对其研究成果、研究计划以及学术价值了然于心：“钟敬文先生《山海经》研究的胜义主要体现在他是第一个认识到《山海经》一书属于古代民众知识范畴，从而超出传统的经史之学以及因经史之学而带来的偏见，也避免了现代神话学和人类学对于传统的傲慢和无知，他从民俗学的角度对此书进行理解和阐释，从而为《山海经》研究开辟了一个全新的学术视野。”① 可见，钟敬文先生开创的这条路径，把《山海经》当作古代民众的知识和信仰进行理解和研究，这种民俗学的眼光将学者置身于《山海经》所处的文化传统之中，真正做到同情地了解，并揭示其中因后世太多“局外人”费心阐释反致遗失的普遍知识。不过不管是钟敬文先生，还是有着相似研究路径的日本学者伊藤清司，都只重点关注相对清晰明了的《山经》，而将更为怪诞和令人迷惑的《海经》悬置一旁，因而刘宗迪便尝试进一步把这一文化史、知识史的眼光带进了《海经》的研究。②

在古典文献与文化的范畴提及古代的民众知识或普遍知识，必定会使很多人感到陌生。这主要是因为传统学术只关注经史及诸子之书中所承载的有关修身治国之道的主流知识，民众知识一类从来都只落在正统视野之外。但是，比起相对狭隘的主流话语，纷繁复杂、包罗万象的民众知识更贴近古人的真实生活和思想状态，它上包天文下括地理，遍及历史谱系、信仰祭祀、工农医药等各方面，而纵览先秦古籍，这些知识在《山海经》中得到了最充分的反映。其实，钟敬文先生从民俗学角度出发，对古典文献与文化中民众知识的强调，与李零先生对古代文化中数术方技之学的重视可谓异曲同工。以天文历法、阴阳五行与风水占卜为中心的数术之学，以及以医药养生为中心的方技之学，外加工艺学和农艺学等知识即李零先生所谓的“以数术方技之学为核心的各种实用文化”，这些知识和文化正是刘宗迪所强调的民众知识的主要构成部分。李零认为，一直以来学界对中国古代文化的认识存在偏颇，因为受汉以后作为官方意识形态的儒学影响，古往今来的学者们“往往注意的只是从百家争鸣到儒家定于一尊这一过程，而很少考虑在先秦诸子‘之前’和‘之下’还有以数术方技之学为核心的各种实用文化”。③ 各种实用文化或曰民众知识之所以消失在后人的视野中，源头就在于汉代儒家对先秦文献的重构，在《汉书·艺文志》所呈现出来的“儒经、子书、兵书、数术、方技”的文化结构中，数术方技之学不仅地位最低，而且后世保存下来的只有“术数略”的《山海经》与“方技略”的《黄帝内经》。

但事实上，各种实用文化或曰民众知识在先秦文化中的地位绝不似今日所见：一方面，近年来，随着考古发现的不断推进，大量战国时期与数术方技有关的简帛文献，如日书、占书等，重见天日，这使各领域的学者们日渐意识到以数术方技为主的实用文化在中国古代文化中所占的重要地位；另一方面，数术方技之书不仅数量多、影响大，而且向前可以追溯至西周时期诸种重要官学。举数术之学为例，天文历法等知识在春秋战国时期与阴阳家相关，在西周时期则与直置于王权之下的史卜系统相关。可以说，《山海经》所承载的这条知识和文化的线索，在先秦时期不仅有广大的基础，更有深厚的渊源，而如果我们根据汉以后的文化结构去探讨古代文化，必定会产生李零所强调的“逆溯的误差”。对于这一点，刘宗迪也有深刻的认识，而知识史、文化史的视角，或曰民俗学的视角，正是他克服“逆溯的误差”，

① 刘宗迪：《古典的草根》，生活·读书·新知三联书店2010年版，第239页。

② 廖明君、刘宗迪：《〈山海经〉与上古学术传统——刘宗迪博士访谈录》，《民族艺术》2003年第4期。

③ 李零：《中国方术正考》，中华书局2006年版，第11—12页。

回到原有的文化传统去认识《山海经》的法宝。

二　《海经》古图真谛之一：天文历法

翻阅《失落的天书》，给人印象最深的大概就是书中大量有关中国上古天文知识与历法制度的内容。首先，《大荒经》中东西向屹立的七对“日月出入之山”，正是以山峰为参照的原始天文观测体系。七对日月山循环反复，既与依据月亮朔望分十二个月有关，又与依据太阳周年视运动分二十四节气有关。不仅如此，根据作者的分析，《大荒经》中还有关于阴阳合历和冬至置闰成岁的记载，以及春秋分朝日、致月的记载（春秋分的天文观测活动是上古历法制度和计时制度的校定基准）。此外，作者还推测，天上二十八星宿系统或许正是地上这七对“日月出入之山”的天文观测体系的后续发展，这也恰好可以说明后世以二十八星宿配属九州列国的分野制度的最初缘由。其次，《大荒经》中还有与殷墟卜辞和《尚书·尧典》呼应的“四方风”和“四方神”。作者根据冯时先生的训诂考证，即“四方神”的名字意为二分二至、“四方风”的名字意为四节之物候的结论，专门论述了《大荒经》中的四方神和四方风实为四时神和四时风，它们反映的是上古物候历中以风为变化之参照的基本情况。此外，《海外经》中的四方神，与诸如《吕氏春秋·十二纪》《礼记·月令》等文献中的四时神相似，而四时神的名号“句芒”“祝融”“蓐收”“玄冥”即源于对四时物候的认知，因而《海外经》中的四方神也实为四时神。由此，《失落的天书》明确指出，《大荒经》及《海外经》背后实际上就是一幅按照空间结构展开的时序图画，它们正是后世月令文献中四时配四方体制的滥觞。再次，《大荒经》与《海外经》中有关于龙星纪时的体现，上古大火纪时的记载遍及先秦文献，对其研究最为详备的当属庞朴先生关于“火历”的论述，作者在吸收前人研究成果的基础上，开创性地在《海经》中发掘龙星纪时。他认为，龙作为华夏的圣物，仅是一种文化意象，是天文历法的体现。因此，《海经》中出现的各种龙身怪物极有可能是天上龙星的反映，比如鼎鼎大名“风雨是谒”“视为昼，瞑为夜，吹为冬，呼为夏”的烛龙，象征的是具有重要授时功能的秋冬之交的龙星。另外诸如夔龙、应龙、相柳等，也象征着不同时节天上的龙星，并带有各自时节的特征。

除了上述三点，《失落的天书》中还有很多有关天文知识和历法制度的论述，这些论述的背后有着天文史学家、考古天文学家、文史学家的大量研究成果作为基础。刘宗迪指出，这些学者的研究虽然专门深入，但他们的研究对象都没有以《山海经》为主，因而导致《海经》与上古天文历法的关联一直没有得到发现和证实，而《失落的天书》正是致力于研究《海经》与上古天文历法的关联，这两者之间相互印证、相辅相成。除此之外，他还非常重视运用我国少数民族的口头与文献资料参比上古的知识和文化。西南少数民族，特别是彝族的天文历法以及神话传说，为今人理解上古天文历法提供了许多生动鲜活的证据。例如，陈久金等合著的《彝族天文学史》提到四川凉山彝族民间有依据山峰作为坐标系的观测天象的授时方法，可以与《大荒经》中的“日月出入之山”对照理解；又如，彝族关于岁时之神用季候风划分四季的神话传说，可以说明原始物候历中风的重要性，由此也说明了《海经》中的四方神和四方风与之体现的正是同一种历法源流。

在刘宗迪看来，天文历法对于上古知识和文化的形成与发展至关重要，这不仅因为它向上关系到王权的天命授予、向下关系到民众的农业生产，更因为从哲学层面看，天文历法是华夏先民世界观与宇宙观形成的基础。在时空观的问题上，刘宗迪深受康德哲学的影响，他指出："历法不仅是一连串排列有序按部就班的日子，它实际上通过对时间节律的划分命名和对空间方位的划分布局，对整个世界进行了根本性的建构，它序列了时间，构筑了空间，而时间和空间是人类世界观的两个基本方面，德国哲学家康德称之为人类知觉的两个基本直观形式，人类对世界的领会、对经验的组织、对活动的安排、对社会生活的参与，都需要以特定的时间和空间概念为前提。"① 时间和空间两个概念是人类认知的前提，是人类世界观的基础，不过不像康德认为时空是先验的存在，他更强调时间和空间是人文构建的产物，而天文观测和历法制定就是构建时空观最基本和最有效的途径，因此，天文历法是人们理解世界和宇宙最关键的依据之一。由此，作者还在《失落的天书》中论证了，中国上古天文历法所展现出来的以"五"分类并组织世界的时空观，正是后世"五行说"的文化源头和知识原型。天文历法在上古知识与文化范畴内如此重要，《山海经》作为一部反映古代民众知识与信仰的典籍，其中包含有大篇幅关于天文历法的记载不可谓不水到渠成。

三 《海经》古图真谛之二：仪式庆典

在《失落的天书》中，刘宗迪不仅论证了天文历法与《海经》的关联，还详细阐述了与之最密切相关的仪式庆典在《海经》中的体现。在上古社会，天文知识与历法制度的运用，在世俗生活中主要体现为节气的确定以及相应仪式庆典的举行，因此，作者在关注天文历法的同时，还关注与农时周期相关的节气及仪式庆典。他认为，农耕时代人们生产和生活的节律与大自然的节律息息相关，天文观测和历法制定确定了大自然的节律，同时也确定了人们劳作休息的节律。由于大自然的节律正是由一个个节气体现出来，因而古人每逢重要节气就会举行隆重的仪式和盛大的庆典，这就是人们共同的岁时习俗的养成。《失落的天书》证实了《海经》古图与现存的月令文献一脉相承，因而推论《海经》在四方描述的"怪异"场面极有可能就是月令文献中记载的四时物候行事。然而这种还原在理论上容易成立，想要落实到具体细节却十分困难，因此《失落的天书》中仅就《海外东经》和《海外南经》中的一些记载与月令文献中春夏季的物候和行事进行了对比研究。例如，作者认为《海外东经》中黑齿国和雨师妾的条目与两者之间扶桑树的条目构成了一个关于仲春活动的整体场景，扶桑树是春分测日的表木，而黑齿国与雨师妾一男一女的巫师形象反映的可能是仲春春社的祈雨仪式；《海外东经》与《大荒东经》记载青丘国的九尾狐，可能是仲春春社以会合男女、祈求子孙的郊媒仪式的反映。又如，作者认为《海外南经》中有关交胫国的描述，是孟夏雩禜仪式中焚巫尫以求雨的仪式场面；《海外南经》与《大荒南经》记载的歌舞升平的载国，反映的是孟夏雩禜仪式中伴随的狂欢活动，即民众载歌载舞、欢畅宴饮的庆典场面。此外，刘宗迪还颠覆学界的普遍论断，认为《海经》中有关西王母的记载为古代西王母记载的源头，而其实质与秋季的烝尝仪式密切相关，其原型是秋收庆典烝尝祭祖仪式上扮演始祖母

① 刘宗迪：《失落的天书——〈山海经〉与古代华夏世界观》，中华书局2010年版，第239页。

的神尸。

植根于古代农时周期的节气与仪式庆典，即后世传统节日与节日民俗事象的源头。关于节气到节日的演变和发展过程，刘宗迪在《失落的天书》中有零散的提及，之后更作《传统历法与节日的变迁》一文进行了专门论述。他认为，原始的天文物候历对应着节气，精确的成文历法对应着节日，故节气是节日的前身，观象授时时期的仪式庆典是后来节日民俗事象的前身。当代许多民俗学者研究中国传统节日，并致力于探究节日和节日民俗的起源和意义，在刘宗迪看来，只有将传统节日以及节日中那些源远流长的民俗事象和观念追溯到其对应的节气以及仪式庆典上，即与农时周期的渊源关系上，才能对节日的起源和意义做出正确的解释。[①] 值得一提的是，他的《七夕》一书正是将这一节日研究的理论和方法落实到个例的成果。人间的生活生产节律需要标志着岁月流转的天上星象来昭示，天上星象也正是人间民俗事象的反映。正如古代七月孟秋，女人要进行纺线织布的活动，因此便将此时正中天的一颗亮星命名为织女星，织女星上升到最高处，就标志着七月孟秋的到来以及纺线织布活动的开始。传统节日与原始天文学和节气活动的渊源，在七夕这一节日中得到了充分体现。

在概括了《失落的天书》中关于天文历法及仪式庆典的论述之后，不得不提及的还有其中关于神话的论述。随着现代神话观念的引入，《山海经》一直就被视为中国古代神话之渊薮，从文学与神话学的角度研究《山海经》早已成为学界共识。不过，刘宗迪认为这样的研究流于偏见和肤浅，实际上，神话与口头传统相关。“脱离了古老的口头传统，我们只能从《海经》文字中窥见中国古代神话的只鳞片爪，在此意义上，说《山海经》一书是‘中国神话的渊薮’，并不恰当，它其实只是这个神话渊薮上漂浮的碎片，真正的神话渊薮是原始天文学和历法知识传统。”[②] 神话与口头传统的关系此处暂且按下不表，而神话源于天文历法的基本观点则引导作者把《海经》中出现的大量神话溯源到原始天文历法及仪式庆典之上。例如，前文提及的《海经》中有关龙身怪物的神话，是天上龙星运行四季的反映；《海经》中扶桑十日神话是春分观象授时活动的反映，三足乌神话的原型是兼具测日和测风功能的相风鸟，而春分树立之表木，不仅可以测日、测风，还能兼为射箭之靶，因此后羿射日神话反映的则是仲春乡射活动；夸父逐日神话是冬至观测太阳运行活动的反映；西王母神话与秋季丰收的仪式庆典有关，昆仑神话与作为原始天文观象台的明堂有关。此外，作者还把《海经》中关于大禹治水平土的神话理解为现实生活生产中司空平治土地、修整堤防、疏浚水道等农田水利建设活动的反映。

刘宗迪这一对于中国古代神话的基本观点深受剑桥神话学派，即“仪式—神话”学派的影响，他曾翻译过其中著名学者哈里森的著作《古代艺术与仪式》。神话学史上的剑桥学派基于对希腊宗教和神话的研究，主张所有神话都源于对原始仪式的叙述和解释：原始仪式包含两个层面，作为表演的行事层面和作为叙事的话语层面，行事层面在后世演变为戏剧，而话语层面就是后世所谓神话。虽然这一盛行于20世纪初的神话学理论后来被基于田野作业的功能主义神话学取代，但刘宗迪显然

① 刘宗迪：《古典的草根》，生活・读书・新知三联书店2010年版，第203页。

② 刘宗迪：《失落的天书——〈山海经〉与古代华夏世界观》，中华书局2010年版，第235—236页。

对剑桥学派的仪式—神话理论持有更高的评价。他认为，神话学说的基本功能就是要揭示神话在现实生活中的文化原型，并重建由平凡到神奇的演变过程。“仪式—神话学派将神话叙事与仪式行事相印证，举凡诸神怪异的形象、超逸的故事以及神话世界恢宏的时空构造，都在凡世仪式的行事中得以妥帖的落实，这一点，是其他各种神话学理论——包括最‘先进’的结构主义——无法达到的。”① 由此可见，他对《山海经》中大量神话的阐释，正是秉承了剑桥学派的理论观点，致力于为看似荒诞无稽的中国上古神话叙事寻找现实中的落脚点。

四 《海经》的文本呈现：战国的地理想象与秦汉的地理构建

根据《失落的天书》的基本观点，《海经》原本是一幅写照四时物候与行事场景的月令图，但在诉诸文字之后却变成了一部描绘山川方国的地理书，从时间之图变成了空间之书，其性质发生了根本的转变，而这一转变就发生在学界普遍认同的《山海经》的成书年代——战国时期。一方面，研究先秦文献不得不再三注意的是口头传统与书面传统的转变及相互作用的问题，战国时期口头传统的瓦解正是刘宗迪用来解释《海经》古图被误解成为《海经》文本的关键所在。他认为，文字的产生虽然久远，但文字真正流通、普及正发生在战国时期，这导致简帛书写代替口头语言，成为继承和传播集体记忆与知识的主要手段，因而流传于口头传统中、依赖于口头知识与文化背景的古月令图虽然得以保存，但其意义由于脱离了原初的语境，使得战国文人无法理解并望文生义。② 另一方面，刘宗迪认为，《海经》的古月令图之所以被误解为地图，有其历史的必然性。战国时期政治上诸侯争雄、知识上百家争鸣，诸王与知识分子的视野得到前所未有的拓展，并有着国家大一统的宏大构想。如果说《周礼》是当时学者对国家政治制度的构建，那么《山海经》可以算是当时学者对国家地理格局的想象，而这种地理想象正是基于那幅早已陌生的、描绘着四方光怪陆离景象的古月令图之上。③ 由此可见，《海经》并不是真实地理的再现，而是战国时期人们地理观和民族观的再现，它在古月令图，即华夏源远流长的时空观基础上构成了当时人们想象周边世界的模式。在他看来，先秦文献诸如《禹贡》《楚辞》《吕氏春秋》等展现出的地理观和民族观多受《山海经》影响，作为中国政治地理始祖的《禹贡》，其对世界边缘的描述正来自《海经》的周边世界模式；另外，稷下学派邹衍的学说中，不仅“五行说”展现了《海经》古月令图的时空观，其“大九州说”也正是继承了《山海经》从内向外层层外推的世界模式。④

在传统观点看来，《海经》所描述的是真实的地理无疑，因为其中出现了很多见于古代文献和地理史料的地名，为此古今学者们一直试图从这些地名入手，考证《海经》所涉及的地域范围。但是，刘宗

① 刘宗迪：《古典的草根》，生活·读书·新知三联书店2010年版，第116页。

② 廖明君、刘宗迪：《〈山海经〉与上古学术传统——刘宗迪博士访谈录》，《民族艺术》2003年第4期。

③ 同上。

④ 吕微等：《神话：想象与实证——〈山海经〉研究座谈会发言选载》，《文化研究》2004年第4期。

迪却指出，《海经》中出现的真实地名并不足以证明《海经》地理的真实性，这些见于历史文献中的真实地名可以分为三种情况：一是后人窜入的真实地名，例如瓯、闽、桂林、朝鲜、蓬莱、大夏、月支等，多见于成书最晚的《海内经》四篇；二是本非地名，但经后人依托而成为真实地名，例如昆仑、交趾、苍梧、南海、儋耳等；三是在《海经》由古图转换为文本时，因述图者误解而附会为方国地理的名称，例如西周之国等。[①] 在这三种情况中，刘宗迪主要对第二种"真实地名"的产生过程进行了详细的论证。他认为这些地名其实最初源于《海经》，它们在《海经》文本中并不是指向某个地方的专名，但因为秦汉时期《海经》被误读为地理志，人们认为它是对华夏周边世界的实录，故用其中的地名命名全新的地域，后人但见熟悉的地名频繁出现于《海经》，又更加认定其为地理之书，如此循环陷入认识的误区。秦汉时期用《海经》命名新发现和开辟之地的情况，最典型的要属汉武帝"按古图书"将张骞出使西域所呈报的一座河水所出的大山命名为昆仑，还将新平定、待治理的越地分别命名为南海、苍梧、交趾、儋耳等。[②] 由此，战国时期《海经》所呈现出来的对周边世界的想象模式，便在秦汉时期的地理开拓中得到了真正的落实。显而易见，刘宗迪对于《海经》地理学的论述与传统观点可谓背道而驰，按他自己的解释，这是受了顾颉刚先生"层累地造成的古史说"的影响。顾颉刚先生的这一著名学说关注的是上古历史的问题，刘宗迪在此理论方法的基础上引申出他对地理学的看法："具体到地理学上，'层累地造成的古史说'就意味着历史上的一些真实存在的地名，很可能只是古人误解历史传说乃至神话故事并据以想象和命名世界的产物；具体到《山海经》地理学，这个学说则意味着，《山海经》中的地名可能原本只是子虚乌有的神话地理，而后来地理史料中出现的相同地名，并不足以证明《山海经》地理学的真实性，恰恰相反，这些所谓'真实地名'只是古人轻信《山海经》而根据其中原本子虚的神话地理想象和命名真实世界的结果。我们不妨模仿顾颉刚先生，称这种地理学知识的生产为'层累地造成的地理学'。"[③]

五　结语

总体来说，《失落的天书》是一部跳出了固有模式，极具想象力和解释力的著作。作者既有过于常人的思维天赋，又有扎实的古代文献功底，还全面掌握了中西理论方法，而流畅明了的语言写作技巧更使得本应烦冗枯燥的学术性著作变得可读性极强。就本书存在的缺点而言，有意见指出，作者研究《海经》主要专注于天文历法以及世界观、宇宙观等宏大问题，对遍布文本中的怪异记载缺少逐一详细的解释，有避实就虚的嫌疑。刘宗迪就此质疑做了说明，他认为研究《海经》不应被其中五花八门的"怪物"所吸引，而应重点着眼于文本的记载体例和整体结构。[④] 事实上，也正是这种从大局着眼的方法之运用，使得作者能够发现《海经》文本背后的古月令图。不过在笔者看来，先从整体

① 刘宗迪：《失落的天书——〈山海经〉与古代华夏世界观》，中华书局2010年版，第281—282页。

② 刘宗迪：《古典的草根》，生活·读书·新知三联书店2010年版。

③ 同上书，第291页。

④ 同上书，第284—286页。

上确定《海经》的性质，再把所有的“怪异”内容按这一性质进行阐释，难免有主观构建之嫌。例如，在《失落的天书》把《海经》四方怪异描述解释为月令文献中的四时物候行事之时，读者就能发现不是文本中所有的条目都能被纳入这一解释体系，而作者选择性的强调与忽略增加了其论述观点的不客观成分。又如，在以天文历法及仪式庆典为主旨的大框架下，作者将《海经》中出现的所有神话叙事看作是上古天文学或原始仪式庆典的反映，然而某一神话叙事不只存在于《海经》，《海经》中的这一神话叙事也并不确定就是所有相关文献的源头，因此，单按《海经》的天文历法框架解释神话必然存在偏颇之处。但是，必须承认的是，学术研究无法做到绝对的客观，或者说所有的理论都是主观构建的产物，只是主观成分多一点还是客观成分多一点的区别，而《失落的天书》的特点与长处也就在于，它劈破鸿蒙般地构建出前人研究从未涉及的一种全新观点，它自成一家之言，并对中国古代学术史、思想史和文化史的研究具有启发性的意义。

《失落的天书》是刘宗迪研究《海经》的成果，其对于《山经》的研究也正在逐步推进，其研究路径和基调在《失落的天书》最后一章最后一节“《山经》与《管子》的地理学”，以及“怪物志、本草修辞以及福柯的笑声”一文中可以略见端倪。他认为，《山经》与《海经》一样，极有可能出自稷下学派，它的性质是兼具自然和人文景观的地理资源调查报告。另外，在以博物志为主旨的框架下，刘宗迪运用语言学和符号学，探讨了《山经》中有关动植物的描述问题。如果说《海经》中的“怪物”出现于成书者对古月令图的误解，那么《山经》中的“怪物”则出现于后世读者对古人描述动植物的话语系统的陌生。让我们期待刘宗迪关于《山经》的“地书”早日问世。

［原载《长江大学学报（社会科学版）》2016 年第 7 期］

吴晓东：神话学研究

许艳俊

一　研究领域不断扩展

综观吴晓东二十多年来的学术研究历程可以发现，作为一名少数民族学者出身的他，在神话学研究中，其研究领域并不狭窄，而是处于不断地扩而充之的过程中。自1992年进入中国社会科学院民族文学研究所以来，其研究领域的扩展可以明显地分为三个阶段。

（一）1992—2003：以苗族神话为主要研究对象

在吴晓东步入学术研究的初级阶段，2002年社会科学文献出版社出版的《苗族图腾与神话》[①] 是其标志性的学术成果。学者本着少数民族身份的主体性，在步入学术研究的初期，着眼于对本民族即苗族神话的研究，并取得了一定成果。

《苗族图腾与神话》第一次全面、系统地论述了苗族图腾与神话的形成、演变的历史过程及其相互关系，对苗族神话和与之相关的苗族诸图腾进行了一一探讨。这部书的论证代表了作者神话学学术研究早期关于苗族图腾的主要观点。在论证苗族诸多图腾的同时，学者大胆对学界普遍认为的蝴蝶是苗族图腾的观点提出了质疑，认为《蝴蝶歌》是人类起源神话而非图腾神话，并根据自身习性和苗族相关的民俗考究等，得出蝴蝶并非为苗族图腾。作者的大胆质疑为当时的学界注入了一股强有力的新鲜血液。

《苗族图腾与神话》是作者早期的学术研究专著，是作者在搜集大量资料的基础上写成的，作者搜集的资料不仅包括口传的、古籍的，还包括了考古资料，并结合了学者自身的田野实地考察。中国社会科学院民族文学研究所副研究员苑利对该书写的推荐语说，“这部书体现了作者力图将历史和现实结合起来，从整体上把握研究对象的全新理念。”作者对苗族诸图腾的探讨也都能自成一家之言，多有创见之处。

（二）2006—2013：以《山海经》为主要研究对象

2003—2004年，吴晓东在美国哈佛大学燕京学社访学。之后，他在研究方法与研究领域上做了一些尝试。在研究方法上，他开始尝试将认知语言学理论运用到口头文学的研究中，发表了《神话研究的认知视角》一文。在研究领域上，他意识到不能局限于本民族神话，遂开始研究汉族神话以及它与南方少数民族神话之间的关系。这首先表现在他开始投入到对《山海经》的研究之中。至2013年，作者殚精竭虑、孜孜不倦长达七年之久，完成了《〈山海经〉语境重建与神话解读》这部从全新角度对《山海经》进行阐释的专著。

---

① 吴晓东：《苗族图腾与神话》，社会科学文献出版社2002年版。

《〈山海经〉语境重建与神话解读》[①]以《山海经》文本中隐藏的四面环海景象与二十八座定位山和二十八宿的对应两大规律分别重建了《山经》与《海经》的叙事语境，指出《山经》是一个脱胎于社稷祭祀祭词的文本，具有浓厚的口头传统特点，而《海经》是观测者站在观象台上，以四周的山为定位，参照四周的天文、地理与历史进行的实景与想象性描述。在此前提下，作者采用的方式是将《山海经》中零散的神话记载置于这两大语境中加以关联式解读。先重建语境，在此语境基础上解读其中的神话，并在论证时借助规律性证据，完成了在学术研究方法上的创新。

值得一提的是，在论著的写作过程中，作者基于自身民族特点和所属学术研究部门的专业性，并不将眼光局限于《山海经》，而是将《山海经》神话和南方少数民族神话进行了联系比较。作者在论证中将《大荒经》扶桑神话和南方少数民族马桑树神话联系起来，得出南方少数民族马桑树神话是《大荒经》扶桑神话的变异，扶桑在《大荒经》中是用来观测日出的参照物，在南方少数民族地区，扶桑被附会为马桑，并发展出新的故事情节。另外，作者认为彝族跳弓仪式祭祀词与《山经》是同一性质的文本，都是社稷祭祀的祭词。作者在写作过程中将《山海经》神话和南方少数民族神话联系起来进行研究，使作者既扩展了研究范围，又关照了自己的研究根据地。

（三）2013 年至今：着眼于中原神话与少数民族神话的比较研究

在完成了《〈山海经〉语境重建与神话解读》这部论著后，作者继续将研究放到中原神话上来，进一步关注蚩尤神话、牛郎织女神话、尧舜禹相关神话之原型考。作者对中原神话的关注是基于以前的研究历程中对少数民族神话研究的学术积累，是在原先的民族研究基础上的再完善，并不是同少数民族神话割裂开的。

2014 年，吴晓东发表了《中原日月神话的语言基因变异》[②] 一文，2015 年又在此基础上发表了《鲧窃息壤神话考》，这体现了他对中原神话研究的进一步深入。前文全面梳理中原广泛流传的后羿嫦娥神话、伏羲女娲神话、娥皇女英神话，甚至包括被诸多学者视为历史的尧舜禹故事。作者认为这些神话的主角名称，即后羿嫦娥、伏羲女娲、娥皇女英、尧舜禹，等等，全部来源于“羲和”一词的分化。此后，他开始以日月神话为切入点，来研究中原神话与少数民族神话的关系。《〈遮帕麻和遮米麻〉与中原日月神话比较》与《从“日”的语音变化看中原与周边民族神话的关系》等文章，都是这方面研究的成果。

吴晓东在2014 年做了“蚕蜕皮为牛郎织女神话之原型考”的讲座，又将目光聚焦到中国四大神话传说之一的牛郎织女上。牛郎织女叙事的属性在学界大多被称为传说，但吴晓东认为蚕蜕皮为牛郎织女故事之原型，其神话性质要多一些，故归类神话。在少数民族地区，也有诸多与牛郎织女神话故事类型相似的文本。为了更好地研究这些少数民族神话，吴晓东先考证了牛郎织女神话的原型，以此为基础，来研究与其类似的盘瓠神话、狗取谷种神话，并发表了《狗取谷种神话起源考》《从蚕马神话到盘瓠神话的演变》等文章，进一步拓展了他的研究深度。

---

① 吴晓东：《〈山海经〉语境重建与神话解读》，中国社会科学出版社 2013 年版。

② 吴晓东：《中原日月神话的语言基因变异》，《民族文学研究》2014 年第 3 期。

总之，近二十年来，随着研究的深入，作者的研究对象不断扩展，从原来的单一民族神话的研究扩展到横向的比较研究，在每个研究阶段都能自立创见，自成一家，为民族神话学的研究做出了突出贡献。

二　以考据为主的研究倾向

综观吴晓东二十多年来的神话学研究，可以发现，他几乎没有写过关于神话的审美特征、文化功能等方面的文章，他的神话学研究中，无论是关于南方少数民族的神话，还是关于中原汉族的神话，抑或中原神话与南方少数民族神话之间的关系，绝大多数成果皆为考据型的，都充满了论证与思辨。

早期论著《苗族图腾与神话》就体现了他考据的特点。论著的第一章即论述了图腾的起源问题，接着分别论述了苗族各种图腾的有无，尤其是对蝴蝶图腾的献疑，充分体现了作者的思辨能力以及不人云亦云的独特风格。

随着研究经验的积累，《〈山海经〉语境重建和神话解读》一书更显示出吴晓东的考据倾向，此专著致力于恢复《山经》与《海经》的成书语境，破解其中的神话。他不仅发现了隐藏于《大荒经》中上千年的二十八座“大荒之中”山与二十八宿的对应关系，以及《山经》四面环海的想象图，更是涉及了《山海经》成书的时间、地点，以及昆仑山、西王母、刑天、帝江等一系列多年来学界一直关注且聚讼纷纭的问题，对每一个问题都提出了自己独特的观点，进行了严密的考证。

《中原日月神话的语言基因变异》同样贯穿了吴晓东的考据特点，虽然只是一篇论文，却论证了中原一系列神明的原型，为其后的一系列研究奠定了基础。《蚕蜕皮为牛郎织女神话之原型考》一文是吴晓东又一考据型力作，文中提出了牛郎织女神话是由蚕蜕皮的自然现象之故事化演变形成的。首先，为了解释蚕的头像马头之自然现象，古人编造出蚕马神话来，蚕马神话中的马被牛替代，演变为蚕牛神话，进而演变为牛郎织女神话。蚕被人格化称为蚕女、马头娘，是织女的原型。

在阅读吴晓东的论文时，能深刻体会到他不拘定论、大胆质疑的研究特点。他在对一则神话进行考据之前，往往先梳理前人和当前学界对该神话考据的所有的有较大认可度的观点，接着便有理有据地对此类观点的漏洞做出分析，并在此基础上论证自己提出的新观点。

三　神话专题研究不断深入

正因为以考据为主要研究特点，注定了其研究的难度很大，也正因为难度大，难免在研究的过程中发生一些观点的改变，或者说认识的深入。从这一点可以看出，吴晓东每每在其文章中提出独到的新观点，并非刻意为了出新而出新，因为他不仅仅是反驳他人的观点，也常常否定和修正自己的观点，这是一种不断求真的表现。

自步入学界之初，吴晓东就开始关注蚩尤神话。一开始，他与绝大多数学者的观点一致，对蚩尤为苗族始祖的观点持肯定态度，其1998年发表于《民族文学研究》的《苗族〈蚩尤神话〉与涿鹿之战》[①] 就论证了苗族西部方言区流传着的格蚩尤老的传说（整理者译为蚩尤神话）与汉文古籍中关于蚩尤与黄帝的涿鹿之战颇多吻合之处。通过《蚩尤神话》中多方面细节与古籍中关于蚩尤的记载考究，他认为这些格蚩尤老的传说当为蚩尤的传说，

① 吴晓东：《苗族〈蚩尤神话〉与涿鹿之战》，《民族文学研究》1998年第4期。

而且苗族西部方言区流传着的《蚩尤神话》当为涿鹿之战历史传说的演变。

随着研究的深入，吴晓东对蚩尤和苗族关系的看法有了些许改变。在2002年出版的《苗族图腾与神话》中，他指出，蚩尤作为苗族始祖的说法缺乏足够的证据，但一时又难以解释为什么在苗族中会有关于蚩尤的神话传说。于是他做了一些退让，认为蚩尤所在部落九黎与三苗虽然有关，但它并不是三苗的主源，可能是九黎被打败之后，有一部分人融入三苗，所以至今苗族中有许多关于蚩尤的神话传说。

为了更好地解决蚩尤神话问题，吴晓东于2002年专程去往流传有格蚩尤老传说的贵州毕节地区、云南昭通地区进行深入考察，此后于2003年发表了《西部苗族史诗并非有关蚩尤的口碑史》一文，否定了格蚩尤老即蚩尤的观点，从而也就否定了西部苗族史诗是关于蚩尤的史诗之观点，他所否定的这一观点在苗族学者中是被广泛接受的。

2010年，吴晓东于台湾的《兴大中文学报》发表的《蝴蝶与蚩尤：苗族神话的新建构及反思》[①] 彻底否定了蚩尤和苗族的关系。文章论证了苗族蚩尤神话的产生是由于汉族学者在注解汉文献的过程中将蚩尤与苗族联系在一起的结果，苗族文人在接受了蚩尤为苗族祖先的理念之后，开始将一些与蚩尤无关的神话重新解释，形成了所谓的苗族蚩尤神话，而苗族本来没有蚩尤神话。

随着研究领域的扩展，吴晓东对中原神话的研究不断深入，这也表现于他对蚩尤神话的重新理解。2015年，他发表文章《涿鹿之战：一个晒盐的故事》[②]，从原型考究方面否定了蚩尤的存在。文章从涿鹿之战故事人物、地名的音训入手，结合故事结构分析，认为蚩尤、炎帝等名称都来源于山西运城的“池盐”，涿鹿之战并没有真实发生过，它来源于太阳（黄帝）照晒盐池里浑浊的卤水（浊卤、涿鹿）使之结晶成池盐（蚩尤、炎）的过程之故事化，探究出池盐为蚩尤的原型。

除了对蚩尤神话的研究不间断之外，对盘瓠神话也是如此。《盘瓠：王爷，盘古：老爷》[③]、《盘瓠神话：楚与卢戎的一场战争》[④]、《狗取谷种神话起源考》、《蚕蜕皮为牛郎织女神话之原型考》等文都涉及盘瓠神话的研究，并不断深入，从认同盘瓠神话为图腾神话，转变到盘瓠神话来源于蚕马神话，并与谷种神话故事类型结合，演变为狗取谷种神话。

一位学者的研究历程，也是他不断成熟的历程，吴晓东在研究过程中充分体现了这一点。随着研究的深入，他不断进行观点的自我否定和自我完善，努力接近事件的本源。在研究领域不断扩展的同时，吴晓东始终坚持某些专题研究的不间断性。正是这种长时间的坚持，使之对某些专题的认识得到不断地深入。

四 研究方法深受语言学的影响

虽然吴晓东对神话研究中的诸多理论与方法都很熟悉，但综观其二十多年来的研究，语言的考证方式占了主要的地位。吴晓东1985—1992年就读于中央民族大学，在校研习语言学，获语言学学士与文

① 吴晓东：《蝴蝶与蚩尤：苗族神话的新建构及反思》，（台湾）《兴大中文学报》2010年第27期增刊。

② 吴晓东：《涿鹿之战：一个晒盐的故事》，《民族艺术》2015年第2期。

③ 吴晓东：《盘瓠：王爷，盘古：老爷》，《民族文学研究》1996年第4期。

④ 吴晓东：《盘瓠神话：楚与卢戎的一场战争》，《民族文学研究》2000年第4期。

学硕士学位。深厚的语言学背景，加上自身熟知苗语，使他在学术研究中一直致力于用语言学的方法对神话进行解读。

吴晓东的语言考证方式首先体现在训诂的方式上，训诂是神话研究中学者们普遍采用的方式，但与众不同的是，吴晓东在使用训诂的方式时，从单一词汇走向了规律性的训诂考证，以保证训诂的可靠性。比如《盘瓠：王爷，盘古：老爷》中作者仅就单个的词汇来进行考证，而《中原日月神话的语言基因变异》一文则是一个系列的考证。他先追溯了“羲和”的上古音，然后分别比较羿与嫦娥、娥皇与女英、河伯与宓妃、伏羲与女娲等多组名称的语音，论证出这几组神话的名称都是从“羲和”分化为“羲”“和”之后演变过来的。如图：

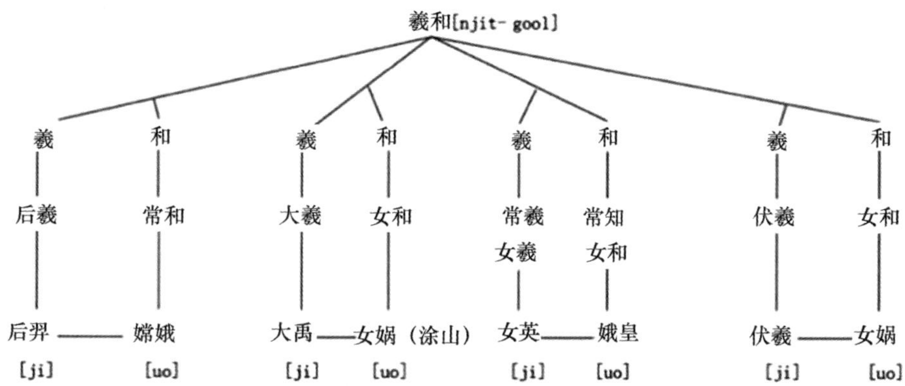

这种整齐划一的语言规律，就像作者所比喻的，语音像人体的基因遗传一样，极大地提升了训诂的科学性。

《〈山海经〉语境重建与神话解读》一书也体现了作者的一些语言学思想。首先是语境。语境是一个语言学的概念，即一个词汇的含义，要放在上下文中去理解，也要放在说话场景中去理解。这一专著着力于重建《山海经》文本的叙事语境，并将这一叙事语境作为解读《山海经》神话的系统背景，正是受其语言学背景的影响。其次，作者受到语言学中的语音对应规律的影响，特别注重对规律的寻找。作者通过数《山海经·海外经》的条目数，发现《海外南经》《海外西经》《海外东经》的条目分别是21、21、14，只有《海外北经》是20个条目。后来通过与《大荒北经》比较，发现《海外北经》有两个条目合并为一个条目，这个规律的发现让作者猜想《海外经》可能是《大荒经》的另一版本。通过进一步将两者进行结构性比较，发现两者在叙事内容和结构上都有着惊人的一致性。

作者在自觉将已有的语言学知识运用于神话原型考据的同时，还在进行语言学研究的过程中，结合新的语言学理论，发掘出适用于神话研究的方法，为国内神话研究添砖加瓦。《神话研究的认知视角》[①]从整体上探讨了认知语言学理论在神话学中的运用，该文从认知语境、范畴化、隐喻等方面，讨论了认知与包括神话在内的散文体的口头叙事在语篇理解、文类界定、神话思维等方面的关系，认为认知语境在言语交流中起决定性作用，能更好地帮助

① 吴晓东：《神话研究的认知视角》，《民族文学研究》2006年第4期。

我们理解神话文本，也能更深入地洞察其演变规律。又通过心理图式来说明认知语境在语篇记忆、理解、回述中的指导、组织和补空的作用。作者不仅从理论上阐释了为什么认知语言学诸多概念可在神话中运用，同时他也付之于实践。《盘古神话：开天辟地还是三皇起源》[①] 分析了《三五历纪》中所记载的盘古神话文本，指出那是一则三皇起源的神话而非开天辟地神话。现代学者把盘古神话误读为开天辟地神话，是心理图式的作用所致，是因为先有了“盘古开天辟地”观念之后造成的影响，其实那则盘古神话文本没有盘古开天辟地的含义。在《蝴蝶与蚩尤：苗族神话的新建构及反思》中，作者则以苗族的两个案例来说明心理图式在新神话建构中的作用。作者指出，苗族本来不存在蝴蝶图腾，蝴蝶图腾的产生是因为《苗族古歌》中将一个与“蝴蝶”近似的苗语词汇“榜留”翻译为“蝴蝶”之后产生的一种文化现象，因而“榜留”人类始祖神话也就成了蝴蝶图腾神话，在此基础之上，一些与蝴蝶有关的民俗也就被解释为与图腾有关的民俗。蚩尤神话则是苗族学者接受了“蚩尤为苗族始祖”这一观念之后，将一些本来与蚩尤无关的神话命名为“蚩尤神话”的，这是典型的心理图式行为。作者指出，在神话等民间故事的采集与研究中，应当重视心理图式所产生的定式作用。作者在神话研究中对认知语言学理论的运用，为学界相关研究提供了新的方法论指导。

总之，吴晓东二十多年来的学术研究秉承不拘定论、大胆质疑的研究态度，融合运用多种研究方法，不断扩展研究对象，坚持考据研究，坚持中原神话研究和少数民族神话研究的结合，在神话学研究中层层深入、鞭辟入里、苦心孤诣，为神话学研究做出了较为突出的贡献。

［原载《长江大学学报（社会科学版）》2016 年第 4 期］

① 吴晓东：《盘古神话：开天辟地还是三皇起源》，《广西民族师范学院学报》2011 年第 5 期。

陈岗龙：多元文化视野中的比较研究

沈玉婵

21世纪以来，我国少数民族神话研究逐步扩展、不断深入，获得了学界的广泛关注。一些学者在搜集整理大量的少数民族神话资料的基础上，进行多角度、多方法的研究，取得了令人瞩目的成就，其中陈岗龙教授在蒙古族神话的比较研究方面成果颇丰。陈岗龙教授涉猎广泛，在神话、史诗、传说、民间故事等多个研究领域均取得了不俗的成绩，他主要的学术贡献在于蒙古民间文学、民俗学和东方民间文学的研究，并就此出版多部专著和几十篇论文，其中对蒙古族神话的研究更是对中国少数民族神话的研究方法和研究方向具有开创性意义。

陈岗龙教授的神话学研究着力于两个方面：一是个案研究，二是比较研究。从比较研究的角度选择具体的题目进行个案的研究，以独立的个案研究探讨蒙古族神话乃至蒙古族民间文学发展和演变的规律，这一研究方法贯穿了陈岗龙教授的学术思路和研究实践。个案研究和比较研究的结合将微观的研究与宏观的思考联系起来，由个案研究中产生的结论与宏观思考得到的观点相互印证、互为补充。陈岗龙教授对蒙古族神话个案的比较研究，既为我国少数民族民间文学的研究提供了有实践意义的方法论，也为我国多民族民间文学的比较研究提供了新视角和新思路。

综观陈岗龙教授的神话学研究，其研究重点经历了两个阶段，即蒙古族神话的比较研究与东方神话体系的建构及比较研究。陈岗龙教授的神话学比较研究并非单一的、平面的比较，而是在多民族文化视野中多角度、多层次、跨学科、跨体裁的立体研究。

一　多民族文化视野中的蒙古族神话比较研究

陈岗龙教授认为，蒙古民族的神话具有多元和多层次的特征，这种特征是在蒙古族与周围民族长期的文化交流中形成的。因此，“我们研究蒙古神话只有采取比较研究的方法，用多元文化的观点才能深入探讨蒙古神话丰富多彩的文化史内涵”。[①] 只有将蒙古族神话放在“更广阔的多民族文化背景下进行探究”[②]，才能从整体上把握蒙古族神话不同于其他民族神话的特点，才能探寻到蒙古族神话发展和演变的规律。这一思想和学术观点主要体现在2001年出版的《蒙古民间文学比较研究》一书中。

在此书中，陈岗龙教授通过对“蒙古族潜水神话的比较研究”“蒙古族搅拌乳海神话的比较研究”“蒙古萨满神话与阿尔泰神话的比较研究”以及“蒙古洪水神

① 陈岗龙：《蒙古民间文学比较研究》，北京大学出版社2001年版，第2页。

② 同上书，第1页。

话中的基督教观念”四个个案的研究，梳理了蒙古族神话与北方阿尔泰民族神话之间、蒙古民族内部不同部落群体的神话之间、蒙古族神话与古代印度神话之间的联系和共同点，梳理了蒙古族神话发展及演变过程中所受到的藏传佛教、基督教等宗教因素的影响。

在对“蒙古族潜水神话的比较研究”这一个案的研究中，陈岗龙教授将蒙古族潜水神话置于潜水神话这一神话类型所分布的大的文化圈内进行考察。他指出，潜水神话在西伯利亚、亚洲北部和北美洲最为集中，而且有潜水神话传承的西伯利亚、阿尔泰各民族和北美洲印第安人均为狩猎民或游牧民，他们同属于萨满文化圈。在对萨满文化圈潜水神话进行论述的基础上，陈岗龙教授继续对蒙古族潜水神话与阿尔泰潜水神话的关系进行了更为广泛的比较和深入的探讨。他指出，蒙古族潜水神话中的很多母题来自阿尔泰神话，如不断膨胀的大地拯救创造者和万物，敌对者不满创造神所创造的世界放出害虫和动物等。

在对潜水神话的研究中，陈岗龙教授还注意到创造神与其敌对者的关系，他对大林太良关于“潜水神话是创造神及其协助者（敌对者）共同创造世界的神话”的观点进行了发展和补充。他指出，蒙古族神话中的潜水神话是诸神神话的雏形，创造神创造世界的行为就是一种秩序的建立，而敌对者（潜水者）想要建立一种新的秩序是不为创造神所接受的行为，由此产生创造神与协助者（敌对者）之间的矛盾。因此，潜水神话是“诸神神话的最初原型，因为潜水神话中创造神及其协助者或敌对者的矛盾就是诸神神话中诸神之间斗争的起因”①，而这也是蒙古族潜水神话与阿尔泰潜水神话的共通之处，“可以说，蒙古族潜水神话和阿尔泰神话是同一母胎中孕育出来的萨满创造世界的神话”②。

陈岗龙教授认为，蒙古族潜水神话与阿尔泰潜水神话关系密切，是同一个神话母胎中孕育出来的，但是由于受到佛教的影响，蒙古族潜水神话离潜水神话原型越来越远，与阿尔泰潜水神话之间的区别也愈大了。他在书中提供了布里亚特蒙古、喀尔喀蒙古和内蒙古东部地区的四个潜水神话文本，通过与阿尔泰潜水神话文本进行对比发现：布里亚特神话保持最古老的形态，喀尔喀神话体现了佛教的早期影响，而在内蒙古东部的神话中佛教的元素已经浸润其中。因此，“蒙古族的潜水神话离阿尔泰神话的中心越远，发生的变化就越大”③。这一结论的得出是顺理成章且具有说服力的。蒙古族潜水神话的佛教化还体现在“由潜水创世类型和原人尸体化生世界的类型复合而成的乌龟神话逐渐代替了蒙古族古老的潜水神话”④。而通过蒙古族潜水神话发生、发展、演变、变异过程的分析，不难推断出蒙古族神话与北方阿尔泰民族神话之间的渊源关系以及佛教对蒙古族神话的影响，而这也证明了蒙古族神话所具有的多元性和多层次性特征，这是蒙古族神话乃至蒙古族民间文学最重要的特质。

“蒙古族搅拌乳海神话的比较研究”通过追溯蒙古族搅拌乳海神话的印度原型，分析了人类的原罪、违反禁忌、恶魔降世等母题，比较蒙古族与印度搅拌乳海神话的异同，得出“蒙古族搅拌乳海神话属于创世神话范畴，而印度神话则属于诸神神

① 陈岗龙：《蒙古民间文学比较研究》，北京大学出版社 2001 年版，第 7 页。

② 同上书，第 7 页。

③ 同上书，第 6 页。

④ 同上书，第 14 页。

话的范畴”这一重要结论。陈岗龙教授指出，蒙古族搅拌乳海神话不同于印度神话的地方在于：印度神话搅拌乳海的目的是为了获得不死甘露，日、月是作为不死甘露的附属品出现的；而蒙古族神话搅拌乳海的目的是为了求得日、月，获得光明，黑雾（蟒古思）、甘露等则是作为光明的附属品出现的。之所以蒙古族神话将日、月作为搅拌乳海的目的所在，是因为在潜水神话、乌龟神话等创世神话中，创造神没有完成对光明的创造，“只有神创造了日月，才能拯救陷入黑暗和混沌的宇宙和人类”①。在对此个案的研究中，陈岗龙教授还探讨了蟒古思故事、《格斯尔》史诗与搅拌乳海神话、尸体化生神话在主题、叙事模式上的相同点和相似性，指出蒙古族英雄史诗与蒙古族原有的萨满神话之间的渊源关系。这个结论打破了神话、史诗之间的体裁限制，从神话与史诗的叙事结构入手，结合蒙古族民间文学和蒙古族文化特点而提出，是具有突破性的学术观点，笔者将在下文中就此观点进行专节论述，这里就不再赘述了。

“蒙古萨满神话与阿尔泰神话的比较研究”集中探讨了神鸟、神与恶魔的斗争，萨满拯救人类，地下世界的旅行等在北方阿尔泰—蒙古语族和满—通古斯民族神话中普遍流行的主题，对蒙古族特别是布里亚特蒙古的萨满神话进行了详细的论述，通过对阿尔泰萨满神话与蒙古萨满神话的比较研究，对萨满的职能进行了阐述。这一研究从布里亚特蒙古的萨满神话入手，通过对神话中“神鸟”主题的分析，指出萨满作为人神交流媒介的功能及其巫术医治的职能，而萨满的职能与到地下世界拯救和医治人类的神话主题密不可分，萨满神话就与英雄神话发生了或多或少的联系，一些关于格斯尔下凡降魔的主题来源于布里亚特蒙古最初的萨满神话。陈岗龙教授还指出，“在萨满与萨满灵魂附体与转换的观念中，有关鹫和熊的神话在结构上是对等的。”② 萨满与神鸟的神话中，萨满以鸟的姿态成为神人之间交流的中介，而到后期，萨满与熊的神话则警示了萨满灵魂离开肉体的危险。

“蒙古洪水神话中的基督教观念”从布里亚特蒙古创世神话的两个系统入手。陈岗龙教授指出，保留原始萨满教信仰的神话主要反映布里亚特蒙古先民的氏族社会，而比较晚的时候伴随基督教观念传入布里亚特民间后形成的创世神话渗透了基督教观念。他认为，“布里亚特蒙古人的两种神话系统表达了土著的原始宗教和后来接受的外来宗教的关系。”③ 基督教所创造的有秩序的世界受到布里亚特蒙古本土文化和萨满教的反抗，而“古老的创世神话被赋予了新的宗教学涵义”④。此外，陈岗龙教授还探讨了蒙古族的洪水神话。他指出，虽然布里亚特蒙古的洪水神话情节来源于《圣经》，但却具有独特性，是蒙古族洪水神话中最有特色的，他认为布里亚特蒙古的洪水神话不同于《圣经》洪水神话的人类再起源主题，它更多地反映了文化的再起源，“大洪水就象征着基督教文化的洗礼”⑤。他提醒读者注意布里亚特洪水神话拒绝上大船的兽王猛犸象，强调猛犸象作为西伯利亚各民族神话中的创造神，是土著文化和传统文化的创造者和保

① 陈岗龙：《蒙古民间文学比较研究》，北京大学出版社2001年版，第21页。
② 同上书，第32页。
③ 同上书，第35页。
④ 同上书，第36页。
⑤ 同上书，第38页。

护者。“猛犸象拒绝搭乘神指使人建造的大船——按照基督教教义建造的大船而被毁灭，实际上隐喻了西伯利亚土著文化对基督教文化的拒绝……洪水使人类和猛犸象切断了联系，即与最初创造世界的创造神切断了联系。”① 布里亚特蒙古的洪水神话还可能隐喻了作为民族宗教的萨满教被国家宗教基督教（东正教）的替换。

陈岗龙教授对以上四个个案的研究借助比较的方法，分别从蒙古族神话与其他民族神话之间的关系、蒙古族神话与印度神话的关系、佛教和基督教等宗教因素对蒙古族神话的影响这三个方面入手，选取了潜水神话、搅拌乳海神话、萨满神话和大洪水神话这四个流传较为广泛且各具特点的神话类型作为研究对象，以探求蒙古族神话发展演变的过程和规律，发掘蒙古族神话的独特性。这种多民族文化视野下的蒙古族神话比较研究的方法贯穿陈岗龙教授的学术思路。而在具体实践中，他从具体的个案研究入手，使用丰富的蒙古语第一手材料，通过对神话类型、情节模式、母题、主题等具体而微又层层递进的分析和论述，以民间文学、民俗学、人类学理论，辅以扎实的文本分析，对蒙古神话所蕴含的蒙古社会文化史意义和蒙古族神话与其他民族神话之间的渊源和影响关系，做出了深入的探讨，为蒙古民族与其他民族广泛而长久的文化交流提供了切实而详尽的证据。

二　突破体裁限制的蒙古族神话比较研究

陈岗龙教授在蒙古族神话的比较研究中，对传统比较文学理论和方法的突破是显著的，这一点还体现在他对蒙古族神话与蒙古族英雄史诗关系的思考上。通过对蟒古思故事、《格斯尔》史诗中各种类型神话的分析，考究蟒古思故事、《格斯尔》史诗与蒙古族神话在叙事模式、情节单元、母题和深层结构上的相同点和相似性，探究蒙古族神话在蒙古民族史诗的起源、发展以及内容结构的形成过程中所起到的作用，这种研究方式“从神话的形态学研究转变为神话学、史诗学和民间信仰研究等多学科内容相互交叉的综合研究”②，这种突破体裁限制、跨越多个学科的比较研究方法，对探索我国多民族民间文学的比较研究具有借鉴和指导意义，是我国神话学和史诗学研究上的方法论创新。

上述研究方法和学术思路在《蒙古民间文学比较研究》和 2003 年出版的《蟒古思故事论》两部著作中得到了详细阐释和具体实践。陈岗龙教授指出，流传于东蒙古的扎鲁特—科尔沁史诗蟒古思故事和布里亚特史诗《格斯尔》中，均保存了丰富的神话内容，既有古老的萨满教神话，也有后期受到印度文化和藏传佛教影响后发展变化的宗教化的神话，这些神话的汇集“形成了一个诸说混合论的体系”③，既构成了蟒古思故事和《格斯尔》史诗的重要内容，又为他们提供了“天神下凡人间，为人类斩妖除魔”的叙事模式。

陈岗龙教授分析了蟒古思故事开篇叙述的“搅拌乳海，提取日月，从而创造宇宙光明”主题，指出其原型是蒙古族搅拌乳海神话，且可追溯至印度教的诸神神话。他重点分析了“违反禁忌”与“恶魔的产生”这两个在蟒古思故事和蒙

① 陈岗龙：《蒙古民间文学比较研究》，北京大学出版社 2001 年版，第 38 页。

② 陈岗龙：《蟒古思故事论》，北京师范大学出版社 2003 年版，第 4 页。

③ 同上书，第 286 页。

古族搅拌乳海神话中都非常重要的母题。在蟒古思故事中，蟒古思的产生是违反禁忌的结果，由于众神搅拌乳海时违反禁忌，超出限度，恶魔蟒古思就出现了，从而天神下凡人间是蟒古思故事和蒙古族搅拌乳海神话的共通主题，它实质上反映的是创世神话中创世神对宇宙秩序的确立和敌对者对宇宙秩序的挑战并尝试确立新秩序。在蟒古思故事中，蟒古思主要是被瓦齐日巴尼用金刚杵打死的恶魔拉胡的尸体化生而来的；而在布里亚特蒙古《格斯尔》史诗中，东方恶天神之首被汗霍尔穆斯塔·腾格里打败，尸体掉落后化生了三个恶魔。陈岗龙教授认为，蟒古思故事和《格斯尔》史诗中对恶魔起源的叙事模式是相同的，它们共同脱胎于蒙古族的尸体化生神话。

陈岗龙教授还分析了东蒙古蟒古思故事和布里亚特蒙古《格斯尔》史诗中的天神下凡降妖除魔的主题，他认为蟒古思故事和布里亚特蒙古《格斯尔》史诗中的降魔主题“不仅仅是从西藏和印度搬来的，它还有着本民族萨满教和古老神话的基础。而东蒙古蟒古思故事中天神下凡的主题也和《格斯尔》史诗有着不可切割的联系”①。他比较了阿尔泰神话、《格斯尔》史诗和蟒古思故事中的神话内容，指出三者在“渊源和叙事模式上具有内在的传承关系。而且，各神话形象之间具有亲缘关系”②。此外，在《格斯尔》史诗的开篇，东西方天神之间的争斗导致恶魔的降生，因此天神格斯尔下凡拯救人类的主题与蒙古族神话中东西方善恶天神争斗，恶天神作祟引发疾病和死亡，萨满拯救和医治人类的主题是相似的，从这一点来看，《格斯尔》史诗开篇的主题是蒙古族萨满神话中萨满拯救和医治人类的神话主题的翻版。因此，他推断，“格斯尔下凡降妖除魔的主题出胎于蒙古古老的萨满起源神话。即格斯尔下凡的主题是蒙古最初萨满神话和《格萨尔》史诗西藏原型相结合的产物”③。他进一步论证并指出，藏族格萨尔下凡的主题是在藏族原始崇拜和印度传入的思想理念等复杂的背景下产生的，而蒙古族萨满教和蒙古族神话观念中神魔交战或善恶神交战引起疾病和恶魔，人类需要萨满医治和拯救的古老主题，正是适合移植《格萨尔》史诗的文化土壤，二者从叙事模式上是相通的。继而，他得出这样的结论：蟒古思故事等史诗中天神下凡降妖除魔的主题和叙事模式很可能是西藏《格萨尔》史诗和蒙古族原有的最初的萨满神话在主题和叙事模式上的结合。

陈岗龙教授对蒙古族神话的分析突破了民间文学体裁的限制，将蒙古族神话和史诗的研究有机地结合起来，从主题和叙事模式上综合考察二者之间的源流关系，并探讨二者相似性的根源。他以蟒古思故事和《格斯尔》史诗中的降魔主题的来源为研究重点，分析表现降魔主题的蒙古族神话在蒙古族英雄史诗的起源过程中的作用，更为重要的是，通过上述研究，探究作为蟒古思故事和《格斯尔》史诗等蒙古族英雄史诗产生和传承前提的民众叙事模式，以及他们通过神话和信仰表现的世界观，而这种民众的世界观正是蒙古族神话与史诗在主题，特别是叙事模式上存在相似性的根本原因。传统的观点通常认为，史诗是神话发展到一定阶段而形成的，史诗与神话之间具有承继的关系，史诗是以古代神话为基础发展起来的。这种观点对神话与史诗关系的判断是有一定道理的，

① 陈岗龙：《蟒古思故事论》，北京师范大学出版社 2003 年版，第 305 页。

② 同上书，第 309 页。

③ 同上书，第 306 页。

但是它并没有深入至神话与史诗的本质和深层结构。此外，这种观点是在研究西方神话与史诗特别是希腊神话与荷马史诗的基础上得出的结论，这些神话与史诗从源头和结构上看更为单一，而东方神话与史诗，例如蒙古族英雄史诗与神话，则更为复杂，具有多元、多层次的特点，上述对神话与史诗关系的判断就显得流于表面了。陈岗龙教授对蒙古族神话与蒙古族英雄史诗关系的分析和判断，为我们探讨神话与史诗的关系开拓了新的思路：二者之所以在主题特别是叙事模式上具有相似性，也许并不能简单地被判定为谁继承了谁的关系，这种相似性的根源，是民众独特的世界观、思想意识，或者说是一种特有的意识形态。这种独特的世界观和意识形态决定了某一民族的民众在构建其社会形态、构思民族神话和民族史诗时在结构和模式上的一致性。

综上，陈岗龙教授对蒙古族神话的比较研究并非单一的、平面的比较，而是在多民族文化视野中多角度、多层次、跨学科、跨体裁的立体研究。首先，在研究范围上突破了国别神话比较的视域，对一个国家内部不同民族的神话、一个民族内部不同部落的神话等进行比较，如蒙古族和印度搅拌乳海神话比较，蒙古族和阿尔泰潜水神话的比较等；其次，共时比较和历时比较相结合，横向比较和纵向比较相联系，除了对不同地区、不同民族、不同部落神话的比较，也重视某一特定民族或部落的神话在不同时期的发展变化，如布里亚特蒙古的潜水神话的不同文本就反映了同一神话类型在布里亚特蒙古不同时期的发展变化；再次，在研究方法上坚持跨学科的比较研究，并不将神话研究仅仅限定在文学文本的研究，而是广泛使用民俗学、人类学、社会学的理论与方法，如对萨满神话的研究就考察了成为萨满的仪礼和巫术治疗等萨满仪式，借助对萨满职能的阐述，将萨满神话与人类学、社会学研究结合起来；最后，在研究对象上，突破体裁限制，将史诗和神话结合起来，将神话的形态学研究转变为神话学、史诗学的综合研究，如对蒙古族神话与蟒古思故事、《格斯尔》史诗中各类神话在叙事模式、情节单元、母题和深层结构上相似性的探讨。坚持蒙古民间文学的比较研究，这一思想贯穿陈岗龙教授的学术思路和实践。

他认为，“一个民族的民间文学和文化只有在和他民族的文化交流中才能更好地发展和繁荣，而自我封闭只能导致一个民族的文化的衰落”①，因此他一直把蒙古神话、蒙古民间文学放在“更广阔的多民族文化背景下进行探究”②，这不仅拓宽了他的研究视野，更使他深刻地认识到“蒙古民间文学何以如此博大精深的根本原因，那就是蒙古民间文学在与周围民族的文化交流中形成的开放性格”③。

三 建构东方神话体系的设想与东方神话比较研究

2001 年，陈岗龙教授承担教育部人文社会科学重点研究基地北京大学东方文学研究中心重大项目“东方民间文学研究”的主持工作，担任第二主持人，他的学术重点也从对蒙古民间文学的研究转向对东方民间文学的研究，先后主编并出版《东方民间文学比较研究》（北京大学出版社 2003 年版）、《东方民间文学概论》（四卷

① 陈岗龙：《蟒古思故事论》，北京师范大学出版社 2003 年版，第 1 页。
② 陈岗龙：《蒙古民间文学比较研究》，北京大学出版社 2001 年版，第 1 页。
③ 陈岗龙：《蟒古思故事论》，北京师范大学出版社 2003 年版，第 1 页。

本，昆仑出版社 2006 年版）、“东方民间文学丛书”（宁夏人民出版社，第一批书于2008 年出版）等学术著作。随着近年对东方民间文学研究方法和理论体系的梳理和探讨的不断深入，陈岗龙教授结合神话学研究的相关理论和方法，尝试探索东方各国神话的趋同性，建构超越一国神话的东方神话体系。虽然尚未出版专著或发表论文，对东方神话体系的建构进行专门的研究和论述，但相关的思想和表达散见于陈岗龙教授近年的学术成果。

陈岗龙教授在论述东方民间文学与东方文学的关系时提出，随着东西方文化对话的加强及文化多样化的强调及比较文学研究的盛行，在东方各国民间文学的基础上，将东方民间文学的整体作为研究对象，将成为研究的主要趋势，这是我们进行东方民间文学研究的基本出发点。他指出，研究的目的，并非“建构一个强调和突出异质特征的东方民间文学价值体系来与西方对立，而是通过描述东方民间文学的实质内容和整体性的历史逻辑，补充和完善民间文学理论中那些根据西方或欧洲民间文学的经验得出的理论和观点，使人类一般性民间文学的描述和理论更加全面和多样化”[①]。同理，对东方神话体系的建构以及对东方神话学理论和研究方法的探讨，也是出于补充和完善西方神话学理论和观点的目的。那么，建构东方神话体系是否具有合理性和可行性？其理论依据又是什么？

季羡林先生在谈到文化体系时指出：一个民族或若干民族发展的文化延续时间长、没有中断且影响较大、基础统一且稳固、色彩比较鲜明、能形成独立的体系，就可以称为“文化体系”。拿这个标准衡量，人类历史上的文化可以归并为四大古老的，且对世界产生了巨大影响的文化体系——中国文化体系、印度文化体系、波斯—阿拉伯伊斯兰文化体系、欧洲文化体系，前三种属于东方，最后一种属于西方。这样形成的文化体系是客观存在的，而不是主观臆造的。季先生进一步强调，东方三大文化体系之间，交流活动是经常的，每一个文化体系都是既接受，又给予的，没有一个文化体系是封闭的，因为封闭式的文化是没有发展前途的。[②] 季羡林先生对东方三大文化体系的论述为我们建构东方神话体系的合理性提供了依据。所谓东方神话的概念，并不是相对西方神话而提出的，“而是在人类民间文学规律的探索中更加注重东方文化区域性规律的描述与探讨。我们强调的是东方各国民间文学之间的交流和接触比西方文化之间的交流和接触发生得更早、更广泛、更深远”[③]，这也是东方各国、各民族神话之间具有更多趋同性的根本原因所在，深入探讨东方各国、各民族神话之间的渊源关系和趋同性，是“更好地探讨人类民间文学的共通规律”[④] 的基础。

陈岗龙教授认为，如果将东方神话作为一个整体的神话体系，需要特别注意以下几方面的内容[⑤]。

首先，对东方神话的研究要从古代东方神话和现代活形态神话的研究两方面入手，二者的研究方法和侧重点不同。我们所接触到的古代东方神话均以文献的形式记录和保存，例如《金字塔铭文》和《亡

① 陈岗龙：《东方民间文学与东方文学》，《辽东学院学报（社会科学版）》2009 年第 2 期。
② 季羡林：《季羡林全集》，外语教学与研究出版社 2010 年版，第 498—501 页。
③ 陈岗龙：《东方民间文学与东方文学》，《辽东学院学报（社会科学版）》2009 年第 2 期。
④ 同上。
⑤ 陈岗龙：《蒙古民间文学比较研究》，北京大学出版社 2001 年版。

灵书》中所记载的天牛之书与奥西里斯神话等，苏美尔泥板和楔形文字所记录的吉尔伽美什与大洪水神话，吠陀经典特别是《梨俱吠陀》及两大史诗中保存的印度神话等。因此，在考察古代东方神话时，根据文献资料，从口头传统研究的角度进行探讨，还要注意对神话文本的辨别，注意神话文献与口头性的关系，注意东方宗教典籍对神话的改编和再造。而现代东方神话则仍以活形态的形式在一些地区和民族口头传承。对于这些活形态的神话，一方面要根据学者搜集记录的可靠的神话集来研究，另一方面要进行民俗学田野调查，在民间口头表演中进行研究。此外，我们还应注意这些国家或民族在文献典籍中保存的古代神话与现今仍以活形态形式传承的现代神话之间的关系。以印度神话为例，其古代神话大部分保存在《梨俱吠陀》和两大史诗中，但要注意的是，印度神话并不等同于梵语神话，也不等同于史诗神话。印度作为一个多民族的国家，其活形态的神话极少被主流认识和接受，事实上，两大史诗在印度的许多地方仍以活形态的形式口头传承，正确认识古代印度神话和现今仍以活形态形式传承的现代印度神话的关系，是非常重要的。

其次，古代东方神话不仅仅是文学样式，它也是古代东方文明的一部分。对古代东方神话的研究，要注意古代东方文明与神话学研究相结合，因此，正确处理神话与国家起源的关系、神话与宗教的关系、地方性神话与国家神话的关系，就显得尤为重要了。以印度神话为例，印度神祇数量庞大，内容丰富复杂，且神祇的神格不断发生上升、下降或移位等变化，而这些变化与社会、宗教发展密切相关。例如，因陀罗神最早以自然神出现，随着雅利安人东进，其神格发生变化，成为战神，并不断提高至至高神，在婆罗门教确立后，因陀罗被赋予刹帝利的种姓品格，神格下降，后又被佛教利用，作为佛教护法神，因陀罗成了佛教思想的载体。

最后，古代东方神话中所反映出的古代东方相似的世界观和宇宙观。古代东方神话中存在着很多共同的母题，如大洪水神话在古代两河流域、古代希伯来、古代印度和古代伊朗等地广为流传。共同母题的背后，蕴藏的是古代东方各民族相似的世界观和宇宙观。例如，古代东方神话强调人、神与自然的和谐，这是由整个古代东方思维的特点——平衡性与整体性所决定的。又如，古代印度神话、古代埃及神话和古代伊朗神话中创世的循环，所反映的是古代东方人思维中循环的时间观，而这一点与西方神话所反映的线性的时间观具有本质上的区别。

综上，东方神话体系的建构是合理且可行的。陈岗龙教授认为，“研究东方文学首先要着力于东方各国的民间文学和它们之间的历史的、文化的联系以及它们相互之间的趋同性……从而建构超越一国民间文学的东方民间文学。……不是东方各国国别民间文学的简单叠加，也不是从东方各国民间文学内容中总结归纳出来的一般性的‘民间文学’，而是通过分析东方各国民间文学之间的渊源关系和久远的历史接触关系，揭示其共同的区域特点和历史发展的规律性，从而显现其具有历史延续性的有机整体”①。东方神话作为东方民间文学的重要体裁，其研究方法也应遵循上述原则。陈岗龙教授强调，东方神话与东方各国、各民族的神话不能简单被认定为一般和个别的关系，挖掘各国各民族神话“之间的历史联系和由此形成的共性，

① 陈岗龙：《东方民间文学与东方文学》，《辽东学院学报（社会科学版）》2009 年第 2 期。

用这种历史联系和共性来建构超越"[①] 国别和民族的具有东方特点的区域性神话体系，是东方神话研究和东方民间文学研究的要求和目的所在。

四 结语

回顾陈岗龙教授的学术思路和研究实践，从蒙古族神话研究到东方神话研究，比较的方法作为重要的方法论贯穿始终。他将民间文学研究与比较文学研究相结合，将个案研究与比较研究相联系，运用民间文学、比较文学和民俗学等多种学科的理论，通过个案研究，深入探讨民间文学所体现的民众思想及其蕴涵的文化史意义，通过微观的个案研究，来探讨和论证神话发展演变的普遍规律问题，将微观的具体研究与宏观的理论探讨相结合，对我国神话学和民间文学的研究具有重要的方法论意义。事实上，在比较文学发展的初期，民间文学与比较文学的研究就是密不可分的。季羡林先生在《民间文学与比较文学》中指出：没有民间文学，就不会有比较文学的概念。[②] 既然比较文学研究与民间文学研究的关系如此密切，那么，在面对民间文学材料和文本时应该怎样进行比较？应该从何处入手？陈岗龙教授的学术实践无疑为我们提供了非常好的研究角度和视域。

陈岗龙教授对神话学的思考，还体现在他对西方神话学与东方神话之间关系的思考上。他反对简单地将某一种西方神话学理论直接套用。他强调，在对中国或东方某一个神话类型或神话文本进行研究时，理论和方法的使用要慎之又慎，否则就是用东方神话的个案为西方神话学理论做了注脚。西方神话学理论是在西方学术话语中提出并发展的，并不是放之四海而皆准的，在某种意义上具有局限性。作为中国神话或东方神话的研究者，其任务是描写出那些西方民间文学理论还不能完全概括的人类文学多样性中的中国神话或东方神话内容，用实际内容与西方学术界进行对话。[③]

陈岗龙教授在神话学研究领域的贡献并不仅限于上文所述，但最为突出的是，他对神话学研究方法论上的突破和创新，为后续的研究者开辟了神话学研究的新疆域。

［原载《长江大学学报（社会科学版）》2016 年第 2 期］

---

① 陈岗龙：《东方民间文学与东方文学》，《辽东学院学报（社会科学版）》2009 年第 2 期。

② 季羡林：《季羡林全集》，外语教学与研究出版社 2010 年版，第 521 页。

③ 陈岗龙：《东方民间文学与东方文学》，《辽东学院学报（社会科学版）》2009 年第 2 期。

第九篇

学术活动纪要

【“杨柳青国际摄影大展民俗摄影专题学术研讨会”在杨柳青镇举办】

2016年2月21日，杨柳青国际摄影大展民俗摄影专题学术研讨会在杨柳青镇举行。此次摄影大展展出了大量精美的反映民生、民俗的摄影作品，定格了时代瞬间，让观者赞叹不已。

北京师范大学文学院教授、中国民俗学会副会长万建中认为，真正的民俗摄影要求摄影者进入民俗生活，理解自己所拍摄的民俗文化。主动参与观察当地的民俗活动，经历当地的民俗过程，对当地的民俗生活有所体验和感悟，这是对民俗摄影最基本的要求。他表示：“图片的民俗内涵、它们的上下文、它们背后的历史和相关联的各种文化要素都需要用文字或声音才能得到揭示。”同时他还指出，一般摄影作品可以不出现摄影者即“我”的在场，但民俗摄影不行。民俗摄影作品包含“我”的观察和理解，甚至可能是“我”的一段令人难忘的田野经历的记录，“我”与自己的作品融为一体。“民俗摄影与其他摄影的另一个不同，在于民俗摄影作品并非都是为了展览和发表，有些是出于保存和抢救的目的。”

“中国摄影家那么多，但并非人人都是民俗摄影家”，贵州民俗摄影代表人物卢现艺认为，“学会用影像讲述故事，这是目前绝大多数进行民俗摄影创作的中国摄影人极其欠缺和需要学习和深入研究的。并非人人都适合进行民俗摄影创作，民俗摄影既要对民俗文化有足够的了解，还需要有扎实的摄影功底。”对于摄影爱好者经常困扰的“摆拍”问题，卢现艺表示，“摆拍不可避免，表现民俗事象的细节，只有摆拍才能获得更好的视觉体验。当然这要在真实的人文历史环境之下，而且不能张冠李戴。”尊重真实的生活方式，合理地还原现场感和仪式感，更多地以“电影导演”思路去进行创作，从而充分展示和呈现影像的细节正是民俗摄影的魅力所在，也是民俗摄影对于人类学、民俗学等专业学科的意义体现。

云南省寻甸县摄影家协会副主席马克军说，我国民俗摄影自兴起以来，始终在民俗文化的继承、保护、发展上扮演着举足轻重的角色，并为之作出积极贡献。民俗摄影的表现形式丰富多样，但拍好民俗实属不易，其前提是要深刻认识和理解民俗摄影的本质及真谛，在取与舍上下功夫。民俗摄影以纪实为原则，本质是真实再现民族历史、诠释民族文化，其作品的灵魂是它的真实性。优秀的民俗摄影作品应该是民俗文化的缩影，通过现场客观记录，真实反映民俗生活的本来面目和自然状态，在此基础上拓展主题的深度和广度。

（供稿：张帆）

【曲阜师范大学民俗文化研究中心揭牌】

2016年3月11日下午，民俗文化研究中心揭牌暨中国社会科学院世界宗教研究所研究员、中国民俗学会副会长兼秘书长叶涛教授聘任仪式在曲阜师范大学举行，副校长扈庆学出席仪式并为叶涛颁发聘任证书。文学院教师与学生代表参加仪式并聆听了报告。仪式由文学院院长单承彬主持。

扈庆学和叶涛共同为曲阜师范大学民俗文化研究中心揭牌，叶涛教授向曲阜师范大学师生赠送了自己组织编撰的著作。聘任仪式后，叶涛教授作了题为《从文化遗产到非物质文化遗产》的学术演讲。他指出，全球化是非物质文化遗产保护运动兴起的背景，有破坏才会有保护。他以埃及建设阿斯旺大坝后对具有5000年文化历史的丹铎神庙的破坏为例，说明20世纪50至70年代的经济建设对文化遗产的破坏程度远远超过两次世界大战。叶教授重点向师生讲解了联合国教科文组织的《保护世界文化和自然遗产公约》《世界文化多样性宣言》《保护非物质文化遗产公约》，表示非物质文化遗产对当代中国具有重大的意义，而如今申请非物质文化遗产还存在着较多的问题。叶教授还以敦煌莫高窟、曲阜三孔、周口店北京人遗址以及哈尼梯田等为例，用自己的亲身体验，详细地解释了文化遗产和非物质文化遗产的概念、范围以及保护原则。

（供稿：曲阜师范大学）

【中国民俗学会中国餐饮文化研究专业委员会落户江苏常州】

2016 年 3 月 31 日，由中国民俗学会与江苏省民俗学会、江苏省常州市民俗学会、常州旅游商贸高等职业技术学校共建的“中国民俗学会中国餐饮文化研究专业委员会”落户江苏省常州市。

中国餐饮文化研究专业委员会是中国民俗学会下属的分支研究机构，该委员会以保护和传承我国餐饮文化为宗旨，搜集、整理、研究我国丰富的餐饮文化资料，编纂出版相关学术成果。该委员会将积极开展学术交流活动，定期召开高水平的餐饮文化研究及其相关内容的学术研讨会，并为科研部门和高校研究人员提供调研条件，协助开展相关主题的调研活动。中国餐饮文化研究委员会提倡理论研究与开发应用相结合，开展与餐饮文化发展相关的民俗文化资源的调查与研究，从事餐饮文化产业的开发与利用，促进餐饮文化建设，为百姓提供更多放心喜爱的美食，努力为中华餐饮发展走向世界做出贡献。

在“文化江南·魅力常州：文人的江南——传统民俗生活体验”活动启动仪式上，中国民俗学会会长朝戈金与江苏省民俗学会会长黄鲁闽、常州市民俗学会会长季全保、常州旅游商贸高等职业技术学校校长秦益霖共同签署了“中国民俗学会中国餐饮文化研究专业委员会共建协议书”。

中国民俗学会副会长、北京大学教授陈泳超宣读了“中国民俗学会关于成立‘中国餐饮文化研究专业委员会’的决定”，中国民俗学会副会长、清华大学教授刘晓峰宣读“中国民俗学会关于中国餐饮文化研究专业委员会领导机构组成及其领导成员聘任的决定”。

根据《中国民俗学会二级研究机构管理条例》的规定，中国民俗学会下属二级研究机构，其领导成员一律采用聘任制。经协商，决定聘请陆建芳担任中国餐饮文化研究专业委员会主任，季全保、秦益霖担任常务副主任，马建鹰、王劲、李志刚、张久明、张朝敏、赵建华、杨旺生、周达志、陈晓卿、梅联华等担任副主任。聘请童方云为中国餐饮文化研究专业委员会秘书长，王劲、卢宏刚、李铁琦、盛雅琴为副秘书长。

中国民俗学会副会长、华东师范大学终身教授陈勤建向专业委员会主任、常务副主任、副主任颁发了聘书，中国民俗学会副会长、山东省社会科学界联合会副主席刘德龙向专业委员会秘书长、副秘书长颁发了聘书。

江苏双桂坊餐饮管理有限公司在挖掘地方民俗文化资源、提升地方餐饮文化品位等方面，取得了令人瞩目的成绩。经过考察，中国民俗学会向江苏双桂坊餐饮管理有限公司授予“中国传统餐饮传承基地”的名号，江苏省民俗学会向江苏双桂坊餐饮管理有限公司授予“江苏省非遗保护传承示范基地”的名号。

常州市人民政府副市长方国强、中国民俗学会会长朝戈金、江苏省民俗学会会长黄鲁闽分别在仪式上致辞。常州市民俗学会会长季全保就常州饮食文化做主题发言。中国民俗学会副会长兼秘书长叶涛主持了仪式。

“文化江南·魅力常州：文人的江南——传统民俗生活体验”活动是江苏省民俗学会与常州市民俗学会策划组织的大

型文化活动，该活动以展现“常州历史文化，体验江南文人生活”为活动主旨。活动期间，与会者考察了常州市方志馆、常州谱牒馆、常州非遗代表作传承馆（吕公府）、常州双桂坊非遗展馆等，参观了国家历史文化遗址——春秋淹城，与会者还参观了南京博物院非遗馆。常州市的餐饮企业代表新和顺、听松楼、双桂坊、太湖湾等，还向与会者展示了历史传承积淀深厚、烹饪技艺精湛纯熟的常州餐饮文化。

中国民俗学会会长朝戈金，副会长陈勤建、刘德龙、陈泳超、刘晓峰，副会长兼秘书长叶涛，江苏省民俗学会会长黄鲁闽，江苏省民俗学会副会长兼秘书长、南京博物院非物质文化遗产研究所所长陆建芳，中共常州市委常委、宣传部部长徐缨，常州市人民政府副市长方国强，常州市民俗学会会长季全保、秘书长童方云等出席了这次活动。

联合国教科文组织驻东亚五国办事处文化遗产专员、复旦大学文物与博物馆学系教授杜晓帆，美国民俗学会执行会长迪姆·罗仪德，美国民俗学会饮食刊物《文摘》编辑、教授迈克尔·兰格，美国民俗学会饮食刊物《文摘》编辑、教授戴安·泰伊，日本民俗学会国际担当理事、日本国立历史民俗博物馆教授松尾恒一，韩国外国语大学国际研究部教授、韩国文化遗产委员会委员朴尚美，台湾清华大学荣誉教授王秋桂，台湾金门大学闽南文化研究所副教授唐惠韻，香港政府非物质文化遗产咨询委员会主席郑培凯等专家学者也出席了这次活动。

（供稿：中国民俗学会秘书处）

【“第二届中日香文化交流活动暨松声庵香室落成纪念香会”在京举办】

2016年4月15日（农历三月初九），经过近一年时间的准备，第二届中日香文化交流活动暨松声庵香室落成仪式在北京中国香文化研究中心举行。中国社会科学院荣誉学部委员、国家非物质文化遗产保护专家委员会副主任、中国民俗学会荣誉会长刘魁立先生和日本志野流香道21代传承人次家元蜂谷宗苾先生共同为香室揭幕，中国香文化研究中心主任孙亮先生与来自香界和媒体的朋友们共同见证了香室的落成典礼。

中国香文化研究中心主任孙亮先生在落成典礼上说，松声庵香室是由日本工匠滨岛先生按日本京都银阁寺弄清亭的规制一比一建置的，从设计到建造完成，经历了近一年的时间，其间得到各界朋友的帮助和支持，见证了中日香文化合作和交流的点点滴滴。他希望香室建成后能够成为中日香文化交流的主流平台。

日本香文化代表志野流香道次家元蜂谷宗苾先生说，香文化在中国有上千年的历史，日本香道只有500年的历史。日本的香文化源自中国，今天又回到中国，他希望，松声庵香室是中日香文化乃至中日文化交流的起点，从今天开始，中日香文化的合作会更紧密。他还表示，他将不忘父亲志野流香道家元先生的告诫，努力为中日香文化的交流做出贡献。蜂谷宗苾先生还介绍了由他父亲命名的松声庵香室的寓意。他说，松代表大自然，闻香在日语中叫听香，所以松声庵香室的意思就是，听自然界的声音，内省自我。

刘魁立先生对松声庵香室的落成表示祝贺。他说，人类的文化特别是非物质文化包括香道和茶道，都是人类共享的，并在共享中实现彼此的推进。如果没有这种共享性，这个香室是无法建成的。他指出，中国的香文化在唐宋时期传入日本，被日本民众接受并传承至今，成为一种了不起的生活方式，今天这种生活方式又回到中国。中国唯一的志野流香室的建造，是两个流派相互折中的结果，是情感的交流，是心与心的对话。他相信，两个流派的交流将在中国诞生出新的流派。

据悉，2015年5月30日，中国香文化研究中心与日本志野流香道在北京签署了战略合作协议。按照协议，松声庵香室落成后，志野流香道将在中国香文化研究中心开展长期的教学和交流活动。中国香文化研究中心也将会定期在日本进行中国香文化的传播与推广。从今天开始，蜂谷宗苾先生将在中国民俗学会中国香文化研究中心主持为期四天的香道交流活动，庆贺松声庵香室建成。

（供稿：中国民俗学会香文化研究中心）

【“民俗文化与美丽乡村”2016年嘉兴端午国际学术研讨会在凤桥梅花洲举行】

2016年6月10日，“民俗文化与美丽乡村”2016年嘉兴端午国际学术研讨会在凤桥梅花洲举行。来自日本、韩国、台湾等国家和地区以及京、沪、浙、苏、皖、鲁、豫、川、贵、两广等地的近40位专家学者都拿出了这些年来深耕细作的学术成果。

嘉兴美丽乡村建设近年来已经取得不错的成果。截至2015年年底，全市已有五个县（市、区）成功创建成省级美丽乡村先进县，47个镇成功创建美丽乡村先进镇，9个镇完成创建任务，84个美丽乡村精品村（特色村）创建初见成效，展现出江南水乡特色。在以“宜居、宜业、宜游”为核心的“美丽宜居示范村”创建中，嘉兴有72个乡村被列入省级示范村创建试点，完成创建验收的有37个。其中，秀洲区建林村和海盐县永兴村被列为国家级美丽宜居示范村创建试点。

这些鲜活的样本激发了学者们的研究热情，他们或以文溪坞、马厩村、新仓村等做个案分析，或以网船会班口、端午水上竞技等民俗文化元素为对象，并探讨了嘉兴美丽乡村建设中的民俗保护模式、民俗文化策略等。

杭州师范大学讲师袁瑾以嘉兴网船会班口为例提出，在当下，传统会社组织正在重新融入当地民众生活，担负起发掘乡村传统、丰富乡村文化的功能，从而实现了美丽乡村建设的自我更新。

中央民族大学文学与新闻传播学院林继富、梁珊珊两位学者，更关注嘉兴端午水上竞技活动——龙舟竞渡和踏白船。“两项民俗在嘉兴民间有了新的回归，民众逐渐成为自觉的传承者。跨时空传承的特征，往往使民俗符号的内涵具有丰富性和多义性，而其意义生成的最终方向，往往依托于今人的生活诉求。”

华东师范大学民俗研究所硕士陆艳、王晓葵则以平湖美丽乡村为例，从“乡愁”中的民俗自信重塑、环境中的民俗景观营造、场所诸如“文化礼堂”中的民俗脉络传承等方面，阐释了民俗文化策略助推美丽乡村建设和可持续发展的实践路径。他们的观点，引起不少学者的共鸣。

中国艺术研究院硕士刘晓提交的“海宁新仓村美丽乡村建设调查报告”，关注了美丽乡村建设对当地百姓生活的影响；北京师范大学硕士陈艳以海盐文溪坞隐马山的传说为例，分析地方传说讲述与景观营造的良性互动；上海大学社会学院民俗学硕士胡萌萌，则以平湖曹桥街道“三月三民俗”活动为切入口，关注着传统民俗的现代再现……

浙江省以“美丽乡村”为名的乡村建设，始于2003年。实践的方式，是“千村示范、万村整治”的“千万工程”。中国民俗学会副秘书长杨秀等人从2016年春季开始，对嘉兴几个县（市、区）美丽乡村进行了调查。他们认为，进入试点建设的乡村，道路规划和卫生设施等方面已得到明显改善，取得了相应成果。“这场由政府主导、自上而下的村落建设工程，基本上都是从修整道路、美化环境和污水治理等硬件改造开始，并进一步关注文体活动中心等公共文化设施建设。有条件的村落，还积极挖掘旅游资源，改变农村以传统农业收入为主的格局，尝试新的发展。"

杨秀对美丽乡村建设中民俗文化尤为关注："仅就村落的特色建设而言，传统民俗文化还没有得到应有的重视。民俗活动的多样性和凝聚力等，甚至受到了不同程度的影响。"

杨秀的看法，与嘉兴"美丽乡村"创建相关职能部门的认识不谋而合——嘉兴地处平原地区，城乡一体化进程较快，乡土特色的历史文化、江南水乡的格局在乡村发展建设中不断损耗，已公布的三批中国传统村落名单，嘉兴无一村落入选。嘉兴目前的美丽乡村建设处于硬件和生态环境创建阶段，趋于均衡化和同质化；民俗文化的保护与利用，仍多集中于非遗的发掘和保护上。

论坛学者分享的来自国内外乡村（社区）建设的经验，给嘉兴带来不少启示。

88 岁的乌丙安是以德国小镇哈默尔与中国千年瑶寨南岗作为比较样本进行了阐述——中国传统村落从安居乐业型向旅游观光型转化，是农村城镇化发展的一大特色；德国传统村落，则是从传统的安居乐业型发展为现代安居乐业型村落。中国很多村落，保护下来的民俗文化，主要不是为村民自身享用，而是为了供游客观赏，村民主体的生活样式，是为游人服务的。"德国传统村落的保护与发展，取决于传统村落自身的文化与历史沿革……哈默尔民俗文化发展很深入，最特别之处是民俗文化传统与现代化文化的高度协调发展，很值得借鉴。民俗文化已经成为他们的精神，不是给游客看的。"

韩国国学振兴院调查委员尹瑛玑、韩国安东河回村落保存会理事长柳汪根"组队"来到嘉兴。他们全方位解读了作为韩国儒风文化宝库的河回村这一世界文化遗产，是如何保存其传统风俗、如何处理保护传统与开发旅游的矛盾："对外人来说，河回村村民守护好了传统风俗，但村民们认为这些民俗就是他们的生活本身……要真正了解传统的民俗，就尊重他们的生活，保留他们的大自然环境与他们的生活方式。"

河回村的经验，在学者中引起巨大反响。中国民俗学会副会长江帆在研讨会总结时说："曾几何时，像河回村这样的村落，在中国境内大量存在。河回村的基本样貌得到了很好的保护，文化根基得到了很好的传承。对比之下，我们的切身感受是，我们自己生活的村落'毁真建假'。这样的比较，会让我们更清醒。"

日本法政大学教授王敏，30 年来持续关注着民俗学与美丽乡村建设。研讨会上，她以日本大禹文化圈的活动为例，解析了民俗学与美丽乡村的链接点。大禹文化的根基在中国，却在日本开出了灿烂花朵。王敏认为，对"大禹现象"多维视角的透视，将使我们获取更多的正能量，形成有形有色的参考模式，继而推动中国美丽乡村建设性发展。日本公益财团法人日本东京财团上席研究员小松正之，则通过对日本农渔村的课题研究，阐述了产业衰退后，如何振兴、如何活用文化传统和历史。

中国民俗学会中国乡愁文化发展研究中心副主任姜波，曾前往法国北部的 CONCY 和南部的 EXPLAIN 两个小镇，参加法国遗产委员会举行的遗产修复培训。法国的修复理念，对他触动颇深："他们有非常好的修复理念，以千年的修复标准来衡量，拒绝机械，是手工的修复。"姜波认为，中国传统村落的保护和发展，有非常好的契机和制度，但民俗和传统，比照国外，存在很大差距。"包括我们的修复理念，一个小镇持续一两百年的修复，对我们来说不可思议；传统村落研究人员数量有限，学识单一；传统村落的规划保护，往往是由规划部门完成，缺乏对村落历史的研究和民俗学方面的调查。”但他也表示看到了传统村落保护向好的趋势，比如浙江松阳模式、莫干山模式。这两者都是以民宿为特色的保护模式，“希望传统村落保护能有个嘉兴模式”。

台湾财团法人新北市文化基金会执行长林全洲，则以水金九矿业遗址为例，介绍了台湾融入文化底蕴的民宿发展。“民宿的蓬勃发展，政府应该站在辅导角色。”他认为政府提供优质的竞争环境，引导公平竞争后，就应放手让业者自组团体，相互扶持。“乡村民宿从业者，如何掌握特色而存活下来，是关键因素。但不管如何，改变经营手段所不能忽略的，仍是与美好环境共存的理念。”

台湾宜兰的白米社区，也是被多次提及的个案。白米社区是个偏远的矿业遗址，文化、自然资源匮乏。“他们以集体的愿力与聚落层累的木屐传统，作为凝聚社区意志的民俗资本，发展当代木屐民俗文化创意产业。”台湾东华大学民间文学所博士杨金源以此为例，阐述了民俗展演与村落重建：“社区人群、民俗资本及生活空间，都获得了整合重生的契机，将陋村转换成了具有乡土认同感和当代疗育氛围的闲适乡间村落。”

江帆与大连工业大学孙心乙，在分析美丽乡村建设的文化生态平衡与保护时说：“美丽乡村作为一种新的文化范式，内质具有明确的审美指向，经由特定区域历史、特定民族生存史而生成、演化的乡村聚落与民居建筑，承载着区域和民族的历史。”他们认为，美丽乡村建设要充分挖掘、利用区域内的传统民俗文化与民族文化资源，倡行乡村文化生态的多样性，以区域或民族的特色文化作为乡村建设的内在支撑，突出村落的文化个性，“应该像对待美丽蝴蝶的翅膀一样，珍惜、保护乡村文化生态中的异质之美，使美丽乡村之美更加灵动多彩。”

民俗文化和日常生活是美丽乡村建设中软性和暖性的成分，这是与会者的共识。在美丽乡村建设中，民俗文化如何起到有效的支撑作用？美丽乡村建设如何做到可持续性，而不是表层的美饰？传统的修复和民俗资源的运用，传统资源如何“再语境化”？都是尚需破解的问题。

山东工艺美术学院图像艺术研究所所长张从军，在谈到美丽乡村建设中民宅故居的合理利用时，认为民宅故居的保护利用生活化、有人气儿、有故事最重要：“在保持其原生态的前提下，将静止式的，利用、搞活，注入生活的活力，而不应该仅仅当成摆设和陈列。要让‘烟火’气息重新回归旧居，让浓厚的生活气息激活深宅大院，让人气使民居建筑涅槃，焕发其应有的乡村文化的魅力。”

刘晓在论及新仓的美丽乡村建设时，认为农村旅游的开发是不可逆转的趋势，但应该始终记得一个原则，即美丽乡村是为谁而做，答案是为老百姓而做。因为村民是一个地方的灵魂所在，没了村民，也就没了精神。

2014 年，《中国传统村落保护项目实施工作的意见》中明确提出——见人见物见生活。王晓涛和朱吏认为，这七个字，某种程度上说的就是民俗文化。通过人、物及生活的在场实现，“传统村落的保护，不仅仅在于实物的保护，传统民俗的保护，还在于对当地居民的保护。民俗和乡愁是村落吸引力的外在及内在表现——人，是村落的灵魂。”

（供稿：陈苏）

【“第三届中国神话与西王母文化研究年会暨新疆非物质文化遗产高层论坛”在新疆石河子举行】

2016 年 6 月 18 日至 20 日，由中国民俗学会、石河子大学、新疆天池管委会联合主办，石河子大学文学艺术学院等单位承办，中原文化研究杂志社等单位协办的第三届中国神话与西王母文化研究年会暨新疆非物质文化遗产高层论坛在石河子大学举行，来自海峡两岸40余所高校、科研机构的80多名学者出席了会议。

与会者围绕“西王母神话研究”“中国神话研究”“非物质文化遗产研究”三个专题展开深入热烈的讨论，会议全面呈现了近年来海峡两岸西王母神话研究所取得的成果以及西王母文化在促进两岸民间交流方面的重要价值，涉及神话主义、少数民族神话等方面的最新议题，集中探讨了中国非物质文化遗产传承人群研修计划的理论与实践。会议的后半场转移到西王母文化发祥地新疆阜康市，与当地政府有关负责人进行了文化访谈，总结了过去十年来西王母神话保护研究的成果，畅谈未来西王母遗产旅游的发展前景。据了解，石河子大学已经连续举办了三届新疆非物质文化遗产研讨会，成为新疆非物质文化遗产保护的中坚力量。

（供稿：旭东）

【“追本溯源——凤舟竞渡与端午文化传统”学术研讨会在长江大学举行】

2016年6月19日至20日，由中国民间文艺家协会、湖北省民间文艺家协会、长江大学、华东师范大学和华中师范大学共同举办“追本溯源——凤舟竞渡与端午文化传统”学术研讨会在长江大学举行。

中国民间文艺家协会副主席程建军，湖北省民间文艺家协会副主席张卫平，荆州市市委宣传部副部长刘宗彪，国务院台湾事务办公室九洲文化传播中心副主任贺玮，学校副校长李家宝出席开幕式。开幕式由文学院院长许连军主持。

开幕式上，李家宝致欢迎词，并详细介绍了长江大学办学情况及在荆楚文化研究领域取得的成绩。程建军在致辞中指出，民俗是建构民族国家精神、促进文化认同和社会治理的重要资源，荆楚地区是端午文化的发祥地之一，也是端午龙舟凤舟竞渡文化的发祥地之一，他倡导专家学者们要努力发掘和探讨端午文化，并将其发扬光大。

主题发言环节，专家学者们分别从不同视角展开对“凤舟竞渡与端午文化”的研讨。“崇龙尚凤，是中华文化的基因，应将其作为中华文化传统来看待”，我国著名民俗学专家、华中师范大学教授刘守华针对端午文化表达了自己的看法。文化部民族民间文艺发展中心（华东师范大学）主任、华东师范大学教授、长江大学楚天学者田兆元从民俗的谱系观念与端午文化的本源角度提出个人见解，他认为凤舟竞渡是端午竞渡的本源，同时他认为单一问题的文化研究和民俗研究已经不能适应立体复杂、多元形态的时代需求。马来西亚南方大学中文系教授詹杭伦从唐朝的初、盛、中、晚四个阶段，对唐代的端午竞渡诗中蕴含的端午文化进行剖析，得出五点与前人不尽相同的研究结论。

据悉，来自中国社科院、中山大学、浙江大学、南京大学、华东师范大学、华中师范大学、山东大学、西南大学和美国加州大学、马来西亚南方大学等国内外高校和科研机构的80多名代表参加了研讨会。会议议题主要包括“龙舟凤舟竞渡研究”“洪湖凤舟竞渡文化研究”“荆楚地区端午文化研究”“端午文化与长江文化带发展研究”“‘一带一路’端午文化与国家文化战略研究”等。

（供稿：刘国凤、代雨豪、徐健剑、陆峰）

【“性别与民俗”全国研究生暑期学校在上海开班】

2016年7月4日，由华东师范大学研究生院主办，华东师范大学社会发展学院民俗学研究所承办的“性别与民俗”全国研究生暑期学校在上海正式开班。来自全国30多所高校和科研机构的60余名学员参加开学典礼。

加拿大民俗学会原主席、纽芬兰纪念大学教授Diane Tye，美国民俗学会亚洲分会原主席、美国葛底斯堡学院亚洲研究系共同系主任李靖，山东大学《民俗研究》杂志副主编刁统菊，华东师范大学研究生院培养处副处长华春燕，华东师范大学社会发展学院院长吴瑞君出席活动，华东师范大学社会发展学院副院长田兆元主持开学典礼。

此次暑期学校为期7天，将采取专题讲座、田野调查实践相结合的方式进行，并特别设计了一次女性民间手艺展，来自山东和上海两地的民间手艺人将到场与师生进行深度对话与交流。暑期学校的师资结构和课程内容展现了民俗学领域性别研究的前沿发展趋势和最新研究成果。12个专题讲座分别由中国民俗学会荣誉会长乌丙安教授、加拿大纽芬兰纪念大学Diane Tye教授、美国葛底斯堡学院李靖教授、北京师范大学博士生导师杨利慧教授、华东师范大学田兆元教授、山东大学《民俗研究》杂志副主编刁统菊副教授，北京师范大学文学院康丽副教授等海内外学者出任教学工作。

田兆元表示，性别视角是民俗学研究的重要视角，对这一主题的探讨有助于中国民俗学切入对广泛的社会问题的深度关注，也有助于性别民俗研究的国际交流与对话。华东师范大学长期致力于应用民俗学的研究，将以举办这次暑期学校为动力，加强国际学术交流与合作，为民俗学学科建设和人才培养作出新的贡献。

Diane Tye分享了她在性别与民俗研究上的经验和对这一主题的认识，她认为，民俗和性别紧密相连，民俗塑造性别，通过性别研究，可以了解男性或女性如何形成以及如何表达男性或女性特质；性别也塑造民俗，性别影响民俗的建构以及阐释。发掘民俗学的完整意义，就必须充分考虑性别的影响。

李靖和Diane Tye先后作了题为《美国女性主义民俗学研究的发展及思考》《加拿大女性民俗学研究（Feminist Folklore Studies in Canada）》的学术报告。两位专家的报告分别从各自的研究领域出发，深入浅出地阐述了美国女性主义民俗学研究和加拿大女性民俗学研究的历史、理念和方法。

据介绍，华东师范大学民俗学研究所从2013年举办民俗学研究生暑期学校开始，已经连续举办了四届，主题包括日本民俗学的理论与方法、美国民俗学的理论与方法、海洋民俗学研究、性别与民俗等，累计培养研究生300余人次，许多学员把学习成果带回各自高校，已经迅速成长为民俗学科青年后备力量。经过多年的举办，华东师范大学民俗学研究生暑期学校已经成为中国民俗学研究生教育和培养的品牌，为培养新型研究生人才，增强全国高校相邻学科之间的沟通，扩大与国际一流高校同行的合作，发挥民俗学在国家文化建设中的使命起到了重要作用。

（供稿：李玉、温小兴）

【“传统伦理下的非遗传承与利用”国际学术研讨会在贵阳召开】

2016年7月6日至8日，由贵州省文化厅、文化部民族民间文艺发展中心、中国民俗学会、复旦大学、贵州民族大学主办，贵州省非物质文化遗产保护中心和贵州民族大学承办，2016首届多彩贵州文化艺术节“传统伦理下的非遗传承与利用”国际学术研讨会在贵州举行。

中国社会科学院民族文学研究所所长、中国民俗学会会长、中国社会科学院学部委员朝戈金，国家非物质文化遗产保护工作专家委员会副主任、中国民俗学会荣誉会长、中国社会科学院荣誉学部委员刘魁立，文化部非遗司保护处副调研员李昱明，中国华夏文化遗产基金会耿莹，文化部民族民间文艺发展中心主任李松，国家民委民族画报社党委书记、社长、总编辑李铁柱，贵州省文化厅厅长徐静，贵州民族大学党委书记张学立等专家，俄罗斯科学院世界文学研究所民间文学研究室主任弗拉基米尔·克劳斯，韩国首尔大学教授全京秀，日本国立历史民俗博物馆教授、日本国立综合研究大学院大学教授、日本民俗学会理事松尾恒一，带着前沿视野和文化情怀相聚贵州，共同研究传统伦理下非物质文化遗产传承与利用，深入研讨“非遗”保护的伦理与发展，分享东亚国家的“非遗”历史及现代运用案例，探讨中国乡土社会的现代价值与文化保护，积极推动非物质文化遗产的传承和利用。

值得一提的是，此次研讨会得到中国华夏文化遗产基金会的大力支持，基金会理事长耿莹专程到贵州出席研讨会，并在会上深情致辞。“只有将中国文化遗产保护行为渗透到社会各个层面，让大家从被动到主动，从意识到行为，将保护文化遗产当作每个中国人必须的事业，我们的文化才会永不褪色。”耿莹深深感受到，中国文化遗产遍及祖国大地，保护工作任重而道远，单靠基金会的努力，是远远不够的，政府的支持，全社会的关注，大量人、财、物力的投入，是保护现有文化遗产的迫切之需。

李松围绕“中国乡土社会的现代性价值与文化保护”主题与众人进行分享。他认为，乡土生活传统的非现代性思维，严重地遮蔽了传统文化价值发现的能力。对这种遮蔽的排除，不仅仅是文化保护工作的基础性工作，更是动用国家公共资源，开展文化保护工作的合法性基础。他说，在价值理念上，中国乡土社会现代价值与文化保护，要求与国际社会的文化发展理念，和我国大众日常生活在国家文化发展目标上形成和谐，为国家和国际社会构建良好的、可持续发展的文化生态。建设相适应的工作体系，对我国文化行政管理系统而言，机遇和挑战共存，理论思考与社会实践共存。

中山大学中国非物质文化遗产研究中心副主任刘晓春教授认为，随着生产性方式保护的开展，传承主体的保护意识和文化自觉意识有所增强；相关企业获得了较明显的经济效益，其生存条件也得到改善，传承人的保护和培养得到进一步重视，参与者的转型和创新意识不断提高，市场开拓有新进展，在生产过程中适当的机械化有利于“非遗”的保护。他说，无论从传统手工技艺类“非遗”的内在属性，还是其外在所处的生存现状，生产性保护都值得提倡。但是，生产性保护并不等同于产业化，并且需要妥善处理本真性、整体性、传承与创新等问题。

“在中国民族地区的上述个案中，商业化与民族文化保护具有内在的矛盾，以文化保护为基础和文化安排优先的经济发展，才具有持久的生命力。”清华大学社会科学学院人类学与民族学研究中心主任张小军认为，过度和不当的商业化，会导致文化多样性的削弱，其基本特征是忽视民族文化及其多样性的盲目经济发展，以外来文化权力强力摧毁本来就脆弱的多元民族文化基础，进而毁灭乡土社会的基本秩序。因此，对于文化保护优先的发展模式，共享发展几乎是唯一的出路。

日本国立历史民俗博物馆教授、日本国立综合研究大学院大学教授、日本民俗学会理事松尾恒一在“日本非物质文化遗产的历史及在现代社会的运用”的主题发言中提出，中日两国在无形和非物质的界定上有共通之处，日本对非物质文化遗产的态度，从最初的文化不自信，到后来成为日本文化旅游产业和本地城市精神生活振兴的一个核心，经历了漫长的时期。对于现代的传承活动而言，民俗文化在历史中的传承具有很大的价值，而对于生活在现代的我们，这些传承历史情境的文化遗产，具有“财产”和“遗产”的双重价值。“我们要学习古今亿万人共同体会过的生存之道，就不能指望靠少数贤能的思想来指导。因此，首先要记录眼前丰富的事实，并希望能尽量将之变成更多人共有的知识。这样一来，通过对材料进行整理和比较，以自然而然的、明了的共通现象为基础，如果可能的话，应从中提取出这个时代的法则……”松尾恒一的分享中，阐述了日本将各地传承下来的各种事例进行记录和收集乃当务之急。

“贵州是中国的非物质文化遗产重要集中区域。”省文化厅厅长徐静在开幕式致辞中说，研讨会的召开，将启发贵州作出新的思考和审视，推动贵州更好地做好非物质文化遗产保护利用与传承发展。她说，贵州多元民族文化和美共生，“各美其美，美美与共”造就“多彩贵州”。承载着贵州各族人民独特生活轨迹和历史记忆的非物质文化遗产，越来越让世人关注，让世人青睐，也越来越影响世界，越来越让世界各地的各族人民分享到文化多样性的魅力、欣慰和愉悦。贵州省委、省政府认识到贵州完美的山地生态和多姿多彩民族文化的珍贵性，正在强力推动“多彩贵州民族特色文化强省”这一战略。

在省委省政府高度重视下，省文化厅积极探索“非遗”保护利用与传承发展的路径和方法，探究“非遗”保护传承面临的困境——以及如何让“非遗”服务当下，如何提升“工匠精神”以及与旅游深度融合发展等等。

专家深入非物质文化遗产代表性项目重要保存地——黎平县地扪侗寨，在那里聆听天籁之音——侗族大歌，共同探讨生态博物馆本土化及其对文化传承与利用发挥的积极作用。国内外专家提出：保护好、传承好黔山贵水滋养的多元民族文化，让贵州这片神奇的土地为人类的美丽和世界的精彩坚守自己的独特性。

（供稿：王小梅）

【“第十一届民间文化青年论坛第二季2016年会”在浙江师范大学召开】

2016年7月16日，第十一届民间文化青年论坛第二季2016年会在浙江师范大学召开。中国民俗学会副会长、华东师范大学陈勤建教授，浙江师范大学民俗学学科带头人陈华文教授等出席会议。

陈华文介绍了浙江师范大学民俗学学科的发展，尤其是在非物质文化遗产研究上取得的成绩。陈华文结合自身学术经历，希望年轻学子珍惜美好时光，在民俗复兴的大时代下，乘风破浪，扬帆远航。

陈勤建作了主题报告，提出民俗作为文化是国家文化发展的基础，文化发展中民俗的发展尤为重要，但民俗文化发展并非一日之功，需要经过文化反思、文化自觉、文化自信、文化建构四个阶段。

会上颁发了民间文化青年论坛奖，并就相关议题展开积极研讨交流。

据了解，此次论坛以“民俗发展与文化复兴”为主题，由民间青年文化论坛主办，中国民俗学会协办，浙江师范大学民俗学重点学科和国际文化与教育学院承办。来自中国社科院、北京师范大学、华东师范大学等20多所高校和科研机构的10余名专家和30余名博士、硕士研究生代表参加了论坛。

（供稿：浙江师范大学宣传部）

【“中美非物质文化遗产保护与实践研讨会”在呼和浩特举行】

2016年7月17日至19日，由内蒙古师范大学、中国社会科学院民族文学研究所、中国民俗学会、鄂尔多斯市乌审旗党委宣传部主办，内蒙古师范大学非物质文化遗产研究院、内蒙古民俗文化研究基地、鄂尔多斯市乌审旗文化广播电影电视局承办，中山大学非物质文化遗产研究中心协办的中美非物质文化遗产保护与实践研讨会在内蒙古师范大学举行。

来自美国印第安纳大学、范德堡大学、西肯塔基大学、纽约州宾汉顿大学、美国民俗学会、爱达荷艺术委员会以及中国社会科学院、复旦大学、中国民俗学会、内蒙古师范大学非物质文化遗产研究院等有关专家、学者出席研讨会。研讨会由内蒙古师范大学副校长刘九万主持。

内蒙古师范大学副校长赵东海代表学校致辞，他说，内蒙古作为国家向北开放的重要桥头堡将迎来新的发展机遇。社会的发展，为非物质文化遗产的保护和研究工作赋予了新的使命，提出了新的课题，他希望通过此次研讨会的召开能够进一步联合国内外相关的专家学者共同组成研究团队，以协同创新的方式，在非遗保护研究与科技融合等方面联合申报具有前瞻性、全局性和引领性的科研课题，深入研究并形成合力，为国家和自治区提供决策咨询和智力支撑，积极打造相关领域的高端智库。

中国社会科学院学部委员、民族文学研究所所长、中国民俗学会会长、内蒙古师范大学非物质文化遗产研究院院长兼学术委员会主任朝戈金教授代表中国民俗学会、内蒙古师范大学非物质文化遗产研究院对参会的国内外专家学者、学员表示热烈欢迎，他回顾了开办本次研讨会和暑期学校的历程。他希望通过本次研讨会和暑期学校的举办，中美专家能切身感受蒙古族传统文化的魅力，将蒙古族优秀的文化展现给世界。

美国印第安纳大学民俗学与民族音乐学系客座副研究员、范德堡大学企业与公共策略系克尔博中心创会理事、美国民俗学会中美民俗与非物质文化遗产计划的高级顾问比尔·艾伟（Bill Ivey）先生在发言中希望通过暑期学校的举办，能够相互了解两国非物质文化遗产方面的差异性，相互学习，进一步深化合作研究，在非物质文化遗产研究理论与实践上产生深远的影响。

美国民俗学会执行理事长、美国印第安纳大学民俗学与民族音乐学系教授迪姆·罗仪德（Timothy Lloyd）先生表示：通过此次研讨会和暑期学校的举办，将美国的非遗研究和实践经验带给大家，同时希望向各位学习中国传统文化与工作方式，希望能够把暑期学校制度化、常态化举办下去。

据悉，在为期三天的时间里，中外民俗学家共做了12场系列学术报告，并围绕报告内容展开了热烈的讨论，使国内外学员受益匪浅。

（供稿：内蒙古师范大学）

【中、日、美三国民俗学会联合召开工作会议】

2016年7月18日上午，中国民俗学会、日本民俗学会和美国民俗学会三方代表在呼和浩特市内蒙古师范大学盛乐校区召开特别工作会议，就成立“国际民俗学联合会”相关事宜进行了充分讨论，并对章程草案和近期工作的推进做出了细致的协商。三方参会人员有日本民俗学会小熊诚（会长）、桑山敬己、岛村恭则，美国民俗学会迪姆·罗仪德（Timothy Lloyd，执行理事长）和比尔·艾伟（Bill Ivey），以及中国民俗学会朝戈金（会长）。

（供稿：中国民俗学会秘书处）

【“中国《江格尔》研究会2016年学术研讨会”在新疆和布克赛尔蒙古自治县召开】

2016年7月30日至31日，由中国《江格尔》研究会主办、新疆和布克赛尔蒙古自治县人民政府协办的“中国《江格尔》研究会2016年学术研讨会”在新疆和布克赛尔蒙古自治县召开。来自中国社会科学院民族文学研究所、内蒙古大学、新疆社会科学院、新疆文学艺术界联合会、新疆大学、新疆师范大学、博乐市文体局等十余所学术机构的五十多位学者出席了此次会议。此次会议的主题是回顾总结70年代以来《江格尔》史诗资料搜集出版研究历程和经验，探讨《江格尔》保护与研究前沿问题，为将来《江格尔》研究留下宝贵的文史资料。

会议开幕式由中国《江格尔》研究会副会长兼秘书长、中国社会科学院民族文学研究所斯钦巴图研究员主持。和布克赛尔县县长才布格加甫、中国社会科学院民族文学研究所党委书记朝克研究员分别致开幕词，并为《江格尔》史诗的抢救与保护提出创见和建议。《江格尔》动画电影总出品人兼总导演大海先生展示了该动画电影，并举行在和布克赛尔县播映签约仪式，成为开幕式的亮点之一。

研讨会上，共有十五位学者作了会议发言，就《江格尔》史诗的抢救、保护与研究分享了各自的研究成果和学术观点。部分学者作了回顾式发言，介绍了自70年代以来搜集整理《江格尔》史诗资料的切身经历和体验，描述了当时田野调查中的一些不为人知而生动有趣的细节，这些也是此次会议独具特色的内容，为以后的《江格尔》资料的搜集和研究提供了宝贵的资料。

此次会议在和布克赛尔蒙古自治县举行有着特殊意义。和布克赛尔蒙古自治县是中国《江格尔》的故乡，有着丰富多彩的《江格尔》文化传统，也曾诞生冉皮勒、加·朱乃等众多知名江格尔奇以及巴图那生、尼玛、塔亚等杰出江格尔研究学者。2006年中国社会科学院民族文学研究所与和布克赛尔蒙古自治县共同建立《江格尔》田野调查研究基地，同年双方在和布克赛尔县合作举办了国际《江格尔》研讨会。在此后的十年里，双方一直在围绕《江格尔》的抢救、保护、研究进行密切合作，为《江格尔》史诗的抢救与保护做出了重要贡献。

总的来说，此次会议不仅为全国各地的江格尔研究学者提供了共享学术成果的平台，有着回顾过去、展望未来的重要学术意义，也为《江格尔》史诗研究学者、艺人、地方政府之间搭建了很好的合作平台，将对推动《江格尔》非物质文化遗产的抢救与保护以及《江格尔》史诗研究的深入发展产生重要作用。

（供稿：巴图巴雅尔、玉兰）

【“中国七仙女文化高峰论坛”在新余召开】

2016年8月8日，由中国民间文艺家协会与江西省文联、新余市委市政府共同主办的2016中国七仙女文化高峰论坛在江西新余举行。来自中国民协、江西省委宣传部、江西省文联、江西省民协的领导嘉宾以及国内外相关知名专家学者40余人参加了此次论坛。

会上，与会专家学者围绕“七仙女传说”在中国仙女文化中的意义地位、七仙女传说与新余毛衣女传说的关系、毛衣女传说的申遗保护和再利用、七仙女传说的传承发展、七仙女传说与地方民间信仰、七仙女传说在海外的传播以及七仙女文化中的姻缘理想等10个方面的话题进行探讨和交流，为更好地传承、保护和发展七仙女文化把脉开方、献计献策。

为了让与会学者近距离体会七仙女文化在新余的基因存在与传承发展，主办方还通过观看姻缘、婚俗、花灯、凤凰舞、洞村竹编等系列民俗表演活动，以及实地考察会仙台、闻仙塔、爱情岛，瞻拜圣集寺，踏足牛郎织女洞、双林夏布，参观夏布绣等活动，让与会者进一步体验七仙女文化内涵。

据介绍，新余市历史悠久，1700 多年的建城史孕育了新余厚重的文化底蕴。作为史书中最早记载“七仙女传说”的发祥地，毛衣女下凡的神话传说在新余当地流传已久。2015 年 8 月，中国民协命名新余市为“中国七仙女传说之乡”。此次论坛对充分挖掘和丰富七仙女文化内涵，进一步推进民间节日、民间传说的深度研究及以“仙女文化”为代表的地域文化品牌的构建具有重要意义。

（供稿：丁红美）

【“2016 昆仑文化与非物质文化遗产国际学术论坛”在格尔木举行】

2016 年 8 月 18 日，由中国民俗学会和文化部民族民间文艺发展中心、青海省文学艺术界联合会、格尔木市人民政府、青海省民俗学会联合主办的“2016 昆仑文化与非物质文化遗产国际学术论坛”在昆仑山下的西部重镇格尔木市隆重举行。来自美国、日本、韩国、新加坡、印度和中国台湾、北京、上海、山东、江西、河南、贵州、云南、内蒙古、陕西、甘肃等国内外的 60 名专家围绕昆仑文化与非物质文化遗产的中心议题，探讨了非遗背景下昆仑文化的传承与保护。这次论坛是青海省民俗学会与相关学术机构联合举办的“昆仑文化系列国际学术论坛”之一。

开幕式由青海省文学艺术界联合会副主席周斌主持。中国民俗学会副会长兼秘书长、中国社会科学院宗教研究所研究员叶涛，文化部民族民间文艺发展中心规划研究处处长王学文，格尔木市人民政府副市长唐瑞蓉分别在论坛开幕式上致辞。中国民俗学会副会长、青海省民俗学会会长赵宗福，格尔木市政协副主席崔学凯等出席开幕式。

叶涛研究员在致辞时说，自 2010 年以来，中国民俗学会与青海省相关政府部门和学术机构合作，连续召开了七届学术研讨会，为昆仑文化的学术提升和深度发展奠定了良好的基础。昆仑文化是数千年以来中华民族多民族文化共同繁荣发展的结果，是中国优秀文化的重要组成部分，是在国内国际上有很强的文化影响力和竞争力的品牌文化。昆仑文化既是地域的，更是全国的、世界的；既是历史的，更是现实的、未来的，它承载着数千年历史文化的丰富内涵，同时也寄托了当代中国各民族人民对于美好生活的向往与追求。今天，对于昆仑文化的研究与传承，必须立足当代国际学术发展的最前沿，充分吸收各个领域的最新研究成果，充分利用昆仑文化跨学科、多领域的特点，对昆仑文化的当代价值和世界意义予以充分的挖掘和全面探讨。期待通过政府与学界的共同努力，特别是依托中国昆仑文化研究基地，在昆仑文化非遗保护方面有新的建树，为中华文化的传承与建设作出新贡献。希望格尔木市能够成为全国乃至全世界昆仑文化研究重镇，成为世界昆仑文化研究的真正中心。

王学文处长在致辞中强调，当前我国的非物质文化遗产保护工作已经进入到一个夯实基础、实现突破的关键时期，重塑文化保护观念、厘清利益相关方角色、培育志愿者组织、开展自下而上式保护、加强研究工作等均是我们要付诸努力的方向。今天，国内外专家、学者相聚格尔木，在感受昆仑文化精神的同时，共同探讨昆仑文化与非物质文化遗产保护，必将推动非物质文化遗产理念更新、跨界融合和实践进步。

唐瑞蓉副市长认为：昆仑文化源远流长、浩瀚博大，代表着中国远古文化的最高峰。2016 昆仑文化与非物质文化遗产国际学术论坛在格尔木的成功举办，是对我们在昆仑文化挖掘、传播和品牌打造等方面工作的肯定和鞭策，对不断拓展昆仑文化国际交流空间、巩固和凸显昆仑文化在世界文化中的重要地位具有重要意义。

开幕式后，华东师范大学民俗学研究所所长王晓葵教授主持了大会交流。来自台湾成功大学特聘教授陈益源，韩国民俗学会原会长、韩国全南大学教授罗景洙，日本民俗学会会长小熊诚，美国史密森学会负责人罗伯特，中国民俗学会副会长、青海省民俗学会会长赵宗福分别作了题为《非物质文化遗产加强维护之道》《韩国非物质文化遗产法指定的意义和未来》《中国传播到冲绳的风水思想》《史密森研究非物质文化遗产保护》《民族文化传统中的昆仑文化传承建构》的主旨报告，对昆仑文化和非物质文化遗产保护从不同的角度和层次进行了深入研讨。

在分组研讨中，与会专家学者就昆仑文化与非物质文化遗产问题展开了多维度、多学科、多领域的深入探究和讨论，交锋不断，气氛热烈。与此同时，部分学者还接受了国内众多媒体的采访。叶涛研究员指出："进入二十一世纪以来，非物质文化遗产的保护成为人文社会科学界关注的重点，特别是我们民俗学界，在非遗的理论建设与保护实践等方面都走在了学界的前列。此次论坛旨在探讨非遗背景下昆仑文化的历史与现状，为昆仑文化的传承与保护出谋划策。"赵宗福教授表示："昆仑文化也是重要的非物质文化遗产之一，要从昆仑文化的重要发祥地与传承地这一神圣的'文化空间'，深入调查研究多民族多宗教多元文化环境中昆仑文化作为非物质文化遗产的传承发展的'文化表现形式'，理清历史与现状，科学整理各种文本，特别是昆仑文化在当代民族民间的活态传承，在非遗的申报传承和保护利用方面'落地开花'，真正实现昆仑文化的传承和建构。"

论坛之前，与会专家学者应邀参加了"2016年昆仑山敬拜大典"，会后与会代表还考察了昆仑山口自然遗产、青海湖历史文化、塔尔寺佛教文化等。

（供稿：青海省民俗学会秘书处）

【"中国·稷山第二届中国生肖文化学术研讨会"在稷山举办】

2016年9月10日，中国·稷山第二届生肖文化学术研讨会举办。中国民俗学会副会长兼秘书长叶涛、中国民俗学会副秘书长李春园、中国民俗学会中国生肖文化研究中心学术委员会主任吴裕成等十余名专家学者参加研讨会。

2015年1月，中国生肖文化研究中心正式落户稷山，成为国内层次最高、最权威的生肖文化研究机构，对促进生肖文化学术繁荣、推动生肖文化产业发展、提升当地传统文化产业水平具有一定的积极作用。

研讨会上，各位专家学者分别从我国十二生肖承载的传统文化意蕴、十二生肖与农耕文明的关系、生肖属相与民间俗信、生肖图案在现代服饰中的应用研究以及生肖研究中存在的问题进行了详细阐述，并就生肖文化产业发展提供了有益见解。

据了解，稷山目前有非物质文化遗产5项，省市级非物质文化遗产31项。稷山县生肖文化特征明显，十二生肖花鼓在这方土地已流传百余年，十二生肖面食、十二生肖剪纸等民间技艺口手相传、十二生肖传说也被列为市级非物质文化遗产保护项目。

（供稿：翟建平、苏晓馨）

【"东北亚民间叙事文学国际学术研讨会暨第十四届亚细亚民间叙事文学学会年会"在中央民族大学召开】

2016年10月15日至16日，"东北亚民间叙事文学国际学术研讨会暨第十四届亚细亚民间叙事文学学会年会"在中央民族大学召开。

来自日本、韩国、中国台湾及中国社会科学院、北京大学、北京师范大学、华中师范大学等院校的海内外60余位专家参会。此次会议由亚细亚民间叙事文学学会会长、中央民族大学教授林继富主持，文学与新闻传播学院院长钟进文教授出席开幕式并致辞。

会议伊始，中国社会科学院荣誉学部委员、国家非物质文化遗产保护专家委员会副主任委员刘魁立教授就亚细亚民间叙事文学学会及民俗学学科进行了回顾与展望。钟进文院长代表文学与传播学院对各位学者的到来表示欢迎，并介绍了学院概况及民俗学学科的发展机遇和挑战，表示希望进一步加强与海内外高校及科研单位的合作交流，博采众长，学习、借鉴好相关兄弟单位的成功经验。之后，中国社会科学院民族学与人类学研究所副所长、中国民俗学会副会长尹虎彬研究员也进行了致辞。

与会学者围绕着“英雄的奇异诞生”这一主题，从民俗学、神话学、语言与文化关系及中日韩三国的民间叙事传统、民间文学建设等方面展开讨论。中国社会科学院刘魁立、华中师范大学刘守华、台湾中国文化大学金荣华、中央民族大学林继富，日本立命馆大学鹈野佑介、高千惠大学立石展大，韩国全南大学金容仪、朝鲜大学韩顺美等教授先后进行了主题发言。

此次会议中，各位专家畅所欲言，各类新观点、新思想层出不穷，形成激烈的文化碰撞。这既反映出当代民俗学研究的新进展、新路向，又反映出发掘叙事文学的新价值和叙事文学的时代诉求，体现了中日韩三国知识分子对民间文学的执著与热爱。在提问环节，中央民族大学及国内多所高等院校的研究生积极与专家们交流，并在激烈的思想交锋中领略到不同的学术研究方法，受益良多。16日下午，学者们共同参观了中央民族大学民族博物馆，并对中央民族大学取得的相关学术成果给予高度认可。

在国家大力实施“一带一路”建设的新条件下，此次学会通过民间叙事文学这一特殊载体，通过两天来的学术讨论，加深了中、日、韩等东北亚国家的相互了解，也促进了学术交往与民众情感交流。

（供稿：中央民族大学）

【“盘王节歌会暨汉族叙事长歌高峰论坛”在湖北咸宁举行】

2016年10月27日至29日，由中国民协、湖北省民协主办，咸宁市民协承办的“盘王节歌会暨汉族叙事长歌高峰论坛”在湖北省咸宁市举行。中国民协分党组书记、驻会副主席兼秘书长邱运华，中国民协副主席、国家工艺美术大师吴元新，湖北省民协副主席鄢维新，中央民族大学教授陶立璠、李耀宗、林继富，北京师范大学教授杨利慧，中南民族大学教授向柏松，中国社会科学院研究员王宪昭等领导嘉宾出席了活动。

咸宁市蕴含大量民间叙事长歌资源，历史可以追溯到数百年前。现存最早的文字记载资料为清朝乾隆年间的《小樱桃》，随后又有大量的长歌作品被发掘和整理，迄今发现的长歌手抄本已有300余部。咸宁民间叙事长歌大多以本地真人真事成篇，具有广泛的群众基础与鲜明的地域特色，极具传唱度、亲和力与感染力。

28日上午在湖北科技学院举办的“汉族叙事长歌高峰论坛”上，首先由咸宁市民协主席定光平介绍了咸宁汉族叙事长歌的历史、渊源和发展历程。中国民协副主席吴元新对咸宁市在民间叙事长歌的挖掘、保护与传承工作，给予了充分肯定。陶立璠、李耀宗、林继富、杨利慧、向柏松、王宪昭等来自北京和湖北省内的知名专家学者相继作了主题发言，就盘王节和汉族民间叙事长歌等民俗事象进行了广泛又深入的研讨。

28日晚，在咸宁第八届国际温泉文化旅游节开幕式上，吴元新副主席为咸宁市正式授牌“中国汉族民间叙事长歌之乡”。为此，咸宁市特制定了相关的配套措施和投入了专项经费，并在湖北科技学院设立的“中国汉族民间叙事长歌研究中心”，必将更好地服务于咸宁长歌文化档案的采集、整理、保护与利用。

活动期间，专家组还考察了咸宁市境内的瑶族发祥地之一千家峒龙窖山、咸安大屋雷中秋祭月、鄂南民俗馆等一批重要的民间文化遗产留存地。

（供稿：蒋巍）

【人类非物质文化遗产代表作名录“花儿”传承暨苏平表演艺术高层论坛在西北民族大学举行】

2016年10月29日至30日，“人类非物质文化遗产代表作名录‘花儿’传承暨苏平表演艺术高层论坛”在西北民族大学举行，来自青海、宁夏和甘肃的专家学者及高校、社科研究机构和民间文化社团、花儿传承人等相关非遗工作者在兰州共同探讨如何活态传承这一民族文化。

“花儿”是广泛流行于中国青海、甘肃、宁夏、新疆、西藏等西部省区的民歌，被誉为“大西北之魂”，是国家级人类非物质文化遗产。

此次论坛以出生于民族地区的资深表演艺术家苏平的艺术生涯和表演艺术风格为案例，探讨西北地区独有的这一“表达方式”的传承，分析“花儿”传承人的唱法技巧、解说词等。青海社科院前院长、中国民俗学会副会长赵宗福表示，西北“花儿”有独特的艺术魅力，有丰富的文化内涵和强劲的生命张力，表达了和谐的民族交融文化，体现了对中国民族文化的高度认同和凝聚，反映着人民群众的思想感情和愿望。

国家一级演员、著名“花儿”演唱家苏平为专家学者现场表演了“花儿”演唱。据悉，苏平在传承中创新，使西北的“花儿”艺术实现了传统与现代的结合，创新性地融入了多民族文化。西北民族大学非遗中心教授郝苏民从文化生态、文化空间的角度，对西北“花儿”传承提出新的探索途径。他认为，西北“花儿”传承和保护推动各民族多元文化融合促“民心相通”。

“花儿”资深专家、甘肃文化学者李磷现场评说了苏平的“花儿”艺术。宁夏大学音乐学院教授牛力、北方民族大学教授武宇林、西北民族大学音乐学院教授陈艺等专家学者以《在时空中抒情、在雅俗中穿越》《浅谈苏平花儿演唱的艺术特征——以河州大令为例》等主题作了专题报告。论坛由国家民委人文社科重点研究基地西北民族非物质文化遗产保护研究中心与民族学核心期刊《西北民族研究》杂志社联合承办。

（供稿：南如卓玛）

【“民俗学‘日常生活’转向的可能性”论坛在中山大学举办】

2016年11月19日，“民俗学‘日常生活’转向的可能性”论坛在中山大学举办。经典民俗学以具有历史传统的生活文化为研究对象，并以“民俗”为方法，参与到人文社会科学共同关注的问题对话之中。现代以来，在建构、发明民族国家传统、倡导文化多样性的过程中，民俗学发挥了不可替代的功用。近20年来，以吕微、高丙中、户晓辉、周星、王杰文、周福岩等为代表的数位中国民俗学者，一直思考中国民俗学的学术范式现代转型问题，期望在对象、理论与方法上有所突破，其中吕微、户晓辉提出的“实践民俗学”主张，具有代表性。由于他们借鉴的理论资源以及表述方式，都与中国传统民俗学界的“事象”研究有较大差异，其理论思考与学术关怀并未在民俗学界引起回应。

中山大学中国非物质文化遗产研究中心刘晓春教授，有感于民俗学界理论探索与经验研究相互隔膜、互不理解的学术状态，特于2016年3月1日发起“民俗学‘日常生活’转向的可能性”论坛。论坛采取定向邀请和征集论文相结合的形式，召集来自民俗学、人类学、宗教学、社会学、文艺美学等不同学科的学者，通过探讨民俗学“日常生活”转向的可能性问题，达成民俗学界理论探讨与经验研究的相互理解。如果说研究“传承”的民俗学以探究“历史”的逻辑、建构共同体的认同为终极目的，那么，研究“日常生活”的民俗学，则是以“日常生活”为伦理概念、方法概念、实践概念，以“历史”逻辑为基础，从理所当然与不证自明的“日常生活”中，探究“日常生活”的“常”与“非常”，重新认识“日常生活”在当下社会的意义与价值，进而实现民俗实践主体的“自由目的”。

2016年11月19日，来自中国社会科学院的吕微、户晓辉、陈进国，北京师范大学的萧放、岳永逸、周全明，中国传媒大学的王杰文，辽宁大学的周福岩、吉国秀，山东大学的刘宗迪，中国海洋大学的李扬，华东师范大学的王晓葵、中村贵，上海大学的张敦福，南京大学的高小康，武汉大学的李向振，华中师范大学的胥志强，云南大学的黄静华，岭南师范学院的蓝国桥，中山大学的夏循祥、刘晓春、王霄冰、蒋明智，日本福冈大学的田村和彦等学者，聚集在初冬季节百花依然俏丽竞放的中山大学广州南校园，远在美国的北京大学高丙中教授，以及美国崴涞大学张举文教授，日本爱知大学周星教授等，也通过视频远程参会研讨。

刘晓春教授代表会议主办方中山大学中国非物质文化遗产研究中心、中山大学民俗研究中心，向各位与会学者表示欢迎并致辞。他一方面肯定民俗学在积极参与国家文化建设的过程中，发挥了其卓越的学术功用，另一方面也指出，民俗学界将非遗保护等同于民俗研究的功利化趋向越来越明显，对于急剧变迁的社会现实，民俗学者却很少或无力做出回应。此次会议的召开，旨在通过探讨以“日常生活”为方法的民俗学研究，寻求中国民俗学学术范式现代转型的可能路径。在某种意义上，此次会议的议题与2016年9月份在北京大学召开的“追问现代社会的日常生活——日常与媒体”会议，形成学术呼应。

此次论坛共分为六场。其中，前两场以理论探讨为主。后四场则以事件、叙事、空间、生活风格为关键词，试图探讨民俗学“日常生活”研究的路径。

会议最后，由吕微对此次论坛做了总结发言。他认为未来的民俗学应该“博采众长”，实现多学科的交流。民俗学者应该以一种开放、包容的心态接纳各种理论与材料，并且为我所用。

（供稿：刘晓春、崔若男）

【“民俗学与民族文学：学科理论思考与教学实践”研讨会在京召开】

2016年12月9日，由中国社会科学院民族文学研究所和中国社会科学院研究生院少数民族文学系共同组织的“民俗学与民族文学：学科理论思考与教学实践”研讨会在中国社会科学院民族文学研究所召开。目前就读于少数民族文学系的博硕研究生共17位。为提升研究生的治学能力，规范学术写作，并为其今后从事科研工作奠定良好的基础，特召开此次教学研讨会。此次研讨会由巴莫曲布嫫研究员主持召开，朝克书记就研讨会的意义发表讲话。

该系8位博士候选人和5位硕士研究

生先后就各自近期的研究成果和论文写作进行了专题报告，民族文学研究所的博硕研究生导师和来自民族学与人类学研究所的尹虎彬研究员、王锋研究员，中央民族大学的朝格吐教授针对研究生的论文写作，从问题意识、概念术语、学术规范、逻辑结构、图表工具使用及写作表述等环节进行了极为中肯、认真的点评，不仅指出论文写作中存在的问题，还提出了论文的修改意见和具体建议。

参加研讨会的研究生在学者评议和导师点评的过程中收获颇丰，拓宽了学术视野，强化了学术写作训练。师生们认为，这样的教学实践及研讨会形式应该成为本系学位教育的常态，在教学相长的过程中促进研究生的治学能力培养，同时增进师生之间的对话和交流。

（供稿：高荷红）

【“民俗学专业责任与研究伦理工作坊”在京召开】

2016年12月10日，由中国社会科学院民族文学研究所“民俗学重点扶持学科”项目组和中国民俗学会联袂组织的“民俗学专业责任与研究伦理工作坊”在中国社会科学院民族文学所召开。会议的主要议题为“学术社团的专业责任”“民俗学研究伦理”“中国民俗学会的伦理规范：动议与制定”。来自山东大学、辽宁大学、中国科学技术大学、北京大学、北京师范大学、中央民族大学、中国社会科学院民族文学研究所和文学研究所的近30位学者、博士后研究人员及博硕研究生参加了会议。

工作坊由高荷红、巴莫曲布嫫和毛巧辉共同召集。会议分为两个时段，第一个时段刁统菊、祝秀丽、张青仁三位学者分享了各自的田野案例，如“女性田野作业的优势与劣势”，“实验式田野研究中的伦理问题：以亲子间听讲活动为例”及“民俗学者如何参与非遗保护：来自墨西哥的田野经验”。学者们就田野伦理、成果出版的署名权及学者在调查中是否应该干预民俗活动等问题进行了讨论。第二个时段，来自民俗学和人类学两个学科的学者们围绕会议提供的联合国教科文组织《保护非物质文化遗产伦理原则》、美国民俗学会、美国人类学协会和其他国家和地区的专业学会订立的伦理守则和专业责任声明等11份参考材料，就相关问题进行了热烈讨论。

此次工作坊对中国民俗学会订立自己的伦理守则形成了初步动议，并达成以下共识：中国民俗学会应充分考虑中国民俗学的学科特性，同时结合学者的田野实践及其经验尽早制定相对简洁的伦理准则；在订立过程中需充分考虑尊重调查对象的相关权益，同时也要考虑调查者基于学术研究的相关诉求，还需厘清学科责任、学会责任和学者责任等问题。这次会议仅是一次初步探讨，相关讨论仍将继续。

（供稿：昊愫）

【“第二届民间信仰研究高端论坛暨宁安萨满文化学术考察活动”在黑龙江牡丹江市召开】

2016年12月10日，由中国社会科学院世界宗教研究所、中国宗教学会主办，由中国民俗学会中国地域民俗文化研究中心、牡丹江市民间文艺家学会、牡丹江海东青文化传播发展有限公司承办的“第二届民间信仰研究高端论坛暨宁安萨满文化学术考察活动”在黑龙江省牡丹江市召开。出席该届论坛的专家学者40余人，涵盖宗教学、历史学、人类学、民俗学、社会学、哲学、民族学、建筑学、民间文学等学科，分别来自中国社会科学院、国家宗教事务局、复旦大学、华东师范大学、中央民族大学、大连民族大学、青海民族大学、西藏民族大学、吉林师范大学、牡丹江师范学院、牡丹江大学、河北大学、台湾东华大学、台湾“中研院”近代史研究所、台湾兰阳博物馆、台湾新北市文化基金会以及牡丹江市相关的社科人文机构。牡丹江市宁古塔部分满洲宗族的族人及萨满文化传承人也应邀与会。

中国社会科学院世界宗教研究所党委书记赵文洪在致辞中指出：第二届民间信仰研究高端论坛是对今年12月5日在福建泉州召开的“全国民间信仰工作座谈会”精神的最好的学术呼应，充分体现了中国社会科学院作为我国哲学社会科学研究的最高殿堂、党中央国务院重要的思想库和智囊团的积极作用。国家宗教事务局业务四司的副调研员王勇在论坛上向与会的海峡两岸的专家学者简要地介绍了中国民间信仰工作的最新政策意见，以及“全国民间信仰工作座谈会”的有关精神。做好民间信仰工作，对于团结广大群众、促进社会和谐稳定，对于维护国家利益和社会公共利益，对于弘扬中华优秀传统文化、培养良好社会风尚，对于密切联系海外华侨华人、促进祖国统一等都具有重要意义。

该届高端论坛以“比较视野与跨界研究”为研讨主题，强调历时与共时研究相结合、定量与定性研究相结合，以期深入开展民间信仰事项的多向度、跨学科研究。与会论文议题涉及民间信仰的合法性、民间信仰与非物质文化遗产关系、丧葬习俗与日常生活、汉满藏民间信仰习俗、中国台湾地区的汉人民间信仰，以及日本和琉球的民间信仰习俗等内容，其中最大的特色是集中探讨了清代至当代的东北地区的萨满教文化的特点及其传承情况。论坛现场还集中展示了牡丹江市宁古塔地区的满汉双语族谱原件及各类萨满教祭祀文本。12月11日，与会专家学者还实地考察了宁安县活态的萨满祭祖习俗。

民间信仰研究高端论坛是中国社会科学院世界宗教研究所打造的学术品牌之一，也是该所当代宗教研究室的创新工程项目——“当代宗教发展态势”的重要组成部分，并由叶涛、陈进国两位民间信仰研究专家来具体推动。首届民间信仰研究高端论坛于2014年11月在北京召开，以“中国民间信仰的当代处境与发展前瞻”为研讨主题，对于中国民间信仰的调查与研究曾经起到了很好的促进作用。

（供稿：曾江、王潇楠）

【“农耕文化遗产与现代社会——以二十四节气与六合农民画为案例”学术研讨会在高淳举行】

2016年12月24日，“农耕文化遗产与现代社会——以二十四节气与六合农民画为案例”学术研讨会在中国民间文化传承示范基地（高淳桠溪）举行。此次活动由中共南京市委宣传部、南京市文学艺术界联合会、南京农业大学、江苏省民间文艺家协会联合主办，中国民间文化传承示范基地、南京市民间文艺家协会、南京农业大学人文与社会发展学院、江苏省民间文艺研究中心、南京市美术家协会、南京市摄影家协会、南京美术馆承办。

南京市委常委、宣传部部长蔡丽新表示，研讨会对于在新时期更好地传承中华优秀传统文化、弘扬社会主义核心价值观具有十分积极的意义。同时，成立“二十四节气”文化遗产传承与体验基地、与南京农业大学、华东师范大学合作设立六合农民画研究基地与特藏馆，更是地方和高校在文化建设方面合力开拓的创新和探索。她认为，在多方共同努力下，会议定能取得丰硕成果，新的探索实践也定能达成预期的目标。

南京市委宣传部副部长、南京市文联党组书记陈炜介绍，此次到会专家中，不乏民俗学、民族学等领域的大家。南京大学教授、博士生导师，教育部非物质文化遗产研究基地副主任高小康在文艺学与非物质文化遗产保护领域声名卓著。复旦大学教授、博士生导师郑土有在民间文学与农民画研究领域都有很大影响，其任副会长的中国民俗学会正是负责此次申遗的“二十四节气保护工作组”主要群体代表之一。同时，还有在中日两国都有很大影响的著名学者，包括在民俗学、民族学、人类学领域建树颇丰的北京大学、日本爱知大学教授、博士生导师周星，以及在民俗学与灾害记忆研究领域有较高声誉的华东师范大学教授、博导、民俗学研究所所长王晓葵。华东师范大学教授、博士生导师，华东师范大学社会发展学院副院长田兆元，在神话学与应用民俗学领域都有很大影响，也是文化部民族民间文艺发展中心—华东师范大学“区域文化资源与应用研究中心”主任。他期待，在各位专家的带领下，研讨会能成为大家真诚交流、深入讨论、开阔视野、拓展思路的优质平台，成为推动非遗传承与保护研究发展的一次盛会。

会址所在的中国民间文化传承示范基地，是中国民间文艺家协会批准成立的国家级民间文化示范基地。以该基地为依托，成立了“二十四节气”文化遗产传承与体验基地，华东师范大学、南京农业大学还设立了六合农民画研究基地与特藏馆，将为南京非遗从业者提供新的创作空间和活动常驻地，为大专院校非遗专业学生提供观摩调查的第二课堂，也将为南京市民提供新的传统文化体验基地。

2016 年 11 月 30 日，中国申报的“二十四节气——中国人通过观察太阳周年运动而形成的时间知识体系及其实践”列入联合国教科文组织人类非物质文化遗产代表作名录，表明了国际社会对该遗产项目价值的高度认可。申遗成功后，如何扎实做好各项保护传承工作，任重而道远。研讨会上，以“二十四节气”的文化遗产价值、六合农民画的产业化之路等议题为引，来自中国民俗学会、北京大学、复旦大学、南京大学、东南大学、华东师范大学、南京农业大学等多所机构、院校，民俗学、民族学、人类学、非遗保护等多个领域的专家学者和相关产业从业者济济一堂，围绕“农耕文化遗产与现代社会”，通过主题发言、圆桌会议、分组讨论，交流新理念，探讨新路径，分享新成果，为推动非遗项目的创造性转化和创新性发展、促进南京非遗事业取得更大进步，凝聚共识，提供智力支持。

（供稿：邢虹）

索　引

J

K

L

M

N

P

Q

R

S

T

W

X

Y

Z